Bildersturm

Bildersturm
Wahnsinn oder Gottes Wille?

Herausgegeben von Cécile Dupeux, Peter Jezler und Jean Wirth
In Zusammenarbeit mit Gabriele Keck, Christian von Burg, Susan Marti

Wilhelm Fink Verlag

Abbildung Seite 2:
Joos van Cleve († 1540/1541): Verkündigung an Maria, um 1525, Öl auf Holz, H: 86.4; B: 80 cm. New York, The Metropolitan Museum of Art, Michael Friedsam Collection, Inv. 32.100.60. – Die Verkündigung findet in einem spätmittelalterlichen Interieur statt, das reich mit Bildern und Andachtsobjekten ausgestattet ist. Die Oberlichter der Fenster tragen Glasgemälde, daneben hängt ein kleines Flügelretabel, ein gedrucktes Andachtsbild ist mit Nägeln an die Wand geheftet, im Bett hängt ein rundes Tafelbild, Maria liest in einem illustrierten Gebetbuch.

© 2000, Bernisches Historisches Museum, Bern
Musée de l'Œuvre Notre-Dame, Strassburg
Verlag Neue Zürcher Zeitung, Zürich, 2000
Lizenzausgabe für Deutschland:
Wilhelm Fink Verlag, München
Herausgegeben von:
Cécile Dupeux, Peter Jezler, Jean Wirth
In Zusammenarbeit mit:
Gabriele Keck, Christian von Burg, Susan Marti
Gestaltung: Heinz Egli, Zürich
Fotolithos: Ast+Jakob, Köniz
Druck, Stämpfli AG, Grafisches Unternehmen, Bern
Einband: Buchbinderei Schumacher AG, Schmitten
ISBN: 3-7705-3544-8
Printed in Switzerland

Vorwort

Ruth Dreifuss,
Bundesrätin

Catherine Trautmann,
Oberbürgermeisterin der Stadt Strassburg
und Präsidentin der Stadtgemeinschaft

Ein unruhiger Zeitabschnitt zeigt sich aus ungewohnter Perspektive. An der Wende vom Mittelalter zur Neuzeit lenkt die Ausstellung «Bildersturm» unseren Blick auf einen epochalen Bruch, der quer durch alle Lebens- und Schaffensbereiche geht. Wenn sich nun die Kunstgeschichte dieser Bruchstelle annimmt, so dürfen wir erwarten, dass sie uns nicht nur die Schätze sakraler Kunst vorführt, sondern anhand der versehrten und unversehrten Objekte, Skulpturen und Schriften auch zu einem umfassenderen Verständnis unserer Geschichte und Gegenwart beiträgt.

Das Zeitalter der Reformation mag bis heute mit zwiespältigen Gefühlen über Verlust und Zerstörung eines grossen Teils unseres Kulturerbes verbunden sein, mit Unverständnis und Trauer über die gewaltgeprägten Eingriffe, die sich gegen Bilder und Symbole einer herrschenden Weltanschauung richteten. Gerade deshalb ist es wichtig, nicht beim Bedauern über Unersetzliches zu verharren, sondern vielmehr aus den vorhandenen Quellen begreifen zu lernen, wie tiefgreifende religiöse, politische und ökonomische Spannungen entstehen konnten, aber auch, wie eine starre Denkweise die Gesellschaft in verschiedene Gruppen aufspaltete und den Blick der Menschen für die gegenseitige Toleranz versperrte. Die Frage nach dem Neben- und Miteinanderleben der Menschen hat sich seither zu allen Zeiten und in aller Welt, mehr oder weniger heftig, immer wieder von neuem gestellt. Das gesellschaftliche Gefüge hat sich als zerbrechlich erwiesen. Bis in die jüngste Zeit hinein hätte viel Leid erspart werden können, wenn identitätstiftendes Gut, statt zerstört oder zu Symbolen von Ausgrenzung gemacht, für verbindende Kräfte und Vielfalt genutzt worden wäre.

Die Ausstellung stellt viele, zum Teil unbequeme Fragen an die Geschichte. Es bedurfte der Offenheit der Verantwortlichen, der langjährigen Hartnäckigkeit der Forscherinnen und Forscher, der Grosszügigkeit von lokalen und regionalen Archiven und Institutionen, um sie zu realisieren. Sie ist das Ergebnis einer glücklichen Zusammenführung von moderner Denkmalpflege, Archäologie, Museologie und Kunstgeschichte. Und sie ist in enger Zusammenarbeit zwischen zwei bedeutenden Museen entstanden, welche die nationalen Grenzen überwunden, im europäischen Kulturerbe unsere Gemeinsamkeiten gesucht und wiedergefunden haben. Danke.

Das Wort «iconoclaste» (Bilderstürmer, bilderstürmerisch) wird heute im Französischen in erster Linie zur Bezeichnung derjenigen verwendet, die althergebrachte Ideen hinterfragen. In diesem übertragenen Sinn ist der Begriff bei uns gebräuchlich und verbreitet. Seltener aber wird er in seinem ursprünglichen Sinne verwendet, nämlich um die Angriffe in Erinnerung zu rufen, die in verschiedenen historischen Epochen aus politischen und religiösen Gründen gegen Kunstwerke verübt worden sind.

Die Auseinandersetzung mit diesem historischen Phänomen, das hier, in Zusammenarbeit mit dem Historischen Museum in Bern, erstmals Thema einer Ausstellung wird, ist speziell für Strassburg von grossem Interesse. Diese Stadt mit ihrer komplexen und wechselvollen Geschichte hat wiederholt Bilderstürme erlebt, die ihre Baudenkmäler und ihr bewegliches Kulturgut, allem voran das Münster, stark in Mitleidenschaft gezogen haben. Die Erschütterungen betrafen insbesondere Ausstattungen und Bilder aus mittelalterlicher Zeit, die in der Reformation, der Gegenreformation und der Revolution zu Symbolen einer Liturgie und einer Frömmigkeitspraxis wurden, die man umformen oder gänzlich abschaffen wollte.

Diesen Fragestellungen gegenüber besonders aufgeschlossen ist das Musée de l'Œuvre Notre-Dame, das Mittelaltermuseum Strassburgs, das hiermit heute einer Veranstaltung von landesweiter Bedeutung Raum bietet. Die fragmentarischen Werke, die erhaltenen Fundkomplexe, aber auch das Fehlen oder die Seltenheit von Belegen zu bestimmten Formen künstlerischer Tätigkeiten legen Zeugnis ab von den verschiedenen Umbruchphasen. Daraus erklärt sich denn auch das grosse Anliegen, diese Gegenstände in einer historischen Perspektive darzustellen, zumal man sich sonst nur allzu oft mit einer rein ästhetischen Lesart begnügt, die weitergehende Zusammenhänge ausblendet.

Diese Ausstellung bietet die Gelegenheit, dem Publikum zahlreiche wenig bekannte Werke aus den Sammlungen der Strassburger Museen und weiterer öffentlicher und privater Institutionen in der Region vorzustellen. Einen wichtigen Anteil haben aber auch bedeutende Leihgaben aus zahlreichen ausländischen Museen, allen voran aus dem Historischen Museum in Bern. So ergibt sich ein faszinierender Vergleich zwischen ähnlichen historischen Phänomenen in zwei verschiedenen geographischen Räumen.

Vorwort

Mario Annoni,
Regierungsrat,
Präsident der Aufsichtskommission
des Bernischen Historischen Museums

Fabrice Hergott,
Direktor der Strassburger Museen

Dass unter der Berner Münsterplattform der Schutt des Bildersturms von 1528 liegt, war bekannt. Doch niemand hätte erwartet, dass eine solch überwältigende Fülle von Skulpturenfragmenten ans Licht kommen könnte, wie es anlässlich der Stützmauersanierung 1986 geschehen ist. In 14 m Tiefe hatten die Steinskulpturen während Jahrhunderten ohne menschliche Einwirkung gelagert. Nie war ihre Oberfläche überarbeitet worden, und wie sonst nirgends blieben, trotz aller Unbilden, spektakuläre Reste der Farbfassung erhalten. – Es konnte aber auch niemand sagen, wie die Fragmente den Klimaschock der Bergung verkraften würden. Jetzt war der Archäologische Dienst des Kantons Bern gefordert, musste ein «Klimazelt» errichten, eine Expertenkommission bestellen und ein Konservierungskonzept entwerfen, das man inzwischen erfolgreich abgeschlossen hat.

Der Berner Skulpturenfund ist die bedeutendste Entdeckung seiner Art seit der Bergung der Königsgalerie von Notre-Dame in Paris. Es mutet faszinierend an zu wissen, dass erst ein kleiner Teil des Schatzes gehoben worden ist.

Kanton, Stadt und Burgergemeinde Bern stellten dem Historischen Museum die nötigen Mittel zur Verfügung, damit es die Werke von europäischem Rang angemessen präsentiere. Direktion und Aufsichtskommission fassten den Entschluss, die Eröffnung der neuen Dauerausstellung mit einer grossen Sonderschau über den reformatorischen Bildersturm zu kombinieren.

Weil unabhängig von Bern auch in Strassburg eine Ausstellung über den Bildersturm geplant wurde, war es nahe liegend, die Kräfte zu vereinen und eine Koproduktion anzustreben. Dass zwei Städte wie Strassburg und Bern, die eine französisch-, die andere deutschsprachig, aber beide nahe an der Sprachgrenze gelegen, sich mit ihrer Geschichte und ihren Museumsbeständen so vorteilhaft ergänzen, ist für das Projekt ein Glücksfall.

Es erfüllt mich mit Stolz, dass unser Museum seinem Publikum ein solch bedeutendes Ausstellungsprojekt präsentieren kann. Möge es vielfältigen Anstoss zu grenzüberschreitender Reflexion bieten, das Verständnis für die Kulturgeschichte fördern und die pädagogische Rolle historischer Museen stärken.

Ein kulturelles Projekt von der Grösse unserer Ausstellung wird mit Vorteil als Koproduktion organisiert. Die Partnermuseen können sich gegenseitig mit Leihgaben helfen, und sie können die Ausstellung an zwei Orten präsentieren. – Im Falle des «Bildersturms» ist ein Zusammengehen von Strassburg und Bern jedoch über die reine Zweckgemeinschaft hinaus sinnvoll. Beide Städte blicken bis zum Ende des 17. Jahrhunderts auf eine ähnliche, z.T. gemeinsame Geschichte zurück. Dann aber entwickeln sie sich unabhängig voneinander weiter, was modellhaft den Vergleich zwischen einer reformiert gebliebenen und einer rekatholisierten Stadt zulässt.

Solange die Flüsse als Hauptverkehrsadern dienten, standen die Eidgenossen mit Strassburg in einem regen politischen, kulturellen und wirtschaftlichen Kontakt. Wie nahe man einander war, bewiesen 1456 und 1576 die Zürcher, als sie ihren berühmten Topf mit warmem Hirsebrei in einem Tag nach Strassburg schifften. Besonders im 15. und 16. Jahrhundert verfolgten elsässische und eidgenössische Städte ähnliche geistige und politische Ziele. Aufgrund solcher Kontakte wurde 1420 Matthäus Ensinger, des Sohn des Strassburger Werkmeisters Ulrich von Ensingen, nach Bern berufen, um dort den Neubau des Münsters zu planen und zu leiten.

Auch die Reformation erfolgte im engen Austausch. Huldrych Zwingli übte von Zürich her seinen Einfluss auf die Entwicklung in Strassburg aus. Anderseits nahm der Strassburger Reformator Martin Bucer 1528 an der Berner Disputation teil. Er vermittelte zwischen Zwinglianern und Lutheranern, erreichte 1537 an der Synode in Bern eine vorübergehende Annäherung an Luther und überarbeitete im lutherischen Sinne den Berner Katechismus. Zur Verfolgung gemeinsamer Interessen schlossen die reformierten Städte Zürich, Bern und Strassburg 1588 ein Bündnis.

Seit dem späten 17. Jahrhundert entwickelten sich die beiden Städte auseinander. Strassburg wurde nach der Eroberung durch Ludwig XIV. 1681 rekatholisiert. In Bern blieb bis zum Fall in den napoleonischen Kriegen 1798 alles beim Alten. Für die Überlieferung der Kunst ergibt sich daraus ein höchst interessanter Städtevergleich.

Während im Musée de l'Œuvre Notre-Dame in Strassburg die Tafelgemälde und Holzskulpturen eine beispielhafte Sammlung zum mittelalterlichen Frömmigkeitsleben bilden, liegt im Bernischen Historischen Museum das Hauptgewicht auf den Textilien und auf dem Skulpturenfund. Weil sich die beiden Sammlungen in solch idealer Weise ergänzen, konnte eine Ausstellung über den Bildersturm entstehen, wie man sie nicht bald wieder sehen wird.

Vorwort

Christoph Eggenberger,
PRO HELVETIA Schweizer Kulturstiftung

«Das Problem von Bild, Abbild und Kultbild kann immer auch ein eminent politisches sein», ist in einer Pressemitteilung zur Ausstellung zu lesen. Der Bildersturm des 16. Jahrhunderts war ein politisches Ereignis. Der Grosse Rat fasste in Bern die bilderstürmerischen Beschlüsse. «Politisch» in einem weit gefassten, einem philosophischen Sinn ist Kunst immer. Kunst lässt sich nicht instrumentalisieren und ist deshalb per definitionem nie parteipolitisch, tagespolitisch ausgerichtet. Hohe Kunst mit politischer Konnotation ist Auftragskunst. Der anonyme demokratische Staat kann die Rolle des Auftraggebers nicht übernehmen; der Staat ist kein weltlicher Fürst, der sich seine Ideen künstlerisch umsetzen lassen kann. Seine Aufgabe ist es, den Künstlerinnen und Künstlern den Rahmen für ihr Tun zu schaffen.

In grosser Weitsicht haben vor sechzig Jahren die Gründerväter die Schweizer Kulturstiftung Pro Helvetia zunächst als Arbeitsgemeinschaft, zehn Jahre später als öffentlich-rechtliche Stiftung eingerichtet, um sie von zu weit gehenden politischen und administrativen Einflüssen des Bundes abzuschirmen. Das kostbare, keineswegs selbstverständliche und im Vergleich mit anderen Staaten aussergewöhnliche Gut der politischen Unabhängigkeit der Kulturförderung in diesem Land gilt es zu bewahren.

Die Beschäftigung mit dem Bildersturm, mit der Zerstörung und Verstümmelung von Bildern führt zwangsläufig zu den Grundfragen des Bildes und seiner Bedeutung in der Gesellschaft, im weltlichen wie im kirchlichen Kontext. Schon Calvin dachte über diese Fragen nach: Dem Bild fehle Leben und Wahrheit, sagt er. Wir gehen heute davon aus, dass die Künstlerinnen und Künstler näher an der Wahrheit sind als wir, die wir nicht Künstler sind. Die durch die Probleme der Zeit gezeichnete Gesellschaft sucht in der Kunst ihr neues Heil. Die Welt ist unüberschaubar geworden und droht in der Informations- und Bilderflut zu ersticken. Der in Frage stellende, aber auch der ordnende, schöpferische Geist der Künstlerin, des Künstlers und die Kunst «aus innerer Notwendigkeit» werden wichtiger denn je.

Was anderes war das Bild schon immer, als der Versuch, Akzente zu setzen, Geschriebenes und Gesprochenes zu ergänzen, auszuloten, zu vertiefen? Das Bild war und ist nie nur simple Illustration, es führt den Betrachter stets weit über die unmittelbare Erscheinung hinaus. Ein gutes Bild ist letztlich nicht fassbar und hat stets Aspekte, die unverständlich und unerklärlich sind und bleiben müssen – sonst wäre es kein Kunstwerk! Die Kraft des Bildes löst Zustimmung und Ablehnung aus.

Zwingli berief sich auf die Tempelreinigung Jesu, als er 1528 in Bern die Wegschaffung der Heiligenbilder forderte. Ein kühner Vergleich! Denn der Evangelist Johannes lässt Christus auf die Fragen der Juden sagen: «Reisst diesen Tempel nieder, in drei Tagen werde ich ihn wieder aufrichten.» Die Tempelreinigung ist eine Metapher für die Auferstehung. Nicht nur die Reformatoren bedienten sich dieses Bildes, nein, auch die Vertreter der katholischen Gegenreformation; das um 1570 gemalte monumentale Gemälde Giorgio Vasaris im Kunsthistorischen Museum in Wien legt davon beredtes Zeugnis ab.

Die Bilder von damals waren natürlich nichts, ein Tropfen bloss, im Vergleich mit der Bilderflut von heute! Deshalb vermochte im 16. Jahrhundert noch jedes einzelne, von Künstlerhand geschaffene Bild seine künstlerische und seine propagandistische Wirkung ungefiltert auszuüben. Und mehr noch: Der grausame Schnitt des Bildersturmes vermochte Kräfte freizusetzen, die das «Kunstwerk» erst zu einem solchen machten. Die freie, die zweckfreie Kunst ist dagegen ein Phänomen des ausgehenden 19. und des 20. Jahrhunderts; der Impressionismus war das Startzeichen dieser Entwicklung, welche die Kunst von heute prägt. Das Ende der Ikonographie markiert diesen Paradigmenwechsel, wird gesagt. Es sind neue Ikonographien entstanden: die Ikonographie des Alltäglichen und die unfigürliche Ikonographie. Die Ursprünge der letzteren sind so alt wie die Kunst; sie ist der Kern der Moderne. Die Väter der Konkreten Malerei, Mondrian und die De Stijl-Künstler, haben sich an ein striktes Abbildverbot gehalten; als bekennende Calvinisten visualisieren sie die abstrakten Grundlagen und die Gesetze, nach denen die Zukunft errichtet werden soll. Was dabei fehlt, ist der Bezugspunkt ausserhalb des Menschen und dessen Alltag.

Die Kunstwerke sprechen für sich. Die Ausstellung ist auch zu verstehen als Einladung zur Selbstreflexion, als Markierung der Jahrtausendwende, sicher als Rückblick, aber wichtiger noch: als Ausblick auf neue Perspektiven.

Vorwort der Herausgeberin und der Herausgeber des Katalogs

Cécile Dupeux

Peter Jezler

Jean Wirth

Als die Reformation seit den 1520er Jahren die westliche Kirche spaltete, schenkten die grossen Reformationsführer dem Problem, ob man Bilder verwenden dürfe oder nicht, anfangs wenig Aufmerksamkeit. Anders war die breite Bevölkerung betroffen, für sie wurde die Zerstörung der Bilder zur Schicksalsfrage. Mit einer geräumten Kirche setzte man das Zeichen dafür, dass man sich unwiederbringlich vom alten Glauben losgesagt hatte und zur Reformation und damit zu einer völlig neuen Lebensweise übergetreten war. Der Bildersturm war für die Allgemeinheit gleichsam die Unterzeichnung einer Unabhängigkeitserklärung gegenüber Rom und die Besiegelung eines Bündnisses mit den Gleichgesinnten. Die Wiederherstellung der alten Zustände hätte Kosten verursacht, wie sie davor nur im Zeitraum von Generationen geleistet werden konnten.

Galt den Altgläubigen die Zerstörung von Kirchenbildern als Sakrileg, so wurde sie auf Seiten der Reformation als gottgefälliges Werk erachtet: dies in der Meinung, man müsse den von Christus wegführenden Götzendienst ausrotten. Als aber im 19. Jahrhundert die Kunst als solche an Sakralität gewann und die Aura des Kunstwerkes jene der religiösen Bedeutung zu überstrahlen begann, setzte sich auf den Bilderstürmern der Makel der Barbarei fest. Die Geschichte wurde zur unangenehmen Erinnerung.

Die protestantisch geprägte Reformationsforschung wich dem Thema aus, aber auch die übrigen Wissenschaften zeigten wenig Interesse daran. Erst in den 1960er Jahren setzte eine intensive, wissenschaftliche Behandlung ein, und zwar gleichzeitig aus kirchengeschichtlichem, kunsthistorischem sowie sozial- und mentalitätsgeschichtlichem Blickwinkel.

Nach mehr als drei Jahrzehnten der wissenschaftlichen Aufarbeitung erstaunt es nicht, dass der Gedanke, dem faszinierenden Thema erstmals eine Ausstellung zu widmen, gleichzeitig an mehreren Orten aufgekommen ist. Dem Bernischen Historischen Museum gab der sensationelle Berner Skulpturenfund von 1986 den Anlass, für das Musée de l'Œuvre Notre-Dame in Strassburg war es das Interregioprojekt «Um 1500 – Epochenwende am Oberrhein». Es liegt nahe, die Anstrengungen und Ressourcen zu vereinen und gemeinsam ein gewichtiges Projekt daraus zu machen.

Ist aber eine Ausstellung über den Bildersturm überhaupt realisierbar? Die untergegangenen Werke stehen nicht mehr zur Verfügung, und jene Städte, die wie Strassburg und Bern einen Bildersturm erlitten haben, verfügen nur noch über eine beschränkte Auswahl an Werken, welche die Situation vor der Reformation illustrieren könnten. – Was soll man zeigen?

Schnell hat sich herausgestellt, dass sich die Bestände der beiden beteiligten Museen vorzüglich ergänzen, um anhand von Objekten die Geschichte des Bildersturms zu erzählen. Wo etwas fehlte, konnten die Lücken durch grosszügige Leihgaben anderer Institutionen geschlossen werden.

Die Zerstörung eines Kunstwerks bedeutet nicht unbedingt auch sein definitives Verschwinden. Es gibt relativ viele Objekte, die noch heute die Spuren des Bildersturms tragen und gerade deshalb von grösstem Interesse sind. Auf ihnen überlagern sich mehrere Zeugnisebenen, die eine mehrschichtige Lektüre erlauben. Einmal haben wir es mit Kultobjekten zu tun, die gerade wegen ihrer religiösen Macht zum Angriffsziel geworden sind. Dann handelt es sich um packende Dokumente zum Ablauf einer der grössten kulturellen Umwälzungen, die das Abendland je erfahren hat. Aber auch die Ästhetik des Kunstwerks gewinnt eine neue Dimension. Vielfach vermögen gerade die ikonoklastischen Verletzungen die Qualitäten der intakt gebliebenen Teile ins Bewusstsein zu bringen. Kurz: eine Ausstellung über den Bildersturm stellt mittelalterliche Kunstwerke in ihren geschichtlichen Kontext, erzählt von atemberaubenden Vorgängen und stellt die Sinnfrage der Kunst grundsätzlich und über ihre historischen Zusammenhänge hinaus.

Trotz der weitgehenden Übereinstimmung darüber, welche Aspekte für eine Ausstellung relevant seien, verlangte die jeweils verschiedene Ausgangssituation in Bern und in Strassburg die Realisierung zweier teilweise eigenständiger Konzepte. Während in Bern die Reformation definitive Zustände geschaffen hat, folgten in Strassburg die Gegenreformation und die Französische Revolution mit teilweise nicht minder grossen Zerstörungen. Daher legt die Ausstellung in Bern das Schwergewicht auch auf die Zustände vor der Reformation und stellt die erstmalig vollständige Präsentation des Skulpturenfundes ins Zentrum der Schau. In Strassburg hingegen bilden die Zerstörung des Hochaltars im Münster und der Abbruch des Lettners anlässlich der Rekatholisierung sowie die Angriffe auf die Portale in der Französischen Revolution eigene Hauptthemen.

Vergleicht man die beiden Städte, begreift man den Bildersturm der Reformation unter zwei sich ergänzenden Gesichtspunkten. Bei einer zeitgleichen Betrachtungsweise ist es der sichtbarste Akt dieses religiösen, politischen und sozialen Umsturzes, der das Ende des mittelalterlichen Christentums markiert. In einer entwicklungsgeschichtlichen Betrachtungsweise ordnet sich der Vorgang in eine lange Geschichte der Bilderverehrung und der Bilderverdammung ein.

Leihgebende Institutionen

(B): In Bern ausgestellt
(S): In Strassburg ausgestellt

Amsterdam, Rijksmuseum: Kat. 148(B)

Aschaffenburg, Museen der Stadt: Kat. 40

Basel, Historisches Museum: Kat. 30(B), 183(B)

Basel, Museum der Kulturen: Kat. 82, 109, Abb. 28

Basel, Öffentliche Bibliothek der Universität: Kat. 137(B)

Berlin, Staatliche Museen, Kupferstichkabinett: Kat. 101(S), 115(S), 125(S), 126(S)

Bern, Archäologischer Dienst des Kantons: Kat. 2(B), 94, 103, 158(B), 159(B)

Bern, Burgerbibliothek: Kat. 111(B), 191(B)

Bern, Historisches Museum: Kat. 2(B), 4, 11, 12, 13, 14, 15, 16(B), 17, 18, 19, 20, 25(B), 33, 34, 39, 41, 46(B), 52.1–6, 52.8–12, 55, 56, 69, 70, 71, 72, 85, 92, 93, 98, 99, 100, 102, 105, 110, 117, 119(B), 121, 124, 132, 133, 153, 154(B), 155(B), 156(B), 157(B), 158(B), 160, 161, 176(B), 177(B), 178, 180, 182(B), 189, 197, 199(B), 201, 202, 203, 205.5–10, 236

Bern, Institut für Klassische Archäologie der Universität, Antikensammlung: Kat. 1

Bern, Kunstmuseum: Kat. 62(B)

Bern, Staatsarchiv: Kat. 58(B), 66.1–5(B), 78(B), 79(B), 188(B)

Bern, Stadt- und Universitätsbibliothek: Kat. 89(B), 106(B), 138(B), 139, 141(B), 190(B), 192(B)

Brixen, Diözesanmuseum: Kat. 36(B), 37(B)

Chambéry, Musée Savoisien: Kat. 175

Colmar, Musée d'Unterlinden: Kat. 123

Delsberg, Musée Jurassien d'Art et d'Histoire: Kat. 10

Douai, Musée de la Chartreuse: Kat. 150

Einsiedeln, Stiftsbibliothek: Kat. 88

Estavayer-le-Lac, Paroisse catholique: Kat. 29

Freiburg i.Br., Augustinermuseum, Adelhausenstiftung, : Kat. 116

Freiburg i.Üe., Evêché, Collection épiscopale: Kat. 174

Freiburg i.Üe., Kantons- und Universitätsbibliothek: Kat. 112

Freiburg i.Üe., Museum für Kunst und Geschichte: Kat. 127

Freiburg i.Üe., St. Niklausenpfarrei: Kat. 83

Genf, Bibliothèque Publique et Universitaire: Kat. 120(B)

Genf, Musée d'Art et d'Histoire: Kat. 5(B), 6(B), 168(B)

Genf, Paroisse Notre-Dame: Kat. 173(B)

Halle/Saale, Marienbibliothek: Kat. 75

Karlsruhe, Badisches Landesmuseum: Kat. 169(S), 170(S)

Kaysersberg, Musée de Kaysersberg: Kat. 129

Klagenfurt, Dompfarre St. Peter und Paul, Diözesanmuseum: Kat. 84(B)

Köln, Schnütgen-Museum: Kat. 24, 31, 35, 74

Lausanne, Musée cantonal d'archéologie et d'histoire: Kat. 163(B), 164(B), 165(B)

Lenzburg, Historisches Museum Aargau: Kat. 118(B)

Luzern, Historisches Museum: Kat. 128

Mulhouse, Musée Historique: Kat. 57

München, Bayerische Staatsbibliothek: Kat. 193(B), 195(B)

Münster, Stadtmuseum: Kat. 166(S)

Näfels, Museum des Landes Glarus: Kat. 171(B)

New York, Metropolitan Museum of Art: Kat. 208(S)

Nürnberg, Germanisches Nationalmuseum: Kat. 185(S), 186(S)

Nürnberg, von Scheurl Bibliothek: Kat. 147(B)

Obernai, Hôpital Civil: Kat. 38

Obernai, Hôtel de Ville d'Obernai: Kat. 49, 50, 60

Rotterdam, Museum Boijmans Van Beuningen: Kat. 107, 108

Sarnen, Staatsarchiv Obwalden: Kat. 51.2(B)

St. Gallen, Historisches Museum: Kat. 167(B)

St. Gallen, Stiftsbibliothek: Kat. 23(B)

Sélestat, Bibliothèque Humaniste: Kat. 95, 96, 196

Spiez, Stiftung Schloss: Kat. 68

Strassburg, Archives Municipales: Kat. 44(S), 51.4, 63, 65, 184, S. 391 (Abb. 66)

Strassburg, Bibliothèque du Grand Séminaire: Kat. 45, 114, 131(B)

Strassburg, Bibliothèque Nationale et Universitaire: Kat. 47, 51.1, 52.7, 89(S), 106(S), 130, 131(S), 137(S), 133(S), 140, 143(S), 146, 190(S), 192(S), 194(S), 197, 204, 205.3, 205.4

Strassburg, Cabinet des Estampes et des Dessins: Kat. 172(S), 206(S), 207(S), 214(S), 215(S), 220(S), 225(S)

Strassburg, Collège Épiscopal Saint-Étienne: Kat. 216, 217

Strassburg, Collegium Wilhelmitanum: Kat. 195(S)

Strassburg, Musée Archéologique: Kat. 3(S)

Strassburg, Musée de l'Œuvre Notre Dame: Kat. 9, 26, 28, 32, 42(S), 43, 48, 59, 61, 64, 73, 81, 113, 122, 209, 210, 211, 212, 213, 218, 219, 221, 222, 223(S), 224, 226(S), 227(S), 228(S), 229, 230(S), 231(S), 232, 233, 234

Strassburg, Musée des Beaux-Arts: Kat. 8

Villingen-Schwenningen, Franziskanermuseum: Kat. 90

Willisau, Katholische Kirchgemeinde: Kat. 27

Zofingen, Historisches Museum: S. 251 (Abb. 29), Kat. 104

Zürich, Kunsthaus: Kat. 7, 54, 181

Zürich, Schweizerisches Landesmuseum: Kat. 22(B), 51.5(B), 51.7(B), 51.8(B), 77(B), 87(B),

Zürich, Zentralbibliothek: Kat. 135(B), 136(B), 142(B), 143(B), 151/152(B)

Zug, Museum in der Burg: Kat. 86

Verschiedene Privatsammlungen: Kat. 21, 76, 162, 200, 235

Folgende Objekte sind nur im Katalog vertreten:
Kat. 51.3, 51.6, 53, 67, 80, 91, 97, 134, 144, 145, 149, 179, 187, 198, 205.1, 205.2

Ein Bilderstürmer zerrt an einem Kruzifix. – Inszenierung in der Berner Ausstellung. Szenografie: Raphaël Barbier/Philip Brand; Figurine: Gerry Embleton. Foto: Bernisches Historisches Museum, Stefan Rebsamen.

Mitarbeiterinnen und Mitarbeiter der deutschen Ausgabe des Katalogs

Herausgeber:
Cécile Dupeux, Peter Jezler, Jean Wirth

Produktion und Redaktionsleitung:
Gabriele Keck, Christian von Burg

Redaktion:
Karl Zimmermann, Susan Marti, Käthy Bühler

Übersetzungen aus dem Französischen:
Gabriele Keck, Susan Marti, Sabine Rufener, Quirinus Reichen, Irène Kuhn, Philippe Mottet, Lea Stöckli

Bildredaktion:
Peter Jezler, Christian von Burg, Gabriele Keck

Bildadministration:
Rita Bucher-Jolidon

Assistenz:
Regula Luginbühl, Manuel Kehrli

Kataloggestaltung:
Heinz Egli, NZZ Verlag

Druck:
Stämpfli AG, Bern

Titelbild:
poste 4, Strassburg

Wir danken:

Allen Autorinnen und Autoren sowie Brigitte Bachmann-Geiser, Armand Baeriswyl, Adriano Boschetti, Corinne Charles, Marie-Claire Berkemeier-Favre, Claude Clément, Claudia Engler, Hans-Ulrich Geiger, Martin Germann, Daniel Gutscher, Monja Grossenbacher, Peter Habicht, Yvonne Hänni, Higi Heilinger, Karin Hostettler, Fabienne Hoffmann, Gurli Jensen, Gilbert Kaenel, Thomas Lörtscher, Kurt Lussi, Peter Martig, Jakob Messerli, Philippe Mottet, NZZ Buchverlag, Nicolas Schätti, Hermann Schöpfer, Franz-Josef Sladeczek, Cornelia Specker, Stämpfli AG, Marlis Stähli, Karl Stockar, Familie Tripps, Roland Wegner, Benedikt Zäch, Urs Zumbrunn
... und mehr als vierzehn ungenannten Nothelferinnen und Nothelfern.

Mitarbeiterinnen und Mitarbeiter der Ausstellung in Bern

Projektleitung:
Peter Jezler

Sonderausstellung:
Szenografie:
Raphaël Barbier, Bern; Philip Brand, Bern

Figurinen:
Gerry Embleton, Prêles

Typographie:
Jürg Schönenberger, Zürich

Lichtdesign:
Stephan Haller, Zürich; Firma Matì, Wädenswil

Kommissariat:
Marianne Berchtold

Public Relations:
Volker Wienecke

Sponsoring:
Christine Szakacs

Museumspädagogik:
Susanne Ritter-Lutz

Begleitprogramm:
Gurli Jensen

Ausstellungs-Assistenz:
Christian von Burg

Aufbau und Beschriftung:
Laurent Auberson, Patrick Berger, Rudolf Bienz, Gudula Breitenbach, Bruno Bürki, Karen Christie, Oliver Gugger, Hans-Rudolf Hirschi, Heidi Hofstetter, Yvonne Hurni, Barbara Junod, Gabriele Keck, Manuel Kehrli, Françoise Linder, Annalise Lingg-Schwab, Regula Luginbühl, Bruno Lüthi, Susan Marti, Philippe Mottet, Thomas Psota, Stefan Rebsamen, Quirinus Reichen, Urs Reinhard, Lisbeth Schmitz, Daniel Schmutz, Martina Strausak, Ursula Sturzenegger, Heidi Tschanz, Urs Wüthrich, Karl Zimmermann

Administration:
Rosmarie Ammon, Heidi Baumann, Rita Bucher-Jolidon, Käthy Bühler, Barbara Hirsig, Felix Müller, Meggie Piller, Susanne Qualig, Hannes Schläfli, Reto Störi, Esther Zaugg, Franziska Zürcher

Dauerausstellung Berner Skulpturenfund:
Architektur: Niklaus Stoll, Gümligen

Wissenschaftliche Beratung:
Franz-Josef Sladeczek, Bern
Konservierung: Urs Zumbrunn, Kirchberg

Videoinstallation
«... als tausend Worte»: Franticek Klossner, Bern

Mitarbeiterinnen und Mitarbeiter der Ausstellung in Strassburg

Projektleitung:
Cécile Dupeux, Konservatorin am Musée de l'Œuvre Notre-Dame

Wissenschaftliche Beratung:
Jean Wirth, Ordinarius für mittelalterliche Kunstgeschichte an der Universität Genf

Mitarbeit Katalogproduktion und wissenschaftliche Dokumentation:
Barbara Gatineau; Assistenz Isabelle Klein, Florent Ostheimer

Direktor der Strassburger Museen:
Fabrice Hergott

Administration:
Odile Mandon, Pierre Perrin, Eliane Moxel

Koordination Leihverkehr und Transporte:
Pauline Faure; Assistenz: Cathie Meyer

Öffentlichkeitsarbeit:
Florence Bourquin, Marie Ollie

Dokumentation:
Christine Spéroni

Assistenz:
Catherine Paulus

Fotografie:
Angèle Plisson

Museumspädagogik:
Margaret Pfenninger, Mireille Goffinet

Restaurierung:
Francine und François Pequignot

Szenografie:
Atelier Jérôme Habersetzer

Aufbau:
Technischer Dienst der Museen unter der Leitung von Daniel Del Degan und Xavier Clauss

Inhaltsverzeichnis

Zum Geleit

Ruth Dreifuss, Bundesrätin	5
Catherine Trautmann, Stadtpräsidentin von Strassburg	5
Mario Annoni, Regierungsrat, Präsident der Aufsichtskommission des Bernischen Historischen Museums	6
Fabrice Hergott, Direktor der Strassburger Museen	6
Christoph Eggenberger, PRO HELVETIA Schweizer Kulturstiftung	7
Cécile Dupeux, Peter Jezler, Jean Wirth, Herausgeberin und Herausgeber	8
Leihgebende Institutionen	9

1 Bilderkult und Bildersturm

Peter Jezler	Von den Guten Werken zum reformatorischen Bildersturm – Eine Einführung	20
Jean Wirth	Soll man Bilder anbeten? Theorien zum Bilderkult bis zum Konzil von Trient	28
Johannes Tripps	Bilder und private Devotion	38
Sergiusz Michalski	Die Ausbreitung des reformatorischen Bildersturms 1521–1537	46
Beat Hodler	Bildersturm auf dem Land. Der «Gemeine Mann» und das Bild	52
Olivier Christin	Frankreich und die Niederlande – Der zweite Bildersturm	57

2 Städteporträts zum Bildersturm

Norbert Schnitzler — Wittenberg 1522 – Reformation am Scheideweg? — 68

Peter Jezler — Der Bildersturm in Zürich 1523–1530 — 75

Frank Muller — Der Bildersturm in Strassburg 1524–1530 — 84

Gudrun Litz — Nürnberg und das Ausbleiben des «Bildersturms» — 90

Franz-Josef Sladeczek — Bern 1528 – Zwischen Zerstörung und Erhaltung — 97

3 Kommentierte Quellenberichte über Bilder, Bilderstürmer und Betroffene

Peter Jezler	1415, Küsnacht bei Zürich	Die Bauern wollen verhindern, dass ein modernes Marterkruzifix aufgerichtet wird	106
Beat Immenhauser	1463, Bern	Johannes Bäli entwendet in Köln die Schädelreliquie des hl. Vinzenz und bringt sie nach Bern	107
Guy P. Marchal	1443, Horgen, Kanton Zürich	Bildersturm schon 60 Jahre vor der Reformation: «Got grues dich frow metz, wes stest du da?»	108–109
Kurt Lussi	1479, Konstanz	Mit den Reliquien des hl. Magnus werden die Engerlinge vertrieben	110
Peter Jezler	1496/1504, Rossau, Kanton Zürich	Wenn die Untertanen mehr «Kirche» wollen, als die Kirchenobern zu gewähren bereit sind	111
Lucas Burkart	1501, Florenz	Die Muttergottes mit Pferdemist beworfen: Antonio di Giuseppe Rinaldeschi schändet ein Madonnenbild und wird gehängt	112–113
Jean Wirth	1510, Strassburg	Schon vor der Reformation predigt Johannes Geiler den richtigen Umgang mit den Bildern	114
Quirinus Reichen	1522, Luzern	Aureola Göldli – in der Schweiz beginnt der Bildersturm mit einer Frau	115
Peter Habicht	1523, Weiningen, Kanton Zürich	Bilderstürmer zwingen zwei Heilige zum Beischlaf und enthaupten eine Christusfigur	116
Peter Jezler	1523, Russikon im Zürcher Oberland	Die Bauern wollen plötzlich vom bestellten Altarschrein nichts mehr wissen	117
Christian von Burg	1524, Aadorf, Kanton Thurgau	In der Weihnachtsnacht werden die Kirchenbilder wie Verbrecher geviertelt und ins Moor geworfen	118
Frank Muller	1525, Strassburg	Sechs Bürger verlangen vom Rat, die Messe abzuschaffen und bestimmte «ergerlich göttz» aus dem Münster zu entfernen	119

Inhaltsverzeichnis

Christian von Burg	16. Jahrhundert, Mitteleuropa	«Ich schisse in das heilig krüz!» – Wie Ikonoklasten mit Fäkalien Bilder und Altäre schänden	120
Franz-Josef Sladeczek	1528, Bern	Der altgläubige Hans Schnyder verteidigt den Altar seiner Zunft bis aufs Messer	121
Armand Baeriswyl	1528, Bern	Wie aus der Kapelle zum Elenden Kreuz ein städtischer Richtplatz wird	122–124
Brigitte Bachmann-Geiser	1528, Bern	Anstelle des Magnificat spielt der Organist das Spottlied «O du armer Judas»	125
Christian von Burg	1529, Kloster St. Katharinenthal	Die Nonnen aus dem Kloster St. Katharinenthal bei Diessenhofen, Kanton Thurgau verteidigen sich gegen die anstürmende Stadtbevölkerung und retten ihre Bilder	126–127
Lucas Burkart	1529, Basel	Aus der Fastnacht in den Bildersturm: Knaben und junge Männer schänden das Kruzifix aus dem Basler Münster	128
Marlis Stähli	1530er Jahre, Zürich	Ein reicher Zunftherr ruft in der Frage des privaten Bildbesitzes zu Toleranz auf	129
Christian von Burg	1530, Baar, Kanton Zug	Magdalena Sutter aus Affoltern hofft, durch die Berührung mit einem Messgewand geheilt zu werden	130
Franz-Josef Sladeczek	1532, Bremgarten, Kanton Aargau	Geschmuggelte Altarfiguren werden zwischen Heringen entdeckt	131
Christian von Burg	1533, Augsburg	Zechpfleger Marx Ehem stürmt mit Waffengewalt die St. Moritzkirche und lässt Anton Fuggers Bild des Himmelfahrts-Christus auf dem Kirchenboden zerschellen	132–133

4 Katalog der ausgestellten Objekte			

Entwicklung der christlichen Bilderverehrung — Kat. 1–10 — 136–149

    Einleitung
    Antike
    Frühes Christentum
    Mittelalter

Kirchliche Macht und Objekte des Kults — Kat. 11–35 — 150–175

    Kirchliche Hierarchie
    Sakramente
    Sakramentalien
    Reliquien
    Bilder

Schutz der Heiligen und ihre Bilder — Kat. 36–58 — 176–199

    Schutzpatrone gegen Krankheit
    Schutzpatrone für Privatpersonen
    Schutzpatronin einer Stadt
    Schutzpatrone der Zünfte – Heilige auf Siegeln
    Heilige auf Münzen – Heilige im Krieg

Finanzierung mit Donation und Stiftung — Kat. 59–73 — 200–217

    Fegefeuer
    Almosen und Kirchenschmuck
    Die dankbaren Toten
    Memoria
    Ablass – Privatkapelle

Handelnde Bilder im Kirchenjahr — Kat. 74–92 — 218–243

    Einleitung – Weihnachten
    Neujahr und Beschneidung – Fastenzeit
    Palmsonntag – Kartage
    Karfreitag – Ostern
    Himmelfahrt – Pfingsten – St. Urbanstag

Wallfahrt: Alltag und Skandale — Kat. 93–109 — 244–257

    Pilger – Wallfahrtsbildchen
    Votivfiguren – Einsiedeln – Oberbüren
    Bern: Jetzerhandel
    Devotionalien

Andachtsbilder von Ordensleuten und Privatpersonen — Kat. 110–126 — 258–279

    Stundengebet
    Brautmystik
    Passionsandacht
    Für Mächtige und Reiche
    Für kleine Leute

Umstrittene Bilder und ihre Kritiker — Kat. 127–134 — 280–289

    Gnadenstuhl – Dreigesicht
    Schreinmadonna
    Verführerische Heilige
    Jan Hus – Erasmus von Rotterdam

Inhaltsverzeichnis

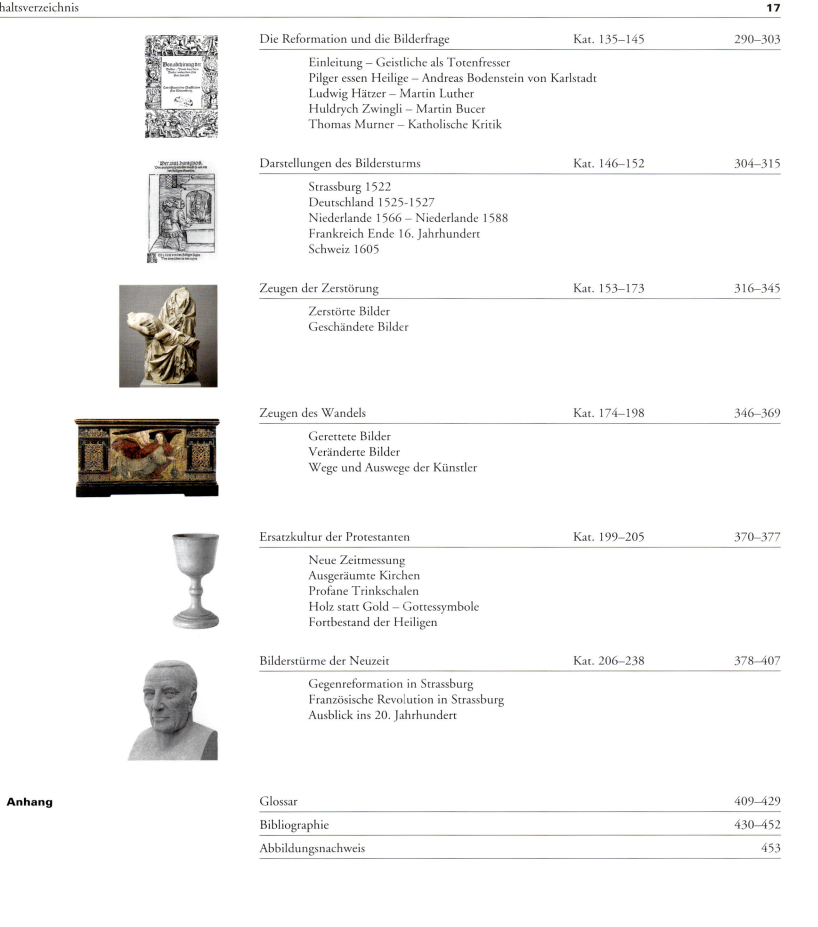

Die Reformation und die Bilderfrage	Kat. 135–145	290–303

Einleitung – Geistliche als Totenfresser
Pilger essen Heilige – Andreas Bodenstein von Karlstadt
Ludwig Hätzer – Martin Luther
Huldrych Zwingli – Martin Bucer
Thomas Murner – Katholische Kritik

Darstellungen des Bildersturms	Kat. 146–152	304–315

Strassburg 1522
Deutschland 1525-1527
Niederlande 1566 – Niederlande 1588
Frankreich Ende 16. Jahrhundert
Schweiz 1605

Zeugen der Zerstörung	Kat. 153–173	316–345

Zerstörte Bilder
Geschändete Bilder

Zeugen des Wandels	Kat. 174–198	346–369

Gerettete Bilder
Veränderte Bilder
Wege und Auswege der Künstler

Ersatzkultur der Protestanten	Kat. 199–205	370–377

Neue Zeitmessung
Ausgeräumte Kirchen
Profane Trinkschalen
Holz statt Gold – Gottessymbole
Fortbestand der Heiligen

Bilderstürme der Neuzeit	Kat. 206–238	378–407

Gegenreformation in Strassburg
Französische Revolution in Strassburg
Ausblick ins 20. Jahrhundert

5 Anhang

Glossar	409–429
Bibliographie	430–452
Abbildungsnachweis	453

1 Bilderkult und Bildersturm

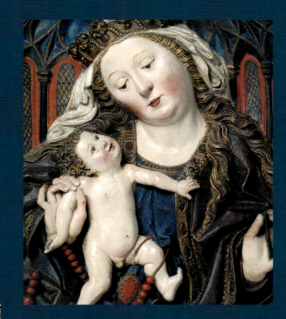

Peter Jezler

Von den Guten Werken zum reformatorischen Bildersturm – Eine Einführung

In den 1520er Jahren vollzog sich mit der Reformation ein kultureller Umsturz, der für den weiteren Verlauf der Weltgeschichte von allergrösster Bedeutung werden sollte. In allen früheren Kulturen von Mesopotamien, über das Judentum, die klassische Antike bis ins christliche Mittelalter mussten Gott oder die Götter mit Geschenken versöhnt werden. Immer machten die Opferriten besondere Einrichtungen erforderlich: Tempel und Kirchen, Altäre und Priesterschaft, Bilder oder bildlose Kultgeräte.

Das änderte sich grundlegend, als Martin Luther 1520 seine Flugschrift «Von den guten Werken» publizierte.[1] Es entstand eine völlig neuartige Religion, die auf das Opfer verzichten konnte. Beim Übergang von der alten zu dieser neuen Kultur spielte die Ausserkraftsetzung und Zerstörung von Sakralbildern und Kultgerät eine zentrale Rolle. – Die vorliegende Einführung will in knappen Zügen Grundlagen für das Verständnis der Zustände vor und für die bildfeindlichen Vorgänge während der Reformation vermitteln.

Die Frage des reichen Jünglings

Die Bibel enthält als Textsammlung verschiedenster Autoren sehr widersprüchliche Aussagen (dass dazu manches in vieldeutigen Wortbildern geäussert wird, macht die Auslegung nicht einfacher). Eine Schlüsselstelle mit weitreichenden Folgen für die abendländische Kulturgeschichte ist jene von der Frage des reichen Jünglings (Matthäus 19,16–26). Sie kann sehr unterschiedlich interpretiert werden.

Halte die Gebote
16 Und siehe, jemand trat auf Jesus zu und sagte: «Meister, was muss ich Gutes tun, um ewiges Leben zu erlangen?» 17 Er aber sprach zu ihm: «Was fragst du mich über das Gute? Einer ist der Gute. Willst du aber ins Leben eingehen, so halte die Gebote.» 18 Der sagte zu ihm: «Welche?» Jesus antwortete: «Du sollst nicht töten, du sollst nicht ehebrechen, du sollst nicht stehlen, du sollst kein falsches Zeugnis ablegen, 19 ehre Vater und Mutter, und du sollst deinen Nächsten lieben wie dich selbst.»

Erwerbe einen Schatz im Himmel
20 Der Jüngling erwiderte ihm: «Das alles habe ich befolgt, was fehlt mir noch?» 21 Jesus sprach zu ihm: «Willst du vollkommen sein, so geh hin, verkaufe, was du hast, und gib es den Armen – und du wirst einen Schatz im Himmel haben – und komm und folge mir nach.» 22 Als der Jüngling aber das Wort gehört hatte, ging er traurig davon, denn er hatte viele Güter.

Die Gefahr des Reichtums
23 Jesus aber sprach zu seinen Jüngern: «Wahrlich, ich sage euch, ein Reicher wird schwer in das Himmelreich hineingelangen. 24 Ja, ich sage euch noch einmal: Leichter kommt ein Kamel durch ein Nadelöhr hindurch als ein Reicher in das Reich Gottes hinein.» 25 Als das die Jünger hörten, erschraken sie sehr und sagten: «Wer kann dann gerettet werden?» 26 Jesus aber blickte sie an und sprach zu ihnen: «Unmöglich ist es bei Menschen, bei Gott aber ist alles möglich.»

Die Entstehung des Seelgeräts

All sein Gut zu verkaufen und das Geld den Armen zu verschenken (Matthäus 19,21) – diese harte Forderung an die Reichen liess sich nicht durchsetzen. Daher suchten die Kirchenväter seit dem 4. Jahrhundert nach Kompromissen. Wer den Armen und damit Christus nicht alles schenken will, solle wenigstens einen Teil weitergeben. In der Praxis fand man die Lösung darin, dass beim Erbgang ein Teil an die Armen fallen sollte, sei es in einer festen Quote für Christus oder in einer flexiblen Sohnesquote, bei der Christus zu den eigenen Nachkommen hinzugezählt wurde.[2] Johannes Chrysostomos forderte beispielsweise in der zweiten Hälfte des 4. Jahrhunderts: «Teile mit Christus das Vermögen. Du willst ihm nicht das ganze gewähren? Gib ihm wenigstens die Hälfte, gib ihm wenigstens den dritten Teil. Er ist dein Bruder und Miterbe. Mache ihn auch hier zu deinem Miterben. Was du jenem gibst, wirst du auch dir geben (Homilie 45 ad Matthaeum 2)». Daraus wurde das Seelgerät (lat. *testamentum),* der Vorrat für die Seele. Wer von seinem Vermögen etwas den Armen und damit Christus vermachte, legte sich damit einen Schatz im Himmel an und konnte mit günstiger Aufnahme der Seele im Jenseits rechnen.[3]

In frühchristlicher Zeit kamen die Seelgeräte tatsächlich vorwiegend den Armen zugute. Die Diakonie der Ortskirchen nahm die Gaben entgegen und sorgte für die Verteilung unter den Bedürftigen. Schon bald muss jedoch ein Prozess eingesetzt haben, der in seinen einzelnen Stufen nicht mehr fassbar ist, den man sich jedoch folgendermassen vorstellen kann: Wenn irgendwo eine neue christliche Gemeinde entstand, brauchte sie zur Feier der Gottesdienste ein Kirchengebäude. Was aber, wenn nun eine reiche Frau oder ein reicher Mann den Baugrund zur Verfügung stellte, das Gebäude bezahlte oder ein Kapital stiftete, aus dessen Zinsen das kirchliche Personal bezahlt werden konnte? War das nicht auch ein Geschenk an die Armen? War die geistige Nahrung, die dadurch ermöglicht wurde, nicht noch wichtiger als die leibliche? – War es aber nicht auch angemessen, das Haus Gottes seiner Funktion entsprechend zu zieren oder mit Kerzen, angenehmen Düften, wohlklingendem Gesang und nicht zuletzt mit Bildern zu versehen?

Für das Gebot «Verkauf alles und gib das Geld den Armen» liess sich der Geltungsbereich fast beliebig ausdehnen. Im Mittelalter bestand jedenfalls ein breiter Konsens darüber, dass die Förderung der Gottesdienste und die Donationen für die Kirchenzierde gleichbedeutend mit der Austeilung von Almosen seien.[4] «Kirchen schmücken» wurde zu einer Sonderform des Almosens.

Die kulturgeschichtlichen Folgen dieser Einstellung waren unerhört. Wohl nie in der abendländischen Geschichte hat man einen so grossen Teil des Volksvermögens und einen so grossen Teil der erwirtschafteten Erträge für die Pflege des Kults eingesetzt, wie in der Zeit zwischen dem 12. und frühen 16. Jahrhundert. Die Städte wurden von reich ausgestatteten Kathedralen oder Münsterbauten dominiert. Die Landschaft war von Klöstern und Wegkapellen durchsetzt. In den Dörfern blieb der Bau einer spätgotischen Pfarrkirche die grösste Gemeinschaftsleistung bis zur industriellen Revolution.[5]

Die frommen Stiftungen und die Kunstproduktion

Mit der Erfindung des Fegefeuers[6] wurde die Funktion des Seelgeräts zunehmend konkreter (Abb. 1). Wer nach dem Tode schnell in den Himmel gelangen und nicht während Jahrhunderten läuternde Fegefeuerqualen erleiden wollte, musste im Diesseits Gute Werke leisten. Das führte dazu, dass neben dem Altar für den Gemeindegottesdienst noch eine Fülle von Privataltären entstand, die einzig dazu dienten, dass Kapläne für die armen Seelen reicher Stifter Seelmessen lasen.

Für die Kunstproduktion brach eine goldene Zeit an. Allein die Stiftung einer Privatkapelle wie jener der Familie von Diesbach an der Südseite des Berner Münsters (vgl. S. 210) zog eine ganze Liste von Aufträgen an Künstler nach sich. Es mussten erstellt werden: ein Rippengewölbe mit Wappenstein, ein Glasfenster mit Wappenscheiben, Wandmalereien, ein Familiengestühl mit Schnitzereien, Grabplatten für die Stifterfamilie, ein Bahrtuch zum Schmuck der Gräber, ein Altarstein, ein Antependium als Vorhang davor, verschiedene Altartücher, zwei Altarleuchter, ein Altarkreuz, Kelch und Patene, die nötigen Messgewänder und Messbücher sowie ein Altarretabel (vgl. S. 210–215).

Die Diesbachkapelle war aber nur eine von insgesamt 26 Altarstellen im Berner Münster.[7] Die Stadtkirche von Biberach besass 17 geweihte und zwei ungeweihte Altäre, wovon 13 mit einem Schrein- und vier mit einem Tafelretabel geschmückt waren.[8] Im Ulmer Münster fanden sich gar 51 oder 52 Altäre.[9] Städte von der Grösse Ulms lagen im oberdeutschen Raum in Abständen von 60–120 km auseinander. In geringerer Distanz von 20–30 km folgten kleinere Orte wie Winterthur, dessen Stadtkirche immer noch 13 Altäre aufwies.[10]

Abb. 1
Coëtivy-Meister, Französisches Stundenbuch, Miniatur zum Totenoffizium, um 1460. Baltimore, Walters Art Gallery, Ms. W. 274, fol. 118. – Daran nahm Luther Anstoss: Seelmessen waren zum wichtigsten der Guten Werke geworden. Ein Priester zelebriert eine Seelmesse, drei schwarz verhüllte «Pleurants» leisten Fürbitte, drei Hinterbliebene knien neben dem Katafalk (verhülltes Gerüst über dem Grab), und an die Armen vor der Kirchentür werden Almosen verteilt. Die Massnahmen zeigen Wirkung. Zwei Engel erscheinen, um zwei arme Seelen aus dem Fegefeuer in den Himmel zu führen. Die restliche Schar von Büssenden muss noch der Erlösung harren und die Feuerqualen erdulden.

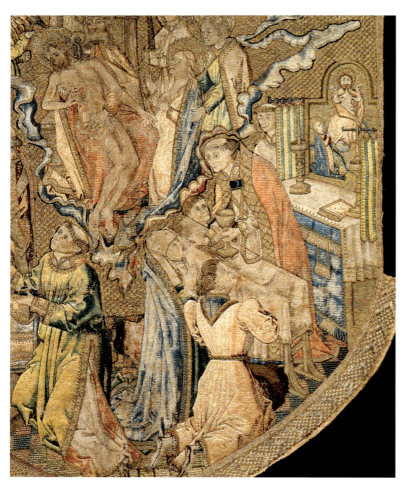

Abb. 2
Ausschnitt aus dem Chormantelschild des Stifters Jakob von Savoyen, Graf von Romont, um 1472 (vgl. Kat. 15). Bern, Historisches Museum, Inv. 308. – Die Stiftung einer ewigen Privatmesse zog die Herstellung vieler Kunstwerke nach sich: Der Priester trägt wertvolle Paramente, spendet dem Stifterpaar die Kommunion aus einem edelmetallenen Kelch, der Altarstein ist mit kostbaren Textilien bedeckt, auf dem Altar befinden sich ein Messbuch, zwei Altarleuchter und das Altarretabel mit einem Gemälde des Weltgerichts.

Dazwischen breitete sich feinmaschig das Netz der Landpfarreien aus, untereinander oft kaum eine Wegstunde entfernt, und selbst die Dorfkirchen waren mit drei bis fünf Altären ausgestattet. Zieht man in Betracht, dass während der letzten 50 Jahre vor der Reformation allein im zürcherischen Herrschaftsbereich jede zweite der rund hundert Landpfarrkirchen neu errichtet oder umgebaut wurde,[11] und dass dieser Kirchenbauboom weite Teile des Alpenraums und Oberdeutschlands ergriffen hatte,[12] beginnt man zu ahnen, dass die Werkstätten der Künstler zu Abertausenden Altarschreine und Messkelche produzieren konnten.

Fromme Stiftungen und ihre Kosten
Der Kult mit den vielen Stiftungen war kostspielig, denn viele der *piae causae* (Gaben in frommer Absicht) waren auf ewige Wirkung angelegt.[13] Ein Stiftungskapital sollte mit seinen Zinsen bis zum Jüngsten Tag am Ende der Welt unablässig einen Priester zum Lesen der Seelmessen finanzieren oder das Öl für ein ewiges Licht berappen.

Die Bauern leisteten nicht nur den Zehnten (jede zehnte Garbe des Ernteertrags) an den Unterhalt von Bischof, Pfarrherr und Kirchengebäude. Die meisten Güter und Höfe waren zudem mit Zinsen belastet. Sie bezahlten hier das Wachs für ein ewiges Licht, dort den alljährlichen Gottesdienst am Todestag einer längst verstorbenen Person (Jahrzeit), da den Gesang einer Festtagsprozession und andernorts das Festessen für jene Mönche, die am Jahrtag das Grab eines reichen Stifters besuchten («Pitanz»)[14] – nahe liegend, dass die Befreiung aus den für Seeldienste entstandenen Zins- und Abgabepflichten in den reformatorischen Bauernbeschwerden zu den Standardforderungen gehörte.[15]

Die Gemeinschaft der Lebenden mit den Toten hatte ihren Preis. Zur Erlösung der Armen Seelen im Fegefeuer wurden immer mehr Immobilien an kirchliche Institutionen vermacht. Dieser Grundbesitz in «Toter Hand» konnte gebietsweise einen erheblichen Teil des gesamten Landes ausmachen. Kirchlicher Besitz war steuerfrei und die Zinsen oft nicht ablösbar. Unablässig kamen neue Seeldienste für die frisch Verstorbenen hinzu, so dass die Toten die Lebenden «aufzufressen» drohten. Die Situation entwickelte sich für die Wirtschaft so bedrohlich, dass seit dem 13. Jahrhundert Amortisationsgesetze erlassen wurden, die sich gegen das Festhalten von Grundbesitz durch kirchliche Institutionen richteten.[16]

Ohne Gute Werke in den Himmel
Dieses ganze System mittelalterlicher Jenseitsvorsorge und die damit zusammenhängende Kunstproduktion gerieten 1520 in der Folge von Luthers Schrift «Von den guten Werken» ins Wanken (vgl. Kat. 139). Luther bestritt die Notwendigkeit von guten Werken zur Erlangung des Seelenheils. Zuvor hatte er, wie er 1545 rückblickend schreibt, selbst fürchterlich unter den Anforderungen gelitten, die aus «Gottes Gerechtigkeit» an die Menschen gestellt waren: «Ich aber, der ich, so untadelig ich auch als Mönch lebte, vor Gott mich als Sünder von unruhigstem Gewissen fühlte und mich nicht darauf verlassen konnte, dass ich durch meine Genugtuung versöhnt sei, liebte nicht, nein hasste den gerechten und die Sünder strafenden Gott...».[17] Doch als er die Vokabel von «Gottes Gerechtigkeit» im Zusammenhang gelesen habe, nämlich «Der Gerechte wird aus dem Glauben leben» (Römerbrief 1,17), sei ihm die Erkenntnis zuteil geworden, dass Gott von uns keine Werke wie Fasten, Wallfahrten oder das Stiften von Altären und Kirchen fordere, sondern nur den Glauben an Christus, der uns mit seinem Tod erlöst habe.

Luthers Bibelinterpretation war genial und menschenfreundlich, aber nicht weniger willkürlich als die mittelalterlichen Auslegungen. Auch er beruft sich in der Einleitung zu den «Guten Werken» auf die Bibelstelle mit dem reichen Jüngling:[18] «Zum ersten ist zu wissen», schreibt er, «dass nur das gute Werke sind, was Gott geboten hat, wie auch nur das Sünde ist, was Gott verboten hat. Darum, wer gute Werke wissen und tun will, der braucht nichts anderes als Gottes Gebote zu wissen. So spricht Christus (Matthäus 19,17): ‹Willst du selig werden, so halte die Gebote!› Und als der Jüngling dort fragte, was er tun sollte, dass er selig würde, hielt ihm Christus nichts anderes vor als die zehn Gebote».

Hier endet Luthers Erläuterung der Bibelstelle. Vom Reichtum, den der Jüngling den Armen schenken, und vom Schatz, den er sich damit im Himmel erwerben solle (Matthäus 19,21), sagt er wohlweislich nichts. Auch die Gebote, die Christus dem Jüngling auferlegt, sind nicht einfach die Zehn Gebote des Alten Testaments, wie Luther vorgibt. Das Bildverbot beispielsweise wird von Christus nie angesprochen, so dass sich unter den Katholiken die Meinung einstellen konnte, hätte Christus keine Bilder gewollt, hätte er dies auch geäussert.

Kein Wunder, dass bei solch unklarer Ausgangslage zwischen den Anhängern der Reformation und den Traditionalisten ein unerbittlicher Streit über die guten Werke ausgebrochen ist.[19] Die besseren Argumente besassen zweifellos die Reformatoren. Die katholische Frömmigkeitspraxis hatte sich mit der Erfindung des Fegefeuers, dem Stiftungswesen, den Wallfahrten, dem Heiligenkult oder den «Stolgebühren» für sakramentale Leistungen schon so weit von den biblischen Kernsätzen entfernt, dass die ursprünglichen Zusammenhänge kaum noch erkennbar waren. Zwingli wird sich auf die Anfänge zurückbesonnen haben, wenn er in Zürich die funktionslos gewordenen Seelgeräte nicht an die Stifterfamilien zurückerstatten liess, sondern dem öffentlichen Almosen zusprach.[20] Dezidiert vertrat er die Meinung, Jesus habe auf die Frage des reichen Jünglings nicht vom Zieren der Kirchen, sondern vom Geschenk an die Armen gesprochen.[21]

Ungünstig war die Ausgangslage der römischen Kirche auch wegen ihrer zum Teil schockierenden Art der Amtsführung und Machtentfaltung. Das Eheverbot für Priester konnte umgehen, wer für die Konkubine eine Steuer und für die gezeugten Kinder den «Milchpfennig» an den Bischof zahlte.[22] Das Verbot, mehrere Altarpfründen zu kumulieren, konnte man mit einer käuflichen Dispens umgehen, das Fastengebot liess sich mit einem erworbenen Butterbrief mildern (Kat. 78–80) usw. – Wer in Rom einen Ablass zur Finanzierung der eigenen Stadtkirche erstand, verpflichtete sich in der Regel auch dazu,

Abb. 3
Eyn Wahrhafftig erschröcklich Histori von der Bewrischen uffrur ..., um 1525–1527. Nürnberg, v. Scheurl-Bibliothek, Flugschrift Nr. 160 c. (Kat. 147): Die Reformation bringt mit ihren Lehren das Schifflein Petri zum Kentern. – Im Mittelalter wurde die Kirche verschiedentlich als Schifflein dargestellt, das die Gläubigen sicher durch die Stürme des Verderbens führte. Die abgebildete Flugschrift-Illustration richtet sich polemisch gegen die Reformatoren und zeigt, wie ein als Doktor Gekleideter, ein Prasser, Martin Luther als Mönch und ein Bauer das Schifflein versenken wollen. In diesem steht sinnbildlich eine Kirche, an deren Turm die Aufrührer in ihrer Gier nach dem Kirchengut zerren. Petrus erscheint auf einer Wolke und warnt die vier vor den Folgen ihres Tuns.

einen Teil des Ertrags nach Rom zu leiten. Die kuriale Hofhaltung und der Neubau von Sankt Peter verschlangen immense Mittel, die aus der ganzen christlichen Welt stammten. Gegen säumige Schuldner oder Kritiker des Systems standen der kirchlichen Hierarchie schreckliche Disziplinierungsmittel zur Verfügung: das Interdikt (Verbot des Sakramentsempfangs), der Bann (Verlust der aktiven Kirchenrechte) und im Extremfall der Ketzerprozess.[23]

Wer hier, wie Luther, die Leistungsfrömmigkeit in Frage stellte und der Lehre widersprach, dass sich die Autorität des Papstes aus göttlichem Recht ableite, unterminierte die Fundamente der ins Kraut geschossenen römischen Kirchenstrukturen. Luther wurde für Rom zur Bedrohung, wenn er äusserte, der Glaube an Christus allein sei «das höchste, alleredelste gute Werk» (Abb. 3).[24]

Absterben der Kunstproduktion und Beginn des Bildersturms

Als durch das neue Bibelstudium offenkundig wurde, dass das Fegefeuer eine mittelalterliche Neuerfindung war und somit sämtliche Stiftungen zur Erlösung der Armen Seelen einer biblischen Begründung entbehrten, war seitens der Reformatoren die Abkehr von der Werkfrömmigkeit doppelt geboten. Die Folgen für die Kunstproduktion waren fatal (Abb. 4).[25] Ohne Fegefeuer brauchte eine Stadtkirche nur noch die Pfarrstelle für den Gemeindegottesdienst; auf die Dutzenden von Kaplänen für die privaten Seelmessen konnte man verzichten und auf die künstlerische Ausstattung der Privatkapellen ebenso. Der Produktion von neuen sakralen Kunstwerken war damit der Lebensnerv entzogen. Was in protestantischen Gebieten an Bildern in Auftrag gegeben wurde (lutherische Altarretabel, Holzschnitte zur Illustration der theologischen Schriften usw.),[26] entsprach nur noch einem Bruchteil der vorgängigen Produktion. Im zürcherischen Herrschaftsgebiet wurden in den

Abb. 4
Wegen Luther verlieren Kleriker und gewisse Handwerker ihre Einkünfte, Flugblatt mit Holzschnitt von Sebald Beham und Text von Hans Sachs. Nürnberg, Germanisches Nationalmuseum. – Die Verlierer der Reformation klagen Luther vor dem Gericht Christi an. Mit seiner Lehre mache er ihre Einkünfte zunichte. Es beschweren sich unter der Leitung eines Prälaten: ein Messpfaffe mit Kelch, ein Maler mit Malstock, ein Fischer mit Netz und ein Giesser mit Glocke, sowie (im Text erwähnt) die Organisten, Goldschläger, Illuminatoren, Goldschmiede, Bildschnitzer, Glasmaler, Paramentensticker, Paternoster- und Kerzenmacher. Luther tritt mit einem Gelehrten, mit *Karsthans* (mit Flegel die Verkörperung des Gemeinen Mannes) und einfachen Leuten auf und wirft seinen Gegnern «Gleisserei» vor. Christus fällt sein Urteil zugunsten Luthers und will, dass das Evangelium *rain und pur* verkündet werde.

fünfzig Jahren nach Einführung der Reformation nur noch zwei Landpfarrkirchen neu erbaut.[27] Einzig Glasmaler, die Kabinettscheiben herstellten, und Gold- und Silberschmiede, die auf profanes Repräsentationsgeschirr auswichen, scheinen die Krise gemeistert zu haben.[28]

Doch die Reformation löste nicht nur einen Prozess des allmählichen Absterbens der Kunstproduktion aus, sondern auch eine Folge von aktiven Zerstörungswellen. In den Bildern und Kultgeräten zeigten die kritisierten Frömmigkeitsformen optisch ihre Präsenz. Die Bilder boten sich als Angriffsfläche zur Abschaffung der Werkfrömmigkeit in besonderer Weise an, da sie dem alttestamentlichen Bildverbot widersprachen. Erstaunlich spät, erst 1522, wurde das zweite der Zehn Gebote wirkungsvoll in die Diskussion eingebracht (2. Buch Mose 20,4–6).

Abb. 5
Werkstatt Cranach, Martin Luther (1483–1546) auf der Kanzel, Ausschnitt aus der Predella des Hauptaltars für die Pfarrkirche Wittenberg, 1539–1547 (vermutlich 1547 eingeweiht). – Luther wollte den Kult abschaffen, aber die Bilder und Kultgeräte beibehalten.

Zweites Gebot

4 Du sollst dir kein geschnitztes Bild machen, kein Abbild von dem, was im Himmel droben oder unten auf der Erde oder im Wasser unter der Erde ist. 5 Du sollst dich nicht vor diesen Bildern niederwerfen und sie nicht verehren. Denn ich Jahwe, dein Gott, bin ein eifernder Gott, der die Schuld der Väter ahndet an den Kindern, Enkeln und Urenkeln derer, die mich hassen, 6 der aber Huld erweist bis ins tausendste Glied an denen, die mich lieben und meine Gebote halten.

Das frühe Judentum hatte (wie später auch der Islam) das Gebot absolut verstanden und eine bildlose Kultur gepflegt. Nicht nur Gottesbilder waren verboten, sondern jegliche Art der bildlichen Darstellung, und handle es sich nur um ein harmloses Tier-, Pflanzen- oder Familienbild.

Andreas Bodenstein von Karlstadt (um 1480–1541) war der erste, der 1522 in seinem Traktat *Von abtuhung der Bylder* (Kat. 137) das zweite Gebot wirkungsvoll als Argument gegen die Bilder benutzte. Allerdings behandelte er es nur als eine unter anderen Bibelstellen. Karlstadt argumentierte von der praktischen Seite her. Ihm ging es um die Räumung der Kirchen zur Verhinderung von «Götzendienst», der sich durch die Werkfrömmigkeit in die christlichen Kirchen eingeschlichen habe. Im Vordergrund stand für Karlstadt das erste Gebot, man solle keine fremden Götter anrufen. Das zweite Gebot habe Gott gegen die Bilder deshalb aufgesetzt, weil die *Menschen leychtfertig seind und geneigt, sie anzubeten.*[29] – Wie mit Familienbildnissen zu verfahren sei, sagt Karlstadt nicht. Ebenso lässt er zu, dass der Titelholzschnitt seines Traktats eine Szene von

Abb. 6
Heiliges Grab im Chor des Klosters Wienhausen bei Zelle, um 1290. – Im lutheranisch gewordenen Zisterzienserinnenkloster Wienhausen hat sich ein einzigartiger Bestand an mittelalterlicher Sakralkunst erhalten.

Abraham und Isaak zeigt, in welcher Isaak das Opferholz (eine Anspielung auf die Götzenverbrennung?) auf den Berg trägt.

Bahnbrechend war Karlstadt, indem er zur aktiven Zerstörung aufrief[30] und 1522 in Wittenberg tatsächlich einen Bildersturm auslöste (vgl. S. 68–74). – Weder Luther noch Zwingli hatten geahnt, dass sie mit ihren frühen Schriften in Wittenberg und später in Zürich einen Bildersturm provozieren würden, und beide wandten sich gegen einen aus der Kontrolle geratenen Aufruhr. In den kommenden Jahren entwickelte sich ihr Verhältnis zu den Bildern allerdings auseinander.[31]

Differenzen in der Bilderfrage zwischen Luther und Zwingli

Luther (Abb. 5) erachtete die bestehenden Bilder als *Adiaphora*, d.h. als weder nützlich noch schädlich. In seinen *Invocavit*-Predigten trat er vehement gegen die Wittenberger Bilderstürmer von 1522 an (Kat. 140). Wo die Beseitigung von Bildern, z. B. von Wallfahrtsbildern, geraten schien, müssten Entscheidung und Durchführung in den Händen der Obrigkeit liegen. In der Folge dieser Einstellung hatte die lutherische Reformation für die mittelalterlichen Kunstwerke vielerorts eine konservierende Wirkung. Kein katholisch verbliebenes Kloster verzeichnet eine vergleichbar dichte Sachüberlieferung wie das lutherische Wienhausen in Niedersachsen (Abb. 6). Nirgends lässt sich eine spätmittelalterliche Kirchenausstattung vollständiger betrachten als in den lutherischen Nürnberger Stadtkirchen St. Lorenz und St. Sebald (vgl. S. 90–96). – Wo unter Zwingli und Calvin die organisierte Zerstörung und Entsorgung erfolgten, wo in katholischen Gebieten die mittelalterlichen Ausstattungen oft durch barocke ersetzt wurden, blieb in lutherischen Gebieten für viele mittelalterliche Kunstwerke die Zeit stehen. Luther liess den Kult absterben, die Kultobjekte aber erhalten.

Abb. 7
Bildnis von Huldrych Zwingli (1484–1531), Holzschnitt, H: 41; B: 26 cm. Zürich, Zentralbibliothek. – Zwingli befürchtete, die Bilder könnten zur Anbetung verführen, und liess sie deshalb zerstören.

Ganz anders der Zürcher Reformator Huldrych Zwingli (Abb. 7): Er interpretierte das zweite Gebot vor allem aufgrund des Nachsatzes «Du sollst dich nicht vor diesen Bildern niederwerfen und sie nicht verehren» (2. Buch Mose 20,5). Für ihn bestand der Unterschied zwischen Götzen und Bildern darin, dass ein Götze zur Anbetung verführe, ein Bild dagegen nicht (Kat. 142). Diese Auslegung war in doppeltem Sinne eigenwillig. Einerseits tolerierte Zwingli Bilder und sogar Darstellungen Gottes, solange sie z.B. als Buchillustrationen (Abb. S. 79) oder als Glasgemälde keine Verehrung evozierten. Andererseits war seine Ablehnung des Kults fundamentalistisch, so dass er die Vernichtung sogar auf Altarsteine, Sakramentshäuschen oder liturgische Geräte ausdehnte,[32] selbst wenn sie gar keine Bilder trugen (Abb. 8). Dass Gott im Alten Testament die Herstellung von Altären und Kultgeräten ausdrücklich verlangt hatte, war für Zwingli ohne Bedeutung.

In der Regel gilt, dass im Einflussbereich Luthers viel erhalten geblieben, unter Zwingli und ihm folgend unter Calvin in der zweiten Welle des Bildersturms (vgl. S. 57–66) dagegen viel zerstört worden ist. Der Grad der Verluste an mittelalterlicher Sakralkultur kann aber je nach politischem Willen und der Haltung der Obrigkeit von Ort zu Ort unterschiedlich ausfallen: In Zürich ging fast alles zugrunde, in Bern hat man auffallend viele kirchliche Textilien konserviert, in Basel den Münsterschatz. Genf geriet beinahe zur «kulturellen Wüste», anders Strassburg, wo sogar der Hochaltarschrein überlebte, bis er der Rekatholisierung unter Ludwig dem XIV. zum Opfer fiel (Kat. 215–219)!

Zur Definition des reformatorischen Bildersturms

Ob ein Bildersturm als Aufruhr ausbrach, oder ob er als kontrollierte «Säuberung» von einem Rat oder einem Fürsten befohlen wurde, spielte für die Legitimation der Reformatoren eine grosse Rolle. Ohne Aufruhr liessen sich die Regierenden leichter für die Reformation gewinnen und die Gegner eher in Schach halten.

Für die Überlieferung der Kunstwerke hingegen wirkten sich planmässig organisierte Räumungen oft verheerender aus. Auch wenn gewisse Ensembles wie Glasfenster oder ein Figurenportal bewusst geschont wurden, ging man bei solchen geplanten Zerstörungen konsequent vor. Man nahm sich die nötige Zeit dazu, zerstörte anhand von Inventarlisten und hatte Werkleute zur Seite, die wussten, mit welchen Mitteln eine schwere Steinskulptur am einfachsten von ihrem hochgelegenen Sockel hinuntergerissen werden konnte. Oft wurden funktionell verwandte Objektgattungen (z.B. die Messkelche, die Altarretabel, die Paramente) vollständig vernichtet. – Ein Bildersturm im Aufruhr spielte sich anders ab.[33] Viele der Kunstwerke wurden zwar ziellos zerschlagen, aber auch viele ohne Grund verschont, sei es aus Zeit- oder Kräftemangel.

Abb. 8
Emanuel de Witte (1618–1692), Inneres einer Kirche, Strassburg, Musée de l'Œuvre Notre-Dame, Inv. 2.97.14629: leere Kirchen in den Niederlanden. – Calvin folgte Zwingli in dessen Bildfeindschaft. Die calvinistische Reformation hat die umfangreichsten Bilderzerstörungen verursacht. Ein Jahrhundert später zeigen niederländische Genremaler die stillen, bildlosen Kirchen mit stimmungsvollem Respekt. Erhalten geblieben sind die Wappen und Gräber der Mächtigen.

Nach herkömmlichem Kirchenrecht handelte es sich bei beiden Vorgehensweisen um revolutionäre Akte gegen die kirchlichen Autoritäten. Wie aufrührerisch diese Vorgänge gewirkt haben müssen, wird deutlich, wenn man sich den bisherigen Rechtsstatus von Kirchenschmuck vergegenwärtigt: Aus katholischer Sicht galten Bilder und Zierden, die einer kirchlichen Institution überreicht oder von ihr gesegnet worden waren, als *res sacra*, als Gott geweihte und daher geheiligte Objekte.[34] Wer Kirchenbilder zerstörte, beging ein Sakrileg (*sacrum legere* = das Heilige stehlen), d.h. er stahl Gott das ihm Geweihte.[35] Das Sakrileg wurde im Normalfall mit der Todesstrafe geahndet (vgl. S. 112–113). Bilderstürmer waren nach bestehender Rechtsvorstellung Kirchenräuber, die das schlimmste Kriegsverbrechen, den «Kirchenbruch» verübten. Jeder weltliche Amtsträger war dazu aufgerufen, die Übeltäter zu verfolgen.

Bei einer solchen Ausgangslage macht es wenig Sinn, für die Reformation den Begriff «Bildersturm» nur auf unkontrollierte Destruktionen anzuwenden und die obrigkeitlich verordneten Zerstörungsaktionen davon auszunehmen. Ebenso wäre es wenig plausibel, unter dem «Bildersturm» nur die Zerstörung von Objekten mit bildlichen Darstellungen zu behandeln und die Vernichtung von bildlosen Kultgeräten, Altarsteinen und Sakramentshäuschen zu vernachlässigen. Gleiches gilt für die Zerstörung von Repräsentationsgegenständen wie Familienwappen oder privaten Kirchenstühlen. Die Praxis war eine andere: Bei den Zerstörungen ging es um die grundsätzliche Unterbindung bestimmter Kult- und Repräsentationsformen, die mit der reformatorischen Haltung nicht vereinbar schienen. In diesem Sinne wurde auch die Auswahl der im vorliegenden Band publizierten Objekte und Texte getroffen. Wir verstehen unter dem reformatorischen «Bildersturm» jegliche Objektzerstörung, die im Bewusstsein vollzogen worden ist, dass sie aus Gründen der Glaubenserneuerung notwendig sei.

Ausblick

Mögen unter der lutherischen Reformation die Überlieferungs-Chancen für die mittelalterliche Sakralkunst günstiger gewesen sein als unter Zwingli und Calvin – in der Abschaffung des Totenkults und in der Entstehung eines neuen Arbeitsethos blieben sich die Folgen gleich. Im gesamten protestantischen Raum waren Gute Werke als Frömmigkeitsleistungen nicht mehr gefordert.

Wo die Katholiken parallel zur profanen Wirtschaft für die Lebenden eine sakrale Nebenwirtschaft für die Toten unterhielten, fielen in den protestantischen Gebieten alle ökonomischen Erträge dem Diesseits zu. Die Folgen für die Wirtschaft waren immens: Die volkswirtschaftlichen Aufwendungen für die Religion schrumpften auf einen Bruchteil der einstigen Ausgaben. Die Arbeitszeit wurde nach Abschaffung der Heiligenfeste um 30 Arbeitstage pro Jahr gesteigert,[36] und der Arbeit widerfuhr eine nie dagewesene Aufwertung: Während die bisherige Leistungsfrömmigkeit wegfiel, wurde die Arbeit zum gottgefälligen Dienst erhöht. An die Stelle des zwischen Fest und Fasten ausschlagenden Pendels trat das gleichbleibende Mass fortwährender Produktivität.

So gesehen war der Bildersturm das lautstarke Fanal zur Aufhebung der Opfer- und Totenwirtschaft. Erstmals musste Gott nicht mehr mit Geschenken gütig gestimmt werden. Alle wirtschaftlichen Anstrengungen galten nun der Produktivität und Effizienz auf Erden. Nicht zuletzt deshalb wird sich seit dem späten 16. Jahrhundert die ökonomische und politische Vormachtstellung aus dem katholisch verbliebenen Süden in den protestantisch dominierten Norden verlagern.

---

1 Luther, Werke, Bd. 6, S. 196–276; neuhochdeutsch und im Folgenden zitiert nach Luther, Ausgewählte Schriften, Bd. 1, S. 38–149.
2 Bruck 1956.
3 Dazu reiches Material in: Kat. Himmel, Hölle, Fegefeuer 1994.
4 Die theologische Argumentation in: Göttler 1996, S. 21 ff.
5 Eine Fallstudie zu den Dorfkirchen in der Zürcher Landschaft findet sich in: Jezler 1988.
6 Le Goff 1984; Göttler 1996.
7 Kdm BE 4 1960, S. 362.
8 Quantitative Auswertung der vorreformatorischen Ausstattung in: Göttler/Jezler 1987, S. 119.
9 Tüchle 1984.
10 Illi 1993, S. 130.
11 Jezler 1988.
12 Quantitative Auswertungen sind noch selten: In Graubünden zählt man in den letzten sechs Jahrzehnten vor der Reformation 110 neu- oder umgebaute Kirchen mit überliefertem Baudatum und 69 annähernd datierte (Nay/Kübler 1998, S. 34), im Gebiet des heutigen Kantons Bern gut 130 (Eggenberger/Descœudres/Schweizer 1999, S. 393). In andern Gebieten wie im Tirol, in Franken oder am Neckar zeigen sich allein schon bei einer Fahrt durch die Dörfer viele spätgotische Kirchen, die auf ähnliche Verhältnisse schliessen lassen.
13 Zum Folgenden vgl. Schmid/Wollasch 1984; Materielle Kultur 1990; Schleif 1990; Kat. Himmel, Hölle, Fegefeuer 1994.
14 Vgl. etwa Lentze 1958; zur «Pitanz» vgl. Jaritz 1990, S. 18.
15 Z. B. die Artikel der Bauern des Amtes Grüningen 1525 (Egli 1897, Nr. 702: *Zum 15. was an jarzit geben sye und man nüts darum tüeje, und das guot noch nit vorhanden syge, da sölle dasselb den amptlüten [Bauern des Amtes Grüningen] wider werden...*); zur bäuerlichen Reformation vgl. Blickle 1987 und 1998.
16 Gilomen 1994.
17 Vorrede zum ersten Band der Wittenberger Ausgabe der lateinischen Schriften Luthers 1545, zitiert nach Luther, Ausgewählte Schriften, Bd. 1, S. 22.
18 Ebd., S. 41.
19 Zu der Vielfalt an Flugschriften, welche die Frage von Armut und Kirchenschmuck betreffen, vgl. Göttler/Jezler 1987.
20 Egli 1897, Nr. 778.
21 Göttler 1996, S. 37.
22 Vassella 1944; zum Begriff «Milchpfennig» vgl. Grimm, Wörterbuch, Bd. 12, Sp. 2197
23 Zur «Handhabung der kirchlichen Straf- und Disziplinarstrafgewalt» vgl. Hinschius 1869–1895, Bd. 5; sehr plausibel stellt Pfaff 1991 die Wechselbeziehungen zwischen Alltagsleben, kirchlichen Institutionen und drohenden Kirchenstrafen dar.
24 Luther, Ausgewählte Schriften, Bd. 1, S. 42.
25 Zum Erlöschen des Fegefeuers und zu den Folgen für die Kunst vgl. Göttler/Jezler 1987.
26 Vgl. dazu etwa Kat. Cranach 1974–1976; Kat. Asper 1981.
27 Regensberg, 1540 (nach einem Brand), und Regensdorf, 1558/1559. Die Kirche von Schlatt (vor 1527/1528) ist noch dem spätmittelalterlichen Bauboom zuzurechnen (vgl. Jezler 1988, S. 133).
28 Wirth 1997, S. 133–158.
29 Karlstadt, *Von Abtuhung der Bylder*, S. 242.
30 *Ire altaren solt yr umbkeren und umbsturtzen. Ire bilder solt yr tzerbrechen*, 5. Buch Mose 7,5 (Karlstadt, *Von Abtuhung der Bylder*, S. 263).
31 Zum unterschiedlichen Bildverständnis von Luther und Zwingli vgl. etwa Campenhausen 1960; Stirm 1977; Feld 1990; Schnitzler 1996b.
32 Zur etappenweisen Ausweitung des Zürcher Bildersturms vgl. Jezler 1990b.
33 Vgl. etwa die Aufzeichnungen zu den ländlichen Bilderstürmen rund um Zürich (Egli 1897, Nr. 422, 423, 440, 462 und 535).
34 Hinschius 1869–1895, Bd. 4, S. 169–170 und 274–279.
35 Michael Glatthaar: Artikel «Sakrileg», in: LMA, Bd. 7, Sp. 1276–1277.
36 Jezler/Jezler/Göttler 1984, S. 95.

Jean Wirth

Soll man Bilder anbeten?
Theorien zum Bilderkult bis zum Konzil von Trient

Der Bilderkult ist schon in der Spätantike ins Christentum eingedrungen. Seither haben sich an ihm oft heikle Dispute und mitunter heftige Zwistigkeiten entzündet. Die folgende Darstellung will den Sinn dieser Unstimmigkeiten erhellen, indem sie die haarspalterischen Argumentationsweisen der verschiedenen theologischen Theorien zum Bilderkult in chronologischer Abfolge anschaulich zu machen versucht. Bei diesem Vorhaben sind zwei Faktoren zu berücksichtigen, die unsere Aufgabe nicht gerade erleichtern:
– Der mittelalterliche Bildbegriff stimmt nur teilweise mit dem unseren überein. «Bild» wurde ein Gegenstand genannt, der aufgrund einer Ähnlichkeit einen anderen bedeutete. Ein solches bildhaftes Zeichen konnte jeder beliebige Gegenstand sein, ein Gemälde ebenso wie eine Skulptur, eine Münze oder eine Spiegelfläche, aber auch der Mensch, Abbild Gottes, ein Sohn als Abbild seines Vaters, und vor allem der Sohn Gottes, Ebenbild des Vaters innerhalb der Dreifaltigkeit. Christus ist der Inbegriff des Bildes, und die Kontroversen um die Bilder bleiben unverständlich, wenn man nicht auf ihre christologischen Aspekte eingeht.
– Die Begrifflichkeit bezüglich des Bilderkults wandelt sich im Laufe der Jahrhunderte, und sie ist nicht einheitlich. Als sich die Karolinger über die byzantinischen Dispute des 8. Jahrhunderts eine Meinung bilden mussten, bedienten sie sich einer lateinischen Übersetzung des griechischen Berichts des zweiten Konzils von Nicäa. Die Übersetzung der Begriffe für den Bilder- und Heiligenkult ist seither ein Zankapfel geblieben: Spricht man von den christlichen Gebräuchen der Anbetung oder der Verehrung von Bildern, gerät man leicht in Verdacht, im einen Fall für die Reformation, im anderen für den Katholizismus oder die Orthodoxie Partei zu ergreifen. Darum müssen wir die Begriffe genau definieren und auf ihre Nuancen ebenso wie auf die gleiche Bedeutung scheinbar verschiedener Begriffe achten.

Kaiser- und Christusbilder

Vor dem 5. Jahrhundert finden sich in den Textquellen keine sicheren Hinweise auf einen christlichen Bilderkult. Das heisst nicht, dass die Christen vor diesem Zeitpunkt keine Bilder angebetet hätten, sondern nur, dass sie diesen Kult den Bildern der christlichen Kaiser vorbehielten. Diese wirkten wie ihre heidnischen Vorgänger durch ihr Bild. Da der Kaiser nicht gleichzeitig in Rom und in den Provinzen zugegen sein konnte, war er von einem Ende des Reiches zum anderen in den Gerichtssälen oder Basiliken durch sein Bild vertreten, so dass man überall das Abbild an seiner Stelle anbeten konnte.

Das Wort «anbeten» steht hier für das lateinische *adorare*. Auch wenn wir es heute eher mit einer psychologischen Haltung gleichsetzen, so bezieht es sich ursprünglich auf eine Reihe ritueller Handlungen, die in Gegenwart einer Person, ihres Abbilds oder eines Symbols wie des *Labarum* – des Kreuzbanners der Kaisergarde – oder heute der Flagge vollzogen werden. Vor dem Kaiser wie vor seinem Bild warf man sich zu Boden, trug Bitten vor, entzündete Kerzen und Weihrauch. Das Anrecht darauf, an einem öffentlichen Ort durch ein Porträt, ein Bild also, vertreten zu sein, war vom Kaiser auf die kaiserlichen Beamten ausgedehnt worden. Ein Verfolgter konnte bei diesen Bildern, *ad imagines*, Zuflucht suchen und sich auf diese Weise unter den Schutz der herrschenden Macht stellen.

Inzwischen war auch Jesus Christus Gegenstand der Anbetung geworden. Als mythische Figur nahm er etwa den Rang eines Halbgottes ein. Seit der zweiten Hälfte des 1. Jahrhunderts existieren über ihn sagenhafte Lebensberichte: die Evangelien. Sie zeigen ihn als einen religiösen Führer vom Anfang des Jahrhunderts, der über wundersame Kräfte verfügte und nach seinem Tod auf die Erde zurückkam. Oft werden im 4. Jahrhundert seine Wunderheilungen in Katakomben und auf Sarkophagen dargestellt, und gleichzeitig verbreitet sich von ihm ein erhabeneres Bild: Er thront wie ein Philosoph inmitten seiner Schüler oder wie Jupiter in der Götterversammlung.[1] Diese Aufwertung bestätigt einen langsamen Wandel der Lehre vom jüdischen Monotheismus zum Dreieinigkeitsdogma. Christus wird eine Doppelnatur zugesprochen, eine ebenso menschliche wie göttliche. Die kühnsten Theologen wie etwa Athanasius (um 295–373) erwägen, ihn aufgrund seiner göttlichen Natur dem himmlischen Vater gleichzustellen. Diese Thesen sollten in den folgenden Jahrhunderten zur offiziellen Lehre avancieren, während Arius, der Vertreter der Tradition, am Ende langer politisch-religiöser Kämpfe als das Symbol der Häresie schlechthin gelten sollte. Die Kaiser begünstigten den Arianismus lange, weil sie sich verständlicherweise keinem anderen Gottmenschen, auch nicht einem mythischen, unterordnen mochten.

Vor diesem spannungsreichen Hintergrund rückt Athanasius in einem bemerkenswerten Text den Bildbegriff in den Mittelpunkt der Christologie: «Die Göttlichkeit des Sohnes ist auch die des Vaters, und sie ist die gleiche im Sohn. Wer dies begriffen hat, wird leicht verstehen, dass derjenige, der den Sohn geschaut hat, den Vater geschaut hat (Johannes 14,9), denn er hat im Sohn die Göttlichkeit des Vaters erblickt. Dies wird noch besser verständlich, wenn man das Kaiserbild als Beispiel nimmt. Im Bild finden sich nämlich Aussehen und Gestalt des Kaisers *(eidos kai morphè)*; der Kaiser hat genau das Aussehen, das im Bild geschaut wird. Es besteht im Bild eine so vollkommene Ähnlichkeit, dass, wer das Bild schaut, darin den Kaiser sieht, und umgekehrt, wer den Kaiser schaut, ihn als jenen erkennen wird, den man im Bild sieht. Da sie sich in nichts Unähnlichem unterscheiden, könnte zu einem, der den Kaiser zu schauen wünscht, nachdem er das Bild geschaut hat, das Bild ganz zu Recht sagen: Der Kaiser und ich sind eins; ich bin in ihm, und er ist in mir. Alles was du in mir schaust, erkennst du in ihm gleich, und was du in ihm geschaut hast, siehst du in mir. Wer sich also vor dem Bild niederwirft *(proskynein)*, wirft sich auch vor dem Kaiser in ihm nieder, denn das Bild ist sein Aussehen und seine Gestalt.»[2]

Athanasius erachtet demnach den Kaiserkult und die Anbetung des kaiserlichen Bildes als legitime Gebräuche, fasst aber nicht einen Augenblick die Anbetung von Christus-, und, weniger noch, von Heiligenbildern ins Auge. Das Kaiserbild besitzt für ihn eine fast übernatürliche Identität mit dem Dargestellten. Es handelt sich dabei um eine formale Identität, die für einen Aristoteliker kaum mehr als die gattungsspezifische Identität bedeuten würde, durch die ein Pferd einem anderen Pferd gleicht, wogegen sie in einem vom Platonismus durchdrungenen Denken eine Art von Wesenseinheit meint. Das Bild besitzt also eine zweite Natur, die nichts anderes ist als die Person des Kaisers. Nach diesem Modell lässt sich die Doppelnatur Christi verstehen, eines fleischlichen Menschen, der aber ganz an der Göttlichkeit seines himmlischen Vaters teilhat.

Wir können den Gläubigen darstellen, wie er sich vor dem Bild des Kaisers niederwirft, um ihm seine Anbetung darzubringen, was durch einen Pfeil versinnbildlicht werden soll. Die formale Identität zwischen Bild und Kaiser wird im Nebeneinander der Gestalten deutlich und die Anbetung durch einen Pfeil ausgedrückt, der zugleich auf das Bild und die Figur des Kaisers zielt:

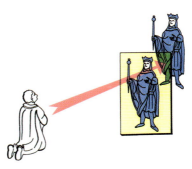

Abb. 1
Nach Athanasius sind der Kaiser und sein Bild in einem gewissen Sinne identisch. Das Schema zeigt diese partielle Identität durch die Überschneidung der Darstellung des Kaisers mit jener seines Bildes. Die Anbetung wird durch einen Pfeil dargestellt, der auf die Überschneidung der Figuren zielt, denn das Kaiserbild anbeten, heisst, den Kaiser selbst anbeten.
(Konzeption der Schemazeichnungen: Jean Wirth, Genf; graphische Gestaltung: Franz Wadsack, Atelier d'archéologie médiévale, Moudon)

Athanasius befürwortet dieselbe Haltung gegenüber dem Sohn, der das Ebenbild von Gottvater ist. In der Ikonographie wird ab dem 6. Jahrhundert dieser Bildstatus durch eine kreisförmige, ovale oder elliptische Umrahmung des Leibes Christi angedeutet.[3] Wir werden im weiteren dieses Schema verwenden, um die Doppelnatur Christi bildhaft darzustellen, das heisst, wir erlauben uns, seine unabgrenzbare göttliche Natur abzugrenzen, wovor ja auch das lateinische Mittelalter nicht zurückgeschreckt hat. Auch wenn Athanasius den Ausdruck nicht gebraucht und in diesem Abschnitt von Fussfall *(proskynein)* und Ehrerbietung *(timein)* spricht, so handelt es sich bei Christus um den Kult, der Gott vorbehalten ist und den man *Latria* nennt. Wir werden ihn durch einen andersfarbigen Pfeil darstellen:

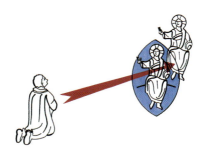

Abb. 2
Christus, das Fleisch gewordene Ebenbild des unsichtbaren Gottes, besitzt eine menschliche Natur, durch die er das Ebenbild des himmlischen Vaters ist, und eine göttliche Natur, durch die er mit ihm eins ist. Athanasius wendet das Modell des Kaiserbildes an, um diesen Dualismus zu erklären. Um das Fleisch gewordene Ebenbild von einem materiellen Bild aus Holz oder Stein zu unterscheiden, ersetzen wir den rechteckigen Rahmen durch eine Mandorla. Der Pfeil wird dunkelrot, um die *Latria*, also die Anbetung, die Gott allein zusteht, vom Kaiserkult zu unterscheiden (dargestellt mit rosa Pfeil). Gleichwohl erreicht der rosa Pfeil ebenfalls auch den Überschneidungsbereich: den Gottessohn anbeten, heisst, auch Gottvater anbeten.

Die Streitschriften der byzantinischen Bilderanbeter zur Zeit des Bilderstreits (726–843) nehmen oft auf das Kaiserbild Bezug, verwenden aber, um die Wirkung des Bilderkults zu beschreiben, eine knappere Formulierung als die des Athanasius. Sie stammt von Basilius (um 330–379), der sie im 4. Jahrhundert im Zuge einer neuerlichen Bestimmung der Beziehungen zwischen Sohn und Vater festgelegt hat: «Die dem Bild erwiesene Ehre geht über auf den Dargestellten.»[4] Die Schriften bedienen sich eines interessanten Zusatzes, um den Sachverhalt verständlicher zu machen: das Bild des Kaisers beleidigen, bedeute, den Kaiser selbst beleidigen.[5] Im übrigen betonen sie oft die Homonymie von Bild und Person als Beweis ihrer gegenseitigen Zugehörigkeit; nach demselben Sprachgebrauch nennen wir ein berühmtes Gemälde einfach «Mona Lisa».

Der Gebrauch homonymer Bezeichnungen für Bilder ist tatsächlich vom Abendland übernommen worden. Man begegnet ihm, wohl unter byzantinischem Einfluss, im hochmittelalterlichen Rom. Der *Liber pontificalis* nennt die religiösen Bilder häufig «Antlitz» *(vultus)* Christi bzw. eines Heiligen. Später wurde das für seine Wunderwirkung berühmte Kruzifix von Lucca *Volto santo* genannt, und das Französische gebrauchte das Wort *voult*, von dem im 13. Jahrhundert *envoûter* abgeleitet wurde:[6] Damit bezeichnete man die extreme Anwendung des Prinzips der Identität von Bild und Dargestelltem, nämlich eine Gewaltausübung gegenüber dem Bild, in der Absicht, der darauf dargestellten Person körperliche Qualen zuzufügen.

Der byzantinische Bilderstreit

Anfangs verbreitete sich die Anbetung des christlichen Bildes ohne jede theoretische Untermauerung. In dem Masse, wie die Kirche ihre Macht auf Kosten der kaiserlichen Macht ausbaute, bot sie die Bilder Gottes, ihrer Bischöfe und ihrer Heiligen zur Anbetung dar. Die Kaiser fügten sich in den neuen Brauch. Das Bild Christi überragte den Kaiserthron im Palast Tiberius' II. (578–582), und unter Justinian II. (685–711) war es auf Münzen geprägt, womit ein kaiserliches Hoheitsrecht usurpiert wurde. In einer zweiten Phase, die vom Widerstreit der finanziellen Erfordernisse für Verwaltung und Heer einerseits und der wachsenden Aneignung des Reichtums durch die Mönche andererseits gekennzeichnet war, liess Kaiser Leo III. 726 das Christusbild zerstören, das die Palasttore schmückte, und gab damit den Auftakt zum Bildersturm. Diese Krise zwang beide Parteien, die der Anbeter wie die der Zerstörer von Bildern, ihren Standpunkt theoretisch zu begründen. Die erste christliche Theorie des Bilderkultes verdanken wir Johannes von Damaskus (Ende 7. Jahrhundert–um 749); sie stellt die Antwort der Mönche auf die kaiserlichen Massnahmen dar.[7]

Johannes von Damaskus nimmt eine Typologie der Bilder vor, angefangen vom Sohn, dem wesensgleichen Ebenbild des Vaters, bis hin zu jenen Bildern, die immer lockerer an die Identität des Dargestellten gebunden sind. Die gemalten Bilder sind dabei eine deutlich niedrigere Kategorie als der Mensch, das Abbild Gottes, und auch als die anderen Kreaturen, die die Vollkommenheit des göttlichen Planes spiegeln. Dennoch bergen sie eine aus der dargestellten Person stammende Wirkung, so dass sie an ihrer Heiligkeit teilhaben.

Die nicht erschaffene, göttliche Natur ist für Johannes unabgrenzbar, und es wäre töricht, von ihr ein gemaltes Bild anfertigen zu wollen. Das biblische Gebot sei also vollkommen gerechtfertigt oder, genauer gesagt, es sei dies gewesen, bis Gott Fleisch geworden sei. Damit habe er eine menschliche Natur angenommen, die für die Augen der Menschen sichtbar und daher abgrenzbar sei. Da beide Naturen geheimnisvoll und untrennbar in seiner Person verbunden seien, könne man die eine nicht ohne die andere anbeten. Wer also die menschliche Natur oder den Leib Christi anbete, bete zugleich seine Göttlichkeit an. Der Leib könne nun in der Malerei dargestellt und somit angebetet werden.

Gewiss, das Gemälde sei stofflich, aber der Stoff habe durch die Form Anteil an der menschlichen und folglich an der göttlichen Natur Christi. Der Leib Christi ist der Leib Gottes. Er bleibt jedoch Geschöpf und verlange nur einen geringeren Kult als *Latria*, nämlich *Dulia* (vom griechischen Wort «Hörigkeit»), nach der die Herrscher und die Heiligen verlangen. Dementsprechend könne die dem Bild und seiner verehrungswürdigen Materie entgegengebrachte Anbetung nicht *Latria* sein. Unter diesen Voraussetzungen ist festzuhalten, dass *Latria* nicht den Umweg über den Leib oder das Bild Christi nimmt und sich von *Dulia* unterscheidet, die dem Leib und dem Bild entgegengebracht wird. Konventionell wird das Bild Christi von einem Rechteck dargestellt, das seine Gestalt enthält, die wiederum das Bild des Vaters ist. Johannes' Theorie der Anbetung lässt sich wie folgt darstellen:

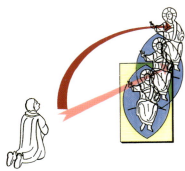

Abb. 3
Zur Zeit des Johannes von Damaskus betet man die Bilder Christi an wie diejenigen des Kaisers. Da Christus, der Sohn Gottes, das Ebenbild von Gottvater ist, ist sein Bild Teil des Gottessohnes, der wiederum Teil von Gottvater ist. Dies ist im Schema durch die Überschneidung des Bildes des Sohnes mit dem Sohn und dem Vater dargestellt. Dem Bild gewährt man die *Dulia*, vergleichbar der Verehrung, die ein Kaiser geniesst, der der *Latria* aber untergeordnet ist, die allein Gott gebührt. Dieser Kult erreicht gleichzeitig das materielle Bild, die menschliche Person Christi und seine Göttlichkeit, die mit derjenigen des Vaters identisch ist. Er ist durch den rosa Pfeil dargestellt, während der rote Pfeil, unter Umgehung einer Vermittlung durch die Bilder, die Anbetung des unsichtbaren Vaters darstellt.

Der Nachfolger Leos III., Konstantin V., antwortete höchstpersönlich den Anhängern des Bilderkults, wobei er ihre Haltung als christologischen Irrtum erklärte.[8] Es ist schwierig, sich von seinen Ausführungen ein genaues Bild zu machen, denn wir kennen sie nur durch die Widerlegungen der orthodoxen Theologen, denen stets der Hohn als Argument dient. Als Beispiel für den erlesenen Ton ihrer Polemik sei daran erinnert, dass die byzantinische Historiographie diesen Kaiser *Kopronymos* (so genannt als «Stallfreund», oder weil er das Wasser bei seiner Taufe verunreinigt haben soll!) getauft hat. Aller Wahrscheinlichkeit nach ging der Kaiser von der Untrennbarkeit der beiden Naturen Christi und von der Evidenz aus, dass Christus nur eine Person sei, Prämissen, die seine Gegner nicht zurückweisen konnten. Wenn das Bild Christi ebenso unabweisbar die Ähnlichkeit mit dieser Person zeige, müsse es nicht nur seine menschliche Natur, sondern auch seine Göttlichkeit erfassen, um wahrhaft sein Bild zu sein. Weil die Bilder aber nur die menschliche Natur erfassten, bedeuteten sie die Trennung der beiden Naturen und seien daher häretisch. Das Konzil von Hiereia im Jahre 754 bestätigte die Thesen des Kaisers und fügte ihnen ein weiteres Argument hinzu: Durch die Einheit der beiden Naturen sei der Leib Christi vollkommen vergöttlicht und somit undarstellbar. Der Standpunkt der Ikonoklasten gründet eigentlich auf einer orthodoxen Christologie und zieht daraus die logischen Konsequenzen. Doch birgt er eine Schwierigkeit, die von Christoph von Schönborn erkannt worden ist: Er ist kaum mit dem Gedanken vereinbar, der fleischgewordene Gott sei den Menschen wie jeder andere erschienen. Hätte er etwa selbst die beiden Naturen getrennt und den Häretikern recht gegeben? Wie dem auch sei, der bilderfeindliche Standpunkt lässt sich wie folgt schematisieren:

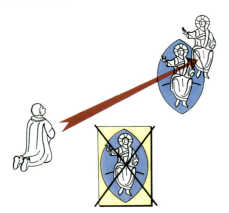

Abb. 4
Nach den Ikonoklasten bewirkt die Wesenseinheit Christi, dass seine Menschlichkeit göttlich und damit undarstellbar ist. Ein Bild von Christus ist daher verboten und auf dem Schema durchgestrichen. Der Gläubige wendet sich in seiner Anbetung an Christus als Gott und Mensch, der rote Pfeil erreicht direkt den Überschneidungsbereich der beiden Figuren.

Nach dem Sieg der Anhänger des Bilderkults berief Kaiserin Irene im Jahre 787 das zweite Konzil von Nicäa ein, das die Bilderstürmer mit dem Kirchenbann belegte, ohne sie freilich zu widerlegen, denn die Konzilväter hatten nicht das intellektuelle Rüstzeug dazu. Das Problem, wie das Bild zu definieren sei, schnitten sie nicht an und klärten auch sein Verhältnis zur Person Christi und den Heiligen nicht, sondern begnügten sich mit der Behauptung, die Anbetung gehe vom Bild auf die Person über.[9] Erst im frühen 9. Jahrhundert begegnet man mit den beiden Theologen Nikephoros und Theodoros Studites einem neuen Ansatz zu diesem Thema.[10] Beide brechen mit dem Platonismus des Johannes von Damaskus und denken das Verhältnis von Bild und Dargestelltem nicht in Begriffen der Partizipation (Teilnahme), sondern der Relation. Das Bild besitze kein einziges Wesensmerkmal des Dargestellten, sondern allein Ähnlichkeit. Was Christus betrifft, meint Nikephoros, dass die *graphè* (Schrift und Zeichnung), die er vom intellektuellen Vorgang der Abgrenzung unterscheidet, auf ihre Weise die göttliche und menschliche Doppelnatur erfassen könne, während Theodoros auf diese Differenzierung verzichtet und sagt, dass die Abgrenzung nicht dem Wesen der Person gerecht werde, sondern nur ihrer Gestalt oder, genauer gesagt, ihrer Erscheinungsform (*Hypostase*). Man könne die Erscheinungsform als eine Art persönliche Identität definieren, die vom Wesen der Person unabhängig wäre – eine Identität, die ihr zum Beispiel von besonderen körperlichen Merkmalen wie Kraushaar verliehen würde, nicht aber eine, die sie zu einem menschlichen Wesen wie alle anderen machte. Die Beziehung des Bildes zur dargestellten Person wäre also die Ähnlichkeit, und zwar nicht die der menschlichen Natur, sondern die Ähnlichkeit ihrer charakteristischen und individuellen Züge. Die Anbetung setzt nicht mehr eine Partizipation des Bildes an der Person voraus, sondern eine Ähnlichkeitsbeziehung, die wir aufzeigen können, indem wir Bild und Dargestellten trennen und den Übergang vom Bild auf die Person durch einen Doppelpfeil symbolisieren:

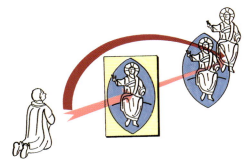

Abb. 5
Im Gegensatz zum Sohn selbst, dem Ebenbild des Vaters, ist das materielle Bild nach Theodoros Studites in keiner Weise mit dem Dargestellten identisch: es gibt nur eine Ähnlichkeit. Wir stellen diesen Status des Bildes dar, indem wir es physisch von Christus trennen. Aber wie bei Johannes von Damaskus geht die *Dulia* über das Bild hinaus, was man von nun an mit einem doppelten rosa Pfeil darstellen muss. Dieser erreicht zuerst das Bild, danach die Überschneidung mit der Darstellung der göttlichen und menschlichen Natur Christi. Die *Latria*, dem Bild verweigert, ist durch den roten Pfeil dargestellt, der um das Bild herumführt, um in die gleiche Zone vorzustossen.

Dieses Schema lässt eine Schwierigkeit erkennen. Laut Johannes von Damaskus und den abschliessenden Erklärungen des zweiten Konzils von Nicäa gebührt dem Bild nur *Dulia* oder *Proskynese*. Die Ehrung, die durch das Bild nicht nur auf den Leib Christi, sondern auch auf sein menschlich-göttliches Wesen übergeht, kann also keine *Latria* sein. Daraus folgt paradoxerweise, dass man auf Bilder verzichten müsste, um Christus ordnungsgemäss durch *Latria* anzubeten. Erst Thomas von Aquin sollte dieses Problem lösen, aber um einen hohen Preis. Im übrigen verdrängten die Theorien von Nikephoros und Theodoros Studites nie jene des Johannes von Damaskus. Die relationelle und nicht partizipatorische Auffassung des Bildes schränkte wahrscheinlich seine Sakralität zu sehr ein. Sie mass der Stofflichkeit des Bildes keinen Wert bei und vertrug sich schlecht mit den frommen Gebräuchen der Byzantiner, zu denen sogar das Abkratzen der Farbe zählte, die, in einem Gebräu aufgelöst, getrunken wurde.

Die karolingische Lehre und ihr Wandel

Das zweite Konzil von Nicäa gab sich ökumenisch, und von den Katholiken und Orthodoxen wird es noch immer dafür gehalten. Als seine Beschlüsse am Hof Karls des Grossen bekannt wurden, riefen sie so grosse Aufregung hervor, dass der König im Jahr 794 seine Bischöfe zu einer Synode nach Frankfurt berief und unter seiner persönlichen Aufsicht eine ausführliche Schrift über die Bilder verfassen liess, die *Libri carolini*.[11] Die fränkischen Theologen waren Anhänger von Augustinus. Während sich ihr Verständnis der Ebenbildrelation zwischen dem Vater und dem Sohn kaum von dem der Byzantiner unterschied, teilten sie mit Augustinus die massive Verachtung des Fleisches. Nichts lag ihnen ferner als der Gedanke, dieses anzubeten, sei es auch der Leib Christi. Da das Bild nur die Ansicht des Fleisches darbot, war Anbetung ausgeschlossen. In der Zwischenzeit hatte Gregor der Grosse die Verteidigung der Bilder gegen den ikonoklastischen Bischof Serenus von Marseille übernommen.[12] Er hatte das Thema der Malerei, deren Zweck es sei, die Gläubigen, vor allem die Ungebildeten, durch die Schilderung des Lebens Christi und der Heiligen zu erbauen und zu ergreifen, geschickt mit dem Thema der für den Kult bestimmten Porträts vermischt und zugleich die Anbetung der Bilder und ihre Zerstörung verboten. Die *Libri carolini* unterscheiden zwar deutlich die Bilder mit erzählender Funktion, die die Mysterien des Glaubens nicht fassen, aber dem Kirchenbau Prunk verleihen, von den Gottesbildern und Heiligenbildnissen; sie verurteilen jedoch die Anbetung der letzteren aufs schärfste und schliessen sich Gregors Mittelweg an. Die Anbetung des wahren Gottes vollzieht sich im Geist und erhebt sich über die Bilder des Fleisches:

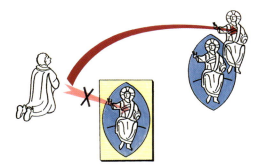

Abb. 6
Die karolingische Theologie lehnt die *Latria* des Fleisches Christi ab. Das Bild, das nur das Leibliche zeigt, darf kein Kultobjekt sein, es gibt aber keinen Grund, es zu zerstören. Daher ist der Pfeil, aber nicht das Bild selbst, das erlaubt bleibt, durchgestrichen. Der rote Pfeil zeigt die Anbetung, die der unsichtbaren Göttlichkeit gilt und daher weder durch das Bild noch durch den Leib Christi geht.

Als das Reich zerfiel, änderte sich allmählich, unter dem Einfluss des gehobenen Klerus, der karolingische Standpunkt. Walafrid Strabo († 849) schrieb den Bildern eine positive Rolle für die Andacht zu,[13] hielt aber ausdrücklich am Verbot der Anbetung fest. Erst gut zwei Jahrhunderte später war ein grundlegender Wandel der Lehre festzustellen, nämlich auf der Synode von Arras, die 1025 auf Betreiben des Bischofs Gerhard von Cambrai gegen die Häretiker abgehalten wurde.[14] Die Anbetung der Bilder war noch immer untersagt, aber das Bild sollte den Ungebildeten ermöglichen, Christus anzubeten: «Tatsächlich schauen die Einfältigsten der Kirche und die Ungebildeten durch die Gestaltung der Malerei, was sie nicht durch die Schriften wahrnehmen können. Wenn sie diese *species* verehren, beten sie Christus in seiner Erniedrigung an, durch die er für uns zu leiden und zu sterben bereit war: den ans Kreuz geschlagenen, am Kreuz leidenden, am Kreuz sterbenden Christus, ihn allein, und nicht das Werk aus Menschenhand. Man betet nicht den Holzstamm an, sondern durch das sichtbare Bild wird der unsichtbare Geist des Menschen bewegt. Auf ihm schreiben sich das Leiden und der Tod, den Christus für uns litt, als auf das Pergament des Herzens ein.»

Das Wort *species* scheint hier nicht das Christusbild in seiner Stofflichkeit zu bezeichnen, sondern die im Bild wiedergegebene physische Erscheinung. Im weiteren handelt der Text nicht von der Verehrung des Bildwerks, sondern nur von seiner Kontemplation. Die Abschwächung von *adorare* zu *venerare* betrifft sicher das Fleisch Christi, dem nicht derselbe Kult gelten kann wie seinem göttlichen Wesen. Der Text lässt erkennen, dass sich die Haltung gegenüber den Bildern mit der Haltung gegenüber der menschlichen Natur Christi verändert. Deren Verehrung zieht die Verwendung von Bildern und schliesslich den Bilderkult nach sich. Unter der Voraussetzung, dass *adorare* in diesem Text *Latria* meint, wie es später der Fall sein wird, nimmt die Verehrung Christi als Mensch und Gott den Weg über das Bild, ohne aber dort stehen zu bleiben. Dieses neue Verständnis eines Kultes mittels Bild lässt sich wie folgt interpretieren:

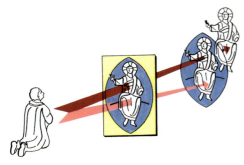

Abb. 7
Aus der Sicht der Synode von Arras erhält das Bild keine Anbetung, aber es erleichtert den Kult, ob es sich nun um die *Latria* der göttlichen Natur Christi oder um die Verehrung seiner menschlichen Gestalt handelt. Die Anbetung mit Hilfe eines Bildes ist mit Pfeilen dargestellt, die beim Bild nicht Halt machen, sondern es durchqueren, um beide Naturen zu erreichen.

In romanischer Zeit gibt es eine Theorie der Anbetung nur in Ansätzen. Man darf annehmen, dass der erstarkende Bilderkult mehr oder weniger stillschweigend hingenommen wurde. Ein paar Verse, die auch noch der grosse Liturgiker des 13. Jahrhunderts, Wilhelm Durandus, zitiert und die oft auf Bildern eingraviert sind, scheinen die Frage hinlänglich zu klären:[15]

«Der du vorübergehst, ehre das Bildnis Christi auf Knien,
Bete jedoch das Bildnis nicht an, sondern den, den es darstellt.»

«Das Bild, das du betrachtest, ist weder Gott noch Mensch.
Doch Gott und Mensch ist der im heiligen Bild Dargestellte.»

Das zweite Distichon, von Baudry de Bourgueil um 1100 verfasst, verweist auf die Doppelnatur Christi, um das Bild zu rechtfertigen. Im ersten wird die dem Bild zu erweisende Ehre klar benannt und der Anbetung Christi gegenübergestellt. Es hatte sich eine Auffassung durchgesetzt, die jener der Byzantiner verwandt war, wenn auch nicht vom Übergang von der Anbetung des Bildes zur Person die Rede ist:

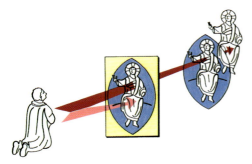

Abb. 8
Im Unterschied zur Synode von Arras verlangen die von Wilhelm Durandus zitierten Verse nicht nur, die Göttlichkeit Christi mittels seines Bildes anzubeten, sondern auch, das Bild selbst zu verehren. Der Unterschied zwischen «anbeten» und «verehren» entspricht hier der *Latria* und der *Dulia*. Der rote Pfeil für die Anbetung durchquert das Bild, während der rosa Pfeil für die Verehrung bei diesem Halt macht.

Der Triumph des Bilderkults im Westen

Basilius' Zauberformel, dass die dem Bild erwiesene Ehre auf den Dargestellten übergehe, wird im Westen erst Mitte des 12. Jahrhunderts im Zusammenhang mit der Übersetzung der Werke des Johannes von Damaskus wiederentdeckt. Die *Libri carolini* hatten sie erwähnt, aber nur um anzumerken, dass die Byzantiner sie ungerechtfertigt gebrauchten.[16] In Wirklichkeit scheint die Formel nicht vor dem 13. Jahrhundert wiederverwendet worden zu sein. Bevor die Scholastiker ihre Auffassung vom Bilderkult modifizierten, setzten sie sich mit dem Problem der Anbetung Christi auseinander. Petrus Lombardus (1095/1100–1160), dessen *Sententiae* für Jahrhunderte die Grundlagen der Theologie darstellen sollten, übernahm die Meinung des Johannes von Damaskus von der untrennbaren Anbetung der menschlichen und der göttlichen Natur Christi, was die *Latria* für seine menschliche Natur als eine mit der göttlichen verbundene voraussetzte.[17] Die Neuerung erzielte keinen Konsens, und dies erklärt wohl zum Teil, warum nicht sofort die Folgen für die Anbetung der Bilder daraus gezogen wurden.

In den Jahren 1225–1228 gelang es dem scholastischen Theologen Philipp dem Kanzler († 1236), die Formel des Basilius durch eine unerwartete Wendung zu untermauern, nämlich mit Hilfe der Semantik, die damals grossen Aufschwung erlebte.[18] Um Trugschlüsse zu vermeiden, hatten die Logiker über die Eigenschaft der Wörter nachgedacht, einmal die gebräuchliche und dann wieder eine selbstbezügliche Bedeutung zu haben. Wenn wir sagen, dass das Wort «Katze» fünf Buchstaben hat, bedeutet «Katze» ein Wort und nicht mehr ein Tier. Philipp unterscheidet daher eine Verwendung des Begriffs *in essendo* und *in significando*. Da Bilder Zeichen seien, könne man auf sie dieselbe Dichotomie anwenden: Wie das Wort «Katze» für sich selbst oder für eine Katze stehen könne, könne man das Bild für sich oder in Bezug auf den Dargestellten betrachten. Im zweiten Fall sei es nur Medium, durch das die Anbetung auf den Dargestellten übergehe. Es könne also, streng genommen, nicht mehr davon die Rede sein, Bilder anzubeten, sondern nur davon, Gott durch das Bild anzubeten. Damit schaltet Philipp auch ein heikles Argument der Karolinger aus. Wenn man den Bildern aus Holz Anbetung schulde, dann erst recht den Menschen, die vollkommenere Bilder Gottes seien, oder auch den Hunden, die immerhin sein Werk seien, nicht das der Menschen. Wenn man Gott im Medium der Schöpfung anbete und diese nur als Zeichen *in significando* fungiere, sei dies Anbetung Gottes oder *Latria*, und nicht Anbetung des Bildes. Wenn man einen Heiligen, also ein Bild Gottes *in essendo* anbete, könne dies nur *Dulia* sein. Das Bild hat sich verdoppelt aufgrund der Zwiegestalt des Zeichens, die auf eigentümliche Art an die Doppelnatur Christi erinnert. Da Philipp bezüglich der Anbetung Christi im übrigen Petrus Lombardus folgt, lässt sich die neue Konfiguration wie folgt darstellen:

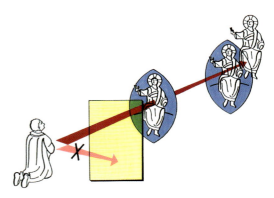

Abb. 9
Die scholastische Lehre von der Wortbedeutung unterscheidet das Zeichen als Ding, das man nicht anbeten darf, von seiner Bedeutung, durch die die Anbetung Christus als Mensch und Gott erreicht. Das Bild verdoppelt sich gewissermassen in eine bezeichnende Materie und eine bezeichnete Form. Es besitzt wie Christus eine doppelte Natur, aber diese zwei Naturen sind nicht Abbilder voneinander. Das Schema stellt die Materie des Bildes durch einen leeren Rahmen dar, seine Form durch die aus dem Rahmen gerissene Figur Christi. Der rote Pfeil der Anbetung geht daher nur durch die entmaterialisierte Figur Christi hindurch, um dessen Doppelnatur zu erreichen. Der rosa Pfeil zum leeren Rahmen ist gestrichen, um zu zeigen, dass das Bild als Ding keines Kultes teilhaftig wird.

Philipps Lösung ist bemerkenswert, denn sie ist semantisch betrachtet rational. Sie verbietet eigentlich den Bilderkult, indem sie das Bild auf die Rolle des Mediums reduziert, was zugleich ihre Stärke und ihre Schwäche ausmacht: ihre Stärke, weil sie den Verdacht des Götzendienstes zurückweist, ihre Schwäche, weil sie zu spät kam, um den Bilderkult zu verbieten – einige westliche Bilder hatten bereits eine den byzantinischen Ikonen vergleichbare Bedeutung erlangt, wie der *Volto santo* in Lucca und vor allem das Schweisstuch der hl. Veronika in Rom, das wahre Abbild Christi und das erste Bild, dessen Kult Ablass gewährte.[19] Albertus Magnus (um 1193–1280) veränderte Philipps Theorie, um der Anbetung des Bildes selbst den Weg zu bereiten.[20]

In der Nachfolge von Athanasius hatte Hilarius von Poitiers († 367/368) das Bild als Ähnlichkeit definiert, das vom Dargestellten ununterscheidbar, ja diesem gleich sei.[21] Augustinus widersetzte sich dieser Definition und schrieb dem Bild Ähnlichkeit, nicht aber Gleichheit mit dem Dargestellten zu.[22] Die Doppelnatur des Bildes erlaubte es Albertus, beide Kirchenväter in Einklang zu bringen, was den Sohn als Ebenbild von Gottvater, den Menschen als erschaffenes Abbild und zuletzt das artifizielle Bild (wie etwa das Königsporträt auf Goldmünzen) betrifft. Als Ding betrachtet, sei das Bild vom Dargestellten unterscheidbar, aber als Bild oder Zeichen betrachtet, sei es von diesem nicht zu unterscheiden: Es lenke nämlich den Verstand auf das Dargestellte, so dass beide in ein und demselben Akt des Verstehens erfasst würden. Daraus zieht Albertus folgenden Schluss, als er auf das Problem der Anbetung zu sprechen kommt: «Das Bild als solches anzubeten, bedeutet, durch den Geist und die Absicht der Anbetung zu jener Person hingeführt zu werden, um deren Bild es sich handelt, und dies nennt Johannes von Damaskus Übertragung der Anbetung auf den Dargestellten [...]. In keiner Weise dürfen wir aber das Bild als stoffliches Erzeugnis anbeten.»

Bei näherer Betrachtung zeigt sich, dass Albertus nicht konsequent ist. Bei der Anbetung des Bildes ist keine Rede mehr vom alleinigen Verstehensakt, und das Bild als solches scheint wie bei Philipp im Dargestellten aufzugehen. Wäre «Bilder anbeten» also bloss eine Redensart?

Einem Schüler von Albertus Magnus, nämlich Thomas von Aquin, gebührt das Verdienst, jede Unklarheit beseitigt zu haben. Er greift die Dualität des Bildes als Bild und als Ding wieder auf und führt sie auf einen aristotelischen Ursprung zurück, den er sehr frei interpretiert, um ihn mit der mittelalterlichen Semantik in Einklang zu bringen: «Wie der Philosoph in *De memoria et reminiscentia* sagt, ist die Bewegung der Seele zum Bild hin eine zweifache, einerseits zum Bild selbst in seiner Eigenschaft als Ding, andererseits zum Bild in seiner Eigenschaft als Bild von etwas anderem. Nun liegt der Unterschied zwischen beiden Bewegungen darin, dass die eine, die zum Bild als Ding führt, verschieden ist von der Bewegung zum Ding, während die andere, die zum Bild als Bild führt, identisch ist mit der Bewegung zum Ding. Das heisst also, dass dem Bild Christi als einem beliebigen Ding – sagen wir ‹geschnitztem oder bemaltem Holz› – keinerlei Ehrerbietung entgegengebracht wird, denn Ehrerbietung wird nur einem vernunftbegabten Wesen geschuldet. Es bleibt also nur die eine Möglichkeit, ihm als Bild Ehrerbietung zu erweisen. Daraus folgt, dass dem Bild Christi und Christus selbst dieselbe Ehrerbietung entgegenzubringen ist. Da die Anbetung Christi *Latria* ist, muss die Anbetung seines Bildes ebenfalls *Latria* sein.»[23]

Indem Albertus Magnus und Thomas von Aquin den orientalischen Bilderkult akzeptieren, gehen sie weit über das bisher Geltende hinaus, der eine widerstrebend, der andere ohne sich vor den Wörtern zu scheuen: Das Bild Christi hat nunmehr Anspruch auf *Latria*. Des weiteren steht jedem Bild dieselbe Verehrung zu wie der Person, die es abbildet, das Bild Mariens hat Anspruch auf einen Kult, der zwischen *Latria* und *Dulia* steht, nämlich *Hyperdulia*, das Bild jedes anderen Heiligen auf *Dulia*. Die Lehrmeinung des Johannes von Damaskus war unstimmig, insofern die Anbetung des Bildes, die auf Gott überging, einen geringeren Kult darstellte, als es die *Latria* war, die man Gott schuldete. Dieses Problem war nun gelöst, aber unter Aufgabe der Tradition und auf die Gefahr hin, den Verdacht auf Götzendienst zu rechtfertigen:

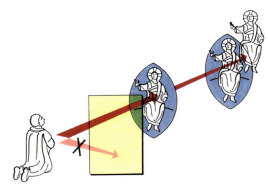

Abb. 10
Da nun das Bild in seiner Stofflichkeit nicht angebetet wird, besteht nach Thomas von Aquin keine Gefahr der Bilderanbetung. Der Bildinhalt, den er «das Bild als Bild» nennt, im Gegensatz zum «Bild als Ding», erhält damit die gleiche Verehrung wie die dargestellte Person. Das Bild von Christus wird daher angebetet. Um den identischen Kult, der durch die Darstellung Christi zur Person Christi führt, anzuzeigen, brauchen wir den doppelten Pfeil, der sukzessiv vom einen zum andern geht, statt nur einfach das Bild zu durchqueren, wie es das vorangehende Schema zeigt, wo die Anbetung sich einzig an die Person Christi wandte.

Die Kritik am Bilderkult
von der Scholastik bis zu den Hussiten

Grosse Zeitgenossen von Thomas von Aquin wie Bonaventura und mehrere seiner Nachfolger wie Ägidius von Rom und Richard von Middletown forderten für das Bild Christi ebenfalls die *Latria*.[24] In den Jahren nach Thomas' Tod aber nahmen einige Theologen gegen seine Theorie Stellung. Zwei von ihnen seien hier genannt: Heinrich von Gent († 1293) und Durandus von Saint-Pourçain (um 1275–1334).

Heinrich von Gent stellt nicht die thomistische Semantik des Bildes in Frage, kehrt aber das christologische Problem heraus.[25] Er unterscheidet zwischen der Anbetung der menschlichen Natur in der göttlichen Person Christi und der Anbetung der menschlichen Natur als der der göttlichen verbundenen. Es geht im Grunde darum, ob man die Person in ihrer Doppelnatur betrachtet oder die menschliche Natur als blossen Teil dieser Person. Im ersten Fall ist *Latria* gefordert, im zweiten nur *Hyperdulia*. Was nun das Bild Christi betrifft, übernimmt Heinrich von Johannes von Damaskus den Gedanken, man könne unmöglich die unabgrenzbare Göttlichkeit darstellen, und folgert, das Bild Christi sei das Bild seiner menschlichen Natur unter Ausklammerung der göttlichen. Da dem Bild in seiner Eigenschaft als Bild und dem Dargestellten dieselbe Ehrung gebühre, handle es sich um *Hyperdulia*, und *Latria* werde keinem Bild entgegengebracht. Die Tradition ist damit gerettet, aber *Latria* muss nun wieder ohne Bild auskommen:

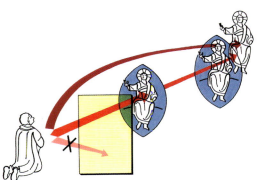

Abb. 11
Weil er die Anbetung der unsichtbaren Göttlichkeit vorbehalten will, findet Heinrich von Gent einen Mittelweg für den Kult an der Person Christi, eine Art «Überverehrung» (*Hyperdulia*), die wir hier durch einen doppelten Pfeil in einem mittleren Rot darstellen. Wie bei Thomas von Aquin gilt der gleiche Kult dem Bild und der dargestellten Person, aber hier ist es die *Hyperdulia*, während die *Latria*, im roten Pfeil, erneut um das Bild und den Leib Christi herumführt.

Durandus von Saint-Pourçain beginnt mit der Darlegung der thomistischen Theorie, um am Ende festzustellen: «Dies scheint aber nicht im Wortsinn gemeint zu sein, denn so oft ein und dieselbe Bewegung der Seele zum Bild als Bild und zum Ding führt, sagt sich die Seele nie, das Bild als Bild sei dasselbe wie das Dargestellte, oder das Zeichen als Zeichen sei dasselbe wie das Bedeutete, sondern zwischen beiden besteht immer ein faktischer Unterschied und ein Unterschied in der Auffassung der Seele. Es sind Relativa, und ein Relativum sein, heisst, sich auf etwas anderes beziehen.»[26]

Da das Bild in jeder Hinsicht vom Dargestellten verschieden sei, gebühre ihm eigentlich keinerlei Ehre, wenn aber von derselben Anbetung für das Bild und den Dargestellten die Rede sei, werde damit ausgedrückt, man gedenke vor dem Bild des Gegenstands der Anbetung und bete ihn an, als ob er zugegen wäre. Durandus glaubt also, oder tut so, als glaube er, dass hier eine sprachliche Unschärfe vorliege, so dass die Lehren von Albertus Magnus und Thomas von Aquin mit derjenigen von Philipp dem Kanzler übereinstimmten und insofern annehmbar wären.

Es wäre völlig unnütz, Durandus' Auffassung der Anbetung durch ein neues Schema darzustellen, griffe er nicht in der Nachfolge von Lukas von Tuy und Alexander von Hales, zweier Theologen des 13. Jahrhunderts, einen Bildertypus an, der sich damals verbreitet hatte und der genau dem entspricht, was malen zu wollen, Johannes von Damaskus für aberwitzig erachtete, nämlich unvermittelte Darstellungen des Göttlichen: «Das Bild stellt entweder Christus dar, insofern er Mensch ist, oder es soll den Vater oder den Heiligen Geist in ihrer Göttlichkeit darstellen, so wie man Bilder malt, von denen eines Gottvater, das zweite den gekreuzigten Sohn und das dritte den Heiligen Geist als Taube darstellt, die, vom Vater ausgehend, dem Sohn zustrebt. Im ersten Fall gebührt dem Bild dieselbe Ehrung wie Christus, entsprechend der oben geschilderten Auffassung. Im zweiten Fall aber ist es gemäss dem vierten Buch des Johannes von Damaskus reiner Aberwitz, Bilder zu malen oder zu verehren.»

Durandus beschreibt hier die Ikonographie des Gnadenstuhls (vgl. Kat. 127). Wir brauchen nur die Mandorla wegzulassen, die den Sohn als Bild des Vaters ausweist, um das artifizielle Bild des Vaters unvermittelt darzustellen und so die Theorie von Durandus zu schematisieren, die sich von der Philipps nur durch die Ablehnung des Bildes von letzterem unterscheidet:

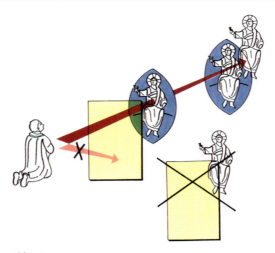

Abb. 12
Durandus von Saint-Pourçain kommt zur Lehre von Philipp dem Kanzler (vgl. Abb. 9) zurück: Das Bild Christi wird nicht mehr angebetet, ist aber ein Vermittler. Zudem verbietet er das Bild Gottvaters, das sich in der gotischen Kunst verbreitet hatte. Weil wir Vater und Sohn durch eine Mandorla unterscheiden, zeigen wir das Bild des Vaters durch einen Rahmen mit Figur ohne Mandorla und streichen dieses durch.

Durandus' Kritik an Thomas wurde in England von Robert Holcot († 1349) aufgegriffen,[27] während John Wyclif (um 1320–1384) dessen Verurteilung des Gnadenstuhls übernahm. Beide fordern eine Anbetung im Geiste, aber Wyclif wendet sich als erster nachdrücklich gegen die Missstände bei der Herstellung und bei der Anbetung der Bilder.[28] Seine Theorie der Anbetung ist jedoch nicht neu. Er lehnt die Anbetung des *signum* anstelle des *signatum* ab und nimmt auf seine Art den Standpunkt von Durandus und Holcot ein. Auch Jan Hus (um 1369–1415) verdankt viel dem Werk Durandus' und Holcots, vor allem aber dem Wyclifs.[29] Die Theorie der Anbetung entwickelte sich nicht mehr weiter, was wohl darauf hinweist, dass sie trotz ihrer scheinbaren Ausgewogenheit bereits eine ausreichende Grundlage für den lollardischen und hussitischen Bildersturm darstellte. Nachdem die Prämissen geklärt waren, ging es um die Frage, welche praktischen Massnahmen für ihre Umsetzung die geeigneten wären. Man entschied sich für das Ausmerzen der ikonographisch anfechtbaren Bilder wie etwa des Gnadenstuhls, aber das Argument der Anbetung im Geist erlaubte es eigentlich, praktisch alle Bilder wegen ihres mehr oder weniger sinnlichen Charakters anzugreifen. So sieht der Hussit Matthias von Janow den eucharistischen Kult in Opposition zum Bilderkult, der durch seinen verführerischen Reiz eine starke Konkurrenz darstelle.[30] Im Grunde verdiene es jedes Bild, dem ein Kult zuteil werde, zerstört zu werden.

Ob es sich um den Kult des Göttlichen vor seinem Bild oder um Bilderkult handelte, war eigentlich nur eine Frage der Einschätzung. Wie sollte man auch die Anbetung des Bildes von der Anbetung Gottes vor seinem Bild konkret unterscheiden? Die thomistische Theorie war psychologisch glaubwürdiger als die anderen Theorien, weil man aufgrund des einen Strebens der Seele zu Bild und Dargestelltem nicht zwischen der Anbetung des Bildes und der des Dargestellten zu unterscheiden brauchte. Ihr lag die Unterscheidung zwischen der Anbetung des Bildes als Ding und als Zeichen zugrunde; diese Unterscheidung allerdings lässt sich kaum verifizieren und fällt unter der Kritik der Lollarden und Hussiten: Warum wird ein Heiligenbild mehr verehrt als ein anderes Bild desselben Heiligen? Warum die Vorliebe für vergoldete, edelsteinbesetzte Bilder? Während man nicht wissen kann, wie jemand anderer zu einem bestimmten Zeitpunkt ein Bild wahrnimmt, hat doch jeder von uns die Erfahrung gemacht, dass er unmöglich gleichzeitig das Bild in seiner Stofflichkeit und als Zeichen für etwas anderes wahrnehmen kann. So gerät niemand vor einem erotischen Foto in Erregung, während er dessen Bildauflösung oder die Papierqualität untersucht. Damit dies geschieht, muss man seine Aufmerksamkeit von der Stofflichkeit des Bildes abwenden. Hingegen scheint es keinerlei Erfahrung zu geben für den Unterschied zwischen der Reaktion auf das Bild als Zeichen und der Reaktion angesichts des Bildes auf das, was es darstellt. Ist es das Bild Marylins, das so viel Erfolg hat, oder Marylin im Medium ihres Bildes? Noch weniger lösbar ist dieses Problem für Figuren wie Christus, dessen Antlitz eine ikonographische Erfindung ist, obgleich unter den Porträts einige als authentisch gelten durften.

Der Bildersturm der Reformation

Da man nicht entscheiden kann, ob jemand Gott vor seinem Bild oder das Bild anbetet, erstaunt es kaum, dass den Bilderstürmern wie ihren Gegnern die Lehre gemein war, die zur Anbetung Gottes vor seinem Bild berechtigte, aber im Gegensatz zur thomistischen Lehre das Bild anzubeten verbot. Dies gilt auch für Luther, als er sich in seinen *Invocavit*-Predigten vom März 1522 gegen Karlstadts Ikonoklasmus stellt (vgl. Kat. 140).[31] Er sagt nicht ausdrücklich, dass Gott vor einem Bild anzubeten sei, sondern wendet die Unentscheidbarkeit zum Nutzen des Anbetenden, was nur dann Sinn hat, wenn er vor einem Bild betet: *Bistu der Man, der uns schuldigen darff, das wir die bilder haben angebetet, wie kanstu in unser Herz sehen? Wie kanstu wissen, ob wir sie angebet haben oder nicht? Uber dieser Antwort mussen sie verstummen.*

Ausgehend davon, dass niemand ein hölzernes Kruzifix für Gott halte, schliesst Luther, es werde als Zeichen verwendet und das Thema der Anbetung von Bildern sei ohne Belang. Er gibt es auf, um sich dem Problem der Guten Werke zuzuwenden, das in seinen Augen viel besorgniserregender ist. Wer ein Bild stifte, wer eine Wallfahrt mache, glaube, durch seine Werke Gott zu gefallen. Diesem Tun müsse ein Ende bereitet werden, und sei es, indem man Bilder zerstöre, auf angemessenere Weise aber durch Predigen.

Eigentlich liebt Luther die Bilder. Seine Anthropologie beruht auf dem Gegensatz zwischen Gnade und Gesetz, zwischen Glauben und Werken, nicht aber auf dem zwischen Fleisch und Geist. So setzt seine Christologie der menschlichen Natur Christi nicht dessen Göttlichkeit entgegen und fordert für letztere nicht einen rein geistigen Kult. Das Bild habe den Vorteil, Kindern wie Gelehrten verständlich zu sein und müssige theologische Spekulationen abzuwenden: Die menschliche Natur Christi führe zu seiner Göttlichkeit. Luther ist der Überzeugung, man denke Gott notwendigerweise unter Zuhilfenahme des geistigen oder des gemalten Bildes, und statt darüber zu klagen, übernimmt er das traditionelle Argument, wonach die Fleischwerdung das Bild Gottes rechtfertige.[32] Derlei Ideen standen in Widerspruch zum Gedankengut von Erasmus, das die intellektuelle Szene beherrschte.

Luthers Vorwurf gegen die Gebräuche der Kirche, sie stellten eine Rückkehr zum mosaischen Gesetz dar, und seine Versicherung, man könne für die Guten Werke keinen Lohn erwarten, bargen eine gesellschaftliche Gefahr in sich. Die meisten Reformatoren hingegen brandmarken nur einzelne Gebräuche als fleischlich und setzten ihnen eine geistig geprägte Religion entgegen, wodurch die Kirche als Institution bedroht sein mochte, die religiöse Legitimation der Gesellschaftsordnung aber, die göttliche Transzendenz von Zuckerbrot und Peitsche, bestehen blieb. Zwar findet man schon bei den Karolingern und später seit Robert Holcot die Forderung nach einem geistigen Kult im Gegensatz zum Bilderkult, und diese Gegenüberstellung liegt auch dem lollardischen und hussitischen Ikonoklasmus zugrunde, aber zum Sieg verhilft diesem Gedanken Erasmus, indem er ihn, wie es sich gehört, im Zusammenhang einer Christologie formuliert. Er nimmt die Nutzlosigkeit des Fleisches nach Johannes 6,64 zur Grundlage und behauptet, die leibliche Berührung Christi sei ohne jede Bedeutung, weil sonst Judas, der die göttlichen Lippen geküsst habe, der glücklichste aller Menschen gewesen wäre.[33] Ja, Christus sei in den Himmel aufgefahren, um die frommen Auswüchse zu vermeiden, die durch seine leibliche Anwesenheit verursacht wurden. Von da ist es nur ein Schritt zur Verspottung des religiösen Gebrauchs der Bilder, wie im «Lob der Torheit» (vgl. Kat. 134), wobei ihnen die Botschaft der Heiligen Schrift entgegengesetzt wird, die das geistige Porträt Christi sei. Erasmus begnügt sich aber mit dem Spott, und als er in Basel ikonoklastische Ausschreitungen erlebt, ist er über deren aufrührerischen Charakter besorgt und beklagt die Gleichgültigkeit nicht gegenüber dem religiösen, sondern dem künstlerischen Wert der zerstörten Werke. Wie bei den Karolingern ziehe die Verneinung eines religiösen Werts der Bilder die Bewertung der künstlerischen Arbeit nach sich. Doch war Erasmus vorsichtig genug, um seine Auffassung von der Anbetung der Bilder nicht zu theoretisieren.

Um den Bildersturm zu rechtfertigen, haben sich Karlstadt, Zwingli und Calvin allesamt des erasmischen Gegensatzes von Fleisch und Geist bedient, jeder mit verschiedenem Schwerpunkt. In seiner Abhandlung *Von abtuhung der Bylder* (vgl. Kat. 137), die 1522 in Wittenberg erschien, beginnt Karlstadt mit der Erläuterung des göttlichen Gebots, wobei er betont, dass dieses jede Form von Bilderkult verbiete. Daraufhin weist er das Argument von sich, die Anbetung gehe vom Bild auf das angebetete Wesen über. Wenn man sich vor einem Beamten verneige im Namen des Fürsten, dem dieser diene, bezeuge man nicht nur dem Fürsten, sondern zugleich dem Diener die Ehre, ja man verehre diesen noch vor dem Fürsten. Man könne nicht leugnen, dass die Ehrung auch dem Diener gelte. Genauso verhalte es sich mit dem Bild, eben dies sei aber im Dekalog verboten. Mit Karlstadt erlebt man eine Rückkehr zu Thomas von Aquin, ohne Rücksicht auf Durandus' Kritik: Es gebe keinen Kult vor dem Bild ohne Kult des Bildes selbst. Nun aber soll das Bild aufgrund des biblischen Gebots verboten werden. Dieses sei durch das Neue Testament nicht aufgehoben, das uns zudem beibringt, dass das Fleisch nichts nütze sei. Die Bilder können aber nur das Fleisch zeigen. Sie präsentieren uns unnützerweise die Leiden Christi statt seines Wortes und zeigen uns die fleischliche Erscheinung der Heiligen, so dass sie den Kult in Hurerei und die Kirche in ein Hurenhaus verwandeln. Da man ausserdem der Macht der Bilder nicht widerstehen könne (Karlstadt bekennt, den heiligen Respekt nicht überwinden zu können, den sie aufgrund seiner Erziehung in ihm hervorriefen), drängen sie in unser Herz und verwehren ihm den Zugang zu Gott.

Das wesentlich Neue an Karlstadts Argumentation ist, dass die Verehrung der menschlichen Natur Christi ausdrücklich als fleischlich abzulehnen sei. Dies mache erforderlich, die Anbetung seines Leibes und seines Blutes im Sakrament abzuschaffen und die Messe zu reformieren. Die durch die Fleischwerdung hergestellte Verbindung zwischen dem Geistigen und dem Fleischlichen ist also gekappt, woraus auch das Schicksal des Bildes folgt. Die scholastische Unterscheidung zwischen dem Bild als Ding und dem Bild als Zeichen wird nicht noch einmal getroffen, aber das Bild als solches wird von den Reformierten unzweideutig verurteilt, denn sie stimmen alle darin überein, dass niemand ein Stück Holz für einen Gott halte. Man kann also Karlstadts Standpunkt, den Zwingli und Calvin später teilten, wie folgt darstellen:

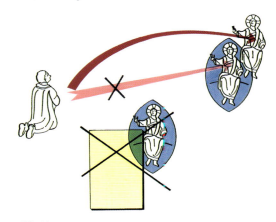

Abb. 13
Die Anbetung des unsichtbaren Vaters, dargestellt durch einen roten Pfeil, ist der einzige Kult, den die bilderfeindlichen Reformatoren erlaubten. Ein Kult am menschlichen Wesen Christi – durch den durchgestrichenen rosa Pfeil angezeigt – wird hingegen verworfen, und sein Bild fällt der Zerstörung anheim, wenn es sich für eine Anbetung anbieten könnte, weshalb es durchgestrichen ist.

Die Abweichungen, die sich zwischen dem Standpunkt Karlstadts und dem Zwinglis feststellen lassen, betreffen nicht direkt die Theorie der Anbetung. Zwingli betont den schon von seinem Vorgänger hervorgehobenen Gegensatz zwischen den Bildern und den Armen, die die wahren Bilder Gottes seien; er empfiehlt, den sichtbaren Kult auf die Armen zu übertragen, schweigt sich aber, wie nicht anders zu erwarten, über die theoretischen und praktischen Modalitäten eines solchen Kultes aus.[34] Während Karlstadt die Abgötter im Herzen des Menschen als einen von den stofflichen Bildern herrührenden Eindruck zu deuten scheint, erachtet Zwingli die «Götzen» oder Kultbilder als von Menschenhand geschaffene Vergegenständlichung jener Abgötter, die der Mensch im Herzen trägt. Seltsamerweise sind für ihn die anderen Bilder, auch die religiösen Charakters, die er einfach nur Bilder nennt, keine Derivate der Abgötter und daher legitim. Der Unterschied liege darin, dass erstere Gegenstand menschlicher Gefühle seien. Es scheint sich hier um eine verkürzte Rechtfertigung dafür zu handeln, dass die religiösen Bilder nicht allesamt verurteilt werden. Immerhin ist schwer verständlich, wie das Bild Christi in einem narrativen Kontext, wäre dieser auch für die Anbetung ungeeignet, nicht länger Gegenstand fleischlicher Gedanken und Gefühle sein sollte.

Nachdem Calvin in der *Institutio religionis christianae* von 1536 seine Bilderlehre aufgestellt hat, präzisiert er sie in der lateinischen Version von 1539 und in der ersten französischen Version von 1541.[35] Von vornherein wird das Bilderverbot im Dekalog durch den Gegensatz von fleischlichem und geistigem Kult erklärt. Auch wenn Moses nur vom äusserlichen Götzendienst zu sprechen scheine, umfasse sein Gebot zwei Teile, deren erster jegliches Bild Gottes verbiete, und wäre es geistig, während der zweite die Anbetung der Bilder von Menschenhand verbiete. So steht wie bei Zwingli die fleischliche Phantasie des Menschen am Ursprung des Götzendienstes: «Wir sehen dies auch alle Tage aus Erfahrung, dass das Fleisch nie ruht, bis es ein ihm wesensverwandtes Trugbild gefunden hat, an dem es sich erfreut als an dem Bilde Gottes. So haben die Menschen, seitdem die Welt besteht, fast immer dieser Begehrlichkeit gehorcht und sich Bilder gemacht, um sich zu vergewissern, dass Gott bei ihnen sei, wenn sie ein Zeichen von ihm vor Augen hätten. Insofern sie nun meinten, in diesen Bildern Gott zu sehen, beteten sie ihn darin an.»

Genauso wenig wie Zwingli versucht Calvin das Argument zu widerlegen, dass die Fleischwerdung das Bild rechtfertige, und ebenso lehnt er die Anbetung der menschlichen Natur Christi ab, indem er Erasmus' Argument von der Himmelfahrt aufgreift, «durch die er die Gegenwart seines Leibes aus unserem Gesichtskreis und unseren Gesprächen entfernt hat, um uns jedes fleischlichen Gedankens an ihn zu entheben.»[36] Der Unterschied zwischen den beiden Reformatoren liegt darin, dass Calvin das religiöse Bild nicht vom Götzenbild unterscheidet, was innerhalb ihrer gemeinsamen Perspektive konsequenter und auch radikaler ist.

Calvins Extremismus gründet auf keiner eigenen Christologie, er hält sich diesbezüglich an die Tradition. Aber seine Anthropologie, in deren Mittelpunkt der Sündenfall steht, verdient unsere Aufmerksamkeit.[37] Wenn der Mensch im Bilde Gottes erschaffen worden sei und seine elende Lage nicht Gott anrechnen könne, habe er sich wohl durch Undank der Wohltaten unwürdig erwiesen, so dass «das göttliche Bild, das er trug, ausgelöscht wurde»: «Wir alle, die wir aus unreinem Samen erzeugt sind, werden vom Schmutz der Sünde besudelt geboren, und schon bevor wir ans Licht gelangen, sind wir befleckt vor Gottes Angesicht.»

Der Gedanke, das Bild Gottes sei im Menschen ausgelöscht worden, ist neu. Im allgemeinen wird mit Augustinus angenommen, es sei nur verblasst, und der Mensch bewahre einen Teil der Ähnlichkeit mit Gott. Wo die gregorianische Reform am strengsten war, gingen einige Autoren so weit, vom Verlust dieser Ähnlichkeit zu sprechen, ohne jedoch in Frage zu stellen, dass der Mensch das Bild Gottes bewahre.[38] Andererseits drückte sich bei den Gregorianern ebenso wie bei Calvin der Ekel vor der Sexualität in der Auffassung der Erbsünde als einer durch den Samen übertragenen Beschmutzung und Besudelung aus. Dies wirkte sich bei den ersteren jedoch nicht auf das Problem der anthropomorphen Darstellung Gottes aus, denn der Leib Christi sei ausserhalb der Sünde empfangen worden und sei als Fleisch verehrungswürdig, wenn auch nur durch *Hyperdulia*. Auch Calvin anerkennt die jungfräuliche Empfängnis Mariä ausserhalb der Sünde, zieht daraus aber nicht die logische Konsequenz, dass in Christi Menschwerdung das Bild Gottes wiederhergestellt sei, zumal dies Gott darstellbar und im Fleisch anbetbar macht. Die calvinistische Verachtung des Fleisches ist anders als die der asketischen Mönche des Mittelalters, führt sie doch nicht dazu, Misshandlungen am eigenen Körper vorzunehmen und den Sexualakt zu verwerfen, der stattdessen nur für schuldhaft erkannt wird. Andererseits ist sie tiefer, denn indem sie das Imaginäre in Verruf bringt, schafft sie eine Askese ohne jede Möglichkeit der Entlastung. Die Absage an das Imaginäre zusätzlich zur Ablehnung des Luxus erklärt zumindest teilweise, warum im Genf des 16. Jahrhunderts Bilder so selten sind, obwohl Calvin Bilder ohne religiösen Inhalt im Prinzip zuliess.[39]

Die Beschlüsse des Konzils von Trient

Die Gegner der Reformatoren hatten auf die ikonoklastischen Argumente umgehend mit Abhandlungen reagiert, in denen der Standpunkt der altgläubigen Kirche bekräftigt wurde, aber erst 1563, im Konzil von Trient, sollte eine amtliche und abschliessende Stellungnahme erarbeitet werden. Viele Argumente gegen den Bilderkult waren zutreffend, und selbst die eingefleischtesten Traditionalisten räumten ein, dass es Missstände gab, sowohl was die Natur der Bilder als auch ihre Verehrung betraf. Die Schwierigkeit lag in der Entscheidung für eine der Rechtfertigungslehren, da seit dem ausgehenden 13. Jahrhundert unter den Theologen grosse Unstimmigkeit herrschte und einige, an deren Rechtgläubigkeit nicht zu zweifeln war, die theoretische Grundlage für den hussitischen Bildersturm geliefert hatten. Die Wahl fiel schliesslich auf die Beschlüsse des pseudo-ökumenischen zweiten Konzils von Nicäa, die von den Scholastikern nicht berücksichtigt worden waren: «Vor allem in den Tempeln sollen die Bilder Christi, der Jungfrau und Mutter Gottes und anderer Heiliger aufgestellt und bewahrt werden, es soll ihnen die geschuldete Achtung und Verehrung bezeugt werden, nicht etwa aus dem Glauben, sie bärgen etwas Göttliches oder eine Kraft, die ihre Anbetung rechtfertigte, auch nicht, weil man von ihnen etwas erbitten kann oder weil man ihnen vertrauen muss, wie einst die Heiden, die ihre Hoffnung in die Götzenbilder setzten, sondern weil die ihnen erwiesene Ehre auf die dargestellten Personen übergeht, so dass wir durch die Bilder, die wir küssen und vor denen wir unser Haupt entblössen und niederknien, Christus anbeten und die Heiligen verehren, deren Gleichnis sie sind. So wurde es in den Beschlüssen der Konzile gegen die Bilderfeinde festgelegt, vor allem im zweiten Konzil von Nicäa.»[40]

Die Unmöglichkeit, das Göttliche darzustellen, wird in Übereinstimmung mit Johannes von Damaskus und der scholastischen Tradition neu hervorgehoben. Das Neue im Vergleich mit den früheren Lehren ist im wesentlichen die Einführung einer Zensur, die den Bischöfen vorbehalten sein sollte, damit die dogmatisch verfehlten oder unzüchtigen Bilder ausgesondert, aber auch die Ausschreitungen unterbunden würden, zu denen Feste den Anlass bieten könnten. Die Rückkehr zu den Beschlüssen des zweiten Konzils von Nicäa stellt eine implizite Verurteilung der thomistischen Lehre dar, und die Einschränkung des Bilderkults auf die Verehrung, selbst wenn es um die Anbetung Christi geht, steht in völligem Widerspruch zu ihr. Schon bei den Byzantinern war der Widerspruch zwischen der Beschränkung auf die *Dulia*, die durch das Bild auf Christus übergeht, und der Forderung nach einer *Latria* Christi erkannt worden – jetzt liegt er offen zutage.[41] So wird behauptet, man bete Christus an, indem man sein Bild verehre, wobei in der Sprache der Tridentiner Väter «verehren» und «anbeten» die *Dulia* bzw. die *Latria* bedeuten. Somit ist ihre Bildtheorie undarstellbar, da widersprüchlich, denn die Ehrung, die dem Bild gilt und weiter auf Christus übergeht, müsste durch einen Pfeil dargestellt werden, der gleichzeitig rot und rosa ist, um die *Latria* und die *Dulia* zu symbolisieren.

Wir haben bereits Unstimmigkeiten in der Theorie der Reformatoren aufgedeckt, so in der Dichotomie von Bild und Götzenbild bei Zwingli oder im Widerspruch zwischen Calvins Christologie und seiner Ablehnung des Bildes Christi; aber das sind nicht die ersten Widersprüche, die das Problem des Bilderkults hervorgebracht hat. Bis zur Renaissance zog jede dieser Schwierigkeiten neue Versuche einer Problemlösung nach sich. In der Scholastik stellte man keine neue Theorie auf, ohne ihre Notwendigkeit durch die methodische Kritik der vorausgehenden aufgezeigt zu haben, so dass die Schärfe und Richtigkeit der Analysen noch heute unser Nachdenken über das Bild fördern können. Seit dem 16. Jahrhundert aber mag man sich fragen, ob die Theologie nicht von der Rationalität verlassen wurde. Im Grunde ist die *Institutio religionis christianae* nur ein immer dicker werdender Katechismus, während die Tridentiner Beschlüsse den präkritischen Dogmatismus der byzantinischen Anhänger des Bilderkults wieder aufgreifen.

1 Mathews 1995.
2 Athanasius: Oratio III contra Arianos, c. 5 (PG, Bd. 26, Sp. 332).
3 Wirth 1988, S. 9–21.
4 Basilius: De spiritu sancto, c. 18 (PG, Bd. 32, Sp. 149).
5 Vgl. Libri carolini, 1. 2, c. 19 (PL, Bd. 98, Sp. 1082).
6 Wirth 1999, S. 43–44.
7 Johannes von Damaskus: De fide orthodoxa (PG, Bd. 94, Sp. 789–1228); De imaginibus orationes (ebd., Sp. 1231–1420); vgl. von Schönborn 1986, S. 191ff.
8 von Schönborn 1986, S. 170ff.
9 Ebd., S. 142ff.
10 Nikephoros: Apologeticus maior / Antirrhetica (PG, Bd. 100, Sp. 205–833); Theodoros Studites: Antirrhetica (PG, Bd. 99, Sp. 328–436); von Schönborn 1986, S. 203ff; Marie-José Mondzain behandelt Nikephoros' Fall nur ungenau (Mondzain 1996).
11 Karl der Grosse: Libri carolini (PL, Bd. 98, Sp. 999–1248; vgl. Bastgen 1924). Seit dieser Text im Jahr 1540 gedruckt wurde, gibt es Versuche, seine Bedeutung zu schmälern. Die Arbeiten von Ann Freeman gelten zwar als grundlegend, sind aber mit einer gewissen Vorsicht zu geniessen (vgl. vor allem Freeman 1965 und 1985). Nach ihrer Meinung könnte Theodulf von Orléans der Verfasser der *Libri* sein, diese sind jedoch kein eigenständiges Werk dieses Theologen. Ungelöst bleibt die Frage, wann und in welcher Reihenfolge sie verfasst wurden. Sollten sie tatsächlich keine grosse Verbreitung gekannt haben, lässt sich daraus nicht ableiten, dass sich die Karolinger dem Papst gefügt hätten, denn die nachfolgenden Stellungnahmen wie die der Bischofssynode von Paris und die Abhandlungen Agobards und Jonas' von Orléans sind deutlich radikaler (vgl. Wirth 1989a, S. 113ff.).
12 Gregor der Grosse, Registrum epistolarum, Bd. 2, S. 768 und 873–876.
13 Walafrid Strabo: De ecclesiasticarum rerum exordiis et incrementis, c. 8 (PL, Bd. 114, Sp. 927ff.).
14 Synode von Arras, c. 13 und 14 (PL, Bd. 142, Sp. 1304ff.).
15 Durandus, Rationale, l. 1, c. 3, § 1: *Effigiem Christi qui transis, prorsus honora, / Non tamen effigiem, sed quod designat, adora. // Nec Deus est, nec homo, presens quam cernis imago. / Sed Deus est, et homo, quem sacra figurat imago.*
16 Libri carolini, l. 3, c. 16 (PL, Bd. 98, Sp. 1146).
17 Magistri Petri Lombardi Sententiae in IV libris distinctae, l. 3, dist. 9 (3 Bde., Grottaferrata 1971–1981, Bd. 2, S. 68ff.).
18 Philippi Cancellarii Parisiensis Summa de bono, pars 2, IV, q. 6, a. 3 (2 Bde., hrsg. von Nicolai Wicki, Bern 1985, Bd. 2, S. 972ff.); vgl. Wirth 1996, S. 39–57: In diesem Artikel hatte der Verfasser noch nicht erkannt, dass Philipps Semantik der Formel von Basilius einen Sinn gab.
19 Belting 1991, S. 233ff.
20 Albertus Magnus: In Sententias, l. 1, dist. 3, a. 19 und l. 3, dist. 9, a. 4–5.
21 Hilarius von Poitiers: De Synodis, c. 13 (PL, Bd. 10, Sp. 490).
22 Augustinus: Liber de diversis quaestionibus, q. 51.
23 Thomas von Aquin: Summa theologica, pars 3, q. 25, a. 3.
24 Vgl. die Kommentare dieser drei Theologen zu den Sentenzen, l. 3, dist. 9.
25 Heinrich von Gent: Quodlibet X, q. 6 (Henrici de Gandavo opera omnia, hrsg. von Raymond Macken u. a., Bd. 14, Leuwen / Leiden 1981, S. 132ff.).
26 Durandus von Saint-Pourçain: In Sententias, l. 3, dist. 9, q. 2.
27 Robert Holcot: In librum Sapientiae, Basel 1586, Lectio CLVIII, S. 523ff.
28 John Wyclif: Tractatus de mandatis divinis, hrsg. von Johann Loserth und F. D. Matthew, London 1922, c. 15, S. 152ff.
29 Jan Hus: Super IV. Sententiarum, l. 3, dist. 9 (Opera omnia, hrsg. von W. Flajshaus und M. Kominkova, 1905, Nachdruck, Osnabrück 1966, Bd. 2, S. 414ff.); vgl. auch den Grand Commentaire, c. 34, übersetzt von Jan Lavicka: Anthologie hussite, Paris 1985, S. 121ff.
30 Ebd., S. 82.
31 Luther, Werke, Bd. 10/3, S. 21–30 (3. Predigt nach *Invocavit*).
32 Wirth 1981, S. 105ff.
33 Eine vorzügliche Analyse der Überlegungen des Erasmus findet sich in: Eire 1986, S. 28ff.; Feld 1990, S. 110ff.
34 Garside 1966, S. 146 ff.; Feld 1990, S. 123ff.
35 Jean Calvin: Institution de la religion chrestienne. Texte de la première édition francaise (1541), hrsg. von A. Lefranc / J. Pannier / H. Chatelain, Paris 1911 (Nachdruck Genf 1978), S. 129ff. (vgl. auch die Ausgabe von Jean-Daniel Benoît, Paris 1957–1963, Bd. 1, S. 120ff.).
36 Ebd., S. 644.
37 Ebd., S. 32ff. In der Calvin-Forschung wird sein Standpunkt gemässigter dargestellt. Higman 1998, S. 663–673, zeigt, dass durch den Vergleich mit der göttlichen Majestät implizit eine Abwertung des Menschen erreicht wird, die in anderem Zusammenhang widerlegt wird. Mir scheint es notwendig, Calvins Lehre mit jenen der mittelalterlichen Christentums zu vergleichen, unter denen die strengsten noch die Würde des Menschen Gott gegenüber wahren, insofern der Mensch immer als Bild Gottes aufgefasst wird.
38 Guibert von Nogent: Moralia in Genesim (PL, Bd. 156, Sp. 55ff.); Rupert von Deutz: De Trinitate et operibus ejus l. 2, c. 2ff. (hrsg. von H. Haacke, Turnhout 1971–1972, Bd. 1, S. 186–187).
39 Bei den ikonoklastischen Reformatoren wird das Verbot der Imagination kurioserweise nie auf deren verbale Form angewandt. Keiner von ihnen scheint sich zu fragen, ob es rechtens sei, dass man sich Gott als einen männlichen, väterlichen und leicht erzürnbaren Herrscher vorstellt, der auf den Gehorsam seiner Untertanen pocht und peinlich genau ihre geheimsten Gedanken erforscht. Allerdings fördern derlei Träumereien die Entwicklung des Pflichtbewusstseins.
40 Sacrosanti et oecumenici concilii Tridentini... canones et decreta, 25. Sitzung.
41 Christin 1991, S. 228ff.

Johannes Tripps

Bilder und private Devotion

Bilder als Bücher der Laien

Um das Jahr 600 verfasste Papst Gregor der Grosse (Pontifikat 590–604) einen Brief an Serenus, Bischof von Marseille. Dieser hatte in seiner Diözese sämtliche Bilder zerstören lassen und fragte im nachhinein um Gregors Urteil.[1] Die Antwort des Papstes war eindeutig: Bilder von den Heiligen müssen an den Wänden der Kirchen für diejenigen sein, die nicht in den Büchern lesen können, denn in diesen Bildern sehen die Analphabeten *(illitterati* bzw. *idiotae)* jene Beispiele, denen sie folgen sollen.[2] Gregors Gedankengänge beruhen auf den Lehren der östlichen Kirchenväter Basilius und Gregor von Nazianz. Für Basilius gilt, was die Rede durch Hören zeige, stelle das schweigende Bild durch Nachahmung vor Augen. Für Gregor von Nazianz «spricht» ein Bild an der Wand.[3] Verfolgen wir die Spur durch die folgenden Jahrhunderte, hat für Beda Venerabilis († 735) ebenfalls die Nützlichkeit der Bilder Vorrang, da die, welche nicht lesen können, die Werke unseres Herrn und Erlösers durch Betrachtung der Bilder lernen; zugleich wären dieselben auch Anlass des Erinnerns an das Erlösungswerk. In *De Exordiis* des Walafrid Strabo (um 808–849) heisst es schliesslich: «Malereien sind die Literatur desjenigen, der nicht lesen kann.»[4]

Die Leitsätze Gregors bleiben bis ins 12. Jahrhundert bestehen: Das Bild ist die *litteratura* des *illiteratus*. Eine Wende tritt bei Honorius Augustodunensis (erste Hälfte 12. Jahrhundert) ein, der Gregors *illitterati* durch *laici* (Laien) ersetzt und von den Bildern als *laicorum litteratura* spricht.[5] Albertus Magnus (um 1200–1280) nennt sie *libri laicorum* (Bücher der Laien), Sicard von Cremona (1160–1215) *litterae laicorum* (Schriften der Laien) und Johannes Beleth († 1202) behauptet in seiner *Summa de ecclesiasticis officiis*, Gregor habe gesagt, die Schriften seien für die Kleriker, die Bilder für die «Laien».[6] Gregor aber sprach von *idiotae* bzw. *illitterati*, also von Leuten, die weder lesen noch schreiben können.

Während bis ins 12. Jahrhundert weite Teile der Bevölkerung Analphabeten waren, wächst im späten 12., vor allem aber im 13. Jahrhundert, bedingt durch wirtschaftlichen Aufschwung und gefestigte Fernhandelsstrukturen, ein sich immer mehr emanzipierendes Bürgertum heran, das der Akten- und Rechnungsführung wegen lesen, rechnen und schreiben können muss. Um der internationalen Verbindungen willen geschieht dies von Anfang an in Latein.[7] Aus dieser wachsenden Schicht formen sich zunehmend unabhängige Stadtkommunen, deren Freiheit auf Handel und Wohlstand beruht, die ihrerseits wiederum nur dank einer effizienten Verwaltung in Kanzleien und Kontoren samt einem ausgebildeten Notariatswesen funktionieren.[8] Das alles setzt bei den Laien eine grosse Schriftlichkeit voraus. Bildung und saubere Lateinkenntnisse sind in wachsendem Masse keine Privilegien des Klerikerstandes mehr, denn auch die Städte errichten Schreib- und Rechenschulen. In Gent kam es in der zweiten Hälfte des 12. Jahrhunderts zwischen den Bürgern und dem Klerus der Abtei St. Peter zu einer *guerre scolaire*, die damit endete, dass 1191 den Bürgern von Gent das Recht verbrieft wurde, unabhängige Schulen zu eröffnen. 1262 erreichte der Rat der Hansestadt Lübeck, dass neben die Schule des Domkapitels eine städtische Lateinschule bei St. Jacobi trat, deren Lehrbetrieb und Lehrpersonal der Rat in völliger Eigenständigkeit bestimmte. 1282 geschah dasselbe in Hannover und 1406 in Lüneburg.[9] In Deutschland weiss man mindestens seit dem 15. Jahrhundert auch von muttersprachlichen Schreib- und Rechenschulen.[10] Die Laienschaft hat somit mehr und mehr Zugang zu den kirchlichen Schriften und ist zum Bibellesen fähig. Wer es kann, der liest denen vor, die es nicht können. Dadurch schwelt bis zum Ende des Mittelalters der Konflikt, dass die Kirche die Laien am Zugang zur Heiligen Schrift durch Selbststudium zu hindern sucht. Wenn die Bilder weiterhin die *litteratura laicorum* bleiben, dann liegt das am massiven Widerstand des Klerus dagegen, dass die Heilige Schrift von Nicht-Klerikern, und womöglich auch noch in der Muttersprache, gelesen werde. Die Kirche fürchtet um ihre einheitliche Lehrtradition; Sprachenvielfalt, so Johannes Gerson (1363–1429), zerstöre die Einheit des Glaubens.[11] Allein die lateinische Sprache bilde den Garanten für die Einheit der Kirche in Kult und Dogma. Das Auslegen der Heiligen Schrift könne nur durch die *Clerici* geschehen, da dem Gemeinen Mann der nötige Bildungsgrad fehle. Laut Thomas von Aquin könne den Laien religiöses Wissen und geistliche Wahrheit nur durch «sachbezogene Gleichnisse» *(sub similitudinibus corporalium)* beigebracht werden; das Bibellesen allein genüge niemals, weil theologisch ungebildete Laien «zur Erfassung des Geistigen an sich» *(ad intelligibilia secundum se capienda)* gar nicht fähig seien.[12] Johannes Geiler von Kaysersberg (1445–1510) behauptet, dass einer, der über Leder, Messer, Nadel und Draht verfüge, noch lange keine Schuhe machen könne, wenn er das Handwerk nicht gelernt habe, und so könne nur der die Heilige Schrift auslegen, der *dye Kunst erlernt hab*.[13]

Die hoch- und spätmittelalterliche Kirche duldet nur durch sie selbst interpretierte und portionierte religiöse Literatur: Gebetsbücher, Erbauungsliteratur, katechetische Traktate, Musterkatechesen usw.[14] Wer von den *Nonclerici* die Bibel liest oder Bibelübersetzungen in die Muttersprache besorgt, gerät unversehens in den Verdacht der Häresie.[15] Laien, die in den Himmel kommen wollten, konnten also vom Heil nur über die Augen, d.h. über «Bilder», und die Ohren, d.h. über «das gesprochene Wort», erfahren, um jenes heilsbedeutsame Mitleiden zu erwecken, das unter *compassio* verstanden wird.[16] Die Kirche unterscheidet, den Zeichen der Zeit folgend, die ihr anvertrauten Seelen in *grobe* bzw. *einfeltige leyen*, die weder des Lesens noch des Schreibens kundig waren, und *subtile verstanden, kluge* oder *vernonftige leyen*, die nicht nur die Heilige Schrift, sondern auch das geschriebene Recht lesen und verstehen konnten.[17]

Diese *subtilen leyen* treten mit der Bitte an die Theologen heran, ihnen den Weg zum Heil auch über die Veröffentlichung von muttersprachlichen Texten zugänglich zu machen. Auf Bitten von Angehörigen des Wiener Hofes bearbeitet nach 1348 Konrad von Megenberg den *Liber de natura* des Thomas von Chantimpré in deutscher Sprache und 1372 übersetzt Heinrich von Mügeln die Psalmenerklärung des Nikolaus von Lyra. 1389 verfertigt Johannes von Hildesheim im Auftrag der Gräfin Elisabeth von Katzenellenbogen die erste Übersetzung der «Geschichte der Hl. Drei Könige».[18] Johann von Neumarkt,

Kanzler am Prager Hof (1364–1380 Bischof von Olmütz), übersetzt für Markgräfin Elisabeth von Mähren, Enkelin Kaiser Albrechts I., Gebete ins Deutsche. Er widmet seiner Herrin des weiteren eine Sammlung deutscher Gebete vom Leiden Christi und Mitleiden Mariä, die unter den Damen des Prager Hofes grossen Anklang fand. In ähnlicher Weise verfasste um 1400 der Kartäuser Adolf von Essen für Herzogin Margarethe von Bayern das «Rosgärtlein Unserer Lieben Frau».[19] Die Reihe liesse sich mit vielen Beispielen fortsetzen.

Die Bettelorden und die Laienfrömmigkeit

Die Franziskaner und Dominikaner nehmen sich seit dem 13. Jahrhundert der Laien an, um deren wachsende Bestrebungen, ein heilsbedeutsam frommes Leben zu führen, in kirchlich konforme Bahnen zu leiten und um Ketzerbewegungen entgegenzutreten. Die Franziskaner übertragen mönchische Lebens- und Frömmigkeitsformen auf den städtisch-kommunalen Raum. Durch den Dritten Orden des hl. Franz können jene Laien, die, aus welchen Zwängen auch immer, im «Jammertal des täglichen Lebens» verharren müssen, Anteil nehmen an der Heilsmöglichkeit des Mönchtums. Die Laien bemühen sich, die monastische Frömmigkeit samt den klösterlichen Gebetszeiten nachzuahmen.[20] Ihr Tag ist genau wie der des Klerus in Abschnitte der Arbeit und des Betens eingeteilt, von Sonnenauf- bis Sonnenuntergang. Auf bestimmte Tagesabschnitte werden die wichtigsten Stationen der *Vita Christi* gelegt. Zum Beispiel gedenkt man der Kreuzigung, Kreuzabnahme und Beweinung Christi zwischen etwa 15.00 und 17.00 Uhr, zur sogenannten Vesper. Die Kleriker geben den Laien kirchlich sanktionierte Erbauungs- und Gebetsliteratur samt ursprünglich klösterlichen Andachtsbildern an die Hand, vor denen die Stundengebete und Meditationsübungen verrichtet werden sollen.[21] Der Weg zum göttlichen Heil erfolgt nun nicht mehr ausschliesslich über eine profunde theologische Bildung und die kirchlichen Sakramente, sondern der Laie kann seine Seele läutern durch eine intensive eigene Frömmigkeit. Jedoch beschränkt man sich auf leicht erfassbare Bildinhalte: Gnadenstühle, Vesperbilder, leidende Kruzifixe, Darstellungen der Muttergottes im Kindbett usw. Andachtsbilder, deren Aussage theologisch kompliziertere Sachverhalte wie die *unio mystica* oder die Gottesminne zum Gegenstand haben, bleiben den Klosterinsassen vorbehalten. Darum finden sich beispielsweise keine Christus-Johannes-Gruppen ausserhalb der Klöster.

Abb. 1
Pietro Lorenzetti, Muttergottes mit Kind und Schmerzensmann, Diptychon, um 1330, je H: ca. 35; B: ca. 26 cm. Altenburg, Staatliches Lindenau-Museum. – Der grosse Realitätscharakter des Dargestellten erleichtert den Einstieg in das geistige Nacherleben des Lebens und Leidens Christi wie Mariens, das Ziel der privaten Andacht. Das Diptychon gibt in verkürzter Form Beginn und Ende des Menschendaseins Christi wieder: links die Muttergottes mit dem Jesusknaben, rechts den Schmerzensmann im Grabe stehend.

Das geistige Nacherleben von Leben und Leiden Christi und Mariens

Die eigene Seele soll nach Perfektion streben, indem sie das Leben und Leiden Jesu Christi und Mariens von Anfang an im Gebet miterlebt. Nur eine kindlich reine Seele, die in der Meditation wächst, ist in der Lage, die höchsten Dinge zu erkennen. Eine Schlüsselstelle findet sich in den *Meditaciones Vite Christi* des Franziskaners Johannes de Caulibus (um 1300), der für ein geistliches wie weltliches Publikum schrieb: «Über diese und andere Dinge des Jesuskindes kannst Du meditieren. Ich habe Dir darzu reichlich Möglichkeit gegeben, und Du kannst es erweitern und ihm folgen, wie Du möchtest. Sei ein Kind gleich dem Jesuskind. Weise keine niederen Dinge von Dir, oder solche, die Dir in Deiner Meditation über das Kind allzu kindlich vorkommen. Nach ihnen trachte, für sie entwickle eine Liebe, für sie entwickle eine Fähigkeit des Miterlebens [...], wir können nicht zu den höchsten Dingen aufsteigen, denn was Gott närrisch erscheint, erscheint uns weise, und was ihm nichtig ist, erscheint uns mächtig [...], und so kommt es, dass die Meditation über diese Dinge den Stolz bannt, die Begierde erstickt und die Neugier verdammt [...]. Deshalb, wie ich sagte, sei ein Kind mit dem Kinde, während Du mit ihm, das zu wachsen beginnt, älter wirst, folge ihm, wohin es auch geht, und betrachte stets sein Angesicht.»[22] Das erklärt, warum bereits unter den frühesten erhaltenen Andachtsbildchen (Einblattminiaturen) Szenen aus der Jugendgeschichte Christi, wie z. B. das Jesuskind beim Schulgang, vorkommen.[23]

Das volksmissionarische Anliegen der Dominikaner ging noch weiter und wies auf die Bedeutung der Bilder für die Kindererziehung hin. Der Florentiner Dominikanerprior Giovanni Dominici (1355/1356–1419) verfasste zu Beginn des 15. Jahrhunderts für Bartolomea di Messer Antonio degli Alberti eine «Regel zur Familienführung», die *Regola del Governo di cura famigliare*.[24] Darin preist Giovanni nicht nur Bilder des Jesuskindes, sondern auch anderer kindlicher Heiliger: «Zuallererst sollte man im Hause Bildnisse von heiligen Knaben und Mädchen haben, in denen sich Dein Kind, noch in Windeln, wiedererkennen kann, denn es geschieht so auf der Ebene von Kind zu Kinderfigur, mit Bewegungen und Zeichen, die für Kinder typisch sind. Und was ich sage, gilt sowohl für gemalte als auch für geschnitzte Figuren [...]. Eine geeignete Darstellung wäre ein Jesuskind, das nuckelt, eines, das im Schosse der Mutter schläft, ein Jesuskind, welches zierlich dasteht [...]. Auf diese Weise soll Dein Kind sich auch wiedererkennen in Figuren des Johannesknaben, in Kamelfell gekleidet, wie er in die Einöde geht, mit den Vögeln scherzt,

Abb. 2
Hausaltärchen, Verkündigung an Maria, Tonfiguren im Holzschrein, bunt gefasst, Mittelrhein, um 1440, Schrein H: 78; B: 61 cm (geschlossen); T: 16 cm, Engel (ohne Flügel) H: 26.5 cm; Maria H: 29.8 cm. Köln, Erzbischöfliches Diözesanmuseum. – Ein solches Andachtsbild war verhältnismässig leicht erschwinglich, und dank der bunten Fassung und der Aufstellung in einem Schreinchen war das kostengünstige Material nicht mehr erkennbar.

Honig von den Blättern leckt oder auf der Erde schläft. Es kann auch gar nichts schaden, wenn Dein Kind Bilder sieht, auf denen das Jesuskind und der Johannesknabe, oder Jesus und Johannes der Evangelist als Knaben gemeinsam dargestellt sind [...]. Die frommen Schriften dagegen sind allein für die bereits Perfekten, denn in den Schriften findet sich jegliche Wahrheit, geschaffen für den Zeitpunkt, wenn der Geist dazu fähig ist, alles köstliche Speise für das hiesige Leben.»[25] Wiederum wird grösster Wert auf die Adoration von Bildern und weniger auf das Lesen von Büchern gelegt.

Thematische Schwerpunkte bleiben das geistige Nacherleben des Lebens und Leidens Christi wie Mariens, denn aus der *Imitatio* dieser Viten entspringe das eigene Heil. Maria habe, so die Vorstellung seit spätestens Albertus Magnus († 1280), bei der Passion ihres Sohnes mehr erduldet und mehr erlitten als alle Märtyrer zusammen.[26] Dementsprechend ist ein Grossteil der Andachtsbilder thematisch auf Christus und Maria samt deren Leben und Leiden bezogen. Dies können kleine Altärchen sein, die die wichtigsten Abschnitte des Lebens und Leidens von Gottessohn und Gottesmutter zeigen, wie Diptychen (Abb. 1) oder Triptychen (Abb. 5), daneben existieren auch solche aus einer Vielzahl an Täfelchen, die man wie ein Büchlein betrachtet (Abb. 3).[27] Oder die Bilder zeigen einen reduzierten, aber konzentrierten Bedeutungsinhalt, indem allein ein blutüberströmtes Kruzifix, ein Schmerzensmann, ein Vesperbild oder lediglich Wundmale und Passionswerkzeuge usw. dargestellt werden (Abb. 1 und 3). Dies müssen keine gemalten Tafelbilder oder Figuren sein, es reichen auch schlichte Einblattminiaturen oder Holzschnitte, die man ins Gebetbuch einlegt oder einklebt.[28]

Ziel aller Betrachtungen ist das geistige Miterleben *(visio)*, das über Besinnung *(contemplatio)*, Mitleid *(compassio)*, Nachfolge *(imitatio)*, verschiedene Formen der Ekstase *(admiratio, exultatio)* und Loslösung vom Fleische *(resolutio)* zu erreichen ist.[29] In den schon zitierten *Meditaciones Vite Christi* des Johannes de Caulibus heisst es: «Wenn du aber recht viel Frucht aus der Betrachtung schöpfen willst, dann musst Du Dir alles vergegenwärtigen, als hörest Du es mit eigenen Ohren und sähest es mit eigenen Augen, dann muss Dein ganzes Herz dabei sein voll freudiger und gespannter Aufmerksamkeit...».[30] Heinrich Seuse (1295/1297–1366) schildert in seinen mystischen Schriften die vorbildliche Frömmigkeit seiner Mutter folgendermassen: «Sie hatte eine Gewohnheit, dass sie all ihr Leiden in das bittere Leiden Christi warf und damit ihre eigenen Leiden überwand. Sie bekannte ihm vor ihrem Tode, dass sie innerhalb dreissig Jahren niemals einer Messe beiwohnte, ohne sich bitterlich auszuweinen vor herzlichem Mitleid, das sie mit unseres Herrn Marter und seiner getreuen Mutter hatte...».[31] Während der Fastenzeit fiel sie aus lauter Mitleid mit der Gottesmutter sogar in Ohnmacht, als sie im Konstanzer Münster eine geschnitzte Kreuzabnahme erblickte: «Sie ging einst zu angehender Fasten in das Münster, wo die Kreuzesablösung in geschnitzten Bildern auf dem Altare steht, und vor den Bildern überkam sie [...] in empfindlicher Weise der grosse Schmerz, den die zarte Mutter unter dem Kreuze hatte. Und von der Not geschah dieser guten Frau auch so weh vor Erbarmen, dass ihr Herz wie fühlbar erkrachte in ihrem Leibe, so dass sie vor Ohnmacht niedersank auf die Erde und weder sah noch sprach.»[32]

Ziel der Privatandacht ist das Erleben einer Vision, und das Bild soll dabei den Einstieg in das geistige Nacherleben der Heilsgeschichte erleichtern.[33] Eine Schlüsselstelle findet sich bei Thomas von Kempen (um 1379/80–1471) in dessen Anweisung zur verinnerlichenden Betrachtung des Kruzifixes, die schliesslich nahtlos in die Vision der eigenen Teilnahme an der Golgathaszene übergeht: «... tritt also unerschrocken an das Kreuz heran, berühre liebevoll den Gekreuzigten, umschlinge das Kreuz leidenschaftlich, halte es fest und küsse es voll Verehrung [...], davor wirf Dich nieder, dort liege auf der Erde, weiche nicht vom Kreuze, auf dass Du schliesslich würdig bist, ein Tröpflein vom herabtropfenden Blut zu empfangen, die Worte des vom Kreuz sprechenden [Herrn] zu hören und bei dem Sterbenden bis an dessen Ende zu bleiben...».[34] Thomas von Kempen gehörte zu den Vätern der *devotio moderna*, einer breiten Frömmigkeitsbewegung, die am Ende des 14. Jahrhunderts von den Niederlanden ihren Ausgang nahm. Ihr Gründungsvater war Gerhard Groote (1340–1378), der 1374 sein Stadthaus in Deventer gottsuchenden Frauen überliess, die unter einer Meisterin ein klosterähnliches Leben führten. In ähnlicher Weise fanden sich ebenfalls in Deventer, in der Vikarie des Florens Radeweijns (1350–1400), Männer zusammen. Man folgte dem Vorbild Christi und lebte meist vom Abschreiben und Binden von Büchern.[35]

Das kontinuierlich geforderte Ziel des realen Miterlebens hat für das Andachtsbild zur Folge, dass sich die Künstler seit dem späten 13. Jahrhundert um grösstmöglichen Realitätscharakter des Dargestellten bemühen. Eindrücklich zeigt dies das Diptychon des Pietro Lorenzetti (Abb. 1). In

Johannes Tripps · *Private Devotion*

Abb. 3
Andachtsbüchlein aus Elfenbeinblättchen.
Deckelvorderseite: Krönung Mariens mit anbetendem
Kleriker; Deckelrückseite: hl. Laurentius und heiliger
Bischof mit anbetendem Kleriker. Auf den gemalten Seiten:
Letztes Abendmahl, Gefangennahme, Verspottung und
Leidenswerkzeuge. Niederrhein/Westfalen, um 1330–1350,
H: 10.5; B: 6 cm. London, Victoria & Albert Museum.
– Die Täfelchen sind wie ein Büchlein zusammengeheftet.
Die Bilder zeigen wichtige Stationen und Symbole aus
der Passion Christi in konzentrierter Form.

Abb. 4
Umkreis von Tilman Riemenschneider, Vesperbild, Papiermaché-Relief, Würzburg, um 1520, H: 37; B: 29.5 cm. Würzburg, Mainfränkisches Museum.
– Mit Hilfe eines Models wurden von Riemenschneiders berühmtem Vesperbild (1515 für die Franziskanerkirche in Würzburg geschaffen) kleinformatige Kopien für den Verkauf hergestellt.

Abb. 6
Meister der Gemminger Muttergottes, Muttergottes mit Kind, Hausaltärchen, Papiermaché-Relief (H: 66; B: 51.5 cm) in Holzschrein, farbig gefasst, Oberrhein, um 1470/1480. Karlsruhe, Badisches Landesmuseum, Dauerleihgabe des Unterlindenmuseums in Colmar.
– Die Marienfigur aus Papiermasse ist eine Replik eines am Oberrhein hochverehrten Bildwerkes, das eine halbfigurige Muttergottes mit Kind in einer Kapelle zeigte. Dank verschiedener Guss- und Formtechniken konnten aus Materialien wie Glas, Teig, Ton, Stuck und Papiermasse rasch und preiswert Bilder für die private Andacht hergestellt werden.

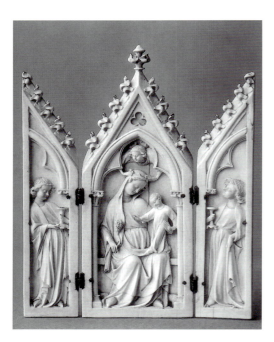

Abb. 5
Thronende Muttergottes zwischen zwei Kerzen tragenden Engeln, Elfenbeintriptychon, Mittelrhein(?), drittes Viertel 14. Jahrhundert, H: 15.8; B: 12.2 cm. Berlin, Staatliche Museen, Skulpturensammlung. – Elfenbeintriptychen mit Darstellungen aus dem Leben Christi und Mariens erfreuten sich seit dem 13. Jahrhundert beim Adel grosser Beliebtheit. Das Material symbolisiert die Reinheit der Muttergottes.

verkürzter Form gibt es den Beginn und das Ende des Menschendaseins Christi wieder: links die Muttergottes mit dem Jesusknaben, rechts den Schmerzensmann im Grabe stehend. Letzterer scheint sein totes Haupt förmlich zum Betrachter hinabzuneigen, denn Haupt und Heiligenschein sind in leichter Unteransicht gegeben und liegen deutlich vor der Marmoreinfassung des Grabes.[36]

Kleinformatige Andachtsbilder und die Symbolik ihres Materials

Mit das beliebteste Andachtsbild der Spätgotik wird das Vesperbild, denn es zeigt in konzentrierter Weise den Schmerz und die Passion von Maria und Christus, die alles Leid nur auf sich nahmen, um die Menschheit zu erretten.[37] Nicht allein in kleinformatigen Holz-, Alabaster-, Leder- und Specksteinwerken sind Vesperbilder zahlreich erhalten,[38] sondern ebenso in Einblattdrucken und Einblattminiaturen,[39] in Perlmuttschnitten,[40] sowie in Form von kleinfigurigen Zinn- und Bleigussreliefs.[41]

Darüber hinaus erfreuten sich Hinterglasbilder, Teig, Ton, Stuck und Papiermasse allgemein grösster Beliebtheit bei der Herstellung von Bildern für die Privatandacht (Abb. 4).[42] Zum einen boten Guss- und Formtechniken die Möglichkeit einer raschen und zahlenmässig erheblichen Produktion, um der grossen Nachfrage Herr zu werden, zum andern war ein solches Andachtsbild für jeden Geldbeutel erschwinglich. Da die Abgüsse bzw. Ausformungen meist bunt gefasst und in ein Schreinchen integriert wurden, war das billige Material nicht mehr erkennbar (Abb. 2 und 6). Neben den kostengünstigen Faktoren boten gerade Gusstechniken die Möglichkeit, von hochverehrten Gnadenbildern kleinformatige Repliken für die private Andacht herzustellen. So schuf Tilman Riemenschneider um 1515 ein Vesperbild für die Franziskanerkirche in Würzburg. Offensichtlich war dieses Bildwerk so verehrt, dass nach ihm kleinformatige Model hergestellt wurden, die bis ins Detail mit dem Vorbild übereinstimmten. Mit deren Hilfe formte man dann Repliken aus Papiermasse, die als private Andachtsbilder verkauft wurden (Abb. 4).[43]

Am Oberrhein muss es ein ähnlich hochverehrtes Bildwerk gegeben haben, das eine halbfigurige Muttergottes mit Kind in einer Kapelle zeigte. Von ihm existieren Kopien in Papiermasse (Abb. 6) und in Eisenguss (Trier, Rheinisches Landesmuseum). Die Patrize für die Herstellung der Gussmodel scheint ein Relief aus Nussbaumholz gewesen zu sein, das heute in der Skulpturengalerie in Berlin aufbewahrt wird. Kompositorisch bestehen enge Verbindungen zu den Kupferstichen des Meisters E.S., die die Muttergottes von Einsiedeln (vgl. Kat. 101) zeigen.[44]

Darüber hinaus konnte das Material auch Symbolcharakter haben, der zusätzlich zum Inhalt des Bildes dem Betenden den Einstieg in die Meditation erleichterte. Drei Materialien seien exemplarisch herausgegriffen: Elfenbein (Bein oder Walrosszahn), Jet (Gagat, Erdpech) und Glas.

Beim Adel erfreute sich im 13. und 14. Jahrhundert das Elfenbein als Luxusgegenstand grösster Beliebtheit. Dementsprechend hat sich eine verhältnismässig grosse Zahl an Elfenbeintriptychen erhalten, die in der Mitte die Kreuzigung Christi oder eine Muttergottes zwischen Engeln zeigen (Abb. 5); auf den Flügelchen sind meist Szenen der Viten Christi und Mariens dargestellt. Auf einer ersten Stufe der Andacht geht es um die Verehrung der Bilder Christi und Mariens, der davor Betende findet so einen Einstieg in das spirituelle Nacherleben beider Viten. Eine zweite Bedeutungsschicht hat das Elfenbein selbst, denn das Material «Bein» (Elfenbein und Walrosszahn werden in der Gotik als gleichwertig betrachtet) symbolisiert sowohl die jungfräuliche Reinheit Mariens als auch Maria als Inbegriff aller Tugenden: *Ebur candens castitatis* (vor Keuschheit glänzendes Elfenbein) heisst es über die Gottesmutter in den Sequenzen des Adam von St. Victor († 1177 oder 1192). Die Lauretanische Litanei besingt Maria, basierend auf der Stelle Hohelied 7,4, als *turris eburnea* (Turm aus Elfenbein), und ein deutscher Marienhymnus vom Ende des 13. Jahrhunderts spricht von der Jungfrau als «Du rotes Elfenbein».[45]

Mit dem Material «Erdpech» (Jet), einer Braunkohleart, die uns allen vom Trauerschmuck des 19. Jahrhunderts und vom Modeschmuck der 1920er Jahre wohlvertraut ist, kam die abendländische Christenheit durch die Wallfahrt nach Santiago de Compostela in Spanien in Berührung. Dort wird das Material von alters her abgebaut, und man fertigt daraus Pilgerabzeichen, aber auch kleinere Figuren wie beispielsweise Marienbilder. Die Wertschätzung, die die Gotik dem Material entgegenbrachte, bezeugen am eindrucksvollsten Schatzkammerstücke, denn Erdpech wurde vornehmlich mit Gold, Silber, Perlen und Elfenbein verarbeitet. Obenan steht eine thronende Muttergottes aus dem Schatz der Condestable-Kapelle der Kathedrale von Burgos, die gegen 1400 in Frankreich oder Burgund geschaffen wurde (Abb. 7). Es scheint sich dabei

Abb. 7
Muttergottes aus Erdpech, Paris oder Burgund, um 1390. Burgos, Kathedrale, Schatz der Condestable-Kapelle. – Die Madonna wurde in Frankreich oder Burgund geschaffen und offenbar von Jean, Herzog von Berry, Katharina von Lancaster geschenkt, als diese durch Heirat Königin von Spanien wurde. Das Material versinnbildlicht die im Hohenlied erwähnte «schwarze» Schönheit der Braut, die auf Maria als Braut Christi übertragen wurde.

um jene Madonnenfigur zu handeln, die Jean, Herzog von Berry, Katharina von Lancaster schenkte, als diese 1393 durch ihre Heirat mit Heinrich III. von Kastilien Königin von Spanien geworden war. Im Inventar des Burgunderherzogs heisst es: «... ein kleines Bildwerk Unserer Lieben Frau aus schwarzem Jet, ihr Kindlein aus weissem Elfenbein haltend; sie sitzt auf einem Thronsessel aus architektonischem Strebewerk, wo es viele kleine Perlen drumherum hat und von unten hat es eine Schraube aus weissem Silber, die das genannte Bildwerk fixiert.»[46]

Auch hochverehrte Gnadenbilder wurden als kleinformatige Andachtsbilder in Erdpech kopiert. So besitzt das Museum für Kunst und Gewerbe in Hamburg ein Gnadenbild des 17. Jahrhunderts (?);[47] das Victoria & Albert Museum in London hat ein kleinformatiges Vesperbild (um 1550–1600), eine *Immaculata* (um 1650–1700) und eine stehende Muttergottes mit Kind (um 1600–1700) in seinen Beständen;[48] die Berliner Museen besitzen das Figürchen einer *Immaculata*.[49]

Abb. 8
Jan van Eyck, Vision des Kanonikus Georg van der Paele, 1436, H: 140.8; B: 176.5 cm. Brügge, Groeningemuseum. – Der Kanoniker lässt sich als Musterbeispiel an Frömmigkeit im Moment der ihm widerfahrenen Vision darstellen. Er blickt entrückt nach oben und hält neben dem Stundenbuch auch seine Lesebrille in den Händen.

Abb. 9
Donatello, Muttergottes mit Kind, flankiert von Putti, bronzenes Gussmodel für Madonnentondi aus Glas, 1456, Dm: 28.5 cm. London, Victoria & Albert Museum. – Der Tondo, den Donatello seinem Arzt aus Dankbarkeit schenkte, ist auf der Rückseite als Gussmodel gearbeitet, damit von der Darstellung auf der Vorderseite Abgüsse aus geschmolzenem Glas hergestellt werden können.

Abb. 10
«Goldenes Rössel von Altötting», Gold, Email, Perlen, Edelsteine, Paris, 1404, H: 61.85; B: 45.45; T: 26 cm. Altötting, Schatzkammer. – Aus dem Andachtsbild ist ein Schatzkammerobjekt geworden, das auch verpfändet werden kann. Die französische Königin Isabeau de Bavière hat dieses Bildwerk am Neujahrstag 1405 ihrem Gemahl geschenkt, doch schon im selben Jahr wurde es an den Bruder der Königin verpfändet.

Dass man dieses schwarzglänzende Material für Muttergottesfiguren verwendete, hängt mit dem Phänomen der «Schwarzen Muttergottes» zusammen, welche die Strophe 1,4 des Hohenliedes Salomos versinnbildlicht, wo die Braut sagt: *nigra sum sed formosa filiae Hierusalem, sicut tabernacula Cedar sicut pelles Salomonis* («schwarz bin ich, doch wohlgeformt, ihr Töchter Jerusalems, wie die Zelte von Kedar, wie die Decken Salomos»). Die mittelalterliche Exegese übertrug den Hochzeitsgesang des Hohenliedes auf Christus als König und auf die Gottesmutter als dessen sonnenverbrannte Braut.

Als drittes sei auf Andachtsbilder aus gegossenem Glas verwiesen, wovon sich aber keines erhalten hat. Wir besitzen jedoch ein bronzenes Gussmodel von der Hand Donatellos (Abb. 9), der es am 27. August 1456 seinem Arzt Giovanni Chellini zum Dank dafür schenkte, dass er ihn von einer schweren Krankheit heilte. Dieser Tondo zeigt auf der Vorderseite in Halbfigur die Gottesmutter mit Kind, flankiert von Putti. Dreht man ihn, so ist die Rückseite als Gussmodel ausgearbeitet, damit, so sagte Donatello seinem Arzt, er davon Abgüsse aus geschmolzenem Glas machen könne.[50] Somit tritt ein weiteres Mal neben den sakralen Inhalt der Darstellung die Materialsymbolik, denn Glas steht für die Unbeflecktheit Mariens bei der Empfängnis Christi. Die in diesem Zusammenhang meistzitierte Stelle stammt von Bernhard von Clairvaux (1090–1153): «Wie der Glanz der Sonne durch das Glas hindurchgeht, ohne es zu zerbrechen, und die feste Materie mit seiner unfühlbaren Feinheit durchdringt, ohne sie zu durchbohren, wenn er eintritt, noch sie zu zerbrechen, wenn er austritt, so durchdringt auch das Wort Gottes, das Licht des Herrn, den Leib der Jungfrau und tritt heraus aus ihrem unberührten Schoss.»[51]

Andachtsbilder als Objekte sozialen Prestiges

Die Überzeugung, dass der Grad der individuellen Frömmigkeit den Grad der Läuterung der eigenen Seele bestimme, verleiht Privatandacht und Andachtsbild in kontinuierlich wachsendem Masse die Rolle sozialen Prestiges. Infolgedessen tritt in Kreisen der Hocharistokratie die primäre Rolle der Devotion zurück und das Andachtsbild wird zum Schatzkammerobjekt, das auch ohne grosse Bedenken verpfändet werden kann. Beste Beispiele sind jene perlen- und edelsteinübersäten Goldemailarbeiten, *joyaux* genannt, die sich der französisch-burgundische Adel zum Neujahrstag verehrte. So schenkte 1405 die französische Königin Isabeau de Bavière ihrem Gemahl König Karl VI. ein solches Bildwerk, heute bekannt unter dem Namen des «Goldenen Rössels von Altötting» (Abb. 10). Im gleichen Jahr noch hat man es an den Bruder der Königin, Herzog Ludwig den Gebarteten von Bayern-Ingolstadt, verpfändet, der es schliesslich mit nach Ingolstadt nahm.[52]

Das Ziel der Privatandacht, die Vision, wird innerhalb der spätmittelalterlichen Gesellschaft auch zum Gegenstand der Repräsentation und des Prestiges. Ein Bürger, ein Edelmann oder ein Kleriker, der finanziell wie machtpolitisch eine herausragende Rolle spielt, setzt sich selbst als Musterbeispiel an Frömmigkeit in Szene. Darum lässt er sich nicht allein bei seiner Andacht, sondern im Moment der ihm widerfahrenen Vision darstellen. Zwei Beispiele: Nicolas Rolin, Kanzler von Burgund und erster Mann am Hofe, dem bereits seine Zeitgenossen menschenverachtende Macht- und Geldgier attestierten, lässt sich um 1435 von Jan van Eyck beim Morgengebet darstellen, und zwar im Moment einer Vision: Der Kanzler ist in einen überirdischen Palast entrückt, und ihm erscheint die thronende Gottesmutter mit Kind, von einem Engel gekrönt (heute im Louvre, Paris).[53] Das zweite Beispiel bildet Georg van der Paele, Kanoniker zu St. Donatian in Brügge. 1436 lässt er sich ebenfalls von Jan van Eyck bei Stundengebet und Vision darstellen (Abb. 8). Um dem Betrachter klarzumachen, dass Georg van der Paele die Vision hat, die Muttergottes erscheine ihm und er knie vor ihr, vom hl. Georg und hl. Donatian empfohlen, blickt der Kanonikus nicht nur entrückt nach oben, sondern hält neben seinem Stundenbuch auch seine Lesebrille in Händen. Das Tafelbild schmückte zumindest 1599 den Hauptaltar von St. Donatian (heute Brügge, Groeningemuseum).[54]

Somit haben Bild und private Devotion in der Spätgotik eine Stufe erreicht, die unter den Vorzeichen der Repräsentation die Sphäre des Privaten in ihr Gegenteil verkehrte.

---

1 Duggan 1989, S. 227; Hamburger 1989, S. 162–163; Chazelle 1990, S. 138–153.
2 ... pictura in ecclesiis adhibetur, ut hi qui litteras nesciunt saltem in parietibus uiendo legant, quae legere in codicibus non ualent [...] nam quod legentibus scriptura, hoc idiotis praestat pictura cernentibus, quia in ipsa ignorantes uident quod sequi debeant, in ipsa legunt qui litteras nesciunt; unde praecipue gentibus pro lectione pictura est (Gregor der Grosse, Ad Serenum Episcopum Massiliensem, ep. 11.10, in: PL, Bd. 77, Sp. 1027–1028; Schreiner 1992, S. 21); zur Weiterführung dieses Leitsatzes nach dem Konzil von Trient vgl. Spamer 1930, S. 3–4.
3 Camille 1985, S. 1 und 32–37; Duggan 1989, S. 229.
4 ... pictura est quaedam litteratura inlitterato... (vgl. Duggan 1989, S. 230).
5 Ebd., S. 230–231; Schreiner 1992, S. 14 und 27 ff.
6 Duggan 1989, S. 231.
7 Wendehorst 1986, S. 27–33; Schreiner 1992, S. 15.
8 Miethke 1986, S. 285 ff.; Walther 1986, S. 124 ff.
9 Ennen 1973, S. 464–469.
10 Schreiner 1984, S. 259.
11 Ebd., S. 266 und 306.
12 Schreiner 1992, S. 19.
13 Schreiner 1984, S. 312.
14 Zur Entstehung des religiösen Schrifttums in der Volkssprache vgl. Grundmann 1977, S. 439–452; Schreiner 1984, S. 259, 289, 292–293 und 346; Burger 1989, S. 400–404.
15 Grundmann 1977, S. 445–450; Schreiner 1984, S. 288–289.
16 de Chapeaurouge 1983, S. 7 ff.; Schreiner 1992, S. 15.
17 So unterscheidet sie Job Vener in seiner 1421 abgefassten «Ermahnung gegen die Husiten» (vgl. Schreiner 1992, S. 14–15 und 28 ff.); bei Ulrich von Pottenstein heissen sie *verstanden*, bei Jakob Twinger von Königshofen *kluge* und bei Johannes Wenck von Herrenberg *vernonftige* Laien, im Gegensatz zu den schreib- und leseunkundigen *einfeltigen leyen* (vgl. Steer 1983, S. 355–360; Camille 1985, S. 37–44; Burger 1989, S. 404).
18 Sämtliche Beispiele zitiert nach Steer 1983, S. 358–360.
19 Die Beispiele entnommen aus: Kat. Das christliche Gebetbuch 1980, S. 43–44.
20 Kat. Das christliche Gebetbuch 1980, S. 30–46; Steer 1983; Weber 1987, 49–50; Schreiner 1992, S. 30–31.
21 Zur Diskussion über die Definition und Entstehung des Begriffs «Andachtsbild» in der Kunstgeschichte, Volkskunde und Theologie vgl. den treffenden Überblick bei Schade 1996, Kap. II–VI.
22 Übersetzung des Autors von: ... *Haec et his similia de puero Jesu meditari potes; dedi tibi occassionem. Tu vero, sicut videbitur, extendas et prosequaris, sisque parvula cum parvulo Jesu, nec parvipendas talia humilia, et quae puerilia videntur, meditari de ipso. Videntur enim dare devotionem, augere amorem, accendere fervorem, inducere compassionem, puritatem et simplicitatem conferre, et humilitatis et paupertatis vigorem nutrire, et conservare familiaritatem, et conformitatem facere, ac spem elevare. Nam ad sublimia ascendere non valemus, sed quod stultum Dei est, sapientius est hominibus, et quod infirmum, potentius [I Cor., 1, 25]. Videtur etiam talium meditatio superbiam tollere, cupiditatem enervare, ac curiositatem confundere. Vides quot bona inde proveniunt? Sis ergo, ut dixi, cum parvulo parvula, et cum grandescente grandescas, semper tamen humilitate conservata; et sequaris eum quocunque ierit, et intuearis faciem ejus semper...* (Iohannis de Caulibus, Meditaciones, S. 52–53).
23 Appuhn/von Heusinger 1965, S. 179–180.
24 Zur Entstehungsgeschichte und Datierung dieses Büchleins vgl. das Vorwort von Domenico Salvi, in: Dominici, Regola del governo, S. LXV und LXXXVIII.
25 *La prima si è di avere in casa di santi fanciulli e vergine giovanette, nelle quali il tuo figliuolo, ancor nelle fascie, si diletti come simile e da simile rapito, con atti e segni grati alla infanzia [...]. E come dico di pinture, cosi dico di sculture [...]. Sarà buona figura Jesu che poppa, Jesu che dorme in grembo della Madre, Jesu che sta cortese innanzi, Jesu profila ed essa Madre tal profilo cuce. Così si specchi nel Battista santo, vestito di pelle di cammello, fanciullino che entra nel deserto, scherza cogli uccelli, succhia le foglie melate, dorme in sulla terra. Non nocerrebbe se vedessi dipinti Jesu e il Battista, Jesu e il Vangelista piccinini insieme coniunti [...]. Ma le scritture revelate son'principalmente per li più perfetti, nelle quali si trova d'ogni verità increata e creata quanto la mente è capace, tutto saporoso cibo per la vita presente* (Dominici, Regola del governo, S. 131–132).
26 Tripps 2000, S. 172–175.
27 van Os 1994, S. 114; Williamson 1997, S. 192–197.
28 Appuhn/von Heusinger 1965, S. 157 ff.
29 Ruh 1950, S. 29; Magnus 1965, S. 151 ff.; Krutisch 1987, S. 49–50 und 78–89; Surmann 1991, S. 27.
30 Iohannis de Caulibus, Meditaciones, S. 10; vgl. Lechner 1981, S. 51 ff.
31 Seuse, Mystik, S. 131.
32 Ebd.
33 Honée 1994, S. 157–172.
34 ... *accede igitur intrepide ad crucem, crucis affectuose tange imaginem, ardenter amplecte, firmiter tene et devotissime osculare [...], illic te prosterne, ibi iace terrae, a cruce non recede, ut saltem de destillante sanguine unam guttulam merearis accipere, ut verba de cruce loquentis audire, seu agonizanti in fine coastare...* (zu diesem und zu weiteren Beispielen vgl. Frey 1946, S. 123 ff.; zur Lektüre von Laien und Laienbrüdern vgl. Kock 1999, S. 182–222).
35 Erwin Iserloh: Artikel «Devotio moderna», in: LMA, Bd. 3, Sp. 928–930.
36 Oertel 1961, S. 67–69.
37 Tripps 2000, S. 172–175.
38 Swarzenski 1921, S. 204–206; Kat. Private Andachtsbilder 1977, S. 6, Abb. 7; zu Vesperbildern aus Leder vgl. Damaschke 1998, S. 118–133 (mit weiterführender Literatur).
39 Kat. Gotik in Österreich 1967, S. 130–131, Abb. 56 (Einblattholzschnitt eines Vesperbildes, koloriert, H: 20.1; B: 13.7 cm, Österreich, erstes Viertel 15. Jahrhundert. Wien, Graphische Sammlung Albertina, Inv. 236/1925); Kat. Private Andachtsbilder 1977, S. 191 ff., Abb. 104 (Meister *dn* mit dem Anker, Vesperbild, kolorierter Metallschnitt auf Papier, H: 23.6; B: 16.7 cm, Niederlande).
40 Zu Beispielen vgl. Pazaurek 1937, S. 19–30 und 74, Taf. XVI, Nr. 1 (London, Victoria & Albert Museum), Nr. 2 (Hamburg, Museum für Kunst und Gewerbe), Nr. 3 (Darmstadt, Hessisches Landesmuseum), Nr. 6 (Breslau); Taf. XVII, Nr. 4, (Zürich, Schweizerisches Landesmuseum). Des weiteren gibt es im Museum für Kunst und Kulturgeschichte der Stadt Dortmund (Inv. C 5044) eine Reliquienkapsel aus Perlmutt als Amulett, rheinisch, 15. Jahrhundert, H: 8.7; B: 6.8 cm (Kat. Private Andachtsbilder 1977, Abb. 11); Halle (Saale), Staatliche Galerie Moritzburg, Landesmünzkabinett, Anhänger, Inv. Mo-LMK-36021 (Büttner 2000, S. 93, Abb. 53).
41 Ein Beispiel aus Zinn, wohl süddeutsch, 15. Jahrhundert, H: 16; B: 13.5 cm, in der Sammlung Dr. Karl Ruhmann, Wildon (Kat. Gotik in Österreich 1967, S. 293, Nr. 269, Abb. 66).
42 Zur manufakturartigen Produktion von Heiligenbildchen in Ton vgl. Nagel/Oelze/Röber 1996, S. 59–131; zu Teigdrucken vgl. Fleischmann 1998; zu Hinterglasbildchen des 14. und frühen 15. Jahrhunderts in Italien vgl. Funaro/Rivelli 1998, S. 18–19; ein breiter Überblick über Druckgraphik, Ton und andere Materialien findet sich bei Kammel 2000, S. 10–33.
43 Muth 1982, S. 264–266, Nrn. 73–74.
44 Zum Zusammenhang mit den Einsiedelnstichen des Meisters E.S. sowie der Zuweisung des Models an den Meister der Gemminger Maria vgl. Kat. Spätgotik am Oberrhein 1970, S. 127–128, Nr. 63 und 64; zur Gusstechnik vgl. Breidenstein 1993, S. 137–155.
45 Erich Herzog / Anton Ress: Artikel «Elfenbein», in: RDK, Bd. 4, Sp. 1324; eine Fülle weiterer Beispiele findet sich bei Salzer 1893, II. Abt., §4, 2a, S. 293–297.
46 ... *un petit ymage de gest noir de Notre Dame, tenant son enfant d'yvoire blanc, assis en une chayère de maçonnerie où il y a plusieurs menues perles entour et par dessaoua a une vis d'argent blanc qui ferme ledi ymage...* (zitiert nach Gaborit-Chopin 1978, S. 179, Nr. 7, Abb. 10).
47 Karl-August Wirth: Artikel «Erdpech», in: RDK, Bd. 5, Sp. 1106, Abb. 2.
48 Trusted 1996, S. 150–151, Nr. 79–80 und 82.
49 Schottmüller 1933, S. 237, Nr. 1593.
50 Poeschke 1990, S. 117, Nr. 130.
51 Vgl. Salzer 1893, S. 74; weitere Quellen zusammengestellt bei Meiss 1945, S. 175–181.
52 1509 gelangte es nach Altötting (Eikelmann 1995, S. 52–57; Kahsnitz 1995, S. 58–89).
53 Belting/Kruse 1994, S. 160–161, Abb. 80.
54 Ebd., S. 153.

Sergiusz Michalski

Die Ausbreitung des reformatorischen Bildersturms 1521–1537

Im Frühjahr 1521 wurde im pommerschen Treptow (Trzebiatow) ein Einbruch in die Heiliggeistkapelle verübt, die Kapelle verwüstet, deren Bilder «zerrissen» und anschliessend in den Brunnen geworfen. Der Umfang der Zerstörung, die besondere, erniedrigende Praxis der Beseitigung der Überreste wie auch die zeitliche Koinzidenz mit einem gewaltsamen Angriff auf eine altgläubige Prozession legen es nahe, in diesem isolierten Ereignis in einem kleinen Städtchen abseits grosser religiöser und politischer Zentren weniger einen Bilderfrevel – in der Art derjenigen, die die Schweiz nach 1520 heimsuchten –, sondern den ersten reformatorischen Bildersturm überhaupt zu sehen.[1] Eine direkte Signalwirkung ging aber von Treptow nicht aus[2] – erst 1523 kam es im Ostseeraum, im zweihundert Kilometer entfernten Danzig, zu einer erneuten Bilderstürmerei (vgl. Abb. 1).

Wittenberg

Im Winter 1521 sollte die Geburtsstätte der Reformation, Wittenberg, zum Schauplatz bilderstürmerischer Ereignisse werden (vgl. Abb. 2).[3] Anfang Dezember haben dort Studenten einen Holzaltar in der Barfüsserkirche zerstört und mit dieser Tat – was bisher von der Forschung nicht bemerkt worden ist – auch eine besondere Reihe der antifranziskanischen bilderstürmerischen Angriffe, bezeichnend für die erste Welle des deutschen, aber auch später des schottischen Bildersturms, eröffnet.[4] Anschliessend fand eine verhöhnende Predigt gegen die zerstörten Bildwerke statt. Am 10. Januar 1522 kam es unter der Führung des früheren Mönches Gabriel Zwilling, eines Mitstreiters von Andreas Bodenstein von Karlstadt, zum Bildersturm in der Augustinerkirche, wobei sich vor allem die Mönche des Klosters hervortaten. Am 24. Januar 1522 hat der Wittenberger Stadtrat als Reaktion auf die Vorkommnisse in seinem Erlass «Ordnung der Stadt Wittenberg» die Beseitigung der Bilder in den Kirchen vorgesehen, am 27. Januar beendete der

Abb. 1
Im Ostseeraum hat sich der Bildersturm entlang der Küste früh und schnell ausgebreitet. Im ausgehenden 16. und frühen 17. Jahrhundert waren einzelne Orte von der zweiten Welle des Bildersturms betroffen.
Rot: Orte des Bildersturms zwischen 1521 und 1530
Grün: Orte des Bildersturms zwischen 1590 und 1620
Diese und die folgenden Karten verzeichnen nur diejenigen Orte, an denen es zu massiven Zerstörungen der Bildwerke oder zu Ausräumungen ganzer Kirchen gekommen ist. Nicht aufgeführt sind zahllose kleinere ikonoklastische Vorfälle, die teilweise allerdings von grosser Bedeutung waren. Zwischen ungeordnetem Bildersturm und geordneter Bilderentfernung wurde nicht unterschieden, zumal sich die Trennlinie oft nur schwer ziehen lässt.
(Konzeption: Christian von Burg, in Zusammenarbeit mit Sergiusz Michalski, Gudrun Litz, Nicolas Schätti und Barbara Gatineau; technische und graphische Umsetzung: Atelier d'archéologie médiévale, Moudon; Jürg Schönenberger, Zürich).

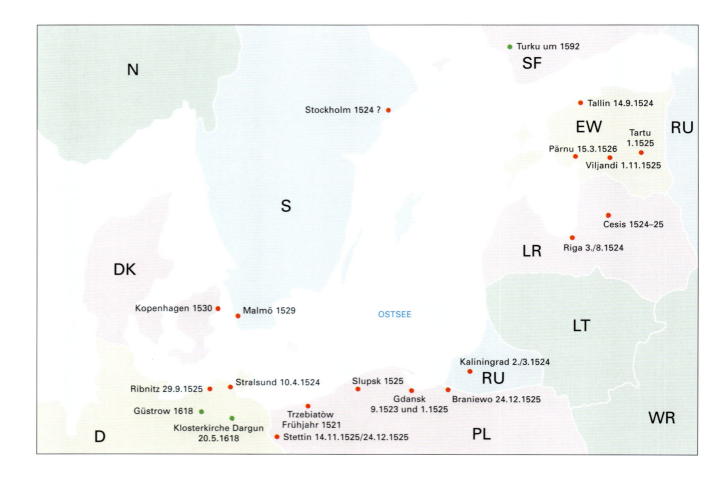

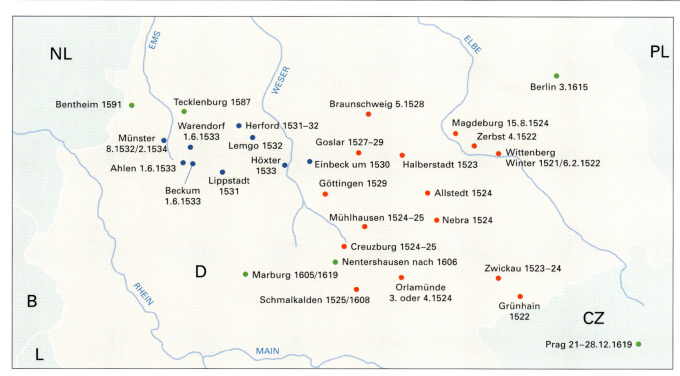

Abb. 2
Im mitteldeutschen Raum breitete sich der Bildersturm, ausgehend von Wittenberg, nach Westen hin aus. Von der zweiten Welle des Bildersturms waren wenige einzelne Orte betroffen.
Rot: Orte des Bildersturms vor 1530
Blau: Orte des Bildersturms vor 1540
Grün: Orte des Bildersturms zwischen 1580 und 1620

bekannte Theologe und frühere Mitstreiter Luthers, Karlstadt, sein ikonoklastisches Traktat *Von abtuhung der Bylder* (Kat. 137). Einige Tage später hat unter anscheinend breiterer Beteiligung von Bürgern ein dritter Bildersturm die Wittenberger Pfarrkirche verwüstet. Es ist an sich bezeichnend, dass in den drei Bilderstürmen jeweils unterschiedliche Gruppen den Ton angaben und dass diese Akte von einem breiten Spektrum verhöhnender Rituale begleitet wurden. Genauso bezeichnend ist aber auch der Umstand, dass die kurfürstliche Schlosskirche mit ihrer Reliquiensammlung nicht angegriffen wurde und dass der Stadtrat sich vom letzten Bildersturm durch die Verhängung von Ordnungsstrafen zu distanzieren versuchte (vgl. S. 72, Abb. 6). Damit hat das Wittenberger Stadtregiment ein wichtiges taktisches Element reformatorischer Stadtobrigkeiten vorweggenommen.

Luther weilte in dieser Zeit noch auf der Wartburg. Nachdem er von den bilderstürmerischen Exzessen erfahren hatte, entschloss er sich, zweifellos im Einvernehmen mit dem Kurfürsten, seine schon früher geplante Rückkehr nach Wittenberg zu beschleunigen. Die dezidierte Ablehnung des Wittenberger Bildersturms und jeglicher Bilderfeindschaft Karlstadtscher Prägung in den sogenannten Wittenberger *Invocavit*-Predigten Luthers im März 1522 gehört zu den wichtigen Ereignissen der Reformationsgeschichte und ist ausgiebig von Theologen, Historikern und nicht zuletzt auch von Kunsthistorikern analysiert worden. In diesen Märzwochen begann ein weltgeschichtlich bedeutsamer Differenzierungsprozess in den Reihen der ersten Reformatoren. Es ist bezeichnend für die damalige Lage und die anschauliche Funktion der Bilderfrage, dass dieser an sich zwangsläufige Prozess durch ein in fundamentaltheologischer Hinsicht eher zweitrangiges Problem initiiert worden ist.

Luther und Karlstadt

Durch seine Autorität, seinen Sinn für politische Taktik und seine raffinierte polemische Strategie, die vor allem das Skandalon der gewaltsamen Bilderentfernung und des der christlichen Freiheit widerstrebenden «Müssens» betonte, gewann Luther in Wittenberg sofort die Oberhand und verdrängte Karlstadt und die Bilderstürmer von der politisch-religiösen Bühne. Die von einigen Wittenberger Bürgern kurz vor oder zu Ostern 1522 im benachbarten anhaltischen Zerbst begangenen bilderstürmerischen Akte[5] gehörten deshalb eher zur Kategorie trotzköpfiger Nachhutgefechte. Die Verursacher dieser Demonstration, die unwissentlich damit auch die Traditionslinie der symbolträchtigen «purgativen» Bilderstürme der Fasten- und Osterzeit eröffneten, wurden denn auch prompt bestraft. Im Herzland der Reformation um Wittenberg herum ist es danach folgerichtig nicht mehr zu Zerstörungen religiöser Bildwerke gekommen. Luthers Intervention hat zweifellos den Grossteil möglicher bilderstürmerischer Aktivitäten in den Kernländern der frühen Reformation, so im ernestinischen Sachsen und in Teilen von Thüringen, von den Ansätzen her vereitelt.

So lassen sich im folgenden Jahr, nämlich 1523, nur vereinzelte Bilderfrevel, vor allem im Erzgebirge, mit dem am stärksten betroffenen Zwickau, feststellen (vgl. Abb. 2). In und um Zwickau herum kam es seit dem frühen sogenannten Grünhainer Klostersturm vom 6. März 1522 – der eine deutliche ikonoklastische Komponente besass – mehrmals zu Vorfällen und Bilderfrevel, doch der Grossteil der Bilder scheint die Angriffe überstanden zu haben. Erst das nächste Jahr, 1524, brachte im Gefolge allgemeiner Radikalisierungstendenzen erneut eine Intensivierung bilderstürmerischer Aktionen. Am 24. März 1524 liess Thomas Müntzer die Ausstattung einer Wallfahrtskapelle in Mallerbach zerstören, der von Luther gemassregelte und aus Wittenberg nach Orlamünde verdrängte Karlstadt hat dagegen mit Zustimmung der Gläubigen etwa zur selben Zeit auf geordnete Weise die Bildausstattungen in der Pfarrkirche und den Kapellen des von ihm als Pfarrer betreuten Städtchens beseitigen lassen. Gegen diese seiner Ansicht nach bilderstürmerische Aktion wandte sich erneut Lu-

Abb. 3
Der elsässische und süddeutsche Raum war über mehrere Jahrzehnte Schauplatz von Bilderstürmen.
Rot: Orte des Bildersturms vor 1530
Blau: Orte des Bildersturms vor 1540
Grün: Orte des Bildersturms nach 1540
Kreise: Gebiete, in denen Bilderentfernungen flächendeckend verfügt wurden.

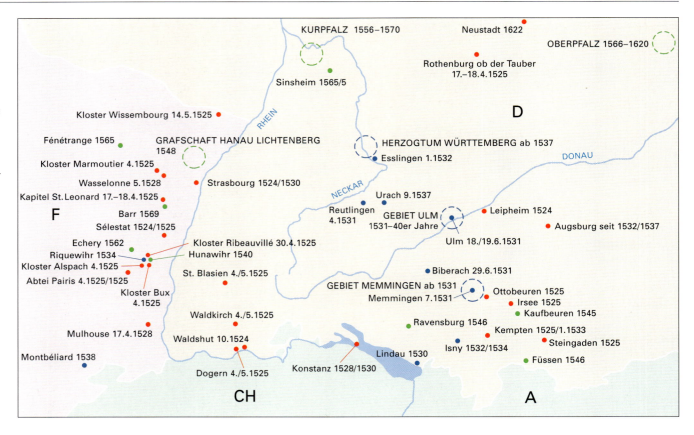

ther bei seinen Zusammentreffen mit Karlstadt im August 1524 in Orlamünde und Jena und in seiner grossen Abhandlung *Wider die himmlischen Propheten,* die Anfang 1525 im Druck erschien (Kat. 140). Einmal mehr konstituierte die Bilderfrage eine der grossen reformatorischen Bruchlinien.

Doch auch der Bildersturm am Epiphaniastag 1525 in der Mühlhausener Marienkirche, der auf das Konto des radikalen Predigers Heinrich Pfeiffer ging,[6] bildete eine wichtige Etappe im damaligen reformationsgeschichtlichen Entwicklungsprozess. Er stand am Ursprung jener Radikalisierungsphase, die unmittelbar zum Ausbruch des Bauernkriegs führte. Diese Entwicklung endete aber im Mai 1525 mit der katastrophalen Niederlage bei Frankenhausen. Es ist bisher nicht beachtet worden, dass die Mühlhausener Ereignisse eine spiegelbildliche Entsprechung in dem vom radikalen Prediger Balthasar Hubmaier im Oktober 1524 im badischen Waldshut initiierten Bildersturm besitzen, einer Machtdemonstration, mit der in Südbaden die Strukturen des Bauernkrieges und der mit ihm verbundenen Bilder- und Klosterstürme in Dogern, Waldkirch und St. Blasien (April/Mai 1525) gleichsam vorgezeichnet wurden (vgl. Abb. 3).[7] Andererseits wurde der erwähnte Mühlhausener Bildersturm vom 6. Januar 1525 durch eine Reihe kleinerer Bilderstürme, die in mehreren Schüben ab Juni 1524 ausgebrochen waren, vorbereitet.

Der grosse Bildersturm in Magdeburg (15. August 1524) hatte dagegen, trotz seines Umfangs und der mannigfaltigen Verhöhnungsriten, die ihn begleiteten, keine wichtige Bedeutung und änderte nichts an der lutherischen Ausrichtung der Stadt.[8] Insofern ist er mit dem erstaunlichen Phänomen der Bilderstürme an der Ostsee vergleichbar (Magdeburg war an sich schon traditionell auf den Hanseraum ausgerichtet), die diesen Grossraum 1523–1526 an der langen südlichen Küste zwischen Stralsund und Reval und 1529/1530 im Bereich des Sund heimsuchten (vgl. Abb. 1).[9] Diese Bilderstürme waren Bestandteile des Kampfes gegen den alten Glauben, aber auch Elemente im Kampf innerstädtischer Machtgruppierungen. Trotz einer grossen Vielfalt von Verleumdungsritualen und symbolischer Bezüge sind diese bilderfeindlichen Vorkommnisse ohne tiefere Folgen geblieben und haben in letzter Konsequenz die Etablierung des baltischen Lutheranismus als einer gemässigt bilderfreundlichen Konfession überhaupt nicht behindert. Im Ostseeraum, einem klassischen Gebiet der schnellen Nachrichtenübermittlung, lässt sich ungemein prägnant die zur Nachahmung aufreizende Rolle einer derart symbolischen Handlung, wie es der Bildersturm nun war, erfassen.

Die Schweiz und ihre Nachbargebiete
Die schweizerischen Gebiete traten 1524 von der Phase der Bilderfrevel zur Phase der Bilderentfernungen und Bilderstürme über (vgl. Abb. 4). Die Ausräumung der Zürcher Kirchen am 20. Juni 1524 hat zweifellos den Ausbruch des Bildersturms in Stammheim und Umgebung vier Tage später ausgelöst, und von diesem wiederum führen direkte Verbindungen zum erstaunlichen Ittinger Klostersturm vom 18.–20. Juli 1524 (Kat. 152). In Ittingen sind die Grenzen zwischen einem Bildersturm und einem eher auf kriegerische Verwüstung abzielenden Klostersturm aber fliessend. Dagegen scheint es im Herbst 1524, wie der Fall von Basel zeigt, keine direkte Einflussnahme der benachbarten, vom Bildersturm heimgesuchten südbadischen Gebiete auf das Gebiet der Eidgenossenschaft gegeben zu haben, wenn auch der radikal gesinnte Prediger Balthasar Hubmaier von den Zürcher Vorkommnissen gewiss gewusst hatte. In Strassburg, dessen Reformatoren eng mit Zwingli verbunden waren, begann der Bildersturm – vielleicht im Zusammenhang mit der Ankunft von Karlstadt – ebenfalls 1524, aber erst 1530–1531 war die vollständige Entfernung der Bilder aus den Kirchen beendet (vgl. S. 84–89).

Als aber letztendlich im Jahre 1529 Basel, Schaffhausen und St. Gallen von grossen bilderstürmerischen Erschütterungen heimgesucht wurden, erwies sich umgekehrt die Grenze im Norden für die von der Eidgenossenschaft kommenden Beeinflussungen offen. Im Jahre 1530 kam es folgerichtig zu einem Bildersturm im grenznahen Konstanz, in den Jahren 1531–1533 zu Bilderentfernungen und Bilderstürmen in einer ganzen Reihe oberschwäbischer Reichsstädte (vgl. Abb. 3).[10] Es geschah dies unter den Bedingungen eines relativ fortgeschrittenen Reformationsprozesses, bei dem sich nunmehr deutliche zwinglianische Einschläge *(Confessio Tetrapolitana)* abzeichneten. Es ist bezeichnend, dass das entscheidende Signal von der wichtigsten Stadt der Region, nämlich von Ulm, ausging. Nachdem am 16. Juni 1531 die Messe abgeschafft wurde, beschloss der Stadtrat drei Tage später, auch die Bilder «abzutun», wobei es zu demonstrativen Vernichtungsaktionen kam; damit wurde ein entscheidendes Kriterium des Bildersturms erfüllt. Zehn Tage später wurden die Bilder in Biberach entfernt, einen Monat später in Memmingen, doch von einer direkten Übernahme des Ulmer Modells kann hier nicht gesprochen werden, denn beide Städte hatten die Messe schon viel früher abgeschafft. Schwieriger gestaltete sich die Bilderentfernung in Isny (1532) und schliesslich in Kempten, wo die Bilderfrage durch die Prozedur eines Plebiszits (Januar 1533) zugunsten einer strikt bilderfeindlichen Position gelöst wurde. In allen diesen Städten arteten obrigkeitliche Bilderentfernungen zu demonstrativen Zerstörungsritualen aus, an denen sich – hier greift der berühmte Ausspruch von Hermann Heimpel, dass nämlich die Bilderstürmer die früheren Bilderstifter gewesen seien[11] – auch prominente ehemalige Bilderstifter beteiligten; Versuche altgläubiger Kreise, das Drastische einer derartigen Bilderentfernung zu mildern, wurden in der Regel unterbunden. Der Fall der oberschwäbischen Reichsstädte zeigt in anschaulicher Weise, dass es aber auch im Rahmen eines relativ geschlossenen territorialen Kontexts zu wichtigen Differenzen in der bilderstürmerischen Verlaufsgeschichte kam. Anderseits muss hier betont werden, dass Ähnlichkeiten in den Verlaufsformen oder Verunglimpfungsprozeduren keineswegs immer Rückschlüsse auf die konfessionelle Ausgangsbasis zulassen. So sind z. B. im täuferischen Münster, im lutherischen Braunschweig und im vorübergehend zwinglianischen Konstanz Skulpturenreste zur Verstärkung von Wehrmauern benutzt worden, aber unter jeweils völlig unterschiedlichen konfessionellen Voraussetzungen. Selbst durch identische Umstände ausgelöste Verhöhnungsprozeduren gegenüber dem alten Glauben hatten völlig unterschiedliche Konsequenzen und Verlaufsformen. Während in Magdeburg die traditionelle Kräuterweihe am 15. August 1524 Anlass zu einem sie verhöhnenden Pseudoritual lieferte, das alsbald in den schon erwähnten grossen Bildersturm im Dom und im Franziskanerkloster ausartete, ist am glei-

Abb. 4
Vom schweizerischen Raum breitete sich der Bildersturm, ausgehend von Zürich, über die Ostschweiz in den süddeutschen und elsässischen Raum aus. Im Zuge der bernischen Eroberungen war in den 1530er Jahren auch die Westschweiz stark betroffen.
Rot: Orte des Bildersturms vor 1525
Gelb: Orte des Bildersturms vor 1530
Blau: Orte des Bildersturms nach 1530
Kreise: Gebiete, in denen Bilderentfernungen flächendeckend verfügt wurden.

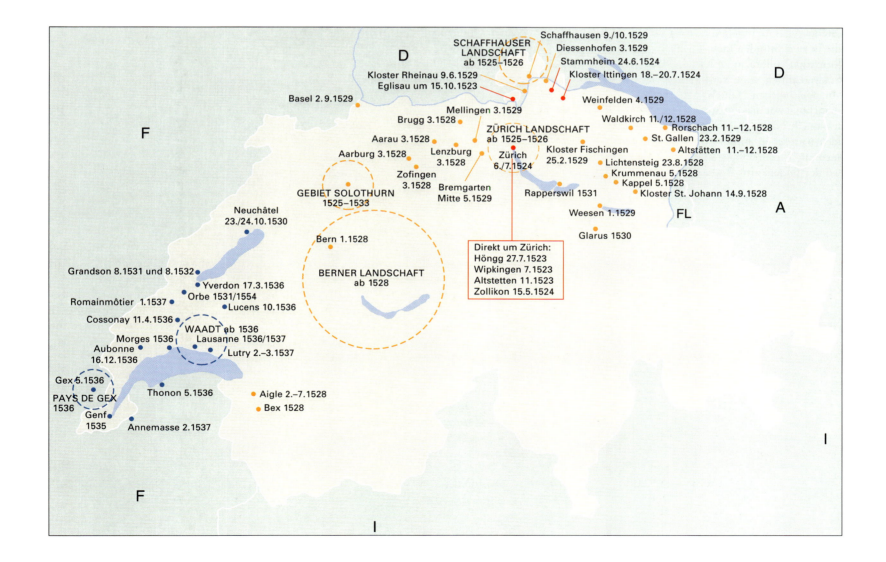

chen Tag in Jena ein durch denselben Anlass hervorgerufener Verhöhnungsakt – junge Burschen entrissen den frommen, alten Frauen die Kräuter und streuten sie auf die Gassen – ohne ikonoklastische Auswüchse geblieben.

Die Bedeutung der ersten Welle des Bildersturms

Die erste Welle des Bildersturms vollzog einen dramatischen Bruch mit der Welt der spätmittelalterlichen visuellen Frömmigkeit. Insofern haftete ihr das Stigma eines entscheidenden Schrittes, des Überschreitens eines *point of no return* an, auch wenn dies in fundamentaltheologischer Hinsicht keineswegs so sein musste. Sehr deutlich wird dieser Umstand in der berechnenden Antwort, die das schon lutherische Breslauer Stadtregiment 1527 einer besorgten kaiserlichen Anfrage erteilte: In Breslau habe kein konfessioneller Wechsel stattgefunden, denn die Bilder seien noch in den Kirchen. Für das Stadtregiment war der Bildersturm, oder die Gefahr eines solchen, ein wichtiger Abwägungsfaktor bei der Steuerung des Reformationsprozesses; jeder Auflauf konnte weitergehende umstürzlerische Versuche seitens des «Herrn Omnes» hervorrufen. Unter Umständen konnte ein Bildersturm in sinnbildlicher Weise den Reformationsprozess beschleunigen. Eine entsprechende Überzeugung offenbart das Argument der Basler Bilderstürmer, die in zwei Stunden mehr für die Sache der Reformation vollbracht zu haben glaubten, als der Stadtrat durch seine Verzögerungstaktik in den vorangegangenen Jahren getan hätte. Doch manchmal war dies ein Sprung ins politisch-konfessionelle Nichts, wie in den völlig missglückten kleinstädtischen münsterländischen Bilderstürmen am 1. Juni 1533 (Waren, Beckum, Ahlen), wo der Bildersturm als einzige konkrete, unvorbereitet durchgeführte reformatorische Massnahme eine sofortige und erfolgreiche altgläubige Gegenaktion hervorrief (vgl. Abb. 2).[12]

In diesen sehr kurzen Bemerkungen kann nicht auf die Problematik der symbolischen, rituellen und rechtlichen Aspekte des Bildersturms eingegangen werden; der Verfasser hat sie an anderer Stelle in breiterer Form berücksichtigt.[13] Die Feststellung soll genügen, dass die Mehrheit dieser Begleitaspekte der bilderstürmerischen Phänomene schon in der ersten Welle des Bildersturms aufgetreten ist. Wichtiger für die Zielsetzungen unseres Beitrags wäre die Frage, welche Phänomene ausschliesslich oder mehrheitlich in der ersten Phase aufgetreten sind. Zur Initialphase gehörten zweifellos die bilderstürmerischen Verhöhnungen und Attacken gegen den Kult und die Statuen des hl. Franziskus sowie Angriffe auf wundertätige Bilder oder mit Wallfahrtspraktiken verbundene Kirchen und Kapellen, in den deutschsprachigen Gebieten auch die Angriffe gegen Palmesel. Die erste Phase zeigt ebenfalls die Bedeutung von Eigentumsfragen aller Art, worunter ich das Recht der Stifter auf den Rückzug der von ihnen gestifteten Werke aus dem bedrohten Sakralbereich bzw. aber auch das Recht auf eigenhändige Vernichtung eigener oder familiärer Stiftungen verstehe.

Die Bilderstürme der ersten Welle fanden oft in einem zusammenhängenden territorialen Bezugsrahmen statt; man kann in einigen Fällen von einer «Bildersturmslandschaft» sprechen. Zu erwähnen wären die deutschsprachigen Zürcher und nördlichen Gebiete der Schweiz (1523–1529), die Westschweizer Territorien (1530–1537), das südliche Baden (1524/1525), das Elsass (1524–1530), das südliche Niedersachsen (Goslar, Göttingen, Braunschweig, 1528–1529) Westfalen (1531–1534), die oberschwäbischen Reichsstädte (1531–1533) und natürlich der Ostseeraum als ein – trotz aller nationaler Unterschiede – ganzheitlich durch die Hanse geprägtes Gebiet (1523–1530), wobei man hier aber noch auf die in zeitlicher und kausaler Hinsicht sehr eng zusammenhängenden zehn Bilderstürme in Liv- und Estland (1524–1526) hinweisen sollte (vgl. Abb. 1–4). Die enge geographische Verknüpfung spielte bei den sukzessiven Ausbrüchen des Bildersturms eine wichtigere vorbildstiftende Rolle als die Tätigkeit wandernder ikonoklastischer Prediger. Dagegen kann man im Fall des Ursprungslandes der Reformation, des Ernestinischen Sachsens, von einem solchen bilderstürmerischen Kontext nicht sprechen. Dank der Gegenaktion von Luther ist es hier nicht zu einer besonderen bilderstürmerischen Schwerpunktbildung gekommen.

Die erste Welle des protestantischen Bildersturms verebbte Mitte der 1530er Jahre. Auf der Suche nach einem genaueren Zeitpunkt könnte man sich, trotz der Willkürlichkeit solcher Zäsuren, für die Jahre 1535–1537 entscheiden. Das Jahr 1535 brachte mit dem spektakulären Untergang der extrem bilderstürmerischen Täuferherrschaft in Münster eine gewisse Diskreditierung ikonoklastischer Massnahmen. Es folgte in Münster die erste profunde Rekatholisierung, die auch den Versuch einer partiellen Rekonstruktion der zerstörten Kirchenausstattungen umfasste; ein ähnlicher früherer Versuch in Mühlhausen nach 1525 ist offenbar über bescheidene Notlösungen nicht hinausgegangen. Die westfälischen Bilderstürme der Jahre 1531–1533, die in den, wenngleich ausgesprochen täuferischen Bilderzerstörungen in Münster im Februar 1534 ihren Höhepunkt fanden, bildeten die letzte bilderstürmerische Sequenz in einem territorialen Bezugsrahmen (vgl. Abb. 2). Auch in Oberschwaben ist die Welle der von demonstrativen Zerstörungsakten begleiteten Bilderentfernungen 1533 zu Ende gegangen. Die grosse Bilderentfernung im benachbarten Augsburg im Jahre 1537 bildete den Schlusspunkt einer ganzen Reihe früherer Bilderfrevel und begrenzter Bilderentfernungen, doch der sie anordnende Stadtrat versuchte, wie es scheint, in bewusster Weise das Demonstrative einer öffentlichen Bilderzerstörung zu vermeiden, obwohl es trotzdem zu einzelnen «strafenden» Beschädigungen von Steinplastiken kam. Bezeichnenderweise wurden einige der abgeschafften Altäre nicht zerstört, sondern in «unsichtige Winkel» ausgelagert,[14] aus welchen sie dann von den nach dem Umschwung von 1547 triumphierenden Altgläubigen wieder herausgenommen und dem Kult zugeführt wurden. Die obrigkeitlichen Bilderentfernungen in den zur Reformation übergetretenen Kurländern Brandenburgs und des albertinischen Sachsens 1539–1541, wie auch die Mehrzahl der württembergischen Bilderentfernungen nach dem sogenannten «Uracher Götzentag» von September 1537 vermieden bewusst öffentliche bilderstürmerische Praktiken. Die Zäsurfunktion der Jahre 1535–1537 wird auch im Fall der Romandie deutlich: Nachdem 1535 die Bilder in Genf in mehreren Bilderstürmen demonstrativ zerstört worden waren, kam 1536 das Waadtland an die Reihe (vgl. S. 330, 343). Am 17. März 1536 kam es zu einem grossen Bildersturm mit anschliessender Verbrennung der sakralen Werke auf dem Marktplatz in Yverdon. Das Lausanner Edikt vom 19. Oktober 1536 sah dann auch für die Waadt die Abschaffung der Bilder und der Messe vor; Anfang 1537 scheint dies ohne grössere Akte demonstrativer Bilderzerstörungen vollzogen worden zu sein.[15]

Es ist dies ein Periodisierungsvorschlag, der sich wohlgemerkt vor allem auf die schweizerischen, mittel- und nordeuropäischen Bilderstürme bezieht und die besondere Entwicklung in England mit den Bilderfreveln der 1530er Jahre, die mit der bilderstürmerischen Anzündung einer Kirche in Rickmansworth in dem für unsere Darstellung so wichtigen Jahr 1522 ihren Anfang nahm, ausser Acht lässt.[16] Mit der zentralstaatlich gelenkten Abschaffung der Bilder in England seit 1538 hat der organisierte Bildersturm eine in qualitativer und quantitativer Hinsicht mit der ersten Welle des kontinentalen Bildersturms schwer zu vergleichende Stufe erreicht. Die nächste spontane grosse bilderstürmerische Welle sollte zwanzig Jahre später die hugenottischen Gebiete Frankreichs und das Schottland des John Knox heimsuchen, um in der niederländischen Explosion des Spätsommers 1566 ihren letzten Gipfel zu erreichen (vgl. S. 57–66). Gleichzeitig begann damals in der Pfalz eine sich vor allem gegen das Luthertum richtende obrigkeitliche Säuberung der Kirchen, die jedoch im eigentlichen Sinne schon zu den Bilderstürmen der sogenannten «Zweiten Reformation» gehörte (vgl. Abb. 3).

Die erste grosse Welle des reformatorischen Bildersturms hatte weitreichende Konsequenzen. Sie erschwerte eine eventuelle Verständigung mit der altgläubigen Seite stark und trug dazu bei, das kulturelle Antlitz der neuen Konfession zu verdüstern. Angefangen von Erasmus, der den Basler Bildersturm mit dem Untergang von Troja gleichsetzte, bis zu den vielen Intellektuellen des 19. und 20. Jahrhunderts, die die Bilderfeindlichkeit der Reformation beklagten, reicht die Linie derjenigen, die sich wegen der Bilderfeindlichkeit vom Protestantismus abwandten. Die in der Bilderfrage so wichtige Unterscheidung zwischen Lutheranern und Calvinisten ist dabei nicht immer wahrgenommen oder akzeptiert worden. So ist z. B. die negative Einstellung der ikonophilen Russen zum Protestantismus zu einem nicht unbeträchtlichen Teil durch die Empörung und historische Erinnerung über bzw. an die im lutherisch-baltischen Grenzraum zu Russland 1524–1526 vorgekommenen Bilderstürme, denen 1525 auch die russisch-orthodoxe Nikolauskirche in Dorpat zum Opfer gefallen war, hervorgerufen worden. Als Lenin in einem Gespräch mit Clara Zetkin 1921 einen kommunistischen Bildersturm mit dem Hinweis auf die Negativgestalt des Andreas Bodenstein von Karlstadt ablehnte, agierte er sowohl als gebildeter, sich der Konsequenzen des reformatorischen Bildersturms bewusster Berufsrevolutionär wie unbewusst auch als Zögling der am jahrhundertelangen Negativbild des bilderstürmerischen Protestantismus festhaltenden russisch-orthodoxen Kirchenkultur.[17]

---

1 Diese kurze, stichpunktartige Übersicht basiert grösstenteils auf einer früheren Abhandlung des Verfassers (Michalski 1990, S. 69–125), wenngleich der Versuch einer Zäsursetzung und der Analyse der Bildersturmlandschaften über diese, dem Forschungsstand von 1988 verpflichtete Arbeit hinausgeht. An den grundsätzlichen Erkenntnissen, aber auch weiterführenden Fragestellungen möchte ich, trotz der partiellen Kritik bei Schnitzler 1996b, festhalten. Norbert Schnitzlers grossangelegte Synthese bringt neue Einsichten, leidet aber u.a. an einer sich wiederholenden Struktur, an rhetorischem Überschwang und letztlich an einer unklaren Schwerpunktbildung. Die Anmerkungen wurden hier bewusst kurz gehalten. Eine umfangreiche Literaturzusammenstellung findet man in den beiden erwähnten Publikationen.
2 Heyden 1957, S. 202.
3 Dazu zuletzt ausführlich Schnitzler 1996b, S. 239–240 (mit einseitiger Darstellung des Forschungsstandes).
4 Michalski 1990, S. 98; Schnitzler 1996b, S. 165.
5 Specht 1936, S. 66–68.
6 Eine genauere Kenntnis der Bilderstürme in Mühlhausen verdanke ich dem mir von Prof. Ernst Badstübner freundlichst überlassenen Manuskript «Bilderstürme in Mühlhausen 1524 und 1525. Ursachen und Folgen» (1989).
7 Sauer 1919, S. 467–471.
8 Hülße 1883, S. 100–101.
9 Über die Bilderstürme an der Ostsee bereitet der Verfasser eine kleinere Studie vor; vgl. auch Arbusow 1921; Pohrt 1928, S. 71–72.
10 Eine gute Übersicht und Analyse bringt die Magisterarbeit von Gudrun Litz (Universität Erlangen 1992).
11 Heimpel 1954, S. 134.
12 Schröer 1983, S. 142–144.
13 Michalski 1990, S. 85–107.
14 Rasmussen 1981, S. 99.
15 Burgy 1984, S. 324.
16 Aston 1989, S. 524–552.
17 Zetkin 1960, S. 96.

Beat Hodler

Bildersturm auf dem Land
Der «Gemeine Mann» und das Bild

Während der Reformation kam es besonders im Einzugsbereich des Zwinglianismus zu zahlreichen Attacken auf sakrale Gegenstände und Riten. Für das Gebiet der heutigen Schweiz[1] sind Bilderstürme nicht nur in grösseren Orten wie Zürich,[2] Bern, St. Gallen, Basel, Schaffhausen oder Genf, sondern beispielsweise auch in Eglisau (1523),[3] Ittingen und Stammheim (1524)[4] sowie Weinfelden (1524)[5] belegt. In zeitgenössischen Chroniken[6] wurden im Zusammenhang mit dem Bauernkrieg Bilderstürme in der Gegend von Ulm, in Kempten, Irsee, Anhausen, Steingaden und Memmingen verzeichnet; Nikolaus Ellenbog berichtet entsetzt über entsprechende Ereignisse in Ottobeuren.[7] In den ersten Jahren nach dem Bauernkrieg kam es zu ikonoklastischen Aktionen in Konstanz (1528),[8] in Lindau (1530),[9] in Ulm (1530 und 1531),[10] in Biberach (1531),[11] Kempten (1533)[12] und Isny[13]. Im Umfeld des Schmalkaldischen Kriegs wurden die Bilder in Kaufbeuren (1545),[14] Füssen[15] und Ravensburg (1546)[16] angegriffen. In vielen dieser Fälle hat der «Gemeine Mann» (Abb. 2),[17] sei es auf dem Land oder in der Stadt, eine grosse Rolle gespielt. Dabei fällt auf, dass sich oftmals die Aggression gerade gegen Bilder richtete, die zuvor während Jahrzehnten einen Magnet für die lokale und regionale Volksfrömmigkeit dargestellt hatten. Ein Beispiel dafür ist «Unsere Liebe Frau im Gatter», ein Marienbild im Lettner des St. Galler Münsters, das sich in den Jahrzehnten vor der Reformation im ganzen Bodenseeraum grösster Beliebtheit erfreut hatte.[18] Als am 23. Februar 1529 die vom St. Galler Grossen Rat geplante obrigkeitlich kontrollierte Bilderentfernung aus dem Ruder lief und in einem Volksauflauf *die götzen mit den axen zerschitet oder mit hämern zerschmettert* wurden, konzentrierte sich die Wut auf eben den *altar Marie*, der *Unser Frow im Gatter* hiess und *fast zum ersten [...] als das schedlichst umbbracht und zerschlagen* wurde.[19]

Abb. 1
Karte des Bodenseegebietes aus der «Schweizerchronik» von Johannes Stumpf, 1548, 5. Buch, fol. 2v (Ausschnitt). Bern, Historisches Museum, Inv. 37257. – Rund um den Bodensee fanden verschiedene ländliche Bilderstürme statt, so beispielsweise in Aadorf (vgl. S. 118), Ittingen (Kat. 152), Diessenhofen (S. 126–127), Meersburg und Lindau.

Der Versuch, die Motive der Attacken auf die Bilder genauer zu ergründen, wird dadurch erschwert, dass die meisten ikonoklastischen Vorkommnisse nur durch sehr parteiische Quellen, wie beispielsweise Berichte altgläubiger Kirchenleute, belegt sind. Hinzu kommt, dass der bis heute gängige Begriff «Bildersturm» seit seiner Prägung durch Luther[20] mit einer negativen Bewertung verbunden ist. Seit 1522 verwendete ihn der Wittenberger Reformator nämlich zur eindeutigen Abgrenzung von reformatorischen Aktionen der einfachen Leute. «Bilderstürmer» waren Luther zufolge Leute, die *on ordnung dreyn fallen, und nicht mit ordenlicher gewalt faren, wie denn yhre propheten stehen, schreyen und hetzen den pu(e)fel und sagen: Ha hawe, reys, beys, schmeysse, brich, stich, stosse, tritt, wirf, schlahe die go(e)tzen yns maul, Sihestu eyn crucifix, so spey yhm yns angesicht.*[21] Seit seiner Auseinandersetzung mit Karlstadt beschrieb Luther die *Bildenstürmer* mehrmals als irregeleiteten und ungeordneten Mob, der sich aus schierer Lust an der Zerstörung betätige.

Diese Deutung wurde bereits in der Reformationszeit bereitwillig von altgläubigen Theologen aufgenommen. Wenn beispielsweise Renward Cysat am Ende des 16. Jahrhunderts bilanziert, im *bildsturm* seien meist die Leute *auss dem gmeinen pöfel die heftigsten und vordersten gewesen*,[22] so bewegt er sich durchaus in den Fussstapfen Luthers, der die *pildsturmer* mit *Rottae* gleichsetzte.[23] Luther und seine altgläubigen Gegner waren sich offensichtlich einig in der Abwertung der «Bilderstürme» als unkontrollierten Gewaltausbruch eines irregeleiteten und ungeordneten Pöbels. Einig war man sich auch darin, die eigene Position als *verstendig*[24] zu loben. Ob denn die einfachen Leute in ihren Angriffen auf die sakralen Bilder wirklich so ganz unverständig waren, ist zu bezweifeln. Im Folgenden sollen die zwei Behauptungen, im «Bildersturm» sei ein ungeordneter Pöbel aufgetreten, der blind gewütet habe, etwas genauer untersucht werden.

Stellten die Bilderstürmer einen ungeordneten Pöbel dar?

Bis heute wird oft der lutherische Gegensatz zwischen einer «ordentlichen», also obrigkeitlich kontrollierten «Götzenentfernung» und einem «unordentlichen» und ungezielten Vandalismus «pöbelnder Horden» mehr oder weniger explizit übernommen. Dabei droht aber aus dem Blick zu geraten, dass die Praxis wesentlich komplizierter war. Wo wäre in diesem Schema die Beteiligung von Zunftmeistern wie etwa in Lindau anzusiedeln?[25] Oder wie sind Ereignisse wie die Berner Ämterkonsultationen zu deuten, in denen die Obrigkeit von ihren Untertanen immerhin Stellungnahmen in der Bilderfrage erbat?[26]

Bekanntlich billigte Zwingli in der Bilderfrage der jeweiligen Gemeinde die Führungsposition zu. Im Jahr 1524 schlug er vor, Private möchten die von ihnen gestifteten Bilder selbst aus der Kirche nehmen, andernfalls habe der Sigrist für die Entfernung zu sorgen. Wo aber *billder, tafflen oder derglich uß der kilchen oder gmeyner kilchgnoßen gu(o)t werint gemacht*, da solle es den *gmeynen kilchnoßen* oder *dem merteil* anheimgestellt werden, *ob sy das wöllint lassen bliben oder nit; und weß sich die kilchgnoßen also darumb einhelliglich oder der merteil vereinbertt, darby söll es bliben.*[27] Dieser Vorschlag blieb offenbar nicht reine Theorie. So erwähnt die Chronik des Laurencius Bosshart mehrere Fälle von Bilderentfernungen durch Gemeinden. 1528 sollen im Toggenburg (Abb. 3) *mit etlicher gemeinden meer die gotzen uss der kilchen gethon und verbrent worden sein.*[28] Im darauf folgenden Jahr habe *der gemein*

Abb. 2
Hans Funk, Wappenscheibe von Jörg Schöni, Hofmeister im Kloster Königsfelden, um 1520, H: 43; B: 32 cm. Bern, Historisches Museum, Inv. 6558. – Der «Gemeine Mann» dient als Schildhalter: ein Bauer mit zerschlissenen Hosen, Heurechen und Schweizerdolch. Fraglich bleibt, ob sein grimmiger Gesichtsausdruck karikierend wirken oder die Härte des Landlebens andeuten soll. Die Darstellung ist insofern typisch für die Frühreformation, als sich nach dem Bauernkrieg kein Ritter mehr einen Bauern als Schildhalter ausgesucht hätte.

Abb. 3
Bildersturm im Kloster St. Johann im Toggenburg SG vom 14. Oktober 1528, aquarellierte Federzeichnung aus Heinrich Bullingers «Reformationsgeschichte», 1574. Zürich, Zentralbibliothek, MS B 316, fol. 337r. – Während der Abt vor dem Marienaltar noch die Messe liest und die Mönche singen, dringen Bilderstürmer in die Kirche ein und beginnen die Bilder wegzutragen. Gemäss der Chronik haben sie dabei Spottlieder gesungen.

man zu Rinow gemeeret von der gotzen und mess wa(e)gen, die dann abgethon.[29] 1530 ward man ze Glaris an der gantzen gmeind eins, das die gotzen und die mess in XIIII tagen ganntz tod und ab in allem lannd Glaris sin sollent, und man inen das heiter evangelium predigen solle.[30] Für 1531 schliesslich vermeldet der Chronist, in Rapperswil habe man uss befelch einer ganntzen gmeind die go(e)tzen [...] abgethon und verbrent.[31]

Vergleichbares findet man auch nördlich des Bodensees. In Esslingen, wo Ambrosius Blarer längere Zeit gewirkt hatte, kam es 1531 zur Abstimmung über die Abschaffung der Messe und der Heiligenbilder. Von 1076 Stimmberechtigten erklärten sich nur 142 gegen die Neuerungen, worauf im folgenden Jahr die Bilder entfernt wurden.[32] Auch in Kempten wurde in den 1530er Jahren über das Thema abgestimmt. 500 Bürger waren für die Abschaffung, 174 dagegen.[33] Offensichtlich greift der von Luther postulierte Gegensatz «obrigkeitlich verordnete Bilderentfernung versus aufrührerischer Bildersturm» zu kurz. Der Tatsache, dass vielerorts die Angriffe auf die sakralen Objekte durchaus politisch legitimiert waren, wird er nicht gerecht.

Handelte es sich beim Bildersturm wirklich um einen unkontrollierten Gewaltausbruch?

Luther zufolge wütet der «Pöbel» wild und sozusagen flächendeckend. Blinden Vandalismus mag es tatsächlich gegeben haben. Es fällt indessen auf, dass oft ganz gezielt nur einzelne Objekte attackiert wurden und dass insgesamt der Umgang mit den «Bildern» einer gewissen Rationalität nicht entbehrt. Dies zeigt sich bei Attacken auf Altäre, Hostien und Taufbecken. So nahm 1524 in Leipheim bei Ulm der Pfarrer zusammen mit einigen Anhängern ein Marienbild vom Altar, um es unten an den Predigtstuhl zu hängen. Ausserdem trugen sie die *bildnus der 12 botten* aus der Kirche und traten sie demonstrativ in den Kot.[34] In Kempten sollen 1525 am Karfreitag, *so die zeyt am hayligisten solt sein,* aufrührerische Bauern einer Marienskulptur den Kopf abgesägt haben.[35] Aus Irsee wird berichtet, die *rustici* hätten Altäre zertrümmert, Heiligenbilder zerstört und ein Taufbecken ausgeschüttet.[36] In Anhausen wurden ausserdem Hostien in der Kirche herumgeworfen.[37] Ähnliches geschah in Steingaden, wo die Bauern *den heiligen tawf außgschutt, auch das hochwirdig sacrament [...] und das hailtung auf die erd gströt und mit den füssen darauf treten.*[38]

In Zusammenhang mit den in jener Zeit kursierenden Lehren der «Neuchristen» ist zumindest Folgendes plausibel: Die Profanierung von Marienbildern konnte sich auf das alttestamentliche Götzenverbot berufen.[39] Die Angriffe auf die Altäre, die anderswo auch als *metzbennck*[40] bezeichnet wurden, beziehen sich auf die reformatorische Kritik am Opfercharakter der Messe, und die Attacken auf Hostien und deren Behälter verweisen auf die protestantische Abendmahlsvorstellung (Abb. 4). Im bilderstürmerischen Handeln wird aber nicht nur die Rezeption der dogmatischen, sondern durchaus auch der sozialen Dimension der neuen Lehre sichtbar. So soll 1524 ein gewisser H. Liechti in der Kirche von Ricken einen Kelch mit der Begründung beschlagnahmt haben, er sei *arm und habe vil kleiner kinden.*[41] Dieses Verhalten konnte sich auf eine damals verbreitete Argumentation stützen. Im Jahr zuvor hatte Ludwig Hätzer in seiner Schrift über die «Götzen» (Kat. 138) betont, dass diesen zu viel Ehre erwiesen werde. Andächtig stelle man einen *rüssigen ölgötzen* auf den Altar. Stände dagegen ein getaufter Christ hinauf, so würde man ihn gewiss *bald heissen hinab gon.*[42] Diese Gegenüberstellung von Menschen (als lebendigen Abbildern Gottes) und (toten) Sakralbildern nahm im Jahr 1524 auch Balthasar Hubmaier vor. Anlässlich einer Disputation mit seinen priesterlichen Kollegen in Waldshut vertrat er die Behauptung: *Bylder synd zů nichten gůt, deshalb soll solcher kosten fürthyn nit mer an holtz vnd steyn, sunder an die lebendigen dürfftigen bylder gottes gelegt werden.*[43] Ähnlich kritisiert Artikel 4 der Kaufbeurer Disputation von 1525, Altäre, Bilder und weitere *unnutze[n]* Zierden zögen eine Aufmerksamkeit auf sich, welche viel eher den *lebendigen tempel[n],* nämlich den Gläubigen, gebühren würde.[44]

Im Bildersturm manifestierte sich oft mehr als blindwütiger Vandalismus des «Pöbels». Die Radikalität der Umsetzung von Elementen der reformatorischen Theologie und Soziallehre muss dessen ungeachtet schockierend gewirkt haben. Viele reformatorisch gesinnte Theologen sahen sich zu einer Stellungnahme herausgefordert. Den zahlreichen, in diesem Zusammenhang entstandenen Texten über den Umgang mit dem «Ärgernis» *(scandalum)* der reformatorisch begründeten Normbrüche spürt man eine gewisse Verlegenheit an. Kaum je wird in Abrede gestellt, dass in der sündigen Welt *scandala* zuweilen unvermeidbar seien. Die Hauptkritik lautet meistens lediglich, die Konservativeren, die stärker in den Traditionen verhafteten «Schwachen» würden durch das verschärfte Tempo der Radikalen überfordert. In den Bilderdebatten in Wittenberg,[45] Zürich, Konstanz, Bern, Strassburg, Urach und Montbéliard wurde im Verlauf des 16. Jahrhunderts, ausgehend vom Problem des Umgangs mit den Bilderstürmern, eine *doctrina de scandalo* entwickelt. Damit ist zumindest angedeutet, dass durch das (auch) theologisch begründete Handeln des «Gemeinen Mannes» in der Reformationszeit die Theologen dazu herausgefordert wurden, ihre Ethik zu präzisieren. Die Rezeption der reformatorischen Lehren, die sich unter anderem in den Bilderstürmen manifestiert, hatte somit auf die Theorie zurückgewirkt.

Schlussbetrachtung

In Hans Beltings Werk über das Kultbild finden sich zwei Aussagen, die auf den ersten Blick widersprüchlich erscheinen: Die Theologen lieferten «in Bilderfragen immer nur die Theorie einer schon bestehenden Praxis nach»,[46] und die Reformation sei ein nach mehreren vorhergehenden Niederlagen endlich erfolgreicher «Aufstand der Theologen gegen die Bilder».[47] Der Widerspruch wird aufgelöst, sobald man die Rolle des «Gemeinen Mannes» in Rechnung stellt. Die Theologen haben sich (teilweise) durchgesetzt, weil sie ein mit der Lebensweise des «Gemeinen Mannes» kompatibles theologisches Modell anboten.[48]

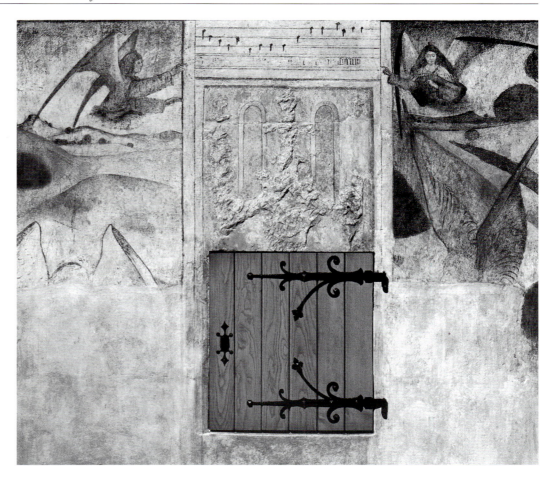

Die leidenschaftlichen Auseinandersetzungen um die «Bilder» im reformatorischen Kontext gerieten nicht so rasch in Vergessenheit. Noch 1615 wurde in Geislingen bei Ulm in der neu erbauten Spitalkirche unter dem Altarkruzifix folgende warnende Inschrift angebracht:
Erzeigen solt mir gar kein Ehr
Ich bin ain Bild und sonst nichts mehr
Kan dir die wenigst Hülff nicht schaffen
Drumb dich an mir thu nicht vergaffen.[49]

Abb. 4
Wiesendangen ZH, freigelegte Überreste eines spätgotischen Sakramentshäuschens. – Im Sakramentshäuschen wurden geweihte Hostien aufbewahrt. Bilderstürmerische Attacken auf Hostien und deren Behälter verweisen auf die protestantische Abendmahlsvorstellung, dass man allein durch den Glauben zu Christus komme, nicht durch die Kommunion. Sakramentshäuschen zählten häufig zu den ersten Zielen der Bilderstürmer.

Abb. 5
Bildersturm in Weesen GL von Ende Januar 1529, aquarellierte Federzeichnung aus Heinrich Bullingers «Reformationsgeschichte», 1574. Zürich, Zentralbibliothek, MS B 316, fol. 357v. – Schwyz versuchte, die Zerstörung der Bilder in Weesen unter Strafandrohung zu verhindern. Wie der Chronist berichtet, hätten daraufhin einige Männer vor den Augen der Schwyzer Boten Heiligenbilder auf den Kirchhof getragen und diese selbst angesprochen: «Seht, dieser Weg führt nach Schwyz, dieser nach Glarus, dieser nach Zürich, dieser nach Chur. Ihr habt freies Geleit, könnt gehen, wohin ihr wollt. Seid ihr aber nicht in der Lage, diesen Ort zu verlassen, so werdet ihr verbrannt» – was dann auch geschah.

Abb. 6
Klostersturm in Interlaken von 1528, aquarellierte Federzeichnung aus Heinrich Bullingers «Reformationsgeschichte», 1574. Zürich, Zentralbibliothek, MS B 316, fol. 328r. – Nach der Berner Disputation wurde auf Anordnung der Stadt, aber gegen den Willen der Bevölkerung, auch im Berner Oberland die Messe abgeschafft und die Bilder zerstört. Die Oberländer meinten, wenn man schon die Messe abschaffe, solle man ihnen auch die Zehnten und die Zinsen für die Totenliturgie erlassen, und drangen bewaffnet ins Kloster ein. Dort «frass und soff der gemeine, aufrührige Mann, wie das an solchen Aufläufen der Brauch ist».

1. Zusammenfassend Körner 1992, S. 233–244.
2. Altendorf/Jezler 1984; vgl. dazu auch die anregenden Überlegungen von Kamber 1991.
3. Lamprecht/König 1992, S. 155.
4. Maarbjerg 1993.
5. Knittel 1946, S. 136–137.
6. Vgl. Baumann 1975.
7. Ellenbog, Briefwechsel, S. 202.
8. Rublack 1971, S. 74–75.
9. Wolfart 1909, S. 270–271.
10. Baumann 1975, S. 172–177.
11. Wood 1988.
12. Baumann 1973, S. 317–318.
13. Kammerer 1953; Tüchle 1970.
14. Weigel 1915; Baumann 1973, S. 389.
15. Baumann 1973, S. 404.
16. Hofacker 1970, S. 104.
17. Zu Inhalt und Geschichte dieses Begriffs vgl. zuletzt Blickle 1998.
18. Die «Liebe Frau im Gatter» wurde in allen möglichen Notlagen angerufen. Die Darstellung der von ihr vollbrachten Mirakel erinnert an biblische Wunderbeschreibungen über Totenerweckungen, Heilungen von Lahmen und Blinden, Vertreibung böser Geister und Errettung von Fischern aus dem Sturm. Ein typischer Fall ist jener eines jungen Viehhirts aus der Umgebung von Biberach, der angeblich ein ganzes Jahr schwerkrank lag, bis ihm eine «Verheissung» zu sofortiger Gesundung verholfen habe. Das Verhältnis zwischen der *lieb frow im gatter* und ihren Anhängern wies eindeutig Vertragscharakter auf. Bezeichnend dafür ist folgendes Gelübde einer Frau, die nach drei Aborten zum vierten Mal schwanger wurde: Falls ihr die Mutter Gottes diesmal eine *lebendige frucht* verleihe, so wolle sie *das kind här oppfern unnser lieben frowen,* um es danach wieder zu *lösen mit fünfft pfund wachß* (Staerkle 1927, S. 31; vgl. auch Duft 1988).
19. Kessler, Sabbata, S. 311–312.
20. Im Tübinger Luther-Archiv lassen sich über 30 Belege für *Bilderstu(e)rmen, Bildersturmen, Bildesturmen, Bilde stürme, Bilder stu(e)rme, Bildestu(e)rmer, Bildenstu(e)rmer, Bildstu(e)rmer, Pildsturmer, Bild sturmer, Bilden sturmer, Bilde stürmer* und *Bilden stu(e)rmer* aus Predigten und Schriften Luthers erschliessen. Die ergiebigsten Stellen finden sich in der *Invocavit*-Predigt von 1522 (Luther, Werke, Bd. 10/3, S. 21–30) und im Kapitel *Von dem Bildsturmen* in der Schrift *Wider die himmlischen Propheten. Vonn der bildern und sakramenten* (vgl. Kat. 140) von 1525 (Luther, Werke, Bd. 18, S. 67–84). Weder das Grimmsche noch das Schwäbische Wörterbuch können den Gebrauch des Begriffs vor Luther nachweisen.
21. WA, Bd. 18, S. 71.
22. Cysat, Observationes, S. 577.
23. WA, Bd. 28, S. 573.
24. Eck, Enchiridion, S. 96.
25. Wolfart 1909, S. 271.
26. Schorer 1989.
27. Zwingli, Schriften, Bd. 3, S. 116.
28. Bosshart, Chronik, S. 131.
29. Ebd., S. 179.
30. Ebd., S. 184.
31. Ebd., S. 271.
32. Brecht/Ehmer 1984, S. 176.
33. Ebd., S. 166.
34. Baumann 1975, S. 59–60.
35. Ebd., S. 383.
36. Ebd., S. 341.
37. Ebd., S. 257.
38. Ebd., S. 398.
39. Der Zeitpunkt der Angriffe auf die Marienverehrung könnte auf die reformatorische Betonung des *solus Christus* verweisen.
40. Bosshart, Chronik, S. 271.
41. Egli 1879, S. 238.
42. Hätzer, Ein Urteil Gottes, S. 279.
43. Hubmaier, Schriften, S. 73.
44. Weigel 1915, S. 196.
45. Bubenheimer 1973.
46. Belting 1990, S. 11.
47. Ebd., S. 25.
48. Blickle 1987.
49. Zitiert nach Scharfe 1968, S. 13.

Olivier Christin

Frankreich und die Niederlande – Der zweite Bildersturm

Wenig unterscheidet zunächst den Bildersturm der zweiten Hälfte des 16. Jahrhunderts in Frankreich und den Niederlanden von den Vorgängen in Deutschland und der Schweiz in den Jahren zwischen 1520 und 1530: der gleiche Argumentationszusammenhang, der an die aus dem ersten Bilderstreit übernommenen Positionen, aber auch an die Scholastik und an Karlstadt anknüpft, die gleichen bevorzugten Zielscheiben (Bilder, die besonders verehrt, und solche, die für politisch-bürgerliche Anliegen eingesetzt werden), die gleichen Konflikte um Vorgehensfragen zwischen den Gruppen, welche die Bilder so rasch wie möglich aus den Kirchen ausräumen möchten, und den vorsichtigeren Behörden, und schliesslich die gleichen Praktiken symbolischer Gewalt (Riten, bei denen Bilder beschmutzt und «gedemütigt» werden, Nachahmung von Gerichtsverfahren oder karnevaleske Inszenierungen und Beschädigungen der Gesichter).

Es scheint aber doch, dass der Bilderstreit, der gerade zu Beginn der 1550er Jahre erneut richtig ausbricht, sogleich auch eigene Züge annimmt: In einem grossen Teil Europas vermehren sich die Schriften, welche die Kritik am Bilderkult und am katholischen Götzendienst erneuern. Pierre Viret, John Hooper und Johannes Anastasius Veluanus greifen in groben Zügen die calvinistische Kritik auf und entwickeln sie weiter: Sie beharren auf der Gültigkeit des alttestamentlichen Bilderverbots als vollwertigem Gebot, lehnen jede figürliche Darstellung Gottes ab, verneinen den pädagogischen Nutzen jeglicher religiöser Bilder[1] und sind selbst den einfachen Kreuzen gegenüber misstrauisch.[2] Dies kommt auch in vielen anderen, weniger bekannten Werken, Theaterstücken, Gedichten oder Predigten, welche die des Lesens unkundigen Menschen berühren können, in abgeschwächter oder oft auch radikalerer Form zum Ausdruck.[3] In den Niederlanden verbreiten die Rhetorikkammern, in Frankreich Lieder und Gedichte eine scharfe Kritik am Bilderkult und seinen Anhängern und laden die Gläubigen ein, auf der Stelle zu Taten zu schreiten. So fordert beispielsweise ein 1561 in Frankreich auf Psalm 35 gedichtetes Lied die wahren Gläubigen dazu auf, sich Gott zuzuwenden und die Bilder, die von ihm ablenken, umgehend zu entfernen.

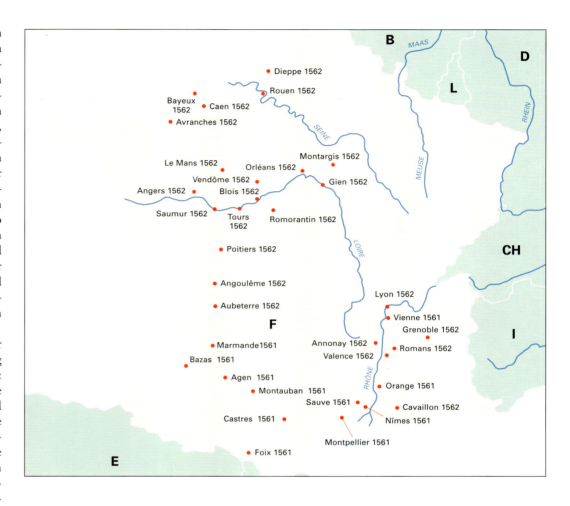

«Nimm das Tuch von Deinen Augen,
Und erkenne den Gott des Himmels,
Rohes Volk! Stürze zur Erde
Deine Bilder aus Holz und Stein.»[4]

In Frankreich verändern sich zu diesem Zeitpunkt die bilderstürmerischen Aktivitäten entscheidend. Im Laufe weniger Jahre werden isolierte, heimliche und gelegentliche Aktionen abgelöst von öffentlichen (beispielsweise im Fall von Jean Thuret, der im Dezember 1550 im Schiff von Notre-Dame in Paris versuchte, zur Vesperstunde ein Bild der Muttergottes mit einem Schwertstreich zu zerstören) und kollektiven Manifestationen wie jener von 1555 in Toulouse. Der Bildersturm der zweiten Hälfte des 16. Jahrhunderts ist eng mit der Ausbreitung des Calvinismus in Europa verbunden, besonders in Frankreich und den Niederlanden, aber auch in Deutschland, in der Pfalz und in Schottland. Er zeigt von da an ganz spezifische Charakteristika, die man noch in der Schlussphase des Krieges von Herzog Rohan um 1620 wiedererkennt: eine

Abb. 1
Der Bildersturm in Frankreich 1561/1562. Auf der Karte mit den heutigen Landesgrenzen sind die vom Bildersturm betroffenen Orte eingetragen. Zu den Bilderstürmen im Elsass vgl. Karte, S. 48.
(Zusammenstellung: Olivier Christin; technische und graphische Umsetzung: Atelier d'archéologie médiévale, Moudon).

enge Verknüpfung von Bilderzerstörung und politisch-religiösen Auseinandersetzungen, eine soziologisch komplexe Zusammensetzung der bilderstürmerischen Mengen, geprägt von tiefer Zerrissenheit, und eine besondere revolutionäre Gewalt der Handlungsträger, die sich in endzeitlichen Begriffen äussert.

Bürgerkrieg – Bilderkrieg

Bildersturm und bewaffnete religiös-politische Konflikte sind eng miteinander verbunden: in Schottland seit 1559–1560, in Frankreich seit 1561–1562, in den Niederlanden besonders seit 1566 (Abb. 1, 2). Bilderkrieg und Bürgerkrieg können nicht voneinander getrennt werden, denn der erste finanziert, legitimiert und bereitet den zweiten oft vor, ohne den indessen der erste nicht möglich wäre (Abb. 3).

Zumindest in Frankreich wird der Bildersturm seit 1562 einer der wirtschaftlichen Pfeiler des Krieges. Er wirft immense Profite ab, die oft in die Kriegsmaschinerie investiert werden, schafft Arbeitsplätze und schleust in grossen Mengen Edelmetalle, die bisher in Form von Statuen, Reliquiaren und Preziosen gehortet wurden, in die Finanzkreisläufe ein. Das Beispiel Lyon erlaubt, zu genaueren Zahlen zu gelangen (Abb. 4). Dort hatte nämlich Baron von Adrets mehrere Vertrauensleute beauftragt, ein Inventar der Kirchengüter zu erstellen. Namentlich der Buchhändler Guillaume Gazeau erfüllte seine Aufgabe mit Akribie. Für die Dominikanerkirche erwähnen die Rechnungen von Gazeau Einnahmen von 116 Mark Silber aus dem Einschmelzen der Reliquiare – sie werden für die Bezahlung der protestantischen Truppen des Prinzen von Condé benützt –, aber auch 5392 Pfund Metall von Glocken, 1686 Pfund Kupfer und Messing von Kandelabern, 5875 Pfund Eisen von Mobiliar, 2000 Pfund Blei – alles Reichtümer, die im städtischen Zeughaus deponiert wurden. Einige Kirchen werden ganz einfach dem Erdboden gleichgemacht – beispielsweise Saint-Just (Abb. 5) – oder ihrer Kapellen, Kreuzgänge und Höfe beraubt, was grosse öffentliche Baumassnahmen wie Strassendurchbrüche, Platzanlagen oder neue Gebäude aus wiederverwendeten Materialien ermöglicht. Solche Arbeiten sind teuer und werden an richtige Bauunternehmer abgetreten: Zwei Zimmerleute, Jean Biterna und Jean Duerne, erhalten einen Vertrag für den Abbruch von Saint-Just und lassen dort ihre Arbeiter wirken.

Um die Auswirkungen des Bildersturms auf die wirtschaftliche Entwicklung richtig zu erfassen, müsste man aber auch die katholischen Reparationen nach den Wirren miteinbeziehen, ferner die sehr zahlreichen Restitutionen von Bildern und Reliquien und die öffentlichen Verkäufe von Gemälden, Möbeln und Kleidern. Das Beispiel Lyon ist übrigens keineswegs einmalig: In Rouen, Tours oder Orléans wurden ebenso hohe Summen aus den Kirchenschätzen gelöst.[5] Auch in den Niederlanden sind ähnliche Vorgänge zu beobachten. In Den Haag werden zwölf Männer vom Vorsteher des Hofs van Holland besoldet, um die Schätze aus den Kirchen zu entfernen,[6] in Leiden werden Altarretabel öffentlich verkauft...[7]

In den Niederlanden wie in Frankreich ist der calvinistische Ikonoklasmus daher nur als Bestandteil der grossen theologisch-politischen Auseinandersetzungen im Bürgerkrieg zu verstehen, und es geht um die zentrale Frage nach dem Widerstand der verfolgten Reformierten gegen die katholisch gebliebenen Monarchen (Karl IX., Heinrich II., Philipp II.). Daraus ergeben sich zwei Grundsatzfragen: diejenige nach der Konversion des Königs in Frankreich und diejenige nach den theoretischen Grundlagen eines legitimen Widerstandsrechts. In Frankreich nehmen die Bilderstürmer der Jahre 1561–1562 ohne Zögern für sich in Anspruch, im Namen des jungen Karl IX. zu handeln, da dieser als Gefangener der Guise daran gehindert sei.[8] Die Bilder zu zerstören, bedeutet, stellvertretend für den König das auszuführen, was dieser selbst noch nicht tun kann, nämlich den Triumph des Evangeliums in seinem Reich vorzubereiten, und vor allem den Herrscher dazu zu ermuntern, zugunsten des wahren Glaubens zu handeln und selbst die Anordnung zur Zerstörung der falschen Götter zu treffen. So beschwört ein protestantisches Pamphlet Karl IX., er solle sich in einen neuen Josua verwandeln und Eduard VI. nacheifern.[9]

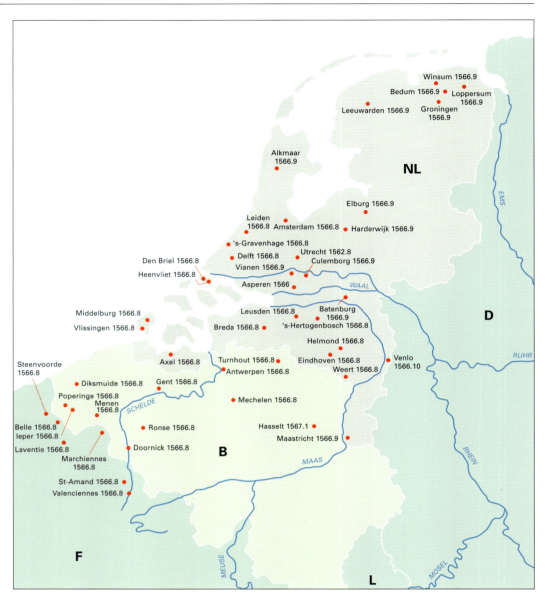

Abb. 2
Der Bildersturm in Belgien und in den Niederlanden. Die Karte mit den heutigen Landesgrenzen zeigt die rasante Verbreitung des Bildersturms. Hinter dem Ortsnamen ist jeweils das Datum (Jahr und Monat) des Ereignisses vermerkt.

Abb. 3
Porträt von Johannes Calvin aus einem jesuitischen Flugblatt, Lyon/Paris, nach 1611. – Im oberen linken Bildfeld ist die Zerstörung von Bildwerken, neben Priestermord und Krieg, als eine Folge des Calvinismus dargestellt.

Abb. 4
Der Bildersturm vor der Kirche Saint-Jean in Lyon, aus: *De Tristibus Galliae, Carmen in Quator Libros,* nach 1572. Lyon, Bibliothèque Municipale, Ms. 156. – Ein mit Werkzeugen ausgerüsteter Mann auf der Leiter schlägt auf den Skulpturenschmuck des gotischen Portals ein. Einige Figuren werden mit Seilen von ihren Sockeln gerissen oder liegen schon am Boden. Im Giebel macht sich ein Bilderstürmer am Dach zu schaffen.

Abb. 5
Die Zerstörung der Kirche Saint-Just in Lyon, aus: *De Tristibus Galliae, Carmen in Quator Libros,* nach 1572. Lyon, Bibliothèque Municipale, Ms. 156. – In einer vom Krieg gezeichneten Ruinenlandschaft schlagen zwei Bilderstürmer auf die metallenen Kirchenglocken ein. Rechts im Hintergrund schafft ein Mann eine mit Wertgegenständen gefüllte Truhe oder einen Reliquienschrein weg.

Abb. 6
Richard Vestergan, Die Zerstörung der Gräber in Cléry, aus: *Theatrum crudelitatum haereticorum nostri temporis,* Paris 1587. Paris, Bibliothèque Nationale, Cabinet des Estampes, série Qb1. – Links im Bild ist die Schändung eines Königsgrabes dargestellt. Im Vordergrund werden die sterblichen Überreste eines Heiligen verbrannt.

Wichtiger hingegen ist sicherlich die komplexe Beziehung zwischen dem Bildersturm und der Theorie des Widerstandsrechts. Da eine königliche Zustimmung fehlt, fühlen sich einige Akteure der Bilderzerstörung dazu gezwungen, ihr Verhalten zu rechtfertigen. Calvin nämlich erinnert die Lyoner Protestanten und den Pfarrer von Sauve daran, «dass es nicht erlaubt ist, ohne amtlichen Auftrag ein Gut anzutasten, das keiner Privatperson gehört, oder dass Gott nie befohlen hat, Bilder zu zerstören, es sei denn, ein jeder tue es in seinem Haus, und in der Öffentlichkeit nur diejenigen, die dazu befugt sind». Er distanziert sich damit deutlich von den mehr oder weniger spontanen Massenbewegungen und platziert Adel und Obrigkeit ins Zentrum seiner Reflexionen über den Bildersturm und den Widerstand gegen gottlose Macht.[10] Gewisse lokale Verhältnisse bieten sich gut zur Umsetzung dieses politischen Programms der Bilderbeseitigung durch den Rat an – Theodor Beza hat beispielsweise die Stände des Jeanne d'Albret lange diesbezüglich beraten: Wenn «die Bilder durch das Volk beseitigt werden, ist das falsch und gibt Anlass zu viel Unzufriedenheit, Verwirrung und Aufruhr». Es ist daher besser, die Kirchen durch Wachen beaufsichtigen zu lassen, damit man «in guter Ordnung und mit Aufsicht der Justiz» handeln kann.[11]

In den meisten Fälle sind diese Vorsichtsmassnahmen jedoch vergeblich: In Leiden, Den Briel, Montpellier oder Saint-Germain im Vivarais[12] versuchen die Stadträte, Unruhen zu vermeiden und ihre Stellung zu wahren, indem sie das organisierte Entfernen der Bilder und deren Aufbewahrung an einem sicheren Ort veranlassen. Sie können jedoch nicht verhindern, dass ausgerechnet jene, welche mit dem Bewachen be- traut sind, und die grosse Masse zur Zerstörung schreiten. In Lyon verfolgt der protestantische Rat schonungslos alle, die trotz Verbot mit Kirchenplünderungen fortfahren: Soldaten werden gehenkt, ein Pfarrer wird abberufen.[13] Eine Rechtfertigung bilderstürmerischer Aktionen ausserhalb jeglicher rechtmässigen Autorität ist daher unabdingbar.

Zwei Möglichkeiten bieten sich an: die Rechtfertigung des Bildersturms als offensichtliche göttliche Willensäusserung, also als Wunder, wie beispielsweise bei Marnix oder dem Prinzen von Condé,[14] oder der Hinweis auf die Verfolgungen, welche die protestantischen Gläubigen als wahre «lebende Steine» der Kirche zu erleiden hatten. 1566 erscheint in den Niederlanden eine Abhandlung zur Frage, ob die Bilderstürmer recht gehabt haben, «ohne Erlaubnis der Behörden mit ihren Zerstörungen zu beginnen». Die Antwort erfolgt als Gegenfrage («Waren jene im Recht, die die Bilder angebetet haben?») und als beissende Replik: «Wenn man all diejenigen töten sollte, die die Heiligenbilder und die Bilder Gottes zerstört haben, sollte man nicht mit weit mehr Berechtigung auch diejenigen töten, welche die lebenden Abbilder Christi, also die Gläubigen, getötet haben?»[15] Ähnliche Stimmen werden auch in Frankreich laut. Sie legitimieren die Initiativen der lokalen Obrigkeiten und der militärischen Führer der Protestanten mit dem Hinweis auf die Unfähigkeit der Regierung und auf die Verfolgungen.

Die bilderstürmerischen Praktiken ihrerseits zeugen auch von der Verbindung zwischen dem Herabreissen der Bilder und der Formung von Widerstandstheorien. In der Notre-Dame von Cléry, in Orléans und in Le Mans erleiden die Statuen und Gräber der französischen Könige 1562 oder 1567 grossen Schaden, was von katholischen Propagandisten wie Richard Vestergan zur Diskreditierung der hugenottischen Partei verwendet wird (Abb. 6). Die Darstellungen der Könige, die in der Rechtfertigung der französischen Monarchie eine zentrale Rolle spielten, wurden von den Bilderstürmern auf die Anklagebank gestellt. Dies betraf etwa Karl VII. und die Wiedereroberung des Reichs, Ludwig den Heiligen und den Kampf gegen die Häresie. In Le Mans erklärte 1562 ein gewisser Ambroise Lego, nachdem er zusammen mit einigen Kumpanen einer Statue Ludwigs des Heiligen einen Arm abgeschlagen hatte, dass «der König der Gerichtsdiener keinen Arm mehr habe».[16] Nach einem katholischen Chronisten bemächtigten sich die Hugenotten in Cléry der Statue Ludwigs XI., «wie wenn sie ihn lebendig zwischen den Henkersarmen gehalten hätten», und schlugen ihr Kopf, Arme und Beine ab.[17]

Weder in Frankreich noch in den Niederlanden ist das Zusammenwirken zwischen den ersten Ausformulierungen des Widerstandsrechts und der Pflicht zum Tyrannenmord einerseits (ein Schüler namens Caboche versuchte 1558, Heinrich II. zu ermorden, während er ihm zurief: «Gott hat mir befohlen, dich zu töten»)[18] und dem Aufkommen bilderstürmerischer Aktivitäten gegenüber Darstellungen des Königs anderseits ein Produkt des Zufalls. Der Ikonoklasmus ist damit in gewissen Fällen ein Tyrannenmord im Bild und erinnert an eine Hinrichtung *in effigie*.

Als symbolische Revolution trotzt der Bildersturm jeglicher kartographischen Darstellung oder globalen Schätzung. Möglich sind bestenfalls Annäherungswerte. Selbst Zeitgenossen zögern: Für Frankreich gelangt Pater Samerius 1569 zu einer Summe von mehr als 10 000 Kirchen. Drei Jahre später spricht Jean de Monluc von 20 000, denen er noch 2000 Klöster hinzufügt. Ein Faktum hingegen bleibt unbestritten: Die 1560er Jahre stellen einen entscheidenden Bruch in der Geschichte der Kirchenausstattung in Frankreich und den Niederlanden dar.

Die Bilderstürmer

Das Gemälde «Die Anbetung der Heiligen Drei Könige» im Museum des Kartäuserklosters von Douai prangert Ende des 16. Jahrhunderts die frevelhafte Verblendung der Bilderstürmer an, die mit den Zügen eines Türken, eines Geusen und eines reformierten Pfarrers dargestellt sind (vgl. Kat. 150). Mit grosser polemischer Schärfe beschreibt das Gemälde den Bildersturm als eine Begegnung von Unglauben, Irrglauben, Unwissenheit, Barbarei, Fanatismus und Verrücktheit, und schliesst sich damit den Schmähschriften der katholischen Theologen, aber auch der Chronisten, Juristen und Historiker an. Unzählige Texte bezeichnen in der Tat die Bilderstürmer als «Verrückte» und «Wilde» (van Mander), als «aufgewiegelten und wütenden Pöbel» (de Thou), als

Abb. 8
Gabriel de Saconnay, *Discours des premiers troubles advenus à Lyon,* Frontispiz, 1569 gedruckt, Lyon, Bibliothèque Municipale. – Mit Bezug auf einen Spruch in der Apokalypse stellt diese polemische Illustration aus der Schrift eines Lyoner Erzdiakons die protestantischen Bilderstürmer als Affen dar.

Abb. 7
Gabriel de Saconnay, *Généalogie et la fin des huguenaux, Malheur sur la terre et la mer,* Kupferstich, 2. Hälfte 16. Jahrhundert. Paris, Bibliothèque Mazarine. – Der protestantische Kult wird als tierisch-teuflisches Spektakel dargestellt.

«Affen» (de Saconnay) (Abb. 7, 8) und ziehen daraus den Schluss, dass «es gefährlich ist, einem Volk das Regieren zu gestatten, dem man die Zügel losgelassen hat» (Philippi). Die Vernichtung der Bilder ist allerdings weit davon entfernt, einzig die Schandtat unkultivierter und gieriger Meuten zu sein, die von überspannten, aber machtlosen Pfarrern aufgewiegelt worden sind. In ihrer grossen Angst vor der revolutionären Gewalt der Ikonoklasten in den 1560er Jahren sind die Besitzenden, die politisch Mächtigen, der Klerus und katholische Notabeln wie lokale Ratsherren nämlich blind gegenüber der realen Soziologie der Bilderstürmer.

Die gerichtlichen Verfahren, welche nach den Aufständen in den Niederlanden durch den von Herzog von Alba gegründeten «Rat der Unruhen» und in Frankreich durch die königlichen Gerichte eingeleitet wurden, enthüllen die extremen Unterschiede je nach den örtlichen Verhältnissen, sie belegen aber auch die aktive Beteiligung von Händlern, Handwerkern, kleinen Beamten, ja sogar von politischen Eliten an den grossen Bilderstürmen. In Alkmaar zum Beispiel ist die Hälfte der Bilderstürmer Hausbesitzer; in Le Mans kommen auf das kleinstädtische Volk und die Dienstboten weniger als 13 % der Angeklagten, während die lokalen Eliten (Patriziat, Adel, königliche Offiziere) fast die Hälfte ausmachen.[19]

Wenn auch Soldaten, calvinistische Pfarrer, Handwerker und Händler, Frauen und Kinder (deren Anwesenheit unter den Bilderstürmern regelmässig erwähnt wird), lokale Ratsherren und Bauern, die sich einsamer Klöster bemächtigen, scheinbar in gegenseitigem Einvernehmen und auf identische Art handeln, so folgen sie doch nicht gezwungenermassen den gleichen Antrieben. Der Ikonoklasmus mobilisiert, genau genommen, Akteure von unterschiedlichen Interessen und Absichten, auch wenn sie sich in der

Feindschaft gegen den katholischen Klerus und in der Ablehnung der Bilderverehrung zusammenfinden. Mehrere Formen der Mobilisation kommen bei den grossen Bilderstürmen vor, teils in Widerspruch, teils in Konkurrenz, teils in Kooperation miteinander: die Erhebung von lokalen reformierten Bevölkerungsgruppen, die sich entschliessen, ihr religiöses Schicksal in die eigenen Hände zu nehmen, das papistische Joch abzuschütteln und die Kirchen zu reinigen, so wie das im Süden des französischen Königreichs 1561 oder in Leiden 1566 erfolgt ist; Einfälle bewaffneter Banden, die von Stadt zu Stadt und von Kirche zu Kirche ziehen, wie in Aubeterre (Vienne) oder in der Abtei Crespin bei Valenciennes;[20] Straf- und Evangelisationsexpeditionen von Gruppen aus der Stadt, von Soldaten begleitet, in ländliche Gegenden oder in kleine Dörfer, wie sie die Hugenotten von Rouen organisierten, indem sie zuerst das Umland durchkämmten, dann zu Schiff die Seine hinunterfuhren, um die grossen Abteien von Saint-Martin in Boscherville, Jumièges und Saint-Wandrille zu zerstören, und wie es ähnlich bei den Protestanten von Middelburg und Breda geschah. Schliesslich sind es auch Plünderungen durch Armeen, bestens belegt durch den langen Zug von Zerstörungen, den die Truppen des Baron von Adrets im Rhonetal hinterlassen haben (Abb. 9).

Die komplexe Soziologie des Ikonoklasmus, der in den 1560er Jahren – vorübergehend und oft konfliktgeladen – Soldaten, Notabeln, Stadtbevölkerung, Adlige und Kleriker zusammenführt, lädt zu einer Rückbesinnung auf dessen Bedeutung ein. In vielen Fällen ist das Entfernen der Bilder vor allem eine Auflage an die Gläubigen, die notwendige Vorarbeit für den Triumph des Evangeliums zu erbringen. Einige der eindrücklichsten Vorgänge, so in Rouen, Gien oder in der Abtei von Marchiennes bei Douai, beginnen übrigens mit Predigten über den Dekalog. Dieser Rückgriff auf das biblische Bilderverbot macht aus dem Bildersturm eine greifbare Manifestation vom Gehorsam der Reformierten gegenüber den göttlichen Geboten und damit einen ersten Schritt in Richtung auf eine vollständige Beseitigung der Bilderverehrung. Die Kirchen, welche die Protestanten nun verlangen oder derer sie sich bemächtigen, sind von Trugbildern und Abscheulichkeiten, die sie beschmutzen, gereinigt, um endlich der Predigt von Gottes Wort zu dienen. Die Abschaffung der Bilder verkündet damit den Triumph des wahren Glaubens und das Ende allen papistischen Aberglaubens.

«Und die Bilder werden fallen,
Die Weihrauchfässer und die Medaillen,
Und die Bilder an den Mauern,
Und ich sah in Lyon,
Wie mehr als eine Million Bilder
in den Kirchen und auf den Plätzen
mit den Kelchen verbrannt wurden.»[21]

Verstümmelung, Beseitigung und Zerstörung der Bilder sind aber auch Teil einer breiten, grundsätzlichen Kritik an der römischen Kirche, ihrer institutionellen Organisation und ihrem materiellen Reichtum. Auf die Argumente von Karlstadt oder Bucer zurückgreifend, stellen die Bilderstürmer den riesigen, unnützen Kosten für die Bilder die notwendige Unterstützung der Armen gegenüber. Ironisch äussern sie sich auch über die beträchtlichen Erträge, die dem Klerus aus dem Bilderkult in Form von Kollekten, Stiftungen oder ganz einfach von Verkaufsgeschäften (Medaillen, Stiche, Votivtafeln aus Wachs oder Metall usw.) erwachsen. Die *Histoire ecclésiastique* freut sich über die Zerstörung einer «Schwarzen Madonna» bei Pamiers, denn diese sei «ein wunderbarer Beleg für die Verbreitung seltsamsten Aberglaubens mit einem herrlichen Ertrag für den Vikar» gewesen. Solche Bilder zu zerstören, bedeutete also gleichzeitig, dem Klerus erträgliche Einkommensquellen trockenzulegen. Systematisch angegriffen werden daher Darstellungen des Klerus wie Szenen und Gesten, die katholische Zeremonien in Erinnerung rufen. Hände mit Segensgestus werden abgebrochen, während solche, die eine Bibel halten, manchmal intakt bleiben;[22] Köpfe von Prälaten und Klerikern werden abgeschlagen, Augen von Priestern ausgestochen, um deren Verblendung zu betonen, wie die Beschädigungen an den «Sieben Werken der Barmherzigkeit» des Meisters von Alkmaar zeigen (Abb. 10–12). Anderswo konfrontieren die Bilderstürmer das reine Wort Gottes mit den Lügen des Klerus und verschonen die Bibel, die Symbole der Evangelisten oder die Engel um ein einfaches Kreuz,[23] während Darstellungen des Klerus und der Kelche verstümmelt werden.

Bei der Etablierung sozialer, beruflicher, religiöser und politischer Identitäten spielt der Bilderkult, wie er sich in Prozessionen, Bruderschaften, Stiftungen und öffentlichen Gelübden manifestiert, eine entscheidende Rolle. Seine plötzliche Abschaffung krempelt die Art, wie die Zeitgenossen ihre Zugehörigkeit zu einer Gemeinschaft verstehen, tiefgreifend um. Mit der Zerstörung der Heiligenbilder, der Verstreuung der Reliquien und der Abschaffung der Altäre werden Bindungen, die bisher eine unauflösbare Gemeinschaft von Lebenden, Toten und himmlischen Schutzpatronen zusammengehalten haben, aufgeweicht oder gar zerbrochen (Abb. 13). An gewissen Orten scheinen die Bilderstürmer so etwas wie ein paradoxes Patronatsrecht auszuüben, wenn sie Kirchen leeren, die ihre Vorfahren reich geschmückt, und Zeremonien abschaffen, die diese begründet haben. Willem van Zuylen lässt die Familienkapelle in Aartsbergen abbrechen; Hebert van Raephorst überwacht persönlich die Zerstörung der Altäre, welche seine Fa-

Abb. 9
Die Plünderung von Montbrison, aus: *De Tristibus Galliae, Carmen in Quator Libros,* nach 1572. Lyon, Bibliothèque Municipale, Ms. 156. – Neben dem Morden in der Stadt ist auch der Abtransport des geplünderten Gutes dargestellt.

Abb. 10
Meister von Alkmaar, Die Sieben Werke der Barmherzigkeit, 1504, Öl auf Holz, H: 120; B: 472 cm. Amsterdam, Rijksmuseum. – Hungrigen zu essen geben, Durstigen zu trinken geben, Nackte bekleiden, Tote bestatten, Fremde beherbergen, Kranke besuchen, Gefangene besuchen.

Abb. 11
Für die Bilderstürmer kein Problem: Hungrige werden mit Brot gespiesen. Weil das Gute Werk den Armen zukommt, sind die Gesichter unverletzt geblieben. – Erste Tafel der Sieben Werke der Barmherzigkeit, 1504 (vgl. Abb. 10).

Abb. 12
Zieht den Hass der Bilderstürmer auf sich: Begräbnisszene unter dem Jüngsten Gericht. Weil die Geistlichen einen materiellen Nutzen aus dem Totenkult ziehen, sind die Gesichter zerstört worden; sie erscheinen heute als neutral retuschierte Flächen. – Vierte Tafel der Sieben Werke der Barmherzigkeit, 1504 (vgl. Abb. 10).

milie in Wassenaar gestiftet hatte, und in Jarnac lässt der Seigneur des Ortes aus eigenem Antrieb alle Bilder aus der Kirche seiner Stadt entfernen.[24] In Le Mans suchen einige Hugenotten systematisch nach Dokumenten zu den Stiftungen ihrer Vorfahren und Grossväter, um sie zu verbrennen. So manifestieren die Bilderstürmer ihre Ablehnung gegen jeden Zwang, den ihnen ihre Vorfahren aus religiösen Gründen auferlegt haben, und verweigern konsequent jede Verbindung zwischen den Lebenden und den Toten durch Gebete und Verpflichtungen. Mit völlig anderen Absichten nutzen sie damit das Prinzip der Wahrung persönlicher Interessen, das in den 1520er Jahren in Zürich, Strassburg oder Augsburg eingeführt worden war und den Stiftern erlaubte, Bilder, die sie oder ihre Familie der Kirche geschenkt hatten, zurückzuziehen.

Der Gegensatz zwischen der durch die katholischen Verfolgungen angerichteten Gewalt an den «lebenden Steinen» der Kirche und der Zerstörung der «toten Steine» durch die Bilderstürmer, auf den immer wieder hingewiesen wird, um den Bildersturm zu rechtfertigen, ist auf diesen Bruch in der Darstellung der Gesellschaft und des Glaubens zurückzuführen. Die Heilsgemeinschaft verschmilzt mit der Gesamtheit der Gläubigen, die das Wort Gottes empfangen haben und auf seinen Namen getauft worden sind. Sie umfasst weder die Toten noch die Priester oder die Menge der Fürbitter, welche die Kirchen vor ihrer unverhofften Reinigung überflutet haben. Ein anonymes Pamphlet führt diese Überlegungen zu Ende, indem es ein Bild zu einem Pilger sprechen lässt, der gekommen ist, um es anzubeten:

> «Eigentlich sollte ich eher dich verehren,
> denn du bist ein Geschöpf
> des grossen Gottes,
> ich bin bloss
> von einem Menschen gemacht.»[25]

Gewalt an den Bildern

Seit Martin Warnke und Natalie Zemon Davis betont man, welche Arten bilderstürmerischer Gewalt den gesellschaftlich anerkannten Formen symbolischer Gewalt entlehnt sind. Die Bilderzerstörer inspirieren sich direkt an karnevalesken Riten vom Triumph der Narretei und der «verkehrten Welt», indem sie Bilder auf einem Esel spazieren führen (in Orange)[26] oder indem sie die Messe parodieren (in Le Mans). Sie inszenieren auch regelrechte Gerichtsverhandlungen, die den Bildern aus Stein, Metall oder Holz die gleichen Strafen und Qualen auferlegen, welche die Gläubigen der verfolgten protestantischen Kirche erlitten haben. Am Aschermittwoch 1567 wird im Rathaus von Den Briel ein Prozess gegen fünf Bilder des hl. Rochus eingeleitet, die schliesslich zum Tod auf dem Scheiterhaufen verurteilt werden.[27] 1562 wirft in Agen der städtische Scharfrichter Bilder ins Feuer und beteuert, das sei doch seine «Aufgabe».[28]

Diese Beispiele reichen aber nicht aus, um aus dem Bildersturm eine «Gewaltanwendung aus Vernunft» zu machen, was dann der absoluten Negation der katholischen Glaubenslehren und der Verzauberung der Welt gleichkommen würde. Vielmehr stellen diese Gewaltriten in erster Linie Wahrheitsprüfungen dar, deren Ausgang weder sicher noch im voraus bekannt ist. Die dramatische Intensität vieler ikonoklastischer Vorgänge liegt nachgerade in dieser Unsicherheit und in der Erwartung einer Art von Wahrheitserlebnis, das sie bei den Zuschauern erzeugen sollten. Die Bilderstürmer fordern die Bilder heraus, sich mit einem Wunder zu verteidigen, was das Heilige in ihnen beweisen würde. So verlangen in Angoulême die Protestanten von einem Kruzifix: «Wenn du Gott bist, so erhebe dich und vollbringe ein Wunder», womit sie die gleiche Verwechslung von Bild und Dargestelltem an den Tag legen, der die Bilderverehrer erliegen.

Die Wichtigkeit dieser den Bildern auferlegten Wahrheitsbeweise bezeugt, dass der Bildersturm den Charakter einer öffentlichen Kundgebung annimmt. Die Zerstörungen sind die Gelegenheiten, Unentschiedene und Skeptische zu überzeugen. Sie geschehen vor neugierigen Mengen, die nicht oder zumindest nicht von Anfang an an den Plünderungen teilnehmen. Sobald aber die Ohnmacht der Bilder öffentlich bewiesen ist, schliessen sich die Zuschauer den Bilderstürmern an. Augustin Marlorat berichtet aus Rouen, dass «sogar diejenigen, welche unsere Versammlungen nicht häufig besucht hatten, mithalfen, die geschnitzten Holzfiguren abzubrechen, herunterzuschlagen und auf die Strasse zu tragen, um sie dort zu verbrennen, und sie taten das ebenso oder noch ausgelassener als die, welche damit begonnen hatten».[29]

Abb. 13
Die Hugenotten schiessen auf die Skulptur der Muttergottes über dem Stadttor von Orléans (Ausschnitt), Kupferstich, 16. Jahrhundert. Paris, Bibliothèque Nationale, Cabinet des Estampes, série Qb1.

Abb. 14
Werkstatt von Antoine Caron (?), Die Plünderung der Kirchen von Lyon durch den Baron von Adrets im Jahre 1562, Öl auf Leinwand, H: 98; B: 132 cm, 16. Jahrhundert. Lyon, Musée historique, Inv. N 3819.

Damit wird der Ikonoklasmus zur öffentlichen Übertrittsmanifestation, zur frommen Handlung, zur exemplarischen *praxis pietatis*. Wie soll man sonst das aktive Mitwirken von Künstlern oder Klerikern erklären, die doch zu den glühendsten Verteidigern des Bilderkults hätten gehören sollen? In De Lier, Woerden oder Die beteiligen sich Priester und Kanoniker an der Beseitigung der Bilder. In Middelburg wird der Maler Marinus van Reymerswaele 1567 für seine Rolle im Bildersturm von 1566 bestraft. Vergleichbaren Beispielen begegnet man auch in Frankreich, so in Le Mans, wo ein «Bildermaler» auf der Liste der wegen der Plünderungen von 1562 verurteilten Personen figuriert. Der Bildersturm ist so eng verwurzelt im Prozess der inneren Umkehr – entsprechend einem ausdrücklichen Befehl Calvins übrigens –, dass die Konsistorien äusserst wachsam bleiben gegenüber Bürgern, die im Verdacht stehen, noch für die Papisten zu arbeiten: Am 7. Januar 1561 gestehen zwei Goldschmiede (Christophe Prieur und Guillaume Louvigné) vor dem Konsistorium in Le Mans, der eine von ihnen hätte einen Kelch, der andere ein Kreuz zu machen begonnen. Eindringlich ermahnt, verspricht Louvigné «das Kreuz einzuschmelzen, wie auch jedes andere von ihm begonnene Werk, das dem Bilderkult dienen könnte». Dieses bemerkenswerte Beispiel einer privaten Bilderzerstörung nähert sich damit einer Form von Reue, von Sühne für begangene Sünden.

Einige Verfasser von Streitschriften bestehen sogar darauf, den unwiderlegbaren Beweis der Zustimmung oder gar der göttlichen Inspiration des Bildersturms zu erbringen, und kommen zu doppelsinnigen rhetorischen Abhandlungen, in denen die Bilder selber ihre Zerstörung fordern. Um den Aberglauben der Katholiken besser zu denunzieren, erfinden sie Bilder, die leben und reden, um mitzuteilen, dass sie tot und stumm, dass sie nur blinder Stein und faules Holz seien. Kurzum, die Bilder verkünden ihre eigene Absetzung, weil verblendete Menschen dazu unfähig seien. «Ich bin ein Baumstrunk voller Würmer / ganz zerfressen von oben bis unten», erklärt ein Bildwerk, während andere einfach bekennen: «Wir sind nichts als Stein und faules Holz».[30] Doch diese paradoxen Reden, die auf eine im Humanismus beliebte literarische Form zurückgreifen, bringen die Botschaft des Bildersturms teilweise durcheinander, weil sie auf persönlichen Bindungen zwischen Gläubigen und Bildern bestehen und diesen besondere Kräfte zugestehen, wie etwa, die Wahrheit zu sagen.

Schlussfolgerung:
Von einem Kult zum andern?
Wenn das 16. Jahrhundert eine wichtige Etappe in der sukzessiven Entwicklung von der *imago* der Theologen zum «Kunstwerk» der Sammler und Kenner darstellt,[31] so ist der spezifische Beitrag des Bildersturms zu dieser Statusveränderung des Bildes schwieriger einzugrenzen. Sicher scheinen mehrere Indizien auf eine direkte Beziehung zwischen der Kritik am Gebrauch der religiösen Bilder und dem Aufkommen einer ästhetisch orientierten Darstellungsweise der Bilder hinzudeuten, die nicht mehr nur ihrem dogmatischen Inhalt oder ihren devotionalen Funktionen gerecht wird, sondern auch ihren formalen Qualitäten, ihrer Seltenheit und ihrer Schönheit. Einige in der zweiten Jahrhunderthälfte vorgebrachte Argumente und die Entweihungsriten, welche die Bilderstürmer inszeniert hatten, unterstreichen tatsächlich, dass Bilder nur Schöpfungen des Menschen oder Produkte seiner Einbildungskraft und seines Talents sind. Darum werden Bilder, auch wenn sie sich nicht auf Gott beziehen, durchaus hochgeschätzt. Calvin präzisiert, «man solle nicht meinen, dass jede Skulptur

oder jedes Bild verworfen werden müsse, bloss diejenigen, welche zum Dienst für Gott gemacht worden seien». Ist diese Unterscheidung getroffen, kann er bekräftigen, dass «die Kunst zu malen oder zu formen Gottesgeschenke sind»,[32] die sich als sehr nützlich erweisen können (um historische Beispiele zu geben, gewisse Erinnerungen wach zu halten oder gar Vergnügen zu verschaffen). Das religiöse Bild hingegen ist von einer solchen Legitimation des profanen (staatsbürgerlichen oder ästhetischen) Gebrauchs ausgeschlossen, denn schon seine Existenz wird verdammt, mindestens was die Darstellung Gottes betrifft: «Jedesmal, wenn man Gott im Bild darstellt, wird sein Ruhm verfälscht und boshaft verdorben».

Dennoch wirft der Ikonoklasmus viele religiöse Bilder auf den Markt. Nach 1550 werden in Paris aus englischen Kirchen und Klöstern Altartafeln und Ausstattungsstücke des Bildersturms von 1547–1548 zum Verkauf angeboten.[33] Mit der bilderstürmerischen Hochkonjunktur der 1560er Jahre werden Versteigerungen immer häufiger, wie man es in Lescar 1562, in Leiden 1566 oder in Lyon auf dem Bild *Le sac des églises de Lyon* (Die Plünderung der Kirchen von Lyon) im Historischen Museum und auf den Vignetten einer Handschrift in der dortigen Stadtbibliothek sieht (Abb. 14).[34] Gewisse persönliche Initiativen oder einige der ersten Liebhabersammlungen belegen diese Betonung des ästhetischen Urteils gegenüber dem bilderstürmerischen Wahn noch klarer. Carel van Mander erzählt, wie eine adlige Frau einen gekreuzigten Christus von Pieter Aertsen vor der Zerstörung retten wollte, indem sie vergeblich 100 Pfund dafür bot. Von ihren alten Standorten, ihren Funktionen, ihrer Legitimation und ihrem ursprünglichen Publikum getrennt, konnten einige Bilder sicherlich der Zerstörung entgehen, indem sie sich in «Kunstwerke» verwandelten oder zumindest in eine Sammlung aufgenommen wurden (Abb. 15). Doch dieser funktionale Umwandlungsprozess ist alles andere als harmlos: Gewisse Werke wurden bei solchen öffentlichen Verkäufen eindeutig um der Andacht willen erstanden. Einige Protestanten behielten auch weiterhin religiöse Bilder bei sich, und es ist sehr schwierig zu bestimmen, was genau deren Status war. Der Übergang von der *imago*, einem Gefäss für das Heilige, zum Kunstwerk, einem Zeugnis des Schönen, war lang und dornenvoll, chaotisch und doppelsinnig, und näherte sich mehr einer wachsenden Zweiteilung von Publikum, Ort und Geschmack als einem blossen Ersatz.

1 Cottin 1994, S. 285–311.
2 Farel, La Croix de Jésus-Christ; vgl. auch das Porträt von Calvin, umgeben von Kriegs- und Plünderungsszenen (oben links die Zerstörung eines Kruzifixes; vgl. Abb. 3).
3 Zur Rolle der Prediger vgl. Mack Crew 1978.
4 *Oste la toille de tes yeux, / Et recongnoy le Dieu des cyeux, / Peuple abruty! Tombe par terre / Tes idoles de bois et de pierre* (Bordier, Le chansonnier huguenot, Livre III, Chant N° 4).
5 de Grandemaison 1863; Greengrass 1999, S. 235–236.
6 Duke 1990, S. 132.
7 Freedberg 1986, S. 69–106.
8 Christin 1991, S. 100.
9 Exhortation chrestienne, S. 222ff.
10 Christin 1991, S. 118.
11 Dufour 1974.
12 Baum/Cunitz 1883–1889.
13 Gueraud, Chronique, S. 161 und 166.
14 Die Haltung von Marnix analysiert van Gelderen 1992, S. 96–98. Der Prinz von Condé seinerseits gibt den Schöffen von Tours gegenüber 1562 ebenfalls zu erkennen, «dass die Leute, mit der Erlaubnis Gottes, aufrührerisch wurden bis zum Niederschlagen und Zerstören» (zitiert nach de Grandemaison 1863).
15 Newe Zeitung (1566), fol. C1; zitiert nach van Gelderen 1992, S. 89.
16 Chardon 1868, S. 38.
17 de Sainctes, Discours sur le saccagement, fol. 48v.
18 Crouzet 1990, S. 750.
19 Duke 1990, S. 136; Christin 1991, S. 94–95.
20 Deyon/Lottin 1981.
21 *Et les images tumberont, / Les encensoirs et les médailles, / Et la peinctures des murailles, / Comme j'ai vu dedans Lyon / D'images un faux million / Par les temples et par les places / Brusler au feu avec les tasses* (Blason du platellet, in: Pineaux 1971, S. 97).
22 In Nuaillé bei Saint-Jean d'Angely oder in Vizille.
23 Das Tympanon der Kollegiatskirche Saint-André in Grenoble blieb verschont. Ich danke Christophe Vyt für den Hinweis auf dieses Beispiel.
24 Baum/Cunitz 1883–1889, S. 511–512; Duke 1990, S. 133.
25 *C'est plustost moi qui te dois honorer / Car du grand Dieu tu es la créature / Et moy je suis d'un homme la facture* («Idolopei», c'est-à-dire fiction ou feintise de image, en laquelle est introduite une image parlante [...] aux idolomanes épars souz le climat et papimanie de Rome, o.O., o.J., S. 6).
26 de Pérussis, Discours des guerres, S. 439: «Sie hatten ein Kruzifix auf einem Esel befestigt und so durch die ganze Stadt geführt.»
27 Freedberg 1986, S. 75.
28 Davis 1973, S. 51–91.
29 Marlorat, Apologie.
30 Das erste Zitat stammt aus den «Idolopei» (Anm. 25), das zweite aus der «Prosopopée de l'idole aux pèlerins», in: Pineaux 1971, S. 88.
31 Belting 1990; Stoichita 1999.
32 Zitiert nach Cottin 1994, S. 294–295.
33 Corrozet, Les antiquités, fol. 113; zur Verhandlung über den Vertrieb solcher Gegenstände vor dem Privy Council vgl. Aston 1998, S. 267.
34 Christin 1991, S. 107–119.

Abb. 15
Frans Francken II (1581–1642), Gemäldesammlung, Holz, H: 54; B: 63 cm. München, Bayerische Staatsgemäldesammlungen, Inv. 1988. – Räumlich getrennt von der Kunst- und Wunderkammer sind am rechten Bildrand Bilderstürmer als Esel bei der Zerstörung dargestellt. Sie werden verantwortlich gemacht für den Untergang von wertvollem Kultur- und Sammlungsgut.

2 Städteporträts zum Bildersturm

Norbert Schnitzler

Wittenberg 1522 – Reformation am Scheideweg?

Auftakt

Anfang Februar 1522, wenige Tage vor der für den 9. Februar angesetzten Ratswandlung, ereignete sich in der städtischen Pfarrkirche im kursächsischen Wittenberg ein Bildersturm. Die gewaltsame Aktion einer Gruppe von Bürgern bildete den schrillen Schlussakkord in einer bewegten Phase der Umgestaltung kirchlicher Einrichtungen und des religiösen Lebens, deren künftige Ausrichtung in einer kurz zuvor verabschiedeten städtischen Kirchenordnung festgelegt worden war. Aufgrund seines «spontanen» Charakters wird dem Bildersturm in der Wittenberger Pfarrkirche gemeinhin jedoch keine tiefergehende, strukturelle Bedeutung für den «frühen Lauf» der reformatorischen Botschaft zugemessen. Die ablehnende Haltung des Wortführers der Wittenberger Reformation, Martin Luther, der sich durch die ungestümen Eingriffe in die Liturgie, in das Kirchengut und nicht zuletzt in Rechtsansprüche des Kurfürsten offenbar zu unverzüglichem Handeln gedrängt fühlte, wird von der deutschen Reformationsforschung als eine für die Konfessionalisierungsphase richtungsweisende Entscheidung angesehen, mit der sich die ursprüngliche, unverfälschte Lehre von radikalisierten bzw. mystisch gefärbten Renegaten abgrenzte.

Gegenüber älteren Auffassungen, die – bedingt durch die eigene konfessionelle Standortgebundenheit – das Handeln der Wittenberger Bilderstürmer nur als ziellosen Vandalismus abstempeln mochten, gilt inzwischen jene Auffassung als weitgehend akzeptiert, die in der «spontanen Entgleisung» einen strategischen Schachzug erkennt, «mit dem ungeduldige Bürger die Ordnung des Rats überflüssigerweise auf eigene Faust exekutieren wollten».[1] Die theologische Kontroverse um einen legitimen Bildgebrauch tritt dabei weitestgehend in den Hintergrund, insofern sie nur als Vehikel oder Aufhänger, d. h. als argumentative Manövriermasse in der durch strategische Überlegungen bestimmten innerstädtischen Debatte angesehen wird.

Zum konkreten Hergang lässt sich aus den vorhandenen Dokumenten der kurfürstlichen Kanzlei nur soviel erschliessen, dass Anfang Februar 1522 eine Gruppe von reformatorisch gesinnten Bürgern – möglicherweise mit Wissen des Rats – in die Wittenberger Pfarrkirche eindrang, sich der Bilder (Altartafeln, Statuen) bemächtigte und diese vor der Kirche zerschlug und verbrannte.[2] Von weiteren «aufrührerischen Handlungen», von gewalttätigen Übergriffen auf Reliquien bzw. auf liturgische Geräte oder gar von antiklerikalen Aktionen, wie wir sie von späteren ikonoklastischen Handlungen kennen, wird nichts gesagt. Der Rat bezog zu dem «schimpflichen» Vorfall keine Stellung, bestätigte allein die Einführung einer neuen Messordnung und konnte sich gegenüber dem Kurfürsten darauf berufen, zumindest einen der Beteiligten verhaftet und für sein Vergehen bestraft zu haben.[3]

Schon in die amtlichen Dokumente fliessen unverkennbar wahrnehmungsbedingte Annahmen über die Rolle der protestantischen Prediger und das *hitzige gemuth* des «gemeinen Mannes» ein. Aus der Perspektive der kurfürstlichen Räte traf insbesondere Andreas Bodenstein von Karlstadt und Gabriel Zwilling die Schuld an der Gewalteskalation, weil diese mit ihrer Predigttätigkeit dazu *faſt vrsach gegeben* hätten. Die «Wirklichkeit» des Wittenberger Bildersturms, wie sie sich in den Augen der obrigkeitlichen Beobachter darstellte, blendete notwendigerweise die Rolle der Gemeinde, die komplizierte Vorgeschichte und nicht zuletzt die religiösen Hintergründe des Vorfalls aus.[4]

Innerstädtische Konfliktlinien

Hält man sich an Vorgaben, wie sie in den 1970er und 80er Jahren von einer in gesellschaftsgeschichtliche Aufbruchstimmung versetzten Reformationsforschung formuliert wurden, so erscheint es sinnvoll, die Vorgänge von 1521/1522 zunächst in ein kommunales Kräfteparallelogramm einzuordnen, das sich zwischen Landesherr, Rat, altgläubigem Klerus und Gemeinde bzw. Prädikanten aufspannte.[5] Während die Frühphase der Wittenberger Kirchenreform vor allem durch Luthers Predigt- und Disputationstätigkeit sowie durch den Erlass einer «Beutelordnung» (Anfang 1521) geprägt wurde, werden die innerstädtischen Konfliktlinien, die den Ablauf der folgenden Ereignisse gewissermassen determinierten, spätestens im Herbst 1521, nach einer Reihe von nächtlichen Attacken auf Häuser der Stiftskanoniker sowie weiteren antiklerikalen Drohgebärden, deutlicher erkennbar.[6] Sie verleihen dem Gesamtzusammenhang unübersehbar die Züge einer «Gemeindereformation», wenngleich zahlreiche externe Machtfaktoren auf die innerstädtischen Vorgänge einwirkten. Die Eskalation der religiösen Spannungen nach dem Scheitern des vom Kurfürsten initiierten Reformausschusses, der eine Klärung der Abendmahlsfrage herbeiführen sollte, sowie deren Ausweitung auf politische und soziale Felder, waren gekennzeichnet von einer raschen Folge von Aktivitäten der reformatorischen *pressure group*. Diese wurden begleitet von einer forcierten, bisweilen sogar agitatorischen Predigttätigkeit, dem Einsatz von Vermittlungskommissionen und schliesslich einer hektischen Betriebsamkeit des Rats, mit dem Ziel, durch die Schaffung einer stadteigenen Kirchenordnung die Bewegung in geordnete Bahnen zu lenken.

Durch die Hinhaltetaktik des Landesfürsten, dem an einer Erhaltung der überkommenen kirchlichen Strukturen gelegen war, blieben dem Rat jedoch häufiger, als ihm lieb sein konnte, die Hände gebunden. Der Ernestiner griff immer dann ein, wenn er seine Rechte offenkundig gefährdet sah, so etwa nach den schweren Ausschreitungen von Studenten und Bürgern gegen den altgläubigen Klerus Anfang Dezember 1521, als er den Rat, die Gemeinde und die ermittelten Missetäter auf sein Schloss nach Lochau beordnete. Hier schärfte er insbesondere den renitenten Hauptleuten der einzelnen Kirchspiele ein, sich *iren Aiden vnd pflichten nach [...] hinfurder als gehorsame Burger [zu] halten vnd erzaigen*, anderenfalls drohten empfindliche Strafmassnahmen.[7]

Abb. 1
Jakob Lucius (um 1530–1597), Taufe Christi im Beisein Luthers und der Familie des Kurfürsten Johann Friedrich, im Hintergrund Ansicht von Wittenberg, um 1556/1558, Holzschnitt, H: 27; B: 54 cm. Basel, Kupferstichkabinett.
– Gegenüber dem taufenden Johannes steht Luther, der schützend seine Arme um den Kurfürsten und dessen Frau legt. Im Hintergrund ist Wittenberg zu erkennen, wo Luther, gemäss dem untenstehenden Text, in der Nachfolge des Predigers Johannes gewirkt hat. Die dem Holzschnitt beigefügten Verse warnen die Christen davor, in der Not bei den Götzen Rettung zu suchen, statt allein Gott (in seinen drei Erscheinungsformen) anzurufen. Der einstige Besitzer des Basler Exemplars hat sich diese Aufforderung zu Herzen genommen und den mit Tiara wohl zu «papistisch» dargestellten Gottvater ausgeschnitten (vgl. Abb. 2) und durch einen Weltgerichts-Christus aus einem unbekannten Holzschnitt ersetzt.

Abb. 2
Jakob Lucius (um 1530–1597), Taufe Christi (Ausschnitt). Nürnberg, Germanisches Nationalmuseum, Inv. H 7499. – Der originale, «papistische» Gottvater, der auf dem Basler Exemplar (Abb. 1) ersetzt worden ist.

Dass die Gemeinde sich vom Rat nicht mehr ausreichend vertreten sah und daher dazu überging, das Heft selbst in die Hand zu nehmen, hatte sich mit aller Deutlichkeit nach dem Abbruch der Verhandlungen im Vermittlungsausschuss gezeigt. Wie dem Bericht der fürstlichen Amtsleute zu entnehmen ist, traten die Gemeindevertreter in *sonderlich gespreche, conspiracion vnd gemeine handlung* zusammen. Man mag in diesem ad hoc gegründeten Interessenbündnis eine typische Begleiterscheinung innerstädtischer Auseinandersetzungen zwischen Rat und Bürgerschaft erkennen, wie sie nach mehr oder weniger ähnlichen Verlaufsmustern bereits im Spätmittelalter in zahlreichen nord- und mitteldeutschen Städten beobachtet werden können.[8] Das unmittelbare Ergebnis der Beratungen schlug sich jedenfalls in einem Artikelbrief mit sechs Forderungen nieder, zu deren Umsetzung sich die *gemayn zu Wittenberg* miteinander verschworen hatte.[9] Neben den Forderungen nach selbstgewählten Prädikanten und einer Reihe von liturgischen Veränderungen stechen vor allem diejenigen Punkte ins Auge, die – ganz im Sinn reformatorischer Sittenzucht – für eine Einschränkung übermässigen Alkoholgenusses und die Schliessung der städtischen *Hurhäuser* eintraten.

Bereits der Tumult von Anfang Dezember, *so jn den kyrchen begangen jst, von jungen mutwilligen vnd vnuorstendigen martinianern*, hatte gezeigt, dass sich die Anhänger der reformatorischen Partei durch obrigkeitliche Repression kaum mehr einschüchtern lassen würden. Die Erwartungen, die die landesherrlichen Räte in die *eiyngebilte forcht* jener von ihnen gemassregelten jugendlichen Aufrührer setzten, erfüllten sich nicht. Zum Teil mag sich das aus der eigentümlichen Sonderstellung erklären, die unverheiratete Gesellen, Bürgersöhne und andere Jungmänner in der damaligen Stadtgesellschaft einnahmen. Juveniler Chauvinismus einerseits und eingeschränkte Rechtsfähigkeit andererseits eröffneten ihnen ein Handlungsfeld, das man als bedingte «Lizenz» zur kollektiven Gewaltanwendung bezeichnen könnte. Wie ein Vergleich mit ähnlichen Vorkommnissen anderenorts zeigen kann (Magdeburg 1524, Stralsund 1525), war der Anteil jugendlicher Kirchen- und Bilderstürmer hier wie dort auffallend hoch.[10] Augenscheinlich nutzten die Täter ihren sozialen und rechtlichen Sonderstatus gezielt aus, der es ihnen erlaubte, von Zeit zu Zeit über die Stränge zu schlagen, wie auch in Wittenberg.

Die Forderung der fürstlichen Räte, die gewalttätigen Übergriffe der jugendlichen «Martinianer» angemessen zu bestrafen, brachte den Rat aufs neue in Bedrängnis. Kaum hatte er die namhaft gemachten Missetäter der Dezember-Tumulte inhaftiert, trat die Gemeinde auf den Plan, um Straffreiheit für jene zu erlangen, *so den mutwill jn der kyrchen angefangen*.[11] Dieser unmissverständlichen Aufforderung, Gnade walten zu lassen, konnten sich die städtischen Gewaltrichter kaum verschliessen. Die auch anderenorts zu beobachtende «Nachlässigkeit» städtischer Strafjustiz unterstreicht einmal mehr die strategische Rolle, die Gesellenverbänden oder ähnlichen altersgruppenspezifischen Bruderschaften und Korporationen als *pressure groups* im Rahmen innerstädtischer Auseinandersetzungen zufallen konnte.

Die auf diese Aktivitäten des «gemeinen Mannes» unmittelbar bezugnehmende Predigttätigkeit der beiden theologischen Vordenker Gabriel Zwilling und Andreas Bodenstein von Karlstadt (Abb. 3) hat der Wittenberger Bewegung dann jenes Mass an Dynamik verliehen, das bereits von zeitgenössischen Beobachtern mit unguten Gefühlen registriert worden war. Wie sich im weiteren Verlauf der Ereignisse im Dezember und Januar zeigte, verfolgten sie dabei durchaus unterschiedliche Argumentations- und Handlungsstrategien. Zwilling schloss direkt an die bereits auf verschiedenen Ebenen diskutierte «Abendmahlsfrage», insbesondere deren antisakramentale Stossrichtung an. Anfang November 1521 wurde in einem Schreiben des Stiftskapitels an den Kurfürsten darüber berichtet, dass Gabriel Zwilling vom «hochwürdigen Sakrament» gepredigt hatte: *wie dasselb nit anzubeten, vnd es einen regenbogen vorgleicht [...] auch mit vnschicklichen worten, die wenig zu besserung des volckes gereichen, dasselb declarirt vnd widderruffen*.[12] Eine solche rigoros ins Profane gewendete Auffassung von der sakramentalen Funktion der Hostie wurde – wie sich auch an der massiven Zahl der Teilnehmer am ersten reformierten Abendmahl ablesen lässt – von vielen mit den Neuerungen sympathisierenden Gläubigen begrüsst.[13]

Entscheidende Akzente wurden jedoch von Karlstadt gesetzt. Ihm, der in diesen Monaten an allen wichtigen kirchenpolitischen Ausschüssen beteiligt war, gelang es, zum Sprachrohr der Gemeinde zu werden. Gegen den Willen des Kurfürsten zelebrierte er am Weihnachtstag 1521 – hierin offenbar seiner «stadtkirchlichen» Strategie (Ulrich Bubenheimer) folgend – in der Wittenberger Pfarrkirche eine Messe nach neuartigem Ritus, die ein Abendmahl *sub utraque specie* umfasste und entsprechend grossen Andrang hervorrief. In den folgenden stürmischen Verhandlungen zwischen Rat und Gemeinde über die künftigen Grundlagen und die organisatorische Struktur der Stadt als christlicher *communitas* spielte das von ihm theologisch wohl am weitesten durchdachte Gemeindekonzept eine massgebliche Rolle. Auf seine Initiative erfolgte vermutlich auch die taktische Umorientierung, mit der die Bilderfrage nun zunehmend ins Zentrum der tagespolitischen Debatte rückte.

Erst in dieser Schlussphase wich der Rat von seiner bis dahin behaupteten Linie des Taktierens und Beschwichtigens ab und setzte nun alles daran, mit dem Entwurf einer städtischen Kirchenordnung eine weitere Eskalation zu verhindern. Trotz kontroverser Auffassungen der an der Beratung beteiligten Vertreter von Universität, Pfarrgeistlichkeit und Gemeinde wurde neben der Sanktionierung der neuen Messliturgie und der Reformierung der Armenversorgung beschlossen, die *bild und altarien* in der Pfarrkirche durch einige Verordnete der Obrigkeit *abthun* zu lassen. Damit wurde auch wesentlichen Forderungen Karlstadts entsprochen, dessen Traktat zur Bilderfrage (Kat. 137) wenige Tage nach der Ratsverordnung erschien und vor allem ausserhalb Wittenbergs die theologische Auseinandersetzung anheizte.[14] Die drohende Gefahr einer innerstädtischen Revolte hatte der Rat offenbar auch gegenüber Kurfürst Friedrich glaubhaft machen können, der der «Ordnung» zwar offiziell

Abb. 3
Porträt von Andreas Bodenstein von Karlstadt (1499–1541), undatiert (vor 1541), Kupferstich, H: 12; B: 7.5 cm. Basel, Universitätsbibliothek, Graphische Sammlung, Falk. 176. – Karlstadt ist als Prediger die treibende Kraft im Wittenberger Bildersturm. Er ist an allen wichtigen kirchenpolitischen Ausschüssen beteiligt und versteht sich zunehmend als Sprachrohr der Gemeinde. Auf seine Initiative hin erfolgt vermutlich auch die taktische Umorientierung, mit der die Bilderfrage in Wittenberg zunehmend ins Zentrum der tagespolitischen Debatte rückt.

seine Zustimmung versagte, in einem Schreiben an seinen Amtmann in Wittenberg gleichwohl einräumte, dass man *vmb verhuttung willen ander vnrats ein anderung [hat] machen mussen*.[15] Zuzustimmen ist daher Stefan Oehmig, der mit der «Ordnung» in zweifacher Hinsicht die Konsolidierungsphase erfolgreich zum Abschluss gebracht sieht: Wesentliche Veränderungen in der gemeindlichen und kirchlichen Organisation, etwa auch die Neuregelung des Bettelwesens, wurden damit dauerhaft festgeschrieben; zugleich beruhigte sich damit die «Wittenberger Szene», die neue Ordnung hatte sich als Ausdruck einer konsensgestützten Ratsherrschaft bewährt.

Von Bildern und Bettlern

Vor diesem Hintergrund innerstädtischer Auseinandersetzungen und Rivalitäten, dem konkurrierenden Nebeneinander kirchenpolitischer Machtfragen, theologischer Fundamentalopposition und der Forderung nach einer «Reformation des Lebens» wird man sich auch der Frage nach dem Stellenwert der Bildproblematik und der Bedeutung ikonoklastischer Handlungen von neuem zuwenden müssen. Ihre über Wittenberg hinausweisende Bedeutung wird man – das sei vorweggenommen – wohl weniger in dem offiziellen Beschluss zur *Abthuung* und seiner eher halbherzigen Umsetzung zu suchen haben, als vielmehr in ihrer strategischen Funktion: In der metapherngesättigten Sprache der aus dem Spätmittelalter übernommenen Bilderkritik liessen sich Missstände in der Glaubenspraxis öffentlichkeitswirksam anprangern; mit gezielten Angriffen auf die «Ölgötzen» und mit geradezu virtuos gehandhabten Eingriffen in die Ikonographie von Heiligenfiguren und Altartafeln wurden nicht weniger effektvolle Impulse im innerstädtischen Mit- und Gegeneinander von Rat und Gemeinde gegeben.

Im Artikelbrief der Gemeinde, der dem Wittenberger Rat nach dem ersten Tumult in der Pfarrkirche (Dezember 1521) überreicht wurde, sucht man eine explizite Aufforderung zur Bildentfernung allerdings noch vergebens. Ulrich Bubenheimer hat daraus geschlossen, dass die Bilderfrage erst im Januar 1522 «plötzlich» akut wurde, und das «Abtun» der Bilder im Bewusstsein der Wittenberger Bürger «kein vorrangiges Reformanliegen gewesen» sei.[16] Nun jedoch, mit der in Angriff genommenen Kirchenordnung für die Stadt Wittenberg sowie infolge der Predigten Zwillings und Karlstadts, setzte eine heftige Kontroverse über das theologische Für und Wider in der Bilderfrage ein, wurde ein breites Publikum nachhaltig mit der Problematik konfrontiert.

Abb. 4
Titelblatt von Karlstadts Flugschrift *Von abthieung der Bylder...*, 1522, H: 20; B: 14.2 cm. Basel, Universitätsbibliothek, FP IX 5, Nr. 3. – Karlstadts Traktat zur Bilderfrage erscheint Ende Januar 1522 und heizt die theologische Auseinandersetzung an. Der enge begriffliche Konnex von «Bettlern» und «Bildern», der schon im Titel der Schrift deutlich wird, prägt den Wahrnehmungshorizont der Wittenberger Zeitgenossen. Die Gegenüberstellung von den «falschen» und den «wahren Bildern Christi» – die Bettler – verbanden sich in den religiösen Debatten der Bürger zu einem eingängiben Schlagwort.

Während der vorgeschalteten Gespräche über die künftige Kirchenordnung, an denen auch Vertreter der Bürgerschaft beteiligt waren, hatte sich an der Frage der liturgischen Zeremonien eine heftige Kontroverse entzündet. *Dye bylde wollenn sie auch in der pfar nit leidenn vnnd mit der zeit abethun,* schrieb der designierte Bürgermeister Christian Beyer an den Kurfürsten, *ich disputirt allein von crucifix, sye wollen es nicht mehr gut sein lassen. Sye sagen stracks: non facies tibi sculptil., deuterono. v. et exodi xx. et Baruch vlti. Es ist nicht wenigers, das den heiligen vill ehr widerfarn.*[17] In ihrer rigorosen Haltung fühlten sich die Gemeindevertreter sowohl durch religiöse Grundüberzeugungen wie auch durch biblizistische Argumente bestärkt.

Einige verstreute Hinweise sprechen im übrigen dafür, dass auch in den Zirkeln der Wittenberger Theologen, lange bevor die innerstädtische Auseinandersetzung eskalierte, bilderkritische Äusserungen Zündstoff für Diskussionen boten.[18] Karlstadts «ikonoklastischem» Traktat fällt damit in vielerlei Hinsicht eine Schlüsselrolle zu – sieht man einmal von dem kenntnisreichen theologischen Zuschnitt seiner Argumentation ab, so insbesondere deshalb, weil sich in ihm auch Elemente der aktuellen Wittenberger Auseinandersetzung niedergeschlagen haben dürften.[19]

Im Traktat *Von abthieung der Bylder/Vnnd das keyn Betler vnder Christen sein soll* (Wittenberg 1522, vgl. Abb. 4 und Kat. 137) versucht Karlstadt sein Publikum von der Notwendigkeit einer zwar unpopulären, aber sicher umstrittenen Massnahme zu überzeugen, indem er die Bilderfrage gezielt als Problem der Laienfrömmigkeit anspricht und seine Argumente in Form einschlägiger Topoi, die ihm die spätmittelalterliche Bilderkritik lieferte, präsentiert. Neben dem biblischen Bilderverbot, das als quasi juristisches Argument hinter jedem Bilderparagraphen der evangelischen Kirchenordnungen stand, wird ausführlich das Idolatrieproblem behandelt. Weitere zentrale Kritikpunkte beziehen sich bekanntlich auf das Diktum Papst Gregors («Bilder sind der Laien Bücher») und – nicht zuletzt – auf die ethische Fragwürdigkeit der «toten Bilder».[20]

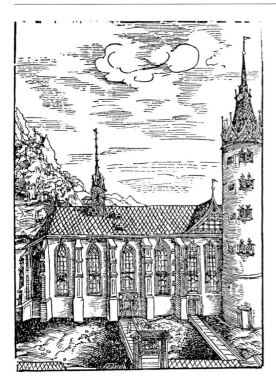

Abb. 5
Lucas Cranach d. Ä. (1472–1553), Schlosskirche Wittenberg, Holzschnitt aus dem Wittenberger Heiligtumsbuch, Wittenberg 1509/1510. München, Bayerische Staatsbibliothek, Rar. 99, fol. a1v. – Die Wittenberger Stiftskirche war der Aufbewahrungsort der umfangreichen Reliquiensammlung von Kurfürst Friedrich. Wer die Reliquienkammer betrat, für das Seelenheil des Kurfürsten betete oder ein Opfer zugunsten des Kirchenbaus brachte, erhielt einen Ablass der zeitlichen Sündenstrafen.

Karlstadts rhetorischem Gespür ist nicht entgangen, dass die thematische Koppelung von Bildersturm und Bettelordnung bei seinem Publikum auf breite Zustimmung zählen konnte. Der dialektische Grundgedanke, der sich hinter seiner Forderung nach Abschaffung der «toten» bzw. «Lügen»-Bilder verbarg, ist in den Diskussionen der Wittenberger Bürger – wohl auch infolge der bereits seit Monaten intensiv diskutierten neuen Bettelordnung – ständig präsent.[21] Durch den Rückgriff auf das aus der spätmittelalterlichen Bilderkritik bekannte metaphorische Wechselspiel von «wahren» und «falschen» Bildern (Christi)[22] bzw. von «lebendigen» und «toten» Bildern konnte er somit eine soziale Rechtfertigung ikonoklastischer Massnahmen unmittelbar suggerieren. *Du haßt dein kleyder genommen / vnd hast sie [=die Bilder] mit den selben / bekleydt vnnd zuogedeckt.* An anderer Stelle heisst es: *Die mans bilder machen / vnnd buolin mit in / bedecken sie mit iren kleydern vnnd tragen in koestlichen geruch [...] Meynestu / das dise buoberey klein vnd gering ist?*[23]

Dieser enge begriffliche Konnex von «Bettlern» und «Bildern» prägte den Wahrnehmungshorizont der Wittenberger Zeitgenossen offensichtlich wesentlich intensiver als die Identifikation der kirchlichen Heiligendarstellungen mit «Götzen» oder mit «Büchern». Bettler und Bilder rücken in den religiösen Auseinandersetzungen der Bürger immer enger, jedoch unvermittelt nebeneinander. Dies zeigt sich auch in der Stellungnahme der Stadt gegenüber dem Kurfürsten anlässlich der Kirchenordnung: Mit den Worten *Der bilden halben haben wir beschlossen...* beginnt ein Absatz, und der folgende: *Dy weil ouch vnder den Christen keyn betler seyn sollen.*[24] Die Macht der Bilder, die die Zeitgenossen «auf die Probe stellten», erweist sich hiermit zuallererst als semantisches Produkt einer Sprache, die ihnen die sozialpolitische Logik, also das, was dem bilderstürmerischen Handeln Sinn verleihen konnte, vorgab.

In der Folgezeit wurde eine solche gewissermassen dialektische Sicht der Dinge auch in den Kirchenordnungen anderer Städte bekräftigt. So in Zürich (1524) oder auch in Soest (1531), wo es unter dem Abschnitt «Von den Bildern» heisst: «Von den toten Bildern weg sollen wir uns lieber den lebendigen Heiligen zuwenden, den Armen, sie kleiden und speisen.»[25] Der moralische Appell der geschädigten Stifter, die von der *denudatio* oder *Spolierung* ihrer Altäre nicht müde wurden zu klagen, schöpfte seine Überzeugungskraft aus nämlicher Quelle.

Ikonoklastische Provokationen

Mit Ausnahme angelsächsischer Historiker hat bislang niemand beachtet, dass es sich bei der Bildentfernung aus der Wittenberger Pfarrkirche keineswegs um ein isoliertes Ereignis handelt. Die Wittenberger Bewegung wurde vielmehr

dis heiligthumbs
Zum.xj. ein kleyn silberē vnubergult Monstrantz
Von Sant Cecilia xix. partickel
Zum .xij. Ein Berlin mutter mit silber vberguldt oben ein lawen
Von sant Felicola ein partickel
Von sant Fidentia ein partickel
Von sant Eugenia ein partickel
Von sant Gasilla ein partickel
Vom gebein sant Anastasie .xxij. partick.
Ein zahn von sant Anastasia
Vom gebein sant Agathe .iiij. partickel
Von dem gebein sant Apolonie .vij. ptic.
Von einem zahn sant Apolonie .j. ptickel
Zwen Zehn von sant Apolonia
Von dem Sarck sant Agnetis ein partic.
Jungkfraw vnd merterin
Vom Klaydt Agnetis ein partic. Von yrem heiligen gebein .xv. pti.
Ein zahn sant Agnetis Von yrem Hirnschedel ein partickel
Von yrem heiligen haupt ein ptic. Vom gebein sant Lucie. vij. ptic.
Ein Zahn von sant Lucia Sūma .lxix. ptickel b ij

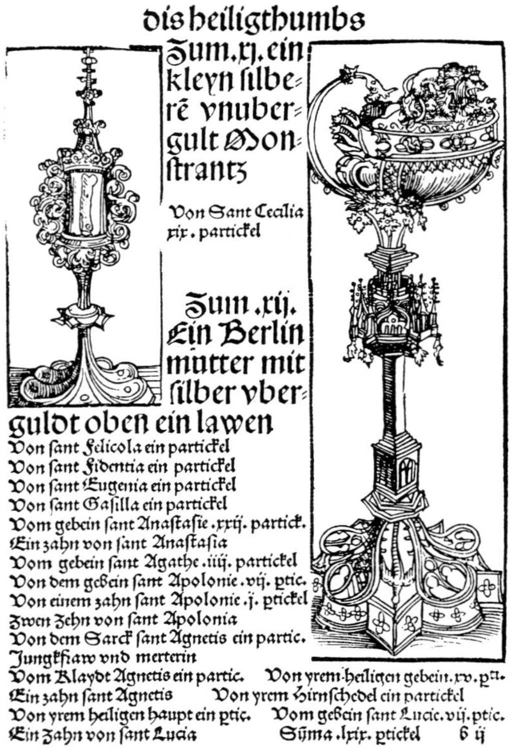

Abb. 6
Lucas Cranach d. Ä. (1472–1553), Wittenberger Heiligtumsbuch, Wittenberg 1509/1510. München, Bayerische Staatsbibliothek, Rar. 99, fol. b2r. – Wenige Jahre vor Luthers Thesenanschlag erscheint der mit weit über 100 Holzschnitten Cranachs illustrierte Katalog der 5005 Wittenberger Reliquienpartikel und ihrer Goldschmiedefassungen. Die hier abgebildete Seite zeigt eine Monstranz mit der Reliquie der hl. Cäcilia und ein Reliquiar mit Reliquienpartikeln verschiedener Heiliger. Die umfangreiche Reliquiensammlung in der Stiftskirche wird 1525 geschlossen – ein «Nachbeben» in der Bilderfrage.

gleich mehrfach durch ikonoklastische Aktionen vorangetrieben. Gemäss dem apologetisch gefärbten Bericht eines reformierten Geistlichen hätten sich schon während der von Studenten initiierten Tumulten im Barfüsserkloster (Dezember 1521) gewalttätige Attacken auf einen *altar, von Holtzwerck [gemacht]* ereignet. Anschliessend wurden in mehreren antiklerikal durchtränkten Predigten solche und ähnliche Altäre als *aptgottisch* verurteilt: Man sollte sie gegebenenfalls zum Bau von *galgen vnd rabenstayn* verwenden.[26] Nach dem massiven, von Angehörigen der städtischen Gemeinde am Weihnachtsabend initiierten Angriff auf die offizielle Liturgie der Kirche wurde zwei Wochen später von Gabriel Zwilling im Augustinerkloster ein weiterer «Bildersturm» durchgeführt. Die vergleichsweise detaillierten Nachrichten über die äussere Dramaturgie des Geschehens verdeutlichen, dass die Aktion Zwillings nicht hinter «verschlossenen Türen» vonstatten gehen sollte, sondern dass ihre demonstrative Wirkung auf das städtische Publikum einkalkuliert war.

Auf dem Klosterhof wurde ein grosser Scheiterhaufen aus *tafeln, gemalten und geschnitzten* bildern, Crucifixen, fanen, kerzen, leuchtern etc. aufgeschichtet und in Flammen gesetzt. Zwilling und seine Helfer gingen dann dazu über, *der steinen Christi Marie und anderen bilden die haubter helfen abschlagen und all gemel in der kirchen helfen vorwusten.* In der Vorgehensweise des ehemaligen Augustinermönchs artikuliert sich nicht allein die «Zeichensprache des Antiklerikalismus» (Hans-Jürgen Goertz), mehr noch, in ihr gibt sich deutlich die gewalttranszendierende Symbolik des spätmittelalterlichen und frühneuzeitlichen Ikonoklasmus zu erkennen. Den appellativen Charakter solchen Handelns unterstrich Zwilling wenige Tage später in zwei *die Ursachen solcher seiner tat* erläuternden Predigten.[27]

In dem Mass, wie die nach religiöser Autonomie strebende Laienbewegung zu einer handlungsbestimmenden Grösse des reformatorischen Wandlungsprozesses in Wittenberg heranwuchs, wurde die Bilderfrage zu einem dominierenden Thema religiöser Kontroversen und (religions-)politischer Entscheidungen. Dass einzelne Angehörige der Gemeinde darüber hinaus die Bilderkontroverse als Artikulationsmedium und zugleich als Chance begriffen, eine aktive Rolle zu übernehmen, wird an einem Fall, der sich unmittelbar im Anschluss an den Wittenberger Sturm auf die Pfarrkirche in Zerbst ereignete, deutlich. Hier mussten sich Anfang Mai 1522 vier Wittenberger Bürger vor dem Ratsgericht verantworten, weil sie offenbar während der Fastnachtszeit an zwei Orten der Stadt *die crucifix des lyben Christi und die ander gbilde tohowen und toworpen.*[28]

Kritik an den «hölzernen Bildern oder Ölgötzen» bildete erklärtermassen den Hintergrund des «Stürmens» vor den Toren der Stadt.[29] Die Besucher aus Wittenberg hatten offensichtlich bewusst ihren Sonderstatus als Auswärtige in die Waagschale der städtischen Justiz geworfen. Gewissermassen wie bestellt gingen auch die obligatorischen Gnadenbitten von Verwandten und Freunden bei der Obrigkeit ein. Das Urteil der Richter fiel erwartungsgemäss konziliant aus: *Und doch by orer older und ander orer frunde vlitige bede und antien van unser gnediger herschop up diese nafolgen bute, nemlich dat sie by nahamen Simon, Heyle, Valtin und Hans die Engellart sollen und wollen semptlich und besundern die zurhown gebilden wedder maken wygen laten und uprichten sollen, darto ein graw Czerwister laken semptlich kopen und btalen, dat wil ein radt armen luden vordelen* [sic!].[30]

Unnötig zu erwähnen, dass gleichzeitig zur Aktion der vier Wittenberger eine antiklerikale Kampagne von Zerbster Lutheranhängern gegen den altgläubigen Pfarrer der örtlichen Nicolaikirche ablief. Die strategische Absicht der Akteure ist jedenfalls unübersehbar.

Folgen

Auch nach Luthers öffentlichen Schmähreden gegen die Bildentfernungen und ihre theologischen Wegbereiter hielt man in Wittenberg an dem einmal eingeschlagenen Reformkurs fest. So wurden zwar wesentliche Neuerungen der städtischen Messordnung wieder rückgängig gemacht, ungeachtet dessen blieben aber andere institutionelle bzw. organisatorische Veränderungen bestehen. Der Rat konnte seine rigide Haltung in der Prostitutionsproblematik und gegenüber den Frauenhäusern behaupten; unangetastet blieben ebenso die sukzessive Eingliederung der ortsansässigen Geistlichen in den städtischen Sozialverband sowie die Aufhebung der Klöster. Schliesslich wurden auch die administrative Durchdringung und finanzielle Konsolidierung

Abb. 7
Werkstatt Cranach, Hauptaltar der Pfarrkirche in Wittenberg, 1539–1547 (vermutlich 1547 eingeweiht). – Die neue Ikonographie stellt statt der Heiligen die Reformatoren in den Mittelpunkt. Sie werden als die wahren Nachfolger Christi präsentiert. Auf der Mitteltafel nehmen prominente Theologen und Bürger Wittenbergs in Gestalt der Jünger am Letzten Abendmahl teil. Melanchthon vollzieht auf dem linken Flügel eine Taufe, und Bugenhage nimmt auf dem rechten Flügel einem Gläubigen die Beichte ab.

Abb. 8
Werkstatt Cranach, Hauptaltar der Pfarrkirche in Wittenberg, 1539–1547 (vermutlich 1547 eingeweiht), Predella (vgl. Abb. 7). – Luther predigt seiner Gemeinde den Weg zu Christus vor völlig schmucklosen Kirchenwänden. Nur ein überlebensgrosser Kruzifixus steht im Raum und dient als Vermittler; die Heiligendarstellungen sind verschwunden.

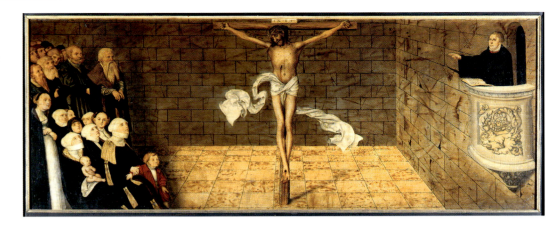

des städtischen Sozialwesens kontinuierlich vorangetrieben.

Weitere Massnahmen zur Umsetzung des Bilderparagraphen ruhten in der Folgezeit. Kurfürst Friedrichs heftige Reaktion auf den aus seiner Sicht überhasteten, ja irreversiblen Schritt der Bürger (*... das jr das am maysten prediget, das zuletzt solt furgenomen werden...*)³¹ war nicht ohne Wirkung geblieben. Doch auch in diesem Punkt wurden gelegentliche Nachbeben spürbar: So etwa 1524, als der sogenannte «Altar der Priester» in der Pfarrkirche beseitigt wurde, diesmal unter aktiver Beteiligung des Rats. Im gleichen Jahr erfolgte auf Anordnung des Bürgermeisters Niemeck die Abnahme des Marienbildes vor dem Hochaltar. Nur ein Jahr später schloss sich dem die Auflösung der umfangreichen Reliquiensammlung in der Schlosskirche an (Abb. 5 und 6).³²

Luther hatte zwar den Ikonoklasmus als *ultima ratio* aus der reformatorischen Programmatik verbannen können; die Signalwirkung der Wittenberger Vorgänge und die Brisanz, die der Bilderfrage innewohnte, blieben davon jedoch unberührt. An der Bilderfrage schieden sich fortan die Geister: Immer wieder konnte sie nun zum Prüfstein für die Tragfähigkeit einer kirchlichen Neuordnung werden oder eine Voraussetzung für deren erfolgreiche Etablierung bilden (vgl. die Wellen von bilderstürmerischen Aktivitäten der 1520er und 1530er Jahre). Selbst dort, wo es zu keiner konsequenten Umsetzung von entsprechenden Entschlüssen zur Bilderfrage kam, erwies sie sich als erfolgversprechende Möglichkeit zur Artikulation individueller und kollektiver religiöser Überzeugungen. Mittels der Instrumentalisierung der Bilder in den Kirchen gelang es den *pressure groups* der frühen Reformationszeit immer wieder, öffentliche Räume zumindest partiell der obrigkeitlichen Kontrolle zu entziehen.

1 Goertz 1987, S. 97.
2 Alle Darstellungen, auch wenn sie sich auf eine beiläufige Erwähnung beschränken, stellen den affektgeleiteten und impulsiven Charakter des Vorgangs heraus (Bubenheimer 1972, S. 271; Christensen 1979, S. 40; Eire 1986, S. 64; Goertz 1987, S. 97; Köpf 1990, S. 40).
3 Die Beschwerde der kurfürstlichen Räte über den ikonoklastischen Zwischenfall und die Stellungnahmen der Universität bzw. des Stiftskapitels und des Stadtrates, in: Müller 1908–1909, S. 445–452, Nr. 92–93. Einem Vermerk in den Wittenberger Kämmereirechnungen ist zu entnehmen, dass ein gewisser Leonhard Knodel, ein Weissgerber, 20 gr. Busse zu zahlen hatte (ebd., S. 450, Anm. 1).
4 Müller 1908–1909, S. 446, Nr. 92.
5 In diesem Sinn spricht Hans-Jürgen Goertz von einer «Bewegung nicht als eine Sammlung bestimmter Gruppen zu gemeinsamer politischer und sozialer Aktion, sondern Bewegung als plötzlich einsetzender Zwang zur Interaktion von Institutionen und Gruppen, die ganz verschiedene Ziele verfolgten» (Goertz 1987, S. 93). Zu diesem konzeptionellen Aspekt vgl. auch Schnitzler 1999, S. 289ff.
6 Oehmig 1995, S. 103–104 und 117.
7 Müller 1908–1909, S. 313, Nr. 53.
8 Ehrbrecht 1980, S. 23–63; vgl. Schnitzler 1999, S. 286–287 und 291–292; Oehmig 1995, S. 123.
9 Müller 1908–1909, S. 416–418, Nr. 68.
10 Schnitzler 1996b, S. 180ff; Schnitzler 1999, S. 298–299 (mit weiterer Literatur).
11 Müller 1908–1909, S. 315, Nr. 54.
12 Die Klage der Stiftskanoniker, in: Müller 1908–1909, S. 218, Nr. 25; vgl. Bubenheimer 1973, S. 268.
13 Hierauf bezieht sich auch der dritte Artikel im Forderungskatalog der Allgemeinheit. Die Messfeier wird als Veranstaltung der Laien angesehen; sie «nütze» nur demjenigen, *ders ist vnd trinckt sein fleisch vnd plut nach laut Christi worts: Est vnd trinckt davon all, vnd das allein in seiner gedechtnuss* (Müller 1908–1909, S. 416–418, Nr. 68).
14 Der 13. Artikel der Wittenberger Kirchenordnung bestimmte: *Item, die bild und altarien in den kirchen söllen auch abgethon werden, damit abgoetterey zu vermeyden, dann d(r)ey altaria on bild genug seind* (vgl. Richter 1846, Bd. 2, S. 484). Zur publizistischen Wirkung von Karlstadts Traktat vgl. Schnitzler 1996b, S. 32–33.
15 Müller 1908–1909, S. 461–462, Nr. 99.
16 Bubenheimer 1973, S. 268.
17 Bericht Christian Beyers an Hugold von Einsiedel, in: Müller 1908–1909, S. 429, Nr. 75. Dass es sich dabei nicht nur um eine Auseinandersetzung zwischen «Bilderstürmern» und «Bildschirmern» (Ulrich Köpf) handelte, sondern auf einem auch theologisch differenzierten Niveau diskutiert wurde, zeigt die Bemerkung Christian Beyers, der speziell den Status des Kruzifixes («Götze»/«Zeichen») hinterfragt.

18 Vgl. den Hinweis von Theodor Kolde auf eine Disputationsthese zur Bilderfrage, die ein Schüler Karlstadts Mitte 1521 in einem Kolloquium vertreten hatte, in: Zeitschrift für Kirchengeschichte 11, 1889/1890, S. 463. Auf entsprechende Ansätze einer theologischen Rechtfertigung ikonoklastischer Massnahmen in den zwei früheren Traktaten *Von Gewychtem Wasser und Saltz* (Wittenberg 1520) und *Von Gelubden Unterrichtung* (Wittenberg 1521) verweist Eire 1986, S. 56.
19 Die Nähe des Textes zum religiösen Alltagsdiskurs ist übrigens in der Gegenwart immer wieder als uneingelöste Systematik aufgefasst und bemängelt worden (vgl. Christensen 1979, S. 28; Eire 1986, S. 58; Michalski 1993, S. 44).
20 Schnitzler 1996b, S. 32–37.
21 Oehmig 1995, bes. S. 100–103.
22 In popularisierter Form dürfte dieses antithetische Grundmuster in dem 1521 publizierten *Passional Christi und Antichristi* Cranachs einem breitem städtischen Publikum vor Augen gestanden haben (Groll 1990).
23 Schon am Anfang des Traktats heisst es: *Warumb haben wir sye [die Bilder, die Heiligen] mit samat / mit damast / mit silberin / mit guldin kleydern lassen malen vnd ferben / warumb behencken wir sie mit guldin kronen / mit edlen gesteinen* (vgl. Schnitzler 1996b, S. 247–248).
24 Müller 1908–1909, S. 450–451, Nr. 93.
25 Für Zürich vgl. Egli 1879, Nr. 1899; Wandel 1989, S. 115; zu Soest vgl. Schwartz 1932, S. 76.
26 Müller 1908–1909, S. 407–408, Nr. 68; vgl. Christensen 1979, S. 37–38; Scribner 1985c, S. 157; Eire 1986, S. 63.
27 Über den Bildersturm Zwillings existieren vier Berichte; der ausführlichste und hier zitierte aus der Feder des aus Zwickau stammenden Studenten Johann Pfau, in: Fabian 1914, S. 30.
28 So gab es einer der Angeklagten zwei Monate später in Wittenberg nochmals zu Protokoll (Becker 1910, S. 275–276).
29 Ebd.
30 Der Auszug aus dem Ratsprotokoll der Stadt Zerbst mit der Urfehde der Angeklagten (vom 8. Mai 1522), in: Specht 1936, S. 67.
31 Müller 1908–1909, S. 446, Nr. 92.
32 Oehmig 1995, S. 115 und 127.

Peter Jezler

Der Bildersturm in Zürich 1523–1530

Abb. 1
Hans Asper, Holzschnittporträt von Huldrych Zwingli (1484–1531), aus dem fünften Buch von Johannes Stumpfs Schweizer Chronik, 1548. Bern, Historisches Museum, Inv. 38144. – Der Reformator amtete seit 1519 als Leutpriester am Zürcher Grossmünster. Seit 1524 entwickelte er sich zum radikalen Bildergegner. Mit seiner Räumung der Kirchen unter Kontrolle des Rats bot Zwingli vielen Städten ein Vorbild.

Die Besonderheit des Zürcher Bildersturms liegt darin, dass unter der Leitung von Huldrych Zwingli (Abb. 1) erstmals in der Reformation eine städtische Ratsversammlung den kirchenrechtlichen Schutz der Sakralbilder ausser Kraft gesetzt und eigenmächtig die Bildzerstörung verfügt hat.[1] Wurde bisher die Zerstörung von Heiligenbildern mit dem Tod bestraft, so verfügte der Zürcher Rat nun selbst deren Vernichtung. Vom 20. Juni bis 2. Juli 1524 liess er alle städtischen Kirchen schliessen, damit Bauhandwerker unter der Führung der drei städtischen Leutpriester und unter der Aufsicht von Abgeordneten der Zünfte ihr Zerstörungswerk vollbringen konnten. Das Volk blieb ausgesperrt – alles sollte in Ruhe und ohne Aufruhr geschehen.

Zürich bot damit ein Modell für die Abschaffung des Bilderkults, das zur Nachahmung empfohlen werden konnte und auch von vielen Städten nachgeahmt werden sollte (vgl. Kat. 142). Über die Ereignisse sind wir durch Zwinglis und Bullingers Schriften, durch die Chroniken des altgläubigen Gerold Edlibach und des reformationsfreundlichen Bernhard Wyss, sowie durch einen Berg an überlieferten Akten gut informiert.[2]

Frömmigkeitsleben vor der Reformation 1460–1523

Die reformatorische Bewegung kam für Zürich überraschend und war nicht vorauszusehen. Eine vorgängige Opposition gegen die Kirche ist – von den üblichen Rechtshändeln abgesehen – kaum auszumachen. Nie war es in Zürich zu einem Inquisitionsprozess gekommen, nie war ein Ketzer verbrannt worden. Die erste Hinrichtung wegen Abweichung von der Glaubenslehre erfolgte erst nach der reformatorischen Wende, als man 1527 den Täufer Felix Manz ertränkte.[3]

Auch von überhitzten Frömmigkeitsäusserungen ist wenig zu spüren: kein Jetzerhandel wie in Bern (Kat. 106) und keine zum Leben erweckten Totgeburten wie in Oberbüren bei Büren an der Aare (Kat. 103). Seine aussergewöhnlich reiche Sakraltopographie[4] hat Zürich schon Jahrhunderte früher aufgebaut, und die meisten der kirchlichen Gebräuche waren schon jahrhundertealt (Abb. 2).[5]

Anders als zahlreiche oberdeutsche Städte hat Zürich keinen repräsentativen spätgotischen Münsterbau begonnen.[6] Die Pfarrkirche St. Peter wurde um 1450 lediglich als dürftiger Saalbau erneuert.[7] Erst in den 1470er Jahren erfolgte mit der Fertigstellung des Fraumünsterschiffs, der Erhöhung der Grossmünstertürme (Abb. 3)[8] und dem Neubau der Wasserkirche[9] ein vergleichsweise bescheidener Ausbau der städtischen Sakralkultur.

Die Zürcher Landschaft hingegen wurde vor der Reformation von einer aussergewöhnlichen Bauwut ergriffen.[10] Jede zweite der gut hundert Zürcher Landpfarreien errichtete zwischen 1468 und 1523 ein neues Gotteshaus oder erneuerte wesentliche Teile bestehender Bauten (Abb. 6). Von den Aktivitäten haben sich viele Gerichtsakten erhalten, die über die treibenden Kräfte hinter diesem Bauboom Auskunft geben: Es sind fast immer die Bauern selbst, die eine neue Kirche wollen, und die Zehntherren, die sich dagegen sträuben. Zuweilen kommt es so weit, dass beispielsweise der Abt des Zisterzienserklosters Kappel den Bauern von Rossau die Errichtung einer eigenen Kapelle verbietet, die Dorfleute sich aber über das Gerichtsurteil hinwegsetzen und trotzdem bauen (vgl. S. 111). Bei fast jeder der zahlreichen spätgotischen Dorfkirchen können wir davon ausgehen, dass der Neubau und die Neuausstattung in der Kirchgemeinde von der Mehrheit der Untertanen der Pfarrei beschlossen worden sind. Die Bauern (und damit die überwiegende Mehrheit der Bevölkerung) bekannten sich unmittelbar vor der Reformation zur herkömmlichen Frömmigkeit. Sie leisteten mehr, als von ihnen gefordert worden wäre. Durch ihre Anstrengungen im Gemeinwerk, die Bauorganisation und die Vertragsabschlüsse mit Werkmeistern und Handwerkern gewannen die Kirchgenossen aber auch an Selbstbewusstsein. Der Schritt zur selbständigen Regelung kirchlicher Angelegenheiten war vorbereitet.

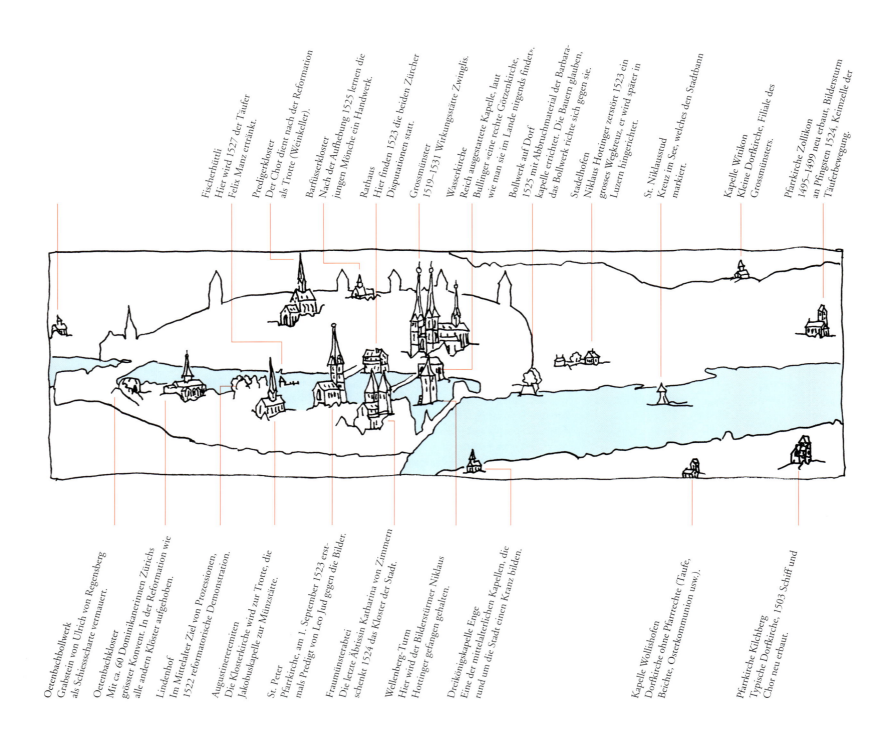

Fischerhüttli
Hier wird 1527 der Täufer Felix Manz ertränkt.

Predigerkloster
Der Chor dient nach der Reformation als Trotte (Weinkeller).

Barfüsserkloster
Nach der Aufhebung 1525 lernen die jungen Mönche ein Handwerk.

Rathaus
Hier finden 1523 die beiden Zürcher Disputationen statt.

Grossmünster
1519–1531 Wirkungsstätte Zwinglis.

Wasserkirche
Reich ausgestattete Kapelle, laut Bullinger «eine rechte Götzenkirche, wie man sie im Lande nirgends findet».

Bollwerk auf Dorf
1525 mit Abbruchmaterial der Barbarakapelle errichtet. Die Bauern glauben, das Bollwerk richte sich gegen sie.

Stadelhofen
Niklaus Hottinger zerstört 1523 ein grosses Wegkreuz, er wird später in Luzern hingerichtet.

St. Niklausstud
Kreuz im See, welches den Stadtbann markiert.

Kapelle Witikon
Kleine Dorfkirche, Filiale des Grossmünsters.

Pfarrkirche Zollikon
1495–1499 neu erbaut, Bildersturm an Pfingsten 1524, Keimzelle der Täuferbewegung.

Oetenbachbollwerk
Grabstein von Ulrich von Regensberg als Schiessscharte vermauert.

Oetenbachkloster
Mit ca. 60 Dominikanerinnen Zürichs grösster Konvent. In der Reformation wie alle andern Klöster aufgehoben.

Lindenhof
Im Mittelalter Ziel von Prozessionen, 1522 reformatorische Demonstration.

Augustinereremiten
Die Klosterkirche wird zur Trotte, die Jakobuskapelle zur Münzstätte.

St. Peter
Pfarrkirche, am 1. September 1523 erstmals Predigt von Leo Jud gegen die Bilder.

Fraumünsterabtei
Die letzte Äbtissin Katharina von Zimmern schenkt 1524 das Kloster der Stadt.

Wellenberg-Turm
Hier wird der Bildersturmer Niklaus Hottinger gefangen gehalten.

Dreikönigskapelle Enge
Eine der mittelalterlichen Kapellen, die rund um die Stadt einen Kranz bilden.

Kapelle Wollishofen
Dorfkirche ohne Pfarrrechte (Taufe, Beichte, Osterkommunion usw.).

Pfarrkirche Kilchberg
Typische Dorfkirche, 1503 Schiff und Chor neu erbaut.

◁ Abb. 2
Stadt Zürich und angrenzende Landschaft, Holzschnitt, aquarelliert, um 1540, H: 9.5; B: 32 cm. Zürich, Zentralbibliothek. – Die Stadtansicht zeigt die mittelalterliche Sakraltopographie und die Schauplätze der Reformation.

Abb. 3
Hans Leu d.Ä., Stadtpanorama von Zürich, um 1500 (Ausschnitt). Zürich, Schweizerisches Landesmuseum, Inv. AG 7. – Vor der Reformation war das Zürcher Grossmünster nach der Bischofskirche in Konstanz das wichtigste Stift der Diözese. Die Erhöhung der Türme 1488–1492 war Zürichs grösstes Bauvorhaben im 15. Jahrhundert.

Abb. 4
Hans Leu d.Ä., Stadtpanorama vor Zürich, um 1500 (Ausschnitt). Zürich, Schweizerisches Landesmuseum, Inv. AG 7. – Vor der Reformation trafen die KirchgängerInnen am Südportal des Grossmünsters auf eine Steinskulptur und ein Weihwasserbecken.

Beginn der reformatorischen Bewegung 1519–1523

Zwingli war 1519 als Leutpriester an Zürichs Hauptkirche gewählt worden und begann sogleich seine reformatorische Predigt- und Publikationstätigkeit. Er gewann starken Einfluss auf den städtischen Rat und, über die Disputationen, auch auf den Klerus des zürcherischen Herrschaftsgebiets. Die Reformwilligen unter den Landgeistlichen vermittelten die neuen Lehren in der Predigt, so dass die Stimmung unter der Landbevölkerung ganz plötzlich vom Kirchenbaufieber in Kirchenkritik und Freiheitsforderungen umschlug.[11] In Russikon hatten die Bauern noch 1519 mit dem Kirchenneubau begonnen, doch als 1523 der Bildschnitzer mit dem Hochaltar in Lieferverzug kam, wollten sie vom Auftrag zurücktreten, weil *niemandt nütz mer uff dissen dingen* hielte (vgl. S. 117).

Erste Zerstörungsaktionen 1523/1524

Ab 1522 kam es zum offenen Verstoss gegen das Fastengebot und zu demonstrativen Predigtstörungen. Die ersten bilderfeindlichen Aktionen folgten im Sommer 1523, anderthalb Jahre nach den Ereignissen in Wittenberg: Am 14. Juli veröffentlichte Zwingli sein Werk «Auslegung und Gründe der Schlussreden», das erstmals den Wunsch nach einem mutigen Bilderstürmer enthielt (Kat. 141). Eine ikonoklastische Predigt von Leo Jud (1482–1542) am 1. September und die Veröffentlichung von Ludwig Hätzers Flugschrift *...wie man sich mit allen goetzen und bildnussen halten sol...* am 24. September (Kat. 138) lösten in der Stadt und den umliegenden Dörfern spontane Zerstörungen von Bildern und Kultgerät aus. Die Zürcher Obrigkeit fürchtete deswegen eine Intervention der Eidgenossen aus der Innerschweiz und verfolgte die Übergriffe mit gerichtlichen Untersuchungen und Haft.

Berühmt wurde der Fall von Niklaus Hottinger, des «ersten Märtyrers» der schweizerischen Reformation. Hottinger hatte Ende September 1523 in Stadelhofen, unmittelbar vor Zürichs Toren, ein grosses Wegkruzifix zerstört, wurde verhaftet und dann verbannt, in Klingnau vom bischöflichen Vogt erneut gefangen genommen und in Luzern enthauptet (Abb. 8, vgl. Kat. 151).[12] Aus der gleichen Zeit stammen möglicherweise die wilden Kratzspuren auf dem Stadtpanorama mit der Felix-und-Regula-Legende von Hans Leu (Abb. 9, 10).[13]

Wunsch nach Abschaffung der Zehnten und Feindschaft gegen die Bilder 1524

Von Anfang an waren die Angriffe auf die Bilder mit sozialen Forderungen verknüpft: Die Meinung war, dass die gestifteten Güter nicht für Kult und Kirchenschmuck, sondern für die wahren Abbilder Gottes, d. h. für die Armen, verwendet werden sollten.[14] Tatsächlich hatten in den letzten Jahrzehnten vor der Reformation der Anstieg der Landbevölkerung von 25 000 auf 50 000, die Verknappung der Landreserven und einige Missernten eine Massenarmut verursacht.[15] Häufig tritt Bilderfeindschaft auch im Umfeld von Freiheitsforderungen auf, wie der Abschaffung von Zinsen und Zehnten oder der Befreiung aus Leibeigenschaft und grundherrlichen Abgaben. Die Zürcher Landbevölkerung

Abb. 5
Dorfkirche von Dinhard bei Winterthur, typisches Beispiel des Kirchenbaubooms in der Zürcher Landschaft unmittelbar vor der Reformation. Die Bauern wollten 1511 Turm und Chor neu errichten, wogegen sich der Zehntherr, das Stift Embrach, sträubte. Der Zürcher Rat entschied, dass Embrach 210 Pfund an das Vorhaben zahlen, der Rest von der Gemeinde geleistet werden müsse. Nach Vollendung von Turm und Chor 1515 machten sich die Bauern an den Neubau des Kirchenschiffes (1520 vollendet).

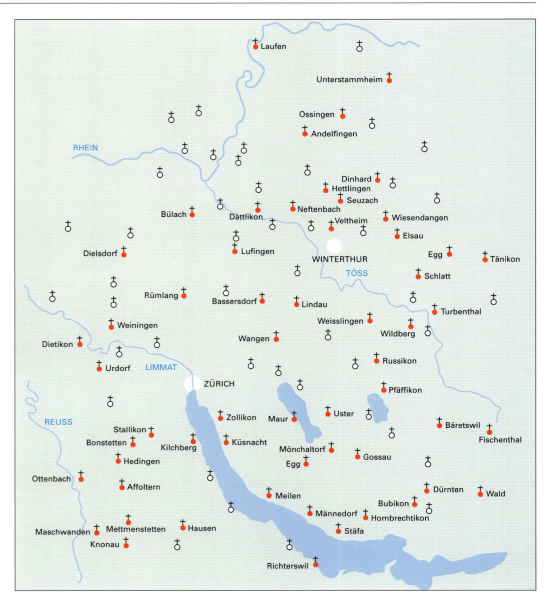

Abb. 6
Zürcherische Landpfarreien und Kapellen mit weitgehenden Pfarrrechten. Von 104 verzeichneten Gemeinden haben die 55 rot markierten Orte zwischen 1466 und 1525 ihre Dorfkirchen oder Teile davon (Chor, Schiff oder Turm) neu erbaut. Der Baubeschluss wurde jeweils von den Bauern der Pfarrei gefasst, die sich noch ganz zur traditionellen Frömmigkeit bekannten. Erst das Auftreten Zwinglis löste eine fundamentale Kritik an der römischen Kirche aus.

war seit 1489 schnell zum Aufstand bereit; schon dreimal war es vor dem Bauernkrieg 1525 zu Unruhen gekommen.[16]

Im Spannungsfeld zwischen drohendem Aufstand der Untertanen, drohender Opposition unter den eigenen Altgläubigen und drohender Intervention der Innerschweizer Miteidgenossen wählte die Zürcher Regierung in der Bilderfrage vorerst eine Verzögerungstaktik. Vom 26.–28. Oktober 1523 wurde die Zweite Disputation über die Bilder und Messe veranstaltet,[17] die ab Weihnachten 1523 zu einer erheblichen Einschränkung des Kults führte.[18] In der Bilderfrage blieben jedoch Konsequenzen aus – immer wieder vertröstete die Regierung auf eine spätere Entscheidung, zuletzt auf Pfingsten 1524.

Als es der Rat bis zum Pfingstfest 1524 abermals versäumt hatte, eine Entscheidung zu treffen, demonstrierten die Bauern im nahen Dorf Zollikon (Abb. 2) den offenen Ungehorsam und zerschlugen am Pfingstsonntag (15. Mai) die Bilder und Altäre.[19] Die Zerstörungen scheinen Ausdruck von Freiheitsforderungen gewesen zu sein, denn die Regierung bildete am Tag darauf eine Kommission unter Zwinglis Leitung, die zu den Bildern und zur Leibeigenschaft ein theologisches Gutachten zu verfassen hatte.[20] Dieses veranlasste den Rat, am 8. Juni 1524 die Beseitigung der Bilder freizugeben; die Ausführung scheint jedoch am Widerstand eines Teils der Bevölkerung gescheitert zu sein.[21]

Tod der beiden Bürgermeister am 13. und 15. Juni 1524

Nun trat plötzlich eine nie dagewesene Situation ein. Innerhalb von drei Tagen verstarben beide Zürcher Bürgermeister: Felix Schmid am 13. Juni und Marx Röist am 15. Juni. Letzterem sei *das ufrumen der götzen [...] gar widrig und ein gros crütz* gewesen.[22] Mit seinem Tod war nicht nur dieser Widerstand gebrochen, es war auch ein Machtvakuum entstanden.

Bis in die frühe Neuzeit ist der Tod von Machthabern immer wieder Auslöser von Umsturz und Revolten. Solches scheint der Kleine Rat in Zürich befürchtet zu haben, denn Marx Röist lag noch im Sterben, als das endgültige Bildermandat aufgesetzt wurde:[23] Die Bilder sollten in einer organisierten Räumung hinter verschlossenen Türen weggeschafft werden, wie wenn man damit einem Aufstand zuvorkommen wollte. Wie berechtigt die Furcht vor einem Bauernaufstand war, wird sich nur einen Monat später, am 18. Juli 1524 im Klostersturm von Ittingen zeigen (vgl. Kat. 152).

Abb. 7
Titelholzschnitt der Flugschrift «Beschreibung der göttlichen Mühle», bei dem sich Zwingli 1521 noch selbst als Bildentwerfer betätigt hat. Zürich, Zentralbibliothek, Zw. 106a. – Christus leert das Getreide in Gestalt der Evangelisten und des hl. Paulus in den Mühltrichter, Erasmus von Rotterdam füllt das Mehl in den Sack, woraus Luther Brote in Form von Bibeln backt. Zwingli reicht diese an den Klerus weiter, der aber nichts davon wissen will. Im Hintergrund schwingt *Karsthans*, die Verkörperung des «Gemeinen Mannes», bedrohlich den Dreschflegel: Die Bauern sind für die Reformation zum Aufstand bereit.

Die organisierte Räumung der Stadtkirchen vom 20. Juni bis 2. Juli 1524

Die städtischen Kirchen wurden nach kurzer Vorbereitung am 20. Juni 1524 geschlossen. Jene Bilder, die von Privaten, Zünften oder andern Kollektiven der Kirche geschenkt worden waren, durften von den Donatoren und Stiftern abgeholt werden.

Unter der Aufsicht von Vertretern der Zünfte trafen die drei Leutpriester Zwingli, Jud und Engelhard die Wahl darüber, was zerstört werden sollte. Ausschlaggebend für die Zerstörung waren Nützlichkeit und Aufwand. Die Glasfenster blieben verschont (eine Neuverglasung hätte enorme Kosten verursacht), ebenso die Schlusssteine an den Gewölben, für deren Beseitigung aufwändige Gerüste notwendig gewesen wären. Verwertbares Kultgerät und das Stadtpanorama mit der Felix- und-Regula-Legende (Abb. 9) gelangten vorerst in die Sakristei. Hingegen hatten die städtischen Werkleute (Steinmetzen, Zimmerleute und sogenannte «Ruchknechte») den Auftrag, die Steinskulpturen soweit möglich zu zerschlagen, alle Altarretabel und Holzbildwerke zu verbrennen und die Wandgemälde zu übermalen. Zwingli wird die getroffene Auswahl 1525 dahingehend verteidigen, dass verbliebene Bilder sofort zerstört würden, wenn eine Verehrung einsetzen sollte (vgl. Kat. 141).[24]

Aufruhr wegen verbliebener Kirchenstühle am 30. Juni 1524

Kaum standen am 30. Juni 1524 nach vollzogener Bilderzerstörung die Tore des Grossmünsters wieder offen, da ereignete sich ein merkwürdiger, aber höchst aufschlussreicher Vorgang. Eine aufgebrachte Menge stürmte den Kirchenraum und riss die privaten Kirchensitze nieder.[25] Warum? – Ein vornehmer Kirchenstuhl an guter Lage mit Täfelung im Rücken und einem Baldachin als Auszeichnung über der sitzenden Person zählte zu den herausragenden Repräsentationsmitteln der Oberschicht (Abb. 11; vgl. auch Kat. 68). Wenn schon der christliche Kult alle Stände in ein und demselben Kirchenraum vereinigte, so liess sich wenigstens mit ausgeschiedenen Privatparzellen und herrschaftlichen Sitzen die Sozialdistinktion aufrechterhalten.

Solches stand offenbar im Widerspruch zum gesellschaftlichen Wandel, wie ihn sich revolutionäre Kreise von der Reformation erhofft hatten. Spätestens jetzt war die Bilderfrage nicht mehr nur eine Frage von Bildern, sondern eine Frage der Repräsentationsmittel von Mächtigen und der Befreiung aus Armut und Untertanenschaft.

Abb. 8
Niklaus Hottinger stürzt Ende September 1523 das Wegkreuz in Stadelhofen vor Zürichs Toren, Illustration aus Heinrich Bullingers «Reformationsgeschichte», Abschrift 1605/1606, H: 8.5; B: 15 cm. Zürich, Zentralbibliothek, MS B 316, fol. 99r. – Hottinger wurde für seine Tat eingekerkert, aus der Stadt verbannt, erneut gefangen genommen und schliesslich in Luzern hingerichtet.

Verstaatlichung der Klöster ab Herbst 1524

Die Verwertung der metallenen Kultgeräte wie Glocken und Kelche sowie die Verstaatlichung der zinstragenden Güter und kirchlicher Gebäude sind mit dem Bildersturm verwandt. Aus katholischer Sicht handelte es sich in jedem Fall um Entfremdung von Kirchengut und somit um ein Sakrileg. Aus Zwinglis Sicht wiederum erstreckte sich der Begriff der Abgötterei nicht nur auf Bilder im Wortsinne, sondern auf jegliche der traditionellen Äusserungen eines materiellen oder rituellen Kults. Im Gegensatz zu den Bildern ging es nun aber nicht um wertlose Holz- oder Steinblöcke, sondern um immense Vermögenswerte, welche Zwingli für die Armen erhalten wollte.

Zürich gelang mit der Säkularisierung der Kirchenschätze, Kapellen und Klostergüter ein Husarenstück, mit dem es seine Macht und seine Erträge bedeutend erweitern konnte.[26] An die Stelle des kanonischen Rechts, das die Klosterauflösung nur den Kirchenobern zugestanden hatte, setzte Zürich die eigene Souveränität. Unter dieser beurkundeten der Propst von Embrach im September 1524 und die Äbtissin des Fraumünsters am 30. November 1524 eigenmächtig die Übergabe ihrer Institutionen an die Stadt. Die Verstaatlichung der Bettelordensklöster nahm Zürich am 3. Dezember gleich selbst in die Hand.

Da nun jeder ursprüngliche Stiftungszweck aufgehoben war, bestimmte ein Ratsbeschluss vom 4. Januar 1525, dass Donatoren und Stifter ihre Kelche oder Renten für die gestifteten Jahrzeiten *nicht* zurückfordern konnten.[27] Am 15. Januar folgte der Erlass einer umfassenden Almosenordnung, welche die Gewinne aus den Klostergütern dem städtischen «Gemeinen Kasten» zufliessen liess.

Alle Seeldienste wie Jahrzeiten, Vigilien oder Lichtstiftungen, ebenso die Privataltäre in öffentlichen Kirchen und auch die Kapellen ohne pastoralen Zweck hat man wie die Klöster aufgehoben und das Gut eingezogen. Nur bei den Pfarreien blieben das *ius patronatus* und die Eigentumsverhältnisse bestehen,[28] selbst wenn eine Pfarrei dem Bischof von Konstanz oder dem Abt von Sankt Blasien gehörte. Die Massnahmen waren aus reformatorischer Sicht konsequent. Der Gemeindegottesdienst blieb als Institution unangetastet, alle Seelmessen und klösterlichen Fürbitten für die Stifter hingegen dienten zu nichts und fielen daher an das Armengut.

Allerdings übertrafen die Erträge die Ausgaben für das Almosenwesen bei weitem, denn mit der Säkularisierung der Klöster in der Landschaft hat Zürich einen Herrschaftszuwachs erfahren wie bei keinem Eroberungsfeldzug zuvor.[29] Bis zum Ancien Régime zeigt die Rechnung sämtlicher elf Klosterämter unter anderen folgende Positionen in Pfund (vgl. nebenstehende Tabelle).[30]

Aus den Überschüssen war im Lauf der Jahrhunderte ein gewaltiges Vermögen gewachsen, welches 1600 das 26 fache und 1797 das 48 fache der Armenausgaben ausmachte. Zudem konnten jährlich beträchtliche Überschüsse an das Obmannamt abgeliefert werden.

		1532	1600	1797
Vermögen im Vorjahr		12 432	249 580	761 300
einzelne Ausgabenposten	– Kirche	627	3 170	13 151
	– Schule	48	3 054	8 528
	– Arme	142	9 271	15 767
	– weltliche Besoldung	–	4 616	7 858
	– Überschuss ans Obmannamt	–	6 420	83 200
Total Einnahmen		30 520	113 380	427 000
Total Ausgaben		21 690	91 850	459 350
Überschuss / Verlust		**8 830**	**21 530**	**– 32 350**

Abb. 9
Hans Leu d. Ä., Stadtpanorama von Zürich, um 1500 (Ausschnitt). Zürich, Schweizerisches Landesmuseum, Inv. AG 7. – Tafelgemälde der Zürcher Stadtheiligen Felix und Regula von der einstigen Einfassung des Heiligengrabes im Grossmünster. Im restaurierten Zustand nimmt man kaum wahr, dass das Gemälde von einem Bilderstürmer angegriffen worden ist.

Abb. 10
Hans Leu d. Ä., Stadtpanorama von Zürich, um 1500 (Ausschnitt). Zürich, Schweizerisches Landesmuseum, Inv. AG 7. – Möglicherweise hat ein Bilderstürmer in der Frühphase der Reformation 1523/1524 die Gesichter von Felix und Regula zerkratzt. Das während einer früheren Restaurierung erstellte Zustandsfoto zeigt die freigelegten Kratzspuren.

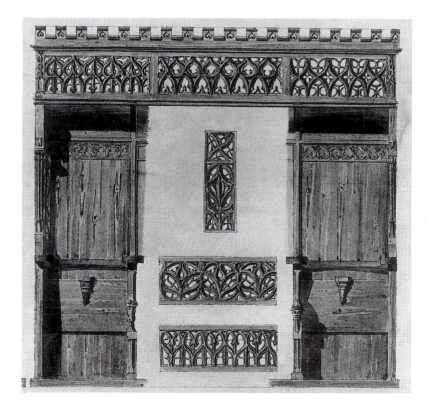

Abb. 11
Ludwig Schulthess, lavierte Federzeichnung, 1838. Zürich, Zentralbibliothek. – Erst im Himmel sind alle gleich. Abbildung des spätgotischen Kirchengestühls der Familie von Breitenlandenberg, ehemals in der zürcherischen Landkirche Turbental. Als solche Gestühle nach der Bilderräumung immer noch im Grossmünster standen, erregte dies den Zorn der Menge. Sie stürmte am 30. Juni 1524 das Grossmünster und zerschlug die Kirchensitze der Reichen und Mächtigen.

Abb. 12
Mit den Füssen auf ehemaligen Altarsteinen, Illustration aus Bullingers «Reformationsgeschichte», Abschrift 1605/1606, Zürich, Zentralbibliothek, MS B 316. – Auf das Felix-und-Regula-Fest hin (11. September) liess Zwingli 1526 im Zürcher Grossmünster einen Lettner errichten, der in der Mittelachse einen Kanzelkorb trug. Als Bodenplatten wurden die Altarsteine aus allen Stadtkirchen verwendet: Die Predigt hat über die Messe gesiegt.

Abschaffung der Messe und die «Säuberung» der Bibliotheken 1525

Am Gründonnerstag, 13. April 1525, wurde die Messe abgeschafft. Erstmals wurde das Abendmahl gemäss Zwinglis *Action und bruch des Nachtmals* gefeiert.[31] Um sicherzustellen, dass Messe und Stundengebet in Zürich vollständig überwunden seien, unternahm Zwingli mit Leo Jud und Heinrich Brennwald eine Aussonderung des liturgischen und traditionell theologischen Schriftguts.[32] Gerold Edlibach überliefert, dass der Wert der vernichteten Handschriften 10 000 Gulden übertroffen habe.[33]

Liquidierung der Kirchenschätze am 24. Februar 1526

Die Stadt beschlagnahmte nicht nur die Kirchenschätze in der Stadt, sondern auch in den Pfarreien und Klöstern auf dem Lande. Dies führte zu grossen Spannungen mit den Untertanen, da beispielsweise im Amt Rüti einige gehofft hatten, sich mit dem Erlös aus dem Kirchengut die Unabhängigkeit erkaufen zu können. Am 24. Februar 1526 übergab die Stadt das Edelmetall dem städtischen Münzmeister und löste laut Edlibach 90 Mark Gold (20,7 kg) und 663 Mark Silber (152,5 kg). Letzteres entsprach einem Wert von 5967 Gulden.[34] Ein grosser Teil davon wurde zur Deckung der aus der Reformation entstandenen Kosten (Diplomatie usw.) gebraucht.

Die katholische Seite reagierte heftiger als zuvor. Thomas Murner veröffentlichte seinen Ketzerkalender, der Zwingli als Kirchendieb am Galgen zeigte (Abb. 13; vgl. Kat. 144). In der Innerschweiz wurden Zürcher Münzen mit einem Kelchstempel gezeichnet und «Kelchbatzen» genannt, damit ihr unrechtmässiger Ursprung offenbar werde (Kat. 145).

Zwingli lässt mit Altarsteinen den Boden seines Predigtlettners auslegen, 11. September 1526

Eine letzte, demonstrative Zerstörungsaktion erfolgte auf das Fest der Stadtheiligen Felix, Regula und Exuperantius am 11. September 1526.[35] Die Altarbilder waren schon seit zwei Jahren entfernt, aber noch standen die steinernen Altartische, und noch sah man die Reste der Sakramentshäuschen.

Da liess Zwingli wenige Tage vor dem Felix-und-Regula-Fest die Sakramentsnischen vermauern und die Altäre abbrechen. Im Grossmünster wurde in höchster Eile ein kunstvoller Lettner errichtet, dessen Boden mit den Steinplatten der Altäre aller städtischen Kirchen ausgelegt wurde (Abb. 12). Der Hochaltarstein aus dem Predigerkloster, der die übrigen Platten an Grösse übertraf, wurde auf dem Lettner vorkragend in der Mittelachse versetzt, so dass er den Kanzelkorb tragen konnte. Hier stand am 11. September 1526 Zwingli, als er am Fest der ehemaligen Stadtpatrone und in Anwesenheit der vielen Abgeordneten aus den verbündeten eidgenössischen Orten die erste Predigt hielt: Zwingli mit seinen Füssen auf den einstigen Altären, das Predigtwort anstelle der Messe – sinnfälliger hätte man die Überwindung der alten Zeit nicht zum Ausdruck bringen können.

Abb. 13
Der Griff nach dem Kirchensilber bringt Zwingli an den Galgen! Einblattdruck, Ausschnitt (vgl. Kat. 144). Zürich, Zentralbibliothek, Graphische Sammlung, 3.1527.002. – Ein solches Todesurteil wünschte sich jedenfalls der Franziskaner Thomas Murner, als er 1527 nach der zürcherischen Säkularisierung den «Evangelischen Kirchendieb- und Ketzerkalender» entwarf.

Erzwungener Bildersturm in den Randregionen 1528–1530

In seinem «Vorschlag wegen der Bilder und der Messe» hatte Zwingli noch 1524 den Grundsatz geäussert, dass die Untertanen nicht zur Annahme der Artikel betreffend der Bilder gezwungen werden sollten.[36] Es war den Landpfarreien überlassen, in der Gemeindeversammlung die Abschaffung der Bilder selbst zu beschliessen. Die meisten Gemeinden müssen seit dem Sommer 1524 entsprechende Beschlüsse gefasst haben, doch in den Randregionen verblieb der Bildschmuck in einigen Kirchen (so in Ossingen, Richterswil, Turbental, Wildberg oder Wila).[37] Je weiter die Reformation fortgeschritten war, umso mehr pochte die zunehmend theokratisch geprägte Stadtregierung auf die Einheit der Religion ihrer Untertanen. Seit 1528 wurde von den beim Bildschmuck verbliebenen Kirchen ultimativ dessen Zerstörung verlangt.[38] An die Stelle der Befreiung aus den römischen Dogmen war die Durchsetzung der Glaubenssätze der eigenen Staatsreligion getreten.

Gewinner und Verlierer

Wer geglaubt hatte, im Bildersturm den Weg zur «evangelischen Freiheit» zu finden, sah sich getäuscht. Einem Teil der Leibeigenen wurde zwar 1525 die Freiheit geschenkt und damit «Fall» und «Ungenossame» erlassen (Abgaben bei Tod und bei Ehe mit einer nicht zur selben Herrschaft gehörenden Person).[39] Auch entfielen die Kosten für neue Seelgeräte oder «Stolgebühren» (Abgabe bei der Sakramentsspende). Die grössten Lasten hingegen, die Zehnten und bestehenden Zinsen, blieben bis zum Ende des Ancien Régime bestehen.[40]

Gewinner war der Staat. Der Regierung und Zwingli war es gelungen, den Machtapparat der katholischen Kirche im eigenen Herrschaftsgebiet auszuschalten, mit der Säkularisierung von Kirchen- und Klostergütern einen grossen Herrschaftsgewinn zu verbuchen und durch den Ausbau einer reinen «Staatskirche» alle Untertanen auf die eigene Lehre zu verpflichten.[41]

Abb. 14
Grabplatte des Ulrich von Regensberg, um 1280, H: 229; B: 86 cm. Zürich, Schweizerisches Landesmuseum, Inv. LM 6748. – Diese Grabplatte stand bis zur Reformation in der Zürcher Barfüsserkirche. Danach wurde sie vom städtischen Werkmeister zusammen mit andern Grabsteinen für den Festungsbau verwendet. Sie kam 1903 wieder zum Vorschein, als man das 1532 errichtete Oetenbach-Bollwerk abbrach.

1 Näheres zu den folgenden Ausführungen in: Garside 1966; Jezler/Jezler/Göttler 1984; Jezler 1990b; Geschichte ZH 2 1996, S. 185–245.
2 Edlibach, Aufzeichnungen; Wyss, Chronik; Bullinger, Reformationsgeschichte; Emil Eglis Aktensammlung zur Zürcher Reformation zählt über 2000 Nummern und verfügt über ausgezeichnete Register (Egli 1879).
3 Wettstein 1958, S. 91–92.
4 Streich 1984, S. 179, vertritt die Ansicht, dass die grosse Kirchenfamilie selbst einer Bischofsstadt gut angestanden hätte.
5 Vgl. Barraud Wiener/Jezler 1995.
6 Was an städtischen Bauten möglich gewesen wäre, zeigt Philipp 1987.
7 Ruoff/Schneider 1976.
8 Gutscher 1983, S. 151–156.
9 Kdm ZH 1 1999, S. 218–228.
10 Zum Kirchenbauboom vgl. Jezler 1988.
11 Zur Stimmung im Dorf vgl. Kamber 1987.
12 Schärli 1984a; Cramer 1987; Schnitzler 1996b, S. 131–144.
13 Jezler 1990a; Wüthrich/Ruoss 1996, S. 40–41, Kat. 44.
14 Wandel 1990.
15 Sigg 1984.
16 Dietrich 1985.
17 Zwingli, Werke, Bd. 2, S. 664–803.
18 Die einzelnen Stationen kommentiert bei Edlibach, Aufzeichnungen.
19 Egli 1879, Nr. 535.
20 Ebd., Nr. 532: «Vorschlag wegen der Bilder und der Messe» (Zwingli, Werke, Bd. 3, S. 114–131).
21 Vgl. Jezler 1990b, S. 154–155.
22 Wyss, Chronik, S. 40.
23 Jezler/Jezler/Göttler 1984, S. 100; Jezler 1990b, S. 154–155.
24 Zwingli, Werke, Bd. 4, S. 95 (Antwort an Valentin Compar).
25 Jezler 1990b, S. 156–163.
26 Zu den Vorgängen vgl. Schweizer 1885; Dietrich 1985, S. 213–215; Jezler 1990b, S. 163–169; Rübel 1999.
27 Egli 1879, Nr. 621.
28 Ebd., Nr. 724C.
29 Vgl. etwa Schweizer 1885, S. 15.
30 Ebd., S. 24.
31 Zwingli, Werke Bd. 4, S. 1–24.
32 Germann M. 1985.
33 Edlibach, Aufzeichnungen, S. 65.
34 Ebd., S. 66.
35 Jezler 1990a, S. 308–313; Gutscher/Senn 1984.
36 Zwingli, Werke, Bd. 3, S. 116.
37 Egli 1879, Nr. 1195 und 1575.
38 Ebd.
39 Ebd., Nr. 724–726; Geschichte ZH 2, 1996, S. 31.
40 Egli 1879, Nr. 799.
41 Dietrich 1985, S. 239–241.

Frank Muller

Der Bildersturm in Strassburg 1524–1530

In ihrem Werk über den Ikonoklasmus in Zürich, Strassburg und Basel hebt Lee Palmer Wandel[1] die Unterschiede zwischen den jeweiligen Abläufen der bilderstürmerischen Ereignisse hervor: Während in Zürich die einzelnen Taten und auch die Hauptakteure meistens bekannt sind, scheinen die Strassburger Ereignisse in der Chronologie zwar zuverlässig und kontinuierlich registriert worden zu sein, fast alles andere aber bleibt ziemlich vage: eine genauere Beschreibung der Handlungen und Motivationen, der soziale Status und die Persönlichkeit der Akteure und die Reaktionen von Volk und Rat (d.h. der Regierung der freien Reichsstadt). Ausserdem sind die Quellen mit Vorsicht zu beurteilen, da sie teilweise von reformationsfeindlichen Chronisten stammen, die sich wenig um das Verständnis des Geschehenen bemühten oder ihre Berichte erst zu einem späteren Zeitpunkt verfassten.

Die Schriften Luthers waren in Strassburg bekannt und wurden seit 1518 nachgedruckt. Da fast alle Strassburger Drucker sehr schnell zur Reformation übergetreten waren, wurden hier seit 1520 zahlreiche Pamphlete und polemische Bilder verbreitet (die Originalausgabe des *Karsthans*, antiklerikale Werke von Ulrich von Hutten, das Porträt von Luther mit der Taube des Heiligen Geistes usw.). Dies machte aus Strassburg von Anfang an ein Zentrum der evangelischen Bewegung.

Institutionelle Veränderungen dagegen setzten nur zögerlich ein. Ein grosser Teil der Ratsmitglieder blieb den Neuerungen gegenüber feindlich gesinnt oder doch vorsichtig, hätten diese doch das alte Gleichgewicht stören können. Ausserdem waren die Geistlichen, wenn auch der Bischof schon lange nicht mehr in Strassburg residierte, doch sehr zahlreich und bildeten eine mächtige und privilegierte Gruppe. Dies wiederum hatte, wie in anderen Reichsstädten, schon früh zu einem Antiklerikalismus geführt, der sich anfangs allerdings nur sporadisch kundtat, ab 1520–1521 aber in den oben erwähnten Bildern und Pamphleten deutlich zutage kam und sich in den Auseinandersetzungen der kirchlichen Würdenträger mit dem Münsterprediger Matthias Zell, der als erster Reformator von Strassburg betrachtet wird, entlud. Zells Anhänger waren vor allem Handwerker, er hatte aber auch einige Sympathisanten im Rat, die diesen dazu trieben, 1521–1522 verschiedene Massnahmen zu ergreifen, um die Privilegien der Geistlichen und der Kirche zu mindern.[2]

Gemeinhin wird das Jahr 1524 als entscheidend für den Durchbruch der Reformation in Strassburg angesehen – die Voraussetzungen dafür datieren aber in das vorangehende Jahr. Damals trafen jene Männer in Strassburg ein, die zu den denkenden und handelnden Köpfen der dortigen Reformation werden sollten: Martin Bucer (Abb. 2), Wolfgang Capito und Caspar Hedio. Damit formieren sich die vier Hauptkräfte, die nach Jean Rott[3] zu unterscheiden sind: der Rat, die Prediger, die grosse Masse der Bevölkerung und die Träger der alten Ordnung. Unter direktem oder indirektem Druck des Volkes und der Prediger erliess der Rat am 1. Dezember 1523 schliesslich ein Mandat, das befahl, «dass künftig nicht anderes als das heilig Evangelium und die Lehr Gottes und was zur Mehrung der Lieb Gottes und des Nächsten dient, frey öffentlich dem christlichen Volk soll gepredigt werden»,[4] ohne sich auf die Tradition der Kirche zu berufen.

Abb. 1
Stadtansicht von Strassburg, aus Hartmann Schedels Weltchronik, aquarellierter Holzschnitt, 1493, H: 19 (mit Turm 33); B: 53 cm. München, Bayerische Staatsbibliothek, 2° Inc. c. a. 2960. – Das Münster von Strassburg (lateinisch «Argentina») übragt die ganze Stadt. Der hohe Nordturm reicht bis weit in den Schriftsatz der oberen Hälfte der Seite hinauf, er galt als der höchste Kirchturm seiner Zeit.

Der weitere Verlauf der Reformation folgte demselben Schema: Druck des Volkes oder, präziser, einer «agitierenden Minderheit» (von den Predigern manchmal unterstützt, manchmal aber auch gebremst) auf den Rat, der die Forderungen so minimal wie möglich erfüllte, dabei aber die Empfindlichkeiten der Kleriker immer weniger schonte und ein Auge fest auf die politische Haltung des Reichs richtete. Sogar die formelle Abschaffung der Messe – die in der Praxis schon lange vollzogen war – und die vollständige Entfernung der kirchlichen Bilder stiessen 1529–1530 noch auf eine quantitativ nicht zu vernachlässigende Nachhut von Kritikern, die aber wahrscheinlich weniger religiösen Skrupeln als dem Wunsch nach einer vorsichtigen, konservativen Politik gehorchten.

Vielleicht muss dem Schema der vier Kräfte aber noch eine fünfte Komponente hinzugefügt werden, die sich zweifellos mit der Minderheit der aktiven Bilderstürmer überschneidet, nämlich diejenige der radikalen Bewegung, die sich ab 1524 in den Publikationen des Gemüsebauers Clemens Ziegler Gehör verschaffte. Mit dem Zustrom der Täufer, die, andernorts verfolgt, in Strassburg einigermassen toleriert wurden, erlangte diese radikale Strömung in den Jahren 1526–1530 eine wachsende, wenn auch kaum näher bestimmbare Bedeutung.

Von Anfang 1524 und bis um 1530, als der Prozess im Wesentlichen beendet war, gingen liturgische Reformen und verbale wie physische Gewalt gegen Bilder Hand in Hand und vermischten sich zuweilen: Die Ablehnung der Priestergewandung oder das Entfernen der Kruzifixe können gleichzeitig als liturgische Veränderungen wie als bilderstürmerische Handlungen beurteilt werden. In logischer Folge des oben zitierten Mandats erlangten die Anhänger der Reformation im Rat die Mehrheit. Jakob Sturm (Abb. 3) und vor allem Niklaus Kniebis waren von nun an die entschlossensten Führungskräfte und die Stützen der Prediger, ohne allerdings ihre abwartende und vorsichtige Haltung je ganz aufzugeben.

1524: Durchbruch der Reformation und bilderstürmerische Aktivitäten der Handwerker

Das Jahr 1524 wurde das Jahr der grossen Erschütterungen: die Messe in deutscher Sprache, das Abendmahl in beiderlei Gestalt für die Laien, die Heirat von Priestern, das Entstehen einer Gruppe, die radikaler war als die reformatorischen Prediger, und die Liquidierung eines aktiven katholischen Widerstands. Die verschiedenen bilderstürmerischen Manifestationen des Jahres müssen in diesem Rahmen gesehen werden.

Abb. 2
Monogrammist *SD* (oder *DS*), Porträt von Martin Bucer (1491–1551), 1586, aquarellierter Holzschnitt, H: 23; B: 11.7 cm. Strassburg, Bibliothèque Nationale et Universitaire. – Martin Bucer vertrat zunächst eine rigoros bilderfeindliche Position. Nach verschiedenen einschlägigen Vorfällen in Strassburg sprach er sich aber deutlich gegen die Verspottung und ungeordnete Zerstörung der Bilder aus.

Abb. 3
Porträt von Jakob Sturm (1489–1553), zweite Hälfte 16. Jahrhundert, Holzschnitt, H: 10; B: 8 cm. Strassburg, Cabinet des Estampes et des Dessins, Inv. A6,71,15. – Jakob Sturm, Mitglied des Strassburger Rates, war während dreissig Jahren führender Vertreter der protestantischen Partei und wirkte weit über seine Vaterstadt hinaus.

Es ist bezeichnend, dass die ersten beiden Ereignisse, über die von den Chronisten berichtet wird, in direktem Zusammenhang mit der Liturgie des Kirchenjahres stehen: Am 2. Februar 1524, zu Mariä Lichtmess, wurden, wie es die Tradition wollte, Reliquien in einer Prozession vom Münster zur Thomaskirche getragen, wo die Domherren Kerzen für die ganze Stadt segneten. Dann kehrte die Prozession zum Münster zurück, wo die Zeremonien mit einer Messe zu Ehren der Jungfrau Maria abgeschlossen wurden. Unter den mitgeführten Reliquien befanden sich auch diejenigen der hl. Agnes, die in der ihr geweihten Kapelle aufbewahrt wurden. Nach der Predigt von Bucer gingen Gläubige in die Kapelle, nahmen das Geld, das sich auf dem Altar befand, legten es in den Opferstock für die Armen und veranlassten den Priester, den Ort mit den «Götzen» zu verlassen, sonst würden sie ihn über den Altar werfen.

> ... nach der predig sindt ettlich zu dem altar gangen da daß heiltum ist uffgestanden vnd in daß gelt von dem altar genummen und in den armen stock gestossen und dem priester mit den götzen heissen hinweg gehn oder sie wöllen in uber den altar abwerffen.[5]

Am 23. März 1524, am Mittwoch der Karwoche, fand in der Kirche Jung-St. Peter (Abb. 4) die traditionelle Feier mit Ablassverleihung statt, während der das grosse Kreuz des Lettners heruntergenommen und aufgestellt wurde. Gegen Abend tauchten mit Beilen und Hämmern bewaffnete Leute auf und taten so, als wollten sie das Kreuz angreifen. Sie machten sich darüber lustig, dass man seit 400 Jahren vergeblich vor ihm gebetet habe, nahmen das Geld und legten es ebenfalls in den Opferstock für die Armen, löschten die Kerzen und fragten, was Idolatrie an einem solchen Ort zu suchen habe.[6]

Beide Episoden – ähnliche dieser Art ereigneten sich immer wieder – fanden zu symbolträchtigen Zeitpunkten (Mariä Lichtmess, Karwoche) und unter liturgisch bedeutungsvollen Umständen (Prozession, Ablassverleihung) statt und verbanden die Idolatrie mit dem Schicksal der Armen. Sie illustrieren also wortwörtlich den Titel der berühmten Flugschrift Karlstadts gegen die Bilder (Kat. 137).

Am Sonntag *Invocavit*, immer noch in der Fastenzeit, an dem Rinder öffentlich geschlachtet worden waren, geschah ein ernsterer Vorfall: Nach einer Predigt von Bucer, als gegen 17 Uhr eine Messe im Münster, vielleicht im Chor, stattfand und die Zelebranten – Mönche offenbar – Gebete psalmodierten, begann ein Schreiner namens Hans Strübel den Schrei der Wachtel nachzuahmen und damit den Wert solcher Gebete in Zweifel zu ziehen.

... hatt [...] angefangen mit dem maul zu schlagen wie eine wachtel, und gesagt, [...] waß murmeln ir da, meint ir daß gott ein wollgefallen oder angenem sey?

Als der Handwerker sich weigerte, die Kirche zu verlassen, entbrannte eine Schlägerei. Der Schreiner schlug einem Mönch einen Stuhl über den Kopf, während ihm seine Gegner zwei Verletzungen zufügten. Danach rief er andere Handwerker zu Hilfe, angeblich gegen 300, um zum Angriff auf die Klöster zu schreiten. Dem herbeigeeilten Ammeister gelang es jedoch zu vermitteln, indem er beide Parteien dazu einlud, am folgenden Tag auf der Pfalz vorzusprechen.[7]

Zwischen Februar und April beschleunigten sich die Ereignisse in einem Klima, das man sich als gespannt vorzustellen hat: Der Rat ernannte eine Kommission, die in den sieben Strassburger Klöstern ein Inventar erstellen sollte, *damit das nichts Entwendet oder hinwegkombt*; Mönche und Nonnen legten das Ordensgewand ab und heirateten; liturgische Neuerungen wie die deutschsprachige Messe und das Abendmahl in beiderlei Gestalt wurden eingeführt, die Prozessionen nach und nach aufgegeben. Das Erscheinen der Schrift *Von der waren nyessung beyd leibs und bluts Christi. Und von dem Tauff wie man den [...] handlen sol* von Clemens Ziegler im Frühling oder Sommer 1524 markierte aber gleichzeitig das Auftreten einer Tendenz, die radikaler war als diejenige der Prediger und die Auffassung der meisten Ikonoklasten ziemlich gut widerzuspiegeln scheint. Indem er auf seine direkte Inspiration durch den Heiligen Geist hinwies, wollte Ziegler das universelle Priesteramt in die Praxis umsetzen. Er stellte zudem die Legitimität der Taufe von Kindern in Frage und griff die Messe und die Bilder an.

Im August und September 1524 brach ein erster allgemeiner Bildersturm aus: Bilder wurden mit Gewalt aus den Kirchen gerissen und von den Strassen entfernt. Wahrscheinlich handelte es sich hier um kleinere Skulpturen, um Kruzifixe und Marien- oder Heiligenstatuen, die Häuser schmückten. Der Rat reagierte, indem er die Bevölkerung warnte, Heiligenbilder ohne seine Zustimmung zu entfernen, und indem er die Prediger anwies, ihre Anhänger zu mässigen.[8] Einige führende Köpfe wurden sogar für ein paar Tage eingesperrt, unter ihnen der «Schneider der Steinstrasse», der kein anderer war als der Bruder von Clemens Ziegler, Jörg, der einige Jahre später ein militanter Täufer werden sollte.

Lee Palmer Wandel macht zurecht darauf aufmerksam, dass man aus den wenigen Quellen nicht erschliessen kann, ob es noch weitere spontane Bilderstürme dieser Art gegeben hat; es ist aber wahrscheinlich. Jedenfalls lässt sich feststellen, dass die Quellen praktisch keine Zerstörungen von Werken am Aussenbau einer Kirche nennen. Abgesehen vom zitierten Beispiel handelt es sich also hauptsächlich um Angriffe gegen einen «heiligen» oder klerikalen Ort, während das Äussere einer Kirche offenbar, bewusst oder unbewusst, zum öffentlichen Bereich zu gehören scheint.

Ein Fall, der durch den kämpferischen Geist und die Ungeschicklichkeit des Augustinerprovinzials Conrad Treger ausgelöst wurde und sich von vornherein als eine Kontroverse unter Theologen darstellte, verdeutlicht die Positionen der beiden Parteien und führte schliesslich zur Auflösung der aktiven katholischen Opposition, was einem Bildersturm grösserer Dimensionen die Tür öffnete.[9] Treger hatte in einem kleinen Traktat, das im März 1524 bei Johannes Grüninger, dem einzigen katholisch gebliebenen Drucker, erschienen war, die Prediger vehement angegriffen. Diese antworteten im folgenden Monat, aber Treger setzte seine Angriffe gegen die *Böhmsche Ketzerey*[10] (Kat. 133) fort und druckte aus eigenen Mitteln ein neues Pamphlet, das Ende August verteilt wurde. Einen Drucker, der mutig genug war, um gegen den Strom zu schwimmen, hatte er nicht mehr gefunden. Während der ganzen Zeit verweigerte der Prior, unter verschiedenen Vorwänden, hartnäckig eine öffentliche Disputation mit den Predigern. Angesichts der verlegenen Untätigkeit des Rats vor einer sich verschärfenden Situation versammelten sich in den ersten Septembertagen die Handwerker, die der Auffassung waren, dass es die evangelische Bewegung und ihre Wortführer zu verteidigen gelte, und wählten eine Kommission von 60 Mitgliedern, die das Problem lösen sollte. Sechs von ihnen wurden am 5. September 1524 zum Rat delegiert, um eine Vorladung von Treger zu verlangen, bei der dieser seine Behauptungen zu beweisen hätte, mit denen er nicht nur die Prediger, sondern auch den Rat und die Stadt angreife. Zum gleichen Zeitpunkt schlug eine Menge von ungefähr 400 Personen die Türen des Augustinerklosters ein, bemächtigte sich Tregers und übergab ihn umgehend der Obrigkeit. Die Demonstranten verfuhren ebenso mit dem Prior der Dominikaner und einigen anderen Geistlichen, deren feindliche Einstellung den neuen religiösen Gedanken gegenüber bekannt war. Ein Chronist vermerkt aber, dass diese Mönche nicht die Gefangenen des Rates, sondern der Bürger waren *(nit meiner Herren gefangene, sondern der Bürger)*.

Der Rat reagierte gewandt; er erliess ein Mandat mit der Aufforderung, dass die Bürger *nichts mit thätlicher Handlung vorzunehmen, sondern Alles der gesetzlichen Obrigkeit anheim zu stellen* hätten, und es gelang ihm, die führenden Köpfe der katholischen Partei ruhig zu stellen, indem er sie unter der Bedingung freiliess, dass sie einen Eid ablegten, der Stadt und ihren Bewohnern keinen Schaden zuzufügen. Als letzter wurde am 12. Oktober 1524 der sehr aufsässige Treger entlassen, der sofort in den katholischen Teil der Schweiz reiste. Jeglicher organisierter katholischer Widerstand war damit zerschlagen, und nichts stand der gänzlichen Reorganisation der Liturgie und damit der Entfernung der Bilder entgegen.

Abb. 4
Hans Baldung Grien (1484–1545), Blick auf Strassburg vom Turm des Münsters, Strassburg, Anfang 16. Jahrhundert, Zeichnung mit Silberstift auf Papier, H: 20; B: 30 cm. Karlsruhe, Staatliche Kunsthalle, Inv. VIII. 1062, fol. 20v und 21r. – Diese Zeichnung aus Baldungs Skizzenbuch ist eine der frühesten Veduten Strassburgs aus der Vogelschau. Im Vordergrund ist die Predigerkirche zu sehen, im Hintergrund Jung-St. Peter. In beiden Kirchen kam es zu bilderstürmerischen Aktionen.

Wiederum auf Initiative des Volkes (*ein grosser ufflauf zu Strassburg von den lautterischen*, den Anhängern Luthers also) wurden am 29. und 30. Oktober 1524 die meisten Skulpturen, Gemälde und Reliquien aus dem Münster und aus der Kirche St. Aurelien entfernt.

> Darnach auff Samstag und Montag nach St. Luxtag haben sie alle Tafflen und gemäldt und heiligen in dem Münster, des gleichen zu St. Aurelien hinweggethan, und die weystein abgeschlagen, aussgenommen die taffel auf dem Altar Inn dem Münster.[11]

Entgegen der wohl übertriebenen Behauptungen der Chronisten blieb damals wenigstens ein Teil der Werke noch an ihrem Platz, da die letzten erst 1530 weggeschafft wurden. Zunächst entfernte man nur die «provozierenden» Werke, diejenigen, die direkt mit dem Heiligenkult, dem Marienkult oder dem Ablass verbunden waren. Wo dies geschehen war, konnten die Prediger einfache Holz- oder Steintafeln vor die oder gar an die Stelle der Altäre setzen. Sie entledigten sich ihrer geistlichen Kleider und behielten nur das Chorhemd bei, das wenig später auch ausser Gebrauch kommen und durch die Schaube, ein einfaches, schwarzes Kleid, ersetzt werden sollte.

Die nächste, durchaus auch amüsante Episode geschah ebenfalls in der Kirche St. Aurelien, wo die Pfarreiangehörigen, zum grössten Teil Gemüsebauern, das als wundertätig angesehene Grabmal der Heiligen öffneten, um zu sehen, *ob sie darinnen ligdt*. Sie fanden aber nur einige Schienbeinknochen, die, nach einem anderen Chronisten, nicht einmal menschlichen Ursprungs waren.[12] Die Knochen wurden ins Beinhaus geworfen, und um das Fortbestehen der Wallfahrt zu verhindern, riss man später auch das Grabmal ab. Dieses prosaische Ende eines sehr bekannten und für seine Wunder berühmten Wallfahrtsortes ist ein schönes Beispiel für die Entsakralisierung des Reliquienbildes: Wie Bucer, Pfarrer der Kirche St. Aurelien, der einige Male gegen die Verehrung vermeintlicher Reliquien der Heiligen gepredigt hatte, es in seiner Schrift *Grund und Ursach* sagt: *Bein seind bein und nit gott*.

Dieses Ende 1524 erschienene Werk von Bucer, Frucht der kollektiven Überlegungen der Prediger über die vergangenen Ereignisse, enthält einen wichtigen, der Problematik der Bilder gewidmeten Teil (*Ursach darumb die bilder sollen abgestelt werden*). Die Leitideen sind stark von den Werken Karlstadts (vgl. Kat. 137) und, manchmal wörtlich, von der zweiten Zürcher Disputation inspiriert, die, auf Veranlassung Zwinglis, in der «Säuberung» der Zürcher Kirchen endete. Über das alttestamentliche Bilderverbot hinaus wird darin der Gedanke aufgegriffen, das für die Bilder bestimmte Geld müsse den Armen zukommen, eine Idee, die in der Reformation zum Gemeinplatz wurde. Ausserdem bestätigt Bucer die absolute Überlegenheit des Wortes in Bezug auf die Verkündigung des Evangeliums (*Mit dem Wort Gottes sol man den leyen, nit mit stummenden blöchern, steinen und gemelden leren*). Wie Luther betrachtet Bucer die Bilder als wesenlos (*der götz ist im selb nichs*), aber die Erfahrung habe gezeigt, dass sie immer als Hilfsmittel des Kultes dienten. Um sie wirkungslos zu machen, müsse man sie zwar sicherlich zuerst mit dem Wort aus den Herzen reissen, sie dann aber auch real aus den Augen der Schwachen und der Einfachen entfernen. Bucer entwickelt darauf den Widerspruch zwischen der Verehrung eines toten, von Menschen gemachten Bildes und dem Dienst an einem göttlichen, lebenden Bild, unserem Nächsten also – er betont dabei die für die Strassburger Reformation typische ethische Grundhaltung. Schliesslich besteht er, unterstützt von vielen biblischen Beispielen, darauf, dass das Entfernen von Bildern durch die Obrigkeit durchgeführt werden müsse.

Ab 1525: Diskrete Interventionen des Rats zugunsten eines geregelten Bildersturms

Der Rat griff ab 1525 immer öfter ein, normalerweise mit Zustimmung der Prediger, im Sinne eines diskreten, schrittweisen und gut geregelten Bildersturms, ohne dass dabei die Initiative der Bevölkerung ganz übergangen werden konnte: Ab dem 23. Januar 1525 entfernten die Pfarreiangehörigen der Kirche St. Aurelien das grosse Kreuz, das sich vor der Tür des Weissen Turms befand,[13] am 8. Februar zerstörten die Wagner der Krutenau-Strasse die Altäre der St. Stefanskirche,[14] und am 13. Februar schliesslich wurde in der Thomaskirche das Weihwasserbecken zerstört.[15] Angesichts einer solchen Wiederholung von Vorfällen beeilte sich der Rat, eine Reihe von

Massnahmen zu ergreifen, die in die gleiche Richtung gingen. Die grosse Prozession von St. Lukas, die schon in den zwei vorangegangenen Jahren in Frage gestellt worden war, wurde verboten, das dabei gesparte Geld musste an die Armen gehen. Das geweihte Öl, die Hostien und die Kerzen wurden aus den Kirchen entfernt, «unnötige» liturgische Feiern wie die Palmsonntagsprozession (Kat. 81), die Grablegung (Kat. 85–87) und die Fusswaschung abgeschafft.

> Uff zinstag nach Judica hatt man all closter und pfarher beschickt in die cantzeley und inen verbotten [=geboten] alle caeremonia abzustellen, nemlichen den Balmtag, Cartfreitag unseren herr gott in das grab zu legen, kein palmschüssen, kein fussweschung, auch kein krissamtauff, noch heilig ölig [=Öl] gesegnet.[16]

Im März 1525 intervenierten sechs Bürger beim Rat und verlangten die Entfernung einiger *ergerlich göttz* im Münster.[17] Es handelte sich dabei offensichtlich um die wichtigsten Kultobjekte. Das Silberkreuz, das hinter dem Hauptaltar hing, war ein Dorn im Auge wegen seines kostbaren, von einem prahlerischen Luxus zeugenden Metalls, wegen seiner der Verehrung förderlichen Platzierung, vor allem aber wegen der zahlreichen darin enthaltenen Reliquien, die es für Prozessionen so geeignet machten. Tatsächlich schaffte man die Werke, die in der Forderung der Bürger genannt wurden, nach und nach weg. Man begann dabei mit demjenigen, das sicher am meisten verehrt worden war – eine Marienstatue mit Reliquien, die in einer Kapelle nahe dem Chor aufgestellt war (vgl. Kat. 48).[18] Nach Sebastian Brant wurde sie eines Nachts entfernt und durch ein Kruzifix und eine Tafel mit folgenden Worten *Allein Gott die Er, oder Gloria in excelsis Deo* ersetzt, um die Überlegenheit des Wortes über das Bild zu demonstrieren. Bis 1526 wurden auch einige andere Werke entfernt, besonders eine grosse Holzstatue des hl. Christophorus, der die Füsse abgeschnitten werden mussten, damit man sie aus dem Münster tragen konnte.[19] Das grosse Kreuz hinter dem Hauptaltar scheint erst im Dezember 1526 entfernt und zerstört worden zu sein.[20] Zuvor schon, nämlich Ende Dezember 1525, war nach der Abschaffung der deutschsprachigen Messe und ihrer Ersetzung durch einen vereinfachten Kult das erste Abendmahl auf einem Holztisch vor dem Stadtaltar gefeiert worden.

> Dominica ante Thomae, 17. Decembris, hat man das erst nachtmal uff den höltzern tisch gehalten vor dem stattaltar […], hab ich Jacob Gottesheim solches gesehen.[21]

Die beiden folgenden Jahre scheinen eine Pause zu markieren, wahrscheinlich weil die meisten als «anstössig» beurteilten Bildwerke bereits entfernt worden waren. 1527 verordnete der Rat erneut, dass die Toten nur noch auf den drei städtischen Friedhöfen, nicht in den Kirchen oder Klöstern, begraben werden dürfen.

> vff samstag nach Leichmeß hant Meine Herren erkannt daß hin fürtter keinen todten in die statt soll begraben, in kein kirch, closter oder capell, er wehr reich oder arm bey pein 20 pfund.[22]

Die Verordnung wurde 1529 für das Münster nochmals wiederholt.[23] Diese symbolische Entsakralisierung vollzog man 1534 sogar rückwirkend, indem die Grabsteine im Münster zerschlagen wurden und man den Boden mit neuen Steinplatten belegte.[24]

Abb. 5
Heinrich Vogtherr d.Ä. (1490–1556), Moses zerstört die Bilder, aus der Köpfelbibel, 1529/1530, Holzschnitt, H: 6.7; B: 5.2 cm. Strassburg, Bibliothèque Nationale et Universitaire, R 10269, fol. q3r. – Vogtherr aktualisiert in seiner Darstellung die biblische Geschichte: Moses wirft nicht nur heidnische Götzen ins Feuer, sondern auch christliche Heiligenbilder. Auf den Säulen stehen noch die hll. Barbara und Katharina. Gottvater, mit Krone und Zepter, legitimiert die von Moses inszenierte Bilderverbrennung.

Die Jahre 1529–1530 markieren die offizielle Anerkennung der Reformation in Strassburg, indem die Messe überall abgeschafft und die Bilder aus allen Kirchen entfernt wurden. Aber noch jetzt war es der Initiative des Volkes zu verdanken, dass die Verhältnisse in Bewegung gerieten: Am 21. März 1528 adressierten sechs weitere Bürger eine Petition an den Rat, damit die Messe, die Altäre und die Bilder abgeschafft und «die Ehre Gottes wiederhergestellt werde».[25] Erst am 20. Februar des folgenden Jahres aber wurde die Messe offiziell abgeschafft, nicht ohne Widerstand von einem Teil des Rats und der Schöffen.

Am 23. März 1529 zerschlugen der Pfarrer der Kirche Alt-St. Peter, Diebolt Schwarz, und seine Anhänger die Altäre und Bilder ihrer Kirche, kalkten die Wände und beschrieben sie mit biblischen Zitaten.[26] Trotz dem Verweis des Rats beliess es Schwarz nicht dabei, sondern zerschlug am 2. August 1529 eine Statue in der Dominikanerkirche.[27] Seine Kollegen, besonders Bucer und der Münsterprediger Hedio, die weniger starke Aktivisten waren, trieben die gänzliche Abschaffung der Bilder und der Altäre im kirchlichen Raum, einschliesslich der Ornamentik und der Wappen, ebenso voran, forderten aber, dass Darstellungen der Passion Christi unangetastet bleiben sollten, was einen gewissen Auslegungsspielraum zuliess.[28] Nach entsprechenden Absichtserklärungen, denen offenbar nicht sofort Taten folgten, gab der Rat am 14. Februar 1530 ein Mandat heraus, das die Entfernung aller Bilder und Altäre aus den Kirchen und Klöstern verlangte, einschliesslich der von den Kapiteln benutzten Choranlagen, was nicht ohne Widerstand und Beanstandungen von Seiten der Domherren geschah.[29] Wie in Zürich war ausdrücklich vorgesehen, dass die Stifter von Werken ihren Besitz wiedererlangen konnten. Auf alle Fälle machten sich die Bilderstürmer – und hier wäre interessant zu wissen, ob es sich allein um städtische Handwerker handelte oder ob, was sehr wahrscheinlich ist, auch Bürger eigens Hand anlegten – ab Ende Februar/Anfang März ans Werk.

> Item uff sant Veltinß tag, den 24 tag hornungß hatt rett und ein und zwenzig erkandt alle altar in allen kirchen abzubrechen, auch alle dofle [=Tafeln], bildter und crucifix hinweg zu thon, haben sey aber in etlichen kirchen die doffle und bilter, crucifix all zerschlagen, […] und andere steinen bilter, die ob vierhundert gulten gekost haben zu machen, deßgleichen in andern kirchen auch, anno XXX.[30]

Binnen kurzer Zeit wurden die nunmehr leeren Mauern der Kirchen offenbar gekalkt oder in der Farbe des Steins bemalt.[31] Man hatte, diesmal offiziell, reinen Tisch gemacht mit der Vergangenheit, zumal eine zusätzliche Dimension hinzukam – die gänzliche Zerstörung gewisser Kirchen und Klöster nämlich: St. Martin 1529, St. Arbogast 1530 und St. Helene 1531. Was auch immer die Gründe gewesen sein mögen, auf die man sich berief – die Zerstörung eines Teils des religiösen Erbes war von grosser symbolischer Bedeutung für diesen nunmehr offiziellen Willen zum Bruch von Seiten des Rats, der so lange gezögert hatte.

Schlussbemerkungen

Ausgehend von diesen Ereignissen kann man versuchen, die Urheber der ikonoklastischen Handlungen zusammenfassend zu charakterisieren, auch wenn im Vergleich zu anderen Städten keine gut dokumentierten Vorfälle bekannt sind, bei denen sowohl die beteiligten Personen wie auch deren Beziehung zum Bild klar zutage treten. Was sich zu bestätigen scheint, ist zunächst, wie andernorts, die relativ kleine Zahl von aktiven Beteiligten – wahrscheinlich nicht mehr als ein- oder zweihundert Personen. Diese Zahl ist dennoch nicht zu unterschätzen, denn es ist anzunehmen, dass diese Minderheit die Meinungen eines grossen Teils der strassburgischen Bevölkerung in die Tat umsetzte. Der soziale Status der Beteiligten geht aus den verschiedenen Quellen deutlich hervor: Es handelt sich eindeutig um Handwerker, genauer um Handwerker der unteren Schichten, vor allem Gemüsebauern oder Schiffer, die der Motor der Bewegung waren. Nirgends aber ist, und das ist von Bedeutung, vom ärmsten Teil der Bevölkerung die Rede, dessen Hauptsorge wohl darin bestand, das eigene Überleben zu sichern. In Bezug auf das andere Ende der sozialen Leiter – die Patrizier und Kaufleute – ist es kaum vorstellbar, dass diese Bilderstürmer gewesen sein sollen, es sei denn durch passive Sympathie. Zugespitzt könnte man also sagen, dass die Entfernung oder Zerstörung der Bilder, «Arbeit» einer besonderen Art, das Los der Handwerker blieb, auch wenn einzelne Intellektuelle wie Diebolt Schwarz in einigen Fällen eine führende Rolle gespielt haben mögen. Diese aktive Minderheit, die sich durch die heilige Mission einer Wiederherstellung des «wahren» Christentums berufen fühlte, war also der Motor, der zu den Veränderungen führte und den Rat zum Handeln zwang. Dieser sah in seinen Zugeständnissen, vor allem in den Jahren 1524–1525, ohne Zweifel auch eine Gelegenheit, angesichts der Bauernrevolten einen gewissen sozialen Zusammenhalt aufrechtzuerhalten.

Abb. 6
Glasscheibe mit dem Wappen der Stadt Strassburg, 1523, H: 60; B: 44 cm. Strassburg, Musée Historique, Inv. 882. – Auch wenn die Schildhalterlöwen dem Wortlaut des zweiten Gebotes widersprachen, wurden die Wappen Strassburgs im Bildersturm nicht angetastet. Im Zentrum der Scheibe erkennt man das silberne Wappen mit dem darüberliegenden roten Schrägbalken, bekrönt vom Stechhelm. Die prachtvollen Schwanen- und Pfauenfedern weisen auf den Status Strassburgs als freie Reichsstadt hin.

1 Wandel 1995.
2 Zu diesem Thema vgl. auch Lienhard 1977, S. 85–98.
3 Rott 1986, S. 373.
4 Strassburg, Ratsmandat, 1. Dezember 1523, Schürers Erben; Strassburg, Bibliothèque Nationale et Universitaire.
5 Imlin, Familienchronik, S. 32; Stedel, Chronik, S. 91–92.
6 Imlin, Familienchronik, S. 36; Stedel, Chronik, S. 93.
7 Imlin, Familienchronik, S. 33–34; Stedel, Chronik, S. 92.
8 Brant, Annales, Nr. 4538.
9 Die Treger-Episode wird ausführlich beschrieben bei Jung 1830, S. 275–296.
10 Gemeint ist die «hussitische Häresie»; sie war noch nach einem Jahrhundert sehr gefürchtet von der Kirche, die darin zutreffenderweise den ersten Versuch einer umfassenden Reform der kirchlichen Institution erkannt hatte.
11 Brant, Annales, Nr. 4545; Imlin, Familienchronik, S. 39; Stedel, Chronik, S. 95.
12 Stedel, Chronik, S. 95.
13 Brant, Annales, Nr. 4571.
14 Ebd., Nr. 4584.
15 Ebd., Nr. 4585.
16 Imlin, Familienchronik, S. 41.
17 Strassburg, Archives Municipales, Archives du Chapitre de Saint-Thomas 87, Nr. 29.
18 Dacheux 1888, S. 19, Nr. 75; Specklin 1889, Nr. 2271; Brant, Annales, Nr. 4600; Imlin, Familienchronik, S. 41; Stedel, Chronik, S. 97. Zur fraglichen Marienstatue, die verschollen war und vielleicht im Musée de l'Œuvre Notre-Dame aufbewahrt wird, vgl. Wirth 1998, S. 93–104.
19 Specklin 1889, S. 513.
20 Imlin, Familienchronik, S. 45.
21 de Gottesheim, Éphémérides.
22 Imlin, Familienchronik, S. 46; Stedel, Chronik, S. 98.
23 Brant, Annales, Nr. 3524.
24 Imlin, Familienchronik, S. 61; Specklin 1889, S. 531.
25 Brant, Annales, Nr. 4721.
26 Imlin, Familienchronik, S. 49; Stedel, Chronik, S. 99; Specklin 1889, S. 521.
27 Brant, Annales, Nr. 4790.
28 Ebd., Nr. 3529, 4781 und 4820.
29 Ebd., Nr. 3542 (=Nr. 4849) und 3545 (=Nr. 4583), zu Jung-St. Peter; Specklin 1889, S. 525.
30 Imlin, Familienchronik, S. 55.
31 Specklin 1889, S. 525.

Gudrun Litz

Nürnberg und das Ausbleiben des «Bildersturms»

Abb. 1
Nürnberg, Stadtansicht von Süden, aus Hartmann Schedels Weltchronik, 1493, H: 34; B: 53 cm. Nürnberg, Museen der Stadt. – Unterhalb der Burg sind die beiden doppeltürmigen Hauptkirchen St. Lorenz und St. Sebald zu erkennen. Ihre Ausstattung und diejenigen der anderen Kirchen, Klöster und Kapellen der Stadt machten Nürnberg im Spätmittelalter zu einem der Zentren sakraler Kunst im oberdeutschen Raum.

Herr von Murr sagt, daß der englische Gruß, ein großes dreyzehn Fuß hohes Werk [...] das Veit Stoß 1518 aus Holz geschnitzt hat, und das für ein Meisterstück gehalten wird, vor dem hohen Altar der Lorenzkirche vom Gewölbe herabhänge; und er hat Recht. Er hätte aber noch hinzusetzen sollen, daß es in einem großen Sacke steckt, und daß zwölf Menschen und viel Anstalten dazu gehören würden, es herunter zu bringen, und wenigstens ein halber Tag, ehe der Staub, der sich natürlicher Weise schon vielleicht Jahre lang in den ungeheuren Sack, und vielleicht trotz des Sacks auch auf die Figuren gesetzt hat, wieder verfliegen kann. Eine solche Anstalt ist so ungereimt, als irgend etwas das man in der Geschichte der Schildbürger lieset [...]. Ein Kunstwerk, das gemacht ist, um gesehen zu werden, das gar keinen Nutzen haben kann, wenn es nicht gesehen wird, den Augen ganz zu entrücken, und hoch am Gewölbe in einen Sack zu stecken, ist so äußerst ungereimt, daß ich meinen Augen kaum trauen wollte als ich sah, daß es wirklich so war...[1]

Es fällt nicht schwer, die Verwunderung des Schriftstellers und Verlagsbuchhändlers Christoph Friedrich Nicolai (1733–1811) über die Situation in der Nürnberger Lorenzkirche nachzuvollziehen, die er im Jahre 1781 während seiner Reise durch Deutschland und die Schweiz besuchte. Die meisterhafte Darstellung der Verkündigung des Engels an Maria, umgeben von einem Kranz von 50 Rosen und sieben Medaillons wurde im Jahre 1517 von Anton II. Tucher für den Hallenchor gestiftet und von Veit Stoss im darauf folgenden Jahr, d.h. am Vorabend der Reformation, vollendet (vgl. Abb. 2). Das Werk in einem Sack zu verstecken, scheint nun wirk-

Abb. 2 ▷
Nürnberg, St. Lorenz, Blick in den Chor. – Der «Englische Gruss» von Veit Stoss (1517/1518) ist die berühmteste vorreformatorische Stiftung der Tucher, eines vermögenden Nürnberger Patriziergeschlechts. Die Darstellung der Verkündigung des Engels an Maria in einem riesigen Rosenkranz wurde den Gläubigen nur an bestimmten Marienfesten gezeigt.

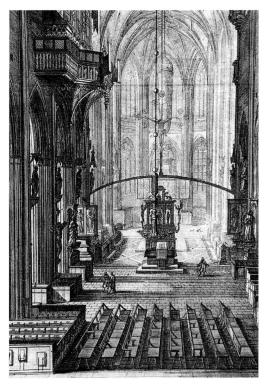

Abb. 3
Nürnberg, St. Lorenz, Kupferstich von Johann Andreas Graff, 1685 (Ausschnitt). – Der «Englische Gruss» in der St. Lorenzkirche war wahrscheinlich schon kurz nach seiner Aufstellung, sicher aber nach Einführung der Reformation, meist in einem 1519 eigens dafür angefertigten Sack verhüllt, der hier hinter dem Triumphkreuz zu erkennen ist.

lich seltsam.² Aber gerade an dieser Kuriosität lässt sich besonders gut zeigen, wie man in Nürnberg mit dem beim Übertritt zum evangelischen Glauben einhergehenden Phänomen des «Bildersturms»³ umging: Einerseits modifizierte sich zwar die Einstellung zur sakralen Kunst, andererseits wurde das Kunstwerk aber auch vor der Zerstörung bewahrt, so dass zugleich Kontinuität und Umbruch in der Bilderfrage sichtbar werden. Noch heute kann man beim Anblick der zahlreichen Flügelaltäre, Tafelbilder, Plastiken, Statuen, Glasfenster, Fresken usw. in St. Lorenz oder St. Sebald erkennen (vgl. Abb. 4–6), welch grosse Fülle an sakraler Kunst als Ausdruck mittelalterlichen Frömmigkeitsstrebens zur Blütezeit der Reichsstadt um 1500 vorhanden gewesen sein muss – getragen von einer enormen Stiftungsbereitschaft des Nürnberger Bürgertums und verbunden mit Namen bedeutender Künstler wie Albrecht Dürer, Veit Stoss, Adam Krafft, Peter Vischer, Wenzel Jamnitzer oder Michael und Valentin Wolgemut.⁴ Was waren die Ursachen dafür, dass es in Nürnberg – anders als in Zürich, Strassburg oder Ulm – nicht zu einer radikalen Entfernung der religiösen Bilder aus den Gotteshäusern gekommen ist?

Die Einführung der Reformation in Nürnberg

Einer der Gründe für das Ausbleiben des «Bildersturms» war, dass man in Nürnberg eine Entscheidung für die reformatorische Bewegung, die der Wittenberger Theologe Martin Luther auslöste, traf.⁵ Seine Lehren wurden hier zuerst von den Mitgliedern der *Sodalitas Staupitziana*, der neben Gelehrten wie dem namensgebenden Generalvikar des Augustinerordens, Johannes Staupitz, auch Ratsherren, Künstler und Vertreter des gebildeten Bürgertums angehörten, begeistert aufgenommen; nach einem Treffen mit Luther im Jahre 1518 nannte sich die Gesellschaft sogar *Sodalitas Martiniana*.

Der patrizische Rat hatte bereits im 15. Jahrhundert – analog zu den Souveränitätsbestrebungen des städtischen Bürgertums in anderen Städten des Reiches – das Präsentationsrecht für die Geistlichen fast vollständig erworben und konnte so Anfang der 1520er Jahre die wichtigsten Stellen an den beiden Pfarrkirchen St. Lorenz und St. Sebald mit Anhängern der evangelischen Lehre besetzen. Der wichtigste unter diesen war der Prediger Andreas Osiander (1498–1552), der seit 1522 an St. Lorenz tätig war und weite Kreise des Nürnberger Bürgertums erreichte. Die in der Zeit von Juni 1523 bis Juni 1524 von Osiander und seinen Kollegen vorgenommenen Änderungen in der Gottesdienstordnung stiessen zwar beim Bamberger Bischof auf starken Protest, wurden vom Rat aber geduldet. Noch agierte die städtische Obrigkeit vorsichtig und hoffte auf eine Entscheidung der Religionsfrage auf Reichsebene. Nach dem vom Rat zur Schlichtung des Streits zwischen Anhängern der evangelischen Bewegung und Altgläubigen für März 1525 anberaumten Religionsgespräch, bei dem sich die altgläubige Minderheit nicht behaupten konnte, war der Übertritt der Reichsstadt ins protestantische Lager jedoch offensichtlich und der Weg für weitere Neuerungen frei: Die Gottesdienste nach der neuen Ordnung wurden verbindlich, die Klöster aufgelöst bzw. ein Verbot für Neuaufnahmen ausgesprochen, die Feiertage eingeschränkt, die Verwaltung des Kirchengutes in den Zuständigkeitsbereich des Rats übertragen und damit jeglicher Einfluss des Bischofs ausgeschaltet. In der Folgezeit stand die Konsolidierung der religiösen Neuerungen im Vordergrund. Zu erwähnen sind hierbei das scharfe Vorgehen des Rats gegen innerprotestantische Gegner wie Spiritualisten oder Täufer, die Visitation im Nürnberger Landgebiet (1528/1529) und die Ausarbeitung einer Kirchenordnung, die zusammen mit dem benachbarten Markgrafen von Brandenburg 1533 für die beiden Reichsstände erlassen wurde, in der Folgezeit jedoch oft Anlass zu Streitigkeiten zwischen Theologen und dem Nürnberger Rat bot. Auf reichspolitischer Ebene versuchte Nürnberg, seine vorsichtige Haltung beizubehalten. Einerseits legte die Stadt auf den Reichstagen von Speyer 1529 und Augsburg 1530 mit der Unterzeichnung der *Protestatio* und der *Confessio Augustana* ein klares Bekenntnis zur Neuen Lehre ab, ging andererseits aber nicht so weit, dem militärischen Bündnis der Evangelischen gegen den altgläubigen Kaiser beizutreten. Nachdem Karl V. wegen aussenpolitischer Schwierigkeiten im Nürnberger Anstand von 1532 eine vorübergehende Einigung mit den protestantischen Reichsständen akzeptierte, konnte der Rat die neuen religiösen Verhältnisse weiter konsolidieren. Auch die kurze Wiedereinführung des altgläubigen Gottesdienstes 1548 nach der Niederlage der Protestanten im Schmalkaldischen Krieg konnte diese nicht mehr erschüttern und blieb eine Episode, auch wenn sie zur Entlassung bzw. zum Weggang Osianders und einiger anderer Prediger führte. Nürnberg war längst eine protestantische Reichsstadt geworden.

Zur Bilderfrage in Nürnberg

Trotz der gerade beschriebenen Veränderungen im kirchlichen Leben der Reichsstadt in der ersten Hälfte des 16. Jahrhunderts scheinen die religiösen Kunstwerke nur am Rande davon betroffen gewesen zu sein.⁶ Ein ausschlaggebendes Moment für das Ausbleiben radikaler Massnahmen gegen die Bilder war sicherlich die gemässigte Haltung der Nürnberger Theologen und Prediger, allen voran diejenige des Andreas Osiander. Die Anlehnung an Martin Luther, der die Verehrung der Bilder ablehnte, sie ansonsten jedoch als *Adiaphora*, d.h. als nicht heilsnotwendige Dinge, betrachtete und bilderstürmerische

Abb. 4
Nürnberg, St. Lorenz, südliches Seitenschiff, Aufnahme von 1935. – Bis heute haben sich hier, wie in vielen anderen lutherisch gewordenen Kirchen, grosse Teile der vorreformatorischen Ausstattung erhalten. Eine Zerstörung religiöser Kunstwerke blieb in Nürnberg die Ausnahme. Mehr eine «Nichtnutzung» als eine «Weiter- und Umnutzung» kennzeichnet hier den reformatorischen Umgang mit den Bildwerken.

Abb. 5
Nürnberg, St. Sebald, Ostchor mit Sebaldusgrab von Peter Vischer d. Ä., 1508/1519. – Peter Vischer erhielt 1507/1508 vom Rat den Auftrag, ein Gehäuse für den aus dem späten 14. Jahrhundert stammenden Reliquienschrein mit den Gebeinen des Stadtpatrons herzustellen. Der Schrein steht auf einer Messingtumba, die an ihren Längsseiten Reliefdarstellungen aus dem Leben des Heiligen zeigt. Das dreijochige Gehäuse hat acht schlanke, gekehlte und mit Apostelstatuetten geschmückte Stützen und einen architektonisch aufwändig gestalteten Baldachin.

Aktionen, wie sie etwa sein Kollege Andreas Bodenstein von Karlstadt in Wittenberg hervorrief, scharf verurteilte, ist in Osianders Äusserungen deutlich zu spüren.[7] So polemisiert er etwa in den Predigten seiner frühen Jahre heftig gegen den fortgesetzten Gebrauch von Bildern als Mittel eines falschen Verdienstdenkens und einer falschen Werkgerechtigkeit, wie uns die Klarissin Klara Pirckheimer in einem Brief vom 25. Juni 1525 an ihren Bruder Willibald eindrücklich berichtet;[8] von Predigten, welche die Nürnberger zu Aktionen gegen die Kunstwerke hätten aufwiegeln können, ist hingegen nichts überliefert, ganz im Gegenteil: Das Recht, Bilder zu entfernen, solle der Obrigkeit vorbehalten sein, damit kein Tumult entstehe.[9] Auch wenn das alttestamentliche Bilderverbot (Exodus 20,4) nicht mehr als verbindlich betrachtet wird, spricht sich Osiander dafür aus, nur Bilder mit biblischem Inhalt oder solche aus dem Leben vorbildlicher Christen in den Gotteshäusern zu dulden, Darstellungen, die auf Heiligenlegenden beruhen, dagegen wegzuräumen.[10] Ebenso hält er überflüssige Seitenaltäre mit ihren Retabeln oder Tafeln und die kunstvollen Messgewänder, Monstranzen, Heiligenstatuetten usw. für entbehrlich. In seinen späteren Schriften kann er sogar den didaktischen Wert der Bilder als Bücher für die Laien befürworten.

Zeigten sich schon die Nürnberger Theologen in der Bilderfrage sehr zurückhaltend, so schien der Rat nahezu uninteressiert daran zu sein. Der patrizische Innere Rat, der ein Mitspracherecht von Seiten des Handwerks stets auszuschliessen wusste, bewies auch in der Bilderfrage das ihm eigene Beharrungsvermögen, das die Geschichte Nürnbergs als Reichsstadt grundlegend prägte. Der grösste Teil der in den Kirchen befindlichen Bilder ging auf Stiftungen des Patriziats zurück. Den Ratsherren war nun die mit den jeweiligen Stiftungen verbundene Familientradition wichtiger als ein in reformatorischem Sinne durchzuführendes Entfernen der Bilder – eine Tatsache, die bis in die Gegenwart zu beobachten ist, etwa bei der Sorge der Familie Haller um ihre Stiftung Heilig-Kreuz oder bei der Tucherschen Gedächtnisstiftung in St. Sebald, wo nach wie vor die Namen der verstorbenen Familienangehörigen verzeichnet werden. Es war für die Nürnberger Patrizier und Bürger offenbar selbstverständlich und keiner Diskussion wert, die Stiftungen in den Kirchen zu belassen.[11]

Abb. 6
Nürnberg, St. Sebald, Gemälde von Hans Süss von Kulmbach für das 1513 gestiftete Renaissance-Epitaph von Lorenz Tucher, Propst von St. Lorenz (Ausschnitt). – Das Gemälde zeigt in der Mitte in einer Ädikula mit Engeln eine thronende Madonna zwischen den hll. Katharina und Barbara. Den Nürnberger Ratsherren war die mit den jeweiligen Stiftungen verbundene Familientradition wichtiger als ein in reformatorischem Sinne durchzuführendes Entfernen der Bilder. Diskussionslos wurden die Stiftungen in den Kirchen belassen.

Das offensichtliche Desinteresse an bilderstürmischen Aktionen widerspiegelt sich auch in der geringen Anzahl von Quellen.[12] Die ersten überlieferten Zwischenfälle, bei denen auch sakrale Kunstwerke zu Schaden kamen, ereigneten sich im Jahre 1523. Anfang Februar beschwerte sich Michael Fried, der Guardian des Franziskanerklosters, beim Rat über Aktionen gegen die Klosterkirche, bei denen auch die Glasfenster in Mitleidenschaft gezogen wurden. Ob die Täter dabei aus reinem Mutwillen oder aus einer religiösen Motivation heraus gehandelt haben, bleibt offen. Der Rat reagierte jedoch umgehend, ordnete eine Wache zur Sicherung ab und erliess ein Mandat, das unter Androhung von Strafen vandalistische Aktionen *undter dem schein christenlicher freyheit und handthabung evangelischer warhait gegen den ordensleuten* verbot.[13]

Eine den Bildern nicht sehr gewogene Stimmung in der Nürnberger Bevölkerung und auch im Rat fürchtete Hans Lamparter von Greifenstein und teilte seine Sorge brieflich dem Ratsherrn Kaspar Nützel mit. Er hatte Angst, das Epitaph, das er für seinen verstorbenen Vater hatte fertigen lassen, könnte bei der Überführung zerstört werden.[14] Die von ihm geforderte Antwort des Rats ist leider nicht überliefert; vielleicht schätzte der Rat die Gefahr eines «Bildersturms» in seinem Hoheitsgebiet auch nicht so hoch ein und hielt es somit nicht für nötig, zur Bilderfrage Stellung zu nehmen.[15]

Ende des Jahres 1523 (5. November) wird von einer nicht näher beschriebenen Freveltat am Sakramentshaus in St. Sebald berichtet, auf die der Rat mit der Gefangennahme des Täters reagierte.[16] Über dessen weiteres Schicksal wird jedoch nichts berichtet. Mit Recht wies es Gottfried Seebaß zurück, die Tat mit hussitisch-ikonoklastischen Traditionen in Verbindung zu bringen, als mögliche Gründe nannte er die Predigten Osianders und der anderen Prädikanten.[17] Inwieweit die Schriften anderer Reformatoren mit deutlich radikaleren Ansichten zu den Bildern (Zwingli, Müntzer, Karlstadt, Hätzer) in Nürnberg rezipiert wurden, ist quellenmässig nicht zu fassen. Eine Nachahmung bilderstürmerischer Aktionen wie in Zürich oder Wittenberg wäre aber ganz sicher auf den erbitterten Widerspruch des Rats gestossen. Bei der Veränderung der Gottesdienstordnung im Juni 1524 und auch beim Religionsgespräch im März 1525 spielte die Bilderfrage keine Rolle;[18] erst 1526 liess der Rat bei Osiander ein Gutachten einholen, in dem dieser seine Sicht zu den Bildern darlegte.[19]

Die einzige Quelle aus den 1520er Jahren, die von der Beseitigung eines Bildes berichtet, stammt aus dem Jahre 1529: In der Ratssitzung vom 9. Oktober wurde nämlich beschlossen, den *mißbrauch und abgötterei, die sich bißhere bei dem schwartzen Mariapild in Unser Frawenkirchen am marckt in vilwege erzeugt hat,*[20] abzustellen. Die beiden Ratsmitglieder Wolf Stromer und Hieronymus Baumgartner wurden abgeordnet, das Marienbildnis *noch heutt weg zu thun.* Erst 13 Jahre später werden in St. Sebald drei Altäre an und zwischen den Chorsäulen entfernt, da diese offensichtlich die Sicht auf den Prädikanten und das Zuhören bei der Predigt erschwerten;[21] gleichzeitig soll auch das Kruzifix vor dem Predigtstuhl *an ein ander ort, das es niemand irrt* gestellt werden.[22] Aber auch hier nimmt erneut der Rat die Angelegenheit in Angriff: Er ordnet an, dass Hieronymus Paumgartner und die Herren Baumeister dies zu erledigen haben, und zwar *in stille.* Interessant ist auch der Hinweis zum Umgang mit den Kunstwerken: Die *tafeln von solchen altaren* sollen nicht zerstört, sondern *wegkgethan und etwan sonst* verwahrt, die *altar mitsampt den daransteenden stüelen gar abgeprochen* werden.[23] Die Tafelmalereien – und eventuell auch die Plastiken – dieser Altäre sollten also keinesfalls zerstört werden.

So können wir heute noch eine Vielzahl der (spät)mittelalterlichen Ausstattungsstücke und Stiftungen in St. Lorenz bewundern,[24] von denen als Beispiele hier nur ganz allgemein die Flügelaltäre (vgl. Abb. 6), Tafelmalereien, Epitaphien, Steinfiguren, Wandmalereien, das Sakramentshaus oder der «Englische Gruss» erwähnt werden sollen, die an ihrem ursprünglichen Aufstellungsort verblieben sind. Der «Englische Gruss» war am 17. Juli 1518 in der Lorenzkirche aufgehängt worden, erhielt aber kurz danach (Februar 1519) bereits einen *Chubert,* eine Hülle aus goldverzierter Lyoner Leinwand und Genfer Tuch, wie das Haushaltsbuch Anton II.

Tuchers ausweist.25 Vermutlich sollte das Schnitzwerk nur zu den Marienfesten der Öffentlichkeit gezeigt werden, ansonsten aber vor Staub und äusseren Einwirkungen geschützt werden.26 Wie man dies in der Zeit zwischen 1519 und 1524/1525 handhabte, ist nicht bekannt, da Quellen hierüber fehlen. Nach Einführung der Reformation aber war mit dem Wegfall der Marienfeste auch die Enthüllung hinfällig, und so blieb der «Engelsgruss» bis auf wenige Ausnahmen in seinem Umhang versteckt.27 Die angebliche Polemik Osianders, der die Jungfrau des «Engelsgrusses» als *güldene Grasmagd* bezeichnet haben soll, weil sie ihn bei der Predigt auf der Kanzel geblendet habe, entpuppte sich als Gerücht.28

Was die liturgischen Geräte aus Silber und Gold und andere Kleinodien *(Ornamenta)* aus der Lorenzkirche betraf, beschloss der Rat im September 1532, diese an einem anderen – sichereren – Ort zu verwahren;29 im März 1534 wurden auch die restlichen Wertgegenstände dorthin gebracht.30 Sie sollten keineswegs verkauft werden, und wenn Gegenstände aus diesen Beständen im Nürnberger Handel auftauchten, griff der Rat sofort ein.31 Erst 1552, als die Stadt Geld zur Finanzierung des Krieges gegen Markgraf Albrecht Alkibiades benötigte, schmolz man einen Teil der *Ornamenta* ein.32 Nur wenige Gegenstände aus der Lorenzkirche wanderten in den

Abb. 8
Nürnberg, Friedenskirche, Nothelfer-Altar mit Malereien eines unbekannten Nürnberger Meisters, um 1430–1440. – Die Mitteltafel zeigt eine Darstellung der Verlobung der hl. Katharina mit dem Christuskind. Der Altar der Vierzehn Nothelfer befand sich bis zum Zweiten Weltkrieg in der Kirche des Pilgerspitals Heilig-Kreuz.

folgenden Jahrhunderten ins Museum, so z. B. das Gedächtnisbild für Jodokus Krell von 1483 aus der Werkstatt Michael Wolgemuts.33 Andere Kunstwerke kamen später aus den aufgelösten Kirchen (siehe unten) noch hinzu.34

Ein ähnliches Bild zeigt sich in St. Sebald und in den anderen weiterhin genutzten Kirchen. Das meiste blieb vollständig oder teilweise erhalten, so in der Sebalduskirche auch das Grabmal des Stadtpatrons,35 oder das Tucher-Gedächtnisbild des Hans Süss von Kulmbach (Abb. 6). Die Messgewänder und Kleinodien wurden vom Rat im Mai 1537 in der Sakristei besichtigt; daraufhin beschloss man, sie vor Missbrauch zu schützen.36

Eine etwas andere Situation stellte sich in den nicht mehr für den reformatorischen Gemeindegottesdienst genutzten Kapellen oder Kirchen bzw. in den Klosterkirchen dar.37 Durch deren sofortige oder spätere Auflösung und die Umnutzung der Gebäude (das Augustiner-Eremitenkloster wurde beispielsweise zum Almosenamt, in das Dominikanerkloster zog die Stadtbibliothek ein) waren die Ausstattungen grösseren Veränderungen ausgesetzt. Von bilderstürmerischen Aktionen wird aber auch hier nichts berichtet. Manche Altäre, Tafelmalereien oder Epitaphien wurden in katholische Städte oder ins Nürnberger Landgebiet verkauft,38 einiges wanderte nach St. Lorenz und St. Sebald oder kam nach verschiedenen vorübergehenden Aufenthaltsorten ins Museum,39 manches Kunstwerk ging auch einfach verloren.

Auch in den Kirchen der Städte und Dörfer im umfangreichen Nürnberger Territorium40 gab es vermutlich kaum bilderfeindliche Aktionen. Problematische Äusserungen der Pfarrer des Landgebietes zur Bilderthematik während der Kirchenvisitation von 1528/1529, die der Rat hätte ahnden müssen, sind ebenfalls nicht überliefert.41 Somit zeigt sich auf dem Land ein ähnliches Bild wie in der Reichsstadt: Ein grosser Teil der Kunstwerke blieb wohl an seinem Ort und wurde nicht mehr benützt. Noch heute kann man sich in den Kirchen von Beerbach (Abb. 9), Hersbruck, Katzwang, Kalchreuth, Kraftshof, Ottensoos, Poppenreuth oder Velden42 – um nur einige zu nennen – einen Eindruck von der spät-

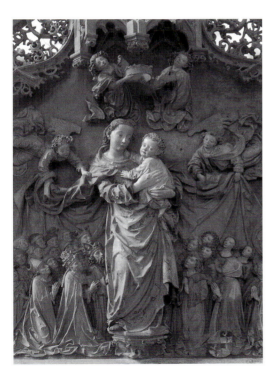

Abb. 7
Nürnberg, Frauenkirche, Langhausnordwand, Schutzmantelmadonna aus dem Peringsdörfferschen Sandsteinepitaph von Adam Krafft, 1498. – Zwei Engel halten den weiten Mantel Mariens empor, zahlreiche Menschen versammeln sich darunter: links weltliche und geistliche Würdenträger, rechts Mitglieder der Stifterfamilie. Das Grabmal wurde 1816 aus der Augustinerkirche in die Frauenkirche überführt.

mittelalterlichen Ausstattung verschaffen.43 Anderes wurde vermutlich an einem anderen Ort aufbewahrt oder ging bei späteren Umbauten verloren (wie in Lauf a.d. Pegnitz, Altdorf). Die Wertgegenstände (Kelche, Monstranzen, Messgewänder) der Landkirchen liess der Nürnberger Rat 1529 nach dem Vorbild Markgraf Georgs von Brandenburg-Ansbach/Kulmbach inventarisieren und aufbewahren.44

Als Ergebnis kann man festhalten, dass die Bilderfrage in Nürnberg von den politisch und theologisch Verantwortlichen auf folgende Art gelöst wurde: Man ignorierte die Diskussion um die religiösen Bilder zwar nicht, verwarf aber jede radikale Veränderung. Mit Rücksicht auf die Stifter fand man eine pragmatische Lösung, die – wie am Beispiel des «Englischen Grusses» sehr deutlich wurde – Kontinuität und Umbruch zugleich signalisierte: Das Werk blieb zwar an seinem angestammten Platze hängen, die bis dato zeitweise Verhüllung wurde jedoch zu einer ständigen Angelegenheit. Andere, ebenfalls nicht mehr genutzte Ausstattungsstücke wanderten auf die Dachböden und in die Sakristeien oder fanden später einen anderen Aufstellungsort. Eine Zerstörung blieb die Ausnahme. Vor allem durch die «Nichtnutzung», weniger durch eine «Weiter- und Umnutzung», zeichnet sich die «bewahrende Kraft des Luthertums»45 in Nürnberg aus.

Abb. 9
Beerbach, Evangelisch-lutherische Pfarrkirche, Hochaltar, um 1520. – Im Schrein des Flügelaltars wird Maria von den hll. Barbara und Katharina flankiert. Das Gesprenge wurde 1875 verändert.

1 Nicolai 1783, S. 215–216, begründet die Verhüllung mit der Vermutung, dass die Nürnberger Kirchenvorsteher die Vergoldung des Schnitzwerks schonen wollten (vgl. auch von Murr 1778, S. 308).
2 Zum Bildwerk vgl. Bauer/Stolz 1974; Der Englische Gruss 1983.
3 Zur Problematik dieses Begriffs und einer notwendigen Differenzierung vgl. Michalski 1990, S. 69–72.
4 Pfeiffer 1971, S. 112, 230–232 und 235–262; Schieber 2000, S. 63–74; zum Stifterwesen im mittelalterlichen Nürnberg an Beispielen aus St. Lorenz vgl. Schleif 1990; zum religiösen Leben vor der Refomation vgl. Schlemmer 1980.
5 Zur Reformation in Nürnberg vgl. Engelhardt 1936/1937/1939; Sebaß 1978; Kat. Reformation in Nürnberg 1979; Vogler 1982; Hamm 1996.
6 Vgl. dazu Christensen 1970, S. 205–221; zuletzt und umfassend Seebaß 1997, S. 34–53 (mit weiterer Literatur).
7 Dazu ausführlich Seebaß 1997, S. 38–43 (mit Quellenangaben); zu Luthers Bilderverständnis vgl. Kat. 140, sowie Michalski 1993, S. 1–42.
8 Osiander, Gesamtausgabe, Bd. 2, S. 172: *Es hat uns der Oziander heut schier 2 stund gepredigt; unter andern dingen hat er gesagt, wir sind vil erger denn die juden, wann wir treiben solche abgoterey mit erung der pild. Man sol weder die pildnus Christi noch den andern goczen kain ere anthun... Man bedarf auch kain gut werck thun, allein wer gelaubt und daz goczwort hort, der ist schon gerechtfertigt, frum und selig...* [Clara Pirckheimer bemerkt dazu:] *Ist im also, do durften wir nichts mer thun, denn daz wir die hent in die schoß legen und warten, piß uns ein gepratene taub in den mund flieg. Ich hab abe sorg, wir wurden gen himel kumen, wenn wir uns daran ließen, als ein kw in ein meußloch.* Vgl. auch Pfeiffer 1968, S. 434, 435, Br. 251b.
9 Osiander, Gesamtausgabe, Bd. 2, S. 269,25–270,8 und S. 287,21–23 und 26–27.
10 Osiander, Gesamtausgabe, Bd. 3, S. 164,4–11.
11 Lediglich zwei Ausnahmen sind belegt, wo Donatoren ihre Stiftungen vom Rat einforderten und auch erhielten (vgl. Nürnberg, Staatsarchiv, RB13, fol. 52v: Peter Imhoff d. Ä. und Hans Risshaber).
12 Christensen 1970, S. 205, leitete aus der Untersuchung der Quellen wenigstens «a potential threat for a brief period in the early years of Reformation» mit der Gefahr eines Ikonoklasmus ab; ähnlich vorsichtig äussert sich Seebaß 1997, S. 37.
13 Nürnberg, Staatsarchiv, RB 12, fol. 143v; das Ratsmandat folgt auf fol. 144r.
14 Vgl. Nürnberg, Staatsarchiv, Reichsstadt Nürnberg, Losungsamt, Stadtrechnungsbelege III/245: *...Ich hab meinem her vater seligen ain epitaffium machen lassen, wie ich euch dem jungst zu Nurmberg anzaigt. Hab daz nimmer gerecht und furwar schon; nun sind darin die pildnussen unsers hern am creutz, unser frawen, sant Johans, sant Gregorius, darfor meines vaters seligen pildnuß kniends. Nun sagt man aber hie [Augsburg], ir meine hern zu Nurmberg wellen kain pildnus mer in kirchen haben, sonder weg thon. Solt man dan sollich epitaffium vergebens hinuber fuern oder nit wollen setzen lassen oder etwan durch mutwilligen leut zerschlagen werden. Wer von der guten arpait wegen imer schad, zusampt dem spot und verlornen costen. Hab ich euch meinen sonder vertrawen nach dannach anzaigen wellen mit pit, auch begern nachster vergebner potschafft, ewr rhat gemuet und maynung och wissen zu lassen...*
15 Grössere Auseinandersetzungen in der Bilderfrage hätten sicherlich Niederschlag in der reichsstädtischen Überlieferung, bei Andreas Osiander oder beim Ratsschreiber Lazarus Spengler gefunden.
16 Vgl. Hampe 1904, S. 215, Nr. 1412.
17 Seebaß 1997, S. 37, mit Anm. 11.
18 Zum Religionsgespräch vgl. Seebaß 1975, S. 467–499.
19 Osiander, Gesamtausgabe, Bd. 2, S. 269–270 (Gutachten über die Zeremonien, 1526).
20 Nürnberg, Staatsarchiv, RB 15, fol. 32r.
21 Nach der Chronik des Wolfgang Lüder (1551–1624) handelte es sich um einen Zwölf-Apostel-, einen Johannes- und einen Marienaltar (vgl. Nürnberg, Staatsarchiv, Reichsstadt Nürnberg, Handschriften 46, fol. 427r).
22 Nürnberg, Staatsarchiv, RB 21, fol. 37v (4./7. Juli 1542).
23 Ebd.; Seebaß 1997, S. 44, erwähnt eine ähnliche Vorgehensweise des Rats bei der Entfernung zweier Altäre in St. Lorenz (1543) und zwei weitere in St. Egidien.
24 Vgl. Eichhorn 1987; Schleif 1990, S. 16–227; Dehio 1999, S. 705–716.
25 Vgl. Der Englische Gruss 1983, S. 5.
26 Ebd., S. 3, mit Anm. 46–47.
27 Erstmals belegt ist die Herabnahme des «Engelsgrusses» zu seiner Säuberung für das Jahr 1590, danach wird er in unregelmässigen Abständen gesäubert, restauriert oder in seltenen Fällen Besuchern (Bischof von Bamberg, Herzog Maximilian Heinrich zu Bayern, Grossherzog Cosmo III. von Florenz) gezeigt. Die damit verbundenen Kosten wurden weiterhin von der Familie Tucher übernommen. Zu Beginn der bayerischen Zeit Nürnbergs wurde der «Englische Gruss» erstmals aus St. Lorenz weggebracht, und zwar zunächst in die Frauenkirche und später ins Rathaus, 1817 gelangte er jedoch wieder an seinen ursprünglichen Aufstellungsort zurück. Wegen einer dilettantischen Aufhängung stürzte das Kunstwerk noch im gleichen Jahr herunter und musste mühsam rekonstruiert werden. Bis auf eine Auslagerung im Zweiten Weltkrieg blieb das Meisterwerk dann aber in St. Lorenz (vgl. Der Englische Gruss 1983, S. 5–20).
28 Ebd., S. 3, Anm. 45.
29 Vgl. Hampe 1904, S. 276, Nr. 1944.
30 Ebd., S. 291, Nr. 2081; Seebaß 1997, S. 44–45.
31 Vgl. Hampe 1904, S. 318, Nr. 2279–2280 (in diesem Fall handelte es sich um eine Patene).
32 Christensen 1970, S. 220.
33 Strieder 1993, S. 216, Nr. 65.
34 Ebd., S. 276, Nr. 156 (Martha-Altar aus der Kirche des Pilgerhospitals), S. 228–229, Nr. 77 (Katharina-Altar aus der Katharinenkirche), S. 208, Nr. 59 (Teile eines Marienaltars aus der Dominikanerkirche), und S. 208, Nr. 61 (Teile des Apostelaltars aus der Katharinenkirche).
35 Bis in unsere Zeit wird die Praxis beibehalten, den Schrein des Sebaldusgrabes zu öffnen und die Vollständigkeit der Gebeine zu überprüfen; zuletzt geschah dies 1993 (Schieber 2000, S. 20).
36 Vgl. Hampe 1904, S. 314, Nr. 2244.
37 Dazu ausführlich Seebaß 1997, S. 43 und 45–48 (mit weiterer Literatur).
38 Beispielsweise wurde 1590 ein Marienaltar aus der Augustiner-Eremitenkirche nach St. Jakob in Straubing verkauft (Pfeiffer 1963/1964, S. 363–374 und S. 387–390; Strieder 1993, S. 206–207, Nr. 58). Der Altar der Heiligen Sippe aus der Tuchmacherkapelle bei St. Lorenz kam im 17. Jahrhundert nach Artelshofen (Strieder 1993, S. 272, Nr. 150).
39 Einige Beispiele sind aufgeführt bei Strieder 1993, S. 208, Nr. 59 und 61, S. 216, Nr. 65, S. 220, Nr. 69, S. 221–228, Nr. 73, S. 228–229, Nr. 77, S. 242, Nr. 100 und 101, S. 246, Nr. 109, S. 264, Nr. 135, und S. 276, Nr. 156.
40 Zum Nürnberger Landgebiet vgl. Peter Fleischmann: Artikel «Landgebiet», in: Diefenbacher/Endres 1999, S. 610–611 (mit weiterer Literatur).
41 Seebaß 1997, S. 41.
42 Strieder 1993, S. 187–188, Nr. 29, S. 218–219, Nr. 67, und S. 230, Nr. 78; Dehio 1999, S. 213, 453–454, 502–503, 507–508, 537–539, 835 und 1063–1064.
43 In der Ottensooser Pfarrkirche ist es bis heute üblich, die Flügel der beiden gotischen Seitenaltäre in den Fastenzeiten (Advent und vor Ostern) zu schliessen.
44 Nürnberg, Staatsarchiv, RB 15, fol. 32r (8. Juni 1529).
45 Zu diesen Begriffen vgl. Fritz 1997, S. 10–13.

Franz-Josef Sladeczek

Bern 1528 – Zwischen Zerstörung und Erhaltung

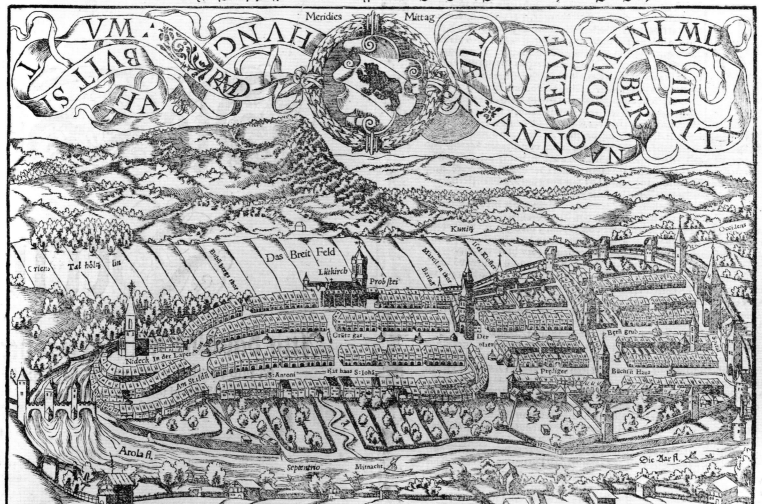

Abb. 1
Ansicht der Stadt Bern von Norden, Holzschnitt von Heinrich Holzmüller, nach einer Zeichnung von Hans Rudolf Manuel, 1549, H: 29.9; B: 20.7 cm. Bern, Historisches Museum, Inv. 7153. – Der Ausschnitt dieser ersten topographisch brauchbaren Planvedute zeigt die Stadt kurz nach der Reformation mit ihren dominierenden, überhöhten Wehr- und Kirchtürmen. Die *Lütkirch* (das Münster) sieht man in der hinteren Bildmitte.

1517, im Jahr des Thesenanschlags Martin Luthers an der Schlosskirche zu Wittenberg, entstand das letzte vollständige sakrale Bildprogramm im Alten Bern: das Chorgewölbe des Berner Münsters (Abb. 2).[1] Auf die netzartig angelegte Gewölbefläche verteilen sich insgesamt 87 figürliche Schlusssteine, welche die damals in Bern besonders verehrten Heiligen darstellen. Ein letztes Mal wurde mit dem «Himmlischen Hof» dem Heiligenkult katholischer Prägung und Rangordnung im Alten Bern eine umfassende Plattform geboten. Das Deckenprogramm lässt keinen Zweifel daran, dass es in völliger Übereinstimmung mit den Zielen des Rats entstanden ist: An nicht weniger als an neun Stellen liess dieser das Berner Staatswappen anbringen, was den «Himmlischen Hof» in einen «Berner Himmel» verwandelte.

1517 war der Glaube an die Allmacht der Bilder in Bern also noch ungebrochen, und die traditionelle Kirche genoss bei der Berner Bevölkerung eine breite Akzeptanz. Ein Jahr später errichtete der geschäftstüchtige Barfüssermönch Bernhardin Samson eine Ablassbude im Chor des Berner Münsters, wo er die für einen vollkommenen Sündennachlass benötigten Dokumente verkaufte und kräftig daran verdiente (vgl. Kat. 194). Wohl niemand ahnte damals, dass nur zehn Jahre später eine radikale Zeitenwende in Bern Einzug halten und mit der totalen Zerschlagung des Bilderkults zur Abschaffung aller bisher gültigen Glaubensformen führen würde. Tatsächlich kam

Abb. 3
Wo vnnd wie die Dispũtation zũ Bern anngefangen und gehalten worden. Die Disputation in der Barfüsserkirche in Bern (6.–26. Januar 1528) nach einer Illustration aus Heinrich Bullingers «Reformationsgeschichte», Abschrift von 1605/1606. Zürich, Zentralbibliothek, MS B 316, fol. 316.

dem Bildersturm eine ausgesprochene «Signalwirkung» zu. Er setzte ein äusseres Zeichen, markierte gewissermassen den *point of no return*,[2] denn durch die Ausräumung der Kirchen wurde jeder Schritt zurück unmöglich: Erst mit dem Bildersturm war die Reformation sichtbar vollzogen.

Der Verlauf des Berner Bildersturms gibt sich in Wirklichkeit recht ambivalent, da sich herausragende Werke wie vor allem das Hauptportal oder die Chorverglasung am Münster erhalten konnten – mit anderen Worten: Hier wurde dem radikalen Bilderverbot nicht zwingend Folge geleistet. Der nachstehende Beitrag sucht mögliche Gründe für die Schonung gewisser Bildprogramme am Berner Münster aufzuzeigen, wobei einiges Hypothese bleiben muss. Eine lückenlose Nachzeichnung der Ereignisse wie in Zürich, wo die Bilderentfernung am Grossmünster mit nahezu «beamtenmässige[r] Überkorrektheit»[3] durchgeführt wurde, lässt sich für Bern nicht bewerkstelligen. Immerhin ist aber auch in Bern das allgemeine Bestreben erkennbar, die Räumung der Bilder auf geordnete Weise, d. h. unter obrigkeitlicher Kontrolle, durchzuführen, was allerdings dann nicht vollends gelang.

Ereignisse und Verlauf des Bildersturms in Bern[4]

Es war nicht Zwingli, sondern Luther, der die Saat für die Glaubensreform in Bern legte.[5] Der Ablasshandel Bernhardin Samsons im Chor des Berner Münsters stiess zwar bei der Bevölkerung auf grosse Zustimmung, weckte aber lautstarken Unmut bei einigen Leuten, die durch die Schriften Luthers dazu ermutigt wurden. Anfang der 1520er Jahre meldeten sich erste Stimmen gegen das Messopfer und die Heiligenverehrung. Die Wahlen von 1527 brachten erstmals eine evangelische Mehrheit in den Grossen Rat und führten im Kleinen Rat zu einigen Sitzgewinnen, was nun auch auf politischer Ebene zu Hoffnungen auf Veränderung berechtigte.[6]

Vereinzelt war es auch schon zu Attacken gegen Bilder gekommen. Beispielsweise hatte ein Bauer 1523 in der Nähe von Aarburg einige Heiligenbilder verbrannt. Er wurde im Mai 1523 dazu verurteilt, zur Wiedergutmachung eine steinerne Kapelle zu bauen.[7] Der Rat war somit für die Bilderfrage sensibilisiert und suchte in nicht weniger als sechs Glaubensmandaten (und ebenso vielen Ämterbefragungen),[8] *zweyungen, ufrür und zwitrachten [...] des gloubens halb in unser stetten, landen und gepieten* zu vermeiden.[9] Er bewies in allem eine starke Hand, und es gelang ihm immer wieder, Auseinandersetzungen infolge emotionaler Entgleisungen zu schlichten.

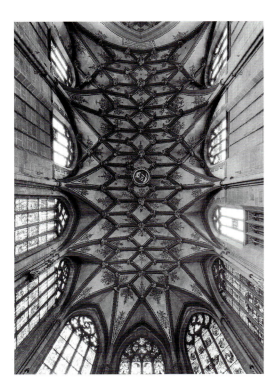

Abb. 2
Bern, Münster, Chorgewölbe, 1517 im Auftrag der Stadt «zum würdigen Ende des Münsters» von Peter Pfister geschaffen, mit insgesamt 87 Schlusssteinen, die Heiligenfiguren darstellen.

Die Situation war aber für den Berner Magistraten alles andere als angenehm. Nachdem 1524 in Zürich die Reformation eingesetzt hatte, suchte die Limmatstadt (allen voran Zwingli), die Aarestadt auf ihre Seite zu ziehen, um so dem neuen Glauben in der Eidgenossenschaft zum Durchbruch zu verhelfen. Auf der anderen Seite standen die Alten Orte, die alles Interesse daran hatten, Bern dem alten Glauben zu erhalten. Es vergingen mehrere Jahre mit Taktieren und Lavieren, wobei die Berner Obrigkeit immer wieder ausgleichend zwischen Zürich und den katholischen Ständen zu vermitteln suchte. Eine Vorentscheidung traf der Rat erst im November 1527 mit der Ausschreibung für eine «Disputation», zu der namhafte kirchliche und weltliche Vertreter eingeladen wurden. Das Glaubensgespräch fand vom 6. bis 26. Januar 1528 in der Kirche des Franziskanerklosters statt (Abb. 3)[10] und wurde zur «mächtigsten Demonstration des Protestantismus vor dem Reichstag zu Augsburg 1530 und ein Höhepunkt des Frühzwinglianismus».[11] Es brachte Bern am 26. Januar 1528 die definitive Annahme der neuen Lehre, indem der Entscheid nach Ende der Disputation von Zwingli und Martin Bucer von der Münsterkanzel herab dem Volk verkündet wurde und zu ersten Bilderschändungen im Münster geführt haben könnte. Wenig später kam es dann in der Bilderfrage zu einer heftigen Konfrontation zwischen Alt- und Neugläubigen, in deren Verlauf die Vorfälle vollends eskalierten.

Als sich nämlich die Vertreter des Kirchmeieramtes, Anton Noll und Niklaus von Seltzach, vermutlich mit einer Gruppe von Helfern anschickten, *St. Vincensen kilch [...] zerumen*,[12] wurden sie von einigen Altgläubigen aufgehalten und zur Rede gestellt. Es entwickelte sich ein heftiges Wortgefecht zwischen den Parteien, das die Neugesinnten erst recht aufbrachte und zum Sturm auf die Bilder anstachelte (Abb. 4).[13] Bei dieser Gelegenheit fielen nicht nur die 26 Altäre im Münster, sondern auch weitere sakrale Einrichtungen im unmittelbar angrenzenden Bereich, so auf dem Friedhof (Beinhauskapelle, mehrere Kruzifixe) und dem Münsterplatz (Armbrusterkapelle), dem Bildersturm zum Opfer. Am nächsten Tag wurden die Altgesinnten zur Verantwortung gezogen und für ihren Protest kräftig gebüsst.

Abb. 4
Wie die Mäß vnnd Bilder zů Bern inn der stat abgethan. Darstellung des Berner Bildersturms in Heinrich Bullingers «Reformationsgeschichte», Abschrift von 1605/1606. Zürich, Zentralbibliothek, MS B 316, fol. 321.

Zu den Hintergründen dieser Gewalteskalation geben die Protokolle der Verhandlungen einige interessante Aufschlüsse: Der Rat, der laut Valerius Anshelm am 27. Januar 1528 entschieden hatte, man solle die Bilder innerhalb von acht Tagen aus den Kirchen räumen,[14] gab noch am gleichen Tag die Order zur Räumung des Münsters. Die Bemerkungen der Altgesinnten Beat Wisshan *(es ist [doch] geraten, man söll das acht tag lang anstan; es muss noch ein anders werden)* und Hans Schnyder *(wollten ouch nit, das unns nymands die bilder ab unsm althar näme oder tåtte dan wir...)* machen deutlich,[15] wie rasch der Beschluss in die Tat umgesetzt wurde. Der Berner Rat hat es erst gar nicht, wie in anderen reformierten Städten (Zürich oder Ulm), dazu kommen lassen, den Stiftern eine gewisse Frist einzuräumen, damit sie ihre Bilder abhängen und heimführen konnten, um anschliessend hinter geschlossenen Kirchentüren eine geordnete Bilderentfernung vornehmen zu können.[16] Gerade dieses forsche Vorgehen hat die Altgesinnten aufgebracht und zur Eskalation im Münster geführt, deren genauer Ablauf sich im einzelnen aber nicht mehr rekonstruieren lässt. Als Zwingli am 30. Januar 1528 seine Schlusspredigt im Münster hielt, tat er dies vor den noch zerstreut im Gotteshaus herumliegenden *götzen*, die er als «Dreck» und «Unrat» beschimpfte. Von ihren Sockeln gestossen, waren sie zu Boden gekracht *wie ein ander holtz und steyn* und hatten damit deutlich bewiesen, dass ihnen überhaupt nichts Heiliges anhaftete.[17]

Dem Berner Rat, der die Reformation mit äusserster Weitsicht und Härte in die Wege geleitet hatte, war ausgerechnet am zentralen Ort des Glaubens die ordnungsgemässe Entfernung der Heiligenbilder entglitten. Durch die erwähnte Verurteilung von Altgesinnten[18] verstand er es aber, sein eigenes Verschulden und Versagen öffentlich zu rechtfertigen, und sorgte dafür, dass die weitere Entfernung von Bildern innerhalb der Stadt geordnet vonstatten ging. Es gelang ihm auch, einige repräsentative Bildwerke vor Übergriffen zu schützen, mit denen sich, was noch zu zeigen sein wird, ein besonderer Stiftungsgrund verband.

Am 27. Januar 1528 wurde das Predigerkloster aufgehoben und die Preziosen sichergestellt.[19] Chor und Altarraum wurden in ein Kornhaus verwandelt. Ähnliches widerfuhr 1533 auch der Antonierkirche, während man die Nydeggkirche schon 1528 in ein Magazin für Fässer, Holz und Korn umfunktioniert hatte.[20] Andere Gotteshäuser wie die Franziskanerkirche, deren Bilderbestand am 26. Januar 1528 von den Schuhmachern bereits zum Teil dezimiert worden war, wurden nach ihrer Räumung geschlossen, ebenfalls als Lagerhallen benutzt und schliesslich abgebrochen.[21]

Am 28. Januar 1528 bestimmte der Rat, die *Bilder von S. Anthoni in das gwelb zů legge*,[22] und einen Tag später verfügte er, dass *die altaren als woll als die bilder und taffelen us der kilchen [zu] nehme* seien und bestimmte, dass ein *jeder, was das sin [seie], zů sinen handen nemen könne*. Sogar die Altäre und Grabsteine durften entfernt werden, sofern sich die Eigentümer dazu verpflichteten, *das ort und grůben mit ziegelstein widerumb beschiessen [zu] lassen*.[23] Erstmals ist hier das Recht verbrieft, die Stiftungen dem individuellen Kreis der Stifter und den Gesellschaften wieder zuzuführen. Dass dieses Recht anschliessend seinen Niederschlag im Reformationsmandat vom 7. Februar 1528 fand,[24] resultierte nicht zuletzt aus dem erwähnten Aufruhr im Münster, der den Rat veranlasst hatte, nun mit klaren Weisungen vor das Volk zu treten, damit zukünftig *ergernuss vermiten belibe [...] und niemants zů einicherlei unrat züche, sondern allweg unsers entscheids warte*.[25]

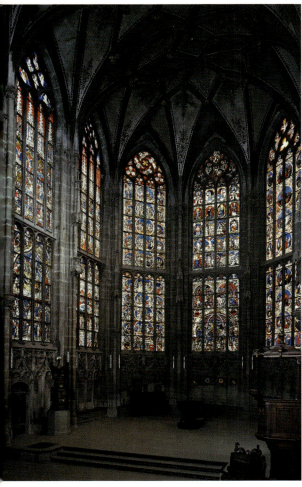

Abb. 5
Bern, Münster, Chorverglasung aus der Mitte des 15. Jahrhunderts, wo die Stadt selbst zweimal als Stifterin auftritt (Passions- und Hostienmühlefenster).

Die Massnahme hatte offenbar Erfolg, denn aus den Quellen lassen sich keine weiteren Ausschreitungen mehr herauslesen. Der Rat ging sogar so weit, dass er sämtliche Stiftungen und Vergabungen, die «nicht... für den Bau einer Kirche oder den Unterhalt eines Priesters bestimmt gewesen waren»,[26] den Stiftern zurückgab. Das Rücknahmerecht galt nicht nur für die Stifter allein, sondern auch für deren Kinder und Enkelkinder. Die Berner Obrigkeit suchte mit dieser Regelung dem Vorwurf zu begegnen, sich an den «Gottesgaben» unrechtmässig zu bereichern. Sie unterschied sich in diesem Vorgehen grundsätzlich von Zürich, wo das Kirchengut vollumfänglich in staatliche Hände überstellt worden war.[27]

Im Anschluss an die Schlusspredigt Zwinglis wurde das Münster geschlossen, um die Räumung der noch verbliebenen Preziosen ordnungsgemäss durchführen zu können. Am 31. Januar 1528 wurden die Kelche zusammengetragen und in das «Gewölbe» gebracht, um sie dort im Hinblick auf einen späteren Verkauf wiegen und wertmässig einschätzen zu können. Desgleichen nahm man die seidenen und gestickten Messgewänder, sofern sie nicht an die Stifter zurückgingen, in Gewahrsam; sie sollten später an die Armen verteilt werden.[28] Das Kirchengold und -silber wurden eingeschmolzen und vermünzt, darunter auch die Brustbilder des hl. Vinzenz (S. 107) und Achatius.[29] Insgesamt bezifferte sich der Gegenwert der konfiszierten Kirchengüter auf 24 432 Pfund (9772 Gulden),[30] was der Kaufsumme von rund 2640 Rindern oder 1685 Stieren entsprach.[31]

Die Räumung des Münsters muss zügig vonstatten gegangen sein, denn bereits am 2. Februar 1528 war die ganze Burgerschaft im Münster zusammengekommen, um den Eid zu leisten, «der Obrigkeit auf dem vom ‹Worte Gottes› gewiesenen Wege in geistlichen und weltlichen Dingen zu folgen».[32] Damit war die Reformation von der Bevölkerung angenommen, so dass sich Bern wenig später, am 7. Februar 1528, ein Glaubensmandat geben konnte, mit dem die neue Staatsreligion offiziell sanktioniert wurde. Nach dem Bilderverbot vom Januar 1528 verstrichen gut zweieinhalb Jahre, bis die Räumung der Bilder aus den übrigen sakralen Bauten der Stadt beendet war. Am 6. Juni 1530 schliesslich konnte der Berner Rat mit Stolz verkünden: *Die götze in miner herren kilchen sind gerumpt.*[33] Die Pfarrkirchen, Klosterkirchen und Kapellen, für die es keine Verwendung mehr gab, wurden daraufhin abgebrochen.[34]

Das Kapitel der Götzenentfernung war damit aber noch keineswegs abgeschlossen, denn noch gab es etliche Bildwerke in privaten Haushalten, die an die Stifter zurückgegeben worden waren. Der Berner Rat wollte aber der Gefahr einer weiteren Verehrung auch im privaten Familienkreise Einhalt gebieten. Im Juli 1533 verbot er den Besitz von Holz- und Steinskulpturen, erlaubte indes gemalte Heiligenbilder, sofern sie nicht der Anbetung dienten.[35] Diese Massnahme erwies sich jedoch letztlich als wenig praktikabel, da sehr bald deutlich wurde, dass auch das gemalte Bild zur Abgötterei verführen konnte. Der Rat sah sich daher gezwungen, den Bilderkult auch in den privaten Haushalten endgültig zu unterbinden. Im Juni 1534 wies er die Venner an, Hausdurchsuchungen in ihren Vierteln durchzuführen, um die noch verbliebenen Bilder zu beschlagnahmen und anschliessend zu beseitigen.[36] Diese Aktion läutete eine weitere Zerstörungswelle innerhalb der bernischen Stadtmauern ein. Mit ihr nahm das Bilderverbot eine letzte Wende, indem nun auch das einst staatlich zugesicherte Recht, die Stiftungen in den Kreis der Stifter zurückzuführen, vollends beschnitten wurde. Das private Andachtsbild fiel dem Bilderverbot ein zweites Mal zum Opfer – diesmal endgültig.

Seither blieb in Bern der christliche Glaube dem Bild entfremdet. Auf aktuelle Zeugen der Heiligenverehrung stösst man heutzutage anscheinend nur noch im städtischen Fundbüro: Im Mai 2000 wurde in der lokalen Presse eine «10 Kilo schwere Gips-Madonna» vorgestellt, die «zu den unglaublichen Dingen gehört, die den Weg ins Fundbüro gefunden haben». Gemeinsam mit Fundgegenständen wie Krücken, Rollstühlen und Rentnergebissen figuriert sie dort in der «Abteilung für Kurioses».[37]

Gerettete Bilder

Der mit der Reformation eingeleitete Weg in ein Glaubensverständnis ohne Heiligenkult erfolgte in Bern abrupt und radikal. Dennoch nimmt man verwundert zur Kenntnis, dass das Bilderverbot nicht durchwegs befolgt und nicht alles zerstört worden ist. Im Gegensatz zum Grossmünster in Zürich, wo sämtliche Bilder der einstigen Ausstattung weggeschafft wurden,[38] sind im und am Berner Münster doch einige sakrale Werke erhalten geblieben, die auf einen selektiven Umgang mit den Bildern schliessen lassen. Allein für den Chorbereich stossen wir mit den Glasmalereien (Abb. 5), dem Gewölbe (Abb. 2), dem Gestühl (Abb. 6) und den Vinzenzteppichen[39] auf vier umfangreiche Bildzyklen, die den Bildersturm unbeschadet überstanden haben. Hinzu kommen die Bildprogramme an der Schultheissenpforte auf der Nordseite (Abb. 7) und am Münsterhauptportal (Abb. 10).[40]

Für die Erhaltung dieser Zeugen mittelalterlicher Frömmigkeit gibt es eine ganze Anzahl rationaler Begründungen anzuführen. Bezüglich des Chorgewölbes liesse sich vor allem einwenden, dass diese Heiligenfiguren zu hoch hingen, als dass sie hätten heruntergeschlagen werden können. Bei den Glasmalereien sind zwar partielle Beschädigungen nicht ganz auszuschliessen, man kann aber grundsätzlich davon ausgehen, dass die Fenster deshalb nicht zerstört wurden, weil man sie sonst auf jeden Fall durch eine neue Schutzverglasung hätte ersetzen müssen.[41] Nur dank der zwinglischen Unterscheidung zwischen «Götze und Bild» sind sie sicher nicht verschont geblieben.[42] Ähnliches lässt sich wohl auch zum Chorgestühl (Abb. 6) sagen,[43] das sich, wie in den meisten reformierten Kirchen, erhalten konnte. Es wurde zwar seiner liturgischen Bestimmung enthoben, blieb aber weiter in Funktion, wie das Chorgestühl in der Kathedrale von Lausanne, das als Auditorium für die Pfarrherrn oder zur Unterweisung der Theologiestudenten diente.[44] Im Chorraum des Berner Münsters, der auch nach der Reformation durch einen Lettner vom Laienhaus getrennt blieb,[45] tagte nach dem Glaubenswechsel dreimal wöchentlich das Chorgericht: Von dem damals noch jungen Chorgestühl aus fällten die Gerichtsbeamten ihre Urteile.

Für die Schultheissenpforte und das Westportal, die den Bildersturm ebenfalls heil überstanden haben, dürften andere Beweggründe ausschlaggebend gewesen sein. Mit der 1491 errichteten Schultheissenpforte (Abb. 7) gedachte die Stadt ihres 300jährigen Gründungsjubiläums und der 70 Jahre zurückliegenden Grundsteinlegung des Münsterbaus. Es war eine Memorialpforte im eigentlichen Sinne, die den Stolz der Stadt auf ihre Geschichte und auf ihr zentrales Baudenkmal dokumentierte.[46] Nicht minder stolz waren die Berner auf das im dritten Viertel des 15. Jahrhunderts geschaffene Hauptportal,[47] das sich mit der Bauinschrift am Trumeau (Abb. 8) ebenfalls als städtisches Auftragswerk zu erkennen gibt.[48] Das Jüngste Gericht war nicht nur seines Inhalts wegen geachtet, es stand auch aufgrund seiner künstlerischen Qualität bei den Bernern in hohem Ansehen, wurde es doch bereits kurz nach seiner Fertigstellung von der Bevölkerung «Regalpforte» (königliche Pforte) genannt. Die Frage drängt sich auf, ob man sich überhaupt getraut hätte, Hand an diese Zeugnisse städtischen Bürgerstolzes zu legen. Wohl mit Recht darf daher angenommen werden, dass das Portal als Ganzes den Bildersturm der Reformation überlebt hat und dass die heutige Justitia am Trumeau (Kat. 183) erst 1575 an die Stelle einer Marienstatue gesetzt worden ist.

Vielleicht war aber noch ein anderer Gedanke entscheidend für den teils toleranten Umgang Berns mit diesen religiösen Bildprogrammen, die sich in keinem der übrigen Kirchengebäude in der Stadt in gleicher Fülle erhalten haben. Man gewinnt den Eindruck, als hätte es für die städtische Pfarrkirche besondere Anweisungen gegeben, wie mit dem Bilderschmuck zu verfahren sei. Tatsächlich findet sich in der Stettlerschen Abschrift der Stadtchronik von Valerius Anshelm[49] ein nicht uninteressanter Hinweis bezüglich der Schonung der Bilder in der Pfarrkirche. In dem Kapitel *Von vertigung ettlicher stucken, die reformation belangend, götzen, silber, gold gstein, mäss, brudertagen, jartag, biett, gaben, pfründen, paternoster etc.* stossen wir auf die zunächst ver-

Abb. 7
Bern, Münster, Schultheissenpforte, 1491, eine eigentliche Memorialpforte der Aarestadt (Zustand vor 1899).

blüffende Nachricht, dass das Berner Münster seiner *zierd und kunst* wegen eigentlich geschont werden sollte, dass aber der ungebremste Eifer der Neugläubigen vieles unnötigerweise zerstört habe: *St. Vincentz söllte umb der zierd und kunst willen sin bliben, aber der zů gäch ifer mocht nitt verdanck nemmen, sunst wer wol vil nutzlichs behalten, das umb ein spott spöttlich ist verloren.*[50] Valerius Anshelms Lamento galt der sinnlosen Zerstörung des Bilderschmucks, die er nicht wegen dessen sakraler Bedeutung, sondern wegen dessen künstlerischer Wertschätzung bedauerte. Er beklagte den spontanen Übergriff auf die *zierd und kunst* als unsinnigen, törichten Akt, der dazu geführt habe, dass viel Nützliches, d.h. künstlerisch Wertvolles, unwiederbringlich zerstört worden sei.

Abb. 6
Bern, Münster, Renaissance-Chorgestühl von 1522/1523, dessen Bildprogramm auf Entwürfe von Niklaus Manuel zurückgeht und bereits deutliche Anzeichen einer reformatorischen Gesinnung zum Ausdruck bringt.

Abb. 8
Bern, Münster, Mittelpfeiler des Hauptportals (Ausschnitt): Zwei Werkleute präsentieren eine Schriftrolle mit dem Text zur Grundsteinlegung vom 11. März 1421.

Abb. 9
Bern, Münster, Mittelpfeiler des Hauptportals (Ausschnitt): Das an die steinerne Schriftrolle «angehängte» Siegel mit dem Berner Staatswappen weist auf die Stadt als Auftraggeberin des Münsters und insbesondere des Hauptportals hin.

Abb. 10
Bern, Münster, Hauptportal mit Darstellung des Jüngsten Gerichts, drittes Viertel 15. Jahrhundert.

Wir erfahren also, dass der Rat offensichtlich beabsichtigt hatte, das Berner Münster mitsamt seiner künstlerischen Ausstattung unter Schutz zu stellen, dass er jedoch wegen des jähen Eifers seiner Untertanen daran gehindert wurde. Die ausdrückliche Unterschutzstellung einzelner Bildwerke ist in der Reformationszeit mehrfach belegt. Bekanntlich konnte sich der Schmerzensmann von Hans Multscher vor dem Westportal des Ulmer Münsters (Abb. 11) nur dank eines besonderen Erlasses des Ulmer Rats erhalten, wonach dieses Bildwerk, für alle öffentlich sichtbar, an seinem angestammten Platz, am Westportal, bleiben solle.[51] Ähnlich verfuhr der Ulmer Rat mit dem Chorgestühl im Münster, das ebenfalls zu den schützenswerten Objekten der Ausstattung zählte.[52] Belege für die namentliche Unterschutzstellung und Schonung von «Kunstwerken» vor den Übergriffen der Ikonoklasten finden sich auch anderswo. Als besonders schützenswert galten Marienbilder, die man nun mit erläuternden Unterschriften versah, Bilder des hl. Christophorus (Kat. 125) sowie Darstellungen von Lokalheiligen, deren Erhaltung aus dem jeweils «lokalgeschichtlichen Kolorit zu erklären ist».[53] Dazu gehört etwa auch der Genter Altar,

der «nur wegen der ihn umgebenden Aura eines grossen Kunstwerks geschont worden ist».[54]

Die in Bern erwogene Unterschutzstellung eines ganzen Kirchengebäudes samt Bilderbestand mutet angesichts des neuen Glaubensverständnisses zunächst paradox an. Bedenkt man indessen die Baugeschichte des Münsters und dessen Stellenwert innerhalb der Stadt, wird bald einmal klar, weshalb der Rat eine solche Entscheidung ins Auge gefasst hat. Der noch junge Sakralbau war in städtischem Auftrag entstanden, mit ihm verband sich der ganze Stolz der spätmittelalterlichen Stadt. Die Identifikation mit dem urbanen Wahrzeichen war weitaus enger als mit einer Bischofskirche, die in erster Linie der Repräsentation eines «fremden Herrschers» diente. Der Berner Magistrat hatte sich lange darum bemüht, das Patronatsrecht über die Hauptkirche zu erlangen,[55] bis er im Jahre 1484 mit der Gründung des städtischen St. Vinzenzstiftes dieses Ziel endlich erreichen konnte. Von da an stand das Münster in allen Belangen unter städtischer Oberhoheit, was seine Sonderstellung erklärt.

Betrachten wir den noch erhaltenen Bilderbestand im und am Münster, so fällt auf, dass sämtliche privaten Stiftungen verschwunden sind. Dieser Tatbestand widerspiegelt nochmals die Ereignisse vom 27./28. Januar 1528, als sich einige Berner lautstark über den eigenmächtigen Abtransport ihrer persönlichen Stiftungen durch die Ratsdelegierten beschweren. Wie oben ausgeführt, haben vermutlich diese Entrüstung der Altgesinnten und das umso energischere Durchgreifen der Neugesinnten den Bildersturm im Münster erst richtig ausgelöst. Es ist in der Tat bezeichnend, dass sich von allen Bildprogrammen fast ausschliesslich jene mit ausgesprochen städtischem Auftragsprofil erhalten haben. Der Schutz dieser «städtischen Bildprogramme katholischen Zuschnitts» lässt sich nicht dem Zufall zuschreiben, sondern dem Bestreben, grundsätzlich das zu bewahren, was diesen Sakralbau auch weiterhin als «städtisch» ausweisen konnte. Wäre auch das Hauptportal dem Bildersturm zum Opfer gefallen, hätte die Stadtkirche ihre Hauptattraktion, den öffentlichen Ausweis urbaner Repräsentation verloren. Dass die Berner Obrigkeit aber nicht nur in ihrer Heimatstadt, sondern auch in anderen Städten ihres Herrschaftsgebietes einen selektiven Umgang mit Heiligenbildern pflegte, zeigen die Beispiele der Kathedrale in Lausanne und der Klosterkirche in Königsfelden, wo die Glasmalereien und Teile des Statuenschmucks ebenfalls obrigkeitlichen Schutz und durch die Jahrhunderte hindurch die nötige restauratorische Pflege erfahren haben.[56]

Die «bernische Bildtoleranz» ging ihren eigenen Weg: weder verschrieb sie sich der zwinglischen Totalverweigerung,[57] noch öffnete sie sich der lutherischen Indifferenz,[58] sondern entschied nach Eigeninteressen. Geschont wurden nur wenige auserwählte Bilder, die der Reputation dieses damals grössten Stadtstaats nördlich der Alpen dienlich sein konnten. Wohl nur aus diesem Grunde blieben auch die 1515 durch Heinrich Wölfli gestifteten Vinzenzteppiche erhalten, die auf einer Länge von 17.91 m die Legende des Stadt- und Münsterpatrons schildern. Im Gegensatz zu der unter dem Münsterhauptaltar aufbewahrten Reliquie des hl. Vinzenz wurden diese Chorbehänge nicht verbrannt, sondern auf obrigkeitliches Geheiss käuflich erworben und als ein «Stück Stadtgeschichte» vor der Zerstörung bewahrt.

Abb. 11
Ulm, Münster, Westportal: Der Schmerzensmann von Hans Multscher (1429) wurde auf ausdrückliches Geheiss des Ulmer Rats vor dem Bildersturm verschont.

1 Kdm BE 4 1960, S. 146–152, Abb. 139–168; Sladeczek 1999a, S. 120–143.
2 Michalski 1990, S. 76.
3 Gutscher 1983, S. 158.
4 Nachstehende Ausführungen zum Bildersturm in Bern stützen sich auf Beiträge des Verfassers (Sladeczek 1988; Sladeczek 1999a, S. 25–54; Sladeczek 1999b, S. 588–604) und auf die jüngsten, aufschlussreichen Beobachtungen von Kurmann-Schwarz 1998, S. 50–54. Die Ausführungen zum Berner Bildersturm bei Körner 1992, S. 243, sind dagegen unzureichend, desgleichen dessen Artikel «Bildersturm» im «Historischen Lexikon der Schweiz» (elektronische Publikation, Stand 11. April 2000), wo die neueste Literatur nicht aufgeführt ist.
5 Zur Berner Reformationsgeschichte vgl. Guggisberg 1958, S. 55–239; Lavater 1980, S. 64–65.
6 Lavater 1980, S. 83; Locher 1982, J 48.
7 Vgl. Sladeczek 1988, S. 298, Anm. 43.
8 de Kegel-Schorer 1999, S. 356–360.
9 Steck/Tobler 1923, Bd. 1, S. 307, Nr. 882 (4. Mai 1526); zu den Glaubensmandaten und deren Bezug zur Bilderfrage vgl. Sladeczek 1988, S. 297–300.
10 Locher 1978; Locher 1980; Backus 1997; Sladeczek 1999b, S. 588–591.
11 Locher 1980, S. 140.
12 Vgl. Sladeczek 1999a, S. 35, Abb. 33.
13 Auch in Zürich erwuchs aus der Opposition der Ikonodulen ein Handlungsdruck für die Ikonoklasten (vgl. Jezler 1990b, S. 154).
14 Anshelm, Chronik, Bd. 5, S. 244–245. Wie Kurmann-Schwarz 1998, S. 51–52, aufzeigt, differieren die Datumsangaben zu den Vorfällen bei Valerius Anshelm und in den Ratsmanualen um einen Tag.
15 Vgl. Sladeczek 1999b, S. 595–596.
16 Man muss sich allerdings fragen, ob die von Valerius Anshelm geschilderte «ordentliche» Räumung der Wahrheit entspricht. Die Obrigkeit hatte offenbar versäumt, wie andernorts üblich, Wachen vor den Kirchentüren zu postieren, denn sonst wäre es den Altgläubigen und auch einem Hans Zehnder auf seinem Esel kaum möglich gewesen, ungehindert ins Münster zu gelangen (vgl. Sladeczek 1999b, S. 595–596). Die Vorkehrungen zur Durchführung eines geordneten «Bildersturms» waren in dieser Hinsicht jedenfalls nur mangelhaft getroffen worden.
17 Vgl. Sladeczek 1999b, S. 599.
18 Wie Michalski 1990, S. 83, betont, kam es seitens der Obrigkeit kaum zu Repressalien gegen die Ikonoklasten. Der Rat reagierte meistens in Form von Erlassen, in denen weitere ähnliche Ausschreitungen ausdrücklich verboten und unter Strafe gestellt wurden.
19 Bern, Staatsarchiv, Ratsmanuale, Bd. 216, S. 192; vgl. von Stürler 1862, S. 89.
20 Kdm BE 5 1969, S. 4.
21 Türler 1903, S. 16; de Quervain 1906, S. 102.
22 Bern, Staatsarchiv, Ratsmanuale, Bd. 216, S. 103, und Bd. 217, S. 177. Die Bilder wurden am 8. April 1528 verbrannt.
23 Bern, Staatsarchiv, Ratsmanuale, Bd. 216, S. 105; vgl. Steck/Tobler 1923, Bd. 1, S. 613, Nr. 1490 (29. Januar 1528).
24 Guggisberg 1958, S. 117 (Punkt 5) und 118 (Punkt 9).
25 Steck/Tobler 1923, Bd. 1, S. 633, Nr. 1513 (7. Februar 1528).
26 Guggisberg 1958, S. 131.
27 Gutscher 1983, S. 158–160; Jezler 1990b, S. 163–169.
28 Bern, Staatsarchiv, Ratsmanuale, Bd. 216, S. 117; de Quervain 1906, S. 96; Steck/Tobler 1923, Bd. 1, S. 614, Nr. 1492 (31. Januar 1528).
29 Stammler 1893, S. 17–21; de Quervain 1906, S. 250.
30 Guggisberg 1958, S. 132; vgl. Gerber 1999, S. 247–250.
31 Wermelinger 1971, S. 37–40.
32 Locher 1980, S. 146–147.
33 Bern, Staatsarchiv, Ratsmanuale, Bd. 225, S. 371.
34 de Quervain 1906, S. 101–109.
35 Vgl. de Quervain 1906, S. 99 (Berner Ratsmanuale, 6. Juli 1533).
36 Vgl. de Quervain 1906, S. 99 (Berner Ratsmanuale, 13. Juni 1534).
37 Berner Zeitung, 25. Mai 2000, S. 13 (Christian Werder: «Unglaublich, was bei uns alles landet!» Städtisches Fundbüro Bern).
38 Jezler 1990b, S. 155.
39 Rapp Buri/Stucky-Schürer 1999, S. 465–474; Rapp Buri/Stucky-Schürer 2000.
40 Dass es auch im Chor des Berner Münsters zu durchgreifenden Säuberungsaktionen kam, beweist allein schon ein Blick auf die leerstehenden Konsolen im Altarraum, die ursprünglich sicher Skulpturen getragen haben. Dem Bildersturm zum Opfer fiel ebenfalls das in der Nähe des Hostienmühlefensters aufgestellte Sakramentshäuschen, eine Stiftung der Söhne des Niklaus von Diesbach (vgl. Kdm BE 4 1960, S. 23–24 und 103; Sladeczek 1999a, S. 224).
41 Kurmann-Schwarz 1998, S. 50–54.
42 Sowohl Jezler 1990b, S. 155–156, als auch Kurmann-Schwarz 1998, S. 52–53, haben auf die mehrfach überlieferte Verehrung von Glasfenstern hingewiesen.
43 Das Chorgestühl des Zürcher Grossmünsters überlebte, trotz Gefährdung, den Bildersturm (vgl. Jezler 1990b, S. 156).
44 Lapaire 1991, S. 83, Abb. 60.
45 Noch 1574 wurde ein neuer Lettner errichtet (vgl. Kdm BE 4 1960, S. 117–122).
46 Sladeczek 1990, S. 40–41; Schmid 2000.
47 Sladeczek 1990, S. 79–88.
48 Im Gegensatz dazu waren die beiden seitlichen Westvorhallen private Stiftungen (vgl. Kdm BE 4 1960, S. 30, 32 und 150).
49 Valerius Anshelms Chronik des Jahres 1528. Vollständige Kopie von Michael Stettler (1580–1642) mit dem Titel *Kurze Beschrybung der lobl. Statt Bern christlichen Disputation* (Bern, Burgerbibliothek, Mss. hist. helv. I. 54, Nr. 8, S. 84–137; eingebunden als letztes Schriftstück in die Chronik von Hieronymus Stettler, des Sohnes von Michael Stettler).
50 Zitiert nach de Quervain 1906, S. 250.
51 Weilandt 1993, S. 426; Kat. Multscher 1997, S. 300–302, Nr. 15.
52 Scharfe 1968, S. 12.
53 Michalski 1984, S. 71–72.
54 Ebd., S. 72.
55 Kurmann-Schwarz 1998, S. 56–57.
56 Schweizer 1997, S. 6.
57 Zur Position Zwinglis in der Bilderfrage vgl. Rüegg 1957; Senn 1981; Altendorf 1984; Rohls 1984, S. 327–331.
58 Zur Position Luthers in der Bilderfrage vgl. Rohls 1984, S. 323–327; Fritz 1997; Poscharsky 2000.

Kommentierte Quellenberichte über Bilder, Bilderstürmer und Betroffene

3

1415, Küsnacht bei Zürich

Die Bauern wollen verhindern, dass ein modernes Marterkruzifix aufgerichtet wird.

Ein merkwürdiger Streit hat am 28. Juli 1415 die Kirchgenossen von Küsnacht vor die Richter in Zürich geführt und uns in aussergewöhnlicher Klarheit ein Stück Realität spätmittelalterlicher Bilderverehrung überliefert.

Seit dem 14. Jahrhundert teilte das Dorf seine dem hl. Georg geweihte Pfarrkirche mit der am Ort neu errichteten Johanniterkomturei. Ein Vertrag von 1381 legte in allen Einzelheiten fest, wie die Unterhaltskosten der Dächer von Chor, Schiff, Apsis, Wendeltreppe, Vorhalle und Beinhaus von Dorf und Komturei gemeinsam zu tragen seien und die Einkünfte des Opferstocks in der Kirche beiden Teilen zukommen sollten. Was während der Messe auf den Altar geopfert würde oder was die Bauern vor der Kirche einsammelten, sollte zudem der Kirchenfabrik des hl. Georgs, d. h. dem Bauvermögen, direkt zufallen.[1]

Gut dreissig Jahre hielt der Friede, doch dann begann der 1407 eingesetzte Komtur Johannes Staler die bisherige Übereinkunft mit zahlreichen Neuerungen zu untergraben. Unter anderem baute er beim Friedhof vor der Kirche den Pferdestall des ehemaligen Leutpriesterhauses in eine Kapelle um. Darin wollte er ein modernes Kruzifix aufstellen, «unseres lieben Herrgotts Marterbild, wie man es seit neuem mancherorts hat», wie es heisst.[2]

Die Dorfschaft war davon alles andere als begeistert. Sie befürchtete, das neue Kruzifix würde ihrem hl. Georg Opfer entziehen, die am Ende dem Bauunterhalt der Pfarrkirche fehlten. Die Meinungsverschiedenheiten führten vor den Zürcher Rat, der zuerst mit sieben, dann mit zwanzig Abgeordneten zu schlichten versuchte. Die ausgehandelte Vereinbarung umfasst vier Punkte:
1. Komtur Johannes Staler soll es erlaubt sein, die Kapelle im Pferdestall zu vollenden und sie innen zu tünchen, einen Altar zu erstellen, die Fenster zu verglasen, die Kapelle zu weihen und das genannte Marterkruzifix darin aufzurichten.
2. Danach müsse er keinen weiteren Ausbau mehr leisten (es sei denn, er wolle dies tun).
3. Die Unterhaltspflicht bleibe allein beim Komtur und dessen Nachfolgern.
4. Alles, was der Kapelle oder dem Kruzifix an Opfern zufalle, müsse der Komtur und jeder seiner Nachfolger dagegen mit den Bauern teilen.

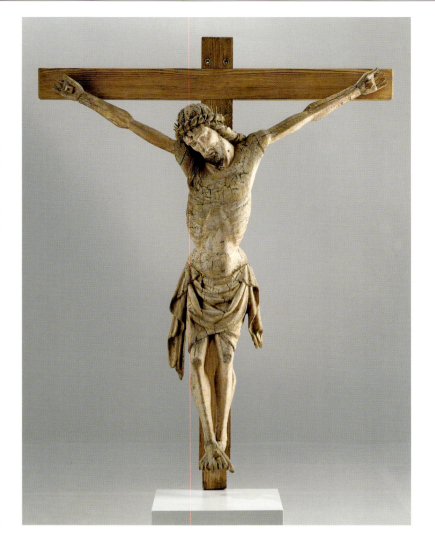

Weder Kapelle noch Kruzifix haben sich erhalten, doch der Gerichtsfall zeigt es deutlich: Ein Bildwerk, das wir ohne schriftliche Überlieferung als Zeugnis der Leidensfrömmigkeit interpretieren würden, muss nicht selbstlos entstanden sein. Vielleicht wollte Komtur Staler damit bewusst Opfergaben zu seinem Vorteil an den Bauern vorbeileiten, denn das Bild besitzt seine eigene Macht. Mit seinem Leidensausdruck könnte es die Affekte der Kirchgänger intensiver rühren als die vorhandenen Bildwerke in der Pfarrkirche. In den Augen der Kirchgenossen wiederum könnte sich der hl. Georg deswegen gekränkt fühlen und dem Dorf in künftiger Not seine überirdische Hilfe versagen. Wer ihm die Opfergaben entzog, schädigte bei der nächsten Kirchenreparatur die Bauern selbst, denn ihnen drohten bei fehlendem Unterhaltsvermögen zusätzliche Abgaben.

Peter Jezler

Kruzifix aus Muri AG, um 1400. Zürich, Schweizerisches Landesmuseum, Inv. LM 56659. – Ähnlich wie dieses Kreuz dürfte *unsers lieben herren gottes martersbild* ausgesehen haben, das Komtur Johannes Staler aufstellen wollte, als er 1415 in Küsnacht den Pferdestall des ehemaligen Leutpriesterhauses zur Kapelle umgebaut hatte.

Man soll wissen, dass es Bruder Johannes Stalers Meinung ist, «in demselben hus undnan, da etwenn ein stall ist gewesen, ein cappell zu buwen und ein crütz des almechtigen unsers lieben herren gottes martersbild, desglich man nüwlich an mangen enden hat, gemachet, darin tůn und stellen wolt, und aber die vorgen[annte] gebursamÿ etwas dawider redent, sunder entsassen, si gebresten in ir kilchen und des lieben heren sant Gȯrÿen...»

Zürich, Staatsarchiv, C II 9, Nr. 61 (28. Juli 1415).

---
1 Zürich, Staatsarchiv, C II 9, Nr. 39b (11. November 1381).
2 Zürich, Staatsarchiv, C II 9, Nr. 61 (28. Juli 1415).

1463, Bern

Johannes Bäli entwendet in Köln die Schädelreliquie des hl. Vinzenz und bringt sie nach Bern.

[...] mit groesser bytterheyt und bedroeffnis unser hertzen [...], so schreibt die Kölner Geistlichkeit am Stephanstag 1463 an den Berner Rat, habe man vernommen, dass *meyster handz Balin eyn heufft [Haupt] und heyltom eyns heyligen mertelers [Märtyrers] uyss der pharkyrchen und capellen sent laurencius in colne [Köln] heymlichen genomen und vort an uch [Euch] bracht [...]* habe.[1] Die Ursache für *sulche groesse oevel dait [Übeltat] und sacrilegium*[2] ist in der Besorgnis des Berner Rats über die mangelnden Fortschritte des 1421 in Angriff genommenen Neubaus der St. Vinzenzkirche zu suchen. Es fehlten nämlich vor allem die Mittel, den Bau zügig voranzutreiben. In dieser Situation kam es den Ratsherren gelegen, dass 1462 Johannes Bäli[3] bei ihnen vorstellig wurde und sich anerbot, den Schädel des hl. Vinzenz aus Köln heimlich zu entwenden und nach Bern zu bringen. Bäli, ein ehrgeiziger Schulmeister, der zuerst in Bremgarten AG, später in Thun unterrichtete, wusste wohl, dass der Rat das Angebot kaum ablehnen konnte. Die Stadt besass nämlich nicht eine einzige Reliquie ihres Patrons. Zudem erhoffte man sich von dem zu erwartenden Pilgerstrom eine zusätzliche Finanzquelle für den Münsterbau. Der Rat ging deshalb auf den ungewöhnlichen Handel ein und beauftragte Bäli, das Vinzenzhaupt zu beschaffen.

Im Herbst 1462 reiste Johannes Bäli – getarnt als Bevollmächtigter in Finanzangelegenheiten des Ratsgeschlechts der von Diesbach – nach Köln und beschaffte sich mit Hilfe eines bestochenen Priesters die kostbaren Reliquien aus der St. Laurentiuskirche. Eilends verliess er darauf die Stadt und begab sich sogleich nach Rom, wo er sich durch Kardinal Nikolaus von Kues Absolution für sein Sakrileg erteilen liess.[4] Nach Bälis Rückkehr wurde das Haupt des Heiligen am 25. Mai 1463 in einer feierlichen Prozession in die St. Vinzenzkirche überführt und im Hochaltar aufgestellt. Es meldeten sich jedoch auch kritische Stimmen zur Art und Weise, wie Bern in den Besitz der neuen Reliquien gelangt war. Bäli beklagte sich darauf beim Rat, dass er beschimpft würde: *[...] der dritt sprach, er sechi mich lieber erhenkt werden, denn dz ich zu Bern legi und essi [...]*.[5] Der gewitzte Schulmeister, der in Köln Kirchenrecht studiert hatte, argumentierte juristisch: *Item die Priester sprechen verschmechtlich, Sant Vincencyen Haubt sy gestoln; die ungelerten pfaffen hand das geistlich recht nit gelesen, dass sy wüssen differentiam inter translationem, alienationem et furtum [Unterscheidung zwischen Überführung, Entfremdung und Diebstahl], es ist nit gestoln.*[6] Bäli plädierte natürlich dafür, seine Handlung als Translation, als Überführung der Reliquien, einzuordnen.

In Köln blieb der Reliquienraub nicht unbemerkt. In der darauf folgenden diplomatischen Auseinandersetzung bestritt der Berner Rat, an der ganzen Angelegenheit ursächlich beteiligt gewesen zu sein: *Wiewol nu sunder zwivel semlich wirdig Heiltum uns durch dieselbe person [J. Bäli] unwissend ouch one allen unseren Ratt und geheiß zugebracht ist, villeicht dz wir halten, von göttlicher schikunge beschehen sin, so haben wird doch Söllicher Gabe nit wöllen entwesen [abweisen], oder verachten [...]*.[7] Göttlicher Wille sei es gewesen, der Bern in den Besitz der Reliquien gebracht habe, und auf diesem Standpunkt beharrte die Stadt auch künftig. Zudem war man sich bewusst, dass

Hans Schwartz (zugeschrieben), Büstenreliquiar des hl. Placidus, Konstanz, um 1480, Silber getrieben und feuervergoldet, H: 62 cm. Chur, Domschatz. – Ähnlich wie dieses Reliquiar aus dem späten 15. Jahrhundert könnte auch das gestohlene Vinzenzhaupt ausgesehen haben.

der Einfluss des mächtigen Köln ganz im Süden des Reiches nicht mehr so gross war, dass er Bern hätte gefährlich werden können. Köln musste sich wohl oder übel mit dem Verlust des Vinzenzhauptes abfinden. Johannes Bäli erlangte erst 1464 seine Belohnung in Form einer Pension, doch noch im selben Jahr verstarb der umtriebige Schulmeister. Das Vinzenzhaupt wurde, wie andere Reliquien auch, 1528 mit der Einführung der Reformation aus dem Münster entfernt und vernichtet.

Beat Immenhauser

---

1 Bern, Staatsarchiv, Fach Bern, Stift, Urkunde vom 26. Dezember 1463.
2 Ebd.
3 Zu Johannes Bäli vgl. Türler 1892, S. 3–28; Zahnd 1979, passim; Teuscher 1998, S. 54–57, 95–105 und 210–214; Immenhauser 1999, S. 157.
4 Bern, Staatsarchiv, Fach Bern, Stift, Absolutionsurkunde vom 4. April 1463.
5 Bern, Staatsarchiv, A III 3, Teutsch Missivenbuch A, S. 438.
6 Ebd., S. 442.
7 Ebd., S. 422.

1443, Horgen, Kanton Zürich

Bildersturm schon 60 Jahre vor der Reformation: «Got grues dich frow metz, wes stest du da?»

Her Lienhart Brun, lupriester ze Horgen, hat geseit by sinem eyd, dz die Switzer und die Eytgnossen die kirchen zuo Horgen, die sacrastye und ein trog uff gebrochen und daruss genomen einen silbrin ubergülten köstlichen kelch, vier altartücher, ein corporal und zwecheln, so zue dem altar gehörten, zwen buecher, ouch etlich gloggen, und haben dz alles roeplich enweggefuert. Die heiligen sacrament des heiligen oelis, des toufs und des crisams haben sy ussgeschüt in ein wissen. Er hab ouch die fleschen des heiligen oelis in der wissen lere funden. Unde den schrin des heiligen fronlichamens haben sy ouch uffgebrochen, darinne geschüt und meynten, er hette gelt darinne.
Item die bildung gottes, als er an dem crütz hangt, haben si mit spiessen und helbarten zerstochen und oben von dem altar abgeworffen und geslagen. Ouch die bildung unser lieben frowen sy von dem altar genomen und sye hinder die türe gesetzt und sy smechlich gegrüst, gesprochen: «Got grues dich frow metz, wes stest du da?» und vil ander unzimliche smachewort haben sy ir erbotten. Item ir unküscheit mit frouwen haben si tigk und vil offenlich unverschampt in der selben kyrchen getriben als in einem huorhus und haben sich des offenlich beruempt. Auch an die stette, da die heiligen sacrament stuonden, haben si ir unreinheit getan, mit urlob, geschissen. Si haben ouch dz beinhus an der selben kirchen verprent und die kirchen me denn einest angestossen zu verprennen, dann dz sie von den gnaden gottes und hilff der frowen, so da waren, wider erloeschen. Ward ouch dz gloghus angestossen zue verbrennen und dz gloggengerüst verbrent. Item er seit ouch dz zue den ziten, so er bettet und messe hetti, die Switzer hinder im stuonden, sin spotten und offenlich sprachen: «Jetz bettet der pfaff sin got von Österrich und rueft an den phawenswantz.»

Zeugenaussagen aufgenommen und beglaubigt durch den kaiserlichen Notar Johannes Kalt, Kleriker der Diözese Konstanz, 20. Juni 1444.
Luzern, Staatsarchiv, Urk 231/3328, S. 6 und 7.

Der Text stammt aus einer notariell beglaubigten Zeugenaussage, die auf Veranlassung Zürichs für einen Rechtstag in Rheinfelden im März 1445 aufgenommen worden ist. Das Berichtete ereignete sich während des Alten Zürichkriegs, jener mit unglaublicher Brutalität geführten Auseinandersetzung zwischen Zürich und den übrigen Eidgenossen um das Toggenburger Erbe.

Was zunächst wie eine Kirchenplünderung durch einen beutegierigen Haufen daherkommt, die vor allem Gegenständen gilt, welche als wertvoll (Kelch, Bücher) oder nützlich (Altartücher, Glocken) erachtet werden, wandelt sich unvermittelt in einen Angriff auf das Heilige selbst. Das Kruzifix wird zerstochen, heruntergeworfen und geschlagen, die Marienstatue aus dem sakralen Bereich des Altars entfernt, gleichsam zur Türsteherin eines Hurenhauses erniedrigt, verspottet und geschmäht, der Tabernakel mit Exkrementen verunreinigt, und die Messfeier mutwillig gestört und verspottet. Was hier geschieht, entspricht weitgehend der Definition des protestantischen Bildersturms als «eine Lösung der Problematik des religiösen Bildes im Protestantismus in der Weise, dass die Entfernung der Bilder sich durch eine demonstrative Zerstörung oder quasi rituelle Verhöhnung der Bilder vollzieht. Der Grad der Legalität, ob der Bildersturm also mit oder ohne Einverständnis der ‹Obrigkeit› stattfand, ist [...] von sekundärer Bedeutung.»[1] Die Ähnlichkeit ist so gross, dass wir uns nochmals bewusst machen müssen, dass die Ereignisse in Horgen noch in einer durch und durch altgläubigen, katholischen Zeit stattfanden und es den Tätern keineswegs um die «Lösung der Problematik des religiösen Bildes» ging. Selbstverständlich zogen diese Krieger auf dem Heimweg über Einsiedeln, um dort «ihrer» Muttergottes für Schutz und Hilfe zu danken, und man weiss, dass sie später ihre Missetaten gebeichtet und ihre Seelsorger in nicht geringe Verlegenheit gebracht haben, wie solche «Sünden» zu behandeln seien.[2] Uns aber stellen sich zwei Fragen: Welches waren denn die Motive eines solchen Handelns? Wie lässt sich verstehen, dass altgläubige «Durchschnittschristen» das, was sie normalerweise als heilig wahrnahmen, so zerstörerisch angreifen konnten?

Die Motivation war, wie es schon die Quelle zum Ausdruck bringt, eine politische.[3] Es ging um eine Kirche im zürcherisch-österreichischen Feindesland. Nun bestand in der mittelalterlichen Volksfrömmigkeit die Auffassung, dass der oder die Heilige im Bildnis real präsent war.[4] Die Realpräsenz im Bildnis multiplizierte gleichsam und lokalisierte den Heiligen an vielen Orten. Der Angriff auf den Gekreuzigten und die Maria von Horgen galt daher nicht dem Heiligen schlechthin, er galt der von den Feinden angenommenen Realpräsenz des oder der Heiligen in ihrer Dorfkirche. Durch die rituelle Verspottung und die Zerstörung demonstrierte man dem Gegner, dass in seinen Bildern die Heiligen nicht präsent waren, dass es sich um kraft- und wirkungslose Holzstücke (goetzen)[5] handelte. Wie man im Krieg das wirtschaftliche und demographische Potential des Feindes durch Mord und Vertreibung der Bevölkerung, Verheeren der Felder und Verbrennen der Dörfer schädigte, so schädigte man durch das Verspotten und Zerstören der Heiligenbilder gleichsam dessen sakrales Potential. In diesem Sinne lassen sich seit dem 11. Jahrhundert überall in der Christenheit solche Bilderstürme durch Christen mehr oder weniger deutlich belegen.[6]

Muttergottes aus Weggis, zwischen 1400–1420, Holz, bemalt, H: 53 cm. Zürich, Schweizerisches Landesmuseum, Inv. LM 20088. – Eine Marienfigur dieser Art dürfte in Horgen von den Kriegern verspottet und misshandelt worden sein.

Schwieriger zu verstehen ist, wie es dazu kam, dass «normale Durchschnittschristen», ohne spezifischen religiösen Überzeugungseifer, sich so weit hinreissen lassen konnten, das üblicherweise auch ihnen Heilige, ja sogar das hl. Altarsakrament, so zerstörerisch anzugreifen. Hier ist davon auszugehen, dass alle diese Heiligenbilder, Heiligenstatuen und Sakralgegenstände Symbole, Zeichen innerhalb kommunikativer Systeme darstellen.[7] Zeichen sind immer mehrdeutig und erwecken je nach der dominierenden Kommunikationssituation unterschiedliche Assoziationen. Entscheidend ist nun, dass die verschiedenen Bedeutungen immer gleichzeitig vorhanden sind, die Symbole gleichsam einen vielstimmigen Klangraum bilden, in dem je nach der herrschenden Kommunikationssituation bald diese, bald jene Töne herausklingen. Hieraus ergibt sich jenes «Flimmern» der Bedeutungen, das sich in gewollten Zweideutigkeiten, bewussten oder unbewussten Missdeutungen und überraschenden Bedeutungswechseln äussert.

Ein solcher Bedeutungswechsel liegt bei den Vorgängen in Horgen vor. In der hasserfüllten Konfliktsituation des Alten Zürichkrieges wurde die religiöse Bedeutung der Bilder gleichsam übertönt durch die politische, dass es nämlich Bilder im feindlichen Lager waren. Dies traf insbesondere Bilder von Heiligen, die man in besonderer Weise für sich beanspruchte: Die Schwyzer und ihre Helfer agierten überall besonders heftig gegen Bilder der Maria, da für sie die Jungfrau von Einsiedeln schon so etwas wie eine Landespatronin zu werden begann und daher beim Gegner nichts zu suchen hatte. In gleicher Weise griffen etwa auch die Schotten den hl. Andreas bei ihren Gegnern besonders vehement an. Auch wenn die religiöse Bedeutung unterschwellig präsent blieb, konnte sie in der Konfliktsituation durch die Bedeutung eines Parteizeichens überlagert werden und in die Nachbarschaft von feindlichen Identifikationszeichen rücken. Unsere Quelle bietet hierfür ein aufschlussreiches Beispiel. Bei der Messfeier in der Horgener Kirche wird für die Schwyzer selbst Gott zum Österreicher und parallel gesetzt zu den Pfauenfedern, dem Parteizeichen der Österreicher.

Dem Mittelalter war die Praxis des Bildersturms, also die «demonstrative Zerstörung oder quasi rituelle Verhöhnung der Bilder»,[8] keineswegs fremd. Der Form nach besass der protestantische Bildersturm eine jahrhundertealte Tradition, er belegte aber das überkommene Handlungsmuster mit einer neuen Bedeutung, jener der grundsätzlichen Auseinandersetzung um den Zugang zum Heiligen an sich.

Guy P. Marchal

Vogelschauplan mit Horgen, aus der Chronik des Wernher Schodoler, 1510–1535. Bremgarten, Stadtarchiv, Nr. 2, fol. 35v. – Die Illustration zeigt neben der marschierenden Kriegshorde mehrere Landkirchen des linken Seeufers (Horgen, Thalwil, Kilchberg), die im Alten Zürichkrieg verwüstet wurden.

---

1 Michalski 1990, S. 69–70; Christin 1989, S. 40.
2 Marchal 1993a, S. 313–314.
3 Ebd., S. 309–321.
4 Dinzelbacher 1990.
5 Luzern, Staatsarchiv, Urk 231/3328, S. 9.
6 Marchal 1993b, S. 275–280.
7 Turner 1978, S. 243–255 (Notes on Processual Symbolic Analysis); Marchal 1995.
8 Michalski 1990, S. 69.

1479, Konstanz

Mit den Reliquien des hl. Magnus werden die Engerlinge vertrieben.

Ich beschwer vch vergifte Würm oder Engerich durch den allmechtigen, himmelschlichen Vater vnd durch Jesum Christum, seinen eingebornen Son vnd durch Gott den heligen Geist, von beden vssgande, das jr von Stund an wichend von disem Ertrich, von disen Felderen vnd Weingerten, auch fürhin in disen kein Wonung habend, sonder das ir wichend vnd hinfarend an dir Ort vnd End, in welchen ir niemand mögend schaden, vnd vss Gwalt vnd Nachlassung dess allmechtigen Gots, auch allens himmelschen Heers vnd der heligen Kirchen Gottes bin ich vch verflühen, vf das wo ir hinfarend, das ir verflücht sigend vnd vnder vch selbs von Tag zuo tags abnemind, welches do geschehen well lassen der, der do künftig ist zuo vrteilen die Lebendige vnd die Toten vnd die Welt durch das Für. Amen. Geben zuo Costantz im Jar 1479 amm 11 Tag Meiens vnser eigen Secret vnd Insigel daran gehenkt.

Exorzismus in der deutschen Fassung von 1566.[1]

Wandmalerei in der Chorbogenlaibung der Wallfahrtskapelle St. Gallus und Einbeth in Adelwil (Neuenkirch LU), um 1600. – Unter dem hl. Zyriacus, einem der Vierzehn Nothelfer, ist der hl. Magnus in weissem Ornat, mit Stab und brennender Kerze dargestellt.

Nach der Überlieferung war der hl. Magnus Diakon am Bodensee. Gemäss zahlreichen Wundererzählungen überwältigte er einen Drachen und vertrieb mit dem Kreuzzeichen schädliches Gewürm. Nach der Lebensbeschreibung eines Gefährten wirkte Magnus später im Allgäu, wo er eine klösterliche Gemeinschaft gründete. Über seiner Grabstätte entstand das Benediktinerkloster St. Mang in Füssen, wo sein in Silber gefasster, wundertätiger Stab aufbewahrt wird. Sein rechter Arm kam 898 als Reliquie nach St. Gallen.

Für die Vertreibung der Engerlinge, des dämonischen Gewürms, das die Ernte vernichten und einen Hungerwinter heraufbeschwören konnte, war fast überall der hl. Magnus zuständig. Die Beliebtheit dieses Heiligen zeigt sich schon an der Tatsache, dass er an vielen Orten Deutschlands und der Schweiz zu den Vierzehn Nothelfern gerechnet oder diesen hinzugefügt wird. In einem Augsburger Missale von 1386 nimmt er den Platz der hl. Margaretha ein, und in einem Mainzer Missale von 1493 lässt er sich als fünfzehnter Nothelfer nachweisen.[2]

In der katholischen Kirche werden die Überreste heiliger oder heiligmässiger Personen als Reliquien bezeichnet (Kat. 26–29). Der Begriff steht aber auch für Gegenstände, die mit den Heiligen zu ihren Lebzeiten in einem unmittelbaren Zusammenhang standen oder mit ihnen in Berührung gekommen waren. Die immer wieder hervorgehobene Kraft der Reliquien wirkt in jedem Teil, so dass selbst dem kleinsten Partikel eine Wunderwirkung zugeschrieben wird. Dieser Glaube führte regelmässig zur Teilung besonders wirksamer Heiltümer und erklärt, weshalb es mehrere wundertätige Stäbe des hl. Magnus gibt. Der weitaus bedeutendste befindet sich, wie erwähnt, in Füssen. Mit ihm gingen die Konventualen des dortigen Klosters regelmässig auch in die Schweiz, um die Felder durch Segnungen und Exorzismen von den gefrässigen Engerlingen zu befreien.

Die Exorzismen waren ein unverzichtbarer Bestandteil der mit den Reliquien des hl. Magnus durchgeführten Flursegnungen. Unter einem kirchlichen Exorzismus versteht man eine direkte und gewaltsame Vertreibung anwesender böser Geister, unabhängig davon, ob diese sich in einem Menschen, einem Tier, auf einem Grundstück oder in einem Haus befinden. Diesen übernatürlichen Geistwesen sind nur Gott, Christus, Maria und die Heiligen gewachsen, weshalb sie in den Exorzismen einzeln angerufen werden. Der Exorzist selbst besitzt diese Kräfte nicht, hat aber die Vollmacht, die Geister im Namen Gottes des Allmächtigen zu verfluchen und an einen anderen Ort zu verbannen. Dabei nimmt er besonders wirksame Heiltümer zu Hilfe, denen nach altem Glauben eine magische Kraft gegen das Böse innewohnt. Aus diesem Grund wurden die Reliquien des hl. Magnus möglichst nahe an die Orte gebracht, an denen sie wirksam werden sollten.

Kurt Lussi

---

1 Zitiert nach Niderberger 1910, S. 875–876; vollständige Fassung bei Wymann 1904, S. 126–138.
2 Spahr 1970, S. 69.

1496/1504, Rossau, Kanton Zürich

Wenn die Untertanen mehr «Kirche» wollen, als die Kirchenobern zu gewähren bereit sind.

Am 14. Dezember 1496 erschienen die Anwälte und Boten des gut acht Kilometer nördlich von Zug gelegenen Bauerndörfchens Rossau vor Burgermeister und Rat der Stadt Zürich. Sie verklagten Abt Ulrich vom Zisterzienserkloster Kappel, weil dieser ihnen verboten hatte, anstelle ihres baufälligen Bildhäuschens eine Kapelle zu errichten.

Der Abt von Kappel hatte dem Vorhaben nichts abgewinnen können. Rossau gehörte zur Pfarrei Baar und leistete dorthin seine kirchlichen Abgaben. Baar wiederum war dem Kloster Kappel inkorporiert. Wenn in Rossau die Kapelle erst stünde – so fürchtete der Abt –, könnte bald der Ruf nach Selbständigkeit als Pfarrei folgen, das Kloster Kappel würde der Rossauer Zehnten verlustig gehen, und noch schlimmer – das Beispiel könnte Schule machen: «es würden andere vielleicht desgleichen auch haben wollen»![1]

Das Zürcher Gericht folgte in allem der Argumentation des Abtes und entschied gegen die Bauern. Acht Jahre später war die Kapelle dennoch gebaut, und die Leute von Rossau begehrten nun vom Abt die Weiheerlaubnis. In der Urkunde vom 22. August 1504 anerkennen die Rossauer in unterwürfigster Weise die Rechte des Klosters Kappel.[2] Ausdrücklich geben sie zu, «diese Kapelle ohne Erlaubnis des genannten, unseres gnädigen Herrn Abts von Kappel gebaut» zu haben. Dem Diktat des Klostermannes folgend, versprechen sie untertänigst, alle Rechte des Klosters zu achten, und zwar an «Zinsen, Zehnten, Renten, Nutzungen, Ehaften und Gülten, wie es

Bildhäuschen in Bösingen FR, hochgotisches Kruzifix heute in der Pfarrei Schmitten FR. – Wie in Bösingen im Kanton Freiburg haben sich in katholischen Gebieten Bildhäuschen und Bildstöcke bis in die Gegenwart erhalten. Ein ähnliches Gebäude dürfte in Rossau gestanden haben, bevor es durch Feuer zerstört worden ist und die Bauern 1504 an dessen Stelle unerlaubterweise eine Kapelle errichtet haben.

1496 entscheidet das Gericht von Zürich, «dass die genannten von Rossau weder Macht noch Gewalt haben sollen, eine Kapelle zu machen und sie weihen zu lassen. Wenn sie es jedoch wünschten, so sei ihnen erlaubt, das jetzt begonnene Bildhaus zu Ende zu bauen und machen zu lassen; dies auf eigene Kosten und ohne des genannten Gotteshauses Kappel Schaden, aber mit der ausdrücklichen Erklärung, dass dieses Bildhaus zu keiner Zeit und keinen Tagen, niemals geweiht und auch nicht anders denn als Bildhaus gebraucht und geachtet werden solle».

Zürich, Staatsarchiv, C II 4, Nr. 509 (14. Dezember 1496),

sie bisher in Rossau und daselbst durch Kauf oder sonst erlangt, innegehabt, besessen, eingenommen, genutzt und genossen hat; nichts ausgenommen, ganz ohne jegliche Kürzung, Schwächung, Minderung, Widerrede, Ersuchung und Hinderung». Gleiches gilt gegenüber den Ansprüchen der Pfarrkirche von Baar.

Weiter verpflichten sich Dorfmeier und Gemeinde, niemals den Versuch zu unternehmen, in ihrer Kapelle eine Pfründe aufzurichten oder gar den Status einer Pfarrei erwerben zu wollen. Für Zuwiderhandlung wird eine Strafe von 400 Gulden (etwa der Wert von 50 Kühen) festgelegt. Alles, was für den Bauunterhalt und Schmuck der Kapelle in den Opferstock kommt, muss zu gleichen Teilen zwischen dem Kloster Kappel, der Pfarrei Baar und der Kapelle Rossau geteilt werden. Die drei Parteien erhalten je einen Schlüssel, damit der Stock nur gemeinsam geöffnet werden kann. Falls die Kapelle aber baufällig werden sollte, hat die Gemeinde Rossau die Baulast allein zu tragen.

Das Verlangen nach einer Intensivierung des traditionellen Kultes kommt im vorliegenden Fall (wie so häufig) von unten. Die nächstoberen kirchlichen Instanzen, der Kirchherr von Baar und besonders der Inkorporationsherr, der Abt von Kappel, wollen 1496 den Ansprüchen der Bauern überhaupt nicht, nach vollendeten Tatsachen 1504 hingegen nur unter umsichtiger Rechtsabsicherung stattgeben. Noch steht die Bewilligung der amtskirchlichen Führung, des Bischofs oder des Papstes, aus. In zahlreichen ähnlichen Fällen zeigt sich jedoch, dass einem päpstlichen Privileg keine grossen Hürden im Wege stehen, sofern die Mission nach Rom und die nötigen Kanzleitaxen bezahlt werden können.

Der Fall von Rossau legt nahe, das spätmittelalterliche Kirchenwesen zu differenzieren. Im Dorf ging es um das eigene Heiligtum und um die Pflege der Lokalreligion. Dem Papst konnte dies recht sein, ihm ging es um die Universalkirche und das *incrementum cultus,* die zunehmende Verchristlichung der Welt. Dem Pfarrherrn ging es hingegen um den Geldbeutel.

Peter Jezler

---

[1] Zürich, Staatsarchiv, C II 4, Nr. 509 (14. Dezember 1496).
[2] Zürich, Staatsarchiv, C II 4, Nr. 522 (22. August 1504).

1501, Florenz

Die Muttergottes mit Pferdemist beworfen: Antonio di Giuseppe Rinaldeschi schändet ein Madonnenbild und wird gehängt.

Am 21. Juli wurde einer gefangen, der den Namen Rinaldo hat, ein Florentiner, welcher ein Spieler war, der, weil er verloren hatte, Mist von Pferden nach einer heiligen Jungfrau Maria warf, die beim Canto de' Ricci ist, in einem engen Gässchen bei der Kirche, die oberhalb eines kleinen Platzes hinter den Häusern steht; und er schlug nach ihrem Diadem.

Luca Landucci, Florentinisches Tagebuch, Bd. 2, S. 70–71.

Die Geschichte des Bildschänders Antonio Rinaldeschi, Sohn des Giuseppe, schildert uns Luca Landucci in einem Tagebucheintrag aus dem Jahr 1501. Doch nicht nur von Luca Landucci wissen wir über den Vorfall Bescheid.[1] Der Klerus von Santa Maria de' Ricci selbst hat nach dem Vorfall eine Tafel in Auftrag gegeben, auf welcher, in neun Felder unterteilt, der Hergang der Tat festgehalten ist. Nachdem nämlich Antonio beim Würfelspiel hoch verloren hat, begibt er sich auf den Heimweg. Der Sprössling einer Florentiner Patrizierfamilie ist wütend und betrunken. Vor der Kirche von Santa Maria de' Ricci hebt er einen Pferdeapfel auf und bewirft damit das Madonnenbild über dem Kirchenportal. Dabei hat man ihn jedoch beobachtet, und er wurde angezeigt. Auf seinem Landgut fällt er den Soldaten des Podestà in die Hände, die ihn in die Stadt, vor das Tribunal der Acht führen. Das Strafgericht verurteilt ihn dazu, am Fensterkreuz eines der Kommunalpaläste öffentlich gehängt zu werden.

Ein Heiligenbild zu attackieren, bedeutete im Spätmittelalter Blasphemie. Deshalb war die Strafe, welche die Acht verhängten, durchaus angemessen. Doch Antonio wurde nicht nur hingerichtet, sondern wurde nun selbst ebenfalls zu einem Bild, ja sogar zu einem doppelten Bild, und zwar zu einem der Schande: erstens als öffentlich präsentierter Leichnam und zweitens als Schlussbild der Tafel in Santa Maria de' Ricci, das im Stil der *pittura infamante* als einer im Mittelalter gebräuchlichen Strafpraxis gehalten war.[2]

Die Geschichte des Antonio Rinaldeschi ist aber nicht nur die eines Delinquenten, sondern auch eine von Bildern und deren gesellschaftlichen Funktionen. An dem von ihm begangenen Sakrileg wird der tief verwurzelte Glaube an die magische Bedeutung von Bildern sichtbar, welcher der *pittura infamante* ebenso unzweideutig Schande zuwies, wie er frommen Bildstiftungen Gnade und Heil versprach. Florenz war um 1500 denn auch geprägt von Schand- und Gnadenbildern. Die städtischen Statuten sahen nämlich vor, dass säumige Schuldner sowie Bankrotteure für alle sichtbar und namentlich an den Kommunalpalästen darzustellen seien; von diesen Bildern hat sich kein einziges erhalten. Ebensowenig sind die unendlich zahlreichen Exvoto-Puppen überliefert, die das Florentiner Patriziat in Orsanmichele und später in SS. Annunziata stiftete und von denen auch noch Giorgio Vasari zu berichten wusste.[3]

Die Geschichte des Antonio Rinaldeschi zeigt die magische Bedeutung der Bilder exemplarisch auf und erhellt den Zusammenhang von Verehrung, Heilserwartung, Sakrileg, Verdammnis sowie deren erneute Transformation in Verehrung und Heilserwartung. Denn mit der Hinrichtung Antonios und der Ausstellung seines toten Körpers schliesst die Geschichte nicht. «Es kam ganz Florenz um zu schauen», fährt Luca Landucci in seinem Bericht fort, «so dass, als der Bischof kam, um diese heilige Jungfrau Maria zu sehen, er den Mist von ihr wegnahm, so dass kein Abend war, an dem nicht viele Pfund Wachskerzen aufgestellt worden wären und die Andacht immerfort wuchs. Und in wenigen Tagen kamen so viele Bilder hin, wie man dann mit der Zeit sie sah.»[4]

Die Attacke gegen das Madonnenbild brachte gewissermassen neue Gnadenbilder hervor. Aus der Bildschändung erwuchs nämlich eine neuerliche Bildverehrung, die weitere Bildstiftungen nach sich zog. Jährlich, am Tag der Maria Magdalena, erlebte das geschändete Madonnenbild eine besonders innige Verehrung. Zu diesem Anlass präsentierten die Kleriker der Kirche jeweils die von ihnen in Auftrag gegebene Tafel mit der Geschichte des Antonio Rinaldeschi – nicht nur als Drohung, sondern auch als Heilsversprechen.

Lucas Burkart

---

1. Luca Landuccis Landsmann Agostino Lapini berichtet ebenfalls von der Bildschändung (Lapini, Diario fiorentino, S. 44).
2. Edgerton 1985, S. 50–58.
3. Vasari, Le vite, Bd. 3, S. 372–373; vgl. auch von Schlosser 1993, S. 54–68.
4. Landucci, Florentinisches Tagebuch, Bd. 2, S. 71.

▷
Tafel mit Darstellung von «Sakrileg und Hinrichtung des Antonio Rinaldeschi», Öl auf Holz, H: 102; B: 105 cm, Florenz, Museo Stibbert, Inv. Nr. 16 719.

Quellenberichte *Rinaldeschi wegen Sakrileg gehängt* **113**

1
Der als notorischer Spieler bekannte Antonio verlässt die Osteria «Zur Feige», wo er beim Würfelspiel nicht nur sein gesamtes Geld, sondern auch seine Kleider verloren hat. Die beiden Mitspieler scheinen ihr Glück zu bedauern.

2
Blind vor Zorn und von Teufeln angestachelt, hebt er auf dem Heimweg Pferdemist auf. Auf der Suche nach einem Objekt zur Entladung seines Zorns gelangt er zur Kirche von Santa Maria de' Ricci.

3
Fluchend bewirft er das Madonnenbild über dem Kirchenportal mit einem Pferdeapfel. Bei seinem nächtlichen Frevel wird er jedoch beobachtet und unverzüglich bei den Behörden angezeigt.

4
Obwohl Antonio noch in derselben Nacht aus der Stadt auf seinen Landsitz geflohen ist, spüren ihn die Soldaten des Podestà in seiner Villa auf. Wieder nüchtern, bereut er seine Untat und versucht, sich selbst zu richten.

5
Unter strenger Bewachung (auch vor sich selbst) wird Antonio von den Soldaten nach Florenz geführt. Das florentinische Wappen am Stadttor verweist auf die Rückführung des Delinquenten in den städtischen Rechtsbezirk.

6
In Florenz wird er zunächst in den Kerker geworfen und danach in den Bargello, den städtischen Justizpalast, geführt.

7
Sein Fall wird vom Gericht der Acht untersucht. Antonio gesteht seine Schandtat. Die Acht verurteilen ihn zur schmählichsten aller Strafen: öffentlich an einem Fenster des Bargello aufgehängt zu werden. Die Vollstreckung des Urteils erfolgt innerhalb der nächsten 24 Stunden.

8
Nach einem letzten Gebet in der Palastkapelle wird Antonio zur Urteilsvollstreckung geführt. Zwei Mitglieder der Laienbruderschaft von Santa Maria della Croce al Tempio, deren Aufgabe es ist, den Verurteilten Trost zu spenden, indem sie ihnen in der Todesstunde Heiligenbilder zeigen, begleiten Antonio auf seinem Weg zur Hinrichtung.

9
Antonio wird erhängt. Als Schandmal bleibt sein Körper bis zum nächsten Tag, für alle sichtbar, hängen. Seiner reumütigen Bitte nach Erbarmen jedoch wird stattgegeben: Im Schwertkampf mit diabolischen Figuren erretten zwei Engel die Seele des Übeltäters aus den teuflischen Klauen und somit aus der ewigen Verdammnis.

1510, Strassburg

Schon vor der Reformation predigt Johannes Geiler den richtigen Umgang mit den Bildern.

Der Strassburger Münsterprediger Johannes Geiler (1445–1510) hat sich mehrmals in anschaulichen Worten zum richtigen und falschen Gebrauch der Bilder geäussert. Er schreibt ihnen eine belehrende Funktion zu und macht aus den Bildern auf altbewährte Weise *die geschriften und buecher der gemeinen leygen, in denen sy den glouben sollend leren*.[1] Er betont ihre Beispielhaftigkeit und empfiehlt ihre Inhalte zur Nachahmung. Vorbildlich seien die gemalten Darstellungen von Heiligen, da sie die Menschen Demut, Enthaltsamkeit, Mässigung beim Essen und Trinken, Geduld im Leiden und Keuschheit lehren.[2] Geiler fördert somit den Bilderkult und schlägt dafür eine der Frömmigkeit des einfachen Volkes angepasste Gebrauchsanweisung vor – nicht ohne unsachgemäss auf die scholastischen Diskussionen hinzuweisen, um diese ins Lächerliche zu ziehen:

> Kanst weder schreiben noch lesen so nim ein gemalten brieff für dich daran Maria die muotter gots und Elizabeth gemalt ston als sie zesamen kumen seind und Maria Elizabeth gegrüsset hat in Zacharias huss / du kauffest einen umb ein pfening / thuon zuo den ersten eins und sitzt nider und sihe den brieff an und gedenck daran wie sie froelich gewesen seind und guoter ding / und erken dz im glauben (recognosce per fidem) darnach wan du es erkant hast / so hab ein gefallen daran / lass dir das wol gefallen. Zuo den dritten darnach so erzoeg dich gegen inen in usserlicher eer erbeitung kuss die bild an den brieff kanstu anders nit bass / neig dich vor iren bild oder knüw darfür nider und rüff sie an / oder gib eim armen menschen ein almüsen umb irent willen / dz ist geeret Maria die muoter gots und ir mum Elizabetht uff den dreien stücklin stot es alssamen (reconnosce complacenciam habere et in exhibitione exteriori reuerentie) das ist (actolatrie dulie et yperdulie) die scotisten und thomisten dispurtirent tag und nacht davon und hond das fallentübel / und ist nit anders wen eben dz / ich wolt nit vil für den gründ nemen du nemst villeicht ein flesch mit wein darfür.

Evangelia mit Ausslegung, fol. 173.

Porträt von Johannes Geiler von Kaysersberg (1445–1510), Titelbild von *Doctor Keisersberg Postill*, Strassburg: Johannes Schott, 1522, Holzschnitt, Johannes Wechtlin zugeschrieben, H: 19.4; B: 15.6 cm. Strassburg, Cabinet des Estampes, Inv. Ab, 22,1. – Der aus Schaffhausen gebürtige Doktor der Theologie wirkte von 1478 bis zu seinem Tod als Prediger am Strassburger Münster. Er war ein unerbittlicher Kritiker der Sitten seiner Zeitgenossen.

Beiläufig erwähnt Geiler die Barmherzigkeit gegenüber den Armen als eine Alternative zum Bilderkult, die wie die Kritik an den scholastischen Theorien in der Reformation zu einem Lieblingsthema wird. Anderswo verlangt Geiler eine Verinnerlichung, die, ohne die Hilfe des Bildes zurückzuweisen, darüber hinausführt:

> Ich setz dir bilde ein / wie Christus Jesus unnser herre / knüwe an dem ölberg / und im der blütige schwaiss über sein antlütz abrinn / als du das betrachtest / so bleib nit ston auff dem bild / aber tringe weitter ein / und gedenck das er dein got und erlöser ist / und auss seiner grundlosen barmhertzigkait. sollliches umb deinent willen gelitten hatt.

Geiler, Predigten, Bd. 2, S. 107.

Wie Johannes Gerson, dem er in dieser Predigt Schritt für Schritt folgt,[3] weiss Geiler, dass nicht alle Bilder für die Erhebung der Seele geeignet sind. Ersterer befürchtet, dass sich die Gedanken der Frauen um die Nacktheit oder das Lendentuch des Gekreuzigten drehen und die Männer dem Charme einer Madonna erliegen. Der zweite beschuldigt Nonnen ihrer unkeuschen Wünsche nach Jesuskindfiguren und beklagt sich über die verführerische Kleidung der Heiligen:

> Was die natur verborgen hat / dz sol ein mensch nit entdecken [...] Das ist wider die bildschneider / und die maler und dz völcklin kein maler kan kein iesus knaben ietz malen / on ein zeserlin es muoss ein zeserlin haben / also sprechen unsere begeinen und nunnen / und wenn man ein iesus knaben in ein closter gibt / hatt es kein zeserlin so sol es nüt / dz findestu nienen in den alten gemelden / dz es also gemalt ist sunder es ist allessamen fein verborgen und verdeckt / also dz man nüt ungschaffens sicht / und nit allein ist es des stücksshalb / sunder auch in andern gemelden von andern heiligen. Sant Katharin / sant Barbara / saint Agness / oder sant Margredt / malen sie ietz nit anders weder die edlen weiber gond und die gemeinen dürren / dann zwischen edlen weiber und huren ist kein underscheid der cleider halb.

Evangelia mit Ausslegung, fol. 184.

Johannes Geiler nimmt an solchen Bildern Anstoss, weil er ihre beachtliche Wirkungskraft erkennt. Er möchte sie deshalb in den Dienst einer geregelten Verehrung stellen. Aber verdanken die Bilder ihre Wirkungskraft nicht gerade einer sinnlichen Verführung, die die Kontemplation in einer allzu menschlichen Sphäre zurückhält? Der Ikonoklasmus der Reformation sollte das Problem auf radikale Art lösen.

Jean Wirth

«Der Ettiswiler Gattenmord», Illustration aus der Luzerner Chronik von Diebold Schilling d.J., 1507/1513. Luzern, Zentralbibliothek, Hs. S 23, fol. 215v. – An der Wand einer ländlichen Kammer hängt der Einblattdruck einer Kreuzigungsgruppe.

---

1 Johannes Geiler: Der Seelen Paradiess, Strassburg 1510, fol. 101; zitiert nach Pfleger L. 1910, S. 429. Lucien Pflegers Untersuchung enthält fast alle hier verwendeten Quellenauszüge (ebd., S. 428–434).

2 Johannes Geiler: Evangelia mit Ausslegung, Strassburg 1517, fol. 223.

3 Johannes Gerson: Tractatus pro devotis simplicibus (Gerson, Opera omnia, Bd. 4, S. 608–610).

1522, Luzern

Aureola Göldli – in der Schweiz beginnt der Bildersturm mit einer Frau.

Am 19. Dezember 1522 berichtet der Luzerner Theologe und Lehrer Oswald Myconius (1488–1552) in einem Brief an Zwingli über einen bemerkenswerten Rechtsfall und bittet dazu um Rat. Aureola Göldli[1] sei vor etlicher Zeit[2] bei ihrem Mann in Zürich erkrankt und hätte für ihre Heilung eine Skulptur des hl. Apollinaris für die Beginenkapelle St. Anna im «Bruch» in Luzern in Auftrag gegeben. Wohl 1522 dürfte Frau Göldli mit reformatorischem Gedankengut in Berührung gekommen sein, realisierte die Sinnlosigkeit ihres vormaligen Tuns, entfernte eigenhändig die Heiligenfigur aus der Beginenkapelle und übergab sie dem Feuer.[3] Gar nicht einverstanden waren damit die Beginen, die beim Luzerner Rat – als Gerichtsinstanz – klagten. Dieser stellte fest, dass die Tat ein Verstoss «gegen den Glauben, gegen die katholische Kirche, gegen das Evangelium Christi und überhaupt gegen alles Heilige und Profane» sei.[4] Frau Göldli wurde nicht nur zu einer saftigen Busse von 40 Goldstücken, sondern auch zur Wiedererstattung der Skulptur verurteilt. Die Busse habe sie daraufhin wohl bezahlt, berichtet Myconius, aber die Wiederbeschaffung der Heiligenfigur hätte sie – abgesehen davon, dass diese ja verbrannt war – in einen Gewissenskonflikt gebracht. Schon einmal habe sie sich mit der Bestellung der Skulptur versündigt – sollte sie dies mit der Beschaffung einer Ersatzfigur noch einmal tun? Das wollte sie nicht, und daher wandte sie sich an Myconius.[5] Dieser konnte sich der Not von Frau Göldli nicht verschliessen, lehnte er doch wie Zwingli die Vermittlung und Fürsprache der Heiligen ab. Als eine seiner letzten Handlungen in Luzern – sein Weggang nach Zürich war bereits beschlossene Sache – wandte er sich daher an seinen Freund Zwingli.

Zwingli, der Brisanz und Dringlichkeit der Sache bewusst, antwortete Myconius bereits am 22. Dezember 1522.[6] Ein grosser Teil des Briefes ist in Ichform aus der Perspektive der Angeklagten geschrieben, wie wenn er ihr gleich einen Musterbrief vorlegen wollte. Zwingli lässt Frau Göldli die Herren vom Luzerner Rat bitten, eine unglückliche Frau nicht nochmals zu etwas zu zwingen, das sie in ihrer Schwachheit schon einmal getan habe. Hingegen sei sie bereit, den Beginen zu bezahlen, was das Bild gekostet habe, und es diesen zu überlassen, was sie mit dem Geld anstellen möchten. Damit anerkannte Zwingli zwar die bestehenden Eigentumsverhältnisse und die Zuständigkeit des Gerichts, gewährte aber gleichzeitig der Frau einen eleganten Ausweg aus ihrer Seelenpein.[7] Wenn aber weder der Rat noch der Pfarrer – und hier spricht Zwingli nun wieder zu Myconius – auf diesen

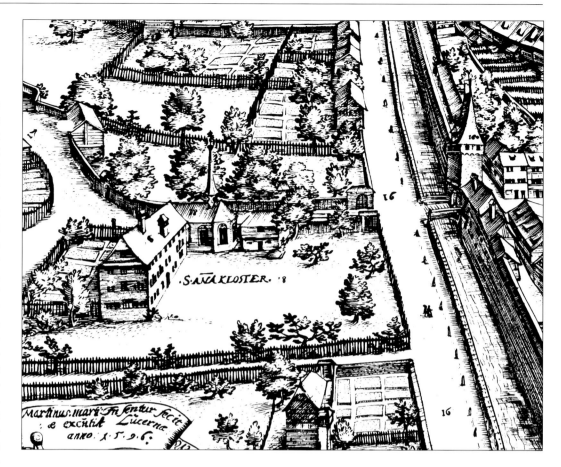

Vorschlag eingehen könnten, dann wisse er selber auch nichts anderes zu raten, als was die Apostel gesagt hätten: «Man muss Gott mehr gehorchen als den Menschen» (Apostelgeschichte 5,29). Wenn man zuvor alles andere versucht habe, dann sei es besser, in den Tod zu gehen als nachzugeben. Ohne Zweifel bezieht sich Zwingli hier auf den Fall des Toggenburgers Uli Kennelbach, der zwei Jahre zuvor bloss wegen bilderfeindlicher Äusserungen hingerichtet worden war. Was mit Frau Göldli geschehen ist, wissen wir nicht – Zwingli hat sich nicht mehr zum Fall geäussert, und auch andere Quellen schweigen.

Quirinus Reichen

---

1 Der Vorname «Aureola» wird von Myconius erwähnt. Die Zuordnung ist aufgrund der Quellen aber unsicher, möglich wäre auch «Dorothea» oder «Afra», die zweite oder dritte Frau von Junker Renwart Göldli. Die Göldli waren Bürger von Zürich. Einige Familienmitglieder sind zu Beginn der Reformation nach Luzern ausgewandert (vgl. Zwingli, Werke, Bd. 7, S. 640, Nr. 261, Anm. 1).
2 Vermutlich im September 1520 (laut Ratsbuch Luzern, Nr. XI; vgl. Zwingli, Werke, Bd. 7, S. 640, Nr. 261, Anm. 1).
3 Garside 1966, S. 99.
4 Zwingli, Werke, Bd. 7, S. 640–641, Nr. 261.
5 Jezler 1991, S. 91.
6 Zwingli, Werke, Bd. 7, S. 644–646, Nr. 263.
7 Jezler 1990b, S. 149.

Martin Martini, Prospekt der Stadt Luzern von Süden, Kupferstich, 1597, Blatt A (Ausschnitt). Zürich, Zentralbibliothek. – Der Prospektausschnitt zeigt das Luzerner Beginenhaus im «Bruch» im Jahre 1596. Für die dortige St. Annakapelle stiftete Frau Göldli um 1520 eine Skulptur des hl. Apollinaris, die sie 1522 aus Gewissenskonflikten aber wieder zurücknahm und verbrannte.

Zwingli legt Frau Göldli in den Mund: «...ich bin bereit, den Beginen so viel Geld zu geben, wie das Bild gekostet hat, und ich überlasse es ihnen vollumfänglich, über dieses Geld zu verfügen...».

Zu Myconius sagt Zwingli: «Und wenn weder der Rat noch Pfarrer Bodler irgendwie überzeugt werden können, so kann ich nichts anderes raten, als was die Apostel gesagt haben: ‹Man soll Gott mehr gehorchen als den Menschen› (Apostelgeschichte 5,29). So rate ich, eher den Tod zu erleiden als nachzugeben. Gleichwohl soll vorher alles versucht worden sein. Wehe aber der Stadt, die eine solche Obrigkeit hat.»

Zwingli, Werke, Bd. 7, S. 645, Nr. 263, Zeilen 16–18 und 25–29 (Übersetzung des lateinischen Textes).

1523, Weiningen, Kanton Zürich

Bilderstürmer zwingen zwei Heilige zum Beischlaf und enthaupten eine Christusfigur.

Unerhörtes soll sich gemäss einer eidgenössischen Klage am 11. und 12. November 1523 in Weiningen ZH zugetragen haben. Nachdem der dortige Pfarrer, Georg Stäheli, geheiratet hatte, kam es in der Nacht zu einem Bildersturm. Die Tafel des Hochaltars blieb verschont und wurde anderntags von Altgläubigen in einer Kammer verschlossen.

> Do das die unrüewigen vernommen, haben sie in der nacht die kammer ufbrochen und zerschlagen, dieselb tafel in das wirtshus tragen und die bild Sant Johannsen und Sant Katherinen us der tafel genommen, uf den tisch Sant Katherinen gelegt und Sant Johannsen oben uf si, uf meinung dass si söllten junge machen; demnach einer uss inen geredt, ich han Sant Katherinen an die fud [Fotze] wellen gryffen, da konnd ich vor dem oberrock nit darzuo kon, und zuolezst, nach vil und langem muotwillen, die tafel und alle bild verbrennt.
> [Doch damit nicht genug] ... hat einer die bildnuss unsers herrn am crütz genomen [...] und gesprochen, o du eierdieb, wie hast uns so lang umb vil eyer beschissen, und damit zuckt [das Schwert gezogen] und unserm herrn den kopf abgehowen.

EA, Bd. 4, Abt. 1a, S. 359.

An der geschilderten Szene fällt zunächst der karnevaleske Charakter auf. Dazu gehören der derbe Humor, die Umkehrung der Werte (in diesem Fall die Profanierung des Sakralen), aber auch die Verbindung von Trinken (die Szene spielt im Wirtshaus) und Sexualität, zweier konstitutiver Elemente frühneuzeitlicher Festkultur.[1] Es ist deshalb nicht unbedeutend, dass die Vorfälle unmittelbar nach Martini, einem der traditionell wichtigsten ländlichen Festtage, stattgefunden haben sollen. An Martini hatten die Bauern auch den Zehnten zu entrichten, oft in Form von Naturalien, worauf die Beschimpfung «Eierdieb» Bezug nimmt. Bei der Statue handelt es sich aber auch, wie die Quelle ausführt, um den Grablegungs-Christus, *wie man den am karfrytag zöigt* (Kat. 85). Er wurde also am Ende der Fastenzeit präsentiert – einer Zeit, in der den Bauern ein wichtiger Bestandteil ihrer Ernährung, nämlich Eier, verboten war.

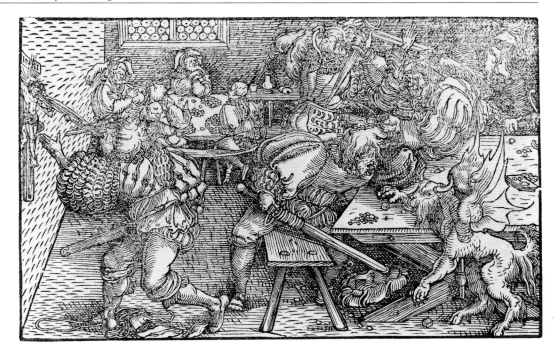

Hans Wydyz, Holzschnitt aus dem «Trostspiegel» von Petrarca, 16. Jahrhundert. München, Staatliche Graphische Sammlung, Inv. 216483a. – Die Wirtshausszene zeigt in moralischer Absicht einen Bilderfrevel als Folge von Spielleidenschaft: Am linken Bildrand greift ein enttäuschter Spieler mit einem Dolch das Kruzifix an. Es bleibt unklar, ob der Bilderstürmer das Bild bespuckt oder ob sich das Bild mit einem göttlichen Lichtstrahl gegen den Angriff wehrt. In der Wirtsstube kommt es neben der als dämonisch dargestellten Spielerei zu einer Messerstecherei.

Die Weininger allerdings bestritten die gegen sie erhobenen Vorwürfe.[2] Tatsächlich lässt sich die Möglichkeit, dass es sich bei der vorliegenden Quelle um katholische Propaganda handelt, nicht von der Hand weisen. Im Herbst 1523 griff die Reformation nämlich zunehmend auf das Land über.[3] Die Eidgenossen waren entschlossen, der Ausbreitung der neuen Lehre entgegenzutreten. Dabei richtete sich ihr Augenmerk auf die Vertrauten Zwinglis, die in den ländlichen Pfarreien wirkten, wie auf den Weininger Pfarrer Georg Stäheli, den Zwingli 1520 als Helfer nach Zürich geholt hatte.[4] Die Vorwürfe, die an der Tagsatzung vom 13. Januar 1524 vorgetragen wurden, richteten sich in erster Linie gegen ihn. Der geschilderte Bildfrevel sollte die gerichtliche Zuständigkeit des eidgenössischen Landvogts in Baden untermauern.[5] Tatsächlich plante dieser eine nächtliche Entführung Stähelis, was aber durch die Mobilisierung der Bauern verhindert wurde.[6]

Wir wissen also nicht, ob sich im Wirtshaus zu Weiningen wirklich alles so zugetragen hat, wenn auch die Möglichkeit, und das ist entscheidend, durchaus besteht. Wie zahlreiche Vergleichsbeispiele zeigen, hatten ikonoklastische Aktivitäten häufig karnevaleske Züge.[7] Ebenso charakteristisch ist das zutage tretende Bildverständnis. Die Heiligenbilder und Heiligenskulpturen werden als reale, handelnde Figuren aufgefasst, verhöhnt und, im Falle der Christusstatue, förmlich exekutiert.

Peter Habicht

---

1 Burke 1981, S. 192–218.
2 *Jedoch vermeinen die armen lüt zuo Winingen unschuldig ze sin des, so man inen der götzen halb vor dem vogt zuo Baden zuogelegt hab* (EA, Bd. 4, Abt. 1a, S. 401).
3 Jezler 1990; Kamber 1997.
4 Sieber 1917.
5 Der eidgenössische Landvogt war nur für das Malefiz, also das hohe Gericht, zuständig. Die niedrige Gerichtsbarkeit lag (als Lehen des Klosters Einsiedeln) in den Händen der Zürcher Familie Meyer von Knonau.
6 EA, Bd. 4, Abt. 1a, S. 360, 370, 376, 435 und 445.
7 Scribner 1985b, S. 117–152.

1523, Russikon im Zürcher Oberland

Die Bauern wollen plötzlich vom bestellten Altarschrein nichts mehr wissen.

Wie unverhofft die Reformation manche Gemeinde ereilt hat, zeigt ein Streit, den die Kirchgenossen von Russikon 1523 mit dem Bildschnitzer Heinrich Gassmann von Rapperswil ausgefochten haben. Noch vier Jahre zuvor, 1519, hatte Russikon wie so manches Bauerndorf den Neubau einer stattlichen spätgotischen Landkirche in Angriff genommen (vgl. Karte, S. 78). Es folgte die Neuausstattung, in deren Verlauf die Gemeinde ein Schreinretabel *(ein taffel mit byld und mit anderm geschmid)* für 60 Gulden bei Heinrich Gassmann in Rapperswil in Auftrag gab. Bis Martini (11. November) oder Johannis (27. Dezember) 1522 hätte, so die Vertragsbestimmung, der Altar aufgerichtet sein müssen. Allein, der Bildschnitzer kam in Lieferverzug. Er hatte sich mit einem Werkzeug verletzt *(gehowen)* und blieb für einige Zeit arbeitsunfähig. Währenddessen fand am 29. Januar 1523 in Zürich die Erste Disputation statt, in welcher Zwingli die Guten Werke, die Leistungsfrömmigkeit und nebenher auch die Bilder verwarf (vgl. Kat. 139). Die neuen Lehren verbreiteten sich, Gassmann lieferte nicht, und plötzlich wollten die Kirchgenossen aus Russikon von ihrer Bestellung nichts mehr wissen.

Umgehend klagte Gassmann am 21. Juni 1523 vor dem Gericht in Pfäffikon auf Vertragserfüllung. Die Anwälte der Russikoner Auftraggeber brachten vor, der Liefertermin sei verstrichen. Von den vielen Personen, die an den Schrein zu zahlen in Aussicht gestellt hätten, seien einige fortgezogen, andere wollten nichts mehr geben. «Zudem wüsste jedermann wohl, wie es jetzt wild herginge, und niemand mehr viel von diesen Dingen hielte.» – So schnell hatte das Schmücken der Kirche mit Bildwerken seinen Anreiz verloren.

Das Gericht verlieh dem Bildschnitzer, da er von «Gottes Gewalt versäumt» worden sei, ein halbes Jahr Gnadenfrist. Ob der Flügelalter noch bis Weihnachten 1523 zur Aufstellung gekommen ist, wissen wir nicht. Wenn ja, so durfte er gemäss Zürcher Ratserlass vom 19. Dezember 1523 gar nicht geöffnet werden,[1] und würde schon im Sommer 1524 aufgrund des Bildermandats dem Scheiterhaufen zum Opfer gefallen sein.[2]

Peter Jezler

Literatur:
Kdm ZH 3 1978, S. 251–260 (zur Pfarrkirche Russikon).

---
1 Egli 1879, Nr. 460.
2 Ebd., Nr. 544 und 546.

Die Anwälte derer von Russikon verteidigen sich vor dem Gericht:
Unnd diewil dann Gassman die beid tag und zyl [die Liefertermine] über sechen und die taffel inn der zyt nit gemacht [...] hab, so wärind sy der meinung, dz sy die taffel nit nämen, sunder so verhofftindt sy, dz Gassman die taffel selbs haben, so wöltindt sy ir gelt och haben, dann vil personen an die tafell zů geben verheissen, die siderhar usss der barrochy [Pfarrei] hinwäg zogen [...], die jetz nützmer geben wöltindt. Zů dem wärindt sust ander och unnwillig worden, die och nütz mer wöltindt geben [...]. Und könndint noch möchtindt dz gelt nit mer uff bringen und můsti die kilch des ein grossen schaden empfachen, dann er jeder man unnwillig gemacht mit dem, dz er dz solang verzogen und die taffel nit gemacht, dz niemand nütz mer daran thůn noch geben wölt. Zů dem wüssti mengclich wol, wie jetz ein wild ding wäry, dz niemandt nütz mer uff dissen dingen hettj, damit sy all bewegt und dester unnwilliger worden utzit [jetzt] an die taffel zů gebende...

Zürich, Staatsarchiv, E I 30.105, Nr. 2 (Pfrundakten Russikon).

In die 1519–1522/1523 neu erbaute Russikoner Dorfkirche hätte er kommen sollen: der Flügelaltar des Bildschnitzers Heinrich Gassmann. Aber das Retabel fiel zwischen Stuhl und Bank. Noch vor der Ausbreitung der Reformation in Auftrag gegeben, erfolgte seine Lieferung nicht rechtzeitig, und da wollten die Kirchgenossen von Russikon im Sommer 1523 unter dem Eindruck der neuen Lehren von ihrem Auftrag nichts mehr wissen.

Holzschnitt aus dem Tenglerschen Layenspiegel, Mainz 1508. – Die enzyklopädische Darstellung zeigt eine Reihe von Leib- und Todesstrafen: Verbrennen, Hängen, Ertränken?, Scheren, Rädern, Ausdärmen, Blenden, Auspeitschen, Enthaupten und Handabschlagen. Im Bildersturm wurde die Strafgerichtspraxis häufig auch auf Skulpturen und Tafelbilder angewendet: Vor allem Verbrennen, Enthaupten und Vierteilen, aber auch Blenden, Handabschlagen, Hängen und Ertränken.

1524, Aadorf, Kanton Thurgau

In der Weihnachtsnacht werden die Kirchenbilder wie Verbrecher geviertelt und ins Moor geworfen.

Im Frühjahr 1524 hielt der Prädikant aus Winterthur in Elgg eine Gastpredigt. Er ermahnte die Gemeinde, in Zukunft weder hölzerne noch andere Götzen auf den Altar zu stellen, sie nicht anzubeten noch sonst wie zu verehren. Da erhob sich der Priester aus dem nahe gelegenen thurgauischen Dominikanerinnenkloster Tänikon und rief: *so stellen küe und kelber uf den altar!*[1] Mit seiner spöttischen Widerrede löste er in der Kirche einen Tumult aus, infolge dessen er aus dem zürcherischen Elgg über den Schneitberg in den Thurgau zurückfliehen musste. Spätestens seit diesem Vorfall war der Bilderstreit auch in der Umgebung des Klosters Tänikon in vollem Gang.

Als der Pfarrer im benachbarten Aadorf an Weihnachten des gleichen Jahres den rituellen Umgang halten wollte, weigerte sich der Sigrist, ihm das dafür benötigte Kruzifix herauszugeben.[2] Im Dunkel der Weihnachtsnacht machten einige Unbekannte daraufhin kurzen Prozess mit dem umstrittenen Kruzifix und allen andern Bildern der Kirche. Sie trugen sie ins nahe gelegene Moor, vierteilten sie und warfen sie in Gräben, die vermutlich beim Torfstich entstanden waren. Entsetzt berichtete der Landvogt vor der Eidgenössischen Tagsatzung, man sei mit den Bildern umgegangen wie mit Übeltätern.

Vierteilen war eine der härtesten Todesstrafen und wurde nur selten, nämlich als Sanktion bei Verrat, verhängt.[3] Der Landvogt wusste die symbolische Sprache der Aadorfer Bilderstürmer zu lesen: Sie hatten die Bilder nicht einfach nur verschwinden lassen, sondern bestraft wie Verbrecher, wie Wesen mit einer realen Präsenz. Auch bestattet hatten sie sie wie Schwerverbrecher: Ausserhalb der geweihten Erde des Kirchhofs im Moor begraben zu werden, war eine Strafe, die nur Menschen widerfuhr, die zusätzlich zur Todesstrafe mit einer Ehrenstrafe oder der Exkommunikation belegt worden waren.[4] Die Aadorfer waren nicht die einzigen, die ihre Bilder der zeitgenössischen Gerichtspraxis unterworfen hatten. In St. Gallen zum Beispiel soll ein geschnitztes Teufelsbild aus der Kirche geholt und an den Pranger gestellt, in der Nähe von Genf ein Bildnis Jesu erst ans Kreuz genagelt, dann herumgeschleift und schliesslich ans Hochgericht gehängt worden sein.[5] Aus verschiedenen Teilen Europas sind ähnliche Fälle bekannt.[6]

Der Aadorfer Bilderfrevel wog schwer, und die Gemeinde fürchtete sich vor einer Bestrafung. Erst ein knappes Jahr zuvor war Klaus Hottinger für seine Bilderstürmerei in Luzern hingerichtet worden (Kat. 151). Die Aadorfer sandten dem Landvogt eine Abordnung mit der Bitte, falls er die Täter finde, so solle er sie nicht den altgläubigen Inneren Orten ausliefern, sondern vor das Landgericht laden. Für den ungeliebten Dorfpfarrer lag es auf der Hand, dass Leute aus Aadorf an der Aktion beteiligt gewesen waren. Er sagte, man solle nur den Wirt oder den Sigristen fragen, die würden schon etwas zu erzählen wissen. Mehrmals wurde die Gemeinde verhört, doch diese hielt dicht, und schliesslich fand sie eine geschickte Lösung, um der drohenden Gefahr zu entgehen: Vier junge Burschen vom benachbarten zürcherischen Schneitberg wurden als alleinige Täter ausgegeben.[7] Ihnen drohte keine Todesstrafe, sie wurden nur aus Zürich verbannt, und schon ein Jahr später durften sie gegen Bezahlung einer Kaution zurückkehren.[8]

Christian von Burg

Item es hab sich ouch gen, das die von Aadorf vff jetzigem hellgen tag zů wienacht nachtz ettlich in die Kilchen gangen, die Cruzifixen vnnd die pilltnussen vßhin trage vff ein moß, die da gfierteillt vnnd in die greben gworffen sam alls ob sÿ übelltäter geweßen, vnnd so er der Sach nachgfragt, hund sÿ im für ein anthwůrt geben sÿ wüssen nit wer das than hab, vnnd wie sÿ ein gmeind gehept in dem schin alls ob sÿ wellten erkunden wer es gethan hab, es hatt sin aber keiner wellen pichtig sin. Im hab aber der priester gseitt wenn man den Wirt vnnd den Sigristen fragt, die wüßten woll, wer schuld hett.

Bern, Staatsarchiv, A IV 22, Bd. 10, S. 191.

---

1 EA, Bd. 4, Abt. 1a, S. 404.
2 EA, Bd. 4, Abt. 1a, S. 557.
3 Wettstein 1957, S. 130.
4 Illi 1992, S. 63.
5 Miles, Chronik, S. 309; Cysat, Chronik, Bd. 2, Abt. 2, S. 580.
6 Warnke 1973, S. 93–94; Davis 1987, S. 181 und 185; Michalski 1990, S. 86–87.
7 EA, Bd. 4, Abt. 1a, S. 561.
8 Strickler 1878–1884, Bd. 5, S. 10, Nr. 20.

1525, Strassburg

Sechs Bürger verlangen vom Rat, die Messe abzuschaffen und bestimmte «ergerlich göttz» aus dem Münster zu entfernen.

Nach der ersten grossen Welle des Bildersturms in Strassburg Ende 1524 verfolgte der Rat alle zerstörerischen Handlungen aufmerksam. Angesichts seiner zögernden Haltung, sich den Gewaltakten anzuschliessen, verlangen im März 1525 sechs Bürger – wahrscheinlich alle Handwerker (von dreien ist die nähere Berufsbezeichnung bekannt) – von der Obrigkeit, endlich einzugreifen.[1] Sie beklagen sich, dass täglich gottlose Messen unter dem Vorwand gelesen würden, den Leib und das Blut Christi für die Vergebung der Sünden der Lebenden und der Toten zu opfern, was Jesus doch schon vollzogen habe, als er für die ganze Menschheit am Kreuz gestorben sei. Sie fügen hinzu, dass die Bibel darüber kein Wort verliere, die Messe folglich teuflischen Ursprungs sei und nichts weiter bewirke, als Huren, Schelme und Heuchler in ihrer Boshaftigkeit zu unterstützen.

Anschliessend kommen die Bittsteller auf einige Ärgernis erregende «Götzen» im Münster zu sprechen. Unter Beschuss gerät zunächst die mit Reliquien ausgestattete und in den Prozessionen mitgeführte wundertätige Madonna aus der Marienkapelle unter dem Lettner (vgl. Kat. 48), vor der viele Gläubige sich niederwerfen und beten. Es seien dieselben Leute, die bei nächstbester Gelegenheit das Wort Gottes verunglimpfen und jene, die es hören möchten, daran hindern. Dann nennen sie das hinter dem Altar im Chor aufgestellte grosse Kreuz aus Silber, das ebenfalls in Prozessionen mitgetragen wurde (vgl. Kat. 47), und das «Götzenbild» (eine Statue?) am Eingang des Münster, für das kurz zuvor sogar noch ein Schutzgitter geschmiedet worden war. In Frage gestellt werden auch der Ölberg, vor dem ein Ewiges Licht brenne, sowie eine Figur der hl. Anna, von der behauptet wird, sie sei eher ein Objekt der Verhöhnung als der Verehrung. Die Bittsteller zweifeln schliesslich generell an allen Kultbildern, die dem Wort Gottes nicht zur Ehre gereichten, sondern des Teufels Werk seien und daher keine guten Früchte tragen könnten. Solche Bilder seien gefährlich, zwar nicht so sehr für die guten Christen, wohl aber für die schwachen und all jene, die – der Bittschrift zufolge immerhin die grosse Mehrheit – noch nicht an das Wort Gottes glaubten.

Frank Muller

Nůn gnedigen herren, beschwert und höchlich, und mag E. g. So ir christen gantz nit lidlich sin, das man so vil gottloser messen täglich haltet, da důrch das liden christi greulich geschmächt würt, dann so die Messmacher on allen befelch und wort gottes fürgeben, den lib und blůt Christi für lebendig und todten zů opfern, zů gnugtung irer sünd, das alles Christus ein mal am crütz für alle gloůbigen hat ůss gericht, [...] so hat man doch in aller göttlicher geschrifft von solchen messen ein wort nit, Dorůmb es gewislich vom tüfel můss her komen, das man wol an den früchten abnemen mag, dann důrch das messen, die schentlichen hůren und bůben und glÿssner zů verdörbnüss der armen an seel und lib in allem bracht und můttwillen leben bissher uff komen, gemert, und erhalten sind, wie E.g. das nit allein täglich prödigen hört, sonder selb im hertzen also sin erkennen můss...

...Wir beschwert uns, wie es oůch kein christ důlden mag, der ergerlich göttz in der Cappelle im munster, der nit allein unsser gmein, Sonder vil mer denen uff dem Land ein grewelicher anstoss ist, Wie man dann das täglich on vnderloss sicht, das man sich vor im neigt, in anbettet, des sich ettliche widerspenstigen besonder beflÿssen, wann man das gotts wort prediget, zů verachtůng des selbigen, und reytzůng deren, die das selbig lůst haben zů hören. Dessglichen oůch ergernůss bringt die silberin götz hinder dem altar im chor im münster, oůch der götz in den eingang des munsters, dem man kürtzlich ein gerembss gemacht hat, Oůch des götzen gespenst des ölbergs do selb, do man ÿtz mer dan ander mal im tag ein ampell brennend anzündt, zů eim trotz gottes und frommer christen, Oůch des götzen So sant Anna, mer zů eim gespött dann zů eren, oůch on geschrifft uffgericht worden ist. Und in summa wir sehen und grÿffen das alle götzen ärgerlich sind, in allen kirchen, nit den volkommend christen, aber den schwachen, und die das wort noch nit angenommen haben, wölcher der grösser hůff ist, dann alle götzen wider das wort gottes und dess halb vom tüfel uff komen, kein gůte frůcht bringen kinden.

Strassburg, Archives Municipales,
Archives du Chapitre de Saint-Thomas 87, Nr. 29.

Das alte Strassburger Rathaus (1321–1780), aquarellierte Federzeichnung, 1780, H: 38; B: 30 cm. Strassburg, Musée Historique. – Hinter diesen Mauern wurde über die Eingabe der sechs Strassburger Bürger entschieden.

---

1 Fehlerhafter Teilabdruck des Quellentextes in: Wandel 1995, S. 120–121 und 141.

Holzschnitt aus der Flugschrift «Abbildung des Papsttums» von Martin Luther, 1545. London, Warburg Institute (vgl. Scribner 1987b, S. 296 und 293–294). – Luther bediente sich in seiner Propaganda der populären Praktiken der Defäkation: Ein Landsknecht scheisst in die päpstliche, als Nachttopf zweckentfremdete Tiara, die auf einem altarähnlichen Unterbau steht. Als Bildunterschrift setzte Luther dazu: «Bapst hat dem reich Christi gethon, wie man hie handelt seine Kron. Machts ir zweifeltig, spricht der geist (Apoc. 18.), schenkt getrost ein, Gott ists ders heist. Mart. Luther D.»

16. Jahrhundert, Mitteleuropa
«Ich schisse in das heilig krüz!» –
Wie Ikonoklasten mit Fäkalien Bilder und Altäre schänden.

Im Juli 1529 wurde der neugläubige Heini Scherrer aus dem Grüninger Amt in Einsiedeln verhaftet, weil er den Bildgebrauch mit folgenden Worten verworfen hatte: *ich schisse in das heilig krüz, ich bedarf sin nüt, ich hab an Gott gnuog, dass er mich behüete*.[1] Ein Jahr zuvor war Christian Vogt aus Hilterfingen im Kanton Bern für seine Aussage, *er schisse ins nüwe evangelium, dormit man ietzt umgang*, von der Justiz belangt worden.[2] Doch es blieb nicht bei dieser Fäkalsprache: An einem Samstag nach Ostern, im Jahr 1525, überfiel eine Gruppe von Kindern, jungen Frauen und Männern im Alter von 10 bis 18 Jahren das Stift St. Leodegar beim Städtchen Boersch im Elsass. Sie zerschlugen die Bilder und die Altäre in der Kirche, zerrissen die kirchlichen Bücher, verspotteten die kirchlichen Kultübungen, und schliesslich verrichteten die Knaben ihre Notdurft auf den Altären.[3] Im Verlauf bilderstürmerischer Aktionen wurden 1525 in Breslau und 1534 in Hannover die Altäre und Bilder mit *minschen dreck und anderm gestank* beschmutzt.[4] Nach verschiedenen ähnlichen Vorfällen erliess die Augsburger Obrigkeit im Mai 1529 ein Mandat gegen Bilderentfernung und -beschmutzung.[5] 1533 versuchte ein Augsburger Weber an der Kirchweihe von St. Ulrich – der Feier zur Konsekration der Kirche – vor den Augen betender Frauen vor dem Altar in die Ulrichsgruft zu urinieren. Auch aus Frankreich sind einige Fälle überliefert, in denen Kot auf geweihte Gegenstände geschmiert wurde.[6] Die Liste liesse sich fortsetzen – die quellenkritische Überprüfung der einschlägigen Stellen ist allerdings oft sehr schwierig. Teilweise wurden auch gezielt diffamierende Gerüchte über die Gegenseite in Umlauf gebracht.[7] Dennoch scheint der Einsatz von Fäkalien im Bildersturm eine verbreitete Praxis gewesen zu sein – in welchem Kontext muss er gesehen werden?

Das Vorgehen ist zunächst geprägt durch die fastnächtlichen Riten der «verkehrten Welt»:[8] Sebastian Franck berichtete in seinem *Weltbuoch*, wie an der Fastnacht zum Beispiel Kot auf einem Kissen herumgetragen wurde.[9] Das Niedrigste wurde «verkehrt» und an die Stelle des Höchsten gesetzt.

Die symbolische Gleichsetzung des zu degradierenden Objektes mit den körperlichen Ausscheidungen spielte wohl die unmittelbarste, auch heute noch am klarsten erkennliche Rolle. Diese Sprache wurde auch ausserhalb des Bildersturms gesprochen, wenn unliebsamen Bürgern die Türklinken mit Kot bestrichen wurden, wenn die Leute dem Pfarrer den entblössten Hintern zeigten, oder wenn sich Bauern mit den Zehntgarben vor der Abgabe den Arsch abwischten.[10]

Schliesslich muss der Einsatz von Fäkalien auch als gezielte Entweihung gesehen werden. Nicht nur Bilder wurden entweiht und damit in ihrer Wirkungslosigkeit blossgestellt, sondern auch kirchliches Kultgerät, und insbesondere die Altäre, wurden beschmutzt. Es ist unklar, inwiefern dadurch die Zelebration der Messe verhindert wurde. Schultheiss und Rat der Stadt Solothurn sahen sich jedenfalls 1534 infolge eines akuten Altarmangels nach den Bilderstürmen gezwungen, den Bischof von Basel zu bitten, ihnen vorerst ein Dutzend Tragaltäre zu konsekrieren und zuzuschicken.[11] Nur der Bischof war befähigt, die verschmutzten Altäre neu zu konsekrieren. Im Falle der Solothurner Landschaft dauerte dies mehrere Jahrzehnte.[12] Und die neu errichteten Altäre waren keineswegs sicher: Der reformierte Chronist Johannes Stumpf berichtet vom Kloster St. Johann im Toggenburg, wo es zu einem Bildersturm gekommen war, dass die Bauern sogleich wieder auf den neu errichteten Altar schissen.[13]

Christian von Burg

An der kirweichen [Kirchweih] zů sant Urlich, als die complet ist ausgewessen sind vil andechtiger frauen da im chor kniet. Da ist ain weber um sant Urlichs altar gangen, der hat sein scham aus dem latz than und offenlich in der hand tragen und hat in sant Urlichs grunft [Gruft] hinab wellen saichen. Da haben die frumen frauen und mann ain solich groß geschrei gemacht, daß der lutherisch weber geflochen ist. Hat der gůtten, frumen, alten christen darmit gespott und sie an irer andacht darmit hindern wellen.

Sender, Chronik, S. 345.

---

1 Strickler 1878–1884, Bd. 2, S. 260, Nr. 676.
2 Steck/Tobler 1918–1923, Bd. 2, S. 659, Nr. 1566.
3 Wackernagel 1956, S. 250–258.
4 Schnitzler 1996b, S. 219.
5 Sender, Chronik, S. 217, 185 und 218.
6 Davis 1987, S. 200.
7 Vgl.: Salat, Reformationschronik, Bd. 2, S.553; – Strickler 1878–1884, Bd. I, S. 246, Nr. 698.
8 Scribner 1985b, S.148–152.
9 Franck, Weltbuoch, Blatt 131b.
10 Schindler 1995, S. 319; Schilling 1875, S.178; Simon-Muscheid 1996, S. 45.
11 Mösch 1942.
12 Hinschius 1869–1897, Bd. 4, S. 327; Mösch 1942.
13 Stumpf, Chronik, Bd. 2, S. 281.

1528, Bern

Der altgläubige Hans Schnyder verteidigt den Altar seiner Zunft bis aufs Messer.

Berner Münster, schmuckloser Langhauspfeiler. – An dieser Stelle stand der Altar der Metzgerzunft, den Hans Schnyder vergeblich zu verteidigen versuchte.

Der altgläubige Hans Schnyder hat am 1. Februar 1528 dieses auszugsweise zitierte Schreiben an den Rat von Bern gerichtet, indem er seinem Zorn darüber Ausdruck verleiht, dass private Stiftungen aus dem Münster entfernt werden, ohne dass den Stifterfamilien zuvor die Möglichkeit gegeben worden wäre, dieselben selbst zu behändigen. Er behauptet, die vom Rat gesetzte Ordnung mit entsprechender Frist zur Sicherstellung des Stiftungseigentums sei nicht eingehalten worden, worüber er dermassen wütend geworden sei, dass er jedem mit der Waffe gedroht habe, der sich am Altar seiner Zunft zu schaffen machen wollte. Der Rat, der laut dem Chronisten Valerius Anshelm am 27. Januar 1528 entschieden hatte, man solle die Bilder innerhalb von acht Tagen aus den Kirchen räumen,[1] hatte denn auch am gleichen Tag noch die Order zur Räumung des Münsters gegeben, in deren Folge es zu jenen Auseinandersetzungen zwischen Alt- und Neugläubigen kam, die in den unkontrollierten Bildersturm im Münster mündeten.

Die Ratsprotokolle jener Tage geben genauen Aufschluss über die Vorfälle, die zur Klage Schnyders geführt haben.[2] Hans Schnyder war offenbar einer der Hauptakteure unter den Altgesinnten, er hatte das Münster durch das Hauptportal betreten und sich vor den Apothekeraltar postiert und zu fluchen begonnen: *Botz wunden, liden und derglichen. Das alle die fulen, schandlichen pfaffen schende [treffe] und alle die, so darzu gehoffen und verschaft [haben], das man die bilder hinweg soll thun.* Demjenigen, der den Altar seiner Gesellschaft, den Metzgernaltar, beseitigen und zerschlagen würde, drohte er sogar mit dem Äussersten: Er müsse *sin leben dorumb lassen.* Und allen anderen würde es ebenso ergehen: *dieselben [würden] uff der erden dantzen.*

Hans Schnyder und die übrigen Altgesinnten, die laut Zeugenaussagen anderer gegen die Bilderentfernung gewettert hatten, wurden am 29. Januar 1528 für ihre Entgleisungen mit der stattlichen Summe von 20 Franken gebüsst, wodurch der Rat sein eigenes Verschulden und Versagen bei einer kontrollierten Durchführung der Bilderentfernung öffentlich zu rehabilitieren verstand.[3] Hans Schnyder ist insofern kein Sonderfall, als uns auch aus anderen Städten vergleichbare Berichte zu derartigen «Verteidigungsmassnahmen» vorliegen. Auch Clawe Wagner aus Zurzach versuchte im Oktober 1529 mit seinem Schwert den von ihm gestifteten Altar gegen die Bilderstürmer zu verteidigen.[4]

Franz-Josef Sladezcek

Grossmechtigenn, strenngenn [...] ersamenn und wÿsenn sonnders gnädigen min Herrenn [...] fog ich zů wůssen, wie dann [...] es sich begåbenn, das nach uwer miner g. herrenn schůltheiss Råt und Burger gebott, man die bilder uss den kilchenn trůg, fugt ich mich ouch dar zů såchenn [sehen]. Unnd als ich zů dem munster kam, sprach ich zů denen die solich bilder usstrůgennd, Ir gesellen Ir [...] sond unns unnser bilder ab unnsm allthar nitt dannen thůn, wann wir sy selbs wenndt dannen nemmen wie dan ir min g. herren geordnet hannd. Wa ich aber darzu kåme, das einer die wöllt dannen thun möcht [...] so wöllt ich das Rappyer in in stossen. Unnd darumb das ich gesåchen hab, das nit uwer ordnung nachgelept, bin ich erzurnt unnd bewåegt wordenn, die vorgemeldte red zů bruchen, wan ich vermeint, ir mine g. herren hetten einen tag bestimpt, dieselben bilder dazwůschen dannen zu thund. Darumb wir des sind unnd des willens warennd, wollten ouch nit, das unns nymands die bilder ab unssen althar nåme oder tåte dan wir...

Bern, Staatsarchiv, AV 1448, 77/1, Dok.Nr. 70.

---

1 Anshelm, Chronik, Bd. 5, S. 244–245. Wie Kurmann-Schwarz 1998, S. 51–52, aufzeigt, differieren die Datumsangaben zu den Vorfällen bei Valerius Anshelm und in den Ratsmanualen um einen Tag.
2 Folgende Schilderungen und Zitate nach Steck/Tobler 1918–1923, Bd. 1, S. 612–613; vgl. Sladeczek 1999b, S. 595.
3 Vgl. hier auch den Artikel zum Berner Bildersturm auf S. 97–103.
4 Vgl. ASRG, Bd. 2, S. 534.

1528, Bern

Wie aus der Kapelle zum Elenden Kreuz ein städtischer Richtplatz wird.

Von alters her befand sich in Bern auf der Anhöhe über der Weggabelung von Murten- und Freiburgstrasse eine der städtischen Richtstätten, diejenige «obenaus» (Abb. S. 124 links). Am Fuss dieses Hügels wurde 1365 eine Kapelle, *der man spricht daz ellende krütze zu Berne...*,[1] errichtet. Sie war eine Stiftung des Pfisters Thomas Biderbo und des Metzgermeisters Niklaus von Gisenstein d.Ä. Die Stifter waren soziale Aufsteiger, nicht mehr städtische Handwerker, sondern reiche Unternehmer. Durch ihre Ämter als Kleinräte und Venner gehörten sie auch politisch zur Oberschicht. Zur Demonstration der neu errungenen gesellschaftlichen Stellung passten sie ihre Verhaltensweisen denen der stadtadligen Familien an und übernahmen auch deren Statussymbole wie das Stiften von Messen, religiösen Kunstwerken oder eben von Kapellen.[2]

Von der Kapelle zum Elenden Kreuz gibt es eine zeitgenössische Abbildung: Diebold Schilling d.J. zeigt sie in seiner Bilderchronik von 1507/1513 im Hintergrund der Stadt (Abb. S. 122). Man erkennt die Aare, die Murtenstrasse und die Richtstätte mit Galgen und Räderstock, daneben das weiss verputzte Gotteshaus mit einem Fenster. Die Kapelle war nur eines von vielen religiösen Merkzeichen in der Landschaft vor den Toren der Stadt; man weiss von zwölf Kapellen entlang der grossen Ausfallstrassen (Abb. S. 123), daneben gab es Wegkreuze und Bildstöcke. Im 15. Jahrhundert war die Kapelle zum Elenden Kreuz fester Bestandteil der liturgischen Topographie Berns. Nicht nur wurde hier alle 14 Tage eine Messe gelesen, sondern an den sieben Freitagen zwischen Ostern und Pfingsten fand jeweils auch eine Prozession zu dem *ussern crütz* statt.[3] Die Kapelle war der Stadt so wichtig, dass sie 1513, als sie *ettwas mißbuw und abgan...* war, so *das die notturft hät ervordert, [...] beßrung zun fürsåchung zůc tůnd*, vom städtischen Rat übernommen und erneuert wurde.[4] Der Neubau be-

Ansicht der Stadt Bern von Nordosten, Illustration aus der Luzerner Chronik von Diebold Schilling d.J., 1507/1513. Luzern, Zentralbibliothek, Hs. S 23, fol. 72v. – Im Vordergrund nimmt der Schultheiss in Begleitung eines in den Standesfarben gekleideten Weibels vom Boten das Hilfegesuch der Stadt Mülhausen im Jahre 1466 entgegen. Von seinem Standort im Bereich des heutigen Rosengartens aus zeigt der Illustrator die West- und die Nordflanke Berns; im Westen ist die Untertorbrücke mit dem Brückenkopf, der heutigen Felsenburg, erkennbar. Im Hintergrund, nordwestlich der Stadt, verläuft die Murtenstrasse, denn auf einer Anhöhe daneben ist die Richtstätte «obenaus» erkennbar, und davor steht die Kapelle zum Elenden Kreuz. Nördlich der Richtstätte beginnt der Bremgartenwald.

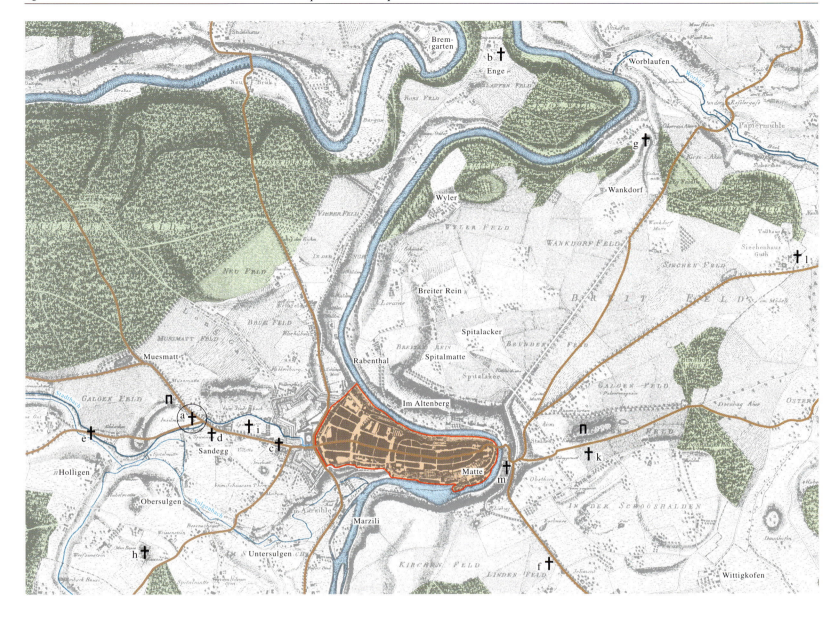

Ausfallstrassen, Kapellen und Richtstätten rund um die spätmittelalterliche Stadt Bern.
a Kapelle zum Elenden Kreuz
   (Verzweigung von Murten- und Freiburgstrasse).
b Ägidiuskapelle (Engemeistergut, Reichenbachstrasse 142).
c Kapelle zum Inneren Kreuz
   (Heilsarmee-Hauptquartier, Laupenstrasse 5).
d Kapelle zum Mittleren Kreuz
   (Turmau, Laupenstrasse 41).
e Kapelle zu den Siebenschläfern
   (Freiburgstrasse 76/Federweg).
f Kapelle vor Kalchegg
   (beim Burgernziel, an der Strasse nach Thun).
g Gernhardskapelle (Wankdorf, Löchligut).
h Jost- oder Jodokuskapelle (auf dem Monrepos-Hügel).
i Weibelkapelle (an der Laupenstrasse).
k Sondersiechenhaus mit Marienkapelle
   (bis 1490 Haspelgässchen, wohl Laubeggstrasse 45).
l Sondersiechenhaus mit Marienkapelle
   (ab 1490 Waldau, wohl Bolligenstrasse 127).
m Niederer Spital mit Georgskapelle (Klösterlistutz).

Josef Plepp/Valentin Friedrich, «Kartenbrouillon mit Schanzenprojekt zur Stadt Bern und deren weiterer Umgebung», 1620–1623, Bleistift, Feder, Rötel, Aquarell auf Papier, H: 120; B: 140 cm. Bern, Staatsarchiv, AA VII 14a (Ausschnitt). – Auf dem Plan ist die «Hauptgrube» deutlich als von einer halbhohen Mauer umgebenes, westseitig rechteckig, ostseitig polygonal schliessendes Areal in der Strassengabelung zu erkennen. Rechts davon stehen die drei Säulen der Richtstätte «obenaus».

Abraham Dünz, *Grundris des Stat Bachs von Bümblitz nach Bärn samt dem Holiger Weier und anderer Bäche...*, 1667, lavierte Federzeichnung. Bern, Stadtarchiv, Plan Nr. 293 (Ausschnitt). – Das ummauerte Areal in der Gabelung von Murten- und Freiburgstrasse ist auf dem «Stadtbachplan» des Münsterwerkmeisters Abraham Dünz mit der Legenden-Nr. 12 bezeichnet und als *die Hauptgrueben* beschrieben.

Notgrabungen des Archäologischen Dienstes des Kantons Bern an der Verzweigung von Murten- und Freiburgstrasse in Bern im Jahr 1973: Mauer- und Knochenreste zwischen modernen Werkleitungen; im Hintergrund das Inselspital, das ab 1888 auf der «Kreuzmatte» errichtet wurde.

stand aus einem nach Osten gerichteten Schiff und einem Chor mit polygonalem Schluss (vgl. Abb. S. 124 links/Mitte).

Die Reformation setzte den katholischen Andachtsstätten vor den Toren Berns ein jähes Ende.[5] Alle Kapellen, Kreuze und Bildstöcke verschwanden spurlos aus der Landschaft – mit einer einzigen Ausnahme: Pläne und Gemälde des 17. und 18. Jahrhunderts zeigen an der Stelle der ehemaligen Kapelle zum Elenden Kreuz ein von einer halbhohen Mauer umschlossenes Geviert in der Strassengabelung, das im Grundriss gegen Westen rechteckig, gegen Osten mit polygonalem links Abschluss endet (vgl. Abb. S. 124 links). Auf dem «Stadtbachplan» von 1667, einer aquarellierten Federzeichnung des Münsterwerkmeisters Abraham Dünz, ist dieses ummauerte Areal in der Legende als *die Hauptgrueben* bezeichnet (Abb. S. 124 Mitte).[6]

Als der Archäologische Dienst des Kantons Bern im Sommer 1972 notfallmässig diese Mauerreste dokumentierte, kam es zum überraschenden Fund von Menschenknochen und Schädeln bei den Mauern, obwohl von einem Friedhof bei der Kapelle nichts überliefert ist (Abb. S. 124 rechts).[7] Diese Funde und die Bildquellen belegen ein schauriges Schicksal des Bauwerks: Offensichtlich wurde die Kapelle zum Elenden Kreuz in der Reformation bis auf etwa einen Meter über dem Boden abgebrochen und von einer überdachten Stätte christlicher Besinnung in einen ummauerten Platz unter freiem Himmel umgewandelt, an dem Hinrichtungen durch Enthaupten oder Rädern stattfanden. Die ehemalige Kapelle wurde zum ungeweihten Schindanger, auf dem die aus der christlichen Gemeinschaft Ausgestossenen nach ihrer Hinrichtung verscharrt wurden – welche Verkehrung der ursprünglichen Bestimmung des Ortes.[8]

Das definitive Ende der geschändeten Kapelle kam erst rund 200 Jahre nach ihrer Profanierung, als die «Hauptgrube» in der ersten Hälfte des 18. Jahrhunderts aufgegeben wurde. Mit der Verlegung des Inselspitals vor die Stadt im Jahr 1888 verschwand dann auch der Name «Kreuzmatte» und damit die letzte Erinnerung an die Kapelle zum Elenden Kreuz.

Armand Baeriswyl

1   FRB, Bd. 8, S. 609–610 (zum 23. Februar 1522).
2   Vgl. Gilomen 1994, S. 135–148; Schmid 1994, S. 101–116.
3   RQ BE, Teil 1, Bd. 6/1, S. 118–119. Den Priester für die Messe stellte die Kommende zu Köniz, während die Prozession von der Stadtkirche aus abgehalten wurde, bis 1485 von den Deutschordenspriestern, nachher von den Chorherren St. Vinzenz.
4   RQ BE, Teil 1, Bd. 6/1, S. 118.
5   von Rodt 1886, S. 212–213.
6   Vgl. auch den Plan von Johann Adam Riediger von 1717, mit Einfügungen von Johann Anton Herbort aus dem Jahre 1730, H: 134; B: 163 cm. Bern, Eidgenössische Militärbibliothek, Schauenburg-Sammlung, Inv. 39.
7   Unpublizierte Dokumentation im Gemeindearchiv des Archäologischen Dienstes des Kantons Bern, Inv. AHI 0383.72.
8   Zu den Hinrichtungsstätten und den Bestattungsplätzen in Bern vgl. Baeriswyl/Gerber 1999, bes. S. 74–82. Eine ebenfalls «Hauptgrube» genannte Richtstätte ist aus Zürich bekannt; sie lag rund einen Kilometer vor dem Rennwegtor an der Verzweigung von Badener- und Ankerstrasse (Kdm ZH 1 1999, S. 42–43).

1528, Bern

Anstelle des Magnificat spielt der Organist das Spottlied «O du armer Judas».

Den 22. January, was der tag S. Vicenty, welchen die Statt Bernn von allter har fu(e)r iren patronen gehept. Dorumm die chorherren zů Bern, gar ein kostlich fest zů hallten angesa(e)hen hattend. Und sungend gar solemnitetisch des abents die Vesper. Und alls der Organist uff das Magnificat schlachen sollt, macht er das Lied, O du armer Judas, was hast du getan, dass du unseren Herren also verraaten hast. Und was das letste lied, das uff der orgelen geschlagen ward. Dann bald hernach ward die orgelen abgebrochen.

Bullinger, Reformationsgeschichte, Bd. 1, S. 437.

Am 6. Januar 1528 hatten sich 500 Theologen in Bern eingefunden. Es galt, in den folgenden drei Wochen die Erneuerung der Kirche zu diskutieren. Wenn auch die Disputation bis zum 26. Januar dauern sollte, war der Sieg des neuen Glaubens doch schon am 21. Januar, am Tag vor dem Fest des Berner Stadtpatrons, des hl. Vinzenz, absehbar.[1]

Die von sechs Chorknaben unterstützten Chorherren[2] bemühten sich daher, die Vesper besonders feierlich zu singen, denn sie ahnten, dass alles anders werden würde.[3] Der bedeutungsvolle Abendgottesdienst nahm aber eine unerwartete Wendung. Zum Schluss des Abendgebets erklang nicht das liturgisch vorgeschriebene Marienlob, das *Magnificat,* das die Sänger aus einem der drei in je zwei Exemplaren um 1490 geschriebenen und illuminierten Chorbüchern[4] hätten singen sollen, sondern das Lied «O du armer Judas» (vgl. Abb. oben).[5] Der ganze Text des Liedes lautet: *O du armer Judas/was hast du getan/Darum muost du liden/in der helle pin [in der Hölle Pein],/Lucifers Geselle/muost du ewig syn./Kyrie eleyson.*[6] Dieser ursprünglich lateinische Hymnus aus dem 14. Jahrhundert war vom sogenannten Judas-Austreiben während der Karwoche jedermann bekannt (Kat. 83). Der Text eignete sich zur Parodie und war in der Reformationszeit zu einem von beiden Parteien benutzten Spottlied geworden (vgl. S. 128).[7] Heinrich Bullinger berichtet, der Organist habe 1528 die bekannte Melodie intoniert. Es bleibt jedoch unklar, ob das Lied zum Spott auf die Altgläubigen angestimmt wurde, die das Fest ihres Stadtpatrons feierten, oder ob der Protestgesang den zahlreichen neugläubigen Teilnehmern der Disputation galt.

1528 befanden sich im Berner Münster drei Orgeln, die mit der Einführung des reformierten

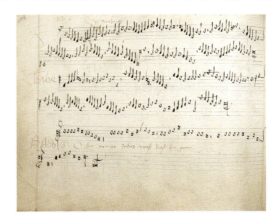

Wortgottesdienstes verstummen mussten. 1450 hatten sich die Berner, einer allgemeinen Erneuerungsbewegung in der Kirchenmusik folgend, eine Schwalbennestorgel für die Südwand des provisorisch überdachten Altarraums geleistet. 1500 war eine zweite Schwalbennestorgel an die Südwand des Chors gekommen, worauf die ältere Chororgel abgebrochen oder zum Altar Unserer Lieben Frau gestellt wurde.[8] 1483 hatte Peter Leyd aus Freiburg eine Schwalbennestorgel für die Nordwand des Langhauses gebaut (vgl. Abb. unten), ein mit rund 30 Registern enormes Werk, das schon 1517 durch Hans Tugin aus Basel renoviert und um drei Register erweitert worden war: *posunen, hültzin glächter* (Strohfidel, Xylophon) und *her trumen* (Trommel).[9]

Berner Münster, Rekonstruktionszeichnung des Innenraums von Hans Gugger. – Im Vordergrund erkennt man die Schwalbennestorgel von 1483 im Langhaus.

Liederbuch des Johannes Heer aus Glarus von 1510. St. Gallen, Stiftsbibliothek, Inv. 462, S. 104. – Vom ursprünglich lateinischen Kirchenlied «O du armer Judas» sind bei Heer (Nr. 59) nur die ersten beiden Zeilen in einem dreistimmigen Satz erhalten: «O du armer Judas/was hast du getan».

Wir dürfen annehmen, dass der Schwanengesang der Katholiken am Vorabend des Vinzenztages auf der grossen Orgel intoniert worden ist. Dieses Instrument, dessen Wert man auf 5000 (nach anderen Berichten gar auf 15 000) Goldgulden schätzte, wurde nach der Reformation für einen scheinbaren Spottpreis, nämlich für 300 Kronen (500 Gulden), nach Sitten verkauft. Das Geschäft lässt sich jedoch zum Teil als Rückgabe an einen ehemaligen Donator, den Bischof von Sitten, interpretieren, was den niedrigen Verkaufspreis erklärt.[10] Die grosse Berner Orgel kam aber nicht – wie seit 1928 in der Fachliteratur immer wieder zu lesen war – in die Burgkirche auf Valeria, sondern in die Sittener Kathedrale und wurde dort durch den Organisten Caspar Colmar, der den Kauf getätigt hatte, weiterhin zum Lobe Gottes gespielt.[11]

Brigitte Bachmann-Geiser

---

1 Vgl. de Capitani 1993, S. 35–43.
2 Hanke Knaus 1999, S. 562–563.
3 Laut Heinrich Bullingers Bericht fand die beschriebene Vesper am Vinzenztag selbst, also am 22. Januar, statt. Valerius Anshelm schildert aber, dass die Metzger ihrem Schutzpatron, dem hl. Vinzenz, heimlicherweise *mit gesungener mes und verdingtem posityf* huldigen mussten, weil die Chororgel bereits abgeschlossen gewesen sei (Anshelm, Chronik, Bd. 5, S. 244). Die Metzger hatten am 22. Januar 1528 also eigens eine Positivorgel ins Münster gebracht.
4 Leisibach 1989, S. 179–180 und 183 ff. schildert, wie vier Chorbücher am 22. November 1530 an Johannes Du Cree aus Abondance in Savoyen verkauft und am 25. November an den Klerus von Estavayer-le-Lac weiterveräussert wurden (vgl. Jörger 1972/1973). Zwei weitere Chorbücher aus dem Berner Münster sollen nach Leisibach in Vevey aufbewahrt werden.
5 Dieses Lied entspricht der dritten Strophe eines ursprünglich lateinischen Hymnus *Laus tibi qui pateris,* die mit der Verszeile *O tu, miser Juda* beginnt. Dieser war schon im 15. Jahrhundert als Kirchenlied bekannt (Geering 1933, S. 179–180; Geering/Trümpy 1967, S. 94–95).
6 Wackernagel 1864, Nr. 616–618.
7 Luther selbst änderte den Text von «O du armer Judas» 1541 in «Ach du arger Heintze» ab, um damit Herzog Heinrich von Braunschweig zu hänseln; weitere Verulkungen bei Geering 1933, S. 179–180.
8 Gugger 1984, S. 3.
9 Gugger 1984, S. 1–2.
10 Jakob 1991, S. 35.
11 Ebd., S. 35–40.

1529, Kloster St. Katharinenthal
bei Diessenhofen, Kanton Thurgau

Die Nonnen aus dem Kloster St. Katharinenthal verteidigen sich gegen die anstürmende Stadtbevölkerung und retten ihre Bilder.

Die Bürger der Stadt Diessenhofen bedrängten 1529 die Nonnen des Dominikanerinnenklosters St. Katharinenthal und wollten auch deren Bilder zerstören. Doch es gelang den Nonnen, einen Teil ihrer Kirchenschätze heimlich aus dem Kloster wegzuschaffen. Nach nur zwei Jahren Exil führten sie ganze Wagenladungen von Skulpturen und Tafelbildern aus dem Hegau in ihr Kloster am Rhein zurück und öffneten die Altäre erneut.

Heinrich von Konstanz, Christus-Johannes-Gruppe, frühes 14. Jahrhundert, H: 141 cm. Antwerpen, Museum Mayer van den Bergh, Inv. 224, cat. II, 2094. – Die lebensgrosse Plastik war ein Lieblingsbild der Katharinenthaler Nonnen. Nach der Rückführung ins Kloster wurde das Bildwerk im 16. Jahrhundert zum Ziel einer Wallfahrt.

Die Brautmystik war von grosser Bedeutung für das geistige Leben der Nonnen in St. Katharinenthal. Wie den erhaltenen Nonnenviten zu entnehmen ist, standen oft Bildwerke im Zusammenhang mit mystischer Gotteserfahrung. Schwester Richmut von Winterthur zum Beispiel wurde vom Kruzifix bei der Tür im Kreuzgang angesprochen und in ihrem körperlichen Leid getröstet.[1] Gertrud von Herblingen spürte, wie ihr ein anderes Kruzifix die Hand auf den Kopf legte und ihr alle Schuld vergab.[2] Die Priorin Adelheid schliesslich, die mit zwei weiteren Schwestern vor dem grossen Kruzifix stand, wurde vom Bild sogar umarmt, worauf sie neun Jahre erkrankte.[3] Eine besonders tiefe Beziehung verband die Schwestern mit einer prächtigen Christus-Johannes-Gruppe, einer lebensgrossen Figurengruppe, die Johannes den Evangelisten zeigt, der sich liebevoll an die Brust Christi schmiegt. Die Nonnen identifizierten sich mit Johannes im Zustand der erfüllten Gottesminne und wünschten sich, derselben Gnade teilhaftig zu werden.[4]

Kurz vor dem Palmsonntag, im Frühjahr 1529, hatten die überwiegend reformatorisch gesinnten Bürger von Diessenhofen die Bilder und Altäre aus ihrer Pfarrkirche geräumt.[5] Acht Tage später, am Gründonnerstag, beschlossen sie, das Gleiche auch im nahe gelegenen St. Katharinenthal zu tun, und etwa 30 Mann zogen mit Knüppeln und Äxten zum Kloster.[6] Nur durch ein sofortiges Vorsprechen der Klosterführung vor dem Rat der Stadt, der teilweise noch altgläubig war, konnten die gewaltsam eingedrungenen Männer durch das Machtwort des Stadtknechtes vorerst zurückgehalten werden. Die beiden Kapläne, die jeweils die Messe gelesen hatten, wurden jedoch vertrieben. Priorin, Subpriorin und Schaffnerin verliessen das Kloster ebenfalls, um sich vorübergehend in Schaffhausen in Sicherheit zu bringen. Sie führten die wichtigsten Dokumente und Siegel mit sich. Die rund 30 im Kloster verbliebenen Schwestern begannen nun, nach und nach die kostbarsten Objekte nach Schaffhausen zu schmuggeln. Schwere Holzskulpturen und Tafelbilder wurden nachts durch das Rheintor hinausgeschleppt und von Fischerschiffen nach Schaffhausen transportiert. Von dort wurden die Gegenstände in den Hegau, ins Beginenhaus Engen und später nach Villingen gebracht, wo die Schwestern einige Höfe besassen.

Die im Kloster zurückgebliebenen Nonnen wurden von den Diessenhofenern immer wieder bedrängt, verspottet und bedroht. Trotz der fehlenden Kapläne sangen die Schwestern die Messe und machten da eine Pause, wo ein Priester gebraucht worden wäre. Die erzürnten Nachbarn, die ihnen den Gottesdienst nach altem Ritus verboten hatten, bewarfen sie durch die farbigen Kirchenfenster mit Steinen. Der Fall des bedrängten Klosters wurde bald zur eidgenössischen Angelegenheit. Abgesandte der neugläubigen Obrigkeit forderten die Dominikanerinnen auf, das Kloster aufzulösen, während die Inneren Orte, der grössere Teil der geteilten Obrigkeit des Thurgaus, die Klosterfrauen unterstützten.[7]

Mehrere Diessenhofener Bürger nutzten die Spaltung ihrer weltlichen Obrigkeit, und im Vertrauen auf die Stärke des nahen Zürich stürmten sie das Kloster. Sie rissen am Fronaltar das vergitterte Fenster heraus, das den Schwestern, die während der Messe jeweils im abgetrennten Nonnenchor sassen, den Blick auf das eucharistische Geschehen am Altar ermöglicht hatte. Über den Fronaltar, den zentralen Ort der Messzelebration, wollten die Bilderstürmer also vom Laienraum der Leutkirche in den inneren Bereich des Klosters gelangen. Beim Eindringen in den Chorraum trafen sie allerdings auf teilweise erbitterten Widerstand der Nonnen, die sich mit verschiedenen Gegenständen bewaffnet hatten. Dennoch gelang es den Bilderstürmern, sieben Altäre abzubrechen, die Wandgemälde im Kreuzgang zu überkalken und was ihnen an Tafelbildern und Holzplastiken noch begegnete, auf dem Klosterhof in einem grossen Feuer zu verbrennen. Das Schicksal der Bilder der beiden Klosterpatrone, der hl. Katharina und des hl. Nikolaus, wird in der «Denkschrift der Nonnen»[8] im Ungewissen gelassen. Sie sollen ihre Wirkmächtigkeit bewiesen haben, indem sie nicht Feuer fangen wollten und darauf von den Bilderstürmern in den Rhein geworfen wurden. Damit lassen sie sich einreihen in die lange Liste der Wunderbilder, die stromabwärts oder auch stromaufwärts zu ihrem neuen Kultort geschwommen sind, wo sie von frommen Altgläubigen aus dem Wasser gezogen wurden.

Die Bürger aus Diessenhofen wussten, wo die Grenzen lagen. Einige der Nonnen kamen aus hegauischem Adel, und das Kloster hatte beste Beziehungen zu den Grafen auf der anderen Seite des Rheins. Zudem bewirtschafteten die Diessenhofener dort auch Rebberge und einige Güter, und so getrauten sie sich vorerst nicht, die Wappenschilder des Hegauer Adels von den Kirchenwänden zu schlagen und den Nonnen mehr anzutun, als gewaltsam deren Bilderkult zu unterbinden.[9]

Noch fast ein Jahr lang harrten die Nonnen im weiterhin belagerten Kloster aus. Mit Hilfe von Bettlerinnen, die für sie Briefe in der Schürze versteckten und unbemerkt aus dem Kloster brachten, kommunizierten sie mit der Aussenwelt. Als man ihnen jedoch einen evangelischen Prädikanten aufzwang, ihnen einzeln mit Gewalt die Ordenstracht auszog, mit den Kleidern eine Spottprozession veranstaltete und diese schliesslich öffentlich verbrannte, sahen die Frauen den Zeitpunkt zur Flucht gekommen. In kleinen Gruppen flohen sie über den Rhein, um sich in Engen bei den drei obersten Klosterfrauen, den Bildern und dem Kirchenschatz wieder zu sammeln.

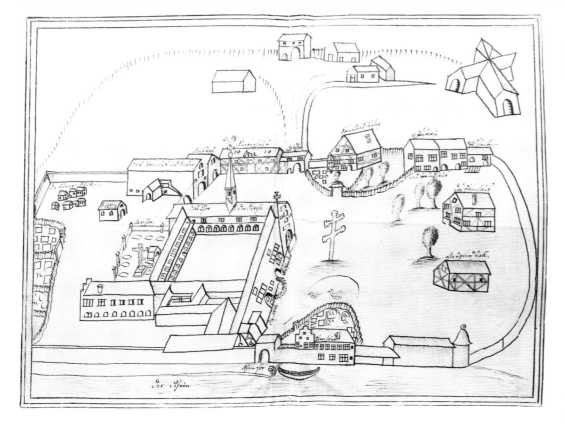

Klosterplan von St. Katharinenthal, um 1623, Kopie einer Federzeichnung. Frauenfeld, Kantonsbibliothek, Ms. Y 204. – Am unteren Bildrand ist das Rheintor zu erkennen, durch das in mehreren Nächten Skulpturen, Tafelbilder und liturgisches Gerät aus dem Kloster geschmuggelt wurden.

Kurz nach dem Sieg der altgläubigen Partei im zweiten Kappelerkrieg machten sich die Dominikanerinnen 1532 auf den Heimweg. Von ihrer Ankunft berichteten sie Folgendes: *Da hatend die Zwinglischen vil gespött, geschrey vnd gesang über vns da wir über die brugk (zu Diessenhoffen) füren, schlugend auch zu den venstern auss vf dem beckhe gegen vns, vnd gleich morgens machtend wier ein altar vf, wie noch sant Johannes bild staht vnd liessend mess lesen.*[10] Die Nonnen waren alles andere als willkommen, und dennoch öffneten sie – gemäss ihrer eigenen Geschichtsschreibung – provokativ und siegessicher gleich am ersten Morgen einen mitgeführten Altar und verehrten wie zuvor ihren beliebtesten Heiligen. Erst einige Wochen später kamen die siegreichen Orte und der hegauische Adel, um die Klosterfrauen offiziell vor den Diessenhofener Bürgern wieder in ihrem Recht zu bestätigen. Die Bilder, Wertgegenstände und Habseligkeiten wurden alle von Engen wieder zurückgeführt.

Die kunsthistorische Forschung hat unter anderem zehn grosse Altartafeln und etwa 30 zum Teil lebensgrosse Skulpturen ausgemacht, die, falls sie schon damals alle im Besitz des Klosters waren, die Reise von Diessenhofen über Schaffhausen und Engen nach Villingen und zurück mitgemacht haben müssen und damit von den Nonnen vor der Zerstörung gerettet worden sind.[11] Die betreffenden Tafelbilder und Plastiken sind nach der Aufhebung des Klosters im Jahr 1869 durch den Kunsthandel in alle Welt verstreut worden: Als Meisterwerk der oberdeutschen Mystik ist eine Skulptur der Heimsuchung heute zum Beispiel im Metropolitan Museum in New York zu sehen. Die erwähnte Christus-Johannes-Gruppe steht heute im Museum Mayer van den Bergh in Antwerpen.

Christian von Burg

[...] bald darnach hiessend sey vns vnsere Gottesdienst abthuon, vnd vertriben vns vnsere Caplön, da ward vns gerathen die drey obristen frowen sollten hinweg weychen. Also furrend die drey obristen frowen auss, namlichen frow Anna Stehelin der zeit Priorin, Küngold von Rischach Suppriorin, Ellsbethe von Ulm schaffnerin vnd namend mit inen die besten brieff vnd sigel, vnd bleibend etwa lang zu Schaffhausen in dem Gotteshauss sant Agnesa, die warent zur selben zeit auch noch catholisch. Dass geschah in dem summer in dem xvᶜ. Xxviiij jar [1529], do schickthend wier inen täglich vss vnserem closter zu, namlich kirchen schätze silbergeschirr bilder vnd etlich sachen, das brachtend wier alles haimlich zu wegen, mit der hilff Gottes vnd Mariä wunderbarlich, vnd mit veilerley lästigkaiten vnd was das schwerest war, das brachtend mir vast zu dem Ryntürlin hinauss, alles bey nacht, in die fischerschiff, die fürten es gehen Schaffhausen. So fürt man sey dan mit hilff einer adelichen fründsschafft im Hegew gen Engen in die sammlung. In dem so hand wier frowen oft so schwere bilder vnd tafelen gelupft vnd hinaussbracht, das darnach etlich manspersonen gnug deren hin vnd her zu tragen gehabt habend, die selbigen widerumb herin zu thuon. [...] Bald darnach sind vnsere nachbauren von Diessenhoffen abermals in das closter gefallen, dieweil wier aber inen nit wollen auffschliessen, habend sey in der kirchen den ysinen gatter gleich ob dem altar vffgebrochen, habend vns auch in ainem tag siben beschlossen thüren vffbrochen vnd siben althär abbrochen, vnd was sey noch da fundent von bildern vnd gottszierden, habend sey die vff vnser hoffstat tragen vnd ein gross für dar gemacht, vnd es alles verbrennt, da habend wier gsehen, das beyder vnserer heiligen haussherren vnd patronen sant Niclaus vnd sant Cathrina martherin bilder nit wollen brennen, da habend sey die genomen vnd in den Ryn geworffen, auch habend sey vns in der kirchen vnd in dem creutzgang das gemeld an den wenden mit pflaster verstrichen vnd so wier darüber oft hertzlich geweinet, so hand sey vns anzennet vnd verspottet, vnd wie sy die thüren an der corstegen habend vffbrochen, da hat ein laygschwester mit stainen gegen inen geworffen, da hat ein zimmerman ein ax über ain frowen gezuckht, da ist sey für in vf die kney nidergefallen vnd so übel erschrockhen, das sey franckh ist worden vnd bald darnach gestorben vnd nit lang mehr gelebt. Darnach ist ein andere frow mit einem grossen ysinen mörselstössel gegen dem zimmerman geloffen, der ein thür mit der ax vffbrochen hat, vnd hette man ir den streich nit aufgehebt, so het sey in mit dem mörselstössel zu tod geschlagen.

ASRG 3, 1876, S. 101–103; Original: Frauenfeld, Staatsarchiv, 7'44'9.

1 Birlinger 1887, S. 155.
2 Ebd., S. 165.
3 Ebd., S. 179.
4 Ebd., S. 152; Belting 1990, S. 463.
5 Kdm TG 4 1989, S. 19.
6 ASRG 3, 1876, S. 102.
7 EA, Bd. 4, Abt. 1b, S. 175, 512 und 608.
8 ASRG 3, 1876, S. 101–115.
9 Ebd., S. 104.
10 Ebd., S. 107.
11 Kdm TG 4 1989.

1529, Basel

Aus der Fastnacht in den Bildersturm: Knaben und junge Männer schänden und verbrennen das Kruzifix aus dem Basler Münster.

Mit groszer ungestymmickeit und vil lesterigen spottworten fand am 9. Februar 1529 in Basel der Bildersturm statt. Aus den Aufzeichnungen eines Basler Kartäusers erfahren wir nachstehende Details: *Namlich namen sie ein grosz crucifix im hohen stift und banden ein lang seil daran, und vil junger knaben, by 8, 10 und 12 jar alt, zugen es uff den Kornmarg und sungen: Ach du armer Judas.* Auch wandten sich die Frevler, so der Klosterbruder weiter, mit den folgenden Worten an das Bild: *Bistu got, so wer dich, bistu aber mensch, so blut,* und verbrannten es. Das Entsetzen des Klosterbruders ist gross, denn im Anschluss an die Schändung des Kruzifixes *zogen sie in der groszen stadt in alle kilchen und zerschlugen und verbrenten alle bylde.*[1]

Der Angriff auf das Kruzifix wird auch in anderen Quellen erwähnt, beispielsweise in der Chronik von Konrad Schnitt über die Jahre 1518–1533.[2] Alle Chronisten sprechen ausdrücklich davon, dass *Knaben und junge Kinden* sich am Bild des Gekreuzigten vergingen. Die Beteiligung von Jugendlichen an ikonoklastischen Delikten der Reformationszeit war weit verbreitet. Aufgrund ihres juristischen Sonderstatus konnten sie für ihre Handlungen nicht belangt werden, womit auch dem städtischen Rat die Hände gebunden waren; der zögerlichen Haltung des Basler Rats zu Beginn des Jahres 1529 kam dies möglicherweise sogar entgegen. Johannes Kechtler, Sekretär des Basler Domkapitels, bestätigt diesen Verdacht, wenn er von einer Ratsgesandtschaft an das Domkapitel berichtet: *Als die sachen desz kilchen stüermens fürgangen, sige das von der bürgschaft ohn ir [Rat] wissen beschehen...*[3]

Aber auch der Zeitpunkt der Basler Ereignisse vermag die Beteiligung Jugendlicher am Bilderfrevel zumindest teilweise zu erklären. Einhellig datieren die drei Autoren den Vorfall nämlich in die Fastnachtszeit.[4] Die Ausrichtung von Umzügen und parodierenden Spielen, die nicht selten gewalttätig endeten, sowie die Beteiligung von männlichen Jugendlichen an solchen Ritualen waren zu Beginn des 16. Jahrhunderts in ganz Europa verbreitet.[5]

Nicht zuletzt die Koinzidenz von reformatorischem Aufbruch und Fastnacht verunmöglicht eine eindeutige Leseweise des Frevels am Münsterkruzifix. Eine Parodie der am «armen Judas» vollzogenen Passion überlagerte sich hier mit der Rezeption reformatorischer Ideen, mit der Kritik an der altgläubigen Liturgie, deren prägnantestes Symbol das Kruzifix war, sowie mit der Kritik an den Sakramenten.[6] Alle diese Elemente lassen sich im Basler Bildersturm sowie in den aktuellen

Johann Jakob Wick, Illustration zu einer Bilderschändung im Jahr 1587 in Zürich (Ausschnitt). Zürich, Zentralbibliothek. – Heiligenfiguren wurden meist an zentralen Orten des öffentlichen Lebens verspottet und zerstört. Vielfach überliefert ist der ikonoklastische Ritus, die Bilder ins Wasser (Brunnen, Flüsse, Seen) zu werfen.

politischen und religiösen Umwälzungen seit Beginn des Jahres zweifelsfrei nachweisen. Doch eine monokausale Deutung bleibt unbefriedigend, denn gerade das Nebeneinander unterschiedlicher Interpretationsangebote verweist auf eine wesentliche Qualität von Bildern an sich: ihre Mehrdeutigkeit. In ikonoklastischem Handeln verdichteten sich wie in einem Brennspiegel zahlreiche Motive unterschiedlichster Traditionen, die nicht ausschliesslich auf die Reformation, sondern auf einen Punkt allgemeinerer Gültigkeit verweisen: die Tradition des Bildes in der abendländischen Kultur seit der Antike. Bilderstürme waren nicht so sehr ein unabdingbares Zeichen der Reformation als vielmehr das Ergebnis einer nicht ausschliesslich religiösen Debatte um das Bild, der seit gut hundertfünfzig Jahren wieder hohe Brisanz zukam.[7]

Trotz dieser allgemeingültigen Bemerkungen lassen sich in ikonoklastischen Handlungen stets auch lokale Bedeutungsnuancierungen nachweisen. So präzisierte Konrad Schnitt in seiner Chronik, dass es sich um *das crutzsyfix, so im munster uff dem letner stund,* handelte.[8] Dieses Kruzifix stach nun aber nicht nur durch seine all-

gemeine Bedeutung, sondern auch durch eine spezifisch kirchenpolitische Funktion hervor. Es befand sich nämlich genau über derjenigen Stelle im Kirchenraum, die *Bitt* genannt wurde; an der *Bitt* wurden die Spenden für den Münsterbau abgegeben. Damit war das Kruzifix für das Publikum jedoch nicht nur ein religiöses Zeichen, sondern zugleich die Repräsentation einer kirchlichen Ökonomie, gegen die sich die Umwälzungen der Reformation ja auch richteten.

Lucas Burkart

---

1 Basler Chroniken, Bd. 1, S. 447–448.
2 Basler Chroniken, Bd. 6, S. 116–117; Stotz 1871, S. 46–47.
3 Roth/Dürr 1921–1950, Bd. 3, S. 280.
4 Zum Verhältnis von Bildersturm und Fastnacht des Jahres 1529 in Basel vgl. Wandel 1995, S. 174–182.
5 Davis 1987, S. 114–115.
6 Scribner 1985c, S. 151–152; Duffy 1990, S. 27–28; Scribner 1990c, S. 17.
7 Schnitzler 1996b, S. 145–146 und 305–327.
8 Basler Chroniken, Bd. 6, S. 116.

Holzschnitt aus der Flugschrift *Eyn Warhafftig erschröcklich Histori...*, um 1525–1527, fol. B4 r. Nürnberg, von Scheurl-Bibliothek, Flugschrift Nr. 160c (Kat. 147). – Zwei Knaben (dargestellt als Erwachsene) ziehen spottend ein Kruzifix aus der Kirche.

1530er Jahre, Zürich

Ein reicher Zunftherr ruft in der Frage des privaten Bildbesitzes zu Toleranz auf.

Unter den Handschriftenbeständen der Zentralbibliothek Zürich hat sich ein loser Buchdeckel aus Holz erhalten, der aufgrund seiner abgeschrägten Kanten und der Dekoration seines Lederbezugs mit Rollenstempeln in die erste Hälfte des 16. Jahrhunderts zu datieren ist. Beim verlorenen Buch selbst, einer Handschrift oder einem Frühdruck, handelte es sich vielleicht um eines jener Exemplare, die nach der Reformation nicht mehr brauchbar waren, die zerschnitten und als Einbandmaterial oder zu anderen Zwecken weiterverwendet wurden – ein Schicksal, wie es zahlreiche Bände aus der vorreformatorischen Zeit gerade auch in Zürich ereilt hat. Der Vorderdeckel blieb erhalten, weil auf seiner Innenseite ein höchst bemerkenswertes Schreiben eingetragen ist, und zwar in einer typischen Kursivschrift, die in manchem noch dem Mittelalter nahesteht, eine exaktere Datierung jedoch schwerlich erlaubt. Der bisher unpublizierte Text umfasst 40 Zeilen. Das Bibelzitat am Ende *Du sollst Gott deinen Herrn anbeten und ihm allein dienen, Matth. 4*, ist unterzeichnet mit *Hans Heideg[ger]*, ohne nähere Angaben zu Ort oder Datum.[1]

Die 1503 aus Nürnberg eingewanderte Familie Heidegger brachte es in Zürich durch weitverzweigte Handelsbeziehungen und Heiraten zu Vermögen, Haus- und Kunstbesitz. Ihre Angehörigen waren Zunftmitglieder, bekleideten wichtige Ämter und nahmen am Reformationsgeschehen teil. Als Verfasser dieses persönlichen Bekenntnisses, in dem es um die brisante Frage geht, ob sämtliche Bilder religiösen Inhalts aus dem privaten Bereich zu entfernen seien – ein Anspruch, mit dem sich ein kunstliebender Hausbesitzer offensichtlich konfrontiert sah –, kommt am ehesten der 1516 geborene Hans Heidegger, Zinngiesser, Mitglied der Zunft zu Schmieden und des Rats, in Frage.[2]

Es sind hier etliche Menschen, die grossen Unwillen hegen, wenn sie in ein Haus treten, worin sich Bilder, Gemälde oder andere Gegenstände finden. Sie vermeinen, solches aus rechtem Eifer für Gott zu empfinden. Ich will nicht über sie urteilen. So beginnt Heidegger seine Rechtfertigung dafür, dass er nicht bereit ist, Gemälde und andere Gegenstände ausser Haus zu bringen und damit der Vernichtung preiszugeben, sondern dass er sie behalten will. Er beruft sich auf seinen Verstand, auf Predigt, Unterweisung und eigene Lektüre, die besagen, dass Gott lediglich Anbetung und Verehrung von Bildern verbietet, nicht aber deren Besitz oder Betrachtung im Gedenken an die Leiden Christi: *Darum habe ich deren etliche in meinem Haus, und in Sonderheit in den Büchern das gemalte Leiden Christi, behalten und nicht weggetan*. Gerade als gläubiger Christ sind ihm Bilder religiösen Inhalts ohnehin angenehmer, *als sonst ein schändliches Frauenbild, wie man sie jetzt zu Zeiten ohne jede Scheu herzustellen zulässt*. Seinen Gegnern, die Kunstgegenstände zerstört wissen wollen, wirft er Heuchelei, Neid, mangelnde Bildung und Ignoranz vor, da sie sich für besser halten, ohne zu wissen, dass Heiden, Türken und Juden seit jeher ein weit strengeres Bilderverbot kennen: *Das zeige ich darum an, damit diejenigen, die keine Bilder haben, die anderen nicht gar verwerfen, sondern dennoch Christen sein lassen, wie schwach es auch zugehen mag.*

Heideggers Aufruf zu Toleranz in der Bilderfrage ist das eindrückliche Zeugnis eines vermögenden Handelsherrn, gebildeten Kunstsammlers und Bibliophilen, der Heiden, Juden und Christen gleichermassen in seinem Haus empfängt: *Es begibt sich auch von Zeit zu Zeit, dass einer in mein Haus tritt, der sagt: «Heidegger hast' auch noch Bilder?», wenn er das Kruzifix sieht, so gebe ich gewöhnlich zur Antwort: «Ich hab' es darum, damit ein Jude oder Heide, wenn er in mein Haus kommt, sehe, dass ich an den gekreuzigten Christus glaube».*

Der im Buchdeckel eingetragene Text erweist sich damit als klar durchdachte Abwehr von selbstgerechtem Fundamentalismus in Glaubensfragen. Er verrät eine von christlicher Kultur geprägte, kunstverständige und weltoffene Haltung, der es letztlich zu verdanken ist, dass trotz Bildersturm Zeugnisse von kulturellem Wert bis heute erhalten geblieben sind.

Marlis Stähli

Kruzifix, Basel/Oberrhein, um 1500, H: 20 cm. Basel, Historisches Museum, Inv. 1870.1185. – Kruzifixe dieser Art waren in Privaträumen reicher Bürger anzutreffen. Der Basler Rechtsgelehrte Basilius Amerbach erwarb dieses Kruzifix um 1580 zusammen mit zwei unfertigen Schnitzwerken. Er verwendete sie nicht mehr zur Devotion, sondern reihte sie in seine Kunstsammlung ein.

[...] dan so Jch an den gecrutzegten cristum glawb, vnd mein selikait darin stat mag ich in meinem hauß und puchern ain crucifix oder annder gemel wol leiden.
Ist mir auch angenemer zu sehen dan sonst ain frauenlich schentlich gemel, die man yetzt zu zeiten zu machen ohn alle scheuch zu last. Vnnd wo die so nit pilder megen leiden oder haben, Solten die besten sein, So wird vnnß der turck, Haiden, vnd Juden weit vber treffen, dan alß ich hor so machen si kain pild, weder auff muntz, tebich oder annder seiden gewant, das zaig ich dar vmb an, das die so nit pilder haben, die andernn nit gar verwerffen, sonder dannocht lassen cristen sein, wie schwach es zu gatt.

Zürich, Zentralbibliothek, Ms. Z II 301a.

---

1 Zürich, Zentralbibliothek, Ms. Z II 301a. Die Edition des vollständigen Textes ist in Vorbereitung.
2 Vgl. Barbey 1990.

1530, Baar, Kanton Zug

Magdalena Sutter aus Affoltern hofft, durch die Berührung mit einem Messgewand geheilt zu werden.

Magdalena Sutter aus dem reformierten zürcherischen Affoltern war geschäftlich in Baar unterwegs. Sie trieb eine Zinsschuld ein und ging danach mit ihrer Schwester, die im altgläubigen Baar wohnte, zur Messe. Jemand musste sie dabei beobachtet und den Kirchgang der neugläubigen zürcherischen Obrigkeit mitgeteilt haben. Magdalena Sutter kam vor Gericht. Widerwillig gestand sie ihren auswärtigen Kirchgang. Sie gab auch zu, dass sie sich vom dortigen Priester ein Messgewand hatte auflegen lassen. Ferner habe sie zwei andere Frauen dazu veranlasst, ihre Kinder mit dem Messgewand bedecken zu lassen. Magdalena Sutter berief sich auf die Verzweiflung einer Kranken, der jedes Mittel recht ist, wenn es nur zur Heilung führt. Sie brachte ihre angebliche «weibliche Unwissenheit» ins Spiel und bat um Verzeihung.

Nach weitverbreiteter Vorstellung galten die Gewänder, die von den Priestern bei der Messe getragen wurden, als heil- und schutzkräftig. Sie dienten der Vertreibung von bösen Geistern und wurden zur Krankenheilung verwendet. Von den Priestern wurde erwartet, dass sie die entsprechenden Gewänder, vor allem die Stola, bei Exorzismen zur Verfügung stellten oder die magische Handlung durch Berührung der Menschen mit dem wunderwirkenden Gewand gleich selbst vornahmen. Mit der Glaubensspaltung wurde diese umstrittene Praktik von neugläubiger Seite jedoch als Aberglaube diffamiert und verboten.[1] Überall, wo konfessionelle Grenzen entstanden waren, versuchte die neugläubige Obrigkeit, ihre Untertanen daran zu hindern, die alten Glaubenspraktiken in fremdem Gebiet weiter zu verfolgen.

[...] sy [Magdalena Sutter] ist ouch anred [geständig], das sy iro den pfaffen zu Baar den Mässagkel vfflegen lassen vnnd das sy verursacht, das sunst zwo frowen yede eyn kind bracht vnnd die ouch allso mit dem Mässgwand gedegkt [worden], diewyl sy dann ein krangke schwache frow, vnnd eyn yeder krangk suchte wo im gesundtheit herkäme, hab sy sich allso überreden lassen, wiewol es sy wenig geholffen.

Zürich, Staatsarchiv, EI 1.2a.

Es gibt weitgehende Parallelen im Umgang mit Bildern und Messgewändern, die dem Berührungszauber dienten. Sie wurden im reformatorischen Bildersturm demonstrativ entweiht, abgeschafft und anderweitig verwendet: Der bekannteste Augsburger Bilderstürmer, der Prediger Michael Keller, hatte im März 1529 ein grosses steinernes Kruzifix und andere Bilder seiner Kirche in Stücke zerhackt. Drei Monate später hielt er seinen Zuhörern ein Messgewand hin und gab bekannt, er werde es nun als Zeichen für die Messe begraben.[2] Bereits 1528 hatte der Augsburger Rat den Bürgern erlaubt, die kostbaren Messgewänder, die sie in die Klöster gestiftet hatten, wieder nach Hause zu nehmen.[3] Ein schockierter Altgläubiger aus Basel schliesslich berichtet in seiner Chronik, dass in seiner Vaterstadt bestickte Teile von Messgewändern aus Zürich in privatem Gebrauch gesehen worden seien. Man habe sie als Brust- und Halstücher wiederverwendet.[4]

Christian von Burg

Rote Samtkasel mit spätgotischen Stickereien. Zug, Museum in der Burg, Inv. 1458. – Diese Kasel diente vermutlich als Messgewand in der Pfarrkirche St. Martin in Baar. Auf dem vorderseitigen Stab ist oben der hl. Martin auf dem Pferd zu erkennen, der seinen Mantel für einen Bettler zerteilt. Unten erscheint Nikolaus von Myra (oder Papst Klemens?) als Bischof mit dreifachem Patriarchenkreuz und Anker.

---

1 Scribner 1990b.
2 Sender, Chronik, S. 214 und 218.
3 Roth 1901–1911, Bd. 1, S. 304.
4 Anonyme Basler Chronik, S. 267.

Quellenberichte *Schmuggel aufgeflogen* **131**

1532, Bremgarten, Kanton Aargau

Geschmuggelte Altarfiguren werden zwischen Heringen entdeckt.

Johann Jakob Wick, Illustration zur Bilderschändung im Jahr 1587 in Zürich (Ausschnitt). Zürich, Zentralbibliothek. – Einigen der in drei Kisten verpackten Heiligenfiguren wurden von Knaben die Nasen oder die Arme abgehauen.

Glich nach demselbigen als wir [Landvogt Sulpitius Haller und Ratsherr Georg Schöni] den potten hinweg geverget, hand uns die üwern von Brugg ein handel erscheint, wie dann eins fůrmans knecht, sitzt der meister ze Basel, heisdt Jacob Stöckli, uß geheis desselbigen sins meisters ettlich kouffmanschatzt haruff gan Baden füren wellen, under wellichem er ettlich tonen hering old hennen, darzů ein groß faß abgestoßen ze Brugg, das gehör gan Bremgartten Heini Isili, des Honeggers dochterman, unnd als in dem abladen dem vaß der boden brochen und ußgevallen, sige daselbig voll altter geschnetzter götzen bilder unnd gemäld gsin, unnd von uns deßhalb rhats begärt, wie sich halten söllen; unnd als wir die götzen selb gesechen unnd den fůrman lassen erfragen, der gredt wie obstatt, sin meister habs ze Basel uffgladenn; habenn wir den üwern von Brugg den bescheid geben, das si, was übrig war, darvon si wol wüssen das gleitt zenämen, vorhanden sige, das söllen si lassen faren, aber das faß mitt getzen bliben unverendert, ouch verschaffen, das niemands die sonst verendere.

Aarau, Staatsarchiv, AA 450, fol. 853; zitiert nach Kdm AG 4 1967, S. 44, Anm. 1.

Es gibt einige Gemeinden, die nach der Einführung der Reformation zum alten Glauben zurückgefunden haben – innerhalb der Eidgenossenschaft u. a. die Städte Solothurn und Bremgarten AG. Bremgarten, das 1529 zum neuen Glauben übergetreten war, wurde drei Jahre später wieder rekatholisiert, womit natürlich auch wieder Bilder erlaubt, ja sogar erwünscht waren. Im Zuge dieser Rekonziliation erhielt am 4. Oktober 1532 die städtische Pfarrkirche acht neue Altäre.[1] Im oben zitierten bernischen Amtsschreiben wird davon berichtet,[2] wie für Bremgarten bestimmte Statuen und Altarbilder durch reformiertes Gebiet gebracht wurden. Damit sie dabei nicht entdeckt werden konnten, hatte man sie in Fässer versteckt und diese zwischen Fässern mit Naturalien transportiert. Doch der Schmuggel flog unterwegs auf, als in Brugg der Boden eines dieser Fässer durchbrach und der Inhalt herauspurzelte. Man staunte nicht schlecht, als *altte geschnetzte götzen bilder unnd gemäld* zum Vorschein kamen, die, wie sich nach eingehender Befragung herausstellte, für den Bremgartner Bürger Heinrich Isili bestimmt waren. Die Bilder wurden nicht zerstört, sondern die Brugger ersuchten Bern um die Erlaubnis, sie dem Landvogt von Baden übergeben zu dürfen.

Dass diese Episode kein Einzelfall blieb, bezeugen weitere Rettungs- bzw. Schmuggelversuche von Bildern durch reformierte Gebiete. In Kulm im Wynental hatte in der Zeit, als *die luterschen puren all uff dem feld warend*, eine kleine Schar Altgesinnter zwei *hüpsch taflen* aus der Pfarrkirche entfernt und diese auf ihrem *gleyterten wagen* (Leiterwagen?) nach Münster (Beromünster) gebracht.[3]

Von einem allerdings missglückten Versuch, Statuen und Altarbilder durch reformiertes Gebiet zu führen, berichtet auch der Zürcher Chorherr Johann Jakob Wick (1522–1588).[4] Zwei für Sursee und Muri bestimmte Altäre passierten, in Kisten verpackt, am 9. Mai 1587 Zürich. Während einer Pause der Fuhrleute wurden die Kisten auf dem Wagen von einigen Knaben aufgebrochen und die darin befindlichen Altarbilder entwendet und zerstört. Die Verstimmung der Altgesinnten, speziell von Sursee, über den Vorfall drohte, sich zu einer kriegerischen Eskalation auszuweiten. Zürich entschuldigte sich schliesslich in aller Form und stellte Schadensersatz für die Zerstörung des fremden Gutes in Aussicht.

Franz-Josef Sladeczek

---

1 Kdm AG 4 1967, S. 43–44, Anm. 2.
2 Vgl. auch EA. Bd. 4, Abt. 1c, S. 1301 (Juli 1532).
3 Salat, Reformationschronik, Bd. 2, S. 509.
4 Vgl. Senn 1984, S. 135–140.

1533, Augsburg

Zechpfleger Marx Ehem stürmt mit Waffengewalt die St. Moritzkirche und lässt Anton Fuggers Bild des Himmelfahrts-Christus auf dem Kirchenboden zerschellen.

Im Mai 1533, an Christi Himmelfahrt, stürmte Marx Ehem mit einer Gruppe bewaffneter Gleichgesinnter die Kirche St. Moritz in Augsburg, um den Ritus der Himmelfahrt Christi zu verhindern.[1] Die Skulptur des triumphierenden Herrn, die in einer regenbogenfarben bemalten Mandorla stand, war aber in Begleitung tanzender Engel bereits durch das sogenannte Himmelfahrtsloch in der Kirchendecke verschwunden, und die Chorherren und Vikare sangen die Non. Wütend nahm Marx Ehem dem Messner die Schlüssel für den Kirchturm ab, über den man ins Kirchendach gelangen konnte, zeigte auf Anton Fugger, den reichsten und mächtigsten Mann der Stadt, der in der Kirche sass, und sagte, er werde diese Himmelfahrt teuer bezahlen. Dann wandten er und seine Leute sich den immer noch singenden Chorherren zu, beschimpften sie, rissen ihnen die wertvollen Chorröcke vom Leib und trieben sie zur Flucht. Schliesslich stürmten sie ins Kirchendach, seilten den Himmelfahrts-Christus wieder in die Kirche hinab und liessen ihn aus einer Höhe von fünf Metern fallen, so dass er auf dem Kirchenboden zerschellte.

Wie kam es zu dieser Bildzerstörung, die weit über Augsburg hinaus für Aufregung sorgte? Wer waren die Hauptbeteiligten, und warum wurde gerade das bewegliche Bild des Himmelfahrts-Christus zerstört?

St. Moritz, Ort des Geschehens, war gleichzeitig Pfarr- und Kollegiatkirche, d. h. eine nicht vom Bischof, sondern von den Chorherren geführte Kirche. Aufgrund der grossen Zahl an Stiftungen und des sozialen Profils der Chorherren war St. Moritz eine der wichtigsten Augsburger Kirchen.[2] Anton Fuggers Onkel hatte im Auftrag der Pfarrgemeinde während fast zwanzig Jahren mit dem Chorherrenstift um das sogenannte Präsentationsrecht gestritten. Das Recht, Pfarrer und Prediger nach eigener Wahl vorschlagen zu dürfen, führte die Kontrahenten bis zum Papst, und schliesslich siegten die Fugger, die wichtigsten Financiers des Kaisers, dank ihrer guten Beziehungen. Die Kirche St. Moritz, an repräsentativer Lage mitten in der Stadt, wurde somit zur Hauskirche des mächtigen Kaufmannsgeschlechts. Im Jahr 1533 war St. Moritz zu einem der letzten Rückzugsorte der Altgläubigen in Augsburg geworden, an deren Spitze Anton Fugger und sein Bruder standen.

Auch der Chronist Clemens Sender, dem die detaillierte Überlieferung dieses Falles hauptsächlich zu verdanken ist, stand auf der Seite der

«Herrgott im Regenbogen», Heiligkreuz-Münster in Schwäbisch Gmünd, 1510, Figur H: 100 cm, Mandorla H: 250 cm. – In einer regenbogenfarbenen Mandorla dieser Art wurde der Augsburger Himmelfahrts-Christus aufgezogen und anschliessend von den Bilderstürmern fallen gelassen.

[...] Die zechmaister zů sant Moritzen haben vor den chorherrn daselben verschlossen alles, zů dem frimeßaltar gehört. auch alle fanen zů der proceß, rauchfaß, monstranzen und unsers herrn bildnus im regenbogen zů der aufffart, die engel und [den] hailigen gaist.

Da herr Anthoni Fugger der zwinglinge, vergiffte, gotzlose schlangen, Marx Ehems, fürnemen vernomen hat, da hat er zů trost und freiden den alten und waren cristen auff seinen kosten haimlich laussen machen unsern herrn im regenbogen, die engel und [den] hailigen gaist.

[...] Da nun der Ehem gen sant Moritzen in die kirchen ist komen, hat er ain plüttige, auffrierige rodt (seines gleichens) an sich gehenckt; da ist die aufffart schon mit aller andacht nach alter gewonhait verpracht gewessen, und hat die non gesungen. in der aufffart haben die gutten, alten cristen gewainet aus andacht und die verkerten, ketzerischen cristen geflücht und gewinst, daß des hellisch feur darein schlag.

[...] Darnach ist Marx Ehem mit seiner rodt mit grosem zoren in chor gangen, da die chorherren und vicarier die non haben gesungen, und [hat] sie mit groben, unbescheidnen und scheltworten ankomen und ain groß krimpel gehept, daß sie haben miessen aufhören zů singen, haben ire chorreck von inen geworfen und sind aus der kirchen geflochen; herr Raymundus Fugger ist zeit darvongegangen, und ain weil hernach ist auch herr Anthoni Fugger haimgangen.

Darnach ist Marx Ehem mit seinem brůder Jeremia Ehem [...] und [der] auffrierigen rodt auff die kirchen gangen und haben den regenbogen und das ander alles wider herabgelaussen, und als der regenbogen leicht 3 mann hoch noch zů der erde hat gehept, da hat der Jeremias Ehem, der freidig hauptmann, den regenbogen mit seinen gesellen mit vleiß auff die erde laussen fallen und hernach gesagt, der strick sei inen ongeverd entwist, und sind zů vil trimern gefallen. Der stadtvogt mit seinen knechten ist dazwischen komen, der hat frid geboten und mit gwalt verhiet, daß kain aufrůr nit ist worden.

Sender, Chronik, S. 340–343.

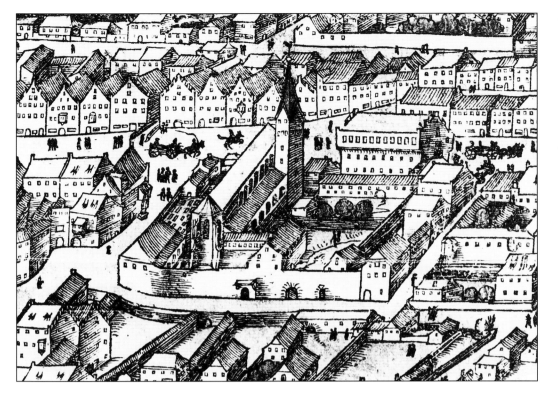

Augsburg, Ausschnitt aus dem Vogelschauplan von Jörg Seld, 1521, Augsburg, Kunstsammlungen. – Mitten in der Stadt, an repräsentativer Stelle, steht die St. Moritzkirche, deren Patronatsrecht die Fugger sich erkämpft hatten.

Fugger. Seine Abneigung gegenüber dem neugläubigen Marx Ehem, dem er die Schuld und die Verantwortung für die ganze Geschichte zuwies, tritt in seiner Chronik klar zutage. Ehem stammte ebenfalls aus einem alten Augsburger Geschlecht, das parallel zu den Fuggern aufgestiegen war.[3] Er war ein überzeugter Zwinglianer und in St. Moritz der prominenteste Verfechter des neuen Glaubens. Als Zechpfleger überwachte er nicht nur die von der Pfarrgemeinde gestifteten Gelder, sondern verwaltete auch die gestifteten Gegenstände. Die Stellung der Zechpfleger ist nicht zu unterschätzen. Aufgrund ihres Amtes nahmen sie bei der materiellen Umsetzung der Reformation eine entscheidende Rolle ein. Zechpfleger anderer Augsburger Kirchen hatten schon vor Ehem durch die Entfernung bestimmter Gegenstände die Durchführung des altgläubigen Kultes verhindert.[4] Ehem war nicht der einzige Zechpfleger in St. Moritz, und er handelte nicht, wie vom Chronisten Clemens Sender dargestellt, alleine, sondern zusammen mit seinen Amtskollegen und auf Anweisung des Rates.

Dem Eklat an Christi Himmelfahrt war ein bereits Monate dauerndes Kräftemessen zwischen Marx Ehem und Anton Fugger vorausgegangen. Ehem hatte als erstes dem Messner die Schlüssel zur Sakristei abgenommen und die Frühmesse abgeschafft. Die Brüder Fugger widersetzten sich, indem sie aus eigenem Geld einen Priester bezahlten, der am Pfarraltar die Frühmesse sang. Sie stellten auch ein neues Messgewand, Kerzen und Altartücher zur Verfügung. Am Karfreitag verhinderte Ehem daraufhin die rituelle Grablegung Christi, indem er das Grab unter Verschluss hielt, in das die Skulptur des toten Christus gelegt werden sollte (Kat. 84–87). Einen Monat vor der Himmelfahrt wurde schliesslich der von den Fuggern besoldete, altgläubige Priester vertrieben und durch einen neugläubigen Prädikanten ersetzt. Zudem verschlossen die Zechmeister alles, was zum Frühmessaltar gehörte, darunter auch den Himmelfahrts-Christus. Anton Fugger startete nun seinen zweiten Gegenschlag, indem er heimlich eine neue Skulptur schnitzen und bemalen liess. Am Festtag begab er sich mit grossem Gefolge und vielen Altgläubigen in die Kirche, liess das von Ehem vorsorglich verbarrikadierte Himmelfahrtsloch freiräumen, und der Ritus der Himmelfahrt Christi wurde trotz des Verbots durchgeführt.

Die Zerstörung des Himmelfahrts-Christus markierten einen Höhepunkt im Streit zwischen Alt- und Neugläubigen in St. Moritz. Sie richtete sich gegen die Ausübung des altgläubigen Kultes sowie gegen die Person Anton Fuggers. Der Fall bereitete dem Augsburger Rat fünf Tage lang Kopfzerbrechen. Anton Fugger wurde schliesslich zu einer Woche Turmhaft verurteilt, musste dann aber nur eine Nacht im Turm verbringen und konnte sich vom Rest der Strafe freikaufen.[5] Er muss die Strafe als eine grosse Demütigung empfunden haben. Sie schmälerte sein Ansehen innerhalb der Stadt deutlich und setzte ihm Schranken in seinen religionspolitischen Forderungen. Wenig später zog er von Augsburg ins Städtchen Weissenhorn. Dieser Wegzug wurde schon von seinen Zeitgenossen in engem Zusammenhang mit der Affäre um die Himmelfahrt Christi gesehen.

Im Zentrum des ganzen Geschehens hatte ein Bild gestanden. Für dieses Bild hatten sich die Altgläubigen dem Rat widersetzt und den Kult im Geheimen durchgeführt. Man weiss, dass gerade dieser Ritus als sehr heilbringend galt und alljährlich die Kirchen zu füllen vermochte.[6] Dass die Altgläubigen vom überaus sinnlichen Ritus zutiefst bewegt wurden, darf man dem Chronisten trotz seiner Parteilichkeit glauben. Die Himmelfahrt Christi symbolisierte die Überwindung des Bösen, und dies liess sich direkt auf die Hoffnungen der altgläubigen Augsburger übertragen. Nur wenige Bilder waren so eng mit der Liturgie verbunden wie der Himmelfahrts-Christus. Üblicherweise stand das Bild in der Zeit zwischen Auferstehung und Himmelfahrt zur Anbetung auf dem Altar. Für die bilderfeindlichen Neugläubigen war diese Darstellung ein rotes Tuch. Sie liessen das Bild nicht diskret verschwinden und zerstörten es auch nicht gleich im Kirchendach, wo es nach der Auffahrt angekommen war, sondern liessen es vor den Augen aller noch nicht aus der Kirche geflüchteten Altgläubigen zerschellen. Indem sie die Figur wieder am Seil ins Kirchenschiff hinunterliessen, nahmen sie Bezug auf das vorangegangene Ritual. An vielen Orten war es Brauch, zur Symbolisierung der Überwindung des Bösen nach der Auffahrt eine brennende Teufelspuppe aus dem Himmelfahrtsloch zu werfen, die dann von Knaben mit Stöcken zerhauen oder mit nachgeschüttetem Wasser gelöscht wurde. Mit dem Absturz des Himmelfahrts-Christus und dessen Zerschellen auf dem Kirchenboden setzten die Bilderstürmer das Christusbild als Götzenbild dem Teufelsbild gleich. Vom Chronisten wurden die Neugläubigen in polemischer Absicht als «verkehrte Christen» bezeichnet – das Vorgehen der Bilderstürmer lässt sich tatsächlich als eine Verkehrung des vorangegangenen Ritus, als ein Umkehrritual, interpretieren.

Christian von Burg

---

1 Vgl. die detaillierte Untersuchung des Vorfalls in: von Burg 1998, S. 45–57.
2 Kiessling 1971, S. 256.
3 Ebd., S. 280.
4 Sender, Chronik, S. 180–181.
5 Ebd., S. 344.
6 Jezler 1983, S. 238.

4 Katalog der ausgestellten Objekte

Entwicklung der christlichen Bilderverehrung

Die ersten Christen bildeten eine jüdische Sekte und befolgten als solche das biblische Bilderverbot. Im Kontakt mit der bildreichen hellenistischen Kultur vermochte sich das Christentum jedoch nicht von figürlichen Darstellungen freizuhalten. Etwa um 220 n. Chr. setzte in den Katakomben Roms die Gewohnheit ein, ethische Grundsätze und Rettungswünsche in Form kleiner Wandgemälde auszudrücken. Als sich Kaiser Konstantin 312 zum Christentum bekannte, stand der Entfaltung christlicher Kunst in imperialer Monumentalität nichts mehr im Wege. Ein normativer, von höchster Stelle sanktionierter Rahmen ergab sich, als Papst Gregor der Grosse um 599/600 in zwei Briefen die Anbetung der Bilder verwarf, sie jedoch als «Bücher der Ungebildeten» verteidigte (epistula 9,52 und 11,13; vgl. Kat. 30).

Von 726–843 eskalierte die Auseinandersetzung darüber, ob Christus und die Heiligen darstellbar seien, im bürgerkriegsähnlichen byzantinischen Bilderstreit. Die Ikonoklasten (Bilderbekämpfer) unterlagen am Ende den Ikonodulen (Bilderverehrern), die sich im zweiten Konzil von Nicäa (787) die künftig gültige, dogmatische Formel geschaffen hatten: «Denn die dem Bild gewährte Ehre geht auf das Abgebildete über, und wer das Bild verehrt, verehrt in ihm das dargestellte Wesen.»[1]

Innerhalb dieses lockeren Rahmens entwickelte sich die Kunst im byzantinischen Osten in langwährenden Konventionen, im Westen dagegen in grosser Vielfalt und auch nicht selten in wunderlicher Ausformung. Was im Frühchristentum noch verpönt war, wurde schon wenige Jahrhunderte später christlicher Usus: Eine Predigt von Caesarius von Arles (469/470–542) gegen heidnisches Brauchtum liest sich stellenweise wie die Beschreibung eines katholischen Wallfahrtsorts (sermo 13,5).

Alle Versuche, dem ausufernden Bildgebrauch im Westen Schranken zu setzen, schlugen fehl. Die *Libri Carolini* (791) wie die Ordensstatuten der Zisterzienser oder Franziskaner zeitigten nur kurze Wirkung. Die meisten der Theologen des abendländischen Mittelalters behandeln die Bilderfrage ohnehin nur nebenbei und zudem völlig realitätsfremd, wenn man ihre Aussagen beispielsweise am Betrieb einer Pilgerstätte misst.

In ihrer hierarchischen Struktur aber war die Kirche um 1500 bis ins letzte Glied bestimmt. Die kirchliche Durchdringung war flächendeckend und gliederte das ganze christliche Territorium in hierarchisch abgestufte Verwaltungsbezirke, von der Erzdiözese über das Bistum bis zur letzten Pfarrei und zum kleinsten Kloster. Je nach Art des Geschäfts entscheiden Konzil, Papst, Bischof, Dekan oder die örtlichen Pfarrer darüber, was rechtens sei und was nicht. In der Verwaltung sakraler Handlungen und Objekte ist die rechtliche Ausdifferenzierung jedoch höchst uneinheitlich: Ein geradezu pedantisch umfassendes Regelwerk besteht allein für die Verwaltung der Sieben Sakramente (heilsnotwendige Gaben der Kirche; Kat. 15–19). Bei den niedriger eingestuften Sakramentalien (Segnungen zur Bewältigung der Alltagsnöte; Kat. 20–25) herrscht wohl Klarheit über deren Wesen, die praktische Anwendung hingegen unterliegt lokaler Tradition und Willkür, etwa wenn der Bischof von Konstanz die Beschwörung drohenden Unwetters mit einer Hostienmonstranz verbietet, den Brauch aber wegen möglichen Widerstands dort zulässt, wo die Tradition schon lange gepflegt wurde.[2] Ähnlich ist die Situation bei der Heiligsprechung und der Reliquienverehrung: Seit dem ausgehenden 10. Jahrhundert besteht ein reguläres Kanonisierungsverfahren der römischen Kurie, das über eine Aufnahme in das Martyrologium entscheidet. Ihren Anfang nimmt die Heiligenverehrung aber oft unkontrolliert durch eine Bewegung im Volk, sie kann lokal ganz unterschiedlich geprägt sein.

Am schwächsten haben sich Normen für den Bildgebrauch ausgebildet. Wie die Bilder aussehen dürfen, was sie darstellen können und wie sie verwendet werden sollen – darüber gibt es wohl Ratgeberliteratur,[3] aber kaum etwas Verbindliches. Einzig, dass sie den Schutz des Geheiligten geniessen, und dass ihre Schändung einem Sakrileg gleichkommt, scheint überall anerkannt zu sein. Eine Rechtsetzung erfolgte weitgehend auf lokaler Ebene und auf den Einzelfall bezogen. Ob der Sohn eines Priesters trotz seines Geburtsmakels die Priesterweihe empfangen darf, ist eine Frage der Sakramentsverwaltung und entscheidet sich in Rom.[4] Ob aber ein besonders leidvoll gestaltetes Kruzifix die Einnahmen der nebenan gelegenen Dorfkirche konkurrenzieren darf, bestimmen im Fall von Küsnacht die Ratsherren von Zürich (vgl. S. 106).

Bilder sind in erster Linie Weihegeschenke, die Gutes bewirken sollen. Sie treten mit Sakramenten, Sakramentalien und Reliquien in nahen Kontakt. Ein geöffnetes Altarretabel kann an optischer Wirkung die Elevation der Hostie übertreffen. Bei der Segnung von Sakramentalien stehen Prozessionsbilder oft im Mittelpunkt des Ritus. Im Heiligenkult zeigt in erster Linie das bildhafte Reliquiar, an wen sich die Verehrung richtet. Gnadenbilder verhalten sich ihrerseits wie heilbringende Reliquien. – Es ist, als ob diese Nähe zu den geheiligten Handlungen und Objekten die Bilder selbst mit Sakralität imprägnieren und eigene Riten der Verehrung evozieren würde: Paxtafeln werden geküsst (Kat. 32), vor Bildern wird geweint, gehofft und das Haupt entblösst, wie wenn von ihnen sakramentalische Wirkung ausginge, und ohne dass sich dafür eine dogmatische Begründung fände. Mittelalterliche Bildfrömmigkeit wurde nicht definiert, sondern gelebt,[5] sie hat sich neben Sakramenten, Sakramentalien und Reliquienverehrung einen eigenen Raum im sinnlich wahrnehmbaren Bereich des Kults geschaffen.

Peter Jezler

---

1. Konzilsdekret, zitiert in der deutschen Übersetzung von Mokrosch/Walz 1980, S. 32.
2. Dold 1923, S. 154.
3. Eine geschickte Textauswahl bei Baxandall 1984, S. 63–73.
4. Schmugge 1994.
5. Eine knappe, überzeugende Darstellung bei Angenendt 1997, S. 371–373.

Kat. 1

**1
Ein Weihrelief zeigt Bilder der griechischen Götter.**

Weihrelief mit Darstellung eines ländlichen griechischen Heiligtums, um 200 v. Chr.

Marmor, H: 61; B: 79 cm.
Angeblich aus Griechenland (1882).
München, Staatliche Antikensammlungen und Glyptothek, Inv. GL 260.
(In der Ausstellung Gipsabguss: Bern, Institut für Klassische Archäologie, Antikensammlung, Inv. AS 78).

Der architektonische Rahmen aus zwei Pfeilern, Gebälk und Dachziegeln lenkt den Blick auf eine Opferszene. Im Mittelpunkt des ländlichen Heiligtums steht der Altar mit der opfernden Familie; darum herum sind Götterbilder so angeordnet, dass sie gleichsam die verschiedenen Stufen im Umgang mit dem Göttlichen darstellen.

Fast am meisten Raum beansprucht eine Platane, deren mächtiger, knorriger Stamm mit dem abgeschlagenen Hauptast schon manchen Sturm erlebt hat. Bäume – wie auch Quellen oder besondere Felsblöcke – sind typisch für griechische Heiligtümer. Sie dienten nicht bloss als Ausstattung des heiligen Ortes, sondern waren eigentlicher Anlass und Ursprung des Kultes. Gerade Bäume als Sinnbilder des Lebens scheinen die urtümlichsten Tiefen des Menschen anzusprechen. Der alten Platane auf dem Bild gilt eine besondere Verehrung, wie das sorgfältig um ihren Stamm gewundene Stoffband bezeugt.

In dem kleinen Götterpaar auf dem hohen Pfeiler, der unter dem Blätterdach steht, äussert sich bereits eine personifizierte Gottesvorstellung. Der abgehobene Standort, die würdige Haltung und die altertümliche Kleidung zeugen jedoch von einer Zeit, als die Götter von den Menschen noch weit entfernt waren.

Ganz anders wirken auf der rechten Bildseite der sitzende Gott und seine Begleiterin, die in ihrer ganzen Lebendigkeit an der Zeremonie teilnehmen. Ihre zwanglose Gestik spiegelt sich in der Unbefangenheit der Familienmitglieder, besonders in den mit Opfergaben beladenen kleinen Kindern. Götter und Menschen begegnen sich nun auf gleicher Ebene – sie stehen in Blickkontakt miteinander. Aus der «Menschlichkeit» der Religion, wie sie hier dargestellt ist, entspringt die Heiterkeit des ganzen Bildes. Das Weihrelief fängt die vielhundertjährige Wechselgeschichte eines Heiligtums samt den sich wandelnden Göttern und ihren Bildern ein und widerspiegelt Vorstellungen über Entstehung und Wandel der Religion.

Felix Müller

Literatur:
Bremmer 1996. – Ohly 1997, S. 21–22, Taf. 32. – Burkert 1998.

2
Zerschlagene römische Kalksteinstatuen zeugen von einem antiken Bildersturm im bernischen Alpenvorland.

Gesichtsfragment einer thronenden Jupiterfigur aus dem gallo-römischen Tempelbezirk von Thun-Allmendingen, Mitte 2. Jahrhundert n. Chr.

Weisslich-gelber Jurakreidekalk, Gesichtsfragment H: 17 cm; Thronrekonstruktion H: 1.3 m.
Bern, Historisches Museum, Inv. 16445 und 16447 / Bern, Archäologischer Dienst, Inv. 23535–23536.

Kat. 2

Wer von Bern das Aaretal aufwärts nach Süden reist, kommt bei Thun an die Stelle, wo man das Flachland verlässt und in die Bergwelt eintritt. An dieser Schwelle befand sich in römischer Zeit ein Heiligtum einheimischer Tradition. Im Südteil der Anlage standen nebeneinander sieben Tempel und Kapellen sowie Altäre und andere kultische Einrichtungen (Abb. 1).

Die Grabungen seit 1824 zeigen, dass das Heiligtum vom 1. bis weit ins 4. Jahrhundert n. Chr. hinein aufgesucht wurde und viele, auch kostbare Weihegaben erhielt, darunter Statuen aus Kalkstein und Bronze von beachtlicher Qualität. Mehrere Statuen und Votivinschriften beweisen, dass hier neben der Jagd- und Vegetationsgöttin Diana der zweifellos mit einem alten einheimischen Berggott zu verbindende römische Göttervater Jupiter ganz besondere Verehrung genoss – was auch nicht verwundert, wenn man sich die topographische Situation mit Blick auf die Alpenkette vergegenwärtigt.

Eines Tages aber wurden die Statuen zerschlagen. Bereits 1824 fand man Bruchstücke davon, deren genauere Lokalisierung innerhalb des damals ausgegrabenen Areals mit den Tempeln und den Kapellen 1–5 im nachhinein allerdings nicht mehr möglich ist. 1967 wurden die Ruinen erneut freigelegt, und dabei stiess man im Zentrum der Kapelle 2 auf eine 1.5 m tiefe Grube mit Bauschutt und über hundert Bruchstücken von Kalksteinskulpturen, die sich einem Dutzend Statuen zuweisen lassen, wie die Forschungen von Martin Bossert ergeben haben – Bildersturm oder Umbauschutt?

Der thronende Jupiter (vgl. Abb. 2) ragt besonders hervor. Es handelt sich um eine vorzügliche Arbeit der einheimischen Bildhauerei. Das einst farbig bemalte, über 600 kg schwere Kultbild entspricht dem Typus des kapitolinischen Jupiter in Rom. Die sorgfältig bearbeitete Rückseite des Throns zeigt, dass die Statue in einer der Kapellen aufgestellt war. Teile des Throns kamen 1824 und 1967 zutage. Wurden unbemerkt bereits 1824 Teile der Grube erfasst, oder waren einige Bruchstücke liegen geblieben, als man die Reste der zerschlagenen Statuen vergraben hat? Bei den Skulpturresten fallen Kopf-, Arm- und Beinfragmente auf; grössere Stücke der Körper sind nicht vorhanden. Die Gesichtsreste machen deutlich, dass man diese sprechendsten Teile der Figuren willentlich und noch zusätzlich zerschlug. In der Grube wurden also Teile versenkt, die man nicht als Steinmaterial wiederverwenden konnte und wollte. Ein Umbau des Heiligtums ist damit auszuschliessen. Hätte man Götterbilder nach einem Umbau nicht mehr gebraucht, wären sie in einer *favissa* (einer unterirdischen Kammer) sakral und sorgfältig beigesetzt oder zumindest nicht vorsätzlich zerstört worden. Es handelt sich in Thun-Allmendingen somit eindeutig um Bildersturm, aber zu welchem Zeitpunkt?

Nach den Funden wurde das Heiligtum sicher bis weit ins 4. Jahrhundert n. Chr. hinein als Kultort aufgesucht. Seine Ruinen gerieten bereits im Mittelalter unter eine dicke Schwemmschicht der immer höher gehenden Wasser der Kander. Der Bildersturm muss also zuvor stattgefunden haben. Klar ist auch, dass man Steinmaterial für eine Wiederverwendung abtransportiert hat. Da seit der Spätantike bis zur frühen Neuzeit fast nur Kirchen und Befestigungen in Stein gebaut wurden, werden Steine und Skulpturen am ehesten für solche Bauwerke gedient haben. Die Zerstörung von Gesichtern und die Anlage einer Grube beweisen aber auch, dass die Bilderstürmer nicht frei von magischen Ängsten handelten. Thun-Allmendingen ist kein Einzelfall – auch in anderen römischen Heiligtümern sind zerschlagene und vergrabene Statuenteile zutage gekommen.

Im Jahre 392 erklärte Kaiser Theodosius das Christentum zur Staatsreligion. Nach der bisher betriebenen Vielgötterei konzentrierte sich nun der Glaube auf den einen Gott, von dem man sich, wie in der jüdischen Religion, keine Bilder machen durfte. Stiftungen und Opfergaben an heidnische Tempel und Heiligtümer wurden verboten. Ohne diese Zuwendungen mussten aber die Kultbauten und ihre Einrichtungen über kurz

Entwicklung der Bilderverehrung — Antike

Abb. 1
Rekonstruktion des gallo-römischen Heiligtums von Thun-Allmendingen.

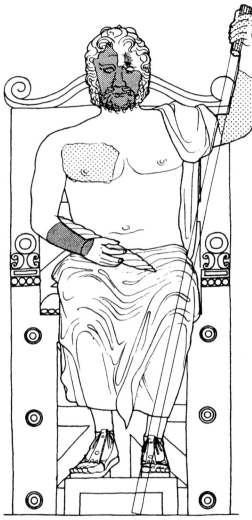

Abb. 2
Rekonstruktionszeichnung der lebensgrossen thronenden Jupiterfigur von Thun-Allmendingen.

oder lang in Verfall geraten. Während in den Grossstädten des römischen Reiches nicht wenige Tempelbauten als Bestandteile des Stadtbildes noch länger geschützt und erhalten blieben, erfahren wir aus den Schriftquellen, dass schon im 4. Jahrhundert zahlreiche, darunter hochberühmte Kultbilder von Christen gestürzt wurden (vgl. Abb. 3). Andere wurden aus den Heiligtümern herausgenommen und nur noch ihres Kunstwertes wegen öffentlich aufgestellt. Die Kirchenväter des 4. und 5. Jahrhunderts kämpften vehement gegen die «Idolatrie», die kultische Verehrung von Götterbildern. Abertausende von Statuen müssen damals gestürzt und zerschlagen worden sein, aber längst nicht alle, wie schriftliche Quellen bis ins 7. Jahrhundert hinein auch für das heutige Frankreich und Süddeutschland bezeugen.

Auch für Thun-Allmendingen ist wahrscheinlich, dass Christen Statuen im römischen Heiligtum zerschlagen haben. Der genaue Zeitpunkt bleibt allerdings unklar; in der Gegend von Thun ist frühmittelalterliches Christentum im 7. Jahrhundert mit Spiez-Einigen sicher nachgewiesen, und die Kirche in Scherzligen bei Thun wird 761/762 erwähnt, d. h. hat damals bereits bestanden. Ist es Zufall, dass sie nur fünf Kilometer vom heidnischen Kultort entfernt liegt? Auch für die ersten Bauetappen von Schloss Thun im 12. Jahrhundert war zusätzliches Steinmaterial notwendig. Spolien könnten in diesem Zusammenhang Aufschluss geben.

Stefanie Martin-Kilcher

Literatur:
Lohner 1831. – Bossert 1988. – Gutscher 1994. – Martin-Kilcher 1995, S. 13–16 und 37–40. – Gramaccini 1996.

Abb. 3
Spätrömische Wandkritzelei aus der Katakombe «Tre Madonne» in Rom. – Christen stürzen eine antike Götterstatue.

Kat. 3
Isaak in kurzer Tunika, ein Reisigbündel tragend, geht auf den brennenden Altar zu.

Kat. 3
Moses schlägt mit seinem Stock Wasser aus dem Felsen.

3
Zaghafter Anfang: Seit 200 n. Chr. beginnen Christen, erste religiöse Bilderfolgen darzustellen.

Glasbecher aus einem Grab in Strassburg-Königshofen, zweite Hälfte 4. Jahrhundert n. Chr.

Farbloses Glas, mit Schliffverzierung, H: 11.6; Dm Mündung: 12.4; Dm Basis: 3.8 cm.
Strassburg, Musée Archéologique, Inv. 1841.

Der schliffverzierte Glasbecher (Typ Isings 106 b2) wurde im Mai 1880 als Beigabe in Grab 157 der spätrömischen Nekropole von der Porte-Blanche in Strassburg-Königshofen gefunden, und zwar zusammen mit einer ebenfalls schliffverzierten und einer mit polychromen Noppen besetzten Glasschale.[1] Der kegelstumpfförmige Glasbecher ist mit drei nebeneinander gestellten Illustrationen zu Szenen aus dem Alten Testament verziert.[2] Die erste stellt Abraham dar, der rechts neben einem brennenden Altar steht und seinen einzigen Sohn Isaak opfern will. Die Augen zum Himmel erhoben, schwingt Abraham ein langes, gebogenes Messer. Von links nähert sich sein Sohn Isaak, der mit einer kurzen Tunika bekleidet ist und auf dem Rücken ein Reisigbündel trägt. Dieser Passus aus der Genesis (Genesis 22,1–14) wird in frühchristlicher Zeit oft als Bildmotiv verwendet, insbesondere auf Wandmalereien in den Katakomben. Für die Juden symbolisiert das Geschehen die völlige Unterwerfung unter den göttlichen Willen, für die Christen bedeutet es die Vorwegnahme des Opfertodes Christi und die Erinnerung an das Abendmahl.

Die zweite Darstellung zeigt Moses, der mit Tunika und Pallium bekleidet ist und mit seinem Stock Wasser aus dem Felsen schlägt (Exodus 17,1–7). Man hat darin einen Zusammenhang mit der göttlichen Gnade und dem erlösenden Taufwasser gesehen. Eine vierte Person, deren Identität und Bedeutung schwieriger zu klären sind, steht zwischen Abraham und dem Felsen. Wie Moses ist auch sie mit Tunika und Mantel bekleidet. Robert und Martine Weyl haben neuerdings vorgeschlagen, die Gestalt ebenfalls als Moses zu interpretieren; er soll zweimal, und zwar vor und nach der Überquerung des Roten Meeres, dargestellt sein.[3]

Der prächtige Glasbecher stammt vermutlich aus Köln und wird der Werkstatt von Gruppe V nach Fritz Fremersdorf zugeordnet.[4] In den Staatlichen Museen zu Berlin und im British Museum in London befindet sich je ein fast identisches Exemplar. Die Frage nach der Funktion hat zu unterschiedlichen Interpretationen geführt. So wurde etwa von einem Abendmahlsbecher gesprochen, was dem Domherren Straub und später Jean-Jacques Hatt[5] erlaubte, dieses aussergewöhnliche Fundstück als eines der wenigen Zeugnisse für die Christianisierung des Elsass anzusehen. Ein solcher Verwendungszweck erscheint jedoch ziemlich unwahrscheinlich, da einerseits der schmale Gefässboden zu wenig Standfestigkeit bietet und andererseits das Glas in einem Grab aufgefunden wurde. Nach einer anderen Hypothese soll es sich bei dem Gefäss um eine Öllampe handeln.

Bernadette Schnitzler

---
1 Straub 1881, S. 93–96 und Taf. II–III; Henning 1912, 34–35.
2 Arveiller-Dulong 1985, S. 147–149 und 218.
3 Weyl 1996, S. 87–92.
4 Wessel 1973, S. 385–401.
5 Hatt 1978, S. 156.

4
Christus verdrängt den Kaiser auf den zweiten Platz.

Solidus von Justinian II., byzantinisches Kaiserreich, 692–695.

Goldmünze, Dm: 20.4 mm.
Bern, Historisches Museum, Inv. 2000.5.

Das Geldwesen des byzantinischen Reiches ging bruchlos aus dem spätrömischen Münzsystem hervor. Die Grundlage bildete der von Konstantin I. (303–337) eingeführte Solidus, eine Münze aus rund 4.5 g reinem Gold. Seine Stabilität in Gewicht und Feingehalt und seine weit über das byzantinische Reich hinausreichende Bedeutung trugen ihm die Bezeichnung «Dollar des Mittelalters» ein.

Wie auf römischen Münzen üblich, war auch auf dem Solidus die Vorderseite in der Regel dem Porträt des Kaisers vorbehalten. Es bedeutete daher einen radikalen Bruch mit der Tradition, als der byzantinische Kaiser Justinian II. (685–695 und 705–711) das Herrscherporträt durch eine Christusbüste ersetzte. Diese allererste Christusdarstellung auf einer Münze zeigt den Gottessohn mit langem Haar und Bart. Hinter seinem Haupt sind die Kreuzarme sichtbar, Christus trägt aber keinen Heiligenschein. Vorbild für diese Darstellung war sehr wahrscheinlich das Christusbild über dem Bronzenen Tor, dem Haupteingang zum Kaiserpalast in Konstantinopel. Dieses wiederum geht vielleicht auf die berühmte Zeusstatue des Phidias in Olympia zurück. Das Bild des Kaisers wurde durch die Christusdarstellung auf die Rückseite der Münze verdrängt. Es zeigt den Herrscher mit dem *Loros* (ursprünglich das Gewand eines Konsuls) und einem Stufenkreuz in der rechten Hand.

Mit diesem Solidus hat Justinian II. einen wichtigen Präzedenzfall geschaffen. Von nun an nahmen Christus, später auch Maria und andere Heilige, immer den wichtigeren Platz auf den Münzen ein als der Kaiser. Die Stellung des himmlischen und des irdischen Monarchen war nun fixiert: Der Kaiser musste sich mit dem zweiten Platz begnügen. Diese Unterordnung wird in der Umschrift verdeutlicht, die Christus als König der Könige bezeichnet *(REX REGNANTIUM)*, den Kaiser dagegen als Knecht Christi *(SERVUS CHRISTI)*. Mit der Übernahme des Christentums hatte der Kaiser seine göttliche Stellung verloren. Gemäss der neuen Auffassung wurde er jedoch von Gott selbst in sein Amt eingesetzt (Gottesgnadentum), was den Herrscher wiederum in die göttliche Sphäre rückte.

Von der Forschung wurde dieser Solidus Justinians II. mit der Synode von Konstantinopel von 691/692 in Verbindung gebracht. Der Kanon 82 dieses sogenannten «Zweiten Trullanums» verbot Bilder, auf denen Christus als Osterlamm dargestellt wurde, und forderte seine Abbildung in menschlicher Gestalt. Gemäss einer allerdings nicht unbestrittenen These wollte Justinian mit der Ausgabe des neuen Münztyps den Beschluss der Synode bekräftigen.

Von den unmittelbaren Nachfolgern Justinians wurde Christus wegen des nun ausgebrochenen Bilderstreits nicht mehr auf Münzen abgebildet. Erst im 9. Jahrhundert griff man auf diese Darstellung zurück, welche fortan in Byzanz zum gängigen Münzbild wurde.

Daniel Schmutz

Literatur:
Breckenridge 1959. – Grierson 1982, S. 97–98. – Yannopoulos 1993, S. 35–40.

Kat. 4 Vorderseite
Kat. 4 Rückseite

Abb. 4
Byzantinisches Kaiserreich, Romanus III. (1020–1034), Histamenon (Goldmünze), Dm: 24.3 mm. Bern, Historisches Museum, Inv. By 168. – Herrscher von Gottes Gnaden: Auf der Rückseite der Münze krönt Maria den Kaiser, während auf der Vorderseite der thronende Christus dargestellt ist.

Konstantinische Wende: Mit dem Bau der ersten christlichen Kirchen stellt sich die Frage nach der Innenausstattung und einer Ausschmückung mit Bildern.

Mit Kaiser Konstantin d. Gr. und dem Toleranzedikt von Mailand (313 n. Chr.) findet eine entscheidende Veränderung in der sozialen wie rechtlichen Stellung der Christen, aber auch in der Gestaltung ihrer Kirchenräume statt. Während die Christen ihre Gemeindeversammlungen bis dahin in privaten Häusern abgehalten hatten, erhielt der Kirchenbau aufgrund der kaiserlichen Protektion jetzt einen repräsentativen Charakter.

Kurz nach 313 n. Chr. ging Konstantin daran, in Rom eine grosse Bischofskirche für die römische Gemeinde – die Lateransbasilika – zu errichten. Er wählte dabei eine Bauform, die für den zukünftigen Kirchenbau der Christenheit prägend werden sollte: die längsgerichtete, mehrschiffige Basilika mit einer Apsis am Ende des Mittelschiffs (Abb. 5). Mit der Wahl der Fünfschiffigkeit und der enormen Ausmasse (90×55 m) stellt Konstantin einerseits seine Dankbarkeit gegenüber Christus unter Beweis (Konstantin glaubte, er habe Christus den Sieg über seinen Rivalen Maxentius an der Milvischen Brücke zu verdanken), andererseits möchte er sich mittels seines Amtes selbst als Stellvertreter Christi auf Erden verstanden wissen.[1]

Die drei- oder fünfschiffige Basilika mit Apsis ist keine Erfindung der christlichen Architektur, alle ihre Bauteile waren in der römischen Architektur schon vorhanden. Nur deren spezifische Zusammenstellung und die liturgische Funktionalisierung (das Langhaus für die Gemeinde, das Sanktuarium mit Apsis für den Klerus und die Feier der Eucharistie) sind als die eigentliche Leistung christlichen Architekturschaffens zu bezeichnen. Die dreischiffige Basilika hat ihre Vorläufer vor allem in den Marktbasiliken oder den Gerichtsräumen römischer Foren.[2]

Einer bildlichen Ausschmückung christlicher Kulträume standen zunächst das mosaische Bilderverbot und die bewusste Abgrenzung von den heidnischen Kulten entgegen. Tatsächlich hielt sich dieses Bildverbot in der christlichen Kirche über zwei Jahrhunderte hindurch, bis seit dem 3. Jahrhundert erste Bilder, vor allem im funeralen Bereich (Katakomben), anzutreffen sind.[3] Alttestamentliche Rettungsmotive wie «Daniel in der Löwengrube» (Abb. 6) oder «Jonas und der Walfisch» erfreuten sich hier besonderer Beliebtheit. Beide Darstellungen handeln von Personen, die durch die Hilfe Gottes aus einer ausweglosen Situation befreit wurden. Die Deutung der Bilder im Zusammenhang mit einer Grabstätte ist sinnfällig: Der Verstorbene erhofft für sich selbst Errettung vom Tod.

Wie kann man erklären, dass sich die frühen Christen über das Bilderverbot hinwegsetzten? Nach der herkömmlichen Auffassung soll das Bedürfnis der einfachen, ungebildeten Gläubigen nach anschaulichen Darstellungen stärker gewesen sein als die Bedenken der Theologen. Doch standen die Grabanlagen, in denen die ersten eindeutig christlichen Bilder auftreten, grösstenteils bereits unter kirchlicher Aufsicht. Von einer generellen Bilderfeindlichkeit des Klerus kann also nicht ausgegangen werden.[4] Zudem bildete sich bald ein mehr oder weniger fester Motivschatz heraus, was auf eine bewusste Vermittlung bestimmter Bildinhalte durch die Kirche hindeutet.

Im Papstbuch *(Liber Pontificalis)* ist eine Stiftung Konstantins verzeichnet, die selbst vor diesem Hintergrund erstaunlich erscheint: Konstantin schenkte der Lateransbasilika einige wertvolle Ausstattungsstücke, unter denen sich grosse, rundplastische Figuren von Christus und den Aposteln befanden.[5] Eine so unmittelbare Verkörperlichung heiliger Personen dürften selbst bilderfreundliche Theologen nur mit Unbehagen geduldet haben; zu sehr erinnerten rundplastische «Götterstatuen» an jene der römisch-heidnischen Kulte.

Abgesehen von diesen Figuren lassen sich aber für die ersten Kirchen Konstantins keine bildlichen Darstellungen, auch nicht an Apsis- und Langhauswänden, nachweisen. So besass die Lateransbasilika an den Mittelschiffwänden wertvolle Marmorinkrustationen *(opus sectile)*, während die Apsis mit einer schmucklosen Goldfolie versehen war.[6] Eine erste Flachbilddarstellung von Christus in einem Kirchenraum finden wir erst um 400 n. Chr.: Das Apsismosaik von S. Pudenziana in Rom zeigt im Zentrum den thronenden und mit den Aposteln in einer theologischen Diskussion befindlichen Christus (Abb. 7).

Seit dem fünften Jahrhundert entwickelte sich ein umfassendes Bildprogramm frühchristlicher Kirchenbauten: Während der Betrachter durch biblische oder allegorisch-christliche Darstellungen an den Langhauswänden (Abb. 8) auf den Ereignisraum der Kirche – den Altarraum, in dem die Eucharistie zelebriert wurde – vorberei-

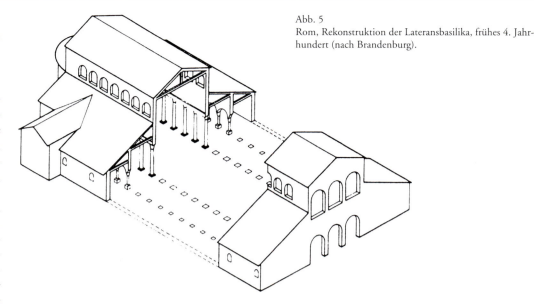

Abb. 5
Rom, Rekonstruktion der Lateransbasilika, frühes 4. Jahrhundert (nach Brandenburg).

Abb. 6
Rom, S. Callisto, Lucina-Gruft, «Daniel in der Löwengrube» im Zentrum einer Deckenmalerei, spätes 3. Jahrhundert.

tet wird, erstrahlt in der halbrunden Apsiskalotte in glänzenden Mosaiksteinchen die machtvolle Gestalt Christi, oft begleitet von den Aposteln oder den ihm im Opfertod nachgefolgten Märtyrern,[7] die alle die ewige Herrschaft Gottes verkünden. Trotz der Einführung von Bildern wollen sich einige Theologen von den Gewohnheiten der heidnischen Götzenverehrung absetzen und lehnen die Verehrung von Bildern strikt ab. Die Bilder würden nur der Anschauung und Unterweisung der Gläubigen dienen.[8] Dass allerdings Theorie und Praxis auch in dieser Auffassung im Laufe der Zeit auseinandergingen, zeigen bereits die ersten Anzeichen von Bilderverehrung seit dem 6. Jahrhundert.

Anja Kalinowski

Literatur:
Ihm 1950. – Deichmann 1983. – Effenegger 1986. – Arbeiter 1988. – Belting 1990. – Mathews 1995. – Engemann 1997. – Lowden 1997.

Abb. 7
Rom, S. Pudenziana, Apsismosaik, Christus als Lehrer der Apostel im himmlischen Jerusalem, um 400 n. Chr.

Abb. 8
Rom, S. Maria Maggiore, Innenraum, Blick nach Osten, 5. Jahrhundert. – Alle Mosaiken des Mittelschiffes stammen noch aus der Erbauungszeit der Basilika, die Apsis datiert aus dem 13. Jahrhundert. Das heutige Erscheinungsbild des Innenraumes geht ansonsten auf eine barocke Neugestaltung zurück.

---

1 Die Eingliederung des Christentums in den konstantinischen Staatsgedanken hat bis heute viele Forscher dazu verleitet, weite Bereiche der frühchristlichen Kunst auf die kaiserliche Bildsprache zurückzuführen. Zur Problematik der imperialen Ikonographie in der frühchristlichen Kunst vgl. den vielschichtigen Ansatz von Mathews 1995.
2 Zur Entstehung und Bedeutung christlicher Kultbauten Deichmann 1983, S. 68–108; Arbeiter 1988, S. 194–199; Lowden 1997, S. 34–35 (zum funktionalen Unterschied zwischen Tempel und Kirche).
3 Eine der wenigen Ausnahmen ist das in der Mitte des 3. Jahrhunderts ausgemalte Baptisterium der Hauskirche von Dura Europos (Syrien).
4 Forschungsdiskurs zu dieser Frage bei Engemann 1997, S. 7–8.
5 Duchesne 1886, S. 172, Zeile 8–12.
6 Effenberger 1986, S. 108; Lowden 1997, S. 38. Auch für die erste Ausstattung von Alt-St. Peter ist eine goldene Apsis anzunehmen.
7 Zu weiteren Apsisdarstellungen im Frühchristentum Ihm 1950.
8 Angaben zeitgenössischer Quellen bei Belting 1990, S. 164–166; Engemann 1997, S. 31 ff.

Seit dem 5. Jahrhundert beginnen die Christen, Bilder von Christus, der Jungfrau Maria und den Heiligen zu verehren.

Durch Proteste von Kirchenvätern wie Cassian und Epiphanius erfahren wir seit dem 5. Jahrhundert vom Aufkommen und der Entwicklung eines christlichen Bilderkultes. Einerseits übertragen die Christen auf die Bilder Christi und der Heiligen einen Kult, den sie schon dem Bild des Kaisers erwiesen. Anderseits entfalten sie aber sofort eine gefühlsbetonte Beziehung zu den Bildern geliebter, aber unsichtbarer oder imaginärer Wesen. Besonders offensichtlich ist das bei den Wüstenvätern, von denen Cassian berichtet, dass das Bild ihnen die physische Gegenwart Gottes in ihre Einöde bringe.

Auch wenn Epiphanius jemanden gesehen hat, der eine Christus- oder Heiligenfigur auf einem Wandbehang angebetet und diesen Stoff dann zerrissen hat, so sind es gleichwohl Tafelbilder, die von den Christen zuerst verehrt worden sind und sich bis auf den heutigen Tag erhalten haben. Es handelt sich um die ältesten Ikonen von Rom und vom Berg Sinaï, die aus dem 6. Jahrhundert stammen dürften. Gegenstand der Verehrung waren auch Wandmalereien wie die sogenannte Palimpsest-Wand von Santa Maria Antiqua in Rom.

Jean Wirth

Literatur:
Cassien, Conférences, Bd. 2, S. 74–79. – Menozzi 1991, S. 83–88. – Belting 1998.

Kat. 5

5

In der griechischen Kirche beschränkt sich der Bilderkult auf Gemälde.

Glykophilousa, kretische oder venezianische Ikone, 1557.

Tafelmalerei, H: 42.1; B: 33.7 cm.
Genf, Musée d'Art et d'Histoire, Inv. BA 1984–82.

Die geläufige Bezeichnung *Glykophilousa* (die zärtlich Liebende) für den Typus einer Madonna, die das Christuskind umarmt und küsst, ist nachbyzantinisch, das Motiv war aber schon im 7. Jahrhundert bekannt. Auf der Ebene theologischer Überlegungen bedeutet der Kuss zweifellos die Vereinigung der menschlichen mit der göttlichen Natur, welche durch die Inkarnation hergestellt wird. Der Kuss ist aber auch bezeichnend für den gefühlsbetonten Charakter, den der christliche Bilderkult sehr bald annimmt.

Nach bilderstürmerischen Krisen etabliert sich der christliche Bilderkult in Byzanz im 9. Jahrhundert. Er ist nun begleitet von einer Festlegung auf Bildtypen, die für sich in Anspruch nehmen, authentische Bilder von Christus und den Heiligen wiederzugeben. Die Verpflichtung, Bilder zu verehren, könnte nämlich zu Götzendienst führen, wenn das Bild nicht das «wahre» wäre und vom «Dargestellten» abweichen würde.

Die ablehnende Haltung gegenüber der Herstellung von Statuen ist möglicherweise älter als der byzantinische Ikonoklasmus und geht auf den Wunsch ein, sich vom heidnischen Bilderkult zu unterscheiden. Sie erlaubt, das Bild als eine Schrift zu verstehen, dank dem Umstand, dass das griechische Wort *graphè* sowohl auf die Schrift als auch auf die Zeichnung bezogen werden kann.

Jean Wirth

Literatur:
Horst Hallensleben: Artikel «Maria, Marienbild», in: LCI, Bd. 3, hier Sp. 170–172. – Lazovic/Frigerio-Zeniou 1985, Nr. 2. – Belting 1998, S. 47–50 und 380–381.

6

Nördlich der Alpen werden vom 10. Jahrhundert an am häufigsten plastische Bildwerke verehrt.

Thronende Madonna, Mittelfrankreich, zweite Hälfte 12. Jahrhundert.

Nussbaumholz, geschnitzt und ursprünglich bemalt, H: 81.5 cm.
Genf, Musée d'Art et d'Histoire, Inv. 12.143.

Da in karolingischer Zeit der Bilderkult abgelehnt wurde, hatten die Künstler im Westen eine viel grössere Freiheit in der Darstellungsweise als im byzantinischen Kulturkreis. Der ästhetische Wert eines Kunstwerks und seine Fähigkeit, den Betrachter mitzureissen, traten in den Vordergrund.

Das Aufkommen der Bilderverehrung in Form von Reliquienstatuen fällt, trotz aller Versuche, das Gegenteil zu beweisen, mit dem Niedergang des karolingischen Reiches zusammen. Indem man die Reliquie als Gegenstand erlaubter Anbetung in eine Statue einlegte, konnte man vorgeben, nur jene zu verehren, und den Vorwurf abweisen, man bete, vor der Statue kniend, ein Bild an.

Diese Neuerung fand nicht in Italien statt, wo sich der Bilderkult ähnlich wie in Byzanz entwickelt hatte, sondern in der Auvergne. Mitte des 10. Jahrhunderts liess Bischof Stephan II. von Clermont durch den Kleriker Alleaume nicht nur den Chor seiner Kathedrale neu bauen, sondern auch eine mit Goldblech überzogene und mit Edelsteinen geschmückte Reliquienstatue einer thronenden Maria mit Kind für die Krypta herstellen (Abb. 9). Der Bischof, der gleichzeitig Abt von Sainte-Foy in Conques war, liess in der Folge die Reliquienstatue der hl. Fides herstellen, die wohl um 985 instand gesetzt worden und erhalten geblieben ist (Abb. 10). Die Marienfigur von Clermont ist der Prototyp vieler, wenn auch weniger kostbarer Madonnen in der Auvergne, die – wie das Exemplar im Genfer Museum – meist aus polychrom bemaltem Holz bestehen. Ungewiss ist allerdings, ob die Reliquienmadonnen anderer Orte, wie beispielsweise die Goldene Madonna im Münsterschatz von Essen, ebenfalls aus dem 10. Jahrhundert, sich vom auvergnatischen Vorbild ableiten lassen oder unabhängig davon entstanden sind.

Wie Ilene Forsyth gezeigt hat, wird es im 12. Jahrhundert immer üblicher, dass die thronenden Madonnen keine Reliquienbehälter mehr aufweisen, weil der Bilderkult sich nicht

Kat. 6

mehr zu rechtfertigen braucht. Dies trifft u. a. auf die Madonna zu, die in Genf aufbewahrt wird. Die Köpfe (derjenige des Kindes ist im 19. Jahrhundert überarbeitet worden) sind abnehmbar und mit Stiften fixiert, um die Einkleidung der Statuen mit einem Prunkbehang zu erleichtern.

Jean Wirth

Literatur:
Forsyth 1972, S. 161, Nr. 11. – Lapaire 1986, S. 23, Nr. 1. – Goullet/Iogna-Prat 1996. – Wirth 1999, S. 52–59.

Abb. 9
Gregorii Turonensis opuscula, 9./10. Jahrhundert. Clermont-Ferrand, Bibliothèque municipale, Ms. 145, fol. 134r. – Die der Handschrift im 11. Jahrhundert hinzugefügte Miniatur gibt einen Eindruck vom Aussehen der nicht erhaltenen Reliquienmadonna in der Krypta der Kathedrale von Clermont-Ferrand.

Abb. 10
Conques, Sainte-Foy, Reliquienstatue der hl. Fides, Mitte 10. Jahrhundert

7
Ein beidseitig bemaltes Handbildchen gestattet eine intime Versenkung in die Passion.

Doppelseitig bemaltes Holztäfelchen mit Kreuzigung und Kreuzabnahme, Zürich/Konstanz, um 1320.

Öl (?) auf Holz, H: 17.9; B: 10.4 cm. In der Spitze ein kleines Loch im Rahmen, zwei weitere oben und unten im Rahmen links der Kreuzigung (später?), sonst keinerlei Hinweise auf eine Befestigungsmöglichkeit oder eine ursprüngliche Zugehörigkeit von einem oder mehreren weiteren Täfelchen; Goldgrund fast ganz ausgewaschen. Zürich, Kunsthaus, Inv. 1954/25 (Leihgabe Gottfried-Keller-Stiftung).

Das kleinformatige, doppelseitig bemalte Holztäfelchen[1] hat die Grösse eines modernen Taschenbuches; es lässt sich in der Hand halten, drehen, wenden, für die Betrachtung an einen Ort mit guten Lichtverhältnissen tragen und ursprünglich vielleicht sogar in ein schützendes Futteral verpacken. Die erhabene Rahmenleiste, die mit dem Bildträger aus einem Stück gearbeitet ist, schützt die bemalte und vergoldete Bildfläche vor direktem Kontakt mit Handschweiss und Reibung.[2] Allein schon die Grösse dieses Täfelchens, das um 1320 im stilistischen Umkreis der Manessischen Liederhandschrift entstanden ist,[3] belegt, dass es für einen privaten, nicht für den öffentlichen Gebrauch bestimmt war.

Kleine Andachtsbildchen für den privaten, aus einem liturgischen Rahmen herausgelösten Gebrauch von Laien wie von Ordensangehörigen sind seit der Mitte des 13. Jahrhunderts erhalten, es dürfte sie allerdings auch schon früher gegeben haben, wie schriftliche Quellen wahrscheinlich machen.[4] Ihre Anzahl und ihre Bedeutung erhöhen sich in hochmittelalterlicher Zeit nördlich wie südlich der Alpen in der Folge einer neuen Frömmigkeitsbewegung, die stärker auf die kontemplative Haltung des Individuums ausgerichtet ist und im eigenen affektiven Nachvollzug der christlichen Heilsgeschehnisse ein wesentliches Mittel zur Erlangung des Seelenheils sieht.

Die Kreuzigung Christi, das Opfer des Gottessohnes zur Erlösung der Menschheit, ist eines der wichtigsten und am häufigsten abgebildeten Themen der Heilsgeschichte. Der tote Körper Christi ist dargestellt, ausgemergelt, mit verdrehten Gliedern und stark betonten Wundmalen, aus denen dicke, plastisch hervortretende Blutströme hervorquellen – Einzelmotive, deren Gestaltung dem Betrachter oder der Betrachterin das geistige Nachvollziehen und die Einfühlung in die Geschehnisse erleichtern. Ebenso soll er oder sie in der Gebetsmeditation vor dem Bild versuchen, sich in die Gefühle der trauernden Gottesmutter zu vertiefen, die auf der rückseitig abgebildeten Szene der Kreuzabnahme den Arm ihres toten Sohnes liebevoll umfasst, oder in diejenigen des Joseph von Arimathia, der den Oberkörper des toten Erlösers umarmt, und des Juden Nikodemus, der mit einer Zange den Nagel aus den Füssen Christi herauslöst. Es ist eine intime Zwiesprache, die sich zwischen dem kleinen Täfelchen und dem oder der davor Betenden entspinnen kann.

Susan Marti

Literatur:
Fritzsche 1981, S. 195. – Landolt 1990, S. 614, Abb. 5. – Kat. Manesse 1991, S. 250, Nr. 108. – Jezler 1998, S. 244.

---

1 Ob das Täfelchen Teil eines Diptychons war, ist fraglich. Die gleiche repräsentative Gestaltung der beiden Seiten wie das Bildprogramm sprechen dagegen. Ich danke den Restauratoren des Kunsthauses Zürich, Hanspeter Marty und Paul Pfister, für Hinweise zum Zustand und zur Maltechnik.
2 Jezler 1998, S. 244.
3 Fritzsche 1981, S. 195, betont die enge Verwandtschaft von Figuren und Farbcharakter zwischen diesem Täfelchen und einem Altarfragment aus dem Wallis (Zürich, Schweizerisches Landesmuseum, Inv. LM 7192.1/2).
4 Jezler 1998, S. 242–243.

Kat. 7
Vorderseite: Kreuzigung

Kat. 7
Rückseite: Kreuzabnahme

8
In Italien werden seit dem 13. Jahrhundert massenweise Tafelbilder hergestellt.

Taddeo Gaddi, Triptychon zur Privatandacht, Florenz, um 1330.

Tempera auf Holz, H: 75.5; B: 63 cm
(bei geöffneten Flügeln).
Sockel und mit Krabben besetztes Giebelelement sind spätere Ergänzungen.
Strassburg, Musée des Beaux-Arts, Inv. 451.

Kleinformatige Flügelaltärchen zur privaten Andacht erfreuten sich in Europa, namentlich in Italien, seit dem ausgehenden 13. Jahrhundert einer immer grösseren Nachfrage. Einzelne dieser im frühen 14. Jahrhundert nunmehr zahlreich und immer preziöser verfertigten Privataltärchen waren wahre «Gemmen», und der Vergleich mit der Goldschmiedekunst wurde von den Künstlern ganz offensichtlich auch gesucht. Die Werke wurden nicht immer auf Auftragsbasis geschaffen, sondern verschiedentlich in den Künstlerwerkstätten vorfabriziert und dann frei zum Verkauf angeboten.

Die Bettelorden propagierten die private Andacht vehement – man denke etwa an charismatische Gestalten wie den hl. Franziskus oder, im dominikanischen Bereich, die hl. Katharina von Siena, die beide in der Andacht vor dem Kruzifix eine mystische Vereinigung mit dem Gekreuzigten eingingen. Die persönlichen Gebetsübungen wurden, sofern es sich um sozial besser gestellte Familien handelte, vor einem Privataltärchen abgehalten (vgl. Kat. 123). So wundert es denn kaum, dass im Hausratsinventar einer um 1360 führenden Familie Montalcinos neben bemalten Truhen ein Madonnenbild auf Goldgrund und verschiedene illuminierte Handschriften figurieren.[1]

Kat. 8

Das vorliegende Flügelaltärchen, das 1906 von Osvald Sirèn erstmals schlüssig dem Giotto-Schüler Taddeo Gaddi (um 1300–1366) zugewiesen wurde,[2] ist insofern exemplarisch, als die private Devotion durch die Einbeziehung der Stifter im zentralen Madonnenbild noch besonders vor Augen geführt wird. Die Stifterfamilie hat sich am Fuss beidseits der mächtigen Thronarchitektur eingefunden, wo sie, vereint mit Engeln und Heiligen, kniend und mit zum Gebet erhobenen Händen der thronenden Mutter und ihrem Kind huldigt. Das Bildprogramm entspricht einem in Florenz gängigen Kanon, nach dem in der Mitte die Glorie der Muttergottes, auf den Seitenflügeln mit der Geburt Christi die göttliche Menschwerdung und mit der Kreuzigung der heilbringende Opfertod gezeigt werden. Die beiden Heiligen im unteren Bereich des linken Flügels, Ludwig von Toulouse und ein nicht identifizierter Angehöriger eines Benediktinerzweiges, verweisen womöglich auf die Namen der Stifter, die ihre persönlichen Schutzpatrone gerne mitdarstellen liessen.

Wenn auch der nicht ganz einwandfreie Erhaltungszustand nur ungefähre stilkritische Schlüsse zulässt, ist zu vermuten, dass Taddeo Gaddi das Florentiner Triptychon in der Zeit der Freskierung der Baroncelli-Kapelle, vermutlich in den frühen 1330er Jahren, malte.

Gaudenz Freuler

Literatur:
Ladis 1982, S. 82, 86, 191, 196, 200, 202 und 209–210. – Moench 1993, S. 32, Nr. 14 (mit älterer Literatur).

---

1 Freuler 1994, S. 150, Anm. 8.
2 Vgl. Moench 1993, S. 32.

9

Im Spätmittelalter werden neue Bildmotive erfunden, die zum Mitleiden anregen wollen: Der Kopf des enthaupteten Johannes des Täufers liegt in einer Schüssel.

Werkstatt von Martin Hoffmann, Johannesschüssel, Strassburg, um 1515.

Lindenholz, mit Resten alter Fassung, auf dem Bart und den Haaren Vergoldungsspuren; H: 26; Dm: 29; Tiefe: 16.5 cm. Strassburg, Musée de l'Œuvre Notre-Dame, Inv. MOND 249.

Im Markus-Evangelium wird die Geschichte der Enthauptung von Johannes dem Täufer ausführlich geschildert (Markus 6,14-29): Salome, der Herodes wegen ihres betörenden Tanzes die Erfüllung eines Wunsches versprochen hat, erbittet sich auf Rat ihrer Mutter das Haupt des gefangen gehaltenen Johannes des Täufers. Herodes gibt, um das gegebene Versprechen einzuhalten, den Befehl, Johannes zu enthaupten und Salome den abgeschlagenen Kopf in einer Schale zu überbringen. Das Schicksal von Johannes und der Tanz der Salome sind während des ganzen Mittelalters mit Bilderzyklen illustriert worden, erst im Spätmittelalter aber erscheinen aus dem erzählerischen Zusammenhang herausgelöste, skulptierte Darstellungen des abgeschlagenen Hauptes auf einem Teller, sogenannte Johannesschüsseln.[1] Das aus der Bilderzählung isolierte und in die Dreidimensionalität übersetzte Einzelmotiv gewinnt eine ganz neue Aussagekraft, lenkt die Aufmerksamkeit der Betrachter auf einen wesentlichen Augenblick und regt zu einer andächtigen Meditation über die Bedeutung dieses Ereignisses an – es wird zum Andachtsbild.

Zwar sind auch Reliquien von Johannes dem Täufer erhalten; sein Kopf soll von Herodias, Salomes Mutter, in Jerusalem vergraben und später wieder aufgefunden worden sein, und ein ganz bedeutendes Reliquiar mit einem Schädelfragment gelangte beim Fall von Konstantinopel 1204 nach Amiens. Die meisten Johannesschüsseln sind aber keine Kopfreliquiare, sondern reine Bildwerke, die an das Martyrium dieses Propheten und Vorläufers Christi erinnern. Manchmal stellte man sie zur andächtigen Betrachtung auf einem Altar auf – das abgeschlagene Haupt kann denn auch als Vorausdeutung auf den Opfertod Christi und somit als eucharistisches Symbol aufgefasst werden.

Kat. 9

Die hier vorgestellte Skulptur ist unten abgeplattet, damit sie besser aufgestellt werden kann. Das tief zerfurchte Haupt mit den regelmässig angeordneten, stark gekräuselten Locken und dem langen Bart füllt den Teller bis zum Rand, die Augen sind halb geschlossen. Die Gesichtszüge von Johannes deuten stilistisch auf die Werkstatt des aus Thüringen stammenden Martin Hoffmann, der 1507 erstmals als Bildhauer in Basel bezeugt und 1530 dort letztmals erwähnt ist.[2] Das Werk dürfte gegen 1515 hergestellt worden sein und stammt aus der Sainte Madeleine in Strassburg.

Susan Marti

Literatur:
Beyer 1968, Nr. 282. – Guillot de Suduiraut 1998a, S. 49–50 und 56, Anm. 19.

---

1 Zur komplexen Ikonographie der Johannesschüssel vgl. Stuebe 1968/1969; Arndt/Kroos 1969.
2 Guillot de Suduiraut 1998a, S. 49–50 und 56, Anm. 19.

10

Im 15. Jahrhundert werden die Altäre mit riesigen Retabeln ausgestattet.

Martin Lebzelter (?), Visierung eines Altarretabels für die Kirche St. Marcellus in Delsberg JU, um 1508.

Schwarze und braune Tusche auf Papier, H: 52; B: 23 cm. Delsberg, Musée Jurassien d'Art et d'Histoire, Inv. MJ 198.

Spätgotische Schnitzaltäre mit ihrer Vielfalt an Bildprogrammen und ihren aufwendigen künstlerischen Ausformungen, die bis zu mehrfach wandelbaren Flügelaltären reichen, sind Zeichen der gesteigerten Frömmigkeit im Spätmittelalter. In einer Zeit aufblühender städtischer Kultur sind die Retabelstiftungen reicher Privatpersonen oder Gruppen wie beispielsweise Kaufmannsgilden oder Zünften Ausdruck des Strebens nach Erlangung des Seelenheils – aber auch des Eifers, sich mit prächtigen Stiftungen über andere hervorzutun.[1]

1508 beauftragte die Kirchenobrigkeit von Delsberg den aus Ulm stammenden, zwischen 1491 und 1518 in Basel fassbaren Bildschnitzer und Maler Martin Lebzelter (gest. 1519/1520)[2] mit der Anfertigung eines farbig gefassten Schnitzaltares. Ob dieses Retabel für den Hochaltar jedoch tatsächlich geschaffen worden ist, bleibt ungewiss: Heute existieren lediglich die lebensgrossen, aus Lindenholz geschnitzten Figuren der hll. Marcellus, Laurentius und Andreas[3] sowie der zeichnerische Entwurf des Altaraufsatzes. Die beiden zusammengefügten Blätter wurden dem Bildumriss entsprechend zugeschnitten, das untere Blatt ist mit dem Wasserzeichen einer Ravensburger Papierfabrik des ausgehenden 15. Jahrhunderts versehen. Der Riss sieht ein dreiregistriges Altarretabel mit Gesprenge vor, das in einer aufwendigen, filigranen Masswerkarchitektur vier achsial übereinander angeordnete Heiligendarstellungen aufnimmt.

Die Predella zeigt Christus, umgeben von den zwölf Aposteln. Das Hauptaugenmerk richtet sich auf die zentrale Darstellung des zweiten Registers: Unter einem Halbkreisbogen steht die Madonna auf der Mondsichel, flankiert von den Figuren der hl. Barbara und des hl. Martin. Darüber zeigt das dritte Register erneut den hl. Martin, diesmal als Soldat zu Pferde. Das Gesprenge enthält eine Marienkrönung.

Dieses wohl von Lebzelter geschaffene Blatt wurde vermutlich gemäss den Wünschen der kirchlichen Auftraggeber modifiziert: Indizien hierfür sind die skizzenhafte Anlage der Predellafiguren und des Bogendekors sowie die wohl nachträgliche Erhöhung des Gesprenges. Die authentische Beschriftung zeigt, dass anstelle des hl. Martin zu Pferde der Patron der Stadtkirche von Delsberg, der hl. Marcellus[4], vorgesehen war. Auch die beiden Nebenfiguren der Hauptszene wurden ausgetauscht: Dank der Beschriftung, die wohl auf den späteren Besitzer der Visierung, den Pfarrer Arthur Daucourt (1849–1926), zurückgeht,[5] kann die Position der hll. Andreas und Laurentius zu beiden Seiten der Madonna bestimmt werden.

Ulrike B. Gollnick

Literatur:
Kat. Jura 1981, S. 56–57 (mit weiterer Literatur).

Kat. 10

1 Zimmermann 1979, S. 7.
2 Kaufmann-Hagenbach 1952, S. 42; Guillot de Suduiraut 1998b, S. 157–176.
3 Die Sitzstatue des hl. Marcellus befindet sich in der Pfarrkirche St. Marcellus in Delsberg, die Figuren der hll. Andreas und Laurentius werden im Musée Jurassien d'Art et d'Histoire in Delsberg aufbewahrt.
4 Papst Marcellus I. (Pontifikat 307–309) reorganisierte nach der durch die diokletianische Verfolgung bedingten vierjährigen Sedisvakanz die kirchliche Verwaltung. Er wurde später selbst verfolgt und starb in der Verbannung (vgl. Franz Xaver Seppelt: Artikel «Marcellus», in: LThK, Bd. 6, Sp. 871).
5 Der Riss gehörte zur Privatsammlung von Arthur Daucourt. Der Pfarrer war Archivar der Stadt Delsberg und Gründer des dortigen Musée Jurassien (1909).

Kirchliche Macht und Objekte des Kults

11
Der Bischof leitet das Bistum.
Für feierliche liturgische Handlungen trägt er das Pluviale.

Chormantel mit dem Wappen des Bischofs Aymon de Montfalcon, um 1500.

Seidengewebe mit Goldbrokat, florentinisch, 15. Jahrhundert. Flämische Stickereien mit Seiden-, Gold- und Silberfäden auf Leinen, um 1500. Mantel L: 151 cm; einzelne Bildfelder H: 48; B: 28 cm; Rückenschild H: 60; B: 58 cm. Dunkelbraunes Futter nicht ursprünglich. Mantelstoff aus mehreren Stücken zusammengesetzt. Bern, Historisches Museum, Inv. 307.

Kostbarkeit und Farbigkeit der liturgischen Gewänder verleihen den kirchlichen Riten einen würdevollen Rahmen und unterscheiden sie grundlegend vom profanen Alltagsleben, widerspiegeln die Herrlichkeit der himmlischen Welt im irdischen Kirchengebäude und symbolisieren in differenzierter Abstufung die kirchliche Hierarchie. Formal lassen sich die Kirchengewänder vielfach aus der römischen Kleidung und aus der späteren Alltagskleidung ableiten. Der halbrunde, vorne durch eine Schliesse zusammengehaltene Chormantel beispielsweise dürfte nach seiner lateinischen Bezeichnung *Pluviale* auf einen Regenmantel mit Kapuze zurückgehen.[1] Schon im Laufe des Frühmittelalters bildeten sich Regeln heraus, wer zu welchen Gelegenheiten welches kirchliche Gewand zu tragen hatte. Insignien wie die Stola, der Bischofsring, der Bischofsstab usw. sind jenen Personen vorbehalten, die die entsprechenden kirchlichen Weihen erhalten haben. Dem Bischof, dem Vorsteher und Leiter des Bistums, kommt das Privileg zu, übereinander die Gewänder der ihm untergeordneten Amtsträger anzuziehen, zum Zeichen dafür, dass er alle diese Stufen durchlaufen hat.

Zum Kirchenschatz einer jeden wichtigen mittelalterlichen Kirche gehörte eine grosse Anzahl liturgischer Kleider zur Feier der kirchlichen Riten und Feste. Für die Kathedrale von Lausanne ist beispielsweise die Zahl von 95 überliefert.[2] Die Gewänder konnten von den Amtsträgern selbst in Auftrag gegeben werden (wie im vorliegenden Fall) oder wurden der Kirche von Laien geschenkt, wie beispielsweise der Chormantel des Grafen von Romont (Kat. 15). Das 1536 anlässlich der Konfiszierung des Kirchenschatzes der Kathedrale von Lausanne durch die Berner angelegte Inventar nennt ein Ensemble von zwei Chormänteln, einer Kasel und zwei Dalmatiken mit dem Wappen des Lausanner Bischofs Aymon de Montfalcon (Amtszeit 1491–1517, vgl. Kat. 112).[3] Dieses hat sich – ein einzigartiger Fall – in den

Kat. 11
Gesamtansicht des Pluviales von vorne.

vier Gewändern aus kostbarem Goldbrokat mit prächtigen flämischen Stickereien fast gesamthaft und weitgehend im originalen Zustand erhalten (Kat. 11–14).[4] Das im ausgehenden 15. Jahrhundert in Florenz hergestellte Tuch besteht aus einem Gewebe von echten Goldfäden und roter Seide, deren Fäden ein reiches, stilisiertes Granatapfelmuster bilden. Die farbenprächtigen Seidenstickereien, die, zu Stäben angeordnet, die Stoffe schmücken, sind in Flandern hergestellt worden.

Der Chormantel ist mit einem grossen, figürlich dekorierten Rückenschild geschmückt. Die vorderen Kanten des Mantels zieren zwei breite Stäbe, die sogenannten Aurifrisien, mit je drei hochrechteckigen Bildfeldern übereinander. Der linke Stab stellt die Bedeutung der Kirche auf Erden und deren göttliche Legitimation visuell dar: Christus, der Sohn Gottes, ist in den Himmel aufgefahren (oben: Himmelfahrt Christi), der Heilige Geist kommt über die Apostel, die Nachfolger Christi auf Erden (Mitte: Pfingsten), und diese tragen das Evangelium in die Welt (unten: Aussendung der Apostel). Die Bischöfe wiederum – und jeder Träger dieses Mantels – treten in die Nachfolge der Apostel und führen deren Aufgabe weiter.

Die Darstellungen auf dem rechten Stab thematisieren die Rolle der Kirche als Institution und versinnbildlichen das Heilsgebäude der christlichen Lehre. Zuoberst stehen die Wiederkunft Christi am Ende der Zeiten und die Auferstehung der Toten. Die zweite Szene stellt die Hierarchie im Himmel, die triumphierende Kirche, wie die auf Erden, die streitende Kirche, dar: Die Gemeinschaft der Heiligen umgibt in geordneten Kreisen die thronende Dreifaltigkeit, darunter versammeln sich andächtig betend die Gläubigen weltlichen und geistlichen Standes. Der Papst mit einem prächtigen Pluviale und der ihm vorbehaltenen, dreistufigen Kopfbedeckung, der Tiara, kniet dem Kaiser gegenüber. Hinter dem Kaiser scharen sich weltliche Machthaber, hinter dem Papst, dem Stellvertreter Christi auf Erden, hierarchisch geordnet die kirchlichen Würdenträger: ein Kardinal mit dem breitkrempigen, flachen Kardinalshut, dahinter Bischöfe mit der oben spitz zulaufenden Mitra, dem Bischofshut. Eine Darstellung der leidenden und büssenden Kirche schliesst zuunterst die Bildfolge ab: In einem von Flammen umzüngelten Kessel erdulden die Seelen im Purgatorium ihre Busszeit. Nicht von Flammen gepeinigt, aber gleichwohl vom Anblick der göttlichen Herrlichkeit ausgeschlossen, sind die nackten Seelen in der oberen Bildhälfte, die den Limbus der ungetauft verstorbenen Kinder zeigt – eine nur höchst selten bildlich wiedergegebene Szene.

Ein Pluviale darf von Priestern und Bischöfen bei jenen liturgischen Anlässen als Obergewand getragen werden, bei denen nicht die Kasel als Amtstracht vorgeschrieben ist, beispielsweise bei

Kat. 11 Ausschnitt
Auf dem mittleren Bildfeld des rechten Stabes sind die triumphierende und die kämpfende Kirche dargestellt.

Prozessionen, Segnungen, Begräbnissen, feierlichen Vespern u. a. m.[5] Mit überirdischem, golddurchwirktem Glanz stellt der Lausanner Bischof bei feierlichen Anlässen auf diesem seinem Mantel einen Überblick über die christliche Lehre zur Schau, demonstriert die göttliche Legitimation des kirchlichen Machtanspruches, führt die Rangordnung der weltlichen und geistlichen Hierarchien vor und legt das Schicksal nach dem Tode dar.

Susan Marti

Literatur:
Stammler 1895, S. 126–129. – Kdm VD 2 1944, S. 374–378.

Kat. 11 Ausschnitt
Darunter erscheint die leidende Kirche: Nackte Seelen büssen im Flammenkessel des Purgatoriums, die ungetauft verstorbenen Kinder darüber haben zwar nicht zu leiden, aber der Anblick Gottes bleibt ihnen auf ewig verwehrt.

---

1 Aus der ursprünglichen Kapuze hat sich der Rückenschild herausgebildet.
2 Kat. Cathédrale de Lausanne 1975, S. 112.
3 Inventareintrag zitiert bei Kdm VD 2 1944, S. 369.
4 Ein Chormantel ist verloren gegangen oder konnte bisher noch nicht identifiziert werden.
5 Braun 1907, S. 306.

12

Der Priester leitet den Gottesdienst und vollzieht die Wandlung von Brot und Wein in Fleisch und Blut Christi.

Kasel mit dem Wappen des Bischofs Aymon de Montfalcon, um 1500.

Seidengewebe mit Goldbrokat, florentinisch, 15. Jahrhundert. Flämische Stickereien mit Seiden-, Gold- und Silberfäden auf Leinen, um 1500. Kasel L: 141 cm; einzelne Bildfelder H: 45; B: 26 cm. Dunkelbraunes Futter nicht ursprünglich, auf der Vorderseite spätere Veränderungen in Länge und Schnitt.
Bildprogramm: Rückseite von oben nach unten: Joachims Opfer wird im Tempel nicht angenommen, Joachim wird die Geburt eines Kindes verkündet, Joachim und Anna begegnen sich an der Goldenen Pforte. Kreuzarme: links Jesaias, rechts David. Vorderseite: Unbefleckte Empfängnis, Tempelgang Marias.
Bern, Historisches Museum, Inv. 39.

Kat. 12
Detail vom obersten Bildfeld des Kaselstabes: eine ikonographisch ungewöhnliche Darstellung der Unbefleckten Empfängnis Mariens: Maria schwebt in einer Mandorla vor Annas Leib, diese tritt einen Mann zu Boden, Sinnbild des besiegten Teufels.

Die Kasel ist das Messgewand im eigentlichen Sinne. Sie darf vom Priester oder vom Bischof nur für diese liturgische Handlung getragen werden und ist damit das Symbol der Priesterwürde schlechthin. Ihr Namen leitet sich her von der lateinischen Bezeichnung *casula,* was «Hüttchen» bedeutet und gut zur ursprünglichen Form dieses Gewandes passte, zu den vorne geschlossenen, poncho-artigen Glockenkaseln, die den Priester rundherum einhüllten. Im Laufe des 13. Jahrhunderts veränderte sich die Kaselform: Sie wurde in der Länge und vor allem über den Ärmeln verkürzt und war dadurch leichter und bequemer zu tragen. Die Lausanner Kasel ist ein schönes Beispiel des spätmittelalterlichen Typus, der noch über die Oberarme herunterfällt. Die Dekorierung der Rückseite mit figürlichen Stickereien in der Form eines Kreuzes, dem Kaselkreuz, ist verbreitet und deutet auf das Opfer Christi am Kreuz.

Die Kasel aus der Kathedrale von Lausanne ist aus demselben kostbaren Stoff hergestellt wie der Chormantel (Kat. 11) und die beiden Dalmatiken (Kat. 13, 14). Auch in den flämischen Stickereien erweist sich die Zusammengehörigkeit der vier Stücke: Ähnliche, teils identische Bordüren und Architekturbaldachine werden verwendet. Jedes Bildfeld auf dem Kaselkreuz und dem Kaselstab auf der Vorderseite ziert unten das bischöfliche Wappen und oben die Devise von Aymon de Montfalcon: *Si qua fata sinant.* Ikonographisch bezieht sich das Bildprogramm auf den Stäben nicht, wie beim Chormantel, auf die christliche Dogmatik, sondern illustriert Szenen aus dem Leben Marias. Die wichtigsten davon erscheinen auf der Vorderseite und betonen die Reinheit und Sündenlosigkeit der Gottesmutter, der Patronin von Bistum und Kathedrale.

Susan Marti

Literatur:
Stammler 1895, S.120–124. – Kdm VD 2 1944, S. 369–371.

Kirchenmacht und Kultobjekte   *Kirchliche Hierarchie*   **153**

Kat. 12
Rückseite der Kasel mit dem Kaselkreuz.

Kat. 13
Gesamtansicht der Dalmatik von hinten.

13
Der Diakon steht auf der zweituntersten Stufe der priesterlichen Hierarchie. Er liest das Evangelium. Seine Amtstracht ist die Dalmatik.

Dalmatik mit dem Wappen des Bischofs Aymon de Montfalcon, um 1500.

Seidengewebe mit Goldbrokat, florentinisch, 15. Jahrhundert. Flämische Stickereien mit Seiden-, Gold- und Silberfäden auf Leinen, um 1500. L: 114; B: 134 cm (mit Ärmeln). Dunkelbraunes Futter nicht ursprünglich.
Bildprogramm: Auf der Vorder- und Rückseite je zwei Stäbe mit sechs ganzfigurigen Heiligen; Halsborten mit der *Vera Ikon* Christi vorne und hinten; Saumbesatz unten: Der auferstandene Christus erscheint Maria (vorne), der Zwölfjährige lehrt im Tempel (hinten); Ärmelsäume: stehende weibliche und männliche Heilige.
Bern, Historisches Museum, Inv. 40.

Der Diakon steht hierarchisch unter dem Priester, kirchliche Hilfsdienste fallen in seine Zuständigkeit, beispielsweise die Entgegennahme der Opfergaben bei der Messfeier. Er liest die Texte aus dem Evangelium während des Wortgottesdienstes. Sein Amtskleid ist die Dalmatik, ein weites, meist gerade geschnittenes Gewand mit breiten, kurzen Ärmeln, das vom Bischof während der Messfeier unter der Kasel getragen wird. Die Dalmatik (*dalmatica* = aus Dalmatien stammend) leitet sich von einem profanen Kleidungsstück der spätrömischen Kaiserzeit ab; sie war ursprünglich weiss und wurde von zwei farbigen Vertikalstreifen geschmückt. Im Spätmittelalter bestanden die Dalmatiken zwar häufig aus kostbaren Stoffen, wurden aber nur selten so reich mit Bildstickereien verziert, wie es bei den beiden Exemplaren des Lausanner Bischofs der Fall ist.[1]

Zwei schmale Stäbe mit Heiligenfiguren unter Architekturbaldachinen laufen auf der Vorder- wie der Rückseite vertikal von den Schultern herunter, die Ärmelkanten zieren ebensolche Bildfelder. Zwischen den beiden Stäben bildet unten ein breiter Saumbesatz mit je einer Szene aus dem Leben Christi den Abschluss, während eine schmale Borte mit einer *Vera Ikon* den Halsausschnitt ziert. Die Heiligen sind alle als Einzelfiguren gestickt und erst dann auf die jeweils gleich gestalteten Architekturbaldachine appliziert worden. Diese Produktionsweise ermöglichte den flämischen Werkstätten eine serienmässige Herstellung mit gleichzeitiger Abstimmung auf individuelle Wünsche der Auftraggeber – im Falle des Lausanner Bischofs ging es vor allem um lokal besonders verehrte Heilige wie jene aus der Thebäischen Legion.

Susan Marti

14
Der Subdiakon steht auf der untersten Stufe der priesterlichen Hierarchie. Er trägt die alttestamentliche Lesung vor. Seine Amtstracht ist die Tunizella.

Dalmatik mit dem Wappen des Bischofs Aymon de Montfalcon, um 1500.

Seidengewebe mit Goldbrokat, florentinisch, 15. Jahrhundert. Flämische Stickereien mit Seiden-, Gold- und Silberfäden auf Leinen, um 1500. L: 115; B: 134 cm (mit Ärmeln). Dunkelbraunes Futter nicht ursprünglich.
Bildprogramm: Auf der Vorder- und Rückseite je zwei Stäbe mit sechs ganzfigurigen Heiligen; Halsborten mit der *Vera Ikon* Christi vorne und hinten; Saumbesatz unten: Begegnung von Maria und Elisabeth (vorne), die Hochzeit zu Kana (hinten); Ärmelsäume: stehende weibliche und männliche Heilige.
Bern, Historisches Museum, Inv. 38.

Literatur:
Stammler 1895, S. 125–126. – Kdm VD 2 1944, S. 370–372.

---

1 Braun 1907, S. 279.

Kat. 14
Gesamtansicht der Dalmatik von vorne.

Die niedrigste priesterliche Weihestufe ist diejenige zum Subdiakon. Ihm obliegt es, während des Gottesdienstes die Lesungen aus dem Alten Testament vorzutragen. Im frühen und hohen Mittelalter ist die Tunizella das Obergewand der Subdiakone. Sie gleicht in der Form der Dalmatik, war aber ursprünglich weniger weit geschnitten und hatte engere Ärmel, da sie ja teilweise auch unter der Dalmatik getragen werden sollte.[1] Im späten Mittelalter verwischt sich der Unterschied zwischen Dalmatik und Tunizella, sowohl was die Form wie die Bezeichnung betrifft. Ab dem 13. Jahrhundert ist kaum mehr ein Unterschied zwischen den beiden Gewändern auszumachen.[2]

Die beiden Dalmatiken mit dem Wappen des Bischofs Aymon de Montfalcon ähneln sich sehr. Sie sind aus demselben Stoff geschnitten, auf dieselbe Weise dekoriert und haben ein ähnliches Bildprogramm. Die vier erhaltenen liturgischen Gewänder aus dem Domschatz von Lausanne, die – zusammen mit einem weiteren, nicht erhaltenen Chormantel – von Bischof Aymon de Montfalcon in Auftrag gegeben wurden, bilden ein aussergewöhnliches Ensemble. Es ist in der Materialwahl und Herstellungsweise einheitlich, und der figürliche Schmuck der einzelnen Gewänder ist ausserdem differenziert aufeinander und auf die jeweilige Funktion des Kleides bzw. die Amtshandlung seines Trägers abgestimmt.

Susan Marti

Literatur:
Stammler 1895, S. 125. – Kdm VD 2 1944, S. 372–374. – Kat. Cathédrale de Lausanne 1975, S. 112–115.

1　Braun 1907, S. 288–290.
2　Ebd., S. 290.

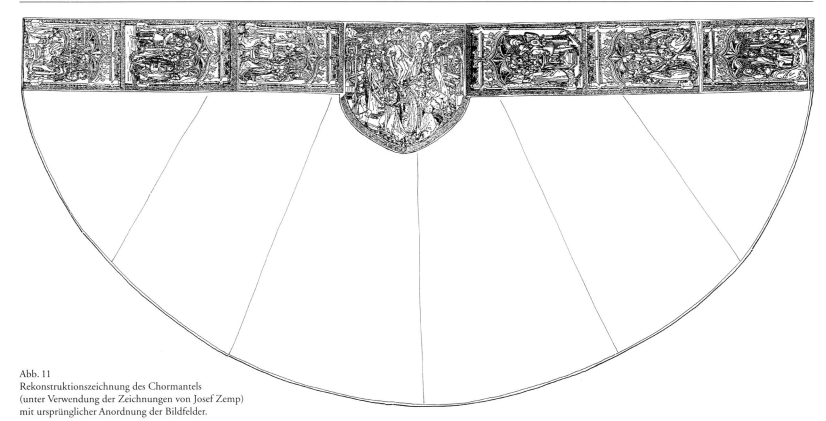

Abb. 11
Rekonstruktionszeichnung des Chormantels
(unter Verwendung der Zeichnungen von Josef Zemp)
mit ursprünglicher Anordnung der Bildfelder.

15
In den Sieben Sakramenten verwaltet die Kirche die heilsnotwendigen Gaben.

Stäbe und Rückenschild eines Chormantels mit den Sieben Sakramenten nach Bildmotiven von Rogier van der Weyden, zwischen 1463 und 1478.

Flämische Stickereien mit Seiden-, Gold- und Silberfäden auf Leinen; Stäbe: sechs Szenen von je H: ca. 46; B: 31 cm; Rückenschild H: 55; B: 55 cm.
Die architektonischen Hintergründe und die figürlichen Szenen sind getrennt voneinander ausgeführt. 1986 grundlegend konserviert. Die zugehörige Mantelschliesse (Inv. 53) zeigt die thronende Maria mit Kind und das Wappen von Jakob von Savoyen, Graf von Romont. Auf dem Rückenschild ist dasselbe Wappen appliziert.
Bern, Historisches Museum, Inv. 308.

Die kostbaren Stickereien mit den Darstellungen der Sieben Sakramente bildeten einst die Stäbe und den Rückenschild eines Chormantels, dessen zugehörige Schliesse ebenfalls erhalten ist. Das Wappen auf der Schliesse und dem Rückenschild sowie ein Eintrag im Domschatzinventar[1] der Kathedrale von Lausanne von 1536 identifizieren Jakob von Savoyen, Graf von Romont und Sohn des savoyischen Herzogs Ludwig I., als Stifter des Werkes. Die Bildmotive führen in die Einflusssphäre von Rogier van der Weyden; Silberstiftzeichnungen aus Oxford (Ashmolean Museum) und Paris (Louvre) dürften auf dasselbe verlorene Vorbild, wohl die Entwurfszeichnungen für den Berner Zyklus, zurückgehen.[2] Anlässlich einer Konservierung der Textilien wurden unter dem Futter Papierfragmente einer Lausanner Urkunde gefunden, was beweist, dass die Stickereien zwar in Flandern hergestellt, aber erst in Lausanne auf den Mantel angebracht wurden.[3] Ursprünglich waren die verschiedenen Sakramente ihrer liturgischen Reihenfolge entsprechend auf den beiden Stäben des Mantels angeordnet gewesen (Abb. 11): links (vom Betrachter aus) die Taufe, die Firmung und die Beichte, rechts die Priesterweihe, die Ehe und die Letzte Ölung. Auf dem Rückenschild findet sich das wichtigste der Sakramente, das Altarsakrament.

Sakramente sind die von Christus selbst eingesetzten und der Kirche zur Verwaltung und Spendung anvertrauten gnadenwirkenden Symbole, sinnfällige Gnadenmittel, die unabhängig vom Gebet der Kirche und dem Verdienst von Spender oder Empfänger wirken. Sie bestehen in der Regel aus zwei Elementen, der sogenannten Materie (bei der Taufe beispielsweise dem Taufwasser) und einer Form, die diese Materie näher bestimmt (z. B. die begleitenden Worte: *ego te baptizo...*).[4] Sakramentale Handlungen begleiten die Gläubigen von der Geburt bis in den Tod und binden sie, gewissermassen auf Heil und Verderben, an die Institution Kirche, der die alleinige Verfügungsgewalt über die gnadenwirkenden Symbole und Handlungen zukommt. Das liturgische Zeremoniell der einzelnen Sakramente unterlag im Laufe der Zeit Wandlungen – die Berner Stickereien widerspiegeln die Gewohnheiten von Flandern im ausgehenden 15. Jahrhundert und geben ein präzises und detailliertes Bild von den Riten, den Geräten und dem Mobiliar bei den Sakramentsspenden.

Kirchenmacht und Kultobjekte *Sakramente*

Kat. 15.1
Rückenschild des Chormantels

Kat. 15.2
Taufe

Kat. 15.3
Firmung

Kat. 15.4
Beichte

Der Rückenschild ist ganz dem Thema des «Messopfers» (Kat. 15.1) gewidmet und entfaltet ein differenziertes theologisches Programm zur Darlegung von Bedeutung und Form dieses wichtigsten Sakraments. Oben in der Mitte, umfangen von einem gewellten Wolkenband, erscheinen die Dreifaltigkeit und Maria, begleitet von Johannes. Ikonographisch überlagert sich hier in ungewöhnlicher Weise die Darstellung eines Gnadenstuhls mit derjenigen der sogenannten Heilstreppe, bei der Maria und Christus Gottvater unter Hinweis auf ihre Leiden um Gnade bitten. Das Opfer Christi, der gekreuzigte Leib und das diesem entströmende Blut, ist in der himmlischen Sphäre abgebildet, während unten links ein Priester an einem Marienaltar die Messe zelebriert und auf der gegenüberliegenden Seite ein zweiter Priester einem knienden Paar die Kommunion reicht.

Der Priester vor dem linken Altar, in eine reich bestickte Kasel gekleidet, erhebt die Hostie zur Konsekrierung hoch hinauf – die Wandlung von Brot und Wein in Christi Leib und Blut vollzieht sich. Die Elevation der Hostie gilt als Höhepunkt der Messfeier; eine Glocke klingelt, eine Kerze brennt, und die am Gottesdienst Teilnehmenden haben niederzuknien. Auf der Stickerei ist die Feier einer Privatmesse dargestellt, bei der das Opfer von einem Priester allein, nicht mehr von der ganzen versammelten Gemeinde, dargebracht wird. Wie es dabei Vorschrift ist, assistiert ihm ein Altardiener in weltlicher Kleidung, der auf einer Stufe vor dem Altar kniet und das Glöcklein bewegt, während ein Diakon das Weihrauchfass schwingt. Auf der gegenüberliegenden Seite kniet ein reich gekleidetes gräfliches Paar vor einer Kommunionsbrüstung, einem mobilen Holzgestell, das mit einem Tuch abgedeckt ist. Der Priester im kostbaren Chormantel neigt sich leicht vornüber und reicht der Frau die geweihte Hostie. Die beiden Altäre geben die im Mittelalter übliche Altarausstattung getreulich wieder: Der Tisch ist mit einem weissen Tuch bedeckt, die Vorderseite mit einem blauen Behang verkleidet. Ein Retabel mit erhöhtem Mittelteil steht darauf, während auf den Schmalseiten Holzstangen mit den Vorhängen angebracht sind. Auf der Mensa befinden sich Kerzenständer und ein Messbuch, links zudem Kelch und Patene. Das Retabel über dem rechten Altar zeigt, deutlich erkennbar, ein Jüngstes Gericht: Christus erscheint als Richter auf dem Regenbogen, Maria kniet fürbittend ihm zu Füssen.

Somit sind alle für das Altarsakrament wichtigen Momente in einem Bild dargestellt: Leib und Blut Christi im Himmel, die irdische Messfeier mit der Konsekration der Hostie, die Kommunion der Gläubigen und schliesslich im Hinweis auf das Jüngste Gericht die Gnadenwirkung des Sakramentes. Das Feiern des Messopfers, ursprünglich der Darbringung eines Opfers der Menschen an Gott, konnte im Laufe des Mittelalters mit speziellen Bitten verbunden werden, deren Erhörung Gottes Gegengabe sein sollte, die sogenannten «Messfrüchte». Die Erhörung der Bitten – für Tote, um Genesung, um Schutz und Beistand, um gutes Wetter usw. – nahm man als sicher an, da es undenkbar schien, dass Gott das Opfer, Fleisch und Blut seines eigenen Sohnes, nicht nehmen könnte.[5] Eine Messe liess sich daher auch zur Abbüssung von Sünden feiern und konnte von einem Priester gegen Bezahlung für Einzelne vollzogen werden, wobei man oft davon ausging, eine solche Privatmesse sei in ihrer Gnadenwirkung grösser als eine für eine ganze Gemeinde gefeierte Messe, bei der die Gnaden gewissermassen «aufgeteilt» würden und für den Einzelnen dabei weniger abfiele.[6]

Kat. 15.5
Priesterweihe

Kat. 15.6
Ehe

Kat. 15.7
Letzte Ölung

Die «Taufe» (Kat. 15.2) gehört mit dem Wasserbad zu den Reinigungsriten. Sie bewirkt eine Heiligung in vertikaler Hinsicht, d. h. sie macht den Täufling zu einem Kind Gottes, wie in horizontaler Hinsicht, da sie den Eintritt in die Gemeinschaft der schon Getauften bedeutet.[7] Dementsprechend halten die Patin und der Pate den nackten Täufling im Bildmittelpunkt über dem Taufbecken. Der Bischof giesst das Taufwasser über ihn, und ein Kleriker hält die Taufkerze.

Die «Firmung» (Kat. 15.3), eine Salbung mit Chrisamöl auf die Stirn, kann nur vom Bischof gespendet werden. Sie bestätigt die Taufe und wird im Mittelalter in der Regel im Jugendalter anlässlich einer Bischofsvisitation durchgeführt. Auf der Stickerei schneidet der sitzende Bischof einem knienden Jungen die Haare ab, um ihn zu ölen. Das Mädchen daneben, begleitet von seiner Patin, erwartet die heilige Handlung, während zwei Kinder im Hintergrund mit Bändern um die geölten Stirnen von ihren Paten weggeführt werden.

Das vierte Lateranskonzil von 1215 schrieb vor, dass jeder Gläubige wenigstens einmal jährlich zu beichten habe, meistens vor Ostern, zudem vor jeder Kommunion und bei Lebensgefahr. Das «Busssakrament» (Kat. 15.4) ist die vom Priester erteilte Lossprechung nach einem reumütigen Bekenntnis des Sünders, der Beichte, die vom Willen begleitet ist, die auferlegte Busse zu verrichten. Wie die Stickerei zeigt, pflegt der Priester (hier ist wiederum ein Bischof dargestellt) dabei wie ein Richter zu sitzen, das Beichtkind kniet zum Zeichen seiner reumütigen Gesinnung. Der Priester legt der älteren Frau die Hand auf den Kopf und spricht sie von den Sünden los *(Deinde ego te absolvo...)*, während weitere Busswillige warten.

Ausschliesslich dem Bischof obliegt die «Priesterweihe» (Kat. 15.5). Sie verleiht dem Priester die Konsekrationsgewalt, kraft der er in der Messe die Wandlung von Brot und Wein zu Leib und Blut Christi vollziehen kann. Das Bildfeld zeigt den thronenden Bischof, ein offenes Buch auf den Knien, in der linken Hand das Gefäss mit dem Salböl. Vor ihm kniet in weisser Albe der zu weihende Priester, während rechts hinter dem Thron ein Priester einen Kelch und zwei Kännchen herbeiträgt, die dem neu Ordinierten zum Zeichen seines Amtes überreicht werden.

Die «Ehe» (Kat. 15.6) als unauflösliche Lebensgemeinschaft wurde erst im Laufe des 12. Jahrhunderts in die sich damals herausbildende Siebenzahl der Sakramente aufgenommen. Die Eheschliessung erfolgt durch eine gegenseitige Konsenserklärung der Brautleute, die hier stehend rechts und links vor einem Bischof dargestellt sind. Dieser spendet dem Ehebund mit einer Geste den kirchlichen Segen und verbindet symbolisch mit seiner Stola die zusammengelegten Hände des Paares. Diese Segnung ist nicht Privileg des Bischofs, sie kann ebenso gut von einem einfachen Priester vollzogen werden.

Die «Letzte Ölung» (Kat. 15.7) schliesslich ist die Salbung eines lebensgefährlich Erkrankten mit geweihtem Öl an Gesicht, Händen und Füssen, die vom Priester (auf der Stickerei wiederum von einem Bischof) vollzogen wird, mit der Bitte um leibliche und seelische Gesundung des Kranken. Der Sterbende liegt mit aufgerichtetem Oberkörper im Bett, den Blick auf ein Kruzifix gerichtet, das ihm ein Laie entgegenhält. Das Betttuch ist zurückgeschlagen, damit der Bischof die Füsse salben kann. Am Fussende des Bettes kniet ein Akolyth, eine Kerze und ein geöffnetes Buch haltend. Der Ritus der Krankenölung war im Mittelalter ein wenig geliebtes Sakrament, da dessen Erteilung an ein teilweise beträchtliches Entgelt geknüpft war.[8]

Susan Marti

Literatur:
Stammler 1895, S. 87–95. – Kdm VD 2 1944, S. 362–366. – Kat. Burgunderbeute 1969, S. 358–363, Nr. 240. – Sonkes 1969, S. 165. – Kat. Cathédrale de Lausanne 1975, S. 116–119, Nr. 85. – Stauffer/De Kegel 1987. – De Vos 1999, S. 225, Anm. 17.

---

1   Zitiert bei Stauffer/De Kegel 1987, S. 21, Anm. 8.
2   Kat. Burgunderbeute 1969, S. 357, Nr. 239; Sonkes 1969, S. 159–167, mit Abb. aller Zeichnungen auf Taf. 38–39; De Vos 1999, S. 225, Anm. 17.
3   Stauffer/De Kegel 1987.
4   Braun 1924, S. 303.
5   Angenendt 1997, S. 494–497.
6   Ebd., S. 498.
7   Ebd., S. 463.
8   Ebd., S. 668.

16
Nur wer getauft ist, findet die Gnade für ein ewiges Leben im Himmel.

Taufstein aus der Pfarrkirche (heute Schlosskirche) Spiez, um 1500.

Monolithkelch aus Sandstein, Sockel erneuert; H: 105; Dm innen: 61; Dm aussen: 85 cm.
In sechs wappenartigen Kompartimenten sind als Halbfiguren dargestellt: Maria mit Jesuskind, Johannes der Täufer, die Märtyrerheiligen Nikolaus, Laurentius und Katharina sowie ein unbekannter Bischof.
Bern, Historisches Museum, Inv. 1979.

Der sechseckige Taufstein ist als Messkelch gestaltet. Somit wird bereits durch die Aussagekraft der Form auf den engen Zusammenhang zwischen Taufe und Abendmahl hingewiesen: Die Taufe gilt als erstes christliches Sakrament, ist Reinigungsakt und Glaubensbekenntnis zugleich. An Opfertod und Auferstehung Christi erinnert der Kelch, der das Blut, den eucharistischen Wein, aufnimmt. Im Kreuz Christi hat demnach die Taufe ihren Ursprung. Wer getauft ist, dem wird die Verheissung des ewigen Lebens zuteil. In diesem Zusammenhang sind auch die dargestellten Märtyrerfiguren zu sehen: Sie erduldeten die Qualen des Martyriums, opferten ihr diesseitiges Leben im Hinblick auf das ewige Leben in Gott.

Andrea Vokner

Literatur:
Ambrosius, De Sacramentis/De Mysteriis. – Nordström 1984.

17
In der Monstranz wird die geweihte Hostie dem Volk gezeigt oder in der Prozession mitgetragen.

Monstranz aus der Kirche St. Katharina in Laufen BL, Ende 15. Jahrhundert bzw. 1508.

Silber, H: 83 cm; Gewicht: 2.4 kg.
Jahreszahl 1508 zusammen mit dem Neuenburger Sparrenwappen auf Fuss eingraviert; auf Innenseite des Fusses Signatur: *andres RVTENZWIG*.
Bern, Historisches Museum, Inv. 4730.

Die spätgotische Monstranz aus Laufen ist ein repräsentatives Beispiel für die aufwendige künstlerische Gestaltung jenes liturgischen Gefässes, in dem das heiligste Sakrament, das *Corpus Christi*, als Hostie zur Schau gestellt oder bei Prozessionen umhergetragen wird. Als mehrgeschossige, äusserst filigrane Turmspitze nimmt sie den Formenreichtum der Gotik mit Strebepfeilern, baldachinartigen Bogen, Fialen und Wasserspeiern auf. Das dreieckige *Ostensorium* (Schaugefäss) wird flankiert von Strebepfeilern, an die je eine Statuette angelehnt ist: Johannes der Täufer sowie eine Märtyrerin und ein Priester (beide nicht identifiziert). Auf den übrigen Stockwerken sind weitere Statuetten verteilt: ein Krieger in Harnisch, die beiden Märtyrerinnen Katharina und Barbara sowie abermals eine Statuette von Johannes dem Täufer. Die Turmspitze wird von einem kleinen Kruzifix bekrönt, darunter befinden sich eine Statuette der Muttergottes mit Jesuskind, ein Engel und eine weitere weibliche Figur.

Die Signatur auf der Unterseite des sechsblättrigen Fusses besagt nicht, dass das Werk als Ganzes 1508 entstanden sein muss; vermutlich ist der Fuss mit dem sechseckigen, prismatischen *Nodus* (Knopf) eine spätere Hinzufügung. In der Tat ist eine stilistische Verwandtschaft zu der älteren Monstranz aus Pruntrut (1477) feststellbar, die nachweislich vom Basler Goldschmiedemeister Hans Rutenzwig, dem Vater von Andres Rutenzwig, angefertigt wurde. Andres Rutenzwig gehörte zum Hof des Markgrafen von Hochberg und lebte von 1484–1511/1517 als Goldschmiedemeister in Neuenburg.

Andrea Vokner

Literatur:
Amweg 1941, S. 91–97. – Kat. Historische Schätze Berns 1953, S. 29. – Barth 1960. – Barth 1978, S. 163–164. – Segginger 1978.

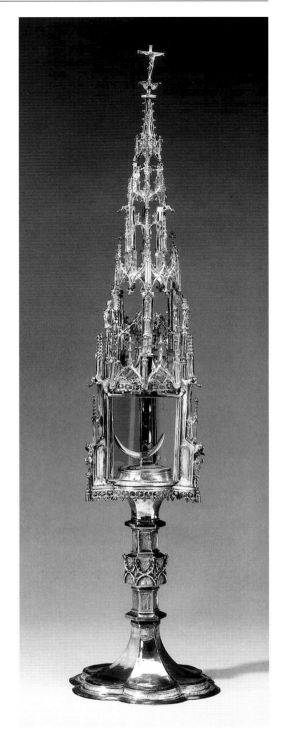

Kat. 17

Kat. 16

Kirchenmacht und Kultobjekte Sakramente

18
Im Kelch werden die Hostien und der Messwein in Leib und Blut Christi verwandelt.

Kelch aus Bürglen UR, Anfang 15. Jahrhundert.
Patene, 16./17. Jahrhundert.

Kelch, silbervergoldet, H: 18.5; Dm Rand: 12.0–12.5; Dm Fuss: 14.8 cm.
Patene, silbervergoldet, Dm: 12.5 cm.
Bern, Historisches Museum, Inv. 4250 (Kelch) und Inv. 338 (Patene).

Kat. 18.1
Patene

Kat. 18.2
Kelch

Der silbervergoldete Kelch hat einen runden Fuss mit Perlrand, auf dessen erhöhter Mitte ein Emailplättchen mit silbernem Kreuz angebracht ist. Der *Nodus* (Knopf) des Kelches besteht aus sechs runden, gleichmässigen und kurzen Zapfen, deren Schnittflächen silberne, gravierte und mit Email versehene Medaillons schmücken. Dargestellt sind die Köpfe von Christus und Maria sowie die Evangelistensymbole Adler (Johannes), Löwe (Markus), Ochse (Lukas) und Engel (Matthäus). Reste von grünem Email beim Christusmedaillon weisen auf eine ursprünglich farbigere Gestaltung hin. Je ein graviertes Schriftband flankiert den Knopf: Im unteren Bereich steht *ave maria*, oben ist *gratia plena* zu lesen. Der Behälter *(Cuppa)* für die Aufnahme des eucharistischen Weins ist schalenförmig. Als Vergegenwärtigung des Opfertodes Christi wurde am Kelchfuss das erwähnte Plättchen mit Kreuz angebracht. Zwei feine, gravierte Ranken zieren den Hintergrund, der einst gänzlich von blauem Email überdeckt war. Die Christusfigur fehlt.

Zum Kelch für den eucharistischen Wein gehört jeweils die Patene für das eucharistische Brot oder die Hostie. Durch die Konsekration, die liturgische Weihehandlung des Priesters, wird im Kelch die Wandlung von Brot und Wein vollzogen, womit die Gegenwart Christi in Leib und Blut erwirkt wird. Das Brot wird hierzu auf der Patene dargereicht. Meist handelt es sich um einen kleinen Teller aus Metall, der aus praktischen Gründen – wie in unserem Beispiel – möglichst schlicht gestaltet ist. Die hier besprochene Patene gehört nicht zu dem obgenannten Kelch, sondern zu einem anderen, jüngeren Exemplar aus der Berner Sammlung, das auf dem Fuss das Wappen der Walliser Familie Schiner trägt.

Andrea Vokner

Literatur:
Braun 1932. – Kat. Historische Schätze Berns 1953, S. 29–30.

Kat. 19

19
Die geweihten Hostien werden in kostbaren Büchsen zu den Todkranken gebracht.

Zwei Hostienbüchsen aus dem Berner Münsterschatz (?), um 1510.

Gold bzw. vergoldetes Kupfer (?).
H: 4.9; Dm: 9.3 cm (mit unbekanntem Allianzwappen).
H: 3.3; Dm: 7.2 cm.
Bern, Historisches Museum, Inv. 312 a–b.

Um auch den Kranken die heilige Kommunion zu ermöglichen, wurden die konsekrierten Hostien in kleine Behälter oder *Pyxiden* gelegt und zu den Krankengängen mitgenommen. Die Pyxiden zählen zu den *vasa non sacra*, Gefässen, die zwar einen liturgischen, nicht aber einen sakralen Charakter haben. Häufig finden sich an solchen Behältern Darstellungen des Lamm Gottes, wie an diesen beiden Exemplaren: Im Deckel der kleineren Pyxis wurde das *Agnus Dei* medaillonartig in die Innenseite geprägt, die grössere Pyxis ziert eine entsprechende Gravur. Sinnfällig wird im Angesicht einer möglicherweise todbringenden Krankheit an Johannes 1,29 erinnert: *Siehe, das Lamm Gottes, das die Sünden der Welt wegnimmt.*

Andrea Vokner

Literatur:
Braun 1932, S. 280–281. – Kdm BE 4 1960, S. 420 (Luc Mojon lehnt eine Zugehörigkeit zum Berner Münsterschatz ab).

Abb. 12
Hans Holbein d.Ä. (1465–1524), Marientod, 1500/1501, Öl auf Tannenholz, H: 165; B: 152 cm, Basel, Kunstmuseum, Inv. 301. – Bei Sterbenden wurden verschiedene Sakramentalien zur Vertreibung von Dämonen und zum Schutz der ausgehauchten Seele eingesetzt. Auf spätmittelalterlichen Gemälden sind auch beim Tod Mariens häufig Sakramentalien dargestellt. Maria ist auf der Altartafel des Basler Dominikanerklosters thronend unter den Abschied nehmenden Jüngern dargestellt. Johannes reicht ihr mit der einen Hand eine an Lichtmess geweihte Kerze und hält in der anderen einen Palmzweig. Zu Marias Füssen stehen ein Weihrauchfass und ein Weihwasserkessel mit Sprengwedel.

Sakramentalien spielen für die Laien eine nahezu gleichwertige Rolle wie die Sieben Sakramente.

Sakramentalia nannten die Theologen eine grosse Anzahl priesterlicher Segnungen, die nicht zu den im Verlauf des 13. Jahrhunderts auf sieben begrenzten Sakramenten (vgl. Kat. 15) gehörte. Der Begriff bezog sich sowohl auf religiöse Handlungen wie auf geweihte Sachgegenstände, die mit den Sakramenten in Beziehung standen. Dogmatiker bezeichneten die Sakramente als notwendig, die Sakramentalien hingegen lediglich als nützlich, um das Seelenheil zu erlangen. Bis heute stellt der Bereich der Sakramentalien eine Grauzone dar, in der die Grenze zwischen kirchlich sanktionierten und populären Anschauungen oft unklar ist.

In vielen Fällen bestand in der Erscheinungsform eine grosse Ähnlichkeit zwischen Sakramenten und Sakramentalien. Wasser zum Beispiel kam sowohl beim Sakrament der Taufe wie auch als Weihwasser zum Einsatz: Im ersten Fall reinigte es von der Erbsünde, im zweiten wehrte es Angriffe des Teufels ab.[1] Beide Wasser wurden denn auch zum Schutz mit nach Hause genommen. Ebenso verhielt es sich mit geweihtem Öl und der Letzten Ölung. Die Unterscheidung war einfachen Leuten oft unklar oder schlicht unwichtig. Entscheidend war hingegen zu wissen, mit welchem der während des ganzen Kirchenjahres zu bestimmten Terminen geweihten Mitteln man den erwünschten Nutzen herbeiführen konnte. Sogar Kleriker machten häufig keine Unterschiede – ein empörter Dorfpfarrer rief beispielsweise 1523 seine Zuhörer dazu auf, beim alten Glauben zu bleiben und die Sakramente wie die Ehe, das Weihwasser und das heilige Öl zu ehren.[2]

Aus den schriftlich festgehaltenen Segnungsformeln geht hervor, dass die Sakramentalien von der Kirche erstens zu Kultzwecken, zweitens zur Förderung des geistigen und leiblichen Wohls der Gläubigen und drittens zur Abwehr dämonischer Kräfte eingesetzt wurden. Doch unter Klerikern kam immer wieder Kritik auf, wenn geweihte Gegenstände privat für Schutzzaubereien gebraucht wurden, die über das tolerierte Mass hinausgingen.

Parallel zum reformatorischen Bildersturm, zur Bekämpfung der Heiligenverehrung und zur radikalen Veränderung des Kirchenjahres wurden auch das Weihen und die Verwendung von Sakramentalien verboten. Heinrich Bullinger berichtet: *Diser zit [im Juni 1524] gebot ouch die oberkeit (ze) Zürich, dass man in der stadt und in den kilchen nit me orgelen, noch den todten oder über und wider das wetter lüten, derglichen keine palmen [am Palmsonntag geweihte Zweige], salz, wasser, noch kerzen me segnen, und nieman(den) me(r) den jüngsten touf oder [das heisst] (die) letste ölung bringen sölle, sunder aller derglichen superstitionen [Aberglauben] müessig gan und gar abstan, als die alle wider das klar wort gottes stritind.*[3]

Christian von Burg

Literatur:
Franz 1909, Bd. 1, S. 8–42.

1 Franz 1909, Bd. 1, S. 36.
2 Egli 1879, S. 142, Nr. 389.
3 Ebd., S. 238, Nr. 547.

20
An Mariä Lichtmess nimmt man Kerzen zur Weihe in die Kirche mit.

Geweihte Lichtmesskerzen, gekauft in der Oberdorf-Papeterie, Ruswil LU, 1999.

Wachs, mit Bohrung am unteren Ende, H: 28; Dm: 2 cm.
Bern, Historisches Museum, Inv. 58716.1-2.

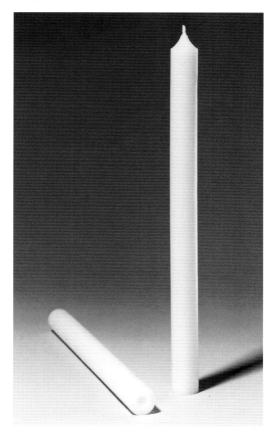

Kat. 20

Wachs spielte in der mittelalterlichen Kirche nicht nur als Lichtquelle und als Votivgabe für die Heiligen eine grosse Rolle. Wachs war in geweihter Form als Kerze oder Agnus Dei auch eine wichtige Sakramentalie. Vierzig Tage nach dem Weihnachtsfest, an Mariä Lichtmess, wurden in der Kirche seit dem 10. Jahrhundert von den Gläubigen mitgebrachte Kerzen geweiht. Die Weiheformeln erbaten für die Kerzen, wo immer sie angezündet oder hingestellt würden, die Macht, den Teufel zur Flucht aus den menschlichen Wohnungen zu zwingen. Die Kerzen wurden zu Hause zum Schutz vor Gewittern, zur Vertreibung von Dämonen und damit auch als Sterbekerzen verwendet.

Christian von Burg

Literatur:
Franz 1909, Bd. 1, S. 442–460.

21
Vom Papst persönlich gesegnete Wachsstücke werden zu Sakramentalien erster Güte.

Agnus Dei, 1667 von Clemens IX. geweiht.

Wachs, H: 3.6; B: 2.8; T: 0.4 cm.
Vorderseite: Das kniende Lamm Gottes mit der Umschrift: *ECCE · AGNUS · DEI · QUI · T(OLLIT) · P(ECCATA) · MVN(DI)* – «Sehet das Lamm Gottes, das die Welt von den Sünden erlöst»; darunter: *CLEM(ENS) · IX · P(ONTIFEX) · M(AXIMUS) · A(NNVS) · I* (Giulio Rospigliosi wurde 1667 zum Papst Clemens IX. gewählt).
Rückseite: Porträt der hl. Elisabeth von Thüringen.
Schweiz, Privatbesitz.

An Ostern wurde seit dem frühen Mittelalter eine grosse Kerze als Symbol Christi entzündet, ins Taufbecken gehalten, zerstückelt und an die Gläubigen verteilt. Wo die Teile dieser Kerze hingebracht wurden, sollten sie die Nachstellungen des Teufels abwehren. Das Wachs der Osterkerze vermochte jedoch vielerorts die Nachfrage nicht zu decken. Aufgrund dieses Mangels wurde in Rom seit dem 8. Jahrhundert an Ostern weiteres Wachs auf den Altar gelegt, dem nach der Weihe ein Stempel mit dem Lamm Gottes, dem Agnus Dei, eingeprägt wurde. Diese Agnus Dei wurden wie die Stücke der Osterkerze in verschiedenen Situationen der Bedrängnis, vor allem zur Ausräucherung von Privathäusern, eingesetzt.

Am Ende des 14. Jahrhunderts schränkte sich das Weihen der Agnus Dei immer mehr auf den Papst ein. Das Ansehen und die Nachfrage stiegen rasch an. Kardinäle, Adlige und andere Laien, vor allem geschäftstüchtige Apotheker, brachten ganze Netze entsprechend vorgeformter Wachsstücke zur Weihe mit, die danach teuer verkauft wurden. Im Jahr 1513 wurde vergeblich versucht, das Privileg der Agnus-Dei-Fertigung ausschliesslich dem päpstlichen Apotheker zu gestatten, um den Handel mit den begehrten Sakramentalien zu unterbinden. Die Agnus Dei galten im Volksglauben als wahre Wundermittel. Sie wurden unter anderem zur Tilgung der Sünden, zum Schutz vor vorzeitigem Tod, vor sichtbaren und unsichtbaren Feinden, vor Giftschlangen und Dieben, vor Unwetter und Feuer sowie zur Hilfe bei schweren Geburten und verschiedenen Krankheiten eingesetzt.

Unter protestantischen Theologen war ihr Gebrauch scharfer Kritik ausgesetzt. Luther beklagte, wie aus Wachs ein Gottesbild fabriziert und verkauft werde, dem man mehr Vertrauen schenke als dem richtigen Gott. Auch die römische Kirche versuchte, Produktion und Gebrauch der Agnus Dei stärker zu kontrollieren. Zu Beginn des 17. Jahrhunderts übertrug Papst Clemens VIII. ihre Herstellung allein den Zisterziensern. Es wurde auch verboten, in Fingerringe gefasste Teilchen der Agnus Dei als Schutzbringer offen zu tragen. Nur in Kapseln, um den Hals gehängt, war dies weiterhin erlaubt.

Christian von Burg

Literatur:
Franz 1909, Bd. 1, S. 519–575.

Kat. 22

22
Weihrauch wird nicht nur während der Messe verwendet.

Zweiteiliges Weihrauchfass mit Schwingketten, 2. Hälfte 15. Jahrhundert.

Bronzeguss, H: 22 (mit Kette H: 93); Dm: 8.7 cm.
Unterer Teil: kugelige Schale mit sechseckigem Fuss. Oberer Teil: Deckelgehäuse, erst achtseitig gefenstert, dann in fischblasen- und herzförmiges Masswerk übergehend und in eine achtseitige, durchbrochene Laterne mit Dächlein und Spitze auslaufend. Beide Teile durch je vier Ösen mit den vier Schwingketten verbunden, die oben in der Griffscheibe zusammenlaufen. Eine fünfte Kette dient zum Anheben des Deckelgehäuses.
Zürich, Schweizerisches Landesmuseum, Inv. LM 20020.

Weihrauch galt als Symbol der zum Himmel aufsteigenden Gebete der Gläubigen. Die Mischung aus verschiedenen Harzen und anderen pflanzlichen Zutaten wurde während der Messe im Weihrauchfass entzündet, gelangte aber auch ausserhalb der Kirche zur Anwendung. Am Dreikönigstag (Epiphanie) oder am St. Michaelstag weihte man Weihrauch, der wie andere Sakramentalien mit nach Hause genommen werden konnte. Gleichzeitig fand oft eine kirchliche Einsegnung der Häuser statt, bei der Weihrauch verwendet wurde. Weihrauch mischte man auch mit gesegneten Kräutern oder mit dem Wachs der Osterkerze und benutzte ihn zur Räucherung während der als besonders gefährlich geltenden Zeit zwischen Weihnachten und Epiphanie. Er diente dabei der Abwehr von Hexen und Dämonen.

Christian von Burg

Literatur:
Franz 1909, Bd. 1, S. 422–443.

Kat. 21

23
Ein Kleriker beschreibt für Laien die Wirkung des Weihwassers.

Handschrift mit Eintrag über den Nutzen des Weihwassers, vermutlich für die Frauengemeinschaft bei St. Georgen, geschrieben von Friedrich Colner, Schreiber und Übersetzer in St. Gallen, 1430–1436.

Papier, in Leder gebunden, H: 21; B: 15 cm;
484 pag. Seiten.
St. Gallen, Stiftsbibliothek, Cod. 965, fol. 483.

Wer sich mit Weihwasser besprengt, zieht daraus folgenden Nutzen: Er bekommt dreissig Tage Ablass, seine körperlichen Gebresten lassen nach, er wird an Leib und Seele vor künftiger Krankheit bewahrt und vor Anfechtungen geschützt.

Diese bunte Aufzählung aus einer volkssprachlichen Lehrschrift für Laien, die kein Latein verstanden, mag auf den ersten Blick fremd und beliebig wirken. Sie lehnt sich in Form und Inhalt jedoch an ein bekanntes und später oft gedrucktes Werk des Dominikaners Johannes Turrecremata (1388–1468) an. Quellen dieser Art enthüllen uns die grossen Hoffnungen, welche die Gläubigen Sakramentalien gegenüber hegten.

Christian von Burg

Literatur:
Franz 1909, Bd. 1, S. 109–125. – Stocker 1996.

Kat. 23

24
Etwas fürchten – wie der Teufel das Weihwasser.

Weihwasserkessel mit Henkelösen in Form von Affenköpfen, erstes Drittel 16. Jahrhundert.

Messing oder Bronze, gegossen und abgedreht, H: 20.5; Dm unten: 19.5; Dm oben: 28 cm.
Kessel unten zylindrisch, oben ausladend, mehrere Profile, Köpfe ziseliert.
Köln, Schnütgen-Museum, Inv. H. 547.

Weihwasser, mit geweihtem Salz versehenes Wasser, war wohl die am häufigsten verwendete Sakramentalie. Steinerne Becken mit dazugehörigen Sprengwedeln waren auf den Friedhöfen, an den Kircheingängen und im Innern der Kirchen an verschiedenen Orten angebracht. Grosse Becken dienten als Reservoir für diejenigen, die das geweihte Wasser mit nach Hause nehmen wollten.[1] Für den priesterlichen, ambulanten Gebrauch von Weihwasser innerhalb der Kirche oder bei Prozessionen wurden Weihwasserkessel wie derjenige aus dem Schnütgen-Museum verwendet (vgl. Abb. 12). Grössere und gezieltere Wirkung erhoffte man sich von Wasser, das im Namen eines bestimmten Heiligen geweiht wurde. Das berühmte St. Blasius-Wasser zum Beispiel diente vor allem zur Segnung des Viehs, insbesondere der Pferde.

Christian von Burg

Literatur:
Franz 1909, Bd. 1, S. 50–220. – Theuerkauff-Liederwald 1988, S. 75–78.

Kat. 24

---
1 Vgl. Schilling 1887, S. 49–50.

25
Mit dem Läuten der Wetterglocke werden Gewitter vertrieben.

Guillaume Chaufornier, Kirchenglocke mit Schutzinschrift, wahrscheinlich 1434 gegossen für Romont FR.

Gusseisen, H: 73; Dm: 65 cm; Gewicht 173 kg, Klöppel 11 kg; Grundton: c'.
Krone mit sechs Henkeln, Inschrift unten rund um die Glocke: XPS VINCINT XPS RENAT XPS INPERAT XPS AB ONI MALO NOS DEFEN†ET AMEN (=CHRISTUS VINCIT CHRISTUS REGNAT CHRISTUS IMPERAT CHRISTUS AB OMNI MALO NOS DEFENDAT AMEN) – «Christus siegt, Christus lenkt, Christus herrscht, Christus verteidigt uns vor allem Bösen».
Ab 1475 in Belp BE und nach 1699 in Zimmerwald BE benutzt.
Bern, Historisches Museum, Inv. 13489 (Depositum).

Kat. 25

Glocken gehörten zu den wertvollsten Ausstattungsobjekten einer Kirche. Die Glocke aus Romont kam 1475 als Beute nach Bern und wurde in zwei Landgemeinden bis zu Beginn des 20. Jahrhunderts weiterverwendet.

Das Läuten der Glocken diente nicht nur zum Aufruf der Kirchgänger und zur Gliederung des Tages, sondern auch zur Abwehr des Bösen, insbesondere zur Abwehr von Gewittern. Man glaubte, damit die von Hexen und Dämonen durch Schadenzauber verursachten Unwetter vertreiben zu können. Meistens wurde eine spezielle Wetterglocke verwendet, deren Wirkkraft man zuweilen noch zu vergrössern hoffte, indem man ihr Reliquien eingoss.[1] Inschriften auf alten, geweihten Glocken beziehen sich oft auf das sogenannte Wetterläuten:[2] *Christus verteidigt uns vor allem Bösen*, oder noch konkreter: *Die Lebenden ruf ich, die Toten betrau'r ich, die Blitze brech' ich († vivos voco mortuos plango fulgura frango †)*, ein Spruch, mit dem zum Beispiel die grosse Glocke des Schaffhauser Münsters, die sogenannte Schillerglocke, versehen ist.[3] Als 1604 eine weitere Glocke für dieses Münster gegossen wurde, bezogen sich der Kirchenpfleger Hünerwadel und der Glockengiesser Johann Heinrich Lamprecht auf diese alte, aus ihrer Sicht «abergläubische» Inschrift und liessen die neue Glocke Folgendes sprechen: «Mit redlichem Eifer gegossen, läute ich nun mit den älteren Glocken, nachdem das Licht die schwarze Finsternis verdrängt hat. Die Blitze vermag ich nicht zu brechen und ich beweine auch nicht die vom Tod Hinweggerafften. Ich, aus Bronze, rufe die Lebenden zu frommen Taten auf» (ZELO FVSA BONO CAMPANIS CONSONO PRISCIS LVX POSTQUAM TENEBRAS EXUPERASSET ATRAS / FVLGVRA NON FRANGO NEC PLANGO MORTE PEREMPTOS AES EGO VIVENTES AD PIA SACRA VOCANS).[4]

Christian von Burg

Literatur:
Franz 1909, Bd. 2, S. 33–43. – Bachmann-Geiser 2001, Kat. 34.

---
1 von Pflummern, Aufzeichnungen, S. 198.
2 Für entsprechende Hinweise danke ich Fabienne Hoffmann, Lausanne. Vgl. Bern, Historisches Museum, Nachweisakten zu Inv. 13489.
3 Vgl. Kdm SH 1 1951, S. 87–89.
4 Ebd.

Kat. 26.1

26
Eine abgeschnittene Hand wird nach gescheitertem Diebstahl zur Reliquie.

Chorbehang, zwei Teilstücke,
Strassburg, um 1450.

Wolle und Leinen, H: 92; L: 196 und 229 cm.
Bildabfolge und Inschriften von rechts nach links: *Wie herzog obreht sancte athala siner dochter disen stift befalch und ir gewalt dar uber gab. – Wie sant athala starp und uf der bore lag und ir die hant ab gesniten wart. – Wie . sancte . athalen . hant . funden . wart . in . eime . schrine. – Wie safina . sancte . athalen . swester . funden wart. – Wie gerlundis sant athalen mutter und ir stieffmutter balthehilt mit zweyen kinden funden wart.*
Strassburg, Musée de l'Œuvre Notre-Dame, Inv. D. 22.980.22 (Depositum des Collège Saint-Etienne).

Abb. 13
Reliquiar mit der Hand der hl. Attala. Strassburg, Collège Saint-Etienne.

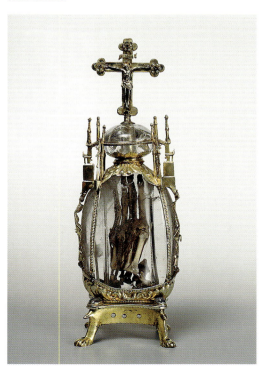

Der ursprünglich einteilige Behang schmückte an Festtagen den Chor der Kirche des adligen Damenstifts St. Stephan in Strassburg. Äbtissin Clementia von Ratsamhausen hatte ihn während ihrer Amtszeit (1438–1460) in Auftrag gegeben, um einen älteren Behang zu ersetzen. Der Teppich trägt die Wappen ihrer Eltern und erzählt in Text und Bild die Geschichte von der zu Beginn des 8. Jahrhunderts erfolgten Gründung des Klosters und von dessen Reliquien: Zunächst übergibt Herzog Adalbert (Obrecht) in Begleitung seiner Frau die Schlüssel des Klosters an seine Tochter Attala (Kat. 26.2, rechts aussen). Dann beweinen die Mitschwestern Attala bei der Totenwache (Kat. 26.2, Mitte), als ein Knappe hinzukommt, um der Verstorbenen auf Geheiss von Werentrud, der Äbtissin von Kloster Hohenburg, eine Hand abzuschneiden und diese der Jugendfreundin als Reliquie zu überbringen. Durch ein Wunder scheitert der Diebstahl: Attalas Hand bleibt am Ort erhalten und wird in einem eigenen Reliquiar begraben (Kat. 26.2, links aussen). Die folgenden Szenen zeigen die Stiftsdamen, die in den Jahren 1272–1275 auf der Suche nach dem Leichnam der Heiligen auf das vergrabene Reliquiar stossen und auch die Gebeine von Attalas Schwester Savina, ihrer Mutter Gerlinde, ihrer Stiefmutter Baldehilt und deren beiden Kindern entdecken (Kat. 26.1, Mitte). Eine ganzfigurige Darstellung des Klosterpatrons Stephanus beschliesst die Bilderzählung (Kat. 26.1, links).

Die im Kloster St. Stephan verehrten Reliquien, darunter diejenigen der hl. Attala, scheinen durch Bischof Werner, der sich 1003 des Klosters bemächtigt hatte, in das Strassburger Münster überführt worden zu sein. Die Erzählung auf dem Bildteppich versucht indessen, den Verbleib der Reliquien in St. Stephan nachzuweisen und ihnen eine Geschichte zu geben. Sie zeigt den misslungenen Diebstahl von Attalas Hand durch das Kloster Hohenburg, was die Wertschätzung der begehrten Reliquie erhöht, weil dieses von der hl. Odilia, Attalas Tante, gegründet worden war. Von dieser verehrten elsässischen Heiligen besitzt das Kloster St. Stephan ebenfalls Reliquien.

Wenn auch prinzipiell ein Reliquienraub als fromme und ehrenvolle Tat angesehen wurde, so belegt doch der gescheiterte Diebstahl, dass Attalas Hand am Ort verbleiben wollte. Begraben, um sie dem Zugriff des Bischofs zu entziehen, steigerte sie fortan die Heiligkeit des Klosters. Die Legende liefert eine Erklärung für die Verstümmelung der Leiche und betont zudem die engen Verbindungen zwischen den beiden Klöstern Hohenburg und St. Stephan, welches auch einen Wandbehang mit der Lebensgeschichte der hl. Odilia besitzt. In Auftrag gegeben wurde dieser wahrscheinlich von Agnes von Ratsamhausen, welche die Nachfolge der Clementia als Äbtissin angetreten hatte.

Jean Wirth

Literatur:
Barth 1960–1963, S. 1487–1489. – Rapp Buri/Stucky-Schürer 1990, S. 330–334, Nr. 104. – Geary 1993.

Kat. 26.2

27
Ein «sprechendes» Reliquiar hat die Form jenes menschlichen Körperteils, dessen Reliquie es enthält.

Armreliquiar des hl. Paulus aus der Pfarrkirche von Willisau, Ende 15. Jahrhundert.

Silber, getrieben, gegossen, H: 44 cm;
Sockel aus dem 17. Jahrhundert.
Willisau, Pfarrkirche.

Während frühmittelalterliche Reliquiare meist die Form von Kästchen oder Schreinen aufweisen, die keinerlei Schlüsse auf ihren Inhalt zulassen, kann in der Gestaltung jüngerer Reliquiare (ab dem 9. Jahrhundert) eine Tendenz zur Angleichung von Form und Inhalt beobachtet werden: Man bezeichnet diese deshalb als sogenannte «redende» oder «sprechende» Reliquiare.[1] Als Hort der Reliquie dient folglich ein ihrer ursprünglichen Physis künstlerisch nachempfundener Gesamtkörper, selbst wenn beispielsweise nur eine einzelne Partikel eines Armes vorhanden ist. Diesem offensichtlich starken Bedürnis nach vermehrter Anschaulichkeit wurde gerade im Hoch- und Spätmittelalter Rechnung getragen, was die Schaffung zahlreicher Varianten von «redenden» Reliquiaren begünstigte.[2]

Hinter dem Verlangen nach einer möglichst realistischen, körpergetreuen Darstellungsweise der Reliquienbehälter steht allgemein die Vorstellung, dass der verehrte Heilige kraft seiner Reliquien auch körperlich anwesend, d. h. «real» präsent ist. Seine Überreste sind sozusagen das Pfand, das auf der Erde verblieben ist. Ihnen gilt es möglichst nahe zu sein, denn dort, wo der Heilige in seinen Reliquien körperlich anwesend ist, wird man als Gläubiger besonders gern erhört. Die physische Präsenz des Heiligen ermöglicht schliesslich auch eine direktere Verfügbarkeit für den Gläubigen: Der Heilige wird gewissermassen zum direkten Ansprechpartner, soll als Fürbitter beim Herrn eintreten und einen rettenden oder unheilabwehrenden Gnadenerweis erwirken.[3]

Besonders häufig unter den «redenden» Reliquiaren ist das Armreliquiar[4] in Form eines Armes mit ausgestreckter Hand oder, wie am Beispiel aus Willisau ersichtlich, mit segenspendendem Gestus. Beim Armreliquiar des hl. Paulus aus Willisau handelt es sich um einen Unterarm, der mit der Schnittfläche auf einem tellerartigen Sockel steht. Den Arm bedeckt ein eng zulaufender Ärmel mit umgeschlagenem Bund und reicher Stofffülle, die in auffallend starke Knitterfalten gelegt ist. Auf der Schauseite des Reliquiars ist, etwa in der Mitte des Armes, ein hochrechteckiges Fensterchen eingelassen, das den Blick auf die Reliquie freigibt. Darüber befindet sich ein Schildchen mit dem Wappen der Willisauer Familie Iberg.[5]

Das Fensterchen des Willisauer Armreliquiars ist typisch für die gesteigerte Schaufrömmigkeit im Spätmittelalter. Seit dem Beschluss des vierten Laterankonzils von 1215 war es nicht mehr erlaubt, Reliquien ausserhalb ihrer Behältnisse zur Schau zu tragen.[6] Dies bedingte eine «Öffnung» der bis anhin geschlossenen Reliquiare: Fensterchen oder Türchen wurden eingefügt, oder man legte die Reliquie in einen durchsichtigen Behälter aus Glas oder Bergkristall. Wenn die Reliquie schon nicht berührt werden durfte, so war es wichtig, zumindest einen Blick auf sie werfen zu können, um an der Heilkraft teilzuhaben, die von ihr ausging.

Während die Entstehung des Armreliquiars aus Willisau Ende des 15. Jahrhunderts angesetzt werden kann, so ist sein Sockel jüngeren Datums. Er entspricht dem Sockel des ebenfalls in der Willisauer Pfarrkirche aufbewahrten Guten-Schächer-Armreliquiars, auf dem die Meistermarke von Zacharias Schnyder (1624–1686) angebracht ist. Somit lässt sich wohl auch der Sockel des Paulusreliquiars diesem Künstler zuordnen.[7]

Andrea Vokner

Kat. 27

Literatur:
Kdm LU 5 1959, S. 252–253, Abb. 224. – Kat. Alltag zur Sempacherzeit 1986, S. 185, Nr. 256.

1 Braun 1940, S. 380.
2 Dinzelbacher 1990, S. 139; vgl. Angenendt 1994, S. 107–119.
3 Dinzelbacher 1990, S. 121–122; Legner 1995, S. 231.
4 Heinrich G. Lempertz: Artikel «Armreliquiar», in: RDK, Bd. 1, Sp. 1106–1112.
5 Kdm LU 5 1959, S. 252.
6 Dinzelbacher 1990, S. 140–141.
7 Kat. Alltag zur Sempacherzeit 1986, S. 185.

Kat. 28

28
Reliquiare können die Form von kostbar geschmückten Schreinen annehmen.

Reliquienschrein, Oberrhein, letztes Viertel 15. Jahrhundert.

Kupfer, getrieben, vergoldet, graviert; Bronzeguss, vergoldet.
H: 13; L: 21.5; T: 10.2 cm.
Strassburg, Musée de l'Œuvre Notre-Dame, Inv. 22.998.0.255.

Das hausförmige Reliquienkästchen aus vergoldetem Kupfer mit abgewalmtem Deckel steht auf vier Kufen. Diese bilden die Basis für die gotischer Architektur nachempfundenen Strebepfeiler aus vergoldetem Bronzeguss, welche der Stabilisierung der Kästchenecken dienen. Auf dem Deckel sind zwei kleine Wappenschilde angebracht. Sie sind jetzt leer, trugen einst jedoch zweifellos die Wappen der Stifter. Der Kästchendeckel ist ferner mit einem schornsteinähnlichen Aufsatz über rautenförmigem Grundriss sowie mit zwei auf dem First befestigten Geflechten aus Metalldrähten ausgestattet. Ringförmige Einfassungen seitlich des Aufsatzes enthielten zylindrische Bergkristalle, welche jenen an der Dachtraufe – nur diejenigen entlang des Walmes sind erhalten – ähneln.

Die gravierten Teile des Kästchens wirken künstlerisch etwas unbeholfen. Die beiden Langseiten des Schreins zeigen stehende Apostel in Dreiergruppen mit ihren Attributen. Für die Darstellung des hl. Andreas griff der Künstler auf den Kupferstich L. 94 des Meisters E.S. zurück. Die Schmalseiten sind mit verschlungenen Voluten dekoriert, während die Dachflächen mit Masswerk und der Aufsatz mit Ranken verziert sind.

Der bequem zu öffnende Verschluss des Kästchens, das übrigens keine Reliquien mehr enthält, und die Zusammenfügung der Seitenwände durch Scharniere und Zapfen erfüllten nicht den Zweck, die feierliche Zurschaustellung der Reliquien zu erleichtern. Das kleine Scharnier, welches heute den Deckel fixiert, ist nämlich eine jüngere Zutat. Seine Anbringung setzte die Funktionstüchtigkeit eines Elementes ausser Kraft, das zu dem viel komplizierteren originalen Verschlussmechanismus gehörte.

Emmanuel Fritsch

Literatur:
Kat. Art réligieux 1948, S. 31, Nr. 181. – Fritz 1966, S. 57–60 und 541, Nr. 688.

29
Figurenreliquiare vergegenwärtigen den Heiligen im Bild und als Substanz.

Reliquienstatuette des hl. Georg aus der Kollegiatskirche St. Laurentius in Estavayer-le-Lac, vermutlich Ende 15. Jahrhundert.

*Silber, getrieben, partiell vergoldet, H: 46 cm;
vier Kristallcabochons; eine griechische Gemme aus dem
5. Jahrhundert v. Chr. wiederverwendet.
Estavayer-le-Lac, Kollegiatskirche St. Laurentius.*

Auf einem sechseckigen, länglichen Sockel mit vier seitlich angebrachten Kristallcabochons erhebt sich die Statuette des hl. Georg: Mit beiden Füssen steht der Ritter auf dem Rücken des sich windenden Drachens und stösst ihm die Lanze durch den Rachen. Die geflügelte Bestie figuriert hier nur als signifikantes Attribut des Ritterheiligen und ist keineswegs von imposanter Grösse. Georg ist als jugendlicher Ritter wiedergegeben, mit wallendem Lockenhaupt, den ganzen Körper in einem Harnisch, bestehend aus geschifteter Brustplatte, kurzem Schurz und komplettem Arm- und Beinzeug, jedoch ohne Helm. Als Zeichen seiner Auserwähltheit prangt eine orangerote Gemme über seiner Stirn, und der Kopf wird von einem grossen, plattenförmigen Nimbus hinterfangen.

Obwohl mit dem Lanzenstoss ein Moment des Agierens – der Triumph über das Böse – dargestellt ist, wirkt der Heilige merkwürdig statisch und unbelebt. Dies mag vor allem auf seinen verklärten Gesichtsausdruck zurückzuführen sein. Gerade diese Leere des Blicks ist es aber, die den Betrachter zur Kontemplation einlädt und dem Objekt eine gewisse Zeitlosigkeit und demzufolge auch «Aktualität» verleiht. Demutsvolle Ehrerbietung gebührt hier nicht nur dem in diesem Reliquiar aufbewahrten, konkreten Reliquienpartikel, sondern durch diese Art der künstlerischen Akzentuierung soll eine eher vergeistigte Form der Verehrung angeregt werden: Die Aufmerksamkeit gilt dem Heiligen selbst, seiner ganzen Person und all dem, was mit ihr in Verbindung gebracht werden kann.[1] Die Reliquien haben nunmehr vorwiegend Legitimationswert, sind Teil seiner Substanz: «Ausgestattet mit der Identität der Reliquie erscheint die Statue im Gold- und Edelsteinglanz als der Heilige selbst in Realpräsenz».[2]

Statuettenreliquiare erfreuten sich besonders im Spätmittelalter einer grossen Beliebtheit, kommen aber bereits im 12. Jahrhundert vor.[3] Beträchtlich ist dabei die Anzahl der *milites christiani,* jener Heiligen, die in zeitgenössischer Rüstung dargestellt wurden. Gerade von den Georgsstatuetten haben sich im deutschsprachigen Raum aus der Zeit von 1420–1510 mehrere Beispiele erhalten, weitere sind durch Schriftquellen bezeugt.[4]

Die Georgsfigur wurde mit Jost Schäffli d.Ä. in Zusammenhang gebracht, einem Goldschmied, der aus Strassburg stammte und sich in Freiburg i.Üe. niederliess (dort 1471 als Bürger erwähnt, 1503 daselbst verstorben). Allerdings liegen hierfür keine stichhaltigen Beweise vor.[5] Hingegen gibt es einen Rechnungsbeleg der Stadt Estavayer-le-Lac über eine Zahlung an Antoine Bovard, einen Goldschmied aus Lausanne, für die Erneuerung des Georgsreliquiars in den Jahren 1520–1521.[6] Stilistische Gründe (z. B. die Art der Rüstung) sprechen bei der Georgsfigur selbst für eine Datierung ins ausgehende 15. Jahrhundert.

Andrea Vokner

Literatur:
Kdm VD 4 1981, S. 333, Abb. 397. –
Kat. Trésors d'art religieux 1982, S. 93–94, Nr. 62.

---

1 Dinzelbacher 1990, S. 143.
2 Legner 1995, S. 231.
3 Braun 1940, S. 434.
4 Lüdke 1983, Bd. 1, S. 80.
5 Kdm VD 4 1981, S. 333; Lüdke 1983, Bd. 2, S. 338.
6 Kat. Trésors d'art religieux 1982, S. 93–94.

Kat. 29

30
Nach gängiger mittelalterlicher Rechtfertigung sind Bilder die Bücher der Ungebildeten, erwecken Begierde zur Andacht und rufen die heiligen Geschichten in Erinnerung.

Altartafeln mit der Geburt Christi und dem Tod Marias, Schweiz/Süddeutschland, zweites Viertel 16. Jahrhundert.

Kastenreliefs, Lindenholz; Geburt Christi H: 78.5; B: 63.5; T: 7 cm (ohne Rahmen); Tod Marias H: 78; B: 59; T: 7 cm (ohne Rahmen). Rahmung neu; beide Reliefs vollständig neu gefasst, teilweise gereinigt 1971 (kurzer Konservierungsbericht von Anna Bartl, Chefrestauratorin, Historisches Museum Basel vom 6. Juli 2000).
Basel, Historisches Museum, Inv. 1886.6.2. (Geburt Christi) und 1886.6.4. (Tod Marias).

Die beiden qualitätvollen Hochreliefs aus dem Historischen Museum in Basel bildeten wohl, zusammen mit zwei weiteren Reliefs in gleichem Format, die Flügelinnenseiten eines Marienaltars.[1] Über den ursprünglichen Aufstellungsort und die Überlieferungsgeschichte dieser Werke ist nichts bekannt, ihre stilistische Einordnung noch nicht erforscht.[2] Die eine Tafel illustriert mit der Geburt des Gottessohnes ein biblisches Ereignis. Maria kniet andächtig betend neben der Krippe, in der das nackte Jesuskind liegt und – Armhaltung und Blickrichtung deuten es an – mit seiner Mutter eine Art intimer Zwiesprache hält. Vom Tod Marias im Kreis der auf wunderbare Weise zusammengekommenen Apostel auf der zweiten Tafel berichten nur Legenden. Hier kniet die sterbende Maria frontal im Vordergrund, den Kopf leicht zur Seite geneigt, die Hände demütig vor der Brust zusammengelegt. Mit ihrer ruhigen Haltung und der Positionierung auf der Mittelachse zieht sie die Blicke der Betrachter auf sich – verstärkt durch die sich betont nach vorne hin öffnenden, lang geschwungenen Falten ihres Mantels – und kann als Vorbild andächtig-versunkenen Betens dienen. Nach der legendären Überlieferung ist es ein Zeichen für ihre göttliche Erwählung und religiöse Vollkommenheit, dass sie kniend, und nicht, wie üblich, im Bette liegend sterben durfte.[3] Dass die Apostel jene liturgischen Geräte (Weihwasserkessel, Weihrauchfass, Sterbekerze und Gebetsbücher) mit sich führen, die bei den kirchlichen Sterberitualen eingesetzt werden, dürfte es ungeschulten Betrachtern erleichtert haben, die Szene richtig zu deuten.

Die Reliefs, die in den Architekturelementen schon gewisse Renaissance-Einflüsse zeigen, dürften unmittelbar vor dem Einsetzen der Bilderstürme oder dann kurz danach in einem altgläubigen Gebiet entstanden sein – Bildwerke wie diese also könnte Zwingli vor Augen gehabt haben, als er sich mit folgenden Worten gegen eine das ganze Mittelalter hindurch tradierte Rechtfertigung der Bilder wandte: *Wenn du glych ietz einem ungleubigen oder unverstendigen kind die bilder fürstellest, so můstu inn mit dem wort darmit leren, oder aber er sicht das bild vergeben.*[4] Zwingli greift dabei das immer und immer wieder zitierte Diktum von Papst Gregor dem Grossen (Pontifikat 590–604) auf, die Bilder seien die Bücher der Ungebildeten. In einem Brief an Bischof Serenus von Marseille, der Bilder hatte zerstören lassen, um deren Anbetung zu verhindern, hatte der Papst die Notwendigkeit der Bilder in den Kirchen wie folgt begründet: «Denn was für die, die lesen können, die Schrift ist, das ist für die Ungebildeten, die nur mit den Augen wahrnehmen, das Bild» *(Nam quod legentibus scriptura, hoc idiotis praestat pictura cernentibus).*[5]

Diese Rechtfertigung religiöser Darstellungen wurde und wird zwar ständig wiederholt – im Mittelalter, in den reformatorischen Streitschriften für und wider die Bilder und in moderner kunstwissenschaftlicher Literatur, doch wie Gregor seinen Vergleich ursprünglich verstanden haben wollte, entzieht sich weitgehend unserer Kenntnis.[6] Hielt er das Lesen von Büchern und dasjenige von Bildern tatsächlich für zwei vergleichbare Handlungen, kann, seiner Meinung nach, das «Lesen» der Bilder den Betrachtern wirklich neue Inhalte erschliessen, wie es beim Lesen von Büchern der Fall ist, oder können die Bilder einen nur an das erinnern, was man schon einmal gehört oder erklärt bekommen hat?[7] Ungeachtet dieser Unklarheiten ist Gregors Brief von mittelalterlichen Theologen häufig zitiert und dem jeweiligen Erklärungszusammenhang angepasst worden, denn die Begründung des Papstes erwies sich als ausgesprochen nützlich.[8] Nach Johannes Belet, einem Liturgiker des 12. Jahrhunderts, soll Gregor letztlich gesagt haben, was die Schrift für den Kleriker sei, das seien die Bilder für den Laien.[9] Damit verläuft die Trennung nicht mehr zwischen den Lesekundigen und den Analphabeten, den Gebildeten und den Ungebildeten, sondern zwischen Klerikern und Laien, und dies gerade zu einem Zeitpunkt, als Laien in höherem Masse an der Schriftlichkeit teilhaben. In seiner berühmten *Apologia ad Guillelmum,* in der Bernhard von Clairvaux (1090–1153) detailliert die «lächerlichen Ungeheuerlichkeiten» an den Kapitellen romanischer Kreuzgänge schildert, schreibt er diese Unterscheidung von monastischem und laikalem Publikum fest: Während erstere durch Bilder von der wahren Kontemplation über Gottes Gebote abgelenkt würden, seien die Laien nicht fähig, das Ideal einer bildlosen Andacht zu erreichen.[10] Ihnen sollten Bilder eine emotionale Versenkung ins vorbildhafte Leben der Heiligen, in die einzelnen Stationen des Lebens Jesu und in die übergreifenden Zusammenhänge der Heilsgeschichte ermöglichen.

Es sind aber gerade die jungen monastischen Bewegungen – die Zisterzienser, die Dominikaner und die Franziskaner –, die seit dem beginnenden 13. Jahrhundert viel zur Ausbildung einer neuen, an Bildwerken inspirierten und von diesen getragenen andächtigen Frömmigkeitshaltung beitragen, zunächst ganz im monastischen Milieu. Gerade auch Bernhards eigene eindringliche und metaphernreiche Beschreibungen seelischer Vorgänge haben zur Schaffung neuer Bildtypen geführt und den Status des Bildes als geeignetes Mittel, die Andacht zu fördern, legitimiert. Über die in der Laienseelsorge und Predigttätigkeit aktiven Bettelorden und die damit einhergehende Verbreitung von erbaulichem Schrifttum wird das Ideal einer derart intimen, auf Einzelheiten konzentrierten Andacht auch in Laienkreisen verbreitet. Besonders deutlich lässt sich dies erkennen an den beliebten und weit verbreiteten *Meditaciones Vite Christi,* die im Mittelalter Bonaventura zugeschrieben wurden. Sie schildern die kleinsten Einzelheiten des Lebens Christi anschaulich – als sprachliche Bilder gewissermassen –, um der Leser- oder Zuhörerschaft den emotionalen Nachvollzug als bestes Mittel zur andächtigen Versenkung zu ermöglichen.

Thomas von Aquin (1224–1275) schliesslich spricht von einem dreifachen Sinn der Bilder: Sie sollen erstens die Andacht fördern *(ad excitandum devotionis affectus),* zweitens an das Beispiel der Heiligen erinnern und drittens die Unwissenden belehren.[11] Damit tritt eine psychologische Überlegung hinzu, dass nämlich manchen Menschen Gesehenes besser im Gedächtnis bleibe als Gehörtes und Bilder daher einen mnemotechnischen Vorteil böten. Sie erinnern die Betrachter und Betrachterinnen an heilige Geschichten, die ihnen aus Unterweisungen und Predigten bekannt sein müssten. Thomas von Aquin fasst damit die Hauptpunkte der mittelalterlichen Rechtfertigung der Bilder im Westen zusammen – eine Theorie, die über Jahrhunderte ziemlich gleichförmig blieb und damit zu der Vielschichtigkeit, Komplexität und Widersprüchlichkeit des frommen mittelalterlichen Bildgebrauchs in spannungsvollem Kontrast steht.

Susan Marti

Literatur:
Unveröffentlicht.

Kat. 30
Geburt Christi

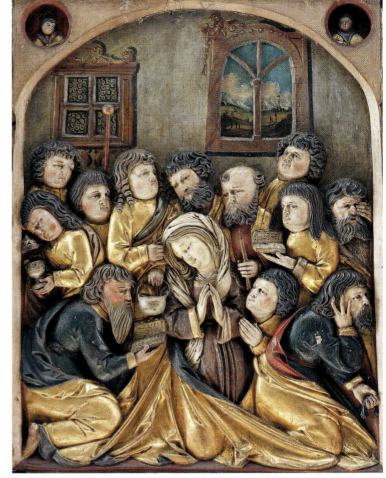

Kat. 30
Tod Marias

1 Die beiden anderen Reliefs, ebenfalls im Historischen Museum Basel, zeigen die Verkündigung (Inv. 1886.6.1.) und die Anbetung der Drei Könige (Inv. 1886.6.3.). Die Darstellungen auf den Aussenseiten sind nicht erhalten.
2 In den Nachweisakten des Historischen Museums Basel wird auf den Einfluss des schwäbischen Meisters «mit den langgeschwungenen Falten» hingewiesen (zu letzterem vgl. Vöge 1910, S. 60).
3 Schreiner 1994, S. 487. Darstellungen einer knienden sterbenden Maria sind seltener als diejenigen einer liegenden. Der anonyme süddeutsche Meister könnte sich an eine Komposition wie diejenige des Ulmer Malers Martin Schaffner für den Wettenhausener Altar (München, Alte Pinakothek) oder von Hans Holbein d.Ä. aus dem Afra-Altar (Basel, Öffentliche Kunstsammlung) angelehnt haben, unter Verzicht auf die Hintergrundmotive mit dem Bett.
4 Aus der Antwort an Valentin Compar (Kat. 142); Zwingli, Werke, Bd. 4, S. 120.
5 Zitiert nach Fendrich 1993, S. 115.
6 Duggan 1989, bes. S. 227–229.
7 Ebd., S. 227.
8 Ebd., S. 231.
9 *Nam, ut ait Gregorio, quod est clerico littera, hoc est laico pictura* (zitiert nach Duggan 1989, S. 233, Anm. 27).
10 Hamburger 1989b, S. 164.
11 Fendrich 1993, S. 115.

31
Viele Geschichten erzählen davon, dass Heiligenbilder vor drohender Zerstörung gerettet worden sind.

Maria, von zwei Mönchen getragen, Österreich, erste Hälfte 18. Jahrhundert.

Tonstatuette, mit Resten alter Fassung, H: 34 cm.
Köln, Schnütgen-Museum, Inv. E 282.

Zwar schreiben die theoretischen Rechtfertigungen den religiösen Bildern klar umrissene Funktionen zu (vgl. Kat. 30), die mittelalterliche Frömmigkeitspraxis geht aber, was den Umgang mit Bildern betrifft, weit darüber hinaus. Bilder werden vielfältig in kultische Handlungen miteinbezogen, in Prozessionen mitgetragen, sie werden verhüllt und enthüllt, bekleidet und entkleidet usw. Sie gelten als geheiligte Gegenstände, als *res sacra*, und wer kirchliche Bilder beschimpft oder verletzt, hat mit Sanktionen nicht nur seitens der Öffentlichkeit, sondern häufig auch seitens des Bildes selbst zu rechnen. Dieser gleichsam personalisierte Umgang mit dem Bildwerk wurzelt in der verbreiteten Vorstellung, dass der oder die Heilige im Bild real präsent ist.[1] Dadurch ist ein entsprechendes Bild an einen bestimmten Ort gebunden und dort verankert; auch Bilder desselben oder derselben Heiligen sind nicht auszutauschen – die Madonna von Einsiedeln beispielsweise nicht durch diejenige von Oberbüren zu ersetzen (vgl. Kat. 101, 104).

Etwas von dieser für das Mittelalter so zentralen Bedeutung eines Marienbildes lebt weiter in der kleinen Figurengruppe aus Ton aus dem Schnütgen-Museum, die in der ersten Hälfte des 18. Jahrhunderts im Alpenraum entstanden sein dürfte. Zwei Mönche mit Tonsur und langem Vollbart, in knielange Röcke gekleidet, ein Skapulier als Kennzeichen ihres geistlichen Standes tragend, stemmen eine Truhe in die Höhe. Auf dieser befindet sich Maria, halb thronend, halb am Boden sitzend, und hält den nackten, stehenden Jesusknaben zwischen ihren Beinen. Er hat seine Rechte segnend und deutend emporgehoben, als würde er den Mönchen den Weg weisen.

Die vom Gewicht von Truhe und Marienbild niedergedrückten Körper der Mönche, ihre angespannten Arme und ihr besorgter Gesichtsausdruck weisen darauf hin, dass die beiden Geistlichen daran sind, das Marienbild aus drohender Gefahr zu retten. Ob sie wegen kriegerischer Nöte oder aufgrund von Unwetterkatastrophen ihr schützendes Kloster verlassen müssen, wissen wir nicht – jedenfalls aber wollen sie sich auf keinen Fall von dem von ihnen verehrten Bild trennen und führen es mit sich auf der Suche nach einem neuen sicheren Standort (vgl. S. 126–127).

Susan Marti

Kat. 31

Literatur:
Unveröffentlicht.

---
[1] Dinzelbacher 1990.

32

Bilder werden vielfältig in kultische Handlungen einbezogen: Wenn die Paxtafel geküsst wird, gilt die Verehrung nicht dem materiellen Bild auf Erden, sondern dem Urbild im Himmel.

Pax- oder Kusstafel, Oberrhein, erstes Drittel 16. Jahrhundert.

Silber graviert; Kupfer getrieben und vergoldet; Bronzeguss vergoldet; rundgeschliffene Halbedelsteine; H: 16.0; B: 9.0; T: 5.2 cm; gravierte Platte H: 7.7; B: 4.95 cm.
Strassburg, Musée de l'Œuvre Notre-Dame, Inv. MAD XXXVII.53 (1937 erworben).

Kat. 32

Der Ritus des Friedenskusses während der Messfeier ist seit dem 5. Jahrhundert belegt. Die Verwendung eines besonderen Bildträgers zur Überbringung des Friedenskusses an die Laien wird indessen erst seit der Mitte des 13. Jahrhunderts erwähnt, zuerst in England, dann im 14. Jahrhundert auch in Frankreich und Deutschland. Im 15. Jahrhundert setzt sich der Gebrauch von Kuss- oder Paxtafeln endgültig durch. Es handelt sich dabei meistens um Metallplatten, die mit einer Szene aus der Passion Christi verziert sind; marianische Themen wurden seltener dargestellt.

Das gravierte Bildmotiv in der Mitte der Strassburger Kusstafel, eine auf der Mondsichel stehende Maria mit dem Jesuskind im Strahlenkranz, geht auf die seitenverkehrte Darstellung eines 1498–1500 entstandenen Kupferstiches von Albrecht Dürer (B. 30) zurück, falls es nicht von einer jüngeren Kopie dieser Druckgrafik beeinflusst wurde.[1] Die gleiche Vorlage fand jedenfalls auch für ein 1515 datiertes Prozessionskreuz in der Pfarrkirche Heilig-Kreuz in Offenburg Verwendung.[2]

Die Metallplatte der Strassburger Kusstafel ist in eine kielbogenförmige Monstranz aus vergoldetem Kupfer eingearbeitet. Sie wird von einer vollplastisch gegossenen Fiale bekrönt. Grüne und gelbe Halbedelsteine in Einfassungen zieren die Umrahmung, und ein Metalldraht bildet eine Art Randbordüre. Auf der Rückseite weist die Paxtafel eine bewegliche Platte auf, in deren Mitte ein S-förmig gebogenes Band aufgelötet ist. Diese Vorrichtung diente einerseits als Handgriff, um die Tafel den Gläubigen vor der Kommunion zum Kuss darzureichen, andererseits erlaubte der untere Teil dieses Griffes, die Monstranz vertikal aufzustellen.

Die Kusstafel besteht nicht nur aus einem Rahmen mit eingelegter Silberplatte, sondern es handelt sich vielmehr um ein Kästchen, dessen Beschaffenheit und einfacher Öffnungsmechanismus einen weiteren Verwendungszweck nahe legen, beispielsweise die Aufnahme eines beschriebenen Pergamentstückes (Gebet?) oder einer Reliquie.[3]

Emmanuel Fritsch

Literatur:
Braun 1932. – Kat. Art réligieux 1948, S. 32, Nr. 185. – Fritz 1966, S. 56–59 und 541, Nr. 686. – Fritz 1982, Abb. 711. – Kat. Bucer 1991, S. 69, Nr. 27.

1 Beispielsweise eine Kopie in der Art von Heinrich Vogtherr d.Ä. aus dem ersten Viertel des 16. Jahrhunderts.
2 Die Umsetzung folgt der Orientierung von Dürers Kupferstich (Fritz 1982, Abb. 711).
3 Letztere Möglichkeit erscheint zwar wenig wahrscheinlich, aber es gilt dennoch festzuhalten, dass sich – wie im vorliegenden Fall – die Form der Paxtafel häufig nicht von jener einer Reliquienmonstranz unterscheidet, mit der sie auch manchmal verwechselt wird.

Gott wird auf drei verschiedene Arten dargestellt.

Bis ins 13. Jahrhundert wird das Bild Gottes den Gläubigen in drei verschiedenen Formen präsentiert: als Maria mit Kind, als Kruzifixus und als sogenannte *Majestas Domini*, d. h. als Christus in der Herrlichkeit. Diese Aufstellung findet sich schon in einem Brief Papst Gregors des Grossen an den Eremiten Secundinus, allerdings in einem Abschnitt, der wahrscheinlich Mitte des 8. Jahrhunderts in Rom interpoliert worden ist. Der Papst soll einer Bitte des Einsiedlers entsprochen und ihm Bilder des Erlösers, der Muttergottes und der hll. Petrus und Paulus geschickt haben. Er stellt diese Bilder nicht als Gegenstände der Anbetung dar, sondern als Hilfsmittel, sich dieser Ziele – im vorliegenden Fall Gottes und der Heiligen – zu erinnern: «Wir werfen uns vor dem Bild nicht so nieder wie vor der Göttlichkeit, aber wir beten denjenigen an, an den wir uns durch das Bild des Neugeborenen, des Hingerichteten oder des Thronenden erinnern.»[1] Dieser Satz liefert somit zugleich die Aufzählung der gebräuchlichen Gottesdarstellungen wie die bis in die gotische Zeit wiederholte Unterscheidung zwischen der Anbetung eines Bildes und der Anbetung Gottes durch das Bild. Die Stelle wird ständig zitiert, man findet sie auch im *Rationale divinorum officiorum* von Wilhelm Durandus, dem vom ausgehenden 13. Jahrhundert bis zur Renaissance massgebenden liturgischen Handbuch. Doch schon vor dieser Zeit scheint die pseudo-päpstliche Äusserung die Praxis bestimmt zu haben, treten doch kaum andere Gottesbilder auf, die verehrt wurden.

Jean Wirth

Literatur:
Gregor der Grosse, Registrum epistolarum, Bd. 2, S. 1110–1111. – Durandus, Rationale, 1.1, c. 3, §6 (Bd. 1, S. 37). – Feld 1990, S. 14. – Wirth 1999, S. 46.

33
Die Muttergottes mit Kind ist eine Gottesdarstellung.

Muttergottes mit Kind aus Habschwanden LU, gegen 1200.

Pappelholz, mit Resten alter Fassung, H: 60 cm.
Bern, Historisches Museum, Inv. 8363.

Kat. 33

Nach der oben zitierten Aufzählung der drei Arten von Gottesdarstellungen bei Pseudo-Gregor scheint eine Madonna mit Kind eher ein Bild Gottes als ein Bild der Jungfrau Maria zu sein. Dasselbe legt auch die Bezeichnung *Sedes Sapientiae* (Thron der Weisheit) nahe, die für sitzende Marienfiguren mit Kind üblich ist. Maria wird also wie eine Art Zubehör verstanden, genau wie das Kreuz oder der Thron, und in romanischer Zeit erscheint das Kind in ihren Armen denn auch wie eine *Majestas*-Figur in verkleinertem Massstab.

Natürlich stellt die affektive Zuneigung, die Maria zukommt, eine derart instrumentalisierte Auffassung in Abrede, aber die Möglichkeit, Madonnen als Gottesdarstellungen zu begreifen, erklärt auch, warum einzelne von ihnen vom «Tetramorph», den Symbolen der vier Evangelisten, umgeben sind, die normalerweise bei den *Majestas*-Darstellungen erscheinen. Das ist beispielsweise bei der Siegburger Madonna aus dem Schnütgen-Museum in Köln der Fall.[1]

Die Madonna aus Habschwanden LU ist ein typisches Beispiel eines Marienbildes, wie es selbst in bescheidensten Kirchen stand. Solche ziemlich kleinen Holzfiguren waren recht leicht, so dass sie auch bei Prozessionen über die Felder getragen werden konnten. Im Gegensatz zu Christus, der stets unverändert eine antike Kleidung trägt, passt sich das Gewand Marias der wechselnden Mode an. Ihr eng anliegendes Kleid mit den an den Handgelenken erweiterten Hängeärmeln, mit rätselhaften, kugeligen Appliken gefüllt, deutet, wie der Faltenwurf über den Füssen, auf eine Datierung der Skulptur in das ausgehende 12. oder beginnende 13. Jahrhundert. Zu diesem Zeitpunkt sitzt das Kind häufig nicht mehr frontal auf dem Schoss, sondern, in Nachahmung gemalter byzantinischer Madonnen, verschoben auf dem einen Knie. Hier gibt die seitliche Platzierung des Kindes den Blick frei auf eine kleine Öffnung in der Brust Marias, die vermutlich eine Reliquie enthielt, geschützt von einem durchsichtigen Kristall. Der Rücken der Figur hingegen weist keine Reliquienöffnungen auf.

Jean Wirth

Literatur:
Schmedding 1974, S. 25–26. – Wirth 1999, S. 57–59.

---

1 Gregor der Grosse, Registrum epistolarum, Bd. 2, S. 1110–1111.

1 Kat. Ornamenta Ecclesiae 1985, Bd. 2, S. 377.

34
Das Kreuz ist ein Zeichen, kein Bild. Aber es trägt häufig eine Christusdarstellung.

Altarkreuz, Venedig, gegen 1350.

Silber, zum Teil vergoldet, Bergkristall; H: 76; B: 45.5 cm.
Bern, Historisches Museum, Inv. 34470.

Kat. 34

Während unter den Karolingern der Bilderkult abgelehnt wurde, anerkannte man den Kult der Reliquien und des Kreuzes, das als Zeichen gedeutet wurde. Noch in gotischer Zeit wird das Kreuz von den scholastischen Gelehrten stets vor den Bildern, in einem eigenen Abschnitt, behandelt. Texte belegen, dass es schon in karolingischer Zeit aus Holz skulptierte Kruzifixe gab, die mit Gold verkleidet oder farbig gefasst waren. Die Kreuzverehrung konnte daher als Alibi für den Kult des Christusbildes dienen. Auf dieselbe Weise schlich sich im 10. Jahrhundert der Kult mit Marien- oder Heiligenfiguren ein – unter dem Vorwand, der Kult beziehe sich auf die Reliquien, die die jeweiligen Statuen enthielten. Die Kreuze ihrerseits bargen häufig Reliquien des wahren Kreuzes, was die Unterscheidung zwischen der Anbetung des wahren Kreuzes und dem bescheideneren Kult, der dessen Nachbildungen zukam, schwierig machte.

Das hier vorgestellte Kreuz ist mit einem Sockel versehen und war sicherlich zum Aufstellen auf dem Altar bestimmt, wo – in der einen oder anderen Form – auf jeden Fall ein Kreuz zu stehen hatte. Es handelt sich nicht um ein Reliquienkreuz, aber die Verwendung von Bergkristall erinnert durch die Transparenz und den Wert des Materials an ein solches. Auch das Bild des Gekreuzigten lässt mit seiner bescheidenen Grösse an den Schmuck eines Reliquiars denken. Es gestattet nichtsdestoweniger dem Zelebranten, sich an die Menschlichkeit und die Leiden Christi zu erinnern, und verhindert, dass das Kreuz wie ein abstraktes Symbol erscheint.

Jean Wirth

Literatur:
Hahnloser 1954, S. 35–47. – Haussherr 1963. – Hahnloser/Brugger-Koch 1985. – Wirth 1999, S. 44–45 und 50–52.

35
Im Gegensatz zu Madonnen oder Kreuzen ist eine Majestas Domini kein Kultbild.

Majestas Domini, Limoges, Ende 12. Jahrhundert.

Bronze, gegossen und graviert, Türkise; H: 15.5 cm.
Köln, Schnütgen-Museum, Inv. G 560.

Darstellungen einer *Majestas Domini* sind meistens in einer Apsiskalotte, auf Altarverkleidungen (Antependien), auf liturgischen Geräten und, besonders häufig, auf Buchdeckeln zu finden. Sie können gemalt oder in Halbrelief gearbeitet sein, sind aber niemals dreidimensionale Statuen, weshalb sie nicht wie eigentliche Kultbilder behandelt werden. Es stellt sich daher die Frage, ob es die Gläubigen im Mittelalter nicht vorzogen, ihre Gebete an weniger furchteinflössende Figuren zu richten, wie an Maria mit dem Jesuskind in den Armen oder an den machtlos ans Kreuz genagelten Jesus. Eher als ein Kultbild ist eine *Majestas*-Darstellung ein Bild, das an die Herrschergewalt Christi erinnert und weder Zuneigung auf sich zieht noch zum Mitleiden einlädt.

Bei der hier ausgestellten Darstellung der *Majestas Domini* handelt es sich um eine Bronzeapplike, die möglicherweise auf ein Reliquiar montiert war. Der segnende Christus, gekrönt und mit einer reichen Tunika bekleidet, thront als Himmelskönig auf einem Regenbogen, wie in den Darstellungen des Jüngsten Gerichts – das Buch in der linken Hand schliesst aber einen solchen ikonographischen Zusammenhang aus. Da sein Umriss einer Ellipse einzuschreiben ist, war Christus wahrscheinlich von einer Mandorla umgeben, um die die vier Evangelistensymbole angeordnet waren. Die mehr einem König als einem Priester entsprechende Gewandung weist Christus als Weltenherrscher aus, wie es in der ottonischen Kunst häufig der Fall war. Am Ende der Romanik drückt eine solche Ikonographie vielleicht den Machtanspruch des Herrschers gegenüber der Kirche aus. Auch wenn die Limousiner Arbeiten weithin exportiert wurden und die Herkunft dieses Bronzegusses nicht bekannt ist,

Kat. 35

muss in diesem Zusammenhang daran erinnert werden, dass die Beziehungen zwischen dem Haus Plantagenet, dem Limoges angehörte, und der Kirche gespannt waren: 1170 liess Heinrich II. von England den Erzbischof von Canterbury, Thomas Becket, ermorden, der drei Jahre später heiliggesprochen wurde.

Jean Wirth

Literatur:
Wirth 1999, S. 46–50.

Schutz der Heiligen und ihre Bilder

36–37
Für jedes Leiden einen Heiligen: Bei Zahnschmerzen hilft ein Gebet zur hl. Apollonia.

Skulptur der hl. Apollonia aus der Werkstatt von Meister Leonhard von Brixen, um 1470.

Sitzfigur aus Holz, H: 58 cm.
Aus der Kirche St. Cyrill in Tils.
Brixen, Diözesanmuseum.

Gemälde mit dem Martyrium der hl. Apollonia, um 1500/1510.

Tafelgemälde, H: 81; B: 53.5 cm.
Aus der Pfarrkirche Kiens (Pustertal), vermutlich aus der Kapelle der Familie Künigl.
Brixen, Diözesanmuseum, Inv. 164.

Die hl. Apollonia wurde allgemein als Trösterin bei Zahnleiden angerufen. Ihr volkstümlicher Ruf als «Zahnheilerin» stand in unmittelbarem Zusammenhang mit dem Martyrium, das sie 249 n. Chr. zur Zeit der Christenverfolgung in Alexandrien erlitten haben soll. In der frühesten Überlieferung, der *Historica ecclesiastica* des Bischofs Eusebius von Cäsarea (um 263–339), wird sie als betagte Frau geschildert, der man durch Schläge auf die Kinnbacken alle Zähne herausgerisssen hatte, bevor sie auf dem Scheiterhaufen verbrannt wurde. In späteren Versionen der Legende wird die Märtyrerin als eine in Alexandrien lebende Tochter eines römischen Senators bzw. eines heidnischen Königs beschrieben, der ihr Martyrium selbst verfügt hatte.

Darstellungen von der hl. Apollonia und ihrem Martyrium sind erst seit dem Ende des 13. Jahrhunderts bezeugt. Die hier vorgestellten Werke stammen aus einer Zeit, als die Verehrung der hl. Apollonia ihren ersten Höhepunkt erreicht hatte. Die gegen 1470 entstandene Skulptur zeigt die Heilige mit einer Königskrone und ihrem Attribut, der Zahnzange (modern ergänzt, Kat. 36). Das Tafelgemälde schildert das Martyrium der Heiligen, das sich hier vor einem prächtigen Renaissance-Palast abspielt (Kat. 37). Die Szene wird von einer Anzahl Personen beobachtet: Bei dem rechts auf dem Balkon stehenden Mann mit Zepter und Krone dürfte es sich um den Vater Apollonias handeln, auf dessen Geheiss die Tat vorgenommen wird.

Franz-Josef Sladeczek

Literatur:
Weingartner 1923, S. 188. – Bulk 1967. – Lässig 1984, S. 8–14. – Andergassen 1999, S. 10.

Kat. 36

Kat. 37

38
Der hl. Sebastian schützt vor der gefürchteten Pest.

Martyrium des hl. Sebastian, Strassburg (?), um 1510–1520.

Lindenholz, jüngere Polychromie (19. Jahrhundert ?), H: 151; B: 58; T: 32 cm.
Obernai (Bas-Rhin), Hôpital Civil; deponiert in Strassburg, Musée de l'Œuvre Notre-Dame, Inv. D.22.000.1.1.

Der hl. Sebastian wird im Mittelalter vor allem als Nothelfer und als Beschützer vor der Pest angerufen. Die Pfeile seines Martyriums werden nämlich mit den Pfeilen dieser Krankheit verglichen, die Gott in seinem Zorn abschiesst. Sebastian ist daher meistens kaum bekleidet und an einen Baumstamm gefesselt dargestellt, um die zahlreichen Pfeile, welche ihn durchbohren, besonders hervorzuheben.

Diese Skulptur, die stilistisch dem Strassburger Kunstkreis des frühen 16. Jahrhunderts angehört, stammt aus der ehemaligen Kapelle des Hospizes zum hl. Erhard von Obernai. Sie gibt einen im deutschen Sprachraum geläufigen ikonographischen Typus wieder und zeichnet sich durch Plastizität und anatomischen Realismus aus, zwei wesentliche Charakteristika spätgotischer Skulptur. Die verdrehte und bereits manieristische Haltung des mit einem einfachen Perizonium (Lendentuch) bekleideten Heiligen ist hier Vorwand, um die Anatomie eines nackten menschlichen Körpers zur Geltung zu bringen.

Die rundplastische, auf der Rückseite nicht bearbeitete Skulptur ist auf Frontalansicht konzipiert und stand vielleicht in der Mitte eines Schreins. Ihre beachtliche Höhe und die schwere Basis lassen aber eher an eine freistehende, möglicherweise in einer Nische im Innern einer Kapelle aufgestellte Figur denken. Da eine Bruderschaft des hl. Sebastian seit 1450 in Obernai bezeugt ist, kommt diese als mögliche Auftraggeberin eines solchen Werkes in Frage.

Cécile Dupeux

Literatur:
Kat. Saint Sébastien 1983.

Kat. 38

39

Barbara Strauss aus Nördlingen und ihre Tochter bitten den hl. Wendelin, den Patron der Hirten und Herden, um Beistand.

Friedrich Walther, Gemälde des hl. Wendelin, Nördlingen, 1467.

Öl auf Holz, H: 118.5; B 76.5 cm.
Am unteren Bildrand in der Mitte signiert und datiert: *FW 1467.*
Seit 1893 im Bernischen Historischen Museum, 1955 und 1970 restauriert.
Bern, Historisches Museum, Inv. 1339.

Die signierte und datierte Tafel stammt aus Nördlingen, dort ist sie anfangs des 19. Jahrhunderts in der Salvatorkirche nachgewiesen. Sie wurde von der Nördlinger Familie Strauss geschenkt und hatte ursprünglich ein Gegenstück mit der Darstellung des Martyriums des hl. Sebastian, wie eine Beschreibung von 1803 überliefert.[1] Neben einem Bucheinband und zwei Holzschnitten ist diese Tafel die einzige durch eine Signatur gesicherte Arbeit des Malers Friedrich Walther, der 1460 ins Bürgerrecht von Nördlingen aufgenommen wurde und 1494 in Konstanz letztmals erwähnt ist.[2]

Das hochformatige Bild zeigt den hl. Wendelin mit vornüber geneigtem Oberkörper, den Kopf auf die rechte Hand gestützt, die Beine sich überkreuzend. Mit nachdenklicher Miene scheint er, einem aus dem Hintergrund kommenden, gewundenen Weg folgend, aus dem Bild zu schreiten, ungeachtet der – viel kleiner wiedergegebenen – Kühe und Schafe, die ihn umgeben und deren Hirte er ist. Er ist wohl in ein Gebet vertieft, eine Gebetsschnur hängt an seinem linken Handgelenk, den Hirtenstab hält er in der Hand. Wendelin trägt hohe Stiefel, eng anliegende Beinlinge, einen gegürteten, kurzen Hirtenrock und einen weiten, leuchtend roten Mantel, auf dem Kopf einen schwarzen Hirtenhut. Im Bildhintergrund spielt ein Dudelsackpfeifer sein Instrument, umgeben von Hunden und Schafen, eine vieltürmige Stadtkulisse erhebt sich, und auf der abschliessenden Hügelkette sind eine Windmühle und eine Hinrichtungsstätte zu erkennen.

In der rechten unteren Ecke des Bildes kniet eine verheiratete Frau, die Donatorin, in kostbarem, pelzgefüttertem Mantel und mit weisser Haube. In einer Hand hält sie den Rosenkranz, mit der anderen präsentiert sie dem Heiligen ihre Tochter, die ein ärmelloses, rotes Überkleid mit Schleppe trägt. Helmzier und Wappen der Familie – ein Strauss auf rotem Grund – schliessen das Bild ab. Dank der aus dem 19. Jahrhundert überlieferten Überschrift des Bildes wissen wir, dass hier die 1467 verstorbene Barbara Vetzer, geborene Strauss, dargestellt ist, offenbar zusammen mit ihrer Tochter. Ob die nur schriftlich erwähnte Sebastianstafel Mitglieder der Familie Strauss oder der Familie Vetzer – in der Inschrift werden männliche Vertreter aus beiden Familien genannt – abbildete, entzieht sich unserer Kenntnis. Hingegen stellt der Text zweifelsohne einen Zusammenhang zum Totengedächtnis her – die in der bisherigen Literatur verwendete Bezeichnung als Votivbild[3] ist nicht zu halten. Es ist auch kein Gelübde, d. h. eine versprochene Leistung für eine Rettung aus irdischer Not, auf dem Bild ersichtlich. Es muss sich bei dieser Tafel daher um ein Epitaph oder um einen Teil eines Altarretabels handeln.[4] Zweiflüglige Epitaphien sind im süddeutschen Raum kaum verbreitet, so dass es nahe liegender ist, von einem dreiteiligen Retabel mit frontal ausgerichtetem Mittelteil auszugehen, das auf dem linken Flügel das Martyrium des Sebastian darstellte, auf dem rechten den hl. Wendelin.

Mit subtilen künstlerischen Mitteln ist die Beziehung zwischen den Donatorinnen und dem abgebildeten Heiligen visualisiert. Die beiden Frauen knien zu Füssen des Heiligen, sie blicken wie er mit gesenkten Lidern schräg nach vorne, halb aus dem Bild, halb auf das zu rekonstruierende Mittelstück hin. Wie Wendelin hält Barbara Strauss eine Gebetsschnur in der Hand. Farblich sind die drei Figuren ebenfalls differenziert miteinander verklammert: Das Schwarz des Mantels der Mutter kehrt wieder in Wendelins Stiefeln und seinem Hut, das leuchtende Rot seines Umhangs wiederholt sich, etwas aufgehellt, im Kleid der Tochter und im Familienwappen. Der weite Hirtenmantel schliesslich steht flatternd vom Körper ab und bildet ein optisches Schutzdach für die darunter dargestellten Frauen. So stellen sich die Donatoren ganz bildlich in die Nachfolge und unter den Schutz des verehrten Heiligen.

Wendelin, nach der Legende ein iro-schottischer Königssohn, soll im ausgehenden 6. Jahrhundert in der Gegend von Trier bei einem Edelmann Hirtendienste übernommen und das Vieh jeweils auf einen weit entfernten Berg geführt haben, wo er gerne zu beten pflegte. Eine wunderbare Rückführung der Tiere vom entlegenen Weideort zum Haus des Herdenbesitzers soll diesen dann so sehr beeindruckt haben, dass er dem Heiligen in der Nähe eines Klosters eine Zelle errichten liess. Sein Grab im heutigen St. Wendel bei Trier liegt auf jenem Hügel, auf dem er zu beten pflegte, und entwickelte sich zu einer grossen Wallfahrtsstätte. Von hier aus verbreitete sich der Kult des hl. Wendelin im Spätmittelalter vor allem im fränkischen und alemannischen Gebiet. Wendelin ist ein wichtiger Volksheiliger, er gilt – seine Vita erklärt es – als Patron der Hirten und Herden, zählt zuweilen zu den Nothelfern und wird in der agrarisch geprägten Welt des Mittelalters weithin verehrt. Ob es spezifischere Gründe gegeben hat, welche die Auftraggeberfamilie Strauss dazu bewogen haben, sich gerade dem Schutz von Wendelin und, auf der heute verschollenen Tafel, demjenigen von Sebastian anzuempfehlen, wissen wir nicht. Jedenfalls haben sie zwei Heilige ausgewählt, die im Spätmittelalter populär und für breite Bevölkerungsschichten von Bedeutung waren.

Susan Marti

Literatur:
Stange 1934–1961, Bd. 8, S. 95. – Stange 1970, S. 229, Nr. 1003.

---

1 Daniel Eberhard Beyschlag: Beyträge zur Nördlingischen Geschlechtshistorie II, 1803, S. 509 (Transkript in den Nachweisakten des Bernischen Historischen Museums).
2 Zum Künstler vgl. Stange 1934–1961, Bd. 8, S. 94–96.
3 Ebd., S. 95.
4 Dazu Peter Jezler, schriftliche Mitteilung vom 6. Juni 1998 in den Nachweisakten des Bernischen Historischen Museums.

Kat. 39

40

Oft wird von den Malern verlangt, auf Altarretabeln Heiligenfiguren mit den Gesichtszügen der Stifter darzustellen.

Simon Franck, Zwei Altarflügel mit den Bildnissen von Kardinal Albrecht von Brandenburg als hl. Martin und seiner Konkubine Ursula Redinger als hl. Ursula, 1524 (?).

Öl auf Lindenholz, jeweils H:121; B: 56.5 cm. Aschaffenburg, Stiftsmuseum der Stadt, Inv. 169/55 und 170/55.

Die beiden heute in Aschaffenburg aufbewahrten Altarflügel stammen wahrscheinlich aus Mainz, dessen Dom das Patrozinium des hl. Martin trägt und dem Albrecht von Brandenburg (1490–1545) als Erzbischof vorstand. Die Tafelmalereien werden heute Simon Franck (um 1500–1546/47), einem Schüler Lucas Cranachs d.Ä., zugeschrieben. Nach den Anweisungen seines Meisters führte dieser im Auftrag des später zum Kardinal ernannten Albrechts auch die Altarretabel im Dom zu Halle aus. Dass es Albrecht von Brandenburg ist, der sich auf der Aschaffenburger Tafel als hl. Martin darstellen liess, wird anhand eines Vergleichs mit seinen zahlreichen anderen Bildnissen offenkundig. Eine um 1800 ausgeführte Nachzeichnung der Ursula-Tafel nennt 1524 als Herstellungsdatum und verrät durch eine Beischrift, dass in Gestalt der hl. Ursula die Konkubine Ursula Redinger († 1525) dargestellt ist. In der Rolle der hl. Ursula kehrt die gleiche Frauenfigur auch auf anderen Auftragsarbeiten des Kardinals wieder. Auf dem Flügel eines kleinen Altars im Jagdschloss Grünewald (Berlin-Charlottenburg) steht ihr Albrecht als hl. Erasmus gegenüber. Diesem Heiligen lieh der Kardinal seine Gesichtszüge auch auf den beiden aus dem Dom von Halle stammenden Tafelbildern von Matthias Grünewald und Simon Franck, die heute in Karlsruhe bzw. in der Aschaffenburger Gemäldegalerie aufbewahrt werden.

Albrecht von Brandenburg war der bedeutendste deutsche Kirchenfürst der Reformationszeit. Seit 1514, also im Alter von 24 Jahren, regierte er über die Erzbistümer von Mainz und Magdeburg und über das Bistum von Halberstadt. Er organisierte den berühmten Ablasshandel von 1515 in Deutschland, welcher den Auftritt Luthers auf der Weltbühne auslöste. Als reicher und doch verschuldeter Kirchenfürst häufte Albrecht in Halle einen Reliquienschatz, das sogenannte Hallesche Heiltum, an, der alles bisher Bekannte dieser Art übertraf. Er war auch Humanist und kunstsinniger Mäzen, der die besten deutschen Maler seiner Zeit mit Aufträgen versorgte. Für die Anhänger Luthers war er der bevorzugte Gesprächspartner auf der katholischen Seite.

Einem Heiligen seine eigenen Gesichtszüge zu leihen, geschah vielleicht in der Absicht, diesem zu huldigen, führte aber zwangsläufig auch dazu, dass die dargestellte Person sich der Verehrung durch die Gläubigen aussetzte – Luther bezeichnete Kardinal Albrecht denn auch als «Abgott zu Halle». Diese Praxis scheint (wie jene, weibliche Heilige mit den Gesichtszügen der Geliebten abzubilden) nicht selten gewesen zu sein, obwohl sie schwierig zu belegen ist. Sich selbst inszenierende Donatoren mussten denn auch die Kritik des Franziskanermönchs Thomas Murner in dessen *Narrenbeschwörung* (1512) über sich ergehen lassen. Murner schlug nämlich vor, ihnen Eselsohren aufzusetzen, damit sie leichter erkennbar seien. Seiner Meinung nach handelte es sich um kindliches Gehabe, das der Illusion eines Kindes vergleichbar sei, welches sein Holzpferdchen für lebendig halte. Murner unterstützte auch Johannes Geilers heftige Kritik an der angeblichen Verwandlung der Heiligen in Huren und der Kirchen in Bordelle (S. 114 und Kat. 131).

Jean Wirth

Literatur:
Murner, Narrenbeschwörung, Kap. 74, S. 373 ff. – Kat. Albrecht von Brandenburg 1990, S. 186–188, Kat. 80–81. – Tacke 1992.

Kat. 40

Kat. 40

41
Ein Augustiner-Chorherr bittet seinen Ordenspatron, den hl. Augustinus, um Beistand und stellt sich unter den Schutz des Seelenwägers Michael.

Glasscheibe mit hl. Augustinus, Michael mit der Seelenwaage und Augustiner-Chorherr als Donator, zweite Hälfte 15. Jahrhundert.

Glasscheibe, H: 65; B: 37 cm.
Aus der Kirche Lauterbrunnen BE, seit 1900 im Museum 6076.
Bern, Historisches Museum, Inv. 6076.

Ein Geistlicher in Augustiner-Chorherrentracht, einem weissen, gegürteten Habit und einem schwarzen Schultermäntelchen mit Kapuze, kniet in vorderster Ebene auf der Mittelachse der Glasscheibe, begleitet von seinem Wappen. Er betet andächtig, den Blick nach links oben gerichtet, zum Schutzpatron seines Ordens, dem hl. Augustinus. Augustinus ist als Bischof dargestellt, mit Mitra, Hirtenstab und Pluviale. Auf seiner Brust erscheint das geöffnete Herz, das einen Kruzifixus umschliesst – ein Zeichen für die flammende Liebe des Kirchenvaters zum Gekreuzigten. Augustinus blickt zu seinem Gegenüber, dem Erzengel Michael, als wolle er die Bitten seines Schutzbefohlenen unverzüglich weiterleiten. Michael trägt einen Harnisch, hält in seiner hoch erhobenen Rechten ein Schwert, in der Linken die Seelenwaage. Michaels Aufgabe im Jenseits ist es, die Seelen zu wägen. Neigt sich die Schale, so hat die Seele genügend Gewicht und darf zu den Geretteten gezählt werden – gelingt dies nicht, wird sie von den Teufeln abgeführt. Der Erzengel richtet Selige und Verdammte beim allgemeinen Weltgericht am Ende der Zeit, er ist aber auch als Seelenwäger anzutreffen bei Darstellungen des Partikulargerichtes, des individuellen Gerichtes unmittelbar nach dem Tode eines Einzelnen.

Während in der Bibel nur vom apokalyptischen Gericht am Ende der Zeiten die Rede ist, bei dem die Guten und Schlechten geschieden werden und das Fleisch aufersteht, so setzt die Lehre vom Fegefeuer, die sich im Laufe des Hochmittelalters festigt, voraus, dass schon unmittelbar nach dem Tod entschieden wird, wer unwiederbringlich zur Hölle fährt, und wer ins Fegefeuer und damit nach einer läuternden Busszeit mit Gewissheit in den Himmel kommt. Unmittelbar nach dem Tod also muss schon ein Gericht stattfinden, bei dem der Einzelne dem Richter gegenübertritt und sich sein Schicksal entscheidet. Die Vorwegnahme von diesem Gerichtstermin ist auf der vorliegenden Glasscheibe dargestellt. Mit kompositionellen und ikonographischen Mitteln wird die gerettete Seele in der sich senkenden Waagschale in enge Beziehung gebracht zum knienden Geistlichen, dem Donator der Scheibe. Die durch die Blickrichtung des Geistlichen und seines Patrons vorgegebene Kreislinie schliesst sich über die beiden betonten Schrägen des Schwertes und des Waagebalkens und führt zum Ausgangspunkt zurück. Das nackte, übrigens ausdrücklich als männlich gekennzeichnete Seelenfigürchen ist in Gestik und Haltung ein verkleinertes Spiegelbild des Donators.

Die vorliegende Scheibe stammt aus der Pfarrkirche von Lauterbrunnen im Berner Oberland, deren Pastoration vor der Reformation dem Augustiner-Chorherrenkloster in Interlaken oblag. Ein Augustiner aus dem dortigen Kloster dürfte die Scheibe demnach geschenkt haben – sein Wappen mit einem goldenen Zirkel auf schwarzem Grund ist noch nicht identifiziert. Es dürfte aufgrund des Motives und seines formalen Charakters einer bürgerlichen Familie gehört haben, möglicherweise einer Schreiner-, Zimmermanns- oder Steinmetzfamilie.[1]

Susan Marti

Literatur:
Münger 1904, Bl. 35. – von Rodt 1912, S. 81 (Abb.). – Lehmann 1913, S. 212–213.

---

1 Freundliche Mitteilung von Berchtold Weber, Referent für Heraldik der Burgergemeinde Bern, vom 31. Mai 2000.

Kat. 41

Kat. 42

Kat. 42

Kat. 42

42
Wilhelm Boecklin und Ursula Wurmser stellen sich unter den Schutz der Muttergottes.

Peter Hemmel von Andlau, Glasscheiben von 1481 aus der Kirche Sainte-Madeleine in Strassburg, Nachzeichnungen von Auguste Cammissar, 1894.

Aquarell mit Gouache, je H: 92; B: 61 cm.
Inschriften auf Spruchbändern: *O her din lid[en] un[d] sterbe[n] loss an mir nit v[er]lore[n] werde./O her durch din sterben, loss uns din huld erwerben.*
Strassburg, Musée de l'Œuvre Notre-Dame, Inv. MAD XXXIV.18, 19 und 20.

Die sehr zuverlässigen Nachzeichnungen zeigen die Glasmalereien aus dem unteren Register des Chorscheitelfensters der Kirche Sainte-Madeleine in Strassburg und gehören zu den spärlichen Zeugnissen von einem der wichtigsten Glasmalerei-Ensembles der Stadt, das 1904 durch einen Brand beinahe völlig zerstört worden ist. Nach den wenigen erhaltenen Beschreibungen dieser Scheiben, die dem berühmten Glasmaler Peter Hemmel von Andlau (um 1420–nach 1501) zugeschrieben werden, repräsentierten die unteren Abschnitte der Fenster mehrere Donatoren aus mächtigen Strassburger Familien mit ihren heraldischen Zeichen.

Die Nachzeichnungen des Strassburger Glasmalers Auguste Cammissar (1873–1962) zeigen Wilhelm Boecklin und seine Frau Ursula geb. Wurmser mit ihren Wappen vor einer Madonna mit Kind. In gepanzertem Harnisch, aber entblössten Hauptes kniet Wilhelm vor der Gottesmutter, die Hände andächtig zum Gebet gefaltet, den Blick vertrauensvoll zu ihr und dem Kind erhoben. Seine Frau, in einen stoffreichen Mantel gekleidet, lässt betend eine Gebetsschnur durch ihre Finger gleiten. Beide richten ihr Gebet, dessen Text auf dem Spruchband zu lesen ist, an das Christuskind auf Marias Schoss, beziehen sich aber auf den Kreuzestod des Erlösers: *O her din lid[en] un[d] sterbe[n] loss an mir nit v[er]lore[n] werde,* betet der Mann, *O her durch din sterben, loss uns din huld erwerben,* die Frau. Während die Gebetstexte direkt an Christus gerichtet sind, wendet sich das Donatorenpaar bildlich an Maria. Es stellt sich unter den Schutz der Gottesmutter – das Allianzwappen Boecklin-Wurmser ist denn auch unmittelbar zu ihren Füssen angeordnet (und gleichzeitig repräsentativ auf die Mittelachse des Fensters gesetzt). Maria soll die Mittlerin sein zwischen den Menschen und Christus, der einst im Weltgericht als Richter über die Seelen auch dieser Donatoren richten wird. Während sich der Heiligenkult im Hoch- und Spätmittelalter zunehmend aufgliedert und für die verschiedenen Anliegen je andere Heilige «zuständig» werden, ist Marias Fürbitte universell. Maria ist nicht nur Mutter Christi, sondern Mutter aller Menschen und setzt sich für alle ein, die sie verehren. Sie ist gütige Helferin in allen Nöten des Diesseits und zugleich mächtige Fürsprecherin im Jenseits. Ihrer Macht und Fürsorge vertrauen sich die Betenden an.

Cécile Dupeux / Susan Marti

Literatur:
Bruck 1902, S. 137, Taf. 67. – Haug 1936, S. 109, Nr. 15, Abb. 9–11. – Frankl 1956, S. 86, Abb. 145–150. – Beyer 1978, S. 46–47, Nr. 87. – CVMA, France V 1994, S. 239–241.

43

In Strassburg ist die Madonna mit dem Kind Patronin von Stadt und Münster.

Standarte des «Roraffen» im Strassburger Münster, mit der Darstellung Marias mit ausgestreckten Armen, Strassburg, 17. Jahrhundert.

Ölmalerei auf Seide, vergoldet, H: 81; B: 61 cm. Strassburg, Musée de l'Œuvre Notre-Dame, Inv. 22.998.0.763 (im Depot des Musée Historique).

Die thronende Madonna mit dem Kind auf ihrem Schoss ist als Bildmotiv des ältesten bekannten Stadtsiegels erstmals an einer Urkunde von 1201 nachgewiesen, seit dem 13. Jahrhundert ist sie auch für das grosse Stadtbanner belegt. Der Strassburger Franziskanermönch Thomas Murner zeichnet in seiner *Germania nova* von 1501 den legendären Ursprung der Verehrung der «Madonna mit den ausgestreckten Armen» durch die Strassburger nach. Sie soll zurückgehen auf eine Auseinandersetzung zwischen den Erben Karls des Grossen, welche nach seinem Tod die Stadt Strassburg zurückforderten, und den Bürgern der Stadt, welche ihre Freiheit verteidigten. Im Verlaufe dieses heftigen Kampfes soll sich die Madonna in bewundernswerter Grösse und mit in voller Länge ausgestreckten Armen erbarmungsvoll aufgerichtet haben, um ihre Stadt und ihr Volk zu schützen... Dank diesem Schutz soll es den Strassburgern dann gelungen sein, ein grosses Massaker unter ihren Feinden anzurichten.

Das grosse Banner war das Symbol der Unabhängigkeit der Stadt. Mit seinen fast viereinhalb Metern Höhe und vier Metern Breite erreichte es kolossale Ausmasse. Die Darstellung der schützenden Madonna mit den ausgestreckten Armen war nach einem byzantinischen Vorbild auf einen weissen Stoff mit Goldgrund gemalt. Das Feldzeichen hatte vor allem militärische Funktionen, folgte es doch den Truppen in einem grossen Wagen, wo es in der Mitte an einem Querbalken aufgehängt und an einem Mast befestigt war. Dieser Wagen begleitete sowohl die Schlachten als auch die Triumphzüge. Das Banner ist die eigentliche Standarte der Republik und war der Obhut der Strassburger Infanterie anvertraut.

Kat. 43

Das letzte grosse Stadtbanner stammt aus dem 15. Jahrhundert. Nach 1525 wurde es weggeräumt und in der Französischen Revolution bei der Plünderung des Rathauses verbrannt. Es ahmte eine 1310 hergestellte Standarte nach, die ihrerseits nach einer älteren, in einem Dokument von 1228 erwähnten Fahne kopiert worden war. Wir kennen das Banner von Beschreibungen, mehreren Kupferstichen des 17. und 18. Jahrhunderts sowie einer im 17. Jahrhundert hergestellten, kleineren Replik, die dem «Roraffen» (Kat. 91), jenem spätgotischen Automaten an der grossen Orgel im Strassburger Münster, als Standarte diente. Diese vermittelt auch einen ungefähren Eindruck vom Aussehen der Madonna im ausgehenden Mittelalter. Gekrönt und ganz in Blau gekleidet, sitzt sie auf einem Thron und breitet weit ihre Arme aus. Das auf ihren Knien sitzende Jesuskind hat die rechte Hand zum Segensgestus erhoben und hält in der linken die Lilie, das Symbol der städtischen Gemeinschaft. Der Sessel hat keine Rückenlehne und weist an seinen Wangen grosse Goldrankenornamente auf. Das Banner selbst besteht aus zwei Stücken Rohseidentaft und ist auf drei Seiten durch eine Borte mit Fransen aus Metallfäden eingefasst. Sowohl die Vorder- als auch die Rückseite ist bemalt – auf letzterer hat das Stadtwappen seinen Platz.

Cécile Dupeux

Literatur:
Perdrizet 1922, S. 1–29. – Reinhardt 1936, S. 7–17. – Martin 1941, S. 51–76.

Kat. 44

44
Das Bild der thronenden Maria findet sich auf zahlreichen städtischen Dokumenten aus Strassburg.

Privilegienbuch der freien Reichsstadt Strassburg, 15. Jahrhundert, Frontispiz mit Federzeichnung der Jungfrau Maria.

Pergament, unpaginiert; H: 32.5; B: 24 cm; Federzeichnung in brauner Tinte; H: 23.4; B: 16.9 cm. Strassburg, Archives Municipales, A. A. 66 Nr. 954.

Die Sammlung der Privilegien und Titel der Stadt Strassburg (Briefbuch B) enthält unter anderem die Abschrift der originalen Privilegientexte, die der Stadt Strassburg im Laufe der Jahrhunderte durch die deutschen Herrscher gewährt wurden. Es handelt sich also um ein Kartular, das, aus Prestigegründen und wegen des besseren Zugriffs, die wichtigsten Dokumente des städtischen Rechts nach einer bestimmten Ordnung zusammenfasste und einem den ständigen Rückgriff auf die Originale ersparte. Der Beginn seiner Entstehung ist im dritten Viertel des 15. Jahrhunderts anzusetzen.

Die schöne Federzeichnung der Jungfrau mit dem Kind auf dem Titelblatt (Frontispiz) folgt einem Schema, das seit dem 13. Jahrhundert für das Siegel der Stadt verwendet wurde (Kat. 51.4). Im Gegensatz zur Darstellung auf dem grossen Stadtbanner handelt es sich hier nicht um eine *Maria orans* mit ausgebreiteten und zum Himmel erhobenen Armen. Die Sterne um ihren Nimbus und die Mondsichel zu ihren Füssen deuten vielmehr darauf hin, dass es sich um eine Anspielung auf das Apokalyptische Weib handelt. Die Jungfrau sitzt majestätisch auf einem grossen Thron und hält in der rechten Hand ein Zepter, das in einer Lilie endet – zugleich Mariensymbol und Symbol der freien Reichsstadt Strassburg. Diese sehr fein gestaltete Zeichnung wurde eine Zeit lang dem im Gebiet des Oberrheins wirkenden Kupferstecher E. S. zugeschrieben, dann dem Meister der Coburger Medaillons. Auch wenn die meisterhafte Qualität der Strichführung zweifellos auf einen Kupferstecher schliessen lässt und charakteristische Gemeinsamkeiten mit dem Werk des Meisters E. S. aufweist, so sprechen gewisse Ungeschicklichkeiten in der Darstellung des Gesichts und in der Bewegung des rechten Arms der Jungfrau doch eher für die Arbeit eines seiner Nachfolger. Eine solche Zuschreibung wäre ein gewichtiger Hinweis auf das Wirken des Meisters E. S. in Strassburg während dieser Zeit. Der Louvre verwahrt eine Zeichnung mit fast dem gleichen Motiv, aber mit einer schwungvolleren Strichführung (Inv. 18843). Sie wird mitunter als Vorbild der Strassburger Zeichnung angesehen.

Cécile Dupeux

Literatur:
Heitz 1911. – Fischel 1934, S. 56–58, Abb. 12. – Roth 1988, Kat. 182.

45
Die Strassburger Humanisten erwirken den Schutz der Gottesmutter über die Stadt, indem sie ihr Lobreden widmen.

Holzschnitt aus dem Evangelibuch von Johannes Geiler von Kaysersberg, Strassburg: Johannes Grüninger, 1515.
(Nachdruck aus Sebastian Brants «Heiligenleben», Strassburg: J. Grüninger, 1502).

Papier; H: 31.5; B: 24 cm, 212 Blätter, Holzschnitt, H: 20.5; B: 15 cm.
1. Exemplar: Strassburg, Bibliothèque du Grand Séminaire, R 10103, fol. m6r.
2. Exemplar: Strassburg, Bibliothèque du Grand Séminaire, A 531.

Kat. 45

Der ganzseitige Holzschnitt beschliesst die 1502 gedruckte Ausgabe der «Heiligenleben» von Sebastian Brant und zeigt Maria mit dem Kind als Beschützerin der Stadt Strassburg. Während das Stadtpanorama durch die Fassaden des Münsters und der St. Thomaskirche angedeutet wird, haben die Chöre beider Kirchen die Form eines Zentralbaus, um auf die Rotunde der Grabeskirche anzuspielen und damit den Bezug zu Jerusalem herzustellen. Die das Jesuskind nährende Himmelskönigin ist als Halbfigur auf einer Mondsichel wiedergegeben. Ihr Strahlenkranz erleuchtet die Bücher von drei Personen, die ihr in Booten sitzend auf dem Meer – in das auch der Rhein fliesst – entgegentreiben, und ein viertes Buch über dem Strassburger Münster. Maria erscheint also als Meeresstern *(stella maris)*, der die Reisenden auf ihrem Weg begleitet und sie vor stürmischen Winden schützt. Links davon sind die Planeten als antike Gottheiten dargestellt. Ein Engel vertreibt sie von ihren als Sockel dienenden Säulen und wirft sie ins Meer. Weiter unten befreit ein Engel die Armen Seelen aus dem Fegefeuer, und die Teufel werden in die Hölle gestürzt.

Einer der Seefahrer in einem gepanzerten Kahn ist eindeutig als Sebastian Brant gekennzeichnet. Eher rätselhaft bleibt hingegen die Bestimmung der beiden anderen Figuren. Chorherr Alexandre Straub hat zu Recht vorgeschlagen, die Buchstabenfolge *S.MRH* als Namen des einstigen Colmarer Chorherrn Sebastian Murrhon zu entschlüsseln. Dieser hatte die beiden ersten *Parthenicae*, Hexametergedichte auf die hl. Jungfrau und andere Heilige, des Karmeliters Baptista Mantuanus (Baptista Spagnuoli, 1448–1516) kommentiert und der Gottesmutter und der hl. Katharina gewidmet. Weitaus weniger überzeugend ist Straubs Deutung von *ATSAMNUN* als Verunstaltung von *RATSAMHUSEN*, dem Familiennamen eines adligen elsässischen Geschlechts, zu dem ein Abt gehörte, der anfangs des 14. Jahrhunderts ein kaum bekannter Hagiograph war. Es scheint mir deshalb wahrscheinlicher, dass sich hinter der seltsamen Aneinanderreihung ein Anagramm, eine verstellte Buchstabenfolge, versteckt, die den Namen des Karmeliter-Dichters *MANTUAN[U]S* ergibt, zumal die Strassburger Humanisten den hier auf dem Holzschnitt von einem Engel gekrönten *poeta laureatus* in ihr Herz geschlossen hatten. Nicht gelingen mag indessen die Auflösung der Buchstabenfolge *s n c a a e st n*.

Der Holzschnitt stellt ganz deutlich die über die Jungfrau Maria verfasste christliche Literatur der heidnischen Kunst der Astrologie gegenüber. Es ist die Gottesmutter, die das Schicksal der Seelen lenkt, indem sie die Strassburger aus dem Fegefeuer rettet und sich der Dichtkunst gegenüber dermassen aufgeschlossen zeigt, dass dank ihrer Barmherzigkeit die Hölle den Dämonen vorbehalten bleibt.

Jean Wirth

Literatur:
Schmidt 1879, Bd. 2, S. 365–366. – Straub 1879.

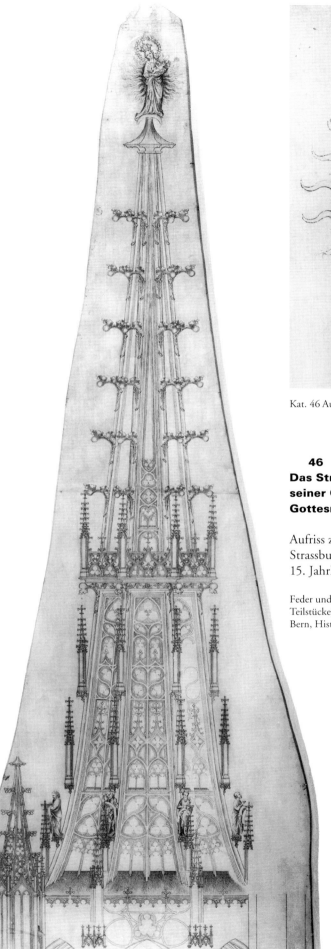

Kat. 46 Ausschnitt

46
Das Strassburger Münster scheint seit seiner Gründung unter dem Schutz der Gottesmutter zu stehen.

Aufriss zum Nordturm der Westfassade des Strassburger Münsters, Strassburg, 1. Hälfte 15. Jahrhundert.

Feder und schwarze Tusche auf Pergament (neun Teilstücke), grau und schwarz laviert, H: 461; B: 81 cm. Bern, Historisches Museum, Inv. 1962.

Kat. 46

Seit dem 8. Jahrhundert ist in Strassburg eine Kirche mit dem Marien-Patrozinium erwähnt. Einer Schriftquelle von 778 ist zudem zu entnehmen, dass Bischof Remigius damals im Münster einen Marienaltar weihte. Im frühen 11. Jahrhundert macht ein Brand den vollständigen Wiederaufbau des sogenannten *Monasterium (Münster) Sancte Marie* notwendig, und nach mehreren Bränden ersteht es seit dem 12. Jahrhundert ein weiteres Mal von Grund auf. Eine Steinskulptur der thronenden Maria mit dem Kind über dem Hauptportal der Westfassade ist ein deutlicher Beleg dafür, dass Maria zumindest seit dem Hochmittelalter die Schutzherrschaft über das Strassburger Münster innehat.

Die Federzeichnung in dem aussergewöhnlich grossen Format, der sogenannte Berner Riss, zeigt einen Teil der Westfassade mit dem nördlichen Münsterturm von den Portalen aufwärts bis zur Turmspitze. Der Bauriss ist unvollständig ausgeführt, die Apostelgalerie und das Stockwerk mit dem Glockenstuhl beispielsweise sind nicht eingetragen. Stimmt auch die Entwurfszeichnung im wesentlichen mit der Architektur des heutigen Baus überein, so verweist hingegen der gänzlich abgewandelte Turmhelm auf den Aufriss im Ulmer Museum, der Ulrich von Ensingen zugeschrieben und kurz vor 1400 datiert wird. Die Autorschaft des Berner Risses ist umstritten; in Frage kommt Ulrich von Ensingen, der 1419 verstorbene Münsterwerkmeister und Entwerfer des nördlichen Turm-Oktogons, oder sein Sohn Matthäus Ensinger. Die Zeichnung müsste demnach entweder zwischen 1399 und 1419 oder erst nach 1420 entstanden sein, als Matthäus an das Berner Münster berufen wurde.

Als Bekrönung der Turmspitze sah der Entwurf eine stehende Marienfigur mit Kind im Strahlenkranz vor – ein Vorhaben, das niemals ausgeführt wurde. Es verweist jedoch auf eine andere von Ulrich von Ensingen angefertigte Zeichnung, die in einer Pause von 1845 überliefert ist. Es scheint also, dass der Werkmeister die Aufstellung einer Marienfigur im Bauprogramm vorgesehen hatte, um der Funktion von Maria als Beschützerin des Münsters und der ganzen Stadt sichtbaren Ausdruck zu verleihen. Die zwischen 1419 und 1439 unter der Leitung von Johannes Hültz ausgeführte Helmbekrönung begnügte sich schliesslich mit einem schlichten Kreuz.

Cécile Dupeux

Literatur:
Barth 1980, Sp. 1428–1430. – Kat. Cathédrales gothiques 1989, S. 402–403. – Meyer 1998.

47
Die vom Strassburger Rat angeordneten grossen Prozessionen geben der städtischen Politik eine religiöse Dimension.

Die grosse Prozession von 1477 erinnert an den Sieg vom Vorjahr über Karl den Kühnen, Herzog von Burgund.

Holzschnitt, aquarelliert, H: 21; B: 18.2 cm; aus Conradus Pfettisheim: Peter Hagenbach und der burgundische Krieg, Strassburg: Heinrich Knobloch 1477, H: 28.3; B: 21 cm, 40 Blätter (Faksimile).
Strassburg, Bibliothèque Nationale et Universitaire, Inv. R 10809.

Kat. 47

Die einzige Abbildung, die wir von den grossen Strassburger Prozessionen besitzen, ist leider von geringem dokumentarischem Wert: Das Münster ist schlichtweg unerkennbar. Hingegen stimmt die Beschreibung des Rituals auf dem Druck klar mit den schriftlichen Quellen überein. An der Spitze des Umzugs wurde das Allerheiligste getragen, gefolgt vom Klerus. Dann kam das grosse Reliquienkreuz, das normalerweise im Chor hinter dem Hauptalter stand. Es handelte sich dabei bestimmt um eine ottonische oder romanische Goldschmiedearbeit, was aus der Graphik allerdings nicht hervorgeht. Es wurde von den Franziskanern getragen; ihm folgten die Männer. Dahinter wurde, von den Dominikanern, die wundertätige Jungfrau aus der Kapelle vor dem Lettner getragen; ihr folgten die Frauen. Obwohl als sitzende Jungfrau dargestellt, könnte es sich um die Figur Kat. 48 dieses Katalogs handeln. Alle Strassburger mussten an diesen Prozessionen teilnehmen.

Die beiden in der Prozession mitgetragenen Kultbilder sind, neben der Eucharistie, die zwei heiligsten in der Stadt. In ihrer Petition um Bilderentfernung setzten sechs Strassburger Bürger am 10. März 1525 die Jungfrau und das Reliquienkreuz an die Spitze der vier am meisten verehrten «Götzen» des Münsters (vgl. S. 119). 1275 war das Kreuz in einer Prozession mitgetragen worden, um Mittel für den Münsterbau zu erlangen. Bei dieser Gelegenheit vernimmt man auch, dass dasselbe getan wurde, um die Unbill des Wetters zu bändigen. Bei den sintflutartigen Regenfällen von 1280 entschloss man sich dann allerdings – sicherlich nachdem sich das Kreuz als unwirksam erwiesen hatte –, die Jungfrau Maria für eine Wetterbesserung einzuschalten. Der wunderbare Erfolg dieser Massnahme liess die Marienfigur dem Kreuz ebenbürtig werden, und künftig führte man beide Bildwerke gemeinsam in den Prozessionen mit.

Diese Besonderheit der Strassburger Prozession verlangt eine politische Lesart. Der Bau des Lettners (um 1250) trennte im Chor einen Klerikerraum ab, der durch das Reliquienkreuz geheiligt wurde. Das Schiff war der Laienraum, geheiligt durch den Altar der Stadt und das Marienbild, das hier aufgestellt gewesen sein dürfte. Falls es sich um die Muttergottes handelt, die im Musée de l'Œuvre Notre-Dame aufbewahrt wird (Kat. 48), war sie ihrerseits mit Reliquien ausgestattet. Ab 1252 erhielten die Strassburger vom Papst das Recht, an diesem ihrem Altar auch im Falle eines Interdikts die Messe zu lesen, was sie vor eventuellen kirchlichen Einschränkungen schützte und ihnen erlaubte, in den folgenden Jahren dem Bischof Walther von Geroldseck zu widerstehen, bis dieser in der Schlacht von Hausbergen (1262) besiegt und getötet wurde. Nach diesen Vorfällen übersiedelten die Bischöfe von Strassburg nach Zabern, und der Patrizier Ellenhard organisierte die Münsterfabrik, mit deren Hilfe die Stadt sukzessive die Kontrolle über den Münsterbau übernahm. Als mit der Prozession von 1280 die Muttergottes zum Symbol der Stadt wurde, gelang es ihr vorübergehend, dem Kreuz den Rang abzulaufen. In der Folge stieg sie – zu einem unbestimmten Zeitpunkt, aber vor dem 1316 erfolgten Bau der Marienkapelle –, zur «Schatzmeisterin» der Kirchenfabrik auf. Die gleichzeitige Gegenwart von Kreuz und Jungfrau in der Prozession drückt daher das Gleichgewicht der Kräfte zwischen Klerus und Laiengewalt aus.

Jean Wirth

Literatur:
Walter 1935. – Pfleger 1937. – Wirth 1998.

48
Die wundertätige Madonna des Strassburger Münsters entgeht dem reformatorischen Bildersturm – und bleibt erhalten?

Fragmentierte Skulptur einer Maria mit Kind, Strassburg, um 1250.

Lindenholz, mit Resten von Polychromie, H: 96 cm.
Strassburg, Musée de l'Œuvre Notre-Dame,
Inv. MAD XLV.4.

Die fragmentierte Skulptur einer Muttergottes mit Kind befand sich, bevor sie 1945 in den Besitz der Strassburger Museen gelangte, auf dem Dachboden eines Strassburger Privathauses am Münsterplatz 9, das dem Philologen, Buchhändler und Verleger Karl Trübner gehörte. Angesichts ihres schlechten Erhaltungszustandes zog sie allerdings keine Aufmerksamkeit auf sich und geriet schliesslich im Depot in Vergessenheit. Der rechte Arm, der vermutlich ein Zepter hielt, und der linke Arm der Muttergottes sowie das Jesuskind fehlen. Um die Figur mit einem sogenannten Behang bekleiden zu können, wurde ihr Unterkörper später pfeilerartig abgehobelt. Eingriffe an Kopf und Haaren dienten dem besseren Halt einer Krone und eines Schleiers, und in den Hals wurden auf beiden Seiten Löcher zur Fixierung einer Halskette gebohrt. Obwohl damals auch die Rückseite der Figur ausgehöhlt wurde, sind noch Spuren einer rechteckigen Öffnung zur Aufnahme von Reliquien auszumachen. Nach dem vollständigen Ablaugen der farbigen Fassung ist nur das Gesicht neu bemalt worden. Reste von zwei mittelalterlichen Farbschichten und von einer jüngeren, sehr groben Bemalung sind nachweisbar.

Die Gesichtszüge und der Torso der Marienfigur verraten den Stil der Münsterbauhütte aus der Zeit um 1250. Die tiefgreifenden Umgestaltungen, die seit dem Mittelalter an der Muttergottes zwecks Bekleidung mit einem Prunkgewand vorgenommen wurden, lassen auf ein hochverehrtes Gnadenbild schliessen. Es ist daher verlockend, darin jene Marienfigur aus dem Münster wiederzuerkennen, die 1280 zeitweilig zum Ziel einer spontanen Wallfahrt wurde. Diese war unter dem Lettner aufgestellt gewesen, entweder auf dem 1264 errichteten Wehelin-Altar oder, wahrscheinlicher, auf dem 1252 unmittelbar nach dem Bau des Lettners entstandenen Stadtaltar. Als die Marienfigur 1280 nach katastrophalen Unwettern in einer Prozession mitgetragen wurde, konnte sie trotz des Regens mit angezündeten Kerzen zur Kirche zurückgebracht werden. Anschliessend bewirkte sie eine Reihe von Heilungen und wurde während zweier Monate von Wallfahrern aufgesucht. Die Wunder wurden 1290 aufgezeichnet, zweifellos in der Hoffnung, die Wallfahrt wieder zu beleben. Von

Kat. 48

Kat. 48
Dreiviertelansicht vom Kopf der Muttergottes.

diesem Zeitpunkt an nahm die Madonna regelmässig an den vom Rat der Stadt angeordneten Prozessionen teil (Kat. 47). Sie wurde sozusagen zur «Schatzmeisterin» der Kirchenfabrik, da die für den Münsterbau bestimmten Schenkungen auf ihrem Altar dargebracht wurden. 1316 baute ihr Erwin von Steinbach, der Werkmeister des Münsters, eine Kapelle vor dem Lettner, die 1682 beide zerstört wurden. Bereits 1401 besagt ein Prozessionsbericht, dass die Madonna mit Gold geschmückt war, und das Donationsbuch der Münsterfabrik enthält im ausgehenden Mittelalter Angaben zu den ihr gespendeten Kleidern und Schmuckstücken (Kat. 63). Infolge einer von Bürgern eingereichten Petition zur Abschaffung der vier am meisten verehrten «Götzen» des Münsters wurde das Marienbild am 1. April 1525 entfernt, aber nicht zerstört (vgl. S. 119). Danach verliert sich jegliche Spur von ihm.

Jean Wirth

Literatur:
Signori 1995, S. 247–269. – Wirth 1998.

Kat. 49

Oben: Kat. 49 Lichtteller.
Unten: Kat. 49 Statuette der hl. Katharina.

49–50
Geschnitzte Kerzenstangen gehören zu den weltlichen Abzeichen der Zünfte und werden in den grossen Prozessionen mitgetragen.

Hans Wydyz, Kerzenstange mit Statuette der hl. Katharina, Strassburg, 1485–1490.

Holz, geschnitzt und vergoldet, H: ca. 305 cm;
Statuette H: 21.5; B: 8; T: 5 cm.
Obernai (Bas-Rhin), Hôtel de Ville, Inv. 2000.0.2.

Kerzenstange mit mehreren Statuetten, Werkstatt eines schwäbischen Meisters (?), 1500–1520.

Holz, geschnitzt und vergoldet, H: 320 cm.
Obernai (Bas-Rhin), Hôtel de Ville, Inv. 2000.0.3.

Die Kerzenstangen oder Tortschen der Zünfte waren hauptsächlich im Süden des Heiligen Römischen Reiches verbreitet. An hohen kirchlichen Festen wurden sie in der Prozession mitgetragen und hatten hier einen Ehrenplatz. Mit ihrer beachtlichen Höhe, ihrem prächtigem Dekor und ihrer farbigen, auf Fernsicht hin konzipierten Bemalung gereichten sie zur Ehre Gottes und taten gleichzeitig das Ansehen der einzelnen Zünfte kund. Aus Prozessionsordnungen wie jener der Stadt Hagenau aus dem 15. Jahrhundert für das Fronleichnamsfest ist zu erfahren, dass die Zunftstangen nach einer genau geregelten Reihenfolge getragen wurden:[1]
*zum ersten ducher 2 kertzen.
It. die wöber 2 kertzen
It. der Barfüssen fan und crütz.
It. der Schuhmacher kertzen...*

Wie die Zünfte hatten auch die Städte des öfteren ihre eigenen Prozessionsstangen, die in diesem Fall den städtischen Ordnungshütern anvertraut waren. Das Tortschentragen war eine besondere Ehre und häufig mit einer bestimmten Entlöhnung verbunden. So soll nach der Zunftordnung der Strassburger Schuhmacher von 1377 *den[en], die die kertzen tragend, geben ieglichem sechs pfenning und das morgenbrot, und soll der hussgenosse geben den gesellen, die umbegant, fünf schillinge pfenning uf den tische.*[2]
Die Abschaffung der Prozessionen und des Kerzengebrauchs in der Reformation bedeutete in den nicht-katholischen Gebieten das Ende für die monumentalen Kerzenstangen. Einige wurden, wie zum Beispiel nach 1682 in Strassburg, bei der Wiedereinführung des katholischen Kultes erneut verwendet, galten aber nach 1793 in der Französischen Revolution, die ja auch zur Auflösung der Zünfte führte, als Zeichen von Fanatismus und wurden teils sogar öffentlich verbrannt.

Schutz der Heiligen   Schutzpatrone der Zünfte   **191**

Die Schäfte der Kerzenstangen von Obernai sind mit tordierten Säulchen besetzt und auf halber Höhe mit Statuetten von Heiligen und Engeln geschmückt. An einer Stange ist nur die Figur der hl. Katharina, einer der beliebtesten Heiligen des ausgehenden Mittelalters, erhalten. Der Schnitt ihres Gesichts, die Gestaltung der Haartracht und die Organisation des Gewandfaltenwurfs sind typisch für den Stil des Bildhauers Hans Wydyz, der in Strassburg ausgebildet wurde, in den ersten beiden Jahrzehnten des 16. Jahrhunderts aber vor allem in Freiburg i. Br. tätig war. Stilistische Vergleiche ergaben eine Datierung um 1485–1490, also an den Anfang von Wydyz' Strassburger Schaffenszeit. Der Fussbereich der Statuette wurde offenbar abgesägt, und die rechte Hand der Heiligen fehlt.

Die zweite Kerzenstange gehörte der Bäckerzunft, einer von mehreren Handwerksbruderschaften in Obernai. Ihre Abzeichen – ein Mühlenrad, ein Brot und eine Brezel – sind auf der Rückseite sowie unter dem Lichtteller dargestellt. Die Tragstange weist geschnitzte Figuren auf zwei Ebenen auf. Der Erlöser mit der Weltkugel in der Hand sowie Petrus und Paulus sind in der Mitte des Schaftes platziert, darunter befinden sich drei kleinere, Wappen tragende Engel. Es handelt sich hier vermutlich um die Arbeit eines schwäbischen Künstlers.

Cécile Dupeux

Literatur:
Haug 1930, S. 16, Abb. 8–11. – Pfleger A. 1935, S. 196. – Kat. Spätgotik am Oberrhein 1970, S. 195, Nr. 153a. – Recht 1987, S. 299, Nr. XIV.05 und XIV.07. – Groß 1997, S. 50–51 und 283, Nr. I.2, und S. 448, Abb. 3.

---

1 Hanauer 1898, S. 424.
2 Brücker 1889, S. 450.

Oben: Kat. 50 Lichtteller mit Brezelwappen tragender Engelsbüste.
Rechts: Kat. 50 Statuette des hl. Paulus in der oberen Ebene, Wappen tragende Engel in der unteren Ebene.

Kat. 50

51
Siegel mit Heiligendarstellungen beglaubigen die Urkunden von Städten, Klöstern und Priestern.

Siegel spielten im Mittelalter als Beglaubigungszeichen eine wichtige Rolle. Das Siegel war ein Ersatz für die Unterschrift des Urkundenausstellers und verlieh dieser Rechtskraft. Siegelstempel, sogenannte Typare, wurden meistens aus Bronze, Messing oder Kupfer, seltener aus einem Edelmetall gefertigt. Sie sind häufig von beachtlicher künstlerischer Qualität; die Namen der Hersteller sind in der Regel aber nicht bekannt.

Die überlieferten Siegel des Spätmittelalters lassen sich in drei Gruppen unterteilen: in die staatlichen, die kirchlichen und die privaten Siegel. In dieser Epoche kommen Heiligendarstellungen auf Siegeln aller drei Gruppen vor. Als Patrone repräsentierten sie wie auf den Münzen die entsprechenden Städte und Länder. Auf dem Siegel der Stadt Eguisheim im Elsass ist der Stadtpatron, der hl. Petrus, mit Schlüssel und Buch dargestellt (Kat. 51.1). Bei dem nach 1241 geschaffenen Siegelstempel für Nidwalden, der später zum Typar für Unterwalden umgearbeitet wurde, beschränkt sich die Darstellung auf das wichtigste Attribut des Heiligen, den Schlüssel (Kat. 51.2). Im Gegensatz zu den meist kleinformatigen Münzen boten die Siegel dem Stempelschneider mehr Platz für eine künstlerische Ausgestaltung. Beim vierten Luzerner Stadtsiegel wurde nicht nur der hl. Leodegar dargestellt, sondern auch der Henkersknecht, der ihm die Augen ausbohrt. Der Heilige sitzt unter einem aufwändig gestalteten Baldachin, der vortrefflich dem Rund des Siegels angepasst ist (Kat. 51.3).

Die spätmittelalterlichen Siegelstempel der geistlichen Institutionen und Personen haben in der Regel eine spitzovale Form, die sich besonders für die Darstellung von stehenden Heiligen eignete. Das Siegel des Domkapitels von Strassburg zeigt, wie das Stadtsiegel, die sitzende Maria mit dem Kind (Kat. 51.4). Auf dem Siegel des Dominikanerinnenklosters St. Peter am Bach in Schwyz steht die Gottesmutter zwischen vier sie verehrenden Klosterfrauen (Kat. 51.5). Die Wahl Marias als Siegelbild ist typisch für die Bettelorden, welche die Gottesmutter hoch verehrten. Wie die Klöster bildete auch das Chorherrenstift Beromünster den Kirchenpatron, den hl. Michael als Drachentöter, auf seinem Siegel ab (Kat. 51.6).

Neben den Siegeln von kirchlichen Institutionen haben sich auch solche von geistlichen Würdenträgern erhalten. Katharina von Zimmern, die letzte Äbtissin des Fraumünsters in Zürich, führte ein sehr aufwändig gestaltetes Siegel. Die Darstellung der Heiligen Felix und Regula wird ergänzt durch das Wappen der Äbtissin und einen Hirsch, der sich auf die Gründungslegende der Abtei bezieht (Kat. 51.7).

Auf dem Priestersiegel des Peter von Giswil ist das Martyrium des Laurentius auf dem Feuerrost dargestellt (Kat. 51.8). Peter war an der Pfarrkirche Giswil im heutigen Kanton Obwalden tätig, welche dem hl. Laurentius geweiht ist. Üblicherweise nahmen die Priester den Patron ihrer Kirche ins Siegelbild auf und nicht ihren persönlichen Namenspatron. Angehörige des Adels und der Bürgerschaft kamen in der Regel ohne Heiligendarstellungen aus, sie bevorzugten andere Motive auf ihren Siegeln.

Daniel Schmutz

Abb. 14
Urkunde vom 22. Juni 1300 mit den Siegeln des Bischofs und des Domkapitels von Strassburg sowie der Stadt Strassburg. Strassburg, Archives Municipales, Charte Nr. 393. – Die Siegel des Domkapitels und der Stadt zeigen beide die sitzende Maria mit dem Kind.

Literatur:
Kat. Alltag zur Sempacherzeit 1986, S. 62, Nr. 30–31. –
Seidenberg 1988. – Reinle 1990, S. 361–366.

Kat. 51.1
Hl. Petrus: Siegel der Stadt Eguisheim, 1488, Dm: 58 mm. Strassburg, Bibliothèque Nationale et Universitaire, Inv. 76.

Kat. 51.2
Schlüssel des hl. Petrus: Ältester Siegelstempel von Unterwalden, nach 1241 (später ergänzt), Dm: 48 mm. Sarnen, Staatsarchiv, Inv. T 10.S1.

Kat. 51.3
Hl. Leodegar: Siegel der Stadt Luzern, viertes Siegel, 1386 bis ca. 1715, Dm: 62 mm. Luzern, Staatsarchiv, Inv. PD 4.

Kat. 51.4
Maria: Zweites Siegel des Domkapitels Strassburg, an der Urkunde vom 22. Juni 1300, H: 72; B: 55 mm. Strassburg, Archives Municipales, Charte Nr. 393.

Kat. 51.5
Maria: Siegelstempel des Dominikanerinnenklosters St. Peter am Bach in Schwyz, vor 1320, H: 46; B: 29 mm. Zürich, Schweizerisches Landesmuseum, Inv. LM 11223.

Kat. 51.6
Hl. Michael: Siegelstempel des Stiftes Beromünster, ab 1223, H: 52; B: 36 mm. Beromünster, Stiftsarchiv St. Michael, Inv. 1, Abt. 1.

Kat. 51.7
Hll. Felix und Regula: Siegel der Äbtissin Katharina von Zimmern, Fraumünsterabtei Zürich, 1496, H: 70; B: 53 mm. Zürich, Schweizerisches Landesmuseum, Inv. SS 402.

Kat. 51.8
Hl. Laurentius: Siegelstempel des Priesters Peter von Giswil, 14. Jahrhundert, H: 43; B: 28 mm. Zürich, Schweizerisches Landesmuseum, Inv. LM 11225.

52
Pecunia non olet: Auch im täglichen Zahlungsverkehr sind die Heiligen allgegenwärtig.

Münzen dienten im Mittelalter, wie zu allen Zeiten, nicht nur als Zahlungsmittel, sondern sie waren auch Träger von politischen Botschaften. Als alltäglicher Gebrauchsgegenstand kamen sie in die Hände vieler Leute und boten dadurch dem Prägeherrn eine willkommene Gelegenheit zur Selbstdarstellung. Bilder von Heiligen auf Münzen dienten sowohl als Symbole der Herrschaft wie auch als Erkennungszeichen für leseunkundige Laien.

Bereits im Frühmittelalter kommen Namen von Heiligen auf Münzen vor. Bildliche Darstellungen wurden erst im Laufe des Hochmittelalters gebräuchlich. In dieser Epoche bildeten vorwiegend Bistümer und Abteien ihre Patrone auf Münzen ab. Gallus, der als Gründer des Klosters St. Gallen verehrt wurde, erschien bereits im 12. Jahrhundert auf den Prägungen der Abtei (Kat. 52.1). Die zu dieser Zeit zirkulierenden Pfennige waren allerdings relativ klein, so dass häufig nur der Kopf des Heiligen auf der Münze Platz fand. Während die meisten Darstellungen eine Ansicht von vorne zeigen, erscheint der hl. Petrus auf einem Genfer Denier im Profil (Kat. 52.2).

Im Laufe des Spätmittelalters ging das Münzrecht in der Regel von den geistlichen Institutionen an die Städte über. Diese beanspruchten nun ebenfalls die Autorität der Heiligen für ihre Zwecke. Aus Kirchenpatronen wurden Stadt- und Landespatrone. In dieser Funktion traten sowohl lokale wie auch überregional verehrte Heilige in Erscheinung. Maria beispielsweise wurde vielerorts auf Münzen abgebildet, so etwa in Lausanne, Basel, Chur, St. Gallen und Strassburg (vgl. Kat. 205.3). Aber auch der Kult von Heiligen wie Vinzenz (Kat. 52.3), Dionysius (Kat. 52.4), Nikolaus (Kat. 52.5) und Martin (Kat. 52.6) war weit verbreitet.

Daneben fanden auch Heilige mit nur lokaler Bedeutung einen Platz auf Münzen. Der bereits erwähnte Gallus, der dem Kloster und der Stadt St. Gallen den Namen verlieh, erlangte ausschliesslich hier die Funktion eines Stadtpatrons. Der hl. Theobald von Thann im Elsass erfuhr ebenfalls nur eine lokale Verehrung (Kat. 52.7).

Abb. 15
Darstellung einer Münzstätte in der Spiezer Bilderchronik von Diebold Schilling, um 1484/85, Bern, Burgerbibliothek, Mss. hist. helv. I. 16, S. 222. – Der Ablauf der Münzproduktion vom Schmelzen des Silbers über das Aushämmern der Zaine (Metallstreifen) bis zum Prägen der Münzen ist bis ins kleinste Detail festgehalten.

Kat. 52.1
Hl. Gallus: Abtei St. Gallen, Pfennig, um 1180, Dm: 22.3 mm. Bern, Historisches Museum, Inv. S 760.

Kat. 52.2
Hl. Petrus: Bistum Genf, Denier, 12./13. Jahrhundert, Dm: 19.4 mm, Vorderseite. Bern, Historisches Museum, Inv. S 757.

Kat. 52.3
Hl. Vinzenz: Stadt Bern, Dicken, 1483–1492, Dm: 29.7 mm, Rückseite. Bern, Historisches Museum, Inv. S 134.

Kat. 52.4
Hl. Dionysius: Grafen von Kyburg, Münzstätte Diessenhofen, Pfennig, um 1260, Dm: 16.3 mm. Bern, Historisches Museum, Inv. S 758.

Eine ganze Gruppe von Heiligen steht im Zusammenhang mit der Legende um die Thebäische Legion. Ihr Anführer, der hl. Mauritius, erscheint auf Zofinger Münzen (Kat. 52.8). Auch der hl. Ursus von Solothurn (Kat. 52.9) und die Zürcher Stadtheiligen Felix und Regula waren angeblich mit dieser Legion über die Alpen gezogen (Kat. 52.10).

Besondere Erwähnung verdienen die «heiligen Kaiser». In Zürich erscheint der von einem Gegenpapst heiliggesprochene Karl der Grosse, der als Gründer des Grossmünsters und seiner Schule galt, auf den ersten städtischen Münzen. Wahrscheinlich wurde Karl gewählt, um einen Gegensatz zur bisherigen Inhaberin des Münzrechts, der Äbtissin des Fraumünsters, zu markieren (vgl. Kat. 205.5). Das Basler Münster hatte zwei Patrone, Maria und Kaiser Heinrich II., letzterer wurde von der Bürgerschaft besonders gefördert. Neben Maria vermochte er zum zweiten Stadtpatron aufzusteigen und wurde folgerichtig auch auf Münzen abgebildet (Kat. 52.11).

Das Aufkommen grösserer Münzen gegen Ende des 15. Jahrhunderts ermöglichte grössere Darstellungen der Heiligen. In Zürich gesellte sich auf dem ersten Taler von 1512 der Gefährte Exuperantius zu Felix und Regula, der besonders von der Bürgerschaft in den Vordergrund gestellt wurde. Die Darstellung glich sich somit derjenigen des grossen Stadtsiegels von 1347 an. Der Stempelschneider des 1¹/₃-fachen Talers von Matthäus Schiner fand genügend Platz, um die wichtigsten Elemente der Legende des hl. Theodul darzustellen (Kat. 52.12). Die in dieser Zeit entstandenen Grosssilbermünzen gehören zu den Höhepunkten spätmittelalterlicher Stempelschneidekunst.

Im Gegensatz zu den Patronen der Dreizehn Orte blieb den Heiligen aus den Untertanengebieten und den gemeinen Herrschaften der Aufstieg zu Stadt- und Landespatronen verwehrt. Der hl. Beatus, Patron des Berner Oberlandes, hatte keine Chance, sich gegen den hl. Vinzenz, den Berner Stadtpatron, zu behaupten. Ihm blieb daher auch die Darstellung auf Münzen vorenthalten.

Daniel Schmutz

Literatur:
Tobler 1974. – Geiger 1988. – Dimt 1990. – Schwarz 1993.

Kat. 52.5
Hl. Nikolaus: Stadt Freiburg i.Üe., Taler, vor 1536, Dm: 45.7 mm, Rückseite. Bern, Historisches Museum, Inv. S 304.

Kat. 52.6
Hl. Martin: Länder Uri und Nidwalden, Münzstätte Bellinzona, Grossone (Testone) 1506, Dm: 34.1 mm, Rückseite. Bern, Historisches Museum, Inv. 721.

Kat. 52.7
Hl. Theobald: Vorderösterreich, Münzstätte Thann, Groschen 1499, Dm: 29 mm, Rückseite. Strassburg, Bibliothèque Nationale et Universitaire, Inv. 4536.

Kat. 52.8
Hl. Mauritius: Vorderösterreich, Münzstätte Zofingen, Pfennig, um 1320, Dm: 16.1 mm. Bern, Historisches Museum, Inv. S 762.

Kat. 52.9
Hl. Ursus: Stadt Solothurn, Taler 1501, Goldabschlag, Dm: 41.6 mm, Rückseite. Bern, Historisches Museum, Inv. S 449.

Kat. 52.10
Hll. Felix, Regula und Exuperantius: Stadt Zürich, Taler 1512, Dm: 43.2 mm, Vorderseite. Bern, Historisches Museum, Inv. S 755.

Kat. 52.11
Kaiser Heinrich II.: Stadt Basel, Plappart, um 1425, Dm: 22.5 mm, Rückseite. Bern, Historisches Museum, Inv. S 759.

Kat. 52.12
Hl. Theodul: Bistum Sitten, Matthäus Schiner, 1¹/₃ Taler 1501, Dm: 45.8 mm, Rückseite. Bern, Historisches Museum, Inv. S 761.

53
Die eidgenössischen Söldner ziehen mit ihren Heiligen in den Krieg.

Diebold Schilling, «Spiezer Bilderchronik», um 1485: Darstellung des Gebets vor der Laupenschlacht in der Leutkirche in Bern.

Kolorierte Pinsel- und Federzeichnung auf Pergament, H: 21.3; B: 23.2; Blatt H: 37; B: 26.2 cm.
Die reich illustrierte «Spiezer Bilderchronik» entstand um 1485 und umfasst die Stadtgeschichte Berns von den Anfängen bis 1465. Diebold Schilling (um 1440/1450–1485) verfasste sie im Auftrag des Berner Schultheissen Rudolf von Erlach (1448–1507).
Bern, Burgerbibliothek, Mss. hist. helv. I.16, fol. 270.

eidgenössischer Auffassung wegen Missbrauchs ihrer Herrschergewalt zu Recht aus ihrer Machtposition vertrieben worden waren. Die wiederholten militärischen Erfolge der acht Alten Orte gegen die österreichischen Fürsten bestärkten die bernisch-eidgenössische Gesellschaft in ihrer Gewissheit, Gottes besonderer Gnade teilhaftig zu sein.[1]

In Kriegszeiten wurden neben den Bitten um göttlichen Beistand christliche Vorbilder um Hilfe angerufen, und ihnen wurde das eigene Wohl im Schlachtgetümmel anvertraut.[2] Zwar galt im Mittelalter der hl. Georg als der Beschützer der Waffentragenden, doch hatte sich mit diesem Heiligen der Adel identifiziert, der, repräsentiert

Kat. 53

Im Jahr 1339 predigt der Priester Diebold Baselwind vor der Schlacht von Laupen ein letztes Mal vor dem bernischen Auszug in der Leutkirche zu Bern. Im Vordergrund sind die gerüsteten Männer mit dem Stadtbanner und dem Schützenfähnchen zu sehen, die Anführer kenntlich an ihrem Federschmuck. Hauptmann der Truppe ist der durch sein Wappen ausgewiesene Rudolf von Erlach. Die Männer knien vor den auf dem Altartisch stehenden Figuren der Maria mit dem Jesuskind und des hl. Vinzenz.

Das Ineinandergreifen von Kriegspraxis und christlichem Glauben war für die Eidgenossen ein Grundprinzip, weil ihre Identität aus dem Kampf gegen die Habsburger erwuchs, die nach durch die Habsburger, gegen die Eidgenossen kämpfte.[3] Die beiden in der Szene abgebildeten Heiligenfiguren gehören nicht zu den eigentlichen Waffenpatronen. Der hl. Vinzenz als Fürsprecher darf in seiner Funktion als Stadtpatron als Helfer angesehen werden,[4] sein Martyrium konnte als Beispiel für gelebte Widerstandskraft gelten. Die Jungfrau Maria nahm man, wie andernorts, als Beschützerin der Stadt für sich in Anspruch.[5]

Gerrit Himmelsbach

Literatur:
Häberli/von Steiger 1991. – Himmelsbach 1999, S. 212 ff. (mit weiterer Literatur).

[1] Mit dieser Einstellung reihen sich die Eidgenossen in eine im Spätmittelalter auftretende Entwicklung ein, bei der Gruppen sozialer Aufsteiger, die sich einen neuen Platz in der Gesellschaft erkämpft haben, der Zustimmung Gottes sicher sind und diese für ihre Ziele in Anspruch nehmen (vgl. zur Eidgenossenschaft von Greyerz 1953, S. 28–29; Schmid 1963, S. 159; für das übrige Europa vgl. Sablonier 1971, S. 20–21 und 119; Graus 1987, S. 51, Anm. 228).
[2] Beispiele für vermehrte Glaubenszeugnisse in der Eidgenossenschaft während der Burgunderkriege bei Feller 1946, S. 367; Zehnder 1976, S. 160–164; Sieber-Lehmann 1995, S. 136, Anm. 199; zur Verbindung von Religiosität und Krieg vgl. Signori 1997.
[3] Kathrin Pollems/Marcell St. Restle: Artikel «Georg» in: LMA, Bd. 4, Sp. 1273–1275. Vor der Schlacht von Murten soll Karl der Kühne vor dem hl. Georg das Gelübde abgelegt haben, er wolle die Schweizer besiegen oder im Kampf sterben (Baum 1987, S. 365).
[4] Conrad Justingers Chronik der Stadt Bern von 1420/1430 stand unter der Schirmherrschaft des Berner Stadtpatrons, des hl. Vinzenz.
[5] Kurz vor den Burgunderkriegen unterstreichen die Eidgenossen in einem Brief an Karl den Kühnen, dass sie unter dem Schutz Gottes und Mariens stehen (Schilling, Chronik, Bd. 1, S. 95, Zeile 30–36).

54
Als Belohnung für die Vertreibung der Franzosen aus Oberitalien erlaubt der Papst den Eidgenossen, ihre Banner mit Bildern von Christus zu schmücken.

Zürcher Flugblatt mit Darstellung der Ehrengeschenke des Papstes an die Eidgenossenschaft, um 1513.

Holzschnitt, H: 33.6; B: 46.3 cm.
Zürich, Kunsthaus, Inv. C 31. 16 c.

Das Zürcher Flugblatt aus der Zeit um 1513 zeigt oben in der Mitte zwei gerüstete Fussknechte mit den Ehrengeschenken des Papstes an die Eidgenossenschaft, mit Herzogshut, Prunkschwert und den beiden Bannern mit dem päpstlichem Wappen (links) und dem persönlichen Wappen von Papst Julius II. (rechts). Der Text zitiert die päpstliche Bulle aus dem Jahr 1512, in der den Eidgenossen der Titel *d[er] heilgen Roemschen kilchen fryheit beschirmer/vnsern pundt gnossen* verliehen wird. Zu beiden Seiten des Hauptbildes sind die Bannerträger der acht Alten Orte mit den neu verliehenen Juliusbannern zu sehen. Darunter folgen die übrigen Orte und die Zugewandten.

In der Eidgenossenschaft waren Banner für die soziale und militärische Organisation von herausragender Bedeutung. Sie galten als Verkörperung des eigenen Territoriums und der Souveränität. Ihr Aussehen und ihre Bedeutung waren allgemein bekannt, ihre Beschimpfung wurde bestraft. Durch die Verleihung der Juliusbanner erfuhren die eidgenössischen Fahnen eine Approbation von der höchsten kirchlichen Autorität. Diese Auszeichnung erhielt die Eidgenossenschaft für die Vertreibung der französischen

Kat. 54 Ausschnitt
Das Berner Banner mit dem neuen Eckquartier (vgl. Kat. 55).

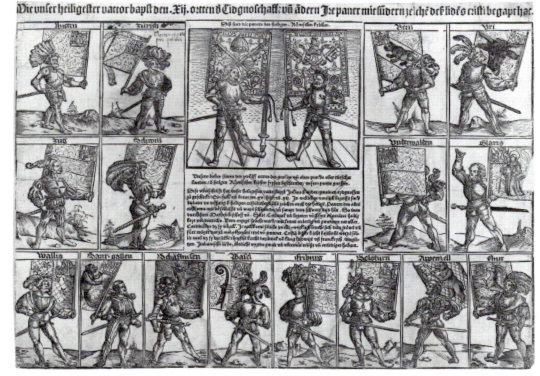

Kat. 54

Truppen aus Oberitalien im Jahr 1512. Die Schweizer durften nun als Aufwertung sogenannte Frei- oder Eckquartiere führen, d. h. im Banner befestigte, rechteckige Darstellungen aus dem neuen Testament oder aus Heiligenviten. Diese Eckquartiere dokumentierten den Status des Beschützers des Heiligen Stuhls.

Um die Eidgenossen nach Abschluss des Bündnisses von 1510 weiter zu Feldzügen gegen die Franzosen in Oberitalien zu motivieren, verlieh ihnen Julius II. bereits 1511 das geweihte Schwert und den Herzogshut.[1] Für den glorreichen Feldzug der Eidgenossen, der seinen Höhepunkt in der Einnahme Pavias erreichte, sprach ihnen der Papst in der Bulle *Etsi Romani pontifices* vom 5. Juli 1512 seinen Dank aus. Die beiden mit der Bulle überreichten päpstlichen Banner gelangten nach Einsiedeln. Schwert und Hut verblieben in Zürich. Die Juliusbanner der eidgenössischen Orte verlieh Kardinal Matthäus Schiner selbst, kraft seiner Vollmachten als päpstlicher Legat. Nachdem er aufgrund einer persönlichen Freundschaft ein Banner an Freiburg vergeben hatte, verlangten auch die übrigen Orte entsprechende Privilegien, worauf Schiner am 24. Juli 1512 den beteiligten Kontingenten – auch von Untertanengebieten – die Bannerprivilegien verlieh.

Gerrit Himmelsbach

Literatur:
Durrer 1913. – Kat. Manuel 1979, S. 151–152, Nr. 8 (mit weiterführender Literatur).

---

[1] Diese Ehrengaben wurden vom Papst alljährlich an Weihnachten an einen ausgewählten Fürsten vergeben. Da aber der im Vorjahr signierte Francesco Gonzaga von Mantua in Ungnade gefallen war, kamen die Eidgenossen als Begünstigte zum Zuge, obwohl die nicht an konkrete Pflichten gebundene Auszeichnung eigentlich nur an Einzelpersonen verliehen werden sollte (Durrer 1913, S. 11–12).

55
Als Schmuck für die Eckquartiere ihres Juliusbanners erbeten sich die Berner die Anbetung der Heiligen Drei Könige.

Eckquartiere von der Vorder- und Rückseite des Berner Juliusbanners, mit fast identischer Darstellung der Anbetung der Heiligen Drei Könige.

Applikationsstickerei auf Seide, H: 24; B: 22 cm.
Bern, Historisches Museum, Inv. 309a.

Vom Berner Juliusbanner sind nur noch die beiden Eckquartiere erhalten, die auf der Vorder- und Rückseite angebracht waren und beide die Anbetung der Heiligen Drei Könige zeigen. Gemäss dem durch Kardinal Matthäus Schiner verliehenen Privileg blieb es den einzelnen Orten selbst überlassen, die Szenen aus der Leidensgeschichte Christi auszuwählen, die die Banner

Kat. 55 Vorderseite

schmücken sollten. Bern erbat sich, wie der Chronist Valerius Anshelm schreibt, *die heiligen dri küng und gulden bärenklawen.*[1] Die bernische Führung im Feld liess das Eckquartier unverzüglich in Mailand für 35 Dukaten anfertigen. So konnte das Juliusbanner schon im August 1512 beim Einzug in Bern präsentiert werden; in der Folge wurde es im Berner Münster ausgehängt. Niklaus Manuel erstellte eine Gebrauchskopie, mit der die bernischen Truppen künftig ins Feld zogen. Die Eckquartiere wurden bis zum Ende des 19. Jahrhunderts als Teile kirchlicher Paramente gedeutet.

Gerrit Himmelsbach

Literatur:
Bruckner 1942, S. 178–179. – Kat. Manuel 1979, S. 149–151, Nr. 7 (mit weiterführender Literatur).

---

1 Anshelm, Chronik, Bd. 3, S. 331.

56
Kardinalbischof Schiner erlaubt der Landschaft Saanen, die Füsse des Kranichs in ihrem Banner zu vergolden. Im Eckquartier zeigt Christus als Schmerzensmann seine Wunden.

Juliusbanner der Landschaft Saanen, mit Darstellung von Christus als Schmerzensmann auf den Eckquartieren, 1512.

Roter Seidendamast, stark verblichen und auch sonst in schlechtem Erhaltungszustand; H: 176; B: 172 cm; Eckquartiere H: 29.5; B: 19.5 cm.
Bern, Historisches Museum, Inv. 2168 (Depositum).

Kat. 56 Ausschnitt

Kat. 56

Das in einst rotem Mailänder Seidendamast gefertigte Banner erscheint heute in gelblicher Farbe. Abgebildet ist ein auffliegender Kranich auf weissem Dreiberg. Das Eckquartier mit Goldborte zeigt Christus mit erhobenen Händen. Aufgrund des Privilegs vom 24. Juli 1512 verlieh Kardinalbischof Matthäus Schiner auch der zur Grafschaft Greyerz gehörigen Landschaft Saanen das Recht, ein Juliusbanner anfertigen zu lassen. Von dem bislang geführten Feldzeichen des auffliegenden Kranichs auf rotem Grund unterschied es sich nun durch die Hinzufügung eines Eckquartiers mit der Darstellung des Schmerzensmannes. Zudem wurde der Landschaft Saanen gestattet, die Füsse und Klauen des Kranichs, *welche ihr bisher in euwerem landzeichen gebrauchet und noch bruchend, mit goldfarb frey und ungehindert malen* zu dürfen.[1]

Gerrit Himmelsbach

Literatur:
Bruckner 1942, S. 188, und Fahnenkatalog, S. 101, Nr. 584. – Mattern 1973, S. 26–27 (mit weiterführender Literatur).

---

1 Vgl. Bruckner 1942, S. 188.

57
Die Republik Mülhausen führt den hl. Stefan als Stadtpatron mit in die Schlacht.

Juliusbanner der Republik Mülhausen, 1512.

Weisser Seidendamast, H: 166; B: 148 cm; Eckquartier H: 43; B: 27 cm.
Mülhausen, Musée Historique, Inv. 147.

Das aus ursprünglich weissem Seidendamast gefertigte, heute blassgelbe Banner zeigt ein goldenes, achtschaufliges Mühlrad. Im Eckquartier erscheint der hl. Stefan mit einem grünen Palmwedel in seiner Rechten und einem geschlossenen, schwarzen Buch, auf dem ein blauer Stein liegt, in seiner Linken. Mülhausen erhielt im Juli 1512 kein Bannerprivileg von Kardinal Matthäus Schiner, weil die Stadt unter der Fahne Basels in den Krieg gezogen war. Da die Republik ihr Engagement jedoch wie die anderen Orte auch mit einem Juliusbanner belohnt sehen wollte, wurde der Stadtschreiber von Mülhausen, Johann Gamsharst, beauftragt, sich um die Erlangung dieses Privilegs zu bemühen. Tatsächlich gelang es ihm im November desselben Jahres, von Schiner das Privileg zu erhalten. Er konnte zudem Papst Julius II. dazu bewegen, der Stadt im Dezember 1512 für ihren Einsatz eine eigene Bulle zu verleihen. Das Stadtbanner wurde durch die Erlaubnis erhöht, ein Eckquartier mit dem Stadtpatron St. Stefan *knüwende und mit gulden esten nebenzu ringumb* anbringen und das bislang rote Wappenrad nun in Gold führen zu dürfen.[1]

Noch vor Ort liess Gamsharst ein Banner *von weissem Damast an verguldeter Stangen* anfertigen und brachte es nach Mülhausen.

Gerrit Himmelsbach

Literatur:
Durrer 1913, S. 30–31. – Bruckner 1942, S. 189. – Mattern 1973.

---

1   Nach Einführung der Reformation kehrte Mülhausen jedoch wieder zum rotfarbenen Mühlrad zurück (Mattern 1973, S. 24–26).

58
Die Schlacht gegen Karl den Kühnen bei Murten wird bewusst auf den 10 000-Rittertag gelegt.

Berner Ratsmanual vom 17. Juni 1476, mit der Empfehlung, die Murtenschlacht auf den 22. Juni 1476 anzusetzen.

Papier, in Leder gebunden, H: 32; B: 12; T: 6 cm.
Bern, Staatsarchiv, Ratsmanual II 12, S. 62.

Vor der Entscheidungsschlacht gegen Karl den Kühnen bei Murten sandte der bernische Rat zu den Truppen im Feldlager eine Botschaft, in der den Befehlshabern der 22. Juni, der Tag der heiligen 10 000 Ritter, als Schlachtentag anempfohlen wurde. Das Datum war in der bernischen Geschichte von grosser Bedeutung, da die Berner an diesem Tag 1339 zusammen mit der übrigen Eidgenossenschaft in der Schlacht von Laupen gesiegt hatten.[1] Die Verehrung der 10 000 Ritter geht auf eine Legende zurück, nach der zur Zeit

Kat. 58

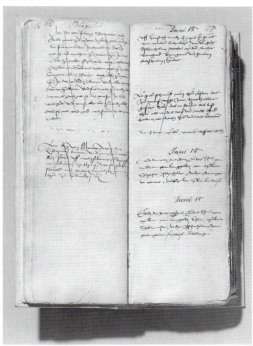

Kat. 57

des römischen Kaisers Hadrian so viele christliche Soldaten unter ihrem Anführer Akakios auf dem Berg Ararat getötet und gekreuzigt worden seien. Diese Geschichte, erstmalig im 9. Jahrhundert erwähnt, entbehrt jeder historischen Grundlage; sie fand im Abendland im Zusammenhang mit den Kreuzzügen Verbreitung.[2] In Bern waren die Märtyrer so populär, dass der Berner Magister Johannes Bäli 1463 in Rom ihre Reliquien erwarb. Nach den Burgunderkriegen wurde jedes Jahr an diesem Heiligenfest Diebold Schillings Schilderung der Murtenschlacht im Berner Münster vorgetragen. Auf den dortigen Glasscheiben entspricht eine Abbildung der 10 000 Ritter dem Typus der eidgenössischen Fussknechte in den zeitgenössischen Bilderchroniken. Der Kult vermischte sich mit der ebenfalls volkstümlichen Verehrung der Glaubenszeugen der Thebäischen Legion unter Mauritius, der im 4. Jahrhundert bei St. Maurice im Unterwallis das Martyrium erlitten haben soll.[3] Auch ausserhalb Berns war man übrigens von der Wundertätigkeit der heiligen Ritter überzeugt. So schrieb Peter Rot, der Basler Befehlshaber in Murten, *dass die helgen 10.000 ritter haben für uns gefochten, dann die sach nit menschlich gewesen ist.*[4]

Gerrit Himmelsbach

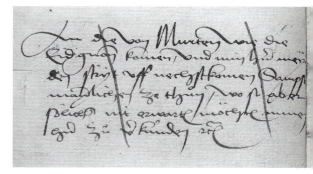

Kat. 58 Ausschnitt
An die von Murten Wie die Eidgnossen komen, und min Herren meynen den stryt uff nechstkomen Sampstag mannlichen ze thun, wo si aber sölichs nit erwarten möchten, minen Herren zu verkünden etc.
Auftrag des Rates an die Kanzlei für das Verfassen eines Briefes: An die Verteidiger von Murten schreiben, dass die Eidgenossen anrücken, und dass der Rat gedenke, die Schlacht am nächsten Samstag mannhaft zu schlagen; sollten sie aber nicht bis dann durchhalten können, so sollten sie dies dem Rat mitteilen.

---

1   In der Berner Chronik von Diebold Schilling heisst es: *... und hattent die von Bern ein besunder gros hoffen zu denselben zechentusent rittern, dann inen vor hundert iaren am strit von Loupen, der ouch uf derselben zechentusent rittern tag beschach, wol und glücklichen gelungen was, do ouch ir herzfründe und Eidgnossen in allen trüwen bi inen warent, als man das in der Berner alten cronicken gar luter vindet* (Schilling, Chronik, Bd. 2, S. 46, Zeile 21–27).
2   Bernhard Kötting: Artikel «Zehntausend Märtyrer» in: LThK, Bd. 10, Sp. 1321.
3   Denis van Berchem: Artikel «Thebäische Legion», in: LThK, Bd. 10, Sp. 14.
4   Vgl. Wackernagel 1956, S. 286.

Finanzierung mit Donation und Stiftung

59
Die meisten mittelalterlichen Kunstwerke sind im Zusammenhang mit der Jenseitsvorsorge entstanden; denn wer Gute Werke leistet, wird schneller aus dem Fegefeuer erlöst.

Nachfolger von Hans Baldung Grien, Fegefeuer, Elsass, um 1520.

Tannenholz, H: 105; B: 27 cm.
Strassburg, Musée de l'Œuvre Notre-Dame, Inv. MBA 1813.

Die Qualen, die die Seelen im Fegefeuer zu erleiden haben, sind den Höllenqualen gleichzusetzen: In feuriger Hitze und von Durst geplagt, haben die Seelen ihre läuternde Busse zu leisten. In einem aber unterscheidet sich die Leidenszeit im Fegefeuer grundlegend von derjenigen in der Hölle: Während die Verdammten in Ewigkeit zu leiden haben, ohne Hoffnung auf ein gnädiges Ende, hört die Busszeit der Armen Seelen im Fegefeuer einmal auf, letztlich werden den Geläuterten der Anblick Gottes und die himmlische Herrlichkeit zuteil. Die Dauer der Busszeit im

Kat. 59

Fegefeuer wird jeder Seele individuell zugemessen, sie hängt ab vom Ausmass an benötigter Läuterung, ist mithin abhängig vom Verhalten zu Lebzeiten.

Ob gebildet und theologisch geschult oder ungebildet, im Mittelalter wusste jeder, dass es dem eigenen Seelenheil förderlich ist, Gutes zu tun und Böses zu meiden. In der Bibel finden sich verschiedene Hinweise darauf, wie man sich statt eines Schatzes auf Erden einen Schatz im Himmel anlegt.[1] Für die mittelalterliche Frömmigkeitspraxis von zentraler Bedeutung waren dabei jene Bibelstellen, die Gute Werke schilderten und den Verzicht auf eigenen Reichtum zugunsten der Armen propagierten (Matthäus 19,16–24). Zu den in der Bibel aufgezählten Guten Werken, dem Speisen von Hungrigen, dem Tränken von Durstigen, dem Beherbergen von Fremden, dem Bekleiden von Nackten, dem Besuch von Kranken und Gefangenen (Matthäus 25,35–40), kam im Laufe der Zeit die Förderung des kirchlichen Kultes, der Kirchenbauten und jeder Art von Kirchenzierden hinzu, die letztlich auch den Armen zugute kommen sollten. Für Reiche eröffneten sich somit attraktive Möglichkeiten, ihren irdischen Schatz in einen himmlischen zu verwandeln und sich von den materiellen Gütern zu trennen, die ihnen sonst den Zugang zum Himmelreich zu versperren drohten *(Es ist leichter, dass ein Kamel durch ein Nadelöhr gehe, als dass ein Reicher in das Himmelreich eingeht,* Matthäus 19,24). Kunstwerke als Kirchenzierde zu schenken, Kirchen, Kapellen oder Altäre zu stiften, wurde eine begehrte Möglichkeit, das eigene Vermögen im Hinblick auf die Jenseitsvorsorge gewinnbringend anzulegen (und zugleich auch Repräsentationsbedürfnisse zu befriedigen).

Das Schenken eines Tafelbildes wie des vorliegenden zählte per se zu den Guten Werken und sollte dem Donator die Gewähr bieten, dereinst auch zu denjenigen Seelen zu gehören, die im Fegefeuer – und hoffentlich nicht allzu lange – zu büssen hatten. Die schmale, hochrechteckige Tafel, die vermutlich den Flügel eines Altarretabels bildete, zeigt fünf Büsten, die in eigenen Flammenkompartimenten leiden. Sie sind hinter- und übereinander gestaffelt und führen den Betrachter durch Kopfhaltung, Blickrichtung und Gestik durch das Bild hin zu jener Figur, die gerade von einem sich aus den Wolken herabneigenden Engel an beiden Armen aus dem Fegefeuer emporgezogen und himmelwärts geführt wird. Diesem prozessualen Gang des Betrachters durch das Bild ist der Gesichtsausdruck der einzelnen Seelen angepasst. Die vorderste Figur scheint in den Flammen zu ertrinken, sie hat den Kopf nach hinten geworfen und ihre Gesichtszüge wirken gequält. Die weibliche Figur dahinter leidet zwar, hat den Kopf aber nicht mehr verrenkt, während sich in den Gesichtern der vier anderen Seelen dahinter und darüber zunehmend Gelassenheit, Heiterkeit und Erlösungsgewissheit spiegeln. Kompositionell wird der Drang nach oben verstärkt durch ein am rechten Bildrand schwungvoll hochziehendes Band, das aus den Flammenzungen emporführt und in die bauschigen Wolken am oberen Bildrand mündet.

In welchen ikonographischen Zusammenhang diese Fegefeuer-Darstellung gehörte, wissen wir nicht. Andere Altarbilder, die ein grossformatiges Fegefeuer zeigen, verknüpfen die Szene zuweilen explizit mit einer Darstellung der Guten Werke. Der Freiburger Maler Hans Fries, der häufig auf das Jenseits bezogene Themen illustrierte, stellte beispielsweise eine Almosenvergabe der Errettung der Armen Seelen gegenüber (Abb. 16). Neben dem Flammensee des Fegefeuers lagern Brotlaibe, deren Verteilung unter die Bedürftigen auf der zugehörigen Tafel dargestellt ist. Die erlösten Seelen wiederum werden von Engeln abgeholt und in den Himmel gebracht. Auf der vorliegenden Tafel sind aber weder den Engeln noch den leidenden Seelen Attribute beigegeben, die Rückschlüsse auf das Gesamtprogramm des Altars zulassen würden.

Der Altarflügel wurde eine Zeit lang dem Meister des Sultzbacher Altars zugeschrieben, einem Maler, der durch das künstlerische Umfeld von Hans Baldung Grien geprägt und gegen 1520 in der Gegend von Colmar tätig gewesen war. Wenn auch diese Einordnung in das Werk des oberrheinischen Künstlers aufgrund von Unterschieden in der Ausführung fallen gelassen werden muss, so sind hier doch Stil und Kompositionen von Baldung von zentraler Bedeutung. Die Vorliebe für die Gestaltung übernatürlicher Räume mit Wolken in wechselnden Farbtönen und zackig ausfransenden Flammen verweist denn auch auf die Tätigkeit von Baldung in den Jahren 1510–1520 in Strassburg. Gewisse Ungereimtheiten in der anatomischen Darstellung, etwa bei der Gestaltung der Schultergelenke, schliessen jedoch eine Zuschreibung an den Meister selbst aus.

Cécile Dupeux (stilistische Einordnung)
Susan Marti (Ikonographie)

Literatur:
Unveröffentlicht.

Abb. 16
Hans Fries, Flügel-Aussenseiten des sogenannten Bugnon-Altars, 1506/1507, Freiburg i. Üe., Museum für Kunst und Geschichte, Gottfried-Keller-Stiftung. – Auf der linken Tafel wird die Austeilung von Almosen an Bedürftige dargestellt, auf der gegenüberliegenden Seite werden Seelen von Engeln aus dem Fegefeuer erlöst.

---
1 Jezler 1994, S. 22–26.

60
Die Almosengabe an Bedürftige ist ein bevorzugter Weg, das Seelenheil zu erlangen. Gewisse Altarbilder werben für diese Form der Barmherzigkeit.

Meister H. H., Die hl. Elisabeth von Ungarn verteilt Brot an die Armen, Elsass, 1508.

Altartafel, Öl auf Holz, H: 158; B: 87 cm.
Obernai (Bas-Rhin), Hôtel de Ville, Inv. 2000.0.1.

Die Tafel stammt von einem Altar aus der Kapelle des St. Erhard-Hospizes in Obernai, das anfangs des 14. Jahrhunderts gegründet worden war, um Arme und Kranke aufzunehmen. Die dargestellte Szene bezieht sich auf die Lebensgeschichte der hl. Elisabeth, Tochter von König Andreas II. von Ungarn und Verlobte des Sohnes von Markgraf Hermann von Thüringen. Elisabeth von Ungarn gründete im frühen 13. Jahrhundert ein Spital, in dem sie selbst die Pflege der Armen, Leidenden und Aussätzigen übernahm. In mehreren Regionen Europas wurde sie denn auch als Patronin der Hospitäler verehrt, und Bilder zeigen sie oft bei der Krankenspeisung. Das in Krankenhäusern besonders häufig anzutreffende Bildthema sollte einen Anreiz darstellen, Almosen an die Bedürftigen zu verteilen. Diese kirchlicherseits ständig geförderte Praxis wurde bisweilen im grossen Stil von Klöstern, hochrangigen Personen und Bruderschaften, aber auch von einfachen Privatleuten gepflegt, die ihrer Barmherzigkeit und Frömmigkeit ein Zeichen setzen wollten. Die Begünstigten – Verunglückte, Kranke oder Alte – verkörpern das Leiden Christi und sollten die Rolle von Fürbittern für das Seelenheil übernehmen.

Die auf beiden Seiten bemalte Altartafel von Obernai besitzt ein Gegenstück, das ebenfalls zur Ausübung Guter Werke aufruft. Ein Bischof, vielleicht der hl. Nikolaus, verteilt Almosen an einen Bedürftigen, während an seiner Seite der hl. Martin den Mantel mit einem Bettler teilt. Beide Tafeln tragen die Wappen der Zunft, welche die Altarbilder gestiftet hat: die erste jenes der Schuster, die zweite jenes der Müller und Bäcker.

Das Monogramm «hh» auf einer der Tafeln ist bis jetzt noch nicht eindeutig identifiziert worden, die Zuschreibung an den Strassburger Maler Hans Hag, der 1522 hauptsächlich in Obernai tätig war, erscheint aber am wahrscheinlichsten.

Cécile Dupeux

Literatur:
Rott 1936, S. 216. – Ohresser 1973. – Dossiers Inventaire et Conservation Régionale des Monuments Historiques d'Alsace (1981 und 1999).

Kat. 60

61
Armut ist ein Weg zum Heil, Reichtum dagegen lenkt von Gott ab und führt in die Hölle.

Das Gebet des Reichen und des Armen, Strassburg (?), 1474.

Malerei auf Tannenholz, H: 80; B: 63.5 cm.
Inschrift am unteren Bildrand: *O.mentsch.folg.miner.ler.diech. von.dinen./.sünden.kör.du.must.sterben.das.vaist./.du.woll.und. waist.doch.nit.wenn./.das.geschechen.soll.m°.cccc°.lxx iiii°.iar.*
Spruchbänder: Der Reiche: *Vater aberham las lasrus mit dem minsten vinger sin/geben ain tropfen wasers uff die zungen min.* Abraham: *Dar umb das du laszrus hast verschmecht uff erden/bisz uff erden/dar umb so mag dir der tropff wasers nit werden.* Christus: *O mentsch sieh an mich/wasz groser not laid ich willig und arm/bisz uff erden. solt du ain burger in minem reich werden.*
Der Tod: *O mentsch syech an mich das du bist des was ich.*
Strassburg, Musée de l'Œuvre Notre-Dame, Inv. MBA 118 (Nachlass Chorherr Alexandre Straub, 1893).

Die von den Bilderstürmern der Reformationszeit verursachten Zerstörungen haben den Bestand an Strassburger Tafelmalereien des 15. Jahrhunderts derart vermindert, dass eine ausreichende Vergleichsbasis für die stilistische Einordnung des vorliegenden Gemäldes in diesen Umkreis fehlt. Die von Alfred Stange vorgeschlagene Verwandtschaft mit den Dekorationsmalereien aus dem Haus «Zum hinteren Pflug» in Konstanz[1] ist angesichts der elsässischen Herkunft nicht überzeugend.

Die linke Bildhälfte stellt eine erweiterte Auslegung des Gleichnisses vom reichen Mann und dem armen Lazarus dar (Lukas 16,19–31). Während der Reiche schlemmt, liegt der arme Lazarus vor seiner Türe und teilt die Brosamen des Festes mit den Hunden, die seine Wunden lecken. Als beide sterben, wird Lazarus' Seele von einem Engel in Abrahams Schoss getragen, der Reiche hingegen fährt zur Hölle, wo er vergeblich um einen Tropfen Wasser bettelt, um seinen Durst zu löschen. Rechts im Bild erscheint Christus als Schmerzensmann, umgeben von den Leidenswerkzeugen der Passion, auf dem engen und steinigen Weg zum Himmel (Matthäus 7,13–14). Mit den aus Christi Wunden fliessenden Blutstrahlen, welche das Herz, die Hände und die Füsse eines armen Mannes in dunkler Mönchskutte treffen, spielt die Darstellung deutlich auf die Stigmatisation des hl. Franziskus an. Der gegenüber kniende junge, reiche Mann, auf einem breiten Weg zu Christus betend, ist ebenfalls stigmatisiert. Quelle seiner Blutstränge und seiner «Passion» sind die Güter und Freuden dieser Welt, um die er den Himmel anfleht: Preziosen, eine kokette, fürstlich gekleidete Frau mit einer Hörnerhaube als Kopfbedeckung (vgl. Kat. 158) in einem Schlafgemach, schliesslich auch mehrere Weinfässer. Unten im Bild kriecht ein verwesender Leichnam aus einem Grab, um dem Betrachter in Erinnerung zu rufen, dass auch er einmal sterben muss – ein Memento-mori-Motiv, das einem seit der zweiten Hälfte des 13. Jahrhunderts illustrierten Moralgedicht, der Legende der «Drei Lebenden und der Drei Toten», entnommen ist.

Das auf der Strassburger Tafel dargestellte Gleichnis vom guten und schlechten Gebet ist bereits Thema eines um 1430 entstandenen, von Philipp M. Halm veröffentlichten Holzschnitts (Abb. 17). Dieses Blatt oder eine verwandte Druckgraphik mag denn auch das Vorbild geliefert haben für die vom reichen Mann mit einem Gebet erhoffte Erfüllung von drei Wünschen – anstatt der auf dem Stich abgebildeten sechs. Ausserdem gehen hier die Verbindungslinien aus dem Mund der Betenden zu den Wundmalen Christi bzw. auf die weltlichen Güter und sind daher, im Gegensatz zum Strassburger Gemälde, keine Stigmata. Die Anspielung auf die Stigmatisation des hl. Franziskus und die – auf dem Holzschnitt fehlende – Betonung der Armut als Weg zum ewigen Heil lassen vermuten, dass das Werk im Umfeld der franziskanischen Frömmigkeitsbewegung entstanden ist. Nirgends klingen alternative Mittel zur Erlangung des Seelenheils an, wie Ablasskäufe, fromme Stiftungen oder Seelmessen, die von den meisten Klerikern gefördert wurden, um irdischen Reichtum mit himmlischer Seligkeit in Einklang zu bringen. Vielleicht ist gerade in diesem Fehlen eine implizite Kritik an den kirchlichen Praktiken zu sehen.

Jean Wirth

Literatur:
Halm 1921–1922, S. 18. – Haug 1937. – Haug 1938, Nr. 6. – Stange 1969, Bd. 5, S. 52.

---

1 Aufbewahrt in Zürich, Schweizerisches Landesmuseum, Inv. LM 6277.

Kat. 61

Abb. 17
Das gute und das schlechte Gebet. Holzschnitt, 1430. München, Graphische Sammlung.

62
In der Geistermesse vergelten die dankbaren Toten ihren Wohltätern die Jenseitsinvestitionen.

Flügel des Allerseelenaltars aus dem Berner Münster, um 1505.

Zwei Holztafeln, je H: 149; B: 62 cm; Feiertagsseite: Legende von Eusebius und Ostorgius; Werktagsseite: Legende vom Küster und der Geistermesse.
Bern, Kunstmuseum, Inv. G 1425a/b
(Depositum der Gottfried-Keller-Stiftung).

Schon bei seiner Aufstellung 1506 im Berner Münster löste das Allerseelenretabel einen Skandal aus. Die Franziskaner protestierten dagegen, dass tote Priester als Wiedergänger dargestellt waren, die die Fähigkeit hatten, für andere Arme Seelen Messe zu lesen, und sie veranlassten daher die Übermalung der betreffenden Schädel mit lebenden Priesterköpfen. – Allein schon dies ist ein aussergewöhnlicher Vorfall. Aber auch das ganze Bildprogramm, der ungewöhnliche Stiftungsvorgang und die von ikonoklastischen Eingriffen geprägte Überlieferungsgeschichte machen den Berner Allerseelenaltar zu einem der spektakulärsten Kunstwerke des Spätmittelalters.

Bei dem Retabel, von dem nur die Flügel erhalten sind, handelte es sich ursprünglich um ein Altarwerk, das in der Predella oder im Schrein eine geschnitzte Darstellung der Armen Seelen im Fegefeuer enthielt. Auf den Flügeln erscheinen zwei Episoden aus dem 1481 erstmals in Deventer erschienenen *Speculum exemplorum*.

Die Feiertagsseite der Flügel erzählt die Legende von Fürst Eusebius von Sardinien,[1] der die reichste seiner Städte den Toten gewidmet hatte. Er liess dem Ort einen Zehntel seiner Einkünfte zufliessen, damit durch Almosen und Seelmessen die Verstorbenen im Fegefeuer rascher erlöst würden. Der Reichtum der Stadt erweckte jedoch die Gier von Ostorgius, dem Fürsten von Sizilien. Er eroberte die Stadt und beraubte die Toten ihrer Tröstung. Als Eusebius davon hört, rüstet er sich zur Rückeroberung und schlägt sein Feldlager vor der Stadt auf (linker Flügel). Plötzlich erscheint ein Totenheer, um Eusebius beizustehen. Als Ostorgius auf dem Schlachtfeld die Toten erblickt, unterwirft er sich Eusebius (rechter Flügel) und erstattet ihm doppelt zurück, was er ihm genommen hat.

Kat. 62 Werktagsseite

Kat. 62 Ausschnitt
Die Totenmesse

Kat. 62 Feiertagsseite

sich im Berner Münster links unter dem Lettner, genau an jener Stelle, an die in der gemalten Geistermesse die Toten ihr Opfergeld aus dem Jenseits hinbringen. Damit können – so muss man die Geschichte zu Ende denken – neue Seelmessen gelesen werden, die abermals neue Opfer hervorrufen, so dass im Schneeballeffekt bald ein ganzes Heer von verstorbenen und dereinst sterbenden Bernerinnen und Bernern für ihren Wohltäter Thüring Fricker Fürbitte leisten wird. Dieses Stiftungsprogramm ist von einem Intellektuellen ersonnen worden, der sich in der Welt und in den geistlichen Rechten bestens auskannte und sich nicht scheute, dafür ohne äusseren Zwang ein Vermögen von etwa 1100 Gulden zu investieren.[7]

Fricker hatte neben seinen regulären Kindern eine uneheliche Tochter: die Mutter des Berner Künstlers und Reformators Niklaus Manuel. In Frickers Testament wurde Manuel vergleichsweise schäbig bedacht, so dass er und eine Gruppe Verwandter dagegen protestierten. Möglicherweise hat Niklaus Manuel schon anlässlich der Testamentsanfechtung, 1519,[8] Überlegungen dazu angestellt, dass das Seelgerät seines Grossvaters ein Vielfaches seines eigenen Erbteils ausmachte. Jedenfalls diente ihm diese Thematik als Stoff seines 1523 aufgeführten Fastnachtspiels «Die Totenfresser», das den Auftakt zur bernischen Reformation gab (vgl. Kat. 190).[9] Ob aufgrund des Reformationsmandats vom 20. Mai 1528 auch Frickers Allerseelenstiftung liquidiert worden ist, und ob Niklaus Manuel auf diese Weise doch noch eine Aufbesserung seiner Erbschaft erfahren hat, wissen wir nicht.

Peter Jezler

Auf der Werktagsseite ist die Legende vom Küster dargestellt, der eines Nachts seine Pfarrkirche hell erleuchtet vorfindet (linker Flügel). Als er in die Kirche eintritt (rechter Flügel), wird er Zeuge einer Geistermesse. Ein Katafalk steht mitten im Kirchenraum, tote Priester zelebrieren an drei Altären, und eine Schar von Totengerippen ist den Gräbern entstiegen, um an den Seelmessen teilzunehmen. Währenddessen schweben am oberen Bildrand Engel mit erlösten Seelen in den Himmel. Nebenher zeigen die Tafeln einige Genreszenen, so auf der Sonntagsseite Begebenheiten im Feldlager, auf der Werktagsseite das Gebet einer Begine vor den Schädeln eines Beinhauses.

Was die stilistische Einordnung der Malerei betrifft, sind zwei Stränge zu verfolgen: Katharina Nyffenegger verbindet den Allerseelenaltar aufgrund des Goldgrundmusters mit der Fridolinstafel in Dijon und der Diakonstafel im Bernischen Historischen Museum.[2] Bernd Konrad gruppiert um die Malereien ein Œuvre, bestehend aus den St. Veitstafeln im Metropolitan Museum in New York und der Fridolinstafel in Zürcher Privatbesitz.[3]

Stifter des Allerseelenaltars war 1505 der damals 75jährige, 1519 verstorbene Thüring Fricker.[4] Er hatte bis 1492 als Stadtschreiber geamtet, war einziger Doktor der geistlichen Rechte in Bern und genoss als Diplomat höchstes Ansehen. Mit seinem «Twingherrenstreit» hat er sich auch als Dichter hervorgetan.

Das Besondere an Frickers Kaplanei war, dass sie zwar von einer Privatperson finanziert wurde, dass die Früchte daraus aber dem Seelenheil der ganzen Stadt zukommen sollten. Gemäss Gründungsbrief waren am Altar *wuchlichen fünff mässen durch ein eigen caplan* zu lesen, zum Wohl *von allen glöubigen selen, unnd zúvor an unnsern liebenn altvordern unnd allenn denen, so in unnser stat uss diserm ellend gescheyden unnd in gnaden sind oder hinfur zú ewige zytten scheyden.*[5] Sein eigenes Heil spricht Fricker hingegen nicht an. Dass auch er sich seinen himmlischen Lohn aus dem investierten Vermögen erhofft hat, lässt sich allein aus den Bildern ablesen. Die Eusebius-Geschichte wie die Geistermesse gehören zum Motivkreis der «dankbaren Toten».[6] Wer für andere Arme Seelen etwas Gutes tut, darf mit deren Gegengabe rechnen. Frickers Allerseelenaltar befand

Literatur:
Göttler/Jezler 1990. – Nyffenegger 1993. – Othenin-Girard 1998.

---

1 Lateinischer Text samt deutscher Übersetzung ediert in: Göttler/Jezler 1990.
2 Nyffenegger 1993, S. 39–48.
3 Konrad 1989, S. 90; Kat Himmel, Hölle, Fegefeuer 1994, S. 249–250, Nr. 63, Anm. 3.
4 Anshelm, Chronik, Bd. 2, S. 415–415; Tobler 1892, S. 56–76; Marchal 1980, Sp. 916–917; Esch 1998.
5 Oberes Spruchbuch R, S. 412 (Bern, Staatsarchiv, A I 322).
6 Othenin-Girard 1998.
7 Der Betrag ergibt sich aus 800 fl. Stiftungskapital, 40 fl. Lichtstiftung bei Annahme von etwa 260 fl. für Retabel und Altargerät (vgl. Göttler/Jezler 1990).
8 Tobler 1892, S. 72–76.
9 Pfrunder 1989.

Die ikonoklastischen Spuren auf den Allerseelentafeln

Alle vier Bildseiten der beiden Altarflügel wurden zu einem nicht bekannten Zeitpunkt sichtlich beschädigt. Am meisten gelitten hat die Darstellung der Geistermesse. Charakteristisch für die ikonoklastischen Eingriffe ist das gezielte Vorgehen: Die Bilderstürmer haben offenbar planmässig Figuren, dargestellte Bildwerke und liturgische Einrichtungen angegriffen.

Sehr starke Zerstörungsspuren zeigen der Küster, die Toten der Geistermesse sowie die Gebeine und Schädel im Beinhaus. Aber auch andere Figuren wie die Begine, der Mönch, der Lanzenträger und die Frau an der Friedhofspforte weisen deutliche Schäden auf. Die Zerstörung von kirchlichen Bildern findet auf den Tafeln eine zeichenhafte Wiederholung, indem alle gemalten Bildwerke – das Altarretabel, die Altarfiguren und die Verkündigungsgruppe an der Kirchenpforte – mit Stichen und Kratzern traktiert sind. Gleiches gilt für den Katafalk und das Weihwasserbecken, aber auch für die Schlange, das Attribut der aus dem Grab steigenden Toten. Selbst auf den besser geschützten Feiertagsseiten mit ihren weniger provokativen Szenen weisen die Protagonisten der Legende und einige Figuren im Vordergrund teilweise starke Beschädigungen auf.

Die gezielte Form der Herabwürdigung nahm mitunter auch spottartige, beinahe humoristische Züge an. Dies zeigt sich beispielsweise an den geritzten Barthaaren, die am Schädel eines Soldaten des Totenheers eingeritzt worden sind. Die Kratzer und Einstiche manifestieren sich in unterschiedlichster Form: manchmal langgezogen, parallel und gekreuzt, manchmal kräftig, bis auf das Holz gekratzt, manchmal mehrmals auf dieselbe Stelle eingestochen und gehackt, oft tief in den Bildträger hinein, manchmal nur leicht die Oberfläche anreissend. Die «Bildfrevler» arbeiteten präzise und aus geringer Distanz. Als Werkzeuge dienten ihnen spitze, harte Gegenstände. Sie stachen den Figuren Augen und oft auch den Mund aus und übersäten sie mit zahlreichen kleineren Einstichen.

Abb. 18
Detailaufnahme der Werktagsseite des Berner Allerseelenaltars im Reflexlicht. Der Ausschnitt zeigt die Szene der Geistermesse im Kircheninnenraum. Mit Hilfe der Reflexion des Lichtes werden Beschädigungen als dunkle Linien und Flecken sichtbar. Restaurierte Schäden wurden durch Rasterung verdeutlicht.

Bezeichnenderweise wurden die markanten und tiefen Einstiche später mit einer Füllmasse gekittet und retuschiert. Die Detailaufnahme im Reflexlicht lässt Kratzer und kleinere Beschädigungen deutlich erkennen, die restaurierten, ausgebesserten Schäden, in erster Linie tiefe Stiche in Gesichtern und Figuren, sind jedoch für Betrachter nur schwer zu deuten. Sie wurden deshalb auf der Abbildung mit Hilfe des Rasters lokalisiert.

Die vereinzelten Beschädigungen, die sich nicht gegen bestimmte Bildszenen richten, hatten weniger drastische Verletzungen zur Folge. Die Kratzer sind nicht sehr tief und wohl aus grösserer Distanz entstanden. Kreisförmige, kleine Einbuchtungen mit rundherum laufendem Craquelé sind zahlreich und auf verschiedensten Bildteilen sichtbar. Sie gehen vermutlich auf Schläge mit stumpfen Stäben zurück.

Die Vielfalt ikonoklastischer Spuren ermöglicht auch vielfältige Interpretationen: Die Zerstörungen reichen von emotional geprägten Angriffen – bei den Allerseelentafeln nur an wenigen Stellen erkennbar – bis hin zu durchdachten und planmässig ausgeführten Reaktionen auf aktuelle kirchliche und gesellschaftliche Streitfragen.[1]

Nathalie Bäschlin

Literatur:
Göttler/Jezler 1990. – Nyffenegger 1993. – Othenin-Girard 1998.

---

1   Nyffenegger 1993, S. 23–26.

63
Das Strassburger Donationsbuch gibt Auskunft über die Vermächtnisse und Gaben, die dem Marien-Altar im Münster dargebracht wurden.

Donationsbuch (*Liber donationum*)
des Strassburger Münsters.

Pergament, Einband aus Holz und Leder, mit Ziernägeln aus gelbem Messing; 371 Bll., H: 34; B: 24; T: 8.5 cm.
Einträge von der zweiten Hälfte des 13. Jahrhunderts bis 1520.
Strassburg, Archives Municipales, Fonds Œuvre Notre-Dame cod. 1.

Der voluminöse Band besteht aus 371 sehr dünnen Pergamentblättern zwischen zwei Holzdeckeln, die mit Leder überzogen und sowohl auf der Vorder- wie auch auf der Rückseite mit Messingnägeln beschlagen sind. Sein Verschluss ist verloren. Das Buch gehört zum Archivbestand der Münsterfabrik (*opus ecclesie Argentinensis/ Unserer Lieben Frauen Werk*), die damit beauftragt war, alle für den Bau des Münsters bestimmten Stiftungen entgegenzunehmen und zu verwalten. Es präsentiert sich wie ein Jahrzeitbuch, in dem die Wohltäter einer Gemeinschaft aufgelistet sind, für die Gebete gesprochen wurden. Bestätigt wird dies durch folgenden Eintrag aus dem 19. Jahrhundert auf dem zweiten Blatt: *In hoc libro continentur nomina omnium bene factorum operis b. Marie ecclesie Argentinensis*. Auf jeden Tag des Kirchenjahres entfallen zwei Seiten. Eingetragen sind, an ihrem jeweiligen Todestag, die Namen der Donatoren und deren Vergabungen an den Marienaltar, der zunächst unter dem Lettner und seit 1316 in der von Erwin von Steinbach erbauten Marienkapelle stand. Es handelt sich nicht um eine Bestandsaufnahme der Gaben, da keinerlei Daten oder Einzelheiten aufgeführt wurden – der Zweck des Buches war rein liturgischer Natur. Die Donatoren sicherten sich auf diese Weise die Gebete der Priester, die täglich am Marienaltar die Messe zelebrierten, und am Sonntag jene der Gemeinschaft der Gläubigen, die an der Messfeier teilnahm. Erst am Ende des 15. und anfangs des 16. Jahrhunderts, als der Bau des Münsters weitgehend abgeschlossen war und die Stiftungen seltener wurden, ging man dazu über, Daten und Einzelheiten anzugeben.

Soweit eine Beurteilung möglich ist, gehörten die Donatoren allen sozialen Schichten an, wobei aber das Patriziat, das Bürgertum und die Handwerker etwas überwiegen. Vertreten sind auch drei Werkmeister des Münsters, nämlich Meister Erwin, Meister Gerlach und Ulrich von Ensingen. Die Gesamtheit der Vermächtnisse, deren Auflistung zuweilen recht malerisch sein kann, lässt sich in drei Kategorien aufteilen:

Kat. 63 Ausschnitt

– Geldstiftungen in Form einer einmaligen Einlage oder einer jährlichen Spende
– Naturalien wie Getreide oder Wein, Schafe und vor allem Pferde
– diverse Gegenstände, so vor allem Frauen- und Männerkleider, aber auch Waffen und Schmuckstücke.

M. J. Nohlen

Literatur:
Woltmann 1876, S. 259–264 und 375–392. – Pfleger L. 1935, S. 101–106. – Joulia 1960. – Fuchs 1974, S. 21–34.

64
Zahlreiche Geistliche errichteten Stiftungen für Bau und Ausstattung von Kirchen und Klöstern.

Gedenkinschrift von Veit Betscholt, Kreuzgang der Alt-St. Peterskirche in Strassburg, 1509.

Gelber Sandstein, mit Spuren jüngerer Bemalung, H: 94; B: 77; T: 7 cm.
Tafelinschrift: IN DIVI MICHAELIS PATRONI / URSULE VIRGINIS OMNIUMQ[UE] / IN CHRISTO DEFUNCTORUM / HO/NOREM VALENTI[US] BETSCHOLT / HUIUS EDIS PREBENDARIUS / ME SUIS EREXIT IMPENSIS / ANNO 1509.
Strassburg, Musée de l'Œuvre Notre-Dame, Inv. 22.998.0.221.

Der aus vier einfachen Jochen bestehende Kreuzgang der Alt-St. Peterskirche in Strassburg konnte zwischen 1505 und 1509 dank Spenden der drei Domherren Thomas Wolff, Heinrich Cappeler und Veit Betscholt gebaut werden. Eine Tafel gedenkt der Errichtung eines Jochs mit Mitteln des Geistlichen Veit Betscholt. Die Übersetzung der lateinischen Inschrift lautet folgendermassen: «Zu Ehren des göttlichen Patrons Michael, der Jungfrau Ursula und all jener, die in Christus gestorben sind, hat mich Valentin Betscholt, Pfründner dieses Gebäudes, auf seine Kosten erbaut».

Veit Betscholt, 1463 Geistlicher in Strassburg, wurde 1484 Vikar der St. Thomaskirche und 1490 der Alt-St. Peterskirche. Er ist 1506 als Pfründner dieser Kirche und Empfänger des mit diesem Titel verbundenen Einkommens erwähnt.

Die Praxis der Donationen, von denen die kirchlichen Institutionen Strassburgs im 13. und 14. Jahrhundert in hohem Masse profitierten, nimmt im 15. Jahrhundert und anfangs des 16. Jahrhunderts deutlich ab. Die Geistlichen machten in dieser Zeit einen bedeutenden Teil der Stifter aus, denn logischerweise liessen sie jenen Institutionen ihre Spenden zukommen, denen sie verbunden waren.

Cécile Dupeux

Kat. 64

Literatur:
Beyer 1968, S. 70, Nr. 378–379. – Rapp 1974, S. 398–401. – Zumstein/Bronner/Schnitzler 1990, S. 105, Nr. 40, Taf. VII.

Kat. 65

65
Vierzehn römische Kardinäle gewähren einen Kollektivablass von je 100 Tagen.

Ablassbrief zugunsten des Sebastiansaltars der Karmeliterkirche in Strassburg vom 27. Mai 1488.

Pergament, mit 14 schlecht erhaltenen Siegeln, H: 44.7; B: 80.2 cm.
Strassburg, Archives Municipales.

Die Ausschmückung und der Unterhalt des Sebastiansaltars in der Strassburger Karmeliterkirche oblagen der Sebastians- oder «Reitbruderschaft». Diese bestand vornehmlich aus Schützen, deren Patron der Märtyrer war. Um die Kosten für Ausstattung und Unterhalt *(ad munitionem, reparationem, conservationem et manutentionem...)* zu decken, erbaten die Mitglieder 1488 in Rom einen Ablass.

Die Vorstellung, dass der Papst oder andere hohe kirchliche Würdenträger aus einem durch Christi Opfertod geschaffenen, unendlichen Gnadenschatz schöpfen können, um Jenseitsstrafen zu erlassen, hatte sich seit dem 11. Jahrhundert entwickelt. Bischöfe konnten bis zu 40, Kardinäle bis zu 100 Tage Fegefeuer erlassen.[1] Der vollkommene Ablass (Plenarablass) blieb dem Papst vorbehalten. Bedingungen für den Erwerb des Ablasses waren die Beichte, der Kirchenbesuch und nicht zuletzt die Entrichtung einer Geldspende. Bei den Gläubigen erfreute sich die als Sakrament verstandene Praxis grosser Beliebtheit. Je höher die in Aussicht gestellte Indulgenz, desto grösser war der Zustrom an den genau festgelegten Tagen. Die Gelder, die die Gläubigen einbrachten, waren im Spätmittelalter ein wichtiges Mittel zur Finanzierung von Kirchenbauten und Kirchenausstattungen. Für die Kurie erwiesen sich die Ablässe als sehr lukrativ. Ein Teil der Einnahmen, in der Regel ein Drittel, musste an sie abgeführt werden. Doch schon das Ausstellen eines Ablassbriefes liess man sich vergolden. Für die vergleichsweise schlichten Ablässe von Kat. 66.1–2 (und seine Absolution) zahlte Johannes Bäli 1463 nicht weniger als 21 Gulden. Das war noch verhältnismässig günstig, denn päpstliche Bullen waren erheblich teurer. Die Preise verdoppelten sich in der zweiten Hälfte des 15. Jahrhunderts, als die Päpste Ablässe zunehmend zur Finanzierung ihres luxuriösen Lebenswandels nutzten. Einer der ersten war Sixtus IV., der die Berner Bullen (Kat. 66.3–5) ausstellte. Doch seine Nachfolger, insbesondere Alexander VI., standen ihm nicht nach. Immer häufiger zweigten auch weltliche Machthaber Ablassgelder für ihre eigenen Zwecke ab. Diese Missstände führten schliesslich zur bekannten Kritik der Reformatoren am Ablasswesen.

Der Kollektivablass für die Sebastiansbruderschaft ist von 14 römischen Kardinälen gesiegelt. Der bekannteste unter ihnen ist Rodrigo Borgia, der spätere Papst Alexander VI., dessen Name in grossen Zierbuchstaben am Anfang des Dokuments steht. Ein weiterer späterer Papst, Julius II. (Giuliano della Rovere), folgt an vierter Stelle. Der floskelhafte Brief gewährt allen Gläubigen, die den Altar in diesem Jahr am Sebastianstag oder an Johannis besuchen, einen Ablass von 100 Tagen. Die Höhe der zu entrichtenden Geldsumme ist offen.[2] Bemerkenswert ist die prachtvolle Ausstattung mit der Zierleiste aus Ranken- und Blumenmotiven, der Sebastiansminiatur und der R-Initiale mit dem Borgiawappen. Der dekorative Aufwand verweist auf den medialen Charakter, den Ablassbriefe hatten. Sie wurden öffentlich vorgezeigt, sei es anlässlich einer Prozession (wie in Bern, vgl. Kat. 66.1–5), sei es, dass sie an Kirchentüren angeschlagen wurden. Beim Strassburger Dokument scheint die Lasche rechts oben auf letzteres zu deuten.

Peter Habicht

Literatur:
Paulus 1922. – Kat. Humanisme et Réforme 1973, S. 38–39. – Kat. Bucer 1991, S. 67. – Kat. Himmel, Hölle, Fegefeuer 1994, S. 234–247.

---

1 Besonders beliebt waren von mehreren Würdenträgern gezeichnete sogenannte Kollektivablässe, da die (falsche) populäre Ansicht herrschte, Ablässe liessen sich kumulieren.

2 Der Brief verwendet die übliche Floskel *manus porrexerint adiutrices* (helfende Hände werden sich dargereicht haben). In den Berner Ablässen von 1478 und 1479 (Kat. 66.4–5) soll der Betrag den individuellen Lebensunterhaltskosten von einer Woche entsprechen.

66
Mit Ablassprivilegien finanziert der Berner Rat den Bau des Münsters.

Ablassbriefe, Ablassbullen und Vidimi für das Berner Münster, 1463–1479.

66.1 Ablassbrief zweier römischer Kardinäle für das Berner Münster vom 8. April 1463.
Pergament, mit zwei Siegeln, H: 28.5; B: 55 cm.
Bern, Staatsarchiv, F. Stift 1463, April 8.
66.2 Ablassbrief sieben römischer Kardinäle für das Berner Münster vom 25. April 1463.
Pergament, mit sieben Siegeln, H: 33.5; B: 59.5 cm.
Bern, Staatsarchiv, F. Stift 1463, April 25.
66.3 Ablassbulle von Papst Sixtus IV. für das Berner Münster vom 30. März 1473.
Pergament, mit Bleibulle, H: 32; B: 52 cm; auf der Plica signiert: *A. de Vulterris*.
Bern, Staatsarchiv, F. Stift 1473, März 30.
66.4a Ablassbulle von Papst Sixtus IV. für das Berner Münster vom 12. April 1478.
Pergament, mit Bleibulle, H: 43; B: 77 cm; auf der Plica signiert: *Sinolfus*.
Bern, Staatsarchiv, F. Stift 1478, April 12.
66.4b *Vidimus* der Ablassbulle von Papst Sixtus IV. für das Berner Münster vom 12. April 1478, datiert 27. April.
Pergament, mit Siegel von Burkhard Stör, Propst zu Amsoldingen; notariell beglaubigt durch Johannes Burckhard aus Strassburg und Gotfridus Schrintwyn (?) aus Köln.
Bern, Staatsarchiv, F. Stift 1478, April 12.
66.5 *Vidimus* der Ablassbulle von Papst Sixtus IV. für das Berner Münster vom 10. Mai 1479, datiert 6. Januar 1480.
Pergament, mit Papiersiegel von Burkhard Stör, Propst zu Amsoldingen; notariell beglaubigt durch Burckhard Wentzel aus Halle und Niklaus Schmid (Fabbri) aus Konstanz; H: 48; B: 59.5 cm.
Bern, Staatsarchiv, F. Stift 1479, Mai 10.

Der Neubau des Berner Münsters wurde 1421 begonnen und erst im 16. Jahrhundert vollendet. Die in verschiedenen Etappen ausgeführten Arbeiten verschlangen enorme Summen. Aus der Bulle vom 12. April 1478 (Kat. 66.4a–b) geht hervor, dass die Berner für den Neubau schon über 40 000 Gulden ausgegeben hätten, dieser aber noch nicht einmal zur Hälfte vollendet sei. In der zweiten Hälfte des 15. Jahrhunderts griff der Rat zunehmend auf den Ablass als wichtigstes Finanzierungsmittel zurück.

Als Johannes Bäli den Bernern vorschlug, er werde für seinen Reliquienraub (vgl. S. 107) in Rom die Absolution holen und bei dieser Gelegenheit beim Papst ein «Jubeljahr» erwerben, sicherte ihm der Rat die Unterstützung zu.[1] Die Absolution erhielt Bäli, der Plenarablass blieb ihm aber verwehrt, da die Kurie die Haltung Berns in ihrem Konflikt mit Sigismund von Österreich missbilligte. Bäli musste sich mit zwei Kollektivablässen (Kat. 66.1–2) begnügen. In ihnen wird sein Kirchenraub stillschweigend als *translatio* (Überführung) bezeichnet.

1473 unternahm Bern einen neuen Anlauf und schickte den Stadtschreiber Thüring Fricker nach Rom. Dieser war *wolgelert, aber in römischer finanz unbericht*.[2] Die Bulle, die er nach Hause brachte (Kat. 66.3), beinhaltete wiederum keinen Plenarablass, sondern nur eine Indulgenz von (pauschal) 15 Jahren und (für jede einzelne Sünde) 40 Tagen. Doch geriet der Münsterbau durch die Burgunderkriege ohnehin ins Stocken. Erst 1478 reiste der Propst von Amsoldingen, Burkhard Stör, *nid mit lärer däschen* nach Rom, um *stärkeren Ablass ze koufen*[3] (Kat. 66.4a). In der Bulle, von der auch ein *Vidimus*[4] (Kat. 66.4b) erhalten ist, wird der Ablass von 1473 aufgehoben, weil er den Bernern wegen der Burgunderkriege wenig genutzt habe und weil andere Städte in der weiteren Umgebung inzwischen grössere Ablässe erhalten hätten.[5] Doch muss der Ertrag der «Romfahrt» von 1478 deutlich unter den Erwartungen geblieben sein.[6] Erneut reiste Burkhard Stör nach Rom. In seinem Gepäck hatte er das richtige Geschenk, um den kunstliebenden Papst gnädig zu stimmen: das illuminierte Gebetbuch Karls des Kühnen aus der Burgunderbeute. Sixtus gewährte denn auch die Bulle, von der sich allerdings nur ein *Vidimus* erhalten hat (Kat. 66.5). Bern hatte nun seine «Romfahrt», die während fünf Jahren in der Woche nach St. Michael (29. September) verkündet werden durfte.[7]

Wichtig war jetzt eine wirksame Propagierung. Der Rat liess die Bulle in Basel in einer Auflage von 1500 Exemplaren drucken. Er holte den Basler Prediger Johann Heinlin von Stein nach Bern, um für den Ablass zu werben. Aus der ganzen Diözese Lausanne liess er Priester kommen, die den Busswilligen die Beichte abnahmen. Am Michaelstag wurde der Ablass von allen Kirchglocken der Stadt eingeläutet. In einer feierlichen Prozession trug der Bischof von Lausanne «das Sakrament» (die päpstliche Bulle) vom Münster zum Zytglocketurm. Vier Ritter schritten an seiner Seite und trugen einen Baldachin. Ihnen folgten an die 900 Büsser, die Männer nackt, die Frauen barfuss und mit aufgelöstem Haar. Anschliessend sang der Bischof höchstpersönlich im Münster das Hochamt.

Die Organisation dieses gesellschaftlichen Grossanlasses war für den Rat mit erheblichem Aufwand verbunden. Was blieb nach Abzug aller Unkosten letztlich für den Bau übrig? Eine konkrete Zahl haben wir, dank einer Notiz des Berner Stadtschreibers, aus dem Jahr 1482: *Sannct Vincentzen gellt, hür von der Romvart gevallen, ist 1104 lb.*[8]

Peter Habicht

Literatur:
RQ BE, Teil 1, Bd. 6/1, S. 140–145, Nr. 11e. – Schilling, Chronik. – Türler 1892. – Fluri 1915. – Tremp-Utz 1986.

---

1 Mit «Jubeljahr» oder «Romfahrt» bezeichnete man den vollen Sündenablass, wie er Rompilgern in den kirchlichen Jubeljahren erteilt wurde.
2 Anshelm, Chronik, Bd. 1, S. 133.
3 Ebd.
4 Ein *Vidimus* ist eine notariell beglaubigte Abschrift.
5 *...quia alias indulgentias forsan maiores in Lausanensi et alijs diversis ecclesijs in ducatu Sabaudie et alijs partibus civitati Bernensi contiguis concessimus, necnon propter guerram turbines, quas dilecti filij confederati lige in illis partibus cum quondam Carolo duce Burgundie habuerunt, parum aut nichil ecclesie Bernensi [...] profuerunt.*
6 Die Bulle von 1479 (Kat. 66.5) erwähnt, dass der Ablass von 1478 nur bescheidene Frucht *(modicus fructus)* erbracht habe.
7 1481 hob der Papst allerdings alle bestehenden Ablässe auf, um Geld für einen Kreuzzug aufzutreiben. Die Bulle Kat. 66.5 blieb dafür bis 1485 gültig und wurde anschliessend nochmals um drei Jahre verlängert.
8 Bern, Stadtarchiv, Kanzleiarchiv A II, Nr. 21.

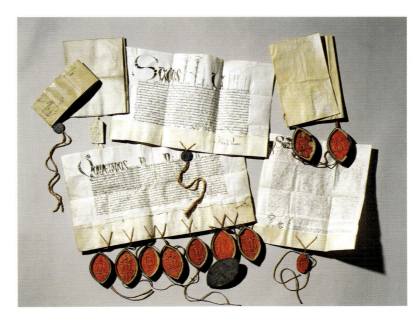

Kat. 66.1–66.5.

Die Stiftung einer Privatkapelle und die zugehörigen Kunstwerke

Als im 13. Jahrhundert die Gewohnheit aufkam, an die Seitenschiffe der grösseren Kirchen Privatkapellen anzufügen, hat sich ein Wandel vollzogen, der für die Kunstproduktion grösste Folgen zeitigen sollte. Mit einem Schlag wurde der Ausstattungsbedarf der Kirchen vervielfacht. Dies heizte unter den privaten Stiftern die Konkurrenz um die schönsten und repräsentativsten Kapellen an und bescherte dem Kunstgewerbe eine nie dagewesene Auftragslage.

Der weitaus grösste Teil mittelalterlicher Sakralkunstwerke ist in Verbindung mit einer privaten Stiftung für das Seelenheil entstanden.[1] Den Stiftern ging es in erster Linie um die Einrichtung einer ewigen Messe, wozu ein Pfrundkapital ausgeschieden wurde, das bis ans Ende der Welt mit seinem Zins einem Kaplan den Lebensunterhalt finanzieren sollte. Durch die ständig wiederkehrende private Feier des Messopfers (z. B. fünfmal pro Woche) sollte den Urhebern und Nutzniessenden der Stiftung die Leidenszeit im Fegefeuer verkürzt werden (Abb. S. 21).

Erst in zweiter Linie, sozusagen als Begleiterscheinung, entstanden die für die Feier der Messe notwendigen baulichen Einrichtungen und Kunstwerke. Die meisten davon trugen Bildschmuck. Diese Bilder verfolgten weniger einen didaktischen Zweck als vielmehr die Aufgabe, mit Wappen und Heiligendarstellungen zu dokumentieren, wem die Stiftung gehörte und von welchen Heiligen als Gegengabe die Fürbitte im Jüngsten Gericht erwartet wurde. Das Recht, den heraldischen Schmuck und das Bildprogramm zu bestimmen, erwuchs aus dem Patronat, das sich aus den drei Teilen der Stiftung ableitete:[2]

Der Patron oder die Patronin einer Kapelle genoss eine Reihe von Ehrenrechten,[3] z. B.
- das Präsentationsrecht (faktisch das Recht auf Wahl des Kaplans, z.B. eines Verwandten)
- das Recht, Wappen und Ehrenzeichen im Umfeld der Kapelle anzubringen
- das Recht auf eigenen Ehrensitz in der Kapelle
- das Recht auf Begräbnisplätze in der Kapelle.

Die Seitenkapellen des Berner Münsters

Am Beispiel des Berner Münsters lässt sich der Aufwand für eine Kapellenstiftung exemplarisch erläutern: 1418 erhielt die Stadt Bern von Papst Martin V. das Recht, im geplanten Münsterneubau die Stiftung von Kapellen und Altären an Private zu vergeben.[4] Dazu mussten die Stifter die entsprechende Kapelle im Rohbau von der Bauverwaltung, der sogenannten Münsterfabrik, abkaufen und sich dazu verpflichten, die Kapelle mit einer Altarstiftung zu dotieren und mit Glasfenster, Gewölbe, Gestühl und dem nötigen Altargerät auszustatten.

Es handelte sich um einen genialen, oft angewandten Finanzierungsmodus, der einen grossen Teil der Baukosten auf Private abwälzen half, ihnen freie Hand in der Ausschmückung der Kapellen gewährte und dennoch die Einheit der äusseren Gestalt des Gebäudes garantierte (Abb. 19).[5] Am Ende existierten im Berner Münster neben den drei öffentlichen nicht weniger als 23 private Altäre. Mit dem Beginn des Münsterbaus 1421 hatte in Bern eine gewaltige Vermehrung der Gottesdienste stattgefunden. Dieses sogenannte *incrementum cultus* war im Zeichen der Verchristlichung der Welt die wichtigste Zielsetzung der mittelalterlichen Universalkirche.

Die Kosten für den Kauf einer Kapelle waren in Bern unterschiedlich und hingen davon ab, inwieweit ein Stifter oder eine Stifterin dazu bereit war, mit einer grosszügigeren Gabe auch die allgemeinen Baukosten mitzutragen. Beispielhaft ist das Testament von Peter Matter 1430:[6]

> So geben und ordnen ich [...] an Sant Vincentzen buwe zuo der lütkilchen ze Berne an ein nüwi cappellen in minem namen ze buwen zwey hundert rinischer guldin. Ouch so wil ich, dass das glasphenster in derselben cappellen in minen kosten gemacht werde und der altar derselben capellen in minen kosten gemacht werde und der altar derselben cappellen mit kelch und mit mesbuoch, mit mesgewant und mit aller gezierde, so darzuo hörent ouch von minem gůt gemacht und bezahlt werde.

«So gebe ich und bestimme ich für den Sankt Vinzenzen Bau der Leutkirche zu Bern für eine in meinem Namen zu bauende neue Kapelle 200 Rheinischer Gulden. Auch will ich, dass das Glasfenster in derselben Kapelle in meinen Kosten gemacht werde und der Altar derselben Kapelle in meinen Kosten gemacht werde und der Altar der selben Kapelle mit Kelch und mit Messbuch, mit Messgewändern und mit allen Ausstattungsstücken, welche dazu gehören, auch aus meinem Vermögen gemacht und bezahlt werden.»

Die Diesbachkapelle und ihre Kosten

Im Gegensatz zu den 200 Gulden, die Peter Matter 1430 aufgewendet hatte, liess sich die Familie von Diesbach 1442 ihren Kapellenrohbau 800 Gulden kosten (Abb. 20). Christoph von Diesbachs Familienchronik von 1596 überliefert glaubwürdig Investitionen für das Seelenheil von 2800 fl

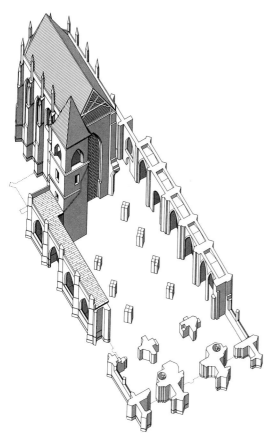

Abb. 19
Der Bau des Berner Münsters um 1460, Rekonstruktionszeichnung von Robert Hagmann. – Nach vier Jahrzehnten Bauzeit war der Chor vollendet, vom Vorgängerbau verblieb der Turm, und vom Langhaus standen die privaten Seitenkapellen, die im Rohbau privaten Stiftern verkauft wurden.

Abb. 20
Die Diesbachkapelle am südlichen Seitenschiff des Berner Münsters kostete die Stifterfamile das Vermögen von zehn Stadthäusern.

(Gulden), wovon 300 an das Sakramentshaus im Chor gingen, der Rest die Familienkapelle betraf. Für letztere fielen folgende Ausgaben an:[7]

Kapellenrohbau	800 fl
Altarpfründe	
(Gült von 50 fl bei 5% Verzinsung)	1000 fl
Priesterhaus,	
Steinbau in der Herrengasse	240 fl
übrige Ausgaben	ca. 460 fl
Gesamtkosten	ca. 2500 fl

Unter den «übrigen Ausgaben» von insgesamt ca. 460 fl dürfen wir mit Bezug auf parallele Quellen folgende Posten annehmen:

Gewölbe[8]	ca.	30–50 fl
Fenster[9]	ca.	50–100 fl
Altarretabel und Messgewänder[10]	ca.	100–200 fl
Gestühl, Kelch, Antependium,		
Altartücher, Bücher usw.	ca.	110–280 fl

Die Diesbachkapelle verschlang ein beträchtliches Vermögen, für das gut zehn Stadthäuser zu haben gewesen wären. Bis zum Jüngsten Tag hätte die Seelmesse fünfmal wöchentlich gelesen werden sollen, doch setzte dem die Reformation schon nach 86 Jahren ein Ende. Der Bildersturm war bereits besiegelt, als am 26. Januar 1528 die von Diesbach *in ir kapel mit gepräng und messen* Jahrzeit halten liessen. Es war der letzte herkömmliche Gottesdienst im Berner Münster, und er dauerte nur so lange, *biss mans' hiess hören.*[11] Was für Kunstwerke die Kapelle einst aufgewiesen haben könnte, zeigt die nebenstehende Auflistung.

Peter Jezler

---

1 Exemplarisch wird der Stiftungsvorgang in Kat. Luther Nürnberg 1983, S. 54–62, Nr. 54–70, illustriert.
2 Zum Patronat vgl. Landau 1975, S. 16–17; P. Leisching: Artikel «Patronat», in: HDR, Bd. 3, Sp. 1558–1564.
3 Hinschius 1869–1895, Bd. 3, S. 64–67.
4 Kurmann-Schwarz 1998, S. 57.
5 Zum Bauablauf vgl. Germann G. 1985.
6 Kurmann-Schwarz 1998, S. 505.
7 Türler 1896, S. 80–82.
8 1451 beträgt der Preis für ein Seitenschiffgewölbe 33 fl (vgl. Türler 1896, S. 88).
9 Für das 10 000-Ritterfenster von etwa zweieinhalbfacher Fläche sind Gelddonationen von 180 fl nachgewiesen; hinzu kommen Naturalien (vier Silberschalen, Papier für den Entwurf). Die Gesamtkosten dürften bei ca. 200–250 fl gelegen haben (vgl. Kurmann-Schwarz 1998, S. 179).
10 Soviel bestimmte 1501 Jakob Lombach *an min tafeln ze fassen und an messgwand* (vgl. Türler 1896, S. 102).
11 Anshelm, Chronik, Bd. 5, S. 244.

Kirchenstuhl
Zu den Rechten eines Stifters gehört es, einen eigenen Kirchenstuhl an ausgezeichneter Stelle platzieren zu dürfen (vgl. Kat. 68).

Wappentafel
Mit der Anbringung von prachtvollen Wappenschnitzereien an Privatkirchenstühlen können die Auftraggeber deutlich machen, wem diese Sitze vorbehalten sind (vgl. Kat. 69).

Wappenscheibe
Die Wappenscheibe steht als Zeichen für Freigebigkeit und erinnert über den Tod hinaus an den Donator (vgl. Kat. 70).

Jahrzeitbehang
Der Jahrzeitbehang hält die Erinnerung an den Stifter wach und kann während der alljährlich wiederkehrenden Jahrzeitfeier (Totengedenktag) als schmückender Grabbehang eingesetzt werden (vgl. Kat. 67).

Altarretabel
Retabel in Form von Flügelaltären bilden den Hauptschmuck von Kirchenaltären. Ihre Flügel werden nur an Feiertagen geöffnet (vgl. Kat. 73).

Messgewand (Kasel)
Die Kasel bildet die Oberbekleidung des Priesters bei der Eucharistiefeier (vgl. Kat. 12).

Altarkreuz
Oft schmückt ein reich verziertes Altarkreuz den Altar (vgl. Kat. 34).

Antependium
Das schmückende Antependium, der Altarbehang, zählt zu den teuren Ausstattungsstücken des Altars (vgl. Kat. 110).

Messbuch (Missale)
Das Missale enthält die liturgischen Gebete für die Messfeier (vgl. Kat. 72).

Altarleuchter
Die Altarleuchter – Symbole des göttlichen Lichts – sind ein fester Bestandteil der Altarausstattung (vgl. Kat. 72).

Kelch
Der Kelch gehört zusammen mit der Patene zu den unerlässlichen Geräten für die Zelebration der Messe. Als liturgisches Gefäss dient er der Aufnahme des Weins (vgl. Kat. 18).

Patene
Die Patene, eine runde Schale, dient bei der Feier des Abendmahls oder der Eucharistie zur Aufnahme des Brotes (Hostie) (vgl. Kat. 18).

Altarglöcklein
Mit dem Altarglöcklein wird der Höhepunkt der Messe – die eucharistische Wandlung – angekündigt (vgl. Kat. 71).

Kat. 67

67
Der Jahrzeitbehang, eine Seelstiftung für die Verstorbenen, ist zugleich ein Memento mori für die Lebenden.

Jahrzeitbehang der Familie von Ringoltingen, aus der Ringoltingenkapelle im Berner Münster, Basler Wirkerei, um 1460.

Wolle, H: 101; B: 243 cm; Dichte: 28 Schuss-, sechs Kettfäden/cm².
Zürich, Schweizerisches Landesmuseum, Inv. LM 19688.

Die Angehörigen der Familie von Ringoltingen sowie neun Priester des Deutschritterordens[1] haben sich auf dieser textilen Darstellung zum «Gang über das Grab»[2] beim Sarkophag eingefunden. Dieser Grabbesuch, bei dem die geistlichen Vertreter und Familienangehörigen für den Verstorbenen Fürbitte halten, schliesst sich an das den Jahrzeitfeiern (Totengedenktage) vorausgegangene Totenoffizium an.[3] In der Mitte des dargestellten Geschehens befindet sich der Sarkophag mit dem verwesenden, von Würmern und Ungeziefer zerfressenen Leichnam. Bedeckt wird das Grab von einer grossen Platte mit der Inschrift: . an . dise . figur . sônd . ir . sechen . úch . wirt . ôch . allé . also . beschehen . (An dieser Figur sollt Ihr sehen, Euch wird allen auch so geschehen). Das hier in Wort und Bild angesprochene *memento mori* – die Mahnung an das unausweichliche Ende – richtet sich an die dicht um den Sarkophag gedrängten Teilnehmer am «Gang über das Grab» ebenso wie an die Betrachter der Wirkerei.[4]

Die Priester des Deutschritterordens, in weisse Mäntel mit schwarzem Kreuz gehüllt, befinden sich hinter der Tumba. Einer von ihnen besprengt den Sarkophag mit Weihwasser, während er aus einem Buch rezitiert, ein zweiter hat den Weihwasserkessel auf den Rand der Grabplatte gestellt, und ein dritter trägt ein goldenes Vortragekreuz. Die übrigen sechs Priester lesen und beten. Die männlichen Angehörigen der Familie des Toten gruppieren sich auf der linken, die weiblichen auf der rechten Seite des Grabes.

Als Auftraggeber des Jahrzeitbehangs gibt sich aufgrund des gewirkten, wenn auch überstickten Wappens Thüring von Ringoltingen (1410–1484) zu erkennen, der mit Verena von Hunwil verheiratet war, deren Wappen ebenfalls auf der Wirkerei erscheint.[5] Herstellen liess Thüring den Teppich in Basel, und zwar für die Privatkapelle seines 1456 verstorbenen Vaters, des Schultheissen Rudolf von Ringoltingen.[6] Die Ringoltingenkapelle im Berner Münster liegt neben der Diesbachkapelle (vgl. S. 210–211) und wurde in einem ähnlichen Stiftungsvorgang begründet. Gedacht war der Teppich vermutlich als Bahrtuch oder Grabbehang und wurde bei der Jahrzeitfeier verwendet. Das Testament von Ringoltingen enthält die Bestimmung, dass *am abent vor der vesper ein gantze vigile singen und ouch an dem abent und an dem morgent mit dem crútz über unser beider greber gan sôllent*.[7] Dieser sonst selten dargestellte Vorgang findet sich auf dem Teppich abgebildet.

Anlass für den Auftrag einer so aufwendigen Wirkerei und der nachfolgenden Schenkung an die Kirche war nicht allein der Gedanke, ein schmückendes Element für die Privatkapelle herstellen zu lassen – vielmehr erhoffte sich der Donator, dadurch die läuternde Leidenszeit seiner Seele im Jenseits verkürzen zu können.

Der Teppich gelangte im späten 15. oder erst im 16. Jahrhundert unter nicht ganz geklärten Umständen in andere Hände.[8] Von einem Besitzerwechsel zeugen die beiden heute sichtbaren, aufgestickten Wappen von Konrad II. von Heggenzi von Wasserstelz aus Schaffhausen und der Anna von Breitlandenberg aus St. Gallen.[9] Möglicherweise ist der Jahrzeitbehang über Konrads Vetter Johannes, den Oberstmeister des Johanniterordens in deutschen Landen, nach Rhodos gelangt, denn heute gilt als gesichert, dass Karl Alexander, Grossherzog von Sachsen-Weimar, in den 1880er Jahren den Teppich für seine Wartburg auf der Insel Rhodos, dem ehemaligen Sitz des Johanniterordens, erworben hat.[10] Daher trug die Wirkerei in der Forschung auch den Namen «Johanniterteppich» oder «Johanniter-Grabteppich».[11]

Regula Luginbühl

Literatur:
Kurth 1926, S. 92–93 und 218. – Lehmann 1934, S. 37–54. – Meyer-Rahn 1932–1945, S. 128–134. – Kdm BE 4 1960, S. 414–416. – Rapp Buri/Stucky-Schürer 1990, S. 153–156, Nr. 17. – Kat. Himmel, Hölle, Fegefeuer 1994, S. 276–277, Nr. 85. – Furger 1998, S. 50–51. – Rapp Buri/Stucky-Schürer 1999, S. 468–470, Abb. 367. – Sladeczek 1999c, S. 376–377, Abb. 269.

---

1 Meyer-Rahn 1932–1945, S. 129.
2 Kat. Himmel, Hölle, Fegefeuer 1994, S. 276; Sladeczek 1999c, S. 377.
3 Kat. Himmel, Hölle, Fegefeuer 1994, S. 276.
4 Rapp Buri/Stucky-Schürer 1990, S. 153.
5 Lehmann 1934, S. 37 und 46–49.
6 Rapp Buri/Stucky-Schürer 1990, S. 153.
7 Kat. Himmel, Hölle, Fegefeuer 1994, S. 276–277.
8 Kdm BE 4 1960, S. 414.
9 Kurth 1926, S. 93; Lehmann 1934, S. 37 und 45–46.
10 Kurth 1926, S. 218; Rapp Buri/Stucky-Schürer 1990, S. 155.
11 Kurth 1926, S. 218.

68
Das Aufstellen eines eigenen Kirchenstuhls gehört zu den Rechten eines Stifters.

Spätgotischer Kirchenstuhl der Familie von Erlach, aus der Kirche von Spiez, um 1520.

Tannenholz, mit Flachschnitzerei; grundiert, teilweise mit schwarzer Bemalung; Stuhl H: 97; B: 73; T: 101 cm; Türchen H: 80; B: 39 cm; Rückenlehne H: 178.5 cm. Spiez, Schloss.

Kat. 68

Als der Kirchenstuhl von Spiez 1898 im Schweizerischen Landesmuseum in Zürich von seinem dunkelbraunen Anstrich befreit wurde, kamen im oberen Bereich der Rückenlehne spätgotische Flachschnitzereien zum Vorschein, die teilweise mit einer schwarzen Bemalung versehen waren.[1] In der Mitte der Lehne ist das Christusmonogramm *IHS (Iesus Hominum Salvator)*, auf einem eingeflochtenen Band die Kreuzinschrift *INRI (Jesus Nazarenus Rex Judaeorum)* angebracht. Durch die zwei dem Monogramm zugeneigten Wappen der Familie von Erlach kennen wir auch den Auftraggeber des Kirchenstuhls. Eingerahmt wird die Verzierung durch einen Astbogen mit Zwickelblättern sowie zwei unterschiedlich gestaltete seitliche Rankenleisten. Den oberen Abschluss bildet der Ausruf *hilff . ihessus . maria . sanctus . iohas*. Die übrigen Partien des kastenförmigen, mit schmalen Hochwangen versehenen Kirchenstuhls sind unverziert.[2]

Im Jahre 1522 trat Ludwig von Erlach (1470–1522) die Herrschaft Spiez seinem Vetter Johannes (1474–1539) ab.[3] Es scheint nun nahe liegend, dass es sich bei Johannes von Erlach auch um den Auftraggeber des Kirchenstuhls handelt, da zum einen in der Inschrift auf der Rückwand des Stuhls der hl. Johannes genannt wird, zum anderen das Aufstellen des eigenen Stuhls an ausgezeichneter Stelle in der Kirche *(honor sedis)* zu den Rechten eines Herrschaftsbesitzers und Patronatsherrn der Kirche gehörte.[4] Mit der Übernahme der Herrschaft Spiez scheint er von diesem Recht Gebrauch gemacht und zugleich ein Zeichen seines Status am neuen Ort gesetzt zu haben. Damit hob sich der Patron vom gemeinen Volk ab, das in der Kirche entweder stand oder auf mitgebrachten Hockern sass.

Der Stuhl wurde durch seinen Standort hervorgehoben, aber auch durch seinen Bildschmuck und das Stifterwappen.[5] Das Bedürfnis höherer gesellschaftlicher Kreise, ihren Sonderstatus zu veranschaulichen, äusserte sich also nicht nur durch Altar- und Kapellenstiftungen, sondern ebenso in besonders reich verzierten und an exponierter Stelle im Kirchenraum aufgestellten Stühlen.[6]

Vor diesem Hintergrund wird verständlich, weshalb sich die Aktionen der Bilderstürmer, wie in Zürich am 30. Juni 1524, sowohl gegen die Bildwerke wie gegen die Laienstühle gerichtet haben (vgl. S. 81).[7] In ihren Augen sollte die Hierarchie in der Kirchgemeinde, die sie im Kirchengestühl widergespiegelt sahen, keinen Fortbestand mehr haben.[8] Ihr Angriff richtete sich gegen die bestehende Gesellschaftsordnung, und die Vertreter der Oberschicht wollten sich zur Wehr setzen, indem sie ihr Eigentum vor der Gefahr einer Zerstörung zu retten versuchten.[9]

Bekannt ist der Kirchenstuhl der Familie von Erlach aus der Kirche von Spiez bisher vor allem wegen seines Besitzerwechsels im Jahre 1898. Der damalige Direktor des Schweizerischen Landesmuseums bekundete bei einem Besuch im Berner Oberland Interesse an diesem Kirchenstuhl, der über einen Antiquitätenhändler dann nach Zürich gelangte. Ein persönliches Gespräch in Baden zwischen dem Direktor, einem mit ihm befreundeten Fachkollegen und dessen Tischnachbarn, der Mitglied der Aufsichtskommission des Bernischen Historischen Museums war, sollte schliesslich ein juristisches Seilziehen um den Stuhl auslösen. Am 3. Dezember 1900 folgte die Beilegung des Streits durch einen Entscheid des Eidgenössischen Departements des Innern. Der Kirchenstuhl wurde wieder nach Spiez zurückgebracht und für das Schweizerische Landesmuseum in Zürich eine Kopie angefertigt.

Regula Luginbühl

Literatur:
Angst 1900. – Ganz/Seeger 1946, S. 58, 67 und 117, Taf. 52. – Haller 1974, S. 10–11. – Jezler 1990b, S. 156–163.

---

1 Angst 1900, S. 3.
2 Ganz/Seeger 1946, S. 67 und 117.
3 Maync 1979, S. 136.
4 Hinschius 1869–1897, Bd. 3, S. 64.
5 Jezler 1990b, S. 161.
6 Wex 1984, S. 7.
7 Jezler 1990b, S. 156–157.
8 Ebd., S. 160 und 162.
9 Ebd., S. 157 und 162.

69
Private Kirchenstühle sind oft mit prachtvollen Wappenschnitzereien verziert.

Geschnitzte Wappentafel des Niklaus von Diesbach, von einem Kirchenstuhl der Diesbachkapelle im Berner Münster, 1470.

Eichenholz, geschnitzt, H: 66.3; B: 54.2; Tiefe: etwa 4 cm.
Bern, Historisches Museum, Inv. 11814.

Kat. 69

Mit der Anbringung von Stifterwappen in Privatkapellen war einerseits die Hoffnung auf das Seelenheil im Jenseits verbunden, andererseits sicherten die Wappen im diesseitigen Leben die Erinnerung an den Stifter sowie die Kennzeichnung von dessen Stand innerhalb der Gesellschaft – und dies über den Tod hinaus. Eine Stiftung ohne das Auftraggeberwappen wäre somit unvollständig gewesen.[1] In diesen Kontext gehört auch die Wappentafel des Niklaus von Diesbach (1430–1475), auf der er sich mit seinem Namen und Stand *(nyclaus von diesbach ritterr)* verewigt hat. Eine Pilgerfahrt ins Heilige Land unternahm von Diesbach im Jahre 1468. Zeugnisse seiner Mitgliedschaft verschiedener Ritterorden stellen die sechs auf der Tafel wiedergegebenen Embleme dar.[2]

In der Mitte der Tafel befindet sich das Wappen der Familie von Diesbach, mit Zickzack-Schrägrechtsbalken, begleitet von zwei Löwen. Darüber ist ein Spangenhelm mit einem weiteren Löwen sowie seitlich herausragendem Akanthus zu sehen. In der linken und rechten Hälfte der Tafel sind die verschiedenen Embleme der Ritterorden angeordnet, die Niklaus von Diesbach verliehen worden sind: Links oben das Rad des Katharinenordens vom Sinai, daneben die Kanne mit drei Lilien – Zeichen des Aragonesischen Kannenordens. Das Emblem des Brandenburgischen oder Cleveschen Schwanenordens befindet sich darunter. Ein zweites Symbol des Katharinenordens stellt das bandumwundene Schwert dar, während die zwischen Kranz und Löwen herabfliegende Taube mit der Hostie im Schnabel für den Orden des Heiligen Geistes oder der Taube steht. Um den Wappenschild herumgelegt ist schliesslich das letzte der dargestellten Embleme, eine aus S-Formen gebildete Kette – Symbol des englischen «Order of the Garter».[3]

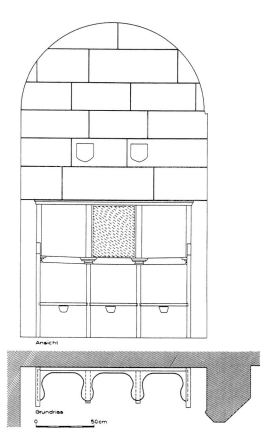

Abb. 21
Bern, Diesbachkapelle im Münster, Rekonstruktionsversuch des Dreisitzes von Niklaus von Diesbach, 1470 (Zeichnung Harry Zaugg, BHM).

Die Wappentafel des Niklaus von Diesbach mit der Nennung von Rang und Würde war nicht für den privaten, sondern für den öffentlichen Bereich bestimmt. Beim dritten Schiffsjoch im Berner Münster stiftete die Familie eine Kapelle samt Ausstattung (vgl. S. 210–211).[4] Als Kapellenstifter erscheint Ludwig I. von Diesbach (1417–1452), der Onkel von Niklaus. Nach dem Tod Ludwigs übernahm Niklaus offenbar die Rolle als Oberhaupt der Familie im profanen wie auch im kirchlichen Bereich. Es ist wahrscheinlich, dass er sich mit einer Stiftung als neuen Familienvorstand ausgewiesen hat.[5]

Die Wappentafel scheint ursprünglich zu einem Kirchengestühl gehört zu haben, das sich an der Westwand der Kapelle befand. Ein Rekonstruktionsvorschlag (Abb. 21) zeigt anstelle des heute vorhandenen Doppelsitzes einen Dreisitz, mit der Wappentafel als Schmuck der Rückenlehne. Die Platzierung der Wappentafel stützt sich auf stilistische Ähnlichkeiten zwischen den Schriftbändern der Tafel und der Zwischenwange mit der Jahreszahl 1470. Zudem fordert die Schnitzerei auf der Zwischenwand eine symmetrische Stellung innerhalb des Gestühls sowie eine Entsprechung zu einem sich an der Rückwand befindenden Schmuck.[6]

Äusserer Anlass der Stiftung dürfte vermutlich von Diesbachs aussenpolitischer Erfolg beim Abschluss des gegen Burgund gerichteten Neutralitätsabkommens mit Frankreich gewesen sein. Innenpolitisch errang von Diesbach zur selben Zeit einen Sieg im Twingherrenstreit.[7] Zudem gehörte es zu den Rechten eines Adligen, einen privaten Kirchenstuhl aufstellen zu dürfen, der mit prachtvollen Wappenschnitzereien verziert sein konnte. Die Embleme der Ritterorden, die Niklaus von Diesbach auf seiner Wappentafel darstellen liess, scheinen als Zeichen seiner Würde die Legitimation zu unterstreichen.[8]

Regula Luginbühl

Literatur:
Feller 1946, S. 368–379. – Kdm BE 4 1960, S. 19, 340–341 und 388–389, Abb. 398. – Kat. Burgunderbeute 1969, S. 282, Nr. 180. – Huggler 1972, S. 9–33. – Schläppi/Schlup 1993, Bd. 1, S. 51–52.

---

1 Sladeczek 1999c, S. 378 und 380.
2 Huggler 1972, S. 9.
3 Ebd., S. 9–10.
4 Kdm BE 4 1960, S. 19.
5 Huggler 1972, S. 10, 12 und 14.
6 Ebd., S. 13–14 und 17.
7 Feller 1946, S. 373; Huggler 1972, S. 16.
8 Huggler 1972, S. 15.

70
Die Wappenscheibe der Familie von Diesbach hält die Erinnerung an den Donator wach.

Glasscheibe mit dem
von Diesbach-Wappen, aus der Kirche
von Utzenstorf, 15. Jahrhundert.

Farbig bemalte Glasscheibe, H: 42; B: 29.3 cm.
Bern, Historisches Museum, Inv. 420.

Auf leuchtend blauem Grund und über dem Segment eines goldgelben Grasbodens erhebt sich das Wappen der Familie von Diesbach, mit goldenem Schräglinksbalken und zwei ebenfalls goldenen Löwen auf schwarzem Grund. Darüber ist der Spangenhelm zu sehen, mit seitlich herauswachsendem Akanthus und bekrönt von einem Löwen. Das Wappen geht ursprünglich auf den Adelsbrief von 1434 zurück, den Kaiser Sigismund an Niklaus von Diesbach, genannt der Goldschmied (um 1370–1436), verlieh.[1]

Durch Heirat gelangte die Herrschaft Utzenstorf (Landshut), aus deren Kirche die Glasscheibe stammt, in den Besitz der Familie von Diesbach.[2] Nicht selten wurden Kapellen und Kirchen mit in die Fensterverglasung eingelassenen farbigen Glasscheiben ausgestattet.[3]

Kat. 70

Neben der Schmuckfunktion sollte die Schenkung die Erinnerung an den Donator wachhalten[4] und die Grosszügigkeit des Auftraggebers aufzeigen, denn die Verglasung von Kirchenfenstern gehörte zu den teuersten Elementen einer Kirchenausstattung.[5] Als mögliche Stifter der Utzenstorfer Wappenscheibe kommen zwei Angehörige der Familie von Diesbach in Frage: Wilhelm (1442–1517) und Ludwig (1452–1527).[6] Letzterer musste später, aufgrund seiner grossen Geldverluste beim Bergbau und der Alchemie, Herrschaften veräussern – darunter auch diejenige von Utzenstorf.[7]

Zeugnisse weiterer Donationen von Glasscheiben durch die Familie von Diesbach stellen die Wappen- und Figurenscheiben aus der Bartholomäuskapelle in Freiburg-Pérolles[8] und Worb dar.[9]

Regula Luginbühl

Literatur:
Lehmann 1912, S. 302–309. – von Mandach 1932–1945, S. 7–44. – Kat. Burgunderbeute 1969, S. 282, Nr. 180. – Curtius 2000, S. 34–48.

---

1 Huggler 1972, S. 9; Maync 1979, S. 132.
2 Lehmann 1912, S. 307.
3 Curtius 2000, S. 41.
4 Sladeczek 1999c, S. 378 und 380.
5 Eggenberger/Descœudres/Schweizer 1999, S. 404.
6 Kat. Burgunderbeute 1969, S. 282, Nr. 281.
7 Lehmann 1912, S. 308.
8 von Mandach 1932–1945, S. 7–44.
9 Eggenberger/Descœudres/Schweizer 1999, S. 395.

71
Der Klang des Altarglöckleins begleitet in der Messe die eucharistische Wandlung.

Mittelalterliches Messglöckchen mit den Namen und Symbolen der vier Evangelisten, Bodenfund aus Bern-Bümpliz,
12. (?)/14. (?) Jahrhundert.

Messing, mit stark abgeschliffenem Bildschmuck,
H: 7; Dm: 5.5 cm.
Bern, Historisches Museum, Inv. 37036.

Das Messglöckchen mit ringförmigem Griff ist mit Ranken und den Symbolen der vier Evangelisten verziert. Auf einem ringsumlaufenden Band stehen deren Namen: *HANNEC + MATHEV IRCMS + LVCAS*. Mit dem Altarglöcklein wurde der Höhepunkt der Messe, die eucharistische Wandlung von Brot und Wein in den Leib und das Blut Christi, angekündigt.

Regula Luginbühl

Literatur:
Braun 1932, S. 573–580.

Kat. 71

72
Die Darstellung vom Tod des Apostels Johannes gewährt Einblick in eine private Kapelle.

Lukas Cranach d. Ä., Tod des Johannes, Blatt 4 der Folge «Martyrium der Apostel», um 1512.

Holzschnitt auf Papier, Ränder beschnitten; Bild H: 16.1; B: 12.5 cm; Blatt H: 16.7; B: 12.8 cm.
Bern, Historisches Museum, Inv. 57630.

Der Holzschnitt von Lukas Cranach d. Ä. zeigt die Innenansicht einer privaten Kapelle, in der soeben eine Messe zu Ende gegangen ist. Die dicht gedrängten Gläubigen – Kinder, Frauen und Männer – sind noch versammelt und richten ihre Blicke andächtig auf den Altar und das sich vor ihren Augen abspielende Geschehen. Ein Ministrant ist im Begriff, die Kerze des Altarleuchters zu löschen, während der greise Evangelist Johannes, in ein Messgewand gekleidet und barfüssig, die Stufen der Treppe hinter dem Altar hinuntersteigt. Er hat soeben seine letzte Messe gelesen und begibt sich, wie dies in der *Legenda aurea* beschrieben wird, in sein Grab.[1] Mit einer Handbewegung deutet er die Treppe hinunter, auf die dem Betrachter unsichtbare letzte Ruhestätte.

Das irdische Leben ist vorbei, symbolisch dargestellt in der erlöschenden Kerze, auf die einer der vier Kirchenväter hinweist, der auf dem Altarretabel auf der Aussenseite des rechten Flügels dargestellt ist. In der linken Bildhälfte ist ein grosser Kandelaber mit einer brennenden Kerze zu sehen, dahinter ein Katafalk, bedeckt von einem Bahrtuch mit dem Kreuz – beides Symbole für die Hoffnung und das Weiterleben nach dem Tod.[2]

Cranach weist hier dem Betrachter nicht den sonst üblichen Platz vor oder neben dem Altar zu, sondern einen Ort seitlich dahinter. Mit dieser Anordnung und der rückseitigen Darstellung des Altars schafft er ein Novum – ein Zeichen seiner schöpferischen Erfindungsgabe.[3] Die Komposition vermittelt dem Betrachter zudem einen Einblick in die Ausstattung einer zeitgenössischen Kapelle: ein auf der Rückseite reich mit Renaissance-Ornamenten verzierter Altar, ein Kandelaber und eine Leuchterbank. Zudem sind einige liturgische Geräte dargestellt. So findet sich auf dem Altar und genau über dem Kopf des Johannes der vom Corporale zugedeckte Messkelch, der hier möglicherweise auch als Anspielung auf den Giftbecher zu verstehen ist.[4] Daneben sieht man von hinten das auf einem Lesepult liegende Messbuch.

Die beiden kurherzöglichen Wappen auf der Altarrückseite, die auch auf zahlreichen anderen Blättern von Cranach erscheinen, verweisen nicht nur auf die Verbindung des Künstlers zum sächsischen Hof, sondern wurden wohl auch als Schutzmarke verwendet. Gleichzeitig hat sie der Künstler so platziert, als ob es sich um die Stifterwappen des dargestellten Altars handeln würde.

Der Holzschnitt mit dem Tod des Apostels Johannes gehört zu einer Folge von Apostelmartyrien, die Cranach um 1512 ausgeführt hat. Die insgesamt zwölf Blätter wurden zur Illustration des Werkes *Das Symbolum oder gemeine Bekenntnis der zwelff Aposteln* verwendet, das erstmals 1539 bei Georg Rhaw in Wittenberg im Druck erschienen ist.[5]

Zweck der in dieser Serie dargestellten Martyrien war es, den Glauben der Leute zu stärken, indem ihnen in realistischer Weise die zwölf Apostel als Vorbilder vor Augen geführt wurden, die, bis zur Hingabe ihres Lebens, Christus gefolgt waren. Zur Bekräftigung dieser erzieherischen Absicht wurde im *Symbolum* denn auch den einzelnen Holzschnitten jeweils einer der zwölf Artikel des apostolischen Glaubensbekenntnisses beigegeben.[6]

Regula Luginbühl

Literatur:
Hollstein, Bd. 6, S. 36–37. – Glaser 1923, S. 90. – Kat. Cranach 1972, S. 28, Nr. 48. – Jahn 1972, S. 262–275. – Kat. Cranach 1973, S. 72, Nr. 116. – Schade 1974, S. 37. – Kat. Cranach 1974–1976, Bd. 2, S. 556, Nr. 428. – Falk 1980, S. 358.

1 Legenda aurea (Ed. Benz), S. 78–79.
2 Kat. Cranach 1973, S. 72.
3 Glaser 1923, S. 90.
4 Aristodemus, Oberpriester von Ephesus, versprach, Gott als den wahren Gott anzuerkennen, wenn Johannes einen mit Gift gefüllten Becher trinke, ohne Schaden zu nehmen. Daraufhin nahm der Apostel den Kelch, machte das Kreuzzeichen darüber, trank das Gift und blieb unversehrt. Vgl. Legenda aurea (Ed. Benz), S. 76–77.
5 Die mehrmaligen Auflagen sprechen für seine grosse Beliebtheit (Kat. Cranach 1973, S. 71).
6 Ebd., S. 71.

Kat. 72

Kat. 73

73
Der Flügelaltar des 15. Jahrhunderts, das künstlerisch anspruchsvollste Erzeugnis der Spätgotik, ruft die Betrachter zur Andacht auf.

Flügelaltar aus der Kirche von Morissen GR, um 1500–1505, Werkstatt von Ivo Strigel, Memmingen (Schwaben).

Tanne und Linde, farbig gefasst und bemalt; Schrein H: 124; B: 96; T: 22 cm.
Strassburg, Musée de l'Œuvre Notre-Dame, Inv. MAD 6561 und 468.

Im 15. Jahrhundert wird ganz Mitteleuropa zum Schauplatz einer beispiellosen Entwicklung des Schnitzaltars, einer besonderen Form des Altarretabels, dessen aus dem 14. Jahrhundert übernommener architektonischer Aufbau in den verschiedenen Regionen eigene Wege geht. Der hohe, kastenförmige Schrein im Zentrum dieser Retabel nimmt grosse, vollplastische Standfiguren auf. Er ist mit beweglichen Flügeln ausgestattet, die auf der Aussenseite meistens bemalt sind und innen häufig ein flaches Schnitzrelief aufweisen. Das Ensemble wird überhöht von einer turmartigen Bekrönung, dem Gesprenge, das aus kleinen Figuren und architektonischen Elementen besteht.

Das Bildprogramm unterliegt einem Gesamtkonzept. Zur Hauptfigur im Schrein – häufig eine Muttergottes mit Kind – gesellen sich leicht ins Dreiviertelprofil gerückte Heilige, so dass eine Art Zwiegespräch entsteht. Auf den Flügeln erweitern zusätzliche Heilige oder erzählende Szenen aus dem Leben Christi, der Muttergottes oder der Heiligen das Programm.

Solche Schnitzaltäre, zu Tausenden hergestellt und häufig für den Export bestimmt, bilden den Hauptanteil der Aufträge an die in Werkstätten zusammengeschlossenen Maler, Bildschnitzer und Schreiner. In wichtigen Kirchen stehen mehr als fünfzig Stück davon, sie zieren jedoch auch kleinere Dorfkirchen, Kapellen und Privatoratorien. Dank dem Ehrenplatz auf oder hinter dem Altar nehmen die Retabel im Gottesdienst eine zentrale Stellung ein, ziehen sie doch die Gläubigen durch ihre reiche Ornamentik, in der Gold und andere Farben miteinander verschmelzen, und durch die über die Bilder vermittelten kirchlichen und moralischen Lehren in ihren Bann. An gewöhnlichen Wochentagen und während der Advents- und Fastenzeit geschlossen, werden die Flügelaltäre nur an kirchlichen Festtagen geöffnet, um dann im Schein des Kerzenlichts ihre künstlerische Pracht und die religiösen Geheimnisse zu enthüllen.

Der Flügelaltar von Morissen steht in der Tradition der süddeutschen Schnitzaltäre des Spätmittelalters. Von bescheidenen Ausmassen, passt er sich der schlichten Architektur der kleinen Kirche von Morissen im Bündnerland an, für die er auch gefertigt wurde. Als die Strassburger Museen das Retabel erwarben, flankierten im Schrein ein hl. Sebastian und ein hl. Florian die Muttergottes mit Kind. Beide Nebenfiguren wurden aber rasch als nicht zum ursprünglichen Ensemble gehörend erkannt. Die beiden einfach gestalteten, bemalten Klappflügel zeigen ganzfigurige Heilige, die, wie üblich, unter Berücksichtigung lokaler Schutzpatrone ausgewählt wurden. Drei von ihnen wurden insbesondere in Graubünden verehrt: der hl. Luzius, Missionar in Rätien, der hl. Florinus von Chur und der hl. Placidus von Disentis. Als vierter figuriert der hl. Mauritius von Agaunum, Anführer der Thebäischen Legion.

Schrein und Flügel stehen auf einem bemalten Sockel, der Predella. Vor einem Goldgrund erscheint der segnende Christus mit der Weltkugel in der Hand, umgeben von den zwölf Aposteln mit ihren persönlichen Attributen.

Cécile Dupeux

Literatur:
Braun 1924a. – Kaufmann-Hagenbach 1938, S. 91, Taf. 435–437. – Skubiszewski 1989, S. 13–47. – Dupeux/Guillot de Suduirot/Levy 1999, S. 39–50.

Handelnde Bilder im Kirchenjahr

Innerhalb der humanistischen und der protestantischen Polemik des 16. Jahrhunderts fällt eine Reihe von Schilderungen auf, die das traditionelle Brauchtum ethnographisch wiedergeben.[1] Die Berichte zeichnen den äusseren Ablauf der profanen und kirchlichen Riten eines Kirchenjahres nach, vermeiden aber jede Erklärung ihres Sinngehalts. Dadurch erscheint das Beschriebene wie das unverständliche Treiben eines exotischen Volkes, das sich der Lächerlichkeit preisgibt, weil man die Bedeutung der Handlungen nicht verstehen kann und nicht verstehen will: *Ich hab mich als ein heyd der Christen torheit nit gnůgsam verwundert.*[2]

Die bedeutendste Jahresschilderung hat Sebastian Franck 1534 in seinem *Weltbůch* veröffentlicht.[3] Franck wurde um 1500 in Donauwörth geboren und verfolgt zunächst eine geistliche Laufbahn mit Bakkalaureat und einer Priesterstelle in Benzenzimmern (Diözese Augsburg). 1525 verlässt er das Priesteramt, um als evangelischer Prediger zu wirken. Bald distanziert er sich auch von Luther, fristet das Leben eines radikalen Spiritualisten, der bald hier, bald dort ausgewiesen wird und als Buchdrucker in Basel endet, wo er 1542 stirbt.

Franck liess sich für seinen Bericht vom «Lob der Torheit» des Erasmus von Rotterdam (1516) und von *Omnium gentium mores, leges et ritus* des Johannes Boemus (1520) anregen. Er löste seinerseits eine Reihe von Nachdichtungen aus, darunter die Jahresschilderung in Johannes Kesslers *Sabbata* (nach 1534), das *Regnum papisticum* von Thomas Naogeorges (1553), die deutsche Übersetzung «Das päpstliche Reich» von Burkard Waldis (1554) und Johannes Fischarts *Binenkorb Deß Heyl. Römischen Imenschwarms...* (1579).

Für das Verständnis mittelalterlicher Lebensformen sind diese Berichte überaus wertvolle und seltene Quellen. Was die Sakralkunst betrifft, so wird vor allem deutlich, welch eminente Bedeutung bewegliche Kultbilder an hohen Kirchenfesten eingenommen haben. Um die nachfolgend behandelten Objekte in ihren Kontext einzubetten, sei an dieser Stelle Sebastian Franck ausschnittweise zitiert.

Peter Jezler

Abb. 22
Heiliggrab in der Mauritiusrotunde des Konstanzer Münsters, um 1260. – Im Heiliggrabgehäuse von Konstanz wurde am Karfreitag eine Christusfigur beigesetzt und am Ostermorgen das liturgische Osterspiel gesungen.

Sebastian Franck:

Von der rhömischen christen fest, feyer, tempel, alter [Altäre], begrebniß, besingniß und breüchen durch das gantz jar [1534].[4]

Weihnacht

«...Darnach kumpt das fest der geburt Christi. Da hat man an vil orten seltzam spil, wiegen ein hültzen kind oder götzlin in der kirchen (vgl. Kat. 74), unnd haben dise nacht so für heylig, daß etlich beredt seind, all brunnen werden disen augenblick, so Christus geborn sey, auff dise nacht zů wein und in einem huy wider zů wasser. Etlich sagen, es schlagen alle beüm dise nacht auß. Ein yeglicher priester hat disen tag drey meß, etlich geteylt, etlich nach einander.»

Lichtmess, 2. Februar

«...Auff diß kumpt liechtmesß. Da bringen die rhömischen Christen den tempel voll wachsliecht mit grossen gepreng. Dise weyhet man für alle gspenst, hagel, schaur etc., schreibt darein segen» (vgl. Kat. 20).

Fastenzeit

«...Als dann folgt die traurig fast. Darinn essen sy viertzig tag kein fleysch, auch nit milch, käß, eyer, schmaltz, dann vom rhömischen stůl unnd gnad erkaufft (Kat. 79–80). Da beichten die leüt nach ordnung ein yeder all seine sündt bei einer todtsündt. Da verhült man die altar und heyligen mit tuch unnd laßt ein hungertuch herab (Kat. 77), daß die sündigen leüt die götzen nit ansehen noch die heyligen bilder die sünder.»

Palmsonntag

«... Auff diß kumpt der palmtag. Da tragen die christen den tempel voll grosser büschel palmbeüm und angebunden äst. Die weihet man für alles ungewitter an das feür glegt. Und foret ein hültzin esel auff einem wägelin mit einem darauff gemachten bild yhres gots in der statt herumb, singen, werffen palmen für yhn und treiben vil abgötterei mit disem yhrem hültzinen gott (Kat. 81). Der pfarrer legt sich vor disem bild nider, den schlecht ein ander pfaff. Die schüler singen und deütten mit fingern darauff. Zwen bachanten legen sich auch mit seltzamer ceremoni und gesang vor dem bild nider. Da wirfft jederman mit palmen zů. Der den ersten erwisch, treibt vil zauberei damit.»

Karwoche

«... Darnach kumpt die marterwoch vor ostern. Da schicket sich alles volck wider zů beichten, zum heyligen sacrament. Da fahet man an drey nacht vor ostern zů nachts metten zů singen. Darein kumpt ein groß volck mitt hämmeren, steyn, schlegel, klüpffel, kolben, stecken, und klopffen zů bestimter zeit über den armen Judas, machen zů vor finster und löschen alle liecht im tempel auß. Man hat auch eygen instrument zů disem schertz. Darnach heben und tragen sy ein crucifix herumb, an ettlichen orten mit einer anhangenden lattern an seinem hals, singen umb die kirchen in einer procession. Vil boßheit geschicht in disen metten: Die leüt werden an die stůl genaglet, etlich geschlagen, offt etlich geworffen und geschossen. Darnach sterben die drey tag die glocken. Da fert man mit einem klopffenden karren und vil tafeln in der statt herumb, berufft das volck in die kirchen zum passion (Kat. 82). Auff diesen tag sagt man dem volck von dem leiden Christi; werden fast zornig über die Juden. An vil orten, inn clöstern und stifften, helt man am grünen donderstag das abentmal Christi mit seltzamen ceremonien, wäscht den münchen und priestern die fueß unnd gehet mit guten flaschen voll wein und vil oblaten in der kirchen herumb, gibt yederman zů trincken und oblaten auß, einem yeden, wie es bei den umbtragenden priestern verdient und wol dran ist. Zů disem andechtigen nachtmal kummen vil schöner weiber. Den wincken und bringen dann die andechtigen priester eins inn aller lieb unnd freündschafft und schencken jr ettlich in der kirchen ein, und gehen die becher offt umb. Diß geschicht umb vesper zeit nach mittag. Am karfreitag vor ostern tregt man aber eyn creütz herumb in eyner procession, leget eyn groß gestorben menschenbild inn eyn grab (Kat. 84–87), darbei kniet man, brent ser vil liechter und singt darbei tag und nacht den psalter mit abgewechseltem chor, besteckt das grab mit feihel unnd allerley blůmen, opffert darein gelt, eyerfladen etc., biß diß bild erstehet.»

Ostern

«... Am oster abent weihet man den tauff, gehet mit vil kertzen, fanen, œl umb den tauffsteyn rings umb, verdreen sich also neün mal. Darnach stehet man still unnd segnet den tauff mit seltzamer ceremoni, wirfft creützweiß spachtel mit öl oder chrisam darein. Auch hebt mann dreimal eyn groß kertzen darein (Kat. 21). Den tauff holet nachmals das volck mit vil geschirr darauff wartende und tregt jn für mancherley unglück heym zů hauß. Item man segnet inn dem vorhof des templs[!] das feür, das auch an das feür gelegt für all wetter unnd ungestim hilfft. Als dann werden die glocken wider lebendig unnd leütten der fasten gen hymel. Harnach inn der osternacht, bald nach mitnacht, stehet yeder man uff gen metten. Da nimpt man den hültzin bloch oder bild Christi auß dem grab, erhebet jn und tregt jn vor yederman her und singen all einhellig ‹Christ ist erstanden›. Als dann ist der fasten gen himmel geleüttet. Da isset yeder man, was er hat. Folgt zů morgen der ostertag. Da weihet man den anbißkram, fladen, keß, geheck auff dem altar (Kat. 88), unnd schicken die freünd einander des geweyheten oder fladens. Darauff hat man das hochampt mit freüden. Da orgelt man mit schall, das erklingt mit feinen bůllieden, unnd hofiert also mit figurieren, singen unnd pfeiffen, den oren der menschen das fleysch zů kitzeln, das etwan eines fürstenhof zů vil wer. Wer dann diß drei tag vor ostern zum sacrament gehet, der schickt sich gut heüchlerisch und mit eyner genöten, angenommen andacht darzů, beicht, gürt sein gürtel ab, legt die zů seinem hůt ettwan im tempel unnd gehet dahin zů unserm herrgott. Den nechsten tag darnoch gehet man gen Emaus; daran ist fast all andacht auß. Gehe hin unnd spott nun der Juden ceremonien.»

Auffahrt

«... Bald darauff folgt das fest der auffart Christi (Kat. 90), daran yederman voll ist unnd eyn geflügel essen můß; weiß nit warumb. Da zeücht man das erstanden bild, so dise zeit auff dem altar gestanden ist, vor allem volck zů dem gewelb hinnein unnd würfft den teüfel, eyn scheützlich bild, an statt herab. In den schlagen die umbstenden knaben mit langen gerten, biß sy in umbringen. Darauff wirfft man oblat von hymel herab, zů bedeüten das hymelbrot.»

Pfingstag

«... Gleich darauff über neün tag ist der pfingstag. Da henckt man eyn hültzin vogel oder tauben under das loch im gewelb. Das bedeüt den den Heyligen Geyst, den aposteln Christi geschickt.»

Die Zier der Tempel an Festen

«... So offt ein groß fest ist, ziert man den tempel mit teppichen, grossen meyen, thůt die altär auff, butzt und mutzt die heiligen auff, sunderlich den patron dises fests, setzt yhn gekleydet under die kirch thür zů betlen. Da sitzt ein mann bey jm, der jm das wort thůt, weil das bild nit reden kan. Der spricht: gebt sant Jörgen, Leonarden etc. etwas umb Gots willen, des er nit bedarff, sunder die pfaffen, die es anrichten, verzechen es von des heyligen wegen. Wie sy auch dem grossen unseglichen gůt thůnd, das sy von walfarten auffheben. Mit disem bettel bawen sy so gewaltige palläst, tempel, clöster etc., das vil künig nit vermöchten, also das ein sprüchwort bei ynen darauß worden ist, nemlich: Es ist nichts reichers dann der bettel, der vermag es alles. Dann wa es allzeit tropffet, ja regnet, da verseihet es nimmer, wie man spricht. Man sehe die klöster, stifft, tempel an vil orten, die der bettel gebawen hat und heyß jns die keyser nachthun ... »

---

1   Schmidt 1904.
2   Franck, Weltbuoch, fol. 134v (vgl. Anm. 4).
3   Einem breiten Publikum ist Francks Schilderung durch Baxandall 1984, S. 70, bekannt geworden.
4   Aus Platzgründen erfolgt hier nur eine Teiledition. Zugrunde liegt: Sebastian Franck: Weltbuoch: spiegel und biildtniß des gantzen erdbodens..., Tübingen: Ulrich Morhard d.Ä. 1534 (zweiter Druck). Zürich, Zentralbibliothek, Rl 69b, fol. 130v–136r.

**74
Weihnachten: Während Weihnachtsfeiern wird das Christkind auf dem Altar gewiegt.**

Christkindwiege, sogenannte Gestellhängewiege, Köln, um 1340–1350.

Eichenholz, Pergament, Grundiermasse, vergoldet, farbig gefasst; Gestell H: 31.2; L: 28; B: 17.5 cm; Wiege H: 22; L: 20; B: 13 cm. Gestell bzw. Einzelteile davon werden in ihrer Echtheit angezweifelt.
Köln, Schnütgen-Museum, Inv. A 779.
Aus konservatorischen Gründen wird in der Ausstellung eine Wiege aus dem 19. Jahrhundert gezeigt.
Köln, Schnütgen-Museum, Inv. A 778.

Das Motiv der Wiege in Verbindung mit der Geburt eines göttlichen Sohnes tritt in der vierten Ekloge *Novi saeculi interpretatio* Virgils (70–19 v. Chr.) auf. Der Dichter sieht in der Geburt des Sohnes eines Mitglieds des römischen Kaiserhauses ein neues Zeitalter anbrechen und spricht dabei von «üppig umblüht deine Wiege dich rings mit lieblichen Blumen» *(ipsa tibi blandos fundet cunabula flores)*.[1] Die Mehrzahl der christlichen Autoren bezog die Stelle auf die Geburt Jesu Christi, und Virgil erhielt so eine prophetengleiche Stellung. Der Kirchenvater Hieronymus (um 347–420), der seit 386 in Bethlehem lebte, verwendete das Sinnbild der Wiege in ambivalenter Weise, denn er beschrieb damit die Krippe wie den Geburtsort Christi.[2] Prudentius (348–nach 405) verband die Metaphorik Virgils mit der Interpretation von Hieronymus, und so taucht das literarische Motiv der Wiege bis zu Leo dem Grossen sowohl in der Szene der Anbetung der Hirten als auch in jener der Anbetung der Könige immer wieder auf.[3]

Mit der Eroberung von Jerusalem im Jahre 1099 standen die Christen dem Phänomen gegenüber, dass die Moslems einen unterirdischen Raum an der Südostecke des Tempelbergs in der Nähe der Al-Aqsa-Moschee als «Wiege Christi» bezeichneten. Pilgerberichte des 12. Jahrhunderts erzählen, man zeige dort die Wiege Christi, welche unter dem östlichen Fenster des Gemaches stehe; im Norden befinde sich das Bett Mariens, und das Badebecken des Kindes stünde auf dem Boden.[4] Möglicherweise ist dies die Quelle für jene in England bereits im 12. Jahrhundert vorhandenen Bilder, auf denen das Christkind in einer Wiege liegend dargestellt ist.[5] Neben Jerusalem beansprucht seit dem 12. Jahrhundert auch S. Maria Maggiore in Rom, ausser der Krippe, die man seit alters her besass, Reliquien von der Wiege des Christkinds zu besitzen. Diese Reliquien wurden nach dem Verlust Jerusalems 1187 umso bedeutsamer. Zwar spielten sie, im Gegensatz zur Krippe, in der päpstlichen Weihnachtsmesse in S. Maria Maggiore keine Rolle, wurden aber nach der zweiten Weihnachtsmesse, für die der Papst in S. Anastasia weilte, auf dem Hauptaltar ausgesetzt; anschliessend wurde das *Et verbum caro factum est* angestimmt.[6]

Zur Bedeutung der Christkindwiege als Gegenstand der Andacht trugen in der zweiten Hälfte des 12. Jahrhunderts die Zisterzienser sowie die Beginen- und Begardenbewegungen bei, da in deren spirituellem Nacherleben des Lebens Jesu die Kindheitsgeschichte eine besondere Aufwertung erfuhr.[7] So stossen wir 1162 bei Gerhoh von Reichersberg (1092–1169) auf die erste schriftliche Erwähnung einer weihnächtlichen «Krippenfeier» mit Kindlein und Wiege – es handelt sich hier um eine rein klösterliche Feier.[8] Von den Zisterziensern übernehmen in der ersten Hälfte des 13. Jahrhunderts die Franziskaner derartige Weihnachtsfeiern und fördern dieselben in vorher nie gekanntem Ausmasse, indem sie die Laien nun miteinbeziehen. Eine Christkindwiege oder ein Bettchen in franziskanischem Zusammenhang ist aus dem 13. Jahrhundert bislang aber nicht überliefert. Doch nimmt die Ausschmückung der Kindheitsgeschichte Jesu in der franziskanischen Meditationsliteratur gegen 1300 stark zu, und das Christkind erhält immer babyhafteren Charakter, damit dem oder der Betenden der Einstieg in die Meditation umso leichter falle. Somit kommt zum Motiv der Wiege in der sakralen Literatur die Realität des Alltagslebens hinzu.[9] Dementsprechend treten seit dem Ende des 13. Jahrhunderts Darstellungen der Wiege Christi sowohl in der Buch- als auch in der Tafelmalerei auf.[10] Etwa zeitgleich datieren auch die ersten erhaltenen oder in Quellen genannten Bettchen bzw. Wiegen in Frauenklöstern, die den Nonnen und Schwestern ihre Andachtsübungen erleichtern sollen.[11] Im Verlauf des 14. Jahrhunderts sind es anscheinend die Dominikaner, welche um der rechtgläubigen Erziehung der Kinder willen Christkindfiguren samt Bettchen bzw. Wiege als Objekte der Verehrung in den Familien verbreiten.

Der Brauch, das Kind an Weihnachten zu wiegen, ist im 15., doch vor allem im 16. Jahrhundert nicht mehr nur Konventualen, Chorherren oder Novizen vorbehalten, sondern wird nun auch von Laien durchgeführt, in der öffentlichen wie in der privaten Sphäre gleichermassen.[12]

Johannes Tripps

Literatur:
von Zglinicki 1979, S. 394–395, Nr. 470, Abb. 470. – de Raedt 1989, S. 102–110, Nr. 2.1.16. – Keller 1998, S. 195, Nr. 1, Abb. 4–5.

1 Zitiert nach Keller 1998, S. 15.
2 Ebd., S. 15–16.
3 Ebd., S. 16–17.
4 Ebd., S. 19–24.
5 Hans Wentzel: Artikel «Christkind», in: RDK, Bd. 3, Sp. 603; Tripps 2000, S. 71–72.
6 Keller 1998, S. 25–29. Weitere Krippenreliquien sind für die Zeit zwischen 1465 und 1536 zu St. Bertin in Saint-Omer, in Lund, Roskilde, Wittenberg und Reims nachgewiesen (ebd., S. 29).
7 Tripps 2000, S. 75 ff.
8 Die Textstelle stammt aus *De Investigatione Antichristi* (vgl. Neumann 1987, Bd. 2, S. 887). Da Gerhoh dies im Zusammenhang mit der Darstellung des Kindermords und des Klagegeschreis der Rachel erwähnt, bleibt unklar, ob er Einzeloffizien an den Festtagen meint, oder ein Spiel mit verschiedenen epischen Szenen (Rode 1957, S. 112; Meier 1959, S. 33).
9 Tripps 2000, S. 75–77.
10 Keller 1998, S. 209, Nr. B 1 (Geburt Christi, Mons, Universitätsbibliothek, Ms. 63/210, fol. 12v, aus der Benediktinerinnenabtei Flines bei Douai, 1275–1285), und S. 210, Nr. B 4 (Tafelbild mit der Geburt Christi aus dem Zisterzienserinnenkloster Mariental in Netze, jetzt Netze, evangelische Pfarrkirche, um 1340 oder 1360/1370).
11 Ebd., S. 195–205 und 212–215.
12 Ebd., S. 110–137.

Kat. 74

75
Neujahr: Man schickt sich gute Wünsche und schenkt einander ein Bild des Christkinds.

Neujahrswunsch mit Spruchbändern und Christkind, vermutlich Ulm, um 1460–1475.

Holzschnitt, H: 36.5; B: 25.5 cm.
Halle, Marienbibliothek, B. Nr. 3.

Sogenannte Neujahrswünsche sind Einblattdrucke (Holzschnitte, Kupferstiche oder Schrotblätter), deren älteste Beispiele in die Zeit um 1440 datieren. Von den drei meistverbreiteten Motiven zeigt das erste – wie das hier abgebildete Exemplar – ein nacktes oder nur mit einem Mäntelchen bekleidetes Christkind auf einem Kissen im Paradiesgärtlein sitzend; in seiner Hand hält es einen Kuckuck oder einen Sittich als Glücksvogel. Das zweite Motiv stellt das Christkind im Blütenkelch einer Rose dar, und in einer dritten Darstellung segelt es auf einem Glücksschiff herbei.[1] Stets ist das Kind umgeben von einem oder mehreren Spruchbändern mit Glückwünschen bzw. Glückwunschgedichten zum neuen Jahr: *vil guter iar, ein guot selig jor*. Wie im abgebildeten Falle können es auch gleich zwei gute Wünsche sein: *Ich haiss ihs das ist wär: Uñ gib mich ůch zů aim gůte Jǎr / Und wer mich Im hertzen lieb haut Dem gib ich mich an sin'leste nǎt*. Rechts unten steht *michel*, wahrscheinlich der Name des Verfertigers.[2]

Zwar blieben auch von vorzüglichen Kupferstechern wie Meister E.S. oder Israhel van Meckenem solche Neujahrswünsche erhalten, die meisten Exemplare weisen aber eine mittelmässige, bisweilen auch rührend naive Qualität auf und dürften daher von jenen Berufsständen geschaffen worden sein, die mit der seriellen Produktion von Heiligenbildchen ihren Lebensunterhalt verdienten: von Heiligenmalern, Briefmalern, Formschneidern oder Bilderdruckern.[3]

Geistlichkeit wie Bürgertum verehrten sich diese Bildchen zum Jahresbeginn: Zwischen dem 25. Dezember und 6. Januar besuchte man Freunde und Verwandte, um sich ein glückliches Neues Jahr zu wünschen. Man klopfte an Türen und Läden, erhielt von innen Antwort und sagte seinen Wunsch in Spruch- oder Liedform auf.[4]

Immer wieder taucht in der Fachliteratur die Erklärung auf, sich zum Neujahrstag ein gedrucktes Jesuskind zu schenken, das ein vorne geöffnetes Hemdchen zeigt, könnte daher rühren, dass man am 1. Januar, dem Neujahrstag, der Beschneidung Christi gedachte.[5] Hierbei wird übersehen, dass in gotischer Zeit das neue Jahr, je nach Region, meist an Ostern, am Tage der Verkündigung Mariä oder eben am 25. Dezember, also an Weihnachten, begann, was die Darstellung eines neugeborenen und damit nackten Christkinds erklärt. Schon lange vor 1310, als

Kat. 75

der Weihnachtstag offiziell zum Neujahrstag erklärt wurde, hatte die Verschiebung des Neujahrstages vom 6. Januar auf den 25. Dezember allgemein stattgefunden, was von Papst Eugen IV. (1431–1447) nochmals bestätigt wurde. Erst 1691 führte Papst Innozenz XII. den 1. Januar als Beginn des neuen Jahres ein.[6]

Haben sich spätgotische Kalenderdrucke erhalten, so beginnt das neue Jahr am 25. Dezember, und auf der entsprechenden Rahmenleiste steht oder sitzt vielfach das Jesuskind mit der Glückwunschbanderole in den Händen, wie in dem 1472 in Augsburg bei Günther Zainer gedruckten Kalender.[7] Eine besonders anrührende Darstellung zeigt die Leiste des um 1495 zu Reutlingen gedruckten Kalenders: Hier reitet das Kind ein Steckenpferd und hält das Spielzeug «Strebkatz» in der Hand.[8]

Johannes Tripps

Literatur:
Heitz 1917, S. 12, Nr. 4.

---

1 Heitz 1900, S. 9–13 und 17–22, Abb. 1–18; Heitz 1917, S. 3–9, Abb. 1–30; Nockemann 1940, S. 32; Hans Wentzel: Artikel «Christkind», in: RDK, Bd. 3, Sp. 602–603.
2 Heitz 1917, S. 12, Nr. 4.
3 Nockemann 1940, S. 14–15.
4 Ebd., S. 32. In dem 1471 von der Augsburgerin Clara Hätzlerin zusammengestellten Liederbuch findet sich eine ganze Reihe von Spruchgedichten und Reimen (vgl. Schade 1855, S. 75–147).
5 Koekkoek 1987, S. 74–75.
6 Gockerell 1998, S. 24–25; Tripps 2000, S. 84.
7 Schreiber 1898/1899, S. 260.
8 Heitz 1917, S. 7.

76
1. Januar: Die Figur eines Christkinds steht im Zentrum der Beschneidungsandacht.

Christuskind, Mecheln (?),
Anfang 16. Jahrhundert.

Schultermantel, Süddeutschland (?),
18. Jahrhundert.

Auf einem sechseckigen Sockel stehendes Christuskind aus Holz, bemalt; Lockenhaar und Weltkugel in der linken Hand vergoldet; Figur H: 37 cm; Sockel H: 4.4; B: 12.5; T: 9.2 cm.
Schweiz, Privatbesitz.
Schultermantel aus rotem Seidensamt, mit Goldbordüre und vergoldeten Silberstickereien aus Pailletten und Folien; H: 26.5; B: 67.5 cm.
Deutschland, Privatbesitz.

Figuren des Christuskindes haben in der Spätgotik unterschiedliche Funktionen. Sie lassen sich grob in zwei Typen gliedern: stehende, fest auf ein Sockelchen montierte Christkinder mit Attributen in Händen, und liegende, oftmals gewindelte Christkinder im Säuglingsalter.

Ursprünglich waren solche Darstellungen klösterliche Andachtsbilder, vermutlich zisterziensischen Ursprungs, die zunächst wohl nur an Weihnachten verwendet wurden (vgl. Kat. 74). Bei den Zisterziensern war schon früh eine ausgesprochene eucharistische Frömmigkeit entwickelt, besonders hinsichtlich der Geburt des Erlösers. In einer Weihnachtspredigt des Zisterzienserabtes Guerricus von Igny (†1157) heisst es: «… Ihr Brüder, heute findet Ihr das Kind in Windeln gewickelt und gelegt in die Krippe des Altares».[1] Diese Gedanken beruhen auf den Lehren der Kirchenväter.[2] Folglich nimmt es wenig wunder, dass das älteste erhaltene Christkind (um 1270/1280) sich in einem Zisterzienserinnenkloster erhalten hat: in St. Marienstern in Sachsen.[3] Doch scheinen diese Gedanken um das Christkind und seine Krippe die Klostermauern zunächst nicht überschritten zu haben, denn sie bleiben bis ins 13. Jahrhundert ohne Nachfolge unter den Laien.

Offensichtlich sind es erst die Franziskaner mit ihrem volksmissionarischen Anliegen, die den Kult um den kindlichen Erlöser verselbständigen und den Laien zugänglich machen. Mit Sicherheit spielen dabei Gedanken des Zisterziensers Bernhard von Clairvaux eine Rolle, der in seiner «Apologie» zwischen monastischer und weltlicher Zuhörerschaft unterscheidet. Während die erstere, so Bernhard, durch Bilder von der inneren Wahrheit abgelenkt werde, sei die letztere gar nicht fähig, das Ideal einer bildlosen Devotion zu erreichen, und bedürfe darum der Bilder.[4]

Laut Thomas von Celano verwendete der hl. Franz von Assisi im Jahr 1223 in der Weihnachtsmesse im Hain von Greccio eine Futterkrippe und stellte die Figuren von Ochs und Esel hinzu, um die Geburt des Herrn so nah wie möglich nachzuempfinden. An dieser Andacht nahmen Franziskanerbrüder und Laien teil. In der Krippe befand sich keine Christkindfigur, doch war die Verehrung unter den Anwesenden so gross, dass einer der Umstehenden die Vision hatte, er sähe das Kind dort liegen und den hl. Franz, wie er es aus dem Schlaf erwecke.[5] Folgt man der spätestens Anfang 1230 entstandenen Vita des Thomas von Celano weiter, so war es der hl. Franz selbst, der *imagines* (Bilder) des Christkinds tief verehrte, mit ihnen sprach und sie küsste,[6] was bedeutet, dass die Franziskaner die Christkindfiguren nun nicht mehr nur an Weihnachten, sondern das ganze Jahr hindurch als Andachtsbilder verwendeten.

Aus den Zisterzienserinnen- und Dominikanerinnenklöstern des 13. und 14. Jahrhunderts überliefern uns erhaltene Christkinder sowie Nonnenviten, dass verschiedene Konventualinnen Christkinder im Säuglingstypus samt zugehörigen Bettchen oder Wiegen besassen. In ihren Andachten und Visionen hegten sie dieses Kind, als wäre es ihr eigenes; da wurde es scheinbar lebendig und sprach mit ihnen.[7]

Höchstwahrscheinlich sind es die Dominikaner, die im Verlauf des 14. Jahrhunderts in ihren Bestrebungen zur rechtgläubigen Erziehung der Kinder, den Müttern in Erziehungsbüchern für die christliche Familie nahe legen, sie sollen im Hause neben anderen jugendlichen Heiligen auch Jesuskindfiguren aufstellen, damit die Kinder so tagtäglich kindgerechte Vorbilder hätten, denn das Nachahmen geschehe am einfachsten von Kind zu Kinderfigur. Darum erhalten auch Bürgerstöchter für ihre Aussteuer Christkindfiguren, samt einer Garnitur an Kleidchen, einer Wiege oder einem Bettchen für das Kind.[8]

In der öffentlichen wie klösterlichen Sphäre steht das Christkind von Weihnachten (25. Dezember) bis zum Beschneidungsfest (1. Januar) im Mittelpunkt der Feiern. Das Kind wird im Chor verehrt, umtanzt und vielfach auch gewiegt, sei es durch den Klerus allein oder durch Klerus und Laien.[9] Anschliessend stellt man es auf den Choraltar. Am 1. Januar steht es dann im Zentrum der Beschneidungsandacht, denn nach jüdischem Brauch wird der Knabe eine Woche nach der Geburt beschnitten. Unter christlichen Vorzeichen galt die Wunde der Beschneidung als Vorläuferin der Lanzenwunde. Bei der Beschneidung habe – so die heilige Katharina von Siena – Jesus zum ersten Mal sein Blut zur Erlösung der Menschheit hingegeben, doch sei das nicht ausreichend gewesen; allein durch das Blut seines Herzens, das durch die Lanzenwunde freigegeben wurde, sei die Menschheit errettet worden.[10]

Johannes Tripps

Literatur:
Unveröffentlicht.

Kat. 76

1 Forsyth 1968, S. 220–221, Anm. 39.
2 Johannes Chrysostomus: De beato Philogonio Homilia 6, In Epistolam I ad Corinthos Homilia 24.5; Ambrosius: Expositio in Evangelium secundum Lucam 2.41,43; Augustinus: Sermo 190 In Natali Domini 3.3, Sermo 194 In Natali Domini 2.2; vgl. Nilgen 1967, S. 311.
3 Kreytenberg 2000, S. 4 (mit Interpretation als Reliquiar des hl. Bernhard von Clairvaux); Tripps 2000, S. 77 und 79–80.
4 Hamburger 1989, S. 164–166.
5 Klapisch-Zuber 1988, S. 323, Anm. 54; Feld 1990, S. 78–79.
6 Schlegel 1970, S. 10; Tripps 2000, S. 73.
7 Tripps 2000, S. 75–79.
8 Trexler 1974, S. 201–202; Klapisch-Zuber 1988, S. 306; Keller 1998, S. 137; Tripps 2000, S. 81–83.
9 Keller 1998, S. 110–137; Tripps 2000, S. 86–87.
10 Bynum 1986, S. 407–413; Tripps 2000, S. 78–79.

77
Fastenzeit: Während der vierzigtägigen Vorbereitung auf Ostern sollen die prachtvollen Kirchenbilder verhüllt bleiben. Deshalb verdeckt man den Einblick in den Chor mit einem gemalten Fasten- oder Hungertuch.

Zwei fragmentierte Bahnen eines Hungertuches, Elsass/Oberrhein, um 1430.

Tempera auf Leinwand, je H: 300; B: 80 cm.
1902 in Strassburg erworben.
Zürich, Schweizerisches Landesmuseum, Inv. LM 6643.1–2.

Die zwei Fragmente dieses Fastentuches zeigen insgesamt acht Szenen: fünf aus dem Alten und drei aus dem Neuen Testament (die Erschaffung Adams, die Arche Noah, den Brudermord Kains, die Geschichte des blinden Tobias und das Urteil Salomos; die Anbetung der Heiligen Drei Könige, die Geburt Christi und die Geisselung). Die Bahnen stammen von demselben Stück Leinwand, das der Länge nach zerschnitten wurde, wobei man dann unten bzw. oben je eine Szene abtrennte, um eine einheitliche Länge zu erreichen.[1] Die ursprüngliche Anordnung samt Rekonstruktion der beiden fehlenden Szenen lässt sich aufgrund der erhaltenen Hungertücher von Gurk (1458), Zittau (1472), St. Lambrecht (um 1470) und Haimburg (1504) erschliessen: Neben die Erschaffung Adams gehört diejenige Evas (verloren), neben den Brudermord die Arche Noah; es folgen das Urteil Salomos und die Tobiasgeschichte, die Geburt des Kindes und die Anbetung der Drei Könige, die Gefangennahme Christi (verloren) und die Geisselung. Da die vollständig erhaltenen Hungertücher des 15. Jahrhunderts im Durchschnitt Masse zwischen 4.5×4 m und 8.5×7 m besitzen,[2] zeigen die zwei Bahnen im Schweizerischen Landesmuseum nur noch knapp einen Fünftel des ursprünglichen Tuches. Dieses gehört in die Gruppe der nach dem Schema der *Biblia Pauperum* bemalten Fastentücher, die die wichtigsten Stationen des Alten und Neuen Testaments von der Erschaffung der Welt bis zum Jüngsten Gericht schildern. Meist sind die Szenen nach typologischen Bezügen ausgewählt, und eine Szene des Alten präfiguriert eine des Neuen Testaments, denn gemäss mittelalterlichem Denken weist das Alte auf das Neue Testament hin.

Kat. 77

Kat. 77

Kat. 77 Ausschnitt
Das Urteil Salomons.

Kat. 77 Ausschnitt
Anbetung der hl. Drei Könige.

Hungertücher, meist aus Leinen, oft aber auch aus Seide oder Hanf, verhüllten während der vierzigtägigen Fastenzeit vor Ostern den Hochaltar. In der Regel waren sie mit Schlingen oder Ringen an einer Querstange aufgehängt. Man zog sie am Aschermittwoch oder am ersten Fastensonntag hoch und liess sie am Mittwoch vor Ostern fallen bzw. zog sie, wenn sie zweigeteilt waren, auseinander. Ursprünglich erfolgte letzteres nach der Komplet, später dann beim Morgengottesdienst, während der Lesung der Stelle Lukas 23,45: «... und der Vorhang des Tempels riss mitten durch ...».[3]

Hungertücher müssen bereits um das Jahr 1000 weitverbreitet gewesen sein: Ende des 10. Jahrhunderts ist erstmals in den *Consuetudines* von St. Vannes in Verdun von einem Hungertuch die Rede, Anfang des 11. Jahrhunderts dann in denjenigen von Farfa; Abt Aelfric von Winchester (um 955–um 1025) erwähnt in einer Predigt ein Hungertuch, ebenso 1080 Abt Wilhelm von Hirsau.[4]

Der von den Gläubigen als schmerzlich empfundene Verzicht, durch das grosse Tuch von der unmittelbaren Teilnahme an der Opferfeier des Priesters ausgeschlossen zu sein, galt als freiwillig übernommene Bussübung während der Fastenzeit.[5] Diese Bussübung gründet in der zu karolingischer Zeit rigoros erneuerten Bussordnung, die sich bis ins 14. Jahrhundert hinein hielt: Personen, über die öffentlich die Kirchenbusse verhängt wurde, wies man zu Beginn der Fastenzeit aus der Kirche und liess sie erst am Gründonnerstag wieder zum Gottesdienst zu. Offensichtlich übernahm im Laufe der Zeit die gesamte Gemeinde symbolisch diese Ordnung und legte sich durch die Verhüllung des Altars eine freiwillige Busse auf. Honorius Augustodunensis (gestorben bald nach der Mitte des 12. Jahrhunderts) erinnert jedenfalls an die genannte frühmittelalterliche Bussdisziplin, wenn er das Aufhängen des Hungertuches mit der Unwürdigkeit der Gläubigen erklärt, während der Zeit der Busse das Heiligtum des Altars zu schauen.[6] Bei Durandus von Mende (um 1235–1296) findet sich die Deutung in der Demütigung Christi im Leiden und im Zurücktreten seiner gepeinigten menschlichen Natur. Hugo von St. Victor († 1141), Honorius Augustodunensis und Sicard von Cremona († 1215) verweisen auf den Vorhang des Tempels zu Jerusalem, der im Moment des Opfertodes Christi zerriss.[7]

Im 14. und 15. Jahrhundert wandelte sich das Brauchtum der Verhüllung, denn einfache, einfarbige Hungertücher, die mit Mustern, oft Passionssymbolen, verziert waren, genügten nun nicht mehr; stattdessen schmückten jetzt ausführlich erzählende Bilderzyklen die Hungertücher, um die Gläubigen während der Buss- und Fastenzeit zu den Geheimnissen der Passion hinzuführen.[8]

Johannes Tripps

Literatur:
Styger 1919, S. 88. – Kalt 1978. – Sörries 1988, S. 164–166, Abb. 121–122. – Wüthrich/Ruoss 1996, S. 22, Nr. 8.

1   Wüthrich/Ruoss 1996, S. 22, Nr. 8.
2   Engelmeier 1961, S. 11; Sörries 1988, S. 66–72.
3   Ebenso in Matthäus 27,51 und Markus 15,38; vgl. Johannes H. Emminghaus: Artikel «Fastentuch», in: RDK, Bd. 7, Sp. 826 und 830; Sörries 1988, S. 13–15.
4   Johannes H. Emminghaus: Artikel «Fastentuch», in: RDK, Bd. 7, Sp. 827; Sörries 1988, S. 19–23.
5   Engelmeier 1961, S. 10.
6   *Vela in ecclesiis suspenduntur, quo populo secreta sanctuarii absconduntur, quia coelestia nobis ob peccata celantur quae ob poenitentiam nobis reserantur* / In den Kirchen werden Tücher aufgehängt, um die heiligen Geheimnisse vor dem Volk zu verbergen, denn das Überirdische bleibt uns verborgen wegen unserer Sünden, die uns nur dank der Reue vergeben werden *(Speculum ecclesiae*, in: PL, Bd. 172, Sp. 887); Johannes H. Emminghaus: Artikel «Fastentuch», in: RDK, Bd. 7, Sp. 831–832.
7   Engelmeier 1961, S. 10.
8   Ebd.

Mit Geld erkauft: Einzelpersonen, Klöster und ganze Städte erwerben sich mit Butterbriefen vom Papst das Recht zur Fastenerleichterung.

Abb. 23
Trient, Castello del Buonconsiglio, Wandmalereien im Adlerturm, Ausschnitt (120×120 cm) aus dem Kalenderbild zum Monat Juni. – Auf der Bergweide sind vier Hirtinnen zu sehen, die Kühe melken, Milchkübel schleppen und die Milch zu Butter verarbeiten.

Die kirchlichen Fastenregeln sind erst im Hochmittelalter schrittweise festgelegt worden. Das Abstinenzgebot galt für die lange, vierzigtägige Fastenzeit von Aschermittwoch bis Karsamstag, sowie für die sogenannten Quatemberfasten (viermal im Jahr jeweils am Mittwoch, Freitag und Samstag). Im weiteren gab es eine grosse Zahl einzelner Fastentage, vor allem die Vortage vor den meisten Apostelfesten und je nach Region variierende Tage. Das Fastengebot schrieb den Verzicht auf den Genuss von Fleisch warmblütiger Tiere, Milchprodukten und Eiern vor. Es war in mediterranen Verhältnissen entstanden, wo Olivenöl und Fisch als Ersatzprodukte die gebotene Enthaltsamkeit erleichterten. Nördlich der Alpen hatten sich die Menschen denn auch grösstenteils nicht an das Verbot des Konsums von Milchprodukten gehalten. Man ist gut darüber informiert, weil im 15. Jahrhundert eine Bewegung einsetzte, welche den bisher unrechtmässigen Zustand zu legitimieren versuchte. Einzelne höhergestellte Personen, Gemeinden, Klöster und ganze Städte wandten sich an den Papst mit der Bitte, ihnen den Genuss von Butter und anderen Milchprodukten in Zukunft auch während der Fastenzeiten zu gestatten. Sie baten den Papst, ihnen sogenannte Butterbriefe auszustellen. Argumentiert wurde meist mit dem Mangel an Olivenöl oder dessen übermässigen Kosten so-

wie mit dem generellen Mangel an geeigneten Fastenspeisen. Zudem wurde betont, dass man auch bisher in der Fastenzeit immer Butter gegessen hätte. Die Päpste stellten Butterbriefe in der Regel bereitwillig und für nicht allzu hohe Gebühren aus.

Es bleibt unklar, warum die Nachfrage nach Butterbriefen im späten 15. Jahrhundert so stark anstieg. Entweder war die Busspraxis beim Verstoss gegen die Fastenregeln verschärft worden oder die Illegalität des verbotenen Verzehrs wurde deutlicher wahrgenommen und als schädlich für das eigene Seelenheil erachtet. In der Reformation erregte weniger das Fasten selbst als die Gesetzgebung der mittelalterlichen Kirche Anstoss. Die Butterbriefe wurden als kirchlicher Missbrauch verurteilt und verloren in den neugläubigen Gebieten ihre Gültigkeit und ihren Wert.

Für die Region Bern und Solothurn haben sich drei Butterbriefe erhalten, die aufeinander Bezug nehmen. Sie geben einen facettenreichen Einblick in das kirchlich geprägte Alltagsleben.

Christian von Burg

78
Papst Felix V. erteilt Bern und Solothurn unentgeltlich die Erlaubnis, während der vierzigtägigen Fastenzeit Butter und andere Milchprodukte zu verzehren.

Butterbrief für das Berner und Solothurner Gebiet des Bistums Lausanne, 6. April 1449.

Pergament, lateinisch, H: 28; B: 37 cm; mit Bleibulle.
Bern, Staatsarchiv, F. Stift.

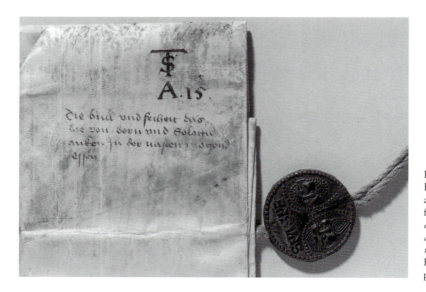

Im April 1449 antwortete Papst Felix V. auf das Gesuch der Städte Bern und Solothurn und stellte einen Butterbrief für die beiden Städte und die zugehörige Landschaft aus.[1] Er machte in seinem Schreiben zuerst klar, dass das von der Kirche festgelegte Verbot des Genusses von Milchprodukten während der vierzigtägigen Fastenzeit nach wie vor bestehe. Dann führte er die Gründe auf, die dennoch zu einer Lockerung der Fastenstrenge Anlass gäben: Den Leuten des betreffenden Landstriches seien Geschmack und Gebrauch von Olivenöl ungewohnt. Zudem mangle es in der rauhen, gebirgigen Landschaft an pflanzlichen Ersatzölen sowie an Fischen, der beliebtesten Fastenspeise. Seit Menschengedenken seien deshalb in dieser Region während der vierzigtägigen Fastenzeit, wie auch an den anderen Fastentagen, gezwungenermassen Milchprodukte verzehrt worden, und es wäre schwierig, diese Handhabung heute zu unterbinden. Papst Felix V. gab deshalb dem Abt von St. Johannsen zu Erlach den Auftrag, eine Absolution für die Übertretung des Fastengebots in der Vergangenheit und eine Dispens für den Verbrauch von Milchprodukten in der Zukunft zu erteilen.

Der päpstliche Butterbrief wurde jedoch nicht ohne Einschränkungen ausgestellt. Kirchliche Personen wurden von der Dispens ausgenommen. Laien, die von der gewährten Fastenerleichterung Gebrauch machen wollten, sollten als Gegenleistung während des ganzen Jahres jeweils am Freitag keine Eier essen. Wer bereits ein Gelübde abgelegt oder aus einer lobenswerten Gewohnheit freitags bisher keine Eier gegessen hatte, sollte neu zusätzlich am Mittwoch auf Fleisch verzichten. Ausserdem wurden, je nach den finanziellen Verhältnissen, andere Werke der Frömmigkeit, Gebete und Almosen empfohlen.

Christian von Burg

---

1 RQ BE, Teil 1, Bd. 6/1, S. 132–133.

Kat. 78
Handschriftlicher Vermerk auf der Rückseite des Briefes: *die bull vnd friheit, das die von Bern und Solottern anken [=Butter] in der vasten moegend essen.* An einer Hanfschnur hängt die päpstliche Bleibulle.

79
Der Bischof von Konstanz überlässt den Pfarrern die Entscheidung, ob in der Fastenzeit Käse gegessen werden darf.

Butterbrief für das Berner und Solothurner Gebiet des Bistums Konstanz, 2. Februar 1452.

Pergament, lateinisch, H: 41; B: 54 cm; mit anhängendem Siegel.
Bern, Staatsarchiv, F. Stift.

Der damalige Bischof von Konstanz, Heinrich IV. von Hewen, musste den Butterbrief des Papstes bestätigen und in seinem Bistum bekanntmachen.[1] Die Gesuche für eine Fastendispens waren zwar jeweils von Städten und Gemeinden direkt an den Papst gerichtet worden, die Antwort erfolgte jedoch über den zuständigen Bischof oder dessen Generalvikar, und da das Gebiet Berns und Solothurns zum grösseren Teil zum Bistum Lausanne, zum kleineren Teil zum Bistum Konstanz gehörte, waren zwei Stellen involviert. Gut zwei Jahre nach der Ausstellung des Butterbriefes wurde die Botschaft durch Abt Franziskus von St. Johannsen zu Erlach bestätigt und in Kraft gesetzt. Acht Monate später bestätigte auch der Bischof von Konstanz für seinen Teil des Gebietes die Fastendispens. Er schränkte die vom Papst geschenkte Freiheit jedoch wieder ein, indem er Käse von den erlaubten Milchprodukten ausklammerte. Den Pfarrern erteilte er das Recht, je nach Verhältnissen den Verzehr von Käse dennoch zu gestatten.

Christian von Burg

---
1   Ettlin 1977, S. 111–115.

80
Wer mittwochs Fleisch und freitags Eier essen will, muss für den Bau des Berner Münsters jährlich ein Tagesgehalt abliefern.

Butterbrief für das Berner und Solothurner Gebiet des Bistums Lausanne, 18. August 1486.

Rom, Vatikanisches Archiv, Reg. Vat. T. 685, fol. 114v.–115v.

37 Jahre nach dem Empfang des ersten Butterbriefes wandte sich der Berner Rat 1486 wiederum an den Papst mit der Bitte, Stadt und Landschaft auch von den erwähnten Einschränkungen zu befreien, nämlich freitags keine Eier bzw. mittwochs kein Fleisch zu essen, wenn man die im Brief erteilten Dispensen in Anspruch nehmen wollte.[1] Papst Innozenz VIII. bewilligte das Gesuch und begründete seine Zustimmung, wie schon Felix V., mit dem Mangel an Fischen und anderen erlaubten Speisen. Er forderte jedoch von jedem Berner Haushalt, der von dieser neuen Freiheit Gebrauch machen wollte, einen regelmässigen Beitrag an den Bau des St. Vinzenzenstifts, des Berner Münsters. Jeder Haushalt sollte jährlich soviel Geld bezahlen, wie er an einem Tag zum Unterhalt brauchte. Damit rückte dieser letzte Butterbrief für Bern von seiner finanziellen Funktion her in die Nähe der zahlreichen Ablassbriefe, die ebenfalls der Finanzierung des Berner Münsterbaus dienten. Der Berner Rat hatte jedoch grosse Mühe, die neue Steuer einzuziehen. Einerseits sollen etliche Pfarrer das Geld eingetrieben, aber nicht weitergegeben haben, anderseits scheinen die Leute allmählich vergessen zu haben, dass sie abgabepflichtig waren, wenn sie mittwochs Fleisch oder freitags Eier gegessen hatten.[2]

Christian von Burg

---
1   Ettlin 1977, S. 175–176.
2   RQ BE, Teil 1, Bd. 6/1, S. 135.

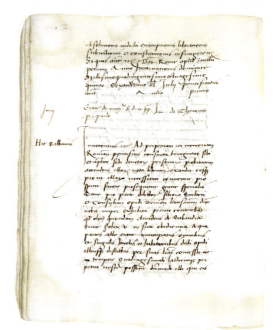

Kat. 80: fol. 114v.

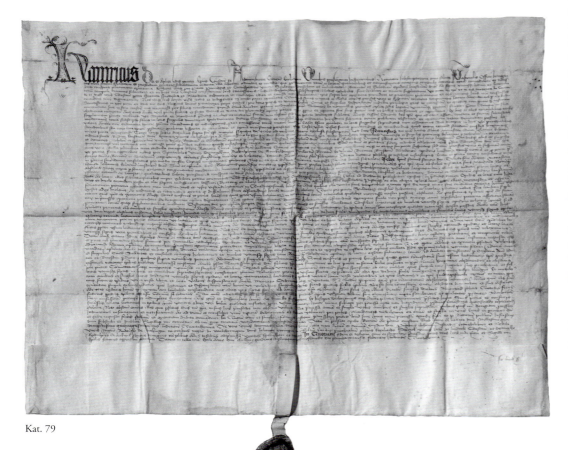

Kat. 79

81
Am Palmsonntag wird der Palmesel auf einem Wägelchen in einer Prozession durch die Stadt gezogen.

Palmesel aus Nesselwang, Schwaben, um 1460.

Lindenholz, gefasst, H: 166 cm.
Strassburg, Musée de l'Œuvre Notre-Dame,
Inv. MOND 157.

Die auf einem Wägelchen montierte Figur von Christus auf der Eselin zeigt stilistisch den Einfluss von Hans Multscher (Palmesel von Wettenhausen). Christus reitet, wie der Kaiser auf einem antiken Reiterstandbild, ohne Zügel und scheint sein Tier, das den Kopf leicht gesenkt hält, allein durch seine Würde zu beherrschen. Die Rechte zum Segen erhoben, formt sich die Linke so, dass ein Palmzweig hineingesteckt werden konnte.

Im Mittelalter gehören Palmeselfiguren innerhalb ihres Verbreitungsgebietes, das sich von Norditalien bis nach Norddeutschland und von Schlesien bis ins Elsass erstreckt, zu den populärsten Bildwerken. Ihr Gebrauch wird in Chroniken, Schwänken oder Gerichtsakten recht häufig beschrieben, vor allem wenn man in Betracht zieht, dass mittelalterliche Berichte über Bildwerke insgesamt selten sind.

Der Grund für die Popularität liegt in der besonderen Verwendung der Skulptur. Gleich wie Christus auf seiner Eselin in Jerusalem eingezogen und von einer huldigenden Schar empfangen worden war, führte man (vereinzelt bis zur Gegenwart) am Palmsonntag die rollende Figur in einer Prozession in die Stadt hinein. Der Palmesel trat somit nur einmal im Jahr in Erscheinung. Die Gläubigen übernahmen in der Feier den Part der huldigenden Scharen und streuten die Palmen aus. Die Zweige dienten aber auch als Sakramentalien gegen Unwetter und Hexen und wurden das Jahr über aufbewahrt (vgl. S. 219).

Die Palmsonntagsfeier umfasst seit etwa 950 (*Pontificale Romano-Germanicum*) folgende Teile:
1. An der ersten Station beginnt die Messe mit dem Lesegottesdienst, das Evangelium ist dem Einzug in Jerusalem gewidmet.
2. Es folgt die Weihe der Palmen und deren Austeilung an die Gläubigen.
3. Die Prozession setzt sich in Bewegung. Die Gesänge handeln von den beiden Jüngern, die im Kastell am Ölberg für Christus ein Reittier besorgen mussten.
4. An der zweiten Station erfolgt vor dem Palmesel die Huldigung mit dem Hymnus *Gloria laus* (Lob auf den Christuskönig) und dem Streuen der Palmen.
5. Die Prozession führt zur Hauptkirche. Das Responsorium *Ingrediente Domino* erinnert an den Einzug in die Stadt Jerusalem.
6. Die Eucharistiefeier beschliesst den Ritus.

Ein Bericht in der um 975 verfassten Vita des hl. Ulrich von Augsburg kann als ältestes Zeugnis für den Gebrauch eines Palmesels interpretiert werden, was bedeutet, dass der Palmesel zu den ältesten plastischen Bildtypen des christlichen Mittelalters gehört.[1] Die frühesten erhaltenen Figuren datieren aus der Zeit um 1200.

Die Palmeselprozession wurde jeweils den örtlichen Gegebenheiten angepasst. In Zürich hat man die bestehende Herrschaftstopographie in der Weise genutzt, dass der Lindenhofhügel als Ölberg und die Königspfalz darauf als Kastell erschienen sind. Am Ort grösster königlicher Präsenz wurde somit jährlich das *Gloria laus* gesungen, wie wenn die Huldigung an Christus an seinen Stellvertreter auf Erden gebunden gewesen wäre. In der Tat weisen Palmprozessionen und das Protokoll eines Königsempfangs Parallelen auf, und es scheint, dass die Prozession zunächst durch königlich geprägte Institutionen im Reich verbreitet wurde.[2] Wie sehr dem König auch noch im Spätmittelalter an der Würde des Ritus gelegen war, zeigt eine Anekdote aus Schwäbisch Hall: *Anno domini 1489 am samstag nach judica ist Maximillian Römischer König zu Hall eingeritten und am palmtag dem palmesel entgegengangen fur das Langenfelder thor. Als aber der zeit die büttel den esel zugen, schalt er den rath, das sie die schergen liessen die bildtnus Christi ziehen. Also hinfurt haben die rathsherren den palmesel gefurt ...*[3]

Es mangelt aber auch nicht an Quellen, die von Schabernack und Unfug berichten. Schon immer scheint der übersteigerte mimetische Anspruch des idolhaft durch die Strassen holpernden Gefährts auch eine burleske Wirkung erzielt zu haben. Mehrfach ist die Entwendung eines Palmesels überliefert, und in einer Reihe von Schwänken resultiert die Komik aus der Verwechslung von Abbild und Wirklichkeit.

Auffallend häufig sind in der Reformation ikonoklastische Attacken auf Palmeselfiguren überliefert, z. B. durch Vadian: *Uf sontag den palmtag 1528, wie der pfarrer zuo Someri im Turgöw nach altem bruch den esel ziechen und zuo im das volk palmen schiessen liess, begab es sich, dass er vor sinem kaplon nider uf ain tuoch lag und über sich singen liess, wie man an disem fest gewon[t] was. «Scriptum est enim: percutiam pastorem» [Denn es steht geschrieben: Ich will den Hirten schlagen, Matthäus 26,31]. Do schussend die puren mit den palmen zuo dem esel. Ainer aber, wie er den pfaffen liggend sach, warf mit ainem stain zuo im und traf in mitten uf den kopf und warf im ain gross pülen uf.*[4] Kaum ein anderes Bildwerk eignete sich besser für den Vorwurf, man betreibe damit Götzendienst.

Peter Jezler

Literatur:
Zum Objekt: Schneegans 1926, S. 39–40. – Zur Funktion des Palmesels: Adelmann 1967. – Barraud Wiener/Jezler 1995. – Tripps 1996, S. 89–116. – von Burg 1998.

---

1 Tripps 1996, S. 91–107.
2 Barraud Wiener/Jezler 1995; zum ottonischen Damenstift Essen vgl. Lipsmeyer 1995.
3 Herolts Chronik, zitiert in: Decker 1994, S. 128.
4 Vgl. Zehnder 1976, S. 189; zum historischen Kontext (der Vorfall ereignete sich in Wahrheit 1526) vgl. von Burg 1998, S. 58–63.

Kat. 81

82
Rätschen oder dumpfe Schläge auf eine Holztafel ersetzen an Gründonnerstag, Karfreitag und Karsamstag das Glockengeläute.

Hammerrätsche aus Steinhausen ZG, um 1850.

Holz, H: 75; B: 24 cm.
Basel, Museum der Kulturen, Inv. VI 3448.

In den letzten drei Tagen der Karwoche wurde die sogenannte *Tenebrae*-Messe, die *matutinae tenebrarum*, gefeiert. Die deutschen Bezeichnungen Finster- oder Düster-, Rumpel- oder Pumpermette deuten auf den besonderen liturgischen Rahmen hin, in dem sich diese Messe abspielte: Sie fand in der Dunkelheit statt und war mit dumpfem Lärm verbunden.

Der Kanonist und Liturgiker Durandus von Mende (um 1235–1296) erklärte zu den Riten der Karwoche, dass diese besonderen Messen zur Erinnerung an die dreitägige Grabesruhe Christi stattfinden, und weil die Apostel und Propheten zu dieser Zeit schwiegen, kommen auch die Glocken zur Ruhe. An ihrer Stelle wurden jedoch grosse hölzerne Tafeln gebraucht, die, mit einem Holzhammer geschlagen, zur Kirche riefen.[1]

Im Verlauf des Spätmittelalters und der frühen Neuzeit weitete sich das Spektrum für den Glockenersatz aus: Grosse Rätschen aus Holz wurden auf den Kirchtürmen installiert, kleine Klöppel, die auf Holzbrettchen schlugen, ersetzten die Altarglöckchen, und die Schüler zogen vielerorts mit kleinen Rätschen durch die Strassen, um zur Rumpelmette zu rufen.

Sebastian Franck beschrieb 1534 die spätmittelalterlichen Kirchenbräuche der Karwoche noch aus eigener Erfahrung: *Da fahet man an, drey nacht vor ostern zuo nachts metten [Messen] zuo singen. Darein kumpt ein groß volck mitt hämmeren, steyn, schlegel, klüpffel, kolben, stecken, und klopffen zuo bestimter zeit über den armen Judas, machen zuo vor finster und löschen alle liecht im tempel auß. Man hat auch eygen instrument zuo disem schertz...Vil bosheit geschicht in disen metten: Die leüt werden an die stuol genagelt, etlich geschlagen, offt etlich geworffen und geschoßen.*[2] Franck hebt hier die gelegentlichen Tumulte im Dunkeln stärker hervor als die eigentliche Liturgie der Finstermette. Ihm ging es um die Kritik an diesen Bräuchen, die sich mit der wachsenden Beteiligung der Laien, vor allem der weltlichen Schülerschaft, immer weiter ausgeformt hatten. Auch den latenten Antisemitismus der Kartage hob Franck in seiner Beschreibung der *Marterwoche der rhömischen christen* hervor. Nach der Reformation verschwand die populäre Form der Finstermette auch in einem grossen Teil der katholischen Gebiete.

Christian von Burg

Literatur:
Andree 1910. – Moser 1956.

1 Moser 1956, S. 81.
2 Franck, Weltbuoch, fol. 131b.

Abb. 24
Kleine hölzerne Karfreitagsklapper aus dem Aargau, 19. Jahrhundert. Basel, Museum der Kulturen, Inv. VI 3955. – Neben den grossen Hammerrätschen dienten auch kleine Holzklappern als Ersatz für das Glockengeläute in den letzten Tagen der Karwoche.

Kat. 82

83
In der Finstermette wird eine Kerze nach der anderen gelöscht und im Dunkeln Lärm veranstaltet.

Osterleuchter mit *Tenebrae*-Aufsatz, wohl zweite Hälfte 15. Jahrhundert.

Eisen geschmiedet, gespalten, getrieben, feuergeschweisst; heute schwarz bemalt, darunter alte Farbreste.
H: 248 cm; *Tenebrae*-Aufsatz: H: 82; B: 132 cm.
Freiburg i. Üe, St. Niklaus.

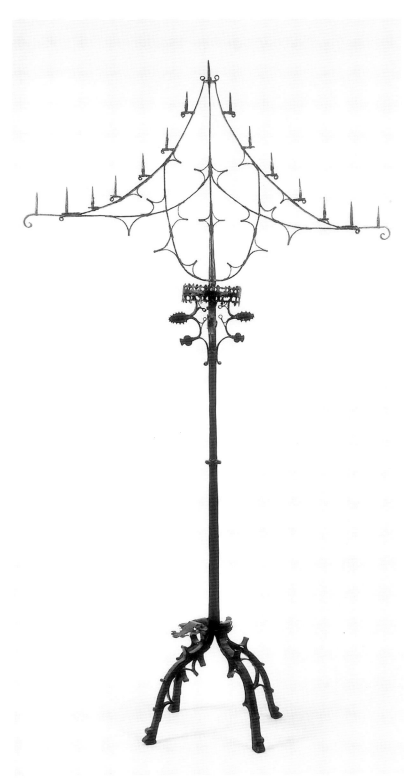

Kat. 83

Das Zeremonialienbuch für das Basler Münster (1517) beschreibt den Kerzenritus, der in der Finstermesse vollzogen wurde, in aller Ausführlichkeit: *Auf dem Pult in der Chormitte werden dreizehn Kerzen angezündet. Von diesen wird jedesmal am Ende eines Psalmverses eine ausgelöscht, abwechselnd auf der einen und auf der anderen Seite, von aussen nach innen. Die letzte und grösste Kerze aber, in der Mitte, wird nicht ausgelöscht, sondern beim letzten Psalm der Laudes vom Subkustos brennend in die Sakristei weggetragen. Erst wenn der Hymnus Rex Christe factor omnium beendigt ist, wird die brennende Kerze wieder auf das Pult gestellt. Sie soll den Glauben der heiligsten Jungfrau Maria vergegenwärtigen, der nie erlosch. Die andern zwölf Kerzen aber, die man auslöscht, stellen die Apostel dar, deren Glaube fast ganz erloschen war.*[1]

In anderen Kirchen wurde für diesen Ritus ein sogenannter *Tenebrae*- oder Finstermetten-Leuchter verwendet, der – mit unterschiedlicher symbolischer Bedeutung – auch mehr oder weniger als 13 Kerzen trug.[2] Spätmittelalterliche *Tenebrae*-Leuchter aus Metall sind äusserst selten erhalten geblieben. Das Freiburger Exemplar zeichnet sich durch eine besondere funktionale Raffinesse aus, indem der *Tenebrae*-Aufsatz entfernt und der Leuchter danach auch als Osterleuchter verwendet werden konnte.

Während der Finstermette wurden in der Kirche auch alle anderen Kerzen und Lichter gelöscht. Nach dem Hinaustragen der letzten Kerze sang man die Antiphon, und die Schüler und Priester sowie auch andere Kirchgänger machten an bestimmten Stellen der Liturgie mit mitgebrachten Gegenständen Lärm – sie «rumpelten» oder «pumperten» – und stellten so je nach Auslegung entweder das Erdbeben beim Tod Christi oder das Stimmengewirr und den Lärm der Kriegerschar dar, die der Verräter Judas bewaffnet zu Christus führte. Dieses Klopfen und Hämmern in der stockfinsteren Kirche liess sich schwer kontrollieren. Die Finstermetten waren sehr beliebt, die Kirchen voll, und so wurde im späten Mittelalter immer wieder zu laut und zu lange «gerumpelt» oder anderer Schabernack getrieben. Archivalische Quellen bezeugen, dass dabei schon mal eine Truhe oder ein Kirchenstuhl zerschlagen und eine unliebsame Person, wie ein Landrichter aus Bayern, durch die Schuhsohlen hindurch am Boden festgenagelt wurde.[3]

Christian von Burg

Literatur:
Brilinger, Ceremoniale Basiliensis. – Moser 1956. – Kat. Kirchenschatz St. Niklausenmünster 1983, S. 73.

---

1 Brilinger, Ceremoniale Basiliensis, S. 152.
2 Moser 1956, S. 81.
3 Ebd., S. 87.

**84
Karwoche: Nach Passion und Kreuzigung prägen am Karfreitag die Kreuzabnahme und die Grablegung das liturgische Geschehen.**

Kruzifix mit beweglichen Armen, Kärnten, um 1515.

Holz, H: 105 cm; Spannweite 101 cm.
1971 je vier Finger beider Hände und eine Zehe des linken Fusses abgebrochen, Finger inzwischen wieder ergänzt; im 19. Jahrhundert und hernach erneuerte, derbe Fassung; Kreuz neu (mündliche Mitteilung von Dr. Eduard Mahlknecht, Diözesanmuseum Klagenfurt, Juni 2000).
Klagenfurt, Diözesanmuseum / gegenwärtig im Dom (Geschenk von Dechant Fiebiger aus St. Veit a.d. Glan).

Vom erhaltenen Denkmälerbestand her beurteilt, tauchen Kruzifixe mit schwenkbaren Armen zeitgleich mit Grabchristusfiguren auf. Die beiden ältesten bekannten Exemplare stammen aus der Zeit kurz vor 1300 (Siena, Museo dell'Opera del Duomo) und aus dem Jahre 1333 (Florenz, Baptisterium, jetzt Museo dell'Opera del Duomo).[1]

In der Karfreitagsliturgie oder zu Passionsspielen nahm man die Christusfigur vom Kreuz ab, betrauerte sie, schlug sie in ein Leichentuch ein, legte sie auf eine Bahre und setzte sie im Ostergrab bei. Dabei übernahmen meist Kleriker die Rollen von Maria, Johannes, Nikodemus und Joseph von Arimathia. Zwei weitere Kleriker, welche die Engel mit den Passionswerkzeugen in den Händen darstellten, begleiteten den Trauerzug zum Ostergrab. Letzteres konnte aus Tüchern konstruiert, eine Grabtruhe, aber auch der Altarblock selbst sein, der von hinten zugänglich war.[2]

Manche Kruzifixe waren nackt und beweglich wie Gliederpuppen, ja konnten sogar aus ihrer Seitenwunde bluten. Eine solche Figur blieb in St. Nikolai zu Döbeln in Sachsen erhalten (um 1510).[3] Hier scheint das Karfreitagsgeschehen wie folgt dramatisiert worden zu sein: Die Christusfigur wurde, gemäss mittelalterlicher Passionsliteratur wahrscheinlich nackt, ans Kreuz geschlagen. Die Gottesmutter, die ihren Sohn derart erniedrigt sah, löste ihren Schleier und band ihn selbst ihrem Sohn um oder liess dies durch einen Soldaten oder durch Maria Magdalena ausführen. Nachdem der Herr verschieden war, kam Longinus mit der Lanze und stach dem Kruzifix in die Seitenwunde, wo sich ein kleiner Behälter mit Blut befand, so dass die Figur tatsächlich zu bluten begann. Das Blut lief in den Schleier, den sich die Muttergottes nach der Kreuzabnahme des Sohnes zurückerbat, mit dem Hinweis, dass das Blut des Gottessohnes noch vielen Menschen zur Erlösung gereichen werde. Eine Marienklage und hernach die Grablegung des Herrn schlossen die Feierlichkeiten ab.[4]

Die ältesten nördlich der Alpen erhaltenen Kruzifixe mit schwenkbaren Armen sind aber keine autonomen Bildwerke, sondern Teile von Vesperbildgruppen (z. B. Freiburg i. Br., Augustinermuseum, ehemals Radolfzell, sowie Figuren aus Rottweil und Watterdingen bei Engen, Kreis Konstanz) und datieren in die 1320er Jahre oder kurz danach.[5] Gemäss Gesine Taubert ist gegen 1300 und während der ersten Hälfte des 14. Jahrhunderts nicht nur eine Dramatisierung der Karfreitagsliturgie mit Hilfe von Grablegungsfiguren und Kruzifixen mit beweglichen Armen festzustellen, sondern in der Liturgie werden gleichzeitig auch Marienklagen zwischen *Adoratio* und *Depositio Crucis* (Verehrung und Grablegung des Kreuzes) eingeschoben.[6] Die genannten Vesperbilder lassen also darauf schliessen, dass eine Marienklage in die Karfreitagsriten integriert wurde: Zunächst nahm man den Gekreuzigten mit beweglichen Armen vom Kreuz ab und verehrte ihn, legte ihn dann während der Marienklage der Gottesmutter in den Schoss und setzte ihn schliesslich im Ostergrab bei.[7]

Johannes Tripps

Literatur:
Taubert 1969, S. 79ff., Nr. 13 (mit Abb.). – Kat. Kärntner Kunst 1971, S. 116, Nr. 22. – Schmidt 1971, S. 44. – Taubert 1978, S. 40, Nr. 13.

Kat. 84 Ausschnitt.

1 Vom Florentiner Exemplar wissen wir mit Sicherheit, dass es 1333 im Baptisterium aufgestellt wurde. Die Zuschreibung an Giovanni di Balduccio erfolgte durch Margrit Lisner; zu beiden Kruzifixen vgl. Lisner 1970, S. 28 (Siena) sowie S. 11 und 22ff. (Florenz).
2 Tripps 2000, S. 72, 125–131 und 193.
3 Ebd., S. 157–161, 176 und 181–182.
4 Ebd., S. 158–163.
5 Burek/Michler/Vogel 1992, S. 315–330; Michler 1992, S. 29ff.
6 Taubert 1974, S. 54 und 59.
7 Tripps 2000, S. 181–182.

Kat. 84

**85
Karfreitag: Im 13./14. Jahrhundert ersetzt der Grablegungs-Christus das Kreuz, das bisher in der Karfreitagsliturgie als Zeichen des Leichnams Christi im Ostergrab beigesetzt wurde.**

Grablegungs-Christus aus Engelberg OW, um 1390.

Lindenholz, massiv, gefasst, H: 124; B: 26 cm.
Bern, Historisches Museum, Inv. 7873.

Kat. 85

Seit dem 10. Jahrhundert gibt es Schriftquellen, wonach in der Karfreitagsliturgie mit Hilfe eines Kreuzes das Sterben und Begraben Jesu Christi nachempfunden wurde. Man verehrte das Kreuz und setzte es anschliessend in einem Ostergrab bei, das meist aus Tüchern konstruiert war. Es stand vor, hinter oder neben dem Kreuzaltar.[1] Aus der ersten Hälfte des 14. Jahrhunderts sind Figuren vom Typus des «Grablegechristus» erhalten, der nun anstatt des Kreuzes verehrt und im Ostergrab, meist einer Ostergrabtruhe, beigesetzt wird. Die älteste erhaltene Figur samt zugehöriger Ostergrabtruhe ist das Ensemble im Zisterzienserinnenkloster Magerau (Maigrauge) in Freiburg i. Üe. (vgl. Abb. 25).[2] Mit ihrem ausgeklügelten Figurenprogramm auf der Innen- wie der Aussenseite deutet diese Grabtruhe darauf hin, dass die entsprechende Tradition viel älter sein muss.

Vieles spricht dafür, dass schon in der zweiten Hälfte des 12. Jahrhunderts Grabchristusfiguren an Stelle eines Kreuzes beigesetzt wurden, denn aus der Zeit um 1200 haben sich in der Buchmalerei und in der Skulptur die ersten Darstellungen des toten, in ein Leichentuch eingeschlagenen Herrn erhalten, die sehr an die genannte Grabfigur erinnern. Am Anfang dieser Reihe steht eine um 1200 entstandene, nur 30 cm grosse Figur aus Bal (heute in Visby auf Gotland, Schweden). Offen bleibt die Frage, ob es sich hier um ein einzelnes Andachtsbild, um einen Teil einer kleinformatigen Grablegungsgruppe oder aber um ein Depositionsbild handelt, das während der Osterfeierlichkeiten in einer Heiliggrabrotunde beigesetzt wurde.[3] Die nächstälteste Darstellung stammt aus dem Beginn des 13. Jahrhunderts und findet sich in der vermutlich im Zisterzienserstift Rein (Steiermark) entstandenen Abschrift des Buches *De locis sanctis*. Das Original stellte der irische Abt Adamnan von Hy (623/624–704) nach den Schilderungen des gallischen Mönchs Arkulf zusammen, der es eigenhändig mit selbstgezeichneten Plänen von den Stätten des Heiligen Landes versah. Dementsprechend zeigen alle vor 1200 entstandenen Abschriften gleichermassen die Heiliggrabrotunde, das *Tegurium* (Baldachin über dem Grab) und die genaue Anzahl der Lampen, die über dem *leeren* Grabe hingen. Allein die Abschrift aus Rein aus dem beginnenden 13. Jahrhundert enthält, abweichend davon, im Zentrum der Grabrotunde bezeichnenderweise das Bild des toten, in ein Grabtuch eingeschlagenen Herrn.[4] 1982 wies Peter Jezler auf eine Merkwürdigkeit in dem um 1160 verfassten *Liber Ordinarius* des Salzburger Domes hin: In den Riten der *Depositio*, der Grablegung, und *Elevatio*, der Erhebung, ist, traditionsgemäss, von der *Imago Crucifixi* die Rede; in der zwischen beiden Ereignissen liegenden Szene, der *Visitatio Sepulcri*, dem Besuch der drei Frauen am Grab, spricht der Text jedoch ganz unvermittelt von *Ymago Domini*. Damit könnte demzufolge ein in ein Grabtuch eingeschlagenes Bildwerk des toten Christus gemeint sein.[5] Diese Annahme ist plausibel, konnte doch Otto Pächt schon für die Buchmalerei des 12. Jahrhunderts nachweisen, dass liturgische Spiele und Texte wie der *Ludus Paschalis* (Osterspiel) und die *Visitatio Sepulcri*-Szene auf Ikonographie wie Bildstruktur der Miniaturen von Kreuzabnahme und Beweinung einen Einfluss hatten, die dadurch den Charakter eines *tableau-vivant* erhalten.[6]

Die hier vorgestellte Figur zeigt einen toten, in sein Grabtuch eingeschlagenen Herrn, die Hände vor dem Schoss gekreuzt, die Beine liegen parallel. Das Gesicht ist expressiv geschnitzt, mit eingefallenen Wangen, gesenkten Lidern und in Todesstarre geöffnetem Mund. In sublim-raffinierter Weise hat der unbekannte Bildhauer den Grabchristus zum Betrachter hin auf Linksansichtigkeit konzipiert, denn die Figur dreht sich leicht nach rechts, was man sehr schön an den Schläfen und an der Brust erkennt: Das über den Kopf gezogene Leichentuch ist an der (von der Figur aus) linken Seite höher als an der rechten.

Johannes Tripps

Literatur:
Baum 1941, S. 21, Nr. 14. – Baum 1942, S. 5 und 12.

---

1 Tripps 2000, S. 130–131.
2 Schwarzweber 1940, S. 37 («1330–40»); Reiners 1941, S. 258 («Anfang 14. Jahrhundert»); Kdm FR 2 1956, S. 338–341 («um 1330»); Jezler 1982, S. 31–35 («2. V. 14. Jhd.»).
3 Niehoff 1990, S. 45, Abb. 42.
4 Niehoff 1985, S. 55 und Abb. H 6.
5 Jezler 1982, S. 76–79; Jezler 1983, S. 237 und 246, Anm. 20.
6 Vor allem am Beispiel des St. Albanspsalters (um 1120, St. Godehard, Hildesheim); Pächt 1962, S. 34 ff.

Kat. 86

86
Karwoche: Nach der Trauer von Karfreitag und Karsamstag ist das Ostergrab von grosser symbolischer Bedeutung im Hinblick auf die Auferstehung.

Ostergrabtruhe aus St. Martin in Baar ZG, Zürich (?), um 1430.

Holz bemalt, H: 77; L: 170; T: 46 cm.
Gut erhalten, im Schweizerischen Landesmuseum in Zürich restauriert, gereinigt und wenig retuschiert.
Zug, Museum in der Burg, Inv. 3236.

Ostergrabtruhen fanden in der Liturgie von Karfreitag bis Ostersonntag Verwendung. In ihnen wurde die Hostie samt einem Grabchristus oder einem Kruzifix mit beweglichen Armen beigesetzt. Oftmals standen Kerzen haltende Engelsfiguren um das Grab und bewachten es. Das Grab mit dem darinliegenden Heiland stand bis am Abend des Ostersamstags zur Andacht offen. Chorschüler hielten die Totenwache und sangen. Am Ostersonntagmorgen erhob man zum Zeichen der Auferstehung ein Kreuz aus dem Grabe und stellte es auf den Kreuzaltar. Statt des Kreuzes konnte dies auch die Figur eines auferstandenen Christus sein.[1]

Die Aussen- wie Innendekoration der Grabtruhe aus Baar nimmt deutlich Bezug auf ihre liturgische Verwendung. Bei geöffnetem Deckel sieht man auf dessen nach unten geklappter Innenseite die Drei Marien, denen zwei Engel das leere Bahrtuch zum Zeichen der Auferstehung vorweisen. Ist der Deckel geschlossen, sind auf der Frontseite zwei liegende, schlafende Wächter zu erkennen, zwei weitere sitzen schlafend mit übereinander geschlagenen Beinen auf den Schmalseiten. Die Aussenseite des Klappdeckels zeigt den auferstehenden Herrn zwischen zwei Engeln, die je ein Weihrauchfass schwingen. Der zugehörige Grabchristus ist verloren.

Die älteste Ostergrabtruhe (erstes Drittel 14. Jahrhundert) samt Grabchristus blieb aus dem Zisterzienserinnenkloster Magerau (Maigrauge) in Freiburg i.Üe. erhalten (vgl. Abb. 25). Sie zeigt auf der Innenseite des Klappdeckels eine vielfigurige Beweinungsgruppe einschliesslich Nikodemus und Joseph von Arimathia. Auf den Innenwänden der Truhe sind die zur Grablegung Christi gehörenden Personen dargestellt: Johannes, der die Muttergottes stützt, und die drei Frauen mit den Salbgefässen.[2]

Solche Ostergräber werden in den Quellen *archae* genannt, womit der Hinweis auf den Ursprung von Grabtruhe und Grabchristus gegeben ist: Unter *archa* versteht die Gotik meist eucharistische Kästchen, in denen die Hostie, der Leib des Herrn, aufbewahrt wurde. Aus der Zeit um 1330 blieben zwei solche Kästchen erhalten: die *Archa* aus Kloster Lichtenthal bei Baden-Baden und diejenige aus Eriskirch bei Tettnang.[3] Sie unterscheiden sich weder in ihrer äusseren Form noch in ihrer gedanklichen Bestimmung von der *Archa* und dem Depositionsbild des Klosters Magerau bzw. der Ostergrabtruhe aus Baar. 1260 heisst es im *Breviarium* des Grossmünsters zu Zürich, dass vielerorts bei der *Depositio* (Grablegung) am Karfreitag Kreuz und Hostie in der «*Archa*, die das Grab versinnbildlicht» *(archa sepulchrum representante)* beigesetzt würden.[4] Gleiches bezeugen zwischen etwa 1370 und 1530 die *Libri Ordinarii* (Ritualbücher) aus Essen, Bamberg und Prüfening.[5] 1482 vermerkt das Messnerpflichtbuch von St. Sebald in Nürnberg *das silberin serchlein*, «darin man das Sakrament am Karfreitag beisetzt».[6] Diesen Ritus schildern in England vom 14. bis 16. Jahrhundert Quellen aus Yorkshire, Warwickshire und Glamorganshire.[7]

Die Zeremonie, die Hostie in eine *Archa* oder, was bereits seit dem 10. Jahrhundert bezeugt ist, in einen Kelch zu legen, wird trotz Überlagerung durch die Kulte mit Bildern bis zur Reformation beibehalten. Obwohl im Verlauf der Spätgotik die Ostergräber mit ihren kathedralartigen Aufbauten derartige Ausmasse annehmen, dass sie schliesslich auf Rollen stehen und geschoben werden müssen, verfügen sie über einen bevorzugten Platz für das eucharistische Kästchen bzw. den Kelch mit der Hostie. Zwar bleibt der Hauptgegenstand der Verehrung eine Christusfigur mit beweglichen Armen, die im Grab beigesetzt wurde. Trotzdem besitzen bzw. besassen die Heiliggräber zu Wien (1437), zu Salzburg, Zwickau und St. Benedikt an der Gran (Garamszentbenedek, um 1480/1490) jeweils eine Konsole an der Vorderseite, auf der der verdeckte Kelch präsentiert wurde. So schreibt es auch das Graner Rituale von 1496 vor. Das Egerer Rituale von 1509 spricht anstelle des Kelches von einer Monstranz.[8]

Johannes Tripps

Literatur:
Futterer 1926, S. 231–232, Abb. 4 und Taf. XIV. – Lapaire 1969, S. 113–116. – Kat. Zuger Kunst 1977, Nr. 3. – Kat. Alltag zur Sempacherzeit 1986, S. 206–207, Nr. 285, Abb. 285a–b. – Kdm ZG 1 1999, S. 49–50, Abb. 36.

1 Tripps 2000, S. 122–123 und 129–141.
2 Jezler 1982, S. 31–35; Tripps 2000, S. 136–138.
3 Die Archa aus Lichtenthal heute in New York, The Pierpont Morgan Library, H: 15; L: 16.6; B: 11.6 cm (Fritz 1982, S. 179–180, Taf. IV und Abb. 224); Archa in Eriskirch, Kupfer, vergoldet, H: 21; L: 16; B: 12.5 cm (Pazaurek 1912, S. 23, Taf. VII).
4 ... *Sacerdotes predictam parvam Crucem ponunt et signando claudunt in archam que intra testudinem retro altare Martyrum, candido velo circumpendente, posita Sepulchrum Dominicum representat. Nam contra omnem rationem est quod in quibusdam ecclesiis Eucharistia in huiusmodi archa sepulchrum representante poni consueuit et claudi. Ibi enim Eucharistia, que est uerum et uiuum Corpus Christi, ipsum Christi corpus mortuum representat, quod est indecens penitus et absurdum ...* (Young 1933, Bd. 1, S. 154; Lipsmeyer 1988, S. 139–145; Leuppi 1995, S. 254).
5 Brooks 1921, S. 62.
6 Gümbel 1929, S. 17.
7 Longhofer Sheingorn 1974, S. 24ff.
8 Taubert 1978, S. 48; Prokopp 1982, S. 32 und 38; Tripps 2000, S. 131.

87
Nach der Fastenzeit wird das Ostergebäck mit einem Bild vom Grab Christi verziert.

Gebäckmodel mit Darstellung des Ostergrabes, Anfang 16. Jahrhundert.

Holz, Dm: 7.4 cm.
Zürich, Schweizerisches Landesmuseum, Inv. LM 52818.

Der kleine Gebäckmodel zeigt eine der äusserst seltenen Darstellungen des Ostergrabes, d. h. jener Nachbildungen des Heiligen Grabes in Jerusalem, die für die Feier der Karfreitags- und der Osterliturgie im Spätmittelalter in Kirchengebäuden aufgestellt wurden. Im Gegensatz zu einer Grablegungsszene mit Trauerfiguren oder zu einem Auferstehungsbild mit Grabeswächtern ist hier nur das Grabgehäuse zu erkennen, in das die Figur des toten Christus hineingelegt wurde (Kat. 85). Wie beim Urbild in der Grabeskirche ist der Sarkophag von einem schützenden, architektonisch gegliederten Baldachin überhöht, der andeutungsweise perspektivisch gestaltet ist. Um den eigentlich in der Truhe «beigesetzten» Christus abbilden zu können, hat man die Liegefigur sozusagen «hochgeklappt», so dass sie über dem Grab zu schweben scheint. Mit den gerade ausgestreckten Beinen und den eng an den Oberkörper gelegten Armen erinnert sie an einen skulptierten Grablegungs-Christus oder an einen Kruzifixus mit schwenkbaren Armen (Kat. 84).

Wofür der Model gebraucht wurde, ist nicht überliefert. Der Gedanke liegt nahe, dass man damit Ostergebäck verziert hat, das nach der vierzigtägigen Fastenzeit, in der Süssgebäck mit tierischem Eiweissanteil nicht erlaubt war, besonders geschätzt wurde. Weil das Ostergrab ein sinnfälliges Zeichen dafür war, dass die Fastenzeit nun ein Ende fand, wird man es als Relief auf das Festgebäck geprägt haben.

Peter Jezler

Literatur:
Jahresbericht des Schweizerischen Landesmuseums Zürich 83, 1974, S. 19 und 20, Abb. 8, und S. 61. – Jezler 1988, S. 37, Abb. 23.

Kat. 87

Abb. 25
Ostergrab, 1. Drittel 14. Jahrhundert, aus dem Kloster der Zisterzienserinnen in der Magerau, Freiburg i. Üe., H: 101, L: 188, T: 51 cm. Freiburg i. Üe., Museum für Kunst und Geschichte. – Das Ostergrab in der Magerau ist das älteste erhaltene Werk dieser Art. Die Frontseite zeigt die Beweinung Christi, in der geöffneten Truhe liegt der herausnehmbare, plastische Grablegungs-Christus.

88
Nach der langen Fastenzeit werden an Ostern Speisen wie Lammfleisch, Schinken, Brot, Käse und Eier vor dem Verzehr gesegnet.

Obsequiale Constantiense, erstes gedrucktes Ritenbuch der Diözese Konstanz, um 1482.

Einband H: 20.5; B: 15 cm, Blatt H: 14.5; B: 14 cm. Ort und Jahr des Druckes sind nicht überliefert. In der Forschung wird der zwischen 1474 und 1490 in Basel tätige Michael Wensler (auch Wenssler) als Drucker vermutet. Einsiedeln, Stiftsbibliothek, Jnc 146(898).

Um 1482 veranlasste der damalige Konstanzer Bischof, Otto IV., den ersten Druck einer Ritensammlung für seine Diözese. Im Vorwort zur Inkunabel ordnet Otto unter Androhung bischöflichen Unwillens an, dass sein gesamter Klerus *talem librum, quem obsequiale vocant*[1] (das Ritenbuch) erstehen möge und die darin aufgeführten Riten zur Erteilung der Sakramente und Sakramentalien zu befolgen habe. Ottos offensichtliches Bestreben, durch die schriftliche Fixierung und die befohlene Verbreitung der Sammlung die kirchlichen Riten zu vereinheitlichen, entspringt nicht nur der im Vorwort metaphorisch verbrämten Warnung vor der auf Abwegen in die Wüste geratenen Herde, wo ihr Hunger und Durst drohten[2], sondern kann auch als Wille gedeutet werden, der unüberschaubaren Fülle der Riten entgegenzuwirken. Von der Kreativität[3] jener liturgiegeschichtlichen Epoche zeugen die oftmals überfrachteten Gefüge mittelalterlicher Ritenbücher, die in engstem Verhältnis zu Entwicklung und Wandel des Brauchtums und des alltäglichen Lebens der Bevölkerung standen.

Die Verbundenheit von kirchlichem Ritual, volkstümlichem Brauchtum und Lebensweise der Menschen wird besonders deutlich bei den Riten zur Benediktion von Esswaren, der Speisenweihe bzw. -segnung. Das Konstanzer Ritenbuch führt – neben den mit den Sakramenten der Taufe, der Busse, der Eucharistie, der Ölung und der Ehe verbundenen Riten – eine ganze Reihe von Einzelriten auf. Nicht wenige von ihnen erläutern die Weihe von Esswaren und materiellen Gegenständen. Eine andere Gruppe steht in Zusammenhang mit dem Höhepunkt des liturgischen Jahres, der Osterfeier. Zu Ostern verzeichnet das Konstanzer Ritenbuch neben der Palmweihe und der Prozession am Palmsonntag, dem Auferstehungsspiel am Ostermorgen und anderen Riten die Weihe des Osterlammes sowie weiterer Esswaren am Osterfest. Die Weihe von Lebensmitteln an Ostern war für die Menschen ein lange erwartetes Ereignis. Mit der Quadragesima vierzig Tage vor dem Karfreitag begann die Fastenzeit. In frühchristlicher Zeit und während des ganzen Mittelalters waren die Fastenverordnungen sehr streng. Der Genuss von Fleisch, Milchspeisen und Eiern war verboten. Nach der langen Zeit des Verzichts sehnten sich die Menschen nach dem Ende der Fastenzeit. Der Ostertag wurde in doppelter Hinsicht zum Festtag: Zur Feier der Auferstehung Christi gesellte sich die Freude über das Ostermahl. Vor dem Verzehr wurden die Esswaren in der Kirche gesegnet, wovon sich die Menschen Gesundheit und Wohlergehen erhofften.[4] Geweiht wurden verschiedene Speisen, insbesondere aber solche, die während der Fastenzeit nicht gegessen werden durften. Ins Konstanzer Ritenbuch aufgenommen wurde die Weihe des Osterlammes (*Benedictio agni pascalis*), von Rauchfleisch (*Ad benedictionem lardi*), von Käse (*Super caseos*), von Eiern (*Super oua oratio*) und von Brot (*Benedictio panis*).[5] Der Weihe des Osterlammes bzw. des Lammfleisches kam ein besonderer Stellenwert zu, allein schon durch die heilsgeschichtliche Symbolik des Lammes. Dieser Ritus wird unter den Speisenweihen dementsprechend an erster Stelle aufgeführt. Seine besondere Wichtigkeit äussert sich zudem darin, dass der Ritentext an zwei Stellen den Aufruf zum Gebet (*Oremus*) vorsieht und deutlich länger ist als derjenige der übrigen Speisenweihen.

Die wachsende Anzahl der Riten, die damit verbundene laufende Vermehrung der zu benedizierenden Objekte sowie der weit verbreitete Aberglaube hinsichtlich der Schutz- und Heilkraft der geweihten Objekte wurden Gegenstand scharfer reformatorischer Kritik. Die mit der Veröffentlichung gedruckter Ritualien im 15. Jahrhundert einsetzenden Bemühungen um eine Normierung und Beschränkung der Riten wurden mit dem Reformationsedikt Kaiser Karls V. von 1548 erfolgreich verstärkt – es schuf die Grundlage für eine Reform der Benediktionen.[6]

Sarah Pfister

---
1 Dold 1923, S. XI.
2 Ebd.: *... ne per deuia in desertum perducatur ubi siti et inedia periclitari posset...*
3 Kaczynski 1984, S. 256.
4 Maier 1959, S. 264.
5 Dold 1923, S. 145–146.
6 Franz 1909, Bd. 2, S. 644.

89
An Ostern versucht der Prediger, die Gemeinde mit einem Ostermärchen zum Lachen zu bringen.

Johannes Pauli, *Schimpff unnd Ernst*, Bern 1542: Holzschnitt zur Osterpredigt.

Schimpff unnd Ernst / durch alle Welthaenndel. Mit vil Schoenen und Wahrhafften Historien / Kurtzweiligen Exemplen / Gleichnussen und mercklichen Geschichten fürgestellet. Einem jeden zuo underweisung / manung und leer / in allen haendlen. / Jezund von newem weitter dann vormals gemerht / mit Exempeln unnd Figuren / fast kurzweilig / unnd Nuzlich zulesen. Getruckt in der E. Stat Bernn / durch Mathiam Apiarium. Auff den 26 tag Augusti. Anno M.D.XLII.
Folio, H: 29.8; B: 19.6; Dicke: 1.7 cm. 100 Blätter, mit vielen Fehlern in der Paginierung. Titelholzschnitt in Rot und Schwarz; 40 weitere Holzschnitte im Text von Hans Baldung Grien, Jakob Kellenberg, Hans Frank und anderen Meistern. Zeitgenössischer dunkler Lederband mit Stempeln blind verziert, Rückseite erneuert.
1. Exemplar: Bern, Stadt- und Universitätsbibliothek, AD fol. 78, Blatt LXXXI.
2. Exemplar: Strassburg, Bibliothèque Nationale et Universitaire, R 10 062.

Mit *Schimpff unnd Ernst* schuf Johannes Pauli, beredter Prediger und Bruder des Franziskanerordens, eine Sammlung von 693 Kurzerzählungen, die neben Luthers Bibel und einer Decameron-Übertragung zur beliebtesten deutschen Lektüre des 16. Jahrhunderts wurde.[1] Die Erzählungen handeln *von schimpff* und *von ernst*, von Scherz und Ernst, zielen aber alle auf einen scherzhaften Höhepunkt. Die 1542 in der Berner Werkstatt von Mathias Apiarius gedruckte Ausgabe ist eine der zahlreichen überarbeiteten und erweiterten Fassungen der Erstausgabe von 1522, welche bei Johannes Grieninger in Strassburg erschienen war.

Johannes Pauli vollendete um 1519 im elsässischen Thann seine Sammlung von Kurzerzählungen, deren Inhalte er aus eigenen Erfahrungen als Kanzelprediger und aus zahlreichen literarischen Quellen schöpfte. In der Vorrede zur Strassburger Erstausgabe[2] nennt er die Adressaten seines Werkes und bestimmt die Funktionen, die es erfüllen soll: Es richtet sich sowohl an geistliche als auch an weltliche Leser, will unterhalten und belehren zugleich. So sollen die Ordensgeistlichen *etwa zuo lesen haben, darin sie zuo zeiten iren geist mögen erlüstigen.* Die Adligen sollen darin *erschrockenliche und ernstliche ding finden, da von sie gebessert werden.* Den Predigern schliesslich sollen die Erzählungen als *exempel* dienen, um *die schlefferlichen menschen zuo erwecken, und lüstig zuo hören machen,* und als Vorlagen für Osterspiel und Ostermärchen.[3] Die Erzählungen oder die sie beschliessenden moralischen Auslegungen wollen unterweisen und ermahnen. Dazu bedient sich Pauli jedoch nicht strenger Belehrungen, sondern des Scherzes: Laster wie Geiz und Trägheit werden in scherzhafter Weise geschildert und dem Spott und der Lächerlichkeit preisgegeben.

Für den Prediger stellen die Kurzerzählungen einen Fundus an Predigtexempeln dar. Das Einflechten eines Exempels zur Verdeutlichung des Predigtgegenstandes, zur Unterhaltung der Kirchgänger und zur Vorbeugung gegen das weitverbreitete «Laster» des Kirchenschlafes findet sich traditionsgemäss im Rahmen der Osterpredigt. Wichtiger Bestandteil der österlichen Predigt waren die Ostermärchen. Nachdem die Trauer in der Karwoche ihren Höhepunkt erreicht hatte, machte sich ab Ostern in der Bevölkerung ein grosses Verlangen nach Freude und Feier bemerkbar. Die freudige Stimmung äusserte sich im Ostergelächter, welches das vom Prediger vorgetragene Ostermärchen begleitete. Ein Beispiel für ein an Ostern (oder am Palmsonntag) vorgetragenes Märchen ist die Erzählung *Wie frater Johannis Pauli die Ostereier hiesch an dem Palmtag zu Kolmar* (Blatt LXXXII), die auf ein eigenes Erlebnis Paulis zurückzugehen scheint. Darin beschreibt Pauli, wie ein Bauernmädchen aus Eitelkeit und Zerstreutheit die ihm zugedachten Ostereier fallen lässt. Er schafft im Ostermärchen den Bezug zur realen Situation: Mit der Aufforderung *Darumb so stueren unss ander Eyer!* bittet er die zur Predigt versammelten Kirchgänger, ihm den fiktiven Verlust zu ersetzen. In diesem Ostermärchen ist inhaltlich der direkte Bezug zu Ostern gegeben, was in vielen anderen Erzählungen nicht der Fall ist. Es handelt sich um ein typisches Heisch-Märchen, in welchem die Hoffnung des Priesters auf grosszügige Ostergaben zum Ausdruck kommt.

Das erwähnte Ostermärchen gehört zu einer Gruppe von Erzählungen, welche den Titel *Von dem guoten Jar zuo heischen einem predicanten* trägt. Der dazugehörige Holzschnitt zeigt einen Prediger, der zu seiner Gemeinde spricht. Der Prediger erzählt – wie man aus seiner Körperhaltung schliessen könnte – in angeregter Art und Weise ein Exempel. Sein Blick richtet sich nicht nach unten, auf eine möglicherweise vorhandene Bibel, sondern direkt auf die versammelte Kirchgemeinde. Die Anwesenden sitzen in entspannter Haltung am Boden oder knien auf einer Bank. Die im Holzschnitt dargestellte Predigtsituation widerspiegelt einen Zustand, der manchen Reformatoren und Humanisten des frühen 16. Jahrhunderts ein Dorn im Auge war: Sie kritisierten einen solchen Predigtstil als bibelfern und als ausschliesslich der Unterhaltsamkeit dienend. Die Kritik bezog sich vorerst auf den Inhalt der Ostermärchen, der als verderblich und den Verfall der Sitten fördernd eingestuft wurde. Der zum Basler Humanistenkreis um Erasmus gehörende Johannes Ökolampad (1482–1531) verfasste die Anklageschrift *De risu paschali* gegen die Ostermärchen. Ökolampad sah in den Ostermärchen eine Ablenkung vom zentralen Problem der Heilsgewinnung. Er ging sogar so weit, das Lachen auch ausserhalb des kirchlichen Rahmens abzulehnen – im Gottesdienst erschien es ihm umso verwerflicher.[4] Im Mittelpunkt seiner Kritik stand der Vorwurf, die Predigt sei durch die Oster- und Predigtmärchen zur Volksbelustigung verkommen. Nicht mehr einer inhaltsbezogenen Kritik, sondern der direkten Anprangerung z. B. des Ablasshandels dienten die Flugblätter und Reime der Reformatoren. So lässt Niklaus Manuel um 1525 seinen Ablasskrämer *Rychardus Hinderlist* (Kat. 191) bekennen: *[...] Bin ich am kantzell menchmal gestanden / vnd hab vablen vnnd maerli gedicht / Die alle da hin warend gericht / das man ablass koufte den ban schuchte [...].*[5]

Trotz der heftigen und unausgesetzten Kritik der Reformatoren an den Oster- und Predigtmärchen lebte die Tradition bis in das späte 18. Jahrhundert fort, bis sie durch obrigkeitliche Verbote mehr und mehr zurückgedrängt und endgültig aus dem Predigtrepertoire verbannt wurde.

Sarah Pfister

Literatur:
Wendland 1980.

---

1 Warnock 1989, Sp. 371.
2 Bolte 1924, S. 3.
3 Die Vorrede zur Berner Ausgabe wurde um den Passus, welcher die Adressaten explizit nennt, gekürzt.
4 Wendland 1980, S. 63.
5 Manuel, Werke und Briefe, S. 270.

Folio. LXXXI.

dir/ so müst ich das künigreich verkauff=
en/ gang vnd heiß dir jeglichen bruder
so vil geben/ so wirt dien sack auch vol.

Von Ernst das ccccly.

Der künig von Franckreich
begert vff ein mal võ einẽ weisen
man/ das er jhm solt an ein brieff schrei
bẽ/ dz best wort das er wüßt. Da schrib
er jhm an ein ganntzen bogenn Modus.
maß/ versiglet jhn/ vnd schrib ein schöne
übergschrifft darauff. Da der künig den

brieff vffthet/ da stũd nichts darã dañ
Modus/ da schickt er nach jhm vñ fragt
jhn/ ob er sein spotter. Er sprach: Nain
herr/ ich hab euch das best wort geschri=
ben das ich gewüßt hab/ das ist Modus.
maß. Eyn mensch thu was er wöll/ waũ
nicht die recht weiß da ist/ die da sol sein
so ist es als nichts. Modus muß da sein.
Horatius spricht.(Est modus in rebus,
sunt certi deniq; fines . Quos ultra citra
que nequit consistere rectum. &c. Fran=
ciscus Petrarcha nent es discretionem.

Von dem gutten Jar
zuheischen einem predicanten.

Von Schimpff das cccclvj.

Es was eynn taglöner der
werckt gemeinlich einem reichẽ bur
ger/ wann der dañ heim kam von seiner
arbeit/ so satzt er seiner frawen wie er so
wol gelebt hett inn seines herzen hauß.
Vnnd vff ein mal da sprach sein fraw
Was hilfft es mich/ das du alle nacht
vol bist vñ wol lebst/ brechstu mir auch

ein mal etwz mitt dir/ dz ich sehe wie wol
du gelebt hettest. Da sprach/ er ja man
gibt mir nichts/ wann man mir ettwas
geb/ so wolt ich dir es gern bringẽ. Sie
sprach/ du müstest ein mal dz maul auff
thůn. Er sprach: ich wils thůn/ vñ dar=
nach auff ein mal da hett er aber wol ge=
lebt in deß herzen hauß. Vnnd da sie ges
sen hetten/ da stund er auff/ vnnd stellet

90
Christi Himmelfahrt: Eine Christusfigur wird ins Kirchengewölbe aufgezogen.

Auferstehungs- bzw. Himmelfahrts-Christus aus dem Münster zu Villingen, gegen 1500.

Lindenholz, ursprünglich farbig gefasst, jetzt mehrfach dick mit Ölfarbe übermalt; H: 163; B: 50; T: 37 cm.
Villingen-Schwenningen, Franziskanermuseum, Inv. 11653.

Der Salvator steht auf Wolken, die Rechte zum Segen erhoben, in der Linken ursprünglich das Kreuzesbanner haltend (an der rechten und an der linken Hand sind je zwei Finger ersetzt). Oben ist ein keilförmiges, tiefes Loch in den Kopf der Figur eingeschnitten, in welchem der eiserne Ring sass, an dem der Strick zum Hochziehen der Figur an Christi Himmelfahrt festgebunden wurde. Darüber hinaus hatte man die Skulptur von hinten stark ausgehöhlt, um ihr Gewicht auf ein Minimum zu reduzieren. Da sie aufgrund ihrer Funktion allansichtig sein musste, wurde diese Höhlung mit einem Brett verschlossen, die rückwärtigen Mantelfalten darüber hinweggeschnitzt und die Nahtstellen mit Leinwand überklebt. Anschliessend erhielt der Himmelfahrts-Christus allseitig eine Fassung auf Leinwandkreidegrund.[1]

Kat. 90

Figuren wie diese standen im Zentrum der Riten des Ostermorgens und des Himmelfahrtstages. Zum Zeichen der Auferstehung nahm man sie am Ostermorgen aus dem Ostergrab und stellte sie auf den Kreuzaltar. Hier verblieb die Figur vierzig Tage bis zum Fest Christi Himmelfahrt, als nach der Non eine festliche Prozession stattfand, wie es in Halle a.d. Saale bezeugt ist. Vorneweg trug man den Salvator, dahinter oftmals Figuren Mariens und der zwölf Apostel. Die Prozession endete unter dem zentralen Joch im Langhaus oder Chor, dessen Gewölbe einen grossen Schlussring, das sogenannte Himmelfahrtsloch, besitzt. Unter diesem «Loch» stand ein Schemel, der mit rotem Samt verhüllt war und auf dem die Salvatorfigur niedergesetzt wurde. Neben dem Schemel befand sich ein Tisch, auf dessen Mitte die Figur Mariens hingestellt wurde, umgeben von den im Halbkreis angeordneten Standbildern der Apostel.

Nach Hymnen und Wechselgesängen lassen die Stadtpfeifer, die über dem Gewölbe beim «Loch» im Dachstuhl stehen, Festmusik herunterschallen, während gleichzeitig der Salvator dreimal umgetragen und kniefällig verehrt wird. Dann schweben zwei Engelchen mit Kerzen in den Händen vom Gewölbe hernieder, um den Herrn abzuholen. Ganz im Gedenken an den Abschied Jesu von seinen Aposteln und Jüngern küsst der Klerus das Wundmal des rechten Fusses der Figur. Dann wird die Skulptur, die einen eisernen Ring in der Kalotte trägt, an einem Strick festgebunden, das Gesicht nach Osten gerichtet. Es erklingt Musik aus dem Gewölbe, und der Herr fährt auf, einen Engel zu Füssen und einen zu Häupten.[2] Nachdem die Figur durch das «Himmelsloch» entschwunden ist, fallen Oblaten, Rosen, Lilien und andere Blumen herab, die sinnbildlich, jedenfalls seit dem 14. Jahrhundert, als die Gaben des Heiligen Geistes verstanden werden, während die Oblaten die Anwesenheit Christi in Brotgestalt unter den Menschen bis ans Ende der Zeit symbolisieren.[3] Eine grosse Pauke ertönt, um das Donnern der Auffahrt zu simulieren. Vielfach stürzt anschliessend aus demselben «Loch» die Figur eines brennenden Teufels ins Kirchenschiff herab, die die Überwindung des Bösen und des Todes durch Christus darstellte.[4] Zum Schluss singen Knaben mit besonders hellen, hohen Stimmen vom «Himmelsloch» herab die Antiphon *Viri Galilei, quid aspicitis in celum, hic Jesus qui assumptus est a vobis in celum, sic veniet alleluia* (Männer von Galiläa, was schaut ihr zum Himmel, dieser Jesus, der von euch weg in den Himmel emporgehoben worden ist, wird so wiederkommen, halleluja! vgl. Apostelgeschichte 1,11). Während der anschliessenden Gesänge kehrt die Prozession in den Chor zurück, und nach dem Löschen aller Kerzen im Gotteshaus wird dem Volk gepredigt.

Das Jahr über wurden solche Salvatorfiguren entweder in der Sakristei (wie im Dom von Siena) aufbewahrt, oder sie waren in der Kirche aufgestellt, sei es als eigenständiges Bildwerk oder als Teil eines Schnitzaltars, wie im Falle des Maria-Magdalenen-Altars im Diözesanmuseum zu Freising.[5]

Die früheste Nachricht von Himmelfahrtsfeierlichkeiten mit Figuren stammt aus der Zeit um 1232. Damals stiftet Lippold, Vogt des Hildesheimer Moritzstiftes, der Kirche zum Heiligen Kreuz in Hildesheim Teile seines Besitzes für die alljährliche Darstellung der Himmelfahrt des Herrn. Um die Frömmigkeit des Stadtvolkes anzuregen, sollten Figuren, die er eigens zu diesem Zweck habe schnitzen lassen, nach der üblichen Prozession während der Messe an Seilen hochgezogen werden.[6]

Der Brauch dürfte aber noch weiter zurückreichen, denn spätestens seit 1198 feierte man in der Stiftskirche zu Mantes das Fest Mariae Himmelfahrt mit einer entsprechenden Marienfigur aus Papiermasse. Da der Ablauf sich stark an den Feiern zu Christi Himmelfahrt orientiert, dürften diese entsprechende Rituale zu Mariä Himmelfahrt angeregt haben.[7]

Johannes Tripps

Literatur:
Revellio 1938, S. 256. – Fuchs 1969, S. 15.

---

1 1995 Konservierung und Sicherung des Bestands, gemäss Restaurierungsbericht von Katrin Pillon, Lindau, im Archiv des Franziskanermuseums Villingen-Schwenningen.
2 Tripps 2000, S. 125–127.
3 Brooks 1925, S. 96.
4 Tripps 2000, S. 126–127.
5 Ebd., S. 122, Anm. 3, und S. 221–222.
6 Krause 1987, S. 300.
7 Tripps 2000, S. 192–193.

Kat. 90 Ausschnitt
Der Sockel in der Form einer stilisierten Wolke macht die Auferstehungsfigur zum Himmelfahrtschristus.

91
Während der Pfingstmesse im Strassburger Münster bricht der «Roraffe» in lautes Geschrei aus.

«Roraffe» oder «Brezelmann», Strassburger Münster, 1385.

Holz, farbig bemalt und vergoldet, H: 175 cm.
Strassburg, Münster.

Kat. 91
Seitenansicht mit den Bewegungsmechanismus.

Kat. 91

Der «Roraffe» oder «Brezelmann» ist ein figürlicher Automat, der 1385 im Münster seitlich des Orgelschwalbennests angebracht wurde. Vor allem in der Pfingstzeit unterbrach er laut schreiend die hier zum Gottesdienst versammelten Gläubigen und Priester. Mittels eines Hebelsystems, das in der Nähe der Orgeltastatur angebracht war, konnte der «Roraffe» in Betrieb gesetzt werden. Dann bewegte er den Unterkiefer und den rechten Arm, mit einer Brezel, einer Strassburger Salzgebäckspezialität, in der Hand, während ein Mann, der sich im Orgelgehäuse versteckt hielt, ihm seine Stimme lieh. In seinem volkstümlichen Gewand und mit der spitzen Kappe sah er ausgesprochen witzig aus. Verstärkt wurde sein halbwildes Aussehen durch den struppigen Bart, den langen Schnurrbart und die dicken Haarsträhnen. Ihm gegenüber und auf der Konsole an der Basis des Schwalbennests waren zwei weitere bewegliche Schnitzfiguren angeordnet: Samson, der auf dem Löwen reitet und diesem das Maul aufreisst, und der die Trompete blasende Herold der Stadt.

Die Teilnahme solcher satirischer Figuren am Gottesdienst war für die festliche Liturgie des 14. Jahrhunderts charakteristisch. Am Ende des Mittelalters sah man darin hingegen einen Verstoss gegen die Würde der Messe. Der berühmte Münsterprediger Johannes Geiler von Kaysersberg trug denn auch dem Strassburger Magistrat 1501 seine Beschwerde gegen den «Roraffen» in einem in Form einer Klageschrift verfassten Brief vor. Daraus geht übrigens auch hervor, dass der «Roraffe» (der brüllende Affe) nicht davor zurückschreckte, sogar Geilers Predigten nachzuäffen: *Es ist biss har ein ordnung gestattet und geschafft, nit on schmoch und verachtung gots gewichter stet und personen, der heiligen sacrament und christlicher und bebstlicher ordenung und ouch keiserlicher gesatz, mit singen und schriben weltlicher ouch etwan schandbarer und spotlicher lieder, durch den Roraffen zu den ziten der heiligen pfinzten. In der houbtkirchen, So das lantvolck mit grossem ernst, mit crutzen, mit heiltum, mit lobgesang, und bitlichem anschrihen zu got In Iren processionen mit grossen scharen, noch alter loblicher gewonheit Ir muoter kilch andechtiglich suocht, deren man durch den roraffen spottet, zu ynen schriget, lachet, und uppigliche wort und gesenge uss stosset, do mit geschent wurt der heiligen messen, zwüschen welchen die unfur geschicht, nit ges... der gewichten stat, des heiligen sacraments des fronlichnams unseres herren, das do gegenwurtig ist, nit geschont bisschofflicher wurdigkeit, nit des hohen sacramentz der firmung, nit des gottes wort, sunder die wil der bisschoff firmet, arm volck prediget, so schrihet der roraff und singt, zu dem sich das volck keret, des glichen under dem ampt der heiligen vesper und complet.*[1]

Die komische Situation erreichte offenbar ihren Höhepunkt, wenn sich bei bestimmten Anlässen eine von den Bewohnern von Geispolsheim bei Strassburg mitgebrachte maskierte Gestalt, *das wilde wip*, unter das Volk mischte. Beide Figuren, der «Roraffe» und die «wilde Frau», tauchen im Verlauf des 15. Jahrhunderts wiederholt

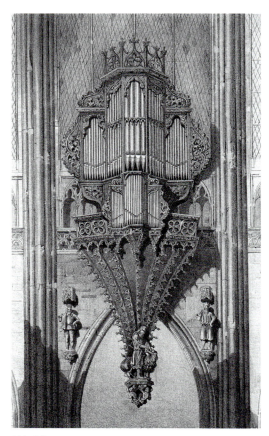

Abb. 26
Strassburger Münster, Orgel, Lithographie. Strassburg, Cabinet des Estampes, Inv. 77.998.0.94. – Um das Schwalbennest sind drei bewegliche Schnitzfiguren angeordnet, welche mittels eines Hebelsystems in Betrieb gesetzt wurden.

in den Rechnungsbüchern der Münsterfabrik als Empfänger von Trinkgeldern auf, die nach Pfingsten ausgeteilt wurden. Dies ist ein deutlicher Beleg dafür, dass dieser volkstümliche Brauch mehr als nur geduldet war. Es scheint sogar, dass die Rolle des «Schreihalses» am Ende des 15. Jahrhunderts einem Geistlichen übertragen wurde. Als die Messe 1529 im Zuge der Einführung der Reformation unterdrückt wurde, folgte auch die Abschaffung dieses Brauchs.

Cécile Dupeux

Literatur:
Schneegans 1852, S. 191–242. – Winckelmann 1907, S. 247–290. – Reinhardt 1939, S. 36–41. – Beyer 1955, S. 44–45 und 72, Nr. 58–59, Taf. XXV.

---

1 Johannes Geiler von Kaysersberg: Klageschrift an den Strassburger Magistrat vom 27. März 1501, AMS II 46/2, abgedruckt in: Johannes Geiler von Kaysersberg: Sämtliche Werke, hrsg. von Gerhard Bauer, Bd. 1, Berlin/New York 1989, S. 189–192.

92
Wenn es regnet am St. Urbanstag, wird der Schutzheilige der Winzer in den Dreck geworfen.

Skulptur des hl. Urban, 15. Jahrhundert.

Schnitzfigur, halbrund, Nussbaumholz; rechte Hand ergänzt, oberer Teil der Papstkrone fehlt, Fassung verloren; H: 76.5 cm.
Bern, Historisches Museum, Inv. 14925.

Papst Urban I. (Pontifikat 222–230 n. Chr.) wurde im deutschsprachigen Raum seit dem 13. Jahrhundert als Patron der Winzer verehrt. Der legendäre Festtag seines Märtyriums (25. Mai) fiel mit dem Ende der Bestellung der Weinberge zusammen. Der Heilige wurde daher besonders gegen Frostgefahr und für gutes Wetter angerufen. Die Skulptur aus dem Bernischen Historischen Museum zeigt ihn in Pontifikalkleidung mit Tiara, während das Attribut der Traube ihn eindeutig als Winzerheiligen ausweist – ein Bildtypus, der erst Anfang des 15. Jahrhunderts aufgekommen ist.[1] Die rechte Hand weist segnend auf die Traube, die in der linken auf einem aufgeschlagenen Buch liegt. Die stilistischen Zusammenhänge, in die diese spätgotische Plastik gehört, sind bisher nicht erforscht, es ist nur bekannt, dass sie in der Schweiz gekauft worden war und 1923 aus einer Privatsammlung ins Museum kam.

Es ist mehrfach überliefert, dass am St. Urbanstag mit der Skulptur des Heiligen eine Prozession begangen wurde. Die Winzer spielten dabei eine tragende Rolle. Sebastian Franck berichtet: *Sant Urban ist [...] der weinhäcker [Winzer] heylig. Den werfen sy jämerlich in das kaht oder dreck, so es an seinem tag regnet; ist es aber schön, so tragen sy yhn zuo dem wein in das würtzhauß, setzen jhn hinder den tisch, behencken jn mit weinreben und vertrincken yn, bringen jhm offt ein trunck und halten es von seinet wegen.*[2] Francks Schilderung ist von einer kritischen Distanz getragen, doch als neugläubiges Schauermärchen zum Bilderkult lässt sich diese Beschreibung nicht abtun, zu zahlreich sind die Belege für diesen und ähnliche Bräuche.[3] Schon im 11. und 12. Jahrhundert praktizierten Mönchsgemeinschaften rituelle Erniedrigungen ihrer Heiligen, damit diese ihre schützende Funktion wieder wahrnehmen sollten. Die Mönche nahmen die Bilder oder Reliquien vom Altar herab, stellten sie auf den Boden und belegten sie mit Dornen, dem Sinnbild für Leiden und Verhöhnung. Auch spontane, private Angriffe auf Heilige sind mehrfach belegt: Enttäuschte Gläubige schlugen auf Heiligenbilder ein – nicht etwa, weil sie nicht mehr an deren Wirkkraft glaubten und die Bilder zerstören wollten, sondern um die Heiligen durch Klage und Peinigung zum Handeln zu zwingen.[4] Im 15. Jahrhundert wurden solche Verhaltensweisen von reformbewussten Klerikern verurteilt.

Im Fall des hl. Urban scheinen Verehrung und Erniedrigung im Verlauf des 15. Jahrhunderts einen jährlich wiederkehrenden, beinahe liturgischen Charakter angenommen zu haben. Das erklärte Ziel der Winzer war ein gutes Weinjahr. Schien am St. Urbanstag die Sonne, wurde dem Heiligen und seinem Getränk alle Ehre erwiesen, war das Wetter schlecht, versuchte man ihn durch Erniedrigung von der Dringlichkeit des Wetterwunsches zu überzeugen. Die rituelle Form dieser Erniedrigung ging oft nahtlos in die rituelle Verspottung der Heiligenbilder im Bildersturm über.[5]

Christian von Burg

Literatur:
Unveröffentlicht.

Kat. 92

---

1 Konrad Kunze und Alois Thomas: Artikel «Urban I.», in: LCI, Bd. 8, Sp. 513–515.
2 Franck, Weltbuoch, fol. 132b.
3 Schnitzler 1996b, S. 128–129 (mit weiterführender Literatur).
4 Marchal 1993b, S. 270–273.
5 Vgl. Scribner 1985b.

Wallfahrt: Alltag und Skandale

**93
Wallfahrten nach Jerusalem, Rom und Santiago de Compostela zeugen von der Leidenschaft des Mittelalters für Reliquien und geheiligte Orte, aber auch von der Lust auf Reisen in ferne Länder.**

Hans Funk zugeschrieben, Glasscheibe mit Darstellung des hl. Jakobus d.Ä., aus der Kirche Jegenstorf BE, 1515.

Glasmalerei, H: 90; B: 56.5 cm.
Bern, Historisches Museum, Inv. 356.

Auslöser für die europaweite Verehrung des Apostels Jakobus war die im 9. Jahrhundert erfolgte Entdeckung seines Grabes im spanischen Santiago de Compostela, am äussersten Ende der damals bekannten Welt. Rasch stieg Santiago zu einem der drei Hauptziele christlicher Pilger auf und überflügelte an Anziehungskraft zeitweise sogar die heiligen Städte Jerusalem und Rom. Ein Netz von Pilgerrouten, die nach Santiago führten, durchzog das mittelalterliche Europa. Am Weg standen unzählige dem hl. Jakobus geweihte Kirchen und Kapellen, sowie Klöster und Hospize, die den Pilgern auf ihrer oft langen und gefährlichen Reise Unterschlupf und Verpflegung gewährten. Die Motive der Pilger waren vielfältig: Häufig hatten Menschen in seelischen und körperlichen Nöten den beschwerlichen Weg in der Hoffnung auf Genesung oder zum Dank für erhaltene Heilung angetreten; manchmal wurden Pilgerreisen auch als Strafe bzw. Busse verordnet, und ebenso dürfte öfters neben dem Heilsbedürfnis auch Abenteuer- und Entdeckungslust solchen Unternehmungen Pate gestanden haben.

Am Ziel angekommen, bedeuteten die Nähe der verehrten Reliquien, das Gebet am Grab, der Kauf von Ablässen und die Teilnahme an Messen die Erfüllung der Wallfahrt. Besondere Wertschätzung erlangten die vor Ort vertriebenen Pilgerzeichen, sogenannte Devotionalien. Diese Zeichen waren für den mittelalterlichen Menschen weit mehr als nur blosse Reiseandenken, denn durch die Berührung mit den Heiltümern des Gnadenortes waren sie zu Kontaktreliquien geworden, welche die Heilkraft dauerhaft und ortsunabhängig wirken liessen.[1]

Kat. 93

Mit dem Aufblühen der Wallfahrt nach Santiago fanden Einzeldarstellungen des hl. Jakobus Eingang in die christliche Ikonographie. Als Schutzherr aller Pilger und Wallfahrer ist er zunächst, wie die anderen Apostel, vorwiegend mit Buch oder Rolle gekennzeichnet. Seit dem 13. Jahrhundert erscheint er aber in der typischen Pilgertracht, wie sie die vorgestellte Glasmalerei aus der Kirche Jegenstorf präsentiert. Der Heilige steht leicht ins Dreiviertelprofil gerückt auf einem breiten, polygonalen Sockel in einer mit Pfeilern und Kapitellen angedeuteten Architektur, deren Bogen durch verschlungenes Ast- und Krabbenwerk gebildet wird. Über einem gegürteten, knielangen Gewand trägt Jakobus einen weiten, vor der Brust mit einer Kordel verschnürten Reisemantel. Eine Feldflasche und eine Tasche mit den nötigsten Reiseutensilien hängen am Gürtel und sind mit Riemen über den Schultern befestigt. In der rechten Hand hält Jakobus die Muschel, sein Hauptattribut, in der linken den Wanderstab. Auf seinem bärtigen, markanten Kopf mit langem Lockenhaar sitzt ein Schlapphut. Auf dessen breiter Krempe, die das Gesicht vor Sonne und Regen schützt, ist gut sichtbar eine Muschel aufgenäht, das Pilgerzeichen von Santiago de Compostela (vgl. Kat. 94). Diese wird von zwei paarweise gekreuzten Pilgerstäben, den sogenannten «Bordones», flankiert, bei denen es sich um kleinformatige Nachbildungen von Pilgerstäben handelt, die, aus Bein gedrechselt, als Massenartikel am Wallfahrtsort verkauft wurden.

Die vorliegende Glasmalerei ist Teil eines aus vier Scheiben bestehenden Fensters der Kirche Jegenstorf (Bern, Historisches Museum, Inv. 355–358), das dem Berner Glasmaler Hans Funk (um 1470– um 1540) zugeschrieben wird. Dem Pilgerheiligen gegenüber stand Johannes der Täufer, der Namenspatron des Schultheissen Hans von Erlach, des Donators des Glasgemäldes. Sein Wappen ist zusammen mit jenem seiner Gemahlin Magdalena von Mülinen in den unteren beiden Feldern dargestellt und enthält neben dem Namenszug auch die Jahreszahl 1515.

Gabriele Keck

Literatur:
Lehmann 1915, S. 50–51. – Dürst 1971, S. 102 und 106. – Kat. Wallfahrt 1984. – Rolf Hasler: Artikel «Hans Funk», in: BLSK, Bd. 1, S. 369 (mit älterer Literatur).

---

1 Zur vielfältigen Verwendung von Pilgerzeichen und zu den ihnen zugeschriebenen apotropäischen Kräften vgl. Scherer 2000, S. 131–136.

94
Die Muschel, das Attribut des Apostels Jakobus d. Ä., wird zum Zeichen des Pilgers und zum Symbol der christlichen Wallfahrt.

Pilgermuschel vom Wallfahrtsort Santiago de Compostela (Spanien), archäologischer Bodenfund aus der Kirche von Twann BE, mittelalterlich.

Untere (stärker gewölbte) Klappe der Kammuschel *(Pecten)*, zwei künstliche Durchbohrungen im Wirbelbereich;
H: 7.5 cm.
Bern, Archäologischer Dienst des Kantons Bern, Inv. T.89.1.

Kat. 94

Mit dem Aufblühen der Wallfahrt nach Santiago de Compostela im 11. Jahrhundert wurde die Muschel, das Attribut des hl. Jakobus d. Ä., zum örtlichen Pilgerzeichen. Solche Muscheln – verwendet wurden in erster Linie die in der Natur vorkommenden, aber auch aus diversen Materialien hergestellte – konnten in verschiedenen Grössen von den Pilgern als Abzeichen und Reiseandenken erworben werden. Ein Pilgerführer aus dem 12. Jahrhundert bezeugt den Verkauf von Muscheln und allerlei Reisebedarf an den Devotionalienständen im Vorhof vor dem Nordportal der Kathedrale. Schon bald muss sich der Muschelverkauf zu einer willkommenen Einnahmequelle für den Klerus entwickelt haben. Vertragliche Regelungen und Lizenzen versuchten denn auch, den unerlaubten Vertrieb ausserhalb der Stadtmauern zu unterbinden.[1]

Typisch für die Muscheln aus Santiago sind die gebohrten Löcher, mittels deren diese Pilgerzeichen an der Kleidung, der Tasche oder an der Hutkrempe als sichtbares Zeugnis der vollbrachten Wallfahrt angeheftet wurden – eine Trageweise, die auf zahlreichen Darstellungen des hl. Jakobus überliefert wird (vgl. Kat. 93). In vielen Ländern Europas werden bei Ausgrabungen Jakobsmuscheln gefunden, die vom 11. bis ins 18. Jahrhundert häufig als Grabbeigaben verwendet worden sind. Vergleichende Fundanalysen ergaben, dass im Mittelalter die Befestigung der Pilgermuscheln mittels zweier Durchbohrungen im Wirbelbereich bevorzugt wurde, während man in nachmittelalterlicher Zeit vier Löcher anbrachte.

Auch die Muschel aus Twann, die aus einer unteren Klappenhälfte besteht, ist ein Grabfund. Die Tatsache, dass man die Muschel dem Verstorbenen mit ins Grab gab, belegt einerseits, dass der Verstorbene die Pilgerfahrt zum Grab des Apostels unternommen hatte, zeigt aber andererseits auch die Wertschätzung und Hoffnung auf Errettung, die man diesem Pilgerzeichen beimass.

Gabriele Keck

Literatur:
Köster 1983, S. 119–156. – Eggenberger/Kellenberger/Ulrich-Bochsler 1988, S. 60. – Boschung 1993 (mit zahlreichen Bilddokumenten).

---

1 Köster 1983, S. 142.

Die Zahl der elsässischen Wallfahrtsorte steigt im Spätmittelalter kontinuierlich an.

Die ersten elsässischen Wallfahrtsorte entwickelten sich in der Nähe von Gräbern bekannter Heiliger: St. Adelphus in Neuviller-les-Saverne im 9. Jahrhundert, St. Odilia im 10. Jahrhundert, St. Attala im Frauenkloster St. Stephan in Strassburg im 12. Jahrhundert. Ab 1350 nahm die Zahl der Wallfahrtsorte – wie im übrigen Europa – auch im Elsass zu, am Ende des 15. Jahrhunderts waren es gegen zweihundert.

Zahlreiche Gläubige zogen das ganze Jahr über zu den Heiligenstätten. Die angesehensten Wallfahrtsorte waren im Oberelsass Thierenbach bei Guebwiller, zu den Drei-Ähren unterhalb von Colmar, Dusenbach bei Ribeauvillé, im Unterelsass Neunkirch in der Ill-Ebene, Marienthal bei Hagenau, Bischenberg bei Obernai und der Odilienberg. Sie alle, abgesehen vom Odilienberg, standen unter dem Schutz der Jungfrau Maria. Religiöse Gemeinschaften hatten sich hier niedergelassen, und man fand angesehene Beichtväter vor. Viele andere Wallfahrtsorte hatten dagegen einfache Kapellen als Zentrum. Sie standen oft unter dem Patrozinium von wundertätigen Heiligen. Die Bauern der benachbarten Dörfer besuchten solche Heiligenstätten in der Hoffnung auf Heilung oder Fürbitte, Zünfte machten sie zum Ort ihrer jährlichen Treffen.

Die Bischöfe von Basel und Strassburg, die Entgleisungen befürchteten, drückten am Vorabend der Reformation ihre Skepsis gegenüber den zahlreicher werdenden Wallfahrtsorten aus. In den reformierten Gebieten wurden diese denn auch unterdrückt, während sie an altgläubigen Orten bestehen blieben.

Cécile Dupeux

Literatur:
Rapp 1973 und 1983.

Kat. 95

95
Der Verkauf von Wallfahrtsbildchen ist in allen Pilgerorten verbreitet und trägt zu deren Ansehen bei.

Wallfahrtsbildchen zu den Drei-Ähren, Ende 15. Jahrhundert.

Holzschnitt, aquarelliert, H:15; B: 10.5 cm
(Bild H: 13; B: 8.4 cm).
Inschrift über dem Bild: *Unser frow zu den dri ahern/Im habtal zu amerschwir ban.*
Sélestat/Schlettstadt (Bas-Rhin), Bibliothèque Humaniste, Holzschnitt 4.

Die ersten Wallfahrtsbildchen aus Papier stammen wahrscheinlich aus dem 14. Jahrhundert. Die Pilger konnten sie, weil sie so klein waren, zum Beispiel in einem Gebetbuch mit sich tragen. Dank dieser Aufbewahrungsart sind auch einige seltene Exemplare erhalten geblieben. Wallfahrtsbildchen wurden normalerweise in grosser Zahl als Holzschnitte oder als Modeldrucke produziert und manchmal von Hand oder mit Hilfe von Schablonen koloriert.

Der hier abgebildete Holzschnitt ist das älteste erhaltene Bild der berühmten Wallfahrtsstätte zu den Drei-Ähren, die ab 1500 einen Strom von Gläubigen anzog. Er zeigt, wie viele Bilder dieser Art, die Gründungslegende der Wallfahrtsstätte: Der Schmied Schœré d'Orbey begibt sich im Jahr 1491 zum Markt von Niedermohrschwihr und hält bei einer Eiche inne, um vor einem Kruzifix zu beten. Maria erscheint ihm, in der einen Hand drei Ähren, in der anderen einen Eiszapfen haltend. Am Fuss der Eiche ist das Wappen von Ammerschwihr mit der Amsel abgebildet. Die rohe Ausführung datiert den Holzschnitt in die Anfangszeit des Wallfahrtsortes, zwischen 1493 und den Beginn des 16. Jahrhunderts. Er war in einer Ausgabe eines Strassburger Breviers von 1478 eingeklebt.

Cécile Dupeux

Literatur:
Heitz 1902, S. 192. – Meyer 1976, S. 33–34.

Kat. 96

Der Wallfahrtsort Marienthal in der Gegend von Hagenau im Nordelsass zieht nach 1350 sehr viele Gläubige an, und es ereignen sich zahlreiche Wunder. Eines davon ist auf dem ältesten erhaltenen Wallfahrtsbildchen dieser Pilgerstätte dargestellt. Es handelt sich um die Geschichte eines aus der Stadt Seltz kommenden Händlers, der im Hagenauer Forst von Wegelagerern angegriffen, beraubt, gefesselt und geknebelt, schliesslich aber von Unserer Lieben Frau von Marienthal befreit wird.

In der Mitte des Bildchens erkennt man die der hochverehrten Pietà von Marienthal nachgebildete Schmerzensmutter mit dem toten Christus auf ihrem Schoss. An einem Taukreuz im Hintergrund sind die *arma Christi,* die Leidenswerkzeuge, und mehrere Exvoto aufgehängt. Links von der Gottesmutter steht in Gestalt eines nimbierten, betenden Ritters der hl. Wilhelm von Maleval, der 1157 den Orden der Wilhelmiten gegründet hat, welcher während des ganzen Mittelalters die Oberaufsicht über Marienthal innehatte. Rechts ist der von Maria aus seiner Not errettete Händler von Seltz mit angeketteten Händen, geknebelt und an einen Baum gefesselt dargestellt.

Cécile Dupeux

Literatur:
Clauss 1913–1917, S. 401–404. – Schreiber 1926–1930, Bd. 2, S. 117, Nr. 1494. – Burg/Grasser 1959, S. 294.

96
Für wenig Geld zu haben: Gedruckte Wallfahrtsbildchen mit dem hl. Sebastian sollen vor der Pest schützen.

Martyrium des hl. Sebastian, Anfang 16. Jahrhundert.

Holzschnitt, aquarelliert, H: 19.5; B: 13.5 cm.
Inschrift über dem Bild: *S Sebastian bit got für uns zů Linugen.*
Sélestat/Schlettstadt (Bas-Rhin), Bibliothèque Humaniste, Holzschnitt 2.

Der hl. Sebastian, Haupthelliger gegen die Pest im deutschsprachigen Raum (vgl. Kat. 38), ist sehr oft auf kleinen Wallfahrtsbildchen dargestellt. Diese waren besonders in Epidemiezeiten weit verbreitet.

Der hier abgebildete Holzschnitt stammt aus dem Wallfahrtsort Leiningen (Linange) in der Region Château-Salins in Lothringen. Der an einen Baum gefesselte Sebastian wird von einem Bogen- und einem Armbrustschützen gemartert. Zu seinen Füssen knien zwei Gaben tragende Donatoren. Am Hals des einen Mannes ist eine Pestbeule deutlich sichtbar. Genau unterhalb der Schriftleiste mit der Bitte an den Heiligen um seine Hilfe erinnern zwei Exvoto und ein Kreuz mit geschweiften Enden, die an einem waagrechten Balken aufgehängt sind, an die Praxis der Opferung von solchen kleinen, aus Holz oder Metall gefertigten Gaben.

Cécile Dupeux

Literatur:
Heitz 1901, S. 9, Taf. XV.

97
Die Schmerzensmutter Maria erscheint als Retterin aus grösster Not.

Wallfahrtsbildchen von Marienthal, Ende 15. Jahrhundert.

Holzschnitt, aquarelliert, H: 12.1; B: 8.3 cm.
Inschriftleiste am oberen Bildrand: *O Maria zů mergetal by hagnow bit got f[ür] v[ns].*
Ehemals Berlin, Staatliche Museen, Kupferstichkabinett.

Kat. 97

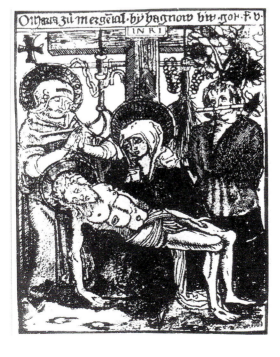

Weihe- und Opfergaben sind augenfällige Zeugnisse für erbetene Heilungen oder unverhoffte Rettungen.

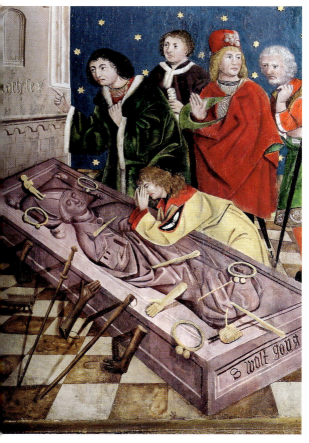

Abb. 27
Unbekannter Meister, Altartafel vom Hochaltar der Kirche St. Wolfgang in Pipping bei München, um 1480. – Die Pilger am Grab des hl. Wolfgang sind anhand ihrer Kleidung der Oberschicht zuzuordnen. Als Opfergaben aus Holz und Wachs erkennt man menschliche Gliedmassen, Ringe mit einer oder zwei Kugeln (Kopfringe mit Augen), Kerzen, Wachsrodel, eine kleine menschliche Figur sowie Gehhilfen und eine Prothese zur kriechenden Fortbewegung. Solche Opfergaben gelangten auch in der katholischen Schweiz noch nach 1900 an Wallfahrtsstätten, und in Südeuropa kann man ihnen noch heute begegnen.

Seit jeher haben Menschen vieler Religionen aus den verschiedensten Anlässen Orte aufgesucht, wo sie sich höheren Mächten besonders nahe fühlten. Die Reise zu einem heiligen Ort wird als «Wallfahrt» bezeichnet und erfolgt oft aufgrund eines Gelübdes, das man in einer persönlichen Notlage ablegt. Zu dem damit verbundenen Brauchtum gehört, dass der Geheilte oder Errettete als Beweis für die Wirksamkeit seines Vertrauens in eine göttliche Macht ein Opfer bringt. Neben Geld- und Messstiftungen oder Wachsspenden versteht man darunter vor allem Votivgaben. Diese Form der Dankesbezeugung ist seit der Antike für zahlreiche religiöse Kulte belegt.

Welcher Art das Votiv ist, hängt einerseits von den materiellen Möglichkeiten des Votanten, andererseits aber auch stark von der lokalen Tradition ab. Den anschaulichsten Teil des gesamten Komplexes der Votivgaben bilden die Exvoto-Tafeln. Sie berichten in oft dramatischer Darstellungsart über den Anlass ihrer Stiftung, manchmal begleitet von einem Text oder, seit dem 17. Jahrhundert, nur von der Formel *ex voto*, den Initialen des Stifters und der Jahreszahl.[1] Diese in vielen Kapellen aufgehängten Votivtafeln dienen der für einen Wallfahrtsort verantwortlichen Geistlichkeit als augenfällige Werbung für die Kraft des dort verehrten Gnadenbildes.

Mit Ausnahme einer zweidimensionalen Gelöbnisgabe auf Montserrat (von 1323) tritt die Votivtafel als Zeugnis brauchtümlicher Geltung erst seit der Mitte des 15. Jahrhunderts auf.[2] Bedeutend älter und formenreicher sind die figurativen Weihe- und Opfergaben, nämlich Plastiken und Reliefs aus Ton, Holz, Metall, Wachs und seltener auch aus Papier (vgl. Abb. 27).[3]

Dominik Wunderlin

Literatur:
Kriss 1971. – Kriss-Rettenbeck 1972. – Gockerell 1995.

1 Kriss 1971, S. 95.
2 Kriss-Rettenbeck 1972, S. 155–227.
3 Ebd., S. 76–77.

98
Eisenvotive stellen besonders archaisch anmutende Opfergaben dar.

Mann und Frau in Gebetshaltung, Fund aus dem Genfersee, Frühneuzeit.

Zwei Votivfiguren aus Eisen, H: 19 und 16 cm.
Bern, Historisches Museum, Inv. 100 a–b.

Die durch ihre archaische Form auffallenden Eisenopfer, Produkte des Schmieds, sind seit dem hohen Mittelalter im süddeutschen Sprachraum (vor allem in Bayern und Österreich) verbreitet. Nach Westen hin erstreckt sich ihre Verbreitung bis ins Elsass, ins schweizerische Mittelland und in den Jura. Der Ursprung des Eisenopfers ist unklar. Es scheint ein Zusammenhang mit dem Kult des hl. Leonhard, des beliebten Patrons der Pferde und Rinder, zu bestehen. Dass dieser zunächst vor allem als Menschenarzt und Gefangenenbefreier verehrt wurde, beweisen die anthropomorphen Eisenplastiken, die älter sind als jene von Tieren. Ausschliesslich eiserne und formal sehr altertümliche Zeugnisse für Anliegen zum Wohle des Menschen fanden sich auch in der Briccius-Kapelle im elsässischen Sundgau.

Kat. 98

Zu welcher Kultsitte das aus dem Genfersee geborgene Orantenpaar in Beziehung steht, lässt sich wohl nie klären. Die aus einem Vierkantstab geschmiedete Männerfigur zeigt ein rudimentär skizziertes Gesicht und ein strichverziertes «Halsband». Die angeschweissten Arme sind weit nach vorne gestreckt, die Finger, wie auch die Zehen, mit Meisselschlägen nur angedeutet. Die kleinere Frauenfigur ist aus einem rechteckigen Bandeisen geschmiedet. Ihre Arme sind ebenfalls angeschweisst und zum Gebet nach vorne gestreckt, Gesicht und Finger aber kaum angedeutet. Der Unterkörper hat die Form einer konischen Tülle, die ein bis auf den Boden reichendes Kleid vorstellt.

Dominik Wunderlin

Literatur:
Kriss 1957.

99
Wachs gehört zu den urtümlichsten Materialien, aus denen Votivgaben bestehen.

Sechs Votivfiguren aus Wachs, Wallfahrtskirche Hergiswald LU, 20. Jahrhundert.

Bein aus hellrotem Wachs, H: 58.2 mm, Inv. 11333.
Arm mit Hand aus rötlich-gelbem Wachs, H: 59.2 mm, Inv. 11330.
Nackte Beterfigur aus gelbem Wachs, H: 68.6 mm, Inv. 11321.
Weibliche Büste aus hellbraunem Wachs, H: 57.7 mm, Inv. 11319.
Herz aus weissem Wachs, H: 39.7 mm, Inv. 11327.
Wickelkind aus hellbraunem Wachs, H: 90.8 mm, Inv. 11322.
Bern, Historisches Museum.

In christlicher Zeit steht bei den Opfergaben das Wachs an erster Stelle, da es für liturgische Zeremonien grosse Bedeutung hat. Nachdem man ursprünglich Wachs in seiner Rohform oder bereits als Kerzen geopfert hatte, kamen im Spätmittelalter figürliche Wachsvotive auf, die von Wachsziehern und Lebzeltern an den Wallfahrtsorten in Formen gegossen wurden. Neben unmittelbar hinweisenden Bildopfern (Fatschenkinder, Körper, Gesicht, Hände, Arme oder Beine) goss man auch besondere Zeichenformen, deren Sinn durch das Brauchtum festgelegt war: eine Kröte für die Gebärmutter, ein Herz für Liebesangelegenheiten, ein Messer für schmerzhaftes Seitenstechen, ein Schlüssel als Geburtssymbol. An grösseren Wallfahrtsorten wurden die Wachsvotive nicht sehr lange aufgehoben, sondern in regelmässigen Abständen bei einem Wachszieher gegen Kerzen eingetauscht. In der Schweiz war Einsiedeln der wichtigste Produktionsort für Votivgaben, die neuzeitlichen Wachsvotive aus Hergiswald dürften in Luzern gegossen worden sein.

Dominik Wunderlin

Literatur:
Angeletti 1980. – Kat. Geformtes Wachs 1980. – Kat. Fleissige Bienen 1984. – Kat. Emotionen 1992, S. 233–234, Nr. 27/31.

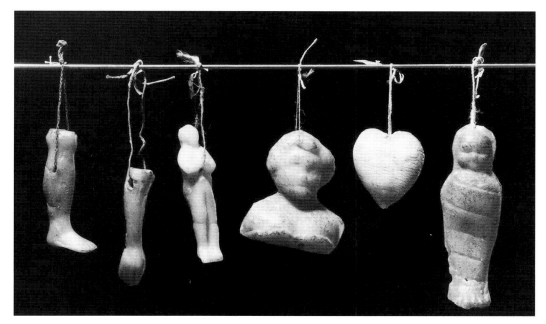

Kat. 99

Kat. 100

100
Wer es sich leisten kann, lässt seine Votivfiguren versilbern oder vergolden.

Vier Votivfiguren, um 1520.

Kupfer, versilbert und teilweise vergoldet.
Hl. Christophorus, H: 17 cm.
Weibliche Heilige mit Buch, Attribut fehlt, H: 16.5 cm.
Hl. Dorothea, H: 16 cm.
Männlicher Heiliger in Rüstung (Hl. Mauritius?), H: 18 cm.
Bern, Historisches Museum, Inv. 58580.1–4.

Neben dem Wachs gilt Silber seit langem schon als bevorzugter Werkstoff für die Herstellung figürlicher Votivgaben. Ein sehr frühes Beispiel datiert von 1303 und dokumentiert die Opferung einer silbernen Hand in einem englischen Wallfahrtsort. Die grosse Blüte setzt aber erst im Barock ein, wobei der Brauch, Silbervotive zu opfern, sich zunächst in den vom Adel und der vermögenden Bürgerschaft bevorzugten Heiligtümern ausbreitet. Die Votivalien (u. a. flammende Herzen und betende Frauen) sind das Werk kunstfertiger Silberschmiede, die im Auftrag von Votanten sorgfältig gearbeitete Stücke herstellten. Später fanden Silbervotive auch Eingang in bäuerliche Kreise: aus Silberblech gepresste Darstellungen mit Motiven aus der ländlichen Welt.

Dominik Wunderlin

Literatur:
Gockerell 1995, S. 106–108. – Jahresbericht des Bernischen Historischen Museums 1999 (2000), S. 27 und 34.

101
Im Jahre 1466 wird im Kloster Einsiedeln das 500jährige Jubiläum des Wunders der «Engelweihe» gefeiert.

«Grosse Madonna von Einsiedeln» in einer Darstellung von Meister E. S., 1466.

Kupferstich, H: 20.6; B: 12.3 cm.
Berlin, Staatliche Museen, Kupferstichkabinett, Inv. 339–1 (1860).

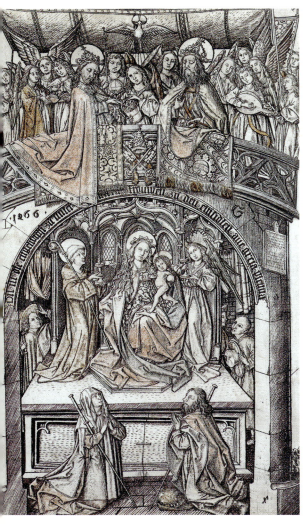

Kat. 101

Der Auftrag für den Kupferstich erging 1466 von Seiten des Benediktinerklosters Einsiedeln. In der Werkstatt des Meisters E.S. entstanden daraufhin drei private Andachtsbilder unterschiedlicher Formats: «Kleinste Madonna von Einsiedeln» (9.7×6.5 cm), «Kleine Madonna von Einsiedeln» (13.3×8.7 cm) und «Grosse Madonna von Einsiedeln» (20.6×12.3 cm). Unmittelbarer Anlass für die Kupferstichproduktion war die 500. Wiederkehr der päpstlichen Anerkennung der Wundererscheinung, die sich in der Nacht vom 13. auf den 14. September 948 in Einsiedeln zugetragen hatte: Danach hatte nämlich nicht der eigens hierher gerufene Bischof Konrad von Konstanz, sondern Christus selbst die Einsegnung der neu errichteten Klosterkirche vorgenommen.[1] Von den genannten Kupferstichen nimmt insbesondere die «Grosse Madonna von Einsiedeln» auf das Ereignis der Kapellenweihe Bezug: Der Stich zeigt das von Pilgern verehrte Gnadenbild in der Marienkapelle, deren Weihe von einer darüberliegenden Balustrade aus durch Christus und Gottvater in Anwesenheit von Engeln vollzogen wird. Das später volkstümlich auch mit «Engelweihe»[2] bezeichnete Wunder wurde 966 von Papst Leo VIII. in einer Bulle bestätigt, wodurch Einsiedeln offiziell als Ort der göttlichen Erscheinung anerkannt und in den Rang einer Wallfahrtsstätte erhoben wurde.

Einsiedeln verkörperte zu Beginn das recht seltene Phänomen eines «Wallfahrtsortes ohne Kultobjekt», denn allein die Legende von der Erscheinung Christi machte die Stätte zu einem Ort der Verehrung. Später wurde aus dieser bilderlosen Wallfahrtsstätte ein Ort der Reliquien- und Bilderverehrung, wobei vermutlich erst im 12. Jahrhundert der Wechsel von dem ursprünglichen Christus- zum Marienpatrozinium vollzogen wurde. Seit dieser Zeit dürfte es in Einsiedeln eine Marienwallfahrtsstätte gegeben haben, die bis heute Bestand hat und von überregionaler Bedeutung ist.[3]

Dem Jubiläum gedachte das Kloster 1466 mit Festlichkeiten, die 14 Tage dauerten und an denen einem zeitgenössischen Bericht zufolge an die 130 000 Pilger und 400 Priester teilnahmen. Zu den in grosser Menge produzierten Devotionalien wie Pilgerzeichen, -münzen und -zettel zählten auch die Kupferstiche von Meister E.S., die, entsprechend ihrer Grösse, zu unterschiedlichen Preisen angeboten wurden. Sie sollten die Erinnerung an das Einsiedler Gnadenbild wach halten, dessen heilbringende Kraft auf die vor Ort erworbenen Blätter übergegangen war, und dienten den nach Hause zurückgekehrten Pilgern auch als private Andachtsbilder: Aufgezogen auf ein Holzbrett oder eingeklebt in ein Gebetbuch liess sich vor ihnen in der eigenen Stube die tägliche Andacht auf eine sehr persönliche, ja intime Weise erleben.[4]

Franz-Josef Sladeczek

Literatur:
Bauerreis 1934. – Kat. Meister E.S. 1986, Nr. 30–32. – Schuppisser 1986. – Reinle 1988, S. 286ff. – Tobler 1991, S. 160ff. – Birchler 1993, S. 11–12.

---
1 Zur Legende und ihrer Überlieferung vgl. Schuppisser 1986, S. 141; Tobler 1991, S. 161; Birchler 1993, S. 11.
2 Bei der «Engelweihe» handelt es sich um ein literarisches Wandermotiv, das neben Einsiedeln auch für andere Orte bezeugt ist (Bauerreis 1934, S. 119–123; Schuppisser 1986, S. 144).
3 Nachzuweisen ist sie erst ab 1337 (vgl. Reinle 1988, S. 286ff.; Tobler 1991, S. 161ff.; Birchler 1993, S. 11–12, Abb. 2–4).
4 Vgl. Schuppisser 1986, S. 147.

102
Kopien des Gnadenbildes von Einsiedeln werden vor allem in der Barockzeit in der Schweiz und im Ausland weit verbreitet.

Joseph Kälin, Replik der Gnadenmadonna von Einsiedeln, 1714.

Lindenholz, H: 120 cm (ohne Krone).
Rote Ölfassung aus der zweiten Hälfte des 19. Jahrhunderts (Originalfassung in vergoldeter Wachsbrokat-Applikation); 1981 restauriert. Jesuskind sowie Hände der Muttergottes sind verloren. Rückseite gehöhlt und mit zwei Deckelbrettern verschlossen. Auf der Innenseite des oberen Brettes findet sich die Inschrift: *Anno 1714 den 24. Tag Heumonath hab ich Joseph Källin bildthauer von Einsidlen dieses [...] Einsidlische Maria bildt gemacht. bselle und schenkhe mich dero hochlöblichen Mueter gottess von Einsidlen und alle Meine angehörige auch alless wass ich bsitze vnd Mein lestens Endt.*
Die Kopie stammt vermutlich aus der St. Michaelskapelle in Hüniken SO, 1911 vom Museum erworben.
Bern, Historisches Museum, Inv. 10830.

Kat. 102

Die Datierung des heutigen Gnadenbildes, einer schlanken, stehenden Madonna mit einem kleinen Kind auf dem Arm, ist nicht abschliessend geklärt.[1] Die Figur geht aber sicher ins 15. Jahrhundert zurück und zeigt den Typus einer sogenannten Ährenkleidmadonna, die bereits früh im Mailänder Dom verehrt wurde.[2] Die Mailänder Statue stellte Maria als Tempeljungfrau dar, aufrecht stehend und die Hände zum Gebet erhoben. Es ist wahrscheinlich, dass dieses Bild durch Kopien im Norden verbreitet wurde und sich so auch nachhaltig auf die Entstehung des Einsiedler Urbildes ausgewirkt hat.[3]

Bereits gegen Ende des 15. Jahrhunderts sind die ersten Repliken des Einsiedler Gnadenbildes nachweisbar.[4] Eine Kopiertätigkeit in grösserem Umfang setzte jedoch erst im Barock ein.[5] Diese Devotionskopien gelangten, nachdem sie mit dem Original berührt und vom Abt gesegnet worden waren, in zahlreiche Kirchen, Kapellen und Klöster der Schweiz und des Auslandes.[6] Die hier gezeigte Replik wurde durch Joseph Kälin (1656–1731/34)[7] geschnitzt, der sich mit seiner Familie auf der Rückseite der Figur dem Schutze der Gottesmutter anempfahl. Von Kälin, «Hauslieferant des Klosters Einsiedeln für Gnadenbildrepliken»[8] in der Barockzeit, haben sich weitere Einsiedler Kopien erhalten.[9] Im Unterschied zu diesen weist die Berner Replik jedoch kein schwarzes Gesicht auf, sondern zeigt heute stattdessen ein neutrales Inkarnat, was vermutlich auf eine Restaurierung im 19. Jahrhundert zurückgeht. Die sogenannten «Schwarzen Madonnen», zu denen neben dem Einsiedler auch zahlreiche weitere Gnadenbilder gehören (z.B. in Le Puy oder Chartres), haben immer wieder zu verschiedenartigen Erklärungsversuchen Anlass gegeben. Theologisch begründet war der Typus der «Schwarzen Madonnen» vor allem durch das Hohe Lied Salomons (1,5–6), in dem die als Maria zu deutende Braut spricht: «Ich bin schwarz, doch schön, Töchter Jerusalems, gleich Kedars Gezelt, gleich den Zeltbehängen von Salma. – Habet an mir nicht acht, dass ich schwarzbraun bin, dass mich die Sonne gebräunt!»[10] In Bezug auf Einsiedeln hat sich die volkstümliche Ansicht durchgesetzt, das Gnadenbild sei bei einer Feuersbrunst zwar gerettet, aber durch Rauch geschwärzt worden. Andere Erklärungen zielen eher darauf ab, die Schwärzung auf Verrussung durch Kerzenlichter zurückzuführen. Es ist aber auch bekannt, dass bei zahlreichen Madonnen die dunkle Patina des Gesichtes «künstlich», d.h. durch Bemalung, herbeigeführt worden ist.[11] Auch das Einsiedler Gnadenbild erfuhr mehrmals eine solche «Auffrischung» mittels schwarzer Farbe.[12]

Franz-Josef Sladeczek

Literatur:
Baum 1941, S.33–35, Nr.35. – Felder 1988. – Reinle 1988, S.286ff. – Tobler 1991, S.160ff. – Birchler 1993, S.11–12.

Abb. 28
Schabmadonna nach dem Gnadenbild von Einsiedeln, 18./19. Jahrhundert, Herkunft: Oberägeri, Terracotta bemalt, H: 10cm. Basel, Museum der Kulturen, Inv. VI 666. – Die Marienstatuetten waren in der Barockzeit eine begehrte Wallfahrtsdevotionalie. Im Volksglauben galten sie als wundertätig und heilkräftig, da dem Ton angeblich Erde und Mörtel aus der Einsiedler Gnadenkapelle sowie Reliquienpartikel beigemischt waren. Bei Bedarf wurde den Figürchen etwas Ton abgeschabt und als Pulver der Nahrung beigefügt.

Abb. 29
Pilgerzeichen aus Einsiedeln, 15. Jahrhundert. Zofingen, Historisches Museum, Inv. 3/2(2130). – Das Pilgerzeichen stellt die «Engelweihe» dar, links die Gnadenkapelle, darin die thronende Madonna mit Kind und ein Engel als Kerzenhalter, rechts vor der Kapelle Christus im Bischofsornat, der die Weihe der Kapelle vornimmt. Er wird flankiert von einem Engel (hier ohne Kopf erhalten), der ein Weihwasserbecken hält.

1 Sie schwankt zwischen dem zweiten und dem dritten Viertel des 15. Jahrhunderts (Baier-Futterer 1936, S.93; Baum 1941, S.34; Reinle 1988, S.287; Tobler 1991, S.161, 176, 178 und 187–188; Birchler 1993, S.17, 20 und 24).
2 Birchler 1993, S.18ff.; Tobler 1991, S.176–179.
3 Tobler 1991, S.179. Linus Birchler denkt an eine direkte Einflussnahme des Gnadenbildes von Loreto (Birchler 1993, S.20).
4 Tobler 1991, S.24ff. und 184, Abb. 13–14; Birchler 1993, S.24.
5 Anfänglich liess das Kloster die Repliken noch in Zug herstellen (Felder 1988, S.30–31; Tobler 1991, S.184). Seit Ende des 17. Jahrhunderts beschäftigte es für die Kopienherstellung jedoch eigene Bildhauer, unter ihnen neben Joseph Kälin auch Johann Baptist Babel und Jakob Hunger (Felder 1988, S.204–205 und 250; Tobler 1991, S.189–190).
6 Tobler 1991, S.213.
7 Zu Kälin vgl. Felder 1988, S.252; Tobler 1991, S.184–185.
8 Tobler 1991, S.189.
9 Ebd., S.184–189.
10 Zitiert nach Reinle 1988, S.288–289.
11 Reinle 1988, S.287–289; Tobler 1991, S.175.
12 So bei den Restaurierungen von 1799 und 1933 (Tobler 1991, S.175–176; Birchler 1993, S.12–17).

103
In der Marienkapelle in Oberbüren kann man vor dem Marienbild tote Kinder zum Leben erwecken.

Skelette von «wiedererweckten» Neugeborenen und Säuglingen aus dem ehemaligen Marienwallfahrtsort auf der «Chilchmatt» in Büren a. d. Aare, 15./16. Jahrhundert.

Archäologisches Präparat von den Rettungsgrabungen 1992–1997, kolorierter Polyesterguss aufgrund eines vor Ort geformten Silikonnegativs des in-situ-Befundes, H: 10; B: 140; T: 95 cm.
Bern, Archäologischer Dienst (Herstellung: Katrin Hubert Kühne, Burgdorf).

Abb. 30
Konrad Türst, Karte der Eidgenossenschaft 1496/97, (Ausschnitt). Zürich, Zentralbibliothek, Ms. ZXI 307a.

Kat. 103
Säuglingsskelette an der Fundstelle.

Bautätigkeit führte 1992 in Büren a. d. Aare zur Wiederentdeckung von einem der bedeutendsten mittelalterlichen Wallfahrtsorte des Bistums Konstanz, der bis 1997 einer systematischen archäologischen Erforschung unterzogen wurde. Die Besiedlungsanfänge an der Fundstelle reichen in prähistorische und römische Zeit zurück. Im Frühmittelalter entstand zunächst ein ausgedehnter Friedhof. An seine Stelle trat wohl im Hochmittelalter ein Bauerndorf. Zu Beginn des 14. Jahrhunderts stand auf der «Chilchmatt» eine Kapelle. Die dort auf dem Altar befindliche Marienskulptur muss spätestens ab 1485 als wundertätig gegolten haben. Damals tauchte ein durch Ertränken in der Aare bestrafter Kirchendieb, Hans Stefan, wohlbehalten wieder aus den Fluten auf, in der Hand einen grünen Zweig haltend, den ihm angeblich die Muttergottes von Oberbüren als Zeichen der Errettung gegeben hatte. In der Folge wurden zu Hunderten totgeborene Kinder hierher gebracht, zum «Leben erweckt», um getauft und hernach kirchlich bestattet werden zu können, denn nach mittelalterlicher Vorstellung blieb nur den Getauften die ewige Verdammnis erspart.

In einem Nebenraum der Kirche sollen die toten Körper von Kleinkindern, deren Gliedmassen z. T. noch nicht einmal ausgebildet waren, über glühenden Kohlen erwärmt worden sein. Im Chor der kalten Kirche wurde ihnen hernach ein Federchen auf die Lippen gelegt, das sich durch die warme Luft nach oben bewegte, was man als sichtbares Lebenszeichen deutete, worauf man die Kinder taufen und dann kirchlich beerdigen konnte. So beschreibt um 1486 der Konstanzer Bischof Otto von Sonnenberg in einem Klageschreiben an die Kurie in Rom die Vorgänge in Oberbüren.

Oberbüren erlangte als *sanctuaire à répit* (ein deutscher Fachbegriff existiert nicht) internationale Bedeutung. Diese «Aufschub-Heiligtümer», wie man übersetzen müsste, sind denn auch besonders im Westen Europas verbreitet, von Belgien bis in die Westalpen. Bern, belastet durch seinen immens teuren Münsterneubau, war an den wirtschaftlichen Erträgen der Wallfahrt interessiert und wehrte sich gegen alle kritischen Äusserungen. 1507 setzte es gar seinen Säckelmeister als Vogt ein.

Nachdem der bernische Rat das Marienheiligtum fünfzig Jahre lang gefördert hatte, schaffte er es nach Annahme der Reformation 1528 von einem Tag auf den andern ab. Am 22. Februar 1528 erging der Befehl nach Büren, die Messe einzustellen und die Kirche zu schliessen. Vier Tag später fiel im Rat der Beschluss, das Gnadenbild zu vernichten; es wurde vom Ratsboten Anton Noll in aller Öffentlichkeit dem Feuer übergeben. Das Städtchen Büren leistete Widerstand und wurde von Bern am 30. Mai 1528 unter Androhung schwerer Strafe angewiesen, die Altäre innert acht Tagen zerschlagen zu lassen. Im Sommer 1530 erging der Befehl, die Kirche abzubrechen und das Material für die Stadtmauern zu verwenden; die Häuser der Kapläne sollten dagegen stehen bleiben. Im Herbst 1532 wurde der Kirchturm bis auf die Fundamente *(uff der wurtzen)* geschlissen.[1] 1534 musste die Wallfahrt mit Gewalt unterdrückt werden. Die Radikalität, mit welcher auch die letzten Spuren des Heiligtums getilgt wurden, ist auffallend.

Einzigartig an Oberbüren ist nicht nur das Ausmass der Wallfahrt, sondern auch die Dichte der Quellenüberlieferung. Oberbüren ist wahrscheinlich auch das einzige *sanctuaire à répit*, das bis heute vollständig archäologisch untersucht werden konnte und bei dem die Befunde – die Anlage und die Skelettfunde – auffallend gut mit den schriftlichen Quellen übereinstimmen: In der Grabung fanden sich Skelettreste von 250 Kleinkindern, darunter auch einige sehr kleine Foeten. Teilweise unter Laborbedingungen konnten Frühgeburten ab dem vierten Schwangerschaftsmonat freigelegt und nachgewiesen werden, was bislang in der Forschung europaweit als einzigartig gilt. Die Funde bestätigen demnach die Beschreibung des Bischofs von Konstanz und zeugen zugleich von der Sorge der Eltern um das Schicksal ihrer ungetauften Kinder.

Daniel Gutscher

Literatur:
Kat. Himmel, Hölle, Fegefeuer 1994, S. 192–194, Nr. 19. – Ulrich-Bochsler 1997, S. 7–14. – Ulrich-Bochsler/Gutscher 1998, S. 244–268. – Gutscher/Ulrich-Bochsler/Utz Tremp 1999, S. 380–392.

---

1 Haller 1900–1902, Bd. 1, S. 14–15.

104
Ein Pilgerzeichen dokumentiert die vorreformatorische Wallfahrt in Oberbüren bei Büren a.d. Aare.

Stehende Madonna von Oberbüren mit Christuskind im Strahlenkranz unter Fialenbaldachin, um 1485.

Gitterguss aus Blei, H: 6.9; B: 4.7 cm.
Zofingen AG, Historisches Museum, Inv. 3/1(2129)

Über einem Sockel mit gotischer Inschrift *oberbürre* und axialem Bernerwappen erhebt sich als Rahmen ein krabbenbesetzer, in ein Kreuz mündender Kielbogen mit seitlichen Fialen. Im Baldachinrahmen steht im Strahlenkranz auf der Mondsichel die gekrönte Gottesmutter Maria als Dreiviertelfigur, mit dem Jesusknaben in ihrer Rechten, einer Kugel in der Linken. An den Fialen befanden sich ursprünglich je zwei kreisrunde Ösen, die belegen, dass der kleine Gitterguss zum Aufnähen auf der Pelerine (Pilgermantel) oder an der Hutkrempe gedacht war.

Bei der Darstellung handelt es sich mit grosser Wahrscheinlichkeit um die vereinfachte Wiedergabe des wundertätigen Marienbildes von Oberbüren, das anlässlich des Bildersturmes im Jahre 1528 auf Geheiss des Berner Rats in Oberbüren öffentlich verbrannt wurde. Das Pilgerzeichen ist 1837 in Zofingen beim Abbruch des Untertor-Turmes «in der Turmmauer gefunden worden».[1]

Ein weiteres Exemplar befindet sich an einer um 1500 entstandenen Glocke in der Maria und Anna geweihten Kapelle in Trun GR, und zwar neben einem Wallfahrtszeichen von Einsiedeln und zwei weiteren Zeichen unbekannter Herkunft.[2] Interessant sind kleine formale Abweichungen beim Christuskopf, der Kreuzblume, der Fialenlänge und den Krabben am Kielbogen. Es scheint also mehrere Formen als Vorlagen gegeben zu haben, was bei solchen Massenprodukten nicht weiter erstaunt.

Formal nahe stehen unserem Zeichen jene auf dem Altar des ehemaligen Karmeliterklosters in Frankfurt a. M.,[3] aus Billingsgate, London,[4] oder im London Museum.[5] Eine Datierung an den Beginn der Hochblüte der Wallfahrt unter bernischer Förderung, d. h. um 1485, und eine Lokalisierung des Stempelschneiders in den Umkreis der städtischen Münzwerkstätte sind wahrscheinlich.

Daniel Gutscher

Literatur:
Gutscher/Ulrich-Bochsler/Utz Tremp 1999, S. 384, Abb. 277.

Kat. 104

1 Zofingen, Ortsmuseum (Fundakten).
2 KdM GR 4 1942, S.428.
3 Frey-Kupper 1999, S. 258–259, Abb. 187–188.
4 Mitchiner 1986, S.99, Nr.226.
5 Kat. Age of Chivalry 1987, S. 223, Nr. 74.

105
Das Fragment einer Glocke aus der Marienkapelle überlebt die Aufhebung des Wallfahrtsortes.

Bruchstück einer Glocke von Hans Zehnder, 1508.

Bronzegussfragment mit sogenanntem *Bern-Rich*: zwei sich zugewandte bernische Standeswappen, überhöht von Reichsschild mit Bügelkrone, Gewicht: 16.4 kg.
Ursprüngliche H: 118.5; Schallweite: 154 cm;
Gewicht: 2700 kg; Ton: obsichschwebendes D;
Legierung: 75.4% Kupfer, 24.3 % Zinn, 0.26% Eisen.
Bern, Historisches Museum, Inv. 738.

1532 war als letzte Zerstörungsmassnahme der Turm der Wallfahrtskirche von Oberbüren abgetragen worden.[1] In ihm hingen drei Glocken, die beiden jüngeren – 55 und 35 Zentner schwer – waren 1508 im Auftrag der Obrigkeit von Hans Zehnder gegossen worden. Sie wurden 1530 zuhanden *miner herren*[2] zurückgezogen, die grössere diente fortan bis 1883 im Turm des Berner Münsters als Predigtglocke. Danach wurde sie bis auf unser Fragment, den Teil mit der Wappendekoration, eingeschmolzen. An der Glocke befand sich weiterer Schmuck: Christus am Kreuz, Maria und Johannes, Petrus und Paulus sowie eine Inschrift (*Ave Maria gratia plena*).

Die dritte Glocke des Turmes stammt aus dem Jahr 1485. Sie gelangte zunächst auf den westlichen Torturm von Büren, das Dotzigen-Tor, und nach dessen Abbruch 1906 auf das Schulhaus, wo sie sich noch heute befindet. 1996 wurde sie durch den Archäologischen Dienst des Kantons Bern in ihrer einstigen Bedeutung wiedererkannt und dokumentiert. Inschrift auf der Haube: ✠ o ✿ maria ✿ tu voces ✠ m[?]e ✿ be ✠ hueth ✿ was ✠ ich ✿ ... ✠ sthee; Inschrift am Hals: ✠ m ✠ cccc ✠ lxxxv ✠ ave ✠ maria ✠ gracia ✠ plena ✿ dominus ✠ tecum ✠ (vgl. Abb. 31).

Daniel Gutscher

Literatur:
Kat. Manuel 1979, S. 182–184, Nr. 35 (mit Verzeichnis der älteren Literatur). – Monographie über das ehemalige Wallfahrtszentrum Oberbüren in Vorbereitung (Schriftenreihe des Archäologischen Dienstes des Kantons Bern).

1 Haller 1900–1902, Bd. 1, S. 14.
2 Ebd.

Kat. 105

Abb. 31
Inschrift am Hals der Marienglocke aus der ehemaligen Wallfahrtskirche in Oberbüren, heute Schulhaus Büren a. d. Aare. H gesamt: 92; B unterer Glockenrand: 69 cm. Umzeichnung: Bern, Archäologischer Dienst, M. 1:3.

106
Jetzerhandel 1507: Ein weinendes Marienbild entpuppt sich als Betrug. Vier Mönche landen auf dem Scheiterhaufen.

Illustrationen von Urs Graf zu Thomas Murners Schrift über den «Jetzerhandel», 1509.

Von den fier ketzeren Prediger ordens der obsedrvantz zü Bern im Schweytzer land verbrannt, in dem jar noch Christi gebujrt MCCCCCix uff den nechsten donderstag noch Pfingsten. Mit vil schonen figürlin und lieblichen reymsprüchen neuwlich geteütscht [Strassburg: Knobloch, Herbst 1509]. Zehn der 14 Holzschnitte von Urs Graf, seitlich beschnitten, H: 5.2; B: 8.6 cm (im Original B: 10.1 cm). Bern, Stadt- und Universitätsbibliothek, AD 78.

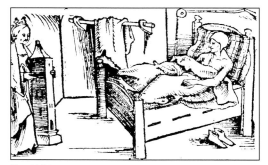

Kat. 106.3
Später erscheint ihm die hl. Barbara mit dem Turm als ihrem Attribut.

Kat. 106.7
Frühmorgens betet Jetzer vor dem Bild der Gottesmutter, das jetzt blutrote Tränen weint.

Kat. 106.4
Schliesslich betritt Maria seine Zelle und bestätigt ihm die Lehre von ihrer befleckten Empfängnis.

Kat. 106.8
Der Schwindel wird entlarvt und Jetzer gesteht vor dem Rat, dass seine Klosterbrüder das Wunder inszeniert haben.

Kat. 106.1
Hans Jetzer bittet in Bern um Aufnahme in den Dominikanerorden.

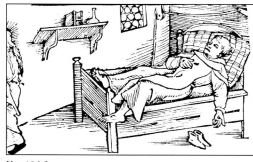

Kat. 106.5
Als Zeichen der Echtheit dieses Wunders empfängt Jetzer die Wundmale Christi.

Kat. 106.9
Vier Mönche werden verhaftet und gefoltert.

Kat. 106.2
Zuerst spricht der Geist des ehemaligen Klostervorstehers zu ihm.

Kat. 106.6
Maria gibt ihm Windeln ihres Sohnes, um die Wunden zu verbinden.

Kat. 106.10
Die Mönche werden vor einer grossen Volksmenge als Ketzer verbrannt. Ihre Asche wird in die Aare gestreut.

1507 kam es im Berner Dominikanerkloster zu wundersamen Erscheinungen, die eigentlich hätten dazu beitragen sollen, dem Kloster bzw. dem Predigerorden zu neuer Popularität zu verhelfen. In Wirklichkeit entpuppten sich die von vier Dominikanermönchen angezettelten «Wunder», die als «Jetzerhandel» (1507–1509) in die Geschichte eingingen, als einer der grössten Bilderskandale des Mittelalters, durch den Bern mit einem Mal in ganz Europa in Verruf geriet.

Thomas Murner, der 1509 eigens von Luzern in das Franziskanerkloster nach Bern geholt worden war, um den Prozessverlauf zu beobachten, verfasste noch im gleichen Jahr eine lateinische und deutsche Schrift über die Vorfälle und liess diese mit Holzschnitten von Urs Graf illustrieren.[1] Der Franziskaner wies die Alleinschuld an diesem Betrug den Dominikanermönchen zu und entsprach mit dieser Auffassung dem allgemeinen Urteil seiner Zeitgenossen.[2]

Hintergrund des «Jetzerhandels» war der theologische Disput um die *conceptio Mariae:* die Frage nämlich, ob Maria mit dem Makel der Erbsünde empfangen worden sei oder nicht. In dieser um 1500 noch keineswegs entschiedenen Frage hatten insbesondere die beiden grossen Bettelorden, die Franziskaner und die Dominikaner, stark konträre Positionen bezogen: Während die Franziskaner die Unbefleckte Empfängnis Mariens verkündeten, hielten die Dominikaner an der traditionellen Auffassung von der menschlichen Geburt Marias in der Erbsünde fest, womit sie allerdings bei der Bevölkerung auf weit weniger Zustimmung stiessen als die Franziskaner. Auf dem 1506 in Wimpfen abgehaltenen Provinzialkapitel fassten die Dominikaner daher den Beschluss, den «Maculistenstreit» durch entsprechende «Marienwunder» für sich zu entscheiden. Hierbei verständigten sie sich explizit auf Bern als künftigen Ort dieser Erscheinungen, u. a. mit der Begründung, dass die Berner Bevölkerung besonders einfältig sei und es zudem in dieser Stadt auch wenig fundierte Theologen gäbe, die ihnen gefährlich werden könnten.[3] Im Grunde genommen wartete man nur noch auf eine günstige Gelegenheit, um den «Marienwundern» in Bern freien Lauf zu lassen.

Dieser Zeitpunkt schien gekommen, als am 24. August 1506 der Schneidergeselle Hans Jetzer von Zurzach als Novize in das Berner Predigerkloster eintrat (Kat. 106.1) und dort wenig später in seiner Zelle mit einer Anzahl von wundersamen Erscheinungen konfrontiert wurde. Nachdem Jetzer vom Geist Heinrich Kalpurgs, eines ehemaligen Priors des Klosters, heimgesucht worden war (Kat. 106.2), erschienen ihm die hl. Barbara (Kat. 106.3) und die Gottesmutter Maria (Kat. 106.4–6), die ihm auf Berndeutsch die Lehre von der beflecken Empfängnis bestätigte. Als Beweis für ihr tatsächliches Erscheinen zeigte Jetzer seine Wundmale vor (Kat. 106.5), die ihm von Maria selbst zugefügt und mit der Windel ihres Sohnes verbunden worden waren (Kat. 106.6). Den Höhepunkt der Erscheinungen bildete aber der 25. Juni 1507, als Jetzer um 2 Uhr morgens vor dem Vesperbild der Marienkapelle betete (Kat. 106.7), welches plötzlich zu sprechen begann und blutrote Tränen weinte, die der dahinter stehende Lesemeister Stephan Boltzhurst mittels roter Farbe und einem Röhrchen «herbeizauberte».[4] Der als Gutachter herbeigerufene Maler Hans Fries von Freiburg erklärte die Tränen jedoch für echt, womit die Saat für die Dominikanermönche aufzugehen schien: Ihr Kloster, in das nun das Volk in Scharen pilgerte, um das «Wunder von Bern» zu schauen, war auf dem besten Weg, zu einer neuen Wallfahrtsstätte zu werden. Mit dem wundertätigen Marienbild hielten die Mönche nun alle Fäden in der Hand, um ihr durch das Credo von der beflecken Empfängnis Marias stark lädiertes Ansehen wieder aufzupolieren. Der ganze Schwindel flog aber auf, als «Maria» am 13. September 1507 mit einem fünfarmigen Leuchter auf dem Lettner der Dominikanerkirche erschien und als Hans Jetzer entlarvt wurde.[5]

In den nun folgenden Gerichtsverhandlungen[6] wurde zwar zunächst Jetzer angeklagt und gefoltert (Kat. 106.8), schliesslich aber vier seiner Mitbrüder[7] aufgrund seiner Aussage überführt, gerädert (Kat. 106.9) und am 31. Mai 1509 auf dem Schwellenmätteli bei Bern verbrannt (Kat. 106.10). Für Jetzer, der im Verlauf der drei Prozesse «vom Angeklagten zum Kronzeugen aufrückte»,[8] endete die ganze Angelegenheit glimpflich: Er wurde «aus ganz Deutschland (Germania) und allen seinen Gebieten [...] verbannt»,[9] weil dort seine Geschichte bereits in aller Munde war. Auf diese Weise hoffte der Magistrat, die unrühmliche Episode, die Bern mittlerweile als «Jetzerstadt» weithin diskreditiert hatte,[10] sehr schnell in Vergessenheit geraten zu lassen, was jedoch nicht gelang:[11] Der durch die Schriften Murners europaweit bekannte «Jetzerhandel» wurde zum Musterfall reformatorischer Polemik, liessen sich doch darin die leeren Glaubensinhalte der römischen Kirche geradezu beispielhaft vorführen.[12] Der «Maculistenstreit», der den eigentlichen Ausgangspunkt des «Jetzerhandels» bestimmt hatte, spielte in den Reformationsschriften indes absolut keine Rolle mehr.

Franz-Josef Sladeczek

Literatur:
von Greyerz 1932 – Kat. Manuel 1979, S. 184–189, Nr. 36. – Tremp-Utz 1988. – Utz Tremp 1993a und 1993b. – Gutscher-Schmid/Utz Tremp 1999. – Utz Tremp 1999.

1 Kat. Oberrheinische Buchillustration 1984, S. 38–39, Nr. 49 und 51.
2 Die jüngsten Ergebnisse der Forschung zielen (wieder) in die gleiche Richtung, nachdem zwischendurch der «Jetzerhandel» als ein «Justizmord» an den Dominikanermönchen dargestellt worden war. Vgl. Gutscher-Schmid/Utz Tremp 1999, S. 501; Utz Tremp 1999, S. 298–299.
3 Kat. Oberrheinische Buchillustration 1984, S. 33; Tremp-Utz 1988, S. 246; Utz Tremp 1999, S. 299.
4 Auch anderenorts finden sich Berichte, laut derer man Heiligenfiguren durch entsprechende Vorrichtungen an den Augen zum Weinen gebracht hatte (Wolf 1995, S. 654–658).
5 Diese Aussage widerspiegeln die Prozessakten. Laut Kathrin Tremp-Utz ist aus ihnen die «Identität» Jetzers mit Maria allerdings nicht völlig schlüssig zu erweisen (Tremp-Utz 1988, S. 224).
6 Es fanden insgesamt drei Prozesse statt: ein Verhör vor dem bischöflichen Gericht in Lausanne (8. Oktober 1507 bis 5. Januar 1508) sowie der Hauptprozess (26. Juli bis 7. September 1508) und der Revisionsprozess (2. bis 30. Mai 1509) vor dem Berner Rat.
7 Prior Johannes Vatter, Subprior Franz Ueltschi, Lesemeister Stephan Boltzhurst und Schaffner Heinrich Steinegger (Utz Tremp 1999, S. 319–320 und 324).
8 Tremp-Utz 1988, S. 225.
9 Ebd., S. 240.
10 Die Untersuchungen von Kathrin Utz Tremp wollen denn auch aufzeigen, wie sehr die Stadt «nicht nur in ihrem religiösen, sondern auch in ihrem nationalen Gefühl zutiefst beleidigt und verletzt» war und schon deshalb absolut entschlossen gegen die Predigermönche vorging (Utz Tremp 1999, S. 299). Bereits im September 1508 hatte der Berner Rat signalisiert, dass für ihn nur das Todesurteil gegen die Mönche in Frage kommen würde.
11 So sah sich der Rat 1514 genötigt, die Säulen, an die man die Dominikanermönche vor ihrer Hinrichtung gebunden hatte, zu entfernen, da sich an ihrem Standort bereits eine Stätte des Märtyrerkults entwickelt hatte (Utz Tremp 1999, S. 300).
12 Der «Jetzerhandel» fand u. a. seinen Niederschlag in der um 1523/1524 entstandenen Flugschrift zur Wallfahrt im Grimmental: *Ein Gespräch zwischen vier Personen, wie sie ein Gezänk haben von der Wallfahrt im Grimmental, was für Unrat und Büberei daraus entstanden sei* (Clemen 1906, bes. S. 144–145).

107–108
Vielleicht dienen auch obszöne Darstellungen aus Blei als Pilgerzeichen.

Geflügelter Phallus, Niederlande, um 1400.

Blei, H: 2.9; B: 2.8 cm.
Rotterdam, Museum Boijmans Van Beuningen, Inv. 1856.

Vulva auf Pilgerreise, Niederlande, um 1400.

Blei, H: 2.7; B: 1.9 cm.
Rotterdam, Museum Boijmans Van Beuningen, Inv. 2678.

Kat. 107

Kat. 108

Nach Gebrauch sind Pilgerzeichen oft in Flüsse geworfen worden. Eine grosse Anzahl davon hat man seit dem 19. Jahrhundert in verschiedenen europäischen Städten wiedergefunden. Darunter findet sich ein beachtlicher Anteil profaner, oft erotischer oder gar obszöner Darstellungen, deren Funktion im Dunkeln bleibt. Sie stammen alle aus der Zeit um 1400 und dürften einer vorübergehenden Modewelle entsprungen sein. Abgesehen davon, dass sie auf die gleiche Art entsorgt wurden, lassen zwei Indizien darauf schliessen, dass sie – wie passendere Abzeichen – als Andenken an bestimmte Pilgerfahrten zum Verkauf gelangt sind. Das erste ist ein Text, der Johannes Gerson (1363–1429) zugeschrieben wird, nämlich die *Expostulatio ad potestates publicas adversus corruptionem juventutis per lascivas imagines et alia hujusmodi*. Es handelt sich um eine «Beschwerde an die Behörden wegen Verderbnis der Jugend durch unzüchtige Bilder und anderes dergleichen», in der Folgendes beklagt wird: «... man beobachtet heute, oh welcher Schmerz!, die schlimmste Verderbnis bei den Jungen und Heranwachsenden, und zwar durch unverschämte und nackte Bilder, die selbst in Kirchen und an Feiertagen auch zum Verkauf ausgestellt werden, wie etwa Darstellungen von Beelphegor, in die die Kinder der Christen eingeweiht werden, welch schreckliches Unheil!, durch gottlose Mütter oder unzüchtige Mägde, während die äusserst ruchlosen Väter irre dazu lachen...».[1] Das zweite Indiz liefert die Ikonographie einiger dieser Pilgerzeichen. Eines davon imitiert offensichtlich eine Prozession mit einer Marienstatue,[2] ein anderes zeigt eine Vulva auf Pilgerreise (Kat. 108). Daneben wurden Muschelschalen mit einer Perforation zum Aufhängen gefunden, die in ihrem Innern eine gravierte Vulva aufweisen.[3] Die Jakobsmuschel, die sowohl in der Antike als auch im Mittelalter die Vulva symbolisierte, ist das Pilgerzeichen der Wallfahrt nach Santiago de Compostela (Kat. 94). Es stellt sich also die Frage, ob solche Wallfahrtszeichen nicht an Pilgerorten verkauft wurden, ganz besonders im berühmten galizischen Heiligtum. Es ist zudem leicht, auch an heutigen Pilgerstätten überraschende Souvenirs zu finden.

Der geflügelte Phallus, mit Beinen und Krone ausgestattet und mit einer Schelle um den Hals, ist eines der am häufigsten vorkommenden Motive unter den erotischen Pilgerzeichen (Kat. 107). Manchmal wird er von einer Dame geritten. Dieses eigenartige Wesen hat seinen Ursprung in der römischen Antike und leitet sich insbesondere von den geschliffenen Steinen ab, die im Mittelalter eifrig gesammelt wurden, vielleicht auch von Amuletten oder den *tintinnabula*, jenen mit Glöckchen ausgestatteten Bronzestatuetten, die an der Decke aufgehängt wurden.

Mehr um die Gleichberechtigung der Geschlechter bemüht als die Antike, stellt das Mittelalter dem geflügelten Phallus ein weibliches Pendant in Form der Vulva gegenüber. Da diese ebenfalls laufen kann, begibt sie sich sogar auf Pilgerreise und verlässt somit aus frommen Gründen ihr «Heim». Sie trägt den breitkrempigen Pilgerhut, den Pilgerstab und einen teilweise zerstörten Gegenstand, bei dem es sich wohl um einen Rosenkranz oder einen Geldbeutel handelt. Angesichts dieser Attribute ist es nahe liegend, dass die Vulva nicht irgendeinen Pilger darstellt, sondern den hl. Jakobus selbst, dem diese Kennzeichen häufig beigegeben sind.

Jean Wirth

Literatur:
Fuchs, Erotische Kunst, S. 133ff. – van Beuningen/Koldeweij/Jones 1993, S. 260, Abb. 634 (Phallus; Vulva unpubliziert).

1 Gerson, Opera omnia, Bd. 3, Sp. 291–292.
2 van Beuningen/Koldeweij/Jones 1993, S. 262, Abb. 652.
3 Ebd., S. 264, Abb. 667.

109
Heilung durch Einverleibung: Man verspricht sich Genesung durch das Schlucken gesegneter Heiligenbilder.

Zettel mit 40 Schluckbildchen, Maria-Landshut, Bayern, 18. Jahrhundert.

Kupferstich, H: 18; B: 10 cm; einzelnes Bildoval etwa 2×1.5 cm.
Basel, Museum der Kulturen, Inv. VI 14527.

Als Sakramentalien bezeichnet die Kirche geweihte und gesegnete Gegenstände, die dem gläubigen Menschen Schutz und Segen verheissen, ihn vor Unheil bewahren und auf Heilung hoffen lassen (Kat. 20–25). Dazu gehören etwa Weihwasser, Öl, Salz, Palmzweige, Kreuze, Wallfahrtsmedaillen («Zeieli»), Breverl (Schutzbriefchen mit heiligen Zeichen) und das Schluckbildchen, das wie andere Sakramentalien auch Bestandteil einer «geistlichen Hausapotheke» sein konnte. Der Übergang von der Sakramentalie zur Devotionalie ist fliessend, so dass manche dieser Gegenstände und Substanzen beiden Bereichen zugerechnet werden können.

Kat. 109

dern oder Heiligendarstellungen zu finden sind. Die einzelnen Bildchen waren zwischen 5 und 30 mm hoch.

Der Käufer war darauf bedacht, dass der Bogen von einem Geistlichen geweiht worden und nach Möglichkeit auch mit dem betreffenden Kultgegenstand in Berührung gekommen war. Erkrankte nun zu Hause ein Angehöriger der Familie oder ein Haustier, schnitt man ein Bildchen von dem Bogen ab, und der Patient musste es hinunterschlucken. So verinnerlichte man sich die Hilfe und den Schutz des auf dem Bild abgedruckten Heiligen.

Schon die Antike kannte den Heilbrauch, Esszettel zu schlucken. In karolingischen Quellen ist die Rede vom Verspeisen einer in Brot eingebackenen Heiligendarstellung. Zu erinnern ist auch an die Schabsteine und Schabmadonnen (S. 251, Abb. 28). Bei der Herstellung von letzteren vermischte man den Ton mit Staub vom heiligen Ort. Im Ernstfall wurde dann etwas vom abgeriebenen Tonstaub geschluckt. Erwähnt seien auch die zahlreichen Zeugnisse von Grabsteinen heiliger Personen, an denen Pilger sich mit Messern zu schaffen machten, um den Staub als Heilmittel nach Hause mitzunehmen.[2]

Wie der Staub vom heiligen Ort als Träger übernatürlicher Kräfte betrachtet wurde, so erhoffte sich dies der Patient vom Papierstücklein, das er schluckte. Es ist nicht klar, ob beim Verspeisen von Schluckbildchen an die Vorgänge beim Empfang der Hostie während der Kommunion gedacht wurde. Immerhin scheint man auf geistlicher Seite eine Parallele gesehen zu haben. In Graz gaben die Minoriten Ende des 18. Jahrhunderts besondere Fieberhostien aus, und schon um die Wende zum 15. Jahrhundert hatte der Tiroler Hans Vintler in seinen *Bluemen der tugent* geschrieben: *Vil die wellen auf oblat schreiben/und das Fieber damit vertreiben.*[3]

Dominik Wunderlin

Die Schluckbildchen – auch «Esszettel» genannt, wenn sie nur Schrift aufweisen – waren ursprünglich von Hand beschrieben oder bemalt.[1] Sie waren bisweilen in roter Auszeichnungsschrift ausgefertigt, trugen entweder heilige oder magische Worte und Zeichen, Bibelzitate und Gebete in formelhafter, geheimnisvoller Abkürzung und wurden bei Krankheit aufgrund der ihnen zuerkannten heilenden Wirkung geschluckt. Noch nach 1900 gab es «Wunderdoktoren», die solche Zettel vertrieben. Auch in protestantischen Gegenden Deutschlands kannte man den Brauch, die Krankheit durch den Kranken selbst aufessen zu lassen, indem er einen Zettel mit einer Besprechungsformel in ein Brot oder einen Apfel steckte und mit diesem ass.

Vergleichbare Esszettel gab es seit dem Spätmittelalter auch in gedruckter Ausführung, so in dreieckigem Format, was möglicherweise mit der Textanordnung zusammenhängt: Ein Wort oder eine Formel wird von Zeile zu Zeile kürzer und visualisiert so den Wunsch nach Linderung der Krankheit. Die heute in Sammlungen erhaltenen bedruckten Esszettel stammen von Wallfahrtsmärkten, und dasselbe gilt auch für die Schluckbildchen. Hierbei handelt es sich um Bogen, auf denen kaum briefmarkengrosse Reproduktionen von gelegentlich sogar kolorierten Gnadenbildern oder Heiligendarstellungen zu finden sind.

---

1 Erwin Richter: Artikel «Esszettel», in: RDK, Bd. 6, Sp. 42–48.
2 Baumann 1946, S. 275.
3 Erwin Richter: Artikel «Esszettel», in: RDK, Bd. 6, Sp. 47.

Andachtsbilder von Ordensleuten und Privatpersonen

110
Ein zeitgenössisches Inventar bezeichnet das Königsfelder Antependium als «Sieben Zeiten des Herrn».

Antependium aus Königsfelden mit sieben Szenen aus dem Leben Christi, Wien (?), um 1340/50.

Stickerei in Gold, Silber und Seide auf Leinwand, Architekturrahmung appliziert.
H: 70; B: 318 cm.
Bern, Historisches Museum, Inv. 27.

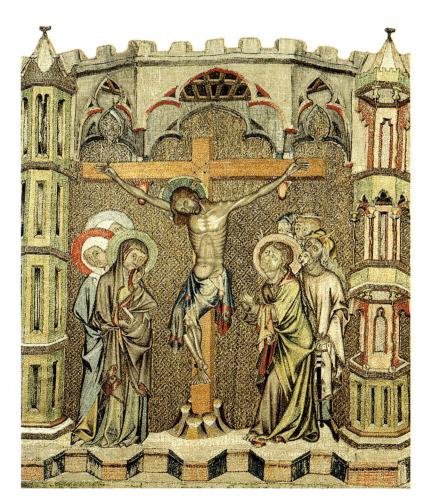

Kat. 110 Ausschnitt

Königin Agnes von Ungarn, die Mitgründerin des Klosters Königsfelden, stellte am 28. Juli 1357 eine Urkunde aus, die ein detailliertes Verzeichnis von allem Kirchenschmuck enthält, den die habsburgische Stifterfamilie dem Konvent geschenkt hatte. Den Franziskanern und Klarissen wird darin jegliche Veränderung oder gar Veräusserung der Gegenstände verboten. Die im Urkundentext aufgeführte Liste sollte regelmässige Kontrollen ermöglichen. Der Kirchenschatz umfasste verschiedenste liturgische Geräte und viele Paramente. Die Beschreibung der einzelnen Objekte ist knapp gehalten und beschränkt sich häufig auf die Materialbezeichnung oder auf die Benennung einer wesentlichen funktionalen oder geschichtlichen Eigenheit, was für die mit dem Kirchenschatz vertrauten Personen offenbar zur Identifizierung des Gegenstandes genügte. Auf eines der Antependien, die sich heute im Bernischen Historischen Museum befinden, bezieht sich die Beschreibung: *ein altartůch für fronaltar, mitt den siben ziten unsers herren genǎiet und geschǎtwet mitt siden uff gold.*[1]

Das Antependium gehört zu den Schenkungen von Agnes' Bruder Herzog Albrecht II., der seinen Wohnsitz in Wien hatte und die kostbare Stickerei wohl auch dort in Auftrag gab; sie ist stilistisch mit Werken in der Nachfolge der Klosterneuburger Altarrückseiten verwandt. Das Antependium, ein Altarbehang, zeigt unter einem applizierten, perspektivisch gestalteten Architekturrahmen sieben Szenen aus dem Leben Christi. Auf der Mittelachse steht die Kreuzigungsdarstellung, die durch subtile Änderungen in der Gestaltungsweise des Architekturbaldachins hervorgehoben und auf die Figur des Gekreuzigten fokussiert ist (vgl. Kat. 110 Ausschnitt). Drei Passionsereignisse gehen links davon voraus: das Gebet im Garten Gethsemane, die Vorführung vor Pilatus und die Kreuztragung. Rechts folgen drei Szenen zur Verherrlichung: die Himmelfahrt

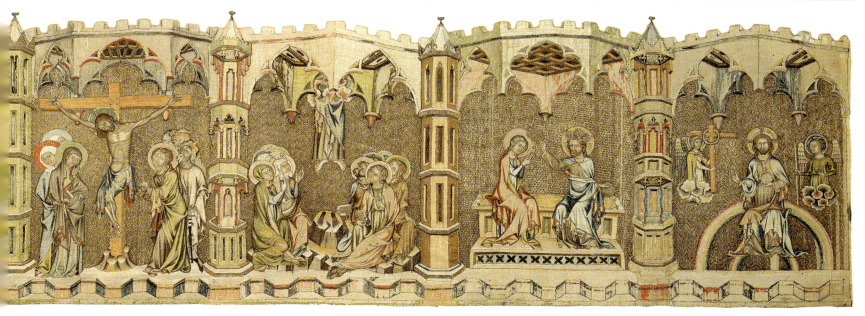

Kat. 110

Christi, die Krönung Marias und Christus als Weltenrichter mit den Leidenswerkzeugen. Auf diese sieben dargestellten Geschehnisse bezieht sich die Wendung *mitt den siben ziten unsers herren* im Inventar. Damit werden die hier dargestellten Szenen als diejenigen Ereignisse aus dem Leben Christi interpretiert, deren man in den sieben kanonischen Gebetszeiten, dem Stunden- oder Tagzeitengebet, gedenkt.

Seit dem hohen Mittelalter sah man nicht nur das ganze Jahr als eine zyklisch wiederkehrende Vergegenwärtigung der Heilsgeschichte, sondern auch die täglichen Gebetsstunden, die den monastischen Alltag seit Anbeginn gliederten.[2] Die sieben Gebetszeiten – das Morgenlob *(laudes matutinae)*, die Gebete zur ersten, dritten, sechsten und neunten Stunde (Prim, Terz, Sext, Non), das Abendgebet (Vesper) und zuletzt die Komplet – widerspiegeln makrokosmisch die sieben Zeitalter der Heilsgeschichte und mikrokosmisch sieben Stationen aus dem Leben und Leiden Christi. Die exakten Entsprechungen der einzelnen Tageszeiten können in der Auslegung variieren. Der Theologe Honorius Augustodunensis (erste Hälfte 12. Jahrhundert) beispielsweise bietet eine Reihe von sieben Passionsszenen und eine mit sieben nachösterlichen Ereignissen.[3] Die Verbindung der Sext mit der Kreuzigung und der Non mit dem Eintreten des Todes ist besonders eng, werden diese beiden Stunden doch in den biblischen Passionsberichten explizit genannt («Aber von der sechsten Stunde an kam eine Finsternis über die ganze Erde bis zur neunten Stunde»), Matthäus 27,45; vgl. Markus 15,33, Lukas 23,44). Die assoziative Verknüpfung der Grablegungs- und Beweinungsszene mit dem Abendgebet ist gar so stark, dass plastische Pietà-Gruppen ganz einfach «Vesperbilder» genannt wurden. Im Tageszyklus, im kollektiven liturgischen Stundengebet im Kloster, wurden so die Leidens- und die Erlösungsgeschichte Christi stets von neuem umkreist und vergegenwärtigt. Die Beziehung zwischen Gebetsstunde und biblischem bzw. heilsgeschichtlichem Ereignis war nicht normiert: Die Szenen auf dem Königsfelder Antependium passen nicht in die von Honorius genannte Reihe – es werden Passions- und nachösterliche Ereignisse gemischt. Gleichwohl war das zeitgenössische Deutungsmuster nach den kanonischen Gebetszeiten so prägend, dass es dem Antependium seinen Namen gab und dementsprechend die mittelalterliche Interpretation der Szenenabfolge gelenkt haben dürfte.

Wir wissen zwar nicht genau, auf welchem Altar und zu welchen Gelegenheiten der kostbare Altarschmuck in Königsfelden verwendet worden war, doch dass sich die Brüder und Schwestern beim Rezitieren und Singen der Gebete im Laufe eines Tages in die Abfolge der hier dargestellten Szenen vertieft haben und die Geschichte von der Erniedrigung Christi, seiner Kreuzigung, Erhöhung und Wiederkunft als Richter in den Bildern und den liturgischen Texten gleichermassen nachvollzogen, ist nahe liegend.

Der gesamte Kirchenschatz von Königsfelden wurde bei der Auflösung des Klosters in der Reformationszeit nach Bern gebracht, aufgeteilt und grösstenteils verkauft oder eingeschmolzen.[4] Von den etwa zwanzig im Inventar aufgelisteten Goldschmiedewerken entging ein einziges der Zerstörung (Kat. 119), von den ehemals etwa zwölf Antependien ist neben diesem Exemplar nur noch eines erhalten geblieben.

Susan Marti

Literatur:
Kdm AG 3 1954, S. 251–254 (Kirchenschatzverzeichnis), S. 278–295 (Antependium). – Kat. Habsburger 1979, S. 455–456. – Marti 1996, S. 174.

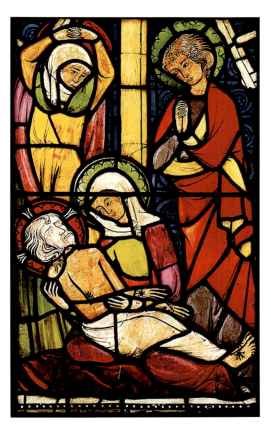

Abb. 32
Königsfelden, Klosterkirche, Chorscheitelfenster, um 1325. – Mönche und Nonnen gedenken abends zur Vesper der Beweinung Christi und des Leidens Mariä.

1 Kdm AG 3 1954, S. 253.
2 Angenendt 1997, S. 429.
3 Ebd., S. 430.
4 Kdm AG 3 1954, S. 254–255.

111

In Klöstern und Stiften gliedert sich der Tagesablauf nach dem liturgischen Stundengebet.

Lateinisches Brevier, Interlaken, zwischen 1440 und 1446.

Pergament, 386 Bll., H: 21; B: 15 cm; zweispaltig beschrieben, je 30 Zeilen pro Seite.
Gotischer Originaleinband: Weinrotes Leder auf Holzdeckel. Einzelne Blätter mit mehrfarbiger Stickerei verziert.
Aufgeschlagen: fol. 221v/222r
(Gebete zu Trinitatis und Fronleichnam).
Bern, Burgerbibliothek, Cod. 524B.

Es entspricht einem uralten menschlichen Bedürfnis, die einzelnen Tage durch Gebete zu wichtigen Zeitpunkten, speziell dem Tagesbeginn und dem Einbrechen der nächtlichen Finsternis, zu gliedern. Schon im Alten Testament wird das Tagzeitengebet in der Synagoge erwähnt, einzelne Psalmstellen nennen das immerwährende Lob Gottes, und die frühe Christenheit kam regelmässig zu bestimmten Tageszeiten zum Gebet zusammen. Das monastische Stundengebet, das wiederkehrende gemeinsame Beten zu den festgelegten sieben oder acht Gebetszeiten (die Nacht- und Morgengebete wurden teilweise zusammengelegt), ist als fortwährende Anbetung, als immerwährender Gottesdienst aufzufassen, den die religiösen Gemeinschaften stellvertretend für die ganze Schöpfung leisten. In der Mönchsregel des hl. Benedikt von Nursia (480–550) wird die Horenliturgie einheitlich geregelt und das Beten des ganzen Psalters innerhalb von einer Woche und das Lesen der Bibel innerhalb eines Jahres dem Mönchtum auferlegt. Seit dem 8. Jahrhundert besteht diese Gebetspflicht auch für den Weltklerus.

Während zunächst verschiedene Buchtypen die unterschiedlichen Textgattungen wie Psalmen, Lesungen, Hymnen und Gebete dieses täglichen Wortgottesdienstes verzeichneten, bildeten sich

Kat. 111
Die aufgeschlagenen Brevierseiten enthalten die Gebetstexte zu Trinitatis und Fronleichnam (fol. 221v/222r).

im Laufe der Jahrhunderte aus praktischen Gründen sogenannte Breviere, d. h. Kurzfassungen, heraus, die sämtliche Texte in einem Band zusammenstellten und die im Laufe des Kirchenjahres wechselnden Offizien enthielten.

Das hier gezeigte lateinische Brevier ist eine sehr sorgfältig geschriebene und äusserst fein dekorierte Arbeit aus der Mitte des 15. Jahrhunderts. Die liturgischen Angaben in Kalender und Litanei entsprechen den Bräuchen des Doppelklosters von Augustiner-Chorherren und -Chorfrauen in Interlaken. Verschiedene kalligraphische Mittel erleichtern die Orientierung im Buch: Einzeilige farbige Buchstaben markieren Satzanfänge, rot sind Titel und die technisch-liturgischen Angaben, und verschiedene Initialen markieren den Beginn der Liturgie zu einzelnen Festtagen. Sie sind je nach Bedeutung des Festes unterschiedlich gross. Bei höchsten Festtagen sind die Textkolonnen mit Fleuronné gerahmt, einer mit raschen Federstrichen hingeworfenen Verzierung, und Blumenranken schmücken den Rand. Auf der hier aufgeschlagenen Seite mit den Texten zum Fronleichnamsfest sitzen auf einer schwungvoll gestalteten Ranke fünf goldene Vögel mit je einem Zweiglein mit Eicheln im Schnabel.

Das qualitätvoll geschmückte Buch trägt auf dem ersten Schmutzblatt, wo normalerweise Besitzvermerke angebracht werden, in einer Schrift des 15. Jahrhunderts die Namen von zwei Frauen – Johanna von Aarberg und Agnes Stoller –, die urkundlich als Klosterfrauen in Interlaken bezeugt sind.[1] Ob die beiden Frauen das Buch geschrieben und/oder dekoriert haben, es gemeinsam besassen oder als Auftraggeberinnen zu bezeichnen sind, wissen wir nicht mit letzter Sicherheit. Die Datierung in die Zeit zwischen 1440 und 1446 ergibt sich aus einem Eintrag von erster Hand im Kalender, wo der Schreiber, bzw. eher die Schreiberin, zum 26. Februar den Tod ihrer Schwester, Clara von Aarberg, vermerkt sowie aus einer Angabe in einer komputistischen Tafel.[2]

Susan Marti

Literatur:
Bruckner 1967, S. 106–107. – von Scarpatetti 1983, Nr. 56 und Abb. 267. – Wittwer 1987, S. 110 und 119–120.

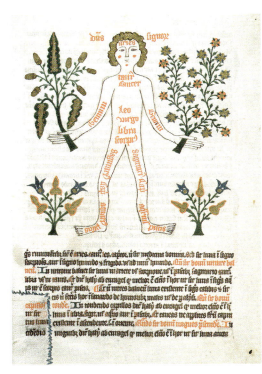

Kat. 111
Illustration zu den komputistischen Tabellen am Anfang des Buches (fol. 2r). Sie zeigt im Bild die aus dem Hellenismus übernommene Theorie, jedem Körperteil entspreche beim Aderlass ein bestimmtes Tierkreiszeichen.

1 Bruckner 1967, S. 106, Anm. 45; Wittwer 1987, S. 110.
2 Wittwer 1987, S. 120.

112
Im gedruckten Brevier für das Bistum Lausanne wird das Bild des Bischofs verbreitet, der vor Maria, der Patronin der Diözese, betet.

Brevier von Lausanne, Genf: Louis Cruse, 27. März 1509, mit Darstellung des betenden Bischofs Aymon de Montfalcon.

Inkunabel, 8°, 468 Bll., H: 10.9; B: 7.6 cm.
Fol. 1r und 1v zweimal derselbe Holzschnitt mit Bischof Aymon de Montfalcon vor Maria.
Freiburg i. Üe., Bibliothèque cantonale et universitaire, Rés. 10.

Im Brevier sind die Gebetstexte für das tägliche Offizium von Mönchen, Nonnen und Weltklerus verzeichnet. Die Texte – ein Kalender, ein Psalter und die Offizien für Sonn- und Festtage – variieren in Einzelheiten von Diözese zu Diözese. Seit dem beginnenden 13. Jahrhundert ist den Geistlichen der Besitz eines persönlichen Breviers vorgeschrieben, aus dem sie die Gebetstexte lesen können, wenn sie unterwegs sind. Die Erfindung des Druckes war daher gerade für diesen Buchtyp von grosser Bedeutung. Die entsprechenden Texte waren in gedruckten Büchern besser zugänglich, billiger zu erwerben und leichter zu verbreiten. Das erste gedruckte Brevier überhaupt erhielt das Bistum Mainz 1474, das Bistum Lausanne folgte mit 1478/1479 schon relativ früh.[1] Die hier gezeigte Ausgabe von 1509 ist die letzte für das Bistum, in dem nach der Eroberung durch Bern 1536 der neue Glaube eingeführt wurde. Wie die verhältnismässig grosse Anzahl noch erhaltener Exemplare zeigt, war das Buch begehrt und verbreitet.

Die erste Seite des Breviers zeigt einen Holzschnitt mit dem Gnadenbild aus der Kathedrale von Lausanne. Vor der unter einem Baldachin thronenden Muttergottes betet Aymon de Montfalcon (Amtszeit 1491–1517) in vollem Ornat, mit Mitra und Bischofsstab. Links oben, über dem Bischof, erscheint sein persönliches Wappen, auf der gegenüberliegenden Seite dasjenige des Kapitels. Aymon de Montfalcon hat verschiedene Drucke liturgischer Bücher für sein Bistum in Auftrag gegeben. Im Brevier von 1509 lässt er mit dem Holzschnitt eine Darstellung von sich verbreiten, die Vorbildwirkung für seine Geistlichen haben soll: Der Vorsteher des Bistums kniet andächtig betend vor der thronenden Maria. Sie ist Patronin der Diözese und Stadtherrin zugleich, trägt eine Krone und ein Zepter und sitzt auf einem Thron mit hochgezogener, offenbar gerundeter Lehne. Seine Blicke richtet der Bischof auf das Jesuskind, welches auf Marias linkem Knie steht und ihn zu segnen scheint. Im ikonographischen Typus widerspiegelt die Mariendarstellung, wie auch andere Bilddokumente belegen, das alte, vergoldete Gnadenbild aus Lausanne, das den bernischen Kommissaren bei der

Kat. 112

Eroberung der Waadt nicht entgangen ist.[2] Die Kathedrale war mit ihrem Marienbild und den Marienreliquien Anziehungspunkt einer bedeutenden Wallfahrt gewesen.

Susan Marti

Literatur:
Besson 1937, S. 113–134. – Kat. Cathédrale de Lausanne 1975, S. 160, Nr. 130.

1 Besson 1937, S. 79.
2 Kat. Cathédrale de Lausanne 1975, S. 151.

Im ausgehenden Mittelalter nimmt die Andacht mit Hilfe der Bilder immer sinnlichere Züge an.

Die auffälligste Eigenart der spätmittelalterlichen Bilderwelt ist ihr ganz und gar anthropomorpher Charakter. Reine Landschaftsdarstellungen oder Stilleben sind kein Thema. Die Hauptaufgabe religiöser Bildwerke besteht darin, Personen darzustellen, die verehrt werden sollen, oder deren Lebensgeschichte zu erzählen und dabei starke menschliche Gefühle aufkeimen zu lassen. Die Heiligen sollen durch Schönheit und Adel verzaubern – was häufig durch aussergewöhnlich prächtige Gewänder geschieht – und durch ihr geduldig erlittenes Martyrium seelische Anteilnahme wecken und die Gläubigen zur Identifizierung aufrufen. Die schöne Jungfrau Maria soll verführen, der leidende Christus zu Tränen rühren.

Die Sinnlichkeit und die Grausamkeit dieser Kunst wurzeln zunächst in der klösterlichen Askese. Jene Mönche und Nonnen, die Armut, Fasten und Enthaltsamkeit am eigenen Leib erfahren, berichten seit dem 12. Jahrhundert von Meditationen und Visionen, die sich um eine körperliche Erfahrung des Göttlichen drehen: Sie erleben die Umarmung des sterbenden Christus, erfahren den Geschmack seines Blutes, die Zärtlichkeit Marias und die Süsse ihrer Milch, die Vermählung mit dem einen oder der anderen auf einem Blumenbett – ganz so, wie es im Hohen Lied geschrieben steht. Solche Verhaltensweisen werden durch die Lebensbeschreibungen der Heiligen und die Erbauungsliteratur verbreitet und von einem Teil der Laien, insbesondere von Frauen, in unterschiedlich hohem Intensitätsgrad nachempfunden: Die religiöse Kunst wird von ihnen beeinflusst, und zwar in zwei Richtungen.

Einerseits müssen die Bilder die geistige Liebe in einer Form darstellen, die sie von der körperlichen Liebe abgrenzt und doch betörender als diese wiedergibt. Es sind daher gerade die verbotenen körperlichen Verhaltensweisen, welche die geistige Liebe im Bild umsetzt, etwa der Inzest, wenn das Jesuskind und die Jungfrau die Rollen von Braut und Bräutigam des Hohen Liedes übernehmen; hinzu kommt die Homosexualität, wenn der hl. Johannes an der Brust von Jesus Christus ruht (Kat. 113). Eine andere Verhaltensweise, die man als Sadomasochismus bezeichnen könnte, ist nicht weniger charakteristisch für diese Darstellungsweise (vgl. Kat. 114), nämlich die Verwendung von Peitschen, Ketten und anderen Geisselwerkzeugen zur Kasteiung des Körpers.

Andererseits müssen die Bildwerke den Gläubigen ein Höchstmass an Nähe vermitteln. Günstig dafür ist die vor allem in der Malerei angewendete Darstellung der Heiligen in Halbfigur, die die zu verehrende Person dem Betrachter möglichst nahe bringt. Eine enge Verbindung zwischen der Person im Bild und dem Betrachter wird durch den Blickkontakt oder eine Geste hergestellt, wie bei den Madonnen, die das Jesuskind darreichen. Eine besondere Rolle spielen schliesslich die puppenähnlichen Jesuskind-Statuetten, die einen sehr persönlichen Umgang erlauben (vgl. Kat. 116).

Jean Wirth

Literatur:
Oulmont 1912. – Bynum 1982. – Bynum 1987. – Wirth 1989a, S. 301ff. – Kat. The Art of Devotion 1994.

113

Das Andachtsbild von Christus und seinem Lieblingsjünger Johannes wird zum Symbol der göttlichen Liebe.

Christus-Johannes-Gruppe, Elsass, um 1430.

Eiche (?), polychrome Fassung, H: 68; B: 50; T: 23 cm.
Strassburg, Musée de l'Œuvre Notre-Dame, Inv. MOND 153.

Christus sitzt mit besorgtem Gesichtsausdruck auf einer Thronbank. In seinen Armen liegt schlafend Johannes der Evangelist, und Christus hält seine Hand. Zur Rechten Christi ist in kleinerem Massstab eine kniende Nonne, die Donatorin, dargestellt. Auf der Thronwange hinter ihr ist die hl. Katharina als Strichzeichnung wiedergegeben, auf der gegenüberliegenden Seite in gleicher Art ein Engel. Der Erhaltungszustand der originalen Bemalung ist beeinträchtigt, da die Skulptur grob abgelaugt wurde. Die 1913 in Colmar erworbene Skulpturengruppe stammt sehr wahrscheinlich aus dem dortigen Katharinenkloster und weist stilistische Gemeinsamkeiten mit mehreren Bildwerken aus der Region auf.

Das Motiv des an der Brust des Herrn ruhenden Jüngers ist der Ikonographie des Abendmahls entlehnt. Seine Umsetzung in die Skulptur erfolgte um 1300 in Schwaben. Wo die Herkunft entsprechender Skulpturengruppen nachgewiesen werden kann, wie bei derjenigen im Museum Mayer van den Bergh in Antwerpen, die um 1305 von dem Konstanzer Bildhauer Meister Heinrich für die Dominikanerinnen von St. Katharinenthal bei Diessenhofen TG geschnitzt wurde (Abb. S. 126), handelt es sich stets um Nonnenklöster.

Gemäss der Schriftauslegung des Hohen Liedes wird Christus als mystischer Bräutigam interpretiert, er spielt aber gleichzeitig die Rolle einer Mutter, die ihr Kind an die Brust nimmt. So wie Maria mit dem Kind in der Gotik oft als Mutter und Braut Christi dargestellt wird, ist Christus hier Mutter und Bräutigam des Lieblingsjüngers. Die hochzeitliche Geste der Verbindung der beiden Hände erscheint schon in der Holzfigur von St. Katharinenthal und ist sehr wahrscheinlich beeinflusst durch die Maria-Kind-Gruppe des Konstanzer Münsters (um 1270), die sich heute im Rosgartenmuseum in Konstanz befindet.

Der Kontrast zwischen dem friedlichen Schlaf des Johannes und der Wachsamkeit Christi wird durch dessen schmerzlichen Ausdruck betont. Damit soll die treue Hingabe an die Liebe zu Christus, der durch sein Opfer die Menschen von Sünde und Tod befreit, unterstrichen werden. Wie bei allen Skulpturengruppen dieses Bildtypus bringt der weich fliessende Faltenwurf die Figuren, einschliesslich der Donatorin, in eine innige Beziehung zueinander.

Es mag überraschen, dass die Nonnen den hl. Johannes, und nicht eine Heilige, als Vorbild für die Vermählung mit Christus auswählten. Gemäss einer hartnäckigen Überlieferung, welche die *Legenda aurea* berichtet, um sie zu verdammen, stand Johannes kurz davor, die hl. Maria Magdalena an der Hochzeit zu Kana zu heiraten, bevor die Wundertat Christi ihn dazu bewog, zu verzichten und Christus zu folgen. Daraufhin verliess ihn seine Verlobte, die sich schliesslich aus Kummer prostituierte.[1] Johannes gilt deshalb als Sinnbild jungfräulicher Reinheit und als Vorbild für die Nonnen. Diese allerdings haben sich, das ist hier anzumerken, oft männliche Identifikationsfiguren gesucht. Caroline Walker Bynum konnte zeigen, dass ein solches Verhalten charakteristisch war für Oblatinnen, für Mädchen also, die schon als Kinder in einen Nonnenkonvent kamen.[2]

Um 1430 kamen die Christus-Johannes-Gruppen, von denen drei Beispiele im Gebiet des Oberrheins überliefert sind, als Andachtsbilder aus der Mode; die Nonnen wandten sich nun anderen Bildschöpfungen zu, vor allem Darstellungen des Jesuskindes. Die Aufgabe des älteren Motivs könnte durch die Ablehnung des lebhafter Kritik ausgesetzten Brauchs der Oblation ausgelöst worden sein.

Jean Wirth

Literatur:
Haussherr 1975. – Kat. Sculptures allemandes 1991, S. 70–47, Nr. 9.

---

1 Legenda aurea (Ed. Roze), Bd. 1, S. 465.
2 Bynum 1982, S. 170–262.

Kat. 113

114
Im spätmittelalterlichen Deutschland malen Nonnen für sich Bilder und visualisieren damit ihre mystischen Sehnsüchte.

Eine Dominikanerin empfängt in ihren Armen den blutüberströmten Christus, Strassburg, zweite Hälfte 15. Jahrhundert.

Miniatur auf Papier, eingeklebt in ein Stundenbuch; H: 14.8; B: 11 cm.
Unbekannte Malerin, vermutlich eine Dominikanerin aus dem Kloster St. Margareta und Agnes (?) in Strassburg.
Strassburg, Bibliothèque du Grand Séminaire, Ms. 755, fol. 1.

Die Miniatur auf Papier ist auf dem Schmutzblatt eines Stundenbuches für den Gebrauch in Strassburg eingeklebt, das nach 1475 datiert und mit zahlreichen historisierten Initialen und reichen Bordüren verziert ist.[1] Obwohl ebenfalls im 15. Jahrhundert entstanden, hat das eingeklebte Bild nichts mit dem übrigen Schmuck der Handschrift gemeinsam; es wurde erst später hinzugefügt. Die Initialen *K. R.* am oberen und die Aufschrift *Gottes Barmh[erzigkeit]* am unteren Rand, beide mit roter Tinte geschrieben, datieren wahrscheinlich ins 18. Jahrhundert. Der Einband deutet auf eine Provenienz der Handschrift aus dem ehemaligen Dominikanerinnenkloster St. Margareta und Agnes in Strassburg. Der Kalender und die Heiligensuffragien (Fürbitten) allerdings legen nahe, dass das Stundenbuch ursprünglich für ein anderes Strassburger Dominikanerinnenkloster, nämlich St. Nikolaus in Undis, bestimmt gewesen war. Diese Niederlassung wurde 1592 geschlossen, die verbliebenen Schwestern übersiedelten nach St. Margareta und Agnes.[2] Vermutlich hier wurde unsere Miniatur – ursprünglich zweifelsohne ein Einzelblatt – zu einem unbekannten Zeitpunkt (im 18. Jahrhundert?) in das Stundenbuch eingeklebt. Diesem Umstand verdankt sie ihre Erhaltung.

Das Bild zeigt eine Nonne in dominikanischer Tracht, die vor der mit einem Strick umwundenen Säule kniet, an der Christus angebunden und dann gegeisselt wurde. Zu erkennen sind auch Geissel und Dornenrute, die Marterwerkzeuge, die häufig auf Darstellungen von Christus an der Geisselsäule abgebildet sind. Auf dem Boden, hinter der Nonne, liegt die Tunika, mit der Christus bekleidet gewesen war. Jetzt trägt er nur noch die Dornenkrone und ist vom Kopf bis zu den Füssen blutüberströmt. Er löst sich von der Säule und neigt sich in die Arme der Nonne hinunter. Mit folgenden, einem Spruchband eingeschriebenen Worten wendet er sich an sie: *O myn kint gib mir din hertz so wurt gemiltert myn grosser smertz, entpfo mich in din arm dz ich mich dyn ewigclich erbarm.*

Das Bild ist die Umsetzung einer Vision des hl. Bernhard von Clairvaux, der einst, als er voller glühender Liebe einen skulptierten Kruzifixus verehrte und küsste, von diesem Bildwerk umarmt wurde, indem die Christusfigur ihre Arme vom Kreuz löste. Zu Beginn des 13. Jahrhunderts schildert der Mönch Konrad von Eberbach diese Vision in seinem *Exordium magnum cisterciense*; ab und zu wurde sie auch bildlich dargestellt. Am beeindruckendsten umgesetzt ist die Vision auf einer Tafel vom Meister des Augustiner Altars in Nürnberg von 1487 (Nürnberg, Germanisches Nationalmuseum).[3] Der Nonne, die die vorliegende Miniatur gemalt hat, stand vermutlich eine ähnliche Komposition wie diejenige aus Nürnberg vor Augen: Die Dominikanerin greift Christus unter die Achseln und streckt dabei ihre Arme ganz ähnlich aus wie Christus auf der Nürnberger Tafel. Die Körperhaltung von Christus – er neigt sich stark vornüber und hat die Knie gebeugt – erklärt sich hier dadurch, dass er sich vom Kreuz löst, während seine Füsse noch angenagelt sind. Übertragen auf die Geisselsäule ist diese Haltung weniger einleuchtend. Hingegen erklärt diese Motivveränderung die Blutströme, die den ganzen Körper des Gemarterten bedecken, ohne aber die Hände und das weisse Gewand der Dominikanerin zu beschmutzen. Dieser Sachverhalt trägt dem Abstand Rechnung, der zwischen der Nonne und dem Bildwerk liegt, das diese – in ihrer Vision – eben umschlingen will.[4]

Wir haben keinerlei Anhaltspunkte für eine genauere Datierung der Miniatur. Sie gehört zu den sogenannten «Nonnenarbeiten», jenen von den Nonnen selbst gemalten, stilistisch wenig differenzierten Bildern, die am Oberrhein, und ganz speziell in Strassburg, während des ganzen 15. Jahrhunderts von besonderer Bedeutung sind.[5] Wir müssen uns daher mit einer Zeitangabe begnügen, die die ganze zweite Hälfte des 15. Jahrhunderts umfasst. Dass ein solches Bild im Kloster St. Margareta und Agnes in Strassburg vorhanden war, überrascht nicht. Zeugnisse für die glühende Verehrung der Leiden Christi und seines blutenden Körpers sind uns in dieser Gemeinschaft durch eine markante Persönlichkeit überliefert, durch die Nonne Anna Schott, Tochter des Ammeisters Peter Schott und Schwester des Humanisten Peter Schott d. J. (1460–1490). Anna Schott ist um 1450 geboren und vor 1465 in das Agnes-Kloster eingetreten. Sie hat mystische Kommentare zur Passion Christi zusammengestellt und wohl auch teilweise selber verfasst,[6] und sie bestellte gegen 1490 bei einem Strassburger Maler eine Kopie der Kreuzannagelung Christi vom Meister der Karlsruher Passion (Darmstadt, Hessisches Landesmuseum), auf welcher sie sich dem gemarterten Christus gegenüber darstellen liess, eben im Begriffe, diesen zu umarmen.[7]

Philippe Lorentz

Literatur:
Cames 1989, S. 108. – Hamburger 1997, S. 1–2.

---

1 Cames 1989, S. 108–109, Abb. 168–170, und S. 113, Abb. 176–178.
2 Freundliche Mitteilung von Louis Schläfli.
3 Stange 1934–1961, Bd. 9, Abb. 136.
4 Hamburger 1997, S. 1–2 und Taf. 1.
5 von Heusinger 1959, S. 142–152.
6 Schlechter 1997, S. 473.
7 Lorentz 1999.

Kat. 114

Kat. 115

115
Maria, die vor einem Hausaltärchen betet, fordert die Gläubigen zur Nachfolge auf.

Meister E. S., Die betende Maria im Gemach, 1467.

Kupferstich auf Papier, Blatt H: 15.6; B: 10.4 cm; signiert und datiert: *.e.1.4.6.7. S.*
Guter Druck, an allen Seiten beschnitten, remargiert und mit der Feder ergänzt; Wappen oben links falsch nachgezeichnet, koloriert in Rot, Gelb, Blau und Braun.
Berlin, Staatliche Museen, Kupferstichkabinett,
Inv. Nr. 376–1 (Sammlung von Nagler).

Durch ein rahmendes rechteckiges Türgewände mit Wappenschilden in den oberen Zwickeln blickt man in eine gotische Kammer, in der Maria, mit ihrem offenen Haar als Jungfrau gekennzeichnet, in langwallendem Kleid betend vor einem Hausaltar steht. In die gewölbte Fensternische eingebaut, zeigt der Altarstipes eine seitliche Türöffnung. Auf der Mensa befinden sich Gebetbücher, Kanne und Kerzenleuchter, dahinter verdeckt ein Retabel mit drei Heiligenfiguren den unteren Teil des verglasten Masswerkfensters. Seitliche, ausdrehbare Stangen mit Vorhängen dienen als Retabelflügel. Über dem Altar hängt ein aus Rosen gebundener Kranz, weitere Rosen liegen verstreut auf dem gefliesten Boden. Die holzgetäferte und holzgedeckte Kammer ist an der Rückwand mit Waschschüssel, Kessel, Handtuch und Bücherbord eingerichtet.

Ungeachtet des bürgerlich-profanen Ambientes dürfte hier, laut jüngerer Forschungen,[1] Maria als Tempeljungfrau dargestellt sein. Das Bildthema Mariens, die seit ihrem dritten Lebensjahr wohlbehütet im Tempel Gott diente und dort in ihrem zwölften Lebensjahr mit Joseph vermählt wurde, wird in den apokryphen Evangelien und in spätmittelalterlichen Dichtungen zum Marienleben geschildert und verherrlicht. Darin wird auch von der Gelehrsamkeit Mariens berichtet, die im Tempel Psalter und Schriften des Alten Testaments gelesen hat und bei der Verkündigung vom Erzengel Gabriel bei dieser Tätigkeit überrascht wird.

Gerade die Einbeziehung alltäglicher Gebrauchsgegenstände erweist den Kupferstich als stimmiges Andachtsbildchen für den privaten Bereich, indem es die Gläubigen auffordert, Maria im Gebet des Rosenkranzes und in der privaten Andacht nachzufolgen. Das graphische Blatt ist ebenso ein wichtiges Zeitdokument, das aufzeigt, wie man sich in der Spätgotik die Aufstellung eines Hausaltärchens im bürgerlichen Rahmen vorzustellen hat (vgl. Kat. 123). Demnach genügt eine abgetrennte Nische in der Stube zur Auszeichnung der Hauskapelle, die aber mit dem Aufbau des Altars und dem liturgischen Gerät den kirchlichen Vorbildern folgt.

Der oberdeutsche, nach seinem Monogramm benannte Meister E. S. wurde zu diesem Kupferstich durch ikonographische und motivische Vorbilder angeregt, die ihm einerseits in einem Holzschnitt mit der Darstellung Mariens im Ährenkleid (Kopenhagen, Nationalmuseum),[2] andererseits in einem oberrheinischen Tafelbild von 1440–1450 (Strassburg, Musée de l'Œuvre Notre-Dame) vorlagen.

Uta Bergmann

Literatur:
Geisberg 1909, S. 108, Taf. 58. – Geisberg 1922, S. 205 und 212. – Geisberg 1923, Taf. 49. – Geisberg 1924, S. 57, Taf. 63. – Fischel 1935, S. 227. – Hoffmann 1961, S. 234, Anm. 30. – Kat. Die Kunst der Graphik 1963, S. 74, Nr. 164. – Kat. Engravings of Northern Europe 1967 (Einleitung). – Hutchison 1980, Nr. 120. – Kat. Meister E. S. 1986, S. 40–41, Nr. 25, Abb. 18. – Kat. Glaube, Hoffnung, Liebe, Tod 1995, S. 218 und 336.

1 Kat. Meister E. S. 1986, S. 40–41, Nr. 25.
2 Zum Bildtypus und dem Kopenhagener Holzschnitt vgl. Rathe 1922, S. 1–33.

116
Die Nonnen spielen mit Jesuskind-Statuetten wie mit Puppen.

Stehendes Christuskind *(Salvator Mundi)*, Mecheln (?), Anfang 16. Jahrhundert.

Laubholz, farbig bemalt, H: 35.5 cm.
Freiburg i. Br., Augustinermuseum, Inv. 5492
(Leihgabe der Adelhausenstiftung Freiburg).

Seit der ersten Hälfte des 14. Jahrhunderts lassen Nonnen in der Grösse und in den Funktionen durchaus mit Spielzeugpuppen vergleichbare Jesuskind-Statuetten schnitzen und farbig bemalen. Um 1500 entfalten sich Brüssel und besonders Mecheln zu Zentren, in denen solche Figuren nach einem Standardmodell in Serie hergestellt werden. Das vorliegende Exemplar aus Freiburg i. Br. besitzt auf der linken Fusssohle einen unleserlichen Stempelabdruck, der vielleicht als Mechelner Beschaumarke, eine Art Gütesiegel, zu deuten ist. Der Erhaltungszustand der Schnitzarbeit ist vorzüglich, sogar die farbige Fassung dürfte ursprünglich sein. Der nackte Jesusknabe hat die rechte Hand segnend erhoben und trägt auf der linken die Weltkugel zum Zeichen, dass er der Welterlöser ist. Zu seiner Ausstattung gehört noch heute eine Wechselgarderobe mit kostbaren Kleidungsstücken, und er besass sicher auch eine Wiege. Die Nonne, die das Jesuskind mütterlich umsorgte, konnte die Statuette also anziehen, ausziehen, ins Bettchen legen und natürlich auch mit ihm sprechen. Ein Brief der Dominikanerin Margaretha Ebner von 1344 beschreibt dieses Spiel auf besonders eindrückliche Weise (Wentzel). Demnach weinte der kleine Jesusknabe und hinderte sie am Schlafen, er wollte sogar, dass sie ihn in ihrem Bett an sich drückte. Sie willigte ein, bat ihn aber um einen Kuss, um ihm seine Laune zu verzeihen, worauf das Kind nachgab und sie in die Arme nahm. Ein anderes Mal wollte das Jesuskind von ihr gestillt werden. Sie drückte es an sich und fühlte eine menschliche Wärme auf ihrer nackten Brust. Es ist ganz offensichtlich, dass die Jesuskind-Puppe in diesem Fall eine Doppelrolle als Kind der Nonne und zugleich als ihr göttlicher Geliebter erfüllte, auch wenn die im Kloster Maria-Medingen noch erhaltene Statuette doch sehr einem Säugling ähnelt. Die Mechelner Statuetten werden dieser zweifachen Funktion eher gerecht, schwankt ihre anatomische Gestalt doch zwischen der eines Kleinkindes und der eines eleganten Jünglings. Anzufügen ist schliesslich, dass im Sockel zwei als Zapfen dienende Nägel eingeschlagen sind, so dass das Jesuskind aufrecht hingestellt bzw. vom Sockel genommen werden konnte, um es in seine Wiege zu legen.

Jean Wirth

Literatur:
Wentzel 1960. – Kat. The Art of Devotion 1994, S. 98–102. – Zinke 1995, S. 150–152.

Kat. 116

117
Christus als Schmerzensmann ist ein symbolträchtiges Andachtsbild, das zugleich auf Passion und Auferstehung hinweist.

Christus als Schmerzensmann,
aus La Motte BE, um 1430.

Flachrelief aus Lindenholz, blau und rot bemalt, grossflächig vergoldet, H: 47.5; B: 25 cm.
1906 Geschenk von Pfarrer Rais in La Motte an das Museum.
Bern, Historisches Museum, Inv. 5799.

Die hochrechteckige Tafel, als Nische mit Bild aufzufassen, zeigt Christus als halbfigurigen Schmerzensmann in einer perspektivisch wiedergegebenen Tumba vor dem Kreuz. Das im Verhältnis zum Körper überproportionierte, bärtige Haupt scheint sich unter der Last der Dornenkrone zu neigen. Mit etwas ungelenk geschnitzter Armhaltung weist Christus auf die Seitenwunde und das Wundmal in seiner linken Hand hin. Sein nackter Oberkörper ist blutüberströmt. Die Leidenswerkzeuge im Hintergrund erinnern an die während der Passion erlittenen Martern, in der unterhalb des Sarkophags angefügten Inschrift wird jedoch zugleich das Thema der Erlösung und Auferstehung angesprochen: *qui tercia die resurrexit ihesu xpe fili dei deprecor miserere mei* (Jesus Christus, Sohn Gottes, am dritten Tag auferstanden, erbarme Dich meiner).

Der Bildtyp von Christus als Schmerzensmann, im Mittelalter *imago pietatis* oder «Erbärmdebild» genannt, verkörpert denn auch gewissermassen Passion und Auferstehung in einem. Der geopferte Christus, der die Passion auf sich genommen hat, ist eine Symbolfigur für die Erlösung und fordert den Betrachter zum Mitleiden auf.

Über den ursprünglichen Standort des Reliefs und dessen Verwendung ist nichts bekannt. Angesichts des kleinen Formats der Tafel, der auf Nahsicht angelegten Darstellung in Halbfigur und des in Ichform formulierten Gebets eignete sich das Werk für den Aufbau einer engen, persönlichen Beziehung zwischen Bildthema und Betrachter.

Gabriele Keck

Literatur:
Baier-Futterer 1935, S. 5–7. – Baum 1941, S. 24–25. – Wiltrud Mersmann: Artikel «Schmerzensmann», in: LCI, Bd. 4, Sp. 87–95.

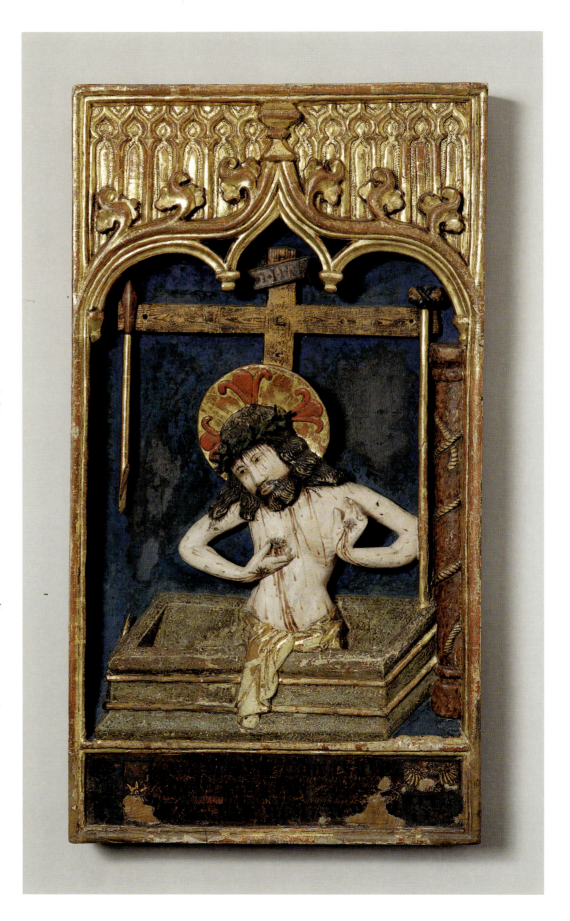

Kat. 117

118
**Das Neue Testament übergeht
die Klage Mariens über ihren toten Sohn:
Das Bildmotiv des Vesperbilds entsteht
um 1300 aus der Szenenfolge von Kreuzabnahme, Beweinung und Grablegung.**

Vesperbild, Süddeutschland (Schwaben?),
Ende 15. Jahrhundert.

Skulptur aus Lindenholz, mit alter Fassung,
H: 90; B: 54 cm.
Aus der Propstei Wislikofen AG; 1902 aus einer
Abstellkammer der Propstei gerettet und in kantonalen
Besitz übergeben.
Lenzburg, Historisches Museum Aargau, Inv. K 304.

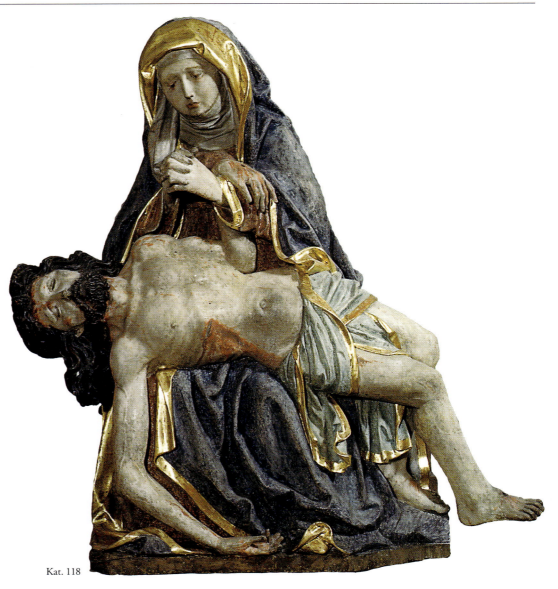

Kat. 118

Maria sitzt in einem weiten, über den Kopf gezogenen Mantel und mit zum Gebet gefalteten
Händen auf einer Thronbank. Verhalten im Ausdruck der Trauer, blickt sie auf ihren toten Sohn
nieder, der nur mit einem Lendentuch bekleidet
und noch mit der Dornenkrone auf dem Haupt,
mit starrem Oberkörper zum Betrachter gedreht,
waagrecht auf ihren Oberschenkeln liegt. Christus, der nicht wie auf älteren Vesperbildern vom
Arm der Mutter gestützt wird, droht angesichts
dieser unstabilen Körperlage zu Boden zu gleiten.
Nur seine linke Hand, die auf dem Unterarm der
Mutter ruht, scheint dies zu verhindern.

Dass die Muttergottes ihren toten Sohn vor
seiner Bestattung noch einmal auf dem Schoss
gehalten habe, davon weiss die Bibel nichts. Aber
das Motiv, das zuerst in mystischen Texten des
13. und 14. Jahrhunderts erscheint, ist eine der
ergreifendsten poetischen Erweiterungen zur
Passion in den Evangelien. – Die besondere Eigenart des Themas liegt darin, dass der narrative
Verlauf zwischen Kreuzabnahme und Grablegung für einen Moment zum Stillstand kommt.
Eine Trauerszene von grösster Innigkeit lädt die
Gläubigen zur Meditation des Opfertodes und
des Erlösungswerks von Christus ein, wobei Maria zur Identifikationsfigur der Trauernden wird.

Seit etwa 1300 kommt es zur bildlichen Ausformung der Szenenfolge von Kreuzabnahme,
Beweinung und Grablegung. Eine plastische
Zweiergruppe, die sogenannte Pietà, welche diese Motive der Passions-Ikonographie mit der repräsentativen Darstellungsform der thronenden
Muttergottes vereint, kommt einer Verdichtung
des Geschehens entgegen und bringt einen Gewinn an menschlicher Intimität. Im deutschen
Sprachraum wird diese Bildschöpfung nach dem
bereits im Spätmittelalter verwendeten Begriff
auch als «Vesperbild» bezeichnet, weil in der Passionsandacht die Vergegenwärtigung der Kreuzabnahme in die Vesperzeit fällt.

Die christliche Kunst entwickelte in zeitlicher
Abfolge mehrere Typen von Vesperbildern. Die
Figurengruppe aus Wislikofen gehört einem um
die Mitte des 15. Jahrhunderts aufgekommenen
Typus an, der Christus nach vorn, zum Betrachter, gedreht und mit schlaff herabhängendem
rechtem Arm zeigt.[1] Im Zentrum der Darstellung
stehen nicht mehr der schmerzerfüllte, verzwei-
felte Gesichtsausdruck der Muttergottes und der
von den erlittenen Qualen gezeichnete Körper
Christi, sondern der zur Schau gestellte tote
Gottessohn. In der späten Form dieses Andachtsbildes scheint die Muttergottes nicht mehr allein
Gegenstand frommer und andächtiger Bitten zu
sein – sie selbst, wie ihre zum Gebet gefalteten
Hände andeuten, übernimmt nun ebenfalls diese
Rolle und betet ihren Sohn an.

Vesperbilder wurden im Spätmittelalter sowohl als Figurengruppen wie auch als Gemälde
in grosser Zahl geschaffen. Ort und Art ihrer
Zurschaustellung sind noch immer zu wenig bekannt, doch waren sie wohl weniger Bestandteile
von Schnitzaltären als vielmehr Einzelbildwerke,
die auf Seitenaltären oder in Nischen im Kirchenraum oder Klosterbereich aufgestellt wurden. Unmittelbar vor der Reformation dürfte die
Pietà nach dem Kruzifix das zahlenmässig am
häufigsten vertretene Bildwerk gewesen sein.[2]

Peter Jezler / Gabriele Keck

Literatur:
Kat. Gotische Plastik des Aargaus 1959, S. 32, Kat. 52.

---

1 Johannes H. Emminghaus: Artikel «Vesperbild»,
   in: LCI, Bd. 4, Sp. 455.
2 Vgl. etwa die zeitgenössische Beschreibung des
   Kircheninventars von Biberach (Schilling 1887).

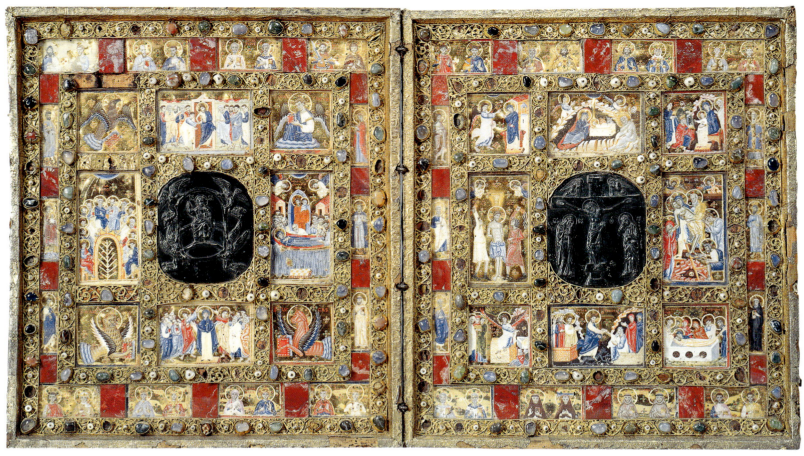

Kat. 119

119
Eine Goldschmiedearbeit von erlesener Qualität dient der persönlichen Andacht eines Königs.

Diptychon für König Andreas III. von Ungarn, Venedig, um 1290/1296.

Lindenholzkern mit Nussbaumrahmen; Aussenseiten flach, mit vergoldetem Silberblech bekleidet, Innenseiten Silber vergoldet, Filigran, Steine, Perlen, rote Jaspisplättchen, Pergamentminiaturen unter Bergkristall mit Perlchen, kleinen Smaragden und Rubinen. In der Mitte je eine grüne Jaspiskamee (H: 11.6, B: 9.5 cm); Schliff und Fassung weisen nach Venedig.
H: 44; B: je 38; Rahmentiefe: 4.6 cm.
Bern, Historisches Museum, Inv. 301.

Kat. 119 Ausschnitt
Die heiligen Stephan und Emmerich sind bevorzugte Patrone des ungarischen Königshauses.

Die zweiflüglige Goldschmiedearbeit mit flachen, einfach dekorierten Aussenseiten und prächtigen, figürlich verzierten Innenseiten wurde zur Zierde eines Altars oder als Hausaltärchen verwendet. Sie war für den Besitz eines Königs bestimmt, für die private Devotion in den ranghöchsten Kreisen also. Auf diese Exklusivität der Benutzung ist das Werk in technisch-materieller wie in inhaltlicher Hinsicht abgestimmt. Im 18. und 19. Jahrhundert hielt man es für den Feldaltar Herzog Karls des Kühnen von Burgund;[1] diese Zuschreibung ist zwar falsch, aber sie zeigt, dass man schon früh den Rang und die Qualität des Diptychons erkannte und zu erklären versuchte. Der ungarische König Andreas III. (Herrscher 1290–1301) ist aus historisch-biographischen wie aus stilistischen und ikonographischen Gründen als ursprünglicher Empfänger zu identifizieren. Er wurde als Sohn des ungarischen Prinzen Stephan und einer venezianischen Adligen in Venedig geboren. 1290 krönte man ihn zum ungarischen König, sechs Jahre später heiratete er in zweiter Ehe Agnes, die Tochter Herzog Albrechts von Österreich. Sie brachte das kostbare Werk ins Kloster Königsfelden AG (es ist auch im Inventar von 1357 genannt),[2] dessen Kirchenschatz in der Reformation nach Bern kam.

Das Zentrum der beiden symmetrisch gegliederten Schauseiten des Diptychons bildet je eine ovale, dunkelgrüne Jaspiskamee. Rechts zeigt sie die Kreuzigung, links Christus in der Gloriole.

Darum herum legen sich zwei rahmenartige Bänder mit farbigen Miniaturen unter dünn geschliffenen, gänzlich ungetrübten Bergkristallplatten, jeweils voneinander abgetrennt durch breite Stege mit Filigran-, Edelstein- und Perlenbesatz. Die je acht Miniaturen des inneren Kreises stellen Szenen aus dem Leben Christi dar; der Zyklus beginnt in der linken oberen Ecke der rechten Tafel mit der Verkündigung, der Geburt und der Anbetung der Könige und schildert dann die Passion, die Anastasis und die Grablegung. Die linke Tafel zeigt nachösterliche Ereignisse, die Evangelistensymbole sowie Tod und Himmelfahrt Marias. Den äusseren Ring bilden schmalere Miniaturen mit Heiligen, auf den Längsseiten als Standfiguren, auf den Querseiten als Paare von Halbfiguren. Grosse Plättchen aus leuchtend rotem Jaspis trennen sie voneinander.

Die Auswahl der Heiligen ist differenziert auf den Empfänger des Werkes abgestimmt: Neben wichtigen Aposteln (darunter dem Namenspatron Andreas), Kirchenvätern und Ordensgründern sind die Patrone des ungarischen Königshauses (Emmerich, Stephan, Ladislaus u. a.) sowie venezianische Heilige (Marina, Euphemia und Theodor) dargestellt. Das Fehlen der hl. Agnes, der Namenspatronin von Andreas' zweiter Ehefrau, legt nahe, dass das Werk vor der Hochzeit (1296) hergestellt wurde. Entstanden ist es in Venedig, das in der zweiten Hälfte des 13. und in der ersten Hälfte des 14. Jahrhunderts ein Monopol hatte für die Herstellung solcher kostbarer Goldschmiedearbeiten mit Bergkristall über Miniaturen.[3] Es handelte sich um Gemeinschaftsarbeiten verschiedener spezialisierter Werkstätten: Die Goldschmiede lieferten die Flügel mit dem Filigran, den Edelsteinen und Perlen, die Gemmenschneider die Kameen, die Buchmaler die Miniaturen und die Glasschleifer die Bergkristall- und Jaspisplatten. Typisch venezianisch sind auch die Mischung von byzantinischen und westlichen ikonographischen Mustern, der Miniaturenstil und die Kombination lateinischer wie griechischer Buchstaben bei den Beschriftungen.[4]

Abb. 33
Buchmalerei aus den Très Belles Heures von Jean de France (Ausschnitt). Turin, Biblioteca Nazionale, K.IV.29, fol. 77v (1904 verbrannt). – Der König von Frankreich kniet vor einem gemalten Kruzifixus in seinem Zelt und bittet Gott um den Sieg in der bevorstehenden Schlacht.

Wir kennen eine ganze Reihe von bedeutenden Diptychen, die im Besitz von Herrschern waren, manche wurden auch als diplomatische Geschenke verwendet – der französische König Johann der Gute schenkte dem Papst in Avignon ein italienisches Diptychon mit Büsten von Christus und Maria,[5] der englische König Richard II. liess sich für seine private Devotion ein Diptychon von aussergewöhnlicher künstlerischer Qualität und eigenwilliger Ikonographie herstellen.[6] Die Beispiele erhellen, mit welch hohem Anspruch solche Werke verbunden waren.

Andreas III. von Ungarn mag sich in verschiedensten Situationen betend seinem Diptychon zugewandt haben. Die *Très Belles Heures* von Jean de France, Duc de Berry, zeigen vergleichsweise das Bild eines Königs, der vor dem Beginn einer Schlacht andächtig in seinem Zelt kniet und vor einem Kreuzigungsbild um Schutz und Sieg im bevorstehenden Kampf fleht (Abb. 33). Wenn Andreas vor seinem Diptychon betete, konnte er auf vielfältige Wirkung hoffen: Von den dargestellten Heiligen, insbesondere dem Namens- und den Landespatronen, mag er sich politischen Rat, Beistand und Schutz gewünscht und sein Handeln zugleich an ihren Massstäben gespiegelt haben. Die christologischen Darstellungen verdeutlichten ihm die Heilsgeschichte, in die sich letztendlich auch sein eigenes Leben und seine Königsmacht einzugliedern hatten, und möglicherweise versprach er sich auch von den materiellen Eigenschaften des Diptychons eine Wirkung: Edelsteine galten im Mittelalter über ihre Materialschönheit hinaus als Heilmittel, man schrieb ihnen medizinische und magische Kräfte zu, und sie besassen eine allegorische Bedeutung.

Susan Marti

Literatur:
Kdm AG 3 1954, S. 255–277. – Hahnloser/Brugger-Koch 1985. – Germann 1996, S. 11–18. – Marti 1996, S. 171–173. – Staub 1998, S. 44–45.

---

1 Germann 1996, S. 13.
2 Kdm AG 3 1954, S. 252.
3 Staub 1998, S. 47–48.
4 Hahnloser/Brugger-Koch 1985, S. 86.
5 Snyder 1985, S. 18, Abb. 5.
6 Sogenanntes Wilton-Diptychon, London, National Gallery (Kat. Giotto to Dürer 1991, S. 236–239).

120

Das Stundenbuch entsteht, weil die Laien ähnliche Gebetsformen pflegen möchten wie der Klerus.

Stundenbuch nach römischem Ritus, Genf, um 1450.

Pergament, 92 Bll.; H: 19; B: 13.3 cm.
Aufgeschlagen: Miniatur der Kreuzigung Christi, fol. 15.
Genf, Bibliothèque Publique et Universitaire, Ms. lat. 32a.

Als hauptsächlich für die Laien bestimmtes Gebetbuch verbreitet sich das Stundenbuch seit der Mitte des 13. Jahrhunderts schnell, besonders in Frankreich und Flandern. Den Höhepunkt seiner Beliebtheit erreicht es im 15. Jahrhundert. Hervorgegangen ist das Stundenbuch aus dem Brevier, von dem es die Hauptbestandteile – den Kalender, das kleine Marienoffizium, die Busspsalmen, die Litaneien, die Heiligenanrufungen und das Totenoffizium – übernommen hat, es unterscheidet sich aber von diesem durch die völlige Trennung vom liturgischen Zyklus. Nur die Gliederung des Tages in acht Stunden (Matutin, Laudes, Prim, Terz, Sext, Non, Vesper und Komplet) ist für den Betenden von Bedeutung, der damit, in seine Privatsphäre übertragen, das kanonische Stundengebet des Klerus imitiert. Während die grosse Verbreitung des Stundenbuches am Ende des Mittelalters viel dem Aufschwung der privaten Andacht verdankt, trägt auch die wachsende Marienverehrung dazu bei. Ein Anhang des monastischen Breviers, das kleine Marienoffizium, bildet den eigentlichen Kern des Stundenbuches, das auch durch andere Texte ergänzt werden kann, durch kleine Offizien wie die Horen des Heiligen Kreuzes, des Heiligen Geistes oder der Dreifaltigkeit.

Der Massenproduktion von Stundenbüchern in den grossen Zentren des Buchhandels wie Paris, Rouen, Brügge oder Gent widerspricht nicht, dass es gleichzeitig Einzelstücke gibt, die Variationen bei der Textauswahl und deren Anordnung aufweisen und somit die persönlichen Andachtsbedürfnisse ihrer Auftraggeber widerspiegeln. Diese Werke enthalten zudem meistens eine Reihe von Miniaturen an wichtigen Schnittstellen. In diesem Fall wandelt sich das Stundenbuch vom Andachts- in ein Prestigeobjekt, das prahlerisch den Reichtum und Prunk seines Besitzers zur Schau stellt.

Die Handschrift der Genfer Stadt- und Universitätsbibliothek hingegen, die in Genf gegen 1450 hergestellt worden ist, repräsentiert einen bescheideneren, sehr verbreiteten Typus, sowohl was die aufgenommenen Gebete als auch die Ikonographie betrifft. Einige im Kalender aufgeführte Heilige und Feste wie der hl. Clarus (2. Januar) und die Weihe der Kirche Saint-Pierre in Genf (8. Oktober) beziehen sich auf spezifische Bräuche der Diözese und lokalisieren den Empfänger der Handschrift nach Genf. Leider ist kein Besitzerhinweis erhalten, der über diesen ersten Eigentümer genauer Auskunft geben würde. Eine der vorgebrachten Hypothesen zur Provenienz der Handschrift besagt, dass sie Jean von Genthod, einem Dominikaner aus dem Genfer Kloster von Palais gehört habe. Diese Zuschreibung basiert auf der Tatsache, dass der Einband des Buches identisch ist mit demjenigen einer Inkunabel, die mit Jeans Exlibris ausgestattet ist. Wie aber wäre dann das gänzliche Fehlen von bei den Dominikanern verehrten Heiligen im Kalender und in der Litanei zu erklären, wenn man doch weiss, dass gerade das Stundenbuch für solche Anpassungen, die der Andacht von Einzelpersonen dienen sollten, prädestiniert ist. Der Predigermönch ist daher vielleicht «nur» der Zweitbesitzer dieser Handschrift.

Von den ursprünglich fünf Miniaturen dieses Werkes sind – abgesehen von einigen ornamentierten Initialen und Randbordüren mit Laubwerk und Akanthusblättern – nur zwei erhalten geblieben: eine Kreuzigung zu Beginn der Stunden des Kreuzes (fol. 15r) und David mit der Harfe zu Beginn der Psalmen (fol. 74v). Die weit verbreitete und stereotype Ikonographie dieser Miniaturen signalisiert dem Benutzer sofort, welche Gebete daran anschliessen. Der schlichte Stil der beiden ganzseitigen Bilder ähnelt dem von gleichzeitigen savoyischen Werken, ohne dass man ihn aber in einer anderen Handschrift wiedererkennen würde. Nach Bernard Gagnebin sind die Miniaturen einem Meister Guillaume Coquin zuzuschreiben, dessen Name in den savoyischen Säckelmeisterrechnungen und in denjenigen für die Makkabäerkapelle von Saint-Pierre in Genf auftaucht, wo er als Kirchenpfleger tätig war. Diese Zuschreibung ist aber insofern problematisch, als es kein einziges dokumentiertes oder signiertes Werk des Malers gibt und sein Name nur aus den Archiven bekannt ist.

Zu unbekanntem Zeitpunkt wurde das Genfer Stundenbuch beschädigt; drei Miniaturen fehlen, wahrscheinlich eine Pfingstdarstellung zu Beginn der Stunden des Heiligen Geistes (fol. 18r), eine Verkündigung zum kleinen Marienoffizium (fol. 20r) und eine Bestattung zum Totenoffizium (fol. 54r). Die letzte Lage der Handschrift, die ein Mariengebet und Orationen enthielt, wurde ausserdem gewaltsam zerrissen. Diese Tat ist vielleicht einem protestantischen Leser zuzuschreiben, der empört war über den hervorragenden Platz, der Maria in diesem Buch zukam, und über die Schlussoration an den hl. Georg, deren Rezitation einen Ablass versprach. Die These ist aber nicht zu überprüfen, da die Überlieferungsgeschichte der Handschrift von ihrer Herstellung bis zum Datum der Aufnahme in die Genfer Bibliothek im Dunkeln bleibt.

Brigitte Roux

Literatur:
Delarue 1926. – Deonna 1942, S. 198. – Gagnebin 1976a, S. 49–50. – Gagnebin 1976b. – Huot 1980, S. 169–173. – Brinkmann 1994.

Kat. 120

121
Der hl. Sebastian wird oft als schöner, nackter Jüngling dargestellt, der durch Pfeilschüsse den Märtyrertod erleidet.

Hl. Sebastian, Mecheln (Belgien), 1500–1510.

Nussbaumholz, Figur H: 35.5 cm, Sockel H: 3 cm; rechter Arm, rechter Fuss, Äste und fast alle Pfeilschäfte abgebrochen, originale polychrome Fassung teils abgesplittert, auf der Rückseite Stadtmarke von Mecheln eingeritzt. Bern, Historisches Museum, Inv. 39964 (Eigentum der Gottfried-Keller-Stiftung).

Die aus einem Stück gearbeitete Figur zeigt den hl. Sebastian im Typus des entblössten, mit einem Strick an den Baum gefesselten Jünglings.[1] Dargestellt wird das Martyrium des unter Kaiser Diokletian verfolgten christlichen Offiziers, der von römischen Soldaten mit Pfeilen beschossen wurde, weil er sich für seine Glaubensbrüder eingesetzt hatte. Im rechten Knie steckt noch eines dieser Marterwerkzeuge, die als Attribute zum Pestheiligen, zu dem Sebastian im Laufe des Mittelalters wurde, gehören. Aus den Wunden des geschundenen Leibes rinnt Blut in dünnen Bahnen. Gerade Sebastiansbilder gaben Künstlern die Gelegenheit, einen nackten Körper zur Darstellung zu bringen.[2] Obwohl im gesamten vom Körperverständnis her noch mittelalterlich, demonstriert die knapp bemessene Hose der Figur ein Interesse am nackten menschlichen Körper.[3] Der nackte und versehrte Körper verweist zugleich auf beliebte zeitgenössische Christusbilder (Schmerzensmann). Das Gesicht des Sebastian zeigt die zu Beginn des 16. Jahrhunderts typischen Stilmerkmale der Mechelner Bildhauerkunst, wie das kindliche, lächelnde Antlitz mit spitzem Kinn und Mund, die schmalen Augen, die gebogenen Brauen und die symmetrisch eingerollten Haarlocken.[4]

Als Residenzstadt der Herzogin Margarethe von York und später der Margarethe von Österreich (Regentschaft 1507–1530) stieg Mecheln zu einem künstlerischen Zentrum mit hohem Ansehen auf. In der blühenden Stadt wohnte eine kaufkräftige Kundschaft, die in kostspielige Andachtsbilder investierte und diese in ihrem persönlichen Umfeld aufstellte. Von vergleichbaren Holzfiguren sind zugehörige Konsolen erhalten, die zeigen, dass solche Bildwerke an der

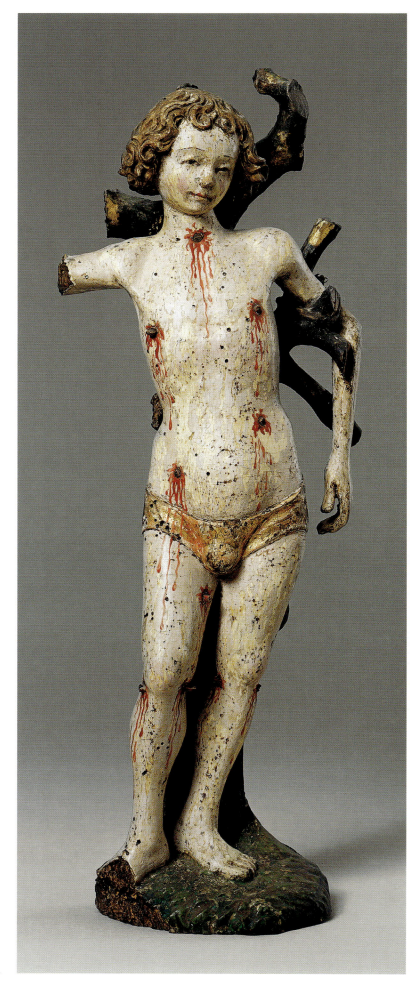

Kat. 121

Wand angebracht wurden.[5] Die Stubenwand eines gehobenen Haushaltes dekorierend, mag der hl. Sebastian gleichermassen Gegenstand der privaten Andacht und Ausdruck von Gottesfurcht gewesen sein.

Ylva Meyer

Literatur:
Wyss 1975, S. 199–204.

---

1. Peter Assion: Artikel «Sebastian», in: LCI, Bd. 8, Sp. 318–324.
2. Aus Mecheln ist ein weiterer, etwas jüngerer «Sebastian» bekannt, der sich durch eine bereits der Renaissance verpflichtete Körperauffassung auszeichnet (Halbesma-Kubes 1971, S. 183–188).
3. Meist tragen Sebastiansfiguren ein Lendentuch um die Hüfte geschlungen. Die Hose taucht vereinzelt bei Renaissance-Künstlern in Italien auf.
4. Wyss 1975, S. 204.
5. Möglich ist auch eine Aufstellung in einem Altarschrein, in dem Einzelfiguren bezugslos nebeneinander aufgereiht sein konnten (Wyss 1975, S. 201–202).

122
Der Rosenkranz drückt Devotion und Frömmigkeit aus, kann aber auch ein heilsgeschichtliches Miniaturkunstwerk sein.

Rosenkranz, Flandern (?),
Ende 15./Anfang 16. Jahrhundert.

Buchsbaum, Schnur und textile Quaste; L: 34.5 cm;
kleinste Perle: 2.1×2.1×3×2.1 cm;
grösste Perle: 3×3×3 cm.
Strassburg, Musée de l'Œuvre Notre-Dame,
Inv. 22.998.0.353.

Ursprünglich bezeichnete der Begriff «Rosenkranz» ein Mariengebet. Im Spätmittelalter wurde die Bezeichnung auf die Gebetsschnur übertragen, die als Zählgerät bei der Gebetsverrichtung diente. Zwei Hauptformen der Gebetsschnüre bilden sich bis gegen 1500 aus: Ketten mit fünfzig Ave-Maria- und fünf Paternoster-Perlen sowie eine kürzere, vornehmlich von Männern getragene Variante mit zehn Ave-Maria-Perlen und einer Paternoster-Perle.[1] Der vorliegende, offene «Zehner» aus Buchsbaumholz umfasst zehn in der Grösse zunehmende Ave-Perlen und schliesst mit einer Paternoster-Perle ab, die grösser als alle andern ist. Zu ergänzen sind ein Ring und, daran befestigt, ein Kruzifix. Der Ring erlaubte das Einhängen der Gebetsschnur an jeden Finger der Hand, so dass insgesamt fünf mal zehn Ave-Maria gebetet werden konnten.[2]

Die einzelnen Perlen sind reich facettiert und weisen auf jeweils vier quadratischen Feldern figürliche Miniaturschnitzereien auf, während die acht Zwickeldreiecke Buchstaben wiedergeben. Jede einzelne Perle zeigt die Darstellung eines Apostels, der in der Hand eine Schriftrolle hält mit dem ihm zugeordneten Abschnitt des apostolischen Glaubensbekenntnisses.[3] Darauf beziehen sich die angrenzenden drei figürlichen, meist biblischen Darstellungen sowie die Buchstaben in den Zwickelfeldern. Auf der kleinsten Perle wird neben Petrus auf drei Feldern die Schöpfungsgeschichte illustriert und vom ersten, abgekürzten Credovers eingefasst.[4] Auf den folgenden Perlen tauchen fast ausschliesslich Inhalte des Neuen Testaments auf; ihre Auswahl erfolgte nach einem marianisch-christologischen Programm, das auf dem Credo basiert.

Auf kleinster Fläche werden die Szenen so detailreich wiedergegeben, dass ein sakraler Miniaturraum mit intimem Charakter entsteht, der dem Betenden die biblischen Geschehnisse veranschaulicht. Auf dem Miniaturrelief mit der Verkündigung beispielsweise nähert sich der Erzengel Gabriel mit Lilienszepter der Jungfrau Maria (die an einem Altärchen kniet), um ihr die Geburt ihres Sohnes zu verheissen. Gerahmt wird das Geschehen von der Heiliggeisttaube, während die Buchstaben «AVE» den Bezug zum Mariengebet herstellen.

Rosenkränze mit Miniaturschnitzereien aus Buchsbaum bilden eine eigene Gruppe von «Zehnern», die in Flandern am Ende des 15. und zu Beginn des 16. Jahrhunderts hergestellt wurden.[5] König Heinrich VIII. von England erhielt als Geschenk einen Rosenkranz, der formal und inhaltlich mit der Strassburger Gebetsschnur eng verwandt ist.[6] Daraus wird ersichtlich, welche Wertschätzung diesen kunstvollen Objekten zukam, die Devotion und Frömmigkeit ausdrücken und zugleich auch tragbare Statussymbole sind.

Ylva Meyer

Literatur:
Kat. Collection Bourgeois Frères 1904, S. 218, Nr. 1100. – Marks 1977, S. 142. – Kat. Martin Bucer 1991, S. 69, Nr. 28.

Kat. 122 Ausschnitt
Mariae Verkündigung.

---

1. Doris Gerstl: Artikel «Rosenkranz», in: Marienlexikon, Bd. 5, S. 555–556.
2. Ritz 1975, S. 72.
3. Bühler 1953, S. 335–339.
4. Die Buchstabenfolge lautet «CIDPOCCE» für *Credo in Deum Patrem Omnipotentem Creatorem Coeli et Terrae*.
5. Ritz 1975, S. 85–86.
6. Der sogenannte Chatsworth Rosary aus der Collection of the Duke of Devonshire entstand zwischen 1509 und 1527. In die gleiche Gruppe gehört auch eine Gebetsschnur aus dem Louvre (Marks 1977, S. 132–143).

123
Zauberhafte Kunstwerke im Kleinformat: In reichen städtischen Bürgerhäusern dienen Hausaltärchen dem stillen, persönlichen Gebet.

Spätgotisches Hausaltärchen, schwäbisch, um 1510.

H: 60; B: 54; T: 13 cm; Figurengruppe H: 19; B: 22; T: 5.5 cm; Flügel H: 26; B: 16 cm.
Lindenholz, geschnitzt; polychrome Originalfassung mit Blattvergoldung und Pressbrokat. Flügel in Tafelmalerei auf Holz, auf deren Rückseiten jüngerer floraler und ornamentaler Dekor (wohl aus dem 18. Jahrhundert).
Im 19. Jahrhundert erhielt der Schrein anstelle von Predella und Gesprenge einen schweren neugotischen Masswerksockel und Masswerkfries.
Aus Schwarzenbach (?) bei Lindau; Legat Edmond Fleischhauer 1896 (Nr. 755).
Colmar, Musée d'Unterlinden, Inv. SB 70 und R.P. 515.

Der leicht hochrechteckige Schrein des geöffneten Retabels zeigt vor Goldgrund unter einer mit Astwerk durchsteckten, gewölbten Rundbogenarkade die Dreifigurengruppe der hl. Anna Selbdritt. Maria und Anna sitzen nebeneinander auf einer Bank und stützen in ihrer Mitte das nackte Christuskind, das auf einem Kissen, mit den Armen balancierend, die ersten unsicheren Schritte wagt. Mit geneigtem Haupt betrachtet es zweifelnd seine Erfolge, von denen Mutter und Grossmutter, in die Ferne blickend, wenig Notiz zu nehmen scheinen. Als Himmelskönigin trägt die junge Mutter Maria eine Blattkrone über dem offenen Haar, Anna ist mit flacheren Wangen und Kopftuch als ältere, verheiratete Matrone gekennzeichnet.

Die innen bemalten, in je zwei Darstellungen unterteilten Flügel ergänzen und erweitern das ikonographische Programm. Die oberen Szenen nehmen Bezug auf die Annengeschichte. Links begegnet Joachim seiner Gattin an der Goldenen Pforte, nachdem er durch einen Engel von der unerwarteten Schwangerschaft der betagten Anna vernommen hat. Rechts folgen die Eltern Anna und Joachim dem Gang ihrer jungen Tochter Maria über die Stufen hinauf in den Tempel, wo sie der Hohepriester empfängt. Die beiden unteren Darstellungen der Flügel dürften die Namenspatrone der Stifter wiedergeben. Links sitzt Johannes der Täufer in härenem Gewand auf einem Fels unter wilden Tieren (Hirsch und Bär) vor seiner Einsiedlerhöhle und hält das Lamm Gottes auf dem Schoss. Rechts wird die nur mit einem durchsichtigen Schleier bekleidete Maria Magdalena von vier Engeln in den Himmel getragen.

Das in stark verkleinertem Format dem für Kirchen üblichen Retabel nachgebildete Hausaltärchen diente zu Gebet und Andacht im privaten Bereich. Solche Altärchen konnten in den Zellen von Mönchen und Nonnen, in Schloss- und Hauskapellen Aufstellung finden und bei entsprechender Handlichkeit wahrscheinlich sogar auf Reisen mitgenommen werden. Nach den Burgen des Adels wurden im Spätmittelalter vermehrt auch die besonders reichen Bürgerhäuser der Städte mit einer eigenen privaten Kapelle ausgestattet, wenngleich ihr funktionaler Sinn, nämlich die Vermeidung eines langen Weges zur nächstgelegenen Pfarrkirche, anders als bei manch ausserstädtischen Vorbildern hier kaum gegeben war. Dementsprechend blieb eine solche Einrichtung ein Luxus, den sich nur die Reicheren leisten konnten.

Abgesehen von den vom ikonographischen Programm abweichenden Darstellungen Johannes des Täufers und Magdalenas gibt es keine Hinweise auf den Besteller bzw. Besitzer des Altärchens. Die freundliche Lebensnähe der familiären Szenerie im Schrein des ausgestellten Retabels scheint jedoch für die stille Andacht einer reichen Bürgersfamilie wie geschaffen. In diesen Zusammenhang passt auch die Ikonographie des Retabels. Der Schrein thematisiert eine der beliebtesten Darstellungen des späten 15. und frühen 16. Jahrhunderts: die legendäre Verwandtschaft Christi.[1]

Mit der wachsenden Verehrung der Unbefleckten Empfängnis Mariens im späten Mittelalter wuchs auch die Verehrung ihrer Mutter Anna, die Maria ohne Makel und Erbsünde empfangen hatte. Damit entstand das Andachtsbild der hl. Anna Selbdritt, welches die Mutter mit ihrer Tochter und dem Christusknaben zeigt. Anstelle des statuenhaften Typus der Anna Selbdritt, der Maria wie Christus kindlich klein – sozusagen als Attribute der hl. Anna – wiedergibt, ist hier eine realistischere Sehweise gewählt: Anna und Maria sitzen nebeneinander in gleicher Grösse und natürlicher Altersstufe, zwischen ihnen das Jesuskind, so dass die Generationenabfolge deutlich wird. Die Heiligen werden hier selbst zu Personen aus der realen, zeitgenössischen Gegenwart. Die Form dieses Familienbildes, das gerne auch um die Ehemänner und die weiteren Kinder und Kindeskinder, die sogenannte hl. Sippe, erweitert wird, ist Sinnbild für die eigenen familiären Beziehungen des Bürgertums und Vorbild für ein erfülltes Familienleben. Sie widerspiegelt auch das Bedürfnis der Zeit nach legendenhafter Ausmalung derjenigen Umstände, die in den Evangelien unerwähnt bleiben – beispielsweise die ersten Schritte des Christuskindes.

Nach der tradierten Herkunft wie aus stilistischen Gründen dürfte das Hausaltärchen in Schwaben entstanden sein. Die Bildhauerarbeit lässt sich in den weiteren Umkreis der Ulmer Bildschnitzer einordnen. Stilbildend war hier um 1500 die produktive Werkstätte Niklaus Weckmanns, zu der unser Hausaltärchen im Typus der puppenhaft zarten Gesichter mit runder Stirn und spitzer Nase sowie im Typus der feinlinigen, leicht gewellten Haare, aber auch in der in grossen Linien angelegten Gewandstruktur mit dünnen, begrenzenden Stegen verwandte Züge aufweist.[2] Auch das Frühwerk Daniel Mauchs, vor allem die Madonna des 1505 datierten Wippinger Retabels, dürfte seinen Einfluss ausgeübt haben.[3]

Uta Bergmann

Literatur:
Waltz 1951, S. 86, Nr. 145. – Waltz 1954, S. 81, Nr. 145. – Schmitt 1964, S. 61–62, Nr. 108. – Heck/Moench-Scherer 1990, Nr. 515. – Kat. Sainte Anne trinitaire 1990, S. 57, Abb. 32, 33 und 36. – Kat. Sculptures allemandes 1991, S. 221–223, Nr. 60.

---
1 Kleinschmidt 1930; Kat. Sainte Anne trinitaire 1990, S. 50–55; Dörfler-Dierken 1992.
2 Kat. Meisterwerke massenhaft 1993.
3 Kat. Sculptures allemandes 1991, S. 221–223.

Kat. 123

124
Gedruckte Bilder sind für jedermann billiger als gemalte, leichter verfügbar und vielfältig einzusetzen.

Urs Graf, Schmerzensmann mit *Arma Christi*, Anfang 16. Jahrhundert.

Kolorierter Holzschnitt, H: 21.9; B: 15.5 cm; signiert: *VG*.
Bern, Historisches Museum, Inv. 42146.

Der kolorierte und signierte Holzschnitt von Urs Graf (um 1485 – um 1529) kombiniert die Wiedergabe der *Arma Christi*, der Marterwerkzeuge Christi, mit einer Darstellung des Schmerzensmannes. Christus erscheint als Auferstandener vor dem geöffneten Grab und präsentiert die Wundmale, was durch die Kolorierung des Berner Exemplares mit roten Blutstrahlen noch verstärkt wird. Rundherum sind, teilweise zeichenhaft abgekürzt, Requisiten angeordnet, die an die physischen und psychischen Leiden der Passion erinnern: Kreuzbalken, Geisselsäule mit Strick, Geisselrute, Nägel, Lanze und Essigschwamm als materielle Marterwerkzeuge, ein speiender Kopf und eine schlagende Hand als Erinnerung an die Verspottung, der Hahn an den Verrat Petri, die Würfel an die Verlosung des Gewandes, die Wasserkanne und die Schale an den Urteilsspruch des Pilatus. Der frontal aus dem Bild gerichtete Blick Christi, die Betonung der Wundmale und die zeichenhafte Deutlichkeit der *Arma Christi* bieten die Möglichkeit zur emphatischen, gefühlsmässigen Versenkung des Bildbetrachters oder der Betrachterin in die körperlichen Leiden Christi, in deren Ursache – die Sündhaftigkeit der Menschen – und in die erlösende Wirkung des vergossenen Blutes.[1]

Die verhältnismässig billig zu erwerbenden und leicht in grösserer Anzahl herstellbaren Holzschnitte boten breiteren Kreisen der Bevölkerung die Möglichkeit, sich Bilder für den eigenen Gebrauch zu beschaffen. Vielfach dürften diese zur andächtigen privaten Verehrung verwendet worden sein, wie die Bildinhalte und manchmal auch beigefügte Gebete deutlich machen, sei es in ein Buch eingelegt oder eingeklebt oder an einer Wand befestigt – aus dem frühen 16. Jahrhundert hat sich beispielsweise ein Holzschnitt mit demselben Bildthema wie hier erhalten, der noch heute auf einen Holzrahmen mit Öse aufgezogen ist und somit eindeutig für eine Hängung an der Wand bestimmt gewesen war.[2]

Druckgraphische Bilder sind aber auch in vielen anderen Zusammenhängen verwendet worden, neben dem quasi «öffentlichen» Gebrauch in der Katechese, dem Ablass-, Wallfahrts- und Prozessionswesen, häufig in vom Besitzer selbst bestimmten Situationen, als Buchillustrationen, im brieflichen Austausch, auf Möbeln, Kästchen usw.[3]

Susan Marti

Literatur:
The Illustrated Bartsch 13, 1981, S. 92, Nr. 8. – Scribner 1995.

1   Albrecht Dürer hat den Schmerzensmann auf dem Titelblatt seiner «Grossen Passion» von 1510 mit deutlichen Versen versehen: ... Mit Deinen Sünden reisst oft Du meine Wunden auf ...; zitiert nach Scribner 1995, S. 92.
2   Schmidt 2000, S. 81, Anm. 35.
3   Zur Problematik der ausschliesslichen Kategorisierung als «Kleines Andachtsbild» und zur Vielschichtigkeit der Gebrauchsmöglichkeiten früher Druckgraphik vgl. Schmidt 2000.

125
Christophorus verspricht Schutz vor Krankheit und jähem Tod.

Holzschnitt des hl. Christophorus nach einem Kupferstich von Meister M.Z., um 1500.

Einblatt-Holzschnitt, koloriert; Gegensinnkopie eines Kupferstichs.
Berlin, Staatliche Museen, Kupferstichkabinett, Inv. 178–1.

Der aus dem späten 15. Jahrhundert stammende Holzschnitt mit einer Darstellung des hl. Christophorus gehört in den Kontext privater Frömmigkeit. Er war für wenig Geld zu erwerben. Ins-

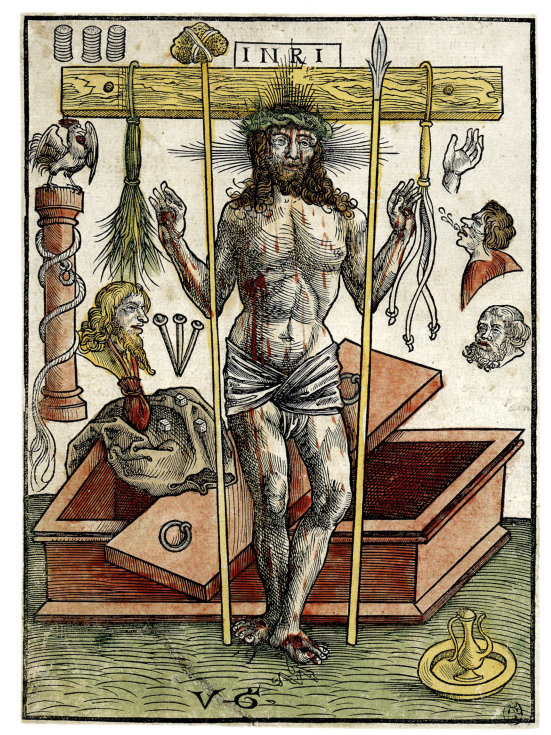

Kat. 124

Kat. 125

Kat. 126

besondere auch ärmere Bevölkerungsschichten hatten so die Möglichkeit, in den Besitz eines ganz persönlichen Andachtsbildes zu gelangen. Von dem in grosser Auflage gedruckten Einblatt-Holzschnitt hat sich nur dieses eine Exemplar erhalten.[1] Es zeigt den Christusträger in dem seit dem ausgehenden 12. Jahrhundert bekannten Bildtyp: als hühnenhafte, auf einen Baumstamm gestützte Gestalt, die das Jesuskind auf den Schultern über den Fluss trägt.

Die Darstellung ist ein vortreffliches Beispiel für die im Spätmittelalter verbreitete Vorstellung von der lebenserhaltenden Beschützerfunktion des Christophorus, der zu den beliebtesten Heiligen zählte. Allgemein verbreitet war der Glaube, der tägliche Anblick eines Christophorusbildes genüge, um vor Krankheit und unverhofftem Tod, d. h. dem Tod ohne sakramentale Gnadenmittel, gefeit zu sein (vgl. Kat. 176).

Das Blatt wurde nachträglich mit einem handschriftlichen Vermerk versehen, in dem dieser Glaube an die Abwehrkräfte des Christusträgers zum Ausdruck kommt. Die beiden am oberen linken Rand aufgetragenen und nicht mehr vollständig erhaltenen Hexameter lauten: *[Christophori] sancti faciem quicumque tuetur / [Illa ne]mque die nullo languore tenet* (Wer immer das Bild des heiligen Christophorus sieht, der wird an diesem Tag von keiner Krankheit befallen). Die lateinische Beischrift beweist, dass der Glaube an die apotropäische Kraft des Christophorusbildes auch in gebildeten Kreisen verbreitet war, wofür der Berner Stadtschreiber Thüring Fricker als Gewährsmann herangezogen werden kann (Kat. 62). Es war Erasmus von Rotterdam, der als einer der ersten mit dieser populären Auffassung brach und sie als törichten Aberglauben blossstellte (Kat. 134).

Heute taugt der Heilige, der 1969 aus dem römischen Kalender verbannt wurde, weil es über ihn «kaum historische Tatsachen» gäbe,[2] allenfalls noch etwas für Automobilisten. In Baar ZG hat sich unter seinem Namen sogar eine Autoversicherung etabliert, die ihren Versicherten «Soforthilfe» bei Führerausweisentzug wegen übermässigen Alkoholgenusses und zu schnellen Fahrens anbietet...[3]

Franz-Josef Sladeczek

Literatur:
Fuhrmann 1996, S. 208–224.

1 Fuhrmann 1996, S. 213.
2 Ebd., S. 208.
3 Vgl. Der Bund, 4. Mai 1999, S. 18
   (Peter Schaad: Ausweis weg – Geld fürs Chauffieren).

126
Wer sich einen billigen Stich kauft und vor dem Bild betet, kann sich eine Pilgerreise nach Rom ersparen.

Gregorsmesse, drittes Viertel 15. Jahrhundert.

Einblatt-Holzschnitt, koloriert H: 17.3; B: 12.5 cm.
Aufschrift: *Der dise figur eret mit einem pater noster der het / xiiii dusent iar ablas und von iii und xl bepsten der / gab ieglicher vi iar und von xl bischoffen von igli / chem xl tag und den ablas hat bestetgz bapst clemens.*
Berlin, Staatliche Museen, Kupferstichkabinett, Inv. 201–1.

Nach einer Legende, die am Ende des 14. Jahrhunderts in Rom aufkam, erschien Papst Gregor dem Grossen, während er am Altar die Messe zelebrierte, Christus als Beweis für die Realpräsenz des Leibes Christi in der Eucharistie. Mehrere römische Kirchen nahmen für sich in Anspruch, Ort dieses Wunders zu sein, eine Reliquie oder ein Bild davon zu besitzen, und sie wetteiferten miteinander um die Einführung einer Wallfahrt. Darstellungen von der Wundererscheinung verbreiteten sich in Gebetsbüchern, auf Kirchenmauern und in der Druckgraphik, aber sie gerieten rasch in Konkurrenz zur Pilgerfahrt, denn die Bildlegende gibt jeweils an, wie viel Ablass gewonnen werden kann, wenn man das «Wunderbild» zum Gebet verwendet. Auf diese Weise ersetzte es eine Pilgerfahrt nach Rom. Die Zahl der erlassenen Jahre ist zunächst bescheiden, wächst mit der Zeit aber inflationär. Mit dem vorliegenden Holzschnitt erhält man allein durch ein einziges *Vater Unser* 14 262 Jahre und 179 Tage Ablass. Durch mehrmaliges Rezitieren, und dies besonders an Feiertagen, die mit zusätzlichem Ablass verbunden sind, lässt sich der Gewinn einfach multiplizieren. Mit Hilfe eines Rosenkranzes gelangt man leicht auf Jahrmillionen an Ablass. Im Gegensatz zu späteren Darstellungen setzt dieser Holzschnitt für die Wirksamkeit des Gebets keine Reue voraus. Man kann es daher präventiv vor dem Begehen grosser Sündentaten einsetzen.

Die abgeleierten Gebete führen zwangsläufig zu einem Nachlassen der Aufmerksamkeit und werden rasch mechanische Übungen. Selbst wenn die Theologen den Wert der Gebete noch anerkannten, wenn diese schon längst zu Papageiengeplapper verkommen waren, erachtete man es doch als wirkungsvoller, den Gebeten Themen zur Meditation zur Seite zu stellen. Die Gregorsmessen zeigen daher die Leidenswerkzeuge Christi, die *arma Christi,* um eine geordnete Meditation über die verschiedenen Stationen der Passion zu ermöglichen. So bot das Bild dem Gläubigen einen erzählerischen Leitfaden, eine Art Film, den seine Vorstellungskraft im Geist ablaufen liess.

Jean Wirth

Literatur:
Schreiber 1926–1930, Bd. 3, S. 111, Nr. 1472.
Zur Ikonographie: Belting 1981. – Kat. Die Messe Gregors 1982. – Kat. Himmel, Hölle, Fegefeuer 1994, S. 292–294.

Umstrittene Bilder und ihre Kritiker

Der Erfindungsreichtum der religiösen Kunst des Mittelalters erzeugt oft umstrittene Bildwerke, aber die Theologen haben nicht die Mittel, sie zu verbieten.

Entgegen einer weit verbreiteten Annahme hatte die mittelalterliche Kirche keine Zensur der Bilder eingeführt. Das *Rationale divinorum officiorum* von Wilhelm Durandus, das seit dem 13. Jahrhundert in liturgischen Fragen massgebend war, regelte das Problem der Schicklichkeit von heiligen Bildern mit einem lapidaren Zitat aus der *Ars Poetica* von Horaz: *Pictoribus atque poetis/Quidlibet audendi semper fuit aequa potestas* (Maler und Dichter haben immer dieselbe Macht gehabt, alles zu wagen). Die verantwortliche kirchliche Autorität ergriff erst Massnahmen, wenn eine Darstellung aus irgendeinem Grund einen Skandal ausgelöst hatte, zum Beispiel, wenn diese als betrügerisches Mittel fungierte, den Pilgern Geld aus der Tasche zu ziehen. So stoppte der Bischof von Troyes die Zurschaustellung des heute in Turin aufbewahrten heiligen Schweisstuches in der Abtei von Lirey in der Champagne, nachdem eine Untersuchungskommission bewiesen hatte, dass es sich lediglich um ein bemaltes Tuch handelte, allerdings ohne dessen Zerstörung zu fordern. Es kam vor, dass sich Theologen über die Verbreitung von Bildthemen beunruhigten, die sie für ketzerisch oder unanständig hielten. So schrieb etwa der spanische Bischof Lukas von Tuy um 1240 eine antihäretische Abhandlung, die aber keinerlei Erfolg hatte. Grösstes Aufsehen erregten hingegen die Werke von Johannes Gerson, Kanzler an der Sorbonne, zu Beginn des 15. Jahrhunderts und vom hl. Antoninus, Erzbischof von Florenz, in der nachfolgenden Generation. Sie beinhalteten mehr als eine Kritik an den Bildern, aber ihre Einwände blieben toter Buchstabe, bis sie von der Gegenreformation aufgenommen wurden. Die Kirche misstraute in der Tat der Kritik an den Bildern mehr als den Bildern selbst, denn diese kritischen Stimmen traten häufig in ketzerischen Kreisen auf.

Jean Wirth

Literatur:
Antoninus, Summa theologica. – Chastel, Dictum Horatii. – Durandus, Rationale, 1. 1, C. 3, § 22 (Bd. 1, S. 42). – Gerson, Opera omnia. – Molanus, Traité des saintes images, l. 2, C. 3–4 und 29; l. 3, C. 12 (Bd. 1, S. 128–136, 207–209 und 365–368). – de Tuy, Adversus Albigensium, l. 2, C. 9–11 und 19–20, Sp. 221–226 und 233–236. – Henri Leclercq: Artikel «Suaire», in: DACL, Bd. 15, Teil 2, Sp. 1718–1724. – Gilbert 1985. – Wirth 2000.

127
Die Darstellung der Dreifaltigkeit ruft die Opposition von verschiedenen Theologen hervor, bleibt aber wirkungslos.

Gnadenstuhl vom Romont-Tor, Freiburg im Üechtland, um 1340.

Molassesandstein, farbige Fassung, H: 141 cm.
Freiburg i. Üe., Museum für Kunst und Geschichte, Inv. 7375.

Im Rückgriff auf den hl. Johannes von Damaskus († um 750) rechtfertigen die Scholastiker das Bild Gottes durch die Inkarnation: Gott hat sich in Gestalt von Christus sichtbar gemacht, und deshalb ist es auch zulässig, ihn abzubilden. Den unsichtbaren Gottvater malen zu wollen, bedeutet für Johannes von Damaskus eine Torheit, da er sich nicht einmal vorstellen kann, dass man das Mysterium der Dreifaltigkeit darstellen will. Doch seit der karolingischen Epoche neigen die westlichen Künstler immer mehr dazu. Im 12. Jahrhundert entwickelt sich schliesslich eine bestimmte, künftig beliebte Darstellungsweise der Dreifaltigkeit: der Gnadenstuhl. Gottvater, manchmal dargestellt mit den Gesichtszügen Christi, manchmal als Hochbetagter (Daniel 7,9), sitzt auf dem Thron und hält mit beiden Händen einen Kruzifixus, während die Taube des Heiligen Geistes über seinem Haupt schwebt. Das Thema visualisiert die Kehrseite des eucharistischen Opfers: Der Vater empfängt im Himmel den Körper seines Sohnes als Opfergabe durch den Priester.

Der Bischof Lukas von Tuy und der franziskanische Gelehrte Alexander von Hales sind in der Mitte des 13. Jahrhunderts die ersten, die sich gegen solche Bilder auflehnen. Ihnen folgen im 14. Jahrhundert Durandus von Saint-Pourçain, dann Robert Holcot, welche ihrerseits die englischen Lollarden und die Hussiten beeinflussen. Seit diesem Zeitpunkt kann solche Kritik der Ketzerei verdächtigt werden, wie es Thomas Waldensis um 1420 tut. Erst in der Gegenreformation wird die Kirche selbst gegen die anthropomorphe Darstellung Gottvaters misstrauisch, ohne jedoch das Nötige zu unternehmen, um sie abzuschaffen.

Die hier ausgestellte Skulptur zeigt die Trinität in der Form eines solchen Gnadenstuhles. Gottvater, auf einem Thron sitzend, ist, abgesehen von einer Fehlstelle am Nimbus, gut erhalten. Der gekreuzigte Christus hat den linken Arm verloren, und die Taube des Heiligen Geistes fehlt gänzlich. Die lebensgrosse Gruppe befand sich bis zur Mitte des 19. Jahrhunderts in einer Nische im ersten Geschoss der Ostseite des Romont-Tores in Freiburg. Dieser zur mittelalterlichen Stadtbefestigung Freiburgs gehörende Torturm wurde zwischen 1397 und 1402 errichtet und 1856 abgerissen. Das Werk, im Stil oberrheinischen Skulpturen verwandt und in die Zeit von 1330 bis 1340 zu datieren, muss daher für einen anderen Standort geschaffen worden sein, vielleicht für das Jaquemart-Tor am Westende der Lausannegasse.

Nicolas Schätti (kunsthistorische Einordnung)
Jean Wirth (Ikonographie)

Literatur:
Kunsthistorische Einordnung: Reiners 1943, S. 51–52. – Kat. Trésors de Fribourg 1955, S. 13, Nr. 29. – KdM FR 1 1964, S. 159–162 und 191–192. – Kat. Un musée pour demain 1977, S. 61, Nr. 29 (mit weiterer Literatur). – Schöpfer 1981, S. 419. – Bourgarel 1998, S. 14–28 (zum Romont-Tor).
Ikonographie: Boespflug 1984, S. 215. – Sinding-Larsen 1984, S. 47–50. – Boespflug/Zaluska 1994. – Wirth 2000.

Kat. 127

128
Der hl. Antoninus, Erzbischof von Florenz, lehnt die dreiköpfige Dreifaltigkeit ab.

Dreigesichtige Dreifaltigkeit, um 1500.

Holzrelief, bemalt, H: 15; B: 20.6; T: 3.8 cm.
Luzern, Historisches Museum, Inv. 1124.

Kat. 128

Die *Summa theologica* des hl. Antoninus von Florenz (1389–1459) enthält Bemerkungen über Maler und Bilder, die umso aufschlussreicher sind, als sie im besonderen Umfeld der florentinischen Renaissance geäussert wurden: «Zu tadeln sind die Maler, wenn sie Dinge entgegen den Glauben malen, wenn sie aus dem Bild der Dreifaltigkeit eine einzige Person mit drei Köpfen machen, was nach dem Gesetz der Natur ein Monstrum ist, oder, wenn sie in der Verkündigung an Maria ein ganz kleines, schon ausgebildetes Kind malen, nämlich Jesus, der in den Schoss der Jungfrau gesendet wurde, als ob er nicht Fleisch geworden wäre aus dem Körper der Jungfrau, oder aber, wenn sie Jesus als Kind mit einer Schreibtafel darstellen, obwohl er doch gar nicht vom Menschen unterrichtet worden ist.» Die drei von Antoninus gewählten Beispiele sind verschiedener Natur: In den Verkündigungsdarstellungen bedeutet der kleine Mensch, der in einem Lichtstrahl vom Himmel herabkommt, um in der Jungfrau zu wohnen, zwar eher den nicht inkarnierten Sohn (Abb. 34), aber der Erzbischof befürchtete wohl eine zu buchstäbliche Lesart des Motivs. Die Darstellung des Jesuskindes, das schreiben lernt, leugnet deutlicher dessen angeborenes Wissen. Schliesslich verurteilte Antoninus die Dreifaltigkeit mit den drei Köpfen (bei den erhaltenen Exemplaren sind es meistens drei Gesichter), die eine einzige Person zu sein scheint, als ein von der Natur geschaffenes Monstrum, obwohl es sich doch um ein übernatürliches Mysterium handelt: die Einheit der drei göttlichen Personen. Zu anderen Verbildlichungen der Dreifaltigkeit, wie derjenigen von Masaccio in Santa Maria Novella in Florenz, die einen Gnadenstuhl darstellt, äusserte er sich wohl nur deswegen nicht, weil er sie nicht ablehnte.

Die Verurteilung der dreiköpfigen Dreifaltigkeit durch den hl. Antoninus, die wiederholt aufgenommen und 1628 durch Papst Urban VIII. vermutlich in ein Verbot umgewandelt wurde, ist sicher mit ein Grund für die Seltenheit dieses Bildtypus. Das hier vorgestellte Dreigesicht war 1899 bei einem Antiquar in Luzern erworben worden und muss von lokaler Herkunft sein. Die Sägespuren unter den Gesichtern lassen die Frage offen, ob es sich ursprünglich um eine Büste oder um ein ganzfiguriges Bildwerk gehandelt hat. Angesichts des flachen Reliefs möchte man auf das Fragment eines Schnitzaltars schliessen.

Jean Wirth

Literatur:
Antoninus, Summa theologica, Bd. 2, Teil 3, Tit. 8, C. 4, § 11. – Gilbert 1959. – Baum 1965, S. 116, Nr. 204. – Wolfgang Braunfels: Artikel «Dreifaltigkeit», in: LCI, Bd. 1, Sp. 525–528. – Boespflug 1998.

129
Johannes Gerson kritisiert die Schreinmadonnen.

Schreinmadonna aus der Friedhofskapelle St. Michael in Kaysersberg (Oberelsass), um 1360.

Holz, bemalt, H: 107 cm.
Kaysersberg, Musée de Kaysersberg.

Johannes Gerson (1363–1429), Kanzler an der Sorbonne während des Grossen Schismas, zählt sicherlich zu den einflussreichsten Theologen des Mittelalters. Er verurteilte mehrere Bildthemen oder -motive, die er für irreführend hielt, so beispielsweise Darstellungen des hl. Josef als altersschwachen Greis oder Schreinmadonnen: «Es muss darauf geachtet werden, dass keine unwahre Erzählung in die Malerei Eingang findet. Ich sage dies zum Teil wegen eines Bildmotivs, das man bei den Karmelitern antrifft, und wegen anderer ähnlicher Darstellungen von der Jungfrau Maria mit der Dreifaltigkeit in ihrem Leib, als ob die drei göttlichen Personen in ihr Fleisch geworden wären. Solche Bilder entbehren jeglicher Schönheit und Ehrfurcht und können sogar Irrglauben und Gottlosigkeit hervorrufen.»[1]

Die aus der Abtei von Alspach bei Kaysersberg stammende rundplastische Skulptur einer Schreinmadonna ist vom Hals bis zu den Füssen aufklappbar und wie ein Altarschrein mit Flügeln ausgestattet. In ihrem Inneren barg sie wohl eine Figurengruppe in der Form eines Gnadenstuhls, der das trinitarische Glaubensbekenntnis bildlich darstellte (vgl. Kat. 127). Davon zeugen nur noch

Abb. 34
Meister Bertram, Petri-Altar, Aussenseite des rechten inneren Flügels mit der Darstellung der Verkündigung an Maria (Ausschnitt), um 1380. Hamburg, Kunsthalle.

zwei auf die Flügelinnenseiten gemalte Engel mit Weihrauchfässern, die einen Kreuznimbus flankieren, und die Nägel, mit denen die Figurengruppe befestigt worden war. Die Skulptur entspricht damit genau der von Gerson abgelehnten Darstellungsweise.

Wie François Boespflug dargelegt hat, könnte der Bildtypus der Schreinmadonna sehr wohl von liturgischen Formulierungen angeregt worden sein, die auf Maria übertragen wurden,[2] so von der Wendung *Sanctae Trinitatis nobile triclinium*, die etwa «vornehme Liege der Heiligen Dreifaltigkeit» bedeutet und auch in Gersons Schriften wiederkehrt. Texte und Bilder werden also mit verschiedenen Ellen gemessen. Vor Gersons Zeit konnten sich sowohl liturgische Dichtungen wie bildliche Darstellungen erstaunliche metaphorische Übertreibungen erlauben – von wenigen Ausnahmen abgesehen, waren diese nicht derselben strengen Kritik wie die dogmatischen Schriften unterworfen. Die Krönung Mariens nach ihrer leiblichen Aufnahme in den

Kat. 129

Kat. 129

Himmel wird beispielsweise in Texten wie in Bildern wiedergegeben, obwohl die leibliche Himmelfahrt erst im 20. Jahrhundert zum Dogma erklärt wurde und die Krönung in der *Legenda aurea* (13. Jahrhundert) bloss als «frommer Glaube» *(pie creditur)* beschrieben wird, der zwar nicht auf der kirchlichen Lehre beruht, der Rechtgläubigkeit aber keinen Abbruch tut.

Gersons Kritik richtete sich vor allem gegen die Bilder, da diese, im Gegensatz zu den liturgischen Texten in Latein, dem einfachen Volk direkter «zugänglich» waren. Seine Haltung könnte durchaus aus der Befürchtung hervorgegangen sein, dass sich die Laien in der Folge der lollardischen und hussitischen Bewegungen in die theologische Diskussion einmischen würden. Das Hauptproblem bestand wohl weniger darin, dass die Menschen glaubten, Maria sei die Mutter der Dreifaltigkeit, als vielmehr darin, dass sie die Kirche wegen der Verbreitung dieses Irrtums anklagen könnten. Immerhin war Prag, von wo die hussitische Bewegung ausging, damals das Zentrum des Heiligen Römischen Reiches, und es war der katholischen Kirche nicht gelungen, diese soziale und religiöse Revolution zu unterbinden. Gerson selbst war mitverantwortlich am Verrat an Jan Hus und an dessen Hinrichtung auf dem Scheiterhaufen (vgl. Kat. 133). Diese Vorgänge zwangen die Kirche zu einer Reaktion, aus der heraus sich die Bilderzensur entwickelte, die die Neuzeit ankündigt.

Jean Wirth

Literatur:
Molanus, Traité des saintes images, 1.2, C. 4 (Bd. 1, S. 133–136). – Kat. Chefs-d'œuvre d'art religieux 1966, S. 14. – Kroos 1986, S. 58–64. – Radler 1990, S. 90–92.

1 Vgl. Kroos 1986, S. 60, Anm. 33.
2 Molanus, Traité des saintes images, 1.2, C.4 (Bd. 1, S. 133).

Mehrere Strassburger Geistliche befürworten um 1500 eine Erneuerung der Kirche und beanstanden insbesondere den Umgang mit den Bildern.

Der Wille, die Kirche zu reformieren, zieht sich wie ein roter Faden durch das ganze Mittelalter. Meistens ist es die Gründung neuer religiöser Ordensgemeinschaften, die zur Glaubenserneuerung führen soll. Doch solche gibt es am Ende des 15. Jahrhunderts im Überfluss, und das Verhalten ihrer Mitglieder ist häufig alles andere als vorbildlich. Männliche Laien beispielsweise verzichten deshalb immer mehr auf die Vermittlung der Mönche und suchen Zuflucht bei Bruderschaften, wie der Rosenkranz-Bruderschaft, oder überreichen ihren Gattinnen Stundenbücher für die Privatandacht. Eher als diesem *do it yourself* Widerstand zu leisten, bemüht sich die Kirche, die Gläubigen durch Predigten in ihren Bann zu ziehen und die neuen Andachtsformen zu fördern. Der zunehmende Erfolg ketzerischer Bewegungen und der gescheiterte Versuch, die Hussiten und Waldenser auszurotten, zwingen die Kirche, sich den Laien mit erhöhter Aufmerksamkeit zuzuwenden und sich ihrer Alltagssorgen anzunehmen. Mittel zum Zweck sind volkssprachliche, häufig satirische, moralisierende Schriften, wie das 1494 in Basel gedruckte «Narrenschiff» des Strassburgers Sebastian Brant, das bald zum unumgänglichen Vorbild wird. Der Prediger des Strassburger Münsters, Johannes Geiler von Kaysersberg (1445–1510), hält einen Predigtzyklus zu diesem Thema, und der Franziskanermönch Thomas Murner verfasst eine «Narrenbeschwörung» und andere sinnverwandte Werke (Kat. 146). Unter den von diesen beiden Strassburgern regelmässig kritisierten Glaubensbezeugungen nimmt der ausufernde Gebrauch der Bilder eine zentrale Stellung ein. Murner beklagt sich über die Eitelkeit der Donatoren, die im Glauben an die Erlangung des Seelenheils Bilder stiften und sich zusammen mit den Heiligen darstellen lassen. Murner und Geiler verurteilen beide den in ihren Augen zunehmenden Hang der religiösen Kunst zur Sinnlichkeit.

Jean Wirth

Literatur:
Rapp 1974. – Wirth 1997.

**130
Der Münsterprediger Johannes Geiler ist in Strassburg eine Autoritätsperson in moralischen Belangen.**

Titelseite zu Johannes Geilers *Doctor keiserspergs pater noster,* Strassburg: M. Hupfuff, 1515.

Papier gebunden, 156 Bll., H: 27.5; B: 20.5 cm.
Titelblatt mit Holzschnitt, fol. B4v; H: 18.5; B: 13.5 cm.
Strassburg, Bibliothèque Nationale et Universitaire,
R 10129 sowie R 10120.

In Schaffhausen geboren und im elsässischen Kaysersberg aufgewachsen, liess sich Johannes Geiler im Jahre 1478 in Strassburg nieder und wurde Münsterprediger. Mit seiner Kritik, die dem damaligen moralischen Empfinden entsprach, richtete er sich an alle sozialen Gruppen, ohne Rücksicht auf Klerus und Potentaten. Sie trug ihm bis über seinen Tod hinaus eine aussergewöhnliche Popularität ein, wie unter anderem diese postume Neuausgabe der Predigten über das Vater Unser bezeugt.

Der Titelholzschnitt trägt die Wappen von Bischof Wilhelm von Honstein, der Stadt Strassburg und des Reichs und zeigt Geiler bei einer Predigt von der Kanzel, welche ihm die Stadt auf Anregung von Ammeister Peter Schott durch den Bildhauer Hans Hammer in den Jahren 1486–1488 errichten liess. Die Darstellung dieses spätgotischen Meisterwerks in Stein ist nicht originalgetreu wiedergegeben, vermag doch die Technik des Holzschnitts einen derart aufwendig skulptierten architektonischen Aufbau nur vereinfacht abzubilden.

Jean Wirth

Literatur:
Kat. Humanisme et Réforme 1973, S. 27–29 und 40–41.

Kat. 130

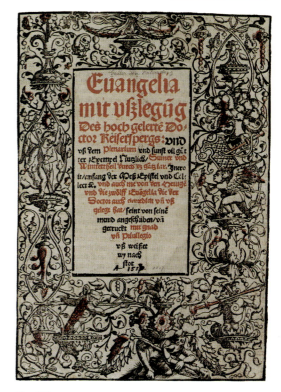

Kat. 131

**131
Die Predigten von Johannes Geiler enthalten lebhafte Kritik an damaligen religiösen Bildern.**

Johannes Geiler: *Evangelia mitUßlegung,* Strassburg: Johannes Grüninger, 1515.

Papier in Leder gebunden, 234 Bll., H: 30.5; B: 21.5,
1. Exemplar: Strassburg, Bibliothèque Nationale et Universitaire, R 10103.
2. Exemplar: Strassburg, Bibliothèque du Grand Séminaire, A 530.

Eigentlich ist Johannes Geiler religiösen Bildern günstig gesinnt, und er beharrt gerne auf den moralischen Beispielen, die sie dem Menschen geben. Aber gerade diese Beispielhaftigkeit veranlasst ihn, besonders in seinen Predigten über das Evangelium, jene Bilder zu verdammen, die zur Unmoral verführen. Zweimal erwähnt er die Nacktheit des kleinen Jesuskindes (Kat. 116) und beklagt das Interesse der Nonnen und Beginen an seinem Geschlecht (S. 114). Geiler unterstützte den Humanisten Jakob Wimpfeling im Widerstand gegen einen Prediger in Freiburg, der die These vertreten hatte, Christus sei völlig nackt gekreuzigt worden, wohl weil er die bildlichen Umsetzungen einer solchen Behauptung befürchtete. Besonders aber regte er sich darüber auf, dass die Heiligen in ihren modischen Kleidern allzu verführerisch aussähen. Es gebe keinen Altar, auf dem nicht eine Hure zu finden sei. Die Heiligen sind wie adlige Damen oder Mädchen aus dem Volk dargestellt, denn die einen wie die andern unterscheiden sich nicht in ihren Kleidern (sie entgingen denn auch tatsächlich den Luxusgesetzen, welche die Frauen zu bescheidener Kleidung verpflichteten). Beunruhigt ist Geiler über die Gedanken, die einen jungen Priester überkommen könnten, wenn er vor solchen Bildern die Messe lesen muss. Für die Heiligen wie für das Jesuskind legt Geiler den Künstlern eine ästhetische Rechtfertigung in den Mund: sie sollen ihren Beruf verstehen *(es stot wercklich)*, die Schönheit pflegen *(es stot hübsch)* und das Können zeigen *(sol man die kunst nit zeigen?)*. Er selbst bezieht sich auf ältere Werke wie auf die von Hans Hirtz, welche im Gegenteil zum Mitleiden einladen.

Die Klagen der kirchentreuen wie häretischen Prediger gegen die Erotisierung der religiösen Kunst sind keineswegs neu, sie gehen mindestens bis auf Jan Hus zurück und setzen sich bei den Reformatoren fort. Calvin zum Beispiel vergleicht in der *Institution chrétienne* die Heiligen mit Prostituierten und die Kirche mit einem Bordell. Die Originalität des Geiler'schen Zeugnisses liegt also vielmehr darin, uns bruchstückhaft die Debatte über die Ästhetik der religiösen Bilder erkennen zu lassen, die am Vorabend der Reformation Strassburg erschüttert hat.

Jean Wirth

Literatur:
Pfleger L. 1910. – Baxandall 1980, S. 88ff. – Wirth 1997.

132
Die aufreizende Sinnlichkeit von Heiligenfiguren erweckt den Protest reformwilliger Humanisten und Theologen.

Skulptur der hl. Barbara, Basel (?), um 1510.

Lindenholz, farbig gefasst, H: 98 cm.
Aus Courfaivre bei Delsberg JU.
Bern, Historisches Museum, Inv. 25491.

Kat. 132

Die hl. Barbara war im ausgehenden Mittelalter eine der am meisten verehrten weiblichen Heiligen. Auf Schnitzaltären flankiert sie – häufig zusammen mit der hl. Katharina – die Muttergottes mit dem Kind im Schrein. Die aus Courfaivre bei Delsberg stammende Holzskulptur hielt einst in der rechten Hand einen Kelch als Attribut, während die Krone sie als eine der vier *Virgines capitales* kennzeichnet. Stilistisch ist sie mit den Spitzenwerken der Basler Bildschnitzer aus dem frühen 16. Jahrhundert verwandt. Unter einem Mantel mit abstraktem, geometrischem Faltenwurf trägt die stehende Heilige ein modisch geschnittenes Kleid mit pelzverbrämtem Ausschnitt, das als kostümgeschichtliches Element zur Datierung der Skulptur beiträgt.

Dass die damaligen Prediger über solche Darstellungen empört waren, weil sie die Kirche in ein Bordell verwandeln würden (Kat. 131), ist für uns heute kaum mehr nachvollziehbar, geben doch kirchliche Bildwerke dieser Art längst keinen Anlass mehr, sie für unanständig zu halten. Die historische Distanz mildert ihren provokativen Charme. Um sich aber der Wirkung einer solchen Skulptur auf damalige Menschen bewusst zu werden, stelle man sich auf einem heutigen Altar eine Heilige vor, die dem von den Medien gepriesenen weiblichen Schönheitsideal entspricht und ein Kleid nach dem letzten modischen Schrei trägt. Dabei ist auch zu bedenken, dass die Gewandung der hier dargestellten Barbara keineswegs der Tracht entsprach, die damals in der Kirche als schicklich galt. Schliesslich bedeckten die verheirateten Frauen im Mittelalter beim Kirchgang ihr Haar mit einem Schleier und trugen ein das Kinn verhüllendes Tuch, den Wimpel, während ein Schultermantel das reich verzierte Kleid verbarg. Der krasse Unterschied zwischen dieser züchtigen Bekleidung und der verführerischen Offenherzigkeit, welche die verehrten Bilder zur Schau stellten, wird denn auch in einer Randzeichnung von Hans Holbein d.J. zu Erasmus von Rotterdams «Lob der Torheit» augenfällig (Kat. 134). Die Spannung, welche die religiöse Ikonographie zwischen den moralischen Vorstellungen der Gläubigen und der den Heiligenfiguren zugestandenen «aristokratischen» Erotik auslöste, versinnbildlicht die Kluft zwischen dem Natürlichen und dem Übernatürlichen und bringt die Herrschaft der Kirche zum Ausdruck, die das Übernatürliche verwaltete, indem sie es ins allerbeste Licht rückte. Über diese Symbole religiöser Macht triumphierte die auf Ausgleich zielende Sittenstrenge der Prediger mit dem Bildersturm, der ein wesentlicher Bestandteil der Reformation war.

Jean Wirth

Literatur:
Baum 1941, S. 41, Nr. 52.

133
Jan Hus wird 1415 in Konstanz verbrannt: Der hussitische Bildersturm bricht aus.

Ulrich von Richenthal, *Concilium zu Constanz*, Augsburg: Heinrich Steiner, 1536: Illustration von Jörg Breu d.Ä. zum Martyrium von Jan Hus.

Holzschnitt, H: 20.5; B: 14.5 cm.
Bern, Historisches Museum, Inv. 37250, Blatt 26r.

Kat. 133

1483 erschien bei Anton Sorg in Augsburg Ulrich von Richenthals *Concilium zu Constanz* mit zahlreichen, meistens kolorierten Holzschnitten, die die Wappen der Konzilsteilnehmer und den Verlauf des Konzils darstellten. Ein zweigeteilter Holzschnitt veranschaulichte das Martyrium von Jan Hus (um 1371–1415) in Konstanz und die entehrende Zerstreuung seiner Asche. Richenthals Bericht wurde 1536 bei Heinrich Steiner in Augsburg erneut verlegt, wofür Jörg Breu d. Ä. die alten Holzschnitte umgezeichnet hat. In der hier gezeigten Darstellung des Martyriums lehnt sich Breu stärker an den Typus der Ölmarter des Evangelisten Johannes an.[1]

Für geschichtsbewusste Protestanten des 16. Jahrhunderts galt Jan Hus als einer der Vorläufer Martin Luthers. Eine rührende, auf der Gegenüberstellung symbolischer Attribute basierende ikonographische und rhetorische Tradition betonte, dass Luther, dem «Schwan», das Schicksal der verbrannten «Gans» («Hus» bedeutet auf Tschechisch «Gans») erspart geblieben sei.[2] Die Steinersche Edition von 1536 erschien im bereits mehrheitlich zur Reformation tendierenden Augsburg, Jörg Breu d. Ä. selbst war zu dieser Zeit schon ein bilderfeindlich gesinnter protestantischer Künstler. Eine weitere Ausgabe erschien 1575 beim reformierten Frankfurter Verleger Sigmund Feyerabend *(Costnitzer Concilium)*.

Die Bilderfrage tauchte schon am Anfang der Hussitenbewegung auf. Im Jahre 1389 suspendierte die Prager Provinzialsynode den bekannten Magister Matthias von Janow und zwei weitere Priester, weil sie gegen die Bilderverehrung aufgetreten waren. Matthias bezeichnete Bilder von Christus, Maria und Heiligen, die angebetet und verehrt wurden, als «Götzen». Auch hatte er angeblich öffentlich kundgetan, dass er – zweifellos unter Bezug auf Jesaia 44,16 – die abgöttischen Statuen zum Kochen einer Suppe benutzen wolle, eine Aussage, die später bei Karlstadt (Kat. 137), Hätzer (Kat. 138) und Calvin wieder auftauchen sollte. Seine Ansichten hat Matthias im fünften Buch *(De ymaginibus in templis vel statuis)* seines theologischen Traktats *Regulae Veteris et Novi Testamenti* niedergeschrieben. Die Beobachtungen des Matthias, die sich auf die verschiedenen Formen abergläubischer Praktiken beziehen, erinnern aber auch – in ihrem relativen, praxisbezogenen Ansatz – an die spätere Argumentation von Luther.

In der zweiten Dekade des 15. Jahrhunderts kam es zu weitläufigeren ikonoklastischen Aktionen, so in Prag, wo die Zerstörung des Kruzifixes auf der Karlsbrücke eine einzigartige, jahrhundertelange Tradition von Auseinandersetzungen um dieses Brückenkruzifix eröffnete, sowie in Pilsen und Südböhmen. Im letzteren Gebiet wurde die Bilderfeindlichkeit vornehmlich durch verschiedenartige Kreise der radikalen Taboriter vertreten. Die Hussitenkriege verbreiteten durch Bilderfrevel (u. a. in Kulmbach) oder Anschläge vermeintlicher ausländischer Hussitenfreunde, wie im Falle der 1430 durch Schwerthiebe polnischer Ritter verletzten «Schwarzen Madonna» in Tschenstochau, den bilderstürmerischen Ruf der böhmischen Reformer. Die zwei damals verfassten, grundsätzlichen Abhandlungen zur Bilderfrage von Nikolaus von Dresden *(De Ymaginibus,* 1415) und Jakobellus von Mies *(Posicio Magistri Jacobi de Myza [...] de Ymaginibus,* 1417) gingen in ihrer Kritik am Bilderkult und dessen theologischer Verankerung bei Thomas von Aquin in beträchtlichem Masse über die Ansichten des Matthias von Janow hinaus. Bei Nikolaus von Dresden finden wir eine gegensätzliche Begrifflichkeit (innen/aussen, lebend/tot), die auch von radikaleren Bilderfeinden benutzt wurde. Auch verwarf Nikolaus vehement die Formel Gregors des Grossen von den Bildern als den Büchern der Ungebildeten.

Den Malern warf er vor, dass sie Heilige und unwürdige Personen in derselben Weise darstellen würden. Jacobellus von Mies wiederum argumentierte, dass man die für Bilderstiftungen und Kult ausgegebenen Mittel besser für die Armen verwenden solle. Doch lassen sich weder bei Nikolaus noch bei Jakobellus radikale bilderfeindliche Schlussfolgerungen finden. Die Rechtmässigkeit jeglicher religiösen Kunst wird von ihnen nicht bestritten.

Die Sorge um das internationale Ansehen der Hussiten bewog Prager Kreise jedoch, eine ausgesprochen gemässigte Position einzunehmen: 1417 lehnte die Prager Universität eine Abschaffung religiöser Bilder ab und sprach sich ausdrücklich für die Beibehaltung von Bildern Christi und der Heiligen aus. Eine Synode hussitischer Magister ging 1418 noch weiter, indem sie die erwähnte Gregorsche Formel, trotz Einschränkungen, als weiterhin verbindlich bezeichnete. Auch Jakobellus äusserte sich nach 1420 auffallend zurückhaltend und drückte damit zweifellos seine Distanzierung von den bilderstürmerischen Ereignissen aus.

Die Verbindung der Bilderfrage mit der Abendmahlsfrage verlief dagegen bei den Hussiten in recht eigenwilliger Weise. Das gewohnte Schema – kategorische Ablehnung der Bilder/Verneinung der Realpräsenz – greift nur bei einigen radikalen Theologen, wie etwa Peter Payne. Das Anliegen des Laienkelchs hatte keinen unmittelbaren Bezug zu dieser Frage. Zu den von Jacobellus erwähnten Einschränkungen, unter denen er bereit war, die Bilder zu akzeptieren, gehörte der Vorbehalt, dass diese die Blicke der Gläubigen nicht von der Eucharistie ablenken dürften.

Nachdem Laurentius von Brezova, ein Gegner der radikalen Taboriten, in seiner Chronik tadelnd die rabiaten Bildentfernungen und Bildzerstörungen in Prager Kirchen erwähnt hatte, berichtete er sinngemäss, dass in den Kirchen an Stelle des Hauptaltars eine steinerne Arche stand, «worin der Corpus Christi in einer Monstranz ausgestellt wurde». Die Gläubigen hätten sich vor dem Sakrament verbeugt. Man könnte sogar sagen, dass dieser Teil der Hussiten unwissentlich die theologische Tradition der byzantinischen Bilderstürmer des 8. Jahrhunderts (u. a. von Konstantin V. Kopronymos), die die Eucharistie als einziges rechtmässiges Bild Christi ansahen, fortgesetzt hat.

Sergiusz Michalski

Literatur:
Hauffen 1908. – Nechutova 1964. – Macek 1973. – Bredekamp 1975. – Gieysztor 1981. – Cook 1982. – Krasa 1983. – Kunze 1993. – Schnitzler 1996b, S. 51–61.

---

1 Vgl. die Gegenüberstellung beider Holzschnitte bei Kunze 1933, S. 532–533.
2 Hauffen 1908, S. 1–28.

134
Kurz vor dem Bildersturm: Erasmus von Rotterdam erscheint die christliche Bilderverehrung heidnisch und lächerlich.

Hans Holbein d.J., *Superstitiosus imaginum cultus* (abergläubischer Bilderkult): Ein Narr betet zum hl. Christophorus, Basel, 1515/1516.

Eine von 82 Randzeichnungen in der Ausgabe *Erasmi Roterdami encomium moriae i. e. Stultitiae Laus*, Basel: Johannes Froben, März 1515.
Federzeichnung in schwarzer Tinte, H: 8; B: 4 cm;
Blatt H: 22; B: 15.5 cm.
Basel, Öffentliche Kunstsammlung, Kupferstichkabinett, Inv. 1662.166, fol. K.

Abb. 35
Hans Holbein d.J., Randzeichnung (7.7×3.6 cm) aus: Erasmus von Rotterdam, *Stultitiae Laus,* Basel 1515. Basel, Kunstmuseum, Kupferstichkabinett, Inv. 1662.166, fol. M verso. – Zwei Frauen stiften Kerzen vor einem Marienbild, was als *Superstitiosus cultus imaginum* (abergläubischer Bilderkult) bezeichnet ist.

Die vorliegende Darstellung des andächtig vor einem Bildnis des hl. Christophorus betenden Laien gehört zu einer Reihe von 82 Federzeichnungen in schwarzer Tinte, die um 1515/1516 von den Brüdern Ambrosius und Hans Holbein angefertigt wurden. Sie illustrieren einige ausgewählte Motive und polemische Arabesken aus dem «Lob der Torheit» des Erasmus von Rotterdam, das hier in einer um zahlreiche erläuternde Kommentare Gerhard Listers erweiterten gedruckten Basler Ausgabe von 1515 vorliegt. Aus einer handschriftlichen Bemerkung auf dem Titelblatt geht hervor, dass die Zeichnungen innerhalb von zehn Tagen zu Papier gebracht wurden. Die Brüder Holbein haben diese offensichtlich im Auftrag des in Basel als Schulmeister tätigen Oswald Geisshüsler (1488–1552), genannt Molitor oder Myconius, des Erstbesitzers des Druckes, ausgeführt, für dessen Schreibschule sie auch zwei Aushängeschilder anfertigten.

Von der kunsthistorischen Forschung werden vor allem die Konzentration auf formale Aspekte, das Interesse an der Modellierung plastischer Körperformen und die Eigenständigkeit der Motivgestaltung hervorgehoben. Als Vorlagen kommen wohl einzelne Holzschnitt-Illustrationen zu Sebastian Brants «Narrenschiff» (1494) in Frage, worauf im vorliegenden Blatt die schellenförmige Kapuzenspitze des Betenden hindeuten mag. Insgesamt unterstreichen die Illustrationen die didaktisch-erläuternde Absicht der zum Teil umfangreichen gedruckten Randbemerkungen Listers, womit der Gebrauchscharakter der erasmischen Satire als Lehrwerk in den Vordergrund rückt.

Spannungen zwischen Bild und Text, die das – wenn man so will – ästhetische Interesse der Zeichner zu erkennen geben, lassen sich vor allem für solche Motive nachweisen, die das Selbstverständnis des humanistisch inspirierten Handwerker-Künstlers ansprechen, wie etwa bei einer Darstellung des antiken Meisters Apelles.[1] Andererseits wird die polemische Schärfe der humanistischen Satire, die radikale Infragestellung von spezifischen Erscheinungsformen der christlichen Glaubenspraxis, nur unvollständig umgesetzt.

Gemeinhin wird die hier betrachtete Darstellung des Bilder anbetenden Laien in den Kontext der theologischen und sozialen Bilderkritik der Reformationszeit gerückt. Dies erscheint allerdings nur insofern zutreffend, als zwar der falsche Glaube an eine inhärente Wirkkraft *(virtus)* des religiösen Bildes angegriffen wird, nicht aber der Bildgebrauch an sich. Von einem argumentativen Wegbereiter für die ikonoklastischen Forderungen der reformatorischen Bilderkritik sind die Zeichnungen weit entfernt, ja sie entschärfen geradezu die kritischen Pointen des erasmischen Textes.[2] In diese Richtung deutet auch die Tatsache, dass für die in die Kritik geratene kultische Verehrung von Heiligenbildern von Lister durchgängig der Begriff *superstitio* (Aberglaube) verwendet wird, während sich im reformatorischen Sprachgebrauch die grundsätzliche Ablehnung des kirchlichen Bilderkultes im Vorwurf des Götzendienstes, der *Idolatria,* bündelte.

Abergläubische Verehrung *(superstitio)* bzw. irrtümlicher Missbrauch der religiösen Bilder *(abusus imaginum)* zählen zu den gängigen Merkformeln der spätmittelalterlichen Bilderkritik. Indem Holbein zwei gewissermassen klassische Fallbeispiele fehlgeleiteter Bildfrömmigkeit in seinen Zeichnungen vor Augen führt, positioniert er sich in dieser theologischen Auseinandersetzung um die christliche Bilderverehrung, gibt sich somit als Vertreter einer «gemässigten» Richtung zu erkennen.

Erasmus hatte seine spöttische Polemik gegen die Apologeten des Bilderkultes unter anderem am Beispiel der Christophorus-Verehrung verdeutlicht, dessen Bildnisse vielerorts die Aussenwände von Kirchen zierten. Neben oder unter den Abbildungen befanden sich schriftliche Appelle an den Betrachter, wie sie etwa die spätmittelalterliche Chronik eines württembergischen Pfarrers überliefert: «Wer auch immer diese Darstellung des heiligen Christophorus betrachtet, wird an jenem Tag sicherlich keines üblen (sprich: unerwarteten) Todes sterben.»[3] Das waren Schutzversprechen an eine von Mobilitätsängsten geplagte Bevölkerung. Doch anders als es die gelehrte Narrenschelte suggeriert und die Holbeinsche Zeichnung eines törichten Bilderverehrers anschaulich macht, ist die Verspottung, die Konterkarierung einer solchermassen erstarrten Gebetsgebärde bereits immanenter Bestandteil der zeitgenössischen Frömmigkeitskultur.

Eine eingehendere Untersuchung der spätmittelalterlichen Laienfrömmigkeit hat inzwischen eine Fülle von Belegen zusammengetragen, die eine erstaunliche Bandbreite religiöser Vorstellungen und Verhaltensformen widerspiegeln. Einige Historiker fühlen sich aufgrund solcher Befunde dazu veranlasst, der mittelalterlichen Laienfrömmigkeit einen geradezu «subversiven» Zug zuzusprechen, in dem Sinne, dass die eingeübten und gewohnten Formen des Heiligenkultes gelegentlich in demonstrative Missachtung bzw. regelrechte «Demütigung» von Heiligen umschlagen konnten. Liturgische Gesänge wurden dann genutzt, um dem Missfallen und der Enttäuschung individueller Heilserwartungen verbalen Ausdruck zu verleihen. Der bereits erwähnte württembergische Chronist teilt in Zusammenhang mit seinen Bemerkungen zur zeitgenössischen Christophorus-Verehrung auch eine zum frommen Gassenhauer umgedichtete Version mit: *Christophore sancte/Virtutes sunt tibi tantae/Qui te nunc videt/Nocturno tempore ridet*[4] (Heiliger Christophorus, so gross sind deine Wunderkräfte. Wer dich jetzt anblickt, lacht in der Nacht).

Andreas Bodenstein von Karlstadt, der sich in den 1520er Jahren für kurze Zeit in Basel aufhielt, hat unter ausdrücklicher Bezugnahme auf diesen *Bachanttenvers*, die angeblich magische Schausucht des Laienpublikums dann zur Folie seiner radikalen Bilderkritik gemacht (vgl. Kat. 137). *Sage mir,* hält er seinem fiktiven Kontrahenten vor, *wie vil tausent menschen ein zeitlang sant Christoffels bild/derhalben/angesehen haben/das sie vor dem gehen todt behuet wurden/vnnd auff den abent froelich moechten leben/habens die selben nit in iren ansehen des gemalten Christoffels grosse hoffnung vnnd trost gesetzt. [...] Heißt nit solchs ansuechen/anbeten?* Aus der Sicht des Wittenberger Theologen war der in Irr- und Aberglauben versunkenen Laienwelt nur noch mit einer Radikalkur zu helfen: *das alle bilder zuo den teuffel geschlept weren.*[5]

So weit wollte der kunstliebende Humanist Erasmus nicht gehen. Kurz nach den gewalttätigen Ausfällen der Basler Bürgerschaft gegen den Bilderschmuck ihrer Kirchen kehrte er der Rheinmetropole enttäuscht den Rücken.

Norbert Schnitzler

Literatur:
Saxl 1943. – Panofsky 1969. – Scribner 1981. – Michael 1986. – Kat. Hans Holbein d.J. 1988, S. 20–23 und Nr. 35. – Müller 1989. – Kat. Himmel, Hölle, Fegefeuer 1994, S. 202–203, Abb. 118. – Müller 1996, S. 57, Nr. 35, Taf. 12. – Scribner 1996b. – Bätschmann/Griener 1997.

Kat. 134

---

1   Müller 1996, S. 58, Nr. 41, Taf. 13.
2   Vgl. hierzu auch die verharmlosende Lesart Listers zu der Textstelle (fol. M verso), die die Marienverehrung anspricht: *Quod autem per iocum additum est, in meridie, nemo malignius interpretetur, quasi damnet simplicem populi pietatem.*/Da aber scherzhaft «über die Mittagszeit» hinzugefügt ist, würde das niemand hämischer interpretieren, wie wenn er die einfache Volksfrömmigkeit verdammen würde.
3   Weißhaupt, Chronik, S. 52.
4   Ebd.
5   Andreas Bodenstein von Karlstadt: *Von abtuhung der Bylder/und das keyn Betdler unther den Christen seyn sollen,* Wittenberg 1522, fol. 100r.

Die Reformation und die Bilderfrage

Die Reformation war ein Sieg des Wortes über das Bild. Zur Verbreitung der neuen Ansichten trugen ganz wesentlich die Flugschriften bei. Sie liessen sich rasch produzieren (was man den Texten oft anmerkt) und erreichten mit ihren Auflagen ein breites Lese- und Zuhörerpublikum. Flugschriften sind denn auch die Objekte, anhand derer die Eckpositionen in der reformatorischen Ablehnung des Bilderkults am deutlichsten erfasst werden können.

Pamphilus Gengenbach übte um 1520 mit seinen «Totenfressern» (Kat. 135) Kritik am traditionellen Totenkult, der den Gläubigen grosse Kosten auferlegte und den kirchlichen Institutionen lukrative Vermächtnisse bescherte. Auf die Bilder geht Gengenbach noch nicht ein, doch wenn er mit seinem beissenden Spott den Glauben an das Fegefeuer zum Erlöschen bringt, wird auch die Bildproduktion ihren grössten Förderer verloren haben.

Ebenfalls ums Geld geht es 1524 in Hans Füsslis *Antwurt eines Schwytzer Purens* (Kat. 136). Doch diesmal steht ein sozialkritisches Argument im Vordergrund. Füssli protestiert dagegen, dass Wallfahrtsbilder mit Preziosen behängt werden, während man die wahren Abbilder Gottes, die Armen, vernachlässigt.

Traktate, die sich ausschliesslich gegen die Bilder wenden, sind relativ selten. Der erste entstand 1522 und stammt von Andreas Bodenstein von Karlstadt (Kat. 137). Er war es, der in Wittenberg den Bildersturm ausgelöst hat. Ludwig Hätzer folgte Karlstadt 1523 mit einem eigenen Büchlein (Kat. 138) und bot damit den ersten Bilderstürmern in der Umgebung von Zürich eine Argumentationshilfe. Erst Karlstadt und Hätzer haben das alttestamentliche Bilderverbot in die Diskussion gebracht.

Es fällt auf, dass die grossen Reformatoren sich anfänglich wenig um die Bilder gekümmert haben. Luther ging es vielmehr um die Abschaffung der Werkfrömmigkeit (Kat. 139). Dass er damit auch die Bilder in den Abgrund reissen würde, war ihm nicht bewusst. Auf den Bildersturm in Wittenberg 1522 reagierte er entsetzt und verfasste mehrere Predigten gegen die «Stürmer» (Kat. 140).

Zwingli nahm die gleiche Ausgangsposition wie Luther ein. Keiner seiner 67 Artikel der Ersten Zürcher Disputation von 1523 ist den Bildern gewidmet (Kat. 141). Nur nebenbei, vielleicht ohne sich der Auswirkungen bewusst zu sein, wünscht er sich einen «Unerschrockenen», der mit den Götzen aufräumen würde. Solche Unerschrockene erschienen schneller als erhofft, und schon bald galt alle Mühe der Verhinderung von Aufruhr und der Durchführung einer kontrollierten «Kirchenreinigung». Erst als diese gelungen war, folgte 1525 die systematische Rechtfertigung der Abschaffung der Bilder (Kat. 142). Auch Martin Bucer aus Strassburg schrieb seine Überlegungen zur Bilderfrage erst nach der offiziellen Entfernung der Bilder nieder. Er verwarf die Auffassung vom pädagogischen Nutzen der Bilder und forderte dazu auf, sich künftig der lebenden Bilder Gottes, der Menschen, anzunehmen statt der toten Bilder (Kat. 143).

Auf katholischer Seite war Thomas Murner der streitbarste Kritiker der Bilderfeinde, und er ist es auch, der uns 1522 die ersten Darstellungen eines Bildersturms geliefert hat (Kat. 144 und 146). Illustrationen vom Bildersturm sind insgesamt selten. Misst man sie an den realen Vorgängen, so erscheinen viele davon leicht possierlich, vor allem wenn man sich vor Augen hält, mit welchem Hohn und Spott Holzschnitte der Reformationszeit sonst über den Gegner herfallen. Eindrücklich kommt die Gewalt nur in der *Warhafftig erschröcklich Histori von der Bewrischen vffrur* von 1525–1527 (Kat. 147) oder dann ab den 1560er Jahren in Frankreich und in den Niederlanden zum Ausdruck (Kat. 148–150). Alle diese Darstellungen bleiben immer parteiisch, sei es, dass die Ikonoklasten als Kirchenschänder verunglimpft werden (Kat. 144), sei es, dass sie als Helden erscheinen (Kat. 151). Viele der Illustrationen sind beträchtlich jünger als die dargestellte Situation, und einige wiederholen lediglich den Bildaufbau der *Klagrede der armen verfolgten Götzen vnd Tempelpilder* (Kat. 186). Von wenigen Ausnahmen abgesehen, besitzen sie insgesamt wenig Quellenwert.

Anders als die parteilichen Text- und Bildquellen stellen die Reste der angegriffenen Gemälde und Skulpturen ein unmittelbares Zeugnis der Vorgänge dar. Aussergewöhnlich ist die Quellensituation beim Berner Skulpturenfund (S. 316–317 und Kat. 153–157), da wir hier aufgrund eines zeitgenössischen Berichts genau wissen, wann und wie die Steinfiguren in die Hinterfüllung der Münsterplattform gekippt worden sind. Auch hat die späte Entdeckung (1986) eine vorzeitige Störung der Fundsituation oder eine beschönigende Restaurierung der Figuren verhindert. Ohne grosse Mühe können ikonoklastische Spuren von den Bergungsschäden unterschieden werden.

Bei andern Objekten lassen sich zuweilen die Zerstörungswerkzeuge aufgrund von Spuren ermitteln (Kat. 167). Mühe bereitet hingegen oft die Datierung der Eingriffe (Kat. 62). Aus der schriftlichen Überlieferung wird deutlich, dass sich das Wegschaffen von Bildern über Jahrzehnte hinziehen konnte. Möglich sind auch Schäden, die nur aus mutwilliger Langeweile und in einer Zeit zugefügt worden sind, als die Bilderfrage ihre Brisanz längst verloren hatte.

Aufschlussreich ist es, das Schicksal betroffener Künstler zu verfolgen, die sich angesichts der zusammengebrochenen Auftragslage neu orientieren mussten. Verschiedenste Reaktionen sind möglich: In Strassburg beklagt eine Gruppe von Malern und Bildschnitzern den Verlust ihrer Aufträge und bittet den Rat um neue Aufgaben (Kat. 184). Der Berner Künstler Niklaus Manuel hingegen wird selbst zum Reformator und erstellt eigenhändig Inventare von einzuschmelzenden Kirchenzierden (Kat. 188). Heinrich Vogtherr d.Ä. wiederum versucht sich als Illustrator über Wasser zu halten und wechselt deshalb mehrmals die Fronten (Kat. 193–198).

Abb. 36
Bildersturm in Lenzburg von 1528, aquarellierte Federzeichnung aus Heinrich Bullingers «Reformationsgeschichte», 1574. Zürich, Zentralbibliothek, MS B 316, fol. 327v. – Die reformationsfreundliche Darstellung zeigt eine kontrollierte Bilderverbrennung ohne Aufruhr.

Die Reformation hat mit ihrer Ablehnung der mittelalterlichen Kirchenausstattung eine der reichsten Kulturen des Abendlandes gebietsweise ausgelöscht. Sie hat aber auch die Entstehung einer eigenen materiellen Kultur bewirkt. Lutherische und zwinglianisch/calvinistische Gebiete unterscheiden sich darin stark. Während man unter Luther Reformationsaltäre kennt (Abb. 36), wäre Gleiches unter Zwingli oder Calvin undenkbar. Die ganze Vielfalt darzustellen, wäre das Thema einer eigenen Ausstellung[1] und kann hier nicht geleistet werden. Eine kleine Auswahl von Gegenständen soll wenigstens anschaulich machen, wo sich der Paradigmenwechsel am deutlichsten abzeichnet.

In der reformierten Schweiz scheint es im 16. Jahrhundert zu einem Aufschwung mechanischer Turmuhren gekommen zu sein (Kat. 199). Vielleicht erklärt sich dies mit dem Wegfall der liturgischen Tageszeiten. Die Prädikanten brauchten das Vesperläuten nicht mehr, wohl aber die Bauern.

Die Kirchengebäude erfuhren die Umwandlung vom Kultraum in einen Predigtsaal (Kat. 200). Sie wurden ihres Bildschmucks beraubt und erhielten stattdessen eine wohlorganisierte Ausstattung von dicht aufeinander folgenden Kirchenbänken. Rang und Stand der Kirchgänger widerspiegelte sich in der mehr oder weniger vornehmen Lage des Kirchenorts, den man sich als privaten Sitz erwarb. Im Zentrum der Aufmerksamkeit stand nicht mehr der Altar, sondern die Predigtkanzel.

Hatten die Messkelche vor der Reformation aus Edelmetall gefertigt zu sein, so verwendeten die Reformierten gedrechselte Holzkelche (Kat. 202, 203). Man demonstrierte damit die eigene Bescheidenheit. Den Katholiken blieb der Vorwurf, auf äusserliches Gepränge zu setzen, statt auf den Glauben aus dem Herzen.

Gott war für die Protestanten zwar nicht darstellbar, aber auf Illustrationen von ihm wollte man auch nicht verzichten. Als Ausweg wurde das Tetragramm erfunden, das Dreieck mit dem Auge, welches als relativ abstraktes Zeichen die Trinität und Allgegenwart Gottes symbolisiert (Kat. 204).

In Strassburg hat im 16. Jahrhundert die Zahl der Maler abgenommen, wogegen jene der Goldschmiede gestiegen ist.[2] Auffallend oft verfügen protestantische Städte über reiche Bestände an edelmetallenem Zunftgeschirr und patrizischem Familiensilber. Es scheint, als ob das Edelmetall, das früher zur Herstellung von Altargerät gebraucht worden war, nun für profane Gefässe Verwendung fand (Kat. 201). Im Unterschied zum Kirchengut blieben die Schätze der Privaten und Gesellschaften jederzeit als Notreserve verfügbar.

Zum Schluss ein Blick auf die Heiligen: Sie sind in protestantischen Gebieten nicht aus allen Lebensbereichen verschwunden. Vor allem als Garanten althergebrachter Legitimität, d. h. als Siegel- und als Münzbilder, konnten sie sich halten (Kat. 205). Auch hier bleibt protestantische Kultur von ihrem Nützlichkeitsdenken bestimmt.

Peter Jezler

---

1 Vgl. etwa Kat. Asper 1981; Kat. Luther Hamburg 1983; Kat. Luther Nürnberg 1983.
2 Wirth 1997.

135
Der Papst wird als Kannibale dargestellt.

Pamphilus Gengenbach: *Diß ist ein iemerliche clag uber die Todten fresser*, Basel 1521.

Flugschrift, Quartformat, Papier; Blatt H: 20; B: 15 cm; Titelholzschnitt H: 12.7; B: 10.7 cm.
Zürich, Zentralbibliothek, XXV 1396 (4).

Die Flugschrift des Basler Druckers und Verlegers Pamphilus Gengenbach (um 1480–1520) ist in der Form eines Fastnachtsspiels verfasst, das den Papst und seine Anhängerschaft als «Totenfresser» schmäht. Im Text treten der Reihe nach der Papst, ein Bischof, ein weltlicher Priester, ein Bettelmönch, eine Nonne und eine Pfarrmagd auf, die alle *von todten frässen* (u. a. Vers 59), d. h. ihr üppiger Lebenswandel wird durch die von *alten mûterlin* und Männern gestifteten Seelmessen und Jahrzeiten ermöglicht, die dadurch hofften, die Leidenszeit der Seelen im Fegefeuer zu verkürzen (vgl. Verse 47–50). In rhetorisch geschickter Weise stellt Gengenbach den Preisreden des Klerus auf die Toten und das Fegefeuer die von einer Gruppe von Laien vorgebrachten *klag[en] wider die todtenfrässer* entgegen. Den Anfang macht eine «Seele», die ihre eigene «Blindheit» bedauert, Messen und Jahrzeiten gestiftet, statt für die Armen gesorgt zu haben. Ihr folgen ein Bettler, ein Pfarrer, ein Adliger und ein Bauer, die ebenfalls den *schandtlich[en] verzer* (Vers 131), die Hoffart (Vers 132) und *den grossen mißbruch* (Vers 187) der Geistlichen anprangern.

Auch im Titelholzschnitt werden karnevalistische Motive verwendet, um für die lutherische Sache Propaganda zu machen. Entsprechend dem zeitgenössischen Sprachgebrauch wird das «Totenfressen» als Leichenschmaus vorgestellt,[1] wobei allerdings ein Leichnam selbst als grausige Speise verzehrt wird. Hausherr ist der von Bischof und Bettelmönch flankierte Papst, der dem Toten eben mit einem Messer die Bauchhöhle geöffnet hat. Zur Rechten des Bischofs sitzt die an einem *todtenbain* nagende Nonne (Vers 100), der tief dekolletierten Pfarrmagd gegenüber trinkt der weltliche Priester (in Rückenansicht) zu. Am linken Bildrand spielt der Teufel mit der Geige auf. Er trägt eine Narrenkappe in Gestalt

Kat. 135 Titelholzschnitt

eines züngelnden Drachens, die auf das um 1500 während fastnächtlicher Maskeraden beliebte Teufelskostüm verweist.[2] Während nun die Altgläubigen sich einer makaberen Völlerei hingeben, treten die Anhänger Luthers als disputierende Gelehrte auf. Von links und rechts schreiten ein lebendiger und ein toter Bedürftiger als Hauptkläger heran. Auf der zentralen Achse des Bildes, gleich unterhalb des Papstes, sind ein Bauer, ein Gelehrter und ein Edelmann in ein lebhaftes Gespräch über die korrupte Geistlichkeit vertieft.

Die Ikonographie der Darstellung orientiert sich an Illustrationen zum fünften Buch der populären Enzyklopädie des Bartholomaeus Anglicus, *De proprietatibus rerum* (um 1230–1240), die bis weit ins 16. Jahrhundert hinein in zahlreichen Handschriften und Drucken überliefert und auch in mehrere Vulgärsprachen übersetzt worden ist. Das fünfte Buch handelt vom menschlichen Körper und wurde ab dem späten 15. Jahrhundert in der Regel mit der Darstellung einer Vivisektion illustriert. Der Entwerfer des Titelblattes unserer Flugschrift hätte sich etwa am entsprechenden Holzschnitt einer um 1500 in Lyon gedruckten französischen Ausgabe orientieren können.[3] Die anatomische Demonstration wird bei Gengenbach in eine religiöse und politische Allegorie umgemünzt, die das «wahre» Wesen des römischen Klerus aufdecken soll, der sich gewaltsam an den Toten vergeht.

Zwei Jahre später arbeitete Niklaus Manuel die Flugschrift Gengenbachs zu einem Fastnachtsspiel um (vgl. Kat. 190). Der aussagekräftige Titelholzschnitt regte noch 1567 ein vom Ingolstädter Jesuiten Vitus Jacobaeus publiziertes Flugblatt mit dem Titel *Anatomia M. Lutheri* an, das die Zerrissenheit der protestantischen Lager nach dem Tod Luthers thematisiert.[4]

Christine Göttler

Literatur:
Gengenbach, Totenfresser. – Wolf-Heidegger/Cetto 1967, S. 364, Nr. 323. – Kat. Manuel 1979, S. 499, Nr. 328. – Scribner 1981, S. 91–92. – Göttler/Jezler 1987, S. 135–137. – Jezler 1991, S. 93–95. – Köhler 1991–1996, Bd. 1, S. 540–541, Nr. 1266. – Kat. Himmel, Hölle, Fegefeuer 1994, S. 309, Nr. 111.

---

1 Grimm, Wörterbuch, Bd. 11, Sp. 603.
2 Zur Häufigkeit von Teufelsmasken während der Fastnacht im späten 15. und frühen 16. Jahrhundert vgl. Pfrunder 1989, S. 107 und 112–113.
3 Zu den Illustrationen des fünften Buches in Bartholomaeus Anglicus' *De proprietatibus rerum* vgl. Wolf-Heidegger/Cetto 1967, S. 134–159 (zur 1600 in Lyon gedruckten Ausgabe vgl. ebd., S. 157, Nr. 53, und S. 419).
4 Oelke 1996.

136
Pilger nagen den Bildern die Füsse ab.

Hans Füessli: *Antwurt eins Schwytzer Purens über die ungegründten geschrifft Meyster Jeronimi Gebwilers, Schůlmeisters zů Straßburg, die er zů beschirmung der Römischen kilchen und iro erdachten wesen hat lassen ußgon.* Ein Epistel Huldrich Zwinglis, Zürich: Johannes Hager, 20. April 1524.

Flugschrift, 58 Bll.; Blatt H: 19.3; B: 14.2 cm; Titelseite H: 16.8; B: 11.1 cm.
Zürich, Zentralbibliothek, III N 146.

Kat. 136

Das Pamphlet reagiert auf eine 1523 erschienene, gegen die reformatorischen *heiligenschmeher* gerichtete Marienschrift des elsässischen Humanisten Hieronymus Gebwiler (1473–1545).[1] Bei dem im Titel als *Schwytzer Pur* bezeichneten Autor handelt es sich um den «Hafengiesser» Hans Füessli (1478– um 1542), wie er von Huldrych Zwingli im Vorwort dieser Flugschrift genannt wird (Bl. a1b). Füessli entstammte einer wohlhabenden Zürcher Glocken- und Stückgiesserfamilie und gehörte zu den ersten Anhängern Zwinglis.[2] Er war auch am ersten reformatorischen Pamphlet für Zürich beteiligt, der 1521 gedruckten *Beschribung der götlichen můly*, in welcher Zwingli in der Nachfolge von Erasmus und Luther als Verteidiger des Gotteswortes erscheint. Für dieses Werk hatte Zwingli die Titelillustration und den Titelvers (*Dyß hand zwen schwytzer puren gmacht*) erfunden sowie Füesslis Verse redigiert.[3] Wir können daher mit gutem Grund annehmen, dass Zwingli auch den Text der *Antwurt eins Schwytzer Purens* entscheidend mitbestimmt hat.

Im Vorwort setzt Zwingli in polemischer Absicht Füesslis Sprache, die sich auf das *gots wort* berufe und einem *gleubigen hertzen* entstamme, der lügenhaften *Rhetorica* Gebwilers entgegen. Wie einstmals die *vischer* (Apostel) seien es nun die *hafner, müller, tůchschärer, schůchmacher und schnyder*, die das Evangelium unter die Laien bringen. Nach einer ausführlichen Diskussion der Bedeutung der Mutter Jesu Christi werden in rund einem Dutzend «Präpositionen» die traditionellen Frömmigkeitspraktiken aufs Korn genommen: Füessli behandelt unter anderem die Verehrung der Heiligen, ihrer Bilder und Reliquien, die Interzession (Fürsprache), Wallfahrten, Wunder, Ablasswesen, Zeremonien sowie den Nutzen der Messe für die Lebenden und die Toten. Die Bilderfrage nimmt einen prominenten Platz ein. Füessli greift auf die von den Reformatoren öfters vorgebrachte Behauptung zurück, dass durch den Bilderdienst die notleidenden Mitmenschen als die wahren Bilder Christi zugunsten der Götzen vernachlässigt werden: *Ouch so henckt man inen so groß huffen silber und gold an, dar zů kostliche kleider, und dagegen den armen, nackenden, ellenden, dürfftigen sinen brůder hunger, frost, ellend und mangel erlyden* (Bl. e4b). Er empört sich weiter über die unzähligen Einblattdrucke mit der Darstellung der Messe des hl. Gregor des Grossen, die gegen bestimmte Gebetsleistungen Ablässe versprechen. An der Käuflichkeit des Seelenheils entzündet sich auch seine Kritik der Messe: *Dann was haben die Cappenhansen [die Geistlichen] anders dann ein krom darus gemacht, dortzů dises wort, meß, wol dienet, dann in den messen (so wir in grobem tütsch jarmerckt nennen) nüt anders dann ouch kouffen und verkouffen, lügen, trügen, beschyssen und felschen, gebrucht wirdt* (Bl. m1b). An mehreren Stellen mokiert sich Füessli über die mit dem Pilgerwesen verbundenen magischen Vorstellungen: *Dann wandle einer das gantz Tütsch land uß (wo das götlich gsatz nit glert wirt), so findt er allenthalb di lüt an den bilden ze gnagen, als ob sy inen die füß abfressen wellen* (Bl. e4a–b).

Unmittelbarer Anlass der Schrift bildete wohl weniger der mehr als ein Jahr zuvor gedruckte Traktat Gebwilers als vielmehr die gegen Ende April 1524 zunehmend prekäre Situation in Zürich, wo sich in den letzten Monaten individuelle ikonoklastische Aktionen häuften. Im Dezember 1523 hatte der Rat einen definitiven Entscheid in Bezug auf die Mess- und Bilderfrage auf Pfingsten 1524 (14.–16. Mai) in Aussicht gestellt. In diesem Sinne bereitete das Pamphlet Füesslis den Boden vor, um die reformatorische Forderung nach Beseitigung der kirchlichen Bilder durchzusetzen. Der *Schwytzer Pur* ist dabei die helvetische Variante des *Karsthans*, der wohl wirkungsvollsten Figur der frühreformatorischen Flugschriftenliteratur.[4] Wie dieser tritt auch der *Schwytzer Pur* mit dem Anspruch auf, die öffentliche Meinung des gemeinen Mannes zu repräsentieren.

Christine Göttler

Literatur:
Uffer 1982, S. 39–40. – Jezler/Jezler/Göttler 1984, S. 92. – Göttler 1985, S. 11–12. – Köhler 1991, S. 519, Nr. 1222.

---

1 Hieronymus Gebwiler: *Beschirmung des lobs und eren der hochgelobten hymelischen künigin Marie / aller heiligen gottes / auch der wolangesetzten ordnungen der Christlichen kirchen wider die frevenlichen heiligenschmeher die da sprechen / Maria sei nit ein můter gottes / Maria sein ein frauw wie ein ander frauw / und hab nicht für unß armen sünder zůbitten.* [Straßburg: Johannes Grüninger, 1523].
2 Bullinger, Reformationsgeschichte, S. 13.
3 Göttler 1984; Göttler 1985.
4 Zur Figur des *Karsthans* vgl. Kaufmann 1998, S. 225.

**137
Andreas Bodenstein von Karlstadt
rechtfertigt anfangs 1522 die ersten
ikonoklastischen Massnahmen
in Wittenberg theoretisch.**

Andreas Bodenstein von Karlstadt:
*Von abtuhung der Bylder / Vnd das keyn Betdler
vnther den Christen seyn sollen*,
Wittenberg: Nickel Schirlentz, 1522.

Flugschrift, Papier, Titelholzschnitt, H: 21; B: 15 cm.
1. Exemplar: Basel, Universitätsbibliothek, FP IX 5 Nr. 3.
2. Exemplar: Strassburg, Bibliothèque Nationale et Universitaire, R 104 989.

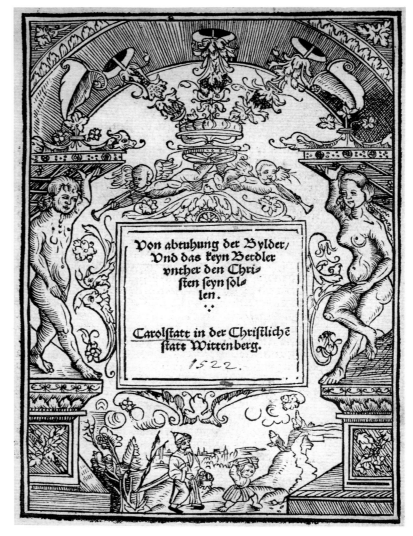

Kat. 137

Die Doppelabhandlung von Andreas Bodenstein von Karlstadt (1477–1541) über die Entfernung der Bilder und die Abschaffung der Bettelei erscheint in Wittenberg am 27. Januar 1522, nach mehreren Monaten von Unruhen. Gemäss einem Szenario, das sich häufig wiederholen wird, zwingen Angriffe auf die Mönche, auf die Messe und zuletzt auf die Bilder – hier sind sie grösstenteils auf den Augustinermönch Gabriel Zwilling und die Studenten zurückzuführen – den Rat der Stadt zum Handeln. Dieser organisiert eine Debatte und beschliesst am 24. Januar 1522 die Entfernung der Bilder. Der Jurist und Theologe Karlstadt, Professor an der Universität, rechtfertigt die Massnahmen vier Tage später theoretisch. Mit Hilfe von Zitaten aus dem Alten Testament denunziert er den Bilderkult in den Kirchen und auf den Altären als Götzendienst und damit als Widerspruch zum ersten Gebot. Er leugnet ausserdem, dass die Verehrung über das Bild hinausgehe und demjenigen gelte, den es darstelle; denn wenn dem so wäre, könnte man nicht verstehen, weshalb ein Bild mehr verehrt würde als ein anderes. Er greift auch die berühmte Aussage des hl. Gregor an, dass die Bilder die Bibel der Ungebildeten seien, und streitet deren pädagogischen Wert ab. Die Bilder würden nur sinnliche Phantasien hervorrufen, und ihr Kult sei Prostitution. Die Obrigkeit müsse sie deshalb abschaffen, ohne Tumulte und ohne Gewalt.

Mit dem Einstellen der Bilderschenkungen lassen sich hohe Geldsummen einsparen, die den Armen zugute kommen werden. Die Bettelei, aber auch die Leibeigenschaft – von der bekannt ist, dass sie sich in zahlreichen Gegenden Deutschlands im Laufe des vorangegangenen Jahrhunderts wieder etabliert hatte – müssen verschwinden. Karlstadt sieht in diesen zwei Erscheinungen unerträgliche Störelemente in einer christlichen Gesellschaft und fordert, dass das Geld dazu verwendet werde, den Armen Arbeit zu verschaffen und die Leibeigenen freizukaufen. Indem er die Aufstellung von Götzenbildern der Wiedereingliederung der Armen gegenüberstellt, die lebende Abbilder Gottes sind, hat sein Traktat grossen Einfluss auf Theorie und Praxis des reformierten Bildersturms in der Schweiz und in Deutschland. Schwieriger bleibt abzuschätzen, bis zu welchem Punkt die Armen tatsächlich Nutzniesser der Bilderzerstörung, besonders auch des Einschmelzens von Goldschmiedewerken und des Abbruchs der frommen Schenkungen waren. Karlstadt scheint nicht zu bemerken, dass der Teil der Donationen, der die Bilder betraf, sehr bescheiden war, wie Corine Schleif am Beispiel von Nürnberg dargelegt hat. Die Pfründen und der Unterhalt der Altäre kamen viel teurer zu stehen, und die damit zusammenhängenden Schenkungen waren in der Tat häufig für die Armen bestimmt.

Jean Wirth

Literatur:
Stirm 1977, S. 38ff. – Christensen 1979, S. 23ff. – Feld 1990, S. 118ff. – Schleif 1990. – Schnitzler 1996b, S. 32ff. und 237ff. – Ullmann 2000, S. 111–119.

138
Der Bildersturm als Wille Gottes: Ludwig Hätzer verfasst einen Katalog der Argumente.

Ludwig Hätzer: *Ein urteil gottes unsers eegemahels, wie man sich mit allen goetzen und bildnussen halten sol...*,
Zürich: Christoph Froschauer, 1523.

Flugschrift, Papier, 10 Bll., H: 20.5; B: 16 cm,
Titelholzschnitt: H: 17; B: 12.4 cm.
1. Exemplar: Bern, Stadt- und Universitätsbibliothek, AD 278 (ohne Angabe von Druckort und Drucker, mit handschriftlichen Notizen versehen).
2. Exemplar: Strassburg, Bibliothèque Nationale et Universitaire, R 103 955.

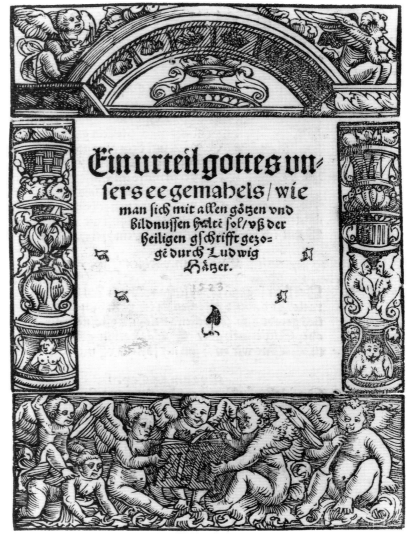

Kat. 138

Im September 1523 erscheint in Zürich, noch bevor in der Stadt entschieden ist, was mit den Bildern in den Kirchen geschehen soll, eine Flugschrift von Ludwig Hätzer. Der Autor ist erst 23 Jahre alt und bis vor kurzem als Kaplan für die Frühmesse in Wädenswil zuständig gewesen.[1] Karlstadts Flugschrift (Kat. 137) dient ihm vermutlich als Vorlage bei der Abfassung seines eigenen Werkes. Ausgehend vom zweiten der Zehn Gebote, trägt er rund 30 weitere Bibelstellen zusammen, in denen der Gebrauch von Bildern und das Anbeten fremder Götter gerügt wird. Hätzer führt den Leser kommentierend durch die in zeitgenössisches Deutsch übersetzten Textstellen des Alten Testaments. Diese Zitatensammlung umfasst den grössten Teil der Flugschrift. Anschliessend nimmt er vier mögliche Gegenargumente der *zänkischen Päpstler* vorweg, um sie mit längeren Antworten gleich zu entkräften. Er verwehrt sich gegen den Einwand, die aufgezählten Bibelstellen seien nicht verbindlich, weil sie alle aus dem Alten Testament stammten. Dann verwirft er das Argument, dass man nicht die Bilder selbst anbete, sondern die Heiligen, die sie verkörperten, indem er den Heiligenkult und damit verbundene Praktiken, wie das Entzünden von Kerzen und Ewigen Lichtern, das Wallfahren und Leisten von Votivgaben, generell verdammt. Allein Christus dürfe verehrt werden.

Der in der Schrift angeschlagene Ton ist angriffig, und der zeitgenössische Streit um die Bilderfrage rückt immer mehr in den Vordergrund. Hätzer geht so weit, die Heiligenbilder als Mörder an der gläubigen Seele darzustellen: *Du setzest sy [die Bilder] in die kilchen die ein hus gottes ist / da got allein gebryßt [gepriesen] und angerueffr sol werden / und machend also ein mördergrueb daruß / Sind die bild und ölgötzen nit mörder so sy die seelen töden und sy von got jrem eegemahel abfüren? Huss [hinaus] mit jnen in ein für / da ghört das holtz hin.* Auch das Kruzifix will Hätzer verbieten lassen, denn man solle Christus jetzt nicht *mehr nach dem Fleisch erkennen, sondern nach dem Geist*.

Die beiden klassischen Argumente der Bilderbefürworter, Bilder seien Bücher der Laien und würden die Menschen zu Andacht und Besserung bewegen, wischt Hätzer mit einem Verweis auf die Alleingültigkeit des Bibelwortes vom Tisch. Er schliesst sein Werk mit der Aufforderung an die *frechen Päpstler*, ihm die Stelle in der Bibel zu zeigen, an der Bilder anders als für ein Feuer zu gebrauchen seien.

Hätzers Kampfschrift ist gleichzeitig eine theologische Rechtfertigung des Bildersturms und ein Aufruf zur Tat. Sie bot den Bilderfeinden in ihrem Kampf einen brauchbaren, biblisch fundierten Argumentationskatalog. Ob die Flugschrift auch direkten Anlass zu ikonoklastischen Aktionen gab, ist schwer nachweisbar. Hätzer selbst vertrat übrigens bis an sein Lebensende konsequent extreme Positionen. Nach der Verbannung aus Zürich wegen seines Einsatzes für die Täufer lebte er in Augsburg, Basel, Strassburg und Worms. 1529 wurde er in Konstanz wegen angeblicher sexueller Vergehen enthauptet.[2]

Christian von Burg

Literatur:
Eire 1986, S. 79–80.

---

1 Pfister 1964–1984, Bd. 2, S. 181–182.
2 Ebd.

139
«Hübsche Kirchen bauen, viel stiften, pfeifen, lesen und singen, viele Messen halten» – das alles nützt den Seelen nicht.

Martin Luther: *Von den guten Werken*, Wittenberg: Melchior Lotther, 1520.

Flugschrift, Papier, 58 Bll., Titelholzschnitt, H: 20.3; B: 14.6 cm.
Bern, Stadt- und Universitätsbibliothek, A.D. 408 (1).

Kat. 139

Mit seiner Schrift *Von den guten Werken* hat Luther 1520 eine Ethik entworfen, welche die traditionelle Frömmigkeit zutiefst erschütterte. Bisher hatte gegolten, dass in den Himmel komme, wer mit Reue gebeichtet und die Absolution erlangt habe. Der Zeitpunkt des Eintritts ins Himmelreich hing aber von der geleisteten Busse ab, den sogenannten «guten Werken». Wer nicht genügend davon als Schatz im Himmel gehortet habe, müsse die verbleibende Restschuld im Fegefeuer abbüssen und finde erst nach unsäglicher Qual die himmlische Glückseligkeit.

Luther hingegen deutete die Bibel im Sinne von Paulus: «Der gerechte Mensch hat sein Leben aus seinem Glauben» (Römerbrief 1,17). Mit «guten Werken» vermöge der Mensch nichts zur Rettung seiner Seele zu erreichen. Einzig der Glaube bringe ihn zu Gott und zum ewigen Leben.

Nur was Gott geboten habe, nämlich die Zehn Gebote, seien gute Werke, und nur das, was Gott verboten habe, sei Sünde. Daher folgt Luther in der Gliederung seines Textes den Zehn Geboten. Die ersten vier («Du sollst keine anderen Götter haben», «Du sollst Gottes Namen ehren», «Du sollst den Feiertag ehren» und «Du sollst deinen Vater und deine Mutter ehren») werden ausführlich behandelt, die weiteren auf kleinerem Raum. Das Bildverbot wird nicht erläutert, sondern als Teil des ersten Gebotes erachtet.

Auf die Erläuterung, was das jeweilige Gebot fordere, lässt Luther die Beschreibung der bisher falsch geübten Frömmigkeit folgen: «Man nennt nämlich als Werke des ersten Gebotes zu dieser Zeit: Singen, Lesen, Orgelspiel, Messe halten, Metten, Vespern und andere Tagzeiten beten, Kirchen, Altäre und Klöster stiften und schmücken mit Glocken, Kleinodien, Messgewändern, Geschmeide; auch Schätze von Verdiensten sammeln, nach Rom, zu den Heiligen laufen.» Solche Werke möge man im richtigen Glauben an Gott vollbringen, aber für sich nützten sie nichts, sagt Luther – im Gegenteil: Die vielen Feiertage verführten zu sündigem Treiben. In der Arbeit ehre man Gott viel besser. Christus habe mit dem letzten Abendmahl «Vergebung aller Sünden, Gnade und Barmherzigkeit zum ewigen Leben als sein Erbteil verordnet». Aber der «böse Geist» lasse die Menschen «hübsche Kirchen bauen, viel stiften, pfeifen, lesen und singen, viele Messen halten und ein massloses Gepränge treiben».

Mit seinen verbalen Attacken gegen die Tradition hat Luther eine Lawine losgetreten, die den bisherigen Bilderkult in den Abgrund zu reissen vermochte. Die Radikalen unter seinen Anhängern sahen sich aufgefordert, die Ausübung «guter Werke» mit Gewalt zu unterbinden. Über die Bilder, welche bei Wallfahrten oder kirchlichen Stiftungen den optischen Schwerpunkt der Einrichtung darstellten, liess sich der Kult am einfachsten attackieren. Luther selber hatte mit solchen Folgen allerdings nicht gerechnet.

Peter Jezler

Literatur:
Textedition: Luther, Werke, Bd. 6, S. 196–276.

140
Obwohl Luther den Bilderkult ablehnt, bezieht er vehement Stellung gegen den Bildersturm.

Martin Luther: *Wider die himmlischen Propheten. Vonn den bildern und sacramenten* [1525].

Flugschrift, Papier, 28 Bll., H: 19.5; B: 16 cm.
1. Exemplar: Nürnberg, Hieronymus Höltzel [1525], Strassburg, Bibliothèque Nationale et Universitaire, E. 125 895.
2. Exemplar: Wittenberg, [Cranach und Döring, 1525], Flugschrift, Papier, 28 Bll., Titelholzschnitt, H: 20.5; B: 16 cm. Strassburg, Bibliothèque Nationale et Universitaire, E. 125 896.

Auch wenn Luther mehrmals mit ebenso heftigen Worten wie Karlstadt (Andreas Bodenstein) den Überfluss an Bildwerken in den Kirchen angegriffen hatte, war er doch über die Ereignisse in Wittenberg beunruhigt und kehrte Ende Winter 1522 überstürzt von der Wartburg zurück. Sogleich nahm er in seinen Predigten zu *Invocavit* gegen Karlstadts Äusserungen Stellung, allerdings ohne ihn zu nennen. Die Hetze gegen Bilder und Sakramente in den folgenden Jahren, namentlich in Zürich und Strassburg, veranlasste Luther, sich ausführlicher damit zu befassen und Anfang 1525 in der Schrift *Wider die himmlischen Propheten* seinen Gegner beim Namen zu nennen. Das Kapitel *Von dem Bildersturmen* ist seine präziseste theoretische Abhandlung zu diesem Sachverhalt.

In dem tragikomischen Ton, dessen er sich immer öfters bedient, klagt Luther Karlstadt und dessen Gesinnungsgenossen an. Sie seien Besessene, von einem teuflischen Geist verhext, der sie in Aufruhr versetze. Er wirft ihnen eine judaisierende Interpretation des Dekalogs vor, die sie den Christen aufzwingen wollten. Seiner Meinung nach untersagen die Zehn Gebote nur Bilder von Gott, und nur dann, wenn sie angebetet werden. Er greift somit die Meinung der Scholastiker auf, für die das Verbot der Bilderherstellung dem Verbot der Bilderverehrung untergeordnet ist. Daraus folgert er, dass das Gesetz Moses' weder Kruzifixe noch Heiligenbilder untersage. Gegenstand des Verbots seien schliesslich nur jene Bilder, die angebetet würden in der Hoffnung, etwas von ihnen zu erhalten, wie bei den Pilgerfahrten, die am meisten abzulehnen seien. Diese Bilder müssten durch die verantwortlichen Autoritäten zerstört werden, deren Rolle die Bilderstürmer nicht übernehmen dürften.

Gleichzeitig scheint Luther von seiner eigenen Auslegung des Dekalogs nicht ganz überzeugt gewesen zu sein und zweifelt an der Gültigkeit des Gebots, *denn Mose ist alleyne dem Judischen volck geben und geht uns Heyden und Christen nichts an.* Selbst wenn die meisten Gebote auch für Christen ihre Gültigkeit haben, gibt es darunter zwei, die nur für das jüdische Zeremoniell verbindlich sind, nämlich das Sabbatgebot und das Bilderverbot. Der Besitz von Bildern leitet sich aus der Freiheit der Christen ab; Bilder dürfen folglich weder vorgeschrieben noch abgeschafft werden. In der Praxis wäre es gut, mindestens ein Kruzifix, ein Heiligenbild oder eine Madonna in der Kirche zu belassen.

Bilder sind zudem eine unumgängliche menschliche Realität. Man begegnet seinem Spiegelbild in der Wasserlache und, ob man will oder nicht, man macht sich ein Bild von Gott. Luther gesteht denn auch, dass er nicht an Christus denken kann, ohne sich dabei das Bild eines gekreuzigten Mannes vorzustellen. So ist es schwierig einzusehen, wieso denn ein von Menschenhand gefertigtes Bild verdammenswürdiger sein soll als ein natürliches oder eingebildetes.

Im Gegensatz zu Karlstadt und zu Zwingli, der in seiner Antwort aus dem geistigen Bild Gottes ein Idol *(abgott)* macht, akzeptiert Luther den erasmischen Widerspruch von Fleisch und Geist nicht. Für ihn wurde die menschliche Vernunft durch den Sündenfall verdunkelt, und das Göttliche kann nur durch die Mittel erfahren werden, die noch zur Verfügung stehen, wie etwa die Einbildungskraft und die Bilder. Der mittelalterlichen Kirche bleibt Luther treu, indem er sich die Inkarnation als Vermittlung denkt, durch die sich Gott der fühlbaren Wahrnehmung anbietet und im Bild darstellt. Seine besonders in den vorausgegangenen Jahren geübte Kritik an den Bildern galt dem Vertrauen, das die Menschen in die «guten Werke» setzten, bzw. in die Herstellung und den Kult der Bilder als Mittel, das Heil zu erlangen.

Im lutherischen Deutschland wurden so weiterhin Bilder hergestellt – die Schenkungen fielen jedoch insgesamt weniger grosszügig aus als im Mittelalter. Die alten Bilder blieben weitgehend erhalten, und trotz der Zerstörungen des 20. Jahrhunderts bewahrt keine andere Gegend so viele Zeugnisse der mittelalterlichen Sakralkunst.

Jean Wirth

Literatur:
Luther, Werke, Bd. 18, S. 37–214, bes. S. 67–84. – Stirm 1977, S. 17 ff. – Christensen 1979, S. 42 ff. – Wirth 1981, S. 105 ff. – Eire 1986, S. 54 ff. – Fritz 1999, S. 101–107.

Kat. 140

141
Aufruf zum Bildersturm:
Zwingli wünscht sich einen zweiten Elia, der die Götzen wegschaffen würde.

Ulrich Zwingli: *Ußlegen und gründ der schlußreden oder articklen...*, Zürich: Christoph Froschauer, 14. Juli 1523.

Kommentar zu den 67 Artikeln der Ersten Zürcher Disputation vom 29. Januar 1523; 508 unpaginierte Quartseiten, H: 21.5; B: 16 cm.
Bern, Stadt- und Universitätsbibliothek, A.D. 110 (1).

In Zürich setzte der offene Kampf zwischen Traditionalisten und Reformwilligen 1522 mit Schmähungen und Predigtstörungen ein. In der Folge stellte sich die Frage, ob Zwinglis Lehren ketzerisch oder rechtgläubig seien. Zur Klärung lud der Zürcher Rat auf den 29. Januar 1523 den Klerus des eigenen Herrschaftsgebietes sowie eine Vertretung des Bischofs von Konstanz zur sogenannten Ersten Disputation ein. Am 29. Januar 1523 fanden sich über 600 Teilnehmer ein; Zwingli trug seine 67 Artikel vor.

Ein halbes Jahr später, am 14. Juli 1523, publizierte er den umfangreichen Kommentar dieser 67 Artikel: *Ußlegen und gründ der schlußreden oder articklen*. Sie betrafen Papst, Messe, Fürbitte der Heiligen, Gute Werke, Besitz des Klerus, Fastenvorschriften, Feiertage und Wallfahrten, Kleidung der Geistlichen und religiöse Zeichen, Mönchsorden, Ehe der Geistlichen, Zölibat, Kirchenbann, Wuchergewinne, Obrigkeit, Gebet, öffentliches Ärgernis, Sündenvergebung, Fegefeuer, Priesterschaft und Abschaffung von Missbräuchen. Ein grosser Teil bisheriger Lehren wurde abgelehnt, nicht wenige davon waren für die Existenz der Kirchenbilder essentiell. Leisteten die Heiligen keine Fürbitte, braucht man sie auch nicht mehr in Bildern zu ehren. Wenn die Messe kein Opfer mehr war, entfielen Privat- und Seelmessen, und ohne Fegefeuer bestand kein Anlass mehr zu Donationen und Seelstiftungen. Damit erübrigte sich der grösste Teil der Altarausstattungen.

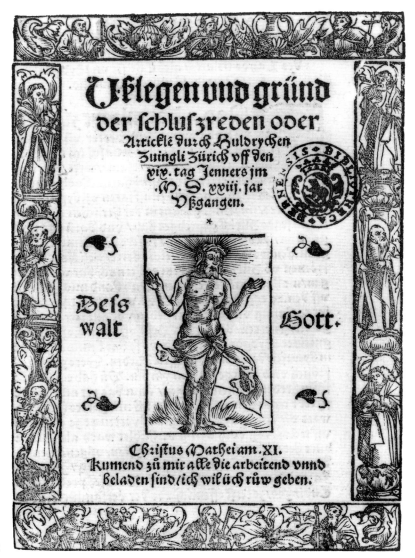

Kat. 141

Die Bilderfrage selbst wird nur nebenbei berührt. Im 20. Artikel («Wir brauchen neben Gott keine Vermittler») benützt Zwingli erstmals das biblische Bilderverbot als Argument.[1] Einige Seiten weiter folgt eine Demontage der aufreizenden Heiligenbilder: *Und wir habend ein sölchen huffen götzen! Einen bekleiden wir mit harnest, sam er ein kriegßknecht sye, den andren als einen büben oder hůrenwirt, daran die wyber frylich zů grossem andacht bewegt werdend. Die sälgen wyber gstaltet man so hůrisch, so glat und ußgestrichen, sam sy darumb dahyn gestelt syind, das die mann an inen gereitzt werdind zů uppigkeit.*[2] Zwingli ist bereits davon überzeugt, dass die «Einfältigen» die Bilder selbst und nicht ihre Urbilder im Himmel anbeteten. Erstmals ruft er zum Bildersturm auf: *Ach herr! Verlych uns einen unerschrockenen man, wie Helias was, der die götzen vor den ougen der gleubigen dennen thůe.*[3] Ob die Aufforderung ernst gemeint und Zwingli sich der Konsequenzen bewusst war, ist zu bezweifeln.

Als zwei Monate später nach einer entsprechenden Predigt von Leo Jud und dem Erscheinen von Ludwig Hätzers Bildtraktat (Kat. 138) die ersten «Götzenzerstörungen» stattgefunden hatten, mahnte Zwingli mit dem Zürcher Rat zur Ruhe.

Peter Jezler

Quellen:
Textedition in: Zwingli, Werke, Bd. 2, S. 1–457; hochdeutsche Übersetzung in: Zwingli, Schriften, Bd. 2.

---

1 Zwingli, Werke, Bd. 2, S. 192.
2 Ebd., S. 218.
3 Ebd.

142
Mit seinem Antwortschreiben auf die Kritik von Valentin Compar will Zwingli den reformwilligen Gemeinwesen einen Leitfaden für den geordneten Bildersturm in die Hand geben.

Ejn Antwurt Huldrychen Zvinglis | Valentino Compar alten Landtschryber zů Ure ggeben | über die [lx]iiij. artickel. die er jmm uß sinen schlußreden angetastet hatt, Zürich: Hans Hager, 27. April 1525.

Flugschrift, Papier, Blatt H: 19.5; B: 14.5 cm; Titelholzschnitt H: 6; B: 7 cm.
Zürich, Zentralbibliothek, Zw. 49.1.

Kat. 142

Der Alt-Landschreiber von Uri, Valentin Compar, hatte auf Zwinglis 67 Schlussreden (Kat. 141) mit einer Gegenschrift reagiert. Zwingli seinerseits publizierte darauf am 27. April 1525 die vorliegende umfangreiche Flugschrift. Sie richtet sich an ein breites Publikum, namentlich an die Urner Landsgemeinde und an all jene Gemeinwesen, welche die Räumung der Bilder planen. Zwinglis Replik umfasst vier Teile: je einen zum Evangelium, zu den Kirchenlehrern, den Bildern und zum Fegefeuer.

Was die Systematik betrifft, gehört die Antwort an Compar nicht zu Zwinglis Glanzstücken; dem Text fehlt eine stringente Gliederung. Hingegen ist er neben der theologischen Argumentation reich an ethnographischer Schilderung des traditionellen Bildgebrauchs, natürlich durchsetzt von polemischen Äusserungen.

Dem Kapitel über die Bilder ist mehr als die Hälfte des Textumfangs gewidmet. Es handelt sich um Zwinglis grösste Auseinandersetzung mit der Bilderfrage. Im Kern leitet sich die Argumentation von seiner Definition eines Götzen ab: «Verstehe aber genau, lieber Valentin, was wir einen ‹Götzen› nennen: ein Bildnis eines Helfers oder Trostbringers, sowie jene Dinge, denen Ehre erwiesen wird; [harmlose] ‹Bilder› nennen wir hingegen Nachahmungen eines jeden Dings, das da sichtbar ist, aber zu keiner abwegigen Hoffnung gemacht und auch nicht verehrt wird.»[1] Hier unterscheidet sich Zwinglis Auslegung des biblischen Bildverbotes von derjenigen der Juden des Altertums und der urchristlichen Gemeinde. Während jene gänzlich bilderlos lebten, akzeptiert Zwingli figürliche Darstellungen: «Wäre es nicht erlaubt, überhaupt eine Figur zu machen, so dürfte man nicht eine Hand an einem Stundenzeiger anbringen, noch einer Herberge ein Zeichen verleihen.»[2] In der Kirche verführe der Gebrauch von Bildern jedoch zum Götzendienst: «Wir setzen die Bilder auf den Altar, wir neigen uns vor ihnen und heben den Hut, wir beschenken sie mit Silber und Gold, wir brennen Kerzen vor ihnen und wir benennen sie selbst mit den Namen der dargestellten Heiligen.»[3]

Zwingli stellt sich zwischen die «Stürmer», welche alle Bilder weghaben wollen, und die «Schirmer», welche allenthalben nach Ausnahmen suchen. Er bedient sich biblischer Argumente, entscheidet über Zerstörung und Erhaltung und lässt nirgends Zweifel offen. Die Glasbilder der Kirchenfenster dürfen bleiben, da sie nicht verehrt würden.[4] Wo hingegen nur schon die Möglichkeit einer Verehrung droht, will Zwingli die Zerstörung. Bilder könnten weder die Gläubigen zur Andacht reizen noch die Ungelehrten unterrichten, denn die Bibel habe solches nicht vorgesehen. Und selbst wenn die «Götzen» nicht verboten wären, müsste man sie abschaffen, weil sie zum äusserlichen Zeremonienwesen gehören und zu Missbrauch Anlass geben.[5]

Die Schlussrede mündet in eine Tirade von Beispielen, die zeigen sollen, zu welchem Missbrauch die Bildfrömmigkeit der Katholiken geführt habe, und wie die Hungernden darben müssten, weil das Gold lieber den Götzen angehängt werde: *Hie stat ein Magdalena so hůrisch gemaalet, das ouch alle pfaffen ye und ye gesprochen habend: Wie könd einer hie andächtig sin, mäß ze haben? Ja, die ewig, rein unversert magt und můter Jesu Christi, die můß ire brüst harfürzogen haben. Dört stat ein Sebstion, Mauritius und der fromm Johanns evangelist so jünckerisch, kriegisch, kuplig, daß die wyber davon habend ze bychten ghebt. Und das ist als ein schimpf. Sy habend můssen vergüldet sin oder gar silbrin oder guldin oder mit gold und edelgstein bekleidet, das man alles solt den armen angehenckt haben. Ja, all götzenbuwer werdend gott ouch rechnung müssen geben, das sy imm syne bilder habend lassen hungern, früren etc.; und habend ire eignen götzen so tür gezieret.*[6] Das Kapitel endet schliesslich mit einer (idealisierten) Darstellung der Umstände, unter denen im Vorjahr die «Götzen» in Zürich abgeschafft wurden. Wie er ausdrücklich betont, will Zwingli damit den reformwilligen Gemeinwesen einen Leitfaden für einen geordneten Bildersturm in die Hand geben.

Unter dem Titelholzschnitt der Flugschrift steht das Christuswort «Kommt zu mir alle, die ihr arbeitet und beladen seid, ich will euch Ruhe geben» (Matthäus 11,28), das bis 1529 unter allen Schriften Zwinglis erscheint. In unserem Fall illustriert der Holzschnitt jedoch dieses Wort. Christus steht inmitten einer dichten, mit Kreuzen beladenen Menschengruppe und zeigt argumentierend die Handfläche seiner Rechten. Direkt hinter der Hand erscheint ein Vollprofil, das dem Bildnis Zwinglis sehr ähnelt. Es ist, als ob die Hand Christi durch den Mund des Gelehrten wirke. Die Christus zugewandten Personen vertreten verschiedene Stände: zur Rechten Christi unter anderen ein Eremit und ein Krüppel mit amputiertem Bein, zur Linken ein knieender Mann in Handwerkerkleidung, ein Gelehrter mit Bart und eine züchtig gekleidete Frau mit Gebende (Kopftracht). Alle tragen einfache Holzkreuze – nichts von Edelmetall oder Zierrat und nichts zwischen den Gläubigen und Christus!

Peter Jezler

Literatur:
Kommentar und Textedition: Zwingli, Werke, Bd. 4, S. 35–159; zum Holzschnitt: Wandel 1990, S. 91–94 und Abb. 6.

---

1 Zwingli, Werke, Bd. 4, S. 96.
2 Ebd., S. 130.
3 Ebd., S. 108–109.
4 Ebd., S. 95.
5 Ebd., S. 145.
6 Ebd., S. 145–146.

143
Martin Bucer rechtfertigt 1530 das Entfernen der Bilder aus den Strassburger Kirchen und beruft sich dabei auf die Autorität der Bibel und der Kirchenväter.

[Martin Bucer:] *Das einigerlei Bild bei den Gotgläubigen an orten, da sie verehrt, nit mögen geduldet werden...*, Strassburg [Johann Knobloch der J., 1530].

Flugschrift, Papier, Quartformat, H: 28.5; B: 9.5; Dicke: 0.5 cm.
1. Exemplar: Zürich, Zentralbibliothek, III N 144.8.
2. Exemplar: Strassburg, Bibliothèque Nationale et Universitaire, R 102 352.

Nachdem der Strassburger Reformator Martin Bucer (1491–1551) den Bilderkult schon in seinem Werk «Grund und Ursach» von 1524 verworfen hatte, widmet er 1530 die vorliegende kleine Schrift ganz dieser Frage und macht sich damit zum Wortführer der Strassburger Prediger (sein Name erscheint allerdings nicht auf der Titelseite). Es handelt sich um eine nachträgliche Rechtfertigung des Strassburger Bildersturms, hatte der Rat doch bereits am 14. Februar 1530 das Entfernen aller noch vorhandenen Bilder aus den Kirchen angeordnet. Man kann feststellen, dass dieselben Auffassungen, in einer dichteren Form, in der *Confessio Tetrapolitana* enthalten sind, jener Glaubenslehre, die von Strassburg und drei süddeutschen Städten anlässlich des Reichstages zu Augsburg von 1530 vorgestellt wurde, neben der lutherischen *Confessio Augustana* und der zwinglianischen *Fidei Ratio*.

Obwohl Bucer mit Luther darin übereinstimmt, dass Bilder an sich keine Bedeutung haben, dass es sich um *adiaphora* (belangloses Zeug) handelt, stellt er sich doch klar auf die Linie von Karlstadt und Zwingli, indem er zunächst das Bilderverbot Gottes in den Zehn Geboten hervorhebt und es dabei als eigenes, zweites Gebot darstellt, während es im Werk von 1524 noch in das erste integriert gewesen war.[1] Wie Zwingli hält er fest, dass zwar gewisse Vorschriften des Gesetzes, die mit historischen Umständen verbunden sind (Beschneidung, Hygienevorschriften, Opfer) keine Gültigkeit mehr hätten, die Gesamtheit des Gesetzes aber doch auch unter dem Zeichen der Gnade gültig bleibe. Er stützt sich dabei auf das Wort Christi, dass er nicht gekommen sei, um das Gesetz aufzulösen, sondern um es zu erfüllen (Matthäus 5,17). Das Bilderverbot bleibt also vollumfänglich gültig, denn Bilder, so Bucer, behindern die wahre Verehrung Gottes im Geiste; es ist der Teufel, der die Menschen glauben lässt, dass Bilder es ermöglichten, Gott zu ehren, wo sie doch nichts anderes tun, als den Menschen von ihm zu entfernen. Ebenso sind Bilder von Christus unnötig, denn man muss nicht der menschlichen Natur Christi Rechnung tragen, sondern seinem Geist. Selbst die Zeremonien und äusseren Zeichen, die Gott den Hebräern gab, waren nur ein Zugeständnis an deren kindlichen Geist – wenigstens aber ist ein Zeichen lebendig, während Bilder tot sind.

Von diesem Punkt ausgehend, entwickelt Bucer mehrfach den Gegensatz zwischen der Natur und der Schöpfung, die Zeichen Gottes sind, und den Bildern aus Holz und Stein. Alle Kreaturen und in erster Linie der Mensch, ein lebendes Abbild des Schöpfers, sind den armseligen menschlichen Nachahmungen weit überlegen (*ein todt, unempfindtlich bild nachmachen*).[2] Im Gegensatz zu Luther und sogar zu Zwingli, der von sich behauptete, er liebe die nicht-religiöse Kunst, scheint Bucer seinerseits keinerlei künstlerische Sensibilität gehabt zu haben, auch wenn er einräumt, dass Bilder, die zu keiner Verehrung Anlass gäben, toleriert werden können, und dass die Kunst eine Gottesgabe sei (*Diss leugnet kein verstendiger, das man bilder haben mag, wo die nit verehrt werden. Es ist bildhauwen, giessen oder ma-*

*len auch ein kunst, die Got geben hat).*³ Es geschieht aber durch das Wort, durch das Anhören der Gleichnisse Christi, der «geschriebenen» Bilder, dass ein Christ sich Ihm wirklich nähern kann, und nicht durch Bilder, die eine Vorstellung von seiner menschlichen Erscheinung geben wollen und doch nur die Aufmerksamkeit ablenken *(Das reich Gottes ist ein andere krafft, dann das sie durch soliche fündlin möchte gefürderet werden).*⁴

Bucer verwirft auch das lutherische Argument, dass Bilder dazu dienen könnten, die Schwachen zu Gott zu führen, und leugnet generell ihren pädagogischen Nutzen. So lange sie in den Kirchen toleriert blieben, würden die Schwachen, durch die Kraft der Gewohnheit, fortfahren, sie zu verehren. Nachdem er die Pseudo-Wunder, die Bilder verursachten, heftig bezweifelt hat, zeigt Bucer im zweiten Teil seiner Schrift, dass das frühe Christentum und die meisten Kirchenväter die Bilder abgelehnt haben. Er bringt auch den byzantinischen Ikonoklasmus zur Sprache und beschuldigt vor allem die Kaiserin Irene (um 752–803), die die Bilder in Byzanz wiedereingeführt habe und zugleich eine Mörderin und Kriminelle gewesen sei. In den gleichen Zusammenhang stellt er Papst Gregor, «der Grosse, genannt» der die Bilder in den Kirchen des Westens eingeführt habe, unter dem Vorwand, sie dienten der Erziehung der einfachen Leute. Bucer schliesst mit den Worten, in jedem Fall sei es wesentlich, die Bilder aus den Herzen zu entfernen; sie von öffentlichen Orten und damit von den Kirchen wegzuschaffen, das bleibe Aufgabe der Obrigkeit. Es sei wichtiger, sich der lebenden Bilder Gottes, der Menschen, anzunehmen, als der toten Bilder.

Frank Muller

Literatur:
Bucer, Deutsche Schriften, Bd. 4, S. 167–181. – Muller 1993, S. 227–237.

---

1 Die Strassburger Bibel, die 1530 von Köpfel, einem Neffen des Reformators Wolfgang Fabricius Capito (1472/1478–1541) herausgegeben wurde, führt die Zehn Gebote in gleicher Art auf.
2 Bucer, Deutsche Schriften, S. 167.
3 Ebd., S. 171.
4 Ebd., S. 170.

Abb. 37
Monogrammist *SD* (oder *DS*), Porträt von Martin Bucer (1491–1551), 1586, aquarellierter Holzschnitt, H: 23; B: 11.7 cm. Strassburg, Bibliothèque Nationale et Universitaire.

144

Thomas Murner beschimpft die Reformationsanhänger als Kirchendiebe, die gegen das Gebot «Du sollst nicht stehlen» verstossen.

Thomas Murner: *Der Lutherischen, Evangelischen Kirchendieb und Ketzer Kalender*, Luzern, 10. Februar 1527.

Einblattdruck, Holzschnitt, H: 13.2; B: 21 cm.
Zürich, Zentralbibliothek, Graphische Sammlung, 3.1527.002.

Als 1526 in Zürich die Kirchenschätze vermünzt worden waren (vgl. S. 82), reagierten die katholisch verbliebenen Nachbarn weit heftiger als nach dem Bildersturm zwei Jahre zuvor, und dies aus drei Gründen:
1. Diesmal fehlte die einfache Rechtfertigung des biblischen Bilderverbots, denn viele der Kultgeräte waren gar keine Bilder.
2. Die Kultgeräte und Paramente waren konsekriert und genossen einen höheren Weihegrad als die Bilder.
3. Die Zerstörung erfolgte nicht selbstlos wie bei der Vernichtung von hölzernen oder steinernen Tafeln und Skulpturen. Das gewonnene Gold und Silber – ein riesiges Vermögen – floss vielmehr zum grössten Teil in den Staatssäckel: Das war Kirchenraub.

Als zudem 1527 Johannes Copps «Evangelischer Kalender» mit Hans Holbeins d.J. Holzschnitt von 1523/1524 erschien (Abb. 38), reagierte der Strassburger Franziskaner Thomas Murner, der schon in seiner Schrift *Von dem grossen lutherischen Narren* (Kat. 146) gegen die Ikonoklasten vom Leder gezogen hatte, mit einer bösen Persiflage.

Bei Holbein illustriert ein Leuchter im Zentrum der Komposition das Bibelwort «Niemand, der ein Licht anzündet, stellt es [...] unter einen Scheffel, vielmehr auf einen Leuchter, dass man den hellen Schein beim Eintreten leicht sehe» (Lukas 11,33). Vom linken Bildrand her (gemeint ist die Himmelsseite des Weltgerichts zur Rechten von Christus) nähern sich demütig die Anhänger der Reformation, die von Christus empfangen und zum Licht geführt werden. Auf der Höllenseite wendet sich dagegen die ganze

Abb. 38
Hans Holbein d.J., Christus als evangelisches Licht, 1523/1524, Holzschnitt, H: 8; B: 28 cm. Berlin, Staatliche Museen, Kupferstichkabinett, Inv. 86–3. – Der Holzschnitt diente als Illustration des «Evangelischen Kalenders» von Johannes Copp aus dem Jahre 1527, auf den Thomas Murner mit seinem «Ketzerkalender» reagierte.

Kat. 144

kirchliche Hierarchie vom Leuchter ab. Vom Papst bis hinunter zum Chorherrn und Prälaten folgen sie Plato und Aristoteles als Leitfiguren einer nicht biblisch begründeten Theologie in den Schlund der Finsternis.

Murner verkehrt den «Evangelischen Kalender» mit seinem «Ketzerkalender» in das Gegenteil. Die Tage werden nicht nach den positiven Ergebnissen der Reformation benannt, sondern nach jeglicher Art der Pervertierung evangelischer Ethik und Moral. Der Holzschnitt greift Holbeins Bildelemente auf und gruppiert sie neu. Wurden dort die Reformationsanhänger von Christus ans Licht geführt, so werden sie im «Ketzerkalender» von Moses zurechtgewiesen, und Zwingli wird hingerichtet.

Die reformatorische Schar tritt nun von rechts in die Bildfläche, beladen mit gestohlenen Kirchenschätzen wie Vortragekreuzen, einem Rauchfass, einer Monstranz, mehreren Kelchen und einem Ensemble von Geldsack und Messgewand als Hinweis auf die Säkularisierung der Privatmessen. Christus, der neben einem zerbrochenen Leuchter steht, empfängt die Kirchenräuber und verweist sie an Moses. Dieser hält die Gesetzestafeln in der Hand und zeigt auf das über der Szene schwebende Spruchband, worauf geschrieben steht: *Du solt nit stelen, Deutro V* (2. Buch Moses 5,19). Im Hintergrund ist ein Galgen zu erkennen, an dem – wie aus dem Kalendertext hervorgeht – Zwingli als Drahtzieher des Kirchenraubs aufgeknüpft ist.

Peter Jezler

Literatur:
Götzinger 1865. – Kat. Luther Nürnberg 1983, S. 250–251, Nr. 317; – Jezler 1990b, S. 163–169.

145
Stein des Anstosses –
der sogenannte Kelchbatzen.

Abbildung eines Zürcher Batzens von 1526 mit eingestempeltem Kelch.

Schweizer- und Reformationschronik
von Johannes Stumpf, 1535.
Zürich, Zentralbibliothek, Ms. A 2, S. 379.

Ein ungelöstes Problem der reformatorischen Umwälzungen in Zürich war die Frage, was mit den eingezogenen Schätzen der Kirchen und Klöster geschehen sollte. Ursprünglich war Zwingli der Auffassung, der Reichtum der Kirche müsse vollumfänglich den Armen zugute kommen. Als jedoch im Jahr 1525 das Gold und Silber in Zürich zusammenkam, distanzierte sich die Obrigkeit zusehends von diesem Vorhaben. Der Rat beschloss, das kirchliche Edelmetall im Wert von rund 14 000 Gulden zu vermünzen. Im Februar 1526 wurde das Metall dem Münzmeister Wolf übergeben. Aus dem eingeschmolzenen Gold und Silber wurden Goldgulden, Taler (die sogenannten Kelchtaler) und kleinere Silbermünzen, besonders Batzen und Schillinge, geprägt. Der Gewinn aus der Münzprägung kam allerdings nicht dem Almosenamt, sondern dem Säckelamt zugute.

Die Konfiskation und Einschmelzung der Kirchenschätze lieferte den Kritikern und Gegnern der Reformation einen willkommenen Angriffspunkt. Im Jahr 1526 wurden Ausdrücke wie *Schelme zu Zürich* und *Kelchdieb Zwingli* zu stehenden Wendungen der antireformatorischen Polemik. Als an der Tagsatzung in Luzern ein Verbot der Zürcher Batzen aus eingeschmolzenem Silber gefordert wurde, konnte sich der Luzerner Rat aber zu keiner entsprechenden Massnahme durchringen. Gleichwohl tauchten in der Folge Zürcher Münzen auf, denen ein Stempel mit der Darstellung eines Kelchs ins Wappen geschlagen worden war, um sie als gestohlenes Kirchengut zu kennzeichnen. Ein Zürcher Batzen des Jahres 1526 mit einem Kelchstempel ist in der Chronik von Johannes Stumpf abgebildet. Die Initiative zur Brandmarkung der Münzen hatten nicht näher bekannte private Kreise ergriffen. Heinrich Bullinger schreibt in seiner Reformationsgeschichte allgemein von «Luzernern und Zugern» als Urhebern des Kelchstempels. Im Jahr 1527 verurteilte er in seiner Schrift *Wider den frewlen kelchstemppfel* dieses Vorgehen vehement und verteidigte die Haltung der Zürcher Obrigkeit. Diese habe die Kirchenschätze zu Recht eingezogen, damit sie den Armen zugute kämen.

In öffentlichen Schweizer Münzsammlungen werden heute zwei Zürcher Batzen und ein Schilling des Jahres 1530 mit eingestempelten Kelchen aufbewahrt. Wahrscheinlich handelt es sich bei diesen Stücken jedoch um moderne Fälschungen, zu deren Herstellung originale Münzen verwendet wurden. Die Stumpfsche Abbildung ist somit die einzige gesicherte Darstellung eines sogenannten Kelchbatzens.

Daniel Schmutz

Literatur:
Zimmermann 1971, S. 20. – Bächtold 1992.

Kat. 145

Darstellungen des Bildersturms

146
Der Strassburger Franziskaner Thomas Murner beschreibt mit prophetischem Eifer die Reformation als eine religiöse und politische Revolution und inszeniert den Bildersturm.

Zwei Holzschnitte aus: Thomas Murner: *Von dem grossen lutherischen Narren,* Strassburg: Johannes Grüninger, 1522.

Papier in Leder gebunden, 116 Blätter, H: 19.5; B: 14 cm; Holzschnitte fol. V 3v sowie L 2v.
Strassburg, Bibliothèque Nationale et Universitaire, R 100 319.

Thomas Murners satirisches Werk ist in der Form eines Ritterromans verfasst und mit Stichen illustriert, deren Entwürfe sicher vom Autor selbst stammen. Von seinen Verleumdern *Murr-Narr* (verrückter Kater) genannt, inszeniert sich Murner als Franziskaner mit einem Katzenkopf. Er steht mit Luther in einem Feudalkrieg, der auch als Revolution der aufständischen Bauern dargestellt ist. Nach vielen schicksalhaften Wendungen entscheiden sich die Gegner, Frieden zu schliessen, und Luther gibt Murner seine Tochter zur Frau. In der Hochzeitsnacht entdeckt er, dass diese Kopfgrind hat, und flieht. Luther stirbt und wird von Katzen in einer Latrine beerdigt, weil er auf die Sakramente verzichtet hat. Auch der Grosse Lutherische Narr, ein verfressenes Monstrum, das die Bauernrevolte personifiziert, stirbt, und beide beschliessen den Roman, indem jeder für sich die Narrenkappe als Erbstück heischt.

Kat. 146 fol. V 3v
Die Illustration zeigt einen Bilderstürmer im Narrengewand, gerade im Begriff, eine Heiligenstatue anzuzünden.

Mit seinem komischen, mit Rabelais vergleichbaren Talent und einer Beredsamkeit, die niemanden verschont, sieht der franziskanische Schriftsteller die revolutionären Folgen der lutherischen Lehre voraus. Im Namen der evangelischen Armut lässt der Klerus seine Güter konfiszieren, die Aufständischen entbinden die Christen vom Fasten und befreien Nonnen aus den Klöstern. Zwei Kapitel der Schrift behandeln den Bildersturm. Das erste ist ein Diskurs des Vierzehnten Bundesgenossen über den Heiligenkult (S. 156 ff.). Der Autor schlägt vor, die Heiligenbilder entsprechend ihrem Material zu behandeln, die hölzernen als Brennholz zu verheizen und die Vierzehn Nothelfer für die Münzherstellung einzuschmelzen. Die erste Illustration (fol. V 3v) zeigt einen Bilderstürmer im Narrengewand, gerade im Begriff, eine Heiligenstatue anzuzünden. Das zweite Kapitel (S. 219 ff.) erzählt vom ersten Sturm der Anhänger Luthers auf die Klöster, in Erwartung darauf, Schlösser zu besetzen. Luther hätte in der Tat gepredigt, es sei ebenso verdienstvoll, ein Kloster zu zerstören wie ein Bordell, und die wahren Kirchen wären in den Herzen der Gläubigen. Man zerstört also ein Kloster, nachdem man Gold und Silber zusammengerafft hat, im vorliegenden Fall (fol. L 2v) zwei Büsten- und zwei Armreliquiare, die in einer Ecke gefunden wurden. Murners Stich übertrifft den Text bei weitem an Boshaftigkeit. Die Segensgeste der Armreliquiare hat die obszöne Form des *cornuto* angenommen, während die beiden Büsten zu Esel und Narr geworden sind.

Obwohl Murner ein entschiedener Gegner der Reformation ist, hat er keinen allzu grossen Respekt für die Riten, die jene verdammt. Gleichwohl bleibt seinem satirischen Talent auch in den eigenen Reihen der Erfolg versagt. Die Strassburger Obrigkeit, schon mit der Reformation sympathisierend, lässt das Buch konfiszieren und verbrennen, so dass nur wenige Exemplare erhalten blieben.

Jean Wirth

Literatur:
Murner, Lutherischer Narr. – Wirth 1989b. – Anderson 1997.

Kat. 146 fol. L 2v
Die Bilderstürmer rauben wertvolle Reliquiare und zerstören das Kloster.

147
Die detailreichsten Darstellungen zum Bildersturm entstammen einer polemischen Flugschrift.

Altgläubige Flugschrift mit illustrierenden Holzschnitten, um 1525–1527.

Eyn Warhafftig erschröcklich Histori von der Bewrischen vffrur/so sich durch Martin Luthers leer inn Teutscher nation/ Anno M.D.XXV. erhebt/vnd leyder noch nit gar erloschen ist.
Nicht paginiert; Verfasser, Druckort und Drucker unbekannt.
Nürnberg, v. Scheurl-Bibliothek, Flugschrift Nr. 160 c.

Kat. 147.1
Wir wöln kein Crütz, kein Byld mer han, vff strassen, wo wir außhin gan!

Schon der Titel der Flugschrift lässt den Leser nicht lange im Unklaren: Es handelt sich um eine Kampfansage gegen den neuen Glauben und gegen den Bauernkrieg. Neben einem Vor- und Schlusswort des Verfassers besteht die Schrift aus Rede und Gegenrede einer Vielzahl von Personen: Ein Adeliger, Gottvater, der Teufel, Luther und seine Frau, ein Narr und ein Bilderstürmer, aber auch der Kaiser und verschiedene andere Gestalten kommen zu Wort. Durch das literarische Verfahren, Personen aus der überirdischen und der irdischen Welt in gereimter Rede sprechen zu lassen, gewinnt die Flugschrift an Lebendigkeit und Anschaulichkeit. Acht Holzschnitte unterstützen diese Anschaulichkeit und lassen die Schrift auf einer zweiten Ebene lesbar werden.

Der Bauernkrieg wird in der Vorrede auf eine Linie mit verschiedenen biblischen und historischen Ketzereien gestellt. Dann folgt das Gebet eines «frommen Adeligen», der die Verachtung von Sakramenten und der Messe sowie die zahlreichen Zerstörungen beklagt. Gott verspricht eine baldige Bestrafung der Schuldigen. Der Teufel schildert darauf, wie er mit Hilfe einer Frau, einer zweiten Eva, Luther verführt habe. Schliesslich folgt die Darstellung der *frevlerischen Taten*, die sich aus der ganzen *Ketzerei* ergeben haben, und hier steht der Bildersturm im Zentrum. Von besonderem Interesse sind vier in enger Folge eingefügte Holzschnitte. Wie der Text der Flugschrift sind sie durch eine äusserst parteiische Sicht geprägt. Gleichzeitig stellen sie den Bildersturm jedoch in detaillierten Einzelsituationen dar, die durch andere Quellen mehrfach belegt sind.

Auf dem ersten Blatt ist eine Gruppe von Leuten zu sehen, die innerhalb einer Friedhofsmauer ein Kruzifix, vermutlich ein grosses steinernes Friedhofskreuz, zu Fall gebracht haben (Kat. 147.1). Die Bilderstürmer sind zwei bewaffnete Landsknechte mit geschlitzten Kleidern und Federhüten, eine Frau, die durch ihre freizügige Kleidung als Hure gekennzeichnet ist, sowie zwei Bauern in Arbeitskleidung. Der dazugehörige Text beschreibt sie als Täter, welche Bilder ausserhalb der Kirchen, entlang der Strassen und von den Wegkreuzungen, entfernen. Ihr Kom-

Kat. 147.2
Oben: *Den gecreützigiten Abgott, schleyffen wir auß mit kyndschem spott.*
Unten: *All ort vff erdtrich sind gewicht, der kirchen, kirchhofe achten wir nicht.*

mentar im Text besagt, dass sie mit den Bildern zugleich den Pfaffen loswerden wollten, und den Adel würden sie auch verachten. Das malträtierte Kruzifix kommt ebenfalls zu Wort und moniert, es stehe doch nur als Erinnerung an die Leiden Christi da, genau so, wie die Herren zu ihrem Gedenken Wappentafeln aufhängten.

Der folgende Doppelholzschnitt zeigt im oberen Feld eine von Kirchen und Kapellen dominierte Umgebung, in der zwei Männer ein Kruzifix zur Kirche hinausschleifen (Kat. 147.2). Der dazugehörige Text weist die dargestellten Bilderstürmer jedoch als *Kinder und Knaben* aus, die das Bild verspotten. Das untere Feld stellt den Abbruch einer Kirche dar. Zwei Handwerker sind in den Hof eingedrungen und machen sich mit Spitzhacken am Dach zu schaffen. Linker Hand sind zwei weitere Männer daran, das Holzwerk der Kirchturmspitze herunterzureissen; die wertvolle Glocke liegt ihnen bereits zu Füssen. Die Kirchen- und Kapellenzerstörer sagen im Text der Flugschrift, sie bräuchten weder Kirchen noch Kirchhöfe, denn Gott sitze auf dem Himmelsthron, und alle Erde sei geweiht. Aus dem Text ergibt sich im weiteren, dass sie die Jugendlichen im oberen Bild dazu auffordern, das Kru-

Kat. 147.3
Hie redt ein frummer Christ, vnd ermant die frevelen leüt, das sie absthen von yrem bösen mütwillen.

Kelch. Eine Truhe, die wohl der Aufbewahrung kirchlicher Urkunden und Schriften diente, ist vermutlich eben geöffnet worden. Der Plünderer, der sich daran zu schaffen macht, trägt ein Messgewand über der Schulter, ein zweiter entfernt gleich mehrere Paramente aus der Sakristei.

Der letzte der vier Holzschnitte zeigt das Schiff Petri, eine verbreitete Allegorie der römischen Kirche (Kat. 147.4). Vier Männer versuchen das Schiff zu versenken. Der Text weist sie (von links nach rechts) als Gelehrten (mit Buch), als Lebemann (in engen Hosen, mit Schwert und Federhut), als Martin Luther (mit Bibel) und als einfachen Bauern aus. Für den Angriff auf die Kirche werden ihnen egoistische Beweggründe unterstellt. Das Schiff ist bereits schwer beschädigt. Am Bug klafft ein Loch, und der Vordermast ist gebrochen. Aber die Kirche mit dem Turm als Hauptmast steht noch, und die vier Angreifer scheinen das Schiff nur leicht aus dem Gleichgewicht bringen zu können. Sie versuchen es mit derselben Technik, mit der Bilderstürmer unzählige Skulpturen von den Sockeln rissen. Auf dem gegenüberliegenden Ufer droht ihnen Petrus baldige Strafen an, wie sie allen bisherigen Ketzern widerfahren seien.

Christian von Burg

Kat. 147.4
Hie trewt [droht] sant Peter den frevelen leuten so das schiff [der Kirche] vnderston zu versencken.

zifix aus der Kirche zu schleifen, und sich dabei nicht zu fürchten haben.

Noch gewalttätiger geht es auf dem dritten Holzschnitt im Innern der Kirche zu (Kat. 147.3): Als Inbegriff des Bösen ist ein Bilderstürmer mit dämonischem, flammenartigem Haar dargestellt, der links im Hintergrund einen Altar zerhackt. Zu seinen Füssen liegt ein Tafelbild. Links vorne steht dominant sein Gegenspieler: Ein adeliger Junker, der vergeblich versucht, Einhalt zu gebieten – eine Holzskulptur des hl. Petrus wird eben mit dem Beil in einzelne Stücke zerhackt. Paulus, mit dem Schwert als Attribut, ist auch schon vom Sockel gestürzt worden. Verschiedene Splitter, liturgische Bücher, eine abgeschlagene Hand, ein Ziborium (oder Reliquiar?), ein Weihwasserkessel und ein Messglöckchen liegen am Boden herum. Der Hauptaltar der Kirche mit Retabel und Antependium ist noch unberührt, ein Leuchter sowie ein Büsten-Reliquiar darauf sind aber bereits umgestossen worden. Rechts im Hintergrund schlägt ein Bilderstürmer auf die Kanzel ein (die sonst in den meisten Fällen allerdings verschont geblieben ist). Durch eine Tür fällt der Blick in die Sakristei, in der das liturgische Gerät aufbewahrt wurde. Im offenen Schrank steht ein

Literatur:
Faksimile der Flugschrift, mit Nachwort von Günter Scholz, Edition Libri illustri, Remseck 1990.

Kat. 148

**148
Aus calvinistischer Sicht bezweckt der Bildersturm eine Säuberung der Kirchen vom Götzendienst.**

Anonymer Meister, Calvinistische Verteidigung des Bildersturms, 1566.

Kupferstich, H: 17; B: 22 cm.
Amsterdam, Rijksmuseum, Inv. FM 479/A.

In den Niederlanden und in Frankreich stellt die calvinistische Propaganda den Bildersturm als ein notwendiges und frommes Unternehmen dar, das der Säuberung der durch den Götzendienst verunreinigten Gotteshäuser dient. Im Hintergrund des graphischen Blattes geht die vollständige Räumung der Bildwerke und liturgischen Objekte aus den Kirchen vonstatten, die zwingend ist, kann doch nur so Platz geschaffen werden für den wahren Glaubensdienst und die Verkündigung des Wortes Gottes. Der Sturm auf die Bilder ist hier wie ein grosser Hausputz inszeniert und in die Tat umgesetzt von Männern in militärischer Kleidung – «bewaffnet» mit Besen und Wassereimern.

Links im Bild hat ein geflügelter Teufel einige liturgische Geräte der katholischen Messfeiern zusammengerafft, um sie vor der Zerstörung zu retten. Im Schutz seiner Flügel knien Mönche, ein Bischof und ein Kardinal vor einem Altar. Sie beten den Papst an, der auf dem Altar einen siebenköpfigen Drachen reitet – ein Motiv, das an die Darstellungen der babylonischen Hure erinnert. Die Szene spielt damit auf eine Predigt von Herman Moded am ersten Tag des Bildersturms in der Antwerpener Kathedrale an, als der Prediger die römisch-katholische Kirche mit der babylonischen Hure verglich und insbesondere die Rolle des vom Teufel geförderten Bilderkultes betonte, der die Menschen zum Götzendienst und zur Verehrung menschlicher Geschöpfe verleite.

Der Abendmahlsstreit und die Aufhebung der Messe, welche der Stich durch die am Boden liegenden Kruzifixe, Kelche und Patenen andeutet, sind hier – wie auch in anderen zeitgenössischen Flugschriften[1] – untrennbar mit dem Bildersturm als der ersten Phase des Untergangs der Kirche des Antichristen verbunden. Er leitet in den Augen der calvinistischen Parteigänger den Triumph des wahren Glaubens ein.

Olivier Christin

Literatur:
Kat. Luther Hamburg 1983, S. 144–145, Nr. 18. – Göttler 1997.

---

1 Beispielsweise die Frage in den *Remonstrances sur la diversité des poètes* (Bemerkungen über die Verschiedenheit der Dichter) von 1563: *Devinez maintenant si la Messe succombe/Que deviendra le reste? Il faudra que tout tombe./Vos braves marmousetz d'en haut en bas sauteront.* (Ratet nun wenn die Messe stirbt/was wird aus dem Rest? Alles muss fallen./Eure tapfern Fratzen werden von oben nach unten stürzen).

149
Nach Franz Hogenberg trägt der Calvinismus die Hauptschuld am Bildersturm in den Niederlanden.

Franz Hogenberg, «Der calvinistische Bildersturm vom 20. August 1566», 1588.

Kupferstich, H: 26; B: 34 cm.
Inschrift am unteren Bildrand: *Nach wenigh Predication / Die Calvinsche Religion / Das bildensturmen fiengen an / Das nicht ein bildt dauon bleib stan / Kap Monstrantz, kilch, auch die altar /Vnd weß sonst dort vor handen war / Zerbrochen all in kurtzer stundt / Gleich gar vil leuten das ist kundt. / Anno Dñj. M.D.LXVI / XX Augusti.*
Hamburg, Kunsthalle, Kupferstichkabinett, Inv. 1982/IIa.

Der im Geschichtswerk *De leone Belgico* von Michael Aitsinger 1588 veröffentlichte Kupferstich von Franz Hogenberg (1540–1590) will die verschiedenen Ereignisse darstellen, die sich während des Bildersturms im Sommer 1566 in den Kirchen zugetragen haben, und zugleich eine offen anti-calvinistische Erklärung dafür liefern, die zudem durch die Inschrift am unteren Bildrand pointiert wird. Im Schutz der Dunkelheit – wie die Kerzen und Fackeln an beiden Rändern des Blattes zu verstehen geben – gehen mit Knüppeln, Äxten und Fäusteln bewaffnete Männer im Innern einer dreischiffigen Kirche ans Werk: Sie schlagen Fensterscheiben ein, zerstören Altäre, reissen Statuen nieder und stehen ehrfurchtslos auf den Altären. Zwei Soldaten mit Hellebarden können oder wollen die Bilderstürmer nicht an der Zerstörungswut hindern.

Hogenberg stellt so den Ikonoklasmus von 1566 als reine Plünderung dar, losgelöst von jeglichen religiösen Beweggründen und infolge der Unfähigkeit oder passiven Mittäterschaft der lokalen politischen Kräfte im grössten Chaos vollzogen. Die Raub- und Diebstahlszene rechts im Bild und die Geste der Person links, die ihr Gesicht vor den Passanten und Zuschauern zu verstecken sucht, legen nahe, dass Hogenberg in der Habgier der Menschen die Hauptursache für die Vorgänge sieht.

Der Kupferstich ist also keineswegs eine dokumentarische Berichterstattung über den Bildersturm von 1566. Vielmehr bezieht er selbst Stellung zum religiösen und politischen Streit der ereignisreichen 1580er Jahre, in denen Antwerpen erneut den Ausbruch einer bilderstürmerischen Politik unter dem Antrieb des städtischen Rates erlebt. Hogenberg nimmt in seiner Darstellung zwar Anstoss am skandalösen Sturm auf die Bilder und an dessen spezifischer symbolischer Gewalt (die enthaupteten Statuen im Vordergrund erinnern an menschliche Leichname), zeigt aber keinerlei Verbrechen an Menschen, im Gegensatz zum Tafelbild im Historischen Museum in Lyon (vgl. S. 65).

Olivier Christin

Literatur:
Kat. Luther Hamburg 1983, S. 146–147, Nr. 19.

Kat. 149

150
Für die Katholiken ist der Bildersturm ein Sakrileg gegen Gott, die Gottesmutter oder die Heiligen.

Anonymer Meister, Ikonoklastische Szene mit einer Anbetung der Könige, Flandern, Ende 16. Jahrhundert.

Öl auf Holz, H: 104; B: 140 cm.
Douai, Musée de la Chartreuse, Inv. 1598.

Herkunft und Datum des Gemäldes in Douai lassen sich nicht näher bestimmen, da bisher keine Forschungen dazu vorliegen. Das Bildthema – die Darstellung eines bewaffneten Angriffs auf ein geheiligtes Bild – wäre zwar eher in der Druckgraphik als in der grossformatigen Tafelmalerei zu erwarten, beinhaltet aber nichts Aussergewöhnliches. Besonders meisterhaft und originell zugleich ist jedoch die Inszenierung des Geschehens.

Der grösste Teil des Gemäldes zeigt ein gerahmtes Bild, auf dem die Anbetung der Heiligen Drei Könige dargestellt ist. In kostbare Gewänder gekleidet, überbringen die Könige der von Engeln gekrönten Muttergottes ihre Gaben. Vor ihr kniend, legt der älteste sein Zepter Maria zu Füssen, im Begriff, die Hand des Jesuskindes zu küssen. Da tauchen rechts neben dem gerahmten Bild drei Bilderstürmer, ein Türke, ein Geuse und ein reformierter Pfarrer, vor einem Gebäude auf, dessen Bedachung bereits ihrer Zerstörungswut zum Opfer gefallen ist. Sie stürmen auf das Bild mit der Anbetungsszene los. Mit einer Lanzenspitze sticht der Türke auf den Hals der Muttergottes ein, was den bilderstürmerischen Angriff einem Mord gleichsetzt. Nach Victor I. Stoichita bildet das Dreigespann der Bilderstürmer den negativen Gegenpol zu den drei Königen, die dem Jesuskind huldigen, und personifiziert die Gottlosigkeit, die Unwissenheit und die Ketzerei.

Der Maler oder der Konzeptor hat das Bild theologisch bis in die kleinsten Einzelheiten durchdacht. Die Anbetung der Könige, das Bild im Bild, stellt, aus katholischer Sicht, den wahren Kult der Gottesanbetung dar. Bezeichnenderweise kommt es aber nicht zum Kuss auf den Fuss des Jesuskindes, was auf den Kuss des päpstlichen Fusses durch die Könige angespielt hätte. Dieses Ritual, das die Allmacht des Oberhirten ausdrückt, wurde ausser von den Protestanten auch von den gallikanischen Katholiken abgelehnt. Erstaunlich ist zudem, dass der älteste König seine Krone auf dem Kopf behält (normalerweise legt er sie der Muttergottes zu Füssen) und sich damit begnügt, sein Zepter niederzulegen. Mit gutem Grund kann man daraus schliessen, dass das Gemälde gallikanisch beeinflusst ist und sich nicht nur gegen die Protestanten wendet, sondern auch gegen den Anspruch des Papstes, über die Könige zu bestimmen – was aus der Sicht Frankreichs eine der Ursachen für die religiöse Krise ist. Die Herausgabe der *Libri Carolini* (1549) durch Jean du Tillet, den späteren Bischof von Saint-Brieuc und von Meaux, war beispielsweise eine Aufforderung an den König, gegen die Protestanten einzuschreiten, ohne sich Rom anzuschliessen. Er sollte dem Beispiel der Unabhängigkeit folgen, das ihm sein Vorgänger, Karl der Grosse, in einer vergleichbaren ikonoklastischen Krise vorgelebt hatte. Rabelais schliesslich zieht den Fusskuss des Papstes im 48. Kapitel seines *Quart Livre* (1552) mit einer seltenen Roheit ins Lächerliche.

Indem der mit einem Türken gleichgesetzte Protestant das Gesicht der Muttergottes direkt bedroht, gibt er zu verstehen, dass sein Angriff sich nicht nur gegen das Bild richtet, sondern auch gegen die dargestellte Person. Wie die Ehre, die dem Bild erwiesen wird, zielt der bilderstürmerische Akt auf die dargestellte Person, so dass diese Tat wie ein göttliches Majestätsverbrechen bestraft wurde. Die Reformierten beklagten sich darüber, weil sie den Mord an einem Menschen, dem lebenden Tempel des Herrn, als ein Verbrechen betrachteten, das mit der Zerstörung eines seelenlosen Bildes nichts gemeinsam hat.

Kompositionell sind die Bilderstürmer und die Figuren der Anbetung der Könige in einem vergleichbaren Massstab gehalten, was den Unterschied zwischen den Realitätsebenen, zwischen dem Bild und dem menschlichen Geschöpf, verkleinert. Gleichzeitig thront die gemalte Muttergottes in der Mitte des Gemäldes, mehr in Dreiviertelansicht wiedergegeben als ins Profil gerückt. Sie ist die Hauptperson, mehr noch, sie ist eine Gestalt, die die Gläubigen zur Anbetung einlädt. Das Format des Gemäldes und die Bedeutung der Figuren in einer solchen Anordnung legen nahe, dass es sich um ein Bild für eine Kirche und nicht für eine Privatsammlung handelt. Betet der Gläubige vor dem Bild, wendet er sich mit seinen Gebeten an das Bild im Bild, die Muttergottes mit dem Jesuskind, im Gegensatz zu den Magiern, die sich unmittelbar an diese Personen richten. Letzten Endes ist es der bilderstürmerische Türke, der zeigt, dass beides auf das gleiche hinauskommt, denn sein Angriff richtet sich gleichzeitig gegen das materielle Bild und gegen das, was es darstellt. Es dürfte schwierig sein, sich eine Szene vorzustellen, die leichter dazu einladen würde, den Kult des Bildes mit dem Kult von dessen Vorbild zu identifizieren.

Jean Wirth

Literatur:
Stoichita 1999, S. 169.

Kat. 150

151
Wegen eines Wegkreuzes hingerichtet: Klaus Hottinger wird zum Märtyrer des Bildersturms emporstilisiert.

Heinrich Bullingers «Reformationsgeschichte», Kopienband von Heinrich Thomann, 1605/1606: Illustrationen zum Schicksal von Klaus Hottinger nach dem Sturz eines Wegkreuzes in Stadelhofen.

Sechs aquarellierte Federzeichnungen auf Papier, H: 10; B: 15 cm (mit geringfügigen Abweichungen). Zürich, Zentralbibliothek, MS B 316 (fol. 99r, 112r, 114r, 115r, 115v und 116v).

Der Zolliker Schuhmacher Klaus Hottinger gehörte zu den Protagonisten des unruhigen Zürcher Sommers 1523. Der radikale Zwingli-Anhänger sorgte als Fastenbrecher, Predigtstörer und Organisator der (als Kundgebung geplanten und vom Rat verhinderten) *Badenschenki* für viel Wirbel. Als er im September 1523 in Stadelhofen ein Wegkreuz stürzte (Kat. 151.1), rechnete er allerdings nicht damit, dass ihm dies letztlich den Kopf kosten könnte, hatte er sich doch zuvor sorgfältig abgesichert, nämlich den Besitzer überredet, ihm das Kreuz zu überlassen, und von zahlreichen Ratsherren die Zusage erhalten, dass sie ihn unterstützen würden. Doch konnte der Rat diese gezielte Provokation nicht einfach hinnehmen. Die Strafe fiel mit zwei Jahren Verbannung dann allerdings vergleichsweise milde aus. Man war vermutlich nicht unglücklich, den Unruhestifter für zwei Jahre stillgestellt zu haben, ohne es sich mit der starken evangelischen Partei zu verderben.

Klaus Hottinger lenkte seine Schritte in die gemeine Herrschaft Baden, wo er in Wirtshäusern und Stuben munter weiter evangelisierte. Er wurde im Januar 1524 auf Geheiss des Landvogts Heinrich von Fleckenstein verhaftet (Kat. 151.2) und vor das Landgericht in Baden gestellt (Kat. 151.4). Die Richter weigerten sich aber, in der heiklen Frage ein Urteil zu fällen, zumal sich der Rat von Zürich in einem Bittschreiben für Hottinger eingesetzt hatte (Kat. 151.3). Der Landvogt liess Hottinger nun nach Luzern überstellen, wo er als Ketzer zum Tode verurteilt und am 9. März 1524 hingerichtet wurde (Kat. 151.5–6).

Heinrich Bullinger räumt Hottinger in seiner Reformationschronik viel Platz ein. Der »Götzensturm« von Stadelhofen (Kap. 76) steht, chronologisch richtig, unmittelbar vor der ausführlichen Schilderung der 2. Zürcher Disputation. Indem der Chronist alle anderen ikonoklastischen Zwischenfälle vom September 1523 ausblendet, macht er Hottinger zum alleinigen Auslöser der Bilderdebatte. Die Bilderfrage wurde bekanntlich im Januar 1524 auch an der Tagsatzung in Luzern diskutiert – mit einem anderen Ergebnis, weshalb Bullinger dem Beschluss nur ein kurzes Kapitel (Kap. 85) widmet. Danach folgt die ausführliche Schilderung von Hottingers weiterem Schicksal (Kap. 86–88). Es ist eine der ältesten Apologien eines reformatorischen Bilderstürmers. Der streitbare Polterer, von seinen Zürcher Gegnern als *Tüffel Hottinger* verschrien, ist bei Bullinger ein *wolbeläsner und der religion wol berichter redlicher man,* der sein Schicksal *trostlich* und demütig auf sich nimmt. Nach dem Vorbild mittelalterlicher Heiligenlegenden stilisiert er ihn konsequent zum ersten *Marterer Christi, der von wägen der evangelischen leer* getötet wurde, empor.

Der Illustrator der Abschrift von 1605/1606 widmet dem Bilderstürmer insgesamt sechs Miniaturen – mehr als dem Leben Zwinglis! Die schlichten, aquarellierten Federzeichnungen stehen in der Tradition der Schweizer Bilderchroniken des 15. und 16. Jahrhunderts. Sie sind einesteils eine fast wörtliche Illustration des Textes. Der Zeichner präsentiert im ersten Bild Hottinger, der durch seine Grösse als Hauptperson charakterisiert ist, und seine Gefährten, die das Kreuz ausgraben und umwerfen *(grubend und wurffend umm das Crucifix)*. Das Befremden, das diese Tat laut Bullinger auslöste, zeigt sich bei der Frau im Torbogen. Auch der Mönch, der Hottinger (zum Spott, wie Bullinger schreibt) ein Kruzifix vor die Nase hält (Kat. 151.5–6), veranschaulicht eine Textpassage, die dem Chronisten Gelegenheit gibt, die reformierte Position in der Bilderfrage nochmals zu umreissen. Die Bilder haben andernteils auch eine eigene Erzählstruktur. So lässt sich der Zeigegestus Hottingers in der Gerichtsverhandlung (Kat. 151.4) nicht mit den von Bullinger überlieferten Worten in Verbindung bringen. Er setzt aber Hottingers Bereitschaft, für seine Überzeugung zu sterben, ins Bild.

Bemerkenswert ist insbesondere ein Detail im ersten Bild (Kat. 151.1). Der Zeichner verzichtet auf die Wiedergabe der zweifelsohne vorhandenen Christusfigur am Kreuz (Bullinger spricht von einem «schön geschnitzten» Kruzifix). Statt dessen sind am Kreuz die Leidenswerkzeuge zu sehen. Die Lanze bildet die genaue Fortsetzung der Schaufel, die Hottinger in den Händen hält. So wird Hottingers Schicksal mit der Passion Christi gleichgesetzt. In diesem Falle geht der Zeichner deutlich über den Text hinaus, in dem ein solcher Zusammenhang nur angedeutet wird. Der Stadelhofer «Götzensturm» wird zur Tempelreinigung; vier weitere Szenen sind der traditionellen Passions-Ikonographie entnommen: Gefangennahme/Verhaftung (Kat. 151.2), Verhör/Gerichtsverhandlung (Kat. 151.4), Kreuztragung/Gang zur Richtstätte (Kat. 151.5) mit dem langen, an die Via Crucis erinnernden Weg zu Galgen und Rad im Hintergrund, Kreuzigung/Hinrichtung (Kat. 151.6). Der Rückgriff auf die (von den Reformatoren abgelehnte!) christliche Ikonographie verleiht dem Bilderstürmer einen besonderen Reiz.

Peter Habicht

Literatur:
Bullinger, Reformationsgeschichte. – Jezler 1984. – Schärli 1984a und 1984b. – Schnitzler 1996b, S. 131ff.

Darstellungen des Bildersturms Schweiz 1605 313

Kat. 151.1 fol. 99r:
Klaus Hottinger stürzt ein Wegkreuz in Stadelhofen.

Kat. 151.4 fol. 115r:
Hottinger wird vor das Landgericht in Baden gestellt.

Kat. 151.2 fol. 112r:
Hottinger wird in Klingnau verhaftet.

Kat. 151.5 fol. 115v:
Hottinger wird in Luzern zur Richtstätte geführt.

Kat. 151.3 fol. 114r:
Hottingers Freunde überbringen den Eidgenossen eine Bittschrift des Rats von Zürich.

Kat. 151.6 fol. 116v:
Hottinger wird hingerichtet.

152
Der Ittinger Klostersturm: Nach der Verhaftung eines bilderfeindlichen Pfarrers kommt es im Thurgau zur bäuerlichen Revolution.

Heinrich Bullingers «Reformationsgeschichte», Kopienband von Heinrich Thomann, 1605/1606: Illustrationen zum Ittinger Klostersturm.

Sechs aquarellierte Federzeichnungen auf Papier, H:10; B:15 cm (mit geringfügigen Abweichungen).
Zürich, Zentralbibliothek, MS B 316 (fol. 138v, 139r, 140r, 142v, 144v und 145r).

Der Ittinger Klostersturm erfolgte nur 24 Tage nach dem grossen Bildersturm in der Landgemeinde Stammheim vom 24. Juni 1524, den der eidgenössische Landvogt im Thurgau, der in dem zürcherischen Dorf noch über die hohe Gerichtsbarkeit verfügte, mit den Worten kommentierte, dass *die Lüt im Thurgöw und besunder zu Stamhein und daselbs umb [in der Umgebung] je lenger je mer erwildet und verruacht syen.* Anfang Juli 1524 wurden Drohungen laut, das Dorf Stammheim solle zur Strafe in Brand gesteckt werden. Der Prior des nahen thurgauischen Kartäuserklosters Ittingen schürte seinerseits das Feuer, als er öffentlich predigte, die Bilderverbrennung sei wider die *christenliche* Ordnung und zu einem Stammheimer sagte: *Die von Stamhen haben die Bilder verbrent, Gott möcht über sy verhengen, dz inen die Hüser verbrent wurdind.*

Nur die militärischen Schutzabsprachen, welche die reformierten Gemeinden untereinander getroffen hatten, schreckten den Landvogt von Thurgau vor einem Schlag gegen Stammheim ab. Erstes Opfer katholischer Strafaktion wurde dafür der Priester Hans Öchsli aus dem nur durch den Rhein vom Städtchen Stein am Rhein getrennten Brückenort Burg. Er hatte die Heiligenbilder aus der Kapelle hinausschaffen und unter dem Dach einlagern lassen. In den frühen Morgenstunden des 18. Juli 1524 verschleppte ihn der Landvogt von Thurgau (Kat. 152.1). Öchslis Hilfeschrei löste zwar einen Alarm aus, den die Sturmglocken der Landgemeinden in Windeseile verbreiteten, doch als die ersten Verfolger ans Ufer der Thur gelangten, befanden sich die Entführer schon in Frauenfeld in Sicherheit. Daraufhin besetzten die Aufständischen kurzerhand die nahe gelegene Kartause Ittingen (Kat. 152.2). Laut Schätzungen strömten etwa 3000 Mann zusammen. Die militärisch gerüsteten Teilnehmer des Sturms stammten aus mindestens 30 Bauerngemeinden und den zwei Kleinstädten Stein am Rhein und Winterthur. Der evangelische Prediger Adrian Wirth aus Stammheim hatte sich mit einem «Schweinspiess» bewaffnet, sein Bruder Hans Wirth, der auch Geistlicher war, hatte einen Rücken- und Brustpanzer umgeschnallt und eine Hellebarde geschultert, und ihr Vater Hans Wirth, der Untervogt von Stammheim, trug die Kriegsfahne der Gemeinde mit sich.

Es folgten anderthalb hektische Tage: Die Vorratsspeicher der Kartause Ittingen wurden geplündert, die Fischweiher abgegraben, mit ins Freie getragenen Büchern wurde Feuer gemacht und *darob Visch gesotten.* Auch die Urkunden und Herrschaftstitel des Klosters wurden verbrannt, und in der Klosterkirche fand ein Bildersturm statt: Meister Erasmy Schmid, der Pfarrer von Stein am Rhein, *hat ein Mordax[t] by ihm an siner Sidten gehept und ein Sparen gnomen und die Chorthur im Closter zu Ittingen uffthan und gerett:* «Nüdt, schlachent redlich drin. Es muos sin. Ir dörfent nüdt schonen». Schmid liess auch den Prior holen, um ihm in heftigem Ton vorzuhalten, ein wie wenig sündenfreies Leben er führe. Am demütigendsten für die Mönche war sicherlich die Zwangsentkleidung, der sie unterzogen wurden *(alles Tuch, Kleider, [...] zerhowen).* Der Prediger von Marthalen, Johann Ulmann, liess sich sogar auf eine Disputation in lateinischer Sprache mit einem Mönch ein.

In Vollversammlungen wählten die Militanten Kommandeure. Berichten zufolge ritt Erasmus Schmid, der Reformator von Stein am Rhein, immer noch mit seiner Streitaxt bewaffnet, von Haufen zu Haufen, um die Leute von der Notwendigkeit des Weiterkämpfens zu überzeugen. Die Äusserung wurde ihm zugeschrieben, dies sei «ein christlicher Krieg». In den Kellern wurde den Fässern der Boden ausgeschlagen. Aber so traditionell diese Form der kollektiven Strafaktion in jener agrarisch bestimmten Welt, in der sich Macht nach Zugriff auf Nahrung bemass, auch war, die Folgen des genossenen Alkohols machten sich übel bemerkbar.

Zürcher Ratsboten versuchten alles, um den drohenden Ausbruch eines eidgenössischen Religionskriegs zu verhindern (Kat. 152.3); denn inzwischen hatte der Landvogt im Thurgau aus Furcht, die Ittinger Stürmer könnten tatsächlich Frauenfeld einnehmen, seinerseits Truppen gesammelt, und Gerüchte kamen auf, ein Heer von 12 000 Eidgenossen sei im Anzug. Das Scheitern des Aufstands zeichnete sich aber schon deutlich ab, als am 19. Juli 1524 um 5 Uhr morgens in der Kartause Feuer ausbrach. Wer es gelegt hatte, wurde nie bekannt. Der Zürcher Rat verhaftete in der Folge den Untervogt von Stammheim, Hans Wirth, dessen Söhne, die Prädikanten Hans Wirth den Jüngeren und Adrian Wirth, sowie Burkhart Rüttimann, den Untervogt von Nussbaumen (Kat. 152.4). Auf Druck der Eidgenössischen Tagsatzung wurden sie am 19. August 1524 nach Baden ausgeliefert (Kat. 152.5) und nach schwerer Folter (Kat. 152.6) am 28. September 1524 enthauptet; nur Adrian Wirth, der jüngste, wurde begnadigt. Erasmus Schmid konnte über den Rhein fliehen und tauchte später im Lager der deutschen Bauernkrieger wieder auf.

Peter Kamber

Literatur:
Kamber 1997 (und Kamber 2001).

Kat. 152.1 fol. 138v:
Der katholische eidgenössische Landvogt von Thurgau lässt am 18. Juli 1524 den reformierten Pfarrer von Burg bei Stein am Rhein, Hans Öchsli, gefangen nehmen, was einen Aufstand in den benachbarten Zürcher Landgemeinden auslöst.

Kat. 152.2 fol. 139r:
Als es den Aufständischen nicht mehr gelingt, die Entführer Öchslis einzuholen, besetzen und plündern sie das Kartäuserkloster Ittingen.

Kat. 152.3 fol. 140r:
Abgesandte des Zürcher Rats versuchen vergeblich, die Klosterstürmer zum Rückzug auf Zürcher Gebiet zu bewegen, um so den Ausbruch eines Religionskrieges zu verhindern.

Kat. 152.4 fol. 142v:
Nach dem Ende des Ittinger Klostersturms lässt der Zürcher Rat Dutzende von Personen verhaften und verhören. Die Eidgenössische Tagsatzung erzwingt schliesslich die Auslieferung der Untervögte von Stammheim und Nussbaumen (Hans Wirth d. Ä. und Burkhart Rüttimann) und der zwei Stammheimer Prädikanten (Hans Wirth d. J. und Adrian Wirth).

Kat. 152.5 fol. 144v:
Als Rädelsführer werden die vier am 19. August 1524 nach Baden überführt und dort von der Eidgenössischen Tagsatzung als Hauptverantwortliche vor Gericht gestellt.

Kat. 152.6 fol. 145r:
Sie werden gefoltert und für schuldig befunden. Nur Adrian Wirth, der jüngste, wird aufgrund eines Gesuchs seiner Mutter begnadigt; die anderen drei werden am 28. September 1524 enthauptet.

Zeugen der Zerstörung

Rund 500 Skulpturenfragmente, der «Berner Skulpturenfund», kommen 1986 in einem Schacht auf der Berner Münsterplattform zu Tage.

Im Februar 1986 begann man in der Südwestecke der Berner Münsterplattform, des auf der Südseite des Berner Münsters angelegten Platzes, einen Schacht von 30 Metern Tiefe auszuheben. Grund war ein seit der Barockzeit immer wieder beobachteter und von aussen zugepflasterter Riss in der Ecke des Mauerwerks, der deswegen eine Gefahr bilden konnte, weil die gesamte Plattform eine künstliche Aufschüttung aus dem Spätmittelalter über der zuvor steil zur Aare abfallenden Halde darstellt. Tausende von Kubikmetern Schutt sind es, die im späten 15. Jahrhundert zu diesem ehrgeizigen Projekt herangekarrt wurden. «Schutt» des Mittelalters ist aber eine archäologische Fundgrube ersten Ranges. Es war deshalb nahe liegend, dass der Archäologische Dienst des Kantons Bern von Anfang an einen Mitarbeiter auf der Baustelle platzierte, der den Aushub auf Funde hin kontrollierte – mit Erfolg, denn Architekturfragmente und Ofenkacheln zeigten sich gleich zu Beginn schon in reicher Zahl.

Überraschenderweise kamen jedoch am 18. Februar 1986 in vierzehn Metern Tiefe lebensgrosse Sandsteinköpfe zum Vorschein; der Kopf einer Skulptur des hl. Georg machte den Anfang (Kat. 155). Die Wiederentdeckung der Figuren in solcher Tiefe kam deshalb so unerwartet, weil man bis dahin allgemein davon ausgegangen war, die ab 1479 künstlich aufgeschüttete Plattform sei zur Zeit des Bildersturms längst vollendet gewesen. Rund 550 Bruchstücke von fast lebensgrossen Statuen wurden bei tiefen Frosttemperaturen in einer aufwendigen Rettungsaktion geborgen und umgehend in eine provisorisch eingerichtete, klimatisierte Schutzkammer im

Depot des Archäologischen Dienstes verbracht. Insbesondere die Feststellung originaler Fassungsreste verlangte Eile und sorgfältigste Reklimatisierung. Anschliessend wurden die Bruchstücke in jahrelanger Arbeit konserviert und teilweise wieder zusammengesetzt.

Der Fundort selbst kann seit 1988 unter dem heute als Lesepavillon genutzten Südwest-Erker während dessen Öffnungszeiten besichtigt werden. Über eine Wendeltreppe gelangt man in den Schacht, wo Informationen sowie eine von Reinhart Morscher (Bern) gestaltete Licht- und Klanginstallation den Fundort «erleben» lassen.

Daniel Gutscher

Literatur:
Gutscher/Zumbrunn 1989, S. 11–21. – Zumbrunn/Gutscher 1994, S. 11–16.

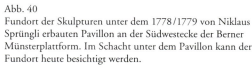

Abb. 40
Fundort der Skulpturen unter dem 1778/1779 von Niklaus Sprüngli erbauten Pavillon an der Südwestecke der Berner Münsterplattform. Im Schacht unter dem Pavillon kann der Fundort heute besichtigt werden.

Abb. 39
Die Berner Münsterplattform um 1530, Rekonstruktionszeichnung mit Angabe der Erweiterung in den Jahren 1479–1531 (gelb). Der Pfeil markiert den Fundort der Skulpturen im Jahre 1986 (Zeichnung: Archäologischer Dienst des Kantons Bern).

Abb. 41
Blick nach oben aus dem Sanierungsschacht, ungefähr aus der Tiefe des Fundorts der Skulpturen.

Abb. 42
Improvisiertes Klimazelt im Depot des Archäologischen Dienstes des Kantons Bern, wo die Skulpturenfunde unmittelbar nach ihrer Bergung zwischengelagert wurden.

Abb. 43
Antoni Schmaltz, Ansicht des Berner Münsters und der Münsterplattform, 1635. Bern, Historisches Museum, Inv. 828. – Nach der Aufhebung des Friedhofs diente die Berner Münsterplattform den Stadtbürgern zum Flanieren und Lustwandeln. Der linke Teil der enormen Aufschüttung enthält die steinernen Reste der «Münstergötzen». Antoni Schmaltz war 1632 aus der Zisterzienserabtei Hauterive bei Freiburg nach Bern geflohen, trat dort zum reformierten Glauben über und wurde unentgeltlich ins Burgerrecht aufgenommen. Der nicht sehr begabte Maler widmete sein Gemälde dem Berner Rat; dementsprechend trägt es die Wappen der damaligen Regierung mit den Schultheissen, Säckelmeistern, Vennern und den Mitgliedern des Kleinen Rats.

153
Vorzeitig entdeckt: Ursprünglich hätten die zerschlagenen Skulpturen bis zum Jüngsten Tag verschüttet bleiben sollen.

Albrecht von Nürnberg, Kopf einer überlebensgrossen Bischofsfigur aus dem Berner Skulpturenfund, um 1510/1520.

Sandstein, mit Fassungsresten, H: 53; B: 23; T: 38 cm. Bern, Historisches Museum, Inv. 57700.37 (Depositum Kanton Bern).

Ein anonymes, 1528 im Reformationsjahr Berns erschienenes Gedicht schildert, dass man unmittelbar nach Abschluss der Berner Disputation (6.–26. Januar 1528) die Bilder aus den Kirchen entfernt und in das *loch vor dem minster* geleitet habe. Für den Verfasser stand fest, dass sie dort bis zum Ende aller Tage liegen bleiben würden: *Da ligends bisß ann letsten tag*.[1] Die Wunschvorstellung dieses Augenzeugen der Berner Reformation erfüllte sich jedoch nicht ganz: Die im Februar 1986 aus dem Schacht unter der Münsterplattform geborgenen Skulptur- und Architekturfragmente sind als Teil jenes Reformationsschuttes zu interpretieren, der 1528 aus den sakralen Einrichtungen der Stadt beseitigt worden war. Damit wird der Bildersturm der Berner Reformation erstmals konkret fassbar und sein Zerstörungspotential eindrücklich vor Augen gestellt.

Der Berner Skulpturenfund entpuppte sich darüber hinaus als eine grosse Entdeckung auf dem Gebiet der mittelalterlichen Skulptur und beleuchtet die Entwicklung eines ganzen Jahrhunderts figürlicher Plastik der Spätgotik. Er bezeugt, dass sich die Aarestadt im Verlauf des 15. Jahrhunderts zum dritten grossen Kunstzentrum am Oberrhein entfaltet hatte.[2]

Der kolossale Bischofskopf zählt zweifellos zu den ausdrucksstärksten Werken des ganzen Fundkomplexes. Er zeigt einen älteren, bartlosen Mann mit schulterlangem, strähnigem Haar und reich verzierter Mitra. Die graphisch-plastische Gestaltung, die in der Verzierung der Mitra zum Ausdruck kommt, kennzeichnet auch das Gesicht des Bischofs, das eine Vielzahl von Falten sowie eine ausgeprägte Modellierung an Hals, Kinn, Wangen, Augen und Stirn aufweist. Das Standbild dürfte einen der sogenannten Heiligen Bischöfe verkörpert haben, wie sie ebenfalls am Chorgewölbe des Berner Münsters überliefert sind.[3] Zum Kopf gehört ein Plinthenfragment (Abb. 45),[4] anhand dessen die Gesamthöhe der Figur auf mindestens zwei Meter errechnet werden kann. Das Plinthenfragment zeigt als charakteristisches Merkmal ein Steinmetzzeichen, das unter anderem am Bartholomäus-Schlussstein im Chorgewölbe des Münsters wiederkehrt.[5] Die Bischofsfigur wurde demnach von einem Steinmetzen der Münsterbauhütte geschaffen, der nach dem heutigen Kenntnisstand mit Albrecht von Nürnberg († nach 1531) identisch ist. Vermutlich gehörte Albrecht von Nürnberg zu den ersten Schülern Tilman Riemenschneiders (um 1460–1531) und lernte im Würzburger Bildhaueratelier die Stilauffassung dieses grossen Plastikers der deutschen Spätgotik kennen, bevor er sich 1494 in Bern niederliess.[6]

Der Kopf ist auf der Nase, am Mund und am Kinn beschädigt, Verletzungen, die durch den Sturz vom Sockel oder die Deponierung auf der Münsterplattform herbeigeführt worden sein könnten. Andere Köpfe aus dem Skulpturenfund weisen ebenfalls Spuren gewaltsamer Beschädigungen auf, beispielsweise Hackspuren in den Augen (Abb. 44).[7] Auch eine solche «einfache Form» von Verletzung war ausreichend, diesen Bildern im Bildersturm ihre Sakralität zu nehmen.

Franz-Josef Sladeczek

Abb. 44
Erhart Küng, Kopf des Antonius aus dem Berner Skulpturenfund, um 1460/1465. Bern, Historisches Museum, Inv. 57700.20 (Depositum Kanton Bern). – Der Kopf weist über den Augen eindeutige Hackspuren auf, die von bilderstürmerischen Handlungen herrühren.

Abb. 45
Berner Skulpturenfund, Plinthenfragment aus Sandstein, Ausschnitt, um 1510/1520, H: 53; B: 38; T: 23 cm. Bern, Historisches Museum, Inv. 57700.36 (Depositum Kanton Bern). – Das Plinthenfragment gehört zur hier besprochenen Bischofsfigur und trägt höchstwahrscheinlich das Steinmetzzeichen von Meister Albrecht von Nürnberg.

Literatur:
Zumbrunn/Gutscher 1994, S. 119–121, Nr. 37. – Sladeczek 1999a, S. 344–353, Nr. 1.1.

1 Vollständig zitiert bei Sladeczek 1999b, S. 597–598.
2 Sladeczek 1999a, S. 23.
3 Ebd., S. 351.
4 Zumbrunn/Gutscher 1994, S. 118–119, Nr. 37; Sladeczek 1999a, S. 344–353, Abb. 374.
5 Ebd., S. 134–143 und 349, Abb. 375.
6 Ebd., S. 119–143.
7 Vgl. Zumbrunn/Gutscher 1994, S. 49–50 und 95–97, Nr. 20; Sladeczek 1999a, S. 44–48 und 288–293, Nr. 4.

Kat. 153

154
Selbst einem herausragenden Importstück aus Prag werden die Köpfe abgeschlagen.

Prager Werkstatt, Pietà aus dem Berner Skulpturenfund, um 1400/1410.

Mergeliger Prager Silizit, sogenannter Goldener Pläner; an der aus über einem Dutzend Fragmenten zusammengesetzten Pietà fehlen insbesondere der Kopf der Maria sowie Kopf und Beine Christi; Torso H: 69; B: 50; T: 33 cm; ursprüngliche Gesamthöhe um 85–90 cm. Bern, Historisches Museum, Inv. 57700.1 (Depositum Kanton Bern).

Der älteste Torso des Skulpturenfundes stellt ein Vesperbild dar, das um 1400 oder bald danach auf dem Exportweg nach Bern gelangt ist. Es zeigt Maria, die in frontal aufrechter Haltung auf einem Kastenthron sitzt. Sie trägt einen Mantel, der ursprünglich weiss gefasst war und ein blaues Futter aufwies. Der Oberkörper Marias nimmt eine leichte Schrägstellung ein. Ihre linke Schulter, die sich sanft nach vorne schiebt, lässt für den fehlenden Kopf eine ähnliche Drehung vermuten: Er war wohl leicht zur Mitte gewendet, so dass die Gottesmutter ihren Sohn, dessen gekreuzte Arme auf dem eng anliegenden Lendentuch ruhen, geradewegs anblickte. Maria fasst den auf ihren Schoss gelegten Leichnam mit der Rechten an der Schulter, wo sich ihre feingliedrigen Finger sanft in die langen Haare Christi drücken. Ihr linker Arm ist angewinkelt, ihre linke Hand ruhte einst vor der Brust, wie bei zahlreichen anderen Vesperbildern, so etwa auch bei der etwas älteren, gegen 1390/1400 entstandenen Pietà aus dem Kloster Seeon in Oberbayern (Abb. 46).

Als einzige unter den Berner Münsterfiguren besteht das Vesperbild nicht aus Sandstein, sondern aus einem Kalkgestein, was bald einmal die Vermutung aufkommen liess, dass es sich bei der Pietà um ein Importwerk handeln könnte. Eine am Petrologischen Institut der Karlsuniversität in Prag durchgeführte Gesteinsanalyse erbrachte denn auch den Beweis, dass die Skulptur aus dem sogenannten Goldenen Pläner besteht, einem mergeligen Silizit, der in Predni Kopanina, etwa fünf Kilometer nordwestlich von Prag, gebrochen wurde. Das Berner Vesperbild muss demzufolge in einer Prager Werkstatt gefertigt und anschliessend nach Bern exportiert worden sein,

Kat. 154

vielleicht über die Handelsbeziehungen des Kaufmanns und Kürschners Franz von Beheim (Böhmen), der sich kurz nach 1400 unter dem Namen «Franz Fränkli» in Bern einbürgern liess. Der Transport «des Kunstwerks» dürfte wohl recht unspektakulär erfolgt sein: gut eingebettet inmitten von Handelswaren wie Tuch und Gewürzen, mit denen ein so weitgereister Kaufmann zu handeln pflegte. Ob das Vesperbild zur Ausstattung der zweiten Leutkirche gehörte und dann in das Münster übernommen wurde, oder ob es sich ursprünglich im Dominikanerkloster befand, entzieht sich unserer Kenntnis. Ebenso wenig lässt sich nachvollziehen, ob der Verlust der Köpfe auf einen einfachen Bruch oder eine absichtliche Beschädigung zurückzuführen ist.

Franz-Josef Sladeczek

Literatur:
Zumbrunn/Gutscher 1994, S. 64–68, Nr. 1. – Sladeczek 1999a, S. 165–183, Nr. 1 (mit weiterer Literatur).

Abb. 46
Vesperbild aus dem ehemaligen Benediktinerkloster Seeon in Oberbayern, um 1390/1400, H: 75 cm. München, Bayerisches Nationalmuseum, Inv. MA 970. – Das Berner Vesperbild besitzt ein gutes Vergleichsstück in dieser Seeoner Pietà, deren Herkunft bisher allerdings noch nicht gesteinsanalytisch untersucht worden ist.

155
Der hl. Georg zeigt keine Spuren absichtlicher Zerstörung, er zerbrach wohl beim Wegwerfen auf die Schutthalde.

Matthäus Ensinger, Standbild des hl. Georg aus dem Berner Skulpturenfund, um 1430.

Blaugrauer, feinkörniger Sandstein, mit Fassungsspuren; Torso aus neun Fragmenten zusammengesetzt, H: 166; B: 72; T; 40 cm; ursprüngliche Gesamthöhe mit Lanze um 175 cm.
Bern, Historisches Museum, Inv. 57700.9 (Depositum Kanton Bern).

Die qualitätvolle Skulptur wurde gegen 1430 von Matthäus Ensinger († 1463), dem ersten Werkmeister des Berner Münsters, geschaffen. Sie zeigt eine hochgewachsene, jugendliche Georgsfigur im Kampf mit dem Drachen, der mit einer Lanze niedergestreckt wird. Mit der Aufnahme des hl. Georg in den Kreis der Vierzehn Nothelfer gewannen im 14. Jahrhundert die Darstellungen des drachentötenden Helden immer mehr an Beliebtheit. Vor allem der Typus des unberittenen, stehenden Drachentöters wurde für die bürgerlichen Stände, insbesondere für die Handwerker, zum Vorbild, während der Adel ausschliesslich den reitenden Georg für sich in Anspruch nahm.[1]

Der Torso des Berner Georg kann trotz der Fragmentierung eine Vorstellung von der Gesamtfigur und ihrer aussergewöhnlichen Komposition vermitteln. Die Ritterrüstung besteht aus «textilen» und «metallischen» Ausstattungsteilen, die farblich entsprechend akzentuiert waren. Der Ritterheilige trägt zwei Kettenhemden: ein unteres, das direkt am Körper anliegt und von den Oberschenkeln bis zum Hals reicht, sowie ein oberes, feinmaschigeres, das in Hüfthöhe von einem schmalen Gürtel zusammengehalten wird. Darunter ist eine Reihe von langen Zaddeln (ein textiler oder lederner Hängeschmuck) zu sehen, die vermutlich zu einem Waffenrock gehören, den der Heilige zwischen den beiden Kettenhemden trägt. Die relativ schlicht dekorierten, wohl ledernen Zaddeln finden sich ebenso vor der Brust, an einem rundum geführten Schulterkragen. Den Oberkörper bedecken ein vorne geschnürtes Wams mit Kapuze und ein Schulterüberwurf, der, wie andere zeitverwandte Georgsstatuen illustrieren,[2] in weiten Ärmeln auslief.

Unter den Georgsfiguren aus der Zeit des «Internationalen Stils» wird man kaum eine benennen können, die ein so ausgeprägtes Persönlichkeitsprofil aufweist wie der Berner Georg. Gerade sein Gesicht macht deutlich, dass sich diese Skulptur unter die bedeutendsten Werke des beginnenden 15. Jahrhunderts einreihen lässt.

Spuren einer absichtlichen Beschädigung sind keine zu erkennen. Dass die Extremitäten abgebrochen sind, dürfte in erster Linie auf die freiplastische, aus dem Block gelöste Gestaltungsweise zurückzuführen sein. Die Zerstückelung der Figur lässt sich somit durch die Entfernung von ihrem Standplatz und das Wegwerfen in die Schutthalde erklären. Sichtbare Zerstörungsspuren von Werkzeugen finden sich keine, auch nicht am Kopf.[3]

Wie der insgesamt sehr unterschiedliche Zerstörungsgrad des Berner Skulpturenfundes zu interpretieren ist (stark zerstückelte Figuren stehen neben solchen, die mehrheitlich aus einem grösseren Stück bestehen, absichtlich beschädigte neben solchen ohne Spuren einer mutwilligen Zerstörung),[4] bleibt im einzelnen offen.

Franz-Josef Sladeczek

Literatur:
Zumbrunn/Gutscher 1994, S. 78–82, Nr. 9. – Sladeczek 1999a, S. 190–207, Nr. 1.

1   Braunfels-Esche 1976, S. 200.
2   Vgl. Sladeczek 1999a, S. 193 und 199, Abb. 217.
3   Zumbrunn/Gutscher 1994, S. 49–50.
4   Ebd., S. 49.

Kat. 155

156
An einer Antoniusfigur werden das Donatorenwappen und die Teufel beschädigt. Für den Wegtransport zerlegt man die Skulptur mit Keilen.

Erhart Küng, Skulptur des hl. Antonius des Eremiten aus dem Berner Skulpturenfund, um 1464.

Blaugrauer, feinkörniger Sandstein, mit Fassungsresten; Torso ohne Kopf und Arme, H: 148; B: 66; T: 38 cm; ursprüngliche Gesamthöhe um 175 cm.
Bern, Historisches Museum, Inv. 57700.19 (Depositum Kanton Bern).

Kat. 156

Das ursprünglich lebensgrosse Standbild von Erhart Küng (um 1420–1507) stellt eine Antoniusfigur dar, die in der seit dem 14. Jahrhundert üblichen Tracht der Antoniter gekleidet ist: in fusslangem Rock mit Skapulier und in der Cappa (Mönchskutte) mit Kapuze. Der Kopf ist nicht mehr erhalten; einige feinsträhnige Haare weisen auf die Barttracht des Heiligen hin. Von den Attributen haben sich nur noch ein Buch in seiner Linken sowie der Rest einer Kordel am rechten Handgelenk erhalten, an der ein Glöckchen oder ein Rosenkranz befestigt war.[1]

Neben der im 15. Jahrhundert weit verbreiteten Darstellung mit einem Schweinchen bildete sich im Spätmittelalter auch der Typus von Antonius in Begleitung teuflischer Mächte heraus, denen der in der Wüste lebende Einsiedler ausgesetzt gewesen war. Seinen erfolgreichen Kampf gegen die Dämonen verbildlichte die mittelalterliche Kunst unter anderem so, dass sie den Eremiten auf den bösen Mächten stehend darstellte. Auch bei der Berner Skulptur erscheint Antonius als Sieger über zwei teuflische Wesen.

Unübersehbar in der Mitte der Plinthe findet sich das Wappen der Familie von Erlach, die zu den vier adeligen Familien edler Herkunft in Bern gehörte. Wahrscheinlich wurde die Skulptur um 1464 durch Barbara von Erlach geb. vom Stein (†1470) beim Bildhauer Erhart Küng in Auftrag gegeben. Nach dem Tode der Anna von Krauchtal im Februar 1464 hatte Barbara von Erlach wohl noch im gleichen Jahr die Kaplanei- und Patronatsrechte der Krauchtal-Kapelle erworben, die sich im sechsten Joch des nördlichen Seitenschiffs im Berner Münster befand. Die Antoniusfigur war vermutlich als integraler Bestandteil einer Stiftung für die Ausstattung der neuen von Erlach-Kapelle bestimmt gewesen.

Spuren gewaltsamer Eingriffe finden sich im Bereich der Plinthe, wo die Köpfe der Teufelsgestalten weggeschlagen sind und das Wappen beschädigt ist, und auf der Rückseite der Figur. Mit Hilfe von Holzkeilen wurde das kompakte Standbild in drei Blöcke zerteilt, damit man es leichter auf die Münsterplattform transportieren und dort entsorgen konnte.[2]

Franz-Josef Sladeczek

Literatur:
Zumbrunn/Gutscher 1994, S. 91–95, Nr. 19. – Sladeczek 1999a, S. 272–285, Nr. 3 (mit weiterer Literatur). – Sladeczek 1999c, S. 379, Abb. 271.

---

1 Braun 1943, Sp. 86–96.
2 Zumbrunn/Gutscher 1994, S. 94; Sladeczek 1999a, S. 273.

Kat. 157

157

Der Erzengel Michael ist regelrecht zertrümmert worden. Man hat ihn wohl als Ausdruck massloser Selbstüberschätzung des adligen Auftraggebers empfunden.

Erhart Küng, Standbild des Erzengels Michael aus dem Berner Skulpturenfund, 1476/1477.

Blaugrauer, feinkörniger Sandstein, mit reichen Fassungsresten; Torso aus 42 Einzelfragmenten zusammengesetzt, H: 206; B: 72; T: 42 cm; ursprüngliche Gesamthöhe mit Flügeln und Schwert um 235–240 cm.
Bern, Historisches Museum, Inv. 57700.23 (Depositum Kanton Bern).

Der Erzengel Michael von Erhart Küng (um 1420–1507) steht auf einer grünlich gefassten Plinthe, triumphierend über einen Drachen, der allerdings nur noch fragmentarisch erhalten ist. Das rechte Bein leicht zurückgenommen, das linke nach vorne gesetzt, präsentiert sich der als geharnischter Krieger dargestellte Erzengel in der traditionellen Pose des Siegers, der den sich aufbäumenden Gegner niederwirft. In der Rechten führte er ein Schwert, seine Linke hielt wohl eine Waage. In der Doppelrolle als Streiter Christi und als Seelenwäger erscheint Michael auch am Hauptportal des Münsters, wo seine Gestalt die Mittelachse des Bogenfeldes dominiert.[1]

Aufgrund der vollplastischen Bearbeitung und der deutlich erkennbaren Verwitterungsspuren muss angenommen werden, dass das ursprünglich gut 2.50 m hohe Standbild einst im Freien gestanden hatte,[2] möglicherweise in der Nähe des Beinhauses auf der Münsterplattform. Seine äusserst kostbare, polychrome Fassung ist einmalig unter allen Torsi des Berner Skulpturenfundes und deutet auf ein entsprechend hohes Vermögen des Auftraggebers hin, der durch das Wappen im Fürspan vor der Brust des Ritterheiligen als Mitglied der Familie von Scharnachthal ausgewiesen ist.

In Frage kommt Niklaus von Scharnachthal (1419–1489), der zu den bedeutendsten Persönlichkeiten Berns im 15. Jahrhundert zählte. Er wurde um 1460 am französisch-burgundischen Hof zum Ritter geschlagen und wird im Erzengel Michael das Vorbild eines christlichen Ritters gesehen haben, galt dieser doch allgemein als der erste und ranghöchste unter den *milites christiani*.[3] Das Stifterwappen ist Ausdruck des hohen Anspruchs des Auftraggebers. Es bezeugt nicht nur die «Personalunion» von Stifter und dargestelltem Heiligen,[4] sondern verweist gleichzeitig auch auf die Führungsrolle, die der 1476 in Bern predigende Johannes Heynlin (um 1430/1433–1496) dem Erzengel zugestanden hat.[5] Letztlich verkündet diese überlebensgrosse Michaelsstatue die Botschaft: «Erzengel Niklaus von Scharnachthal – Retter Berns und der Eidgenossenschaft!»

Von allen Figuren des Berner Skulpturenfundes weist das ursprünglich aus einem einzelnen Block gehauene Standbild des Erzengels am meisten Zerstörungsspuren auf. Der Verdacht liegt nahe, dass die Figur während des Bildersturms regelrecht zertrümmert worden ist, da sie wohl als Ausdruck massloser Selbstüberschätzung und Überheblichkeit des adligen Auftraggebers empfunden wurde.[6]

Franz-Josef Sladeczek

Literatur:
Zumbrunn/Gutscher 1994, S. 100–103, Nr. 23. – Sladeczek 1999a, S. 294–313, Nr. 5 (mit weiterer Literatur). – Sladeczek 1999c, S. 374–375.

---

1 Sladeczek 1990, S. 42–88; Sladeczek 1999a, S. 102–113, Abb. 116–117 und 128.
2 Zumbrunn/Gutscher 1994, S. 103; Sladeczek 1999a, S. 309.
3 Oskar Holl u. a. bzw. Friedrich Merzbacher: Artikel «Michael, Erzengel» und «Militia Christi», in: LCI, Bd. 3, Sp. 255–265 und 267–268.
4 Beer 1991, S. 102.
5 Johannes Heynlin predigte, Gott selber habe den Bernern seinen Himmelsfürsten Michael zu Hilfe gesandt und so zusammen mit ihnen 1476 den Sieg über Karl den Kühnen bei Murten errungen (vgl. von Greyerz 1934, S. 113–171; von Greyerz 1940, S. 273–294; Sladeczek 1999a, S. 303–308).
6 Sladeczek 1999a, S. 308–309.

158
Von der sehr qualitätvollen Tonstatuette einer verführerisch gekleideten Maria Magdalena sind nur Scherben erhalten geblieben.

Statuette der Maria Magdalena mit Salbgefäss, ehemaliges Benediktinerkloster in Trub BE, um 1450.

In zwei waagrecht geteilten Hälften rot gebrannter Ton, mit Resten einer farbigen Fassung auf Kreidegrund; 1925 aus vielen Bruchstücken zusammengesetzt und teilweise unsachgemäss in Gips ergänzt, 2000 erneute Teilklebung (Urs Zumbrunn); Konservierung ausstehend. H: 94; B: 31cm. Bern, Historisches Museum, Inv. 16743/Bern, Archäologischer Dienst, Fundnr. 42149-2.

Anlässlich der Kirchenrenovation in Trub 1925 barg der damalige Pfarrer W. Nil im Schutt unter dem Chorboden zahlreiche Tonfragmente, die er dem Bernischen Historischen Museum übergab. Aus den Fragmenten liessen sich die hier vorgestellte Maria Magdalena sowie Teile von drei weiteren, wesentlich kleineren Tonstatuetten zusammenfügen: das Fragment einer knienden Figur (Christus am Ölberg?), ein Gewandstück mit nacktem Fuss auf Wolkenband (Jünger?) und das Bruchstück eines Kopfes.[1] 1976 wurden bei einer Nachgrabung weitere Fragmente entdeckt:[2] zwei Passstücke zur Maria Magdalena,[3] eine Hand mit Buch,[4] ein kniender Knabe in kurzen Hosen mit Schöpfkelle (Assistenzfigur einer Ambrosiusdarstellung?),[5] vier Fragmente einer Haarpartie[6] sowie ein vollständig erhaltenes Engelchen (Abb. 47).[7] Die Heterogenität von Bildthemen und Massstäben spricht gegen die von Julius Baum geäusserte Deutung einer kleinfigurigen Ölbergdarstellung.[8] Vielmehr handelt es sich um verschiedenenorts in der ehemaligen Klosterkirche zusammengerafftes Gut.

Kat. 158
1 Statuette der Magdalena. Bestand der 1925 gefundenen Fragmente. Frontalansicht und...
2 ... Seitenansicht rechts.
3 Zur verführerischen Kleidung gehört zweifellos die burgundischer Mode entsprechende kecke Hörnerhaube. Neuaufnahme der Kopfpartie mit linkem Teil der Hörnerhaube. Handpartie mit Pyxis digital aus alter Aufnahme einprojiziert.

Die Keramikfragmente stellen vermutlich Bildersturmschutt dar. Die Scherben dürften hinter dem südlichen Teil des Chorgestühls in der Vierung der damaligen Klosterkirche vergraben worden sein. Bei deren Abbruch entstand in den Jahren 1641–1642 anstelle der Vierung der heutige Polygonalchor;[9] damals muss der Scherbenhaufen angeschnitten und z.T. in der Abbruchschuttschicht verteilt worden sein.

Die Figur der Maria Magdalena nimmt schon vom Format her eine Sonderstellung ein. Der solide gebrannte Ton und die aufwändig über Kreidegrund angelegte Farbfassung weisen die Figur als eigenständige Plastik aus.[10] Die kecke, schlanke Standfigur hält mit beiden Händen das Salbgefäss. Ihr Körper ist in Gewand und Mantel gehüllt, der in steilen Falten grosslinig fällt. Der Kopf in ruhigen, glatten Formen ist von einer Hörnerhaube mit broschenverziertem Stirnreif bedeckt, unter dem das lange, offene Haar in weichen Wellen über die Schultern bis auf Ellbogenhöhe fällt. Elegant hebt die Heilige mit ihrer Linken durch Einrollen der mittleren Finger und durch Stützen mit dem kleinen Finger den Deckel des Salbgefässes leicht an. Dieses Detail sowie die feine Ausbildung des Gesichtes, die auf ein Zusammenfassen der Formen angelegt ist und bewusst auf einen Absatz zwischen Hals und Kinn, Schläfen und Stirn, Wangen und Mund oder Stirn und Brauenbogen verzichtet, zeugen von hoher Meisterschaft. Das Gesicht erscheint «wie in sanftem Druck von innen her gestrafft».[11]

Als erste hat Ilse Futterer den hohen künstlerischen Anspruch der Truber Maria Magdalena erkannt, sie in die Nähe der fünf Klugen und der Sprecherin der Törichten Jungfauen vom Berner Münsterportal gerückt, Erhart Küng zugeschrieben und um 1490 datiert.[12] Franz-Josef Sladeczek liess die Zuschreibung wegen zu lückenhaftem Befund offen.[13] Die langen Röhrenfalten, den Mantelumschlag vorn, den Stoffstau am rechten Ärmel, den «unlogischen» Faltenstau unter dem Ellbogen sowie die Haarmodellierung halten wir durchaus für aussagekräftig: Sie weisen auf die Gruppe des hl. Antonius vom Berner Skulpturenfund (vgl. Kat. 156).[14] Die Nähe zu Werken der Berner Münsterbauhütte scheint somit erwiesen. Zu beurteilen ist im weiteren die Ausbildung des «von innen gestrafften» Gesichts in seiner ausgezeichneten Erhaltung. Die kecke Erscheinung – u.a. Resultat des nach niederländischer Mode weit zurückrasierten Haaransatzes – weist auf flämischen Einfluss hin, die Hörner-

haube direkt in die burgundische Hofmode des zweiten Viertels des 15. Jahrhunderts.[15] Magdalenas Gesicht ist höfischer als jenes der Klugen Jungfrauen und bezeugt, dass um die Mitte des 15. Jahrhunderts das künstlerische Potential der Berner Münsterbauhütte nicht nur in der Person Erhart Küngs gesehen werden darf. Die Truber Maria Magdalena darf mit guten Gründen um 1450 datiert werden.

Daniel Gutscher

Literatur:
Futterer 1931. – Baum 1941, S. 28, Nr. 25. – Sladeczek 1990, S. 90–91. – Gutscher 1998.

Abb. 47
Ehemaliges Benediktinerkloster in Trub, Tonstatuette eines Engelchens. Bern, Archäologischer Dienst, Fundnr. 42149-8. – Die 10.5 cm hohe Plastik aus dem Füllschutt ist vollständig erhalten.

1 Baum 1941, S. 29, Nr. 26–28.
2 Unpubliziert; Originaldokumentation: Archiv Archäologischer Dienst des Kantons Bern (428.001.1977). Berichte über die Grabungen: Schweizer 1980; Gutscher 1998.
3 Bern, Archäologischer Dienst, Fundnr. 42149-2 (14.5×17 cm).
4 Ebd., Fundnr. 42149-1 (3.5×5 cm).
5 Ebd., Fundnr. 42149-3 (9.5×13.5 cm).
6 Ebd., Fundnr. 42149-5 und 42149-7 (Dm: max. 8 cm).
7 Ebd., Fundnr. 42149-8 (10.5×4.8 cm).
8 Baum 1941, S. 29.
9 Schweizer 1980; Gutscher 1998, S. 46–47.
10 Dagegen Sladeczek 1990, S. 91: Es gilt zu fragen, inwieweit die Tonstatuetten nicht als Bozzetti, als erste plastische Entwürfe, gedient hatten.
11 Futterer 1931, S. 17.
12 Ebd., S. 18.
13 Sladeczek 1990, S. 90.
14 Zumbrunn/Gutscher 1994, S. 91–95, Nr. 19.
15 Thiel 1997, S. 147.

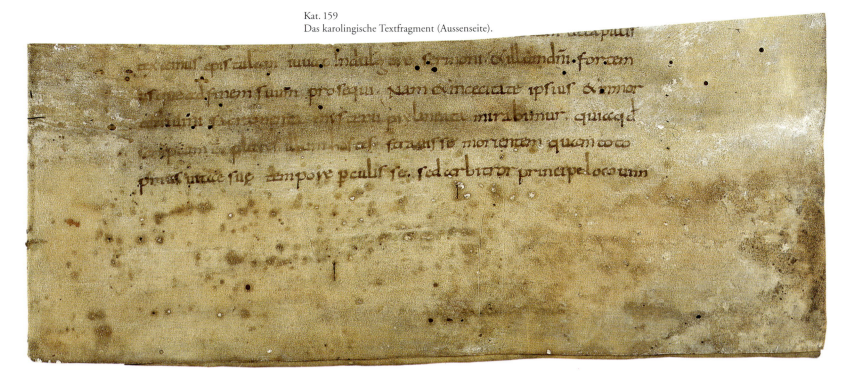

Kat. 159
Das karolingische Textfragment (Aussenseite).

159
Eine karolingische Handschrift gelangt zum Abdichten von Fugen zwischen Bretter und Balken einer Bürgerstube.

Fragment eines Doppelblattes aus einem karolingischen Codex, 9. Jahrhundert.

Pergament, H: 8.5; B: 40 cm; unterer Teil eines Doppelblattes, beidseits sechs Textzeilen in karolingischer Minuskelschrift, konserviert im Staatsarchiv des Kantons Bern.
Bern, Archäologischer Dienst, Fundnr. 69250.

Eine Neuüberbauung machte in Unterseen im Kanton Bern die archäologische Untersuchung der ganzen Häuserzeile südlich der Kirche notwendig. Als 1998 im ersten Obergeschoss des Hauses Kirchgasse 13 in der platzseitigen Stube die modernen Fensterverkleidungen entfernt wurden, zeigte sich ein aus drei nebeneinander liegenden Balken bestehender Sturz eines Fensterwagens des 16./17. Jahrhunderts. Als Fugenabdichtung klebte auf einem dieser stark verrussten Balken ein Pergamentstück mit karolingischem Text.

Das Fragment stellt den unteren Teil eines Doppelblattes aus einem karolingischen Codex dar, an drei Seiten ist der ursprüngliche Blattrand noch erhalten. Die ursprüngliche Blattgrösse (und damit die Buchgrösse) kann auf ungefähr 27–30 × 20.2 cm, mit 27–30 Textzeilen pro Seite, errechnet werden. Auf jeder der vier vorhandenen Seiten sind die fünf untersten Zeilen vorhanden, die sechste ist angeschnitten. Beim lateinischen Text handelt es sich um eine theologische Abhandlung, eventuell zur Bibelauslegung; die genaue Identifizierung steht noch aus. Geschrieben ist der Text in einer recht gut lesbaren karolingischen Minuskel der zweiten Hälfte des 9. Jahrhunderts (bis etwa um das Jahr 900). Als Herkunftsort muss ein karolingisches Kloster nördlich der Alpen in Betracht gezogen werden.

Der Neufund wirft ein Schlaglicht auf die bislang wenig bekannten Verhältnisse der Auflösung der Bibliothek des Interlakener Augustiner-Chorherrenstifts. Allein die Grösse des Konvents der Doppelinstitution im Spätmittelalter lässt Schlüsse auf eine entsprechende Klosterbibliothek zu. Die Propstei Interlaken umfasste in der Blütezeit des 14. Jahrhunderts 350 Nonnen, 30 Priester und 20 Konversen. Ein Skriptorium bestand damals auch.[1] Allerdings dürften die Bestände durch zwei Klosterbrände 1467 (?) und 1472 gelitten haben. Ein weiterer Verlust entstand durch die Klosterreform von 1472–1474, als reformfeindliche Brüder flohen. Sie sollen *desselben gotshus silbergeschirr, schriften und anderen zuogehörungen* mitgenommen und *vil schätzen* entwendet haben.[2] Es darf am Vorabend der Reformation somit nur mehr von einem sehr lückenhaften Bibliotheksbestand ausgegangen werden. 1528 überfielen die Unterseener Bauern die Propstei, weil sie sich durch den ohne ihr Wissen erfolgten Übertritt des Klosters zur Reformation und die Übergabe der Propstei mit allen Rechten an Bern (am 13. März 1528)[3] übergangen fühlten. Anshelm berichtet, dass sie am 23. April 1528 *mit gewappneter macht das kloster uberfielen, so wuetend, [...] mezgeten und schlemten und vertrenten, was da was*.[4] Bücherverluste sind dabei zwar nicht ausdrücklich überliefert, aber anzunehmen. Ein letzter Teil der Bibliothek dürfte mit den wegziehenden Klosterinsassen verschwunden sein, weil diese ihre eingebrachte Habe, somit auch Bücher, mitnehmen konnten.

Kat. 159
Das karolingische Textfragment (Aussenseite).

Unser Fragment dürfte – wohl kaum als ganzer Codex, sondern nur als Lage oder Bogen – bei der Plünderung des Klosters durch die Bauern in den Besitz des Hausherrn an der Kirchgasse 13 in Unterseen gelangt sein. Dieser erneuerte um 1530 sein Haus am Stadtplatz. Pergamentstreifen dienten als Abdichtung von Fugen zwischen Brettern und Balken, um die Stube gegen das Herabrieseln von Mörtel und Staub zu schützen. Es ist kaum davon auszugehen, dass unser Streifen der einzige war, jedoch sind durch Bautätigkeiten des 17. und 18. Jahrhunderts fast alle hölzernen Bauteile des 16. Jahrhunderts und damit leider wohl auch weitere Fragmente der Handschrift verloren gegangen.

Martin Germann / Regula Glatz /
Daniel Gutscher

Literatur:
Unveröffentlicht

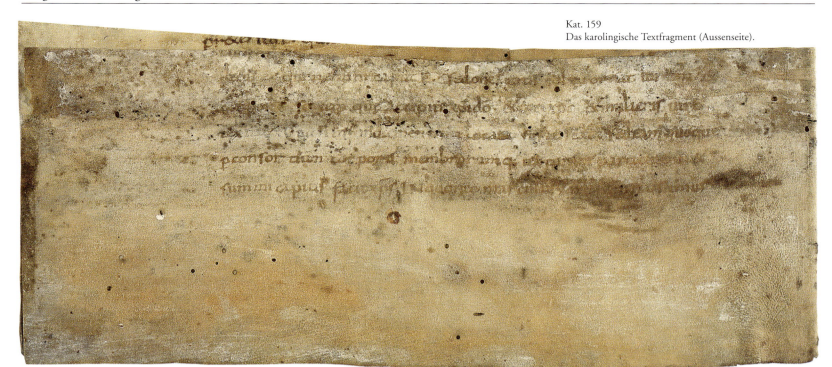

Abb. 48
Unterseen, Haus Kirchgasse 13.
Fundort des karolingischen Pergaments.

1   Bruckner 1967, S. 102–106.
2   Rennefahrt 1958, S. 151–169.
3   Schon damals wurden *des gozhus sigel, brief, friheiten roedel, urber etc., silbergeschirr und kleinet in gewarsame zuo der stat Bern* mitgenommen (Anshelm, Chronik, Bd. 5, S. 260). Die Bibliothek interessierte in diesem ersten Moment wohl nicht.
4   Anshelm, Chronik, Bd. 5, S. 262.

160
Mit der Zerstörung einer Inschrift wird das Gedenken an den Stifter der Kartause ausgelöscht.

Christus als Schmerzensmann, aus der ehemaligen Kartause Thorberg in Krauchthal BE, 1450–1460.

Fragmentiertes Relief aus feinkörnigem, blaugrauem Sandstein, wohl vom Gurten-Steinbruch, polychromiert; H: 107; B: 90; grösste T: unten 24 cm.
Bern, Historisches Museum, Inv. 39422.

Kat. 160

Das hochrechteckige Relief zeigt den dornengekrönten Christus als Schmerzensmann in annähernd lebensgrosser Halbfigur, mit angewinkelten Armen auf die Wundmale in seinen Händen weisend. Auf dem blau bemalten Hintergrund sind die Leidenswerkzeuge als Zeichen der Passion, die *arma Christi*, nebeneinandergereiht: im Zentrum das Kreuz, dessen Querbalken den oberen Abschluss des Werkblocks bildet, seitlich die Nägel, die Lanze, der Stab mit dem Essigschwamm, die strickumwundene Geisselsäule, das Rutenbündel. Zwei die Christusfigur flankierende Engel halten ein goldgrundiges, bortengesäumtes Tuch mit rötlichem Brokatmuster.

Die Skulptur kam 1967 bei Bauarbeiten ans Licht, und zwar auf dem Gelände der ehemaligen Kartause Thorberg im Kanton Bern,[1] einer 1397 von Peter von Thorberg (1341–1400) gestifteten Niederlassung, die zu den grössten und begütertsten des Kartäuserordens in der Schweiz zählte, bevor sie in der Reformation 1528 aufgehoben wurde. Der Fundort im Füllschutt des Vorraums zum Refektorium (Speisesaal der Mönche) gab Anlass zur Annahme, dass das Bildwerk einst zu dessen Ausstattung gehört hatte. Aus dem Fundort ist allerdings nicht zwangsläufig auf den ursprünglichen Standort zu schliessen, zumal die Skulptur durchaus in nachreformatorischer Zweitverwendung hier aufgestellt worden sein könnte. In welchem Zusammenhang das Schmerzensmann-Relief im Kloster stand, wissen wir nicht. Angesichts der nur grob bearbeiteten Rückseite des Werkblocks ist von einer architekturgebundenen Aufstellung, vielleicht in einer Nische, auszugehen.[2] Ein gewichtiges Indiz dafür, dass die Skulptur nicht in ihrer ursprünglichen Höhe erhalten ist, scheint die mit äusserstem Bedacht abgeschlagene Unterkante des Werkblocks im Bereich des Brokatmusters zu sein. Sie deutet denn auch auf eine Umgestaltung hin, die mit der Funktion des Bildwerks in Zusammenhang stehen dürfte.

Steinerne Epitaphien, d. h. erhöht an die Mauer gestellte, tafelförmige Denkmäler zum Gedächtnis an Verstorbene, waren im 15. Jahrhundert beliebt. Die Funktion als Epitaph oder Votivbild für Peter von Thorberg zur Erinnerung an seine reiche Klosterstiftung ist, in repräsentativer Aufstellung in der Kirche oder im Kreuzgang, auch für das vorliegende Relief in Betracht zu ziehen. Wie andernorts wäre die Schmerzensmann-Darstellung dann durch ein Inschriftband als unteren Abschluss und vielleicht durch einen knienden Beter zu ergänzen. Eine solche Inschrift könnte denn auch den Anlass gebildet haben, die Skulptur abzuarbeiten, als die Kartause in der Reformation in eine Landvogtei umgewandelt wurde.

Die Skulptur wurde seit ihrer Auffindung als eigenhändige Arbeit des westfälischen Bildhauers und Werkmeisters der Berner Münsterbauhütte Erhart Küng († vor 30. Januar 1507) bestimmt und zunächst in die 1490er Jahre,[3] dann um 1460 datiert.[4] Bezüglich dieser auf stilkritischen Vergleichen beruhenden Zuschreibung kamen aber Bedenken auf, als die Gesteine und Werkzeugspuren des Berner Skulpturenfundes von 1986 analysiert und mit dem Thorberg-Relief verglichen wurden.[5] Die technologische Untersuchung ergab, dass einige durch Wappen und Jahreszahl in die Mitte des 15. Jahrhunderts datierte Bildwerke sowohl dieselbe Sandsteinqualität als auch die gleiche Oberflächenbearbeitung wie der Thorberger Schmerzensmann aufweisen.

Auch die Meisterfrage steht erneut zur Diskussion, denn möglicherweise haben an dieser Skulptur zwei verschiedene Bildhauer ihre Spuren hinterlassen, was angesichts der unterschiedlichen Modellierung der Engelsfiguren glaubhaft erscheint.

Gabriele Keck

Literatur:
Mojon 1967, S. 98–100. – Sladeczek 1987, S. 55–59. – Sladeczek 1990, S. 89–90. – Zumbrunn/Gutscher 1994, S. 39, 44, 45, 91, 95 und 99. – Franz-Josef Sladeczek: Artikel «Küng, Erhart», in: BLSK, Bd. 1, S. 596. – Baeriswyl 1999, S. 307–321 (zur Kartause). – Keck 1999, S. 322–323. – Sladeczek 1999a, bes. S. 114–118 und 266–267.

---

1 Jahrbuch des Bernischen Historischen Museums in Bern 47–48, 1967–1968, S. 404–406 und 416.
2 Ob mit einer seitlichen Fortsetzung in Form von weiteren Reliefplatten zu rechnen ist, lässt sich nicht eindeutig entscheiden.
3 Mojon 1967, S. 99.
4 Sladeczek 1987, S. 58; Sladeczek 1990, S. 89–90.
5 Zumbrunn/Gutscher 1994, S. 45, 91, 95 und 99.

161
Ein unnützes Friedhofs- oder Wegkruzifix wird beiseite geräumt.

Haupt Christi mit Dornenkrone, Fragment von einem Friedhofs- oder Wegkruzifix, Muri BE, zweite Hälfte 15. Jahrhundert.

Fragment einer vollplastischen Freifigur aus Sandstein, H: 30 cm; allseitig beschädigt, keine sichtbaren Spuren einer farbigen Fassung; Umgestaltung hinsichtlich einer Zweitverwendung (wohl Aufstellung auf einem Sockel): Bruchfläche am Hals horizontal begradigt, vertikales, rundes Bohrloch im Hals; wurde vor 1924 in oder bei Muri im Kanton Bern ausgegraben und gelangte als Geschenk einer Privatperson an das Museum.
Bern, Historisches Museum, Inv. 15976.

Die zur Seite und leicht nach vorne geneigte Kopfhaltung, die Spuren erlittener Qualen im Antlitz und die Dornenkrone weisen das Fragment einem Kruzifixus zu. Wie sekundäre Überarbeitungsspuren am Hinterkopf nahe legen, war die Christusfigur mit dem Kreuz aus einem einzigen Werkstück gearbeitet. Die detaillierte, doch beispielsweise bei der Dornenkrone oder an den Schläfen nicht sehr tief in den Block gehende Modellierung spricht für eine auf Fernsicht angelegte, im Freien aufgestellte Skulptur, die, gemäss den Dimensionen des Kopfes, überlebensgross gewesen sein muss.

Typologisch steht diese Steinskulptur in der Tradition der monumentalen Friedhofskruzifixe und Kreuzigungsgruppen, als deren berühmtester Vertreter der Kruzifixus von Niclaus Gerhaert von Leyden in Baden-Baden (1467) gilt. In vielen Gegenden, so vor allem am Niederrhein, in Westfalen, in Franken und am Oberrhein, gehörten solche Darstellungen in der zweiten Hälfte des 15. Jahrhunderts und im beginnenden 16. Jahrhundert zur Ausstattung der Friedhöfe.[1]

Überlegungen zur Aufstellung des Kruzifixes aus Muri bleiben dennoch hypothetisch, da nur ungenaue Angaben zu seiner Fundsituation bekannt sind. So deutet der Hinweis «aus Muri» auf einen Standort im Friedhof, während aus der Angabe «bei Muri» eher auf eine Funktion als Wegkreuz zu schliessen ist.[2]

Der Kruzifixus aus Muri zählt zu jenen sakralen Bildwerken, bei denen heute kaum noch zu entscheiden ist, ob sie im Zuge eines bilderstürmerischen Akts in der Reformation zerstört worden sind, genügte doch auch ein Sturz oder ein anderweitiges Missgeschick, um an Skulpturen aus dem bruch- und stossempfindlichen Werkstoff «bildersturmähnliche» Schäden zu verursachen.

Eine kunsthistorische Einordnung steht noch aus. Immerhin ist aber auf eine gewisse stilistische Nähe zum Thorberg-Relief (Kat. 160) und zum Kruzifixus aus dem Berner Skulpturenfund hinzuweisen.[3] Eine Analyse der Steinqualität und der Werkzeugspuren dürfte dazu beitragen, die Skulptur stilistisch und zeitlich im mittlerweile reichen Bestand an Berner Steinskulpturen zu verankern.

Gabriele Keck

Literatur:
Unveröffentlicht.

---

1 Vgl. die umfassende Studie über die Entwicklung und Verbreitung dieser Denkmälergattung von Fabian 1986.
2 Jahrbuch des Bernischen Historischen Museums in Bern 4, 1924, S. 131 und 141.
3 Zumbrunn/Gutscher 1994, S. 88–91; Sladeczek 1999a, S. 254–271.

162
Eine Bischofsfigur wird im Mauerwerk eines Privathauses als Baustein wiederverwendet.

Skulptur eines Bischofs, Bern, Münsterbauhütte, um 1480/1490.

Sandstein, H: 75.5; B: 30; T: 12 cm.
Bern, Privatsammlung.

Die Bischofsfigur trägt eine Mitra, hält im linken Arm ein Buch, in der rechten Hand einen Stab und stellt vermutlich den hl. Augustinus dar. Bei der links unten kauernden Gestalt dürfte es sich um ein Wasser schöpfendes Kind handeln, wie es dem Kirchenvater häufig auf Darstellungen beigegeben ist.

Die Skulptur wurde anfangs der 1960er Jahre an der Aarbergergasse 21 in Bern entdeckt: Sie befand sich im Mauerwerk einer Brandmauer, wo sie wohl seit dem Übertritt Berns zur Reformation verborgen war.[1] Verschiedene Mörtelreste zeugen von der Umnutzung dieser Heiligenfigur als Spolie, der man mit dem Meissel stark zugesetzt hatte, um sie ihrer neuen Funktion als Baumaterial «anzupassen». Das Fragment ist ein vortreffliches Beispiel dafür, wie nach der Reformation unliebsam gewordene Heiligenfiguren aus Stein im privaten Wohnungsbau wiederverwendet wurden.

Franz-Josef Sladeczek

Literatur:
Unveröffentlicht.

Kat. 161

Kat. 162

---

1 Weder im Gemeindearchiv des Archäologischen Dienstes des Kantons Bern noch im Nachlass von Paul Hofer (in der Burgerbibliothek Bern) fanden sich genaue Angaben zu den Fundumständen (freundlicher Hinweis von Armand Baeriswyl, Archäologischer Dienst des Kantons Bern).

Bern ist die treibende Kraft bei der Zerstörung der Bilder in der Westschweiz.

Dass Bern 1528 zur Reformation übergetreten ist, hat zum Erfolg des protestantischen Glaubens in der französischen Schweiz geführt. Die französischsprachigen Teile des alten Bistums Basel teilten sich in den fortan weitgehend protestantischen Süden und den katholischen Norden, wohin der Bischof sich zurückzog. In Neuenburg stimmte im November 1530 eine Mehrheit für die Unterdrückung der katholischen Messfeiern, das Hinterland folgte nach und nach, mit Ausnahme von Le Landeron und Cressier. Nach mehreren Jahren konfessioneller Kämpfe schaffte Genf im August 1535 die Messe ebenfalls ab. In der Waadt wurde der neue Glauben seit 1528 gepredigt, aber erst mit der bernischen Eroberung von 1536 durchgesetzt. Das savoyische Chablais bis nach Thonon und das Pays de Gex übernahmen die Reformation während der bernischen Besetzung von 1536–1564. Weiterhin den alten Glauben praktizieren durfte nur die Bevölkerung in jenen Territorien, die von den katholisch gebliebenen Freiburgern und Wallisern eingenommen wurden. In geringerem Masse galt dies auch für jene Teile der Waadt, die gemeinsam von Freiburg und Bern verwaltet wurden.

In fast allen diesen Gebieten fanden bilderstürmerische Kundgebungen statt, und zwar vor, während und nach der Reformation. Die Berner Truppen, die Genf 1530 gegen einen savoyischen Angriff verteidigten, zerstörten zahlreiche «Bilder» und entweihten auf dem Weg dahin, namentlich in Morges und in Genf, die Altäre.[1] Offensichtlich handelte es sich nicht mehr um einfache Erpressungen – 1476 beispielsweise hatten die Eidgenossen bei der Eroberung von Romont ebenfalls die Hostien entweiht –,[2] sondern um gezielte Aktionen gegen die Symbole des katholischen Kultes. Die ersten Predigten wie diejenige vom Oktober 1530 in der Kollegiatskirche von Neuenburg, wo «es gut tut zu sehen, wie die Kirche gesäubert worden ist» *(il fait beau voir ce qui a esté netoyé de l'Eglise),*[3] waren gefolgt von der Zerstörung von Bildwerken, «der totalen Verachtung aller Zeremonien» *(ces moqueries infinies de toutes cérémonies),* wie sich einer der Artikel des Flugblatts der Lausanner «Disputation» ausdrückt, das an allen waadtländischen Pfarrkirchen angeschlagen war.[4]

Als sich die politische Situation geklärt hatte, setzte ein geordneterer und systematischerer Umgang mit der liturgischen Kirchenausstattung ein. Nach dem Chronisten Guillaume de Pierrefleur wollten die Berner innerhalb von drei Wochen nach der «Disputation» vom Oktober 1536 in Lausanne alle Bilder und Altäre in der Waadt beseitigen; der grösste Teil dieser Arbeit war dann jedenfalls vor dem kommenden Frühling abgeschlossen.[5] Die beschlagnahmten kirchlichen Güter wurden inventarisiert, gesichtet und für eine spätere Schätzung eingelagert. Zahlreiche Kultgegenstände verdanken ihre Erhaltung diesen Massnahmen, denn viele davon wurden später weiterverwendet oder wiederverwertet. In Genf waren beispielsweise die Pierre Viret und Guillaume Farel geschenkten Wämser aus ehemaligen Priestergewändern geschnitten.[6] Die Nüchternheit des neuen Kultes erforderte nur Bänke, aber keine prächtige Kirchenausstattung; manchmal wurde allenfalls das alte Chorgestühl in die Neugestaltung einbezogen. Die Glasfenster, deren Ersatz zu teuer gekommen wäre, behielt man samt ihren Glasmalereien bei und empörte damit im 17. Jahrhundert die hugenottischen Flüchtlinge.[7] In der bernischen Waadt zögerte man nicht, Kelche und Taufbecken wiederzuverwenden und einige Altäre in Abendmahlstische umzuwandeln.[8] Das calvinistische Genf verbot solche Zweitverwendungen, die Platten von zwei Hauptaltären wurden sogar nach Champel transportiert, «um darauf die Köpfe der Übeltäter abschlagen zu können» *(pour sur ycelle faire couper la teste aux malfaicteurs).*[9]

Nicht alle Statuen und Gemälde wurden zerstört. Das von Konrad Witz gemalte Genfer Stadtpanorama hatte offenbar eine Bedeutung erlangt, die seine Erhaltung, wenn auch in beschädigtem Zustand, rechtfertigte.[10] Das Gnadenbild von Notre-Dame des Grâces hingegen wurde zunächst einfach zur Seite geschafft, bevor man den Protesten nachgab und es öffentlich verbrannte.[11] Ob die Genfer Behörden wohl daran gedacht hatten, das Bild zu verkaufen? Lutry trat 1554 den Erben des Malers Etienne Chapuis ein Altarretabel ab, dessen Bezahlung in der Reformation eingestellt worden war, «lieber als ihnen Geld zu geben, damit sie nicht noch einen finanziellen Nutzen aus der Tafel schlagen konnten» *(plustoz que leur bailler d'argent, pour qu'ils fassent leur profict de la table).*[12] Solche Texte scheinen Überlieferungen aus dem Jura, aus Freiburg und dem Wallis zu bestätigen, wonach gewisse Werke vor der Zerstörung «gerettet» worden seien.[13] Der Zweck war nicht nur finanzieller Art. Der Verkauf von liturgischem Kirchenschmuck, Glasfenstern und Statuen aus Donatyre an das benachbarte freiburgische Villarepos sah 1547 eine Vergünstigung im Falle des Wiedererwerbs vor, falls «Donatyre wieder katholisch werden sollte...» *(Donatyre redevenait catholique...).*[14]

Brigitte Pradervand / Nicolas Schätti

---

1 de Jussie 1865, S. 8–26.
2 Ochsenbein 1876, S. 79; Roger 1984, S. 200.
3 Guillaume Farel, zitiert nach Berthoud 1984, S. 332; so auch in Orbe (Junod 1933, S. 30–32).
4 Junod 1933, S. 122.
5 Ebd., S. 125; Grandjean 1988, S. 24.
6 Mottu-Weber 1987, S. 8.
7 Candaux 1965, S. 14.
8 Grandjean 1988, S. 43–48.
9 Aus den Annalen des Chronisten Savion, teilweise veröffentlicht bei Geisendorf 1942, S. 475.
10 Buyssens 1993.
11 Deonna 1946, S. 102–114.
12 Registre du Conseil de Lutry, 3. Mai 1554; zitiert nach Grandjean 1990, S. 197.
13 Zeugnisse besonders erwähnt bei Decollogny 1960 und 1962; Kat. Jura 1981, S. 70–71; Grandjean 1982; Berthoud 1984, S. 334–337; Cassina 1984 und 1986.
14 Kaufvertrag veröffentlicht bei Gremaud / Techtermann 1854, S. 488–490.

Der Bildersturm im Cluniazenserpriorat Romainmôtier

Der Übertritt der Waadt zur Reformation und die Konfiszierung der Güter des Cluniazenser-Priorats durch die Berner setzten der künstlerischen Blütezeit des Konvents ein Ende. Am 22. März 1536 erschienen sechs Berner Kommissare in Romainmôtier. In Gegenwart von Christophe Hollard, der in Orbe durch seine ikonoklastischen Handlungen berühmt geworden war, musste Théodule de Riddes, der letzte Prior, eine Unterwerfungsbescheinigung unterzeichnen. Die «Disputation» von Lausanne und der Ratschluss vom 24. Dezember 1536, die das Zerschlagen der Altäre und Bildwerke forderten, machten die letzten Hoffnungen der Mönche zunichte: Sie mussten sich dem neuen Glauben unterwerfen oder den Ort verlassen. Im Januar 1537 ernannte man Adrian von Bubenberg – der Prior war unterdessen verstorben – zum Vogt, und die Altäre und Bilder wurden «abgerissen» *(dérochés)*.[1]

Möglicherweise verliefen die Plünderungen ähnlich, wie sie Guillaume de Pierrefleur für das benachbarte Orbe beschrieben hat. Man liest dort von der freiwilligen Zerstörung einiger Bilder (ab 1531), die manchmal heruntergestürzt, manchmal auch einfach im Gesicht verstümmelt wurden. Bilder, die durch die Pfarrgemeinde ein erstes Mal repariert worden waren, beschädigte man absichtlich ein zweites Mal. Die Zerstörungswut schien eindeutig von bestimmten Kriterien abzuhängen, so besonders vom Grad der Verehrung, der gewissen Bildern zukam.[2] Obwohl die Chronologie der Zerstörungen in Romainmôtier nicht in allen Einzelheiten bekannt ist, liefert die Möglichkeit, die erhaltenen Skulpturenfragmente unter Berücksichtigung der alten Textquellen zu studieren, interessante Erkenntnisse. Wie die mittelalterlichen Wandmalereien belegen auch die wiederentdeckten Bruchstücke von Skulpturen einen differenzierten Umgang mit den religiösen Kultobjekten in der Reformation. Dieser reicht von der achtlosen Zerstörung und dem Vergraben bis zur gezielten Beschädigung religiöser Darstellungen und sogar bis zu Akten der Verhöhnung.

Brigitte Pradervand / Nicolas Schätti

Abb. 49
Ausgrabungen von 1986 im ehemaligen Kreuzgang von Romainmôtier. Die Aufnahme zeigt die Grabgruft mit den in der Reformation vergrabenen Skulpturenfragmenten.

1 Junod 1933, S. 94–96; Reymond 1988, S. 109–118.
2 Junod 1933, bes. S. 31–32, 37, 54, 56, 63, 65, 68, Nr. 2, 130 und 212–213.

163
In Romainmôtier wird das Prachtgrab des Priors Henri de Sévery in über 1000 Stücke zerschlagen.

Guillaume de Calesio zugeschrieben, Nordseite des Grabmals von Henri de Sévery, Bischof von Rodez, 1385–1387.

Kalkstein, bemalt, H: ca. 380; B: ca. 325 cm.
Romainmôtier, ehemalige Prioratskirche/Lausanne, Musée cantonal d'archéologie et d'histoire.

Kat. 163.1
Liegefigur vom Grabmal des Henri de Sévery (nach Süden).

Das Grabmal des ehemaligen Priors von Romainmôtier, Henri de Sévery, wurde zweifellos im Januar 1537 zerstört. Wie unter der Berner Münsterplattform wurden auf dem Klosterareal von Romainmôtier zahlreiche in der Reformation zerstörte Steinskulpturen im Laufe von Grabungen, hier bereits zu Beginn des 20. Jahrhunderts und dann in den letzten beiden Jahrzehnten während der archäologischen Untersuchungen des Kreuzgangs wiedergefunden. Die Bergung, Klassifizierung und Erforschung dieser Skulpturenfragmente durch Archäologen, Restauratoren und Kunsthistoriker hat zur Rekonstruktion mehrerer monumentaler Figurengruppen geführt, die alle von Prioren in Romainmôtier im 14. und 15. Jahrhundert in Auftrag gegeben worden waren. Die spektakulärste Bildhauerarbeit ist das Grabmal, das sich Henri de Sévery, damals Bischof von Rodez, zwischen 1385 und 1387 errichten liess. Es ist unter einer in der Südmauer des Chores eingelassenen Arkade angebracht und umfasste zahlreiche Figuren, die auf zwei mit Architekturelementen geschmückten Seiten von jeweils etwa 12 m² Grösse verteilt waren.

Henri de Sévery stand dem Kloster in Romainmôtier von 1371 bis 1380 vor, anschliessend machte er am Hof von Papst Clemens VII. in Avignon eine brillante Karriere. Seine internationalen Beziehungen prägten das Kloster dauerhaft, entwickelte sich Romainmôtier doch während einiger Jahrzehnte zu einem blühenden künstlerischen Zentrum. Die dortige Bildhauerwerkstätte unter der Leitung von Guillaume de Calesio hatte von Sévery Aufträge für die Kirche und den Kreuzgang erhalten.

Die dem Chor zugewandte Seite des Grabmals zeigt zwei Arkaden mit figürlichen Darstellungen: eine Dreifaltigkeit und eine Marienkrönung. Darüber halten Engel das Wappen von Sévery. Standbilder von Petrus und Paulus flankieren den hl. Michael. Die andere Seite zeigt nochmals einen Wappenfries. Die figürlichen Szenen unter den Arkaden sind leider verloren. Auf beiden Seiten einer Lilienvase sind noch Reste eines fast gänzlich zerstörten Verkündigungsengels zu erkennen, die Jungfrau wurde ebenfalls beschädigt und nach der Reformation als Konsole wiederverwendet.

Nach dem Sprachgebrauch in den Schriftquellen zu urteilen, ist das Grabmal gewalttätig «abgerissen» *(déroché)* worden. Es wurde im wahrsten Sinne des Wortes zermalmt – über 1000 Fragmente davon hat man ausgegraben. Die Zerstörung war von einem Akt der Verhöhnung begleitet, der sich bezeichnenderweise gegen den Auftraggeber richtete. Die Liegefigur des Bischofs Henri de Sévery wurde, zu einem Brunnenstock umgewandelt, vor dem ehemaligen Haus des Priors zur Schau gestellt. Aus zwei Löchern, die in den Körper gebohrt wurden, floss das Wasser. Erst im Laufe des 17. Jahrhunderts fühlten sich die bernischen Behörden verpflichtet, den Brunnen zu ersetzen, der katholische Besucher schockierte.

Viele Skulpturen sind beschädigt, weil sie gewaltsam entfernt wurden, an einigen Fragmenten sind aber auch Spuren einer zusätzlichen und absichtlichen Verunstaltung zu erkennen. Die Darstellung des Gnadenstuhls auf dem Tympanon der Arkade ist ein gutes Beispiel dafür. Während die Gewandfalten oder einzelne Körperteile wie etwa die Füsse unversehrt erhalten sind, wurden das Gesicht von Gottvater und die Figur des gekreuzigten Christus verstümmelt, obwohl sich diese Darstellungen etwa drei Meter über dem Boden befanden und daher nicht ohne weiteres zugänglich waren. Ebenso erging es der Krönung Marias auf dem Tympanon der zweiten Arkade. Auf das Gesicht der Jungfrau wurde mit Werkzeugen eingeschlagen, während der Rest der Darstellung noch bestens erkennbar ist. Der zerstörerische Einsatz von Werkzeugen lässt sich bei allen menschlichen Figuren beobachten, inbesondere an den Gesichtern. Die Engel aber, mit Ausnahme des Verkündigungsengels, sind gut erhalten – ein mehrfach anzutreffender Befund.

Brigitte Pradervand/Nicolas Schätti

Literatur:
de Gingins-La Sarraz 1843–1844, S. 387–405. – Cassina/Grandjean 1982, S. 39–44, Nr. 6–12. – Débat 1990, S. 271. – Hausmann 1991, S. 555–556. – Monnoyeur 1991, S. 16–34. – Pradervand/Schätti 2000.

Abb. 50
Romainmôtier, ehemalige Prioratskirche, Rekonstruktionszeichnung der Nordseite des Grabmals von Henri de Sévery.
Zeichnung Franz Wadsack, Atelier d'archéologie médiévale, Moudon.

Kat. 163.2
Romainmôtier, ehem. Cluniazenserpriorat, Grabmal von Henri de Sévery. – Im Giebel der Nordseite des Grabmals halten Engel einen Schild mit dem Wappen von Henri de Sévery.

Kat. 163.4
Romainmôtier, ehem. Cluniazenserpriorat, Grabmal von Henri de Sévery. – Dem hl. Michael als Drachentöter wurde in der Reformation der Kopf abgeschlagen. Sein ursprünglicher Standort befand sich vielleicht auf der Nordseite in der Mitte des Grabmals.

Kat. 163.3
Romainmôtier, ehem. Cluniazenserpriorat, Grabmal von Henri de Sévery. – Der auf der Nordseite des Grabmals unter einem Wimperg dargestellte Gnadenstuhl wurde in der Reformation verstümmelt.

164–165
Die Grabfiguren eines Ritters und eines Cluniazensers werden gestürzt und verlieren ihre Köpfe.

Grabfiguren von Jacques und Guillaume de Montricher (?), um 1330–1336.

Molassesandstein, bemalt, H: 88.5 (Geistlicher) bzw. 82 cm (Ritter).
Aus Romainmôtier VD, ehem. Cluniazenserpriorat.
Lausanne, Musée cantonal d'archéologie et d'histoire, Inv. RO86/17278 (Ritter) und RO86/17279 (Dauerleihgabe in Romainmôtier, Maison de la Dîme).

Auf dem Areal des ehemaligen Kreuzgangs von Romainmôtier wurde 1986 im Zuge der archäologischen Ausgrabungen eine Gruft freigelegt (S. 331, Abb. 49). Sie enthielt neben Gebeinen und verschiedenen persönlichen Gebrauchsgegenständen ungefähr 600 Skulpturenfragmente. Unter den figürlichen Bildwerken befand sich auch dieser – ohne Kopf geborgene – kniende, betende Ritter (Kat. 164). Er ist aus Molassesandstein gehauen und trägt über einem Kettenhemd einen Waffenrock, auf dem Adler, Löwen und Muscheln dargestellt sind. Aufgrund der heraldischen Motive und stilistischen Elemente, die in das erste Drittel des 14. Jahrhunderts weisen, hat Pierre Monnoyeur den Ritter als den 1336 verstorbenen Jacques de Montricher identifiziert. Von 1315 bis 1337 unterstand das Kloster ausserdem einem Prior aus derselben Familie, Guillaume de Montricher, dessen Verwandtschaftsgrad mit Jacques allerdings nicht bekannt ist. Dieser Prior liess einen Teil des Kreuzgangs erneuern, der 1336 als ein sehr gelungenes Werk bezeichnet wird und in dem sich die der hl. Katharina geweihte Familienkapelle befand. Der Ritter war sicher auf einem Grabmal der Montricher im neu errichteten Ostflügel des Kreuzgangs aufgestellt gewesen. Im Typus mit dem Ritter vergleichbar ist eine zweite, ebenfalls in der Gruft gefundene Figur im Ordensgewand der Cluniazenser, die den Prior darstellen könnte (Kat. 165). Im Gegensatz zum Grabmal des Henri de Sévéry (Kat. 163), dessen Figurenschmuck grösstenteils zerstört wurde, scheinen die bilderstürmerischen Akte diesen Skulpturen gegenüber zurückhaltender gewesen zu sein. Es sind hier keinerlei Spuren von Pickelhieben nachweisbar, und der Verlust der Köpfe könnte vielleicht ganz einfach auf das Herunterstürzen der Bildwerke zurückzuführen sein.

Brigitte Pradervand / Nicolas Schätti

Literatur:
Eggenberger / Weidmann / Hermanès 1987, S. 137–141. – Monnoyeur 1990, S. 226–228, Nr. XI 25–26. – Monnoyeur 1991. – Jaton 1993.

Kat. 164
Ritterstatue, wohl Jacques de Montricher, von einem Grabmal im ehemaligen Kreuzgang.

Kat. 165
Kniender Geistlicher im Ordensgewand der Cluniazenser, der sich vielleicht als Prior Guillaume de Montricher identifizieren lässt.

**166
Christus wird als einziger verschont –
aus Angst vor Bestrafung?**

Seewald, Gregorsmesse, 1491.

Öl auf Kiefernholz, H: 101; B: 76 cm.
Inschrift: .O.anima.cristi. sanctifica.me.amen.
Münster, Stadtmuseum, Inv. GE-0181–2.

Das Gemälde ist auf der Rückseite datiert und mit *Seewald* signiert, aber man weiss nichts von diesem Maler. Der Gebrauch von Kiefernholz als Bildträger lässt eine süddeutsche Herkunft vermuten und hat dazu veranlasst, das Werk – wenig überzeugend – dem Nürnberger Meister des Augustiner-Retabels oder dessen Umgebung zuzuordnen. In der Tat sind Disposition und Attribute der Personen einem Stich von Israhel van Meckenem (Hollstein Nr. 354) entnommen, allerdings mit einigen bemerkenswerten Unterschieden, wie dem kleinen Stifter im Vordergrund, einem Benediktinerabt, und dem jungen Aristokraten auf der linken Seite. Da der Stich von Israhel eine grosse Verbreitung gekannt hat, wird die Herkunft des Gemäldes nicht zwingend erklärt, so dass der niederrheinische Kunstkreis – wo Kiefernholz mitunter auch benutzt wurde – nicht ausgeschlossen werden kann.

Der Bilderstürmer hat versucht, bei den Augen die Malschicht zu entfernen. Während es einfacher ist, einer Statue Nase oder Hände abzuschlagen, kommt jene Misshandlung üblicherweise bei Gemälden vor, wie zum Beispiel an den Tafeln von Konrad Witz am Hochaltar aus der Kathedrale Saint-Pierre in Genf (Abb. 51). Bei der Gregorsmesse sind die Augen aller Personen

Kat. 166 ▷

◁ Kat. 166 Ausschnitt
Minutiös wurden die Augen der Kleriker, nicht aber von Christus, ausgekratzt.

Abb. 51 ▷
Konrad Witz (um 1400–1444/45), Anbetung der Könige (Ausschnitt); Innenseite des linken Altarflügels vom Hochaltar aus der Kathedrale St. Pierre in Genf. Genf, Musée d'Art et d'Histoire, Inv. 1843–11bis. – Die Bilderstürmer zerkratzten in erster Linie die Figur des Jesuskindes und das Gesicht Marias.

sorgfältig ausgekratzt, ausser bei zwei Nebenpersonen, die man vermutlich vergass, sowie bei Christus und seinen Symbolen, wie etwa dem Schweisstuch der Veronika. Diese Auswahl ist sonderbar, denn die Darstellungen von Christus sind die einzigen Bildteile, die gerade als Anbetungshilfen in Frage kommen und die daher aus der Sicht der bilderstürmerischen Theologie am ehesten eliminiert werden sollten. Diese Zurückhaltung belegt vielleicht die Angst, die Verletzung des Bildes Christi könnte auf die Person zurückfallen. Es lässt sich auch vermuten, dass man Klerus und Messe angreifen wollte, nicht aber den Bilderkult an sich. Auf jeden Fall zeigt ein Vergleich mit dem Genfer Retabel, auf dem das Jesuskind und die Jungfrau Maria gezielt entstellt worden sind, wie verschieden die Motive der Bilderstürmer sein konnten.

Jean Wirth

Literatur:
Hollstein, Bd. 24, S. 140, Nr. 354. – Kat. Wiedertäufer 1982, S. 142, Nr. 78.

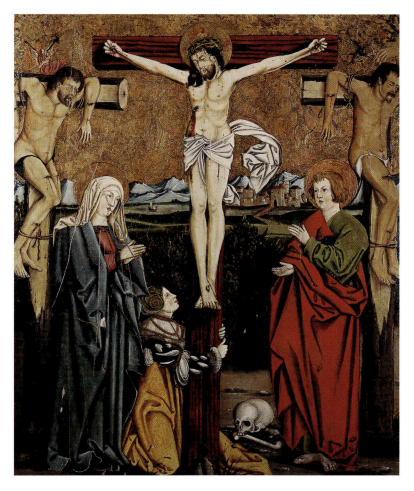

Kat. 167

167
Die Künstlerfamilie Hagenbuch wird mit Berufsverbot, Gefängnis und Verbannung bestraft.

Kreuzigung Christi, Caspar Hagenbuch d. Ä. oder d. J. zugeschrieben, Mitte 16. Jahrhundert.

Öl auf Tannenholz, H: 139; B: 129 cm.
1897 von Dr. Hugo Hungerbühler geschenkt, wohl aus St. Josephen in Gaiserwald bei St. Gallen.
St. Gallen, Historisches Museum, Inv. 5378.

Die an beiden Seiten beschnittene Holztafel, möglicherweise das Mittelstück eines Altarretabels, zeigt den gekreuzigten Christus, flankiert von den beiden Schächern. Johannes in grünem Unterkleid und rotem Mantel steht, die Hände klagend erhoben, rechts unter dem Kreuz, ihm gegenüber die betende Maria. Kniend umfängt Maria Magdalena, in eine modische Tracht des 16. Jahrhunderts gekleidet, den Fuss des Kreuzes. Den Hintergrund bildet ein Gebirgszug, der vielleicht ein Ostschweizer Voralpenmassiv darstellen sollte. Zu Füssen des Gebirges breitet sich ein Gewässer aus, auf dem ein Segelschiff schwimmt, am rechten Seeufer ist eine Stadt mit Festungstürmen erkennbar. Diese Landschaftspartien haben die Vermutung aufkommen lassen, es müsse sich beim Maler des Bildes um einen Schweizer handeln.

Aufgrund stilistischer Vergleiche sind Vater oder Sohn Hagenbuch aus St. Gallen als mögliche Urheber in die Diskussion gerückt worden.[1] Stilistisch unmittelbar verwandt ist das dem um 1500 geborenen Caspar Hagenbuch d. Ä. zugeschriebene Tafelbild «Die Anbetung der Könige» (datiert 1549; St. Gallen, Kunstmuseum). Vater Hagenbuch soll auch den Saal der St. Galler Bogenschützen mit Fresken ausgeschmückt haben. Weil er als Bürger des protestantischen Stadtstaates St. Gallen auch Altarbilder malte, verurteilte ihn der Rat zu einer Gefängnisstrafe. Er musste schwören, fortan keinen Pinsel mehr für die Heiligen zu rühren.[2] Auch dem Sohn Hagenbuch mit gleichem Vornamen wurde 1553 verboten, sich der Altarmalerei zu widmen, worauf dieser, um dem Berufsverbot zu entgehen, seine Vaterstadt verliess. Weil er aber sein Fortkommen auswärts nicht fand, wünschte er, nach St. Gallen zurückzukehren, was ihm aber nicht genehmigt wurde. Hagenbuch d. J. starb 1579 in Appenzell.

Die Kreuzigungsgruppe weist Kratzer und Einstiche auf, offensichtlich Folgen einer böswilligen Bearbeitung durch eine Hieb- oder Stichwaffe. Diese «Wunden» sind entweder Zeugen eines verspäteten Bildersturms oder einer Polizeiaktion der gestrengen Obrigkeit, welche Hagenbuch gegenüber demonstrieren wollte, wie ernst es ihr mit dem Verbot der Altarmalerei war.

Louis Specker

Kat. 167 Ausschnitt

Literatur:
Unveröffentlicht.

1 St. Gallen, Historisches Museum, Eingangsregister, Bd. 1; Jahresbericht über die Sammlungen des Historischen Vereins des Kantons St. Gallen, 1901/1902.
2 Daniel Wilhelm Hartmann: Entwurf einer Kunstgeschichte der Stadt St. Gallen, Manuskript, um 1825 (St. Gallen, Kantonsbibliothek Vadiana); Fischer 1960.

168
Verbrennen ist die einfachste Methode, sich religiöser Holzschnitzereien zu entledigen.

Christus als Schmerzensmann, Genf (?), letztes Viertel 15. Jahrhundert.

Nussbaumholz, bemalt, H: 150 cm.
Genf, Musée d'Art et d'Histoire, Inv. VG 41.

Die vollrunde Figur von Christus als Schmerzensmann gehört zu einer Reihe von Bildwerken, die von katholischen Gläubigen im 19. Jahrhundert an die Kirche Saint-Germain in Genf übergeben worden ist. In der kunstvoll geschnitzten Skulptur vereint sich eine eher von Bildwerken des deutschsprachigen Raums her vertraute Körpergestaltung mit einem von gewelltem Haar gerahmten Kopf, dessen melancholische Gesichtszüge mehr an Florentiner oder Sieneser Skulpturen erinnern. Dieses Aufeinandertreffen verschiedener Stile macht eine Herkunft aus Genf wahrscheinlich, zumal Corinne Charles an den Schnitzereien der Genfer Chorgestühle seit der Mitte des 15. Jahrhunderts einen toskanischen Einfluss aufzeigen konnte. Ursprünglich hatte der Genfer Christus die Unterarme erhoben, um die Wundmale an seinen Händen zu zeigen, und folgte somit einem im deutschsprachigen Kunstkreis verbreiteten ikonographischen Bildtypus, dem des Schmerzensmannes (vgl. Kat. 124).

Der verstümmelte linke Arm der Figur war offensichtlich dem Feuer ausgesetzt gewesen. Vielleicht lag die Skulptur bereits auf dem Scheiterhaufen, als Gläubige sie im letzten Moment vor der vollständigen Zerstörung retteten. Trifft dies zu, würde es sich möglicherweise um die einzige bekannte Holzfigur handeln, die den Genfer Bildersturm überlebt hat. Die erhaltene mittelalterliche Bemalung lässt darauf schliessen, dass die Figur in der Folge nicht wieder zur Schau gestellt, sondern pietätvoll aufbewahrt worden war.

Jean Wirth

Literatur:
Lapaire 1986, S. 30, Nr. 19. – Charles 1999, S. 125–127.

Kat. 168

169–170
Mit geringem Aufwand entstellt: Verstümmelungen von Gesicht und Händen rühren an den Kern der Heiligenfiguren.

Jakobus der Ältere und Johannes der Täufer, Basel (?), Anfang 16. Jahrhundert.

Holzplastiken, H: 100 cm (Jakobus) und 104.8 cm (Johannes).
Vermutlich aus dem Hochaltar der Kapelle von Rümmingen (Baden-Württemberg).
Karlsruhe, Badisches Landesmuseum, Inv. C 5639 und C 5638.

Diese beiden Holzplastiken wurden 1887 von der Großherzoglich-Badischen Bezirksinspektion Lörrach an die Altertümersammlung in Karlsruhe geschickt, mit dem Hinweis, sie stammten aus der Kirche in Rümmingen bei Basel. In Rümmingen hatten der Vogt, die Geschworenen und die ganze Gemeinde 1502/1503 den Kultbau als Kapelle neu errichtet. Diese wurde Maria und allen Heiligen geweiht.[1] Die beiden hier vorgestellten Heiligenstatuen waren vermutlich zusammen mit einer nicht erhaltenen Marienfigur Teile des Altars, der wohl aus Basel bezogen wurde. Als sie 1887 nach Karlsruhe gelangten, waren ihre Gesichter und Hände abgebeilt. Die Beschädigungen lassen darauf schliessen, dass die «Götzen» auf diese Weise wirkungslos gemacht werden sollten; auch in der Französischen Revolution bediente man sich noch derselben Methode. Bislang waren diese Verstümmelungen mit dem Basler Bildersturm von 1529 in Verbindung gebracht worden, aus historischen Gründen können sie jedoch kaum vor 1561 entstanden sein. Dies sei im Folgenden kurz erläutert.

Pfarrkirche in Rümmingen war und blieb auch nach dem Kapellenbau die Kirche in Binzen, gut ein Kilometer westlich gelegen. Patronatsherr war der Bischof von Basel, der 1503 die Burgvogtei Binzen und das Patronatsrecht von einem Binzener Edelmann erworben hatte. Er behielt diese Rolle auch dann noch bei, als der Landesherr, Karl II. von Baden-Durlach, 1555 die Reformation für seine Person und für sein Land annahm. Die meisten Pfarrer traten ebenfalls zur Reformation über; diejenigen, die es nicht tun wollten, wie Valentin Ibel in Binzen, wurden «abgeschafft». Die Pfarrer wechselten in diesen Jahren sehr häufig, da sie dem evangelischen Markgrafen ebenso wie dem Bischof von Basel genehm sein mussten. Erst Pfarrer Leonhard Meyer vereinbarte 1561 mit der Markgräflichen Verwaltung in Rötteln die Entfernung der Bilder aus der Kirche in Binzen, und es ist anzunehmen, dass zu diesem Zeitpunkt auch die Statuen aus der benachbarten Kapelle in Rümmingen entfernt und beschädigt wurden.

Brigitte Herrbach-Schmidt

Kat. 169
Jakobus der Ältere

Literatur:
Einwächter 1967, S. 188–190. – Zimmermann 1985, Kat. 137. – Kat. «Ora pro nobis» 1992, S. 91.

1 Karlsruhe, Generallandesarchiv, 21/376.

Kat. 170
Johannes der Täufer

171
Augen und Gesichter der Heiligen sind bevorzugte Zielscheiben für Bilderstürmer.

Flügel eines Retabels: die hll. Antonius und Sebastian (innen), die hll. Katharina und Barbara (aussen), Oberschwaben, um 1510.

Tafelmalerei, H: 162.5; B: 80.5 cm.
Näfels, Freulerpalast, Museum des Landes Glarus, Inv. 918.

Die Tafel wurde zusammen mit zwei weiteren 1903 vom Historischen Verein des Kantons Glarus angekauft. Zuvor hatte sie sich im alten Stegerhaus in Mitlödi befunden. Nach einer auf der alten Inventarkarte überlieferten Mitteilung soll dieser Flügel aus der Kirche Schwanden stammen, wo er am Thomastag (21. Dezember) 1528 beim Bildersturm in die Linth geworfen, später aber im benachbarten Mitlödi aus dem Wasser gefischt worden sei.[1] Es ist nicht gesichert, ob auch die im Format kleineren Tafeln mit Mariä Verkündigung (innen), mit Martin und Georg als heiligen Rittern (aussen) aus Schwanden stammen (Inv. 919–920). Da diese Flügel zudem einen anderen Malstil aufweisen (Werkstatt des Meister des Rüti-Altars in Zürich oder der näheren Umgebung), kann die alte Annahme, alle drei Fragmente gehörten zu einem einzigen Retabel, nicht aufrecht erhalten werden.

Vergleichbare Nachrichten von Schicksalen verworfenen Kirchengutes sind nicht selten: So kam der heute im Chor des Münsters von Reichenau-Mittelzell zu besichtigende Allerheiligen-Altar von 1498 auf ähnlichem Wege zu seinem neuen Aufstellungsort.[2] Die durchaus glaubhafte Überlieferung von einer gewaltsamen Behandlung infolge der bilderfeindlichen Reformation wird unterstützt durch Beobachtungen von gezielt vorgenommenen Beschädigungen an allen drei Tafeln aus Mitlödi. Auf dem hier gezeigten Flügel finden sich bezeichnenderweise Einstichpunkte an beiden Augen Sebastians und im linken, dem Bildbetrachter näher zugewendeten Auge des Antonius. Sogar das Auge des Schweins, des Begleittiers und mithin Symbols der Sammlungsbrüder vom Antoniterorden,[3] wurde bei dieser, in psychologischer Hinsicht als magisch zu interpretierenden Aktion nicht verschont. So wie die Altgläubigen über Jahrhunderte mit den Darstellungen der Heiligen innige Zwiesprache hielten, wird nun der physisch durchaus wahrnehmbare Kontakt durch Löschung des Augenlichts unterbrochen. Der reformatorisch gesinnte Mensch bedarf der Fürsprache und Hilfe der Heiligen nicht mehr. Diese verloren somit nicht nur ihre Daseinsberechtigung im Miteinander des neuzeitlichen Lebens, sondern auch ihre Macht über den Einzelnen.

Noch radikaler wurden die beiden weiblichen Heiligen behandelt. Ihnen sind mit einem harten Gegenstand die Gesichter nahezu gänzlich getilgt worden, zudem findet sich am rechten Auge der Katharina ebenfalls ein Einstichpunkt. Die zahlreichen über beide Flügelansichten verteilten, ungezielt hervorgerufenen Kratzspuren sowie die Einschusslöcher können indes auch von späteren, aus Übermut verübten Vandalenakten herrühren.

Der Angriff auf die Verkündigungstafeln im Freulerpalast galt neben der Unkenntlichmachung der Gesichter von Maria und dem Erzengel Gabriel vor allem der über dem Haupt Marias einschwebenden Taube des Heiligen Geistes, die mit einem Werkzeug bis auf den Kreidegrund der Tafel ausgelöscht wurde.

Die Malerei zeigt eine fein abgestimmte Farbigkeit und porzellanartige Ausführung. Auch die elegante, geschwungene Unterzeichnung, wie sie in den Gesichtsformen der Katharina und Barbara nun deutlich sichtbar ist, zeugt von einer qualitätvoll arbeitenden Werkstatt. Sie steht in ihrem Stil und Figurenbild zwei Tafeln mit Mariä Tempelgang und der Vermählung Mariens in der Staatsgalerie Ottobeuren[4] recht nahe. Es ist daher anzunehmen, dass das Schwandener Retabel einst in Oberschwaben oder im Allgäu in Auftrag gegeben worden war.

Bernd Konrad

Literatur:
Davatz 1980, S. 74.

---

1 Freundliche Mitteilung von Jürg Davatz, Näfels, vom 7. März 2000.
2 Konrad/Weimar 1997.
3 Die Antoniter hatten das Recht, ihre Schweine in den Dörfern frei zur Nahrungssuche herumlaufen zu lassen. Zu ihrer Erkennung erhielten diese ein Glöckchen um den Hals gebunden.
4 Bayerische Staatsgemäldesammlungen, Inv. Nr. 5336–5337. Sie bilden die Ansichten zweier Altarflügel (aussen die über beide Tafeln gehende Darstellung des Rosenkranzfestes). Der Herkunftsangabe nach stammen die Tafeln aus dem Kloster Ottobeuren bei Memmingen (an der Heiden/Goldberg 1991, S. 14, Nr. 9, und S. 42–43; Gutachten von Ludwig Meyer, München, vom 25. Oktober 1994, brieflich an den Verfasser am 9. Januar 1995; vgl. auch Konrad 1993, S. 63, Nr. 1.17, «Abschied der Apostel»).

Zeugen der Zerstörung   *Geschändete Bilder*   **341**

Kat. 171
Flügelaussenseite

Kat. 171
Flügelinnenseite

172
1530 werden Wandmalereien von Strassburger Kirchen übertüncht, um sie dem Blick kommender Generationen zu entziehen.

Holzschnitt mit Kaiserpaar und Tod. Szene nach dem Totentanz von Lienhart Hoischer, 1474/1475, Strassburg, ehemalige Dominikanerkirche.

Holzschnitt im *Messager boîteux de Strasbourg*, 1825, unter dem Titel «Abbildung eines Gemäldes aus dem alten und wieder neu entdeckten Todtentanz in der Neuen=Kirche zu Strassburg»; H: 20.5; B: 32.4 cm.
Strassburg, Cabinet des Estampes et des Dessins, Inv. 77.998.0.3789.

Am 11. Oktober 1474 schliesst Johannes Wolfhart, der Prior des Strassburger Dominikanerklosters, mit dem Maler Lienhart Hoischer, Bürger von Strassburg, vor dem dortigen Hofgericht einen Vertrag über die Ausführung eines Totentanzes und eines Jüngsten Gerichts auf den Mauern der Bettelordenskirche. Nach dem Wortlaut der Vereinbarung hatte der Maler die verschiedenen Szenen des Totentanzes in Ölmalerei auszuführen und die Figuren in Lebensgrösse darzustellen. Oberhalb dieser Bilder sollten Propheten in leimhaltiger Farbe gemalt und von Spruchbändern begleitet werden, deren Texte dem Maler mitgeteilt würden. Seine Arbeit sollte mit achtzig Gulden vergütet werden, weitere zwanzig Gulden wurden ihm in Aussicht gestellt, falls eine eigens dazu bestellte Kommission an der Qualität des Werkes Gefallen finden würde. Acht Monate später, zur Sommersonnenwende des Jahres 1475 (24. Juni), hatten die Wandmalereien fertiggestellt zu sein.[1]

Kat. 172

Abb. 52
Fotografie der «Predigerszene» aus dem Totentanz von Lienhart Hoischer. – Die Fotografie, kurz vor der vollständigen Zerstörung der ehemaligen Dominikanerkirche (1872) aufgenommen, stellt ein wichtiges historisches Dokument dar.

Der Totentanz der Dominikanerkirche geriet rasch in Vergessenheit, nachdem er, wahrscheinlich 1530, mit einer Kalktünche überstrichen worden war. Er erlitt demnach jenes Schicksal, welches die Bilderstürmer sämtlichen kirchlichen Wandmalereien in der Stadt «als Strafe auferlegten».[2] Erst 1824 entdeckte der Architekt August Arnold auf der West- und Nordmauer des Gebäudes, das inzwischen unter dem Namen «Neue Kirche» (Temple Neuf) für den protestantischen Kult genutzt wurde, eine Folge von Malereien, die zum 1474/1475 ausgeführten Totentanzzyklus von Lienhart Hoischer gehörten. Die Bilder begannen auf der Westmauer mit der Predigt eines Dominikanermönchs, dem unter anderem der Papst, ein Kardinal und ein Bischof zur Seite standen. Dann folgte die erste Szene des eigentlichen Totentanzes mit dem Tod, der den Papst aus dem Leben reisst.

Auf den anderen Bildern führen abgemagerte Todesgestalten den Reigen an. Der Reihe nach ziehen sie einen Kaiser, eine Kaiserin samt ihrem Hofstaat, dann einen König, eine Königin und ihr Gefolge sowie weitere Personen, darunter auch kirchliche Würdenträger, in den Tod. Die Fortsetzung des Totentanzzyklus erstreckte sich über die gesamte Länge der Westmauer und zeigte Mönche und Nonnen der verschiedenen Ordensgemeinschaften und Weltliche aller Gesellschaftsstände.[3]

Bald nach der Entdeckung der Malereien wurde der grösste Teil aufgrund des fragmentarischen Erhaltungszustandes ein weiteres Mal übertüncht. Nur fünf Szenen aus dem Anfang der Bildfolge wurden der Konservierung und Erhaltung für würdig befunden. Durch Vorhänge geschützt, waren sie der Öffentlichkeit kaum noch zugänglich. Selbst der Altertumsforscher Baron de Ghilhermy konnte sie nur kurz auf einer seiner Reisen nach Strassburg sehen.[4]

Durch den Bombenangriff von 1870 wurde die ehemalige Dominikanerkirche zur Ruine, 1872 erfolgte dann ihre vollständige Zerstörung. Damit verschwanden auch die letzten Spuren des 1824 zum Vorschein gekommenen Totentanzes. Eine Vorstellung davon geben nur noch die Lithographien, die M. F. Boehm 1825 nach den bei der Entdeckung der Malereien ausgeführten Bestandsaufnahmen anfertigte.[5] Eine dieser Lithographien lieferte möglicherweise die Vorlage für den hier gezeigten Holzschnitt. Vor der Zerstörung der Neuen Kirche wurde die «Predigerszene», die den Augenzeugenberichten des 19. Jahrhunderts zufolge am besten erhalten gewesen war, noch fotografiert.[6] Diese Fotografie – ein wichtiges Dokument für die Geschichte des Totentanzes (Abb. 52) – gibt allerdings nur geringe Hinweise auf die Art von Lienhart Hoischers Malereien, scheint aber immerhin zu belegen, dass die Darstellungen im 19. Jahrhundert einer umfassenden Restaurierung unterzogen worden waren.

Philippe Lorentz

Literatur:
Schweighäuser 1824. – Edel 1825, S. 55–63. – Rapp 1961.

1 Rapp 1961, S. 135–136.
2 Reuss 1890, Nr. 2310.
3 Schweighäuser 1824; Edel 1825, S. 55–63.
4 1838 und 1852; Paris, Bibliothèque Nationale de France, N.a.fr. 6109, fol. 381v.
5 Edel 1825, Taf. III–V.
6 Schweighäuser 1824, S. 285.

Am Schicksal der spätgotischen Chorgestühle zeigen sich die verschiedenen Motivationen für den Bildersturm in Genf.

In Genf war die Einführung der Reformation von der teilweisen oder vollständigen Zerstörung und sogar vom Verschwinden oder vom Verkauf von mancherlei Kirchenmobiliar begleitet. Dieser Vorgang ging in zwei Etappen vor sich: Die erste ist gekennzeichnet durch die Plünderungen vor dem 10. August 1535, dem Tag, an dem in Genf die Messe abgeschafft und die Bilderzerstörungen «untersagt» wurden.[1] Die zweite Welle in den darauf folgenden Jahren ging mit Anweisungen einher, die zum Ziel hatten, eine neue Ordnung herzustellen und die Genfer Kirchen hinsichtlich der veränderten religiösen und zivilen Ansprüche umzugestalten.

Die Chronisten Michel Roset (1534–1613), Jean Savion (1565–1630) und Jeanne de Jussie († um 1611) haben den ersten Ansturm auf die Bilder geschildert. Ihre Aussagen decken sich weitgehend. Ab 1534 werden sie zusätzlich durch Hinweise in den Ratsprotokollen ergänzt. Aus diesen Quellen geht hervor, dass die Genfer Bilderstürmer es auf die Zerstörung von religiösen Werken aller Art abgesehen hatten: Bilder, Wandmalereien, Skulpturen aus Holz oder Stein und Bauteile von Kirchen oder Klöstern.

Ab 1535 weht der Wind aus einer anderen Richtung. Die Beschlüsse der Genfer Regierung enthüllen materielle Sorgen und Geldmangel: Alles aus den alten Kirchen, was in den dem neuen Kult dienenden oder in anderen öffentlichen Gebäuden von Nutzen sein kann, wird zurückbehalten. Im Oktober 1535 beschliesst der Rat, sämtliches Mobiliar aus der Kathedrale und den übrigen Genfer Kirchen den Armen im Spital zukommen zu lassen,[2] genau wie in der Deutschschweiz, wo die Güter der 1524 säkularisierten Klöster der öffentlichen Fürsorge zur Verfügung gestellt worden waren.

Die Genfer Chorgestühle verdanken ihre Erhaltung zum Teil diesem Mangel an Geldmitteln der öffentlichen Hand. Einmal ihrer religiöser Botschaften oder Herrschaftszeichen, an denen die Reformierten Anstoss nahmen, beraubt, konnte ihre Funktion als Sitz und Ehrenplatz fortbestehen – zwei auch für die reformierte Obrigkeit wichtige Aspekte. Deshalb kommt den Chorgestühlen denn auch eine Schlüsselstellung für das bessere Verständnis des Genfer Bildersturms zu. Angesichts ihrer beachtlichen Grösse und Sperrigkeit konnten sie nicht heimlich weggetragen werden, wie das bei Kästchen, Schmuckstücken oder kleinformatigen Gemälden und Skulpturen der Fall war. Davon ist fast alles verschwunden, nur die Chorgestühle haben überlebt.

Abb. 53
Hl. Franz von Assisi, Dorsale (Rückenlehne) vom Chorgestühl aus der ehemaligen Franziskanerkirche in Genf, 1445–1447, nach der Reformation in die Kirche Saint-Gervais überführt. – Der bilderstürmerische Akt zerstörte das Gesicht und die Hände des Heiligen sowie den ordensspezifischen Strick seiner Mönchskutte, ausserdem einen Teil des Heiligenscheins sowie das Gesicht und die Arme des gekreuzigten Christus-Seraphs.

Abb. 54
Der exhibitionistische Akrobat, Miserikordie (Gesässstütze) vom Chorgestühl der Genfer Franziskanerkirche, 1445–1447. Genf, Musée d'Art et d'Histoire, Inv. F 323. – Die Genitalien des Mannes und seine darüber gelegten Hände wurden abgehobelt.

Abb. 55
Dudelsack spielender Narr, Miserikordie vom Chorgestühl der Genfer Franziskanerkirche, 1445–1447. Genf, Saint-Gervais. – Mit dem Dudelsack waren Vorstellungen von Ausschweifung und Unanständigkeit verbunden, weshalb die Spielpfeife und die Hand, die sie hielt, abgesägt wurden. Man entfernte auch eine Schelle, die anzüglich zwischen den Beinen des Narren hing.

Abb. 56
Sich vor einem Spiegel kämmende Sirene, Miserikordie vom Chorgestühl der Genfer Franziskanerkirche, 1445–1447. Genf, Saint-Gervais. – Die Sirene versinnbildlichte Eitelkeit und Fleischeslust; hier hielt sie Kamm und Spiegel, Symbole der Prostitution. Ihr wurden deshalb eine Brust, der Spiegel und ein Arm abgesägt.

Da die Schriftquellen nirgends genau erwähnen, wann und wie die Schäden am Kirchenmobiliar verursacht wurden, sind diese am erhaltenen Bestand zu analysieren. Dabei zeichnet sich ab, dass die Attacken anscheinend unterschiedlicher Natur waren. Einer religiös motivierten Idee folgend, entfernte man der Verehrung verdächtige Elemente, wodurch die betreffenden Darstellungen praktisch «unleserlich» gemacht wurden (vgl. Kat. 173).

Bei allen Darstellungen des hl. Franz von Assisi am Chorgestühl aus der Franziskanerkirche wurde jeweils das Gesicht verunstaltet (Abb. 53). Verschwunden sind auch alle das Franziskusbild wesentlich charakterisierenden Elemente wie der Strick und seine drei Knoten, das Gesicht und die Arme der Seraphim. Allerdings ging es in diesem besonderen Fall nicht bloss darum, ein Heiligenbild wegen der Verehrungsgefahr zu vernichten. Auch die anderen am Chorgestühl eingeschnitzten Franziskanermönche wurden weitgehend verstümmelt, unangetastet blieben hingegen die vier Darstellungen von Johannes dem Täufer, an denen nur der Zeigefinger oder ein Teil des Kreuzes abgebrochen wurde.[3] Die gezielt gegen die Franziskaner gerichtete Zerstörung ist zweifellos mit deren zu grossem Reichtum gelangten Kloster im Rive-Quartier in Verbindung zu bringen und erklärt sich aus dem Bestreben der Glaubenserneuerer, jede Form von Luxus zu bekämpfen.

Eher von moralisierenden Vorstellungen geleitet waren in Genf hingegen die Beschädigungen an profanen Darstellungen. Am Chorgestühl der Franziskaner wurden an den Miserikordien (Gesässstützen) und Armlehnen all jene Attribute entfernt, die man als obszön oder unmoralisch ansah: die Genitalien eines exhibitionistischen Akrobaten und seine darüber gelegten Hände (Abb. 54), eine suggestiv zwischen den Beinen eines Narren hängende Schelle (Abb. 55) und das Geschlecht einiger einen Wappenschild haltenden Löwen. Der Eitelkeit und Sinnenlust verkörpernden Sirene hobelte man eine Brust und den Spiegel ab (Abb. 56), und wegen der mit dem Dudelsack verbundenen vulgären, wollüstigen und anstössigen Vorstellungen wurden einem Narren die Spielpfeife seines Instruments und die Hand, die sie hielt, abgesägt (Abb. 55). Für Genf ist dies kein Einzelfall: Auch bei einer Mönchsfigur am Chorgestühl der Kathedrale Saint-Pierre wurde das Anblasrohr des Dudelsacks amputiert (Abb. 57).[4] In diesem letzten Fall dringen zusätzlich gegen die Geistlichkeit gerichtete Vorwürfe durch, waren doch die sexuellen Ausschweifungen der Chorherren von Saint-Pierre im 15. Jahrhundert Gegenstand mehrerer Reglementierungsversuche.

Nicht beschädigt wurden hingegen die Spruchbänder der Propheten und Apostel am Gestühl in der Kathedrale. Sämtliche geschnitzten Credoartikel und Prophetensprüche der erhaltenen südlichen Bankreihe sind intakt, und Jacques Flournois (1637–1693) konnte im 17. Jahrhundert auch noch jene der seither verschwundenen nördlichen Bankreihe lesen. Die Spruchbänder der vier Darstellungen von Johannes dem Täufer am Chorgestühl der Franziskaner blieben verschont, ebenso das Christusmonogramm, das auf der Dalmatika eines Engels eingeschnitzt ist.[5] Diese unterschiedliche Behandlung von Text und Bild unterstreicht den vom neuen Glauben gepriesenen Primat von Wort und Schrift. Sie stützt auch die Annahme, dass die Beschädigungen an den Genfer Chorgestühlen nicht auf Vandalenakte zurückzuführen sind, die in einem Klima der Gewalt die Stadt erschüttert und im August 1535 ihren Höhepunkt erreicht hatten. Die Massnahmen sind vielmehr das Resultat offizieller und aufeinander abgestimmter Beschlüsse.[6]

Corinne Charles

Abb. 57
Dudelsack spielender Mönch, Miserikordie vom Chorgestühl der Kathedrale Saint-Pierre, um 1432–1436. Genf, Saint-Pierre. – Die aufgeblasenen Wangen des Mönches zeigen, dass er den Dudelsack spielte, der als «Instrument roher Menschen» bezeichnet wurde. Das Anblasrohr, in das er blies, ebenso Lippen und Nase wurden entfernt.

Literatur:
Savion, Annales. – de Jussie, Calvinisme. – Roset, Chroniques. – Deonna 1950, S. 63–67. – Burgy 1984, S. 324–327. – Aballéa / Schätti 1991, S. 93–98. – Charles 1999, S. 82–90 und 139–142.

1 Genf, Archives d'État, Registre du Conseil, Nr. 28, fol. 104 (Ausgabe Genf 1940, XIII, S. 281).
2 Ebd., Nr. 28, fol. 135, 12. Oktober 1535 (Ausgabe Genf 1940, XIII, S. 324).
3 Charles 1999, S. 104–105, Abb. 129–132, S. 110, Abb. 146–147.
4 Ebd., S. 225, Abb. 422.
5 Ebd., S. 104–106, Abb. 129–137.
6 Ebd., S. 82–85.

173
Ein Relief der Muttergottes mit Kind wird von Bilderstürmern bis zur Unkenntlichkeit verstümmelt.

Mattelin Vuarser und Werkstatt zugeschrieben, Muttergottes mit Kind, Rückenlehne von einem Zelebrantensitz aus der Genfer Kathedrale Saint-Pierre (?), 1500–1517.

Relief, Nussbaumholz, H: 178; B: 68 cm.
Genf, Notre-Dame.

Die Reliefschnitzereien dieser Dorsalwand (Rückenlehne) haben mehr als jede andere bildliche Darstellung an einem Genfer Chorgestühl unter den Ausschreitungen der Reformation gelitten. Ihre Verstümmelungen sind denn auch das sprechendste, heute noch sichtbare Zeugnis für die bilderstürmerischen Angriffe auf das liturgische Mobiliar der Genfer Kirchen. Von der mit Krone und Nimbus ausgestatteten Marienfigur und dem Jesuskind auf ihrem Arm sind nur noch die Umrisse erkennbar. Um dem neuen Kult und der Abschaffung der Bilder Rechnung zu tragen, wurden nicht nur vorstehende Teile wie Nase, Zeigefinger und Attribute abgehobelt – vielmehr richtete sich die Zerstörung ganz gezielt auf Gesicht, Hals und Hände der Maria sowie auf den Körper des Jesuskindes, also auf alles, was nach menschlicher Gestalt aussah. Möglicherweise ist eine so massive Attacke in der bedeutenden Rolle begründet, die Maria im Katholizismus spielt.

Aus welchem Grund aber wurde sogar die Bordüre ihres Mantels abgehobelt? Angesichts der fast vollständigen Zerstörung dieser Gewandpartie möchte man annehmen, dass die Borte eine Inschrift aufwies, die sich auf Maria bezog oder einen Auszug aus dem Stundenbuch zum *Cursus beatae Mariae virginis* enthielt, wie es in der Malerei des 15. Jahrhunderts häufig der Fall ist. Die Genfer Bilderstürmer hätten also jede Erinnerung an die Marienverehrung auslöschen wollen – eine Erklärung, die jedoch durch den Umstand widerlegt wird, dass die Inschriften an den anderen Chorgestühlen unangetastet blieben.

Eine Muttergottes mit Kind vom Chorgestühl in der Kathedrale von Saint-Jean-de-Maurienne (Savoyen), möglicherweise unter Beteiligung von Peter und Mattelin Vuarser entstanden, trägt einen Mantel mit inschriftloser Bordüre. Dagegen sind mehrere Propheten am Chorgestühl in dem katholisch gebliebenen Estavayer-le-Lac aus der Werkstatt von Mattelin Vuarser in Mänteln mit kostbaren Borten aus geschnitzten Litzen, Edelsteinen und Stickereien gekleidet. Da vergleichbare Verzierungen am Mantelsaum der Muttergottes auf dem Dorsale in der Notre-Dame nicht vollständig verschwunden sind, dürfte noch ein anderer ikonoklastischer Beweggrund, nämlich die Kritik an der Prunksucht der Geistlichkeit, zur Zerstörung von Bildelementen geführt haben, die durch Reichtum oder Mode verführerisch wirkten.

Nach der vornehmlich auf dem Bericht von Jeanne de Jussie[1] beruhenden lokalen Geschichtsschreibung hätte die Verstümmelung der Dorsalwand am 9./10. August 1535 stattgefunden. Möglicherweise erfolgte sie jedoch erst, als die Anweisung ergangen war, das Möbelstück als Sitz zu erhalten.

Die Rückenlehne ist wahrscheinlich der einzige erhaltene Rest des Zelebrantensitzes der Genfer Kathedrale.[2] Ihre im Vergleich zu einem Chorstuhldorsale grösseren Dimensionen[3] weisen sie denn auch diesem liturgischen Möbeltypus zu. Nach der schriftlichen Überlieferung hat Amblard Goyet († 1517) einen solchen Zelebrantensitz für die Kathedrale Saint-Pierre herstellen lassen.[4] Als Chorherr und 1493–1515 auch Generalvikar und Offizial (Stellvertreter des Bischofs in der Gerichtsbarkeit) bekleidete er wichtige Ämter, zu denen die Aktivitäten eines Mäzens passen. 1791 sah Jean Sénebier (1742–1809) am Chorgestühl von Saint-Pierre noch «einzelne ziemlich grosse geschnitzte Figuren, die unter der Intoleranz der Reformierten viel gelitten haben»[5] – vielleicht die einzige Erwähnung der Rückenlehne, bevor sie mit anderen Dorsalen, die ebenfalls Heilige darstellten, von der Bildfläche verschwand.

Im Jahre 1850 entdeckte Jean-Daniel Blavignac (1817–1876) das Muttergottes-Relief in einer Seitenkapelle der Kathedrale.[6] Er verwahrte es bis 1868, dann bot er es den *Fidèles Compagnes de Jésus* an, die sich zunächst in Carouge GE niedergelassen hatten, bevor sie nach Freiburg i. Üe. flohen.[7] Auf Ersuchen der historischen Kommission der *Fédération Catholique Genevoise* (Katholischer Bund Genf) wurde das Relief zurückerstattet und 1944 anlässlich einer Zeremonie in der Basilika Notre-Dame aufgestellt.[8] Seine Einrahmung geht auf eine Anregung von Blavignac zurück, der drei Jahreszahlen einschnitzen liess: 1408, 1535 und 1868 (Daten der vermuteten Herstellung und Beschädigung sowie der Übergabe an die *Fidèles Compagnes de Jésus*).

Die Mattelin Vuarser zuzuweisende Schnitzerei entstand zwischen 1500 und 1517.[9] Diese historische Datierung entspricht der Stilentwicklung und dem Wirken Mattelins in Genf. Der als Bildhauer erwähnte Mattelin ist vor allem als Meister in der Herstellung von Chorgestühlen bekannt (Teile von denjenigen in Moudon und Coppet, Chorgestühl und Zelebrantensitz in Estavayer-le-Lac).[10] Er arbeitete in dem ab 1469 in Genf ansässigen Familienbetrieb und verstarb zwischen 1535 und 1536.[11]

Corinne Charles

Literatur:
Ganter 1944. – Deonna 1950, S. 120–121. – Kat. Stalles de la Savoie médiévale 1991, S. 125–126, Nr. 21. – Charles 1999, S. 154–155.

Kat. 173
Die Bilderstürmer haben das Gesicht der Muttergottes, ihre Krone, Arme und Hände, die Bordüren ihres Mantels und das Jesuskind zerstört.

---

1 «[Die Häretiker] nahmen das gesamte Mobiliar und die kirchlichen Schätze, mehr als zehntausend Ecus [Goldmünzen] wert, zerknüllten die Bilder und meisterlichen Darstellungen der Heiligen und führten ihre Arbeit so gründlich aus, dass sie nichts mehr der Verehrung hinterliessen.» / *[Les hérétiques] prirent tous les meubles et tresors estimer plus de dix mille escus et froisserent les ymaiges et belle portraistures inestimable et ouvrer par excellent ouvraige, n'y laissant entreseigne nulle de devotion* (de Jussie, Calvinisme, Ms., fol. 200).
2 Diese schon von Ganter 1944 vorgebrachte Hypothese wurde von Deonna 1950, S. 62–62 und 121, verworfen; vgl. Charles 1999, S. 154–155.
3 Ohne Rahmen des 19. Jahrhunderts.
4 «So liess er auch drei Zelebrantensitze nahe beim Hochalter erstellen.» / *Idem fecit fieri tres formas prope magnum altare pro dicentibus missam* (zitiert nach Sarasin 1882, S. 80).
5 Sénebier 1791, S. 49; Charles 1999, S. 87–90.
6 Ganter 1944; Deonna 1950, S. 120.
7 du Mont 1944.
8 Bericht über die Feier in: La Suisse, 11. Dezember 1944.
9 Zuordnung von Ganter 1944, in: Kat. Stalles de la Savoie médiévale 1991, S. 125–126, Nr. 21, aufgenommen.
10 Cassina/Grandjean 1991, S. 18; Cassina 1991, S. 170 und 177; Charles 1999, S. 155, 162 und 164.
11 In diesen Jahren in Genf als Bildhauer bezeugt, 1537 werden seine Erben erwähnt (Charles 2000, S. 216–219).

Zeugen des Wandels

174
Eine Holzskulptur des hl. Laurentius überlebt den Bildersturm der Reformation und die liturgische Erneuerungswelle der Barockzeit.

Skulptur des hl. Laurentius,
Mitte 15. Jahrhundert.

Holz, mit polychromer Fassung, H: 83 cm.
Aus der Pfarrkirche von Echallens VD.
Freiburg i. Üe., Collection épiscopale.

Kat. 174

In den waadtländischen Vogteien, die seit den Burgunderkriegen gemeinsamer Besitz von Freiburg und Bern waren, wurde die Reformation in einer Gemeinde, ganz nach dem Majoritätsprinzip, nur dann eingeführt, wenn die Bevölkerungsmehrheit den neuen Glauben angenommen hatte. In Echallens wurde die katholische Messe nie abgeschafft, sondern weiterhin im Chor der Pfarrkirche Saint-Jean-l'Evangéliste zelebriert. Das Schiff dieser Kirche, ausgestattet mit zwei Kanzeln, nahm hintereinander die Anhänger beider Glaubensrichtungen auf. Die Koexistenz solcher gemischter Gemeinschaften verlief nicht ohne Konflikte, besonders wegen des Umgangs der Katholiken mit den Bildern.[1] Bis zum Wiederaufbau der Kirche 1726–1727 verblieben zwei gotische Altäre im Schiff.[2] Die Reformierten forderten die Verschiebung dieser «kindlichen Schar von alten und armen Heiligen» *(marmaille de vieux et pauvres saints)* in einen Schrank; die beiden Altäre wurden schliesslich in den Chor verfrachtet.

Von diesem Ensemble hat einzig die Figur des hl. Laurentius überlebt. Wie eine französisch verfasste Inschrift auf dem Rücken der Skulptur berichtet, wurde diese in das freiburgische Balletswil gebracht. Die Übersetzung lautet: «Im Jahr 1726 wurde die Kirche von Echallens durch die zwei hochberühmten Stände von Bern und Freiburg ganz neu wiederaufgebaut, und da es im Schiff der alten Kirche zwei Altäre gab, einer der hochheiligen Jungfrau, der andere dem hl. Laurentius geweiht, waren diese vorgenannten Altäre durch die Forderungen der Reformierten aufgehoben und gänzlich weggeräumt worden, und da habe ich diese Figur des hl. Laurentius als Erinnerungsstück an den guten Heiligen an mich genommen, und da ich damals Vogt an diesem Ort war, habe ich sie in unsere Kapelle zu Balletzwill gebracht, die auch dem grossen hl. Laurentius geweiht ist, und alle, die hier genannt sind, empfehlen dieses Haus dem Schutz dieses grossen Heiligen. Beat Louis Joseph de Praroman, Marie Françoise de Praroman geborene Odet, Marie Marguerite, Marie Catherine, Marie Laurette, Marie Helene.» Dank der so erlangten Wertschätzung entkam die Figur dem üblichen Schicksal mittelalterlicher Bildwerke in diesen Gebieten, zunächst dem Bildersturm der Reformation und dann der Zerstörung infolge der Erneuerungswelle der liturgischen Kirchenausstattung in der Barockzeit.

Nicolas Schätti

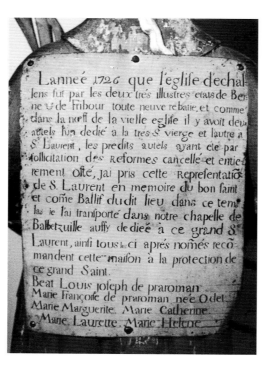

Kat. 174 Ausschnitt
Die auf dem Rücken der Figur angebrachte Tafel schildert die Rettung der Skulptur.

Literatur:
Kat. Fribourg 1957, S. 41, Nr. 106. – Kat. Trésors d'art religieux 1982, S. 48–49, Nr. 18.

---

1 Grandjean 1982, S. 295–296; Grandjean 1988, S. 54.
2 Grandjean 1988, S. 309–310.

Abb. 58
Vesperbild, zweites Viertel 14. Jahrhundert, Lindenholz, H: 170 cm. Zürich, Kunsthaus (Sammlung Emil G. Bührle). – Laut Überlieferung soll die Pietà ursprünglich aus dem Cluniazienserkloster Rüeggisberg BE stammen. Bis ins 20. Jahrhundert hinein stand sie in einer ländlichen Kapelle in Dirlaret FR.

Abb. 59
Altarflügel mit der Anbetung der Heiligen Drei Könige, Ende 15. Jahrhundert, H: 139; B: 93 cm. Lajoux JU, Notre-Dame de la Présentation. – Die Tafel dürfte aus dem Kanton Bern stammen. Der Abt des Prämonstratenserklosters Bellelay soll sie nach der Reformation dem Landvogt von Nidau, Herrn von Graffenried, abgekauft haben.

175
Eine Inschrift auf dem Rahmen vermerkt die Restaurierung einer im Bildersturm attackierten Bildtafel.

Jan van Dornicke, Anbetung der Heiligen Drei Könige, um 1520.

Malerei auf Holz, H: 120.3; B: 125.7 cm.
Inschrift auf dem Rahmen: *Voilà ce qui reste de ceste rare piece arquebusee et brisee par la rage des heretiques. Olim quanta fuit sola ruina docet* (Das ist alles, was von diesem kostbaren Bild, das die Häretiker in ihrer Wut zerschossen und zerschlagen haben, erhalten geblieben ist. Wie gross-artig es einst war, zeigen allein seine Überreste).
Inschrift auf dem Bild: *Honneur en reparation pour ces perfides* (als Wiedergutmachung für diese Verräter).
Chambéry, Musée Savoisien, Inv. M912.Bord.244.

Die Zuschreibung der «Anbetung der Heiligen Drei Könige» an den im ersten Drittel des 16. Jahrhunderts in Antwerpen tätigen Maler Jan van Dornicke scheint sich seit den Forschungen von Georges Marlier, der zudem zehn sehr ähnliche Darstellungen nachweisen konnte, durchgesetzt zu haben. Im Falle des ebenfalls van Dornicke zugeschriebenen Triptychons im Palais des Beaux-Arts in Lille lässt der Vergleich allerdings erhebliche Zweifel aufkommen, obwohl Thema, Dekor und Bildmotive sowie Haltung und Anordnung der Figuren weitgehend übereinstimmen: In der Mitte vor der thronenden Madonna mit dem Jesuskind auf ihrem Schoss kniet Melchior, flankiert von Kaspar (links) und Balthasar (rechts); im Hintergrund nimmt Joseph seine Kopfbedeckung ab. Die Bildfläche wird durch eine spätgotische Scheinarchitektur gegliedert, in die aber Pfeiler mit Renaissance-Ornamentik integriert sind.

Der protestantische Ikonoklasmus und mehrere Restaurierungen haben das Aussehen der Tafel in Chambéry tiefgreifend verändert. Ende des 16. Jahrhunderts wurde das als Triptychon geschaffene Retabel nach Schäden an den Malereien und nach der Entfernung der Scharniere zwischen Flügel und Mittelbild auf eine Einzeltafel reduziert und mit einem Rahmen versehen, der die oben zitierte französische bzw. lateinische Inschrift trägt. Die bei der Umgestaltung leer belassene Fläche oberhalb der Pfeiler wurde mit einem Baldachin und einer zweiten Inschrift ausgefüllt. Als das Gemälde anfangs des 19. Jahrhunderts wieder auftauchte, wurde es von Jean-Baptiste Peytavin (1768–1855), einem Maler aus Chambéry, restauriert. Peytavin besserte – sicherlich in der Absicht, die letzten Spuren des Bildersturms zu verwischen – die Pfeiler, die Backsteinmauer hinter der Madonna und deren Mantel aus. Hinter dem linken Pfeiler versteckt sich denn auch ein zweiter Soldat, von dem nur noch eine Hand auszumachen ist. Angesichts des Fehlens von technischen Analysen, Informationen über das Aussehen der verlorenen Flügelrückseiten und Hinweisen auf die Provenienz der Tafel oder das Datum ihrer Verstümmelung[1] drängen sich mehrere Bemerkungen auf.

Zunächst gilt es, der Art der bilderstürmischen Handlung selbst nachzugehen: Laut Inschrift waren es Gewehrschüsse, welche die Scharniere des dreiteiligen Retabels zerstört oder zumindest dermassen beschädigt hatten, dass eine Umgestaltung notwendig wurde. Es handelte sich also um eine durchaus geläufige, wenn auch nicht in Einzelheiten bekannte, brutale und ungeregelte Form eines Angriffs auf ein geheiligtes Bild. Sie deutet auf einen Zusammenhang mit einem militärischen Einsatz und bürgerkriegsähnlichen Zuständen und somit auf die 1560er Jahre. Ähnliche Gewaltakte gegen sakrale Bildwerke sind denn auch in Frankreich und den Niederlanden in dieser unruhigen Zeit regelmässig bezeugt.

Ausserdem sind die Inschriften auf ihre Aussage hin zu hinterfragen. Sie sind nicht datiert, können aber sehr wohl aus dem Ende des 16. Jahrhunderts oder aus dem 17. Jahrhundert stammen. Der rauhe Ton der verwendeten Wörter erinnert an die Inschrift auf der Tafel mit der Bildersturmszene im Historischen Museum in Lyon *(Impia Calvini quod furto et sanguine constet dogmata / Lugduni picta ruina docet /* Dass die gottlosen Lehren Calvins mit Raub und Blut verbunden sind, zeigt die Darstellung des Bildersturms in Lyon; vgl. S. 65). Die Bilder sollen demnach die Erinnerung an die Verbrechen der häretischen Bilderschänder wach halten und im wahrsten Sinn des Wortes die durch die Gotteslästerer verhöhnte Ehre Gottes wiederherstellen. Dies ist auch der Grund, weshalb die ikonoklastischen Spuren zumindest bis zur Restaurierung durch Jean-Baptiste Peytavin nicht beseitigt wurden – ein Verhalten, das durch Schriftquellen wiederholt belegt ist. So machte beispielsweise der katholische Prediger Jacques Le Hongre in Rouen seine Zuhörer 1563 auf die noch sichtbaren Spuren des Bildersturms von 1562 aufmerksam, indem er verkündete, dass «sich der erbärmliche Zustand der Bilder jeden Tag vor den Augen eines jeden Christen zeigt, der in diese Kirchen eintritt» *(chaque jour la pitié s'en représente devant les yeux d'un chascun chrestien entrant esdictes églises).*[2] Aus diesem Blickwinkel betrachtet, ist die Restaurierung des Tafelbildes am Ende des 16. Jahrhunderts daher sehr wohl als Wiedergutmachung, als Geste der Reue und Einladung zum Gebet zu interpretieren: Das Bild tritt in einen neuen kultischen Zyklus ein.

Eine letzte Frage betrifft schliesslich das Thema des attackierten Kultbildes. Aus dem Vergleich dieser tatsächlich erfolgten Verstümmelung der «Anbetung der Heiligen Drei Könige» mit einer imaginären ikonoklastischen Szene, beispielsweise jener im Museum der Kartause in Douai (Kat. 150), wird Folgendes deutlich: Alles spielt sich so ab, als ob die Bilderstürmer und ihre katholischen Gegner den Gegensatz kommentieren würden zwischen der Frömmigkeit jener, die den wahren, menschgewordenen Gott anbeten (Magier), und der Haltung derer, die die von Menschenhand geschaffenen Bilder Gottes verehren. Hier ist der ganze Status des Bildes in Frage gestellt: Für die Protestanten sind die papsttreuen Bilderverehrer die Gegenspieler der Drei Könige, die als erste den Erlöser wiederzuerkennen wussten. Für die Katholiken hingegen sind es die Protestanten, die durch den Bildersturm ihre Gottlosigkeit kundtun und Christus die Ehrerbietung verweigern, die ihm über die Verehrung seiner Darstellung gebührt.

Olivier Christin

Literatur:
Marlier 1966, S. 126–127. – Aubert/Dumas 1982, S. 23–24. – Réau 1994, S. 96.

---

1 Réau 1994, S. 96, zieht angesichts der geographischen Nähe zu Genf eine – allerdings nicht belegte – Verstümmelung in Savoyen selbst in Betracht.
2 Jacques Le Hongre: Quatre Homélies touchant les saintes images en la religion des chrestiens, publiées aux habitants de Rouen l'an 1563, Paris 1564, fol. 3.

Kat. 175

176
Sechs Jahre nach Einführung der Reformation verwandeln die Berner ihren «Christoffel» in eine Goliathfigur.

Albrecht von Nürnberg zugeschrieben,
Torso des hl. Christophorus, 1496–1498.

Lindenholz, Torso H: 271 (ursprünglich 990 cm);
B: 130 cm.
Abgesehen vom Kopf haben sich ein Hand- und zwei Fussfragmente erhalten sowie ein Daumen, der 1867 von der Gesellschaft zu Schmieden in einen Trinkbecher umgearbeitet worden ist (Inv. 34719).
Bern, Historisches Museum, Inv. 652.

Der Torso gehört zu einem kolossalen Christophorusstandbild, das 1496–1498 im Auftrag der Stadt Bern entstanden ist. Mit seiner Höhe von knapp zehn Metern zählte es zu den grössten mittelalterlichen Standbildern überhaupt.[1] Der Berner «Christoffel» ersetzte an seinem Standort eine ältere Skulptur, über deren Entstehungszeit aber nichts bekannt ist.[2]

Der Auftrag für die Kolossalfigur erging an einen nicht genannten Bildhauer.[3] Man vermutet dahinter Albrecht von Nürnberg.[4] Der 1494 in der Aarestadt sesshaft gewordene Franke dürfte, jüngsten Untersuchungen zufolge, einer der ersten Schüler Tilman Riemenschneiders gewesen sein. 1865 wurde das Standbild beim Abbruch des Christoffelturms[5] demontiert und zerschlagen: Einem zeitgenössischen Bericht zufolge hat man den Koloss zuerst geköpft, dann geviertteilt und schliesslich verbrannt. Von der Figur blieben nur die obgenannten Teile erhalten, alles andere wurde – obschon diverse Kaufangebote vorlagen – der Armenpflege als Brennholz übergeben.[6]

Das Schicksal des Berner «Christoffel», der seit dem ausgehenden Mittelalter als städtischer Torwächter weithin sichtbar war, war damit endgültig besiegelt. Dass der Heilige nicht bereits in der Reformationszeit zerstört wurde, ist wohl primär seiner ausgesprochenen Beliebtheit zuzuschreiben.[7] Allgemein verbreitet war bis dahin die Vorstellung, der tägliche Blick auf den Christusträger reiche aus, um gegen den jähen Tod gefeit zu sein (vgl. Kat. 125), und sicher hat seine kolossale Grösse diesen Glauben noch zusätzlich gestärkt.

Kat. 176

Um jedoch den Berner «Christoffel» auch weiterhin in der neu reformierten Stadt «gewähren» zu lassen, war eine Veränderung des Heiligenstandbilds unausweichlich:[8] 1534 entfernte man das Jesuskind von der linken Schulter, drückte dem «Christoffel» anstelle des Baumstamms eine Hellebarde in die Rechte, anstelle des Kurzschwertes einen acht Meter langen Zweihänder in die Linke, und setzte ihm einen *Helm auf das Haubt*,[9] womit der Christusträger in den Philister Goliath[10] verwandelt war (Abb. 60). Dieser begrüsste fortan über 300 Jahre lang Stadtbewohner und Reisende als neuer grimmiger Stadtwächter.[11] Allerdings hat man erst 1711 mit der Errichtung des Davidbrunnens eine sinnstiftende Brücke für den neuen Goliath geschlagen: Von diesem Jahr an stand gegenüber dem «Christoffel» sein biblischer Widersacher, David, als jugendliche Brunnenfigur, die, so ist es mehrfach überliefert, die Schleuder direkt auf Goliath gerichtet hatte.[12]

Franz-Josef Sladeczek

Literatur:
Rott 1936. – Baum 1941, S. 37, Nr. 41. – Kdm BE 1 1952, S. 152–157. – Baum 1957. – Hahn-Woernle 1972. – Bächtiger 1980 (mit älterer Literatur). – Ledergerber 1984. – Schweizer 1999, S. 92. – Gutscher-Schmid/Sladeczek 1999. – Sladeczek 1999a, S. 119–143.

1 Vgl. Schweizer 1999, S. 92. Dem Berner «Christoffel» an Höhe vergleichbar sind nur noch zwei – allerdings nicht mehr erhaltene – Christophorusfiguren vom Strassburger Münster und von Notre-Dame in Paris (Hahn-Woernle 1972, S. 36; Bächtiger 1980, S. 118, Anm. 22).
2 Die ältere Figur ist möglicherweise auf einer Illustration der 1470 erschienenen Chronik Benedict Tschachtlans zu sehen (Kdm BE 1 1952, S. 151, Abb. 109; Bächtiger 1980, S. 118; Schweizer 1999, S. 92).
3 *Min herren haben dem bildhower verdinget sant Christofeln uff dem obern tor um xx guldin...* (zitiert nach Rott 1936, S. 251).
4 Sladeczek 1999a, S. 137–139 und 141.
5 Zur einstigen Bedeutung des Wehr- und Torturms vgl. Kdm BE 1 1952, S. 156; Schweizer 1999, S. 91–92.
6 Kdm BE 1 1952, S. 154; Bächtiger 1980, S. 115. In dieser «sozialen Verwertung» des Bildes wirkt durchaus noch die Vorstellung von der gemeinnützigen Bestimmung des sakralen Bildes nach, die den Bilddiskurs der Reformationszeit mitgeprägt hatte. Nach Zwingli wäre es in jedem Fall besser gewesen, das für die Stiftung von Heiligenfiguren vorgesehene Geld der Armenfürsorge zukommen zu lassen (Altendorf/Jezler 1984).
7 Bezeichnend ist vor allem, dass der «Christoffel» auch nach der Reformation seinen angestammten Namen beibehielt (Bächtiger 1980, S. 118 und 122; Ledergerber 1984, S. 40).
8 Auch bei weiteren Sakralfiguren sind derartige Mutationen in der Reformationszeit bezeugt, so insbesondere bei Lokalheiligen und Marienfiguren, die man zusätzlich mit erläuternden Beischriften versah, bevor man sie später ganz ersetzte (Knötel 1929, S. 127–129; Michalski 1980, S. 71–72).

9 Gruner 1732, S. 413–414; zitiert nach Bächtiger 1980, S. 122, Anm. 34. Es handelte sich um einen rosettenverzierten, mit drei Federn bedeckten, achteckigen Holzreif (Kdm BE 1 1952, S. 154).
10 Diese Bezeichnung ist allerdings erst im 18. Jahrhundert nachweisbar (Bächtiger 1980, S. 122). In Bezug auf einen möglichen Zusammenhang mit einer früheren Goliathfigur, die laut Überlieferung bereits 1465 zur Fasnacht von Freiburg nach Bern gebracht und sodann in einen Christophorus verwandelt worden sei, vgl. Bächtiger 1980, S. 118.
11 Christophorusdarstellungen blieben auch in anderen reformierten Orten erhalten, indem man sie entsprechend veränderte, so z. B. auch in Basel, wo der Christophorus vom Kornmarktbrunnen in einen «Harnischmann» verwandelt wurde (Benker 1977, S. 154–155; Bächtiger 1980, S. 122; Michalski 1984, S. 72).
12 Bächtiger 1980, S. 122.

177
Obschon der Heiligenkult mit der Reformation abgeschafft wird, überlebt die Tradition des «Berner Christoffel».

Nachbildung des «Berner Christoffel» als Wirtshausschild, 17. Jahrhundert.

Holz, H: 135; B: 48 cm.
Bern, Historisches Museum, Inv. 778.

Die aus Holz[1] gefertigte Skulptur stellt eine getreue Nachbildung des «Berner Christoffel» nach Einführung der Reformation dar.[2] Zwar hatte

Abb. 60
Christophorusstandbild auf der stadtwärts gewandten Seite des Turms; Fotografie um 1864 (Ausschnitt). Bern, Historisches Museum, Inv. 33319. – Dem zum Stadtwächter mutierten «Christoffel» fehlt das Jesuskind auf der Schulter.

man die Kolossalfigur nach 1528 in ihrer Darstellung modifiziert und in einen Goliath verwandelt, um sie so auch im Zeichen des neuen Glaubens akzeptieren zu können (vgl. Kat. 176). Der Name «Christoffel» blieb jedoch zunächst ebenso weiter bestehen wie der nach ihm benannte Turm, der bis zu seinem Abriss 1865 «Christoffelturm» hiess.[3] So gesehen, verweist die hier vorgestellte Figur aus dem 17. Jahrhundert auf einen versteckten «Heiligenkult», wenn auch für profane Zwecke genutzt. Die Statue diente einst als Wahrzeichen eines Berner Wirtshauses, das höchstwahrscheinlich den Namen des Christophorus trug.

Franz-Josef Sladeczek

Literatur:
Baum 1941, S. 37–38, Nr. 41. – Kdm Bern 1 1952, S. 154, Anm. 3. – Baum 1957, S. 77. – Bächtiger 1980.

Kat. 177

1 Irrtümlich «gebrannter Ton» bei Baum 1941, S. 38; Baum 1957, S. 77; vgl. Kdm BE 1 1952, S. 154, Anm. 3.
2 Obschon der Kopie die Attribute (kurzes Schwert und Zweihänder) fehlen, erkennen wir doch deutlich den mit Federn geschmückten, oktogonalen Holzreif, den das Original nach der Reformation erhielt.
3 Bächtiger 1980, S. 122.

178
Nach der Reformation von 1528 hat das Schlussbild von Niklaus Manuels Berner Totentanz einschneidende Veränderungen erfahren.

Niklaus Manuels «Totenpredigt» in der Kopie von Albrecht Kauw, 1649.

Gouache auf Papier, ausgeschnitten und auf Blatt montiert, H: 36.5; B: 49.2 cm.
Bern, Historisches Museum, Inv. 822.24.

Zwischen 1516/17 und 1519/20 malte Niklaus Manuel (1484–1530) einen 80 m langen und etwa 3 m hohen Totentanz auf die südliche Umfassungsmauer des Dominikanerklosters in Bern.[1] Der monumentale Zyklus mit lebensgrossen Figuren umfasste 24 Bilder mit darunter angebrachten Versen. Er wurde 1649 von dem aus Strassburg stammenden und in Bern tätigen Vedutenmaler Albrecht Kauw (1616–1681) kopiert. Der Künstler schenkte seine dokumentarischen «Wiedergaben» dem Berner Rat.[2] Die Mauer, auf der sich Manuels Werk befand, fiel 1660 einer Strassenerweiterung zum Opfer.

Der Bildzyklus zeigt mit einem skelettgestaltigen Tod gepaarte Ständepersonen, die provokativ zum letzten Tanz ins Beinhaus aufgefordert werden. Die Sterbenden sind hierarchisch nach Ständen geordnet, von den Repräsentanten der Geistlichkeit über die weltlichen Herrscher und Vertreter der Adelsstände zu den Gelehrten. Typisch städtische Stände – Bürger, Bauern und Handwerker – bilden den Schluss. Zwei Eingangsbilder und ein Schlussbild mit der Darstellung einer Totenpredigt umrahmen den schaurigen Reigen, der anschaulich vor Augen führt, dass alle Menschen, ohne Rücksicht auf Stand, Alter und Geschlecht, vom Tod dahingerafft werden.

Der Berner Totentanz wurde von 46 Auftraggebern gestiftet, die mehrheitlich der führenden Gesellschaftsschicht angehörten. Die Donatoren sind teilweise porträthaft in den Figuren des Totentanzes dargestellt, und ihre Wappen, meist mit Initialen, erscheinen über der loggiaähnlichen Architektur, welche die einzelnen Szenen rahmt. Niklaus Manuel, der auch die begleitenden Verse verfasste, verewigte sich selbst auf dem zweitletzten Gemälde in der Figur des Malers, dem der Tod bereits an den Malstock greift.

Der Tod greift vor allem die Geistlichkeit hart an und kritisiert deren Unzulänglichkeit, Eigennutz und sündigen Lebenswandel. Fälschlicherweise wurde Manuels Totentanz deshalb später oft als Vorläufer der Reformation gedeutet. Doch obwohl Manuel die Schriften Luthers damals bereits gekannt haben könnte, manifestierten sich in diesem Werk lediglich innerkirchliche Reformbemühungen.[3] Allzu heftige Angriffe auf die Kirche können hingegen kaum zum ursprüng-

Kat. 178

Abb. 61
Niklaus Manuels Berner Totentanz, Kopie von Albrecht Kauw, 1649. Bern, Historisches Museum, Inv. 822.2. – Der Tod nimmt dem Papst die Tiara vom Haupt und bedrängt einen Kardinal.

lichen Werk gehört haben, das unter den Auspizien des Dominikanerklosters entstanden und zu Ehren der Stadt Bern durch angesehene Bürger gestiftet worden war, von denen sich manche später als Bewahrer des alten Glaubens erwiesen.[4] Manuels Totentanz wurde nachträglich von neugläubigen Restauratoren verändert, aber wohl nicht bereits im Zuge des Bildersturms der Berner Reformation von 1528, sondern erst während zwei Restaurierungen um 1553 und 1584.[5]

Das abschliessende Predigergemälde und dessen Verse wurden einschneidend umgeformt: Den ursprünglich katholischen Prediger verwandelte man in einen evangelischen, bekleidet mit einer pelzgefütterten Schaube und einem Barett auf dem Kopf. Desgleichen dürften die Begleitverse eine Umformulierung erfahren haben,[6] denn weder die überzählige Verszeile noch der dreifache Reim passen ins Schema, und die Lautung der letzten Reimverbindung gehört nicht zu Manuels Sprache.[7] Der Anruf Christi in der Schlussformel *(Durch Jhesum Christum, sinen lieben Son)* klingt evangelisch – ältere Totentanztexte verweisen an dieser Stelle meist auf Maria und die Heiligen. Hier stand ursprünglich wohl: *Dass uns wird der ewige lon* (die ewige Seeligkeit), was den protestantischen Renovator an die katholische Werkheiligkeit erinnert haben mag.[8]

Der auf der Kanzel dargestellte Prediger hält demonstrativ einen Totenschädel als Vanitas-Symbol in den Händen. Ihm gegenüber wächst ein Lebensbaum, in dessen Stammesmitte eine Axt steckt. Aus der Baumkrone stürzen verschiedene Personen herab, darunter auch ein Franziskaner- und ein Dominikanermönch. In der linken unteren Bildhälfte liegen mehrere Tote am Boden, mit pfeildurchbohrter Stirn, und im Vordergrund schreitet ein mit Bauernrock und Strohhut bekleideter, mit Sense, Bogen und gefülltem Köcher ausgerüsteter Tod über ein nacktes Kind hinweg. Er tritt nur in dieser letzten Darstellung nicht als Tänzer oder Musikant auf, sondern als Sensenmann, Bogenschütze und Fäller des Lebensbaumes zugleich.

Oft wird das Schlussbild, das kein Stifterwappen zeigt, sogar für eine spätere Ergänzung gehalten. Es muss jedoch zum ursprünglichen Bestand gehört haben, da in ihm zusammenfassend die zentrale Botschaft des ganzen Reigens vermittelt wird. Der das *memento mori* verkündende Prediger – in der Figur des *Dr. Macabré* ein altüberliefertes Motiv der Totentanztradition – tritt hier gleichzeitig als Interpret des Schlussbildes, als Visionär des Tanzreigens und Referent der Bildpredigt auf.[9]

Murielle Schlup / Susan Marti /
Regula Luginbühl

Literatur:
Fluri 1901. – von Tavel 1979b. – Zinsli 1979. – Bächtiger 1985. – Herzog 1999, S. 33–38 und 132–144, Nr. 2–25. – Kuthy 1999, S. 60–71. – Zahnd 1999, S. 119–139.

Der Beschlusz.
Wär diese Figuren schouwett an,
Sy syend jung, alt, Wyb oder Mann,
Sollent betrachten, das wie der Wind
Alle Ding unbestendig sind.

Doch wüsz ein Mensch gar äben:
Nach dieser Zyt ist ouch ein Läben,
Das stadt in Fröyden oder Pyn,
Drumb lug ein Jeder, wo er wöll hin.

Das Jüngst Gricht:
Wann der Richter wirt sin so gerecht,
Dem Herren lonen wie dem Knecht.
Und wirt sin Urtheyil eewig bston.
Gott helff uns in des Himmels thron
Durch Jhesum Christum, sinen lieben Son.
Amen.

1 Es ist bis heute ungewiss, ob sich der Totentanz auf der Innenseite der Mauer, zum Kirchhof hin, oder auf der Aussenseite befand.
2 Kauw erhoffte sich dadurch, Aufträge vom Berner Rat zu erhalten, was ihm schliesslich auch gelang.
3 Rosenfeld 1974, S. 267; Bächtiger 1979, S. 5–8; Zinsli 1979, S. 13–14; Schulte 1990, S. 7.
4 Zinsli 1979, S. 15–16.
5 Fluri 1901, S. 138–148 und 153; Bächtiger 1984, S. 2.
6 von Tavel 1979b, S. 254; Bächtiger 1985, S. 30.
7 Zinsli 1979, S. 17.
8 Rosenfeld 1974, S. 282; Zinsli 1979, S. 17.
9 Zinsli 1979, S. 17; Bächtiger 1985, S. 29.

Kat. 179

179
Eine Stiftertafel überdauert in verändertem Zustand den Bildersturm und legitimiert die Rechtsnachfolge vom Kloster Kappel am Albis durch die Stadt Zürich.

Memorialtafel der Herren von Eschenbach, Zisterzienserkloster Kappel am Albis ZH, 1438.

Tempera auf Holz, H: 73, B: 257 cm (ohne Rahmen).
Rahmung und Inschriftenleiste nachreformatorisch.
Restaurierung und Konservierung 1994.
Unter jeder Figur eine Tafel mit lateinischer und deutscher Inschrift. Die lateinischen Texte geben Auskunft über die darüber dargestellte Person, die deutschen bilden eine kurze Reimchronik zur Geschichte der Eschenbacher und des Klosters Kappel.
Zürich, Schweizerisches Landesmuseum,
Dep. 854 (=AG 11).

Das Bild ist eines der wenigen Tafelgemälde, das im zürcherischen Herrschaftsgebiet von den reformatorischen Zerstörungen verschont geblieben ist – wenn auch nicht vollständig. Es stammt aus dem Zisterzienserkloster Kappel am Albis ZH und zeigt sieben hintereinander kniende Stifter, je durch dasselbe Familienwappen voneinander abgetrennt. Es sind Mitglieder der Freiherrenfamilie Eschenbach-Schnabelburg, die 1185 das Zisterzienserkloster Kappel am Albis als Hauskloster und Begräbnisstätte gegründet hatte. Ritter Walther I. von Schnabelburg (nachweisbar 1153–1187), einer der drei Hauptstifter, führt die Reihe an und präsentiert ein Modell seiner Klostergründung. Er ist mit langem grauem Haar und Bart als Stammvater gekennzeichnet und in einen kostbaren Mantel mit Fehfutter gekleidet, dessen Brokatmuster erst bei der letzten Restaurierung wieder freigelegt wurde. Unmittelbar hinter ihm ist eine Burg zu erkennen, vermutlich die Schnabelburg, der damalige Familiensitz. Es folgen zwei Söhne, in mittlerem Alter wiedergegeben, und schliesslich, deutlich jünger und statt eines pelzverbrämten Mantels mit kurzem Wams bekleidet, vier Nachkommen aus der dritten und vierten Generation.[1] Die zwischen den Generationen verstrichene Zeit wird im unterschiedlichen Alter der Männer sichtbar gemacht. Die unter dem mittleren Wappen angebrachte Jahreszahl (1438) macht deutlich, dass es sich hier nicht um ein Stifterbild zur Klostergründung handelt, sondern um ein Memorialbild, das rund 250 Jahre später von einem Ast der Familie zum Gedächtnis der Vorfahren an das Kloster geschenkt wurde.[2] Die hier abgebildeten Familienmitglieder waren zwar längst verstorben, als das Bild hergestellt wurde, an dem vom Stammvater geschaffenen Seelgerät haben die Nachkommen aber weiterhin teil. Weshalb die Tafel gerade 1438 geschaffen wurde und wo sie ursprünglich angebracht war, ist nicht überliefert.

Eine Person als Empfängerin des Kirchenmodells und als Adressatin der Gebete der Knienden fehlt im heutigen Zustand. Am linken Bildrand wurde das Gemälde aber beschnitten: Die rote

Abb. 62
Ehemals Kirche Turbenthal, Stifterbild der Landenberger am Chorbogen (Ausschnitt), um 1512–1517 (heute Schloss Hegi). – Mitglieder der Stifterfamilie verrichten kniend ein Gebet vor der auf der gegenüberliegenden Seite dargestellten thronenden Muttergottes.

Abb. 63
Hypothetische Rekonstruktionszeichnung der Stiftertafel.

Flügelspitze eines Engels und eine grüne Stoffdraperie sind noch sichtbar. Es handelt sich wohl um den Rest einer Muttergottes, der Patronin aller Zisterzienserklöster. Wie sich aus dem Vergleich mit anderen Gemälden ergibt, dürfte Maria auf einem Thron gesessen haben, der Engel lässt sich als Vorhanghalter rekonstruieren und hatte sicher ein Gegenstück auf der anderen Seite des Thrones. Die Marienfigur wurde demnach abgeschnitten und wohl zerstört. Die Beweggründe wie der genaue Zeitpunkt dieser Veränderung sind nicht überliefert, wohl aber zeigen die in nachreformatorischer Zeit unten hinzugesetzten Schrifttafeln mit lateinischen und deutschen Texten zu den dargestellten Personen und zur Geschichte des Klosters von seiner Gründung bis zur Einführung der Reformation unter Heinrich Bullinger (1527), dass auch der beschnittenen Tafel eine Bedeutung zukam. Dies könnte mit rechtlichen Aspekten zusammenhängen. Die Zürcher Reformation vollzog die Verstaatlichung der Kirchengüter nach klaren Kriterien, bestehende Herrschaftsrechte wurden respektiert, selbst wenn die Patronatsrechte und damit die Zehnten einem Bischof oder einem Kloster gehörten. Zur Zeit der Reformation war das Geschlecht der Eschenbacher in allen Linien bereits erloschen, und Zürich stand in deren Rechtsnachfolge. Indem es die Stiftertafel nicht zerstörte, konnte die Rechtsnachfolge sichtbar dokumentiert werden. Im Textfeld links aussen wird denn auch gerade davon gesprochen: *Jn disem Kloster hůb man an / das Evangelium Cristi pre- / digen, anno 1523, vnder Herre / appt wolffgangen Joner, zůge / namt Rupli, welcher sampt dem / convent hernach im 1527 / jar, das Closter zur reforma / tion übergab, der statt zürich / als den rächten Schirmherren / und castvögten.*[3]

Peter Jezler / Susan Marti

Literatur:
Kat. Himmel, Hölle, Fegefeuer 1994, S. 218–219, Nr. 41. – Wüthrich/Ruoss 1996, S. 104–105, Nr. 189 (mit älterer Literatur und transkribierten Inschriften).

---

1   Stammbaum und Lebensdaten der Familienmitglieder s. Wüthrich/Ruoss 1996, S. 105.
2   Die Linie der Freiherren von Eschenbach stirbt im Jahre 1338 aus, die Linie der Schnabelburger, die späteren Freiherren von Schwarzenberg, die in den Schwarzwald ausgewandert waren, sind dort bis 1465 nachweisbar (Rickenbach 1995, S. 87 und 83). Sie sind somit die Auftraggeber der Tafel.
3   Zitiert nach Wüthrich/Ruoss 1996, S. 104.

180
Ein Fragment spätmittelalterlicher sakraler Malerei bildet im 17. Jahrhundert die Vorderfront einer Truhe.

Truhe mit wiederverwendetem Fragment eines religiösen Bildes, 1635 und ausgehendes 15. Jahrhundert.

Holztruhe auf neuem Fuss, Mittelfeld der Front mit eingesetztem Fragment eines Tafelbildes(?), Seitenfelder und Schmalseiten mit Applikationsschnitzereien verziert; Truhe H: 101; L: 162.5; T: 64 cm; Bildfragment H: 60.6; B: 93.6 cm.
Datiert 1635; 1899 aus Steffisburg angekauft.
Bern, Historisches Museum, Inv. 3305.

Die querrechteckige Truhe mit flachem Deckel ist 1635 unter Wiederverwendung einer Tafel mit spätmittelalterlicher Malerei hergestellt worden. Die Frontseite ist dreigeteilt: Die beiden schmalen Seitenfelder zeigen, genau wie die Schmalseiten der Truhe, Applikationen von Arabesken-Schnitzereien aus hellem Holz auf dunklem Grund. Die Jahreszahl ist in verschnörkelten Zahlen auf glatten Feldern rechts und links der Mitteltafel angebracht. Das Mittelfeld zeigt auf einem mit Brokatmuster geschmückten Goldgrund einen grossen, nach rechts schwebenden Engel, der in den Händen ein Weihrauchfass hält. Er trägt ein langes, blaugraues Gewand und einen vorne mit einer Brosche zusammengehaltenen, weiten Purpurmantel.

Die Darstellung gehört aus stilistischen Gründen sicherlich nicht in die Entstehungszeit der Truhe, sondern ins ausgehende Mittelalter. Sie muss fragmentiert worden sein – der Engel hatte mit grosser Wahrscheinlichkeit ein spiegelbildlich angeordnetes Gegenstück; aus der heutigen Anordnung geht auch nicht hervor, worauf sich der leicht nach vorne und unten gesenkte Blick des Engels einst gerichtet hatte. Die Rekonstruktion des ursprünglichen Bildzusammenhangs fällt schwer: Nach dem gemusterten Goldgrund zu schliessen, dürfte es sich um ein Altarbild gehandelt haben, das aber – rekonstruiert man eine Mitteltafel mit einem zweiten, ebenso grossen Engel – eine beachtliche Breite gehabt hätte. Zudem ist es schwierig, eine passende Ikonographie zu ergänzen. Weihrauchfässer schwingende Engel, allerdings meistens kleinere, treten in der Regel im Zusammenhang mit Themen auf, deren geheimnisvoll-göttliche Aura besonders hervorgehoben werden soll, so beispielsweise bei Trinitätsdarstellungen oder Bildern vom wundersamen Tod Marias. Für solche szenischen Zusammenhänge scheint die erhaltene Figur aber eigentlich zu gross. Handelte es sich hier um ein Fragment von liturgischem Mobiliar, würde der Goldgrund überraschen. Die Frage nach dem ursprünglichen Aussehen und der Funktion dieser Malerei muss daher vorläufig ebenso offen bleiben wie diejenige nach den Gründen für die Umarbeitung. Ob die Beschneidung der vorliegenden Tafel mit bilderstürmerischen Aktivitäten zusammenhing oder erst viel später und aus anderem Anlass erfolgte, wissen wir nicht.[1] Ebenso ist zu fragen, weshalb – und wo, ob in katholischem oder protestantischem Gebiet[2] – man im 17. Jahrhundert ein spätmittelalterliches Malereifragment wiederverwendete, um damit eine Truhe zu schmücken. Die ungewöhnliche Kombination, der wir die Erhaltung eines Stückes sakraler spätmittelalterlicher Malerei in profanem Rahmen verdanken, muss von Anfang an geplant gewesen sein, denn die Truhe ist sehr sorgfältig gearbeitet, und es finden sich keinerlei Hinweise auf spätere Veränderungen.[3]

Susan Marti

Literatur:
Unveröffentlicht.

---

1 In Valentin Tschudis Reformationschronik wird davon berichtet, dass in Matt und Schwanden GL bei bilderstürmerischen Aktionen Bildwerke verbrannt und *uss der taflen corpus*, d. h. aus den Altarschreinen, Kästchen hergestellt wurden (Jahrbuch des Historischen Vereins des Kantons Glarus 24, 1888, S. 35–36, Nr. 35).
2 Bezüglich der Provenienz ist nur bekannt, dass die Truhe aus dem Simmental ins Museum kam.
3 Ich danke Dr. Thomas Lörtscher, Bern/Zürich, für diese Beobachtungen und weitere hilfreiche Hinweise.

Kat. 180

181
Eine kurz vor Ausbruch des Bildersturms in Zürich entstandene Altartafel wird nach der Reformation verändert: Eine «überflüssige» Heilige wird abgesägt.

Hans Leu d.J., Johannes der Täufer und Maria mit dem Jesuskind, 1521.

Öl auf Holz, H: 102; B: 63 cm.
Unten links signiert und datiert: *1512 HL*.
1990 aus französischem Privatbesitz erworben und von der Zürcher Kantonalbank dem Kunsthaus Zürich geschenkt.
Zürich, Kunsthaus, Inv. 1990/3.

1990 kam eine bis dahin kaum bekannte, signierte und datierte Tafel mit der Darstellung von Johannes dem Täufer und Maria mit dem Jesuskind in die Sammlung des Kunsthauses Zürich. Die kräftigen, grossen Figuren, in leuchtend farbige Gewänder gehüllt, stehen auf einem schmalen, bühnenartigen Bodenstreifen, von strahlendem Goldgrund mit Brokatmuster hinterfangen. Maria hält in ihrem rechten Arm das nackte Jesuskind, das – ein Hinweis auf die Passion – mit dem Zeisig spielt. Johannes der Täufer seinerseits hat ein Buch mit dem Lamm in der einen Hand und deutet mit der anderen auf das Jesuskind, gleichsam die Betrachter darauf hinlenkend.

Die Tafel zeigt in der unteren linken Ecke, zwischen den Beinen von Johannes deutlich hervorgehoben, die Jahreszahl 1521, daneben das Monogramm *HL* in Ligatur, das als «Hans Leu» aufzulösen ist. Hans Leu d.J. (um 1490–1531), Sohn des gleichnamigen Vaters, war der letzte bedeutende Zürcher Künstler vor der Reformation und zugleich der erste, der seine Werke signierte.[1] Die vorliegende Tafel schliesst sich formal an andere von ihm signierte Werke an und verrät beim Goldgrundornament dieselbe Schablone, die schon in der väterlichen Werkstatt gebraucht wurde.[2] Leu war ab 1514 in Zürich tätig, scheint aber wegen der schlechten Auftragslage mehrfach finanzielle Probleme gehabt zu haben, so dass er sich zu Söldnerdiensten gezwungen sah. Er fiel am 11. Oktober 1531 an Zwinglis Seite in der Schlacht bei Kappel.

Der Auftraggeber dieser Altartafel – wohl eine der letzten, die in Zürich hergestellt wurde – sowie ihr Standort sind nicht überliefert; aufgrund der Lichtführung von rechts und der Blickrichtung nach links ist die rechte Seitenkapelle einer Kirche zu vermuten. Den nur kurz nach der Entstehung der Tafel in Zürich ausgebrochenen Bildersturm überlebte das Gemälde vermutlich nur deshalb, weil es von einer Privatperson gestiftet wurde und somit laut Beschluss der Zürcher Obrigkeit vom Eigentümer wieder nach Hause genommen werden durfte. In der Folge wurde die Tafel offenbar verändert: Ein unten rechts erkennbarer, angeschnittener Gewandzipfel zeigt, dass eine zur Linken Marias

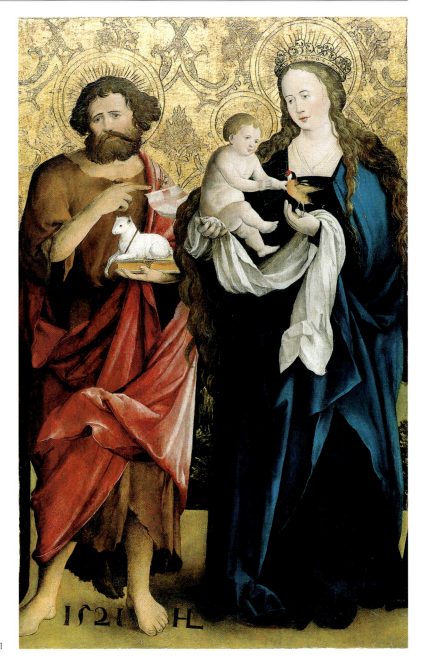

Kat. 181

stehende Heilige abgesägt worden ist. Somit stellte das Bild nur noch die wichtigsten Personen aus dem Neuen Testament dar. Christian Klemm vermutet zudem, dass der Besitzer gleichzeitig die Künstlersignatur auffrischen liess, um den neuen, profanen Charakter des Gemäldes als Kunstwerk zu betonen – sie ist, verglichen mit den anderen Signaturen Leus, ungewöhnlich prominent, gehört aber dem technischen Befund nach eindeutig in die Entstehungszeit.[3]

Susan Marti

Literatur:
Klemm 1990 (mit weiterer Literatur).

1 Zum Leben des Künstlers vgl. Klemm 1990, S. 73–74.
2 Ebd., S. 74–75.
3 Ebd., S. 76.

Abb. 64
Hauptportal des Berner Münsters. Die Justitiafigur steht am Türpfeiler zwischen den beiden Portalen.

182
Das Hauptportal des Berner Münsters bleibt unberührt. Einzig die Marienfigur vom Jüngsten Gericht wird durch eine Justitia ersetzt.

Statue der Justitia, Berner Münster, 1575.

Trumeau des Hauptportals, Skulptur von Daniel Heintz I., signiert mit *D H* (am Mantelsaum), 1575 (Jahreszahl auf Unterseite des Baldachins).
Sandstein, H: 161 cm.
Bern, Historisches Museum, Inv. 42599.13 (Depositum Evangelisch-reformierte Gesamtkirchgemeinde Bern).

Vom reichhaltigen Bilderschmuck des Berner Münsters blieb allein der des Hauptportals von der Zerstörung verschont.[1] So hat sich das Bildprogramm dieses letzten grossen Kirchenportals der Gotik bis in unsere Zeit erhalten, wenn auch mit einer Ausnahme: Die Hauptfigur am Pfeiler zwischen den beiden Portalen, dem Trumeau, wurde 1575 durch eine Skulptur der Justitia ersetzt. Aufgrund des Bildprogramms konnte Franz-Josef Sladeczek überzeugend darlegen, dass sich an dieser Stelle ursprünglich eine Marienstatue befunden hatte.[2] Es ist nicht bekannt, ob diese erst für die Anbringung der Justitia weichen musste, oder ob sie schon dem Bildersturm von 1528 zum Opfer gefallen war. Letzteres ist angesichts des sonst unversehrten Portalschmucks aber eher unwahrscheinlich. Von den Portalfiguren war Maria als einzige ernsthaft gefährdet, Gegenstand heimlicher Idolatrie zu werden. Alle anderen Heiligenfiguren waren entweder zu hoch oben angebracht oder zu klein. Nur das Bild der heiligen Jungfrau, immer schon ein Lieblingsobjekt der Bilderverehrung, stand vollplastisch und lebensgross in optischer Reichweite der Betrachter. Möglicherweise war dies der Grund, weshalb es schliesslich ersetzt werden musste.

Die Justitia, die nun die Position am Trumeau einnehmen sollte, schuf Daniel Heintz I., der als Werkmeister am Münster gerade die Gewölbe von Mittelschiff und Turmhalle vollendet hatte.[3] So wie sich diese Netzgewölbe harmonisch in das spätgotische Gesamtkunstwerk einfügten, verstand es der Bildhauer auch am Portal, die neue Plastik in den gegebenen Rahmen einzupassen. Obwohl stilistisch eindeutig in der Renaissance des oberdeutschen Raums beheimatet, greift die Figur in ihrem eleganten Schwung und den kunstvollen Faltenkaskaden auf die Formenspra-

Kat. 182

che der Spätgotik zurück. Diese einfühlsame formale Integration der weltlichen Allegorie in den Kontext des übrigen Portalschmucks lässt vermuten, dass auch ikonographisch nicht eine Gegenposition gesucht wurde, sondern dass die Justitia das Portalprogramm in einem damals aktuellen Sinn ergänzen sollte. Maria hatte in der reformierten Theologie ihre Rolle als Fürbitterin und Mittlerin beim Jüngsten Gericht eingebüsst. Zwar glaubten auch die Reformierten weiterhin an ein letztes Weltgericht, doch ging der Weg zum Seelenheil nicht mehr über Stiftungen und die Fürsprache der Heiligen, sondern über ein Leben nach Gottes Geboten. Der Zürcher Reformator Huldrych Zwingli nannte das die «göttliche Gerechtigkeit».[4] Die Umsetzung der göttlichen Gebote in Verhaltensregeln für das tägliche Leben war jedoch keineswegs dem Individuum überlassen, sondern die Aufgabe der weltlichen Obrigkeiten. Der Berner Rat erliess 1534 ein – später immer wieder ergänztes – Sittengesetz für das ganze Staatsgebiet, über dessen Einhaltung ein eigenes hierarchisches Gerichtssystem zu wachen hatte. In diesem Sinne symbolisiert die Justitia am Münsterportal eine Kontinuität von der letzten und höchsten Gerechtigkeit bis auf die weltliche Ebene der Gesetzgebung und Rechtsprechung. Aus dieser Berufung auf eine höhere Gerechtigkeit bezog die Berner Obrigkeit auch ihre moralische Legitimation.[5] Die Justitia als Allegorie dieser höheren Autorität wurde in Bern schon 1543 mit der Figur des Gerechtigkeitsbrunnens (Kat. 236) spezifisch formuliert.[6] Die Darstellung der Gerechtigkeit wurde zu einem der wichtigsten Themen der öffentlichen Ikonographie in den sich entwickelnden Republiken der eidgenössischen Orte.

Ursula Schneeberger

Literatur:
Bielander 1996.

Kat. 183

183
Die Marienfigur an der Marktfassade des Basler Rathauses wird 1608 in eine Justitia umgewandelt.

Statue der Justitia, früher Maria mit dem Kind, vom Baldachin des Uhrengehäuses am Basler Rathaus, 1510/1511.

Skulptur von Hans Thurner, Basel, 1510/1511; 1608 überarbeitet.
Roter Buntsandstein, H: 94 cm (ohne Krone).
Basel, Historisches Museum, Inv. 1878.68.

An der Marktseite des Basler Rathauses stand die Figur der Basler Patronin, flankiert vom Kaiserpaar Heinrich II. und Kunigunde, das der Stadt wichtige Privilegien verliehen hatte. Anlässlich der Erweiterung des Rathauses um den Kanzleibau in den Jahren 1608/1609 wurde die Marienfigur zur Justitia umgearbeitet. Nicht nur musste das Jesuskind entfernt und die beiden Attribute der Justitia, Schwert und Waage, angebracht werden, sondern auch Gesicht und Gewandpartien wurden der neuen Ikonographie angepasst.[1] An die Stelle der Stadtpatronin trat nun die Allegorie der Gerechtigkeit als Legitimationsfigur der gesetzgebenden und rechtsprechenden Macht der Stadtobrigkeit.

Ursula Schneeberger

Literatur:
Kdm BS 1 1932, S. 374–380. – Kat. Wettstein 1998, S. 156–159.

---

1 Zu den Gründen vgl. den Aufsatz von Franz-Josef Sladeczek S. 97–103.
2 Sladeczek 1990, S. 48–57.
3 Bielander 1996, S. 50–59.
4 Brady 1985, S. 112.
5 Exemplarisch am Beispiel der Eroberung der Waadt (Schneeberger 1998, S. 40–41).
6 Ebd., S. 46–57.

---

1 Gregor Mahrer und Christian Heydrich: Dokumentation der Restaurierungsarbeiten 1997, S. 3–5 (Nachweisakten im Historischen Museum, Basel).

184
Im Jahre 1525 klagen Maler und Bildhauer vor dem Strassburger Rat, sie seien wegen des Bilderverbots in ihrer Existenz ernsthaft bedroht.

Petitionsschrift der Strassburger Künstler, 1525.

Supplikation an den Rat u. XXI, o. J.
(= Freit. post. purific. 1525).
Papier, H: 29; B: 21 cm.
Strassburg, Archives Municipales, Inv. V 1, Nr. 12 (1412–1537).

Der infolge des Bilderverbots zu verzeichnende Rückgang der Auftragslage veranlasste die Strassburger Maler und Bildhauer am 3. Februar 1525 zu einer schriftlichen Eingabe an den Rat ihrer Stadt. Darin begrüssten sie zwar grundsätzlich die Einführung der Reformation, äusserten gleichzeitig aber die Befürchtung, dass sie wegen der nun ausbleibenden Aufträge *entlichs verderbens und des bettelstabs* sein werden. Da sie kein anderes *hantwerck* gelernt hätten, bitten sie den Rat, er möge sie bei der *verlihung etlicher empter* berücksichtigen, was ihnen auch in Aussicht gestellt wurde.[1]

Die Situation für viele Künstler der Reformationszeit war in der Tat kontrovers: Ihr überzeugtes Bekenntnis zum neuen Glauben kontrastierte mit einem künstlerisch sehr begrenzten Entfaltungsspielraum,[2] den das neue Credo vom zweiten Gebot generell bereithielt.[3] Um die dadurch verursachten Verdienstausfälle wettzumachen, verdingten sich viele Künstler katholischen Auftraggebern,[4] verlegten ihren festen Wohn- und Arbeitssitz in altgesinnte Städte[5] oder suchten, wie im Falle der hier besprochenen Appellation, nach grundsätzlich neuen Möglichkeiten des Broterwerbs.

Franz-Josef Sladeczek

Literatur:
Rott 1938, S. 304–305. – Kat. Luther Nürnberg 1983, Nr. 514. – Baxandall 1984, S. 87–88.

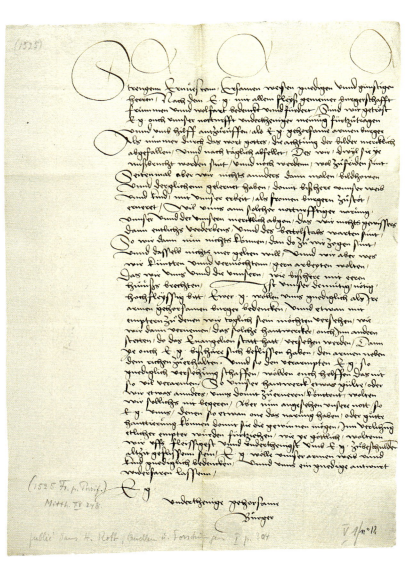

Kat. 184

185
Ein Holzschnitt mit Inschrift beklagt das Schicksal eines brotlos gewordenen Künstlers. Dieser will sich nun als Landsknecht verdingen.

Peter Flötner, *Veyt Pildhawer*, Nürnberg, um 1530/40.

Holzschnitt, H: 31.9; B: 18 cm.
Nürnberg, Germanisches Nationalmuseum, Inv. H 74 95.

Von der beruflichen Neuorientierung der Künstler in der Reformationszeit berichtet der mit *Veyt Pildhawer*[1] betitelte Einblatt-Holzschnitt, den der Nürnberger Stecher und Bildhauer Peter Flötner (um 1490–1546) geschnitten hat. Das Blatt zeigt den Bildhauer in der Tracht eines Landsknechts. Sein bisheriges Werkzeug, Klöpfel und Meissel (rechts unten erkennbar), hat er gegen Schwert und Hellebarde eingetauscht. Der Illustration beigefügt ist eine Inschrift, die den «Berufswechsel» näher kommentiert:

---

1 Auch aus anderen Städten des Reichs, z. B. aus Nürnberg, Augsburg und Basel, sind vergleichbare Künstler-Petitionen bekannt. Nur in wenigen Gebieten, so vor allem am Niederrhein, war die Auftragslage für die Künstler unverändert konstant geblieben (Stuhlfauth 1937; Zschelletzschky 1975; Krämer 1981; Rommé 1996).
2 Zur reformatorischen Bildprogrammatik vgl. Scharfe 1968; Kat. Kunst der Reformationszeit 1983, S. 369–426; Scribner 1991; Da Costa Kaufmann 1998, S.143ff.
3 Zu der unterschiedlichen Handhabung des Bilderverbots bei den Lutheranern, Zwinglianern und Calvinisten vgl. den ergiebigen Überblick bei Rohls 1984; Da Costa Kaufmann 1998.
4 Eines der vortrefflichsten Beispiele ist Lucas Cranach, der gleichzeitig für Martin Luther und dessen schärfsten Widersacher, Kardinal Albrecht von Brandenburg, arbeitete (Tacke 1992).
5 So der Ulmer Bildschnitzer Daniel Mauch (1477–1540), der 1529 in das katholische Lüttich auswanderte (Wagini 1995, S. 24).

Kat. 185

Vil schöner Pild hab ich geschnitten
Künstlich auff welsch vnd deutschen sitten
Wiewol die Kunst yetz nimmer gilt
Ich kündt dan schnitzen schöne pilt
Nacket vnd die doch leben thetten
Die weren weyt in Marck vn' Stetten
So aber ich das selb nit kan
Muss ich ein anders fahen an
Vnd will mit meiner Hellenparten
Eyns grossmächtigen Fürsten wartten.[2]

Die Erkenntnis, dass *die Kunst yetz nimmer gilt,* treibt die Künstler also in den Dienst mit der Waffe. Dass aber gerade auch im Söldnerleben Gefahren lauern, haben sowohl Urs Graf[3] als auch Niklaus Manuel[4] eindrücklich vor Augen geführt: Sie zeigen einen Reisläufer, der beim Würfelspiel sein ganzes Geld verspielt hat und auf diese Weise zum Bettler geworden ist.

Franz-Josef Sladeczek

Literatur:
Röttinger 1916, S. 62–62, Nr. 33. – Bange 1926, S. 25–26, Abb. 25. – Geisberg 1930, S. 147, Nr. 832. – Huth 1967, S. 71 und 101. – Baxandall 1984, S. 144–145 und 385.

---

1 In älteren Ausgaben wird der Bildhauer auch als «Steffan Goldschmid» bezeichnet (Baxandall 1984, S. 385, Anm. 257).
2 Zum Gegensatz von «welsch» und «deutsch» vgl. Baxandall 1984, S. 144–145; Da Costa Kaufmann 1998, S. 129 ff.
3 Major/Gradmann 1942, S. 17.
4 von Tavel 1979a, Taf. IV.

186
Wenn die Bilder klagen könnten: Nicht sie sind schuld am Götzendienst, sondern die Menschen, die ihn ausüben.

Erhard Schön (Zuschreibung), *Klagrede der armen verfolgten Götzen vnd Tempelpilder/über so ungleich urtayl und straffe,* Nürnberg (?), um 1530.

Einblattdruck, mit typographischem Text, H: 46.3; B: 38.7 cm.
Nürnberg, Germanisches Nationalmuseum, Inv. H 7404.

Der Erhard Schön zugeschriebene, um 1530 in Nürnberg (?) gedruckte Holzschnitt ist eine frühe Darstellung des Bildersturms: Gezeigt wird, wie Bilder von einigen Männern aus einer Kirche entfernt und auf dem nahe gelegenen Scheiterhaufen verbrannt werden. Eben wird eine Paulusstatue und ein Kruzifix zum Feuer gebracht, in dem bereits eine Marien-, eine Christus- und eine Engelsfigur lodern. Verschont bleiben nur einige wenige Ausstattungsgegenstände (u. a. ein Flügelaltar), die in einem separaten Raum zwischengelagert werden. Der Holzschnitt spielt damit auf das vielerorts verbürgte Recht an, laut dem es den Stiftern bzw. ihren Angehörigen erlaubt war, die privat gestifteten Bilder innerhalb einer gewissen Frist wieder zu behändigen und nach Hause mitzunehmen.

Der Illustration beigefügt ist ein langes Versgedicht,[1] das möglicherweise vom Konstanzer Reformator Thomas Blarer verfasst wurde. Zusammen mit der Hintergrundszene am rechten Rand entschlüsselt es uns den Sinn der Darstellung. Sie zeigt einen reichen Bürger in Begleitung zweier Frauen und eines Bediensteten neben einem prall gefüllten Geldsack. Aus seinem Auge wächst ein gewaltiger Balken, der in Anlehnung an Matthäus 7,3 (bzw. Lukas 6,42) verbildlichen möchte: *Was siehst du aber den Splitter in deines Bruders Auge und wirst nicht gewahr des Balkens in deinem Auge.* Im Versgedicht beklagen die Bilder lauthals ihr Schicksal, an dem sie ihrer Meinung nach völlig unschuldig sind; nicht sie seien verantwortlich für den Götzenkult, sondern die Menschen, die die Bilder angebetet hätten:

Ir selb habt uns zu gotzen gmacht,
von denen wir yetz sind verlacht.

Dass man Bilder jetzt aus den Kirchen herausreisse und zerstöre, löse die wirklichen Probleme nicht; denn nach wie vor sei das menschliche Handeln bestimmt von Geiz, Hoffart und Raffgier, Fressen und Saufen, Hurerei und Gotteslästerung. Diese Unsitten seien die wahren Götzen, und nicht sie: die Bilder. Die Botschaft ist eindeutig: Die Menschen haben zwar die Kirchen von den Götzen befreit, gegenüber der grundsätzlichen Erneuerung ihrer christlichen Gesittung sind sie aber blind. Das Klagegedicht in satirischem Ton wiederholt somit Luthers Position zur Bilderfrage, wonach nicht die Bilder gottlos sind, sondern was der Mensch aus ihnen macht. Diese satirische Distanz zum dargestellten Thema spiegelt sich auch in Einzelheiten von Schöns Holzschnitt.[2]

Franz-Josef Sladeczek

Literatur:
Meuche/Neumeister 1976, S. 91 (mit älterer Literatur). – Kat. Luther Hamburg 1983, S. 126, Nr. 1. – Kat. Luther Nürnberg 1983, S. 388–389, Nr. 515. – Baxandall 1984, S. 90–91. – Kat. Augsburg 1997, S. 154, Nr. 76a.

---

1 Vollständig erhalten nur in Gotha, Schlossmuseum (Inv. G 74,4).
2 Vgl. Kat. Luther Hamburg 1983, S. 126.

Kat. 186 Ausschnitt

187
Auf einem Altarbild stellt Niklaus Manuel 1515 den hl. Eligius, den Schutzpatron der Gold- und Silberschmiede, als Künstler in der Werkstatt dar.

Niklaus Manuel, «Der hl. Eligius in seiner Werkstatt», 1515.

Aussenseite des linken Flügels des Annen-Altars.
Mischtechnik auf Fichtenholz, unten rechts bezeichnet:
NICLAUS MANUEL·V[ON]·B[ERN]·1515.
H: 120.5; B: 83.3 cm.
Bern, Kunstmuseum, Inv. 2020b.

Die Eligius-Tafel bildete zusammen mit drei weiteren Tafelgemälden[1] von Niklaus Manuel (1484–1530) die Flügel eines Annen-Altars, der vermutlich 1515 von der Lux(Lukas)- und Loys(Eligius)-Bruderschaft für die Dominikanerkirche in Bern gestiftet wurde. Auf der Tafel «Der hl. Eligius in seiner Werkstatt» gewährt uns Manuel Einblick in ein zeitgenössisches Goldschmiedeatelier, das in dieser Form «ikonographisch ohnegleichen» ist.[2] Es zeigt Eligius, den ursprünglich als Goldschmied tätigen Heiligen, als Werkstattleiter mit seinen beiden Gesellen bei der Herstellung von kirchlichen Geräten (Kelchen, Schalen, Bechern), von denen bereits einige in einer Vitrine zur Schau gestellt sind.

Gut zehn Jahre nach der Fertigstellung dieses Altarbildes ist Manuel als Venner an der Konfiszierung des Gold- und Silbergeschirrs in den Klöstern und Kirchen des neureformierten bernischen Staatsgebiets beteiligt (Kat. 188). Die Gründe für Manuels «Ungenügen an der Kunst» und «seine Wendung zu Evangelium und Politik»[3] sind bislang noch nicht überzeugend dargelegt worden.[4] Für den neuen Venner erwuchs hieraus offenbar ebenso wenig ein künstlerischer Konflikt wie für seinen Freund, den Goldschmied und Säckelmeister Bernhard Tillmann, dem das konfiszierte Kirchengut zur Vermünzung übergeben wurde. Tillmann, der noch 1520 ein grosses Silberkreuz für die Stadtkirche von Biel geschaffen hatte, wurde 1536/1537 dann übrigens die Überführung des Domschatzes von Lausanne nach Bern anvertraut.[5]

Franz-Josef Sladeczek

Literatur:
Kat. Manuel 1979, S. 223, Nr. 69, Abb. 19 und 30. – Wagner 1979, S. 23–24. – Moeller 1996, S. 91–92. – Gramaccini 1999, S. 527–528.

---

1 Die Aussenseite des rechten Flügels zeigt mit «Der hl. Lukas malt die Madonna» eine weitere Atelierszene, auf den Flügel-Innenseiten sind die «Begegnung Joachims und Annas an der Goldenen Pforte» und die «Geburt der Maria» dargestellt (Kat. Manuel 1979, S. 224–226, Nr. 70–72).
2 Wagner 1979, S. 24.
3 von Tavel 1979a, S. 79.
4 Vgl. von Tavel 1979a, S. 12, 17 und 92; Wagner 1979, S. 40–41; Pfrunder 1989, S. 35–37; Moeller 1996; Gramaccini 1999, S. 533–534.
5 Kat. Manuel 1979, S. 197–199, Nr. 40.

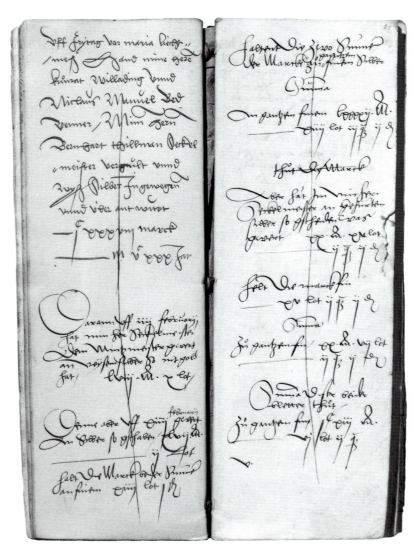

Kat. 188

Kat. 187

188

Rund zehn Jahre später, nach Aufgabe seines Künstlerberufs, konfisziert Niklaus Manuel Kelche und Monstranzen, aus denen Münzen hergestellt werden.

Niklaus Manuel, «Inventar des vermünzten Silbergeschirrs»: *Silberrgschirr vermüntzet 1529–1537*.

Säkularisationsrodel, Papier, in Pergament gebunden, H: 32; B: 11 cm.
Bern, Staatsarchiv, B VII 5339.

Am 18. November 1528 fasste der Berner Rat den Beschluss, dass *das silber und golt von kilchenzierden und gaben geschmeltzt und gemüntzet werden solle*.[1] Niklaus Manuel, damals seit sechs Wochen als Venner in städtischen Diensten tätig,[2] führte mehrmals Protokoll über die in den bernischen Kirchen und Klöstern konfiszierten Gegenstände aus Edelmetall,[3] die anschliessend dem Berner Säckelmeister Bernhard Tillmann zum Einschmelzen übergeben wurden. Von Zofingen erschliessen die Manuelschen Inventare u. a.: *viij kelch xi becher ein gantz marienbild von silbergetrybenn, ein rouchfaß ein schalen mitt Johannes houpt [...]*.[4] Neben zahlreichen Monstranzen, Reliquiaren und Schalen kamen auf diese Weise insgesamt 130 Messkelche zusammen.[5] Akribisch führt der Venner Buch über das konfiszierte Silber- und Goldgeschirr und lässt fast vergessen, dass er noch gut zehn Jahre zuvor auf der Eligius-Tafel (Kat. 187) eine zeitgenössische Goldschmiedewerkstatt mit all ihren Gerätschaften und Erzeugnissen dargestellt hatte.

Franz-Josef Sladeczek

Kat. 189

189

Niklaus Manuel warnt in einem Wandgemälde nahe beim Berner Münster vor der Torheit des Götzendienstes.

Niklaus Manuel, «König Salomons Götzendienst», Kopie von Peter Rudolf Dick, 28. August 1732.

Wandgemälde ehemals an der Ecke Münsterplatz/Kesslergasse (heute Münstergasse), Bern.
Aquarell, Feder (schwarz) und Bleistift, H: 39.3; B: 52 cm; an der Kandelabersäule links in schwarzer Tinte bezeichnet: *NICLAUS/MANUEL/VON BERN* (Schweizerdolch und Schleife).
Bern, Historisches Museum, Inv. 34566.
Weitere Kopien: Bern, Burgerbibliothek, Inv. B. 12.3, Mss. hist. helv. X 148, und Bern, Kunstmuseum, Inv. A 1188.

Niklaus Manuel hat 1518 für seinen Freund, den Glasmaler Anton Noll, ein Wandgemälde an die Ostfront von dessen Berner Bürgerhaus gemalt. Beim Abbruch des Nollschen Hauses 1758 wurde es zerstört, ist uns aber in einer Kopie von Peter Rudolf Dick (1704–1763) erhalten. Das Wandbild zeigt zwei übereinander angeordnete Darstellungsebenen: Auf der unteren Ebene sehen wir König Salomon, der von heftig gestikulierenden Frauen dazu aufgefordert wird, eine zuoberst auf einer Säule sitzende dämonenhafte, geflügelte Tiergestalt anzubeten. Ein bürgerlich gekleidetes Paar zur Linken beobachtet diese Handlung und klagt sie auf einer Inschrifttafel als törichten Götzendienst an:

O·SALOMNW/ASDVSTDVHIE/·DER·WŸSEST·SO/· VFF·ERDENIE/VFROWEN/LIB·WARDGEB/OREN: MACHT DICH EIN WŸB·ZVEIN/NEMTOREN·SO/SOL MICHOVCH.

Der obere Bildabschnitt zeigt links eine lasterhafte Gesellschaft (Dirne, Freier, Zuhälter, Narr), der rechts eine zweite Figurengruppe (Geistlicher, Bürgersfrau, Türke) gegenübertritt, darunter Frau Venus mit ihrem Attribut, dem Käuzchen. Zentral auf der Mittelachse, direkt oberhalb von Salomon, steht ein Reisläufer, der auf das Geschehen darunter herabblickt.

Die Deutung des Wandgemäldes, in der man heute eine von zeitgenössischen Fastnachtsspielen inspirierte Darstellung der «Weibermacht» sieht, war lange Zeit umstritten. Manuel hat hier – beeinflusst von der damaligen Diskussion über den Stellenwert der Bilder – den Götzendienst Salomons zum Thema gewählt, um die Macht der Liebe, personifiziert in der «Allgewalt der Frau Venus», vorzuführen. Ihr ist ein Mann jeden Alters und Standes erlegen: ob als kecker Jüngling (Reisläufer), treuer Ehemann oder weiser Greis (Salomon). Das Weib verführt den Mann auf der *Geuchmatt*, der Narrenwiese, zu törichten Handlungen – wie eben hier zum Götzendienst – und stellt ihn somit als Narren bloss.

Franz-Josef Sladeczek

Literatur:
Kat. Manuel 1979, S. 293–298, Nr. 132–135 (mit umfangreicher Literatur).

---

1. Kat. Manuel 1979, S. 524–525, Nr. 377. Der Rat hatte schon im Vorfeld der Reformation die einzelnen Inventare neu angelegt, so z. B. im November 1527 im Berner Dominikanerkloster (Utz Tremp 1999, S. 301).
2. Die Wahl Niklaus Manuels am 7. Oktober 1528 zum Venner der Gesellschaft zu Obergerwern markierte den Schlusspunkt seiner Bemühungen, den Künstlerberuf gegen eine gesicherte Staatsstelle einzutauschen. Bereits 1522 hatte sich Manuel aus dem Oberitalienfeldzug um ein städtisches Amt (Grossweibel) beworben, dieses aber dann nicht erhalten (Kat. Manuel 1979, S. 313, Nr. 60; Wagner 1979, S. 37).
3. So u. a. in Büren, Königsfelden, Trub und Zofingen (Wagner 1979, S. 40).
4. Zitat nach Kat. Manuel 1979, S. 524, Nr. 377.
5. Ebd., S. 197–199, Nr. 40.

190
1523 verfasst Niklaus Manuel das erste Reformationsspiel und verflucht das verwerfliche Leben am päpstlichen Hofe in Rom.

Titelblatt zu Niklaus Manuels Fastnachtsspiel über den Papst und seine Priesterschaft, 1523, von Valerius Anshelm «Die Totenfresser» genannt.

Erster Berner Druck unter dem Titel *Ein fast Kurtzwylig Fasznachtspil [...] darinn die warheit in schimpffs wyss vom Papst unnd syner priesterschafft gemeldet und anzeigt würt.* Bern: Mathias Apiarius, 1540.
1. Exemplar: Bern, Stadt- und Universitätsbibliothek, AD 49 (sogenanntes Exemplar F1).
2. Exemplar: Strassburg, Bibliothèque Nationale et Universitaire, R 100 300.

Das erste Reformationsspiel Manuels wurde an der Fastnacht 1523 unter grosser Anteilnahme der Berner Bevölkerung an der Kreuzgasse aufgeführt.[1] In Anlehnung an Pamphilus Gengenbach[2] werden auch hier der Papst und seine Gesellen als «Totenfresser» vorgeführt: Durch Messen und Jahrzeiten haben sie sich derart bereichert, dass selbst Petrus und Paulus die Profitgier und den luxuriösen Lebensstil des Kirchenoberhauptes beklagen, das schliesslich von *Doktor Lupold schüch nit* (Martin Luther)[3] als wahrer Antichrist verteufelt und mitsamt den altkirchlichen Theologen ins *schißhus* verwünscht wird.

Franz-Josef Sladeczek

Literatur:
Manuel, Werke und Briefe, S.101–253, bes. S.120. – Kat. Manuel 1979, S. 501–502, Nr. 332–333 (mit älterer Literatur). – Pfrunder 1989. – Moeller 1996. – Thomke 1996, S.139–209 und 996–1042. – Thomke 1999.

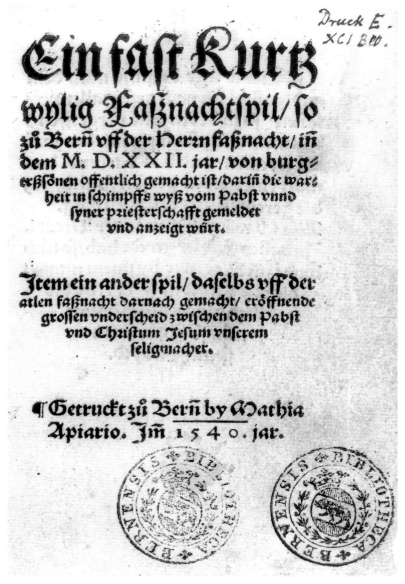

Kat. 190

191
Zur Zeit des Bauernkrieges entwirft Niklaus Manuel eine Kampfschrift gegen den Ablasshandel und illustriert sie.

Niklaus Manuel: *Rychardus Hinderlist* aus: *Der Aplass Kremer*, 1525.

Originalmanuskript aus 18 unnummerierten Folioblättern; auf Blatt 2 Federzeichnung in Braun, H: 31.2; B: 21.5cm; unten links signiert durch Dolch mit Schleife.
Bern, Burgerbibliothek, Mss. hist. helv. XVI 159.

Das Fastnachtsspiel *Der Aplass Kremer* entstand 1525 zur Zeit von Niklaus Manuels Tätigkeit als Landvogt in Erlach. Im Gegensatz zu seinen übrigen Fastnachtsspielen liegt es noch im Originalmanuskript vor, das der Künstler zusätzlich mit einer Illustration versehen hat. Die Handlung spielt nicht in der Stadt, in der sich die Reformation bereits durchgesetzt hat, sondern auf dem Lande, wo die Bevölkerung noch dem alten Glauben anhängt.[1] Dorthin begibt sich der Ablasskrämer *Rychardus Hinderlist*, in der Überzeugung, hier in Bezug auf den Ablassverkauf ein leichtes Spiel zu haben. Er trifft dort indes auf eine Bevölkerung, die sich alles andere als einfältig und leichtgläubig gibt. Insbesondere die Bäuerinnen haben die Machenschaften des Ablasskrämers klar durchschaut. Erzürnt packen sie den des Betrugs Entlarvten und ziehen ihn *an einem seil hoch uf in aller wis, form und gestalt, wie man ein mörder streckt, bis er sprach, er wert vergehen.*[2]

Die Illustration zeigt *Rychardus Hinderlist*, der, umringt von einer wütenden Menschengruppe, an einem Seil hochgezogen wird. Er ist

---

1 Zur Kreuzgasse als Aufführungsort vgl. Pfrunder 1989, S.162ff.
2 Pamphilus Gengenbach: *Disz ist ein iemerliche clag vber die Todten fresser*, o.O.u.J. [Augsburg 1522]; vgl. Kat. 135.
3 Zur Deutung vgl. Thomke 1999, S. 549.

Kat. 191

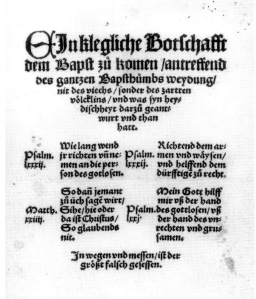

Kat. 192

192
Zur Zeit der Berner Disputation schreibt Niklaus Manuel eine glänzende Satire über die «Krankheit der Messe».

Titelblatt zu Niklaus Manuels Schrift über die «Krankheit der Messe», 1528.

Ein klegliche Botschafft/dem Bapst zů komen, antreffend/ des gantzen Bapsthůmbs weydung,/nit des viechs, sonder des zarten/völcklins, vnd was syn hey=/discheyt darzů geant=/wurt vnd than/hatt [...] Datum zů Bergkwasser wind, nebem stuben/offen, vff der zůkunfft des Her=/ren Nachtmahls. M.D. XXVIII.
1. Exemplar: Bern, Stadt- und Universitätsbibliothek, AD 125(6) (Ausgabe A).
2. Exemplar: Strassburg, Bibliothèque Nationale et Universitaire, R 100 302 (Ausgabe D).

an den Füssen gefesselt und zusätzlich mit einem Stein beschwert, der durch die am Boden hockende Bäuerin *Agnes Ribdenpfeffer* niedergehalten wird. Links sehen wir die Bäuerinnen *Zilia Nasentutter* (mit Hellebarde) und *Trine Filzbengel*. Beide halten einen aufgerollten Ablassbrief in den Händen und fordern das dafür aufgewendete Geld von Rychardus zurück: *Sä hin den brief, gib mir das gelt*.[3] In der Mitte steht breitbeinig der Bauer *Bertschi Schüchdenbrunnen*. Er hat seine Hand an den Dolch gelegt und signalisiert damit, dass er notfalls zu allem bereit ist. Soweit kommt es allerdings nicht, da der Ablasskrämer reuevoll bekennt: *wier beschyßend leyder alle welt, um das verfluchte amechtig gelt [...] jch bin nun grech [fertig], jch han min theil, kein aplas trag ich niemer feil,*[4] worauf man ihn ziehen lässt.

Der in dem Fastnachtsspiel unterbreitete «Stoff» ist vor dem Hintergrund der lutherischen Kritik am päpstlichen Ablass zu sehen, die Manuel in seinem 1523 an der Kreuzgasse in Bern aufgeführten grossen Fastnachtsspiel erstmals öffentlich thematisiert hatte (Kat. 190). Wenige Jahre zuvor war es im Berner Münster noch ohne lautstarke Kritik zu einem gross angelegten Ablasshandel gekommen: 1518 hatte der geschäftstüchtige Barfüssermönch Bernhardin Samson eine Ablassbude im dortigen Chor errichtet, in der er die für den vollkommenen Sündennachlass benötigten Dokumente verkaufte und kräftig daran verdiente.[5]

Franz-Josef Sladeczek

Literatur:
Manuel, Werke und Briefe, S. 255–283. – Kat. Manuel 1979, S. 505–506, Nr. 338 (mit älterer Literatur). – Pfrunder 1989, S. 196 ff. – Moeller 1996. – Thomke 1996, S. 997 ff. – Thomke 1999.

1 Zur Einstellung Manuels gegenüber dem Bauernstand vgl. Kat. Manuel 1979, S. 505–506, Nr. 338; Thomke 1999, S. 550.
2 So Manuel in seiner Regieanweisung (Baechtold 1878, S. 122).
3 Manuel, Werke und Briefe, S. 261, Vers 53.
4 Ebd., S. 276, Verse 498–499, und S. 278, Verse 538–539.
5 Bächtiger 1979, S. 5–6; Manuel, Werke und Briefe, S. 257.

1528, im Reformationsjahr Berns, entstanden die beiden Prosagedichte über die «Krankheit der Messe» und das «Testament der Messe», die «zu den glänzendsten Satiren der Reformationszeit gehören».[1] Manuel verfasste sie zur Zeit der Berner Disputation (6. bis 26. Januar 1528), an der er selbst als *rüffer* teilgenommen hat.[2] In der «Krankheit der Messe» erfährt der Papst, dass die Messe tödlich erkrankt sei und ihr nicht einmal mehr die besten römischen Ärzte (u. a. Dr. Eck von Ingolstadt und der Konstanzer Bischof Faber) hätten helfen können. Resigniert machen sich diese aus dem Staub, erklären aber trotzdem öffentlich, dass es der Messe nach wie vor ausgezeichnet gehe.[3]

Franz-Josef Sladeczek

Literatur:
Manuel, Werke und Briefe, S. 430–465. – Kat. Manuel 1979, S. 508–509, Nr. 342 (mit älterer Literatur). – Zinsli 1992. – Thomke 1996 und 1999.

1 Thomke 1996, S. 1004.
2 Kat. Manuel 1979, S. 518, Nr. 359.
3 Vgl. Manuel, Werke und Briefe, S. 432 ff.

Heinrich Vogtherr d. Ä. (1490–1556)

Die Laufbahn von Heinrich Vogtherr d. Ä. ist typisch für jene Künstlergeneration, deren Bildkonzepte und Arbeitsbedingungen sich in den ersten Jahren der Reformation rasch änderten. Nachdem er seine Lehre wahrscheinlich bei Hans Burgkmair in Augsburg gemacht hatte, arbeitete er ab 1510 in Erfurt, dann in Leipzig als Buchillustrator, indem er, ohne grosse Originalität, zahlreiche Holzschnitte zu verschiedenen Themen historischer, medizinischer, humoristischer, ornamentaler und vor allem religiöser Natur schuf. Ab 1518 in der Druckerstadt Augsburg ansässig, schloss er sich dort offenbar sehr schnell der Reformation an, denn ab 1520–1521 entwarf er polemische, die Geistlichkeit oft heftig angreifende Illustrationen für die zahlreichen in der Stadt gedruckten Pamphlete. Zugleich veröffentlichte er aus eigener Feder, doch unter Pseudonymen, einige kleinere Schriften, in denen er Antiklerikalismus mit Spiritualismus verknüpfte. Nachdem Vogtherr am Bauernkrieg teilgenommen hatte, siedelte er Ende 1525/Anfang 1526 nach Strassburg über, wo er umgehend von den bedeutendsten Druckern der Stadt mit der Schaffung biblischer Bilderzyklen beauftragt wurde. Er war auch als Augenarzt und als Komponist von Kirchenliedern, daneben eine Zeit lang sogar als Drucker tätig, wobei er hauptsächlich volksmedizinische Schriften herausgab, die er oder sein Bruder, Arzt des Augsburger Bischofs, verfasst hatten. Nach Wanderjahren in Süddeutschland und der Schweiz, wo er während einer besonders erfolgreichen Arbeitsphase in Zürich 1545/1546 namentlich die Chronik von Johannes Stumpf illustrierte, verbrachte Vogtherr den Rest seines Lebens in Wien. Wahrscheinlich wurde er von König Ferdinand, in dessen Diensten er anlässlich verschiedener Reichstage gestanden hatte, 1550 dorthin berufen.

Frank Muller

Literatur:
Röttinger 1927. – Muller 1997.

**193
1515 illustriert Vogtherr
die Wirkung der Rosenkranzgebete.**

Heinrich Vogtherr d. Ä., «Die Madonna auf der Mondsichel in einer Rosenmandorla erscheint der Herzogin Barbara von Sachsen und deren Gefolge», 1515.

Holzschnitt, H: 14.5; B: 9.5 cm.
Titelillustration zu Marcus von Weida: *Der Spiegel hochloblicher Bruderschafft des Rosenkrantz Marie...*,
Leipzig: M. Lotter d. Ä., 10. März 1515, 4°.
München, Bayerische Staatsbibliothek, Inv. Res/4 Asc. 1031.

Die Schrift des sächsischen Predigers Marcus von Weida schildert die legendäre Geschichte der Rosenkranz-Bruderschaft und deren Gründung durch die Dominikaner in Deutschland am Ende des 15. Jahrhunderts. Mit sichtlicher Freude am Detail und komplexen Berechnungen verkündet sie die zahlreichen Ablässe, welche ihre Mitglieder erwirken konnten. Dass dabei die Bewohner der Sprengel unter der Herrschaft Albrechts von Brandenburg, Erzbischof von Magdeburg und Mainz und Bischof von Halberstadt, doppelt so viele Ablässe erhalten konnten wie die Bewohner anderer Regionen, ist als Anekdote am Rande zu erwähnen, war Albrecht doch der allererste, der in Deutschland am Verkauf von Ablässen interessiert war.

Vogtherrs zwölf Holzschnitte zeigen Episoden aus der Geschichte der Bruderschaft sowie Legenden oder symbolische Darstellungen von der Kraft des Rosenkranzes. Die Erscheinung der Jungfrau Maria steht dabei häufig im Mittelpunkt. Das Titelblatt und die zwei folgenden Blätter bauen auf dem gleichen Schema auf: Maria erscheint verschiedenen Vertretern der Menschheit nach der geläufigen Vorstellung, dass die himmlische Ordnung die irdische stärkt. Auf

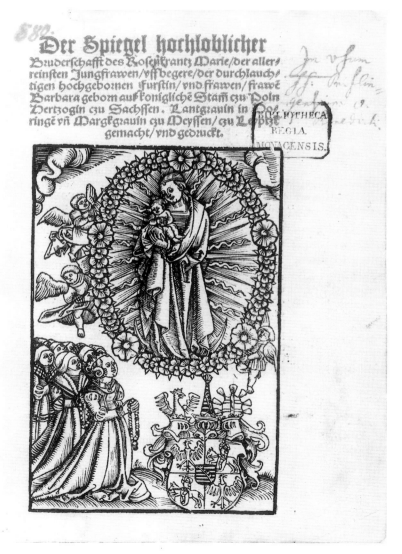

Kat. 193

dem Titelholzschnitt beten die Herzogin Barbara von Sachsen, der das Werk gewidmet ist, und ihr Gefolge kniend den Rosenkranz, während ihnen die unbefleckte Jungfrau Maria auf der Mondsichel stehend erscheint, in einem von drei Engeln zur Erde getragenen Kranz aus Rosen. Die aus fünfzig kleinen und fünf grossen Rosen gebildete Mandorla spielt auf den aus fünfzig Ave-Maria- und fünf Vaterunser-Perlen zusammengesetzten Rosenkranz an (Kat. 122), der dreimal hintereinander gebetet wurde.

Frank Muller

Literatur:
Marcus von Weida: *Der Spiegel hochloblicher Bruderschafft des Rosenkrantz Marie...* (1515). Kommentierte Faksimile-Ausgabe, hrsg. von Anthonÿ van der Lee, Amsterdam 1978. – Muller 1997, S. 113–115, Nr. 27.

Kat. 194 Ausschnitt

194
Sechs Jahre später kritisiert er in einer polemischen Darstellung den Ablasshandel und die Fegefeuerlehre.

Heinrich Vogtherr d. Ä.,
«Ablassverkäufe in einer Kirche», 1521.

Holzschnitt, H: 11.9; B: 9.7 cm.
Titelillustration von a) Anonymus: *On Aplas von Rom / kan man wol selig werden / durch anzaigung der göttlichen / hailigen geschryfft* [Augsburg: Melchior Ramminger, 1521], 4°. – b) Hans Schwalb: *Beclagung aines ley=/ens...* [Augsburg: Melchior Ramminger], 1521, 4°.
Strassburg, Bibliothèque Nationale et Universitaire, Inv. R 105114 (b).

Der Holzschnitt wurde für die zuerst genannte Flugschrift geschaffen, deren programmatischer Titel den Grundgedanken des ganzen Dokuments vorwegnimmt, dass nämlich das Heil nur durch die Heilige Schrift und nicht durch Ablässe zu erlangen ist. Der beigefügte Titelholzschnitt Vogtherrs setzt sich denn auch kritisch mit dem Ablasshandel auseinander.

In einer Kirche steht, mitten vor dem Altar, das mit den *arma Christi* (Leidenswerkzeuge) geschmückte, nur während einer Ablasskampagne aufgerichtete, T-förmige Ablasskreuz, von dem seitlich die Wappen des Papstes und der Medici, also jene von Papst Leo X., herabhängen. Von der Kanzel herab verliest ein feister Dominikanermönch eine päpstliche Ablassurkunde; seine Zuhörerschaft besteht hauptsächlich aus Frauen. Im Vordergrund rechts sitzt ein Helfer an einem mit Münzen und Ablassbriefen bedeckten Tisch und erledigt, einem Wechsler gleich, das Ablassgeschäft.

Die Darstellung im Zentrum des Holzschnittes, am Fusse des Kreuzes, folgt einem dem Dominikaner Johannes Tetzel, dem wichtigsten Ablassprediger in Deutschland zugeschriebenen Ausspruch, «Wenn das Geld im Kasten klingt, die Seele aus dem Fegfeuer springt.» Ein reicher Bürger will gerade eine Münze in die dort stehende Ablasstruhe werfen, als ein Mönch und ein Bauer mit Dreschflegel sich einmischen, um ihn daran zu hindern. Der erste ist wahrscheinlich Luther, der zweite Karsthans, der den evangelischen Bauern, das Symbol des wahren Glaubens der Demütigen, versinnbildlicht. Die Darstellung ist damit eine deutliche Anspielung auf Christus, der die Händler aus dem Tempel vertreibt.

Frank Muller

Literatur:
Kat. Himmel, Hölle, Fegefeuer 1994, S. 247, Nr. 62. – Muller 1997, S. 152–153, Nr. 64.

195
Ein Titelholzschnitt Vogtherrs illustriert die Gefahren des Zölibats für die Geistlichkeit.

Heinrich Vogtherr d. Ä.,
«Dreifache Heirat von Geistlichen», 1522.

Holzschnitt, H: 11.3; B: 12.5 cm.
Titelblatt zu Johannes Eberlin von Günzburg: *Wie gar gfarlich sey, so ain pirester kain Eeweyb hat...* [Augsburg: Melchior Ramminger], 1522, 4°.
1. Exemplar: München, Bayerische Staatsbibliothek, Inv. 4 J. can. p. 295.
2. Exemplar: Strassburg, Collegium Wilhelmitanum.

Johannes Eberlin von Günzburg (um 1465– 1533), einst Franziskanermönch und Autor von zündenden Flugschriften in den ersten Jahren der Reformation in Süddeutschland, verfasste diese Schrift über die Gefahren des Zölibats der Geistlichkeit zweifellos kurze Zeit nach der grosses Aufsehen erregenden Hochzeit von Karlstadt.

Der mit den Augen von Vogtherr gesehenen bildlichen Synthese von Eberlins Argumentation fehlt es nicht an Humor. Drei Priester – ein Mönch, ein Pfarrer und ein Bischof – vermählen in einer Art Kirchenraum und in kreuzförmiger Anordnung, um die christliche Legitimität der Heirat zu veranschaulichen, einen Dominikaner mit einer Nonne, einen Kapuziner mit einer Bürgersfrau und einen Bischof mit einem adligen Fräulein. Musikalisch umrahmt wird die Szene durch einen Pfeifer und einen Trommler, die mit ihren ausgesprochen profanen Instrumenten hinter einer einem Altar vergleichbaren Tribüne spielen. Möglicherweise ist mit dieser Darstellung die ablehnende Haltung der Reformatoren zum sakramentalen Charakter der Messe angesprochen.

Frank Muller

Literatur:
Muller 1997, S. 177–178, Nr. 94.

Kat. 195

196
Vogtherr beklagt das Versiegen der deutschen Kunst und hofft, mit neuen ornamentalen Vorlagen im Geist der Renaissance zu ihrem erneuten Aufschwung beizutragen.

Heinrich Vogtherr d. Ä. und Heinrich Vogtherr d. J.: *Ein Frembds und wunderbars kunstbüchlin...*, Strassburg: H. Vogtherr, 1538.

Quartformat, 56 Tafeln mit Holzschnitten, H: ca. 18; B: ca. 13 cm.
Sélestat, Bibliothèque Humaniste, Inv. K807A.

Kat. 196.1

Kat. 196.2

Das von Vater und Sohn Vogtherr publizierte Musterbuch ist nicht einzigartig, hatte aber grossen Erfolg, wurde es doch bis 1610 in Strassburg immer wieder aufgelegt, und in Wien und Antwerpen in Kopien veröffentlicht. Das Werk besteht aus einer Serie von Tafeln, die in einem fröhlichen Stilmix männliche und weibliche Köpfe, Hände, Füsse, zahlreiche Rüstungsteile, Waffen, Wappenschilde, Kapitelle, Sockel und Säulchen – die Architekturmotive alle üppig dekoriert – darstellen. Wenn auch zahlreiche Übernahmen aus Werken anderer Künstler identifiziert werden konnten, so zeugt das Ganze, so wenig zusammenpassend es auch sein mag, doch von einem grossen Erfindungsreichtum. Die Illustrationen sind nicht von Text begleitet. Der Künstler hat aber ein Vorwort hinzugefügt, das ein interessantes Zeugnis für die Orientierungslosigkeit der Künstler ist, angesichts des drastischen Rückgangs von Aufträgen, der allerdings nicht allein dem Ikonoklasmus und der Reformation zugeschrieben werden kann.

Vogtherr gibt übrigens nicht eine wirkliche Erklärung für diesen Zustand, er schreibt ihn vielmehr einem göttlichen Beschluss zu. Mehrere seiner Holzschnitte belegen, dass er als begeisterter Anhänger der Reformation die Entfernung oder Zerstörung von kirchlichen Bildern billigte. Um den jämmerlichen Zustand zu beheben, und damit die deutsche Kunst ihr hohes Niveau wiederfinde (dieser Nationalstolz ist nicht einzigartig bei Vogtherr), habe er beschlossen, in seinem kleinen Buch *aller frembden, und schweresten stücken* zu vereinen, um die Vorstellungskraft jener zu stimulieren, die wenig davon hätten, und die Vorstellungskraft jener zu stärken, die nach Kenntnissen dürsteten, ohne jene Künstler zu vergessen, die eine Familie hätten oder nicht gewohnt seien zu reisen. Vogtherr ruft also nach einer Renaissance der deutschen Kunst, befreit von jeglicher religiöser Thematik, was auch der ganz profane Charakter seiner Bildmotive bezeugt.

Frank Muller

Literatur:
Funke 1967. – Muller 1995, S. 163–170. – Muller 1997, S. 296–299, Nr. 231 und S. 368–369.

Kat. 197

197
Vogtherr zeigt die Zerstörung der Bilder anhand des byzantinischen Bildersturms im 8. Jahrhundert.

Heinrich Vogtherr d. Ä., «Der byzantinische Herrscher Leo III. befiehlt die Zerstörung der Bilder», 1548.

Holzschnitt, H: 6.8; B: 12.5 cm.
Illustration aus Johannes Stumpf: *Gemeiner loblicher Eydgnoschafft... Chronick...*, Zürich: Christoph Froschauer, 1548, 2° (I, Kap. 82, S. 203).
1. Exemplar: Bern, Historisches Museum, Inv. 39132.
2. Exemplar: Strassburg, Bibliothèque Nationale et Universitaire, Inv. D 804.

Die Illustrierung der Stumpf-Chronik, 1545–1546 in Zürich durch eine Gruppe von Zeichnern und Stechern unter der Leitung von Heinrich Vogtherr ausgeführt, war ein gewaltiges Unterfangen. Antiklerikale Bilder sind darin nicht selten, und man findet auch Darstellungen von Bilderstürmen, unter denen der hier gezeigte Holzschnitt sicherlich der interessanteste ist. In einem Kapitel, dass den Königen von Frankreich im 8. Jahrhundert gewidmet ist, fügt Johannes Stumpf einige Zeilen über Kaiser Leo III. (um 675–741) ein, den Initiator des Ikonoklasmus in Byzanz. Die dazugehörige Illustration zeigt ihn als gekrönten Herrscher mit Globus und Zepter, was die Legitimation seiner Handlungsweise verstärkt. Er leitet die Zerstörung von verschiedenen Bildwerken, wovon die wichtigsten sofort identifizierbar sind. Während links zwei Personen nur schwer zu erkennende Heiligenstatuen aus der Kirche tragen und eine dritte sie mit einem Holzhammer zerstört, konzentriert sich die Handlung in der Mitte auf ein Gemälde der Jungfrau Maria mit dem Kind, das von einem Landsknecht mit Hilfe einer Heugabel ins Feuer gestossen wird, während im Hintergrund eine skulptierte Kreuzigungsgruppe in Flammen steht.

Im Gegensatz zu anderen zeitgenössischen Darstellungen werden Christusbilder hier nicht verschont – dies entspricht dem radikalen Ikonoklasmus nach byzantinischem Muster, der in den schweizerischen oder süddeutschen Gebieten unter Zwinglis Einfluss dominiert. Ähnliches charakterisiert später auch den calvinistischen Ikonoklasmus in Frankreich und den Niederlanden, während in bestimmten lutherischen Städten oder Herrschaftsgebieten die Kruzifixe oft verschont wurden. Heinrich Vogtherr, der mehrere ähnliche Darstellungen in Strassburger Bibeln entworfen hat, war offensichtlich ein Anhänger der «Säuberung» der Kirchen, genau wie andere Künstler auch, beispielsweise Jörg Breu d.Ä. in Augsburg.

Frank Muller

198
Wendehals: Vogtherr nimmt auch Aufträge von der Gegenseite an.

Heinrich Vogtherr d.Ä., «Der gute Samariter», 1554.

Quartformat, Holzschnitt, H. 12.7; B: 10.4 cm.
Titelillustration von [Petrus Canisius:] *De consolandis aegrotis*, Wien: Michael Zimmermann, 1554.
Wien, Österreichische Nationalbibliothek, Inv. 20T.10.

Einer der ersten Vorkämpfer gegenreformatorischer Bemühungen, der Jesuit Petrus Canisius (1521–1597), ist Autor einer kleinen, erbaulichen Schrift für Priester, die in Spitälern in der Gegend um Wien Kranken und Sterbenden beistanden. Das Gleichnis des barmherzigen Samariters eignete sich also ausgezeichnet als Titelbild dieses kleinen Werkes. Vogtherr vermied angesichts des katholischen Auftraggebers jede polemische Anspielung, wie sie bei Gemälden oder Stichen zu diesem Thema sonst ab und zu vorkam, wenn beispielsweise der Priester und der Levit als Kleriker dargestellt wurden. Der Holzschnitt Vogtherrs zeigt nur, wie der Samariter den Verletzten pflegt und in eine Herberge bringt. Was die übrigen Illustrationen des Buches – abgesehen von den Stifterwappen – betrifft, so eigneten sich die Szenen mit der Erschaffung Adams und Evas und der Vertreibung aus dem Paradies nicht für eine konfessionelle Polemik. Anders verhält es sich mit den Bildern, die die Eucharistie und die Letzte Ölung darstellen – sie wurden vom Künstler karikiert, indem die Priester mit finsteren oder stumpfsinnigen Mienen wiedergegeben wurden.

Diese Bilder sind wahrscheinlich die letzten in der Karriere des Künstlers; sie lassen in ihrer Qualität, die durch einen mittelmässigen Stecher noch gemindert wurde (die Titelillustration ist bei weitem die beste), zwar seine Müdigkeit erahnen, doch ist kaum zu bezweifeln, dass Vogtherr sich mit Humor dieser wenig begeisternden Aufgabe angenommen hat. Er war, als glühender Anhänger der Reformation, mit einem der seltenen Aufträge konfrontiert, die er in Wien erhalten konnte, das damals nur ein sehr bescheidener Verlagsort war.

Frank Muller

Literatur:
Röttinger 1927, S.181. – Muller 1997, S. 361–362, Nr. 288.

Kat. 198

Ersatzkultur der Protestanten

199
Die Messgewänder verkauft und stattdessen eine Turmuhr angeschafft.

Turmuhr, frühneuzeitlich,
aus der Kirche von Kirchberg BE.

Eisen, Holz, Hanf; H: 98; L: 110; B: 57 cm; Gehwerk und Schlagwerk hintereinander angeordnet, Spindelhemmung, innenverzahnte Schlossscheibe für den Stundenschlag.
Bern, Historisches Museum, Inv. 10456.

Ein mechanisches Uhrwerk besteht im wesentlichen aus vier Teilen: einem Gewichtsantrieb, einer Übersetzung aus Zahnrädern und Trieben, einer Hemmungs- und Regulierungsvorrichtung sowie einem Anzeigemechanismus (Schlag- und/oder Zeigerwerk). Seit ihrer «Erfindung» am Übergang vom 13. zum 14. Jahrhundert waren Turmuhren mit einem Waagbalken als Reguliervorrichtung ausgestattet. Zusammen mit der Spindelhemmung ermöglichte dieser ein relativ gleichmässiges und selbstgesteuertes Ablaufen des Uhrwerks. Die tägliche Gangabweichung früher mechanischer Grossuhren betrug je nach Regulierung mehrere Minuten bis zu einer Viertelstunde und mehr. Erst die Erfindung des Pendels als Regulierorgan für Uhren in der Mitte des 17. Jahrhunderts führte zu einer markanten Verbesserung der Ganggenauigkeit. In der Folge wurden die meisten Turmuhren umgebaut und erhielten statt des traditionellen Waagbalkens ein Pendel.

Die mechanische Uhr hat ihren Ursprung in den norditalienischen Städten, wo sie sich in der ersten Hälfte des 14. Jahrhunderts rasch verbreitete. Nach 1350 war der Stundenschlag einer Turmuhr dann auch in Mitteleuropa häufiger zu hören. Im schweizerischen Gebiet verfügte Zürich ab 1368 als erste Stadt über eine öffentliche Uhr, Bern folgte 1381. Gegen 1400 besass bereits eine beträchtliche Zahl von Schweizer Städten eine mechanische Uhr.[1] Die Anschaffung einer öffentlichen Uhr war bis dahin in aller Regel auf grössere Städte beschränkt. Als Motiv spielte dabei, neben praktischen Überlegungen, die Mehrung des Prestiges eine wichtige Rolle. Im 15. Jahrhundert besassen dann nach und nach auch kleinere Städte und wohlhabende Dörfer eine Turmuhr.[2] So ist beispielsweise in den waadtländischen Kleinstädten Moudon (um 1402), Cossonay (1418), Morges (1424) sowie in den Oberwalliser Dörfern Münster (1462) und Ernen (1471) eine Turmuhr nachweisbar.[3] Inwieweit diese Beispiele für den schweizerischen Raum repräsentativ sind, kann nicht abschliessend gesagt werden.

Auffallend ist hingegen, dass in der Zürcher Landschaft Nachrichten über Turmuhren in Dorfkirchen vor der Reformation fehlen, unmittelbar danach aber sehr zahlreich einsetzen. Nachdem sich Zürich 1524 den Bildersturm selbst verordnet hatte und die Landschaft darin weitgehend gefolgt war (vgl. S. 75–83), schafften sich 1528 gleich zwei Gemeinden eine Turmuhr an: Dinhard und Wiesendangen.[4] Es folgten 1530 Erlenbach,[5] vor 1537 Oberurdorf[6] und 1537 Weisslingen.[7] Die Liste liesse sich nach intensivem Quellenstudium zweifellos erweitern.

Bei den Turmuhren handelte es sich für Jahrzehnte um die einzigen teuren Ausstattungsstücke, die nach der Reformation neu in die Dorfkirchen gelangten. Bezeichnend ist der Fall von Erlenbach von 1530: Die Gemeinde gibt dem Zürcher Rat brieflich über den nicht autorisierten Verkauf ihrer Kirchenzierden Auskunft. Die Kelche seien vor dem Ersten Kappelerkrieg zur Ausrüstung des Wehrkontingents für 100 Gulden an Urban Murer von Grüningen verkauft worden. Zur Finanzierung der 100 Pfund teuren Kirchenuhr habe man Messgewänder und andere Kirchenzierden für 20 Gulden veräussert und für den Rest eine Sondersteuer erhoben.[8] – Darf man diese Quelle dahingehend interpretieren, dass nach dem Wegfall der liturgisch gegliederten Zeit den Bauern die Tageseinteilung mit Glockengeläute fehlte und in Erlenbach für den Erlös der Messgewänder rasch eine mechanische Zeitmessung angeschafft wurde, bevor die Stadt etwas anderes vorschrieb?

Jakob Messerli / Peter Jezler

Literatur:
Unveröffentlicht.

Kat. 199

---

1 Dohrn-van Rossum 1992, S. 125–129; Messerli 1999, S. 580–581.
2 Dohrn-van Rossum 1992, S. 135–150.
3 Dubuis 1992, S. 109–110.
4 Kdm ZH 8 1986, S. 173 (Dinhard) und S. 295 (Wiesendangen).
5 Zürich, Staatsarchiv, E I 30.74, Nr. 2 (Pfrundakten Männedorf).
6 Kdm ZH 9 1997, S. 349.
7 Kdm ZH 3 1978, S. 207.
8 Zürich, Staatsarchiv, E I 30.74, Nr. 2 (Pfrundakten Männedorf).

200
Mit der Reformation werden Kirchen zu Versammlungshallen.

Hans Sixt Ringle, Innenansicht des Basler Münsters, 1650.

Öl auf Leinwand, H: 110; B: 87 cm;
signiert: *IO. SIXT RINGLE . PINXIT Ao 1650.*
Basel, Historisches Museum, Inv. 1906.3238 (Depositum Evangelisch-Reformierter Kirchenrat Basel-Stadt). Ausgestellt wird eine Gemäldekopie aus Privatbesitz (Schweiz), ohne Rahmen H: 104; B: 83 cm; mit folgender Beschriftung auf der Rückseite der Leinwand: *Noch Sigst Ringle hab ichs Kopiert, / Machts wehr noch mir ist auch verwiert, / un bedenckt wie ich geweßen / nun kanst hier mein Namen Lesen /f. Löw v. bratz fecit 1785.*

Die Signatur *IO. SIXT RINGLE . PINXIT Ao 1650* steht auf dem Sockel des am Westende des Kirchenschiffes dargestellten Opferstocks, den sowohl der Betrachter des Bildes als auch der ins Münster Eintretende als erstes wahrnimmt. Hans Sixt Ringle (wohl 1576– um 1653) gibt die Innenansicht des Basler Münsters um 1650 realitätsgetreu wieder und zeigt, wie weitgreifend die reformatorischen Veränderungen gewesen sind. Der Bildersturm vom 9./10. Februar 1529 hatte die Zerstörung der rund 40 Altäre, aller Stein- und Holzskulpturen, auch des grossen Kreuzes über dem Lettner, und das Übertünchen aller Wände und Decken zur Folge. Im Dezember desselben Jahres wurde noch das Sakramentshaus von 1437 abgebrochen. Anlässlich der «purifizierenden» Restaurierung am Ende des 16. Jahrhunderts wurden die Glasscheiben entfernt und der hl. Martin an der Westfassade in einen anonymen Ritter verwandelt, indem der zugehörige Bettler in einen nichtssagenden Baumstrunk umgearbeitet wurde.

Auf dem Gemälde überblickt man vom Eingang her einen weiss getünchten Raum, erkennt den sogenannten «blauen Lettner» von 1381[1] (mit den Wappen der vier Häupter der Stadt zur Zeit der Münsterrenovation von 1596/1597) und dahinter den Lichtgaden des Chorhauptes (mit zwei Scheiben aus der Zeit der Renovation von 1597). Die Kirche ist zur Versammlungshalle geworden, die in erster Linie Sitzgelegenheiten aufweist. Bleiben mittelalterliche Kirchen nur teilweise bestuhlt bzw. mit Privatgestühlen unterschiedlichster Form ausgestattet, so war es eine der Haupterrungenschaften der Reformation, mit organisierter Bestuhlung die Aufmerksamkeit für die Predigt zu fördern:[2] Die versammelte Gemeinde hört dem auf der Kanzel von 1486 (hölzerner Schalldeckel von 1597) stehenden damaligen Hauptpfarrer am Münster und Antistes,

Kat. 200
Durch die Reformation wird der Kultraum zum Predigtraum. Im Zentrum steht nicht mehr der Altar, sondern die Kanzel.

Theodor Zwinger (1597–1654), zu. Kirchensitze blieben in Privatbesitz und widerspiegelten, getrennt nach Männern und Frauen, die soziale Rangordnung. Auf dem Gemälde sind im Vordergrund zu beiden Seiten die Häuptergestühle sichtbar, in welchen Obrigkeit und Ratsmitglieder ihrem Rang entsprechend geordnet sitzen. Das prachtvoll mit Grotesken geschmückte Gestühl zur Linken hatte nach seiner Aufstellung im Jahre 1598 die Geistlichkeit fürchten lassen, es werde ein neues Götzenbild im Münster aufgerichtet.

Gegenüber der Kanzel erkennt man die Orgel mit den 1528 von Hans Holbein d. J. bemalten Flügeln,[3] die Hans Sixt Ringle im Jahre 1639 restauriert hatte. Die im Langhaus unter dem Triforium aufgehängten Wappen der vorreformatorischen Benefactoren, auch «Totenschilder» genannt, wurden erst 1701 abgenommen (seit Anfang des 19. Jahrhunderts sind sie verschollen). Ein neuer Abendmahlstisch, vom Steinmetzen Daniel Heintz 1580 geschaffen, steht vor dem Lettner.

Marie-Claire Berkemeier-Favre

Literatur:
Staehelin 1928. – Ganz 1961, S. 109–130. – Weber-Oeri 1994. – Kat. Basler Münster Bilder 1999, Nr. 34.

---

1   1853 abgebrochen und, um 180 Grad gedreht und 75 cm erhöht, als Orgeltribüne am Westende des Kirchenschiffes wiederaufgebaut. Danach wurde die Kanzel mit einem neuen steinernen Schalldeckel an den sechsten Langhauspfeiler versetzt.
2   Wex 1984.
3   Diese Flügel befinden sich heute in der Öffentlichen Kunstsammlung, Basel (Sonderausstellung 2001).

201
Nach der Reformation finden die Goldschmiede in der Herstellung profaner Werke ein neues Hauptbetätigungsfeld.

Abraham Gessner, Niobidenschale, Zürich, um 1580.

Silbervergoldete Schale; Guss-, Treib-, Ziselierarbeit und Gravur; H: 18.9; max. Dm: 19.9 cm.
Bern, Historisches Museum, Inv. 7138 (Depositum der Gottfried-Keller-Stiftung).

So erstaunlich es klingt – nach der Reformation ging in Zürich, trotz des Verlusts des bis anhin wichtigsten Auftraggebers, der Kirche, das Goldschmiedehandwerk nicht zurück. Im Gegenteil, die Bestellungen flossen weiterhin reichlich. An die Stelle der kirchlichen Auftraggeber traten weltliche, darunter Zünfte, Gesellschaften, das wohlhabende Bürgertum und auch der Rat der Stadt.[1] Damit änderte sich nicht nur das Betätigungsfeld der Goldschmiede, sondern auch die Gestaltung ihrer Produkte, da die neuen Auftraggeber meistens zu einer grösseren Prachtentfaltung tendierten. Durch wirtschaftliche Veränderungen und die damit zusammenhängende Senkung der Silberpreise wurden die Voraussetzungen dazu geschaffen.[2]

Nach der Reformation in Zürich, 1526, wurden die Kirchenschätze der Stadt eingesammelt und eingeschmolzen. Da dies grössere Mengen an Silber gewesen sein müssen, ist es durchaus möglich, dass neben der Hauptmasse, die zu Münzen geschlagen wurde, ein Teil des Edelmetalls auch den Goldschmieden zur Verfügung stand.[3] Hinzu kamen, wenn auch für die Eidgenossenschaft nicht direkt, grössere Mengen an Silber aus dem neu entdeckten Amerika sowie weitere u. a. aus dem Tirol, aus Sachsen und den Südvogesen.[4] Die Niobidenschale, die um 1580, in der Blütezeit des Zürcher Goldschmiedehandwerks, von Abraham Gessner (1552–1613, Meister 1571) angefertigt wurde, stellt ein herausragendes Beispiel der profanen Goldschmiedekunst dieser nachreformatorischen Zeit dar.[5] Gessner war vor allem durch seine Spezialität – die Globuspokale – bereits zu Lebzeiten allgemein geachtet und anerkannt.[6]

Kat. 201

Kat. 201 Schalenboden

Bereits der Name der Schale verrät, dass es sich bei der auf dem Schalenboden als Hochrelief ausgeführten Darstellung um den Sturz der Niobiden handelt, wie er im sechsten Buch der «Metamorphosen» Ovids geschildert wird:[7] Niobe, Gemahlin des Königs Amphion von Theben und Mutter von sieben Söhnen und sieben Töchtern, stellt sich dem Aufruf entgegen, der Göttin Leto Opfer darzubringen. Stattdessen verlangt sie solche für sich selbst, da sie, im Gegensatz zu Leto, vierzehn und nicht nur zwei Kinder habe, höherer Abstammung sei, Macht, Reichtum und Schönheit besitze. Empört darüber, beklagt sich Leto bei ihren beiden Kindern, Apollon und Artemis, die versprechen, Rache zu nehmen. Apollon tötet zunächst die Söhne Niobes, die vor den Mauern der Stadt Theben auf ihren Pferden sitzen. Nach einer erneuten Herausforderung Letos durch Niobe werden auch deren Töchter durch Pfeile der Artemis getötet. Niobe, darüber verzweifelt, wird anschliessend versteinert und schliesslich vom Winde zum Sipylosgebirge in Kleinasien getragen.

Gessner hat sich bei seiner Darstellung im grossen und ganzen an die Schilderungen bei Ovid gehalten, jedoch auch seiner schöpferischen Gabe Freiheit gelassen. Er zieht die Geschichte zusammen, indem er die sich gegen den Tod wehrenden Söhne gleichzeitig mit den sterbenden Töchtern darstellt. Die edel gekleidete Niobe selbst befindet sich in der Mitte der Schale, mit erhobenen Armen, klagend und verzweifelt, das Gesicht vom Schmerz gezeichnet. Im Mittelgrund der Darstellung hat sich soeben Amphion das Schwert in die Brust gestossen. In einer Wolke darüber sind Apollon und Artemis zu sehen. Durch die Staffelung des Geschehens in die Tiefe erreichte Gessner in der Technik des Hochreliefs eine vielschichtige, differenzierte Szene von lebendig gestalteten Figuren und ineinander verstrickten Körpern.

Auf der Aussenseite der Schale ist am oberen Rand in fünf eingravierten Szenen eine weitere mythologische Geschichte dargestellt, diejenige von Zeus und Io. Der Göttervater hat sich in Io verliebt und verfolgt sie in einen Hain. Angesichts dessen verwandelt Hera Io aus Eifersucht in eine Kuh. In der dritten Darstellung lässt Hera die Kuh vom hundertäugigen Argos bewachen. Da dieser jedoch nie schläft, schickt Zeus Hermes aus. Er soll Argos mit seinem Flötenspiel in den Schlaf wiegen und anschliessend töten. Der untere Teil der Aussenseite ist mit Ornamenten, der gegossene Nodus mit Masken sowie Fruchtgehängen verziert. Auf dem Fuss finden sich drei Schilde mit Tierdarstellungen vor Landschaften, dazwischen Masken mit Ornamenten, ebenso fein und qualitätvoll gearbeitet wie der übrige Schmuck.

Auf der Bodenunterseite angebracht ist ein Plättchen mit einem Wappen und den Initialen *I. S.*, die auf den damaligen Besitzer, den Berner Schultheissen Johannes Steiger (1518–1581), schliessen lassen.[8] Das Meisterzeichen Abraham Gessners befindet sich zusammen mit dem Zürcher Beschauzeichen auf der Randaussenseite der Schale.[9]

Abraham Gessner war ein vielseitig begabter Künstler mit verschiedenen Betätigungsfeldern, nebenbei arbeitete er auch als Maler und Flachmaler. Seine Goldschmiedearbeiten wurden auch in späteren Jahrhunderten geschätzt, wie die zahlreichen Kopien bis ins 19. Jahrhundert hinein beweisen.[10] Sein Leben wurde jedoch stark von seiner Glaubensrichtung geprägt und sein Wirken in Zürich dadurch nachhaltig beeinflusst, denn er gehörte nicht der dort herrschenden reformatorischen Glaubensrichtung an, sondern der Religionsgemeinschaft der Täufer. Die Anhänger dieser Gruppe wurden wegen ihrer religiösen Überzeugung von der Stadt nicht geduldet, sondern sogar verfolgt und umgebracht.[11] Ein knappes Jahrzehnt bevor Gessner nach Strassburg flüchten musste, hat er die Niobidenschale hergestellt.[12]

Regula Luginbühl

Literatur:
Lehmann 1929, S. 4–6. – Wegeli 1930, S. 5. – Lösel 1974. – Hayward 1976, S. 262. – Hernmarck 1978, S. 29 und 112. – Lösel 1983, S. 44–51, 194–195 und 363.

---

1 Die Stadt liess erst ab etwa Anfang des 17. Jahrhunderts Ehrengeschenke aus Edelmetall herstellen (Lösel 1974, S. 75).
2 Lehmann 1929, S. 4–6; Lösel 1974, S. 49–80.
3 Lösel 1974, S. 47 und 52.
4 Ebd., S. 49.
5 Wegeli 1930, S. 5.
6 Hernmarck 1978, S. 29 und 112; Lösel 1983, S. 44 und 50.
7 Ovid, Metamorphosen VI, Verse 146–316.
8 Offenbar wurde dieses Wappen-Plättchen erst nachträglich angebracht, um die Schale als das Eigentum von I.S. zu bezeichnen; denn Gessner hätte sicher für das Wappen des Auftraggebers auf der Schalenoberseite Platz gefunden, wäre das Objekt auf Bestellung gearbeitet worden (Jahresbericht des Historischen Museums in Bern 1912, S. 27–32).
9 Rosenberg 1922–1928, Bd. 4, S. 550.
10 Lösel 1983, S. 45.
11 Ebd.
12 Ebd., S. 194.

202–203
Kirchengeräte aus Edelmetall werden im reformierten Gottesdienst zunächst durch solche aus Holz und Zinn ersetzt.

Abendmahlsbecher aus Holz, Zürich, 16. Jahrhundert.

Becher (Staufe), Ahornholz, gedrechselt,
H: 18,9; Dm: 11 cm.
Bern, Historisches Museum, Inv. 4163a.

Abendmahlskelch aus Holz, Bern, 16. Jahrhundert.

Kelch mit Schaft und glockenförmiger Cuppa;
Lindenholz, gedrechselt, gelb bemalt, H: 17; Dm: 9 cm.
Bern, Historisches Museum, Inv. 6207.

Die Abkehr vom Prunk in der Kirchenausstattung war ein wichtiges Zeichen für den reformierten Gottesdienst. Die kirchlichen Geräte aus Edelmetall wurden deshalb während der Reformation grösstenteils eingeschmolzen und vermünzt. Die Verwendung von schlichtem Holz- und Zinngerät anstelle der früheren Kostbarkeiten sollte auch äusserlich den inneren Wandel demonstrieren. So hatte der Reformator Johann Ulrich Zwingli den Zürchern 1525 die Weisung erteilt, auf Edelmetalle in der Kirche zu verzichten: *Die Schüsslen und Becher sind hölzin, damit der Bracht nit wider kömmt.*[1] Drei Jahrhunderte lang, bis in die Mitte des 19. Jahrhunderts, waren die Geräte für den Gottesdienst in den Zürcher Kirchen ausschliesslich aus Holz, Zinn, Kupfer und Messing. Pfarrer Karl Stokar hat in den 1970er Jahren ein Inventar dieser Kirchengeräte angelegt, das unter anderem 160 Holzbecher aufzählt.[2] Mehrheitlich befanden sich die Geräte damals noch im Besitz der Kirchgemeinden, ein kleinerer Teil kam aus dem Schweizerischen Landesmuseum.[3]

Der hier abgebildete Abendmahlsbecher, ein «Stauf» oder «Humpen», ist ein schlichtes Trinkgefäss, das auch im Haushalt verwendet wurde und eine bewusste Abkehr vom Messkelch darstellt. Zwingli achtete darauf, für den Gebrauch in der Kirche profane Formen zu verwenden, die den Bruch mit dem katholischen Kult deutlich machten.

Als sich die Berner 1528 ebenfalls für die Reformation entschieden, wurden die Kirchengeräte aus Gold und Silber, wie in Zürich, grösstenteils vermünzt. Im ersten Jahrhundert nach der Reformation wurde in den Kirchen der Stadt Bern häufig Zinngeschirr verwendet. Zeugnisse für Holzgeräte sind im Vergleich zu Zürich selten. Der hier beschriebene Kelch aus dem Besitz des Staates Bern könnte eines dieser raren Stücke gewesen sein. Seine Form wurde jener der gebräuchlichen Messkelche aus Edelmetall angeglichen, die auch in der gelben Farbe aufgenommen worden ist. Dekan Johann Rudolf Gruner erwähnt in seinem 1732 in Zürich erschienenen Werk *DELICIA URBIS BERNAE. Merckwürdigkeiten der hochlœbl: Stadt Bern* zwei Holzbecher in der Burgerbibliothek: *Zwey hoeltzerne Becher, die vor Altem in der Kirch, an statt jetzund guldener Kelchen in Begehung des Heil. Nachtmahls sind gebraucht worden.*[4] Dekan Gruner kannte Anfang des 18. Jahrhunderts in der Stadt Bern offensichtlich kein hölzernes Gerät, das noch in Gebrauch gewesen wäre.

Im Gegensatz zu Zürich ist in Bern das Edelmetall nach der Reformation nicht radikal aus der Kirche verbannt worden. Von den zwölf Kelchen aus dem Kloster Thorberg, die 1528 im Rodel *Silberrgeschirr vermüntzet* (Kat. 188) aufgeführt sind,[5] wurden drei für das Abendmahl zurückbehalten. Mitte des 17. Jahrhunderts wurden dann erstmals wieder Kirchengeräte aus Edelmetall in Auftrag gegeben.[6] Adolf Fluri, der die Spuren des Kirchengeräts nach der Reformation in der Stadt Bern verfolgte, bemerkte dazu: «Wurden auf dem Lande die hölzernen Geräte durch zinnerne ersetzt, so ersetzte man in der Stadt diese durch silberne.»[7] Falls in der Stadt Bern hölzerne Abendmahlsbecher verwendet wurden, so waren sie jedenfalls bereits im ersten Drittel des 18. Jahrhunderts erwähnenswerte Museumsstücke, die der reformierte Dekan Gruner weit *vor Altem* zurückdatierte.

Marianne Berchtold

Literatur:
Fluri 1928. – Kdm BE 4 1960, S. 400. – Kdm BE 5 1969, S. 156, 225–227 und 277–279. – Stokar 1981.

---

1 Zitiert nach Stokar 1981, S. 9.
2 Ebd., S. 25–81.
3 Auch das Bernische Historische Museum kaufte anfangs des 20. Jahrhunderts Becher (Ahorn-Staufen) aus Zürcher Kirchen (Inv. 4163a–b und 5168).
4 Vgl. Fluri 1928, S. 13–14.
5 Zitiert nach Fluri 1928, S. 6. Im Jahre 1578 wurde beim Wechsel des Kirchmeieramtes der Stadt Bern ein Inventar erstellt, das sieben vergoldete Kelche enthält (vgl. ebd., S. 11–12).
6 Vgl. Kdm BE 4 1960, S. 400; Kdm BE 5 1969, S. 156, 225–227 und 277–279.
7 Fluri 1928, S. 14.

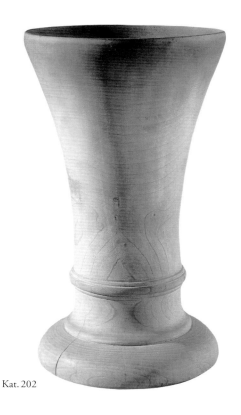

Kat. 202

Kat. 203

204

Nach der Logik eines radikalen Ikonoklasmus stellen sich Täufer und Spiritualisten eine neue, nichtfigürliche Darstellung von Gott vor: die vier Buchstaben seines Namens in Hebräisch.

Unbekannter Strassburger Meister, Tetragramm, in ein trinitarisches Dreieck eingeschrieben, Strassburg 1529.

Titelholzschnitt aus Johannes Bünderlin: *Ausz was ursach...*, [Strassburg: B. Beck] 1529, 8°. H: 7; B: 7.5 cm.
Wiederverwendet für Johannes Bünderlin: *Ein gemeyne berechnung uber der heyligen schrifft innhalt...*, Strassburg [B. Beck] 1529, 8°.
Strassburg, Bibliothèque Nationale et Universitaire, R102827.

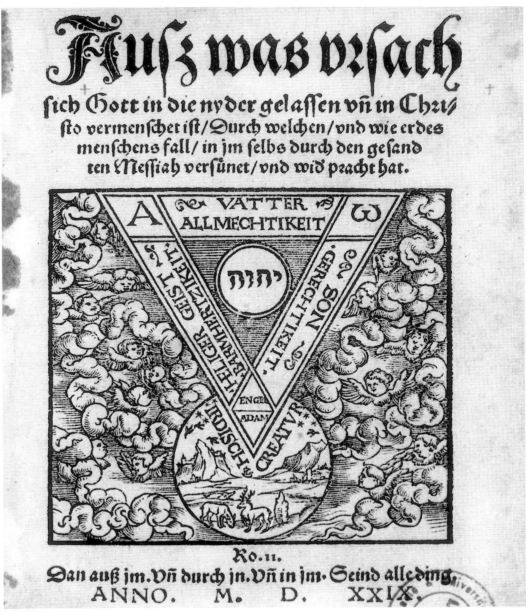

Kat. 204

Das Bild wurde für Johannes Bünderlins Werk *Ausz was ursach...* entworfen, denn es illustriert dessen Hauptgedanken von der doppelten Natur des Menschen. Gott, dargestellt durch das Tetragramm, d.h. durch die vier Buchstaben seines Namens in Hebräisch, durch das Alpha und das Omega und durch das trinitarische Dreieck, hat sich in der Schöpfung ein Abbild geformt. Er hat die Engel erschaffen, die von rein geistiger Natur sind, und den Menschen, dessen Doppelnatur durch den zweigeteilten Rhombus in der Spitze des grossen Triangels symbolisiert wird («Engel» und «Adam»). Diese *Irdisch Creatur* ist zugleich dem irdischen Globus und dem göttlichen Triangel eingeschrieben. Nach dem Autor muss der Mensch nämlich die Göttlichkeit in sich erkennen lernen, indem er sich vom Fleisch und vom äusseren Menschen abwendet, um als geistige, vergöttlichte Natur wiedergeboren zu werden.

Der Zeichner hat diese Vorstellungen geschickt durch den Wechsel zwischen figürlicher und symbolischer Darstellung visualisiert: Die Erde ist «realistisch» nachempfunden, mit Tieren in einer Landschaft, die Engel werden nur in Form von geflügelten, im Himmel schwebenden Gesichtern gezeigt, während die Gottheit ausschliesslich durch Buchstaben oder Wörter wiedergegeben ist, und zwar in drei Varianten: als Tetragramm, als A und ω und im Namen der Dreifaltigkeit mit ihren Haupteigenschaften: *Allmechtikeit* für den Gottvater, *Gerechtikeit* für den Sohn, *Barmhertzikeit* für den Heiligen Geist. Der Kreis, in dem sich das Tetragramm befindet, und der seinerseits dem trinitarischen Dreieck eingeschrieben ist, steht der irdischen, materiellen Sphäre gegenüber. Der Mensch ist nur durch die Bezeichnungen *Engel/Adam* und *Irdisch Creatur* dargestellt – was zeigt, dass seine eigentlichste Natur, wenn er sie denn erkennt, spiritueller Art ist. Durch seine fleischliche Natur aber ist er auch in der Erde «verwurzelt».

Eine solche radikale Spiritualisierung, wie sie hier dargestellt und in Bünderlins Werk beschrieben ist, stellt sich gegen äusserliche Manifestationen jeder Art (Bilder, Zeremonien, Sakramente und sogar die sichtbare Kirche selbst), sie ist gewissermassen die letzte Konsequenz des Bildersturms, auch wenn sie sich hier durch ein Bild ausdrückt.

Das Tetragramm ist eine grossartige ikonographische Erfindung, die ein anderes Verhältnis zum Göttlichen voraussetzt. Es wird zunächst nur in den wenigen Bildzeugnissen der radikalen Gruppen gebraucht, um 1540–1550 dann von den Calvinisten und gegen Ende des Jahrhunderts schliesslich auch von den Lutheranern und Katholiken aufgenommen, ohne dass die menschliche Darstellung des bärtigen Alten ganz verschwindet.

Frank Muller

Literatur:
Muller 1994, S. 330–332.

Kat. 205.1
Stadt Zürich, Abdruck des Siegelstempels zum grossen Siegel von 1347, Dm: 80 mm. Zürich, Staatsarchiv, Inv. Obj. 19.

205
Auf Siegeln und Münzen erscheinen Heilige auch in reformierten Städten.

Mit der Reformation verschwanden die Heiligen aus den Kirchen und aus dem Alltag. Auf ihre Funktion als Stadt- und Landespatrone konnte dagegen auch in den reformierten Gebieten nicht ganz verzichtet werden. So erscheinen die Heiligen vereinzelt auch nach der Reformation, gleichsam als staatliche Hoheitszeichen, auf Siegeln, Münzen und Wappenscheiben. Ihre religiöse Bedeutung hatten sie zwar eingebüsst, als Symbole für die staatsrechtliche Kontinuität waren sie aber immer noch unentbehrlich.

In Zürich wurde das grosse Stadtsiegel von 1347 mit der Darstellung von Felix und Regula samt ihrem Begleiter Exuperantius nach der Reformation weiterverwendet (Kat. 205.1). Die Wahl des Siegelbildes brachte sichtbar zum Ausdruck, dass sich die Stadt als Rechtsnachfolgerin der Fraumünsterabtei, der einstigen Stadtherrin, betrachtete. Das kleinere, seit 1417 nachgewiesene Sekretsiegel wurde vorwiegend für weniger bedeutende Geschäfte verwendet (Kat. 205.2). Deutliche Abnutzungsspuren zeugen vom langen Gebrauch des Typars. Beide Siegelstempel blieben bis in die Mitte des 19. Jahrhundert in Gebrauch und haben sich bis heute erhalten.

In Basel wurde das Sekretsiegel mit der Darstellung des heiliggesprochenen Kaisers Heinrich II. und seiner Gemahlin Kunigunde ebenfalls nach der Reformation weiterbenutzt. Als dieses alte Siegel 1640 durch ein neues ersetzt wurde, behielt man die Darstellung des Paares mit Krone und Heiligenschein bei.

Kat. 205.2
Stadt Zürich, Abdruck des Siegelstempels zum Sekretsiegel, ab 1417, Dm: 48 mm. Zürich, Staatsarchiv, Inv. Obj. 20.

Erhalten blieben auch gewisse Heiligenfeste im Kalenderjahr, denen eine staatliche oder wirtschaftliche Bedeutung zukam. So war beispielsweise der Martinitag, der 11. November, in reformierten Gebieten weiterhin der Stichtag für die Leistung von Zinsen und Zehnten. In Zürich blieb auch das Kirchweih- und Martyriumsfest der Stadtheiligen Felix und Regula am 11. September in säkularisierter Form bestehen, weil mit diesem Anlass ein Staatsakt zwischen Stadt und Untertanen verbunden war. Im Verkehr mit den katholischen Orten griff man relativ unbeschwert auf die Heiligen zurück. So schenkten die reformierten Städte bisweilen Standesscheiben an katholische Städte oder Klöster, auf denen neben dem Stadtwappen Heilige Verwendung fanden.

Auf Münzen lässt sich die Weiterbenutzung vorreformatorischer Darstellungen ebenfalls beobachten. Die Stadt Strassburg prägte ab 1508 Goldgulden mit dem Bild der Madonna mit Kind (Kat. 205.3). Nach der Reformation wurde dieses Münzbild beibehalten, in der Umschrift jedoch das Wort VIRGO (Jungfrau) durch CHRISTE (Christus) ersetzt. In dieser Form wurden noch in der ersten Hälfte des 17. Jahrhunderts Goldgulden geprägt (Kat. 205.4). Ein Vorfall zeigt die Motivation für die Weiterbenutzung des vorreformatorischen Münzbildes: Im Jahre 1601 befürchteten die städtischen Magistrate, dass eine Zahlung mit den neuen Münzen Anlass zu Reklamationen gäbe, weil die Umschrift nicht genau den Vorgaben des Münzprivilegs von 1508 entsprach. Die Stadt liess darauf Stempel herstellen, die, wie vor der Reformation, das Wort VIRGO in der Legende führten. Der Grund für die Beibehaltung der Heiligendarstellung und des genauen Wortlauts der Legende war somit das Festhalten an den Bedingungen des Privilegs und keineswegs religiöser Art.

In der Schweiz verschwanden die Heiligenbilder nach der Reformation von den Münzen, erschienen um 1600 jedoch plötzlich wieder, wenn auch nur für kurze Zeit. Zürich prägte anfangs des 17. Jahrhunderts zum ersten Mal nach der Reformation wieder Goldgulden. Dabei wurde das Münzbild des ersten Zürcher Goldguldens mit der Darstellung Karls des Grossen aus der Zeit um 1512 übernommen (Kat. 205.5). Bei der ersten Zürcher Dukatenprägung griff der Stempelschneider ebenfalls auf alte Münzbilder zurück (Kat. 205.6 und 205.8). Neben Karl dem Grossen fand nun auch eine Darstellung von

Felix und Regula Verwendung, die auf das Münzbild des Dickens von 1504 zurückgeht (Kat. 205.7).

In Bern kann dasselbe Phänomen zeitlich besser eingegrenzt werden, da die entsprechenden Münzen datiert sind. Im Jahre 1600 prägte die Stadt Bern zum ersten Mal Dukaten und Doppeldukaten (Kat. 205.10). Auf diesen Münzen erscheint wieder das Bild des hl. Vinzenz; die Darstellung orientiert sich ebenfalls an einem Münzbild aus der Zeit vor der Reformation (Kat. 205.9).

Für das erneute Erscheinen der Heiligen waren kaum religiöse Gründe ausschlaggebend. Auch wirtschaftliche Erwägungen sind wenig wahrscheinlich, da es sich bei diesen Münzen wohl um Prestigeprägungen ohne wirtschaftliche Bedeutung handelte. Vermutlich wollte man die Wiederaufnahme der Goldguldenprägung in Zürich und besonders die ersten Dukatenprägungen in Zürich und Bern mit dem Rückgriff auf die tradierten Münzbilder legitimieren. Wie bei den Siegeln und Wappenscheiben waren die Heiligen auf den Goldmünzen ein Zeichen für die rechtliche Kontinuität.

Daniel Schmutz

Literatur:
Engel/Lehr 1887, S. 193. – Largiadèr 1942, S. 28–29, Abb. 13–14. – Ramer 1973. – Geiger 1988, S. 82–83. – Seidenberg 1988, S. 73–76. – Jezler 1990, S. 309–313. – Lory 1999.

Kat. 205.3
Stadt Strassburg, Goldgulden, nach 1508, Dm: 23 mm, Vorderseite. Strassburg, Bibliothèque Nationale et Universitaire, Inv. 4632.

Kat. 205.4
Stadt Strassburg, Goldgulden, 1. Hälfte 17. Jahrhundert, Dm: 24 mm, Vorderseite. Strassburg, Bibliothèque Nationale et Universitaire, Inv. 4677.

Kat. 205.5
Stadt Zürich, Goldgulden, um 1512, Dm: 23.3 mm, Rückseite. Bern, Historisches Museum, Inv. S 271.

Kat. 205.6
Stadt Zürich, Dukat, Anfang 17. Jahrhundert, Dm: 22.6 mm, Rückseite. Bern, Historisches Museum, Inv. S 230.

Kat. 205.7
Stadt Zürich, Dicken 1504, Dm: 29.4 mm, Vorderseite. Bern, Historisches Museum, Inv. 756.

Kat. 205.8
Stadt Zürich, Dukat, Anfang 17. Jahrhundert, Dm: 22.6 mm, Vorderseite. Bern, Historisches Museum, Inv. S 230.

Kat. 205.9
Stadt Bern, Dicken 1492, Dm: 31.5 mm, Rückseite. Bern, Historisches Museum, Inv. S 220.

Kat. 205.10
Stadt Bern, Doppeldukat 1600, Dm: 27.3 mm, Rückseite. Bern, Historisches Museum, Inv. S 73.

Bilderstürme der Neuzeit

Mit dem Konzil von Trient leitet die katholische Kirche die Gegenreformation ein.

Abb. 65
Hans Wydyz (Werkstatt?) zugeschrieben, Hl. Anna Selbdritt, um 1515(?), Ausschnitt. Freiburg im Breisgau, Augustinermuseum, Inv. S 32/8. – Die Brüste von Maria und Anna wurden abgehobelt. Man entfernte auch das Geschlecht des Jesuskindes und ersetzte es durch ein kurzes Höschen, das direkt aus der Figur geschnitten wurde. Die Figurengruppe erhielt anschliessend eine neue Bemalung (im 17. Jahrhundert?).

Die katholische Kirche gab erst 1563 mit dem Konzil von Trient eine klare Antwort auf die religiöse Krise, die durch die Reformation ausgelöst worden war und die ganze lateinische Christenheit, wenn auch in unterschiedlichem Ausmass, erschüttert hatte. Die abgeschafften oder durch die kirchlichen Erneuerer in Zweifel gezogenen Dogmen wurden zwar alle wieder bestätigt, die Kirche achtete nun aber vermehrt auf ihre Unanfechtbarkeit, indem sie gewisse «Missbräuche», die sie am meisten in Verruf gebracht hatten, untersagte, Heiligenlegenden und Glaubenspraktiken säuberte. Gleichzeitig kündigte sie neuen ketzerischen Strömungen und den als abergläubisch verworfenen Verhaltensweisen den Kampf an. Daraus folgte eine bislang beispiellose Kontrolle religiöser Neuerungen, aber auch eine kritische und manchmal rigorose Überprüfung frommer Bräuche. Mehrere Theologen, darunter der hl. Karl Borromäus, Gabriele Paleotti und Johannes Molanus, interpretierten und kommentierten insbesondere jene Konzilsentscheidungen, welche die religiöse Kunst und die Liturgie betrafen. In einer Region wie der Lombardei, also im Wirkungskreis von Kardinal Borromäus, wurden die neuen Massnahmen rasch und unnachgiebig in die Tat umgesetzt. In Frankreich, wo die Monarchie es gewohnt war, zu Entscheidungen aus Rom auf Distanz zu gehen, setzten sich die Neuerungen spät und nur schrittweise durch.

Die Pracht der Liturgie, die ganz besonders kritisiert worden war, schränkte man nicht etwa ein, im Gegenteil, man förderte sie erst recht, denn man zählte auf ihre spektakuläre Wirkung, um die Massen der Gläubigen in den Bann zu ziehen. Daher wurden bei den neuen Bauvorhaben keine Lettner mehr eingeplant, und in den

alten Kirchen die aufwendig gestalteten steinernen Abschrankungen zerstört, weil sie die Gemeinde im Schiff nicht an den liturgischen Handlungen im Chor teilnehmen liessen. Angesichts der mit Altären, Skulpturen und Epitaphien masslos überfüllten mittelalterlichen Kirchen errichtete man nun Bauten mit aneinandergereihten, einheitlichen Kapellen, die zusammenhängende ikonographische Bildprogramme aufweisen. In den bestehenden Kirchen trugen Schmuckausstattung und liturgisches Mobiliar im barocken Stil so gut als möglich zur Disziplinierung und Modernisierung bei.

Die Schlagworte der neuen religiösen Ästhetik waren Schicklichkeit und Anstand *(convénance et décence)*. Die Kirche sollte sich von der profanen Welt unterscheiden, Ehrfurcht und fromme Gedanken einflössen. Um diesen Forderungen gerecht zu werden, galt es, unziemliche Bilder zu verbieten. Dazu zählten unschickliche Darstellungen, wie die eines Pferdes, dessen Hinterteil die auf einem Altarbild versammelten heiligen Gestalten überragte, oder unsittliche Darstellungen von jungen weiblichen Heiligen mit weit ausgeschnittenen Kleidern, aber auch völlig nackte Jesuskinder. So wurde beispielsweise bei einer anfangs des 16. Jahrhunderts geschnitzten hl. Anna Selbdritt das Geschlecht des göttlichen Knabens abgehobelt und durch einen schmalen, gemalten Schurz ersetzt, während die als zu provozierend erachtete Brust der Grossmutter ebenfalls abgesägt und übermalt wurde (Abb. 65). Gegen die Geistlichkeit gerichtete Bilder, die in mittelalterlichen Kirchen des öfteren anzutreffen waren, wurden selbstverständlich nicht mehr toleriert.

Die mittelalterlichen Bildwerke fielen also zugleich dem Vandalismus im Rahmen der liturgischen Reform und einem wirklichen Bildersturm zum Opfer, welche zusammen die einstige Bilderwelt zu einem grossen Teil zum Verschwinden brachten und sogar kurz zuvor entstandene Werke, wie das Jüngste Gericht von Michelangelo in der Sixtinischen Kapelle in Rom, von Eingriffen nicht verschonten. Die ganze Tragweite dieses Phänomens lässt sich ermessen, wenn man die Überreste mittelalterlicher Ausstattungen in italienischen oder österreichischen Kirchen mit jenen in nord- und ostdeutschen Sakralbauten vergleicht, wo sehr viel mehr erhalten geblieben ist, da die Lutheraner, den Bildern gegenüber gleichgültig, diese viel seltener ersetzten oder zerstörten.

Jean Wirth

In Strassburg gehen Politik und Religion Seite an Seite

Die Situation von Strassburg in der Gegenreformation, mit der sich dieser Abschnitt von Katalog und Ausstellung befasst, lässt sich weder mit den Verhältnissen in den lutherischen Gebieten noch mit jenen in Italien oder Österreich vergleichen. Als Strassburg nach seiner Kapitulation im Sommer 1681 die Souveränität Frankreichs anerkannte und der Katholizismus erneut eingeführt wurde, war der grösste Teil der mittelalterlichen Altäre und Bilder in den Kirchen der Stadt infolge des reformatorischen Bildersturms bereits verschwunden.

Gleich nach dem politischen Machtwechsel wurden zahlreiche Massnahmen zur Kirchenumgestaltung ergriffen, und zwar nicht nur, um sie den Bedürfnissen der neuen Liturgie und dem veränderten Zeitgeschmack anzupassen, sondern auch, um dem Triumph der in die Mauern der Stadt zurückgekehrten römischen Kirche und dem Prestige des Beschützerkönigs Ludwig XIV. ein Zeichen zu setzen.[1] Die Wiederherstellung der Strassburger Kirche als Institution nach mehr als einem Jahrhundert des Schweigens war zumindest anfänglich in erster Linie Sache des Königs.[2] 1685 betont ein Brief von Minister Louvois: «Seine Majestät findet es gut, dass die Anordnungen des Konzils von Trient in der Stadt Strassburg und in ihren abhängigen Gebieten in gleicher Weise wie im restlichen Elsass befolgt werden.»[3] Seit 1681 kehrten zunächst der Bischof, dann das Domkapitel und die übrige Bistumsleitung nach mehr als anderthalb Jahrhunderten aus dem Exil in Molsheim zurück.[4] Viele Kirchen erhielten in dieser Zeit eine neue und oft auch prächtige Innenausstattung, deren Ausführung mit umso grösserem Eifer angegangen wurde, als die den Katholiken zurückerstatteten Gebäude in der Reformationszeit mehrheitlich völlig ausgeräumt worden waren.[5] Die Umgestaltungen gingen an den in den Kirchen noch erhaltenen Bildwerken nicht spurlos vorüber: Einige wurden zerstört, andere entfernt.

Der Strassburger Münsterbau gewann damals ausgesprochenen Symbolcharakter. Die Kapitulationsurkunde vom 30. September 1681 legte fest, dass das Münster dem katholischen Kult zurückgegeben werden müsse.[6] Im Juli 1682 begannen die tiefgreifenden Umbauarbeiten im Chor. Sie führten zum Abbau des Hochaltarretabels von Niklaus Hagenauer (Kat. 215–219) und zur Zerstörung des gotischen Lettners und der angrenzenden Marienkapelle (Kat. 206–213). Im Zuge dieser Arbeiten wurden zahlreiche Bildwerke vernichtet. Doch diese Zerstörungswelle ist nicht einem Ikonoklasmus im eigentlichen Sinn, sondern dem liturgischen Vandalismus zuzuschreiben, ging es doch darum, die Kirchen den neuen liturgischen Bedürfnissen entsprechend auszustatten. Eine der Hauptforderungen war die uneingeschränkte Sicht der Gläubigen auf den Altar, der zu diesem Zweck um einige Stufen erhöht wurde.[7] Dieser Wunsch nach Sichtbarkeit war auch der Grund, weshalb gerade in dieser Zeit die mittelalterlichen Lettner überall abgetragen wurden.

Im Fall von Strassburg ist allerdings darauf hinzuweisen, dass der im September 1682 zwischen dem Bischof Wilhelm-Egon von Fürstenberg und dem Münsterwerkmeister Hans Georg Heckler geschlossene zweite Vertrag über die Zerstörung des Lettners und das Verlegen eines neuen Plattenbelags im Chorraum grösste Vorsicht bei der Entfernung der Skulpturen vorsah, um diese an einem anderen Ort wiederverwenden zu können.[8] Auch das Hochaltarretabel wurde abgebaut und in der St. Katharinenkapelle des Münsters zwischengelagert, bevor es in einer anderen Kirche erneut eine Funktion erhielt (vgl. Kat. 215–219).[9]

Nicht liturgisch begründet scheint hingegen die Zerstörung eines skulptierten Kapitellfrieses mit der grotesken Darstellung einer Tierprozession gewesen zu sein (Kat. 214): Die dem Mittelalter eigene motivische und gestalterische Freiheit war nun endgültig nicht mehr geduldet.[10]

Cécile Dupeux

Literatur:
Guldan 1960. – Hautecœur 1965. – Châtellier 1966–1974. – Levy-Coblentz 1976. – Châtellier 1981. – Wirth 1997.

1 Châtellier 1966–1974, S. 54–69.
2 Châtellier 1981, S. 220.
3 Paris, Archives du Ministère de la Guerre, Château de Vincennes, A1 747, fol. 150, 10. Juli 1685.
4 Châtellier 1966–1974, S. 58.
5 Châtellier 1981, S. 257 und 306.
6 *Articles proposés par les prêteurs, consuls et Magistrats de la Ville de Strasbourg, le 30 septembre 1681*, publiziert in: Dollinger 1972, S. 267.
7 Hautecœur 1965, S. 356; vgl. Thiers 1688.
8 Der Werkmeister hat folgende Vorsichtsmassnahmen zu treffen: ... *die bilder fleissig abheben und sorg darzu haben so viel müglich, dass man solche in ein ander orth gebrauchen khan* (Strassburg, Archives Départementales, Sér. G. 1463, Artikel 1 des Vertrages vom 30. September 1682). Der Figurenschmuck des Lettners wurde in das Turmoktogon versetzt, wo er Ende des 19. Jahrhunderts durch den Architekten Johann Knauth identifiziert werden konnte.
9 Grandidier 1782, S. 298–299; zur Ausstattung des Münsterchors vgl. auch Guldan 1960, S. 187–220; Levy-Coblentz 1976, S. 76–100.
10 Wirth 1997, S. 133–158.

206
In Strassburg überdauern der Hochaltar des Münsters, der Lettner und die Marienkapelle die Reformation. Sie werden erst in der Gegenreformation zerstört.

Isaac Brunn, Innenansicht des Strassburger Münsters, 1617.

Kupferstich, H: 52; B: 38.5 cm.
Strassburg, Cabinet des Estampes et des Dessins, Inv. 77.998.0.345.

Kat. 206

Anhand des häufig abgebildeten Kupferstichs von Isaac Brunn lassen sich das Ausmass und zugleich die Grenzen des reformatorischen Bildersturms ermessen: Ausser dem Hochaltar sind alle Altäre, von denen es einmal mehr als fünfzig gegeben hatte, verschwunden. Hinzu kamen zweifellos zahlreiche monumentale Skulpturen, Epitaphien und andere Schenkungen. Dagegen liessen die Reformierten die Orgeln, die Taufsteine, die Kanzel des Predigers Johannes Geiler von Kaysersberg, aber auch den Lettner und die Marienkapelle unangetastet. Diese wurden, zusammen mit dem Hochaltar, erst 1682 bei der Rückkehr zum Katholizismus zerstört.

Die Lettner waren nämlich nützlich für den evangelischen Gottesdienst, trennten sie doch das Kirchenschiff, den von nun an einzigen liturgischen Raum, vom unbenutzten Chor. Deshalb haben auch die Lettner der protestantisch gebliebenen Kirchen Jung-St. Peter und Saint-Guillaume bis heute überlebt. Auch die Marienkapelle, die 1316 von Erwin von Steinbach vor dem Lettner erbaut wurde (vgl. Kat. 48), und die Figuren des Lettners blieben vor der Zerstörung bewahrt. Da diese Werke keine Objekte der Andacht waren, gab es keinen besonderen Grund, sie zu vernichten. Ausserdem mass man dem Ensemble ästhetische Bedeutung bei, wie die Bildquellen zeigen.

Die Gegenreformation inszenierte den Gottesdienst als eine Art Schauspiel, dessen Bühne der Chor war. Demzufolge waren die Lettner, welche die Gläubigen von den im Chor zelebrierten Messfeiern und Offizien trennten, nun der Zerstörung geweiht. Im Strassburger Münster sah man nur von der Vernichtung der figürlichen Lettnerskulpturen ab. Sie sind, wie einige Architekturfragmente, teilweise bis heute erhalten geblieben. Zwischen 1937 und 1939 liess Hans Haug, damals Konservator am Musée de l'Œuvre Notre-Dame, einen Teil der geretteten Skulpturen an einer Rekonstruktion zweier Lettnerjoche im Museum anbringen.

Jean Wirth

Literatur:
Walter 1935. – Beyer 1973.

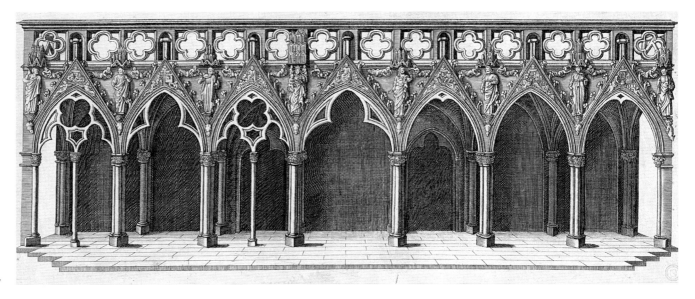

Kat. 207

**207
Der Lettner im Strassburger Münster markiert den Höhepunkt des Einflusses der französischen Kathedralgotik.**

Johann Jakob Arhardt, Stich vom Lettner des Strassburger Münsters, um 1660.

Kupferstich, H: 18; B: 37 cm.
Strassburg, Cabinet des Estampes et des Dessins,
Inv. 77.998.0.503.

Die Forschung geht meistens davon aus, dass der Strassburger Münsterlettner kurz vor 1252 erbaut worden ist. In diesem Jahr wird der Frühmessaltar erstmals erwähnt, und zwar in einem wichtigen päpstlichen Privileg, das erlaubte, ihn einem eventuellen Interdikt von Seiten des Bischofs zu entziehen (vgl. Kat. 47). Die von Peter Kurmann vorgeschlagene Datierung des Lettners in die zweite Hälfte der 1260er Jahre stützt sich auf dessen umstrittene Spätdatierung der Reimser Skulpturen, in denen die Forschung das stilistische Vorbild sieht. Bei dem 1261 in einer bischöflichen Urkunde erwähnten *lettenere* handelt es sich sicherlich um den gotischen Lettner. Es wäre nämlich überhaupt nicht einleuchtend, wenn man unter dem romanischen Lettner, der unmittelbar vor der Zerstörung stand, 1252 zunächst den Frühmessaltar und dann 1264 daneben noch den Wehelin-Altar errichtet hätte. Beide Altäre gehören vielmehr zur Ausstattung des neu erbauten Lettners.

Wie der Kupferstich erkennen lässt, befand sich der Lettner vor den Treppenstufen, die den Zugang zum Chor bildeten. Auf der dem Schiff zugewandten Seite bestand er aus sieben Bogenstellungen, die alternierend von Masswerk gefüllt waren – Masswerk, das aber schon teilweise verschwunden war, als der Stich ausgeführt wurde. Die drei ganz offenen Arkaden stimmen mit dem Standort des Frühmessaltars und der Treppen überein. In den Giebelfeldern der Wimperge waren verschiedene Reliefs angebracht: In der Mitte befand sich das Jüngste Gericht, seitlich davon waren die «Werke der Barmherzigkeit» dargestellt. Ganzfiguren der Muttergottes und Johannes des Täufers wohnten der Gerichtsszene als Fürbitter bei, ihnen zur Seite standen die Figuren der Apostel als Beisitzer.

Während die schiffseitig angeordneten Lettnerfiguren unter dem Einfluss der jüngsten Reimser Bauskulptur entstanden sind, lassen sich die von der Chorseite erhaltenen Fragmente anderen Bildhauern zuschreiben. Die Lettnerskulptur der sogenannten *kleinen Ecclesia* stammt von jener Bildhauerwerkstatt, die zuvor im südlichen Querschiff gearbeitet hat. Daneben wirkte ausserdem ein stilistisch zwar ebenfalls von Reims beeinflusster, doch – an den Apostelfiguren gemessen – etwas rückständigerer Steinhauer (Opfer Abrahams), den eine gewisse Verwandtschaft mit dem Naumburger Meister und einem in den gleichen Jahren an der Metzer Kathedrale arbeitenden Bildhauer verbindet. Die dem Klerus dienende Lettnerfront im Chor war aller Wahrscheinlichkeit nach alttestamentlichen Szenen vorbehalten und sowohl stilistisch wie ikonographisch dem schiffseitigen Bildprogramm untergeordnet, was sicherlich auf die Mitsprache der weltlichen Obrigkeit zurückzuführen ist. Mit Robert Will möchte man vermuten, dass ein erstes Lettnerprojekt, das die alttestamentlichen Szenen auf der Schiffseite vorsah, aufgegeben wurde. Die bereits skulptierten Elemente wären dann auf die Chorseite verbannt worden, um einem neuen, viel repräsentativeren Programm und dem aktuellen Stil der französischen Kathedralgotik den Weg zu bahnen.

Jean Wirth

Literatur:
Knauth 1903/1904. – Walter 1935. – Reinhardt 1951. – Sauerländer 1972, S. 176–177. – Will 1972. – Beyer 1973, S. 60 ff. und 243–244. – Cathédrale de Strasbourg 1974. – Wirth 1998.

208
Die Muttergottes ist in ihrem Münster allgegenwärtig und spielt auch am Lettner die Hauptrolle.

Muttergottes mit Kind,
vom Strassburger Münsterlettner, um 1250.

Sandstein, vollrund, farbig gefasst, H: 149 cm (mit Sockel).
New York, Metropolitan Museum of Art, The Cloisters,
Inv. 47.101.11.

Kat. 208

Als der gotische Lettner des Strassburger Münsters 1682 abgebrochen wurde, verschonte man seine Skulpturen im Hinblick auf eine eventuelle Wiederverwendung. Das Musée de l'Œuvre Notre-Dame verwahrt heute neun von den vierzehn ehemals zwischen den Wimpergen angebrachten Figuren sowie einen Diakon vom Lesepult auf der Galerie des Lettners (Kat. 209). 1949 identifizierte James J. Rorimer eine Muttergottesfigur in den Cloisters als jene des Strassburger Lettners. Sie soll einem Sammler in Sarrebourg gehört haben, bevor sie nach England verkauft und dann vom Metropolitan Museum erworben wurde. Hans Haug zog daraus sogleich den Schluss, dass die Skulptur aus der wenige Kilometer von Sarrebourg entfernten bischöflichen Residenz in Zabern kam, was zwar wahrscheinlich, aber nicht belegt ist.

Gewisse Beschädigungen an der Madonnenfigur beweisen deren Zugehörigkeit zum Strassburger Lettner. Originalgetreuen Zeichnungen des 17. Jahrhunderts zufolge hielten Engel, die den Kopf der Jungfrau umkreisten, ihren auf Augenhöhe eigenartig abstehenden Schleier. Das Jesuskind sass auf einem Rosenstrauch, der zur Rechten der Muttergottes aufragte, während sie ihm mit der linken Hand wohl eine Blume oder einen Vogel darreichte. Ein Baldachin, der bedeutend grösser war als jener der Apostel und jener von Johannes dem Täufer, betonte ihre vorrangige Stellung.

Wie bei der gleichzeitig oder etwas später geschaffenen *Vierge dorée* von Amiens spielen die um das Haupt der Maria schwebenden Engel auf ihre Krönung an. So ist die Muttergottes auch die Frau, die an der Seite des Herrn regiert, nachdem er in den Himmel aufgefahren ist, was liturgische Ausdrücke wie «Mutter und Braut Gottes» umsetzt. Der Rosenstrauch hat keine ikonographischen Vorläufer. Er gemahnt an die Wurzel Jesse, die Darstellung der Vorfahren Jesu, die seine königliche Abkunft in Erinnerung ruft und zugleich jene der Maria, weil der Patriarch Jesse der Vater von David ist. Aufgrund ihrer Platzierung im mittleren Wimperg und rechts vom Weltenrichter wird die Jungfrau Maria, wie der hl. Johannes der Täufer auf der gegenüberliegenden Wimpergseite, gleichzeitig zur Fürbitterin. Indem Christus als Weltenrichter aus der Wimpergzone verdrängt wird, unterstreicht das Bildprogramm die Macht Marias, der Johannes der Täufer und die Apostel als Hofstaat zu dienen scheinen. Die auf den zweiten Platz verwiesene Darstellung des Jüngsten Gerichts ist keineswegs – wie man meinen könnte – eine ikonographische Ungereimtheit, denn die Verflechtung der ikonographischen Themen, die der Muttergottes viele Rollen zuweist, bezeugt eine vollkommene Beherrschung der Bildsprache.

Die Organisation mittelalterlicher Bauhütten ist nicht ausreichend bekannt, als dass wirklich einzelne Bildhauerhände bei einem so einheitlichen Ensemble wie den Strassburger Lettnerfiguren zu unterscheiden wären. Die stilistische Verwandtschaft mit der Reimser Bauskulptur ist indessen ganz offensichtlich und kann nur durch die Berufung eines Bildhauers von diesem Werkplatz erklärt werden. Sein Stil unterscheidet sich deutlich von jenem des Künstlers, der das Opfer Abrahams auf der Chorseite des Lettners skulptierte. Die ebenfalls vom Lettner stammende Petrusfigur im Musée de l'Œuvre Notre-Dame (Inv. MOND 27) gehört in das stilistische Umfeld einiger Gewändefiguren der Reimser Kathedrale, wie jener des hl. Josephs bei der Darbringung im Tempel. Noch treffendere Argumente für diese Stilbeziehungen lieferte Hans Reinhardt für einen Apostel (Inv. MOND 33), wohl Matthäus, anhand eines Vergleichs mit den Archivolten des linken Portals der Westfassade in Reims. Die Maria vom Lettner betrachtete er hingegen als weniger stark vom Reimser Skulpturenstil beeinflusst als die Apostel, da so reich verzierte Gewandborten in Reims nicht vorkommen. Dieses Argument scheint allerdings nicht geeignet, bei den Lettnerskulpturen zwei oder mehrere Gruppen voneinander abzugrenzen. Folglich dürfte nur ein Reimser Bildhauer, eventuell unterstützt von einem Gehilfen, die Grossfiguren des Strassburger Lettners geschaffen haben. Auch die als Fragmente erhaltenen «Werke der Barmherzigkeit» aus den Wimpergen können diesem Meister zugeschrieben werden.

Übereinstimmend mit Hans Reinhardt ist bei der Lettner-Madonna im Vergleich mit den hervorragendsten Reimser Vorbildern eine Verhärtung der Formensprache festzustellen. Dies mag daran liegen, dass die den Baubetrieb in Reims belebende künstlerische Konkurrenz in Strassburg nicht ganz so stark war. Obwohl hier in den folgenden Jahren keinerlei Spuren mehr von diesem Bildhauer oder seiner Werkstatt nachweisbar sind, blieben seine Werke doch nicht ohne Auswirkungen. Die Gottesmutter besitzt markante Gesichtszüge wie den kurvigen Schwung der Brauen und die dreieckige Zeichnung der unteren Augenlider, die sie mit dem Diakon und zwei ebenfalls im Strassburger Museum verwahrten, jugendlich aussehenden Apostelfiguren mit einer lebendigeren Körperhaltung teilt (Inv. MOND 29 und 32). Genau das gleiche Mienenspiel zeichnet eine Generation später in einer manierierteren Expressivität die Gesichter der «Tugenden» am linken Portal der Westfassade aus.

Jean Wirth

Literatur:
Rorimer 1949. – Haug 1950. – Reinhardt 1951. – Sauerländer 1972, S. 176–177. – Cathédrale de Strasbourg 1974.

209
Ein allseitig skulptierter Diakon stand vermutlich auf der Galerie des Lettners.

Skulptur eines Diakons, von einem Lesepult des Strassburger Münsterlettners, um 1250.

Sandstein, vollrund, H: 149 cm.
Strassburg, Musée de l'Œuvre Notre-Dame,
Inv. MOND 34.

Ausser den fast lebensgrossen Skulpturen der Muttergottes (Kat. 208) und der Apostel, die am Lettner zwischen den Wimpergen aufgestellt waren, hat sich ein Diakon aus der gleichen Werkstatt erhalten. Er ist allansichtig skulptiert, da er sehr wahrscheinlich auf der Galerie des Lettners stand. Seine sorgfältig bearbeitete Rückseite weist ein eigenartiges, mit Blattwerk dekoriertes, vertikales Band auf. Der Diakon hält mit beiden Händen ein aufgeschlagenes Buch, zwischen seinen Fingern sind Reste von Blattwerk auszumachen. Diesen Befund deutete Johann Knauth als Hinweis auf eine Umgestaltung. Ihm zufolge diente der Diakon als Buchträger und hielt ursprünglich die floral gestaltete Stütze eines Lesepults, darin dem etwa zeitgleich entstandenen Diakon im Naumburger Dom vergleichbar. Diese Hypothese bleibt nach wie vor die wahrscheinlichste.

Die Skulptur des Diakons ist, wie die Figuren der schiffseitigen Lettnerwand, vom jüngsten Reimser Figurenstil abhängig, insbesondere von den Archivolten des linken Seitenportals der Westfassade (Hans Reinhardt). Sie dürfte farbig bemalt gewesen sein, und falls sie, wie man vermuten möchte, frei aufgestellt war, erzeugte sie einen eindrücklicheren illusionistischen Effekt als die normalerweise in der Höhe unter Baldachinen aufgestellten Skulpturen. Der Naumburger Diakon, dessen Polychromie recht gut erhalten ist, gibt noch eine Vorstellung von diesem *Trompe-l'œil*, dieser täuschend ähnlich nachempfundenen Realität, die in der Skulptur des 13. Jahrhunderts nicht häufig gesucht worden zu sein scheint. Plastische Bildwerke dieser Art, zwischen wirklichen Klerikern in liturgischer Kleidung aufgestellt, dürften amüsante Verwechslungen ausgelöst haben.

Jean Wirth

Literatur:
Knauth 1903/1904. – Schmitt 1926/1927. – Reinhardt 1951. – Sauerländer 1972, S. 176–177. – Will 1972.

Kat. 209

Weitere Skulpturenfragmente im Musée de l'Œuvre Notre-Dame dürften vom hochgotischen Lettner des Strassburger Münsters stammen.

210

Stehende Figur, Strassburger Münster, Lettner (?), Mitte 13. Jahrhundert.

Sandstein, H: 52; B: 16; T: 17.5 cm.
Strassburg, Musée de l'Œuvre Notre-Dame, Inv. MOND 35.

Kat. 210

Die vollrund skulptierte Standfigur hält einen teilweise erhaltenen, länglichen Gegenstand, dessen unteres Ende von einer kleinen Figur gestützt wird, die nackt zu deren Füssen kauert. Die Skulptur war wohl einer geraden Fläche vorgeblendet, da ihre Rückseite, wo ein Eisenhaken (ursprünglich?) verankert ist, mit dem Zweispitz abgeflacht wurde. Ein grosses, viereckiges Zapfenloch im Boden der Figur weist auf einen Sockel als Standort hin. Stil und Figurenauffassung bezeugen die Nähe zu den Apostelfiguren vom Münsterlettner. So erinnern das kurze Haar mit den dicken Strähnen, das volle Oval des jugendlichen Gesichts, die fein gezeichneten, kräftigen Lippen und die deutlich umrandeten Augen an den Kopf des hl. Johannes. Auch wenn eine vom Lettnerbau unabhängige Herstellung der Figur kaum vorstellbar ist, werfen die Identifizierung und Lokalisierung Fragen auf. Die Forschung wollte darin das Bildnis des Werkmeisters mit Winkelmass und mit einem Gehilfen zu seinen Füssen sehen und die Figur einem Pfeiler des Lettners zuweisen. In Betracht gezogen wurde auch die Figur eines Kreuz tragenden Engels mit einem Auferstandenen aus dem Jüngsten Gericht, das oberhalb des vierten Wimpergs dargestellt war. Zwei auf Schulterhöhe schräg eingelassene Ringe wurden als Vorrichtung für die Aufhängung der Flügel interpretiert. Die Skulptierung als Rundfigur, das Fehlen jeglicher Spur eines gewaltsamen Entfernens sowie der von Johann Jakob Arhardt gezeichnete Kupferstich (Kat. 207) schliessen aber einen Zusammenhang mit der Gerichtsdarstellung am Lettner aus.

Anouk Roquet-Hoffet

Literatur:
Schmitt 1924, Bd. 2, S. X und 54a. – Schmitt 1926/1927, S. 66 und Taf. 41. – Haug 1931, S. 106–107 und 113, Abb. 8. – Beyer 1968, Nr. 105.

211
Kopf eines Kranken, vom Strassburger
Münsterlettner, Mitte 13. Jahrhundert.

Sandstein, H: 14; B: 12; T: 7.5 cm.
Strassburg, Musée de l'Œuvre Notre-Dame,
Inv. MOND 256.

212
Bärtiger Kopf, vom Strassburger
Münsterlettner, Mitte 13. Jahrhundert.

Sandstein, H: 18.5; B: 14; T: 17 cm.
Strassburg, Musée de l'Œuvre Notre-Dame,
Inv. MOND 227.

213
Konsole mit Eichenblättern,
vom Strassburger Münsterlettner,
Mitte 13. Jahrhundert.

Sandstein, H: 23; B: 31; T: 9.5 cm.
Strassburg, Musée de l'Œuvre Notre-Dame,
Inv. D.22.981.4.1.

Kat. 211

Kat. 212

Kat. 213

Der kleine Kopf mit dem spitzen, nach vorn gerichteten Kinn weist ein ausgeprägtes Relief auf. Keinerlei Werkzeugspuren deuten auf eine Gewalteinwirkung bei der Entfernung der Figur hin, vielmehr scheint das Haupt beim Aufprall auf den Boden vom Hals getrennt worden zu sein, die Nase ist abgeschlagen. Der Kopf, der sich durch seine starke Ausdruckskraft auszeichnet, gehört in die Reihe der «leidenden» Figuren aus den Szenen mit den «Werken der Barmherzigkeit», die am Lettner in den Giebelfeldern der Wimperge dargestellt waren. Die Gesichtszüge, der Gesichtsausdruck und die Haartracht stellen den Kopf denn auch in die stilistische Nähe einer Halbfigur, die an der Lettnerrekonstruktion im Museum wiederverwendet worden ist.

Anouk Roquet-Hoffet

Literatur:
Kat. Le portrait 1988, S. 88, Nr. 32 und S. 308, Nr. 53.

Beim vorliegenden Fragment handelt es sich um die mit stilisiertem Blattwerk verzierte Spitze eines Wimpergs, auf dem ein bärtiger Kopf in ausgeprägtem Relief dargestellt ist. Der Gesichtsausdruck und die Art, wie sich der Kopf vom Grund abhebt, legen den Vergleich mit einer figürlichen Büste nahe, die ein Schriftband hält. Diese gehört zu einer der Wimpergspitzen des Lettners und ist an der Rekonstruktion im Museum wiederverwendet. Das vorliegende, unveröffentlichte Werkstück stimmt mit der Bekrönung eines solchen Wimpergs genau überein. Im Gegensatz zum Kopf des Kranken (Kat. 211) scheint dieses Gesicht um das rechte Auge herum und an der Nase abgehämmert worden zu sein.

Anouk Roquet-Hoffet

Literatur:
Unveröffentlicht.

Der florale Reliefdekor der Konsole, der dem naturalistischen Stil im Schiff des Münsters entspricht, besteht aus sorgfältig konturierten Eichenblättern mit feinen, eingeschnittenen Rippen, vom Grund abgesetzten Ästen und minutiös gestalteten Eicheln sowie aus einem Gebinde von Efeublättern. Aufgrund der Proportionen und der stilistischen Ausführung ist diese Bildhauerarbeit mit einer an der Lettnerrekonstruktion wiederverwendeten Konsole eines Apostels zwischen den Wimpergen vergleichbar, auch wenn sich die Einzelformen der Profile und des Konsolenkörpers unterscheiden. Es ist daher sehr wahrscheinlich, dass auf dieser Konsole ebenfalls eine Apostelfigur gestanden hatte. Der Erhaltungszustand ist trotz der zahlreichen Bestossungen recht gut; die Skulptur dürfte beim Abbruch des Lettners aufgesammelt worden sein. Meisselspuren auf der Rückseite belegen ihre Umarbeitung zwecks Wiederverwendung, worauf auch ein auf der Rückseite eingeschlagener Haken hinweist. Das Stück dürfte ursprünglich mittels des auf der Rückseite in ganzer Breite aus dem Stein gehauenen Vorsprungs in der Lettnerarchitektur verankert gewesen sein.

Anouk Roquet-Hoffet

Literatur:
Unveröffentlicht.

214
In der Absicht, der religiösen Kunst Ernst und Würde zurückzugeben, lässt man unpassend erscheinende Bilder verschwinden.

Tobias Stimmer, Prozession und Messe von Tieren im Strassburger Münster, um 1576.

Holzschnitt, H: 26.5; B: 31.4 cm.
Illustration eines Flugblattes, gedruckt in Strassburg 1608 von Johann Carolus.
Strassburg, Cabinet des Estampes et des Dessins,
Inv. 77.998.0.448.

Der Holzschnitt beruht auf einer Zeichnung von Tobias Stimmer (1539–1584) und illustriert ein satirisches Blatt von Johann Fischart (1530–1591), der als Schriftsteller und Anhänger der Reformation zahlreiche Pamphlete gegen die Katholiken verfasst hat. Die vorliegende Schrift, bei der es sich um die Neuauflage eines Flugblattes handelt, wurde um 1576 von Bernhard Jobin zum Anlass der Dreihundertjahrfeier der angeblichen Fertigstellung des Münsterbaus (1277!) in Strassburg herausgegeben.

Der Holzschnitt stellt eine Folge steinerner Flachreliefs eines Kapitellfrieses im Strassburger Münster dar, der 1685 zerstört wurde. Er umlief die Kapitellzonen seitlich des Mittelpfeilers im ersten südlichen Joch des Triforiums. Der Kapitellschmuck entstand gleichzeitig mit der Architektur kurz vor der Mitte des 13. Jahrhunderts, wurde aber zuweilen fälschlicherweise dem Münsterarchitekten Erwin von Steinbach zugeschrieben und ins Jahr 1298 datiert.

Abbé Grandidier, der Autor der 1782 erschienenen *Essais historiques et topographiques sur l'église cathédrale de Strasbourg*, beschreibt die Skulpturen in seiner historisch-topographischen Darstellung des Münsters – wahrscheinlich aufgrund von Stichen oder Schriften – als «ebenso lächerlich wie beleidigend» und fügt hinzu, dass «die meisten glauben, dass sie das Werk von ersten Anhängern Luthers wären», freilich ohne sich dieser Meinung anzuschliessen. Seiner Beschreibung zufolge «stellten die Figuren des chorseitigen Pfeilers ein Begräbnis oder eine Prozession dar. Ein Bär, mit dem die Zeremonie begann, hatte in der einen Hand einen Weihwasserkessel und in der anderen einen Weihwedel. Ihm folgten ein Wolf, der das Kreuz trug, und dahinter ein Hase mit einer brennenden Kerze zwischen den Pfoten. Dann kamen ein Schwein und ein Ziegenbock, die einen toten Fuchs trugen. Unter der Tragbahre, zwischen den Beinen der Träger, erschien eine Hündin, die das Schwein am Schwanz zog. Am Pfeiler der Portalseite befand sich ein Altar. Man sah einen unbedeckten Kelch, vor dem ein Hirsch die Messe zu zelebrieren schien. Hinter dem Hirsch stand ein Esel mit langen Ohren: Er sang das Evangelium aus einem Buch, das eine Katze an ihre Stirn drückte und ihm entgegenhielt.»[1]

Die dargestellten Szenen einer Tierprozession sind vom französischen *Roman de Renart*, vor allem vom darin geschilderten Begräbnis des Fuchses beeinflusst. Eine freie Bearbeitung des Stoffes erfolgte am Ende des 12. Jahrhunderts durch den elsässischen Dichter Heinrich der Glichesaere unter dem Titel «Fuchs Reinhart». Bildlich umgesetzt wurde das Thema im Giebelfeld des Portals der ehemaligen Stiftskirche Saint-Ursin von Bourges (12. Jahrhundert) und in der Kirche San Zeno in Verona (Anfang 12. Jahrhundert).

Die Strassburger Reliefs sind zweifellos vor der Reformation gemeisselt worden. Der Text von Johann Fischart unterstreicht die seiner Ansicht nach darin enthaltene Kritik an der Kirche: *Der Bock deit die hoh Gaistlichkeit mit der stinkenden flaischlichkait, inn jren zwaihörnigen hüten [bischöfliche Mitren], die wie stolz Böck jnn der Herd wüten.* Im Jahre 1588 veröffentlichte ein Franziskaner namens Johannes Nas eine Gegendarstellung, in der der tote Fuchs als Allegorie des reformierten Glaubens interpretiert wird.

Die Reliefs waren für die satirische Neigung in der Kunst und Liturgie des Mittelalters bezeichnend und wurden vom nachtridentinischen Katholizismus als schockierend empfunden. Nach Abbé Grandidier wurden sie «1685 zerschlagen und durch einen katholischen Steinmetzen, der damals Gehilfe des Werkmeisters Joseph Lautenschlorger war, in der Absicht abgemeisselt, eine derartige Schande für die Religion zu vernichten.»[2] Allerdings ist es kaum vorstellbar, dass die Reliefs ohne das Einverständnis der für das Münster zuständigen kirchlichen Obrigkeiten zerstört worden sind. Ein Autor erwähnt sogar, dass die Tilgung auf Befehl des Bischofs ausgeführt wurde.[3] Das Konzil von Trient hatte dem Klerus empfohlen, alle dogmenwidrigen Bilder zu beseitigen. Missbräuche und Zügellosigkeiten, die durch die Künstler in die geheiligten Bauten Einzug gehalten hatten, sollten unterbunden werden. Es galt, den Ernst und die Würde der Kunst und der Kirche wiederherzustellen. Wie bekannt, war in Strassburg die Rückkehr zum Katholizismus denn auch von der Einhaltung der konziliaren Vorschriften begleitet.

Cécile Dupeux / Roland Recht

Literatur:
Grandidier 1782, S. 264–269. – Schneegans 1836, S. 110. – Kraus 1876, S. 474–478. – Meyer-Altona 1894. – Schmitt 1924, Bd. 2, S. XI. – von Blankenburg 1975, S. 268–272. – Kat. Tobias Stimmer 1984, S. 263–265.

---

1 *Les figures du pilier du côté du chœur représentaient un enterrement ou une procession. Un ours, qui commençait la cérémonie, avait d'une main un bénitier et de l'autre un aspersoir. Il était suivi d'un loup, qui portait la croix, et celui-ci d'un lièvre ayant entre ses pattes un cierge allumé. Un cochon et un bouc venaient après, portant un renard mort. Au bas du brancard, entre les jambes des porteurs, paraissait une chienne, qui tirait le cochon par la queue. Sur l'autre pilier, du côté du portail, se trouvait un autel. On voyait un calice découvert, devant lequel était un cerf qui paraissait célébrer la messe. Derrière le cerf était un âne à longues oreilles: il chantait l'évangile dans un livre, qu'un chat tenait devant lui appuyé contre son front* (Grandidier 1782, S. 264–266).
2 Ebd., S. 268.
3 Mitscher 1876, S. 55.

Kat. 214

Im Strassburger Münster überlebt von den Altären nur der Hochaltar den Bildersturm der Reformation; er wird erst 1682 abgebaut.

215
Isaac Brunn, Kupferstich von dem 1501 errichteten Hochaltar, dem sogenannten Fronaltar, im Strassburger Münster, 1617.

Kupferstich, H: 36.1; B: 24.2 cm.
Strassburg, Cabinet des Estampes et des Dessins, Inv. R 367.

Gemäss eines Rechnungsbelegs von 1501 erhielten zwei Schreiner, die Brüder Veit und Paul, Geld für das Retabel des Hochaltars im Strassburger Münster. Ein dritter Bruder namens Niklaus, der sich ihrer Werkstatt in Zabern bereits 1486 angeschlossen hatte, ist hier nicht erwähnt. Indessen tritt am Retabel selbst, nämlich am Bett der Muttergottes auf dem rechten Flügelrelief, die Signatur von Niklaus auf (NICLAVS. V. HAGEN...).

Der Schrein zeigt im Zentrum – üblicherweise als vollplastische Figuren – die Anbetung der Könige, flankiert von zwei Heiligenpaaren: Arbogast und Johannes der Täufer, Florentinus und Laurentius. Dazu gesellen sich acht männliche Büsten (Propheten?) in einem Laubwerkdekor, die Verkündigung an Maria und die Beschneidung Christi auf dem linken Flügel, die Geburt Christi und der Tod Mariens auf dem rechten sowie die Beweinung Christi in der Predella. Dem Schnitzaltar lag also das ikonographische Thema der Freuden und Leiden Marias zugrunde; im geschlossenen Zustand war auf den Flügelaussenseiten wohl eine Kreuzigung Christi dargestellt gewesen.

Nachdem der katholische Kult im Strassburger Münster erneut Einzug gehalten hatte, entsprach der riesige Flügelaltar, der in der Reformation nicht angetastet worden war, nicht mehr dem Zeitgeschmack und wurde daher 1682 abgebaut. Elf Jahre später ist er in der dortigen St. Katharinenkapelle nachgewiesen. 1724 wurde das Retabel, in Einzelteile zerlegt, auf achtzehn Wagen nach Erstein bei Strassburg transportiert. Dort mussten aus Platzmangel einige Elemente verbrannt werden, andere wurden in das benachbarte Krafft verbracht. Noch 1764 soll der Chronist Johann Andreas Silbermann (1712–1783) Reste des Fronaltars im Chor der Kirche Erstein gesehen und selber zwei «Köpfe» aus Lindenholz erstanden haben.

Vom ursprünglichen Ensemble scheinen lediglich zwei Fragmente mit Sicherheit überlebt zu haben: die Gruppe der Beweinung Christi (Kat. 216) und die Skulptur des hl. Laurentius, die in eine Stephanusfigur umgewandelt wurde (Kat. 217).

Roland Recht

Literatur:
Recht 1987, S. 262–265 (mit weiterführender Literatur).

Kat. 215

216
Werkstatt von Niklaus Hagenauer, Beweinung Christi, Predella des ehemaligen Fronaltars aus dem Strassburger Münster, 1501.

Lindenholz, vollrund, farbig gefasst, H: 68 cm.
Rechte Hand und Fusszehen der Christusfigur erneuert; Mantelzipfel bei der Johannesfigur fehlt; zahlreiche Reste alter Fassung.
Strassburg, Collège Saint-Etienne (ehemals Slg. Abbé Mühe).

Drei heilige Frauen und Johannes beweinen den toten Christus. Zwei weitere Gestalten zu Füssen Christi und hinter der Frau, die seinen linken Arm stützt, sind anhand von Bruchflächen zu belegen; sie fehlen bereits auf dem Kupferstich von 1617. Für den Figurenvergleich heranzuziehen sind Tafelbilder von Rogier van der Weyden und von ihm beeinflusste Werke anderer Meister wie die Beweinung Christi von Geertgen tot sint Jans (Kunsthistorisches Museum Wien). Parallelen liefern auch die Arnt von Kalkar und dem Meister von Joachim und Anna zugeschriebenen Skulpturengruppen im Amsterdamer Rijksmuseum. Das Institute of Arts von Detroit (USA) verwahrt eine aus Eichenholz geschnitzte Figurengruppe einer Brüsseler Werkstatt, die die Bildmotive und die Komposition Rogiers in einer anderen Weise umsetzt. Die Strassburger Predella-Skulpturen, die bei weitem nicht die Qualität dieser Werke erreichen, sind verglichen mit dem hl. Laurentius (Kat. 217) künstlerisch eher schwach und verraten die Hand eines Werkstattmitarbeiters von Niklaus Hagenauer.

Roland Recht

Literatur:
Recht 1987, S. 262–265.

Kat. 216

Kat. 217

217
Niklaus Hagenauer, Hl. Stephanus (früher hl. Laurentius), Fronaltar des Strassburger Münsters, 1501.

Lindenholz, vollrund, Rücken ausgehöhlt, H: 145 cm.
Die rechte Hand, die edelsteinbesetzte Mantelbordüre und das Gesicht sind erneuert; zahlreiche Ausbesserungen am Gewand; rechte Rückseite gefast.
Strassburg, Collège Saint-Etienne (ehemals Slg. Abbé Mühe).

Die Skulptur des hl. Laurentius wurde sicherlich in dem Moment zu einer Stephanusfigur umgearbeitet, als der damalige Besitzer sie einer Kirche mit Stephanus-Patrozinium vermachte. Sieht man von diesen jüngeren Veränderungen ab, stimmt die Figur mit dem von Isaak Brunn in seinem Stich dargestellten Laurentius überein (Kat. 215). Hinzu kommt, dass sich die rückseitigen Abarbeitungen genau an jener Seite befinden, mit der die Figur einst an der Schreinwand anlehnte. Die Bewegtheit des Körpers und des Faltenwurfs zeigen den Hang zu dramatischen Effekten, der im Werk von Niklaus Hagenauer immer wieder durchdringt, etwa auf dem Relief von der Himmelfahrt Mariä in Zabern und in den Skulpturen des Altarretabels von Vimbuch. Besonders charakteristisch für den Stil des Bildschnitzers ist die zwischen Knitterfalten und glatten Zonen abwechselnde Gewanddraperie, die in gleicher Weise bei einer verstümmelten Holzfigur im Museum von Zabern, beim hl. Johannes dem Täufer im Badischen Landesmuseum in Karlsruhe (Kat. 170) sowie auch am Isenheimer Altar in Colmar wiederkehrt, dessen Skulpturen Niklaus Hagenauer um 1490 geschnitzt hat.

Roland Recht

Literatur:
Recht 1987, S. 262–265.

218
Niklaus Hagenauer, Büste eines Mannes, vom Fronaltar des Strassburger Münsters (?), um 1500.

Lindenholz, vollrund, jüngere farbige Bemalung,
H: 32; B: 35; T: 26 cm.
Strassburg, Musée de l'Œuvre Notre-Dame, Inv. 445 (Depositum der Hospices Civils).

Diese Büste, mit geschlossenen Augen und einer versiegelten Pergamentrolle (ursprünglich?), und die nachfolgende unter Kat. 219 stammen vielleicht aus der Sammlung Silbermann und wären dann zwei weitere Fragmente vom Fronaltar des Strassburger Münsters. Keine der Prophetenbüsten vom Kupferstich von Isaak Brunn (Kat. 215), der, wie die Fragmente Kat. 216 und 217 gezeigt haben, ziemlich genau ist, gleicht aber diesen beiden Büsten hier. Wie dem auch sei, die physiognomische Ausdruckskraft der beiden Gesichter verweist auf den expressiven Stil Niklaus Hagenauers, der auch den Skulpturen des Isenheimer Altars eigen ist. Selbst wenn Niclaus Gerhaert von Leyden für die Büste als Bildgattung bereits eine völlig neue und zutiefst «humanistische» Darstellungsform geschaffen hat, kommt Hagenauer dreissig Jahre später noch einmal zu einer anderen Lösung: Die Vergeistigung des Blicks, die Niclaus Gerhaert umzusetzen verstand, fehlt hier zugunsten einer viel unmittelbareren Ausdruckskraft.

Roland Recht

Literatur:
Recht 1987, S. 275 und 384 (mit ausführlichen Literaturangaben). – Kat. Sculptures allemandes 1991, S. 88–89.

219
Niklaus Hagenauer, Büste eines Mannes, vom Fronaltar des Strassburger Münsters (?), um 1500.

Lindenholz, vollrund, rückseitige Höhlung nachträglich geschlossen, jüngere farbige Bemalung,
H: 33; B: 40.5; T: 24.5 cm.
Strassburg, Musée de l'Œuvre Notre-Dame, Inv. 444 (Depositum der Hospices Civils).

Der Mann zieht mit der rechten Hand einen Überwurf über die linke Schulter. Die Bewegung der Arme verleiht dieser Büste mehr Dynamik als ihrem Gegenstück (Kat. 218) und stellt sie in eine engere Nähe zu den Arbeiten von Niclaus Gerhaert von Leyden, insbesondere zu der 1463 gemeisselten Büste für die ehemalige Neue Kanzlei in Strassburg. Doch die Betonung der Gesichtsfalten verrät ein wenig differenziertes System, durch das Niklaus Hagenauer zu einer Expressivität gelangt, die er mit Veit Wagner, dem anderen führenden Kopf einer bedeutenden Strassburger Werkstatt, teilt. Dieser schuf die heute im Strassburger Münster aufgestellte Ölberg-Skulptur und das Altarretabel von Alt-St. Peter.

Roland Recht

Literatur:
Recht 1987, S. 275 und 384 (mit ausführlichen Literaturangaben). – Kat. Sculptures allemandes 1991, S. 88–89.

Kat. 218

Kat. 219

Der Bildersturm der Französischen Revolution in Strassburg:
Die Zerstörungswut greift längst nicht so blind um sich, wie die Texte sie schildern.

Nach dem Bildersturm der Reformation und der Erneuerungswelle in der Gegenreformation erlebte Frankreich noch den Zerstörungswahn der Revolution. Die Absicht, alle Zeichen des Ancien Régime zu vernichten, führte zur Zerstörung oder Umgestaltung von religiösen wie von profanen Denkmälern. Davon betroffen waren königliche Bildnisse, die Wappen des Adels, aber auch jede Form religiöser Bilder, die als Symbole der Beherrschung durch den Klerus angesehen wurden.

In Strassburg setzt die Geschichte der Vernichtungen durch die Französische Revolution erst nach einer längeren Periode gemässigter Politik unter dem Bürgermeister Frédéric von Dietrich ein.[1] Als die Monarchie gestürzt wird, kommt eine radikale jakobinische Strömung zum Zug, angeführt von dem Deutschen Eulogius Schneider. Sie opponiert gegen die gemässigte Gruppe von Dietrich und gewinnt nach und nach an Macht, speziell durch die Schaffung eines Jakobiner-Klubs im Februar 1792. Die Kriegserklärung vom 20. April 1792 wird zum Anlass genommen, Dietrich der Gunst den Feinden der Republik gegenüber zu bezichtigen, und im Dezember 1793 wird er durch das Fallbeil der Guillotine hingerichtet. Jetzt erscheinen die ersten Dekrete zur Unterdrückung der Zeichen des Ancien Régime. Sie werden zunächst durch militärische Bedürfnisse gerechtfertigt: Das Gesetz vom 14. August 1792 schreibt vor, alle öffentlichen Denkmäler aus Bronze zu Kanonen zu verarbeiten;[2] etwas später befiehlt man das Einschmelzen der Glocken,[3] der Blei- und Zinnsärge.[4] In der Bevölkerung scheinen diese Massnahmen noch keine grösseren Reaktionen ausgelöst zu haben. Darauf verfügen die neuen Stadtbehörden, dass «alle Reste des Feudalismus, alle Embleme des Fanatismus, die sich noch in den Kirchen oder in anderen öffentlichen Gebäuden befinden, unverzüglich zu zerstören» seien.[5] Zu diesem Zeitpunkt werden solche Forderungen noch massvoll umgesetzt – man zerstört die Standbilder von Ludwig XIV.[6] und entfernt sorgfältig Schwerter und Kronen der Reiter aus dem ersten Geschoss der Westfassade des Münsters;[7] im Chor lässt man die Wappen der Bischöfe und Chorherren verschwinden.[8]

Anfangs 1793 wird der Savoyer Pierre Monet, ein Freund von Robespierre und Saint-Just, zum Bürgermeister von Strassburg ernannt. Umgeben von einer Gruppe von Franzosen, die nicht aus der Stadt stammen, verschärft er die revolutionäre Politik. Die Verfügungen zur Abschaffung der «Zeichen des Fanatismus» häufen sich. Man fordert die Bürger zur Anzeige auf[9] und verbannt jede sichtbare Spur von «Feudalismus» und «Aberglauben». Wenn auch die Religion nicht in Frage gestellt wird, so verbietet man doch ihre Darstellung.[10] Im Oktober, als das nördliche Elsass durch die österreichische Armee besetzt ist und Strassburg zu fallen droht, werden die Konventskommissare Saint-Just und Lebas, mit allen Vollmachten ausgestattet, von Paris nach Strassburg abgesandt. Mit ihnen richtet sich die Schreckensherrschaft ein: die Ernennung eines Revolutionsgerichtes, die Gründung propagandistischer Gruppen, Enthauptungen auf öffentlichen Plätzen, Säuberungen in den Räten und Deportationen der ehemaligen Verantwortlichen der Stadt- und Departementsbehörden. Die Massnahmen sind von zunehmenden Zerstörungen begleitet. Sakrale Bauten werden nach ihrer öffentlichen Schliessung im November 1793 systematisch beschlagnahmt und in militärische Magazine oder Warenlager umgewandelt.[11] Im Juli 1794 geht man sogar so weit, den Abriss aller Kirchentürme im Elsass vorzuschlagen (mit Ausnahme derjenigen, die von militärischem Nutzen sein könnten).[12] Der Befehl wurde aber nie ausgeführt, da der Sturz von Robespierre am 21. Juli dazwischenkam.

Es scheint überhaupt, dass die Zerstörung ganzer Gebäude selten blieb und meistens eher auf die auferlegten Sanktionen als auf eine bewusste ikonoklastische Absicht zurückzuführen ist.[13] Obwohl ein Inventar der vernichteten Denkmäler fehlt,[14] ist doch bekannt, dass sämtliche Spuren, die an die alte Ordnung hätten erinnern können, beseitigt wurden. Jean-Frédéric Hermann erwähnt das Zerschlagen oder Entfernen zahlreicher an Strassenecken aufgestellter Bischofs- und Heiligenfiguren.[15] Sein Bericht, obwohl spät verfasst und zweifelsohne parteiisch (er war 1800–1806 Bürgermeister), legt doch Zeugnis ab von einer plötzlichen Zerstörungswut, die die Anhänger der Jakobiner erfasst hatte. Er spielt mehrfach auf die Furcht vor Sanktionen an, welche die Bewohner überkam und Eigentümer dazu getrieben hat, selber ihren Besitz zu zerstören, wie zum Beispiel «die Drachenköpfe der Wasserspeier zu entfernen, aus Angst, man könnte sie für Delphinköpfe halten»[16] (die französischen Könige führten den Delphin in ihrem Wappen).

Die Schäden an städtischen Sakralbauten kommen erstaunlicherweise kaum zur Sprache. Das Südportal der Kirche Jung-St. Peter verliert damals seine Bauskulpturen,[17] und 1794 werden das Steinkreuz und die Wetterfahne vom Turm der St. Thomaskirche geholt.[18] Friedrich C. Heitz erwähnt die Zerstörung des Mobiliars dieser Kirche,[19] und ein in einer Kopie überliefertes Schreiben verfügt das Entfernen der Portalskulpturen der Kirche Sainte-Madeleine.[20] Vieles bleibt je-

Abb. 66 ▷
Beschluss der Konventskommissare Saint-Just und Lebas, Plakat, 1793, Tusche auf Papier, H: 43; B: 35.2 cm. Strassburg, Archives Municipales: Gesetze, Dekrete, Beschlüsse und Verordnungen des 16.–19. Jahrhunderts, Schachtel 167. – Das Dokument enthält den Befehl zur systematischen Zerstörung des «Schmucks» des Strassburger Münsters.

A Strasbourg le 4 Frimaire, l'an second de la République une et indivisible.

LES REPRÉSENTANS DU PEUPLE PRÈS L'ARMÉE DU RHIN,

Chargent la Municipalité de Strasbourg, de faire abbattre, dans la huitaine, toutes les statues de pierre qui sont autour du Temple de la raison et d'entretenir un drapeau tricolore sur la tour du Temple.

A Strasbourg le 4 Frimaire, l'an second de la République une et indivisible.

LES REPRÉSENTANS DU PEUPLE PRÈS L'ARMÉE DU RHIN,

Arrêtent : que tous les vases des Temples de Strasbourg et les dons patriotiques des Citoyens, seront transférés à Paris.

Ils invitent la Municipalité de nommer deux de ses Membres pour présenter lesdits vases et dons à la Convention nationale.

A Strasbourg le 4 Frimaire, l'an second de la République une et indivisible.

LES REPRÉSENTANS DU PEUPLE PRÈS L'ARMÉE DU RHIN,

Il est défendu à toutes personnes qui ne remplissent point de fonctions militaires, de se promener dans les fortifications et sur les remparts de Strasbourg, à peine de trois mois de prison.

Signé: ST. JUST et LEBAS.

Pour copie

LEBAS.

Straßburg den 4ten Frimaire (Frostmonat) im 2ten Jahr der Einen und unzertrennlichen Republik.

Die Repräsentanten des Volks bei der Rhein-Armee

Fordern die Munizipalität von Straßburg auf, in Zeit von acht Tagen alle steinerne Statuen, die sich an dem Tempel der Vernunft befinden, niederreißen, und einen dreifarbigen Fahnen auf dem Thurme des Tempels stäts aufgepflanzt zu lassen.

Straßburg den 4ten Frostmonat im 2ten Jahr der Einen und unzertrennlichen Republik.

Die Repräsentanten des Volks bei der Rhein-Armee

Beschließen, daß alle Kirchengefäße und alle patriotischen Geschenke der Bürger Straßburgs nach Paris gebracht werden sollen.

Sie laden die Munizipalität ein, zween ihrer Mitglieder zu ernennen, um die genannten Gefäße und patriotischen Geschenke der National-Konvention zu überreichen.

Straßburg den 4ten Frostmonat im 2ten Jahr der Einen und unzertrennlichen Republik.

Die Repräsentanten des Volks bei der Rhein-Armee

Verbieten allen Personen, die keine militärische Dienste versehen, weder in den Vestungs-Werkern, noch auf den Wällen von Straßburg, spazieren zu gehen, bei dreimonatlicher Gefängnis-Strafe.

Unterschrieben: St. Just und Lebas.

Dem Original gleichlautend

Lebas.

Gedruckt bei Ph. J. Dannbach, der Munizipalität Buchdrucker.

doch unsicher, so dass genauere Aufschlüsse nur durch Analysen am Bau selbst zu erhalten sind. Es ist zweifellos das Münster, das als symbolischer Garant der Herrschaft von Adel und Klerus und als Hüter der Werte der alten Ordnung der neuerdings gepredigten Gleichheit wirklich Abbruch tut. Gegen dieses Gebäude haben sich denn auch die Aufsehen erregendsten Zerstörungsakte gerichtet.

Der Ansturm auf das Münster unter der Schreckensherrschaft

Wenn es um die Frage nach den Zerstörungen der Revolution in Strassburg geht, wird normalerweise der Beschluss von Saint-Just und Lebas vom 4. Frimaire des Jahres II (24. November 1793) erwähnt, der die systematische Zerstörung des «Schmuckes» des Münsters befiehlt (Abb. 66). Dann wird die «Liste» der Verheerungen im Innern und am Äussern aufgezählt, die Jean-Frédéric Hermann überliefert, nach dessen Meinung «zweihundertfünfunddreissig Statuen heruntergenommen und niedergeschmettert» worden sein sollen.[21] Befasst man sich aber eingehender mit der Frage, so wird klar, dass nicht nur keine zuverlässige Liste der Zerstörungen bekannt ist, sondern dass auch die Gründe dafür nicht immer einleuchtend sind. Es ist deshalb angezeigt, zunächst wieder dem Lauf der Ereignisse zu folgen und zwei Phasen zu unterscheiden.

Die erste Phase markiert die durch einen städtischen Beschluss gestützte Entscheidung vom 27. Brumaire des Jahres II (17. November 1793), das Münster in einen «Tempel der Vernunft» für die Zeremonien des nationalen Kultes umzuwandeln.[22] Die erste solche Feier hat drei Tage später stattzufinden. Innerhalb von drei Tagen wird daher das Münster «gereinigt von allem lächerlichen Schmuck, der den Zeremonien des Fanatismus diente».[23] Zunächst entfernt man, um einen geeigneten Rahmen für die Zelebration des neuen Kultes zu schaffen, das Gitter, das Chor und Schiff trennte,[24] dann den Hauptaltar, «überladen mit Attributen der Eitelkeit»,[25] die Geiler-Kanzel, die Taufbecken, das Wandtäfer im Chor sowie mehrere Nebenaltäre, Reliefs, liturgisches Mobiliar und Gemälde.[26] Der Aussenbau scheint bei dieser Gelegenheit nicht angetastet worden zu sein; man begnügt sich damit, das Tympanon des Hauptportals hinter einer Holzverschalung mit der Aufschrift *La lumière après les ténèbres* (Licht nach der Finsternis) zu verbergen.[27] Zu diesen Verlusten, die den «Notwendigkeiten des neuen Kultes» zuzuschreiben sind, kommen auch wirkliche Akte symbolischer Zerstörungen: Am Tag des Festes werden vor dem «Altar der Vernunft» Heiligenreliquien verbrannt, «einige gotische Pergamente» und später noch «15 Wagen beladen mit Schriftstücken [...], und die Bildnisse der kirchlichen Despoten und Tyrannen, die über die Stadt Strassburg regiert haben».[28]

Der berühmte Beschluss von Saint-Just und Lebas datiert aber erst vom 4. Frimaire (24. November 1793). Er beauftragt die Stadtbehörde, unverzüglich mit dem systematischen Zerschlagen aller Statuen des Münsters zu beginnen. Diese reicht zwar noch am selben Tag den Befehl zum Entfernen der Bronzetüren weiter, die eingeschmolzen werden sollen,[29] doch geht aus den Schriftquellen hervor, dass sich nun auch eine Form des Widerstands im Rat bildet. Die Berichte überliefern, dass in den folgenden Tagen die Statuen, «die Anstoss erregten, entfernt wurden, aber nur in kleiner Zahl».[30] Es wird vermutet, dass es sich dabei nur um die drei königlichen Reiterfiguren an den Strebepfeilern im ersten Geschoss der Westfassade handelte.[31] In der Sitzung vom 12. Frimaire (2. Dezember 1793) halten die städtischen Behörden fest, dass sie dem Befehl nachgekommen und alle freistehenden Statuen schon heruntergeholt worden seien oder demnächst entfernt würden. Sie berufen sich aber auch auf das Dekret der Nationalversammlung vom 6. Juni 1793, das jedem zwei Jahre Gefangenschaft androht, der nationale Monumente entehre, und da «das Münster einen vornehmen Rang unter den nationalen Denkmälern einnimmt, bedeutete es einen Verstoss gegen das Gesetz, wenn man die Statuen zerschlagen würde, die einen Teil der Architektur des genannten Gebäudes bilden».[32] Die Antwort des Bürgermeisters Monet ist aber unanfechtbar, er fordert vom Verwalter der Baubehörde «in kürzester Frist, dem Beschluss der Konventskommissare Saint-Just und Lebas gemäss, alle Statuen aus dem «Tempel der Vernunft» zu entfernen, und dazu nicht nur alle Arbeiter, sondern auch die Bürger aufzufordern, einen Hammer zu nehmen und die Figuren so rasch als möglich zu zerschlagen».[33] Die Arbeiten beginnen am 7. Dezember 1793 und werden zwei Tage später für beendet erklärt.[34]

Das wahre Ausmass der Zerstörungen im und am Münster

In Wirklichkeit muss das Ausmass der Zerstörungen im und am Münster relativiert werden. Zunächst ist die Anzahl der heute noch erhaltenen Statuen beträchtlich. Die grossen Gewändefiguren von den Westportalen und von Saint-Laurent, dem nördlichen Querschiffportal, sowie die Ecclesia und die Synagoge vom südlichen Querschiffportal sind nämlich vom Verwalter der städtischen Baubehörde, unter dessen Aufsicht die Zerstörungen durchgeführt werden sollten, vorsichtig abgenommen worden.[35] Sie wurden offenbar versteckt[36] und später wieder an ihren Platz zurückgebracht. Einige Fragmente, besonders aus den Archivolten der Westportale, sind aufgesammelt und ebenfalls an einem sicheren Ort verwahrt worden.[37] Andere als zerstört bezeichnete Bildhauerarbeiten endlich, wie die Kanzel von Hans Hammer, wurden sogar sorgfältig abgetragen und später wieder aufgebaut.[38] Die Analyse der erhaltenen Fragmente gibt auch zahlreiche Hinweise darauf, wie die architekturgebundenen Skulpturen abgelöst wurden. Zwar hatte Pierre Monet eine zügige Vernichtung befohlen, doch scheint es wenig wahrscheinlich, dass «jeder Bürger, der sich mit einen Hammer ausrüsten konnte», blind auf die Statuen eingeschlagen hätte. Einige erhaltene Fragmente zeigen auf der Rückseite deutliche Spuren von Keilen, den Werkzeugen, die Bildhauer einsetzen, um ein grösseres Stück einer Steinskulptur unversehrt vom Werkblock abzutrennen.[39] Die Grösse und der gute Erhaltungszustand von Fragmenten aus den Archivolten schliessen es zudem aus, dass sie aus dieser Höhe auf den Boden aufgeschlagen wären. Das Herabstürzen grosser, grob abgehämmerter Steinstücke hätte ferner die unteren Zonen der Westportale beschädigt, was angesichts der hier einwandfrei erhaltenen, filigranen Kleinarchitektur sehr unwahrscheinlich ist. So deutet alles darauf hin, dass die Arbeiten kontrolliert und systematisch von erfahrenen Handwerkern ausgeführt wurden.[40] Da der grösste Teil der erhaltenen Archivoltenfragmente zur ersten Reihe des Hauptportals gehört, möchte man annehmen, dass anfänglich Gerüste aufgebaut wurden, das Abtragen des Skulpturenschmucks mit Methode begonnen und deren Bruchstücke daraufhin verwahrt wurden. Dann könnte der Befehl erteilt worden sein, den Prozess zu beschleunigen, und man wäre zu radikalerem Vorgehen übergegangen. Die bereits stehenden Gerüste hätten dabei die unteren Teile geschützt. Das gewaltsame Entfernen der weit oben angebrachten Figuren (die Apostelgalerie und das Weltgericht des Glockenturms) bedingte ohnehin einen fachgerechten Gerüstaufbau. Man darf sich zu Recht wundern – berücksichtigt man den Druck durch die Jakobiner und die Radikalität, welche die für die Zerstörung zuständige Behörde an den Tag legte –, dass die einfache Massnahme, das Tympanon des Hauptportals und die beiden Tympana der Südseite mit gestrichenen Holzbrettern zu verdecken, genügte, um sie vor der Zerstörung zu bewahren.

Aus verschiedenen Vorkommnissen geht also hervor, dass der rigorosen Vorschrift zur Zerstörung nur zum Teil Folge geleistet wurde. Zweifellos hat der Vernichtungswahn dem Münster einen unermesslichen Schaden zugefügt. Die Aussage der Schriftquellen und die Analyse der erhaltenen Skulpturen lassen jedoch darauf schliessen, dass es im Kern der Strassburger Stadtbehörde eine Form von Widerstand gab, dem sich die Arbeiter vor Ort anschlossen. Wenn auch passiv und etwas zurückhaltend, nahm man sich die Zeit, die den Beratungen eines neuerlich «demokratischen» Rates zugestanden wurde, um gewisse Akte von revolutionärem Vandalismus zu verhindern oder umzulenken.[41] Immer wieder wurde die fremde Herkunft der neuen strassburgischen Machthaber in der Schreckensherrschaft betont, um deren fehlende Ehrfurcht für das Münster zu erklären.[42] Verlockend und teilweise sicher auch gerechtfertigt ist es, den trotz allem behutsamen Umgang mit dem Münsterbau auf die historische Verbundenheit der Strassburger mit ihrer Kirche zurückzuführen. Zu erinnern ist allerdings auch an die aktive Teilnahme zahlreicher Strassburger an der Politik der Schreckensherrschaft, so dass sie kaum von jeder Verantwortung gegenüber den Ereignissen jener Zeit freizusprechen sind.[43] Widerstand gegen die Zerstörung von Kunstdenkmälern hat es zudem damals überall in Frankreich gegeben. Die Epoche markiert nämlich einen Wendepunkt in der Kunstgeschichte, indem die Erhaltung des kulturellen Erbes ins Bewusstsein tritt[44] – übrigens das einzige Argument, das von den «Verteidigern des Strassburger Münsters» genannt wird.

Anouk Roquet-Hoffet

---

1 Zur allgemeinen Geschichte der Revolution in Strassburg vgl. Livet/Rapp 1981. Ausserdem danken wir Daniel Schönpflug, dem Verfasser einer Dissertation mit dem Titel «Jakobinismus und Schreckensherrschaft in Strassburg (1790–1795)», Technische Universität, Berlin, und Claude Betzinger, Strassburg, für Auskünfte.
2 Reuss 1888, S. 351.
3 Archives Municipales de Strasbourg (im Folgenden zitiert: AMS), Corps Municipal, Bd. IV, Protokoll vom 11. September 1793, § 1638.
4 AMS, Corps Municipal, Bd. IV, Protokoll vom 30. September 1793, § 1751, und Befehl der Distriktbehörde vom 15. Pluviôse des Jahres II (3. Februar 1794); zitiert in van Jan 1890, S. 292.
5 Plakat vom 13. Oktober 1792, zitiert in Reuss 1888, S. 351 (das Original war im Archiv nicht auffindbar).
6 Hermann 1817, S. 386; Hermann 1905, S. 105.
7 25. Oktober 1792; vgl. Hermann 1905, S. 10.
8 AMS, Corps Municipal, Bd. IV, Protokoll vom 31. Dezember 1792, § 58.
9 AMS, Fonds des jacobins, 5/15, Nr. 249.
10 Vgl. dazu den Beschluss der Volksvertreter Milhaud und Guyardin vom 17. Brumaire des Jahres II (7. November 1793), Bibliothèque Nationale et Universitaire de Strasbourg, M.39.881,13, Plakat Nr. 1836.
11 Reuss 1922, Bd. 2, S. 216.
12 Livre Bleu 1795, Bd. 1, S. 172.
13 Hermann 1817, S. 389, erwähnt einen Beschluss von Saint-Just und Lebas, der vorschreibt, die Häuser all jener abzureissen, die der Preisspekulation überführt worden seien.
14 Eine solche Liste gab es gemäss einem Protokoll vom 6. Germinal des Jahres III. Sie wurde von Architekturexperten erstellt, die offiziell durch einen Beschluss des Corps Municipal ernannt worden waren. Dieses Inventar ist zusammengefasst bei Hermann 1817, S. 385, heute aber unauffindbar (vgl. Schönpflug 1998, Anm. 68).
15 Hermann 1817, S. 386–389.
16 Ebd., S. 387.
17 Dies ist in den zeitgenössischen Texten jedoch nicht erwähnt.
18 Hermann 1905, S. 47.
19 Heitz 1841, S. 62.
20 AMS, Fonds des jacobins, 5/15, Nr. 258.
21 Hermann 1817, S. 382–386.
22 AMS, Corps Municipal, Bd. V, Protokoll vom 27. Brumaire des Jahres II, § 2063.
23 Description de la Fête 1793, S. 4.
24 Reuss 1888, S. 456.
25 Description de la Fête 1793, S. 6; Secker 1912, S. 38, gibt an, dass die Tympana des Südportals eine Bretterschutzwand aufwiesen, die mit *Liberté, Egalité, Fraternité* beschriftet war.
26 Kein Dokument überliefert, was genau bei der funktionellen Umwandlung des Baus zerstört wurde. Es sind nur nachträglich aufgestellte Listen der zerstörten Objekte erhalten (vgl. Reuss 1888, S. 463; Knauth, Strassburger Münster, S. 227–228).
27 Description de la Fête 1793, S. 4.
28 Ebd., S. 13 und 14.
29 Reuss 1888, S. 457.
30 Ebd.
31 Hermann 1905, S. 10.
32 AMS, Corps Municipal, Bd. V, Protokoll vom 12. Frimaire des Jahres II, § 2167.
33 Livre Bleu 1795, Bd. 1, S. 36.
34 Reuss 1888, S. 462 und 464.
35 Ebd., S. 462.
36 Rodolphe Reuss zitiert einen Brief (publiziert im Bulletin de la société des monuments historiques, 2. Serie, Bd. 1, S. 88) von Professor Jean Hermann an die Membres du District (Distriktsmitglieder), in dem er um die Erhaltung der Skulpturen von historischer Bedeutung bittet (vgl. Reuss 1888, S. 465).
37 Jean-Frédéric Hermann berichtet, dass sein Bruder Jean «einige Köpfe, die von zerbrochenen Statuen stammten, weggetragen und in der Stadtbibliothek verwahrt habe, mit Beschriftungen zum Gedächtnis an die Bilderstürmer Teterel, Monet und Bierlyn» (Hermann 1817, S. 393). Es handelt sich um die Köpfe, die sich heute im Musée de l'Œuvre Notre-Dame befinden. Die Geschichte der ebenfalls im Museum verwahrten Archivoltenfragmente ist nicht bekannt.
38 Reuss 1888, S. 567, Anm. 3.
39 Wir danken den Steinmetzen der Münsterbauhütte, vor allem Herrn Clément Kelhetter, für die sachkundigen Hinweise.
40 Sehr wahrscheinlich waren die von der Stadt angestellten Steinmetzen der Münsterbauhütte für diese Aufgabe ausgewählt worden.
41 Dieses Vorgehen wiederholt sich offenbar beim Vorschlag, das Kreuz auf der Turmspitze zu zerstören. Es gab Anlass zu zahlreichen Briefwechseln zwischen dem Distriktverwalter und den Stadtbehörden (Schönpflug 1998, S. 122–124).
42 Diesem von Rodolphe Reuss beharrlich vertretenen Standpunkt ist mit Zurückhaltung zu begegnen (Reuss 1888 und 1922).
43 Schönpflug 1998.
44 Vovelle/de Baecque 1991, S. 106–109. Louis Réau erwähnt zahlreiche Dekrete, die während der Revolution zum Schutz der Kulturgüter aufgestellt wurden (Réau 1994, S. 497 ff.; vgl. auch Leniaud 1989).

220
Ein Stich dokumentiert den ursprünglichen Schmuck des Südportals.

Südportal des Strassburger Münsters, Stich von Isaac Brunn, 1617.

Kupferstich, H: 22.7; B: 27.7 cm.
Strassburg, Cabinet des Estampes et des Dessins, Inv. 77.998.0.259.

Dieser Stich ist das einzige Dokument, das – trotz seines barocken Aussehens – den ursprünglichen Schmuck des südlichen Querschiffportals des Strassburger Münsters wiedergibt. Er ist umso wertvoller, als Kontroversen über die Geschichte des Portals bestehen,[1] von dessen mittelalterlichen Skulpturen ein bedeutender Teil in der Revolution untergegangen ist. Nur die beiden freiplastischen Standfiguren der Ecclesia und der Synagoge links und rechts aussen haben wahrscheinlich zu den Stücken gehört, die während der Zerstörungen vom Verwalter der städtischen Baubehörde in Verwahrung genommen wurden. Die beiden Tympana sollen von Holzbrettern mit der Inschrift *Liberté, Egalité, Fraternité* (Freiheit, Gleichheit, Brüderlichkeit) verdeckt gewesen sein, was sie vor der Zerstörung bewahrte.[2] Die beiden Türstürze hingegen teilten dieses glückliche Los nicht; sie wurden mit Hämmern beschädigt und 1811 vom Bildhauer Etienne Malade ersetzt. Nichts erhalten geblieben ist von einem sitzenden Salomon zwischen den beiden Eingängen, der von einer Halbfigur Christi überhöht gewesen war; die Figur wurde 1828 von Jean Vallastre nach dem Stich von Brunn wiederhergestellt.

Es ist schwierig zu erklären, weshalb die zwölf stehenden Gewändefiguren, die durch den Stich und durch Überreste der Nimben am Portal selbst bezeugt sind, restlos hätten zerstört worden sein sollen, während jene der Westportale und jene vom Laurentiusportal (nördliches Querschiff) zur Verwahrung in Depots gegeben wurden. Die Frage ist umso kniffliger, weil die Figuren nie wiederhergestellt wurden.³ Fünf Köpfe, die wahrscheinlich zu diesem Ensemble gehört haben, sind erhalten geblieben; von einem sechsten, dessen Spuren sich heute verloren haben, publizierte Hans F. Secker 1911 eine Fotografie.⁴

Anouk Roquet-Hoffet

Literatur:
Secker 1911, Taf. 121, Abb. 5. – Schmitt 1925, S. 85–86, Taf. XLIII, Abb. 5. – Grodecki/Recht 1971, S. 18, Abb. 11. – Sauerländer 1972, S. 121–122, Abb. 64.

---

1 Vgl. dazu den Aufsatz von Grodecki/Recht 1971. Eine in Arbeit befindliche Dissertation von Sabine Bengel (Technische Universität Berlin) über das südliche Querschiff verspricht neue Erkenntnisse zu diesen Fragen.
2 Vgl. S. 390–393.
3 Das Projekt wurde offenbar angefangen, da drei Figurenkopien (heute Strassburg, Bibliothèque du Grand Séminaire) vorhanden sind, es blieb aber ohne Fortsetzung (vgl. Gass 1937, S. 12–13).
4 Secker 1911, Taf. 122, Abb. 9. Willibald Sauerländer will den Kopf in einer amerikanischen Sammlung wiederentdeckt haben (Sauerländer 1972, S. 122).

Kat. 220

Kat. 221

221–224
Wie die Apostelfiguren am Südportal zerstört wurden, wissen wir nicht genau. Nur die Köpfe sind erhalten geblieben.

221
Kopf eines Apostels, Südportal des Strassburger Münsters, um 1220–1230.

Roter Sandstein, H: 29; B: 25; T: 21 cm.
Strassburg, Musée de l'Œuvre Notre-Dame, Inv. MOND 10.

Der Apostelkopf ist im Strassburger Museum an der Seite eines sehr ähnlichen Fragments ausgestellt. Die Herkunft beider Skulpturen vom Südportal des Strassburger Münsters ist niemals bezweifelt worden. Obwohl die entscheidende Frage nach den Werkstätten (zeitliche Nachfolge oder gleichzeitiges Engagement verschiedener Steinmetzen oder Werkstätten) kontrovers beantwortet wird,¹ erinnert der Ausdruck dieser beiden länglichen Gesichter mit der hohen, flachen und von Falten durchzogenen Stirn, den kleinen, tiefliegenden, von aufsteigenden Brauen überschatteten Augen, den hohlen Wangen mit markanten Wangenknochen und dem spitzen Kinn mit dem üppigen Bart zweifellos an die Apostelköpfe im Tympanon mit dem «Marientod» am gleichen Querhausportal.

Beide Skulpturen sind auf der Höhe des breiten, muskulösen Halses enthauptet worden. Die Nasen wurden vorsätzlich abgeschlagen, und zwar ziemlich ungeschickt, wie die Hiebspuren bezeugen, die nicht von einem gelernten Steinmetzen stammen können. Dagegen sind die übrigen Bestossungen höchstwahrscheinlich eher auf den Sturz oder auf schlechte Lagerbedingungen zurückzuführen als auf eine bewusste Zerstörung. Der Erhaltungszustand der beiden Apostelköpfe ist ausgezeichnet und erlaubt sehr wohl eine stilistische Beurteilung.

Anouk Roquet-Hoffet

Literatur:
Secker 1911. – Schmitt 1924, Taf. 13. – Panofsky 1929/30, S. 125. – Bauch 1931, S. 5–8. – Sauerländer 1966, S. 119–127, Taf. 36. – Beyer 1968, S. 20, Nr. 65. – Grodecki/Recht 1971, S. 19. – Reinhardt 1972, S. 102, Abb. 93. – Kat. Staufer 1977, Bd. 1, S. 366, Nr. 483.

---

1 Vgl. Grodecki/Recht 1971.

222–224
Apostelköpfe, vermutlich Südportal
des Strassburger Münsters, um 1220–1230.

Roter Sandstein, Kat. 222: H: 29.5; B: 24; T: 21 cm;
Kat. 223: H: 27; B: 23; T: 25 cm; Kat. 224: H: 29.5; B: 24;
T: 15 cm. Strassburg, Musée de l'Œuvre Notre-Dame,
Inv. MOND 12, Inv. 22.995.0.22 und Inv. 22.995.0.23.

1911 veröffentlichte Hans F. Secker die einst in der Elsässischen Altertumssammlung aufbewahrten Apostelköpfe Kat. 222 und 223 und schrieb sie dem Südportal zu. Obwohl die Abmessungen und die formale Gestaltung dieser Köpfe mit den beiden in Kat. 221 besprochenen Skulpturen übereinstimmen, bestehen indessen deutliche Unterschiede in der bildhauerischen und stilistischen Ausführung. Und wenn die Zugehörigkeit zum Südportal wahrscheinlich ist, bleibt sie dennoch etwas unsicher.[1]

Es scheint, als wären sie Teil eines Ensembles von Skulpturenfragmenten des Münsters, das von Jean-Frédéric Hermann zusammengetragen und in der Stadtbibliothek aufbewahrt wurde. Ein klarer Beweis dafür fehlt freilich. Hans F. Secker vermutete ihre Verwendung als Auffüllmaterial für die Strassen im Krutenauquartier,[2] aber Genaueres zu ihrer Geschichte ist nicht bekannt.

Der Apostelkopf Kat. 222 ist in recht gutem Erhaltungszustand überliefert und mehrfach publiziert. Dagegen ist der sehr beschädigte und bildhauerisch überarbeitete Kopf Kat. 223, der bei Otto Schmitt 1924 erwähnt, aber ohne Abbildung veröffentlicht wurde, rasch in Vergessenheit geraten. Die nachträglichen Veränderungen – sie sind weder zu begründen noch zeitlich näher einzuordnen – haben denn auch die Lesbarkeit der Gesichtszüge beeinträchtigt: Grosszügig wurden eine Nase modelliert und die Augenhöhlen grob eingetieft. Die Schläfen wurden eigenartig zurückgearbeitet, was dazu führt, dass der Bart auf übertriebene Weise vorragt und die Achse des Gesichts verschoben wird. Durch diese Überarbeitung ist das Gesicht verunstaltet worden.

Dennoch stimmen die Masse und das Volumen des Kopfes sehr genau mit der Gestaltung von Kopf Kat. 222 überein. Die Haarsträhnen am Hinterkopf wurden nicht angetastet, auch beim Bart ist die Arbeitsweise des Bildhauers an den Seiten noch teilweise ablesbar. Zu erkennen sind ferner auf der linken Seite zwei Stirnfalten, der äussere Augenwinkel und der vorstehende Wangenknochen, die dem Kopf Kat. 222 ähnlich sind.

Kat. 222

Kat. 223

Der Apostelkopf Kat. 224 ist unseres Wissens unpubliziert. Seine Wiederentdeckung in den Beständen des Musée de l'Œuvre Notre-Dame gestattet einen Vergleich mit den beiden anderen Köpfen, denen er aus stilistischen Gründen und den oben erwähnten vergleichbaren Motiven anzuschliessen ist. Der Kopf besteht aus zwei zusammengeklebten Fragmenten. Das Gesicht wurde nicht von einem Fachmann abgemeisselt, und es erlitt ein anderes Schicksal als der Kopf Kat. 222, von dem nur die Nase die gleiche Behandlung erfahren hat wie der Kopf Kat. 221. Im Gesicht sind Werkzeugspuren von Spitzeisen und Meissel zu beobachten. Alle anderen Partien des Kopfes, der übrigens auf der Höhe des Halses abgetrennt wurde, sind einigermassen intakt geblieben. Schneckenförmig gedrehte Locken, die vor dem Ohr abgeschnitten wurden, gehören zur Haartracht; der Bart besteht aus sehr kleinen, sorgfältig angeordneten Strähnchen. Auf der linken Seite sind der äussere Augenwinkel und der vorstehende Wangenknochen noch erkenntlich.

Anouk Roquet-Hoffet

Literatur:
Secker 1911, Taf. 119, Abb. 1–3. – Schmitt 1924, Taf. 14, und Bd. 2, S. VI. – Kautzsch 1928, Taf. 57, Abb. 4. – Beyer 1968, S. 20, Nr. 67.

Kat. 224

---

1 Die Zugehörigkeit wurde bereits in Frage gestellt von Bauch 1931, S. 5, Anm. 4; vgl. auch Willibald Sauerländer, der bei Kopf 3 von einem jüngeren Werk spricht (Kat. Staufer 1977, Bd. 1, S. 367).
2 Jean-Frédéric Hermann erwähnt die Verwendung der Skulpturenfragmente als Auffüllung in diesem Quartier ebenfalls (Hermann 1817, S. 384).

225
Ein Grossteil der Skulpturen der Westportale ist heute erneuert: Kupferstiche zeigen den reichen figürlichen Schmuck vor der Französischen Revolution.

Hauptportal, Westfassade, Strassburger Münster, Stich von Johann Jakob Arhardt (?), 17. Jahrhundert (um 1660?).

Kupferstich, H: 44.5; B: 31.5 cm.
Strassburg, Cabinet des Estampes et des Dessins, Inv. 77.998.0.499.

Kat. 225

Das Aussehen der Westportale vor der Revolution ist durch mehrere Kupferstiche und zeichnerische Aufnahmen überliefert.[1] Dank dieser Zeugnisse konnte ein Grossteil der in der Schreckensherrschaft zerstörten Skulpturen wiederhergestellt werden. Otto Schmitt hat die sonst allgemein befürwortete Zuschreibung der diesen Stichen zugrunde liegenden Entwurfszeichnungen an den Architekten Johann Jakob Arhardt in Frage gestellt.[2] Den Graphiken darf eine gewisse Glaubwürdigkeit beigemessen werden, da der Vergleich mit den erhaltenen Skulpturen, insbesondere mit den Darstellungen im mittleren Tympanon, die Genauigkeit der zeichnerischen Wiedergabe der Motive bestätigt. Ungewiss bleibt indessen die Identifizierung einiger Archivoltenszenen. Zu Vorbehalten mahnt auch der Umstand, dass auf dem Stich verschiedene Figuren vorkommen, beispielsweise jene in den Fialen zu beiden Seiten des grossen Wimpergs über dem Hauptportal, die später nicht erneuert wurden, weil sie nicht belegbar sind.[3]

Den Archivalien sind leider keine genauen Angaben über die 1793 tatsächlich verursachten Schäden zu entnehmen. Eine systematische Bauanalyse der Portale konnte immerhin die wiederhergestellten Teile nachweisen.[4] Von den monumentalen Standfiguren ist nur die Muttergottes vom Trumeaupfeiler verschollen. Die Gewändefiguren wurden sorgfältig entfernt, aufbewahrt und nach der Revolution wieder an ihrem Platz aufgestellt.[5] Den Bilderstürmern entging auch das mittlere Tympanon: Mehrere Quellen erwähnen seine Schutzverschalung aus Holzbrettern mit der Inschrift *La lumière après les ténèbres*. Beim Anbringen und Wegnehmen dieser Holzwand wurde wahrscheinlich die Darstellung des erhängten Judas, die erste Szene im dritten Register des Tympanons, zerstört. Die vollständig erneuerte Himmelfahrtsszene darüber ereilte wahrscheinlich das gleiche Schicksal, es sei denn, sie wäre oberhalb der Verschalung noch sichtbar und somit den Hammerschlägen ausgesetzt gewesen.

Die Tympana der westlichen Seitenportale sind, entgegen einer lange vertretenen Meinung, nicht vollständig rekonstruiert. Den Beweis dafür liefert die Tatsache, dass ganz gezielt nur auf die (später wiederhergestellten) Köpfe, Hände und einige Gewandpartien eingeschlagen wurde. Sämtliche Archivoltfiguren wurden dagegen vernichtet; von den ursprünglich 138 Szenen blieben lediglich einige Fragmente erhalten. Ein Grossteil davon konnte dank der Genauigkeit der Kupferstiche zumindest identifiziert und lokalisiert werden. Ihre Neuanfertigung erfolgte durch die beiden Bildhauer Etienne Malade und Jean Vallastre. Zum Originalbestand des grossen Wimpergs gehören Teile des architektonischen Gerüsts, die Reliefs des Bestiariums, die zwölf Löwen des Salomonthrons, sowie die zuunterst stehenden sechs Musikanten, die wahrscheinlich rechtzeitig vor dem Zerstörungswahn entfernt worden waren.

Anouk Roquet-Hoffet

Literatur:
Meyer-Altona 1894, S. 22–23. – Walter 1923, S. 40 und 42. – Schmitt 1924, Taf. 98. – Schmitt 1930, S. 230. – Beyer 1951, S. 30, Abb. 1.

---

1 Schmitt 1930.
2 Schmitt 1928, S. 135–137. Es scheint, dass die anderen bekannten Kupferstiche überwiegend nach diesen frühen Darstellungen ausgeführt wurden und daher für die Kenntnis des ursprünglichen bauplastischen Dekors nur von geringem Interesse sind.
3 Eine Dissertation zur Ikonographie der Westportale des Münsters bereitet Benoît van den Bossche (Universität Lüttich, Belgien) vor.
4 Die Bauskulpturen der Westportale werden zurzeit von der Autorin im Rahmen einer Dissertation an der Marc-Bloch-Universität Strassburg bearbeitet.
5 Die zwei heute fehlenden Figuren an der Stirnseite des linken Hauptportalgewändes sind auf dem Kupferstich des 17. Jahrhunderts nicht mehr wiedergegeben. Die Frage nach den ursprünglichen Figuren bleibt daher ungelöst (vgl. dazu Anm. 3).

226–228
Der Erhaltungszustand der Fragmente aus der ersten Archivolte lässt vermuten, dass die Skulpturen von erfahrenen Bildhauern sorgfältig abgelöst wurden.

226
Erschaffung der Tiere (Genesis 1,24–25), Strassburger Münster, letztes Viertel 13. Jahrhundert.

Hauptportal, achte Szene aus der ersten Archivolte; Sandstein, H: 90; B: 42; T: 30 cm.
Strassburg, Musée de l'Œuvre Notre-Dame, Inv. MOND 76.

Das Fragment zeigt die rechte Hälfte der Szene; verschiedene Tiere sind in drei Registern übereinander gestellt, von Erdstreifen abgetrennt. Auf der linken Hälfte stand Gott als Schöpfer. Es handelt sich um das grösste erhaltene Fragment, was vermutlich damit zusammenhängt, dass die nur wenig reliefierten Tiere einen massiven Block bilden, im Gegensatz zu den anderen Skulpturfragmenten, deren Relief tiefer in den Stein geschnitten ist. Die stark erodierte Oberfläche des Steins erschwert eine Analyse der Bildhauerarbeit. Auf der Rückseite links sprechen indessen Spuren von drei sichtlich gekonnt in den Stein getriebenen Keilen und die der Sedimentierung des Steins folgende Abspaltung dafür, dass erfahrene Bildhauer den Block abgelöst haben. Seine beachtlichen Dimensionen und sein Erhaltungszustand machen einen Sturz aus mehreren Metern Höhe unwahrscheinlich.

Anouk Roquet-Hoffet

Literatur:
Beyer 1951, S. 31. – Beyer 1968, Nr. 146. – Reinhardt 1972, S. 124–125 und 128–129.

Kat. 226

227

Erschaffung der Eva (Genesis 2,21–22), Strassburger Münster, letztes Viertel 13. Jahrhundert.

Hauptportal, neunte Szene aus der ersten Archivolte;
rötlicher Sandstein, H: 53; B: 50; T: 27 cm.
Strassburg, Musée de l'Œuvre Notre-Dame, Inv. MOND 79.

Trotz seines fragmentarischen Zustands ist das reliefierte Stück leicht zu identifizieren. Man erkennt den seitlich hingelagerten Körper Adams, aus dessen linker Schulter die Hand des Schöpfers den Körper Evas herauszieht. Eva hat ihre Hände zum Gebet gefaltet. Der unterste Teil des Gewands des Schöpfers ist hinter dem ausgestreckten Bein Adams noch zu erkennen.

Das erhaltene Fragment ist sehr brüchig und weist absandende Partien auf. Die kleine Büste der Eva ist an zwei Stellen geklebt. Das Stück wurde mittels Keilen abgetrennt, deren Spuren auf der Rückseite sichtbar sind. Es spaltete sich entlang der Gesteinsschichtung. Die rechte Hälfte mit dem stehenden Gottvater ist offenbar zerbrochen; auf dem erhaltenen Teil sind zumindest keinerlei Werkzeugspuren zu erkennen. Der ziemlich präzise Stich des Hauptportals (Kat. 225) zeigt, dass der Raum über Adams Kopf von Anfang an leer blieb und dass Adams Körper in stark plastisch hervortretendem Relief gearbeitet ist, was übrigens auch die Meisselspuren belegen, mit dem die Rückseite ausgehöhlt wurde. Der nackte Körper des schlafenden ersten Menschen ist weich modelliert. Die Gelenke sind etwas breit, aber die Körperhaltung ist gekonnt wiedergegeben und erinnert an den Körper Evas aus dem Tympanon mit Christi Höllenfahrt.

Anouk Roquet-Hoffet

Literatur:
Beyer 1951, S. 31–32, Abb. 3. – Beyer 1968, Nr. 149. – Reinhardt 1972, S. 124–125 und 128–129.

228

Gott fordert Rechenschaft von Adam und Eva (Genesis 3,9), Strassburger Münster, letztes Viertel 13. Jahrhundert.

Hauptportal, zwölfte Szene aus der ersten Archivolte;
Sandstein, H: 66; B: 23; T: 15 cm.
Strassburg, Musée de l'Œuvre Notre-Dame, Inv. MOND 78.

Die stehende Figur trägt unter einem Mantel, der auf den Seiten weite Schüsselfalten bildet, einen langen Rock mit weiten Ärmeln. Sie passt stilistisch bestens zu den Skulpturen der Westportale. Die erste Archivolte des Hauptportals zeigte ausserdem, wenn man den alten Darstellungen Glauben schenkt, in der zwölften Szene eine stehende Figur (Gottvater) rechts unter einem Baum; auf der linken Seite stehen Adam und Eva,

Kat. 227

Kat. 228

von denen Gott Rechenschaft forderte, nachdem sie der Versuchung nachgegeben hatten. Kopf und Hände fehlen an dieser schlanken Figur, ebenso fehlt ein Stück Baldachin unter der Szene, das offenbar abgearbeitet wurde, damit man das Fragment aufrecht hinstellen konnte. Es ist schwer vorstellbar, dass dieses Fragment von beachtlichen Abmessungen und schlanken Proportionen aus der Höhe der Archivolte auf den Boden des Kirchenvorplatzes hinuntergestürzt ist. Keilspuren auf der Rückseite und die gekonnte Abspaltung beweisen, dass die Figur von einem Bildhauer sorgfältig abgelöst wurde. Keilspuren links von der Figur, an der Stelle, wo sich Adam und Eva befanden, lassen vermuten, dass die Herauslösung in zwei Schritten vollzogen wurde: zuerst die beiden Personen links, dann jene rechts. Diese Methode spricht für ein planmässiges und professionelles Vorgehen.

Anouk Roquet-Hoffet

Literatur:
Beyer 1951, S. 33. – Beyer 1968, Nr. 148. – Reinhardt 1972, S. 124–125 und 128–129.

229–232
Bei der Zerstörung der hinteren Archivoltenreihe musste man sich wahrscheinlich beeilen; die erhaltenen Fragmente sind stärker beschädigt.

229

Die Anbetung der ehernen Schlange (Numeri 21,6–9), Strassburger Münster, letztes Viertel 13. Jahrhundert.

Hauptportal, siebte Szene aus der zweiten Archivolte;
Sandstein, H: 45; B: 24; T: 31 cm.
Strassburg, Musée de l'Œuvre Notre-Dame, Inv. MOND 83.

Die bemerkenswert skulptierte kniende Rückenfigur unterscheidet sich von den anderen Fragmenten der Archivolten durch eine beachtliche Relieftiefe; sie ist beinahe rund gearbeitet – nur die gefalteten Hände und die Knie schliessen an den hinteren Teil des Blockes an. Dies erklärt auch die Leichtigkeit, mit der das ganze Stück vom Block hatte abgetrennt werden können. Den Stichen zufolge stand eine Person (Moses) aufrecht rechts vor dem Anbetenden, der sich vor der auf einer Tau-förmigen Stange angebrachten Schlange niedergeworfen hatte. Auf dem erhaltenen Fragment windet sich zudem eine kleine

Kat. 229

Kat. 230

Schlange zwischen seinen Füssen. Die Weichheit der Modellierung und die Geschmeidigkeit der Gewandfalten machen auf erstaunliche Weise das Volumen des Körpers und dessen Gelenke spürbar. Man findet hier dieselbe Feinheit des Reliefs wie in den mittleren Registern des Tympanons vom Hauptportal. Es sind keinerlei Hiebspuren zu erkennen – die Oberfläche des Stückes ist unversehrt, und nichts deutet auf ein wütendes Einhämmern hin.

Anouk Roquet-Hoffet

Literatur:
Beyer 1951, S. 34–35, Abb. 6. – Beyer 1968, Nr. 153. – Reinhardt 1972, S. 124–125 und 128–129.

230
Martyrium des Evangelisten Johannes,
Strassburger Münster,
letztes Viertel 13. Jahrhundert.

Hauptportal, vierte Szene aus der dritten Archivolte;
Sandstein, H: 86; B: 23; T: 18 cm.
Strassburg, Musée de l'Œuvre Notre-Dame, Inv. MOND 82.

Das skulptierte Stück gehört zu den wenigen Fragmenten, auf denen ein Kopf erhalten blieb, wenn dieser auch heruntergerissen und dann wieder befestigt worden ist. Das Fragment besteht aus vier zusammengeklebten Teilen und zeigt das Martyrium des Evangelisten Johannes. Der Heilige ist als Halbfigur in einem Zuber dargestellt. Aus einer grossen Schöpfkelle, deren Stiel nicht erhalten blieb, fliesst die siedende Flüssigkeit über seinen Kopf. Auf dem Stich von Isaak Brunn ist zu erkennen, dass beidseits hinter dem Zuber zwei Personen standen. Sie waren als Hintergrundsfiguren weniger stark plastisch gestaltet als der Heilige im Vordergrund. Dies erklärt, dass sich letzterer unter den Hammerschlägen rasch vom restlichen Block gelöst hat. Vermutlich ist das abgeschlagene Stück dann beim Aufprall auf den Boden zerbrochen. Der Zustand dieses Fragments aus der dritten Archivolte, von der sonst fast nichts erhalten geblieben ist, spricht dafür, dass man hier bei der Zerstörung erbitterter vorgegangen ist als bei der ersten Archivolte (Kat. 226–228). Der sehr gut erhaltene Kopf des Heiligen zeigt ein etwas abgeflachtes Gesicht mit fleischigen Lippen und geschmeidig modellierter Haut, das zusammen mit den stark gelockten Haarsträhnen an die Köpfe des Tympanons erinnert.

Anouk Roquet-Hoffet

Literatur:
Ficker 1907, Taf. VII, Abb. 4. – Schmitt 1924, Taf. 191. – Beyer 1951, S. 35 und 37, Abb. 7. – Beyer 1968, Nr. 149. – Kobler 1970, S. 64. – Reinhardt 1972, S. 124–125 und 128–129.

231
Eine Hand, die eine kleine Figur umfasst,
Strassburger Münster,
letztes Viertel 13. Jahrhundert.

Archivolten des Hauptportals;
Sandstein, H: 22; B: 16; T: 9 cm.
Strassburg, Musée de l'Œuvre Notre-Dame, Inv. 22.995.0.47.

Eine kleine, rundliche Hand – ähnlich den Händen von den Reliefs der Archivolten und des Tympanons vom Hauptportal an der Westfassade – hält eine kleine Figur mit deutlich gegliederten Beinen vor den Bauch. Zieht man die Stiche bei, erkennt man unschwer in der 14. Szene der ersten Archivolte des Hauptportals ein identisches Motiv. Die Szene zeigt Adam und die sitzende Eva, die ihre beiden Kinder auf dem Schoss hält, je eines mit einer Hand. Der kleine, gestikulierende Körper entspricht stilistisch genau der etwas schwerfälligen, aber klar gegliederten Figur Adams in der neunten Szene derselben Archivolte. Das Fragment ist auf allen Seiten zertrümmert, zeigt aber an den abgebrochenen Partien keinerlei Spuren gewaltsamer Zerstörung.

Anouk Roquet-Hoffet

Literatur:
Unveröffentlicht.

Kat. 231

232
Abgeschlagener Kopf mit geschlossenen Augen,
Strassburger Münster,
letztes Viertel 13. Jahrhundert.

Archivolten des Hauptportales;
Sandstein, H: 17; B: 17; T: 19 cm.
Strassburg, Musée de l'Œuvre Notre-Dame,
Inv. 22.995.0.16.

Das Fragment zeigt einen bärtigen Männerkopf mit geschlossenen Augen. Die linke Seite des Kopfes ruht auf einem kaum zu identifizierenden Element, an das sich die Haarlocken anschmiegen. Trotz des fragmentarischen Zustands ist eindeutig zu erkennen, dass der Schnitt am Hals nicht das Ergebnis eines Bruches oder einer späteren Überarbeitung ist, sondern zur originalen Figur gehört. Vertraut man der Genauigkeit der Stiche, so erkennt man in der zehnten Szene der dritten Archivolte des Hauptportals die Enthauptung eines nicht identifizierbaren Apostels: Der Kopf des Heiligen, schon abgeschlagen, liegt auf dem kahlen Boden. Das fleischige Aussehen des Gesichtes, die exakte Zeichnung der Augenlider, die Feinheit der Haarlocken und das breite, von kleinen Bartsträhnen bedeckte Kinn erinnern deutlich an gewisse Figuren aus dem dritten Register des Tympanons und erlauben, den Kopf dem grossen Ensemble der Archivoltenskulpturen zuzuordnen.

Anouk Roquet-Hoffet

Literatur:
Ficker 1907, Taf. VII, Abb. 10.

Kat. 232

233–234
Einige Fragmente wurden unmittelbar nach den Zerstörungen aufgesammelt und in der Stadtbibliothek verwahrt.

233
Engelskopf, Strassburger Münster,
letztes Viertel 13. Jahrhundert.

Archivolten der Westportale;
roter Sandstein, H: 14; B: 16; T: 14 cm.
Strassburg, Musée de l'Œuvre Notre-Dame,
Inv. 22.995.0.12.

Kat. 233

Dieses runde, pausbäckige Gesicht hat einen kleinen Mund mit kaum abgesetzten Lippen. Seine Masse, seine stilistische Ausführung und die stark gewellten, von einem Stirnband zusammengehaltenen, strähnigen Locken lassen vermuten, dass es sich hier um einen der Engel aus der ersten Archivolte des nördlichen oder aus den ersten beiden Archivolten des südlichen Westportals handelt. Die Nase und die Haare sind leicht bestossen, der Kopf ist gerade unter dem Kinn abgeschlagen. Der gute Erhaltungszustand legt nahe, dass das Stück unmittelbar nach den Zerstörungen aufgesammelt und bis zur Bombardierung von 1870 in der Stadtbibliothek aufgehoben wurde.

Anouk Roquet-Hoffet

Literatur:
Ficker 1907, Taf. VII, Abb. 3.

234
Engelskopf, Strassburger Münster,
letztes Viertel 13. Jahrhundert.

Archivolten der Westportale;
grauer Sandstein, H: 17; B: 18; T: 15 cm.
Strassburg, Musée de l'Œuvre Notre-Dame,
Inv. 22.995.0.1064.

Schmale, mandelförmige Augen, ein leises Lächeln und breite, auf den Seiten voluminöse, über der Stirn sorgfältig arrangierte Locken charakterisieren diesen kleinen, fein gerundeten Kopf. Er gehörte zweifelsohne zu den Skulpturen der Westportale, auch wenn es sich hier um einen besonderen Typus unter den Köpfen handelt, die aus dem ausgehenden 13. Jahrhundert in Strassburg überliefert sind. Die in der Bosse stehen gebliebene Rückseite des Kopfes wurde zwecks eines ansprechenden Erscheinungsbildes teilweise überarbeitet, doch erlaubt die Grösse des Fragments, dieses als Teil eines Engels zu bestimmen, der die Archivolten über den Seitenportalen der Westfassade zierte. Die Brandspuren rühren wahrscheinlich von einer Feuersbrunst in der Stadtbibliothek her, wo das Fundstück vor 1870 aufbewahrt worden war.

Anouk Roquet-Hoffet

Literatur:
Ficker 1907, Taf. VII, Abb. 2.

Kat. 234

Am Beispiel des Elsass lassen sich politische Bilderstürme des 20. Jahrhunderts illustrieren.

Im Elsass und in der Moselgegend fanden verschiedene moderne politische Bilderstürme statt, nachdem diese Gebiete am 10. Mai 1871 vom Deutschen Reich annektiert worden waren – in der Folge eines Krieges, mit dem eine nie zuvor gekannte Produktion von Bildern einherging. Die Gegenden stellen ein umso interessanteres Beispiel dar, als sie Schauplatz einer befreienden «Revanche» waren, die sich die Dritte Republik zwischen 1871 und 1914 erträumte. Im November 1918 gelangten diese Gebiete ein erstes Mal an Frankreich, bevor sie 1940–1944/1945 durch Nazideutschland wieder annektiert und danach endgültig befreit wurden.

Mit der Belagerung von Strassburg im August und September 1870 ging der Einsatz einer ausgesprochen kampforientierten Ikonographie einher. Um den Widerstand der Belagerten zu stärken, platzierte man vor dem Rathaus das Gipsmodell einer Allegorie des Elsass, das sich Frankreich anbietet – ein Modell, das 1848 zur Zweihundertjahrfeier der Angliederung an Frankreich in Auftrag gegeben worden war.

Die französischen Monumente wurden von der deutschen Obrigkeit an ihren Standorten belassen, so die Statue von General Jean-Baptiste Kléber (1753–1800) in Strassburg, ausgeführt 1840 von Philippe Grass (1801–1878), und diejenige von General Jean Rapp (1772–1821) in Colmar, hergestellt 1856 von Frédéric Auguste Bartholdi (1834–1904). Der Patriotismus und die Erinnerung an das «Schreckensjahr» nahmen – einmal abgesehen von den Vogesen – in zahlreichen Monumenten Gestalt an, so beispielsweise im «Löwen von Belfort» von Bartholdi (1880). In den wichtigsten Städten des Elsass setzten die kaiserlichen Autoritäten vermehrt Zeichen ihrer Macht ein – besonders die heraldischen Adler als Symbole des Kaisers – und verbanden sie mit einer schwärmerischen Überhöhung der germanischen Vergangenheit im «Reichsland Elsass-Lothringen». Der Wiederaufbau der Burg Hoch-Königsburg (eingeweiht 1908) manifestiert und inszeniert diese politischen Debatten ebenso.

Abb. 67
Kopf Wilhelms I., Titelblatt der Zeitschrift «Le Miroir», 29. Dezember 1918, Nr. 266. Bibliothèque Nationale de France, Service des Périodiques, Cote 2006 896. – Das abgerissene Haupt des Reiterstandbilds befindet sich noch in der Schlinge, in der es durch die Stadt geschleift wurde. Heute befindet es sich im Historischen Museum in Strassburg (Inv. 88.999.01).

Der Einsatz von Bildern zur Vermittlung nationalistischer Propaganda zeigt sich in beiden Lagern am Umstand, dass Denkmäler ersetzt oder übertrumpft werden oder deren Aufstellung verweigert wird. Die erwähnte Statue von General Kléber beispielsweise diente vor 1914 als Vorwand für Manifestationen frankophiler Elsässer.

November 1918: Spontaner Bildersturm
Die ikonoklastischen Unruhen, die den Waffenstillstand von 1918 begleiteten, waren die Antwort auf die erzwungene Politik der Germanisierung, die seit dem Sommer 1914 eingesetzt hatte. In Metz wurden die Standbilder der Hohenzollern von ihren Sockeln gestossen. In Strassburg fanden bilderstürmerische Aktionen am 20. und 21. November 1918, am Vorabend des Einmarsches der Franzosen, statt. Sie sind durch Augenzeugen wie Robert Heitz, selber Maler und Kunstliebhaber, und durch einige Fotos bekannt. Mitglieder des Studentenvereins zogen von der *Place Broglie*, wo sie das Standbild eines deutschen Generals heruntergerissen hatten, zum «Kaiserplatz» (heute *Place de la République*) und griffen die Reiterstatue von Kaiser Wilhelm I. an, ein 1911 geschaffenes Werk des Bildhauers Louis Le Tuaillon (1862–1919). Die Figur des Kaisers wurde heruntergeschlagen und enthauptet, der Kopf im Triumphzug bis zum Denkmal von General Kléber geschleppt (vgl. Abb. 67). Auch die Standfiguren der Hohenzollern an der «Grossen Post» wurden zerschlagen, eine von ihnen gar ins Wasser geworfen. Gemäss der französischen Presse handelte es sich um «lauter abscheuliche, dumme und unerhört angeberische» Monumente.[1]

Sommer 1940: Geplanter Bildersturm
Die deutsche Besetzung vom Sommer 1940 setzt einen geplanten Bildersturm in einem Klima radikaler Verdeutschung in die Tat um. In Strassburg wurde am 30. September 1940 die Statue von General Kléber entfernt,[2] während nazifreundlich gesinnte Komplizen andere französische Heldenfiguren wie die Marseillaise oder Marschall Kellermann angriffen. Man schrieb diese Zerstörungen dem «gesunden Menschenverstand der Elsässer Jugend» und dem «Volks-

zorn» gegen die Franzosen, dem «Volk der Rassenschande, von Judendienern und Wüstlingen», zu.[3] In Wirklichkeit aber war die Stadt damals völlig menschenleer, da ihre Einwohner bereits im Herbst 1939 in den Südwesten Frankreichs evakuiert worden waren.

In Colmar erhielt der Stadtkommissar den Befehl, sechs französische Denkmäler verschwinden zu lassen, darunter die Statue von General Rapp auf dem gleichnamigen Platz (vgl. Abb. 68). Nachdem die Figur dieses Helden von Austerlitz am 9. September 1940 mit Hilfe eines Traktors heruntergerissen und dann in zwei Teile zersägt worden war, wurde sie zum Kristallisationspunkt einiger geheimer Manifestationen wie etwa der Niederlegung eines Blumengebindes oder der Entfernung des Säbels von Rapp, der dann bis zur Befreiung ehrfürchtig aufbewahrt wurde.

Die radikale Säuberung der Symbole wurde selber zum Bild: Das hochberühmte Plakat von Späty mit dem Titel «Hinaus mit dem welschen Plunder», das im Rahmen eines offiziellen Wettbewerbs entstanden war, stellt den Rachebesen dar, der den gallischen Hahn, die Büste der Marianne oder das Album *Mon village* von Hansi hinwegfegt. Öffentliche Verbrennungen von Büchern wurden an mehreren Orten organisiert.

Herbst 1944, Winter 1944/1945, Frühling 1945: Verhöhnender Bildersturm

Die ikonoklastische Gegenbewegung der Befreiung von 1944–1945 vollzog sich nach anderen Modalitäten: Völlig in Anspruch genommen durch die Kriegsanstrengungen und gefördert von einer Propaganda, die Bildwerken nur eine zweitrangige Rolle zuschrieb, hatte das Dritte Reich keine Zeit, seine Macht in Form von symbolischen Monumenten zu verewigen. Die Skulptur Hitlers von Arno Breker (1900–1991) in der Aula der Reichsuniversität von Strassburg provozierte offenbar keine Racheakte. Die zahlreichen Fotos von der Befreiung zeigen dagegen Büsten oder Porträts von Hitler, die als Trophäen auf Wagen oder in öffentlichen Räumen zur Schau gestellt, oft verstümmelt, durchschossen, mit Farbe oder Exkrementen beschmiert und der Schändung preisgegeben wurden. Bei den Feiern, die auf den Waffenstillstand vom 8. Mai 1945 folgten, vor allem am 14. Juli 1945, kündigte man Scheiterhaufen an, auf denen die Symbole der deutschen Herrschaft verbrannt werden sollten.

1981: Verzögerter Bildersturm

Die bislang letzte Episode in der Geschichte des politischen Ikonoklasmus im Elsass hat zu Beginn der 1980er Jahre stattgefunden, als eine Gruppe mit dem Titel «Elsässische Kampfgruppe – Schwarze Wölfe» das Denkmal zur Erinnerung an den Sieg von Henri de Turenne (1611–1675) in Türckheim von 1675 in die Luft sprengte. Die Flugblätter der «Schwarzen Wölfe» stellten dieses Attentat als «die erste an die französische Kolonialmacht in Paris gerichtete Warnung» dar und wiederholten die Argumente der Nazis von 1940: «Dieser Obelisk [...], den niederträchtige Schmeichler demselben Turenne errichtet haben, der einst die Stadt plündern und anzünden und die männliche Bevölkerung töten liess».[4] Wenig später verlangten sie an Stelle des zerstörten Monuments ein Ehrendenkmal für Albert Schweitzer, den Friedensnobelpreisträger von 1953.[5]

Georges Bischoff

Literatur:
Bopp 1945. – Bailliard 1999. – Wittmann 1999.

---

1 «*purement hideux, bête, d'une prétention sordide*». (L'Illustration, 30. November 1918).
2 Bailliard 1999, S. 105. Die Statue wurde in einem Depot gelagert, die Asche des Generals auf einem Strassburger Friedhof beigesetzt.
3 Bopp 1945, S. 78 und 79. Diese Äusserungen gehen auf Robert Ernst zurück, den Chef des «Elsässischen Hilfsdienstes», einer deutschen Organisation, die mit der Wiedereingliederung des Elsass ins Reich beauftragt war.
4 Zitat von Robert Ernst aus dem Jahre 1940 (vgl. Bopp 1945, S. 81). Dieser Obelisk war eine Replik jenes Denkmals, das im 18. Jahrhundert in Sassbach, am rechten Rheinufer, an der Stelle errichtet wurde, wo Marschall Henri de Turenne getötet worden war.
5 Wittmann 1999, Bd. 3, S. 236 ff.

Abb. 68
Das von den Nazis 1940 gestürzte Denkmal von General Rapp in Colmar. Fotografie, Colmar, Archives Municipales.

235
Ein Hitlerkopf wird in einen Adenauer umgearbeitet.

Adenauerbüste, durch den Steinmetzen Arnold Czechowski 1953 aus einer Hitlerbüste (1944/1945) skulptiert.

Grüner Fichtelgebirgsporphyr (Proterobas), H: 105 cm. Deutschland, Privatbesitz.

Die Ereignisse nach dem Fall der Berliner Mauer haben den radikalen Umgang mit politischen Leitbildern eindrücklich vor Augen geführt: In vielen Städten des ehemaligen Ostblocks fanden als Ausdruck des politischen Protestes Sockelstürze all jener Staatsidole statt, die bislang als unerschütterliche Garanten einer sozialistischen Weltanschauung gegolten hatten (Kat. 237, 238).[1]

Diese radikale Form einer *damnatio memoriae* kennzeichnete auch die Situation nach 1945, als die zahlreichen Bildzeugnisse der nationalsozialistischen Leitfigur Adolf Hitler der Vernichtung anheim fielen. Ein Zufall brachte 30 Jahre nach Kriegsende in einer Steinmetzhütte im Fichtelgebirge eine ehemalige Führerbüste zum Vorschein, die – wohl des kostbaren Materials wegen – 1945 nicht zerstört, sondern zunächst nur eingelagert worden war. Sie wurde im Sommer 1976 durch den Münchener Bildhauer Hermann Kleinknecht entdeckt, der herausfand, dass der 1944/1945 aus grünem Fichtelgebirgsporphyr gefertigte Kopf ursprünglich für die Hauptstadt Berlin bestimmt gewesen, der politisch prekären Situation wegen jedoch nicht mehr dorthin geliefert worden war.

Das Kuriose an diesem Hitlerkopf ist, dass er eigentlich kein so eindeutiges Bild vom Führer wiedergibt wie etwa jene Führerbüste, die in demselben Lagerraum in einer benachbarten Kiste entdeckt wurde. Hermann Kleinknecht konnte nachweisen, dass der Hitlerkopf zu Beginn der 1950er Jahre durch den in der Steinmetzhütte beschäftigten Bildhauer Arnold Czechowski in eine Adenauerbüste umgearbeitet worden war. Dabei hatte Czechowski am Hitlerkopf die wesentlichen Merkmale des Führers – den würfelförmigen Schnauzer und die gekurvte Stirnlocke – abgehauen und anschliessend tiefe, senkrechte Wangenfurchen in das Gesicht eingegraben.[2]

Diese «kosmetische» Operation gelang nur mässig, was den Steinmetzbetrieb jedoch nicht davon abhielt, den «neuen Adenauer» dem Kanzleramt der jungen Bundesrepublik Deutschland zum Kauf anzubieten. Das Geschäft kam aber nicht zustande, weil man in Bonn wohl sofort erkannte, dass das «Porträt» Konrad Adenauers künstlerisch weitgehend missraten war.

Was den Kopf interessant macht, ist der Umstand, dass wir es hier mit der Mutation eines «Kultbilds» zu tun haben, wie sie sich im Prinzip bis auf die Antike zurückverfolgen lässt. So war es bei den Römern vielerorts üblich, griechische Bildwerke und Ehrendenkmäler in römische umzugestalten. Das Kultbildhafte eines politischen Ehrendenkmals wurde durch entsprechendes Umarbeiten aktualisiert, so dass dieses weitergenutzt werden konnte. Ein solches Vorgehen wurde meistens mit kostenmässigen,[3] aber auch arbeitsrationellen Überlegungen begründet.[4]

Durch den Philosophen Dion von Prusa (um 40– nach 110 n. Chr.), aber auch durch andere antike Schriftsteller wie Cicero, Statius, Tacitus und Plutarch sind wir davon unterrichtet,[5] dass viele griechische Standbilder und Ehrendenkmäler in römischer Zeit «umgeschrieben» wurden, indem man sie einfach mit einem neuen Kopf und/oder einer neuen Inschrift versah. Tacitus etwa berichtet, dass der Statthalter von Bithynien «eine Statue des Augustus durch Austausch des Kopfes in die des Tiberius verwandelt hatte».[6] Auch der zur Zeit Neros (54–68 n. Chr.) errichtete Koloss von Rom änderte nach dem Tod seines Stifters mehrmals sein Aussehen, indem er zunächst in den Sonnengott Sol und später in den Caesaren Commodus (180–192 n. Chr.) umgestaltet wurde.[7] Die in der Antike bezeugte Austauschbarkeit von Kultbildern fand ihre Fortsetzung im Christentum und erreichte zur Zeit der Reformation zweifellos ihren Höhepunkt, als vielerorts neue Kultbilder die alten ablösten, sei es, dass man sie gänzlich auswechselte oder entsprechend überarbeitete (vgl. Kat. 176, 182 und 183).

Dieser «AdolfKonradHitlerAdenauer» steht daher in einer langen Tradition politischer wie sakraler Kultbilder und deren Mutation unter veränderten politischen wie religiösen Verhältnissen, selbst wenn hier die Verwandlung nicht in offiziellem Auftrag, sondern in Eigeninitiative eines Steinmetzen erfolgt ist. Der Kopf war bislang nur einmal öffentlich zu sehen.[8] Er erlebt nun in dieser Ausstellung seinen ersten, wenn auch temporären Auftritt in einem musealen Ambiente. Versuche, die seltsame Büste an das Haus der Geschichte der Bundesrepublik Deutschland in Bonn oder an das Deutsche Historische Museum in Berlin zu verkaufen, scheiterten bisher unter anderem mit der Begründung, dass der Kopf nur auf der rechten Seite die Züge Konrad Adenauers wiedergebe, während die linke Gesichtshälfte und die hintere Kopfpartie eindeutig noch Adolf Hitler erkennen liessen.[9] Gerade diese Ambivalenz aber macht den eigentlichen Reiz des Werkes aus, an dem letztlich der Aberwitz des Ineinanderfliessens zweier Epochen deutscher Geschichte sichtbar wird: das heroische Pathos totalitärer wie das antiheroische Moment demokratischer Staatsformen.

Franz-Josef Sladeczek

Literatur:
Pinnau 1994. – Knapp 1995.

---

1 Vgl. auch Bildersturm in Osteuropa 1994; Gamboni 1998, S. 54–94.
2 Knapp 1995, S. 259.
3 Für das Umarbeiten des Hitlerkopfes war, unmittelbar nach Kriegsende, der Kostenfaktor mitentscheidend (mündliche Auskunft von Hermann Kleinknecht).
4 Blanck 1960, S. 12.
5 Ebd., S. 11–15.
6 Zitiert nach ebd., S. 15.
7 Ebd., S. 16–18.
8 Während der Ausstellung «Zur Zeit. München 1933–1945» stand die Büste als Beitrag Hermann Kleinknechts in der Treppenhalle der Münchner Musikhochschule, der ehemaligen Kommandozentrale Hitlers («Führerbau»); vgl. Knapp 1995, S. 260.
9 Ebd., S. 260–261. Bezüglich der 1993 geführten Kaufverhandlungen liegen Korrespondenzen zwischen Dr. Peter Pinnau (Kulturreferat der Stadt München), Dr. Dieter Vorsteher (Deutsches Historisches Museum, Berlin) und Dr. Jürgen Reiche (Haus der Geschichte der Bundesrepublik Deutschland, Bonn) vor.

Abb. 69
E. P. Hinckeldey, Hitlerbüste, Bronze. Koblenz, Bundesarchiv, Bild 183 / E 4837. – Unzählige Male wurde der Führer in Stein oder Bronze verewigt.

Kat. 235

236
Die jurassische Separatistenorganisation «Groupe Bélier» reisst 1986 die Berner Justiz vom Sockel.

Statue der Justitia mit Herrscherbüsten am Sockel, bis 1986 auf dem Stock des Brunnens in der Gerechtigkeitsgasse in Bern.

Skulptur von Hans Gieng (Zuschreibung), 1543 (Jahreszahl auf Brunnenbecken); nach Beschädigung 1986–1988 restauriert und teilweise ergänzt.
Kalkstein, ohne Schwert H: 155, mit Schwert H: 178 cm.
Bern, Historisches Museum, Inv. 48 000 (Depositum Stadt Bern).

Kat. 236

Abb. 70
Aufnahme der Polizei vom Tatort.
– Gut sichtbar sind die Stahlseile, mit denen die Justitia vom Brunnen gerissen wurde.

In der Nacht vom 12. auf den 13. Oktober 1986 riss eine Gruppe von mindestens vier Personen mit Seil und Flaschenzug die Figur des Berner Gerechtigkeitsbrunnens von ihrem Sockel.[1] Die farbig gefasste Steinskulptur schlug beim Sturz auf dem steinernen Nebenbecken und dem Kopfsteinpflaster auf und zerbrach in tausend Stücke. Noch am gleichen Tag erhielten die Redaktionen einiger Zeitungen eine Erklärung mit dem Titel «La ‹Justice› de Berne à terre».[2] Der Begleitbrief, der die Veröffentlichung des Textes verlangte, war im Namen der «Groupe Bélier», einer Jugendgruppe der jurassischen Separatistenorganisation «Rassemblement jurassien», unterzeichnet. Ein Mitglied der «Béliers» wurde aufgrund eines detaillierten (später widerrufenen) Geständnisses durch das Berner Strafamtsgericht und in zweiter Instanz durch das Berner Obergericht wegen qualifizierter Sachbeschädigung verurteilt. Nach erfolgloser Berufung beim Bundesgericht entzog sich der Verurteilte den Berner Behörden, indem er den Kanton Jura um politisches Asyl bat. Da der Kanton Jura einem Auslieferungsgesuch Berns nicht nachkam, wurde das Bundesgericht angerufen. Dieses beurteilte die Tat jedoch nicht als ein politisches Delikt, sondern nur als ein Delikt mit politischer Motivierung, und verpflichtete den Kanton Jura zur Auslieferung des Verurteilten oder zum Vollzug des Urteils auf eigene Kosten.[3]

An der Motivation der Täter und den Reaktionen der Öffentlichkeit wird deutlich, wie verschiedenartig öffentliche Kunstwerke wahrgenommen werden können. Für die Täter symbolisierte die Brunnenfigur in erster Linie die «Berner» Gerechtigkeit. Die Erklärung der «Groupe Bélier» beginnt mit dem Satz: «Le peuple bernois est très certainement le plus colonialiste de Suisse». Die Berner Justiz und ihre Organe werden als «pourris jusqu'à l'os» bezeichnet. Den Hintergrund für diese Anschuldigungen bilden die Auseinandersetzungen um die Abspaltung des Kantons Jura von Bern. In den Abstimmungen über die Kantonszugehörigkeit entschieden sich einige Gemeinden des Südjura für den Verbleib beim Kanton Bern. Für die extremen Separatisten blieb dadurch der neue Kanton unvollständig. Durch ihre Recherchen stellte sich heraus, dass der von beiden Seiten sehr heftig geführte Abstimmungskampf von Bern teilweise durch illegale Gelder finanziert worden war. Die Weigerung der Berner Regierung, gegen die fehlbaren Beamten juristisch vorzugehen, und die Passivität des Bundesrates müssen als unmittelbarer Auslöser des Anschlags auf den Gerechtigkeitsbrunnen angesehen werden. In dem Bekennerschreiben wurden Berner Justiz und Polizei als Handlanger der Politik angeprangert. Die Aktion sollte auf das Versagen der Gewaltentrennung aufmerksam machen. Das Opfer des Anschlags war eine Brunnenfigur, die nach der gängigen Interpretation die Unterordnung aller Regierungsformen unter das Prinzip der Gerechtigkeit symbolisierte.[4] Um das Versagen der Berner Justiz zu thematisieren, war die Justitiafigur das passende Objekt. Dass sie nebenbei eines der beliebtesten Wahrzeichen der Stadt Bern war, kam den Attentätern in ihrem Vorhaben, die öffentliche Ordnung zu stören, sicher entgegen. Aber genau daran scheiterte die Absicht der Täter, eine Diskussion über die Rechtsverhältnisse im Staat Bern zu provozieren. In der allgemeinen Empörung über die Zerstörung des Kunstwerks wurden die Motive der «Béliers» völlig ignoriert. Keine Zeitung druckte das Bekennerschreiben ab, und keiner der aufgebrachten Kommentatoren ging auf dessen Inhalt wirklich ein. Sogar in der welschen Presse, wo man bisherigen Aktionen der jurassischen Organisation teilweise ein gewisses Verständnis entgegengebracht hatte, entzog man ihr nun alle Sympathie.[5] Der künstlerische Wert der Brunnenfigur als einer der qualitätvollsten Skulpturen des 16. Jahrhunderts in Bern wurde ins Zentrum gerückt. Die Zerstörung eines solchen Kunstwerks musste als «Vandalenakt», als Tat ignoranter Barbaren gegen höhere Kulturwerte, erscheinen. Bezeichnenderweise hielt man den Tätern vor, sie hätten die Bedeutung der Brunnenfigur als Verkörperung des Prinzips einer höheren Gerechtigkeit nicht begriffen:[6] Im Moment seiner Bedrohung wurde das Kunstwerk auf eine abstrakte, primär ästhetische und ethisch unanfechtbare Ebene gestellt. Es wurde zum unschuldigen Opfer, gegen das jede Aggression unverzeihlich ist. Ähnlich, wenn auch weniger differenziert, war die Reaktion der breiten Öffentlichkeit, wie sie sich in den Leserbriefen manifestierte.[7] Die äusserst emotionalen Stellungnahmen, die teilweise den Eindruck erweckten, in der fraglichen Nacht wäre von den «Béliers» ein Mord verübt worden, machten deutlich, wie eng sich die Berner Bevölkerung mit der Brunnenfigur verbunden fühlte. Die Stigmatisierung der Täter als «Vandalen» und die Hochstilisierung der Justitia als unschuldiges Opfer waren noch ausgeprägter. Gerade diese unpolitische Unschuld muss allerdings bei einem Kunstwerk, das 1543 aufgestellt wurde, zu einem Zeitpunkt, als der Staat Bern seine grösste territoriale Ausdehnung erreicht hatte, in Frage gestellt werden.[8] Zweifellos war der Gerechtigkeitsbrunnen damals ein Machtsymbol und sehr politisch gedacht, doch in der heutigen Wahrnehmung scheinen der Kunstwert und die Bedeutung als Identifikationsobjekt den politischen Gehalt deutlich zu überwiegen.

Ursula Schneeberger

Literatur:
Kdm BE 1 1952, S. 314–321. – Furrer 1987. – Gamboni 1998, S. 103–108. – Schneeberger 1998.

---

1 Gamboni 1998, S. 103–108.
2 Kopie des Schreibens im Archiv der Denkmalpflege der Stadt Bern.
3 Neue Zürcher Zeitung, 6. Januar 1993, S. 13.
4 Kat. Zeichen der Freiheit 1991, S. 169–170, Nr. 43.
5 La Suisse, 15. Oktober 1986, S. 12.
6 Furrer 1987, S. 192.
7 Der Bund, 23. Oktober 1986, S. 9.
8 Schneeberger 1998.

Kat. 237

237
Für eine halbe Million DM wird Lenin von einer Abbruchfirma beseitigt.

Das für den Abbruch eingerüstete Lenin-Denkmal in Berlin-Friedrichshain hinter einer Absperrung mit Zeugnissen des bürgerlichen Protests.

Schwarz-Weiss-Fotografie der Landesbildstelle Berlin, Aufnahme vom 11.11.1991.
Das 1970 aufgestellte Lenin-Denkmal des sowjetischen Bildhauers Nikolai W. Tomski (1900–1984) wurde zwischen dem 8. November 1991 und dem 7. Februar 1992 abgerissen.

1967 beschliesst das Polit-Büro der SED, dass auf dem neu zu gestaltenden Lenin-Platz im Ostberliner Stadtteil Friedrichshain Lenin, dem Gründer der Sowjetunion, ein Denkmal errichtet werden soll. Mit der Ausführung wird der sowjetische Bildhauer Nikolai W. Tomski beauftragt, der 1968 zum Präsidenten der Akademie der Künste der UdSSR aufsteigt. Am 19. April 1970, drei Tage vor dem 100. Geburtstag Lenins, erfährt das 19 Meter hohe und 400 Tonnen schwere Denkmal aus rotem, ukrainischem Granit mit einer Grossveranstaltung seine planmässige Einweihung.

1979 wird das Denkmal mit der monumentalen Standfigur Lenins – die Rückseite zeigt deutsche und sowjetische Arbeiter einander die Hände reichend – auf die Zentrale Denkmalliste der DDR gesetzt, deren fortdauernde Gültigkeit später sowohl im Vereinigungsvertrag zwischen der BRD und der DDR als auch im Überleitungsgesetz der Berliner Verwaltung festgeschrieben wird.

Die förmlichen Massnahmen zum Zwecke der Beseitigung des Lenin-Denkmals werden mit der Abstimmung der Bezirksverordnetenversammlung Friedrichshain vom 19. September 1991 eingeleitet, auf der mehrheitlich dessen sorgfältige Abtragung und die Umbenennung des Lenin-Platzes in «Platz der Vereinten Nationen» beschlossen wird. Ungeachtet aller Proteste von Anwohnern, Denkmalpflegern, Kulturvertretern und einzelnen Politikern sprechen sich kaum einen Monat später CDU und auch SPD im Berliner Abgeordnetenhaus für den ordentlichen Abbau des missliebigen Kultbildes aus.[1] Am 15. Oktober 1991 bzw. 10. Januar 1992 wird durch den CDU-Senator für Stadtentwicklung der rechtswirksame Denkmalschutz für das Denkmal aufgehoben und die Streichung von der Denkmälerliste verfügt. Nachdem die Klage der Witwe des Künstlers wider den geplanten Abriss vom Berliner Landgericht endgültig abgewiesen worden ist,[2] wird umgehend am 8. November 1991 mit den Abrissarbeiten begonnen, die von den Druckmedien bildmächtig dokumentiert werden. Erhebliche technische Schwierigkeiten verhindern indessen einen ordentlichen Abbau. Erst nach massivem Gewalteinsatz durch die Abbruchfirmen kann der Abriss am 7. Februar 1992 abgeschlossen werden. Die Gesamtkosten haben sich auf DM 500 000.– summiert. Die anfänglich mitgedachte Möglichkeit, das Denkmal später an anderer Stelle wieder aufzubauen oder zu verkaufen, ist zerschlagen worden. Die katalogisierten Bruchstücke des Denkmals wurden schliesslich in einer Kiesgrube auf einem ehemaligen Übungsplatz der DDR-Volkspolizei im Ostberliner Köpenicker Forst (Seddinberg) vergraben. Auf dem ehemaligen Lenin-Platz verblieben nur mehr «Spuren eines Begräbnis- oder Votivkults um die untergegangene Statue»,[3] die spätestens mit der vollständigen Umgestaltung des Platzes verschwunden sind.

Jörg Rosenfeld

Literatur:
Kramer 1992. – Diers 1995. – Kat. Auftrag: Kunst 1995, S. 201–207 (Monika Flacke, Jörn Schütrumpf, Elisabeth von Hagenow). – Diers 1997, S. 101–120. – Gamboni 1998, S. 54–94.

---

1 Diers 1997, S. 105.
2 Berliner Landgericht, Aktenzeichen 5W 6266/91.
3 Gamboni 1998, S. 89.

Kat. 238

**238
Von Demonstranten gestürzt:
Denkmal des KGB-Gründers.**

Das zerstörte Denkmal des KGB-Gründers Feliks Dserschinskij in Moskau am frühen Morgen des 23. August 1991 unter den Füssen der Demonstranten.

Farbfotografie von Alexander Zemlianischenko, Moskau, (Der Tagesspiegel [Berlin], Nr. 14168, 9. April 1992, S. 36). Das 1958 auf dem Platz vor dem KGB-Zentralgebäude in Moskau aufgestellte Dserschinskij-Denkmal von Jewgeni Wutschetitsch (1908–1974) wurde in der Nacht vom 22./23. August 1991 abgerissen.

Anfänglich spontan, zunehmend jedoch geordnet, vollzieht sich in Moskau am 22./23. August 1991 die Beseitigung des Dserschinskij-Denkmals. Im Anschluss an die Siegeskundgebung im Moskauer Stadtzentrum aus Anlass der Niederwerfung des kommunistischen Putschversuchs vom 19. August 1991 versammeln sich Demonstranten auf dem Platz vor dem Zentralgebäude des Komitees für Staatssicherheit (KGB), der sowjetischen Geheimpolizei, die von Feliks Dserschinskij (1877–1926) gegründet worden ist.

Seit dem späten Donnerstagnachmittag skandiert die Menge Parolen gegen das KGB und versucht vergeblich, das 14 Tonnen schwere Denkmal des Geheimdienstgründers aus eigener Kraft zu stürzen. Während die anwesende Miliz Zurückhaltung übt, stellt sich der Moskauer Vizebürgermeister Sergej Stankewitsch auf Weisung des Oberbürgermeisters Gavril Popow an die Spitze der Kundgebung. Im Bemühen, die aufgebrachte Stimmung der Demonstranten zu kanalisieren, verkündet Stankewitsch über Mikrophon, dass der Tag des Putschendes «würdevoll» abgeschlossen werden solle. Zuvor hatte Popow – das von Michail Gorbatschow am 13. Oktober 1990 erlassene Dekret «Über die Unterbindung einer Schändung von Denkmälern, die mit der Geschichte des Staates und seinen Symbolen verbunden sind», missachtend – die Beseitigung des Dserschinskij-Denkmals offiziell gutheissen lassen. Mit Hilfe zweier herangeschaffter Kranfahrzeuge gelingt es, die Figur vom Sockel zu heben. Etwa eine halbe Stunde hängt sie im Scheinwerferlicht über den Köpfen der Demonstranten. Danach wird die Figur auf einen Tieflader verladen und abtransportiert, der leere Sockel von Demonstranten mit der russischen Fahne in den Händen erklommen.

Am Freitagmorgen tritt schliesslich Boris Jelzin (damals Präsident der Republik Russland) am leeren, mit aufgemalten, blutroten SS-Runen verunstalteten Denkmalsockel auf, um u. a. zu verkünden, dass das KGB vom Innenministerium übernommen werde und alle Akten gesichert würden, eine Belagerung oder gar Erstürmung des KGB-Gebäudes somit nicht mehr notwendig sei.

Die vom Sockel gehobene Figur war inzwischen sichergestellt und museal verwahrt worden. Die noch während der Beseitigung erhobene Forderung, sie als Zeitzeichen wieder aufzustellen, bleibt im Raum stehen.

Jörg Rosenfeld

Literatur:
Kramer 1992. – Diers 1995. – Diers 1997, S. 101–120. – Gamboni 1998, S. 54–94.

Anhang

Glossar

Zusammenstellung und Bearbeitung:
Marianne Berchtold, Käthy Bühler, Peter Jezler,
Barbara Junod, Regula Luginbühl,
Philippe Mottet, Quirinus Reichen

Die Erläuterungen der nachstehenden Begriffe stehen im Zusammenhang mit den Ereignissen rund um den Bildersturm. Ausgewählt wurden wichtige Figuren des alten und neuen Glaubens. Im Mittelpunkt stehen die zur Streitsache gewordenen Objekte und Handlungen des kirchlichen Kults.
Der Pfeil «→» verweist auf andere Begriffe im Glossar, «Kat.» auf Katalognummern und «S.» auf Seitenzahlen im vorliegenden Band.

Abendmahl
Das Gedächtnismahl an den Tod Christi wird im frühen Mittelalter zu einem Opfermahl mit dem Glauben an die Verwandlung von Brot und Wein in den Leib und das Blut Christi (→Eucharistie, →Transsubstantiation). Diese wird von allen Reformatoren abgelehnt. Für →Luther bleibt jedoch die reale Präsenz Christi in den Mahlgaben unbestritten. →Zwingli sieht Christus durch den Heiligen Geist in den Herzen der Menschen präsent, in Brot und Wein wird aber die unsichtbare Kirche sichtbar. Die beiden Reformatoren können sich 1529 in einem Gespräch in Marburg (Hessen) nicht einigen, so dass die reformierte und die lutherische Kirche über Jahrhunderte getrennt bleiben.

Abgaben
Zu den Abgaben der Landbevölkerung gehören im Mittelalter u.a. →Fall, →Stolgebühren, →Zehnten sowie aus Verschuldung entstandene →Zinsen. Diese Abgaben werden in der Reformation von der Bauernbewegung nur mit beschränktem Erfolg bekämpft.

Ablass
Erlass zeitlicher Sündenstrafen, vor allem des →Fegefeuers, gründet sich auf den Schatz der überschüssigen Verdienste, angehäuft durch Christus und die Heiligen, erworben als Lossprechungsakt. Als Reaktion auf die Reformation wird das Ablasswesen am →Konzil von Trient reformiert, es spielt in der heutigen katholischen Kirche eine untergeordnete Rolle.
Vgl. Kat. 65, 66.

Ablasshandel
Jener Skandal, der zur Reformation führt: Der Magdeburger Erzbischof →Albrecht von Brandenburg erwirbt 1514 zusätzlich den Erzbischofssitz Mainz. Die verbotene Ämterkumulation umgeht er mit einer →Dispens zum Preis von 23 379 Dukaten. Um den Kredit den Fuggern zurückzahlen zu können, bietet Papst →Leo X. eine Ablasskampagne an: Die Hälfte des Ertrags soll zur Fertigstellung des Petersdoms nach Rom fliessen, die andere Hälfte darf Albrecht zur Tilgung seiner Schuld verwenden. Gegen diesen Ablass protestierte Luther mit seinen 95 →Thesen.
Vgl. Kat. 191, 193, 194.

Abtei
→Kloster.

Adoratio
Lat. = Anbetung. Von →Gregor d.Gr. als Kultform für die Bilder verworfen, von späteren Theologen unterschiedlich beurteilt.
Vgl. S. 28–47.

Agnus Dei
Lat. = Lamm Gottes. Verweist auf den Opfertod von →Christus. Vgl. Kat. 19–20.

Akanthus
Vor allem im Mittelmeergebiet heimische Pflanze, die wegen ihrer besonderen Blattform in der ornamentalen Kunst Eingang und weite Verbreitung findet.

Albe
Hemdartiges, knöchellanges liturgisches Kleidungsstück aus weissem Leinen, das unter den Messgewändern getragen wird.

Albrecht von Brandenburg, Erzbischof
1490–1545. Erzbischof von Magdeburg und Erzbischof und Kurfürst von Mainz, Administrator von Halberstadt, 1518 Kardinal. Um seine Schulden zu bezahlen, übernimmt er hälftig den von →Leo X. begründeten neuen Ablass, den er vom →Dominikaner →Tetzel verkünden lässt (→Ablasshandel). Damit provoziert er den Widerspruch Luthers. Den Protestanten ist er dennoch bis in die 1530er Jahre günstig gesinnt, um sie dann aber heftig zu bekämpfen. Albrecht nimmt 1540 als erster deutscher Fürst die Jesuiten auf. Vgl. Kat. 40.

Allegorie
Bildhafte Darstellung eines Begriffs, eines Sinnbilds oder eines Gleichnisses. «Allegorie» wird auch in Zusammenhang mit der Personifizierung einer Idee verwendet.

Allerseelen
Kirchenfest am 2. November zur Erlösung der →Armen Seelen aus dem Fegefeuer. Vgl. Kat. 62.

Altar
Im katholischen Ritus Steintisch, auf dem die Messe zelebriert wird. Auf dem Altar kann ein Altarbild oder -schrein montiert sein (→Retabel). An den Altar gebunden ist ein Kapital (→Pfründe), aus dessen Erträgen der amtierende Priester entlöhnt wird.

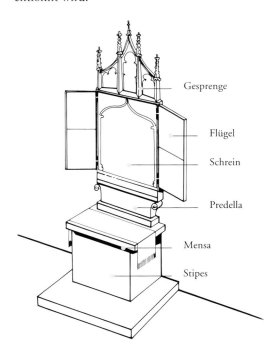

Altarfiguren
Figuren im →Schrein und in den Flügeln, vor allem spätgotischer Altäre.

Altarkreuz
Kreuz, meist aus Edelmetall, das auf dem Altar steht. Vgl. S. 211; Kat. 34, 47.

Altarleuchter
Zwei Kerzenhalter, die zur Zelebration der →Messe auf dem Altar stehen.
Vgl. S. 211; Kat. 72.

Altarretabel
→Retabel.

Altgläubige und Neugläubige
In der →Reformationszeit die Anhänger des alten katholischen bzw. des neuen protestantischen Glaubens.

Anabaptist
→Täufer.

Anbetung
→Adoratio.

Ancien Régime
Frz. = alte Regierungsform. Bezeichnung für die Verfassungs- und Gesellschaftsstrukturen der frühen Neuzeit (16.–18. Jh.).

Andachtsbild
Kunsthistorische Bezeichnung für Skulpturen, Gemälde, Graphiken und kunsthandwerkliche Gegenstände, die der →Devotion dienen. Insbesondere geht es um Bildthemen, die aus ihrem narrativen Zusammenhang herausgelöst sind und den Gläubigen ein Verharren bei der dargestellten Szene erlauben, vgl. →Vesperbild (Kat. 118, 154) oder die Christus-Johannes-Gruppe (Kat. 113). Andachtsbilder werden zunächst in mystisch ausgerichteten Klöstern (→Zisterzienserinnen, →Dominikanerinnen) gepflegt, erlangen aber bald auch Aufnahme im privaten Haushalt. Vgl. Kat. 113–126.

Anna Selbdritt
Darstellung von Anna (legendarische Grossmutter von Christus), Maria und dem Jesuskind. Vgl. Kat. 123.

Antependium
Stoffbehang (seltener Tafelbild oder Goldschmiedewerk), der die Frontseite der →Mensa eines Altars schmückt. Vgl. S. 211; Kat. 110.

Antiklerikalismus
Seit spätestens dem 15. Jh. schwelt in breiten Bevölkerungskreisen eine Abneigung gegen den →Klerus, die Geistlichen und die Mönche. Gründe sind vor allem sittliche Exzesse und das wuchernde Fiskalwesen der Kirche. Der Antiklerikalismus begünstigt stark die Ausbreitung reformatorischen Gedankenguts.

Antiphon
Zwischengesang in der →Liturgie.

Apostel
Kreis der zwölf nächsten Anhänger von →Christus, als Heilige hochverehrt, im →Jüngsten Gericht Beisitzer. Vgl. Kat. 28, 73.

Apsis
Bezeichnung für einen halbkreisförmigen Raum, der mit einer Halbkuppel überwölbt ist. Die mit Malereien und Mosaiken geschmückten Apsiden sind entweder in einen übergeordneten Raum ein- oder daran angebaut. Häufig bilden Apsiden den östlichen Abschluss des →Chors. Vgl. S. 142.

Apsiskalotte
Gewölbe in Form einer Viertelkugel, das die Apsis überdeckt, trägt oft eine Darstellung der →Majestas Domini.

Arabeske
Ein oft aus Blatt- und Rankenwerk geformtes, bildloses Ornament.

Archivolten
Ital. = archivolto (Ober- oder Vorderbogen). Bogenlauf über dem →Portal. Entsprechend der Gewändegliederung können mehrere Archivolten übereinander liegen und mit Skulpturen geschmückt sein.

Arkaden
Ein auf Stützgliedern (Säulen, Pfeilern) ruhender Bogen. Ebenfalls Bezeichnung für eine fortlaufende Reihe von Bogenstellungen oder auch für einen Gang, dessen eine Seite von Bogenstellungen begrenzt wird.

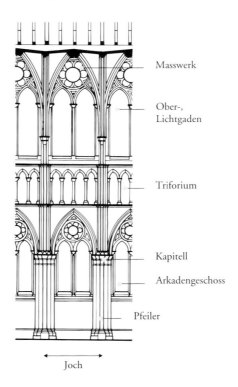

Masswerk
Ober-, Lichtgaden
Triforium
Kapitell
Arkadengeschoss
Pfeiler
Joch

Arme Seelen
Im Mittelalter Seelen der Verstorbenen, die zwar ihre Sünden bereut und Absolution erlangt haben, aber wegen ungenügender Bussleistungen (→Gute Werke) für eine bestimmte Zeit im →Fegefeuer ausharren müssen, bevor sie in den →Himmel kommen.

Armut
Im Mittelalter neben der existentiellen Not eine Lebensform zur Erlangung des →Seelenheils. Gleichzeitig gilt die Unterstützung der Armen als →Gutes Werk, was die Entstehung einer breiten →Bettelbewegung fördert. In der reformatorischen Polemik werden die Armen oft als die wahren Abbilder Gottes dem prunkvollen →Bilderkult gegenübergestellt. Vgl. Kat. 61.

Aschermittwoch
Beginn der →Fastenzeit. Vgl. Kat. 77.

Attribute
Gegenstände, die einer Person als Kennzeichen beigegeben sind. Im Mittelalter dienen die Attribute zur Kennzeichnung der →Heiligen sowie der personifizierten Begriffe.

Auferstehung
Überwindung des Todes durch Christus an →Ostern.

Auffahrt
Fest der Himmelfahrt Christi.
Vgl. S. 219; Kat. 90.

Augsburg
Reichsstadt in Süddeutschland, im 16. Jh. mit Weltbedeutung, Tagungsort vieler →Reichstage, an denen kirchenpolitisch wichtige Entscheide fallen (→Augsburger Bekenntnis, →Augsburger Religionsfriede).

Augsburger (Augsburgisches) Bekenntnis (Konfession)
Wichtigste →Bekenntnisschrift (deutsch und lateinisch) der →Lutheraner, von →Melanchthon und anderen Theologen verfasst und 1530 am →Reichstag von Augsburg dem Kaiser vorgelegt. Die katholische Gegenschrift (→Confutatio) ist so schroff, dass eine Versöhnung der beiden Seiten unmöglich wird. Verschiedene lutherische Kirchen nennen sich bis heute «Kirchen des Augsburger Bekenntnisses», so in Österreich und im Elsass.

Augsburger Interim
Das Augsburger Interim bezeichnet die Zwischenlösung, wonach Kaiser Karl V. 1548 den Protestanten bis zu einer definitiven Entscheidung einige Rechte, wie die →Priesterehe und den →Laienkelch, gestattet. In Süddeutschland gewaltsam durchgesetzt, findet das Interim im Norden kaum Widerhall und wird spätestens mit dem Augsburger Religionsfrieden 1555 hinfällig.

Augsburger Religionsfriede
1555 garantiert der →Reichstag den Lutheranern im Reich ihren Fortbestand. Ausschlaggebend ist jedoch das Bekenntnis des Staatsoberhauptes, ihm haben die Untertanen zu folgen (cuius regio, eius religio = wer befiehlt, bestimmt die Religion). Einige Vorbehalte bleiben aber bestehen. Die Reformierten erlangen erst 1648 im →Westfälischen Frieden die Gleichberechtigung.

Augustiner-Chorherren
Gemeinschaft von →Kanonikern, die sich nach der sog. Regel des hl. Augustinus richtet.
Vgl. Kat. 41, 111.

Augustiner-Eremiten
Ein 1256 entstandener →Bettelorden, dessen Niederlassung in Erfurt Martin Luther 1505 beigetreten ist.

Bahrtuch
Decke, die über den Sarg oder den →Katafalk gelegt wird.

Bann
→Kirchenbann.

Barfüsser
→Franziskaner.

Basilika
Mehrschiffiger Kirchenbau, dessen Mittelschiff erhöht ist und durch einen Lichtgaden erhellt wird.

Bauer
Etwa neun Zehntel der mittelalterlichen Bevölkerung sind Bauern. In der Frühreformation bilden sie eine der treibenden Kräfte, mit dem Ziel einer Verringerung der →Abgaben und der Abschaffung der →Leibeigenschaft.

Bauernkrieg
Schon vor der Reformation, zum Teil unter →hussitischem Einfluss, erheben sich die Bauern gegen ihre drückende Lage, z.B. im Bundschuh am Oberrhein. Die Reformation, sich auf die Bibel berufend, fördert die Bauernbewegung. 1525 fassen die aufständischen Bauern in zwölf Artikeln ihre Forderungen zusammen, so die freie Pfarrerwahl, Aufhebung der →Leibeigenschaft, der →Abgaben usw. Die erhoffte Unterstützung der Reformatoren bleibt aber aus. Luther, Partei der obrigkeitlichen Reformation, bezieht gegen die Bauern Stellung. Die Bewegung weitet sich über Schwaben, Franken, die Schweiz und Thüringen (→Müntzer) aus und eskaliert in verschiedenen Schlachten. Die Bauern werden vernichtend geschlagen und bleiben in der Untertänigkeit, aus der sie sich erst im 19. Jh. lösen können.

Beichte
In der katholischen Kirche →Sakrament der Busse zur Erlangung der Absolution. Wenn auch nicht als Sakrament, so doch als Teil der Seelsorge behalten die →lutherischen Kirchen die Beichte bei, bis sie im 19. Jh. bei den verschiedenen →Kirchenunionen als Kompromiss an die →Reformierten aufgegeben wird. Vgl. Kat. 15.

Beinhaus
Friedhofskapelle, in deren Untergeschoss die Gebeine aufbewahrt werden, die bei der Anlage neuer Gräber zutage treten.

Beinlinge
Strumpfähnliche Fuss- und Beinbekleidung des Mannes im Mittelalter.

Bekenntnisschriften
Schriften, in denen die Kirchen ihren Glauben festlegen bzw. sich von andern Kirchen abgrenzen. Bekenntnisschriften sind seit dem Frühchristentum bekannt, dazu gehört das apostolische oder nicäische Glaubensbekenntnis. Die Reformatoren des 16. Jh. bestreiten diese Bekenntnisse nicht, formulieren jedoch in neuen Texten die Abweichungen von der römischen Kirche (→Augsburger Bekenntnis, →Helvetisches Bekenntnis, →Confessio Tetrapolitana, →Prayer Book).

Benediktiner
Mönche, die nach der Regel des hl. Benedikt von Nursia (480–547) leben. Karl d. Gr. erklärt die Benediktsregel für verbindlich. Später erwachsen aus dem benediktinischen Mönchtum mehrere Reformorden (Cluniazenser, →Zisterzienser).

Benediktionen
→Sakramentalien.

Bestattung
Die Bestattung der Toten ist im Mittelalter ein an die →Pfarrei gebundenes Recht. Sie wird mit einer →Stolgebühr honoriert. Den →Bettelorden gelingt es, ein Bestattungsprivileg zu erhalten, was ihnen neue Einkünfte sichert.

Bettel
Im Mittelalter bedeutet Bettel nicht nur den Erwerb des Lebensunterhalts durch Bitten um Gaben, sondern auch Demutshaltung zur Erlangung des →Seelenheils. Die Reformation schränkt den Bettel ein und setzt an seine Stelle ein gottgefälliges Arbeitsethos.

Bettelorden
Im Gegensatz zu den →kontemplativen Orden widmen sich die Bettelorden vor allem der städtischen Seelsorge. Sie verdienen sich ihren Lebensunterhalt anfänglich mit Bettel. Zu den Bettelorden gehören unter anderem die →Franziskaner, →Dominikaner und →Augustiner-Eremiten. Durch päpstliches Privileg gelangen die Bettelorden in den Besitz von →Pfarrrechten (→Beichte hören, →Bestattung). Als Sterbebegleiter können die Bettelmönche, die oft auch die städtischen Notare stellen, bevorzugt →Seelgeräte in Empfang nehmen. Der Widerspruch zwischen gebotener Armut und dem Nutzen aus vielen Stiftungen lässt in der Reformation eine sehr feindliche Stimmung gegen die Bettelmönche entstehen.

Biblia pauperum
Lat. = Armenbibel. Bilderbibel des späten Mittelalters mit Szenen aus dem Neuen Testament, begleitet von solchen aus dem Alten Testament. Die Armenbibeln richten sich an die an Geist Armen. Entgegen der irreführenden Bezeichnung sind sie als Bücher teuer und für wirklich Arme (→Armut) nicht erschwinglich.

Bild
Zwei- oder dreidimensionale Darstellung eines himmlischen oder irdischen Gegenstandes oder Geschehnisses. Ob man Bilder besitzen darf, ist eine der religiösen Grundfragen (→Bilderverbot).

Bildersturm
Mutwillige Zerstörung von Bildern aus religiösen oder ideologischen Gründen. Das Christentum wird von mehreren Bilderstürmen erfasst: →Byzantinischer Bilderstreit (8./9. Jh.), Bildersturm der →Hussiten (15. Jh.), →Reformation (erster Bildersturm in den 1520er und 1530er Jahren; zweiter Bildersturm in den 1560er Jahren).

Bilderverbot
Das zweite der Zehn Gebote, die Gott →Moses übergibt, lautet: «Du sollst Dir kein Bildnis machen, noch irgend ein Gleichnis von dem, was im Himmel oben, oder auf der Erde unten, oder was unter der Erde im Wasser ist» (2. Mos. 20,4). Das Verbot wird unterschiedlich ausgelegt. Im orthodoxen Judentum ist jegliches Abbild verboten, das christliche Hoch- und Spätmittelalter bezieht das Bilderverbot auf die Götzenverehrung, die Reformation geht nicht einheitlich damit um (→Luther, →Zwingli).

Bilderverehrung
Kultform, in der dem Bild als Abbild einer himmlischen Person oder Gegebenheit Ehre erwiesen wird, wie z.B. mit Kerzenlicht, →Weihrauch oder →Kuss. Je nach theologischer Auffassung überträgt sich die Verehrung des Abbilds auf das himmlische Urbild.

Bischof

Dritthöchstes →Kirchenamt, Vorsteher einer →Diözese. Dem Bischof sind alle →Pfarreien eines →Bistums unterstellt. Innerhalb seiner Diözese besitzt der Bischof namentlich das Recht der Weihe von Kirchen, Altären und Friedhöfen sowie von Priestern. Zur Entlastung steht ihm der Weihbischof bei. Vgl. S. 136.

Bistum
→Diözese.

Bosse
Roh zubereitete Ansichtsfläche eines Werksteines oder Quaders.

Bruderschaft
Unter den zahlreichen mittelalterlichen Bruderschaften verfolgen viele u.a. das Ziel, gemeinsam eine Leistung für das Seelenheil ihrer Mitglieder zu erbringen. Dabei spielen Bilder oft eine Rolle, sei es als Abbild des Heiligenpatrons (Sebastiansfigur der Schützen), sei es als →Retabel eines Bruderschaftsaltars. Die Bruderschaft tritt beim Begräbnis ihrer Mitglieder in Erscheinung und regelt gemeinschaftlich die →Jahrzeiten ihrer Mitglieder.

Bucer, Martin
1491–1551, Reformator Strassburgs. An der Heidelberger →Disputation für Luther gewonnen, wirkt er ab 1523 bei der Durchführung der Reformation in Strassburg, wo 1529 die Messe abgeschafft wird. Seine Hauptanstrengung gilt dem Ausgleich unter den verschiedenen Strömungen der Reformation, er wendet sich an die →Täufer und versucht zwischen Luther und Zwingli zu vermitteln. Wegen dieser Rolle wird er 1549 aus Strassburg ausgewiesen und lehrt fortan in Cambridge, wo er an der Revision des →Prayer Book mitwirkt. Strassburg aber wird lutheranisch. Vgl. Kat. 143.

Bullinger, Heinrich
1504–1575. Der Sohn eines Priesters wirkt als Pfarrer in Kappel und in seiner Geburtsstadt Bremgarten im Aargau. Nach der Niederlage von →Kappel (1531) muss er Bremgarten verlassen und wird in Zürich Nachfolger des gefallenen Zwingli. Mit seinen zahlreichen internationalen Kontakten wirkt er prägend und formend auf den reformierten Protestantismus. 1549 erfolgt im «Consensus Tigurinus» (Zürcher Übereinstimmung) eine Einigung mit den →Calvinisten. Sein →Helvetisches Bekenntnis wird zur wichtigsten Bekenntnisschrift der Reformierten.
Vgl. Kat. 151.

Busssakrament
→Beichte.

Butterbrief
→Dispens, die in der Fastenzeit den Genuss verbotener Speisen erlaubt. Vgl. Kat. 78–80.

Byzantinischer Bilderstreit
Bürgerkriegsähnlicher Kampf um die Existenz von Sakralbildern im Byzantinischen Reich (726–843). Kaiser →Leo III. befiehlt 726 die Zerstörung des Christusbildes im Palast von Konstantinopel, was zur ersten Phase der Unterdrückung des Bilderkults führt. 775–814 folgt eine bildfreundliche Zeit, die von Kaiserin →Irene geprägt ist und 787 durch das zweite →Konzil von Nicäa die Bilderlehre des →Johannes von Damaskus zur orthodoxen Lehre erklärt. 814–843 folgt eine zweite ikonoklastische Periode. Am Ende obsiegen die →Ikonodulen.

Calvin, Jean
1509–1564, Reformator Genfs. Nach dem Rechtsstudium ab 1533 der Reformation zugewandt, ist er zuerst in Basel tätig, dann 1536–1538 in Genf. Seine allzu rigorosen Reformen treiben ihn nach →Strassburg ins Exil (1538–1541), dann wirkt er mit wachsendem Einfluss wieder in Genf und prägt mit internationalen Kontakten und Publikationen (1559/1560 definitive Fassung der «Institutio» = Glaubenslehre) entschieden die reformierten Kirchen.

Calvinisten
Anhänger der Lehre von Calvin. Umgangssprachlich wird der Ausdruck vor allem mit Betonung von besonders strenggläubigen Reformierten gebraucht.

Capito, Wolfgang Fabricius
1472 oder 1478–1541. Eigentlich Wolfgang Köpfel aus Hagenau, «Capito» ist die damals nicht unübliche Latinisierung des Familiennamens. Der Theologe, Arzt und Jurist wird in Basel von →Erasmus geprägt, ist dann Mitarbeiter des Erzbischofs →Albrecht von Brandenburg in Mainz, wendet sich 1523 in Strassburg der Reformation zu und wirkt neben →Bucer in der Leitung von Kirche und Schule. Er ist Spezialist in hebräischer Sprache und anfänglich nicht ohne Sympathien für die →Täufer. Er stirbt an der Pest.

Chor
Der Chor ist in der Kirche der Raum, wo sich die Geistlichen zum →Stundengebet einfinden. Architektonisch handelt es sich um die Verlängerung des Mittelschiffs im östlichen Bereich der Kirche, hinter dem →Querschiff.

Chorherr
→Kanoniker.

Chormantel
Liturgisches Gewand in der Form eines Halbkreises.

Christus
Religionsstifter, nach christlicher Auffassung Sohn Gottes, der mit seinem Tod am Kreuz die Menschheit erlöst. Darstellungen von Christus sind vielfältig: Christuskind, →Passion (Kat. 110), Christus-Johannes-Gruppe (Kat. 113), →Schmerzensmann (Kat. 124).

Christuskind
Im Mittelalter Darstellung von Christus als Kleinkind, das unter anderem mütterliche Emotionen rührt. Vgl. S. 219; Kat. 74–76, 116.

Codex
Bezeichnung einerseits für kirchliches Gesetzbuch oder Gesetzessammlung, andererseits für die mittelalterliche Handschrift.

Confessio
→Augsburger Bekenntnis, →Helvetisches Bekenntnis, →Confessio Tetrapolitana, →Prayer Book.

Confessio Tetrapolitana
Lat. = Vierstädtebekenntnis. 1530 in Augsburg vorgelegte →Bekenntnisschrift der vier oberrheinischen Städte Strassburg, Konstanz, Lindau und Memmingen. Hauptautoren sind →Bucer und →Capito. Die Confessio Tetrapolitana ist eng mit dem →Augsburger Bekenntnis verwandt, aber schärfer in der Verurteilung der Missstände in der Kirche.

Confutatio
Die «Confutatio pontifica» ist die katholische Gegenschrift zum →Augsburger Bekenntnis (Confessio Augustana). Hauptautor ist →Eck. Die Schrift wird 1530 vor dem →Reichstag in Augsburg verlesen.

Corporale
Weisses Leinentuch, das in der →Messe unter den →Kelch oder die →Hostie gelegt wird. Nach der Konsekration wird es oft mit dem hinteren Teil über den Kelch gezogen, zum Schutz gegen Verunreinigungen.

Cromwell, Oliver
1599–1658. Der strenge →Puritaner aus englischem Landadel streitet ab 1640 gegen König, Schotten und Iren. Nach der Absetzung und Hinrichtung von König Karl I. (1649) wird er Haupt des Staatsrates, ab 1653 als Lord-Protektor sozusagen Diktator, lehnt jedoch 1657 aus religiöser Überzeugung und Angst vor →Idolatrie den Königstitel ab – er hat Angst, man würde sein Bild verehren. Nach seinem Tod zerfällt die Republik, der Sohn des hingerichteten Königs besteigt als Karl II. den Thron. Cromwells Hauptverdienst besteht darin, England auf den Weg zur protestantischen Grossmacht in Europa vorbereitet zu haben.

Dalmatik
Gerade geschnittener Rock mit weiten Ärmeln. Die Dalmatik wird vom →Diakon als Oberkleidung, vom →Bischof dagegen unter dem liturgischen Gewand getragen.

Deutscher Orden
Ritterorden, 1199 durch Papst Innozenz III. anerkannt. Betätigt sich in der kriegerischen Missionierung Osteuropas und betreut auch eigene Pfarreien, wie z.B. bis 1484 das Berner Münster.

Devotio, Devotion
Lat. = Andacht. Wird im Mittelalter oft durch Bilder angeregt.

Devotionalien
Andachtsgegenstände, z.B. Heiligenbildchen, Rosenkränze usw.

Diakon
Liest in der →Messe das Evangelium, steht hierarchisch unter den →Priestern, trägt als Oberbekleidung die →Dalmatik. Vgl. Kat. 13.

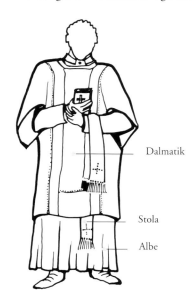

Dalmatik
Stola
Albe

Diözese
→Bistum.

Diptychon
(griech.). In der Kunst des Mittelalters versteht man darunter ein zweiflügliges Altarbild ohne Mittelteil. Vgl. Kat. 119.

Dispens
Gewährtes Recht zur Abweichung von einer Norm bzw. Recht zur Übertretung eines Verbots. Im Spätmittelalter kann eine Vielfalt von Dispensen in der päpstlichen Kurie gekauft werden, z.B. Butterbriefe (Kat. 78–80) oder die Dispens zur Ämterkumulation (→Pfründenjägerei).

Disputation
Öffentliches Streitgespräch zwischen Gelehrten, früher Teil einer akademischen Prüfung. In der Reformationszeit oft Gespräche zwischen →Altgläubigen und Neugläubigen, so 1519 in Leipzig, 1523 in Zürich, 1528 in Bern, 1526 in Lausanne.

do ut des
Lat. = ich gebe, damit du gibst. Formel des römischen Rechts, die in vielen Religionen zur Grundmotivation des Opfers wird. Im Mittelalter erwartet man von der Leistung der →Guten Werke eine Gegengabe von Gott und den Heiligen. Die Reformation lehnt diese Haltung als gotteslästerlich ab. Vgl. S. 136.

Dom
Bischofskirche, funktionell Synonym für Kathedrale.

Domherr
→Kanoniker an einem Dom.

Dominikaner / Dominikanerinnen
(dt. oft «Predigerorden»). Neben den →Franziskanern der zweite →Bettelorden. Die Ordensregel des hl. Dominikus (1170–1221) wird vom Papst 1216 bestätigt. Neben der städtischen Seelsorge, universitären Lehre und Pflege der Mystik widmen sich die Dominikaner der Bekehrung von →Ketzern. Sie verwalten als «domini canes» (Spürhunde des Herrn) die Inquisition. In den Klöstern der Dominikanerinnen pflegt man im 13. und 14. Jh. die mystische Verehrung von →Andachtsbildern. Vgl. Kat. 30, 106.

Donation
Im Gegensatz zur →Stiftung, die einen andauernden Zweck erfüllen muss und zu dessen Finanzierung es der Erträge aus einem Stiftungskapital bedarf, erfüllt sich die Donation in der Übergabe eines Geschenks. Vgl. Kat. 63.

Donator/Donatorin
Natürliche oder juristische Person (wie eine →Bruderschaft), die z.B. einer Kirche ein Geschenk macht. Kirchliche Kunstwerke tragen oft Donatorenbilder und -wappen.

Dorsalwand
Hohe, architektonisch gegliederte Rückwand des Chorgestühls.

Dreifaltigkeit
→Trinität.

Dreissigjähriger Krieg
1618–1648. Grosser mitteleuropäischer Krieg mit anfänglich stark konfessioneller Komponente, später immer mehr eine Frage der Vormacht in Europa. Am Ende stehen Frankreich, Schweden und Preussen – trotz immenser Kriegsschäden – gestärkt, der Kaiser und Habsburg geschwächt da. Die konfessionelle Spaltung Deutschlands bleibt, die Reformierten werden mit den Lutheranern gleichberechtigt (→Westfälischer Friede).

Dulie
Griech. = Dienst. Im Gegensatz zur →Latrie eine schwächere Form der Verehrung. In der Orthodoxie bedeutet Dulie die dem Bild zustehende Verehrung.

Ecclesia und Synagoge
Die Begriffe stehen für das Neue und das Alte Testament, dargestellt in Form zweier stets als Paar auftretender weiblicher Figuren. Die Synagoge, als Besiegte, wird mit einer Augenbinde, einem zerbrochenen Stab sowie mit einer von ihrem Haupt fallenden Krone und den aus ihren Händen gleitenden Gesetzestafeln dargestellt. Die Ecclesia ist als Siegerin mit Krone auf dem Haupt, Kelch und Kreuzesfahne gekennzeichnet.

Eck, Johannes
1486–1543. Der wichtigste theologische Gegner Luthers und der Reformation ist ab 1510 Theologieprofessor in Ingolstadt. Er vertritt die Sache der katholischen Kirche 1519 an der →Disputation in Leipzig gegen Luther, 1526 in Baden im Aargau, 1530 in Augsburg (Hauptautor der →Confutatio), 1541 in Worms und Regensburg.

Edikt
Lat. = amtlicher Erlass, z.B. →Toleranzedikt von Mailand 313, →Wormser Edikt 1521, Edikt von Nantes 1598.

Edikt von Nantes
1598 erlässt der zum katholischen Glauben übergetretene König Heinrich IV. ein Gesetz, das den →Hugenotten Religionsfreiheit und weitere Rechte, u.a. sog. Sicherheitsplätze, zugesteht. Die Sicherheitsplätze gehen 1629 im 9. →Hugenottenkrieg verloren, die →Toleranz wird 1685 aufgehoben.

Ehe
In der katholischen Kirche →Sakrament. Vgl. Kat. 15.

Eidgenossenschaft
Bündnissystem im Gebiet der heutigen Schweiz. Umfasst seit 1513 dreizehn vollberechtigte «Orte» sowie eine Reihe von zugewandten Orten, z.B. Mülhausen oder Rottweil. Die Reformation spaltet die Eidgenossen in ein altgläubiges Lager (Uri, Schwyz, Unterwalden, Luzern, Zug, Solothurn, Freiburg) und ein reformiertes Lager (v.a. Zürich, Bern, Basel, Schaffhausen, Glarus), Appenzell wird geteilt. Die lose Einheit bleibt trotz kriegerischer Auseinandersetzungen (→Kappelerkriege) bestehen.

Einblattdruck
Holzschnitt, zuerst als Einblattdruck auftretend.

Elsass
Gebiet zwischen Rhein und Vogesen, gehört zur Zeit der Reformation zum Deutschen Reich und wird nach dem Dreissigjährigen Krieg 1648 Frankreich zugeschlagen. Während der Reformation gibt es Bilderstürme in den Städten Strassburg und Mülhausen; auf der Landschaft werden etliche Klöster während des →Bauernkrieges gestürmt. Die reformierten Gebiete erleben nach 1648 unter Ludwig XIV. eine erzwungene Rückkehr zur katholischen Kirche. In Strassburg werden in der Rekatholisierung des Münsters mittelalterliche Kunstwerke zerstört, die die Reformation überdauert haben, wie der Hochaltar (Kat. 215–219) und die sog. Tierprozession (Kat. 214). Zur Zeit der Französischen Revolution kommt es im Elsass erneut zu Bilderstürmen. Vgl. S. 378–389; Kat. 206–219.

England, Kirche von
Unter König Heinrich VIII. (1530) wird die englische Kirche von Rom gelöst, bleibt aber katholisch und verwandelt sich erst in den kommenden Jahrzehnten unter lutherischem und reformiertem Einfluss in eine Kirche mit weitgehend evangelischer Lehre und katholischer Verfassung und Liturgie. Innerhalb dieser Anglikanischen Kirche gibt es zwei Richtungen: Unter «High Church» versteht man die Anhänger katholisierender Tendenzen, unter «Low Church» die Anhänger einer Annäherung an den kontinentalen Protestantismus.

Epitaph
Griech. = Grabschrift. An der Innen- oder Aussenwand einer Kirche oder an einem Pfeiler aufgehängtes oder aufgestelltes Mal zur Erinnerung an einen Verstorbenen. Dabei handelt es sich nicht um ein Grabmal, da sich das Epitaph nicht über einer Grabstätte befindet. Meist ist das Epitaph mit einer Inschrift versehen sowie mit figürlichen Darstellungen verziert. Vgl. Kat. 160.

Erasmus von Rotterdam
1466 oder 1469–1536. Eigentlich Gerhard Gerhards, nennt sich Desiderius Erasmus. Geboren in Rotterdam, Augustinermönch, Universalgelehrter, lebt ab 1521 in Basel. Geprägt durch niederländische Laienfrömmigkeit (Devotio moderna) und die Ethik der Antike, bemüht er sich um eine Erneuerung der Kirche. Er steht zeitlebens zwischen der alten katholischen Kirche und der evangelischen Bewegung, die er zu revolutionär findet. Vgl. Kat. 134.

Erzbistum
Grösster Verwaltungsbezirk innerhalb der römischen Kirche, geleitet von einem Erzbischof.

Eucharistie
Griech. = Danksagung. Im katholischen Ritus →Sakrament und →Abendmahlsfeier mit der Wandlung von Brot und Wein in Leib und Blut Christi (→Transsubstantiation). Die Eucharistiefeier ist der Höhepunkt der →Messe und wird täglich gehalten, ausser am →Karfreitag.
Vgl. Kat. 47.

Evangelisch
Sammelbegriff für die aus der Reformation hervorgegangenen Kirchen, besonders der →lutherischen und der →reformierten. Der Begriff wird schon 1521 von Luther vorgeschlagen, setzt sich aber erst im 18. Jahrhundert durch. In Ostmitteleuropa (Ungarn, Siebenbürgen) auch nur mit lutheranisch gleichgesetzt, im Gegensatz zu reformiert.

Evangelisten, die vier
Autoren der vier kanonisierten Berichte vom Leben Jesu, der sog. Evangelien. In der Ikonographie werden die Evangelisten oft durch ihre Symbole dargestellt: Matthäus als Engel, Markus als Löwe, Lukas als Stier und Johannes als Adler (→Majestas Domini). Vgl. Kat. 18, 71.

Exvoto
→Votivfiguren.

Fabrik
→Kirchenfabrik.

Fall
Sterbefall. Abgabe, die von den Hinterbliebenen eines verstorbenen →Leibeigenen an den Grundherrn zu entrichten ist. Wird durch die Reformation teilweise aufgehoben.

Fassung
Farbige Bemalung von Figuren.

Fasten
Vollständige oder teilweise Abstinenz von Speisen. Im Mittelalter v.a. Verzicht auf Fleisch, Eier und Laktizinien (Milchprodukte). Die wichtigste Fastenzeit folgt im Frühjahr auf die Fastnacht und dauert bis →Ostern. Mittels →Butterbrief kann eine Teildispens vom Fastengebot erwirkt werden. Die Reformatoren lehnen das Fasten als Frömmigkeitsleistung ab. Vgl. S. 218; Kat. 77, 80.

Fegefeuer
Seit dem 6. Jh. ein sich zunehmend konkretisierender Jenseitsort der katholischen Kirche. Im Fegefeuer erleiden die →Armen Seelen ähnliche Qualen wie in der →Hölle, werden aber eines Tages erlöst und in den Himmel aufgenommen. Die Aufenthaltsdauer im Fegefeuer hängt von der Bussleistung ab, die man nach Reue und Absolution zu erbringen hat. Mit →Guten Werken lässt sich die Fegefeuerzeit verringern. Durch den Glauben an das Fegefeuer erfährt die Sakralkunst eine unerhörte Förderung, sei es, dass Bilder als →Donationen in Auftrag gegeben werden, sei es, dass eine Altar- oder Kapellen- →Stiftung eine künstlerische Ausstattung erforderlich macht. – Die Reformatoren bestreiten die Existenz des Fegefeuers und entziehen damit der Auftraggeberschaft von sakralen Kunstwerken die wesentliche Motivation. Vgl. Kat. 59.

Fiale
Schlankes, spitzes, pyramidenförmiges Türmchen. Die Fiale, architektonische Zierform, kommt einerseits als Bekrönung auf den →Strebepfeilern vor, andererseits als Flankierung bei den →Wimpergen.

Firmung
Lat. = Stärkung. Vom Bischof gespendetes →Sakrament in der Form von Salbung und Handauflegung, soll der Stärkung des Glaubens dienen. Vgl. Kat. 15.

Flügelaltar
→Retabel in der Form einer Bildtafel oder eines Schreins mit türartigen Flügeln, die werktags geschlossen bleiben, geöffnet aber sonn- und feiertags den Blick auf das Hauptbild freigeben.

Formschneider
Hersteller des Druckstocks von Holzschnitten.

Forum
(lat.). Das Forum ist ein meist viereckiger Platz in einer römischen Stadt, an dem die öffentlichen Gebäude liegen, und der sowohl als Marktplatz wie auch als Versammlungsort dient.

Franck, Sebastian
Um 1500–1542. Eigentlich Frank von Wörd. Franck ist zuerst lutherischer Theologe, wendet sich dann den →Täufern zu und führt, in Süddeutschland von Stadt zu Stadt irrend, das Leben eines freien und unabhängigen Theologen und Schriftstellers, der keiner der gängigen theologischen Richtungen zugeordnet werden kann. Stirbt in Basel. Vgl. S. 218.

Franziskaner
(dt. oft «Barfüsserorden»). Mönche, die nach der Ordensregel des hl. Franziskus leben. Franziskaner zählen zu den →Bettelorden, die ursprünglich ihren täglichen Lebensbedarf durch Bettel erwerben. Sie betätigen sich im Mittelalter v.a. in der städtischen Seelsorge und sind bevorzugte Spezialisten des Todes, denen zur Erlangung des →Seelenheils viele Vermächtnisse zufallen. Vgl. Kat. 30, 106.

Franziskus, hl.
Franz von Assisi (1182–1226), Sohn eines reichen Textilkaufmanns, entsagt weltlichem Besitz und gewinnt als Wanderprediger eine grosse Anhängerschaft. Er begründet eine neue Armutsbewegung, die anfänglich im Kontrast zum Reichtum der übrigen kirchlichen Institutionen steht. Papst Innozenz III. bestätigt seine Regel 1210 (letzte Fassung 1223). Franziskus empfängt 1224 am eigenen Körper die Wundmale Christi (Stigmatisation) und wird fortan besonders verehrt. – Viele Anhänger der Reformation bezweifeln die Echtheit der Stigmata, behandeln Franziskus und seine Anhänger mit besonderer Abscheu.

Friedrich der Weise
1463–1525. Friedrich III., Kurfürst von Sachsen, zu seiner Zeit verehrt wegen seiner Frömmigkeit und seiner modernen humanistischen Gesinnung, engagiert sich für das freie Geleit Luthers an den →Reichstag zu Worms und versteckt ihn nach Verhängung der →Reichsacht auf der Wartburg, wo dieser in Ruhe das Neue Testament übersetzt.

Gegenreformation
→Katholische Reform, die mit prunkvollem, die Sinne berührendem Schmuck eine Gegenposition zur protestantischen Abstinenz von Bildern verfolgt.

Geiler von Kaysersberg, Johannes
1446–1510. Aufgewachsen in Kaysersberg (→Elsass), seit 1476 Prediger am Strassburger Münster. Predigtzyklus zum richtigen Umgang mit Bildern, die er befürwortet, deren Hang zur Sinnlichkeit er jedoch verurteilt.
Vgl. S. 114; Kat. 130, 131.

Gemeiner Mann
Fachbegriff für die untersten sozialen Bevölkerungsschichten (Bauern, Handwerker usw.) in der Reformationszeit. Diese Menschen erwarten von der Reformation nicht nur eine Erneuerung von Theologie und Kirche, sondern eine grundlegende Reform in Richtung einer christlichen Sozialordnung. Diese Tendenz ist Anstoss und Sprengstoff für die Reformation zugleich (→Bauernkrieg).

Gemme
Bezeichnung für einen Halb- oder Edelstein, der mit einer in den Stein gravierten, bildlichen Darstellung versehen ist (vgl. im Gegensatz dazu →Kamee).

Gerson, Johannes
1363–1429, Kanzler an der Sorbonne, verfasste u.a. Texte zum richtigen Bildgebrauch.
Vgl. Kat. 129.

Gesprenge
Feingliedriger, teils hoher, turmartiger Aufbau über dem →Flügelaltar. Gebildet ist das Gesprenge aus verschiedenen Architekturteilen wie →Fialen, Baldachinen, teils auch besetzt mit Figuren. Vgl. Kat. 10.

Gestühl, Chorgestühl
Bezeichnet die an den beiden Langseiten des Chors aufgestellten Sitzreihen, die den Geistlichen zugedacht sind. Daneben existieren für Vermögende und Mächtige auch reich verzierte Laiengestühle. Es können mehrere Chorstühle hintereinander auf verschiedenen Stufen angeordnet sein.

Gewände, Gewändefiguren
Begriff für die schräg verlaufende Laibung (Mauerfläche) seitlich eines →Portals oder auch eines Fensters. Die sich in der Abtreppung befindenden Skulpturen werden als Gewändefiguren bezeichnet.

Gewölbe
Oberer, krummflächiger Abschluss eines Gebäudes. Insbesondere wird der Begriff bei sakralen Bauten verwendet.

Giebelfeld
Bezeichnung für die Fläche eines Giebels. Der Begriff wird v.a. in Zusammenhang mit dem →Tympanon verwendet.

Gloriole
Heiligenschein.

Gnadenbild
Meist wundertätiges Bild, das Ziel einer Wallfahrt ist, z.B. die Madonna von Einsiedeln (Kat. 249).

Gnadenstuhl
Darstellung der →Trinität, verbunden mit den Leiden Christi. Der thronende Gottvater hält entweder mit beiden Händen das Kreuz mit Christus vor sich, oder aber Christus liegt in seinem Schoss. Über dem Haupte schwebt die Taube, der Heilige Geist. Vgl. Kat. 15, 177.

Götze
Als Gott angebetetes Bild, von den Reformationsanhängern polemisch als Bezeichnung für Kirchenbilder gebraucht.

Gottesdienst
Bei den Katholiken öffentliche oder private →Messe, →Stundengebet oder kirchliche Andacht. Stark rituell geprägt und oft sinnenfroh mit Gesang, →Weihrauch und optischen Reizen geschmückt. Bei den Protestanten steht die Predigt im Mittelpunkt. Während die Lutheraner viel von der katholischen Sinnlichkeit beibehalten, sind der zwinglianische und der calvinistische Gottesdienst bewusst nüchtern.

Gouache
Malerei mit deckenden Wasserfarben, die mit Weiss vermischt sowie mit einem harzigen Bindemittel versetzt sind.

Grebel, Konrad
1498–1526. Aus vornehmer Zürcher Familie, ursprünglich Weggenosse von Zwingli. 1523 kommt es zum Bruch, weil Grebel sich den →Täufern zuwendet. 1525 beteiligt er sich an den ersten Erwachsenentaufen. Herumirrend, eine Zeit lang in Haft, stirbt er an der Pest.

Gregor der Grosse, Papst
Vor 540–604, einer der vier Kirchenväter. Verteidigt um 599/600 in zwei Briefen die Bilder als «Bücher» der Ungebildeten, verwirft aber deren Anbetung. Wird von den Reformatoren als «Erfinder» des →Fegefeuers betrachtet.
Vgl. S. 136; Kat. 30.

Groteske
Bezeichnung für ein Ornamentmotiv, gebildet aus feinem Rankenwerk, in das menschliche und tierische Wesen, Architekturteile, Blumen, Früchte, Fabelwesen u.a. eingefügt sind.

Gute Werke
Im Mittelalter Frömmigkeitsleistung (karitative Gaben, Messe-Lesen, Wallfahrten, Fasten usw.) in Erwartung einer Gegenleistung (→do ut des). Wer seine Sünden bereut und Absolution erhält, wird in den Himmel eingehen, muss davor aber Bussleistungen erbringen. Diese bestehen in Guten Werken oder nach dem Tod in einer Leidenszeit im →Fegefeuer. Diese Notwendigkeit zur Leistung Guter Werke führt im Mittelalter zu vielen →Stiftungen und →Donationen und schafft die Hauptmotivation zur Herstellung sakraler Bilder. Die Reformatoren bestreiten die Nützlichkeit Guter Werke für das Jenseits und anerkennen Almosen lediglich als selbstlosen Ausfluss des Glaubens (vgl. →sola gratia...).
Vgl. S. 20–22; Kat. 59, 60, 139.

Habit
Kutte, klerikale und klösterliche Amtstracht.

Häresie
Abfall vom rechten christlichen Glauben, eigenwillige Auslegung der Bibel. Häretiker werden im Mittelalter und in der frühen Neuzeit ausgegrenzt und als →Ketzer verfolgt.

Hätzer, Ludwig
Vor 1500–1529. Schweizer Bilderstürmer, wirkt in Zürich bis zur Verbannung wegen seines Einsatzes für die →Täufer, liefert den Bilderstürmern 1523 mit seiner Kampfschrift einen biblisch fundierten Argumentenkatalog. Wird 1529 wegen angeblicher sexueller Vergehen in Konstanz enthauptet. Vgl. Kat. 138.

Haller, Berchtold
1492–1536, Berner Reformator. Aus Rottweil, Theologe, Freund →Melanchthons, ab 1513 in Bern, Leutpriester und Chorherr. Ab 1522 wirkt er für die Sache der Reformation. Nach der Berner →Disputation verfasst er das Reformationsedikt von Bern.

Heilige / Heiliger
Während die Reformatoren den Heiligenkult ablehnen, spielt er im Mittelalter eine grosse Rolle. Für die römische Kirche sind Heilige Personen, die durch besondere christliche Lebensführung nach dem Tod direkt in den Himmel eingehen. Dort können sie für die Erdenbewohner Fürbitte bei Gott einlegen. Heilige gruppieren sich:
a) in Märtyrer, die für ihren christlichen Glauben den Tod erlitten haben, und
b) in Bekenner mit beispielhaftem Glaubensleben.

Zu den wichtigsten in diesem Katalog behandelten Heiligen zählen:

Antonius Eremita, † 356. Einsiedler in Ägypten, Begründer des christlichen Mönchtums (Kat. 156, 171).
Apollonia, † 249. Märtyrerin, der nach späterer Legende die Zähne ausgeschlagen werden, daher Schutzheilige gegen Zahnweh (Kat. 36, 37).
Attala, † 741. Tochter Herzogs Adalbert, stand dem von diesem gegründeten Kloster St. Stephan in Strassburg als Äbtissin vor (Kat. 26, 95).
Augustinus, † 430. Bedeutendster lateinischer →Kirchenvater (Kat. 41).
Barbara, nicht historisch belegt. Soll von ihrem reichen Vater Dioscuros von Nikomedien wegen ihrer Schönheit in einem Turm gefangen gehalten worden sein (Kat. 132, 71).
Bernhard von Clairvaux, † 1153. Theologe und grosser Förderer des →Zisterzienserordens (Kat. 30).
Christophorus, nicht historisch belegt. Riese, der das Christuskind durch einen Fluss trägt und erkennen muss, dass mehr als das Gewicht der ganzen Welt auf seinen Schultern lastet. Schutzheiliger gegen den plötzlichen Tod (Kat. 125, 134, 176, 177).
Dominikus, † 1221. Gründer des →Dominikanerordens.
Drei Könige, hll. Die drei Weisen aus dem Morgenland, die Christus im Stall von Bethlehem aufsuchen (Kat. 55, 77, 150, 175).
Elisabeth von Thüringen, † 1231. Tochter von König Andreas II. von Ungarn, wählt ein Leben der Armut und pflegt Aussätzige (Kat. 60).
Felix und Regula, nicht historisch belegt. Märtyrer von Zürich, sollen nach ihrer Enthauptung unter dem römischen Statthalter ihren Kopf zum selbst gewählten Begräbnisplatz getragen haben (Kat. 51, 52, 205).
Fides von Conques, † 303. Märtyrerin unter Statthalter Dacian (S. 145).
Franziskus, † 1226. Gründer des Franziskanerordens (→Franziskus).
Georg, nicht historisch belegt. Ritter, der einen Drachen besiegt (Kat. 29, 51, 155).
Jakobus d. Ä., Apostel. Seine Gebeine werden in Santiago de Compostela (Nordwest-Spanien) verehrt, wohin eine der wichtigsten Wallfahrten des Mittelalters führt (Kat. 93, 108, 169).
Johannes Baptista, Täufer von Christus. Zusammen mit Maria der wichtigste Fürbitter im →Jüngsten Gericht (Kat. 9, 168, 181).
Johannes Evangelista, Apostel und Lieblingsjünger von Christus (Kat. 72, 113, 167).
Joseph von Arimathia, bittet Pilatus um die Erlaubnis, den Leichnam Christi vom Kreuz zu nehmen (Kat. 7).
Katharina von Alexandrien, † 307 oder 315. Nach späterer Legende Tochter des Königs von Zypern, soll mit einem Rad gemartert werden, das jedoch durch Blitzschlag zerstört wird, Märtyrertod durch Enthauptung (Kat. 50, 171).
Laurentius, † 258. Diakon, der nach der Legende des 4. Jh. auf einem Feuerrost gemartert wird (Kat. 51, 174).
Maria, Mutter von Christus (→Maria).
Maria Magdalena, Büsserin die Christus mit ihren Tränen die Füsse wäscht (Lk. 7,36). Wird im Spätmittelalter oft als Prostituierte dargestellt, was die Reformatoren zur Polemik reizt (Kat. 158).
Martin, † 397. Ritter, der seinen Mantel mit einem Armen teilt, wird Bischof von Tours. Der Martinstag (11. November) ist im Mittelalter der wichtigste Zinstermin (Kat. 40, 52).
Michael, Erzengel, der im →Jüngsten Gericht die Seelen wägt (Kat. 41, 157).
Odilia, † 720. Der elsässische Herzog Athich will seine blindgeborene Tochter Odilia töten, was ihre Mutter mit Hilfe einer Amme verhindert. Odilia gewinnt mit der Taufe das Augenlicht, wird erste Äbtissin im Kloster Odilienberg, erlöst ihren Vater mit Gebeten aus dem Fegefeuer. Schutzheilige gegen Augenleiden (Kat. 26, 95).
Paulus, Apostel. Erleidet in Rom das Martyrium durch Enthauptung. Wird von der römischen Kirche zusammen mit Petrus als Apostelfürst verehrt. Prägt mit seinen Briefen Luthers →Rechtfertigungslehre.
Petrus, Apostel. Erster Bischof Roms und damit von der römischen Kirche als erster Papst verehrt. Erleidet nach späterer Legende den Tod durch Kreuzigung (Kat. 51, 147).
Sebastian, römischer Märtyrer. Soll unter Kaiser Diokletian durch numidische Bogenschützen gemartert worden sein, überlebt und wird mit Knütteln erschlagen. Schutzheiliger gegen die Pest (Kat. 38, 65, 73, 96, 121, 171, 38).
Stephanus, erster Diakon und erster christlicher Märtyrer. Wird laut Apostelgeschichte (Kap. 6 und 7) gesteinigt und schaut darauf die Herrlichkeit Gottes (Kat. 26, 57, 95).
Thomas von Aquin, † 1274. Dominikaner und als Scholastiker einer der bedeutendsten Theologen des Mittelalters (Kat. 30).
Ulrich von Augsburg, † 973. Ottonischer Reichsbischof, der erste Heilige, der in einem formellen Verfahren kanonisiert wird (Kat. 81, 96).
Urban, Papst des 3. Jh. Historisch ist sein Leben kaum bekannt. Wird als Patron der Winzer gegen Frostgefahr angerufen (S. 219; Kat. 92).

Vinzenz, † 304. Diakon, der nach vielfältiger Marter stirbt. Stadtpatron von Bern (Kat. 52, 53, 205).

Wendelin, lebte Ende 6. Jh. Angeblich iro-schottischer Königssohn, lebte als Einsiedler und Hirte in der Umgebung von Trier. Schutzheiliger für das Vieh (Kat. 39).

Heilsgeschichte
Geschichte vom Leben Jesu, das in →Passion und →Auferstehung mündet.

Heilstreppe
Darstellung einer Folge von Fürbitten zwischen Maria und Christus sowie zwischen Christus und Gottvater. Vgl. Kat. 15.

Helvetisches Bekenntnis
Heinrich →Bullinger verfasst das 1. Helvetische Bekenntnis 1536; es bleibt ohne grosse Wirkung. Das 2. Helvetische Bekenntnis verfasst Bullinger 1564/1566. Es wird nicht nur bei den Reformierten der Schweiz, sondern auch von vielen andern reformierten Kirchen – neben dem Heidelberger Katechismus – als bindendes Glaubensbekenntnis angenommen und dient als Vorbild für weitere ähnliche →Bekenntnisschriften.

Hierarchie
Pyramidenförmige Rangordnung von Vorgesetzten und Untergeordneten. In der katholischen Kirche steht zuoberst der →Papst, gefolgt von Kardinälen, Erzbischöfen, →Bischöfen, Dekanen, →Pfarrern, →Kaplänen, →Diakonen und →Subdiakonen.

Himmel
Ort Gottes und der ewigen Seligkeit. Neben den schmerzvollen Tiefen (→Fegefeuer, →Hölle) die freudevolle Höhe in der mittelalterlichen Jenseitstopographie. Seit dem 12. Jh. setzt sich in der →Westkirche die Vorstellung durch.

Himmelfahrt
→Auffahrt.

Himmelfahrts-Christus
Figur des auferstandenen Christus, die an →Auffahrt in das Kirchengewölbe hochgezogen wird. Vgl. S. 219; Kat. 90.

Hochaltar
Hauptaltar einer Kirche.

Hölle
Ort der ewigen Verdammnis. Neben →Himmel und →Fegefeuer die unterste Stufe der mittelalterlichen Jenseitstopographie. Im christlichen Mittelalter kann der Hölle nur entgehen, wer getauft und nicht mit schwerer Sünde (Todsünde) beladen ist. Die Existenz der Hölle bleibt auch unter den Reformatoren unbestritten.

Hostie
Lat. = Opfer. Gebäck in der Form einer dünnen, weissen Scheibe (Oblate), die sich in der →Eucharistiefeier in den Leib Christi verwandelt und den Gläubigen in der Kommunion dargereicht wird.

Hottinger, Niklaus
Schuhmacher aus Zollikon bei Zürich, setzt sich früh für die evangelische Lehre ein. Im September 1523 entfernt er in Stadelhofen bei Zürich ein Kruzifix und wird dafür auf zwei Jahre verbannt. Im Exil in der benachbarten Grafschaft Baden wird er gefangen genommen und trotz Fürsprache seiner Heimatstadt im März 1524 in Luzern als erster Märtyrer der schweizerischen Reformation hingerichtet. Vgl. Kat. 151.

Hugenotten
Wortkombination, abgeleitet vom Genfer Bürgermeister «Hugues» und von den «Eidgenossen». In Frankreich zuerst Spottname, dann allgemein übliche Bezeichnung für die dortigen Protestanten, zumeist Calvinisten. Die Bewegung der Hugenotten wird erst in der zweiten Hälfte des 16. Jh. wirksam und hält sich über Kriege (→Hugenottenkriege, bis 1598), Duldung (1598–1685), Unterdrückung (bis 1787) bis in die Gegenwart. In der Bilderfrage nehmen die Hugenotten eine kompromisslos ablehnende Stellung ein.

Hugenottenkriege
In der instabilen Politik Frankreichs ab Mitte des 16. Jh. entwickeln sich →Toleranz und Akzeptanz der Hugenotten sehr unterschiedlich, denn der Adel ist konfessionell geteilt, und die Krone schwach. Auf die Jahre 1562–1598 fallen insgesamt acht bürgerkriegsähnliche Ereignisse mit unterschiedlichen Fronten, aber alle auf die Frage nach der Rolle der Hugenotten im französischen Staat ausgerichtet. Mit dem →Edikt von Nantes (1598) wird die Stellung der Hugenotten vorerst gefestigt. Im 9. Hugenottenkrieg 1620–1629 verlieren sie zwar die Sicherheitsplätze, aber noch nicht die Toleranz.

Humanismus
Der Begriff bedeutet, dass der Mensch im Zentrum der Werte und der Erkenntnis steht. Er wird verwendet für das Bildungsideal der Antike, das an der Wende vom 15. zum 16. Jh. wieder aufgegriffen (wiedergeboren →Renaissance) wird. Das kritische Studium und die Neuherausgabe der antiken Texte, also auch der Bibel, begünstigen das Entstehen der Reformation.

Hungertuch
Sparsam bemaltes Leinentuch, das in der →Fastenzeit den →Chor verhängt und dem Kirchengebäude sozusagen als Bussgewand dient. Vgl. S. 219; Kat. 77.

Hus, Jan
1370–1415. Tschechischer Kirchenreformer, Priester, Rektor der Universität Prag. Seine radikalen Ideen sind von →Wyclif beeinflusst und stellen die Grundelemente der katholischen Kirche in Frage. Trotz Geleit (Schutzversprechen) des Kaisers wird er 1415 am Konzil von Konstanz verbrannt. Vordenker vieler Ideen der Reformation, sein Hauptverdienst ist die Durchsetzung der tschechischen Sprache in Böhmen. Vgl. Kat. 133.

Hussiten
Anhänger von →Hus. Nach dessen Tod in verschiedene Gruppen zersplittert, verfolgen sie weiterhin reformatorische Anliegen. Politisch sind sie tschechisch und antideutsch. In viele Kriege verwickelt, schliessen sie sich im 16. Jh. andern reformatorischen Bewegungen an. Daher werden in der Polemik dieser Zeit Bilderstürmer als «Hussiten» bezeichnet. Im 17. Jh. zum grössten Teil nach Polen und Deutschland vertrieben.

Hutterer / Hutterische Brüderschaft
Eine Seitenlinie der →Täufer, benannt nach ihrem Gründer Jakob Hutterer († 1526), mit einer kommunistischen Gesellschaftsordnung, entstanden 1528 in Nikolsburg (Mähren), später nach Osteuropa, dann nach Kanada abgedrängt.

Idolatrie
Griech. = Götzendienst. Die nur Gott zustehende →Latrie wird in der Idolatrie auch Bildern zuteil.

Ikone
Tafelbild der →Ostkirche, das Christus, heilige Personen oder Szenen aus dem Leben Christi oder von Heiligen zeigt. Die Ikone wird als Abbild des himmlischen Urbilds verehrt und überträgt die Verehrung auf dieses.

Ikonodule
Bilderverehrer (vgl. →Byzantinischer Bilderstreit).

Ikonographie
In der Kunstwissenschaft die Lehre von den Darstellungsarten und der Deutung von Bildinhalten.

Ikonoklasmus
→Bildersturm.

Ikonoklast
Griech. = Bilderzerbrecher. Bezeichnung der Bildgegner im →Byzantinischen Bilderstreit. Heute verallgemeinernd auf Bilderzerstörer und Bilderstürmer angewandt.

Inkarnat
In der Maltechnik Bezeichnung für den Haut- oder Fleischton, auch für das gemalte Nackte.

Interdikt
Kirchenstrafe, entzieht einer Einzelperson, einer Personengruppe oder einer territorial begrenzten Gemeinschaft das Recht auf die →Sakramente. Für das Seelenheil ist das Interdikt sehr gefährlich, da im Todesfall ohne Absolution die →Hölle droht.

Irene, byzantinische Kaiserin
Um 752–803. Im →Byzantinischen Bilderstreit Gegnerin des Ikonoklasmus. Unter ihr beschliesst das zweite →Konzil von Nicäa 787 die Wiederherstellung der Bilder und die erste verbindliche Definition der Bilderverehrung.

Ius reformandi
Das Recht, dass die Obrigkeit die Konfession der Untertanen bestimmt. 1555 im →Augsburger Religionsfrieden erlassen.

Jahrzeit
Gedächtnisgottesdienst am Jahrestag des Todes. Jahrzeiten werden im Spätmittelalter als effektvollstes →Gutes Werk zur Erlösung der →Armen Seele angesehen.

Jahrzeitbehang
Kann am alljährlich wiederkehrenden Totengedenktag, der sog. Jahrzeitfeier, als schmückender Grabbehang eingesetzt werden und hält die Erinnerung an den Stifter wach. Vgl. S. 211; Kat. 67.

Jesus
→Christus.

Jetzer, Hans
† 1514. Schneidergeselle, der 1506 in Bern als Novize in das Predigerkloster eintritt und 1507 mit gefälschten Wundern einen Skandal auslöst (→Jetzerhandel).

Jetzerhandel
Im beginnenden 16. Jh. schwelt der Streit zwischen Franziskanern und Dominikanern um die Frage, ob Maria frei von der Todsünde empfangen worden sei. Die Franziskaner sind dafür, die Dominikaner dagegen. Hans Jetzer, ein Novize im Predigerkloster von Bern, versucht 1507 mit gefälschten Wundern die Stimmung zugunsten der Dominikaner zu wenden. Als der Schwindel auffliegt, werden vier Angehörige des Konvents als →Ketzer verbrannt, Jetzer lässt man entkommen. Vgl. Kat. 106.

Joch
Bezeichnung für die Gewölbeeinheit oder das Gewölbefeld eines Bauwerks, das in Richtung der Längsachse gezählt wird.

Johannes von Damaskus
Um 675–749. Byzantinischer Kirchenlehrer und Heiliger. Verfasst zwischen 626 und 730, zu Beginn des →Byzantinischen Bilderstreits, eine Definition von der richtigen Bilderverehrung. Diese wird 787 vom zweiten →Konzil von Nicäa zur orthodoxen Lehre erklärt.

Jüngstes Gericht
Mittelalterliche Vorstellung vom Ende der Welt. Am Jüngsten Tag werden die Toten zum Weltgericht auferstehen und von Christus gerichtet. Die Verdammten kommen in die →Hölle, die Guten in den →Himmel.

Justitia
→Allegorie der Gerechtigkeit, ersetzt in zwei Bildprogrammen in Bern und Basel →Maria. Vgl. Kat. 182, 183.

Kamee
Mit einem erhabenen Relief verzierter Edel- oder Halbedelstein (vgl. im Gegensatz dazu →Gemme).

Kandelaber
(lat. candelabrum). Kerzenhalter, oft monumental mit reich dekoriertem (ornamental und figürlich) Schaft.

Kanoniker
Kanoniker, Stiftsherren oder Chorherren sind →Weltgeistliche, die gemeinsam an einem →Stift oder als Domherren an einem →Dom das Chorgebet pflegen. Im Gegensatz zu →Mönchen besitzen Kanoniker Eigentum und leben im Spätmittelalter in eigenen Häusern. Die →Pfründen der Kanoniker sind hochdotiert und in der mittelalterlichen Gesellschaft sehr begehrt.

Kanonisierung
→Heilige. Vgl. S. 136.

Kapelle
Bezeichnung für ein kleines →sakrales Gebäude oder einen kleinen Raum, bestimmt für gottesdienstliche Handlungen. Die Kapelle kann Teil einer Hauptkirche sein. Oft ist bei grösseren Kirchen eine ganze Kapellenreihe entlang des Lang- oder Querhauses angegliedert. Erbaut werden die Kapellen häufig von Privatleuten oder Zünften, die sie bestimmten Heiligen weihen. Vgl. S. 211; Kat. 72.

Kapitell
(lat. capitellum = Köpfchen). Bezeichnung für das ausladende, plastisch gestaltete Kopfstück einer Säule, eines Pilasters oder eines Pfeilers. Formal vermittelt das Kapitell zwischen dem lastenden und dem tragenden Element.

Kaplan
Im Mittelalter ein Priester, der normalerweise die →Pfründe einer privaten →Stiftung besitzt und ein festgelegtes Programm von →Seelmessen zu leisten hat (z.B. fünfmal wöchentlich gelesen, an der →Jahrzeit gesungen).

Kappelerkriege
1529 Erster Kappelerkrieg der reformierten gegen die katholischen Kantone. Er endet kampflos (Legende der Kappeler Milchsuppe) und bringt den Reformierten günstige Friedensbestimmungen (Erster Landfriede). 1531 Zweiter Kappelerkrieg mit Niederlage der reformierten Orte und Tod Zwinglis. Der Zweite Landfriede bevorzugt die katholische Konfession und bewirkt bis 1712 (Zweiter →Villmergerkrieg) die Vorherrschaft der katholischen Kantone in der Schweiz.

Kardinal
Zweitoberstes Kirchenamt in der katholischen →Hierarchie. Im Konklave wählen die Kardinäle den →Papst.

Karfreitag
Todestag Christi. Für die Katholiken ist der Karfreitag ein Tag der Trauer, an dem keine →Eucharistiefeier stattfindet, und an dem niedrige Arbeit verrichtet wird. Die Reformierten feiern den Karfreitag als höchsten Feiertag. Vgl. S. 219; Kat. 84–87.

Karl V., Kaiser
1500–1558. König von Spanien, ab 1519 auch Deutscher Kaiser. Politisch kann er mit Spanien ein weltumfassendes Reich regieren, verstrickt sich in Italien und Nordafrika, bleibt aber Deutschland fremd. Obwohl im →Schmalkaldischen Krieg siegreich, scheitern doch letztlich seine Weltmachtpläne. An seinem ersten Reichstag 1521 (→Reichstag zu Worms) wird er mit Luther konfrontiert, mit dessen Anliegen er nichts anfangen kann, wie denn überhaupt das Problem der Kirchenspaltung mangels Verständnis nicht gelöst wird. 1530 weist er das →Augsburger Bekenntnis zurück, kann es aber nicht verhindern, das →Augsburger Interim erweist sich als wirkungslos, und der →Augsburger Religionsfriede belegt seine Ohnmacht in kirchlichen Dingen. 1556 dankt er ab und geht ins Kloster.

Karlstadt, Andreas
Vor 1480/1486–1541. Eigentlich Andreas Bodenstein. Ursprünglich Mitstreiter Luthers und heftiger Gegner religiöser Bilder. Als Vertreter einer radikalen Reformation tritt er später in der Nähe von Thomas →Müntzer auf. Vgl. S. 24; Kat. 137.

Karwoche
Woche von Palmsonntag bis Samstag vor Ostern. Vgl. S. 219; Kat. 82–86.

Kasel
Mantelartiges, ärmelloses, rundgeschnittenes Messgewand. Vgl. S. 211; Kat. 12.

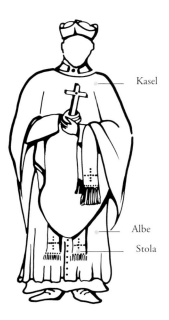

Katafalk
Mit Tüchern verhängtes Gestell, das beim Begräbnis den Sarg verhüllt und bei der →Jahrzeitfeier die Erinnerung an den Sarg aufrechterhält.

Kathedrale
Bischofskirche, Synonym zu →Dom.

Katholisch
Griech. = alle betreffend. In der Reformation Konfession der →Altgläubigen, d.h. der Anhänger der römischen Universalkirche, die vom Papst geleitet wird.

Katholische Reform
In der Zeit von 1550–1650 trifft die vorerst gelähmte katholische Kirche ihre Massnahmen gegen die neuen Kirchen, in ihren Augen Häresien. Höhepunkt ist das →Konzil von Trient. Die Reform bewirkt die innere Stärkung der katholischen Kirche, die Festigung ihrer Dogmen und eine eindrückliche Aufwertung ihrer Liturgie und Bräuche. Die Rückführung der Häretiker in die Kirche gelingt nur partiell. Der Begriff Gegenreformation entsteht erst im 18. Jh.
Vgl. S. 378–389.

Kelch
Gehört zusammen mit der →Patene zu den →liturgischen Geräten für die Zelebration der Messe. Als Gefäss dient er der Aufnahme des Weins. Vgl. S. 211, Kat. 18.

Ketzer
Anhänger einer Glaubenslehre, die von der herrschenden Macht als →Häresie betrachtet wird. Ketzer werden im Mittelalter von der institutionellen Kirche als Vertreter der Welt des Satans angesehen. Ihre Vernichtung erfolgt in der Regel durch Verbrennung (vgl. Kat. 133).

Kielbogen
Auch Sattelbogen oder Eselsrücken. Beim Kielbogen werden die konkaven Teile gegen oben hin konvex fortgesetzt.

Kirchenbann
Die Kirchenstrafe der Exkommunikation bedeutet in der katholischen Kirche den Ausschluss aus der Gemeinschaft der Gläubigen. Die weltliche Obrigkeit kann mit der →Reichsacht die Strafe noch verschärfen.

Kirchenfabrik
Bauvermögen einer Kirche. Dieses besteht einmal aus dem Kirchengebäude selbst, dann aus zinstragenden Kapitalien, aus deren Ertrag Bau und Unterhalt eines Kirchengebäudes bestritten werden.

Kirchenglocke
Im Mittelalter dient die Glocke als Ruf zum Gottesdienst, begleitet mit ihrem Klang die Verstorbenen auf ihrem letzten Weg und besitzt als gesegnetes Objekt →sakramentalische Wirkung, z.B. Schutz vor Unwetterschäden. Vgl. Kat. 25.

Kirchenstuhl
Stuhl einer Person, die der höheren Gesellschaftsschicht angehört. Aufgestellt waren die Kirchenstühle an einer besonders gut sichtbaren Stelle.

Kirchenunionen
In der Aufklärungszeit (18. Jh.) entschärfen sich die heftigen Gegensätze zwischen Reformierten und Lutheranern. Als Folge davon entstehen im 19 Jh. in einigen deutschen Ländern Unionen der beiden Kirchen, z.B. in Brandenburg und Baden.

Kirchenväter
Grosse Theologen des 4.–6. Jh. Die vier lateinischen Kirchenväter sind: Ambrosius, Bischof von Mailand, † 397; Hieronymus, Kardinal, † 420; Augustinus, Bischof von Hippo, † 430; →Gregor d.Gr., † 604. Vgl. S. 28ff.; Kat. 139.

Kirchenzucht
Beaufsichtigung des Lebenswandels der Menschen, v.a. in den reformierten Kirchen bis ins 19. Jh. üblich.

Klarissen
Weiblicher Zweig der →Franziskaner. Vgl. Kat. 110.

Klerus
Geistlicher Stand. In der katholischen Kirche wird unterschieden zwischen den Klerikern, die in einem symbolischen Akt für den geistlichen Dienst geweiht werden, und den Laien.

Kloster
(lat. claustrum = abgeschlossener Ort). Eine Einrichtung mehrerer Gebäude, die einem →Konvent dient und für Laien nicht oder nur beschränkt zugänglich ist. Der Ausschluss von weltlicher Geschäftigkeit und Ablenkung dient der Hingabe an Gott in Gebet, Meditation und demütiger Arbeit. In der Praxis verwalten die Klöster oft riesige Besitztümer an Land und Rechten, die von →Stiftern als →Seelgeräte übergeben werden. Im Gegenzug leistet der Konvent für ihre Wohltäter Fürbitte, liest →Jahrzeitmessen oder sucht am Todestag die Grabstätte auf. – Unter der Reformation werden die meisten Klöster säkularisiert, was zu einem gewaltigen Gebietszuwachs der die Reformation durchsetzenden Herrschaften führt.

Klosterkirche
→Kloster.

Kommunion
→Eucharistie. Vgl. Kat. 15.

Konsole
Ein aus der Mauer vorspringender Tragstein, der als Auflagefläche für Figuren, Gewölbeanfänger usw. dient. Oft ist die Konsole als Zierelement gestaltet.

Konstantin der Grosse, Kaiser
Um 280–337. Seit 306 Kaiser. Besiegt 312 bei der Milvischen Brücke seinen Gegenspieler Maxentius. In diesem Zusammenhang Kreuzesvision («Unter diesem Zeichen wirst Du siegen»), danach Hinwendung zum Christentum. Auf dem Sterbebett Empfang der Taufe. – Mit dem →Toleranzedikt von Mailand 313 wird das Christentum im Römischen Reich akzeptiert. Vgl. Kat. 4.

Kontemplative Orden
Ordensgemeinschaften, die ihre Hingabe an Gott in der Abgeschiedenheit von der Welt suchen und das Gebet und die Meditation ins Zentrum ihres Strebens stellen: →Benediktiner, →Zisterzienser, Kartäuser.

Konvent
Gemeinschaft von →Mönchen oder Nonnen, die in einem →Kloster leben.

Konzil von Nicäa, zweites
Beschliesst während des →Byzantinischen Bilderstreits die Wiederherstellung der Bilder und erklärt die Definition der Bilderverehrung von →Johannes von Damaskus zur orthodoxen Lehre: «Denn die dem Bild gewährte Ehre geht auf das Abgebildete über, und wer das Bild verehrt, verehrt in ihm das dargestellte Wesen».

Konzil von Trient
Alle Parteien der Reformationszeit setzen ihre Hoffnung auf ein allgemeines Konzil, das die Kirchenspaltung beheben soll. Das Konzil, das mit Unterbrüchen von 1545 bis 1563 in Trient (Oberitalien) tagt, ist indessen durch Ort und Zusammensetzung weitgehend vorbestimmt und verschliesst sich den Kritiken der Reformer. Es erreicht statt der Reform eine innere Festigung der katholischen Kirche: Beibehaltung der Sieben Sakramente, Gleichberechtigung von Schrift und Tradition, Heiligen- und Reliquienverehrung, Bilder und Ablässe. Reformen betreffen vor allem die Fragen der Priester und Bischöfe. Das Hauptverdienst des Konzils besteht in einer umfassenden Neuformulierung der katholischen Lehre.

Krabben
Gotische Kriechblume, die sich an den →Fialen, →Wimpergen usw. befindet.

Kreuzblume
First-, Giebelblume. Das kreuzförmige und stilisierte Blattgebilde befindet sich als bekrönendes Element bei Fialen, Wimpergen u.a. schmückenden Architekturteilen.

Kreuzgang
Bezeichnung für den um den rechteckigen Hof einer Klausur angelegten Gang. Zusammen mit der Kirche bildet der Kreuzgang das Kernstück einer Klosteranlage.

Kreuznimbus
Mit einem Kreuz versehener Heiligenschein. Gottvater, Christus und die Taube des Heilige Geists werden stets mit dem Kreuznimbus ausgezeichnet.

Kruzifix
Die am Kreuz hängende Figur von Christus. Vgl. Kat. 84.

Kultusfreiheit
Das Recht, im Rahmen der staatlichen Ordnung einen Gottesdienst entsprechend den Forderungen der Konfession oder Religion abzuhalten. Bis ins 19. Jh. ist volle Kultusfreiheit oft nur der dominanten Religion eines Territoriums gestattet, während allfällig geduldete Minderheiten Einschränkungen zu erleiden haben.

Kurie, römische
Bezeichnet seit dem 11. Jh. den päpstlichen Hof, insbesondere die päpstlichen Behörden. Vgl. S. 136.

Kuss-, Paxtafel
(lat. pax = Friede). Täfelchen in verschiedener Form, aus Metall, Elfenbein oder Holz. Die Paxtafel dient in der Messe zur Weitergabe des Friedenskusses. Vgl. Kat. 32.

Laienkelch
Seit dem 13. Jh. wird das →Abendmahl der breiten Masse der Laien nur noch unter der Form des Brotes gewährt. 1433 erhalten die Hussiten nach heftigen Kämpfen den Laienkelch wieder allgemein zugestanden. Zu den Hauptforderungen der Reformatoren gehört die allgemeine Gewährung des Laienkelchs, d.h. des Abendmahls unter beiden Gestalten, Brot und Wein. 1548 gewährt das →Augsburger Interim den Protestanten den Laienkelch, die katholische Kirche verbietet ihn 1621 endgültig.

Landfrieden
Die vier Landfrieden von 1529, 1531, 1656 und 1712 regeln das Zusammenleben der katholischen und reformierten Kantone in der Schweiz. Der Erste und Vierte Frieden sind für die reformierten, der Zweite und Dritte für die katholischen Orte günstig (→Kappelerkriege, →Villmergerkriege).

Langhaus
Langgestreckter Teil einer Kirche zwischen Fassaden und Querhaus.

Laterankonzil von 1215
Legt das Dogma der →Transsubstantiation fest und fordert von allen Gläubigen die Osterpflicht, d.h. mindestens einmal jährlich den Empfang von →Beichte und Kommunion. Vgl. Kat. 27.

Latrie
Griech. = Dienst. In der Regel die Gott allein gebührende Anbetung (im Gegensatz zur schwächeren →Dulie).

Legenda aurea
Lat. = Goldene Legende. Sammlung von Heiligenlegenden. Zusammengetragen aus mündlicher und schriftlicher Überlieferung, werden sie vom Dominikaner und späteren Erzbischof Jacobus de Voragine (auch Varagine, 1228/1230–1298) aus Genua. Die Legenda aurea findet grosse Verbreitung.

Legende
Bezeichnet in der katholischen Kirche seit Ende des 12. Jh. die an den Gedenktagen der Heiligen zu verlesenden Berichte über deren Leben und Wirken. Der Begriff wird zum Gattungsnamen für die religiöse Sage.

Leibeigenschaft
Ein z.T. bis ans Ende des →Ancien Régime geltende Abhängigkeit der →Bauern von ihrem Grundherrn. Leibeigene sind nicht rechtlos, dürfen aber u.a. keine ungenossamen Ehen eingehen oder müssen dem Grundherrn beim Tod den →Fall zugestehen.

Leo III., byzantinischer Kaiser
Um 685–741. Entfacht 726 mit dem Befehl zur Zerstörung des Christusbildes im Palast von Konstantinopel den →Byzantinischen Bilderstreit (726–843). Vgl. Kat. 197.

Leo X., Papst
1475–1521. Giovanni de Medici, als Papst ab 1513 fördert er Kunst und Literatur, verwickelt sich aber in die Kriege in Oberitalien. Die Tragweite der lutherischen Bewegung erkennt er zu spät und bekämpft sie aus politischen Rücksichten (Türkengefahr) zu wenig. Die Bannbulle gegen Luther (1520) bleibt wirkungslos.

Lettner
(Lat. lectorium = Vorleseraum, Lesepult). Bildet die Schranke zwischen dem →Chor und dem →Mittelschiff, dem Laienraum. Im oberen Bereich ist der Lettner mit einer Bühne ausgestattet, von der aus liturgische und musikalische Handlungen vorgenommen werden können. Zugänglich ist dieser Bereich über eine Treppe. Vgl. Kat. 207–213.

Letzte Ölung
→Sterbesakrament.

Leutkirche
→Pfarrkirche.

Leutpriester
Der Inhaber einer Pfarrpfründe amtet oft nicht selbst als Pfarrer. Er bezieht die Einnahmen aus dem Benefizium (→Pfründe) und lässt sich durch einen anderen Geistlichen, den «Leutpriester» vertreten. Diesem obliegt die Seelsorge des →Pfarrsprengels. Leutpriester werden namentlich eingesetzt, wenn die Pfarrei einem Kloster oder Stift inkorporiert ist. Das Felix- und Regulastift in Zürich bezieht die Einnahmen aus der Grossmünsterpfarrei, Zwingli amtet als dessen Leutpriester.

Libri Carolini
Als Gegenschrift zum Bilderdekret des zweiten →Konzils von Nicäa lässt Karl d.Gr. die sog. Libri Carolini verfassen, die zur Synode von Frankfurt 794 vorliegen. Die Libri Carolini nehmen zwischen →Ikonoklasten und →Ikonodulen eine Mittelposition ein und fordern weder die Bilderzerstörung noch den Bilderkult. Bilder sind als Kirchenschmuck mit didaktischer Funktion (→Gregor d. Gr.) zugelassen. Sie sollen aber nicht wie angeblich von den Ikonodulen angebetet werden. Dieser Vorwurf gründet jedoch auf einer mangelhaften Übersetzung des griechischen Konziltextes. Man scheint die Unzulänglichkeiten bald erkannt zu haben, was sich in der schmalen Textüberlieferung (nur vier Handschriften) niederschlägt.

Limbus
Vorhölle, wo weder Schmerz noch Freude herrscht. Verglichen mit der Herrlichkeit des Himmels ein düsterer Ort in der Jenseitstopographie. Vgl. Kat. 11.

Liturgie
Gesamtheit der Gottesdienste (→Stundengebet, →Messe).

Ludwig XIV.
1638–1715. Dieser König von Frankreich verkörpert den Inbegriff von Prachtentfaltung und Absolutismus. 1685 hebt er das →Edikt von Nantes auf und vertreibt die →Hugenotten ins Ausland oder für über 100 Jahre in den Untergrund. 1681 annektiert er nach dem grössten Teil des Elsass auch die Stadt Strassburg, ohne diese Gebiete vollständig der katholischen Kirche zurückführen zu können.

Luther, Martin
1483–1546, Reformator. Jugend in Eisleben und Mansfeld. Er wird Augustinermönch und studiert Theologie, in der er auf der Suche nach der Rechtfertigung einen neuen Weg (→sola fide) findet, ohne sich eigentlich von der Kirche entfernen zu wollen. Als Protest auf →Tetzels Ablasspredigten publiziert er 1517 die 95 →Thesen, die er nicht widerruft und damit den Bruch mit der Kirche in Kauf nimmt. 1525 verurteilt er die →Täufer und die Bauern im →Bauernkrieg und weist den Weg zur obrigkeitlichen Reformation. 1529 distanziert er sich wegen des →Abendmahls von Zwingli. Die Zeit bis zu seinem Tod in Eisleben ist von der Lehre in Wittenberg und vom Aufbau der ersten evangelischen Landeskirchen geprägt. Als Geächteter kann er nicht an den Reichstag in Augsburg, wo seine Lehre in der →Augsburger Konfession vorgestellt wird. Vgl. Kat. 139, 140.

Lutheraner (lutheranisch, lutherisch)
Anhänger Luthers und seiner im →Augsburger Bekenntnis fixierten Lehre. Die wesentlichsten Unterschiede zu den →Reformierten bestehen im →Abendmahlverständnis und in Gottesdienstformen, die bei den Lutheranern noch mehr an die katholische Kirche erinnern. Bilder in lutherischen Kirchen sind erlaubt, sie sollen weder verehrt noch angebetet werden, aber sie können die Andacht fördern. Daher sind in vielen lutherischen Kirchen mittelalterliche Kunstwerke erhalten geblieben.

Madonna
→Maria.

Majestas Domini
Darstellung von Christus als Weltenherrscher, umgeben von den Symbolen der vier →Evangelisten. Vgl. Kat. 35.

Mantz, Felix
1498–1527. Zürcher Gelehrter, gehört zusammen mit Konrad →Grebel zu den Initianten der Zürcher Täuferbewegung. Die ersten Erwachsenentaufen in Zürich finden im Haus seiner Mutter statt. Mantz wird als erster Täufer durch Ertränken in der Limmat hingerichtet.

Manuel, Niklaus
Um 1484–1530. Berner Maler, Holzschneider, Dichter, Staatsmann und Förderer der Reformation. Nimmt als Reisläufer in französischen Diensten an den oberitalienischen Feldzügen teil. Verfasst 1523 sein erstes Reformationsspiel, in dem er das verwerfliche Leben am päpstlichen Hof in Rom verflucht. Als Mitglied der bernischen Regierung ist er ab 1528 zuständig für die Vermünzung der kirchlichen Gegenstände aus Edelmetall. Vgl. Kat. 178, 187–191.

Maria
Mutter von Christus, den sie nach der Bibel jungfräulich empfangen hat. Auf dem Konzil von Ephesos 431 dogmatisch als Gottesgebärerin erklärt, was den späteren Kult Marias als wichtigster weiblicher Himmelsbewohnerin begründet. – Maria ist die am häufigsten dargestellte Heilige: mit dem Jesuskind auf dem Thron (Kat. 6), stehend (Kat. 45, 46), als Schmerzensmutter (Kat. 97), als Schreinmadonna (Kat. 129), als Prozessionsbild (Kat. 47), von Bilderstürmern angegriffen (Kat. 150). – Maria ist u.a. Patronin von Strassburg (Kat. 42–48), Lausanne (Kat. 112), Einsiedeln (Kat. 102) und Oberbüren (Kat. 104), wo ihr Bildwerk tote Kinder zum Leben erweckt.

Marienleben
→Maria. Vgl. Kat. 30.

Marmorinkrustation
Inkrustation wird die farbige Verzierung von Flächen mittels Einlagen bezeichnet. Das Grundlagematerial wie auch die eingelegten Teile bestehen dabei aus Stein, so beispielsweise aus Marmor.

Masswerk
Bauornament, geometrische Schmuckform, verwendet zur Unterteilung der grossen Öffnungen der gotischen Fenster.

Meister E.S.
Kupferstecher mit dem Namenszeichen E.S. Seine Tätigkeit setzt etwa gegen 1450 ein und endet um 1467. Meister E.S. war am Oberrhein und in der Nordschweiz tätig. Sein Werk umfasst mehr als 300 Stiche, dazu gibt es verschiedene Handzeichnungen.

Melanchthon
1497–1560. Eigentlich Philipp Schwarzerd. In Süddeutschland aufgewachsen, geht er 1518 nach Wittenberg, wo er bis zu seinem Tod bleibt. Als enger Vertrauter Luthers lehrt er dort, erklärt und formuliert die lutherische Theologie. Neben seinen philologischen Werken ist v.a. das →Augsburger Bekenntnis sein Hauptwerk. Daneben dient er auch →Friedrich dem Weisen und seinen Nachfolgern als politischer Berater.

Memento mori
(lat.). Bilder und Inschriften, die dem Betrachter den unausweichlichen Tod in Erinnerung rufen. Vgl. Kat. 61, 67, 178.

Mendikanten
(lat. mendicare = betteln). →Bettelorden.

Mensa
Bezeichnung für die horizontal liegende Platte des →Altars Vgl. Kat. 115.

Messe
Die Messe besteht aus dem Wortgottesdienst mit Lesungen und Predigt und der →Eucharistiefeier mit der Wandlung von Brot und Wein in Leib und Blut Christi. Die Messe kann als Gemeindegottesdienst oder als private →Seelmesse gehalten werden. Als Hochamt wird sie feierlich begangen, als stille Messe leise und ohne Gesang gehalten. Vgl. S. 211; Kat. 72.

Messpfaffe
→Kaplan, der →Seelmessen liest.

Mitra
Kegelförmige, spitze Mütze des Bischofs.

Mittelalter
Epoche zwischen Antike und Renaissance ohne genaue Zeitgrenzen, gemeinhin die Zeit zwischen dem 5./6. und dem 15./16. Jh. Im Spätmittelalter (14. bis Anfang 16. Jh.) werden weite Kreise der Bevölkerung von einem gesteigerten Verlangen zur Jenseitsvorsorge ergriffen. Damit im Zusammenhang steht eine immense Kunstproduktion, wovon die vielen spätgotischen Stadt- und Landkirchen zeugen.

Mittelschiff
Bildet den mittleren Teil einer aus mehreren →Schiffen bestehenden Kirche.

Mönch
(griech. monachos = Einsiedler). Mitglied eines →Mönchsordens, das in einer klösterlichen Gemeinschaft lebt oder als Einsiedler einer Mönchsregel folgt. Spirituelle Orden leben abgeschlossen in der Klausur (Kartäuser, →Zisterzienser), →Bettelorden pflegen öffentliche Seelsorge v.a. in den mittelalterlichen Städten. Das Mönchsleben widmet sich zuerst dem Gebet und als Demutshaltung auch der Arbeit. Wegen der häufig zu Reichtum gelangten Klöster sind Mönche den Anhängern der Reformation verhasst.

Mönchsorden und Nonnenorden
Zusammenschluss von Mönchen oder Nonnen unter einer gemeinsamen Ordensregel.

Monstranz
Behälter aus Edelmetall zum Aufbewahren und Zeigen der →Hostie. Vgl. Kat. 17, 32.

Moses
Empfängt im Alten Testament von Gott die Zehn Gebote, darunter das →Bilderverbot (2. Mos. 20,4).

Müntzer, Thomas
Vor 1490–1525. Geistlicher, früh von Luther, dann von den →Hussiten beeinflusst, beginnt er ab 1523 Bürger, Bergleute und Bauern gegen die Obrigkeit zu sammeln. Ab 1524 kommt es in Verbindung mit den →Täufern unter seiner Leitung zum Aufstand, zum →Bauernkrieg. 1525 erringt er in Mühlhausen (Thüringen) die Herrschaft, verliert aber die Schlacht von Frankenhausen, wird gefangen und enthauptet.

Murner, Thomas
1475–1537. Der Strassburger Franziskaner hält als katholischer Moralsatiriker seiner Zeit einen schonungslosen Spiegel vor, ist aber ein entschiedener Gegner der Reformation. Schreibt 1522 den Ritterroman «Von dem grossen lutherischen Narren», in dem er den Bildersturm vorwegnimmt. Vgl. Kat. 144, 146.

Musterbuch
Sammlung von Zeichnungen, die als Muster dem mittelalterlichen Künstler dienen.

Muttergottes
→Maria.

Myconius
1488–1552. Eigentlich Oswald Geisshüsler. Humanist und Theologe, zuerst in seinem Geburtsort Luzern, dann in Basel. Erster Biograph Zwinglis und Mitarbeiter →Bullingers am 1. →Helvetischen Bekenntnis. Vgl. S. 115; Kat. 134.

Nekropole
Griech. = Gräberstadt.

Netzgewölbe
Spätgotisches →Gewölbe, versehen mit einem «Netz», gebildet aus feinen Rippen.

Nimbus
Heiligenschein.

Ökolampad, Johannes
1482–1531. Eigentlich Johann Hußgen. Reformator in Basel, Förderer der Universität.

Ölgötze
Despektierliche Bezeichnung für Kirchenbilder.

Offizium
→Stundengebet.

Opfer
Gabe an Gott (→do ut des). Wichtiger Teil der →Guten Werke.

Orden
Zusammenschluss von Gleichgesinnten, die sich einer gemeinsamen Regel unterwerfen. Im Mittelalter spielen →Mönchsorden und Nonnenorden, die in Klöstern leben, oder →Ritterorden, die Askese und Kriegertum verbinden, eine wichtige Rolle. Die Reformation erzwingt in ihren Gebieten die Auflösung der geistlichen Orden.

Ostergrab
Grabgehäuse, in das am Karfreitag ein Grablegungs-Christus oder ein Kruzifix mit schwenkbaren Armen gelegt wird. Am Ostermorgen dient es als Requisit für das Osterspiel, in welchem Engelsdarsteller den zum Grabe eilenden Marien die Auferstehung verkünden. Vgl. S. 219; Kat. 86, 87.

Osterspiel
In dem Engelsdarsteller den zum Grabe eilenden Marien die Auferstehung verkünden. Vgl. S. 219; Kat. 86, 87.

Ostern
Fest der Auferstehung Christi und höchster Feiertag der katholischen Kirche. Im Mittelalter mit der Segnung der Speisen verbunden, die der vierzigtägigen →Fastenzeit ein Ende setzt. Vgl. S. 219; Kat. 88.

Ostkirche
Im Gegensatz zur →Westkirche die Ökumene der verschiedenen orthodoxen Kirchen unter dem starken Einfluss von Byzanz. Als im →Byzantinischen Bilderstreit die →Ikonodulen obsiegen, wird die →Ikone zum Kultbild der Ostkirche. Inhalt und Verehrung von Ikonen bewegen sich seither innerhalb enger, klar umgrenzter Normen.

Pallium
(lat.). In der Antike Bezeichnung für einen rechteckigen römischen Mantel. Im Mittelalter entwickelt sich das Pallium allmählich zu einem schmalen, langen Band, meist verziert mit schwarzen Kreuzchen. Getragen wird es vom Bischof und Erzbischof. Das Pallium umzieht ringförmig die Schultern, wobei der eine Streifen nach vorne über die Brust, der andere nach hinten über den Rücken zu liegen kommt.

Palmesel
Mittelalterliche Holzfigur des auf einem Esel reitenden Christus, die auf einen Wagen montiert und am →Palmsonntag in einer Prozession durch die Stadt geführt wird. Vgl. S. 219; Kat. 81.

Palmsonntag
Sonntag vor Ostern, dem Gedächtnis von Christi Einzug in Jerusalem gewidmet. Vgl. S. 219; Kat. 81.

Papist
Ursprünglich wertfreier, dann despektierlicher Ausdruck für Katholiken. Die Evangelischen der ersten Generation verweigern sich dem Ausdruck «Katholiken» für die Anhänger Roms, weil sie sich selber als katholisch, d.h. universell, betrachten.

Papst
Oberster Hirte der römisch-katholischen Kirche. Verkörpert für die Reformatoren das Feindbild schlechthin. Vgl. S. 136.

Paramente
Sammelbegriff für die Textilien im kirchlichen Gebrauch. Dazu gehören die liturgischen Gewänder der Geistlichen, die Bedeckung der Altäre und Kanzeln sowie weitere Behänge im kirchlichen Kontext.

Parität
Gleichberechtigung zweier (selten: mehrerer) Konfessionen, wo eine Einheitskonfession nicht durchgesetzt werden kann. Wird in der Reformationszeit als Provisorium betrachtet. Die Parität (= Gleichheit) erstreckt sich nicht nur auf die Benutzung der →Simultankirchen, sondern auch auf Ämterbesetzung, Verteilung von Erträgen usw. Im Sinne des unquantitativen Denkens des →Ancien Régime erfolgt die Teilung meist hälftig, ohne Rücksicht auf die Proportionen.

Passion
Leidenszeit von Christus zwischen →Palmsonntag und →Auferstehung. Vgl. Kat. 110.

Patene
Bildet zusammen mit dem →Kelch die unerlässlichen Geräte für die Zelebration der Messe. Der flache Teller dient bei der Feier des →Abendmahls oder der →Eucharistie zur Aufname der →Hostie. Vgl. S. 211; Kat. 15, 18.

Patrozinium
Weihung einer Kirche an einen Heiligen, der im Gegenzug als «Kirchherr» Schutz bietet.

Pfarrrechte
Recht auf Spendung der →Sakramente und Bezug des →Zehnten von den Untertanen der Pfarrei.

Pfarrei
Kirchliches Gemeindeterritorium. Im Mittelalter sind die darin sesshaften Einwohner die Untertanen der Pfarrei und bilden eine Genossenschaft, die z.B. über Baubeschlüsse befindet. Die Pfarrgenossen unterliegen dem Zwang, die Sakramente in der Pfarrkirche zu empfangen.

Pfarrer
Vorsteher einer oder mehrerer Pfarreien. Vor der Reformation übt der Pfarrer sein Amt oft nicht selbst aus, sondern lässt sich durch einen →Leutpriester vertreten. Die evangelische und reformierte Kirche stellen das ursprüngliche Amt des Pfarrers als Seelsorger einer Gemeinde wieder her.

Pfarrgeistliche
Der Pfarrer leitet die Pfarrei und ist für die Gemeinde zuständig. Daneben können mehrere →Kapläne für das Lesen der gestifteten →Seelmessen auf den Nebenaltären amtieren. Oft bezieht der Pfarrer als Kirchherr lediglich die Einnahmen der Pfarrei und überträgt die Seelsorge einem Stellvertreter, dem →Leutpriester.

Pfarrkirche
Kirche einer Pfarrei, an welche die Pfarrrechte gebunden sind.

Pfarrsprengel
Territorium, das zu einer Pfarrei gehört.

Pfeiler
Mauerstütze zwischen Öffnungen, so bei Türen oder Fenstern. Meist weist er einen rechteckigen, quadratischen oder polygonalen Grundriss auf, kann aber auch kreisförmig sein. In diesem Fall spricht man von einem Rundpfeiler. Je nach Aufstellungsort oder Ausgestaltung gibt es weitere Formen und Bezeichnungen des Pfeilers.

Pfingsten
Fest der Ausgiessung des Heiligen Geistes, fünfzig Tage nach Ostern. Vgl. S. 219; Kat. 91.

Pfründe
Kirchenamt, das mit einem Vermögen ausgestattet ist. Zu unterscheiden ist die Altarpfründe für den →Kaplan, die Pfarrpfründe für den →Pfarrer, die Stiftspfründe für einen →Kanoniker. Die Erträge aus dem Pfrundkapital stehen dem Amtsinhaber zu. Sie sollen gross genug sein, um ihm einen standesgemässen Lebensunterhalt zu garantieren. Im Spätmittelalter ist der Missbrauch der Kumulation von Pfründen (→Pfründenjägerei) weit verbreitet.

Pfründenjägerei
Kumulation mehrerer Pfründen. Eine Einzelperson kann im Spätmittelalter gleichzeitig Chorherr an verschiedenen, weit auseinander liegenden →Stiften und Pfarrherr in mehreren Pfarreien sein. Pfründenjägerei ist nicht erlaubt, das Verbot lässt sich jedoch mit päpstlicher →Dispens umgehen.

Pietà
→Vesperbild.

Pilger / Pilgerin
Person auf einer →Wallfahrt. Vgl. Kat. 93.

Plinthe
Quadratische Unterlagsplatte einer Säulenbasis.

Pluviale
Ärmelloser Schultermantel (Radmantel), vorne zusammengehalten mittels einer Spange, der Pluvialschliesse. Vgl. Kat. 11, 15.

Portal
Bezeichnung für das monumentale Tor am Haupt- oder Seiteneingang. Meist ist das Portal mit einer besonderen architektonischen Rahmung wie dem →Gewände, den →Archivolten oder dem →Tympanon versehen. Es können mehrere Öffnungen zu einem Portal zusammengefasst sein. Bei einer breiteren Ausdehnung kann das Portal zudem durch einen Mittelpfosten (→Trumeau) geteilt sein.

Prädikant
Protestantischer Prediger.

Prayer Book
Eigentlich «Book of Common Prayer» = Allgemeines Gebetbuch. Es enthält neben Gebeten auch den Katechismus, Gottesdienstordnungen und die Glaubensbekenntnisse. Es ist die wichtigste →Bekenntnisschrift und das einigende Dokument der anglikanischen Kirchen. Mehrmals überarbeitet (→England, Kirche von).

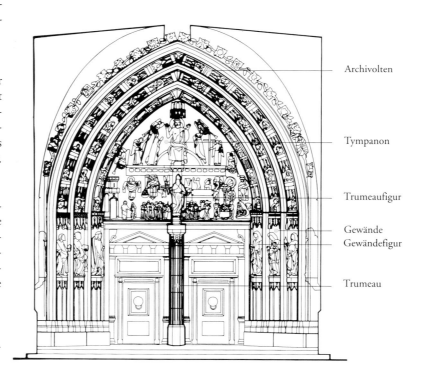

Predella
Bezeichnung für den sich auf der →Mensa befindenden Sockel eines →Retabels. Die Predella ist meist mit Malereien oder Bildwerken geschmückt. Vgl. Kat. 10.

Predigerorden
→Dominikaner und Dominikanerinnen.

Predigt
In der Regel Auslegung der im Gottesdienst gehaltenen Lesungen. Im Gegensatz zu den Katholiken, bei denen die →Eucharistiefeier den Höhepunkt der Messe bildet, erachten die Protestanten die Predigt als wichtigsten Teil.

Presbyterianer
Im angelsächsischen Raum geläufiger Ausdruck für →Reformierte. Der Begriff leitet sich ab von der Presbyterialverfassung, d.h. einer Kirchenleitung, die aus den Pfarrern und Laien besteht und jegliche Hierarchie der Geistlichen ablehnt. In Schottland Staatskirche, in England bis 1698 teils unterdrückt, teils geduldet.

Priesterehe
Im Spätmittelalter ist es weit verbreitet, dass die Priester sich Konkubinen halten, u.a. auch, weil die Bewirtschaftung der Naturalpfründe die Hilfe von Frau und Kindern erfordert. Die Dispensgebühren sind eine beliebte Einnahmequelle für die Bischöfe. Der Zürcher Reformator Heinrich →Bullinger ist Sohn eines Priesters (→Zölibat).

Privatkapelle
Nichtöffentliche Kapelle, in der für das →Seelenheil der →Stifter →Seelmessen gelesen werden. Privatkapellen können separat stehen, Teil einer Burg sein oder sich an Pfarrkirchen anlehnen. Vgl. S. 211; Kat. 72.

Propst
Vorsteher eines →Stifts.

Proskynese
Griech. = Niederwerfung. Im übertragenen Sinn eine Form der Bildverehrung.

Protestanten
Ursprünglich «Widerspruch» gegen einen Mehrheitsentscheid in Religionssachen am →Reichstag von Speyer. Damals also nur auf die protestierenden Obrigkeiten bezogen. Später v.a. von romanischen Ländern ausgehender Sammelbegriff für alle von der Kirche Roms abgetrennten Bewegungen und ihre Anhänger.

Prozession
Ritueller Umzug, der ein Ereignis oder eine Heilstatsache erlebbar machen will. Oft werden Bilder mitgetragen. Die kirchliche und weltliche Hierarchie kommt in der Rangfolge der Teilnehmenden zum Ausdruck. Vgl. Kat. 31, 33, 47, 50, 214.

Purgatorium
→Fegefeuer.

Puritaner
Vom reformierten Genf beeinflusste englische Protestanten, welche die Kirche von →England von katholischen Einflüssen «rein» (lat. purus) halten wollen. Sie verbinden sich mit den →Presbyterianern in Schottland und spielen eine wichtige Rolle in der Glorreichen Revolution von 1689.

Pyxis
Zylindrischer Behälter mit Deckel. Die Pyxis dient der Aufbewahrung der →Hostie.

Querschiff
Querhaus, quer zum →Langhaus verlaufender Bauteil.

Rechtfertigung
Grundfrage der Reformation: Wie kann der Mensch vor Gott bestehen? Für Luther erfolgt die Rechtfertigung allein aus der Gnade Gottes und dem Glauben an Christus (→sola gratia...). Damit formuliert Luther die Gegenposition zur Lehre der →Guten Werke.

Reformation
Jede Veränderung in der Kirche ist im weitesten Sinne eine Reformation. Im engeren Sinne ist es die Bewegung, die im 12. Jh. ihre Ursprünge hat (→Waldenser, →Wyclif, →Hus) und die dann im 16. Jh. von Luther ausgelöst wird. Dank der zersplitterten politischen Struktur Deutschlands und der eingeschränkten Möglichkeiten des Kaisers (→Karl V.) und des Papstes (→Leo X.) kann sie sich in vielen Territorien Deutschlands ausbreiten. In der Schweiz (→Zwingli) verläuft sie ähnlich, Skandinavien folgt dem Beispiel Deutschlands. Weitgehend unterdrückt werden Anfangserfolge in Österreich, Süd- und Osteuropa. Die Reformation in England (Kirche von →England, →Prayer Book) und Frankreich (→Hugenotten, →Calvin) gehört zur zweiten Reformation, die sich in Frankreich allerdings nicht durchsetzen kann. Mit dem →Westfälischen Frieden ist der Status weitgehend fixiert.

Reformationszeit
Bisweilen auch nur «Reformation» oder «Zeitalter der Glaubensspaltung» genannt. Zeitliche Eingrenzung je nach Fragestellung unterschiedlich, im Kern die Jahre zwischen 1517 (Thesen →Luthers) und 1555 (→Augsburger Religionsfrieden).

Reformiert
Sammelbegriff für die Kirchen, die auf Zwingli und Calvin zurückgehen. Äusserlich feststellbare Unterschiede zu den →Lutheranern sind Abendmahlslehre und nüchterne Gottesdienstformen. Bilder wurden von den Reformierten lange Zeit völlig abgelehnt (vgl. →Presbyterianer, →Puritaner).

Register
Horizontale Gliederung der Bildfläche in verschiedene übereinanderliegende Bildabschnitte.

Reichsacht
«Acht» ist nach altem germanischem Recht eine Strafe, die den Ausschluss eines Menschen aus der Gesellschaft beinhaltet. Er verliert seine Güter, Frau und Kinder werden als Witwe und Waisen betrachtet, und er darf verfolgt und getötet werden. «Reichsacht» ist die Acht, die sich auf das ganze Reich erstreckt. 1521 wird über Luther die Reichsacht verkündet.

Reichstag
Die auf Einladung des Kaisers an wechselnden Orten erfolgte Versammlung der weltlichen und geistlichen Fürsten des Reichs. Behandelt werden allgemeine, das Reich betreffende Fragen, so z.B. auch die Reform der Kirche, wie 1521 auf dem Reichstag zu Worms der Fall Luther.

Reichstag zu Worms
1521 verhandelt der Reichstag in Worms unter Kaiser →Karl V. den Fall Luther. Luther steht zu seiner reformatorischen, auf dem Evangelium beruhenden Einstellung und lehnt jeglichen Widerruf ab. Der Kaiser reagiert mit dem →Wormser Edikt.

Religionsfriede
Vereinbarungen über das friedliche Zusammenleben verschiedener Konfessionen, z.B. 1532 in Nürnberg und 1555 in →Augsburg.

Religionskriege
Kriege, die aus den Gegensätzen unterschiedlicher Religionen und Konfessionen entstehen: in Frankreich die →Hugenottenkriege (1562–1629), in Deutschland der →Dreissigjährige Krieg (1618–1848), in der Schweiz die →Kappelerkriege (1529 und 1531) und die →Villmergerkriege (1656 und 1712).

Reliquiar
Gefäss zur Aufnahme einer Reliquie. Mögliche Formen: Kästchen, Schreine, Körperteile (z. B. als Armreliquiar) oder Figuren.

Reliquien
Bezeichnung für die kultisch verehrten materiellen Überreste eines Heiligen oder eines mit ihm in Verbindung gebrachten Gegenstandes.
Vgl. Kat. 26–29.

Renaissance
Epoche, die durch eine Wiederbelebung der antiken Kultur gekennzeichnet ist. Gilt als Zwischenepoche von Mittelalter und Neuzeit und wird um 1350–1600 situiert (→Humanismus).

Retabel
Altaraufsatz über der →Mensa. In der Form einer Bildtafel, eines Schreins oder eines Flügelaltars bildet das Retabel den Hauptschmuck des Altars.
Vgl. S. 211; Kat. 40, 72, 73, 215.

Riss, Bauriss
Bezeichnung für die zeichnerische Darstellung eines Objektes. Der Begriff des «Bauriss» wird hauptsächlich in Zusammenhang mit der gotischen Architektur verwendet. Er bezeichnet die Entwurfs-, Werk- oder Aufnahmezeichnung eines Bauwerks oder einzelner Bauteile.

Ritterorden
Ritterorden stellen sich wie die →Mönchsorden unter ein religiöses Ziel, wie insbesondere die Christianisierung Jerusalems. Zu den Ritterorden gehören die Johanniter, Templer und Deutschordensherren. Die evangelischen Johanniter und katholischen Malteser der Gegenwart sind romantische Neugründungen.

Rom
Sitz des Heiligen Stuhls und der Kurie. In der Reformation Inbegriff der sündhaften Papstkirche. Für andere die Verkörperung der Stadtidee schlechthin, die als «Roma aeterna» als Hauptstadt der antiken Welt wie der katholischen Universalkirche gilt.

Rosenkranz
Kette mit verschieden grossen Perlen zum erinnernden und zählenden Ertasten eines bestimmten Programms von Gebeten.

Sakral-, Profanbauten
Bezeichnung für ein Gebäude, das religiösen Zwecken dient. Im Gegensatz dazu steht der Profanbau, ein nichtkirchliches Bauwerk.

Sakrament
Im Mittelalter heilsnotwendige Gaben göttlicher Gnade, vermittelt durch die Kirche: →Taufe, →Firmung, →Beichte, →Eucharistie, →Ehe, Priesterweihe, →Sterbesakrament.
Vgl. S. 136; Kat. 15, 88.

Sakramentalien
Heilsfördernde, den Sakramenten ähnliche Zeichen und Segnungen der katholischen Kirche (z. B. Palmen des →Palmsonntags, →Weihwasser, geweihte Kerzen usw.).
Vgl. S. 136, 163; Kat. 19–21, 88.

Sanktuarium
Altarraum einer Kirche.

Schaube
Schultermantel.

Schiff
Das Kirchenschiff bildet den mittleren Innenraum in Langbauten, Kirchen. Bei mehreren nebeneinander angelegten Schiffen spricht man von →Mittelschiff und →Seitenschiffen.

Schmalkaldischer Krieg
1531 schliessen in Schmalkalden (Thüringen) einige protestantische Fürsten und Städte einen Bund zum Schutz ihrer Sache. 1537 geben sie sich ein gemeinsames Glaubensbekenntnis. Als sie sich weigern, das →Konzil von Trient zu beschicken, kommt es 1546/1547 zum Krieg, den sie verlieren. Die Folge ist das →Augsburger Interim, mit dem Kaiser →Karl V. versucht, die Religionswirren in Deutschland zu beenden.

Schmerzensmann
Paradoxe Darstellung des leidenden Christus, der in seinem Grabe aufersteht. Im Spätmittelalter weitverbreitetes →Andachtsbild.
Vgl. Kat. 56, 61, 117, 124, 160, 168.

Schrein
Bezeichnung u.a. für das feststehende Mittelteil eines →Flügelaltars.

Schrotblätter
Zeichnung mit weissen Punkten auf schwarzem Grund.

Seelenheil
Für das Heil der Seele nach dem Tod fordert die mittelalterliche Kirche die Leistung →Guter Werke, die Reformatoren allein den Glauben an Christus (vgl. →sola gratia...).

Seelgerät
Mittelhochdt. «rat» = Vorrat, Vorrat für die Seele. Die mit dem Abfassen des Testaments ausgeschiedenen Erbteile, die zur Finanzierung →Guter Werke den Armen oder der Kirche zufallen.

Seelmesse
Private →Messe, deren geistige Früchte als →Gutes Werk einer →Armen Seele im →Fegefeuer zukommen. Im Zusammenhang mit der Stiftung von Seelmessen entsteht ein grosser Teil der spätmittelalterlichen Sakralkunst. – Die Reformatoren schaffen die Seelmessen ab.
Vgl. Kat. 62.

Seelstiftung
→Stiftung für das Seelenheil zur Verkürzung der Qualen im →Fegefeuer.

Seitenschiff
Seitenschiffe befinden sich seitlich angrenzend an das →Mittelschiff und sind in der Höhe oft etwas niedriger angelegt.

Simultankirche
Gibt es in einem paritätischen (→Parität) Dorf nur eine Kirche, wird sie von zwei (selten drei) Konfessionen benutzt, meist das Schiff für beide Konfessionen, der Chor nur für die Katholiken. Vorkommen in der Schweiz im Thurgau, St. Gallen u.a. seit der Reformation, im Elsass nach dem Übergang an Frankreich, als dieses das Vorrücken der katholischen Konfession begünstigt.

Skapulier
Gerade geschnittenes, schmales und ärmelloses Obergewand, seitlich ursprünglich mit Bandstreifen u.a. zusammengehalten. Das Skapulier wird als Überwurf über dem Ordensgewand getragen. Vgl. Kat. 31.

sola gratia, solus Christus, sola fide, sola scriptura
Die vier «allein»-Prinzipien der Reformation beinhalten den Weg des Menschen zum Heil, nur durch die Gnade (Gottes), nur durch Christus (als Mittler), nur durch den Glauben und nur durch die Heilige Schrift. Sie wenden sich vor allem gegen die Heilswirksamkeit der →Guten Werke.

Spätmittelalter
→Mittelalter.

Spolien
Wiederverwendeter Bauteil von einem niedergerissenen Gebäude.

Sterbesakrament
Letzte Ölung, die den Sterbenden auf seinem letzten Weg stärken soll. Vgl. Kat. 15.

Stift

Kirchliche Institution, eine Gemeinschaft von →Kanonikern, die miteinander im Chor einer Kirche das Stundengebet verrichten. Vorsteher des Stifts ist der Propst, die verfassungsmässige Versammlung das Kapitel. Die einzelnen Kanonikerpfründen sind mit Stiftungen ausgestattet, daher der Name Stift.

Stifter / Stifterin

Natürliche oder juristische Person (z.B. eine →Bruderschaft), die eine Stiftung errichtet. Die Stiftung ist eine eigene Rechtsperson, die ein Kapital umfasst, aus dessen Ertrag der Stiftungszweck erfüllt wird. Verbreitet ist die Stiftung von Altären und Kapellen, die mit ihrem Kapital das Lesen von Seelmessen erlaubt. Im deutschen Sprachgebrauch wird der Begriff «Stifter» oft fälschlicherweise für den →Donator verwendet. Vgl. Kat. 179.

Stifterbild

→Stifter / Stifterin. Vgl. Kat. 179.

Stiftsdame

Analog zu einem →Kanoniker eine Frau, die an einem →Stift mit andern Stiftsdamen das Chorgebet pflegt.

Stiftsherr

→Kanoniker.

Stiftung

Juristische Person zur Aufrechterhaltung eines vorgegebenen Zwecks. Im Mittelalter v.a. als →Seelgerät zur Vermeidung der Leidenszeit im →Fegefeuer errichtet. Häufig sind →Jahrzeitstiftungen, reiche Leute leisten sich die Stiftung von täglichen →Seelmessen, die bis zum →Jüngsten Gericht gehalten werden sollen. Vgl. Kat. 63, S. 210–211.

Stigmata

Wundmale Christi (vgl. →Franziskus).

Stola

Langes, streifenförmiges Ornatstück, als Teil einer feierlichen, kirchlichen Amtstracht. Die Stola wird je nach Rang des Geistlichen in unterschiedlicher Weise getragen. Vgl. Kat. 11.

Stolgebühren

Im Mittelalter Gebühren, welche die Gläubigen dem Priester zu entrichten haben, wenn er zur Spendung der Sakramente die Stola (daher der Name) trägt. Stolgebühren werden von den Anhängern der Reformation, namentlich von den Bauern bekämpft (→Abgaben).

Strebepfeiler

→Pfeiler, die zur Verstärkung der Aussenmauer sich als quer vorstehende Mauerzungen am Widerlager des Gewölbes zeigen.

Stundenbuch

Gebetbuch, das in Anlehnung an das klösterliche →Stundengebet ein reduziertes Pensum enthält und im Spätmittelalter oft kostbar illustriert ist. Vgl. Kat. 120.

Stundengebet

(lat. officium). Nach der Benediktsregel muss der gesamte Psalter in einer Woche gelesen werden. Das Pensum verteilt sich auf die Tageszeiten: Matutin, Laudes, Prim, Terz, Sext, Non, Vesper, Komplet. In den Klöstern ist das Stundengebet ein feierlicher Gottesdienst, aber schlichter als die →Messe mit der →Eucharistiefeier. – Die Reformatoren verwerfen das Stundengebet als veräusserlichtes Gemurmel. Vgl. Kat. 110, 112.

Subdiakon

Trägt in der Messe die alttestamentliche Lesung vor (Epistel). Amtstracht ist die →Tunizella. Vgl. Kat. 14.

Täufer

Radikale Seitenlinie der Reformation. Die Täufer lehnten die Kindertaufe zu Gunsten der Erwachsenentaufe ab. Nach revolutionären Epochen (→Müntzer, →Hutterer) bilden sie v.a. in der Emigration eigene Gemeinden: Mennoniten, Baptisten, Alttäufer usw.

Tafelbild

Das auf eine Holztafel oder Leinwand gemalte Bild. Als Tafelmalerei wird die Malerei «selbständiger» Tafelbilder bezeichnet, im Gegensatz zur Wand-, Glas-, Mosaik- oder Miniaturmalerei, die in einen grösseren Kontext eingebunden ist.

Taufe

Heilsnotwendiges →Sakrament, das mit einer rituellen Reinigungswaschung einen Menschen zum Christen oder zur Christin macht. Der Streit um die Erwachsenentaufe wird zur ersten Zerreissprobe innerhalb der Reformation (→Täufer). Vgl. Kat. 15, 16.

Tempera

Malerei mit Temperafarben. Das Bindemittel der Farben enthält wässrige und ölige oder auch harzige Bindestoffe.

Tetragramm

Protestantisches Zeichen für die →Trinität. Vgl. Kat. 204.

Tetzel, Johann

Um 1465–1519. Katholischer Theologe, ab 1509 Inquisitor für Sachsen, dann Prediger für verschiedene →Ablässe, so seit 1514 für den Ablass zu Gunsten der Peterskirche, in der Funktion eines Unterkommissars des Mainzer Erzbischofs →Albrecht von Brandenburg. Tetzels Aktivitäten geben Luther 1517 den Anlass für seine →Thesen.

Theodosius, Kaiser

Erklärte 392 das Christentum zur Staatsreligion (→Toleranzedikt von Mailand). Vgl. Kat. 2.

Thesen, 95

→Luther veröffentlichte Ende Oktober 1517 95 Thesen gegen den →Ablasshandel. Der Akt ist mit dem Beginn der Reformation gleichzusetzen.

Tiara

Hohe, dreifach gekrönte Kopfbedeckung des Papstes.

Toleranz

Duldung. Nicht überall kann in der Reformationszeit – oder später – eine einheitliche Konfession oder Religion erreicht werden. Die Minderheiten erlangen aber nicht immer Gleichberechtigung, sondern oft nur Duldung, ähnlich den Juden. «Toleranz» bedeutet meist eingeschränkte →Kultusfreiheit und eingeschränkte bürgerliche Rechte. Beide Mängel werden oft erst im 19. Jh. behoben.

Toleranzedikt von Mailand, 313

Nach dem Sieg an der Milvischen Brücke in Rom («Unter diesem Zeichen wirst du siegen») gewährt →Konstantin d. Gr. 313 den Christen Religionsfreiheit. Sogleich entstehen die ersten kaiserlichen Kirchen in immenser Grösse. Die christliche Bildkunst wird in der Folge imperial. Zur Staatsreligion wird das Christentum 392 unter Kaiser Theodosius. Vgl. S. 142.

Torso

Unvollständig erhaltene oder unvollendete Statue mit abgebrochenen Gliedmassen. Später (16. Jh.) wird der Torso auch als bildhauerischer Entwurf betrachtet.

Totentanz

Spätmittelalterliche Darstellung vom personifizierten Tod, der jeden Menschen jeglichen Standes zu einem Tanz und damit zum Sterben zwingt. Vgl. Kat. 172, 178.

Transsubstantiation

Verwandlung von Brot und Wein in Leib und Blut Christi (vgl. auch →Eucharistie und →Abendmahl).

Triforium
Lat. = Dreibogenöffnung. Bildet den Laufgang zwischen dem →Arkadengeschoss und der Fensterzone in einer →Basilika.

Trinität
Dreifaltigkeit, Darstellung von Gottvater, Christus und Heiligem Geist (→Gnadenstuhl), zuweilen auch Dreigesicht mit vier Augen und drei Nasen. Als protestantische Variante: →Tetragramm. Vgl. Kat. 15, 127, 128.

Triptychon
(griech.). Im Gegensatz zum zweiteiligen →Diptychon ein dreiteiliges Retabel, bestehend aus einem Mittelteil und zwei Seitenflügeln (→Flügelaltar). Vgl. Kat. 8.

Trumeau
Pfosten, der das →Portal in der Mitte teilt. Der Trumeau kann mit einer Figur, der sog. Trumeaufigur, versehen sein.

Tumba
Lat. = Grabmal. Die Tumba besteht aus einem sich über dem Grab erhebenden rechteckigen Unterbau und der darauf liegenden Grabplatte.

Tunika
(lat.). Bezeichnung für ein altrömisches Kleidungsstück, getragen von Männern und Frauen. Die Tunika ist ein hemdartiges Gewand, das bis unter die Knie reicht, in der Mitte meist gegürtet und mit kurzen Ärmeln versehen ist.

Tunizella
Obergewand. Im Gegensatz zur →Dalmatik sind die Ärmel etwas enger und länger geschnitten. Zudem ist die Tunizella weniger prunkvoll ausgestattet. Der Subdiakon trägt sie als Obergewand, der Bischof unter der →Dalmatik.

Turmhelm
Bezeichnung für den oberen Abschluss eines Turmes mit schräg zueinander geneigten Dachflächen.

Turmuhr
Uhrwerk in einem Turm. Die Reformation scheint nach dem Wegfall des →Stundengebets der Ausbreitung mechanischer Turmuhren förderlich gewesen zu sein (→Zeit).

Tympanon
Im Mittelalter Bezeichnung für die Fläche über einem →Portal, innerhalb eines Bogenfeldes.

Unterzeichnung
Entwurfszeichnung eines Tafelgemäldes, die bei Infrarot-Beleuchtung unter der Malschicht sichtbar wird.

Vedute
Topographisch genaue Ansicht einer Stadt oder Landschaft.

Vera Ikon
Lat. = wahres Bild. Tuch, auf dem sich das Antlitz Christi abgezeichnet hat. Aus dem Begriff wird die legendäre Gestalt der «Veronika». Sie soll dem kreuztragenden Christus ihr Schweisstuch gereicht haben. Vgl. Kat. 13.

Verehrung
Eine im Vergleich zur →Anbetung abgeschwächte Kultform der Ehrerweisung.

Verkündigungsgruppe
Engel Gabriel, der Maria verkündet, sie habe Christus empfangen.

Vesper
Abendliches Stundengebet, in dessen Zentrum das Magnifikat steht. Im übertragenen Sinne die Zwischenmahlzeit am Frühabend.

Vesperbild
(ital. Pietà). Darstellung von Maria mit dem Leichnam Christi auf dem Schoss. Der Name rührt daher, dass man in der mittelalterlichen Passionsandacht zur Vesperzeit am Nachmittag der Kreuzabnahme gedacht hat. Vgl. Kat. 84, 106, 110, 118, 154.

Villmergerkriege
Der Erste Villmergerkrieg bricht 1656 wegen der protestantischen Gemeinde Arth im Kanton Schwyz aus und endet mit einer Niederlage der Reformierten. Im Dritten Landfrieden werden die bisherigen Verhältnisse zwischen den Konfessionen bestätigt. Der Zweite Villmergerkrieg entzündet sich am Widerstand der reformierten Toggenburger gegen den Abt von St. Gallen. Der Krieg endet mit einer Niederlage der katholischen Kantone. Im Vierten Landfrieden wird die Gleichberechtigung (→Parität) der Konfessionen hergestellt.

Vogtherr, Heinrich
1490–1556. Buchillustrator, der in verschiedenen Städten mit seinem Werk die Wende vom alten Glauben zur Reformation verarbeitet und im Spätwerk auch wieder Aufträge von Katholiken annimmt. Vgl. Kat. 193–198.

Volute
(franz.). Schmückender Bauteil, mit an den Enden sich befindender spiral- bzw. schneckenförmiger Einrollung.

Vortragekreuz
Kreuz, das auf einem Stab einer →Prozession vorangetragen wird.

Votivfiguren
Figuren, die aufgrund eines Gelübdes für erlangten Beistand in eine Kirche gegeben werden. Vgl. Kat. 98–100.

Waldenser
Mittelalterliche religiöse Laienbewegung, die seit dem 12. Jh. reformatorische Postulate vorwegnimmt, gestiftet durch den Kaufmann Petrus Valdes aus Lyon. Sie kommt in den französischen und italienischen Alpen vor. Nach kurzer Toleranz Unterdrückung und Zwang zur Auswanderung. In Böhmen Einfluss auf die →Hussiten. Nach der Reformation Anschluss an die →Calvinisten. In Frankreich im 17. Jh. ausgerottet, im Piemont (Italien) und in Argentinien erhalten, in Deutschland im 19. Jh. an die evangelischen Kirchen assimiliert.

Wallfahrt
Reise zu einem Gnadenort, die als Busse geleistet wird und als →Gutes Werk die Leidenszeit im Fegefeuer verkürzt. – Die Reformatoren verlangen die Abschaffung der Wallfahrten. Vgl. Kat. 93–104.

Wappenscheibe
Bildscheibe, die ein Wappen zeigt und auf den →Donator eines Fensters oder die Kapelle eines →Stifters verweist. Vgl. S. 211; Kat. 70.

Weihbischof
→Bischof.

Weihnacht
Tag der Geburt von Christus.
Vgl. S. 218; Kat. 30, 74, 75.

Weihrauchfass
Behälter für kultische Räucherungen. Das Weihrauchfass besteht aus einem kelchartigen unteren Teil, mit eingelassener Vertiefung. Geschlossen wird der Behälter mit einem durchbrochenen Deckel, durch den der Rauch aufsteigt. Seitlich sind drei Ketten angebracht, mit denen das Weihrauchfass geschwenkt wird. Vgl. Kat. 22.

Weihrelief
Weihgeschenk in der Antike. Das Weihrelief stellte für den einfachen Mann eine Möglichkeit dar, seiner Weihung dauerhaft Ausdruck zu geben. Vgl. Kat. 1.

Weihwasser
→Sakramentalie, stärkt die Gläubigen und hilft ihnen in Alltagsnöten. Vgl. Kat. 23, 24.

Weltenrichter
Christus im →Jüngsten Gericht.

Weltgeistliche
Im Gegensatz zu den →Mönchen jene Kleriker, die als →Kapläne, →Pfarrer oder →Chorherren nicht in einem →Kloster leben.

Westfälischer Friede
Friedensschluss nach dem Dreissigjährigen Krieg 1648. Er bringt u.a. die faktische Fixierung der konfessionellen Verhältnisse in Deutschland, die Anerkennung der Reformierten als dritter Konfession neben den Katholiken und Lutheranern und die rechtliche Ausgliederung der Niederlande und der Schweiz aus dem Reichsverband.

Westkirche
Im Gegensatz zur byzantinischen →Ostkirche die dem römischen Papst unterstellte katholische Kirche des Westens. Die Westkirche lässt der Entwicklung des Bilderkults weitgehend freien Lauf, bis es zum reformatorischen Bildersturm kommt.

Wiedertäufer
→Täufer.

Wimperg
Bezeichnet die giebelartige Bekrönung von gotischen Portalen oder Fenstern. Häufig anzutreffen sind Wimperge in der gotischen Kathedralarchitektur.

Wormser Edikt
Als Luther am 3. Januar 1521 mit dem Kirchenbann belegt wird, verfügt das Wormser Edikt am 8. Mai 1521 auch die →Reichsacht über ihn. Die Lektüre und Verbreitung seiner Schriften werden verboten. Auch seine Anhänger werden mit der Reichsacht bedroht.

Wyclif, John
1320/1330–1384. Der bedeutendste Vorgänger der Reformation, obwohl den Reformatoren fast unbekannt. Der Theologieprofessor in Oxford postuliert die alleinige Autorität der Heiligen Schrift, verwirft →Zölibat, →Transsubstantiation, Mönchtum, Papsttum, Ohrenbeichte usw. und protestiert gegen das kirchliche Finanzwesen. Das Konzil von Konstanz erklärt ihn 1415 postum als Ketzer. In England wird seine Lehre ausgerottet, wirksam bleibt sein Einfluss auf die →Hussiten.

Zehnten
Kirchensteuer der Bauern. Sie berechnet sich aufgrund des Ertrags auf dem in einem →Pfarrsprengel liegenden Boden. In der Praxis der zehnte Teil der Ernte (z.B. jede zehnte Garbe). Der Grosszehnt betrifft Getreide und Wein, der Kleinzehnt Gartenfrüchte, Kleinvieh und tierische Produkte. Ursprünglich kommt je ein Viertel der Erträge dem →Bischof, den →Pfarrgeistlichen, der →Kirchenfabrik und den Bedürftigen zu. – In der Reformation kommt es zu Zehntverweigerungen. Der Kleinzehnt wird gebietsweise erlassen. Der Grosszehnt bleibt bis zum Ende des →Ancien Régime bestehen.

Zeit
Das Verständnis von der Zeit ändert sich in der Reformation grundlegend. Im Mittelalter ist die Zeit geprägt von verschiedenen Zyklen. Der Tag wird nach den Stundengebeten unterteilt und in der Passionsandacht dem Leiden Christi angenähert (→Vesperbild). Das Jahr richtet sich in der ersten Hälfte nach den Herrenfesten (Weihnacht, Palmsonntag, Karfreitag, Ostern, Auffahrt, Pfingsten). Die Weltzeit endet mit dem →Jüngsten Gericht. – Die Reformation scheint nach dem Wegfall der Stundengebete die mechanische Zeitmessung gefördert zu haben (→Turmuhr). Vgl. S. 211; Kat. 110, 120, 199.

Zentralbau
Gebäude, bei dem die Hauptachsen gleich lang oder praktisch gleich lang sind. Grundformen des Zentralbaus sind der Kreis, das Quadrat oder das gleichmässige Vieleck.

Ziborium
Bezeichnung einerseits für den baldachinartigen Überbau über dem Altar, andererseits auch für das die →Hostie enthaltende Gefäss, in Form eines Kelchs, Türmchens oder anderer Ausgestaltung.

Zins
Ein grosser Teil der auf Bauerngütern lastenden Zinsen fliesst im Mittelalter in den Unterhalt des Totenkultes (Jahrzeiten, Wachszinsen usw.). Als Luther die →Guten Werke für hinfällig erklärt und somit die Zinsen für die →Armen Seelen nichts bewirken können, erhoffen sich viele Bauern die Abschaffung dieser →Abgaben.

Zisterzienser und Zisterzienserinnen
Von Cîteaux im Burgund ausgehender →kontemplativer Mönchsorden, der anfänglich aus Gründen der Askese den Bildgebrauch einschränkt (vgl. Bernhard von Clairvaux). Im 13. und 14. Jh. pflegen Zisterzienserinnen neben Dominikanerinnen eine mystische Bilderverehrung, die zur Schaffung zahlreicher →Andachtsbilder führt. Vgl. Kat. 30.

Zölibat
Die Ehelosigkeit der Priester beruht einerseits auf einigen kontroversen Stellen im Neuen Testament, anderseits auf einer vorchristlichen Vorstellung, dass ein Priester besondere Kräfte besitze, die durch Sexualität beeinträchtigt werden. In der katholischen Kirche wird der Zwangszölibat im 12. Jh. fixiert und im →Konzil von Trient ausdrücklich bestätigt, zu allen Zeiten aber aus wirtschaftlichen und fiskalpolitischen Gründen durchbrochen (→Priesterehe). Die Reformatoren verneinen den Zölibat und heirateten selber. Vgl. Kat. 195.

Zweites Gebot
→Bilderverbot.

Zwickel
Dreiseitig begrenztes Flächenstück. Der Zwickel ergibt sich als Teil zwischen dem Bogen und dem Eckbereich der Umrahmung.

Zwingli, Huldrych
1484–1531, Schweizer Reformator. Nach Studien in Basel und Wien Pfarrer in Glarus, Einsiedeln und ab 1519 in Zürich. Geprägt als Feldprediger in Oberitalien, beeinflusst von →Erasmus und →Luther, drängt er ab 1522 auf eine durchgreifende Reform der Kirche, die ab 1523 von der Obrigkeit an die Hand genommen wird. Radikaler als Luther, ist er nicht nur Theologe, sondern auch Politiker und strebt eine Reform von Kirche und Staat an, die völlig auf die Heilige Schrift ausgerichtet werden soll. Darum nimmt er auch gegenüber der Kunst und den Bildern in der Kirche eine kompromisslos ablehnende Haltung ein. Als Feldprediger in die Auseinandersetzung mit der katholischen Innerschweiz verwickelt, fällt er 1531 in der Schlacht bei Kappel (→Kappelerkriege). Vgl. Kat. 141, 144.

Zwinglianisch
Die von Zwingli geprägte Ausformung der Reformation; im Gegensatz zur →lutherischen Form bildfeindlich.

Zwischenwange
Die Wange im Zusammenhang mit dem Chorgestühl bildet den seitlichen Abschluss zwischen zwei Stühlen (Zwischenwange) oder den äusseren Abschluss (Abschlusswange).

Bibliographie

Aballéa/Schätti 1991
Sylvie Aballéa/Nicolas Schätti: Les stalles de Genève, in: Stalles de la Savoie médiévale, hrsg. von Claude Lapaire und Sylvie Aballéa (Ausstellungskatalog: Genf, Musée d'art et d'histoire), Genf 1991, S. 93–98.

Adelmann 1967
Josef Anselm Adelmann: Christus auf dem Palmesel, in: Zeitschrift für Volkskunde 63, 1967, S. 182–200.

Altendorf 1984
Hans-Dietrich Altendorf: Zwinglis Stellung zum Bild und die Tradition christlicher Bildfeindschaft, in: Hans-Dietrich Altendorf und Peter Jezler (Hrsg.): Bilderstreit. Kulturwandel in Zwinglis Reformation, Zürich 1984, S. 11–18.

Altendorf/Jezler 1984
Hans-Dietrich Altendorf/Peter Jezler (Hrsg.): Bilderstreit. Kulturwandel in Zwinglis Reformation, Zürich 1984.

Ambrosius, De Sacramentis/De Mysteriis
Ambrosius: De Sacramentis/De Mysteriis, hrsg. von Josef Schmitz, Freiburg i.Br. 1990.

Amweg 1941
Gustave Amweg: Les Arts dans le Jura bernois et à Bienne, Bd. 2, Pruntrut 1941.

an der Heiden/Goldberg 1991
Rüdiger an der Heiden/Gisela Goldberg: Staatsgalerie Ottobeuren (Grosse Kunstführer, Bd. 178), München/Zürich 1991.

Andergassen 1999
Leo Andergassen: Diözesanmuseum Hofburg Brixen, Kurzführer, Brixen 1999.

Andersson 1997
Christiane Andersson: Die Bildzensur in Strassburg und Nürnberg in der Reformationszeit, in: Frank Muller (Hrsg.): Art, religion, société dans l'espace germanique au XVIe siècle. Actes du Colloque organisé par la Faculté de Théologie protestante – GRENEP et le groupe de recherche Musique et Société dans les pays germaniques à l'aube des temps modernes, Université des Sciences Humaines de Strasbourg, 21–22 mai 1993, Strassburg 1997, S. 13–29.

Andree 1910
Richard Andree: Ratschen, Klappern und das Verstummen der Karfreitagsglocken, in: Zeitschrift des Vereins für Volkskunde in Berlin, 1910, Heft 3, S. 250–264.

Angeletti 1980
Charlotte Angeletti: Geformtes Wachs. Kerzen, Votive, Wachsfiguren, München 1980.

Angenendt 1994
Arnold Angenendt: Figur und Bildnis, in: Gottfried Kerscher (Hrsg.): Hagiographie und Kunst. Der Heiligenkult in Schrift, Bild und Architektur, Berlin 1994, S. 107–119.

Angenendt 1997
Arnold Angenendt: Geschichte der Religiosität im Mittelalter, Darmstadt 1997.

Angst 1900
Heinrich Angst: Der Spiezer Kirchenstuhl-Handel. Dokumentierter Spezialbericht der Museumsdirektion an die Eidg. Landesmuseums-Kommission, in: Jahresbericht des Schweizerischen Landesmuseums in Zürich 9, 1900, S. 1–46 (Anhang).

Anonyme Basler Chronik
Die Anonyme Chronik aus der Reformationszeit 1521–1526, in: Basler Chroniken, hrsg. von der Historischen und der Antiquarischen Gesellschaft in Basel, Bd. 7, bearbeitet von August Bernoulli, Leipzig 1915, S. 237–306.

Anshelm, Chronik
Die Berner Chronik des Valerius Anshelm, hrsg. vom Historischen Verein des Kantons Bern, 6 Bde., Bern 1884–1901.

Antoninus, Summa theologica
Antoninus: Summa theologica, 3 Bde., Basel 1511.

Appuhn 1977
Horst Appuhn: Das private Andachtsbild im Mittelalter anhand der Funde des Klosters Wienhausen, in: Leben in der Stadt des Spätmittelalters. Internationaler Kongress, Krems an der Donau, 1976 (Österreichische Akademie der Wissenschaften, Phil.-hist. Klasse, Sitzungsberichte, Bd. 325/Veröffentlichungen des Instituts für Mittelalterliche Realienkunde, Nr. 2), Wien 1977, S. 159–169.

Appuhn/von Heusinger 1965
Horst Appuhn/Christian von Heusinger: Der Fund kleiner Andachtsbilder des 13. bis 17. Jahrhunderts in Kloster Wienhausen, in: Niederdeutsche Beiträge zur Kunstgeschichte 4, 1965, S. 157–238.

Arbeiter 1988
Achim Arbeiter: Alt-St. Peter in Geschichte und Wissenschaft. Abfolge der Bauten, Rekonstruktion, Architekturprogramm, Berlin 1988.

Arbusow 1921
Leonid Arbusow: Die Einführung der Reformation in Liv-, Est- und Kurland, Leipzig 1921.

Arndt/Kroos 1969
Hella Arndt/Renate Kroos: Zur Ikonographie der Johannesschüssel, in: Aachener Kunstblätter 38, 1969, S. 243–328.

Arveiller-Dulong 1985
Véronique Arveiller-Dulong/Jacques Arveiller: Le verre d'époque romaine au Musée archéologique de Strasbourg (Notes et documents des Musées de France 10), Paris 1985.

ASRG
Archiv für die Schweizerische Reformationsgeschichte, hrsg. auf Veranstaltung des Schweizerischen Piusvereins, 3 Bde., Freiburg i.Br. 1868, Solothurn 1872 und 1876.

ASRG 3, 1876
«Jesus, Maria, Johannes, Nicolaus, Catharina seyend unser hülff». Denkschrift der Nonnen aus St. Katharinenthal, in: Archiv für die Schweizerische Reformationsgeschichte, hrsg. auf Veranstaltung des Schweizerischen Piusvereins, Bd. 3, Solothurn 1876, S. 101–115.

Aston 1988
Margaret Aston: England's Iconoclasts. Laws against Images, Oxford 1988.

Aston 1989
Margaret Aston: Iconoclasm at Rickmansworth 1522. Troubles of Churchwardens, in: Journal of Ecclesiastical History 40, 1989, S. 524–552.

Aubert/Dumas 1982
Jean Aubert/Pierre Dumas: Musée de Chambéry, Peintures, Chambéry 1982.

Bachmann-Geiser 2001
Brigitte Bachmann-Geiser: Katalog Europäischer Musikinstrumente aus dem Bernischen Historischen Museum und Schloss Oberhofen am Thunersee (Schriften des Bernischen Historischen Museums, Bd. 3), Bern 2001.

Backus 1997
Irene Backus: Das Prinzip der «sola scriptura» und die Kirchenväter in den Disputationen von Baden (1526) und Bern (1528), Zürich 1997.

Bächtiger 1979
Franz Bächtiger: Bern zur Zeit von Niklaus Manuel, in: Niklaus Manuel Deutsch. Maler, Dichter, Staatsmann (Ausstellungskatalog: Bern, Kunstmuseum), Bern 1979, S. 1–16.

Bächtiger 1980
Franz Bächtiger: Zur Revision des Berner Christoffel, in: Jahrbuch des Bernischen Historischen Museums in Bern 59–60, 1979–1980 (1980), S. 115–278.

Bächtiger 1984
Franz Bächtiger (Redaktion): Berner Totentanz. Totentanzverse nach Hans Kiener (1576) und Bildvorlagen nach Wilhelm Stettler, hrsg. von Adolf Fluri 1901, Leporello, Bernisches Historisches Museum, Bern 1984.

Bächtiger 1985
Franz Bächtiger: Der Tod als Jäger. Ikonographische Bemerkungen zum Schlussbild des Berner Totentanzes, in: Jahrbuch des Bernischen Historischen Museums in Bern 63–64, 1983–1984 (1985), S. 23–30.

Baechtold 1878
Jakob Baechtold: Niklaus Manuel (Bibliothek älterer Schriften der deutschen Schweiz, Bd. 2), Frauenfeld 1878.

Bächtold 1992
Hans Ulrich Bächtold: Ein starkes Wort zur falschen Zeit. Heinrich Bullingers Schrift «Wider den frewlen kelchstemppfel» aus dem Jahre 1527 – Geschichte, Bedeutung, Edition, in: Heiko A. Oberman u.a. (Hrsg.): Reformiertes Erbe, Festschrift für Gottfried W. Locher zu seinem 80. Geburtstag, Bd. 1, Zürich 1992, S. 13–34.

Baeriswyl 1999
Armand Baeriswyl: Krauchthal/Thorberg. Archäologische Befunde, in: Krauchthal V. Aus Vergangenheit und Gegenwart (Krauchthal, Thorberg. Ein Heimatbuch, Bd. 5), Krauchthal 1999, S. 307–321.

Baeriswyl/Gerber 1999
Armand Baeriswyl/Roland Gerber: Ratsherren, Mönche und Marktfrauen. Die Topographie der spätmittelalterlichen Stadt, in: Berns grosse Zeit. Das 15. Jahrhundert neu entdeckt, hrsg. von Ellen J. Beer u.a., Bern 1999, S. 33–82.

Bätschmann/Griener 1997
Oskar Bätschmann/Pascal Griener: Hans Holbein d. Jüngere, Köln 1997.

Baier-Futterer 1935
Ilse Baier-Futterer: Bemerkungen zu einigen gotischen Bildwerken im Bernischen Historischen Museum, in: Jahrbuch des Bernischen Historischen Museums in Bern 15, 1935, S. 5–10.

Baier-Futterer 1936
Ilse Baier-Futterer: Die Bildwerke der Romanik und Gotik (Kataloge des Schweizerischen Landesmuseums in Zürich), Zürich 1936.

Bailliard 1999
Jean-Paul Bailliard: Klöber après Kléber, Strassburg 1999.

Bange 1926
E. F. Bange: Peter Flötner, Leipzig 1926.

Barbey 1990
Paul Barbey: Chronique de la famille Heidegger, Typoskript, Genf 1990.

Barraud Wiener/Jezler 1992
Christine Barraud Wiener/Peter Jezler (mit Unterstützung von Heidi Leuppi): In der Festprozession durch die Stadt, in: Stadtluft, Hirsebrei und Bettelmönch, hrsg. vom Landesdenkmalamt Baden-Würtemberg und der Stadt Zürich (Ausstellungskatalog: Zürich, Schweizerisches Landesmuseum/Stuttgart, Haus der Wirtschaft), Zürich 1992, S. 463–467.

Barraud Wiener/Jezler 1995
Christine Barraud Wiener/Peter Jezler: Liturgie, Stadttopographie und Herrschaft nach den Prozessionen des Zürcher Liber Ordinarius, in: Heidi Leuppi (Hrsg.): Der Liber Ordinarius des Konrad von Mure. Die Gottesdienstordnung am Grossmünster in Zürich (Spicilegium Friburgense, Bd. 37), Freiburg i.Üe. 1995, S. 127–156.

Barth 1960–1963
Médard Barth: Handbuch der elsässischen Kirchen im Mittelalter, Strassburg 1960–1963.

Barth 1980
Médard Barth: Handbuch der elsässischen Kirchen im Mittelalter, Brüssel 1980 (Nachdruck der Ausgabe Strassburg 1960–1963).

Barth 1960
Ulrich Barth: Wer ist Meister Andres, der Verfertiger des Universitätsszepters?, in: Historisches Museum Basel, Jahresberichte und Rechnungen 1960, S. 30–39.

Barth 1978
Ulrich Barth: Zur Geschichte des Basler Goldschmiedehandwerks (1261–1820), Muttenz 1978.

Basler Chroniken
Basler Chroniken, hrsg. von der Historischen und Antiquarischen Gesellschaft in Basel, 7 Bde., Basel/Stuttgart 1872–1915.

Bastgen 1924
Hubert Bastgen: Libri Carolini sive Caroli Magni capitulare de imaginibus (Concilia aevi Karolini, Bd. 1, Suppl./Monumenta Germaniae historica, Concilia, Bd. 2, Suppl.), Hannover 1924.

Bauch 1931
Kurt Bauch: Zur Chronologie der Strassburger Münster Plastik im 13. Jahrhundert, in: Oberrheinische Kunst 6, 1931, S. 5–8.

Bauer/Stolz 1974
Herbert Bauer/Georg Stolz: Engelsgruss und Sakramentshaus in St. Lorenz zu Nürnberg, Königstein 1974.

Bauerreis 1934
Romuald Bauerreis: Zur Entstehung der Einsiedler Wallfahrt, in: Studien und Mitteilungen zur Geschichte des Benediktiner-Ordens 52, 1934, S. 118–129.

Baum 1941
Julius Baum: Inventar der Kirchlichen Bildwerke des Bernischen Historischen Museums in Bern, Bern 1941.

Baum 1942
Julius Baum: Ein Grabchristus des späten 14. Jahrhunderts, in: Jahrbuch des Bernischen Historischen Museums in Bern 22, 1942, S. 5–14.

Baum 1957
Julius Baum: Meister und Werke spätmittelalterlicher Kunst in Oberdeutschland und der Schweiz, Weiler 1957.

Baum 1965
Julius Baum: Die Luzerner Skulpturen bis zum Jahre 1600, bearbeitet von Peter Walliser, aus dem Nachlass von Julius Baum hrsg. von Josef Schmid, Luzern 1965.

Baum 1987
Wilhelm Baum: Sigmund der Münzreiche. Zur Geschichte Tirols und der habsburgischen Länder im Spätmittelalter. Bozen 1987.

Baum/Cunitz 1883–1889
G. Baum/E. Cunitz (Hrsg.): Histoire ecclésiastique des Eglises réformées au Royaume de France, 3 Bde., Paris 1883–1889.

Baumann 1946
Ernst Baumann: Volkskundliches zur Bruder Klausen-Verehrung, in: Schweizerisches Archiv für Volkskunde 43, 1946, S. 272–303.

Baumann 1973
Franz Ludwig Baumann: Geschichte des Allgäus, Bd. 3, Aalen 1973 (Nachdruck der Ausgabe Kempten 1895).

Baumann 1975
Franz Ludwig Baumann (Hrsg.): Quellen zur Geschichte des Bauernkriegs in Oberschwaben, Hildesheim/New York 1975 (Nachdruck der Ausgabe Tübingen 1876).

Baxandall 1980
Michael Baxandall: The Limewood Sculptors of Renaissance Germany, Yale 1980.

Baxandall 1984
Michael Baxandall: Die Kunst der Bildschnitzer. Tilman Riemenschneider, Veit Stoss und ihre Zeitgenossen, München 1984.

Becker 1910
H. Becker: Reformationsgeschichte der Stadt Zerbst, in: Mitteilungen des Vereins für Anhaltische Geschichte und Altertumskunde 11, 1910, S. 240–460.

Beer 1991
Ellen J. Beer: Kunstwerk und Umwelt als Konfrontation. Über die Verletzlichkeit des mittelalterlichen Kultbildes, in: Kunst in der Exklusivität oder «Jeder ein Künstler»? – Kulturhistorische Vorlesungen an der Universität Bern, Bern u. a. 1991, S. 89–121.

Belting 1981
Hans Belting: Das Bild und sein Publikum im Mittelalter. Form und Funktion früher Bildtafeln der Passion, Berlin 1981.

Belting 1990
Hans Belting: Bild und Kult. Eine Geschichte des Bildes vor dem Zeitalter der Kunst, München 1990.

Belting 1991
Hans Belting: Bild und Kult. Eine Geschichte des Bildes vor dem Zeitalter der Kunst, 2. Aufl., München 1991.

Belting 1998
Hans Belting: Image et culte. Une histoire de l'image avant l'époque de l'art, Paris 1998.

Belting/Kruse 1994
Hans Belting/Christiane Kruse: Die Erfindung des Gemäldes. Das erste Jahrhundert der Niederländischen Malerei, München 1994.

Benker 1977
Gertrude Benker: Christophorus, München 1977.

Berthoud 1984
Gabrielle Berthoud: Iconoclasme à Neuchâtel, in: Unsere Kunstdenkmäler 35, 1984, Heft 3, S. 331–338.

Besson 1937
Marius Besson: L'église et l'imprimerie dans les anciens diocèses de Lausanne et de Genève jusqu'en 1525, Bd. 1, Genf 1937.

Beyer 1951
Victor Beyer: Les voussures du portail central de la cathédrale de Strasbourg, in: Bulletin de la Société des amis de la cathédrale de Strasbourg 6, 1951, S. 29–40.

Beyer 1955
Victor Beyer: La sculpture strasbourgeoise au XIVème siècle, Strassburg/Paris 1955.

Beyer 1968
Victor Beyer: Catalogue des sculptures du Musée de l'Œuvre Notre-Dame de Strasbourg, 2. Aufl., Strassburg 1968.

Beyer 1973
Victor Beyer u.a.: La cathédrale de Strasbourg, Strassburg 1973.

Beyer 1978
Victor Beyer: Les vitraux des musées de Strasbourg, Strassburg 1978.

Bielander 1996
Patricia Bielander: Die beiden Justitia-Statuen des Südwalser Baumeisters und Bildhauers Daniel Heintz I., in: Blätter aus der Walliser Geschichte 28, 1996, S. 7–79.

Bildersturm in Osteuropa 1994
Bildersturm in Osteuropa. Die Denkmäler der kommunistischen Ära im Umbruch. Eine Tagung des Deutschen Nationalkomitees von ICOMOS, des Instituts für Auslandsbeziehungen und der Senatsverwaltung Berlin in der Botschaft der Russischen Föderation in Berlin, 18.–20. Februar 1993, hrsg. vom Nationalkomitee der Bundesrepublik Deutschland (ICOMOS, Hefte des Deutschen Nationalkomitees 13), München 1994.

Birchler 1993
Linus Birchler: Das Einsiedler Gnadenbild. Seine äußere und innere Geschichte, in: Einsiedlensia. Gnadenbild. Restaurierung der Stiftskirche. Ältere Klosterbauten. Gedenkschrift zum 100. Geburtstag von Linus Birchler 1893–1967 (Veröffentlichungen des Instituts für Denkmalpflege an der ETH Zürich, Bd. 13.2), Zürich 1993, S. 9–28.

Birlinger 1887
Anton Birlinger: Leben heiliger alemannischer Frauen des Mittelalters, Teil 5, Die Nonnen von St. Katharinenthal bei Diessenhofen, in: Alemannia. Zeitschrift für Sprache, Literatur und Volkskunde des Elsasses, Oberrheins und Schwabens 15, 1887, S. 151–183.

Blanck 1969
Horst Blanck: Wiederverwendung alter Statuen als Ehrendenkmäler bei Griechen und Römern, Rom 1969.

Blickle 1987
Peter Blickle: Gemeindereformation. Die Menschen des 16. Jahrhunderts auf dem Weg zum Heil, München 1987.

Blickle 1987
Peter Blickle (Hrsg.): Zugänge zur bäuerlichen Reformation, Zürich 1987.

Blickle 1998
Peter Blickle: Der Bauernkrieg. Die Revolution des Gemeinen Mannes, München 1998.

BLSK
Biografisches Lexikon der Schweizer Kunst, hrsg. vom Schweizerischen Institut für Kunstwissenschaft, Zürich/Lausanne, 2 Bde. und CD-ROM, Zürich 1998.

Boespflug 1984
François Boespflug: Dieu dans l'art. «Sollicitudini nostrae» de Benoît XIV (1745) et l'affaire Crescence de Kaufbeuren, Paris 1984.

Boespflug 1998
François Boespflug: Le diable et la Trinité tricéphales. A propos d'une pseudo-«vision de la Trinité» advenue à un novice de saint Norbert de Xanten, in: Revue des sciences religieuses 72, 1998, S. 155–175.

Boespflug/Zaluska 1994
François Boespflug/Yolanta Zaluska: Le dogme trinitaire et l'essor de son iconographie en Occident de l'époque carolingienne au IVe Concile de Latran (1215), in: Cahiers de civilisation médiévale 37, 1994, S. 181–240.

Bolte 1924
Johannes Bolte (Hrsg.): Johannes Pauli: Schimpf und Ernst, Berlin 1924.

Bopp 1945
Marie-Joseph Bopp: L'Alsace sous l'occupation allemande 1940–1945, Le Puy 1945.

Bordier, Le chansonnier huguenot
Henri-Léonard Bordier: Le chansonnier huguenot du XVIe siècle, 2 Bde., Paris 1870.

Boschung 1993
Moritz Boschung u.a.: Chemins de Saint-Jacques en terre fribourgeoise (Repères fribourgeois 4), Freiburg i.Üe. 1993.

Bossert 1988
Martin Bossert: Ein thronender lebensgrosser Iuppiter aus dem gallorömischen Tempelbezirk von Thun-Allmendingen, in: Archäologie der Schweiz 11, 1988, Heft 3, S. 113–123.

Bosshart, Chronik
Laurencius Bosshart: Chronik, hrsg. von Kaspar Hauser (Quellen zur Schweizerischen Reformationsgeschichte, Bd. 3), Basel 1905.

Bourgarel 1998
Gilles Bourgarel: La Porte de Romont. 600 ans d'histoire révélés par l'archéologie, in: Pro Fribourg 121, 1998, S. 14–28.

Brady 1985
Thomas A. Brady: Göttliche Repliken. Die Domestizierung der Religion in der deutschen Stadtreformation, in: Peter Blickle, Andreas Lindt und Alfred Schindler (Hrsg.): Zwingli und Europa. Referate und Protokoll des Internationalen Kongresses aus Anlass des 500. Geburtstages von Huldrych Zwingli vom 26. bis 30. März 1984, Zürich 1984, S. 109–136.

Brant, Annales
Les Annales de Sébastien Brant, hrsg. von Léon Dacheux (Fragmente alter Chroniken aus dem Elsass, Bd. 3–4), Strassburg 1892–1901.

Braun 1907
Joseph Braun: Die liturgische Gewandung im Occident und Orient nach Ursprung und Entwicklung, Verwendung und Symbolik, Freiburg i.Br. 1907.

Braun 1924a
Joseph Braun: Der christliche Altar, 2 Bde., München 1924.

Braun 1924b
Joseph Braun: Liturgisches Handlexikon, 2. verb. Aufl., Regensburg 1924.

Braun 1932
Joseph Braun: Das christliche Altargerät in seinem Sein und in seiner Entwicklung, München 1932.

Braun 1940
Joseph Braun: Die Reliquiare des christlichen Kultes und ihre Entwicklung, Freiburg i.Br. 1940.

Braun 1943
Joseph Braun: Tracht und Attribute der Heiligen in der deutschen Kunst, Stuttgart 1943.

Braunfels-Esche 1976
Sigrid Braunfels-Esche: Sankt Georg. Legende, Verehrung, Symbol, München 1976.

Brecht/Ehmer 1984
Martin Brecht/Hermann Ehmer: Südwestdeutsche Reformationsgeschichte. Zur Einführung der Reformation im Herzogtum Württemberg 1534, Stuttgart 1984.

Breckenridge 1959
James D. Breckenridge: The Numismatic Iconography of Justinian II (685–695, 705–711 A.D.) (Numismatic Notes and Monographs, Bd. 144), New York 1959.

Bredekamp 1975
Horst Bredekamp: Kunst als Medium sozialer Konflikte. Bilderkämpfe von der Spätantike bis zur Hussitenrevolution, Frankfurt a.M. 1975.

Breidenstein 1993
Petra Breidenstein: Vergleichende technologische Untersuchungen an drei Halbreliefs als mögliche Hilfe bei der Datierung, in: Sophie Guillot de Suduiraut (Hrsg.): Sculptures médiévales allemandes, conservation et restauration. Actes du colloque organisé au Musée du Louvre par le service culturel les 6 et 7 décembre 1991, Paris 1993, S. 137–155.

Bremmer 1996
Jan N. Bremmer: Götter, Mythen und Heiligtümer im antiken Griechenland, Darmstadt 1996.

Brilinger, Ceremoniale Basiliensis
Hieronymus Brilinger: Ceremoniale Basiliensis Episcopatus, in: Konrad W. Hieronimus (Hrsg.): Das Hochstift Basel im ausgehenden Mittelalter, Basel 1938, S. 99–484.

Brinkmann 1994
Bodo Brinkmann: Die Rolle der Stundenbücher in der Jenseitsvorsorge, in: Himmel, Hölle, Fegefeuer. Das Jenseits im Mittelalter, von Peter Jezler u.a. (Ausstellungskatalog: Zürich, Schweizerisches Landesmuseum/Köln, Schnütgen-Museum und Wallraf-Richartz-Museum, in der Josef-Haubrich-Kunsthalle), Zürich 1994, S. 91–100.

Brooks 1921
Neil C. Brooks: The Sepulchre of Christ in Art and Liturgy with Special Reference to the Liturgic Drama (University of Illinois Studies in Language and Literature, Bd. 7.2), Urbana (Illinois) 1921.

Brooks 1925
Neil C. Brooks: Eine liturgisch-dramatische Himmelfahrtsfeier, in: Zeitschrift für deutsches Altertum 62, 1925, S. 91–96.

Bruck 1902
Robert Bruck: Die elsässische Glasmalerei vom Beginn des XII. bis zum Ende des XVII. Jahrhunderts, Strassburg 1902.

Bruck 1956
Eberhard Friedrich Bruck: Kirchenväter und soziales Erbrecht. Wanderungen religiöser Ideen durch die Rechte der östlichen und westlichen Welt, Berlin/Göttingen/Heidelberg 1956.

Bruckner 1942
Albert Bruckner/Berty Bruckner: Schweizer Fahnenbuch, St. Gallen 1942.

Bruckner 1967
Albert Bruckner (Hrsg.): Scriptoria Medii Aevi Helvetica. Denkmäler schweizerischer Schreibkunst des Mittelalters, Bd. 11, Schreibschulen der Diözese Lausanne, Genf 1967.

Brücker 1889
Johann Brücker: Die Strassburger Zunft- und Polizeiverordnungen des 14. und 15. Jahrhunderts, Strassburg 1889.

Bubenheimer 1973
Ulrich Bubenheimer: Scandalum et ius divinum. Theologische und rechtstheologische Probleme der ersten reformatorischen Innovationen in Wittenberg 1521/22, in: Zeitschrift der Savigny-Stiftung für Rechtsgeschichte 90, Kanonistische Abteilung 59, 1973, S. 263–342.

Bucer, Deutsche Schriften
Martin Bucer: Deutsche Schriften, hrsg. von Robert Stupperich, Wilhelm Neuser, Gottfried Seebaß, bisher 12 Bde., Gütersloh 1960–1999.

Bühler 1953
Curt Bühler: The Apostels and the Creed, in: Speculum. A Journal of Mediaeval Studies 28, 1953, S. 335–339.

Büttner 2000
Andreas Büttner: Perlmutt. Von der Faszination eines göttlichen Materials, Diss. Universität Köln 1998, Petersberg 2000.

Bulk 1967
Wilhelm Bulk: St. Apollonia, Patronin der Zahnkranken. Ihr Kult und Bild im Wandel der Zeit, Bielefeld/Münster 1967.

Bullinger, Reformationsgeschichte
Heinrich Bullinger: Reformationsgeschichte, hrsg. von Johann Jakob Hottinger und Hans Heinrich Vögeli, 3 Bde., Zürich 1984 (unveränderter Nachdruck der Ausgabe Frauenfeld 1838–1840).

Burek/Michler/Vogel 1992
Michaela Burek/Jürgen Michler/Peter Vogel: Eine neuentdeckte frühe Bodensee-Pietà in Meersburg, in: Zeitschrift für Kunsttechnologie und Konservierung 6, 1992, S. 315–330.

Burg/Grasser 1959
André Marcel Burg/Jean-Paul Grasser: Marienthal. Histoire du couvent et du pèlerinage, Phalsbourg 1959.

Burger 1989
Christoph Burger: Theologie und Laienfrömmigkeit. Transformationsversuche im Spätmittelalter, in: Hartmut Boockmann u.a. (Hrsg.): Lebenslehren und Weltentwürfe im Übergang vom Mittelalter zur Neuzeit, Politik – Bildung – Naturkunde – Theologie. Bericht über Kolloquien der Kommission zur Erforschung des Spätmittelalters, 1983–1987 (Abhandlungen der Akademie der Wissenschaften in Göttingen, Phil.-hist. Klasse, Folge 3, Nr. 179), Göttingen 1989, S. 400–420.

Burgy 1984
François Marc Burgy: Iconoclasme et Réforme chez les chroniqueurs de Genève et du Pays de Vaud, in: Unsere Kunstdenkmäler 35, 1984, Heft 3, S. 323–330.

Burke 1981
Peter Burke: Helden, Schurken und Narren, Stuttgart 1981.

Burkert 1998
Walter Burkert: Kulte des Altertums. Biologische Grundlagen der Religion, München 1998.

Buyssens 1993
Danielle Buyssens: Le retable de Konrad Witz et la notion de patrimoine à Genève, de la fin du XVIIe au début du XIXe siècle, in: Genava 41, 1993, S. 119–140.

Bynum 1982
Caroline Bynum Walker: Jesus as Mother. Studies in the Spirituality of the High Middle Ages, Berkeley 1982.

Bynum 1986
Caroline Bynum Walker: The Body of Christ in the Late Middle Ages. A Reply to Leo Steinberg, in: Renaissance Quarterly 39/3, 1986, S. 407–413.

Bynum 1987
Caroline Bynum Walker: Holy Feast and Holy Fast. The Religious Significance of Food to Medieval Women, Berkeley 1987.

Cames 1989
Gérard Cames: Dix siècles d'enluminure en Alsace, Strassburg 1989.

Camille 1985
Michael Camille: Seeing and Reading. Some Visual Implications of Medieval Literacy and Illiteracy, in: Art History 8/1, 1985, S. 26–49.

Campenhausen 1960
Hans Campenhausen: Die Bilderfrage als Problem der alten Kirche, in: Hans Campenhausen: Tradition und Leben. Kräfte der Kirchengeschichte, Tübingen 1960, S. 216–252.

Candaux 1965
Jean-Daniel Candaux: Un jeune Anglais à Genève en 1665, in: Musées de Genève 57, 1965, S. 12–14.

Cassien, Conférences
Cassien: Conférences, hrsg. von E. Pichery, 3 Bde., Paris 1955–1959.

Cassina 1984
Gaëtan Cassina: Incidences des luttes confessionnelles sur l'art en Valais, in: Unsere Kunstdenkmäler 35, 1984, Heft 3, S. 339–344.

Cassina 1986
Gaëtan Cassina: Le Valais: «réfuge des idoles» au début de la Réforme, in: Vie protestante, 31 octobre 1986, S. 7.

Cassina 1991
Gaëtan Cassina: Les stalles de Moudon. Les stalles d'Estavayer, in: Stalles de la Savoie médiévale, hrsg. von Claude Lapaire und Sylvie Aballéa (Ausstellungskatalog: Genf, Musée d'art et d'histoire), Genf 1991, S. 169–182.

Cassina/Grandjean 1982
Gaëtan Cassina/Marcel Grandjean: La sculpture et les sculpteurs avant la Réforme, in: Trésors d'art religieux en Pays de Vaud (Ausstellungskatalog: Lausanne, Musée historique de l'Ancien-Evêché), Lausanne 1982, S. 37–57.

Cassina/Grandjean 1991
Gaëtan Cassina/Marcel Grandjean: Charpentiers de stalles et tailleurs d'images en Suisse romande au XVe siècle, in: Stalles de la Savoie médiévale, hrsg. von Claude Lapaire und Sylvie Aballéa (Ausstellungskatalog: Genf, Musée d'art et d'histoire), Genf 1991, S. 15–21.

Cathédrale de Strasbourg 1974
La cathédrale de Strasbourg aux XIIIe et XIVe siècles. Résumé de la table ronde de l'Université des Sciences Humaines de Strasbourg, 2–3 novembre 1973, in: Bulletin de la Société des amis de la cathédrale de Strasbourg (2e série) 11, 1974, S. 35–37.

Chardon 1868
Henri Chardon: Recueil de pièces inédites pour servir à l'histoire de la Réforme et de la Ligue dans la Maine, in: Annuaire de la Sarthe, 1868, S. 1–74.

Charles 1999
Corinne Charles: Stalles sculptées du XVe siècle, Genève et le duché de Savoie, Paris 1999.

Charles 2000
Corinne Charles: Les stalles au double Credo de Talloires. Attributions à Peter Vuarser de Genève, artiste à la cour de Savoie, in: Art et Artistes en Savoie, Actes du XXXVIIe Congrès des Sociétés Savantes de Savoie de 1998, hrsg. von der Académie chablaisienne, St-Just-La-Pendue 2000, S. 209–219.

Chastel, Dictum Horatii
André Chastel: Le dictum Horatii quidlibet audendi potestas et les artistes (XIIIe–XVIe siècle), neu abgedruckt in: Fables, Formes, Figures, Bd. 1, Paris 1978, S. 363–376.

Châtellier 1966–1974
Louis Châtellier: Le rétablissement du mobilier des églises catholiques à Strasbourg, sous Louis XIV, in: Revue d'Alsace 104, 1966–1974, S. 54–69.

Châtellier 1981
Louis Châtellier: Tradition chrétienne et renouveau catholique dans le cadre de l'ancien diocèse de Strasbourg (1650–1770), Paris/Strassburg 1981.

Chazelle 1990
Celia M. Chazelle: Pictures, Books, and the Illiterate. Pope Gregory I's letters to Serenus of Marseille, in: Word and Image 6, 1990, S. 138–153.

Christensen 1970
Carl C. Christensen: Iconoclasm and the Preservation of Ecclesiastical Art in Reformation Nuernberg, in: Archiv für Reformationsgeschichte 61, 1970, S. 205–221.

Christensen 1979
Carl C. Christensen: Art and the Reformation in Germany, Athens (Ohio)/Detroit 1979.

Christin 1989
Olivier Christin: L'iconoclaste et le blasphémateur au début du XVIe siècle, in: Jean Delumeau (Hrsg.): Injures et blasphèmes (Mentalité 2), Paris 1989, S. 35–47.

Christin 1991
Olivier Christin: Une révolution symbolique. L'iconoclasme protestant et la reconstruction catholique, Paris 1991.

Clauss 1913–1917
Joseph Clauss: Zwei unedierte elsässische Inkunabel-Holzschnitte, in: Anzeiger für elsässische Altertumskunde 2, 1913–1917, S. 401–404.

Clemen 1906
Otto Clemen (Hrsg.): Flugschriften aus den ersten Jahren der Reformation, Bd. 1, Heft 4, Halle a.S. 1906.

Cook 1982
William R. Cook: The Question of Images and the Hussite Movement in Prague, in: Cristianesimo nella Storia 3, 1982, S. 329–342.

Corrozet, Les antiquités
Guillaume Corrozet: Les antiquités, histoires et singularités excellentes de la Ville, Cité et Université de Paris, Paris o.J.

Cottin 1994
Jérôme Cottin: Le regard et la Parole. Une théologie protestante de l'image, Genf 1994.

Cramer 1987
Robert Cramer: Niklaus Hottinger, der als erstes Opfer der Reformation im Jahre 1524 in Luzern hingerichtete Zürcher Bilderstürmer, in: Zürcher Taschenbuch 107, 1987, S. 55–66.

Crouzet 1990
Denis Crouzet: Les guerriers de Dieu. La violence au temps des troubles de religion, Bd. 1, Seyssel 1990.

Curtius 2000
Andreas Curtius: Die Hauskapelle als architektonischer Rahmen der privaten Andacht, in: Spiegel der Seligkeit. Privates Bild und Frömmigkeit im Spätmittelalter, hrsg. von G. Ulrich Großmann (Ausstellungskatalog: Nürnberg, Germanisches Nationalmuseum), Nürnberg 2000, S. 34–48.

CVMA
Corpus Vitrearum Medii Aevi, France, tome 5, Les vitraux de Lorraine et d'Alsace, hrsg. von Françoise Gatouillat und Michel Herold, Paris 1994.

Cysat, Chronik
Renward Cysat: Collectanea chronica und denkwürdige sachen pro chronica Lucernensi et Helvetiae, bearbeitet von Josef Schmid (Quellen und Forschungen zur Kulturgeschichte von Luzern und der Innerschweiz), Luzern 1961–1977.

Cysat, Observationes
Renward Cysat: Observationes contra Haereticos, hrsg. von Josef Schmid (Quellen und Forschungen zur Kulturgeschichte von Luzern und der Innerschweiz, Bd. 5.2), Luzern 1977.

Da Costa Kaufmann 1998
Thomas Da Costa Kaufmann: Höfe, Klöster und Städte. Kunst und Kultur in Mitteleuropa 1450–1800, Köln 1998.

Dacheux 1888
Léon Dacheux (Hrsg.): Petite Chronique de la Cathédrale, in: Bulletin de la Société pour la conservation des monuments historiques d'Alsace 13, 1888.

DACL
Dictionnaire d'Archéologie Chrétienne et de Liturgie, hrsg. von Fernand Cabrol/Henri Leclercq, 15 Bde. (30 Teile), Paris 1907–1953.

Damaschke 1998
Anja Damaschke: Die Herstellungstechnik gotischer Vesperbilder aus Leder, in: Zeitschrift für Kunsttechnologie und Konservierung 12/1, 1998, S. 118–133.

Davatz 1980
Jürg Davatz: Glarner Heimatbuch: Geschichte, Glarus 1980.

Davidson/Eljenholm Nichols 1989
Clifford Davidson/Ann Eljenholm Nichols (Hrsg.): Iconoclasm vs. Art and Drama (Early Drama, Art, and Music Monograph Series, Bd. 11), Michigan 1989.

Davis 1973
Natalie Davis: The Rites of Violence. Religious Riot in 16th Century France, in: Past and Present 59, 1973, S. 51–91.

Davis 1987
Natalie Zemon Davis: Humanismus, Narrenherrschaft und die Riten der Gewalt. Gesellschaft und Kultur im frühneuzeitlichen Frankreich, Frankfurt a.M. 1987.

de Capitani 1993
François de Capitani: Musik in Bern. Musik, Musiker, Musikerinnen und Publikum in der Stadt Bern vom Mittelalter bis heute (Archiv des Historischen Vereins des Kantons Bern, Bd. 76), Bern 1993.

de Chapeaurouge 1983
Donat de Chapeaurouge: «Das Auge ist ein Herr, das Ohr ein Knecht». Der Weg von der mittelalterlichen zur abstrakten Malerei, Wiesbaden 1983.

de Gingins-La Sarraz 1843–1844
Frédéric de Gingins-La Sarraz: Notice sur un monument sépulcral du XIVe siècle découvert à Romainmôtier, lue à la Société historique de la Suisse romande dans sa séance du 6 septembre 1837, in: Mémoires et Documents publiés par la Société d'histoire de la Suisse romande 3, 1843–1844, S. 387–405.

de Gottesheim, Ephémérides
Ephémérides de Jacques de Gottesheim, docteur en droit, prébendier du grand-Chœur de la Cathédrale (1524–1543), hrsg. von Rodolphe Reuss, Strassburg 1898.

de Grandemaison 1863
Charles de Grandemaison (Hrsg.): Procès verbal du pillage par les huguenots des reliques et joyaux de Saint-Martin de Tours en mai et juin 1562, Tours 1863.

de Jussie, Calvinisme
Jeanne de Jussie: Le levain du Calvinisme, ou commencement de l'hérésie de Genève, Genf 1865.

de Jussie, Calvinisme (Ms.)
Jeanne de Jussie: Le levain du Calvinisme, ou commencement de l'hérésie de Genève (Genf, Bibliothèque Publique et Universitaire, Ms. suppl. 1453).

de Kegel-Schorer 1999
Catherine de Kegel-Schorer: Die Ämterbefragungen – zur Untertanenrepräsentation im bernischen Territorialstaat, in: Berns grosse Zeit. Das 15. Jahrhundert neu entdeckt, hrsg. von Ellen J. Beer u.a., Bern 1999, S. 356–360.

de Pérussis, Discours des guerres
Louis de Pérussis: Discours des guerres de Provence, in: L. Cimber und F. Danjou: Archives curieuses de l'histoire de France depuis Louis XI jusqu'à Louis XVIII, Paris 1834–1840, Serie 1, Bd. 4.

de Quervain 1906
Theodor de Quervain: Kirchliche und soziale Zustände in Bern unmittelbar nach der Einführung der Reformation (1528–1536), Bern 1906.

de Raedt 1989
Thérèse de Raedt: Repos de Jésus. Jésueaux, unveröffentlichte Lizentiatsarbeit, Louvain-la-Neuve 1989.

de Sainctes, Discours sur le saccagement
Claude de Sainctes: Discours sur le saccagement des églises catholiques, Verdun 1562.

de Tuy, Adversus Albigensium
Luc de Tuy: Adversus Albigensium errores tractatus (Maxima bibliotheca veterum patrum, Bd. 25), Lyon 1677.

De Vos 1999
Dirk De Vos: Rogier van der Weyden. Das Gesamtwerk, München 1999.

Débat 1990
André Débat: Itinéraires et frais de voyages et de port sous l'épiscopat d'Henri de Sévery (1385–1395), in: Procès verbaux de la Société des Lettres de l'Aveyron 45, 1988 (Rodez 1990), S. 269–278.

Decker 1994
Bernhard Decker: Hällisch-Fränkisches Museum Schwäbisch Hall. Die Bildwerke des Mittelalters und der Frührenaissance 1200–1565, Sigmaringen 1994.

Decollogny 1960
Adolphe Decollogny: Sculptures médiévales vaudoises vénérées chez nos voisins, in: Revue historique vaudoise 68, 1960, S. 113–131.

Decollogny 1962
Adolphe Decollogny: Encore deux statuettes médiévales vaudoises en Gruyère, in: Revue historique vaudoise 70, 1962, S. 181–184.

Dehio 1999
Georg Dehio: Handbuch der deutschen Kunstdenkmäler, Bayern I: Franken. Die Regierungsbezirke Oberfranken, Mittelfranken und Unterfranken, 2. Aufl., München 1999.

Deichmann 1983
Friedrich Wilhelm Deichmann: Einführung in die christliche Archäologie, Darmstadt 1983.

Delarue 1926
Henri Delarue: Vue de Genève au XVe siècle, in: Genava 4, 1926, S. 179–188.

Deonna 1942
Waldemar Deonna: Les arts à Genève, Genf 1942.

Deonna 1946
Waldemar Deonna: De quelques peintures à Genève avant la Réforme, in: Genava 24, 1946, S. 75–117.

Deonna 1950
Waldemar Deonna: Le mobilier de la cathédrale Saint-Pierre à Genève. – Les sièges, in: Genava 28, 1950, S. 51–129.

Der Englische Gruss 1983
Der Englische Gruss des Veit Stoss zu St. Lorenz in Nürnberg, hrsg. vom Bayerischen Landesamt für Denkmalpflege (Arbeitsheft 16), München 1983.

Description de la Fête 1793
Description de la Fête de la Raison célébrée pour la première fois à Strasbourg, Strassburg 1793.

Deyon/Lottin 1981
Solange Deyon/Alain Lottin: Les «casseurs» de l'été 1566. L'iconoclasme dans le Nord, Paris 1981.

Diefenbacher/Endres 1999
Michael Diefenbacher/Rudolf Endres (Hrsg.): Stadtlexikon Nürnberg, Nürnberg 1999.

Diers 1995
Michael Diers: Politik und Denkmal. Allianzen – Mesalliancen, in: Zeitschrift für Kunsttechnologie und Konservierung 9/1, 1995, S. 5–17.

Diers 1997
Michael Diers: Schlagbilder. Zur politischen Ikonographie der Gegenwart, Frankfurt a.M. 1997.

Dietrich 1985
Christian Dietrich: Die Stadt Zürich und ihre Landgemeinden während der Bauernunruhen von 1489 bis 1525, Frankfurt a.M./Bern/New York 1985.

Dimt 1990
Heidelinde Dimt: Heiligenverehrung auf Münzen und Medaillen, in: Peter Dinzelbacher und Dieter R. Bauer (Hrsg.): Heiligenverehrung in Geschichte und Gegenwart, Ostfildern 1990, S. 201–244.

Dinzelbacher 1990
Peter Dinzelbacher: Die «Realpräsenz» der Heiligen in ihren Reliquiaren und Gräbern nach mittelalterlichen Quellen, in: Peter Dinzelbacher und Dieter R. Bauer (Hrsg.): Heiligenverehrung in Geschichte und Gegenwart, Ostfildern 1990, S. 115–174.

Dörfler-Dierken 1992
Angelika Dörfler-Dierken: Die Verehrung der heiligen Anna in Spätmittelalter und früher Neuzeit (Forschungen zur Kirchen- und Dogmengeschichte, Bd. 50), Göttingen 1992.

Dohrn-van Rossum 1992
Gerhard Dohrn-van Rossum: Die Geschichte der Stunde. Uhren und moderne Zeitordnung, München 1992.

Dold 1923
Alban Dold (Hrsg.): Die Konstanzer Ritualientexte in ihrer Entwicklung von 1482–1721 (Liturgiegeschichtliche Quellen, Heft 5/6), Münster i.W. 1923.

Dollinger 1972
Philippe Dollinger (Hrsg.): Document de l'histoire de l'Alsace, Toulouse 1972.

Dominici, Regola del governo
Giovanni Dominici: Regola del governo di cura familiare, hrsg. von Domenico Salvi, Florenz 1861.

du Mont 1944
Etienne du Mont: Un souvenir unique de la piété catholique de l'ancienne Genève, in: La vie catholique 30, 1944.

Dubuis 1992
Pierre Dubuis: Horloges et horlogers dans le Valais du XVe siècle, in: Etudes savoisiennes. Revue d'histoire et d'archéologie 1, 1992, S. 109–122.

Duchesne 1886
Louis Duchesne: Le Liber Pontificalis, Bd. 1, Paris 1886.

Dürst 1971
Hans Dürst: Alte Glasmalerei der Schweiz, Einsiedeln 1971.

Duffy 1990
Eamon Duffy: Devotion to the Crucifix and Related Images in England on the Eve of Reformation, in: Bob Scribner (Hrsg.): Bilder und Bildersturm im Spätmittelalter und in der frühen Neuzeit (Wolfenbütteler Forschungen, Bd. 46), Wiesbaden 1990, S. 21–36.

Dufour 1974
Alain Dufour: La réformation en Béarn d'après la lettre de Théodore de Bèze à Jeanne d'Albret de janvier 1567, in: L'amiral de Coligny en son temps. Société d'histoire du protestantisme français, Paris 1974, S. 313–323.

Duft 1988
Johannes Duft: Der Bodensee in St. Galler Handschriften. Texte und Miniaturen aus der Stiftsbibliothek Sankt Gallen, St. Gallen 1988.

Duggan 1989
Lawrence G. Duggan: Was Art really the «Book of the Illiterate»?, in: Word and Image 5/3, 1989, S. 227–251.

Duke 1990
Alastair Duke: The Time of Troubles in the County of Holland, 1566–1567, in: Reformation and Revolt in the Low Countries, London 1990, S. 125–151.

Dupeux/Guillot de Suduirot/Levy 1999
Cécile Dupeux/Sophie Guillot de Suduirot/Juliette Levy: Le retable de Morissen, une œuvre de l'atelier d'Ivo Strigel au musée de l'Œuvre Notre-Dame de Strasbourg, in: Revue du Louvre 4, octobre 1999, S. 39–50.

Durandus, Rationale
Wilhelm Durandus: Rationale divinorum officiorum, hrsg. von Anselme Davril/Timothy Thibodeau, 3 Bde. (Corpus Christianorum. Continuatio Medievalis, Bd. 140, 140A und 140B), Turnhout 1995–2000.

Durrer 1913
Robert Durrer: Die Geschenke Papst Julius II. an die Eidgenossen, in: Urner Neujahrsblatt 19, 1913, S. 1–45.

Dykema/Oberman 1993
Peter A. Dykema/Heiko A. Oberman (Hrsg.): Anticlericalism in Late Medieval and Early Modern Europe (Studies in Medieval and Reformation Thought, Bd. 51), Leiden 1993.

EA
Amtliche Sammlung der ältern Eidgenössischen Abschiede, 8 Bde., Basel, Brugg, Einsiedeln, Frauenfeld, Luzern, Zürich 1856–1886.

Eck, Enchiridion
Johannes Eck: Enchiridion. Handbüchlin gemainer stell unnd Articell der jetzt schwebenden Neuwen leeren (Augsburg 1533), hrsg. von Erwin Iserloh (Corpus Catholicorum, Bd. 35), Neudruck, Münster 1980.

Edel 1825
Friedrich Wilhelm Edel: Die Neue-Kirche in Strassburg. Nachrichten von ihrer Entstehung, ihren Schicksalen und Merkwürdigkeiten, besonders auch vom neuentdeckten Totentanze, Strassburg 1825.

Edgerton 1985
Samuel Y. Edgerton: Pictures and Punishment. Art and Criminal Prosecution during the Florentine Renaissance, Ithaca/London 1985.

Edlibach, Aufzeichnungen
«Da beschachend vil grosser endrungen». Gerold Edlibachs Aufzeichnungen über die Zürcher Reformation 1520–1526, hrsg. und kommentiert von Peter Jezler, in: Hans-Dietrich Altendorf und Peter Jezler (Hrsg.): Bilderstreit. Kulturwandel in Zwinglis Reformation, Zürich 1984, S. 41–74.

Effenberger 1986
Arne Effenberger: Frühchristliche Kunst und Kultur. Von den Anfängen bis zum 7. Jahrhundert, München 1986.

Eggenberger/Descœudres/Schweizer 1999
Peter Eggenberger/Georges Descœudres/Jürg Schweizer: «Ein bettelbrief denen von kilchdorff in Mh. landtschaft an iren buw». Der «Kirchenbauboom» auf der Landschaft, in: Berns grosse Zeit. Das 15. Jahrhundert neu entdeckt, hrsg. von Ellen J. Beer u.a., Bern 1999, S. 392–409.

Eggenberger/Kellenberger/Ulrich-Bochsler 1988
Peter Eggenberger/Heinz Kellenberger/Susi Ulrich-Bochsler: Twann. Reformierte Pfarrkirche. Die Ergebnisse der Bauforschung von 1977/1978 (Schriftenreihe der Erziehungsdirektion des Kantons Bern, hrsg. vom Archäologischen Dienst des Kantons Bern), Bern 1988.

Eggenberger/Weidmann/Hermanès 1987
Peter Eggenberger/Denis Weidmann/Théo-Antoine Hermanès: Romainmôtier – District d'Orbe. Fouilles à la Maison des Moines 1985–1986, in: Chronique archéologique. Extrait de la Revue historique vaudoise 95, 1987, S. 137–141.

Egli 1879
Emil Egli (Hrsg.): Aktensammlung zur Geschichte der Zürcher Reformation in den Jahren 1519–1523, Zürich 1879.

Ehbrecht 1980
Winfried Ehbrecht: Köln – Osnabrück – Stralsund, in: Franz Petri (Hrsg.): Kirche und gesellschaftlicher Wandel in deutschen und niederländischen Städten der werdenden Neuzeit, Köln/Wien 1980, S. 23–63.

Eichhorn 1987
Ernst Eichhorn: Die St. Lorenz-Kirche in Nürnberg, 7. Aufl., Nürnberg 1987.

Eikelmann 1995
Renate Eikelmann: Zur Geschichte des Marienbildes, genannt Goldenes Rößl, in: Das Goldene Roessl. Ein Meisterwerk der Pariser Hofkunst um 1400, hrsg. von Reinhold Baumstark (Ausstellungskatalog: München, Bayerisches Nationalmuseum), München 1995, S. 52–57.

Einwächter 1967
Hans Einwächter: Die Kapelle in Rümmingen, in: Rümmingen. Beiträge zur Orts-, Landschafts- und Siedlungsgeschichte, hrsg. von der Gemeindeverwaltung Rümmingen, Rümmingen 1967, S. 188–190.

Eire 1986
Carlos M. N. Eire: War against the Idols. The Reformation of Worship from Erasmus to Calvin, Cambridge u.a. 1986.

Ellenbog, Briefwechsel
Nikolaus Ellenbog: Briefwechsel, hrsg. von Andreas Birgelmair und Friedrich Zoepfl (Corpus Catholicorum, Bd. 19/21), Münster 1938.

Engel/Lehr 1887
Arthur Engel/Ernest Lehr: Numismatique de l'Alsace, Paris 1887.

Engelhardt 1936/1937/1939
Adolf Engelhardt: Die Reformation in Nürnberg, in: Mitteilungen des Vereins für Geschichte der Stadt Nürnberg 33, 1936, S. 1–258; 34, 1937, S. 1–402; 36, 1939, S. 1–184.

Engelmeier 1961
Paul Engelmeier: Westfälische Hungertücher vom 14. bis 19. Jahrhundert, Münster 1961.

Engemann 1997
Josef Engemann: Deutung und Bedeutung frühchristlicher Bildwerke, Darmstadt 1997.

Ennen 1973
Edith Ennen: Stadt und Schule in ihrem wechselseitigen Verhältnis vornehmlich im Mittelalter, in: Carl Haase (Hrsg.): Die Stadt des Mittelalters, Bd. 3, Wirtschaft und Gesellschaft (Wege der Forschung, Bd. 245), Darmstadt 1973, S. 455–479.

Esch 1998
Arnold Esch: Wahrnehmung sozialen und politischen Wandels in Bern an der Schwelle vom Mittelalter zur Neuzeit. Thüring Fricker und Valerius Anshelm, in: Arnold Esch: Alltag der Entscheidung. Beiträge zur Geschichte der Schweiz an der Wende vom Mittelalter zur Neuzeit (Festgabe zum 60. Geburtstag von Arnold Esch), Bern 1998, S. 87–136.

Ettlin 1977
Erwin Ettlin: Butterbriefe. Beiträge und Quellen zur Geschichte der Fastendispensen in der Schweizerischen Quart des Bistums Konstanz im Spätmittelalter (Europäische Hochschulschriften, Reihe III: Geschichte und ihre Hilfswissenschaften, Bd. 92), Bern/Frankfurt a.M./Las Vegas 1977.

Exhortation chrestienne
Exhortation chrestienne au Roi de France, in: Mémoires de Condé servant d'éclaircissement et de preuves à l'histoire de M. de Thou, Bd. 2, London 1743–1745, S. 222–287.

Fabian 1914
Ernst Fabian: Zwei gleichzeitige Berichte von Zwickauern über die Wittenberger Unruhen 1521 und 1522, in: Mitteilungen des Altertumsvereins für Zwickau und Umgebung 11, 1914, S. 25–30.

Fabian 1986
Gunther Fabian: Spätmittelalterliche Friedhofscrucifixi und Kalvarienberge im Rheinland und in Westfalen, Bonn 1986.

Falk 1980
Tilman Falk (Hrsg.): The Illustrated Bartsch 11, Sixteenth Century German Artists, Hans Burgkmair, the elder, Hans Schäufelein, Lucas Cranach, the elder, New York 1980.

Farel, La Croix de Jésus-Christ
Guillaume Farel: Du vray usage de la Croix de Jésus-Christ, Genf 1560.

Feld 1990
Helmut Feld: Der Ikonoklasmus des Westens (Studies in the History of Christian Thought, Bd. 41), Leiden u.a. 1990.

Felder 1988
Peter Felder: Barockplastik der Schweiz (Beiträge zur Kunstgeschichte der Schweiz, Bd. 6), Basel 1988.

Feller 1946
Richard Feller: Geschichte Berns, Bd. 1, Von den Anfängen bis 1516 (Archiv des Historischen Vereins des Kantons Bern, Bd. 38, Heft 2), Bern 1946.

Fendrich 1993
Herbert Fendrich: Die Christen und die Bilder, in: Imagination des Unsichtbaren. 1200 Jahre Bildende Kunst im Bistum Münster (Ausstellungskatalog: Münster, Westfälisches Landesmuseum für Kunst und Kulturgeschichte), Münster 1993, S. 110–121.

Ficker 1907
Johannes Ficker: Denkmäler der Elsässischen Altertums-Sammlung zu Strassburg i.Els., Christliche Zeit, Strassburg 1907.

Fischel 1934
Lili Fischel: Studien in der Altdeutschen Abteilung der Badischen Kunsthalle III. Der Meister der Karlsruher Passion. Sein verschollenes Œuvre, in: Oberrheinische Kunst 6, 1934, S. 56–58.

Fischel 1935
Lilli Fischel: Le Maître E.S. et ses sources strasbourgeoises, in: Archives alsaciennes d'histoire de l'art 14, 1935, S. 185–229.

Fischer 1906
Rainald Fischer: Das Rathaus in Appenzell, in: Appenzellische Jahrbücher 88, 1960, S. 1–17.

Fleischmann 1998
Ina Fleischmann: Metallschnitt und Teigdruck, Mainz 1998.

Fluri 1901
Adolf Fluri: Niklaus Manuels Totentanz in Bild und Wort, in: Neues Berner Taschenbuch auf das Jahr 1901, S. 119–266.

Fluri 1915
Adolf Fluri: Ablassbriefe zugunsten des St. Vincenzen-Münsters zu Bern, Bern 1915.

Fluri 1928
Adolf Fluri: Die Kirchengeräte des Münster in nachreformatorischer Zeit, in: Der Münsterausbau in Bern, Jahresbericht des Münsterbauvereins 23, 1928, S. 3–47.

Forsyth 1968
Ilene H. Forsyth: Magi and Majesty. A Study of Romanesque Sculpture and Liturgical Drama, in: The Art Bulletin 50, 1968, S. 215–222.

Forsyth 1972
Ilene H. Forsyth: The Throne of Wisdom. Wood Sculptures of the Madonna in Romanesque France, Princeton 1972.

Franck, Weltbuoch
Sebastian Franck: Weltbuoch: spiegel und bildtniß des gantzen erdbodens [...], Tübingen: gedruckt von Ulrich Morhart d. Ä., 1534.

Frankl 1956
Paul Frankl: Peter Hemmel, Glasmaler von Andlau, hrsg. vom Deutschen Verein für Kunstwissenschaft, Berlin 1956.

Franz 1909
Adolph Franz: Die kirchlichen Benediktionen im Mittelalter, 2 Bde., Freiburg i.Br. 1909.

FRB
Fontes Rerum Bernensium. Berns Geschichtsquellen bis 1390, 10 Bde., Bern 1883–1956.

Freedberg 1986
David Freedberg: Art and Iconoclasm, 1525–1580. The Case of the Northern Netherlands, in: J.P. Filedt Kok u.a. (Hrsg.): Kunst voor de beeldenstorm, Amsterdam 1986, S. 69–106.

Freedberg 1989
David Freedberg: The Power of Images. Studies in the History and Theory of Response, Chicago/London 1989.

Freeman 1965
Ann Freeman: Further Studies in the Libri Carolini, in: Speculum. A Journal of Mediaeval Studies 40, 1965, S. 203–289.

Freeman 1985
Ann Freeman: Carolingian Orthodoxy and the Fate of the Libri Carolini, in: Viator. Medieval and Renaissance Studies 16, 1985, S. 65–108.

Freuler 1994
Gaudenz Freuler: Bartolo di Fredi Cini. Ein Beitrag zur sienesischen Malerei des 14. Jahrhunderts, Disentis 1994.

Frey 1946
Dagobert Frey: Kunstwissenschaftliche Grundfragen. Prolegomena einer Kunstphilosophie, Wien 1946.

Frey-Kupper 1999
Susanne Frey-Kupper: Die Herstellung von Blei-Zinn-Marken und Pilgerzeichen im mittelalterlichen Bern, in: Berns grosse Zeit. Das 15. Jahrhundert neu entdeckt, hrsg. von Ellen J. Beer u.a., Bern 1999, S. 250–259.

Fritz 1966
Johann Michael Fritz: Gestochene Bilder. Gravierungen auf deutschen Goldschmiedearbeiten der Spätgotik (Beihefte Bonner Jahrbücher, Bd. 20), Köln/Graz 1966.

Fritz 1982
Johann Michael Fritz: Goldschmiedekunst der Gotik in Mitteleuropa, München o.J. [1982].

Fritz 1997
Johann Michael Fritz (Hrsg.): Die bewahrende Kraft des Luthertums. Mittelalterliche Kunstwerke in evangelischen Kirchen, Regensburg 1997.

Fritz 1999
Johann Michael Fritz: Continuité surprenante. Œuvres d'art du Moyen Age conservées dans les églises protestantes en Allemagne, in: Iconographica. Mélanges offerts à Piotr Skubiszewski, Poitiers 1999, S. 101–107.

Fritzsche 1981
Gabriela Fritzsche: Ein Retabelfragment des 14. Jahrhunderts im Schweizerischen Landesmuseum in Zürich. Versuch einer Einordnung der sogenannten «Bieler Tafeln», in: Zeitschrift für Schweizerische Archäologie und Kunstgeschichte 38, 1981, Heft 3, S. 189–201.

Fuchs 1969
Josef Fuchs: Kunstschätze aus Villingen, Villingen 1969.

Fuchs 1974
Joseph Fuchs: L'Œuvre Notre-Dame et la cathédrale de Strasbourg à travers les archives, in: Bulletin de la Société des amis de la cathédrale de Strasbourg 11, 1974, S. 21–34.

Fuchs, Erotische Kunst
Eduard Fuchs: Geschichte der erotischen Kunst, München o.J.

Fuhrmann 1996
Horst Fuhrmann: Überall ist Mittelalter. Von der Gegenwart einer vergangenen Zeit, München 1996.

Funaro/Rivelli 1998
Giorgia Funaro/Rite Rivelli: Vetri dipinti italiani, Sant'Angelo in Vado 1998.

Funke 1967
Jutta Funke: Beiträge zum graphischen Werk Heinrich Vogtherrs des Älteren, Berlin 1967.

Furger 1998
Andres Furger: Schweizerisches Landesmuseum Zürich & Prangins (Museen der Schweiz), Zürich 1998.

Furrer 1987
Bernhard Furrer: Der Verlust des Jahres. Die Zerstörung des Gerechtigkeitsbrunnens in Bern, in: Unsere Kunstdenkmäler 38, 1987, Heft 1, S. 192–195.

Futterer 1926
Ilse Futterer: Zur Plastik des 14. Jahrhunderts in der Schweiz, in: Anzeiger für Schweizerische Altertumskunde 28, 1926, S. 170–179 und 224–232.

Futterer 1931
Ilse Futterer: Die Tonskulpturen aus Trub im Bernischen Historischen Museum, in: Jahrbuch des Bernischen Historischen Museums in Bern 11, 1931, S. 17–19.

Gaborit-Chopin 1978
Danielle Gaborit-Chopin: Elfenbeinkunst im Mittelalter, Berlin 1978.

Gagnebin 1976a
Bernard Gagnebin: L'enluminure de Charlemagne à François Ier, Genf 1976.

Gagnebin 1976b
Bernard Gagnebin: Le missel Bonivard, Genf 1976.

Gamboni 1997
Dario Gamboni: The Destruction of Art. Iconoclasm and Vandalism since the French Revolution, London 1997.

Gamboni 1998
Dario Gamboni: Zerstörte Kunst. Bildersturm und Vandalismus im 20. Jahrhundert, Köln 1998.

Ganter 1944
Edmond Ganter: Vers la solution d'un point d'histoire genevoise. A propos de la Vierge mutilée, in: La vie catholique 31, 1944.

Ganz 1961
Paul Leonard Ganz: Die Basler Miniaturmaler Ringle, in: Basler Zeitschrift für Geschichte und Altertumskunde 61, 1961, S. 109–130.

Ganz / Seeger 1946
Paul Leonhard Ganz / Theodor Seeger: Das Chorgestühl in der Schweiz, Frauenfeld 1946.

Garside 1966
Charles Garside: Zwingli and the Arts, New Haven/London 1966.

Gass 1937
J. Gass: Le grand séminaire de Strasbourg, Strassburg 1937.

Geary 1993
Patrick J. Geary: Le vol des reliques au Moyen Age. Furta sacra, Paris 1993.

Geering 1933
Arnold Geering: Die Vokalmusik in der Schweiz zur Zeit der Reformation, Aarau 1933.

Geering / Trümpy 1967
Arnold Geering / Hans Trümpy (Hrsg.): Das Liederbuch des Johannes Heer von Glarus (1510) (Schweizerische Musikdenkmäler, Bd. 5), Basel 1967.

Geiger 1988
Hans-Ulrich Geiger: Die Zürcher Stadtheiligen im Münzbild, in: Hansueli F. Etter u. a. (Hrsg.): Die Zürcher Stadtheiligen Felix und Regula. Legenden, Reliquien, Geschichte und ihre Botschaft im Licht moderner Forschung, Zürich 1988, S. 79–83.

Geiler, Predigten
Johannes Geiler: Deutsche Predigten, 3 Bde., Berlin 1989–1995.

Geisberg 1909
Max Geisberg: Die Anfänge des deutschen Kupferstiches und der Meister E. S. (Meister der Graphik, Bd. 2), Leipzig 1909.

Geisberg 1922
Max Geisberg: The Master E. S., in: The Print Collector's Quarterly 90, 1922, S. 203–235.

Geisberg 1923
Max Geisberg (Hrsg.): Die Kupferstiche des Meisters E. S., Berlin 1923.

Geisberg 1924
Max Geisberg: Der Meister E. S. (Meister der Graphik, Bd. 10), Leipzig 1924.

Geisberg 1930
Max Geisberg: Der Deutsche Einblatt-Holzschnitt in der ersten Hälfte des XVI. Jahrhunderts. Bilderkatalog, München 1930.

Geisendorf 1942
Paul-F. Geisendorf: Les Analystes genevois du début du dix-septième siècle. Savion, Piaget, Perrin. Etudes des textes (Mémoires et Documents de la Société d'histoire et d'archéologie de Genève, Bd. 37), Genf 1942.

Gengenbach, Totenfresser
Pamphilus Gengenbach: Die Totenfresser, hrsg. von Josef Schmidt (Reclams Universal-Bibliothek 8304), Stuttgart 1969.

Gerber 1999
Roland Gerber: Die Kaufkraft des Geldes, in: Berns grosse Zeit. Das 15. Jahrhundert neu entdeckt, hrsg. von Ellen J. Beer u. a., Bern 1999, S. 247–250.

Germann G. 1985
Georg Germann: Bauetappen des Berner Münsters, in: Unsere Kunstdenkmäler 36, 1985, Heft 3, S. 263–269.

Germann 1996
Georg Germann: Ungarisches im Bernischen Historischen Museum. A Berni Történelmi Múzeum magyar emlékei, Bern/Budapest 1996.

Germann M. 1985
Martin Germann: Bibliotheken im reformierten Zürich: Vom Büchersturm (1525) zur Gründung der Stadtbibliothek (1629), in: Herbert G. Göpfert u. a. (Hrsg.): Beiträge zur Geschichte des Buchwesens im konfessionellen Zeitalter (Wolfenbütteler Schriften zur Geschichte des Buchwesens, Bd. 11), Wiesbaden 1985, S. 189–212.

Gerson, Opera omnia
Johannes Gerson: Opera omnia, 3 Bde., Antwerpen 1706.

Geschichte ZH 1 1995
Geschichte des Kantons Zürich, Bd. 1, Frühzeit bis Spätmittelalter, Zürich 1995.

Geschichte ZH 2 1996
Geschichte des Kantons Zürich, Bd. 2, Frühe Neuzeit, 16. bis 18. Jahrhundert, Zürich 1996.

Gieysztor 1981
Aleksander Gieysztor: Lassitude du Gothique? Reflets de l'iconoclasme hussite en Pologne au XVe siècle, in: Ars Auro Prior. Studia Ioanni Bialostocki Sexagenario Dicata, Warschau 1981, S. 223–226.

Gilbert 1959
Creighton Gilbert: The Archbishop on the Painters of Florence, 1450, in: The Art Bulletin 41, 1959, S. 75–87.

Gilbert 1985
Creighton Gilbert: A Statement of the Aesthetic Attitude around 1230, in: Hebrew University Studies in Literature and the Arts 13, 1985, S. 125–152.

Gilomen 1994
Hans-Jörg Gilomen: Renten und Grundbesitz in der Toten Hand – Realwirtschaftliche Probleme der Jenseitsökonomie, in: Himmel, Hölle, Fegefeuer. Das Jenseits im Mittelalter, von Peter Jezler u. a. (Ausstellungskatalog: Zürich, Schweizerisches Landesmuseum/Köln, Schnütgen-Museum und Wallraf-Richartz-Museum), Zürich 1994, in der Josef-Haubrich-Kunsthalle), Zürich 1994, S. 135–148.

Glaser 1923
Curt Glaser: Lukas Cranach, Leipzig 1923.

Gockerell 1995
Nina Gockerell: Bilder und Zeichen der Frömmigkeit. Sammlung Rudolf Kriss, München 1995.

Gockerell 1998
Nina Gockerell: Il Bambino Gesù. Italienische Christkindfiguren aus drei Jahrhunderten. Sammlung Hiky Mayr, 2. Aufl., Wien 1998.

Goertz 1987
Hans-Jürgen Goertz: «Pfaffenhass und gross Geschrei» – Die reformatorische Bewegung in Deutschland 1517–1529, München 1987.

Göttler 1984
Christine Göttler: Das älteste Zwingli-Bildnis? Zwingli als Bild-Erfinder. Der Titelholzschnitt zur «Beschribung der götlichen müly», in: Hans-Dietrich Altendorf und Peter Jezler (Hrsg.): Bilderstreit. Kulturwandel in Zwinglis Reformation, Zürich 1984, S. 19–39.

Göttler 1985
Christine Göttler: Die «Göttliche Mühle» – Ikonographische Untersuchung zum geistes- und sozialgeschichtlichen Hintergrund einer frühreformatorischen Flugschrift, unveröffentlichte Lizentiatsarbeit Universität Zürich, Zürich 1985.

Göttler 1996
Christine Göttler: Die Kunst des Fegefeuers nach der Reformation. Kirchliche Schenkungen, Ablass und Almosen in Antwerpen und Bologna um 1600 (Berliner Schriften zur Kunst, Bd. 7), Mainz 1996.

Göttler 1997
Christine Göttler: Ikonoklasmus als Kirchenreinigung. Zwei satirische Bildfiktionen zum niederländischen Bildersturm 1566, in: Georges-Bloch-Jahrbuch des Kunstgeschichtlichen Seminars der Universität Zürich 4, 1997, S. 61–87.

Göttler / Jezler 1987
Christine Göttler / Peter Jezler: Das Erlöschen des Fegefeuers und der Zusammenbruch der Auftraggeberschaft für sakrale Kunst, in: Christoph Dohmen und Thomas Sternberg (Hrsg.): «... kein Bildnis machen». Kunst und Theologie im Gespräch, 2. Aufl., Würzburg 1987, S. 119–148.

Göttler / Jezler 1990
Christine Göttler / Peter Jezler: Doktor Thüring Frickers «Geistermesse». Die Seelgerätskomposition eines spätmittelalterlichen Juristen, in: Materielle Kultur und religiöse Stiftung im Spätmittelalter. Internationales Round-Table-Gespräch, Krems an der Donau, 26. September 1988 (Veröffentlichungen des Instituts für mittelalterliche Realienkunde Österreichs, Bd. 12/Österreichische Akademie der Wissenschaften, Phil.-hist. Klasse, Sitzungsberichte, Bd. 554), Wien 1990, S. 187–231.

Götzinger 1865
Ernst Götzinger: Zwei Kalender vom Jahre 1527. D. Johannes Copp, evangelischer Kalender und D. Thomas Murner, Kirchendieb- und Ketzerkalender, Schaffhausen 1865.

Goullet / Iogna-Prat 1996
Monique Goullet / Dominique Iogna-Prat: La Vierge en «Majesté» de Clermont-Ferrand, in: Dominique Iogna-Prat, Eric Palazzo, Daniel Russo (Hrsg.): Marie. Le culte de la Vierge dans la société médiévale, Paris 1996, S. 393–405.

Gramaccini 1996
Norberto Gramaccini: Mirabilia. Das Nachleben antiker Statuen vor der Renaissance, Mainz 1996.

Gramaccini 1999
Norberto Gramaccini: Niklaus Manuel Deutsch – «Ut pictura poesis», in: Berns grosse Zeit. Das 15. Jahrhundert neu entdeckt, hrsg. von Ellen J. Beer u. a., Bern 1999, S. 523–534.

Grandidier 1782
André-Philippe Grandidier: Essais historiques et topographiques sur l'église cathédrale de Strasbourg, Strassburg 1782.

Grandjean 1982
Marcel Grandjean: De l'iconoclasme à la dispersion et l'art dans les anciennes paroisses catholiques, in: Trésors d'art religieux en Pays de Vaud (Ausstellungskatalog: Lausanne, Musée historique de l'Ancien-Evêché), Lausanne 1982, S. 33–36 und 295–296.

Grandjean 1988
Marcel Grandjean: Les temples vaudois. L'architecture réformée dans le Pays de Vaud 1536–1798 (Bibliothèque historique vaudoise 89), Lausanne 1988.

Grandjean 1990
Marcel Grandjean: Le couvent et l'église, in: Lutry. Arts et Monuments. Du XIe au début du XXe siècle, Bd. 1, Lutry 1990, S. 139–258.

Graus 1987
Frantisek Graus: Funktionen der spätmittelalterlichen Geschichtsschreibung, in: Hans Patze (Hrsg.): Geschichtsschreibung und Geschichtsbewusstsein im späten Mittelalter (Vorträge und Forschungen, Bd. 31), Sigmaringen 1987.

Greengrass 1999
Mark Greengrass: Financing the Cause. Protestant Mobilization and Accountability in France (1562–1589), in: Philip Benedict u.a. (Hrsg.): Reformation, Revolt and Civil War in France and the Netherlands 1555–1585. Proceedings of the Colloquium, Amsterdam, 29–31 October 1997, Amsterdam 1999, S. 233–254.

Gregor der Grosse, Registrum epistolarum
Gregor der Grosse: Registrum epistolarum, hrsg. von Dag Norberg, 2 Bde. (Corpus Christianorum. Series Latina, Bd. 140 und 140A), Turnhout 1982.

Gremaud/Techtermann 1854
Jean Gremaud/Willhelm Techtermann: La paroisse de Villarepos, in: Mémorial de Fribourg 1, 1854, S. 484–491.

Grierson 1982
Philip Grierson: Byzantine Coins, London 1982.

Grimm, Wörterbuch
Jakob Grimm/Wilhelm Grimm: Deutsches Wörterbuch, Leipzig u.a. 1854–1971, Nachdruck in 33 Bänden, München 1984.

Grodecki/Recht 1971
Louis Grodecki/Roland Recht: Le bras sud du transept de la cathédrale. Architecture et sculpture. Le quatrième colloque international de la société française d'archéologie, Strasbourg, 18–20 octobre 1968, in: Bulletin monumental 129, 1971, S. 7–38.

Groll 1990
Katrin Groll: Das «Passional Christi und Antichristi» von Lucas Cranach d.Ä., Frankfurt a. M. u.a. 1990.

Groß 1997
Sibylle Groß: Hans Wydyz. Sein Œuvre und die oberrheinische Bildschnitzkunst (Studien zur Kunstgeschichte, Bd. 109), Hildesheim/Zürich/New York 1997.

Grundmann 1977
Herbert Grundmann: Religiöse Bewegungen im Mittelalter. Untersuchungen über die geschichtlichen Zusammenhänge zwischen der Ketzerei, den Bettelorden und der religiösen Frauenbewegung im 12. und 13. Jahrhundert und über die geschichtlichen Grundlagen der deutschen Mystik, 4. Aufl., Darmstadt 1977.

Gruner 1732
Johann Rudolf Gruner: Deliciae Urbis Bernae. Merckwürdigkeiten der hochlöbl: Stadt Bern, Zürich 1732.

Gümbel 1929
Albert Gümbel: Das Mesnerpflichtbuch von St. Sebald in Nürnberg vom Jahre 1482 (Einzelarbeiten aus der Kirchengeschichte Bayerns, Bd. 11), München 1929.

Gueraud, Chronique
La chronique de Jean Gueraud, hrsg. von Jean Tricou, Lyon 1929.

Gugger 1984
Hans Gugger: Die neue Chororgel im Berner Münster, in: Musik und Gottesdienst 38, 1984, S. 1–7.

Guggisberg 1958
Kurt Guggisberg: Bernische Kirchengeschichte, Bern 1958.

Guillot de Suduiraut 1998a
Sophie Guillot de Suduiraut: Nouvelles attributions au sculpteur Martin Hoffmann et à son entourage bâlois, in: Revue du Louvre 48, 1998, Nr. 1, S. 46–56.

Guillot de Suduiraut 1998b
Sophie Guillot de Suduiraut: Un sculpteur souabe à Bâle: Martin Lebzelter, in: Rainer Kahsnitz (Hrsg.): Skulptur in Süddeutschland, 1400–1770 (München, Bayerisches Nationalmuseum, Forschungshefte 15), München 1998, S. 157–176.

Guldan 1960
Ernst Guldan: Hochaltar und Bischofsthron im Strassburger Münster, in: Beiträge zur Kunstgeschichte. Festgabe für Heinz Rudolf Rosemann zum 9. Oktober 1960, München/Berlin/Strassburg 1960, S. 187–220.

Gutscher 1983
Daniel Gutscher: Das Grossmünster in Zürich. Eine baugeschichtliche Monographie (Beiträge zur Kunstgeschichte der Schweiz, Bd. 5), Bern 1983.

Gutscher 1994
Daniel Gutscher: Thun, Kirche Scherzligen. Die archäologischen Forschungen im Bereich der ehemaligen Sakristeien und an der Westfassade 1989, in: Archäologie im Kanton Bern, Bd. 3B, Bern 1994, S. 521–550.

Gutscher 1998
Daniel Gutscher: Archäologie im ehemaligen Benediktinerkloster Trub, in: Alpenhornkalender 1999, Langnau 1998, S. 44–52.

Gutscher-Schmid/Sladeczek 1999
Charlotte Gutscher-Schmid/Franz-Josef Sladeczek: «bi unns und in unnser statt beliben». Künstler in Bern – Berner Künstler? Zum künstlerischen Austausch im spätmittelalterlichen Bern, in: Berns grosse Zeit. Das 15. Jahrhundert neu entdeckt, hrsg. von Ellen J. Beer u.a., Bern 1999, S. 410–421.

Gutscher-Schmid/Utz Tremp 1999
Charlotte Gutscher-Schmid/Kathrin Utz Tremp: Rund um den Lettner der Dominikanerkirche, in: Berns grosse Zeit. Das 15. Jahrhundert neu entdeckt, hrsg. von Ellen J. Beer u.a., Bern 1999, S. 489–501.

Gutscher/Senn 1984
Daniel Gutscher/Mathias Senn: Zwinglis Kanzel im Zürcher Grossmünster – Reformation und künstlerischer Neubeginn, in: Hans-Dietrich Altendorf und Peter Jezler (Hrsg.): Bilderstreit: Kulturwandel in Zwinglis Reformation, Zürich 1984, S. 109–116.

Gutscher/Ulrich-Bochsler/Utz Tremp 1999
Daniel Gutscher/Susi Ulrich-Bochsler/Kathrin Utz Tremp: «Hie findt man gesundheit des libes und der sele» – Die Wallfahrt im 15. Jahrhundert am Beispiel der wundertätigen Maria von Oberbüren, in: Berns grosse Zeit. Das 15. Jahrhundert neu entdeckt, hrsg. von Ellen J. Beer u.a., Bern 1999, S. 380–391.

Gutscher/Zumbrunn 1989
Daniel Gutscher/Urs Zumbrunn (Hrsg.): Bern. Die Skulpturenfunde der Münsterplattform. Bericht über das Interims-Kolloquium vom 26.–27. August 1988 in Bern, Bern 1989.

Gysel/Helbling 1999
Irene Gysel/Barbara Helbling: Zürichs letzte Äbtissin Katharina von Zimmern 1478–1547, Zürich 1999.

Häberli/von Steiger 1991
Hans Häberli/Christoph von Steiger (Hrsg.): Die Schweiz im Mittelalter in Diebold Schillings Spiezer Bilderchronik. Studienausgabe zur Faksimilie-Edition der Handschrift Mss. hist. helv. I.16 der Burgerbibliothek Bern, Luzern 1991.

Hätzer, Ein Urteil Gottes
Ludwig Hätzer: Ein Urteil Gottes, wie man es mit allen Götzen und Bildnissen halten soll (1523), hrsg. von Adolf Laube u.a. (Flugschriften der frühen Reformationsbewegung, Bd. 1), Vaduz 1983, S. 271–283.

Hahn-Woernle 1972
Birgit Hahn-Woernle: Christophorus in der Schweiz. Seine Verehrung in bildlichen und kultischen Zeugnissen, Diss. Universität Zürich, Basel 1972.

Hahnloser 1954
Hans R. Hahnloser: Das Venezianer Kristallkreuz im Bernischen Historischen Museum, in: Jahrbuch des Bernischen Historischen Museums in Bern 34, 1954, S. 35–47.

Hahnloser/Brugger-Koch 1985
Hans R. Hahnloser/Susanne Brugger-Koch: Corpus der Hartsteinschliffe des 12.–15. Jahrhunderts, Berlin 1985.

Halbesma-Kubes 1971
Willy Halbesma-Kubes: Een Mechelse H. Sebastian, in: Bulletin van het Rijksmuseum 19, 1971, S. 183–188.

Haller 1900–1902
Berchtold Haller: Bern in seinen Ratsmanualen, 1465–1565, 3 Bde., Bern 1900–1902.

Haller 1974
Hans Haller: Die romanische Kirche in Spiez (Schweizerische Kunstführer, Serie 15, Nr. 149), Basel 1974.

Halm 1921–1922
Philipp Maria Halm: Ikonographische Studien zum Armen-Seelen-Kultus, in: Münchner Jahrbuch der bildenden Kunst 12, 1921–1922, S. 1–24.

Hamburger 1989a
Jeffrey F. Hamburger: The Visual and the Visionary. The Image in Late Medieval Monastic Devotions, in: Viator. Medieval and Renaissance Studies 20, 1989, S. 161–181.

Hamburger 1989b
Jeffrey F. Hamburger: The Use of Images in the Pastoral Care of Nuns. The Cases of Heinrich Suso and the Dominicans, in: The Art Bulletin 71, 1989, Heft 1, S. 20–46.

Hamburger 1997
Jeffrey F. Hamburger: Nuns as Artists. The Visual Culture of a Medieval Convent, Berkeley/Los Angeles/London 1997.

Hamm 1996
Berndt Hamm: Bürgertum und Glaube. Konturen der städtischen Reformation, Göttingen 1996.

Hampe 1904
Theodor Hampe: Nürnberger Ratsverlässe über Kunst und Künstler im Zeitalter der Spätgotik und Renaissance, Bd. 1, (1449) 1474–1570 (Quellenschriften für Kunstgeschichte und Kunsttechnik des Mittelalters und der Neuzeit, NF Bd. 11), Wien/Leipzig 1904.

Hanauer 1898
Charles Auguste Hanauer: Cartulaire de l'église Saint-Georges de Haguenau, Strassburg 1898.

Hanke Knaus 1999
Gabriella Hanke Knaus: Musik in Bern im 15. Jahrhundert, in: Berns grosse Zeit. Das 15. Jahrhundert neu entdeckt, hrsg. von Ellen J. Beer u.a., Bern 1999, S. 552–567.

Hatt 1978
Jean-Jacques Hatt: L'Alsace celtique et romaine, 2200 av. J.-C. à 450 ap. J.-C., Wettolsheim 1978.

Hauffen 1908
Adolf Hauffen: Huss eine Gans – Luther ein Schwan, in: Prager Deutsche Studien 9, 1908, S. 1–28.

Haug 1930
Hans Haug: Le musée historique d'Obernai, Strassburg 1930.

Haug 1931
Hans Haug: Les œuvres de miséricorde du jubé de la cathédrale de Strasbourg, in: Archives alsaciennes d'histoire de l'art 10, 1931, S. 99–122.

Haug, 1936
Hans Haug: Notes sur Pierre d'Andlau, peintre-verrier à Strasbourg, et son atelier, in: Archives alsaciennes d'histoire de l'art 15, 1936, S. 79–123.

Haug 1937
Hans Haug: La prière du riche et du pauvre, in: Gazette des Beaux-Arts 79, 1937, S. 191–192.

Haug 1938
Hans Haug: Catalogue des peintures anciennes du Musée des Beaux-Arts de Strasbourg, Strassburg 1938.

Haug 1950
Hans Haug: Der Strassburger Lettner im Frauenhaus-Museum, in: Form und Inhalt. Otto Schmitt zum 60. Geburtstag, Stuttgart 1950, S. 139–144.

Hausmann 1991
Germain Hausmann: Romainmôtier, in: Helvetia Sacra, Abt. III: Die Cluniazenser in der Schweiz, Bd. 2, Die Orden mit Benediktinerregel, Basel/Frankfurt a.M. 1991, S. 511–565.

Haussherr 1963
Reiner Haussherr: Der tote Christus am Kreuz. Zur Ikonographie des Gerokreuzes, Bonn 1963.

Haussherr 1975
Reiner Haussherr: Über die Christus-Johannes-Gruppen. Zum Problem «Andachtsbilder» und deutsche Mystik, in: Beiträge zur Kunst des Mittelalters. Festschrift für Hans Wenzel zum 60. Geburtstag, Berlin 1975, S. 79–103.

Hautecœur 1965
Louis Hautecœur: Le Concile de Trente et l'art, in: Il concilio de Trento e la Reforma tridentina. Atti del convegno storico internazionale, Trento 1963, Rom u.a. 1965, S. 345–362.

Hayward 1976
John F. Hayward: Virtuoso Goldsmiths and the Triumph of Manierism 1540–1620, London 1976.

HDR
Handwörterbuch zur Deutschen Rechtsgeschichte, hrsg. von Adalbert Erler u.a., 5 Bde., Berlin 1964–1998.

Heck/Moench-Scherer
Christian Heck/Esther Moench-Scherer: Catalogue général des peintures du musée d'Unterlinden, Colmar 1990.

Heimpel 1954
Hermann Heimpel: Der Mensch in seiner Gegenwart, Göttingen 1954.

Heitz 1841
Friedrich C. Heitz: Die Thomas Kirche in Strassburg, Strassburg 1841.

Heitz 1900
Paul Heitz: Neujahrswünsche des XV. Jahrhunderts (Drucke und Holzschnitte des XV. und XVI. Jahrhunderts in getreuer Nachbildung, Bd. 3), Strassburg 1900.

Heitz 1901
Paul Heitz: Pestblätter des XV. Jahrhunderts, Text von W. L. Schreiber, hrsg. von J. H. Ed. Heitz, Strassburg 1901.

Heitz 1902
Paul Heitz: Wallfahrtsblättchen zu den drei Ähren, in: Elsass-Lothringen, Jahrbuch für Geschichte, Sprache und Literatur 18, 1902, S. 192–193.

Heitz 1911
Paul Heitz: Die Strassburger Madonna des Meisters E. S. Eine Handzeichnung in einem Kopialbuch des Strassburger Stadtarchivs, in: Studien zur deutschen Kunstgeschichte 136, 1911, S. 7–13.

Heitz 1917
Paul Heitz: Dreissig Neujahrswünsche des fünfzehnten Jahrhunderts, Strassburg 1917.

Henning 1912
Rudolf Henning: Denkmäler der elsässischen Altertums-Sammlung zu Strassburg i.Els., Strassburg 1912.

Hermann 1817
Jean-Frédéric Hermann: Notices historiques, statistiques et littéraires sur la ville de Strasbourg, Strasbourg 1817.

Hermann 1905
Jean Hermann: Notices historiques et archéologiques, hrsg. von Rodolphe Reuss, Strassburg 1905.

Hernmark 1978
Carl Hernmark: Die Kunst der europäischen Gold- und Silberschmiede von 1450 bis 1830, München 1978.

Herzog 1999
Georges Herzog: Albrecht Kauw (1616–1681). Der Berner Maler aus Strassburg (Schriften der Burgerbibliothek Bern), Bern 1999.

Heyden 1957
Hellmuth Heyden: Kirchengeschichte Pommerns, Bd. 2, Köln/Braunfels 1957.

Higman 1998
Francis M. Higman: Lire et découvrir. La Circulation des idées au temps de la Réforme (Travaux d'Humanisme et Renaissance, Bd. 326), Genf 1998.

Himmelsbach 1999
Gerrit Himmelsbach: Die Renaissance des Krieges. Kriegsmonographien und das Bild des Krieges in der spätmittelalterlichen Chronistik am Beispiel der Burgunderkriege, Zürich 1999.

Hinschius 1869–1897
Paul Hinschius: System des katholischen Kirchenrechts mit besonderer Rücksicht auf Deutschland, 5 Bde. (6 Teile), Berlin 1869–1897.

Hodler 1990
Beat Hodler: Ländliche Calvinismusrezeption. Die Analyse des Bildersturms als methodischer Zugang, in: Francia. Forschungen zur westeuropäischen Geschichte 17/2, 1990, S. 1–17.

Hofacker 1970
Hans-Georg Hofacker: Die Reformation in der Reichsstadt Ravensburg, in: Zeitschrift für württembergische Landesgeschichte 29, 1970, S. 71–125.

Hoffmann 1961
E. W. Hoffmann: Some Engravings executed by the Master E. S. for the Benedictine Monastery at Einsiedeln, in: The Art Bulletin 43, 1961, S. 231–237.

Hollstein
Friedrich Wilhelm Heinrich Hollstein (Begründer): German Engravings, Etchings and Woodcuts ca. 1400–1700, bisher 49 Bde., Amsterdam 1954–2000.

Honée 1994
Eugène Honée: Image and Imagination in the Medieval Culture of Prayer. A Historical Perspective, in: The Art of Devotion in the Late Middle Ages in Europe 1300–1500, hrsg. von Henk van Os (Ausstellungskatalog: Amsterdam, Rijksmuseum), London/Amsterdam 1994, S. 157–174.

Hubmaier, Schriften
Balthasar Hubmaier: Schriften, hrsg. von Gunnar Westin und Torsten Bergsten (Quellen und Forschungen zur Reformationsgeschichte, Bd. 29), Gütersloh 1962.

Hülße 1883
Friedrich Hülße: Die Einführung der Reformation in der Stadt Magdeburg, Magdeburg 1883.

Huggler 1972
Max Huggler: Die Wappentafel des Niklaus von Diesbach, in: Jahrbuch des Bernischen Historischen Museum in Bern 49–50, 1969–1970 (1972), S. 9–33.

Huot 1980
François Huot: Les manuscrits liturgiques du canton de Genève, Freiburg i.Üe. 1980.

Hutchison 1980
Jane C. Hutchison (Hrsg.): The Illustrated Bartsch 8, Early German Artists, New York 1980.

Huth 1967
Hans Huth: Künstler und Werkstatt der Spätgotik, Darmstadt 1967.

Ihm 1950
Christa Ihm: Die Programme der christlichen Apsismalerei, 4.–8. Jahrhundert, Stuttgart 1950 (2., unveränderte Aufl. 1992).

Illi 1992
Martin Illi: Wohin die Toten gingen. Begräbnis und Kirchhof in der vorindustriellen Stadt, Zürich 1992.

Illi 1993
Martin Illi: Die Geschichte der Stadtkirche anhand der hoch- und spätmittelalterlichen Schriftquellen, in: Carola Jäggi u.a. (Hrsg.): Die Stadtkirche St. Laurentius Winterthur. Ergebnisse der archäologischen und historischen Forschungen (Zürcher Denkmalpflege, Archäologische Monographien, Bd. 14), Zürich 1993, S. 119–145.

Imlin, Familienchronik
Strassburg im sechzehnten Jahrhundert (1500–1591). Auszug aus der Imlin'schen Familienchronik, hrsg. von Rodolphe Reuss, Colmar 1875.

Immenhauser 1999
Beat Immenhauser: Hans Bäli – Schulmeister, Diplomat und Reliquienvermittler, in: Berns grosse Zeit. Das 15. Jahrhundert neu entdeckt, hrsg. von Ellen J. Beer u.a., Bern 1999, S. 157.

Iohannis de Caulibus, Meditaciones
Iohannis de Caulibus: Meditaciones Vite Christi, olim S. Bonaventuro attributae, hrsg. von M. Stallings-Taney (Corpus Christianorum. Continuatio Mediaevalis, Bd. 153), Turnhout 1997.

Jahn 1972
Johannes Jahn: Lucas Cranach d.Ä., 1472–1553. Das gesamte graphische Werk, München 1972.

Jakob 1991
Friedrich Jakob: Überlieferung und Quellen zu Herkunft und Umbau, in: Friedrich Jakob: Die Valeria-Orgel (Veröffentlichungen des Instituts für Denkmalpflege an der Eidgenössischen Technischen Hochschule Zürich, Bd. 8), Zürich 1991, S. 33–53.

Jaritz 1990
Gerhard Jaritz: Religiöse Stiftungen als Indikator der Entwicklung materieller Kultur im Mittelalter, in: Materielle Kultur und religiöse Stiftung im Spätmittelalter. Internationales Round-Table-Gespräch, Krems an der Donau, 26. September 1988 (Veröffentlichungen des Instituts für mittelalterliche Realienkunde Österreichs, Bd. 12/Österreichische Akademie der Wissenschaften, Phil.-hist. Klasse, Sitzungsberichte, Bd. 554), Wien 1990, S. 13–35.

Jaton 1993
Philippe Jaton: Un caveau funéraire à Romainmôtier, in: Archéologie du Moyen Age. Le canton de Vaud du Ve au XVe siècle, hrsg. von Gilbert Kaenel und Pierre Crotti (Ausstellungskatalog: Lausanne, Musée cantonal d'archéologie et d'histoire), Lausanne 1993, S. 71–76.

Jezler 1982
Peter Jezler: Ostergrab und Depositionsbild, unveröffentlichte Lizentiatsarbeit am Kunstgeschichtlichen Seminar der Universität Zürich, Zürich 1982.

Jezler 1983
Peter Jezler: Bildwerke im Dienste der dramatischen Ausgestaltung der Osterliturgie – Befürworter und Gegner, in: Ernst Ullmann (Hrsg.): Von der Macht der Bilder. Beiträge des Congrès International d'Histoire de l'Art (C.I.H.A.) zum Thema «Kunst und Reformation», Leipzig 1983, S. 236–249.

Jezler 1984
Peter Jezler: Tempelreinigung oder Barbarei? Eine Geschichte vom Bild des Bilderstürmers, in: Hans-Dietrich Altendorf und Peter Jezler (Hrsg.): Bilderstreit. Kulturwandel in Zwinglis Reformation, Zürich 1984, S. 75–82.

Jezler 1988
Jezler, Peter: Der spätgotische Kirchenbau in der Zürcher Landschaft. Die Geschichte eines «Baubooms» am Ende des Mittelalters, Festschrift zum Jubiläum «500 Jahre Kirche Pfäffikon», Wetzikon 1988.

Jezler 1990a
Peter Jezler: Die Desakralisierung der Zürcher Stadtheiligen Felix, Regula und Exuperantius in der Reformation, in: Peter Dinzelbacher und Dieter R. Bauer (Hrsg.): Heiligenverehrung in Geschichte und Gegenwart, Ostfildern 1990, S. 296–319.

Jezler 1990b
Peter Jezler: Etappen des Zürcher Bildersturms. Ein Beitrag zur soziologischen Differenzierung ikonoklastischer Vorgänge in der Reformation, in: Bob Scribner (Hrsg.): Bilder und Bildersturm im Spätmittelalter und in der frühen Neuzeit (Wolfenbütteler Forschungen, Bd. 46), Wiesbaden 1990, S. 143–174.

Jezler 1991
Peter Jezler: Spätmittelalterliche Frömmigkeit und reformatorischer Bildersturm. «Und zuletzt hand sie nach vil und langem Muetwillen alle Bilder verbrennt», in: Bernhard Schneider (Hrsg.): Alltag in der Schweiz seit 1300, Zürich 1991, S. 86–99.

Jezler 1994
Peter Jezler: Jenseitsmodelle und Jenseitsvorsorge – Eine Einführung, in: Himmel, Hölle, Fegefeuer. Das Jenseits im Mittelalter, von Peter Jezler u.a. (Ausstellungskatalog: Zürich, Schweizerisches Landesmuseum/Köln, Schnütgen-Museum und Wallraf-Richartz-Museum, in der Josef-Haubrich-Kunsthalle), Zürich 1994, S. 13–26.

Jezler 1998
Peter Jezler: Mittelalterliche Andachtsbilder im privaten Raum, in: Die Vielfalt der Dinge. Neue Wege zur Analyse mittelalterlicher Sachkultur. Internationaler Kongress, Krems an der Donau, 4.–7. Oktober 1994. Gedenkschrift in memoriam Harry Kühnel (Forschungen des Instituts für Realienkunde des Mittelalters und der Frühen Neuzeit, Diskussionen und Materialien, Bd. 3), Wien 1998, S. 237–261.

Jezler/Jezler/Göttler 1984
Peter Jezler/Elke Jezler/Christine Göttler: Warum ein Bilderstreit? Der Kampf gegen die «Götzen» in Zürich als Beispiel, in: Hans-Dietrich Altendorf und Peter Jezler (Hrsg.): Bilderstreit. Kulturwandel in Zwinglis Reformation, Zürich 1984, S. 83–102.

Jörger 1972/1973
Albert Jörger: Das Schicksal der Berner Antiphonare in Estavayer, in: Freiburger Geschichtsblätter 58, 1972/1973, S. 41–53.

Joulia 1960
Antoinette Joulia: Etude sur le livre des donations de la cathédrale de Strasbourg, Diplomarbeit Universität Strassburg, Maschinenschrift, Strassburg 1960.

Jung 1830
André Jung: Geschichte der Reformation der Kirche in Strassburg, Strassburg/Leipzig 1830.

Junod 1933
Louis Junod: Mémoires de Pierrefleur. Edition critique avec une introduction et des notes, Lausanne 1933.

Justinger, Chronik
Die Berner Chronik des Conrad Justinger, nebst vier Beilagen, hrsg. von Gottlieb Studer, Bern 1871.

Kaczynski 1984
Reiner Kaczynski: Die Benediktionen, in: Sakramentliche Feiern II. Ordinationen und Beauftragungen – Riten um Ehe und Familie – Feiern geistlicher Gemeinschaften – Die Sterbe- und Begräbnisliturgie – Die Benediktionen – Der Exorzismus (Gottesdienst der Kirche. Handbuch der Liturgiewissenschaft, Teil 8), Regensburg 1984, S. 233–274.

Kahsnitz 1995
Rainer Kahsnitz: Kleinod und Andachtsbild. Zum Bildprogramm des Goldenen Rößls, in: Das Goldene Roessl. Ein Meisterwerk der Pariser Hofkunst um 1400, hrsg. von Reinhold Baumstark (Ausstellungskatalog: München, Bayerisches Nationalmuseum), München 1995, S. 58–89.

Kamber 1987
Peter Kamber: Die Reformation auf der Zürcher Landschaft am Beispiel des Dorfes Marthalen. Fallstudie zur Struktur bäuerlicher Reformation, in: Peter Blickle (Hrsg.): Zugänge zur bäuerlichen Reformation, Zürich 1987, S. 85–125.

Kamber 1999
Peter Kamber: Der Ittinger Sturm. Eine historische Reportage. Wie und warum die aufständischen Bauern im Sommer 1524 die Kartause Ittingen besetzten und in Brand steckten (Ittinger Schriftenreihe, hrsg. von der Stiftung Kartause Ittingen, Bd. 6), Warth 1997.

Kamber 2001
Peter Kamber: Reformation als bäuerliche Revolution. Bildersturm, Klosterbesetzungen und Kampf gegen die Leibeigenschaft in Zürich zur Zeit der Reformation (1522–1525) (in Druckvorbereitung, Chronos Verlag, Zürich 2001).

Kammel 2000
Frank Matthias Kammel: Imago pro domo. Private religiöse Bilder und ihre Benutzung im Spätmittelalter, in: Spiegel der Seligkeit. Privates Bild und Frömmigkeit im Spätmittelalter, hrsg. von G. Ulrich Großmann (Ausstellungskatalog: Nürnberg, Germanisches Nationalmuseum), Nürnberg 2000, S. 10–33.

Kammerer 1953
Immanuel Kammerer: Die Reformation in Isny, in: Blätter für württembergische Kirchengeschichte 53, 1953, S. 3–64.

Karlstadt, Von Abtuhung der Bylder
Andreas Karlstadt: «Von Abtuhung der Bylder, und das kein Betdler unther den Christen seyn soll» (Wittenberg 1522), in: Karl Simon (Hrsg.): Deutsche Flugschriften zur Reformation (1520–1525), Stuttgart 1980, S. 227–279.

Kat. Age of Chivalry 1987
Age of Chivalry (Ausstellungskatalog: London, Royal Academy of Arts), London 1987.

Kat. Albrecht von Brandenburg 1990
Albrecht von Brandenburg: Kurfürst, Erzkanzler, Kardinal, 1490–1545, hrsg. von Berthold Roland (Ausstellungskatalog: Mainz, Mittelrheinisches Landesmuseum), Mainz 1990.

Kat. Alltag zur Sempacherzeit 1986
Alltag zur Sempacherzeit. Innerschweizer Lebensformen und Sachkultur im Spätmittelalter, hrsg. von Josef Brülisauer (Ausstellungskatalog: Luzern, Historisches Museum), Luzern 1986.

Kat. Archéologie du Moyen Age 1993
Archéologie du Moyen Age. Le canton de Vaud du Ve au XVe siècle, hrsg. von Gilbert Kaenel und Pierre Crotti (Ausstellungskatalog: Lausanne, Musée cantonal d'archéologie et d'histoire), Lausanne 1993.

Kat. Art religieux 1948
Exposition d'art religieux du Moyen-Age organisée par l'Evêché de Strasbourg, le Service des monuments historiques et la Direction des musées de la ville de Strasbourg (Ausstellungskatalog: Strassburg, Musée de l'Œuvre Notre-Dame), Strassburg 1948.

Kat. Asper 1981
Zürcher Kunst nach der Reformation. Hans Asper und seine Zeit (Ausstellungskatalog: Zürich, Helmhaus), Zürich 1981.

Kat. Auftrag: Kunst 1995
Auftrag: Kunst 1949–1990. Bildende Künstler in der DDR zwischen Ästhetik und Politik, hrsg. von Monika Flacke (Ausstellungskatalog: Berlin, Deutsches Historisches Museum), München/Berlin 1995.

Kat. Basler Münster Bilder 1999
Basler Münster Bilder, hrsg. von Daniel Grütter (Ausstellungskatalog: Basel, Museum Kleines Klingental), Basel 1999.

Kat. Berns grosse Zeit 1999
Ellen J. Beer/Norberto Gramaccini/Charlotte Gutscher-Schmid/Rainer C. Schwinges (Hrsg.): Berns grosse Zeit. Das 15. Jahrhundert neu entdeckt, Bern 1999.

Kat. Bucer 1991
Martin Bucer, Strasbourg et l'Europe. Exposition à l'occasion du 500e anniversaire du réformateur strasbourgeois Martin Bucer 1491–1991 (Ausstellungskatalog: Strassburg, Eglise de Saint-Thomas), Strassburg 1991.

Kat. Burgunderbeute 1969
Die Burgunderbeute und Werke burgundischer Hofkunst (Ausstellungskatalog: Bern, Historisches Museum), Bern 1969.

Kat. Cathédrale de Lausanne 1975
Cathédrale de Lausanne. 700e anniversaire de la consécration solennelle (Ausstellungskatalog: Lausanne, Musée historique de l'Ancien-Evêché), Lausanne 1975.

Kat. Cathédrales gothiques 1989
Les bâtisseurs des cathédrales gothiques, hrsg. von Roland Recht (Ausstellungskatalog: Strassburg, Musées de la Ville, Ancienne Douane), Strassburg 1989.

Kat. Chefs-d'œuvre d'art religieux 1966
Chefs-d'œuvre d'art religieux en Alsace (Ausstellungskatalog: Colmar, Musée Unterlinden), Colmar 1966.

Kat. Collection Bourgeois Frères 1904
Collection Bourgeois Frères. Katalog der Kunstsachen und Antiquitäten des VI. bis XIX. Jahrhunderts, Köln 1904.

Kat. Cranach 1972
Lucas Cranach d. Ä. 1472–1553. Graphik aus dem Kupferstichkabinett der Veste Coburg, hrsg. von Heino Maedebach und Minni Gebhardt, Ausstellung anlässlich der 500. Wiederkehr des Geburtstages von Lucas Cranach d. Ä. (Ausstellungskatalog: Coburg, Kunstsammlungen der Veste, Kataloge der Kunstsammlungen der Veste Coburg, Bd. 4), Coburg 1972.

Kat. Cranach 1973
Lucas Cranach. Gemälde – Zeichnungen – Druckgraphik (Ausstellungskatalog: Berlin, Staatliche Museen, Gemäldegalerie und Kupferstichkabinett), Berlin-Dahlem 1973.

Kat. Cranach 1974–1976
Lukas Cranach. Gemälde, Zeichnungen, Druckgraphik, hrsg. von Dieter Koepplin und Tilman Falk, 2 Bde. (Ausstellungskatalog: Basel, Kunstmuseum), Basel/Stuttgart 1974–1976.

Kat. Das christliche Gebetbuch 1980
Das christliche Gebetbuch im Mittelalter. Andachts- und Stundenbücher in Handschrift und Frühdruck, hrsg. von Gerard Achten (Ausstellungskataloge: Berlin, Staatsbibliothek, Bd. 13), Berlin 1980.

Kat. Die Kunst der Graphik 1963
Die Kunst der Graphik. Das 15. Jahrhundert. Werke aus dem Besitz der Albertina, hrsg. von Erwin Mitsch (Ausstellungskatalog: Wien, Graphische Sammlung Albertina), Wien 1963.

Kat. Die Messe Gregors 1982
Die Messe Gregors des Grossen. Vision, Kunst, Realität, bearbeitet von Uwe Westfehling (Ausstellungskatalog: Köln, Schnütgen-Museum), Köln 1982.

Kat. Emotionen 1992
Emotionen: konserviert – katalogisiert – präsentiert (Ausstellungskatalog: Bern, Historisches Museum), Bern 1992.

Kat. Engravings of Northern Europe 1967
Fifteenth Century Engravings of Northern Europe from the National Gallery of Art, hrsg. von Alan Shestack (Ausstellungskatalog: Washington D.C., National Gallery of Art), Washington D.C. 1967.

Kat. Fleissige Bienen 1984
«... das Werk der fleissigen Bienen». Geformtes Wachs aus einer alten Lebzelterei, hrsg. von Barbara Möckershoff (Ausstellungskatalog: Regensburg, Diözesanmuseum), München/Zürich 1984.

Kat. Fribourg 1957
Fribourg. Huitième centenaire de la fondation de Fribourg, 1157–1957 (Ausstellungskatalog: Fribourg, Collège Saint-Michel, Musée d'art et d'histoire, Université), Freiburg i.Üe. 1957.

Kat. Geformtes Wachs 1980
Geformtes Wachs, hrsg. von Theo Gantner (Ausstellungskatalog: Basel, Schweizerisches Museum für Volkskunde), Basel 1980.

Kat. Giotto to Dürer 1991
Giotto to Dürer. Early Renaissance Painting in The National Gallery, hrsg. von Jull Dunkerton u.a., New Haven/London 1991.

Kat. Glaube, Liebe, Hoffnung, Tod 1995
Glaube, Liebe, Hoffnung, Tod, hrsg. von Christoph Geissmer-Brandi und Eleonora Louis (Ausstellungskatalog: Wien, Kunsthalle und Graphische Sammlung Albertina), Klagenfurt 1995.

Kat. Gotik in Österreich 1967
Gotik in Österreich, hrsg. von Harry Kühnel (Ausstellungskatalog: Krems-Stein, Minoritenkirche), 2. Aufl., Krems a.D. 1967.

Kat. Gotische Plastik des Aargaus 1959
Gotische Plastik des Aargaus (Ausstellung: Lenzburg, Schloss, veranstaltet von der Kantonalen Historischen Sammlung), Zofingen 1959.

Kat. Habsburger 1979
Die Zeit der frühen Habsburger. Dome und Klöster 1279–1379 (Ausstellungskatalog: Wiener Neustadt, Kataloge des niederösterreichischen Landesmuseums, NF Bd. 85), Wien 1979.

Kat. Hans Holbein d.J. 1988
Hans Holbein d.J. Zeichnungen aus dem Kupferstichkabinett der Öffentlichen Kunstsammlung Basel, hrsg. von Christian Müller (Ausstellungskatalog: Basel, Kunstmuseum), Basel 1988.

Kat. Himmel, Hölle, Fegefeuer 1994
Himmel, Hölle, Fegefeuer. Das Jenseits im Mittelalter, von Peter Jezler u.a. (Ausstellungskatalog: Zürich, Schweizerisches Landesmuseum/Köln, Schnütgen-Museum und Wallraf-Richartz-Museum, in der Josef-Haubrich-Kunsthalle), Zürich 1994.

Kat. Historische Schätze Berns 1953
Historische Schätze Berns. Bern 600 Jahre im Ewigen Bund der Eidgenossen 1353–1953. (Jubiläumsausstellung: Bern, Historisches Museum), Bern 1953.

Kat. Humanisme et Réforme 1973
Humanisme et Réforme à Strasbourg (Ausstellungskatalog: Strassburg, Ancienne Douane), Strassburg 1973.

Kat. Hungertuch 1978
Die Geschichte des Hungertuches, von Gustav Kalt (Ausstellungskatalog: Zürich, Schweizerisches Landesmuseum), Zürich 1978.

Kat. Jura 1981
Jura, treize siècles de civilisation chrétienne (Ausstellungskatalog: Delémont, Musée jurassien), Delsberg 1981.

Kat. Kärntner Kunst 1971
Kärntner Kunst des Mittelalters aus dem Diözesanmuseum Klagenfurt (Ausstellungskatalog: Wien, Österreichische Galerie im Oberen Belvedere/Klagenfurt, Kärntner Landesgalerie), Wien 1971.

Kat. Kirchenschatz St. Niklausenmünster 1983
Trésor de la Cathédrale de Fribourg/Der Kirchenschatz des St. Niklausenmünsters in Freiburg (Ausstellungskatalog: Freiburg, Museum für Kunst und Geschichte), Freiburg i.Üe. 1983.

Kat. Kunst der Reformationszeit 1983
Kunst der Reformationszeit (Ausstellungskatalog: Berlin, Staatliche Museen, Altes Museum), Berlin 1983.

Kat. La Maison de Savoie 1990
La Maison de Savoie en Pays de Vaud, hrsg. von Bernard Andenmatten und Daniel de Raemy (Ausstellungskatalog: Lausanne, Musée historique), Lausanne 1990.

Kat. Le portrait 1988
A qui ressemblons-nous? Le portrait dans les Musées de Strasbourg, hrsg. von Roland Recht und Marie-Jeanne Geyer (Ausstellungskatalog: Strassburg, Musées de la Ville), Strassburg 1988.

Kat. Luther Hamburg 1983
Luther und die Folgen für die Kunst, hrsg. von Werner Hofmann (Ausstellungskatalog: Hamburg, Kunsthalle), Hamburg 1983.

Kat. Luther Nürnberg 1983
Martin Luther und die Reformation in Deutschland (Ausstellungskatalog: Nürnberg, Germanisches Nationalmuseum), Nürnberg 1983.

Kat. Manesse 1991
«edele frouwen – schoene man». Die Manessische Liederhandschrift in Zürich, hrsg. von Claudia Brinker und Dione Flühler-Kreis (Ausstellungskatalog: Zürich, Schweizerisches Landesmuseum), Zürich 1991.

Kat. Manuel 1979
Niklaus Manuel Deutsch. Maler, Dichter, Staatsmann (Ausstellungskatalog: Bern, Kunstmuseum), Bern 1979.

Kat. Meister E. S. 1986
Meister E. S. Ein oberrheinischer Kupferstecher der Spätgotik (Ausstellungskatalog: München, Staatliche Graphische Sammlung/Berlin, Staatliche Museen, Kupferstichkabinett), München 1986.

Kat. Meisterwerke massenhaft 1993
Meisterwerke massenhaft. Die Bildhauerwerkstatt des Niklaus Weckmann und die Malerei in Ulm um 1500 (Ausstellungskatalog: Stuttgart, Württembergisches Landesmuseum), Stuttgart 1993.

Kat. Multscher 1997
Hans Multscher. Bildhauer der Spätgotik in Ulm, hrsg. von Brigitte Reinhardt und Michael Roth (Ausstellungskatalog: Ulm, Ulmer Museum), Ulm 1997.

Kat. Oberrheinische Buchillustration 1984
Oberrheinische Buchillustration 2, Basler Buchillustration 1500–1545, hrsg. von Frank Hieronymus (Ausstellungskatalog: Basel, Universitätsbibliothek, Publikationen der Universitätsbibliothek Basel, Nr. 5), Basel 1984.

Kat. «Ora pro nobis» 1992
«Ora pro nobis». Bildzeugnisse spätmittelalterlicher Heiligenverehrung, hrsg. von Harald Siebenmorgen (Ausstellungskatalog: Karlsruhe, Badisches Landesmuseum), Karlsruhe 1992.

Kat. Ornamenta Ecclesiae 1985
Ornamenta Ecclesiae. Kunst und Künstler der Romanik, hrsg. von Anton Legner, 3 Bde. (Ausstellungskatalog: Köln, Schnütgen-Museum und in der Josef-Haubrich-Kunsthalle), Köln 1985.

Kat. Private Andachtsbilder 1977
Private Andachtsbilder, hrsg. von Horst Appuhn (Ausstellungskatalog: Dortmund, Schloss Cappenberg, Museum für Kunst und Kulturgeschichte), Dortmund 1977.

Kat. Reformation Augsburg 1997
«... wider Laster und Sünde». Augsburgs Weg in der Reformation, hrsg. von Josef Kirmeier (Ausstellungskatalog: Augsburg, St. Anna, Veröffentlichungen zur Bayerischen Geschichte und Kultur, Bd. 33), Augsburg/Köln 1997.

Kat. Reformation in Nürnberg 1979
Reformation in Nürnberg. Umbruch und Bewahrung (Ausstellungskatalog: Nürnberg, Germanisches Nationalmuseum, Schriften des Kunstpädagogischen Zentrums im Germanischen Nationalmuseum Nürnberg, Bd. 9), Nürnberg 1979.

Kat. Saint Sébastien 1983
Saint Sébastien, rituels et figures (Ausstellungskatalog: Paris, Musée National des arts et traditions populaires), Paris 1983.

Kat. Sainte Anne trinitaire 1990
Sainte Anne trinitaire, une œuvre de l'atelier du Maître de Rabenden (Ausstellungskatalog: Colmar, Musée d'Unterlinden), Colmar 1990.

Kat. Sculptures allemandes 1991
Sculptures allemandes de la fin du Moyen Age dans les collections publiques françaises 1400–1530 (Ausstellungskatalog: Paris, Musée du Louvre), Paris 1991.

Kat. Spätgotik am Oberrhein 1970
Spätgotik am Oberrhein. Meisterwerke der Plastik und des Kunsthandwerkes 1450–1530 (Ausstellungskatalog: Karlsruhe, Badisches Landesmuseum), Karlsruhe 1970.

Kat. Stalles de la Savoie médiévale 1991
Stalles de la Savoie médiévale, hrsg. von Claude Lapaire und Sylvie Aballéa (Ausstellungskatalog: Genf, Musée d'art et d'histoire), Genf 1991.

Kat. Staufer 1977
Die Zeit der Staufer. Geschichte – Kunst – Kultur, hrsg. von Reiner Haussherr, 5 Bde. (Ausstellungskatalog: Stuttgart, Württembergisches Landesmuseum), Stuttgart 1977.

Kat. The Art of Devotion 1994
The Art of Devotion in the Late Middle Ages in Europe, 1300–1500, hrsg. von Henk van Os (Ausstellungskatalog: Amsterdam, Rijksmuseum), Amsterdam/London 1994.

Kat. Tobias Stimmer 1984
Spätrenaissance am Oberrhein. Tobias Stimmer 1539–1584 (Ausstellungskatalog: Basel, Kunstmuseum), Basel 1984.

Kat. Trésors d'art religieux 1982
Trésors d'art religieux en Pays de Vaud (Ausstellungskatalog: Lausanne, Musée historique de l'Ancien-Evêché), Lausanne 1982.

Kat. Trésors de Fribourg 1955
Trésors de Fribourg (Ausstellungskatalog: Freiburg, Museum für Kunst und Geschichte), Freiburg i.Üe. 1955.

Kat. Trésors de Fribourg 1972
Trésors de Fribourg. Collection du Musée de Fribourg (Ausstellungskatalog: Nantes, Musée Dobrée), Paris 1972.

Kat. Un musée pour demain 1977
Un musée pour demain. Trésors révélés (Ausstellungskatalog: Freiburg, Museum für Kunst und Geschichte), Freiburg i.Üe. 1977.

Kat. Wallfahrt 1984
Wallfahrt kennt keine Grenzen (Ausstellungskatalog: München, Bayerisches Nationalmuseum), München 1984.

Kat. Wettstein 1998
Wettstein – Die Schweiz und Europa 1648 (Ausstellungskatalog: Basel, Historisches Museum), Basel 1998.

Kat. Wiedertäufer 1982
Die Wiedertäufer in Münster, hrsg. von Hans Galen (Ausstellungskatalog: Münster, Stadtmuseum), Münster 1982.

Kat. Zeichen der Freiheit 1991
Zeichen der Freiheit. Das Bild der Republik in der Kunst des 16. bis 20. Jahrhunderts, hrsg. von Dario Gamboni und Georg Germann, unter Mitwirkung von François de Capitani (Ausstellungskatalog: Bern, Historisches Museum und Kunstmuseum), Bern 1991.

Kat. Zuger Kunst 1977
Zuger Kunst von der Romanik bis zur Gegenwart (Ausstellungskatalog: Zug, Kunsthaus), Zug 1977.

Kaufmann 1998
Thomas Kaufmann: Anonyme Flugschriften der Reformation, in: Bernd Moeller (Hrsg.): Die frühe Reformation in Deutschland als Umbruch. Wissenschaftliches Symposium des Vereins für Reformationsgeschichte (Schriften des Vereins für Reformationsgeschichte, Bd. 199), Heidelberg 1998, S. 191–267.

Kaufmann-Hagenbach 1938
Annie Kaufmann-Hagenbach: Spätgotische Plastik in der Schweiz von 1430 bis 1530, Diss. Universität Basel, Maschinenschrift, Basel 1938.

Kaufmann-Hagenbach 1952
Annie Kaufmann-Hagenbach: Die Basler Plastik des fünfzehnten und frühen sechzehnten Jahrhunderts (Basler Studien zur Kunstgeschichte, Bd. 10), Basel 1952.

Kautzsch 1928
Rudolf Kautzsch: Ein frühes Werk des Meisters der Strassburger Ekklesia, in: Oberrheinische Kunst 3, 1928, S. 133–148.

Kdm AG 3 1954
Die Kunstdenkmäler des Kantons Aargau, Bd. 3, Das Kloster Königsfelden, von Emil Maurer, Basel 1954.

Kdm AG 4 1967
Die Kunstdenkmäler des Kantons Aargau, Bd. 4, Der Bezirk Bremgarten, von Peter Felder, Basel 1967.

Kdm BE 1 1952
Die Kunstdenkmäler des Kantons Bern, Bd. 1, Die Stadt Bern (Stadtbild, Wehrbauten, Stadttore, Anlagen, Denkmäler, Brücken, Stadtbrunnen, Spitäler, Waisenhäuser), von Paul Hofer, Basel 1952.

Kdm BE 4 1960
Die Kunstdenkmäler des Kantons Bern, Bd. 4, Das Berner Münster, von Luc Mojon, Basel 1960.

Kdm BE 5 1969
Die Kunstdenkmäler des Kantons Bern, Bd. 5, Die Kirchen der Stadt Bern (Antonierkirche, Französische Kirche, Heiliggeistkirche und Nydeggkirche), von Paul Hofer und Luc Mojon, Basel 1969.

Kdm BS 1 1932
Die Kunstdenkmäler des Kantons Basel-Stadt, Bd. 1, Vorgeschichtliche, römische und fränkische Zeit; Geschichte und Stadtbild; Befestigungen, Areal und Rheinbrücke; Rathaus und Staatsarchiv, von C. H. Baer, Basel 1932.

Kdm FR 1 1964
Les monuments d'art et d'histoire du canton de Fribourg, tome 1, La ville de Fribourg (Introduction, plan de la ville, fortifications, promenades, ponts, fontaines et édifices publics), von Marcel Strub, Basel 1964.

Kdm FR 2 1956
Les monuments d'arts et d'histoire du canton de Fribourg, tome 2, La ville de Fribourg, von Marcel Strub, Basel 1956.

Kdm GR 4 1992
Die Kunstdenkmäler des Kantons Graubünden, Bd. 4, Die Täler am Vorderrhein, 1. Teil, Das Gebiet von Tamins bis Somvix, von Erwin Poeschel, Basel 1942.

Kdm LU 5 1959
Die Kunstdenkmäler des Kantons Luzern, Bd. 5, Das Amt Willisau (mit St. Urban), von Adolf Reinle, Basel 1959.

Kdm SH 1 1951
Die Kunstdenkmäler des Kantons Schaffhausen, Bd. 1, Die Stadt Schaffhausen, von Reinhard Frauenfelder, Basel 1951.

Kdm TG 4 1989
Die Kunstdenkmäler des Kantons Thurgau, Bd. 4, Das Kloster St. Katharinenthal, von Albert Knoepfli, Basel 1989.

Kdm VD 2 1944
Les monuments d'art et d'histoire du canton de Vaud, tome 2, La cathédrale de Lausanne, von Eugène Bach, Louis Blondel und Adrien Bovy, Basel 1944.

Kdm VD 4 1981
Les monuments d'art et d'histoire du canton de Vaud, tome 4, Lausanne (villages, hameaux et maisons de l'ancienne campagne lausannoise), von Marcel Grandjean, Basel 1981.

Kdm ZG 1 1999
Die Kunstdenkmäler des Kantons Zug, Neue Ausgabe, Bd. 1, Das ehemalige Äussere Amt, von Josef Grünenfelder, Basel 1999.

Kdm ZH 1 1999
Die Kunstdenkmäler des Kantons Zürich, Neue Ausgabe, Bd. 1, Die Stadt Zürich I (Stadt vor der Mauer, mittelalterliche Befestigung und Limmatraum), von Christine Barraud Wiener und Peter Jezler, Basel 1999.

Kdm ZH 3 1978
Die Kunstdenkmäler des Kantons Zürich, Bd. 3, Die Bezirke Pfäffikon und Uster, von Hans Martin Gubler, Basel 1978.

Kdm ZH 8 1986
Die Kunstdenkmäler des Kantons Zürich, Bd. 8, Der Bezirk Winterthur, nördlicher Teil, von Hans Martin Gubler, Basel 1986.

Kdm ZH 9 1997
Die Kunstdenkmäler des Kantons Zürich, Bd. 9, Der Bezirk Dietikon, von Karl Grunder, Basel 1997.

Keck 1999
Gabriele Keck: Christus als Schmerzensmann in der Kartause Thorberg, in: Krauchthal V. Aus Vergangenheit und Gegenwart (Krauchthal, Thorberg. Ein Heimatbuch, Bd. 5), Krauchthal 1999, S. 322–323.

Keller 1998
Peter Keller: Die Wiege des Christuskindes. Ein Haushaltsgerät in Kunst und Kult (Manuskripte zur Kunstwissenschaft in der Wernerschen Verlagsgesellschaft, Bd. 54), Worms 1998.

Kessler, Sabbata
Johannes Kessler: Sabbata. Mit kleineren Schriften und Briefen, hrsg. von Emil Egli und Rudolf Schoch, St. Gallen 1902.

Kiessling 1971
Rolf Kiessling: Gesellschaft und Kirche im 14. und 15. Jahrhundert, Augsburg 1971.

Kissling 1975
Hermann Kissling: Das Münster in Schwäbisch Gmünd. Studien zur Baugeschichte, Plastik und Ausstattung, Schwäbisch Gmünd 1975.

Klapisch-Zuber 1988
Christiane Klapisch-Zuber: La famiglia e le donne nel Rinascimento a Firenze, Rom/Bari 1988.

Kleinschmidt 1930
Beda Kleinschmidt: Die Heilige Anna, ihre Verehrung in Geschichte, Kunst und Volkskunst, Düsseldorf 1930.

Klemm 1990
Christian Klemm: Glanz und Ende der Altzürcher Malerei – Zur neuen Altartafel Hans Leu des Jüngeren, in: Jahresbericht, Zürcher Kunstgesellschaft & Kunsthaus Zürich, 1990, S. 73–78.

Knapp 1995
Gottfried Knapp: Monumentaler Sondermüll, nicht entsorgbar. Zur politischen Karriere einer «Führerbüste», in: Iris Lauterbach (Hrsg.): Bürokratie und Kult. Das Parteizentrum der NSDAP am Königsplatz in München. Geschichte und Rezeption (Veröffentlichungen des Zentralinstituts für Kunstgeschichte, Bd. 10), München/Berlin 1995, S. 259–262.

Knauth 1903/1904
Johann Knauth: Der Lettner des Münsters. – Ein verschwundenes Kunstwerk, in: Strassburger Münsterblatt 1, 1903/1904, S. 33–40.

Knauth, Strassburger Münster
Joseph Knauth: Die Verheerungen der französischen Revolution am Strassburger Münster, o.O.u.J.

Knittel 1946
Alfred L. Knittel: Werden und Wachsen der evangelischen Kirche im Thurgau von der Reformation bis zum Landfrieden von 1712, Frauenfeld 1946.

Knötel 1929
Paul Knötel: Kirchliche Bilderkunde Schlesiens, Glatz 1929.

Kobler 1970
Friedrich Kobler: Der Jungfrauenzyklus der Freiburger Münstervorhalle, Bamberg 1970.

Kock 1999
Thomas Kock: Die Buchkultur der Devotio moderna. Handschriftenproduktion, Literaturversorgung und Bibliotheksaufbau im Zeitalter des Medienwechsels (Tradition – Reform – Innovation. Studien zur Modernität des Mittelalters, Bd. 2), Frankfurt a. M. u.a. 1999.

Köhler 1991–1996
Hans-Joachim Köhler: Bibliographie der Flugschriften des 16. Jahrhunderts, Teil 1, Das frühe 16. Jahrhundert (1501–1530), 3 Bde., Tübingen 1991–1996.

Koekkoek 1987
Roland Koekkoek: Parelmoerreliëfs, in: Kunstschatten uit Freiburg. Eeen keuze uit de collectie van het Augustinermuseum, hrsg. von Roland Koekkoek (Ausstellungskatalog: Utrecht, Rijksmuseum het Catharijneconvent), Utrecht 1987, S. 71–76.

Köpf 1990
Ulrich Köpf: Die Bilderfrage in der Reformationszeit, in: Blätter für württembergische Kirchengeschichte 90, 1990, S. 38–63.

Körner 1992
Martin Körner: Bilder als «Zeichen Gottes». Bilderverehrung und Bildersturm in der Reformation, in: Zwingliana. Beiträge zur Geschichte Zwinglis, der Reformation und des Protestantismus in der Schweiz 19/1, 1992, S. 233–244.

Köster 1983
Kurt Köster: Pilgerzeichen und Pilgermuscheln von mittelalterlichen Santiagostrassen (Ausgrabungen in Schleswig. Berichte und Studien, Bd. 2), Neumünster 1983.

Konrad 1989
Bernd Konrad: Rudolf Stahel und seine Werkstatt, in: Jahrbuch der Staatlichen Kunstsammlungen in Baden-Württemberg 26, 1989, S. 57–92.

Konrad 1993
Bernd Konrad: Rosgartenmuseum Konstanz. Die Kunstwerke des Mittelalters (Konstanzer Museumskataloge, hrsg. von Elisabeth von Gleichenstein, Bd. 3), Konstanz 1993.

Konrad/Weimar 1997
Bernd Konrad/Gertrud Weimar: Heilige am Bodensee. Der spätgotische Flügelalter im Reichenauer Münster (1498) (Reichenauer Texte und Bilder, Bd. 6), Sigmaringen 1997.

Krämer 1981
Gode Krämer: Jörg Breu d. Ä. als Maler und Protestant, in: Welt im Umbruch. Augsburg zwischen Renaissance und Barock, III. Beiträge, hrsg. von den Städtischen Kunstsammlungen und dem Zentralinstitut für Kunstgeschichte München, Augsburg 1981, S. 115–133.

Kramer 1992
Bernd Kramer (Hrsg.): Demontage... revolutionärer oder restaurativer Bildersturm. Texte & Bilder, Berlin 1992.

Krasa 1983
Josef Krasa: Der hussitische Biblizismus, in: Ernst Ullmann (Hrsg.): Von der Macht der Bilder. Beiträge des Congrès International d'Histoire de l'Art (C.I.H.A.) zum Thema «Kunst und Reformation», Leipzig 1983, S. 54–59.

Kraus 1876
Franz Xaver Kraus: Kunst und Alterthum im Unter-Elsass, Strassburg 1876.

Krause 1987
Hans-Joachim Krause: «Imago ascensionis» und «Himmelloch». Zum «Bild»-Gebrauch in der spätmittelalterlichen Liturgie, in: Friedrich Möbius und Ernst Schubert (Hrsg.): Skulptur des Mittelalters. Funktion und Gestalt, Weimar 1987, S. 280–353.

Kreytenberg 1999
Gert Kreytenberg: Ein lehrender Christus von Nicola Pisano im Zisterzienserinnenkloster St. Marienstern in Sachsen, in: Mitteilungen des Kunsthistorischen Institutes in Florenz 43, 1999, S. 1–13.

Kriss 1957
Rudolf Kriss: Eisenopfer. Das Eisenopfer in Brauchtum und Geschichte, München 1957.

Kriss 1971
Rudolf Kriss: Bilder und Zeichen religiösen Volksglaubens, 2. Aufl., München 1971.

Kriss-Rettenbeck 1972
Lenz Kriss-Rettenbeck: Ex voto. Zeichen, Bild und Abbild im christlichen Votivbrauchtum, Zürich 1972.

Kroos 1986
Renate Kroos: «Gotes tabernakel». Zu Funktion und Interpretation von Schreinmadonnen, in: Zeitschrift für Schweizerische Archäologie und Kunstgeschichte 43, 1986, Heft 1, S. 58–64.

Krutisch 1987
Petra Krutisch: Niederrheinische Kruzifixe der Spätgotik. Die plastischen Kruzifixe und Kreuzigungsgruppen des späten 15. und frühen 16. Jahrhunderts im Herzogtum Kleve, Diss. Universität Bonn, Bonn 1987.

Kunze 1993
Horst Kunze: Geschichte der Buchillustration in Deutschland. Das 16. und 17. Jahrhundert, Textband, Leipzig 1993.

Kurmann-Schwarz 1998
Brigitte Kurmann-Schwarz: Die Glasmalereien des 15. bis 18. Jahrhunderts im Berner Münster (Corpus Vitrearum Medii Aevi, Schweiz, Bd. 4), Bern 1998.

Kurth 1926
Betty Kurth: Die deutschen Bildteppiche des Mittelalters, Bd. 1–2, Wien 1926.

Kuthy 1999
Sandor Kuthy (Hrsg.): Niclaus Manuel im Kunstmuseum Bern (Schriftenreihe Kunstmuseum Bern, Nr. 2), Bern 1999.

Ladis 1982
Andrew Ladis: Taddeo Gaddi, London 1982.

Lässig 1984
Heinz E. Lässig: Die Zahnheilkunde in Kunst- und Kulturgeschichte, 2. Aufl., Köln 1984.

Lamprecht/König 1992
Franz Lamprecht/Mario König: Eglisau. Geschichte der Brückenstadt am Rhein, Zürich 1992.

Landau 1975
Peter Landau: Jus patronatus. Studien zur Entwicklung des Patronats im Dekretalienrecht und der Kanonistik des 12. und 13. Jahrhunderts (Forschungen zur kirchlichen Rechtsgeschichte und zum Kirchenrecht, Bd. 12), Köln/Wien 1975.

Landolt 1990
Hanspeter Landolt: Gottfried-Keller-Stiftung. Sammeln für die Schweizer Museen, 1890–1990, Bern 1990.

Landucci, Florentinisches Tagebuch
Luca Landucci: Florentinisches Tagebuch 1450–1516, hrsg. von Marie Herzfeld, 2 Bde., Leipzig 1913.

Lapaire 1969
Claude Lapaire: Eine Heiliggrabtruhe aus Baar im Schweizerischen Landesmuseum Zürich, in: Zeitschrift für Schweizerische Archäologie und Kunstgeschichte 26, 1969, Heft 3, S. 113–116.

Lapaire 1986
Claude Lapaire: Sculptures sur bois du Moyen Age (Images du Musée d'art et d'histoire, Bd. 30), Genf 1986.

Lapaire 1991
Claude Lapaire: Les transformations, destructions et restaurations de stalles, in: Stalles de la Savoie médiévale, hrsg. von Claude Lapaire und Sylvie Aballéa (Ausstellungskatalog: Genf, Musée d'art et d'histoire), Genf 1991, S. 81–85.

Lapini, Diario fiorentino
Agostino Lapini: Diario fiorentino, hrsg. von Giuseppe O. Corazzini, Florenz 1900.

Largiadèr 1942
Anton Largiadèr: Die Entwicklung des Zürcher Siegels, in: Zürcher Taschenbuch 62, 1942, S. 1–29.

Lavater 1980
Hans Rudolf Lavater: Zwingli und Bern, in: 450 Jahre Berner Reformation. Beiträge zur Geschichte der Berner Reformation und zu Niklaus Manuel (Archiv des Historischen Vereins des Kantons Bern, Bd. 64 und 65, 1980 und 1981), Bern 1980, S. 60–103.

Lazovic/Frigerio-Zeniou 1985
Miroslav Lazovic/Stella Frigerio-Zeniou: Les icônes du Musée d'art et d'histoire, Genf 1985.

LCI
Lexikon der christlichen Ikonographie, hrsg. von Engelbert Kirschbaum/Wolfgang Braunfels, 8 Bde., Rom u.a. 1968–1976.

Le Goff 1984
Jacques Le Goff: Die Geburt des Fegefeuers, aus dem Französischen übersetzt von Ariane Forkel, Stuttgart 1984.

Lechner 1981
Gregor Martin Lechner: Maria Gravida. Zum Schwangerschaftsmotiv in der bildenden Kunst, München/Zürich 1981.

Ledergerber 1984
Karl Ledergerber: Christoffels Auferstehung. Die Verwandlung des Grossen Heiligen von Mutzopolis. Geschichte einer Legende – Legende einer Geschichte, Münsingen 1984.

Legenda aurea (Ed. Benz)
Jacobus de Voragine: Die Legenda aurea, aus dem Lateinischen übersetzt von Richard Benz, Heidelberg 1963.

Legenda aurea (Ed. Roze)
Jacques de Voragine: La légende dorée, übersetzt von J.-B. M. Roze, 2 Bde., Paris 1967.

Legner 1995
Anton Legner: Reliquien in Kunst und Kult zwischen Antike und Aufklärung, Darmstadt 1995.

Lehmann 1912
Hans Lehmann: Die Glasmalerei in Bern am Ende des 15. und Anfang des 16. Jahrhunderts. Werkstatt des Urs Weder, in: Anzeiger für Schweizerische Altertumskunde, NF 14, 1912, S. 287–309.

Lehmann 1913
Hans Lehmann: Die Glasmalerei in Bern am Ende des 15. und Anfang des 16. Jahrhunderts, in: Anzeiger für Schweizerische Altertumskunde, NF 15, 1913, S. 45–52, 100–116, 205–226 und 321–346.

Lehmann 1915
Hans Lehmann: Die Glasmalerei in Bern am Ende des 15. und Anfang des 16. Jahrhunderts, in: Anzeiger für Schweizerische Altertumskunde, NF 17, 1915, S. 45–65, 136–159, 217–240 und 305–329.

Lehmann 1929
Hans Lehmann: Schweiz. Landesmuseum in Zürich, Der Silberschatz, I. Trinkgefässe zürcherischer Goldschmiede (Die Historischen Museen der Schweiz, Heft 1, Silbergeräte I), Basel 1929.

Lehmann 1934
Hans Lehmann: Ein Bildteppich mit den Wappen des Berner Schultheissen Thüring von Ringoltingen und seiner Gattin Verena von Hunwil, in: Jahresbericht des Schweizerische Landesmuseums in Zürich 43, 1934, S. 37–54.

Leisibach 1989
Joseph Leisibach: Die Antiphonare des Berner Münsters St. Vinzenz. Eine nicht erhoffte Neuentdeckung, in: Zeitschrift für Schweizerische Kirchengeschichte 83, 1989, Heft 1–4, S. 177–200.

Leniaud 1989
Jean-Michel Leniaud: La culture des sans-culottes, Paris/Montpellier 1989.

Lentze 1958
Hans Lentze: Das Seelgerät im mittelalterlichen Wien, in: Zeitschrift der Savigny-Stiftung für Rechtsgeschichte, Kanonistische Abteilung 54, 1958, S. 35–103.

Leuppi 1995
Heidi Leuppi (Hrsg.): Der Liber Ordinarius des Konrad von Mure. Die Gottesdienstordnung am Grossmünster in Zürich (Spicilegium Friburgense, Bd. 37), Freiburg i.Üe. 1995.

Levy-Coblentz 1976
Françoise Levy-Coblentz: Enquête sur le mobilier de la cathédrale de Strasbourg, de sa restitution au culte catholique aux travaux de G. Klotz (1681–1880), in: Annuaire de la Société des Amis du Vieux Strasbourg 6, 1976, S. 76–100.

Lienhard 1977
Marc Lienhard: La percée du mouvement évangélique à Strasbourg: le rôle et la figure de Matthieu Zell (1477–1548), in: Strasbourg au cœur religieux du XVe siècle, Strassburg 1977, S. 85–98.

Lipsmeyer 1988
Elizabeth Lipsmeyer: The Liber Ordinarius by Konrad von Mure and Palm Sunday Observance in Thirteenth-Century Zürich, in: Manuscripta 32–2, 1988, S. 139–145.

Lipsmeyer 1995
Elizabeth Lipsmeyer: Devotion and Decorum. Intention and Quality on Medieval German Sculpture, in: Gesta. International Center of Romanesque Art 34, 1995, S. 20–27.

Lisner 1970
Margrit Lisner: Holzkruzifixe in Florenz und in der Toskana von der Zeit um 1300 bis zum frühen Cinquecento (Italienische Forschungen, hrsg. vom Kunsthistorischen Institut in Florenz, Folge 3, Bd. 4), München 1970.

Litz 1992
Gudrun Litz: Die Bilderstürme in Oberschwaben in der Reformationszeit, unveröffentlichte Magisterarbeit Friedrich-Alexander-Universität Erlangen, Erlangen 1992.

Livet/Rapp 1981
Georges Livet/Francis Rapp (Hrsg.): Histoire de Strasbourg des origines à nos jours, 3 Bde., Strassburg 1981.

Livre Bleu 1795
Livre Bleu. Recueil des pièces authentiques servant à l'histoire de la Révolution à Strasbourg ou Les actes des Représentants du peuple en mission dans le Département du Bas-Rhin sous le règne de la tyrannie, des Comités et Commissions révolutionnaires de la propagande et de la société des Jacobins à Strasbourg, 2 Bde., Strassburg 1795.

LMA
Lexikon des Mittelalters, 9 Bde. und 1 Registerband, München/Zürich 1980–1999.

Locher 1978
Gottfried W. Locher: Die Berner Disputation 1528. Charakter, Verlauf, Bedeutung und theologischer Gehalt, in: Zwingliana. Beiträge zur Geschichte Zwinglis, der Reformation und des Protestantismus in der Schweiz 14/10, 1978, S. 542–564.

Locher 1980
Gottfried W. Locher: Die Berner Disputation 1528, in: 450 Jahre Berner Reformation. Beiträge zur Geschichte der Berner Reformation und zu Niklaus Manuel (Archiv des Historischen Vereins des Kantons Bern, Bd. 64 und 65, 1980 und 1981), Bern 1980, S. 138–155.

Locher 1982
Gottfried W. Locher: Zwingli und die schweizerische Reformation, Göttingen 1982.

Lösel 1974
Eva-Maria Lösel: Das Zürcher Goldschmiedehandwerk im 16. und 17. Jahrhundert, Zürich 1974.

Lösel 1983
Eva-Maria Lösel: Zürcher Goldschmiedekunst vom 13. bis zum 19. Jahrhundert, Zürich 1983.

Lohner 1831
Carl F. L. Lohner: Römische Alterthümer, welche auf einer bey Allmendingen, Kirchgemeinde Thun, in die Thunallmend eingreifenden Wiese, im Spätjahr 1824 und im Sommer 1825 ausgegraben wurden, in: Der Schweizerische Geschichtsforscher 8, 1831, Heft 3, S. 430–440.

Longhofer Sheingorn 1974
Pamela Kaye Longhofer Sheingorn: The Easter Sepulchre. A Study in the Relationship between Art and Liturgy, Ann Arbor 1974.

Lorentz 1999
Philippe Lorentz: De l'usage de la copie au XVe siècle: une Mise en croix d'après le Maître de la Passion de Karlsruhe (Hans Hirtz?) pour Anna Schott, dominicaine au couvent de Saint-Marguerite et Sainte-Agnès de Strasbourg, in: Fabienne Joubert/Dany Sandron (Hrsg.): Pierre, lumière, couleur. Etudes d'histoire de l'art du Moyen Age en l'honneur d'Anne Prache, Paris 1999, S. 425–439.

Lory 1999
Martin Lory: Die ältesten Berner Dukaten. Goldprägungen von 1600/1601, in: Helvetische Münzenzeitung 34, 1999, S. 209–211.

Lowden 1997
John Lowden: Early Christian and Byzantine Art, London 1997.

LThK
Lexikon für Theologie und Kirche, 10 Bde., 2. Aufl., Freiburg i. Br. 1957–1965.

Lüdke 1982
Dietmar Lüdke: Die Statuetten der gotischen Goldschmiede. Studien zu den «autonomen» und den vollrunden Bildwerken der Goldschmiedeplastik und den Statuettenreliquiaren in Europa zwischen 1230 und 1530, 2 Bde. (tuduv-Studien, Reihe Kunstgeschichte, Bd. 4), München 1983.

Luther, Ausgewählte Schriften
Martin Luther: Ausgewählte Schriften, hrsg. von Karin Bornkamm u.a., 6 Bde., Frankfurt a. M. 1995.

Luther, Werke
D. Martin Luthers Werke. Kritische Gesamtausgabe, 68 Bde., Weimar 1883–1999.

Maarbjerg 1993
John P. Maarbjerg: Iconoclasm in the Thurgau. Two Related Incidents in the Summer of 1524, in: Sixteenth Century Journal 24/3, 1993, S. 577–593.

Macek 1973
Josef Macek: Jean Hus et les traditions hussites (XVe–XIXe siècles), Paris 1973.

Mack Crew 1978
Phyllis Mack Crew: Calvinist Preaching and Iconoclasm in the Netherlands, Cambridge 1978.

Magnus 1965
Rosemarie Magnus: Die Christusgestalt im Passionsspiel des deutschen Mittelalters, Diss. Universität Frankfurt a. M., Frankfurt a. M. 1965.

Maier 1959
Carl Maier: Österliches Brauchtum im Dorf, in: Paschalis sollemnia. Studien zur Osterfeier und Osterfrömmigkeit, Freiburg i. Br. 1959, S. 260–266.

Major/Gradmann 1942
Emil Major/Erwin Gradmann: Urs Graf, Basel 1942.

Manuel, Werke und Briefe
Niklaus Manuel: Werke und Briefe. Vollständige Neuedition, hrsg. von Paul Zinsli und Thomas Hengartner, unter Mitarbeit von Barbara Freiburghaus, Bern 1999.

Marchal 1980
Guy P. Marchal: Thüring Fricker (Frickart), in: Die Deutsche Literatur des Mittelalters. Verfasserlexikon, 2., völlig neu bearbeitete Aufl., hrsg. von K. Ruh u.a., Bd. 2, Berlin/New York 1980, Sp. 916–917.

Marchal 1993a
Guy P. Marchal: Die «Metz vo Neisidlen»: Marien im politischen Kampf, in: Claudia Opitz u.a. (Hrsg.): Maria in der Welt. Marienverehrung im Kontext der Sozialgeschichte, 10.–18. Jahrhundert (Clio Lucernensis, Bd. 2), Zürich 1993, S. 309–321.

Marchal 1993b
Guy P. Marchal: Bildersturm im Mittelalter, in: Historisches Jahrbuch der Görres-Gesellschaft zur Pflege der Wissenschaft im katholischen Deutschland 113, 1993, S. 255–282.

Marchal 1995
Guy P. Marchal: Jalons pour une histoire de l'iconoclasme au Moyen Age, in: Annales: histoire, sciences sociales 50, 1995, S. 1135–1156.

Marienlexikon 1988–1994
Marienlexikon, hrsg. im Auftrag des Institutum Marianum Regensburg von Remigius Bäumer und Leo Scheffczyk, 6 Bde., St. Ottilien 1988–1994.

Marks 1977
Richard Marks: Two Early 16th Century Boxwood Carvings Associated with the Glymes Family of Bergen op Zoom, in: Oud Holland 91, 1977, S. 132–143.

Marlier 1966
Georges Marlier: La Renaissance flamande: Pierre Coeck d'Alost, Brüssel 1966.

Marlorat, Apologie
Augustin Marlorat: Apologie des ministres et anciens de l'Eglise réformée de Rouen sur le brisement des images, Rouen 1562.

Marti 1996
Susan Marti: Königin Agnes und ihre Geschenke – Zeugnisse, Zuschreibungen und Legenden, in: Kunst + Architektur in der Schweiz 47, 1996, Heft 2, S. 169–180.

Martin 1941
Paul Martin: Die Hoheitszeichen der freien Stadt Strassburg 1200–1681, in: Städtische Museen Strassburg, Strassburg 1941, S. 51–76.

Martin-Kilcher 1995
Stefanie Martin-Kilcher u.a.: Das römische Heiligtum von Thun-Allmendingen (Archäologische Führer der Schweiz, Nr. 28), Basel 1995.

Materielle Kultur 1990
Materielle Kultur und religiöse Stiftung im Spätmittelalter. Internationales Round-Table-Gespräch, Krems an der Donau, 26. September 1988 (Veröffentlichungen des Instituts für mittelalterliche Realienkunde Österreichs, Bd. 12/Österreichische Akademie der Wissenschaften, Phil.-hist. Klasse, Sitzungsberichte, Bd. 554), Wien 1990.

Mathews 1995
Thomas F. Mathews: The Clash of Gods. A Reinterpretation of Early Christian Art, 2. Aufl., Princeton 1995.

Mattern 1973
Günter Mattern: Das Juliusbanner der Stadt Mülhausen von 1512, in: Schweizer Archiv für Heraldik 87, 1973, S. 21–27.

Maync 1979
Wolf Maync: Bernische Wohnschlösser. Ihre Besitzergeschichte, Bern 1979.

Meier 1959
Theodor Meier: Die Gestalt Marias im geistlichen Schauspiel des deutschen Mittelalters (Philologische Studien und Quellen, Bd. 4), Berlin 1959.

Meiss 1945
Millard Meiss: Light as a Form and Symbol in some Fifteenth-Century Paintings, in: The Art Bulletin 27, 1945, S. 175–181.

Menozzi 1991
Daniele Menozzi: Les images. L'Eglise et les arts visuels, Paris 1991.

Messerli 1999
Jakob Messerli: Der Zytgloggenturm – öffentliche Räderuhren in Bern im 15. Jahrhundert, in: Berns grosse Zeit. Das 15. Jahrhundert neu entdeckt, hrsg. von Ellen J. Beer u.a., Bern 1999, S. 579–588.

Meuche/Neumeister 1976
Hermann Meuche/Ingeborg Neumeister (Hrsg.): Flugblätter der Reformation und des Bauernkrieges. 50 Blätter aus der Sammlung des Schloßmuseums Gotha, Leipzig 1976.

Meyer 1976
Hubert Meyer: Une gravure sur bois conservée à la Bibliothèque de Sélestat, in: Annuaire des Amis de la Bibliothèque de Sélestat, 1976, S. 33–34.

Meyer 1998
Jean-Philippe Meyer: La cathédrale de Strasbourg – La cathédrale romane (Bulletin de la Société des amis de la cathédrale de Strasbourg, Supplement zu Bd. 22), Strassburg 1998.

Meyer-Altona 1894
Ernst Meyer-Altona: Die Skulpturen des Strassburger Münsters, Strassburg 1894.

Meyer-Rahn 1932–1945
Hans Meyer-Rahn: Bildteppich mit der Darstellung einer kirchlichen Totenfeier für einen verstorbenen Deutschordensritter, in: Bericht der Gottfried-Keller-Stiftung, 1932–1945, S. 128–134.

Michael 1986
Erika Michael: The Drawings by Hans Holbein the Younger for Erasmus' 'Praise of Folly' (Outstanding dissertations in the Fine arts), New York/London 1986.

Michalski 1984
Sergiusz Michalski: Aspekte der protestantischen Bilderfrage, in: Idea. Jahrbuch der Hamburger Kunsthalle 2, 1984, S. 65–85.

Michalski 1990
Sergiusz Michalski: Das Phänomen Bildersturm. Versuch einer Übersicht, in: Bob Scribner (Hrsg.): Bilder und Bildersturm im Spätmittelalter und in der frühen Neuzeit (Wolfenbütteler Forschungen, Bd. 46), Wiesbaden 1990, S. 69–124.

Michalski 1993
Sergiusz Michalski: The Reformation and the Visual Arts, London 1993.

Michler 1992
Jürgen Michler: Neue Funde und Beiträge zur Entstehung der Pietà am Bodensee, in: Jahrbuch der Staatlichen Kunstsammlungen in Baden-Württemberg 29, 1992, S. 29–49.

Miethke 1986
Jürgen Miethke: Die Kirche und die Universitäten, in: Johannes Fried (Hrsg.): Schulen und Studium im sozialen Wandel des hohen und späten Mittelalters (Vorträge und Forschungen, Bd. 30), Sigmaringen 1986, S. 285–320.

Miles, Chronik
Die Chronik des Hermann Miles, hrsg. von Traugott Schiess, in: Mitteilungen zur vaterländischen Geschichte des Historischen Vereins St. Gallen 28, 1902, S. 275–386.

Mitchiner 1986
Michael Mitchiner: Medieval Pilgrim & Secular Badges, London 1986.

Mitscher 1876
Georg Mitscher: Zur Baugeschichte des Strassburger Münsters, Strassburg 1876.

Moeller 1991
Bernd Moeller: Die Reformation und das Mittelalter. Kirchenhistorische Aufsätze, hrsg. von Johannes Schilling, Göttingen 1991.

Moeller 1996
Bernd Moeller: Niklaus Manuel Deutsch – ein Maler als Bilderstürmer, in: Zwingliana. Beiträge zur Geschichte Zwinglis, der Reformation und des Protestantismus in der Schweiz 23, 1996, S. 83–104.

Moench 1993
Esther Moench: Les primitifs Italiens du Musée des Beaux-Arts de Strasbourg, Strassburg 1993.

Mösch 1942
Johann Mösch: Die Reconciliation der in den Jahren 1525 bis 1533 auf solothurnischem Gebiet verwüsteten Kirchen und Altäre, in: Jahrbuch für Solothurnische Geschichte 15, 1942, S. 73–92.

Mojon 1967
Luc Mojon: Zum Schmerzensmann des Erhart Küng aus Thorberg, in: Unsere Kunstdenkmäler 18, 1967, Heft 2, S. 98–100.

Mokrosch/Walz 1980
Reinhold Mokrosch/Herbert Walz: Kirchen- und Theologiegeschichte in Quellen, Bd. 2, Mittelalter, Neukirchen-Vluyn 1980.

Molanus, Traité des saintes images
Johannes Molanus: Traité des saintes images, hrsg. von François Boespflug, Olivier Christin und Benoît Tassel, 2 Bde., Paris 1996.

Mondzain 1996
Marie-José Mondzain: Image, icône, économie. Les sources byzantines de l'imaginaire contemporain, Paris 1996.

Monnoyeur 1990
Pierre Monnoyeur: Deux priants, premier tiers du XIVᵉ siècle, in: La Maison de Savoie en Pays de Vaud, hrsg. von Bernard Andenmatten und Daniel de Raemy (Ausstellungskatalog: Lausanne, Musée historique de l'Ancien-Evêché), Lausanne 1990, S. 226–228.

Monnoyeur 1991
Pierre Monnoyeur: Trois monuments funéraires à Romainmôtier au XIVᵉ et au début du XVᵉ siècle, unveröffentliche Lizentiatsarbeit Universität Genf, 2 Bde., Genf 1991.

Moser 1956
Hans Moser: Die Pumpermetten. Ein Beitrag zur Geschichte der Karwochenbräuche, in: Bayerisches Jahrbuch für Volkskunde, 1956, S. 80–98.

Mottu-Weber 1987
Liliane Mottu-Weber: Dans les coulisses de La Réforme. Les recettes extraordinaires du trésorier Pertemps, 1535-1536, in: Revue du Vieux-Genève 17, 1987, S. 4–10.

Müller 1908–1909
Nikolaus Müller: Die Wittenberger Bewegung 1521 und 1522, in: Archiv für Reformationsgeschichte 6, 1908–1909, S. 161–226, 261–325 und 385–469.

Müller 1989
Christian Müller: Hans Holbein d. J. Überlegungen zu seinen frühen Zeichnungen, in: Zeitschrift für Schweizerische Archäologie und Kunstgeschichte 46, 1989, Heft 2, S. 113–129.

Müller 1996
Christian Müller (Hrsg.): Die Zeichnungen von Hans Holbein dem Jüngeren und Ambrosius Holbein (Kupferstichkabinett der Öffentlichen Kunstsammlung Basel, Katalog der Zeichnungen des 15. und 16. Jahrhunderts, Bd. 3, Teil 2A), Basel 1996.

Münger 1904
Rudolf Münger: St. Michael. Glasgemälde aus der Kirche von Lauterbrunnen, in: Berner Kunstdenkmäler 3, 1904, Bl. 35.

Muller 1993
Frank Muller: Bucer et les images, in: Christian Krieger und Marc Lienhard (Hrsg.): Martin Bucer and Sixteenth Century Europe. Actes du colloque de Strasbourg, 1991, Leiden 1993, S. 227–237.

Muller 1994
Frank Muller: Les premières apparitions du tétragramme dans l'art allemand et néerlandais des débuts de la Réforme, in: Bibliothèque d'Humanisme et Renaissance 56/2, 1994, S. 327–346.

Muller 1995
Frank Muller: L'émergence de la conscience nationale dans les écrits d'artistes des XVIᵉ et XVIIᵉ siècles, in: Marita Gilli (Hrsg.): L'identité culturelle, laboratoire de la conscience européenne. Actes du colloque de Besançon, 1994, Besançon 1995, S. 163–170.

Muller 1997
Frank Muller: Heinrich Vogtherr l'Ancien: un artiste entre Renaissance et Réforme (Wolfenbütteler Forschungen, Bd. 72), Wiesbaden 1997.

Murner, Lutherischer Narr
Thomas Murner: Von dem grossen lutherischen Narren, hrsg. von Paul Merker (Deutsche Schriften, Bd. 9), Strassburg 1918.

Murner, Narrenbeschwörung
Thomas Murner: Narrenbeschwörung, hrsg. von M. Spanier (Deutsche Schriften, Bd. 2), Berlin/Leipzig 1926.

Muth 1982
Hanswernfried Muth: Tilman Riemenschneider. Die Werke des Bildschnitzers, Bildhauers, seiner Werkstatt und seines Umkreises im Mainfränkischen Museum Würzburg (Mainfränkisches Museum Würzburg, Sammlungskataloge, Bd. 1), Würzburg 1982.

Nagel/Oelze/Röber 1996
Birgitta Nagel/Patrick Oelze/Ralph Röber: Heilige vom Hinterhof, in: ALManach 1, 1996, S. 18–140.

Nay/Kübler 1998
Marc Antoni Nay/Christof Kübler: Spätgotische Sakralbauten in Graubünden zwischen Bild und Struktur, in: Astrid Beckerath, Marc Antoni Nay und Hans Rutishauser (Hrsg.): Spätgotische Flügelaltäre in Graubünden und im Fürstentum Lichtenstein, Chur 1998, S. 31–41.

Nechutova 1964
Jana Nechutova: Traktat Mikulase z Drazdan De Imaginibus a jeho vztah k Mateji z Janova, in: Sbornik Praci Filosoficke Fakulty Brnenske University 13, 1964, S. 149–162.

Neumann 1987
Bernd Neumann: Geistliches Schauspiel im Zeugnis der Zeit. Zur Aufführung mittelalterlicher religiöser Dramen im deutschen Sprachgebiet, 2 Bde. (Münchner Texte und Untersuchungen, Bd. 84–85), München/Zürich 1987.

Nicolai 1783
Christoph F. Nicolai: Beschreibung einer Reise durch Deutschland und die Schweiz im Jahre 1781, Bd. 1, Berlin/Stettin 1783.

Niderberger 1910
Franz Niderberger: Religiöse Sitten und Sagen aus Unterwalden, Teil 2, Sarnen 1910.

Niehoff 1985
Franz Niehoff: Umbilicus mundi – Der Nabel der Welt. Jerusalem und das Heilige Grab im Spiegel von Pilgerberichten und -karten, Kreuzzügen und Reliquiaren, in: Ornamenta Ecclesia. Kunst und Künstler der Romanik in Köln, hrsg. von Anton Legner (Ausstellungskatalog: Köln, Schnütgen-Museum, Josef Haubrich-Kunsthalle), Köln 1985, Bd. 3, S. 53–72.

Niehoff 1990
Franz Niehoff: Das Kölner Ostergrab. Studien zum Heiligen Grab im hohen Mittelalter, in: Wallraf-Richartz-Jahrbuch 51, 1990, S. 7–68.

Nilgen 1967
Ursula Nilgen: The Epiphany and the Eucharist. On the Interpretation of Eucharistic Motivs in Medieval Epiphany Scenes, in: The Art Bulletin 49/4, 1967, S. 311–316.

Nockemann 1940
Edith Nockemann: Ein Einblattholzschnitt des 15. Jahrhunderts und seine Beziehung zum spätmittelalterlichen Volksleben, Köln 1940.

Nordström 1984
Folke Nordström: Mediaeval Baptismal Fonts. An Iconographical Study, Umeå 1984.

Nyffenegger 1993
Katharina Nyffenegger: Der Berner Allerseelenaltar in seinem kunstgeschichtlichen und historischen Umfeld, unveröffentlichte Lizentiatsarbeit Universität Bern, Bern 1993.

Ochsenbein 1876
Gottlieb Friedrich Ochsenbein: Die Urkunden der Belagerung und Schlacht von Murten, Freiburg i.Üe. 1876.

Oehmig 1995
Stefan Oehmig: Die Wittenberger Bewegung 1521/22 und ihre Folgen im Lichte alter und neuer Fragestellungen, in: Stefan Oehmig (Hrsg.): 700 Jahre Wittenberg. Stadt – Universität – Reformation, Weimar 1995, S. 97–130.

Oelke 1966
Harry Oelke: Konfessionelle Bildpropaganda des späten 16. Jahrhunderts. Die Nas-Fischart-Kontroverse 1568/71, in: Archiv für Reformationsgeschichte 87, 1966, S. 149–200.

Oertel 1961
Robert Oertel: Frühe italienische Malerei in Altenburg. Beschreibender Katalog der Gemälde des 13. bis 16. Jahrhunderts im Staatlichen Lindenau-Museum, Berlin 1961.

Ohly 1997
Dieter Ohly: Glyptothek München: griechische und römische Skulpturen. Ein Führer, 8. Aufl., München 1997.

Ohresser 1973
Xavier Ohresser: L'hospice Saint-Erhard et sa chapelle à Obernai, in: Société d'histoire et d'archéologie de Dambach-la-Ville, Barr, Obernai 7, 1973, S. 80–90.

Osiander, Gesamtausgabe
Andreas Osiander d.Ä.: Gesamtausgabe, 10 Bde., hrsg. von Gerhard Müller und Gottfried Seebaß, Gütersloh 1975–1997.

Othenin-Girard 1998
Mireille Othenin-Girard: Der Dank der Toten. Hilfeleistungen zwischen Lebenden und Verstorbenen im Spätmittelalter, in: Zeitschrift für Schweizerische Kirchengeschichte 92, 1998, S. 165–190.

Oulmont 1912
Charles Oulmont: Le verger, le temple et la cellule. Essai sur la sensualité dans les œuvres de la mystique religieuse, Paris 1912.

Pächt 1962
Otto Pächt: The Rise of the Pictorial Narrative in Twelfth-Century England, Oxford 1962.

Panofsky 1929/30
Erwin Panofsky: Zur künstlerischen Abkunft des Strassburger Ecclesiameisters, in: Oberrheinische Kunst 4, 1929/30, S. 124–129.

Panofsky 1969
Erwin Panofsky: Erasmus and the Visual Arts, in: Journal of the Warburg and Courtauld Institutes 32, 1969, S. 200–227.

Pauli, Schimpff unnd Ernst
Johannes Pauli: Schimpff unnd Ernst, durch alle Welthaenndel [...], Bern 1542 (Bern, Stadt- und Universitätsbibliothek, AD fol. 78).

Paulus 1922
Nikolaus Paulus: Geschichte des Ablasses im Mittelalter, 3 Bde., Paderborn 1922.

Pazaurek 1912
Gustav E. Pazaurek: Alte Goldschmiedearbeiten aus schwäbischen Kirchenschätzen. Von der Ausstellung kirchlicher Kunst in Stuttgart, Herbst 1911, Leipzig 1912.

Pazaurek 1937
Gustav E. Pazaurek: Perlmutter, Berlin 1937.

Perdrizet 1922
Paul Perdrizet: La vierge aux bras étendus, in: Archives alsaciennes d'histoire de l'art 1, 1922, S. 1–29.

Pfaff 1990
Carl Pfaff: Pfarrei und Pfarreileben. Ein Beitrag zur spätmittelalterlichen Kirchengeschichte, in: Innerschweiz und frühe Eidgenossenschaft. Jubiläumsschrift 700 Jahre Eidgenossenschaft, Bd. 1, Verfassung, Kirche, Kunst, Olten 1990, S. 205–282.

Pfeiffer 1963/1964
Elisabeth Pfeiffer: Der «Augustiner-Hochaltar» und vier weitere Altäre des ausgehenden 15. Jahrhunderts, in: Mitteilungen des Vereins für Geschichte der Stadt Nürnberg 52, 1963/1964, S. 305–398.

Pfeiffer 1968
Gerhard Pfeiffer: Quellen zur Nürnberger Reformationsgeschichte. Von der Duldung liturgischer Änderungen bis zur Ausübung des Kirchenregiments durch den Rat (Juni 1524–Juni 1525) (Einzelarbeiten aus der Kirchengeschichte Bayerns, Bd. 45), Nürnberg 1968.

Pfeiffer 1971
Gerhard Pfeiffer (Hrsg.): Nürnberg. Geschichte einer europäischen Stadt, München 1971.

Pfister 1964–1984
Rudolf Pfister: Kirchengeschichte der Schweiz, 3 Bde., Zürich 1964–1984.

Pfleger A. 1935
Alfred Pfleger: Die Zunftkerzenstangen, in: Elsassland. Lothringer Heimat 15, 1935, S. 196–199.

Pfleger L. 1910
Lucien Pfleger: Geiler von Kaysersberg und die Kunst seiner Zeit, in: Elsässische Monatsschrift für Geschichte und Volkskunde 1, 1910, S. 428–434.

Pfleger L. 1935
Lucien Pfleger: Das Schenkungsbuch des Strassburger Münsters, in: Elsassland. Lothringer Heimat 15, 1935, S. 101–106.

Pfleger L. 1937
Lucien Pfleger: Die Stadt- und Rats-Gottesdienste im Strassburger Münster, in: Archiv für elsässische Kirchengeschichte 12, 1937, S. 1–55.

Pfrunder 1989
Peter Pfrunder: Pfaffen, Ketzer, Totenfresser. Fasnachtskultur der Reformationszeit: Die Berner Spiele von Niklaus Manuel, Zürich 1989.

PG
Jacques-Paul Migne (Hrsg.): Patrologiae cursus completus. Series Graeca, 166 Bde., Paris 1857–1866.

Philipp 1987
Klaus Jan Philipp: Pfarrkirchen. Funktion, Motivation, Architektur (Studien zur Kunst und Kulturgeschichte, Bd. 4), Marburg 1987.

Pineaux 1971
Jacques Pineaux: La poésie des protestants de langue française du premier synode national jusqu'à la proclamation de l'édit de Nantes, Paris 1971.

Pinnau 1994
Peter Pinnau: Zu einigen wenigen oder nicht bekannten Arbeiten von Hermann Kleinknecht, Kurt Benning und Leiko Ikemura, in: Peter Pinnau und Andreas Strobel (Hrsg.): Haupt- und Nebenwege. Kurt Benning, Lutz Fritsch, Leiko Ikemura, Hermann Kleinknecht, Norbert Radermacher (Ausstellungskatalog: München, Künstlerwerkstatt Lothringerstrasse), München 1994, S. 31–47.

PL
Jacques-Paul Migne (Hrsg.): Patrologiae cursus completus. Series Latina, 221 Bde., Paris 1841–1864.

Poeschke 1990
Joachim Poeschke: Die Skulptur der Renaissance in Italien, Bd. 1, Donatello und seine Zeit, München 1990.

Pohrt 1928
Otto Pohrt: Die Reformationsgeschichte Livlands. Ein Überblick, Leipzig 1928.

Poscharsky 2000
Peter Poscharsky (Hrsg.): Die Bilder in den lutherischen Kirchen, München 2000.

Pradervand/Schätti 2000
Brigitte Pradervand/Nicolas Schätti: Les monuments funéraires, analyse et documentation, in: Eglise de Romainmôtier. Restauration intérieure (Etat de Vaud, Publication du Service des Bâtiments), Lausanne 2000.

Prokopp 1982
Maria Prokopp: Das Heilige Grab von Garamszentbenedek im Christlichen Museum zu Esztergom, übersetzt von E. Szilágyi, Budapest 1982.

Radler 1990
Gudrun Radler: Die Schreinmadonna «Vierge ouvrante» von den bernhardinischen Anfängen bis zur Frauenmystik im Deutschordensland, Frankfurt a.M. 1990.

Ramer 1973
Cécile Ramer: Felix, Regula und Exuperantius. Ikonographie der Stifts- und Stadtheiligen Zürichs (Mitteilungen der Antiquarischen Gesellschaft in Zürich, Bd. 47), Zürich 1973.

Rapp 1961
Francis Rapp: Léonard Heischer, peintre de «la Danse macabre» de Strasbourg (1474), in: Revue d'Alsace 100, 1961, S. 129–136.

Rapp 1973
Francis Rapp: Les pèlerinages dans la vie religieuse de l'occident médiéval aux XIVème et XVème siècles, in: Etudes d'histoire des religions, Université des Sciences Humaines de Strasbourg, tome 1, Les pèlerinages de l'Antiquité biblique et classique à l'Occident médiéval, Strasbourg 1973, S. 137–160.

Rapp 1974
Francis Rapp: Réformes et réformation à Strasbourg. Eglise et société dans le diocèse de Strasbourg (1450–1525), Paris 1974.

Rapp 1983
Francis Rapp: Pèlerinages et livres de piété en Alsace du XIVème au XXème siècle, in: Almanach Sainte-Odile, (Rixheim) 1983, S. 111–132.

Rapp Buri/Stucky-Schürer 1990
Anna Rapp Buri/Monica Stucky-Schürer: zahm und wild. Basler und Strassburger Bildteppiche des 15. Jahrhunderts, Mainz 1990.

Rapp Buri/Stucky-Schürer 1999
Anna Rapp Buri/Monica Stucky-Schürer: Paramente aus dem Berner Münsterschatz. «... als meister Heinrich Wölfli die legende sant Vincenczen an ein tuch hat lassen machen.», in: Berns grosse Zeit. Das 15. Jahrhundert neu entdeckt, hrsg. von Ellen J. Beer u.a., Bern 1999, S. 465–474.

Rapp Buri/Stucky-Schürer 2000
Anna Rapp Buri/Monica Stucky-Schürer: Leben und Tod des heiligen Vinzenz. Vier Chorbehänge von 1515 aus dem Berner Münster (Glanzlichter aus dem Bernischen Historischen Museum, Heft 4), Bern 2000.

Rasmussen 1981
Jörg Rasmussen: Bildersturm und Restauratio, in: Welt im Umbruch. Augsburg zwischen Renaissance und Barock, (Ausstellungskatalog: Augsburg, Rathaus und Zeughaus), Augsburg 1981, Bd. 3, S. 95–114.

Rathe 1922
Kurt Rathe: Ein unbeschriebener Einblattdruck und das Thema der Ährenmadonna, in: Mitteilungen der Gesellschaft für vervielfältigende Kunst 45, 1922, S. 1–33.

RDK
Reallexikon zur Deutschen Kunstgeschichte, bisher 9 Bde., Stuttgart 1937ff.

Réau 1994
Louis Réau: Histoire du Vandalisme. Les monuments détruits de l'art français, 2. Aufl., Paris 1994.

Recht 1987
Roland Recht: Nicolas de Leyde et la sculpture à Strasbourg (1460–1525), Strasbourg 1987.

Reiners 1941
Heribert Reiners: Das älteste figürliche Hl. Grab, in: Pantheon 28, 1941, S. 254–258.

Reiners 1943
Heribert Reiners: Burgundisch-Alemannische Plastik, Strassburg 1943.

Reinhardt 1936
Hans Reinhardt: La grande bannière de Strasbourg, in: Archives alsaciennes d'histoire de l'art 15, 1936, S. 7–17.

Reinhardt 1939
Hans Reinhardt: Deux mécanismes du Moyen Age à la cathédrale, in: Le Point, Sondernummer «La cathédrale de Strasbourg», 1939, S. 36–41.

Reinhardt 1951
Hans Reinhardt: Le jubé de la cathédrale de Strasbourg et ses origines rémoises, in: Bulletin de la Société des amis de la cathédrale de Strasbourg (2e série) 6, 1951, S. 2–12.

Reinhardt 1972
Hans Reinhardt: La cathédrale de Strasbourg, o.O. 1972.

Reinle 1988
Adolf Reinle: Die Ausstattung deutscher Kirchen im Mittelalter. Eine Einführung, Darmstadt 1988.

Reinle 1990
Adolf Reinle: Die Kunst der Innerschweiz von 1200 bis 1450. Ein Überblick, in: Innerschweiz und frühe Eidgenossenschaft. Jubiläumsschrift 700 Jahre Eidgenossenschaft, Bd. 1, Verfassung, Kirche, Kunst, Olten 1990, S. 283–371.

Rennefahrt 1958
Hermann Rennefahrt: Bern und das Kloster Interlaken. Eine Auseinandersetzung zwischen Staat und Kirche in den Jahren 1473–1475, in: Berner Zeitschrift für Geschichte und Heimatkunde, 1958, S. 151–185.

Reuss 1888
Rodolphe Reuss: La cathédrale de Strasbourg pendant la Révolution. Etudes sur l'histoire politique et religieuse de l'Alsace, Paris 1888.

Reuss 1890
Rodolphe Reuss (Hrsg.): Les collectanées de Daniel Specklin (Fragments des anciennes chroniques d'Alsace, Bd. 2), Strassburg 1890.

Reuss 1922
Rodolphe Reuss: La constitution civile du clergé et la crise religieuse en Alsace (1790–1795), 2 Bde., Strassburg 1922.

Revellio 1938
Paul Revellio: Vom alten Kulturgut der Stadt Villingen, in: Badische Heimat 25, 1938 (Sonderheft: Die Baar), S. 247–280.

Reymond 1988
Maxime Reymond: Romainmôtier et son abbaye, in: Histoire de Romainmôtier, Morges 1988 (Neudruck der Ausgabe von Lausanne 1928), S. 7–159.

Richter 1846
Aemilius Ludwig Richter: Die evangelischen Kirchenordnungen des 16. Jahrhunderts, 2 Bde., Weimar 1846.

Rickenbach 1995
Judith Rickenbach: Alt-Eschenbach. Eine spätmittelalterliche Stadtwüstung (Archäologische Schriften Luzern, Bd. 3), Luzern 1995.

Ritz 1975
Gislind Ritz: Der Rosenkranz, in: 500 Jahre Rosenkranz. 1475 Köln 1975. Kunst und Frömmigkeit im Spätmittelalter und ihr Weiterleben (Ausstellungskatalog: Köln, Erzbischöfliches Diözesan-Museum), Köln 1975, S. 51–101.

Rode 1957
Rosemarie Rode: Studien zu mittelalterlichen Kind-Jesu-Visionen, Frankfurt a.M. 1957.

Röttinger 1916
Heinrich Röttinger: Peter Flettners Holzschnitte (Studien zur deutschen Kunstgeschichte, Heft 186), Strassburg 1916.

Röttinger 1927
Heinrich Röttinger: Die beiden Vogtherr, in: Jahrbuch für Kunstwissenschaft, 1927, Heft 2, S. 164–184.

Roger 1984
Jean-Marc Roger: La visite des abbayes cisterciennes de Savoie par l'abbé de Balerne (1486), in: Benoît Chauvin (Hrsg.): Mélanges à la mémoire du Père Anselme Dimier, vol. II: Histoire cistercienne, t. 3: Ordre, moines, Arbois 1984, S. 157–216.

Rohls 1984
Jan Rohls: «...unsere Knie beugen wir doch nicht mehr». Bilderverbot und bildende Kunst im Zeitalter der Reformation, in: Zeitschrift für Theologie und Kirche 81, 1984, S. 322–351.

Rommé 1996
Barbara Rommé: Die Bildschnitzkunst in Kalkar in der ersten Hälfte des 16. Jahrhunderts, in: Gegen den Strom. Meisterwerke niederrheinischer Skulptur in Zeiten der Reformation 1500–1550, hrsg. von Barbara Rommé (Ausstellungskatalog), Aachen 1996, S. 15–37.

Rorimer 1949
James J. Rorimer: The Virgin from Strasbourg Cathedral, in: The Metropolitan Museum of Art Bulletin 7, 1949, S. 220–227.

Rosenberg 1922–1928
Marc Rosenberg: Der Goldschmiede Merkzeichen, 4 Bde., Berlin 1922–1928.

Rosenfeld 1974
Hellmut Rosenfeld: Der mittelalterliche Totentanz. Entstehung – Entwicklung – Bedeutung, 3. Aufl., Köln 1974.

Roset, Chroniques
Michel Roset: Les chroniques de Genève, hrsg. von Henry Fazy, Genf 1894.

Roth 1988
Michael Roth: Die Zeichnungen des «Meisters der Coburger Rundblätter», Diss. Freie Universität Berlin, Maschinenschrift, Berlin 1988.

Roth/Dürr 1921–1950
Paul Roth/Emil Dürr (Hrsg.): Aktensammlung zur Geschichte der Basler Reformation in den Jahren 1519 bis Anfang 1534, 6 Bde., Basel 1921–1950.

Rott 1936
Hans Rott: Quellen und Forschungen zur südwestdeutschen und schweizerischen Kunstgeschichte im XV. und XVI. Jahrhundert, I. Bodenseegebiet, III. Der Oberrhein, Quellen II (Schweiz), Stuttgart 1936.

Rott 1938
Hans Rott: Quellen und Forschungen zur südwestdeutschen und schweizerischen Kunstgeschichte im XV. und XVI. Jahrhundert, I. Bodenseegebiet, III. Der Oberrhein, Text, Stuttgart 1938.

Rott 1986
Jean Rott: Le déroulement de la Réforme à Strasbourg, in: Investigationes historicae. Eglises et société au XVIe siècle, Strassburg 1986, S. 368–378.

RQ BE
Die Rechtsquellen des Kantons Bern, Teil 1: Stadtrechte, 12 Bde., Aarau 1939–1979. – Teil 2: Rechte der Landschaft, 9 Bde., Aarau 1912–1995.

Rublack 1971
Hans-Christoph Rublack: Die Einführung der Reformation in Konstanz. Von den Anfängen bis zum Abschluss 1531 (Quellen und Forschungen zur Reformationsgeschichte, Bd. 40), Gütersloh 1971.

Rübel 1999
Eduard Rübel: Die Übergabe des Stifts an die Stadt – rechtlich gesehen, in: Irene Gysel und Barbara Helbling: Zürichs letzte Äbtissin Katharina von Zimmern 1478–1547, Zürich 1999, S. 119–135.

Rüegg 1957
Walter Rüegg: Zwinglis Stellung zur Kunst, in: Reformatio 6, 1957, S. 271–282.

Ruh 1950
Kurt Ruh: Zur Theologie des Passionstraktats, in: Theologische Zeitschrift 6, 1950, S. 17–39.

Ruoff/Schneider 1976
Ulrich Ruoff/Jürg Schneider: Die archäologischen Untersuchungen in der Kirche St. Peter, Zürich, in: Zeitschrift für Schweizerische Archäologie und Kunstgeschichte 33, 1976, Heft 1, S. 2–32.

Sablonier 1971
Roger Sablonier: Krieg und Kriegertum in der Crònica des Ramon Muntaner. Eine Studie zum spätmittelalterlichen Kriegswesen aufgrund katalanischer Quellen (Geist und Werk der Zeiten, Bd. 31), Bern/Frankfurt a.M. 1971.

Salat, Reformationschronik
Johannes Salat: Reformationschronik 1517–1534, bearbeitet von Ruth Jörg, 3 Bde. (Quellen zur Schweizer Geschichte, NF Abt. 1, Chroniken, Bd. 8), Zürich/Bern 1986.

Salzer 1893
Anselm Salzer: Die Sinnbilder und Beiworte Mariens in der deutschen Literatur und lateinischen Hymnenpoesie des Mittelalters. Mit Berücksichtigung der patristischen Literatur. Eine literar-historische Studie, Linz 1893.

Sarasin 1882
Albert Sarasin: Obituaire de l'église cathédrale de Saint-Pierre de Genève (Mémoires et documents de la Société d'histoire et d'archéologie de Genève, Bd. 21), Genf 1882.

Sauer 1919
Joseph Sauer: Reformation und Kunst im Bereich des heutigen Baden, in: Freiburger Diözesan-Archiv, NF 19, 1919, S. 323–506.

Sauerländer 1966
Willibald Sauerländer: Von Sens bis Strassburg. Ein Beitrag zur kunstgeschichtlichen Stellung der Strassburger Querhausskulpturen, Berlin 1966.

Sauerländer 1972
Willibald Sauerländer: La sculpture gothique en France, 1140–1270, Paris 1972.

Savion, Annales
Annales de Genève recueillies par Jean Savion [Sayon], copie réalisée par le pasteur Flournois, avant 1693 (Genf, Bibliothèque de la Société d'histoire et d'archéologie, Ms. 215).

Saxl 1943
Fritz Saxl: Holbein's Illustrations to the Praise of Folly by Erasmus, in: Burlington Magazine 83, 1943, S. 275–279.

Schade 1855
Oskar Schade: Klopfan. Ein Beitrag zur Geschichte der Neujahrsfeier, in: Weimarisches Jahrbuch für Deutsche Sprache, Literatur und Kunst 2, 1855, S. 75–147.

Schade 1974
Werner Schade: Die Malerfamilie Cranach, Dresden 1974.

Schade 1996
Karl Schade: Andachtsbild. Die Geschichte eines kunsthistorischen Begriffs, Weimar 1996.

Schärli 1984a
Thomas Schärli: Die bewegten letzten zwei Jahre im Leben des Niklaus Hottinger, Schuhmacher von Zollikon, enthauptet zu Luzern 1524, in: Zolliker Jahrheft, 1984, S. 26–40.

Schärli 1984b
Thomas Schärli: Wer ist Christi Kilch? Die sin Wort hört. Zürich im Übergang von der spätmittelalterlichen Universalkirche zur frühneuzeitlichen Staatskirche, in: Zwinglis Zürich 1484–1521. Eine Publikation des Staatsarchivs Zürich, Zürich 1984, S. 14–47.

Scharfe 1968
Martin Scharfe: Evangelische Andachtsbilder. Studien zu Intention und Funktion des Bildes in der Frömmigkeitsgeschichte vornehmlich des schwäbischen Raumes, Stuttgart 1968.

Scherer 2000
Annette Scherer: Mehr als nur Andenken. Spätmittelalterliche Pilgerzeichen und ihre Verwendung, in: Spiegel der Seligkeit. Privates Bild und Frömmigkeit im Spätmittelalter, hrsg. von G. Ulrich Großmann (Ausstellungskatalog: Nürnberg, Germanisches Nationalmuseum), Nürnberg 2000, S. 131–136.

Schieber 2000
Martin Schieber: Nürnberg. Eine illustrierte Geschichte der Stadt, München 2000.

Schilling 1887
A. Schilling (Hrsg.): Die religiösen und kirchlichen Zustände der ehemaligen Reichsstadt Biberach unmittelbar vor der Einführung der Reformation. Geschildert von einem Zeitgenossen, in: Freiburger Diözesan-Archiv 19, 1887, S. 1–191.

Schilling, Chronik
Die Berner Chronik des Diebold Schilling 1468–1484, hrsg. von Gustav Tobler, 2 Bde., Bern 1897–1901.

Schindler 1995
Norbert Schindler: Die Hüter der Unordnung. Rituale der Jugendkultur in der frühen Neuzeit, in: Giovanni Levi und Jean-Claude Schmitt (Hrsg.): Geschichte der Jugend, Bd. 1, Frankfurt a.M. 1995, S. 319–382.

Schläppi/Schlup 1993
Christoph Schläppi/Bernhard Schlup: «Machs na». Ein Führer zum Berner Münster, 2 Bde., Bern 1993.

Schlechter 1997
Armin Schlechter: Eine deutsche mystische Handschrift der Strassburger Dominikanerin Anna Schott aus der Bibliothek von Johann Nikolaus Weislinger, in: Zeitschrift für Geschichte des Oberrheins, NF 106, 1997, S. 462–473.

Schlegel 1970
Ursula Schlegel: The Christchild as Devotional Image in Medieval Italian Sculpture, in: The Art Bulletin 52, 1970, S. 1–10.

Schleif 1990
Corine Schleif: Donatio et Memoria. Stifter, Stiftungen und Motivationen an Beispielen aus der Lorenzkirche in Nürnberg (Kunstwissenschaftliche Studien, Bd. 58), München 1990.

Schlemmer 1980
Karl Schlemmer: Gottesdienst und Frömmigkeit in der Reichsstadt Nürnberg am Vorabend der Reformation (Forschungen zur Fränkischen Kirchen- und Theologiegeschichte, Bd. 1), Würzburg 1980.

Schmedding 1974
Brigitta Schmedding: Romanische Madonnen der Schweiz, Freiburg i.Üe. 1974.

Schmid 1963
Josefine Schmid: Studien zu Wesen und Technik der Gegenwartschronik in der süddeutschen Historiographie des ausgehenden 13. und 14. Jahrhunderts, Heidelberg 1963.

Schmid 1994
Wolfgang Schmid: Zwischen Tod und Auferstehung – Zur Selbstdarstellung städtischer Eliten des ausgehenden Mittelalters im Spiegel von Stifterbildern, in: Himmel, Hölle, Fegefeuer. Das Jenseits im Mittelalter, von Peter Jezler u.a. (Ausstellungskatalog: Zürich, Schweizerisches Landesmuseum/Köln, Schnütgen-Museum und Wallraf-Richartz-Museum, in der Josef-Haubrich-Kunsthalle), Zürich 1994, S. 101–116.

Schmid 2000
Regula Schmid: «Nu dar, du edels müetzlin dar!». Bern und der Bär im 14. bis 16. Jahrhundert, in: Paul Michel (Hrsg.): Symbole im Dienste der Darstellung der Identität (Schriften zur Symbolforschung, Bd. 12), Bern u.a. 2000 (in Drucklegung).

Schmid/Wollasch 1984
Karl Schmid/Joachim Wollasch: Memoria. Der geschichtliche Zeugniswert des liturgischen Gedenkens im Mittelalter (Münstersche Mittelalter-Schriften, Bd. 48), München 1984.

Schmidt 1879
Charles Schmidt: Histoire littéraire de l'Alsace à la fin du XVe siècle et au commencement du XVIe siècle, 2 Bde., Paris 1879.

Schmidt 1904
Erich Schmidt: Deutsche Volkskunde im Zeitalter des Humanismus und der Reformation, Berlin 1904.

Schmidt 1969
Josef Schmidt (Hrsg.): Das Zürcher Spiel vom reichen Mann und vom armen Lazarus/Pamphilus Gengenbach: Die Totenfresser, Stuttgart 1969.

Schmidt 1971
Leopold Schmidt: Kunstwerke aus Kärnten als Zeugnisse mittelalterlicher Volksfrömmigkeit, in: Kärntner Kunst des Mittelalters aus dem Diözesanmuseum Klagenfurt (Ausstellungskatalog: Wien, Österreichische Galerie im Oberen Belvedere/Klagenfurt, Kärntner Landesgalerie), Wien 1971, S. 29–92.

Schmidt 2000
Peter Schmidt: Bildgebrauch und Frömmigkeitspraxis. Bemerkungen zur Benutzung früher Druckgraphik, in: Spiegel der Seligkeit. Privates Bild und Frömmigkeit im Spätmittelalter, hrsg. von G. Ulrich Großmann (Ausstellungskatalog: Nürnberg, Germanisches Nationalmuseum), Nürnberg 2000, S. 69–83.

Schmitt 1924
Otto Schmitt: Gotische Skulpturen des Strassburger Münsters, 2 Bde., Frankfurt a.M. 1924.

Schmitt 1925
Otto Schmitt: Die Querschiffsportale des Strassburger Münsters und der Ekklesiameister, in: Oberrheinische Kunst 1, 1925, S. 82ff.

Schmitt 1926/1927
Otto Schmitt: Zum Strassburger Lettner, in: Oberrheinische Kunst 2, 1926/1927, S. 62–66.

Schmitt 1928
Otto Schmitt: Johann Jacob Arhardt und das Strassburger Münster, in: Elsass-Lothringisches Jahrbuch 7, 1928, S. 126–127.

Schmitt 1930
Otto Schmitt: Ein unvollendetes Strassburger «Münsterbüchlein» aus dem 17. Jahrhundert, in: Elsass-Lothringisches Jahrbuch 9, 1930, S. 228–253.

Schmitt 1964
Pierre Schmitt: Le Musée d'Unterlinden à Colmar. Sculptures et Peintures de l'Alsace Romane à la Renaissance, Colmar 1964.

Schmugge 1994
Ludwig Schmugge: Schleichwege zu Pfründe und Altar. Päpstliche Dispense vom Geburtsmakel 1449–1533 (Schriften des Historischen Kollegs, Vorträge, Nr. 37), München 1994.

Schneeberger 1998
Ursula Schneeberger: Der Gerechtigkeitsbrunnen in Bern. Eine Neuinterpretation, unveröffentlichte Lizentiatsarbeit am Institut für Kunstgeschichte der Universität Bern, Bern 1998.

Schneegans 1836
Louis Schneegans: Essai historique sur la cathédrale de Strasbourg, in: Revue d'Alsace 2, 1836, S. 86–197.

Schneegans 1852
Ludwig Schneegans: Das Pfingstfest und der Roraffe im Münster zu Straßburg, in: Alsatia. Jahrbuch für elsässische Geschichte, Sage, Alterthumskunde, Sitte, Sprache und Kunst, hrsg. von August Stüber, 1852, S. 181–242.

Schneegans 1926
Charles Schneegans: Catalogue des sculptures gothiques du Musée des Beaux-Arts de Strasbourg, Strasbourg 1926.

Schnitzler 1996a
Norbert Schnitzler: «Faules Holz – Toter Stein». Thesen zum Bilderkult des Mittelalters aus ikonoklastischer Perspektive, in: Pictura Quasi Fictura. Die Rolle des Bildes in der Erforschung von Alltag und Sachkultur des Mittelalters und der frühen Neuzeit. Internationales Round-Table-Gespräch, Krems an der Donau, 3. Oktober 1994, Wien 1996, S. 175–189.

Schnitzler 1996b
Norbert Schnitzler: Ikonoklasmus – Bildersturm. Theologischer Bilderstreit und ikonoklastisches Handeln während des 15. und 16. Jahrhunderts, München 1996.

Schnitzler 1999
Norbert Schnitzler: «Kirchenbruch» und «lose Rotten». Gewalt, Recht und Reformation (Stralsund 1525), in: Bernhard Jussen und Craig Koslofsky (Hrsg.): Kulturelle Reformation. Sinnformationen im Umbruch 1400–1600, Göttingen 1999, S. 285–316.

Schönpflug 1998
Daniel Schönpflug: Das Münster unter dem Bonnet Rouge. Dechristianisierung und Kultur der Vernunft in Strassburg (1793–1794). Zur Eigenständigkeit einer lokalen Politik der Symbole, in: Francia. Forschungen zur westeuropäischen Geschichte 25/2, 1998, S. 105–129.

Schöpfer 1981
Hermann Schöpfer: La sculpture médiévale, in: Roland Ruffieux (Hrsg.): Histoire du canton of Fribourg, Bd. 1, Freiburg i.Üe. 1981, S. 411–452.

Schorer 1989
Catherine Schorer: Berner Ämterbefragungen. Untertanenrepräsentation und -mentalität im ausgehenden Mittelalter, in: Berner Zeitschrift für Geschichte und Heimatkunde 51, 1989, Heft 4, S. 217–253.

Schottmüller 1933
Frida Schottmüller: Staatliche Museen zu Berlin. Bildwerke des Kaiser-Friedrich-Museums. Die italienischen und spanischen Bildwerke der Renaissance und des Barock. Bd. 1, Die Bildwerke in Stein, Holz, Ton und Wachs, 2. Aufl., Berlin/Leipzig 1933.

Schreiber 1898/1899
Walter L. Schreiber: Neujahrswünsche des XV. Jahrhunderts, hrsg. von Paul Heitz, in: Zeitschrift für Bücherfreunde 2/1, 1898/1899, S. 260.

Schreiber 1926–1930
Wilhelm Ludwig Schreiber: Handbuch der Holz- und Metallschnitte des 15. Jahrhunderts, stark vermehrte und bis zu den neuesten Funden ergänzte Umarbeitung des «Manuel de l'amateur de la gravure sur bois et sur métal au 15e siècle», 8 Bde., Leipzig 1926–1930.

Schreiner 1984
Klaus Schreiner: Laienbildung als Herausforderung für Kirche und Gesellschaft. Religiöse Vorbehalte und soziale Widerstände gegen die Verbreitung von Wissen im späten Mittelalter und in der Reformation, in: Zeitschrift für Historische Forschung 11, 1984, S. 257–354.

Schreiner 1992
Klaus Schreiner: Laienfrömmigkeit – Frömmigkeit von Eliten oder Frömmigkeit des Volkes? Zur sozialen Verfasstheit laikaler Frömmigkeitspraxis im späten Mittelalter, in: Klaus Schreiner, unter Mitarbeit von Elisabeth Müller-Luckner (Hrsg.): Laienfrömmigkeit im späten Mittelalter (Schriften des Historischen Kollegs, Kolloquien, Bd. 20), München 1992, S. 1–78.

Schreiner 1994
Klaus Schreiner: Maria. Jungfrau, Mutter, Herrscherin, München/Wien 1994.

Schröer 1983
Alois Schröer: Die Reformation in Westfalen, Bd. 2, München 1983.

Schulte 1990
Brigitte Schulte: Die deutschsprachigen spätmittelalterlichen Totentänze. Unter besonderer Berücksichtigung der Inkunabel «Des dodes dantz» Lübeck 1489 (Niederdeutsche Studien, Bd. 36), Köln/Wien 1990.

Schuppisser 1986
Fritz Oskar Schuppisser: Die Engelweihe der Gnadenkapelle von Einsiedeln in der frühen Druckgraphik, in: Zeitschrift für Schweizerische Archäologie und Kunstgeschichte 43, 1986, Heft 1, S. 141–150.

Schwartz 1932
Hubertus Schwartz: Geschichte der Reformation in Soest, Soest 1932.

Schwarz 1993
Dietrich W. H. Schwarz: Die Stadt- und Landespatrone der alten Schweiz. Antrittsrede an der Universität Zürich am 9. Mai 1964, in: Dietrich W. H. Schwarz: Ex fontibus hauriamus. Ausgewählte Beiträge zur Kulturgeschichte (Mitteilungen der Antiquarischen Gesellschaft in Zürich, Bd. 60), Zürich 1993, S. 174–189.

Schwarzweber 1940
Annemarie Schwarzweber: Das heilige Grab in der deutschen Bildnerei des Mittelalters, Freiburg i.Br. 1940.

Schweighäuser 1824
G. Schweighäuser: Neu aufgefundener Todtentanz. Auszug aus einem Briefe des Professors G. Schweighäuser des Jüngeren an Dr. S. Boisserée, in: Kunstblatt, 6. September 1824, S. 285–286.

Schweizer 1885
Paul Schweizer: Die Behandlung der zürcherischen Klostergüter in der Reformationszeit, in: Theologische Zeitschrift aus der Schweiz 2, 1885, S. 161–188.

Schweizer 1980
Jürg Schweizer: Kloster Trub, Grabung 1976/77, in: Archäologie der Schweiz 3, 1980, Heft 2, S. 132–133.

Schweizer 1997
Jürg Schweizer: Bern und die Baudenkmäler. Bernische Denkmalpflege nicht erst heute, sonden schon um 1500, in: Der Bund. Der Kleine Bund, 18. Oktober 1997, S. 6.

Schweizer 1999
Jürg Schweizer: Berns Stadtbefestigung, in: Berns grosse Zeit. Das 15. Jahrhundert neu entdeckt, hrsg. von Ellen J. Beer u.a., Bern 1999, S. 88–95.

Scribner 1981
Robert W. Scribner: For the Sake of Simple Folk. Popular Propaganda for the German Reformation, Cambridge 1981.

Scribner 1985a
Bob Scribner: Cosmic Order and Daily Life: Sacred and Secular in Pre-Industrial German Society, in: Kaspar von Greyerz (Hrsg.): Religion and Society in Early Modern Europe 1500–1800, London 1985, S. 17–32.

Scribner 1985b
Bob Scribner: Reformation, Karneval und die «verkehrte Welt», in: Richard van Dülmen und Norbert Schindler (Hrsg.): Volkskultur. Zur Wiederentdeckung des vergessenen Alltags, Frankfurt a.M. 1985, S. 117–152.

Scribner 1985c
Robert W. Scribner: Volkskultur und Volksreligion. Zur Rezeption evangelischer Ideen, in: Peter Blickle, Andreas Lindt und Alfred Schindler (Hrsg.): Zwingli und Europa, Zürich 1985, S. 151–164.

Scribner 1987a
Robert W. Scribner: The Image in the Reformation, in: James Obelkevich (Hrsg.): Disciplines of Faith. Studies in Religion, Politics and Patriarchy, London 1987, S. 539–550.

Scribner 1987b
Robert W. Scribner: Popular Culture and Popular Movements in Reformation Germany, London 1987.

Scribner 1990a
Bob Scribner (Hrsg.): Bilder und Bildersturm im Spätmittelalter und in der frühen Neuzeit (Wolfenbütteler Forschungen, Bd. 46), Wiesbaden 1990.

Scribner 1990b
Robert W. Scribner: Magie und Aberglaube. Zur volkstümlichen sakramentalischen Denkart in Deutschland am Ausgang des Mittelalters, in: Peter Dinzelbacher und Dieter R. Bauer (Hrsg.): Volksreligion im hohen und späten Mittelalter (Quellen und Forschungen aus dem Gebiet der Geschichte, NF Bd. 13), Paderborn u.a. 1990, S. 253–274.

Scribner 1990c
Bob Scribner: Das Visuelle in der Volksfrömmigkeit, in: Bob Scribner (Hrsg.): Bilder und Bildersturm im Spätmittelalter und in der frühen Neuzeit (Wolfenbütteler Forschungen, Bd. 46), Wiesbaden 1990, S. 9–20.

Scribner 1991a
Robert W. Scribner: Reformatorische Bildpropaganda, in: Brigitte Tolkemitt und Rainer Wohlfeil (Hrsg.): Historische Bildkunde. Probleme – Wege – Beispiele (Zeitschrift für Historische Forschung, Beiheft 12), Berlin 1991, S. 83–106.

Scribner 1991b
Robert W. Scribner: Pastoral Care and the Reformation in Germany, in: James Kirk (Hrsg.): Humanism and Reform. The Church in Europe, and Scotland 1400–1643. Essays in Honour of James K. Cameron, Oxford 1991, S. 77–97.

Scribner 1995
Robert Scribner: Urs Graf, Schmerzensmann, in: Glaube, Liebe, Hoffnung, Tod, hrsg. von Christoph Geissmar-Brandi und Eleonora Louis (Ausstellungskatalog: Wien, Kunsthalle und Graphische Sammlung Albertina), Klagenfurt 1995, S. 92–93.

Secker 1911
Hans F. Secker: Bruchstücke verlorengeglaubter Bildwerke des Strassburger Münsters, in: Monatshefte für Kunstwissenschaft, 1911, S. 546–549.

Secker 1912
Hans F. Secker: Die Skulpturen des Strassburger Münsters seit der Französischen Revolution, Strassburg 1912.

Seebaß 1975
Gottfried Seebaß: Der Nürnberger Rat und das Religionsgespräch vom März 1525 (mit den Akten Christoph Scheurls und anderen unbekannten Quellen), in: Festschrift für Gerhard Pfeiffer (Jahrbuch für Fränkische Landesforschung, Bd. 34–35), Neustadt 1975, S. 467–499.

Seebaß 1978
Gottfried Seebaß: Stadt und Kirche in Nürnberg im Zeitalter der Reformation, in: Bernd Moeller (Hrsg.): Stadt und Kirche im 16. Jahrhundert (Schriften des Vereins für Reformationsgeschichte, Bd. 190), Gütersloh 1978, S. 66–86.

Seebaß 1997
Gottfried Seebaß: Mittelalterliche Kunstwerke in evangelisch gewordenen Kirchen Nürnbergs, in: Johann Michael Fritz (Hrsg.): Die bewahrende Kraft des Luthertums. Mittelalterliche Kunstwerke in evangelischen Kirchen, Regensburg 1997, S. 34–53.

Segginger 1978
Leon Segginger: Kleiner Kunstführer durch die Stadtkirche St. Katharina in Laufen, Laufen 1978.

Seidenberg 1988
Margot Seidenberg: Sigillum Sanctorum Felicis et Regule. Die Stadtheiligen als Siegelmotiv, in: Hansueli F. Etter u.a. (Hrsg.): Die Zürcher Stadtheiligen Felix und Regula. Legenden, Reliquien, Geschichte und ihre Botschaft im Licht moderner Forschung, Zürich 1988, S. 63–77.

Seinguerlet 1881
E. Seinguerlet: Strasbourg pendant la Révolution, Strassburg 1881.

Sender, Chronik
Die Chronik von Clemens Sender. Von den ältesten Zeiten der Stadt bis zum Jahr 1536, hrsg. von Friedrich Roth (Die Chroniken der deutschen Städte vom 14. bis 16. Jahrhundert, Bd. 23, Die Chroniken der schwäbischen Städte, Augsburg 4), Leipzig 1894.

Sénebier 1791
Jean Sénebier: Essai sur Genève (extrait du Journal de Genève), Genf 1791.

Senn 1981
Matthias Senn: Bilder und Götzen. Die Zürcher Reformatoren zur Bilderfrage, in: Zürcher Kunst nach der Reformation. Hans Asper und seine Zeit (Ausstellungskatalog: Zürich, Helmhaus), Zürich 1981, S. 33–38.

Senn 1984
Matthias Senn: Ein später Bildersturm in Zürich, 1587, in: Hans-Dietrich Altendorf und Peter Jezler (Hrsg.): Bilderstreit. Kulturwandel in Zwinglis Reformation, Zürich 1984, S. 135–140.

Seuse, Mystik
Heinrich Seuse: Des Mystikers Deutsche Schriften, hrsg. von Nikolaus Heller, Regensburg 1926.

Sieber 1917
Theodor Sieber: Georg Stäheli und die Reformation in Weiningen, Zürich 1917.

Sieber-Lehmann 1995
Claudius Sieber-Lehmann: Spätmittelalterlicher Nationalismus. Die Burgunderkriege am Oberrhein und in der Eidgenossenschaft (Veröffentlichungen des Max-Planck-Instituts für Geschichte, Bd. 116), Göttingen 1995.

Sigg 1984
Otto Sigg: Bevölkerung, Landbau, Versorgung und Krieg vor und zur Zeit der Reformation, in: Zwinglis Zürich 1484–1531. Eine Publikation des Staatsarchivs Zürich, Zürich 1984, S. 3–11.

Signori 1995
Gabriela Signori: Maria zwischen Kathedrale, Kloster und Welt. Hagiographische und historiographische Annäherungen an eine hochmittelalterliche Wunderpredigt, Sigmaringen 1995.

Signori 1997
Gabriela Signori: Ritual und Ereignis. Die Strassburger Bittgänge zur Zeit der Burgunderkriege, in: Historische Zeitschrift 264, 1997, S. 281–328.

Simon-Muscheid 1996
Katharina Simon-Muscheid: «Heimliches Gemach und Kotschmiererei» – Der Umgang mit Fäkalien, in: Fundgruben (Ausstellungskatalog: Basel, Historisches Museum), 1996, S. 34–42.

Sinding-Larsen 1984
Staale Sinding-Larsen: Iconography and Ritual. A Study of Analytical Perspectives, Oslo 1984.

Skubiszewski 1989
Piotr Skubiszewski: Le retable gothique sculpté. Entre le dogme et l'univers humain, in: Le retable d'Issenheim et la sculpture au nord des Alpes à la fin du Moyen Age, Musée d'Unterlinden, Colmar 1989, S. 13–47.

Sladeczek 1987
Franz-Josef Sladeczek: Der Schmerzensmann im Bernischen Historischen Museum. Neue Überlegungen zu einem Meisterwerk spätgotischer Steinmetzkunst, in: Zeitschrift für Schweizerische Archäologie und Kunstgeschichte 44, 1987, Heft 1, S. 55-59.

Sladeczek 1988
Franz-Josef Sladeczek: «Die goetze in miner herren kilchen sind gerumpt»! – Von der Bilderfrage der Berner Reformation und ihren Folgen für das Münster und sein Hauptportal. Ein Beitrag zur Berner Reformationsgeschichte, in: Theologische Zeitschrift 44, 1988, Heft 4, S. 289–311.

Sladeczek 1990
Franz-Josef Sladeczek: Erhart Küng, Bildhauer und Baumeister des Münsters zu Bern (um 1420–1507). Untersuchungen zur Person, zum Werk und Wirkungskreis eines westfälischen Künstlers der Spätgotik, Bern/Stuttgart 1990.

Sladeczek 1999a
Franz-Josef Sladeczek: Der Berner Skulpturenfund. Die Ergebnisse der kunsthistorischen Auswertung, Bern 1999.

Sladeczek 1999b
Franz-Josef Sladeczek: «Da ligend die altär und götzen im tempel». Zwingli und der Bildersturm in Bern, in: Berns grosse Zeit. Das 15. Jahrhundert neu entdeckt, hrsg. von Ellen J. Beer u.a., Bern 1999, S. 588–604.

Sladeczek 1999c
Franz-Josef Sladeczek: «Jedermann gen Himmel wollt!» Zwischen Heilserwartung und Selbstinszenierung: Religiöse Stiftungen und ihre Motivationen, in: Berns grosse Zeit. Das 15. Jahrhundert neu entdeckt, hrsg. von Ellen J. Beer u.a., Bern 1999, S. 367–380.

Snyder 1985
James Snyder: Northern Renaissance Art. Painting, Sculpture, The Graphic Arts from 1350 to 1575, New York 1985.

Sörries 1988
Reiner Sörries: Die alpenländischen Fastentücher. Vergessene Zeichen volkstümlicher Frömmigkeit, Klagenfurt 1988.

Sonkes 1969
Micheline Sonkes: Dessins du XVe siècle: Groupe van der Weyden (Les primitifs flamands III: Contribution à l'étude des primitifs flamands 5), Brüssel 1969.

Spahr 1970
Gebhard Spahr: Der heilige Magnus. Leben, Legende, Verehrung, Kempten 1970.

Spamer 1930
Adolph Spamer: Das kleine Andachtsbild vom XIV. bis zum XX. Jahrhundert, München 1930.

Specht 1936
Reinhold Specht: Wittenberger Bilderstürmer in Zerbst 1522, in: Zeitschrift des Vereins für Kirchengeschichte der Provinz Sachsen 31/32, 1936, S. 66–68.

Specker/Wortmann 1984
Hans Eugen Specker/Reinhard Wortmann (Hrsg.): 600 Jahre Ulmer Münster. Festschrift, Ulm 1984.

Specklin 1889
Daniel Specklin: Collectanées, in: Bulletin de la Société pour la conservation des monuments historiques d'Alsace 14, 1889.

Staehelin 1928
W. R. Staehelin: Opferstockbilder der Basler Kirchen, in: Freiwillige Basler Denkmalpflege, Jahresbericht, 1928, S. 9–11.

Stammler 1893
Jakob Stammler: Die St. Antonius-Kirche in Bern, in: Katholische Schweizerblätter, NF 9, 1893, S. 1–21.

Stammler 1895
Jakob Stammler: Der Paramentenschatz im Historischen Museum zu Bern in Wort und Bild. Illustrierter Begleiter in die Abteilung für kirchliche Altertümer (Führer durch das Bernische historische Museum, Nr. 1), Bern 1895.

Stange 1934–1961
Alfred Stange: Deutsche Malerei der Gotik, 11 Bde., München 1934–1961.

Stange 1969
Alfred Stange: Deutsche Malerei der Gotik, 11 Bde., Nendeln 1969 (Nachdruck der Ausgabe München 1934–1961).

Stange 1970
Alfred Stange: Kritisches Verzeichnis der deutschen Tafelbilder vor Dürer, Bd. 2, Oberrhein, Bodensee, Schweiz, Mittelrhein, Ulm, Augsburg, Allgäu, Nördlingen, von der Donau zum Neckar, hrsg. von Norbert Lieb (Bruckmanns Beiträge zur Kunstwissenschaft), München 1970.

Staerkle 1927
Paul Staerkle: Die Wallfahrt zu «Unseren Lieben Frau im Gatter» im Münster zu St. Gallen (1475–1529), in: Zeitschrift für Schweizerische Kirchengeschichte 21, 1927, S. 161–173.

Staub 1998
Bettina Staub: Zerlegt, neu kombiniert, restauriert. Eine venezianische Altartafel der Abegg-Stiftung in Riggisberg bei Bern, in: Georges-Bloch-Jahrbuch des Kunsthistorischen Instituts der Universität Zürich 5, 1998, S. 40–59.

Stauffer/De Kegel 1987
Annemarie Stauffer/Rolf De Kegel: Die Entdeckung von Textfragmenten auf den Stickereien des Jacques de Romont, in: Zeitschrift für Schweizerische Archäologie und Kunstgeschichte 44, 1987, Heft 1, S. 16–22.

Steck/Tobler 1918–1923
Rudolf Steck/Gustav Tobler: Aktensammlung zur Geschichte der Berner-Reformation 1521–1532, 2 Bde., Bern 1918–1923.

Stedel, Chronik
Die Strassburger Chronik des Johannes Stedel, hrsg. von Paul Fritsch, Strassburg 1934.

Steer 1983
Georg Steer: Der Laie als Anreger und Adressat deutscher Prosaliteratur vom 14. Jahrhundert, in: Walter Haug u.a. (Hrsg.): Zur deutschen Literatur und Sprache des 14. Jahrhunderts, Dubliner Kolloquium 1981, Heidelberg 1983, S. 355–360.

Stirm 1977
Margarete Stirm: Die Bilderfrage in der Reformation (Quellen und Forschungen zur Reformationsgeschichte, Bd. 45), Gütersloh 1977.

Stocker 1996
Barbara Christina Stocker: Friedrich Colner, Schreiber und Übersetzer in St. Gallen 1430–1436 (Göppinger Arbeiten zur Germanistik, Nr. 619), Göppingen 1996.

Stoichita 1999
Victor I. Stoichita: L'instauration du tableau. Métapeinture à l'aube des temps modernes, 2. Aufl., Genf 1999.

Stokar 1981
Karl Stokar: Liturgisches Gerät der Zürcher Kirchen vom 16. bis ins 19. Jahrhundert. Typologie und Katalog (Mitteilungen der Antiquarischen Gesellschaft in Zürich, Bd. 50, Heft 2), Zürich 1981.

Stotz 1871
Hans Stotz: Ursprung und Anfang der Statt Gebweyler, hrsg. von Julien Sée, Colmar 1871.

Straub 1879
Alexandre Straub: [Intervention à la séance du comité le 8 mai 1879], in: Bulletin de la Société pour la conservation des monuments historiques d'Alsace (2e série) 10, 1879, S. 30–31.

Straub 1881
Alexandre Straub: Le cimetière gallo-romain de Strasbourg, Strassburg 1881.

Streich 1984
Gerhard Streich: Burg und Kirche während des deutschen Mittelalters. Untersuchungen zur Sakraltopographie von Pfalzen, Burgen und Herrensitzen, 2 Teile (Vorträge und Forschungen, hrsg. vom Konstanzer Arbeitskreis für mittelalterliche Geschichte, Sonderband 29), Sigmaringen 1984.

Strickler 1878–1884
Johannes Strickler (Hrsg.): Actensammlung zur Schweizerischen Reformationsgeschichte in den Jahren 1521–1532, im Anschluss an die gleichzeitigen eidgenössischen Abschiede bearbeitet, 5 Bde., Zürich 1878–1884.

Strieder 1993
Peter Strieder: Tafelmalerei in Nürnberg 1350–1550, Königstein 1993.

Stuebe 1968/1969
Isabel Combs Stuebe: The Johannisschüssel. From Narrative to Reliquiary to Andachtsbild, in: Marsyas 14, 1968/1969, S. 1–16.

Stuhlfauth 1937
Georg Stuhlfauth: Künstlerstimmen und Künstlernot aus der Reformationsbewegung, in: Zeitschrift für Kirchengeschichte 56, 1937, S. 498–514.

Stumpf, Chronik
Johannes Stumpfs Schweizer- und Reformationschronik, hrsg. von Ernst Gagliardi, Hans Müller und Fritz Büsser, 2 Bde., Basel 1952 und 1955.

Styger 1919
Paul Styger: Das Fastentuch im Historischen Museum zu Altdorf, in: Historisches Neujahrsblatt von Uri, 1919, S. 85–96.

Surmann 1991
Ulrike Surmann: Christus in der Rast (Liebieghaus Monographie, Bd. 13), Frankfurt a. M. 1991.

Swarzenski 1921
Georg Swarzenski: Deutsche Alabasterplastik des 15. Jahrhunderts, in: Städel-Jahrbuch 1, 1921, S. 167–213.

Tacke 1992
Andreas Tacke: Der katholische Cranach. Zu zwei Grossaufträgen von Lucas Cranach d. Ä., Simon Franck und der Cranach-Werkstatt (1520–1540) (Berliner Schriften zur Kunst, Bd. 2), Mainz 1992.

Taubert 1969
Gesine und Johannes Taubert: Mittelalterliche Kruzifixe mit schwenkbaren Armen. Ein Beitrag zur Verwendung von Bildwerken in der Liturgie, in: Zeitschrift des deutschen Vereins für Kunstwissenschaft 23, 1969, S. 79–121.

Taubert 1974
Gesine Taubert: Spätmittelalterliche Kreuzabnahmespiele in Wels, Wien und Tirol, in: Jahrbuch des Oberösterreichischen Musealvereines 119, 1974, S. 53–89.

Taubert 1978
Gesine und Johannes Taubert: Mittelalterliche Kruzifixe mit schwenkbaren Armen. Ein Beitrag zur Verwendung von Bildwerken in der Liturgie, in: Johannes Taubert (Hrsg.): Farbige Skulpturen. Bedeutung, Fassung, Restaurierung, München 1978, S. 38–50.

Teuscher 1998
Simon Teuscher: Bekannte – Klientel – Verwandte. Soziabilität und Politik in der Stadt Bern um 1500 (Norm und Struktur, Bd. 9), Köln/Weimar/Wien 1998.

The Illustrated Bartsch 13, 1981
The Illustrated Bartsch 13, Sixteenth Century Artists, hrsg. von Walter Leopold Strauss, New York 1981.

Theuerkauff-Liederwald 1988
Anna-Elisabeth Theuerkauff-Liederwald: Mittelalterliche Bronze- und Messinggefässe: Eimer – Kannen – Lavabokessel (Bronzegeräte des Mittelalters, Bd. 4), Berlin 1988.

Thiel 1977
Erika Thiel: Geschichte des Kostüms. Die europäische Mode von den Anfängen bis zur Gegenwart, Berlin 1977.

Thiers 1688
Abbé J.-B. Thiers: Dissertation ecclésiastique sur les principaux autels des églises, les jubés des églises, la clôture du chœur des églises, Paris 1688.

Thomke 1996
Hellmut Thomke (Hrsg.): Deutsche Spiele und Dramen des 15. und 16. Jahrhunderts, Frankfurt a.M. 1996.

Thomke 1999
Hellmut Thomke: Niklaus Manuel und die Anfänge des Theaterspiels in Bern, in: Berns grosse Zeit. Das 15. Jahrhundert neu entdeckt, hrsg. von Ellen J. Beer u.a., Bern 1999, S. 542–552.

Tobler 1892
Gustav Tobler: Thüring Frickers Testament, in: Berner Taschenbuch auf das Jahr 1892, S. 56–76.

Tobler 1974
Edwin Tobler: Heilige auf Schweizer Münzen, Bern 1974.

Tobler 1991
Mathilde Tobler: «Wahre Abbildung». Marianische Gnadenbildkopien in der schweizerischen Quart des Bistums Konstanz, in: Der Geschichtsfreund 144, 1991, S. 5–426.

Tremp-Utz 1985
Kathrin Tremp-Utz: Das Kollegiatstift St. Vinzenz in Bern. Von der Gründung 1484/85 bis zur Aufhebung 1528 (Archiv des Historischen Vereins des Kantons Bern, Bd. 69), Bern 1985.

Tremp-Utz 1986
Kathrin Tremp-Utz: Gottesdienst, Ablasswesen und Predigt am Vinzenzstift in Bern (1484/85–1528), in: Zeitschrift für Schweizerische Kirchengeschichte 80, 1986, Heft 1–4, S. 31–98.

Tremp-Utz 1988
Kathrin Tremp-Utz: Welche Sprache spricht die Jungfrau Maria? Sprachgrenzen und Sprachkenntnisse im bernischen Jetzerhandel (1507–1509), in: Schweizerische Zeitschrift für Geschichte 38, 1988, S. 221–249.

Trexler 1991
Richard C. Trexler: Habiller et déshabiller les images. Esquisse d'une analyse, in: Françoise Dunand u.a. (Hrsg.): L'image et la production du Sacre. Actes du Colloque de Strasbourg (20–21 janvier 1988) organisé par le Centre d'Histoire des Religions de l'Université de Strasbourg II, Groupe «Théorie et Pratique de l'Image Culturelle», Paris 1991, S. 195–231.

Tripps 1996
Johannes Tripps: Das handelnde Bildwerk in der Gotik. Forschungen zu den Bedeutungsschichten und der Funktion des Kirchengebäudes und seiner Ausstattung in der Hoch- und Spätgotik, Berlin 1996.

Tripps 2000
Johannes Tripps: Das handelnde Bildwerk in der Gotik. Forschungen zur Symbolik des Kirchengebäudes und seiner Ausstattung in der Hoch- und Spätgotik, 2. Aufl., Berlin 2000.

Trusted 1996
Marjorie Trusted: Spanish Sculpture. Catalogue of the Post-Medieval Spanish Sculpture in Wood, Terracotta, Alabaster, Marble, Stone, Lead and Jet in the Victoria & Albert Museum, London 1996.

Tüchle 1970
Hermann Tüchle: Die oberschwäbischen Reichsstädte Leutkirch, Isny und Wangen im Jahrhundert der Reformation, in: Zeitschrift für württembergische Landesgeschichte 29, 1970, S. 53–70.

Tüchle 1984
Hermann Tüchle: Die Münsteraltäre des Spätmittelalters. Stifter, Heilige, Patrone und Kapläne, in: Hans Eugen Specker und Reinhard Wortmann (Hrsg.): 600 Jahre Ulmer Münster. Festschrift, Ulm 1984, S. 127–182.

Türler 1892
Heinrich Türler: Meister Johannes Bäli und die Reliquienwerbungen der Stadt Bern in den Jahren 1463 und 1464, in: Neujahrsblatt der Literarischen Gesellschaft Bern auf das Jahr 1893 (1892), S. 3–28.

Türler 1896
Heinrich Türler: Die Altäre und Kaplaneien des Münsters in Bern vor der Reformation, in: Neues Berner Taschenbuch auf das Jahr 1896, S. 72–118.

Türler 1903
Heinrich Türler: Das Franziskanerkloster in Bern, in: Friedrich Haag: Die Hohen Schulen zu Bern in ihrer geschichtlichen Entwicklung von 1528 bis 1834. Mit besonderer Berücksichtigung der kulturhistorischen Verhältnisse, hrsg. von der Direktion des Unterrichtswesens und dem Senat der Hochschule bei der Einweihung des neuen Universitätsgebäudes am 4. Juli 1903, Bern 1903, S. 1–17.

Turner 1978
Victor und Edith Turner: Image and Pilgrimage in Christian Culture. Anthropological Perspectives, New York 1978.

Uffer 1982
Leza M. Uffer: Peter Füesslis Jerusalemfahrt 1523 und Brief über den Fall von Rhodos 1522 (Mitteilungen der Antiquarischen Gesellschaft in Zürich, Bd. 50, Heft 3), Zürich 1982.

Ullmann 2000
Ernst Ullmann: Karlstadts Schrift «Von Abthuung der Bylder», ihre Entstehung und ihre Folgen, in: Olivier Christin und Dario Gamboni (Hrsg.): Crises de l'image religieuse. Krise religiöser Kunst, Paris 2000, S. 111–119.

Ulrich-Bochsler 1997
Susi Ulrich-Bochsler: Jenseitsvorstellungen im Mittelalter. Die Wiederbelebung von totgeborenen Kindern. Archäologische und anthropologische Untersuchungen im Marienwallfahrtszentrum von Oberbüren im Kanton Bern/Schweiz, in: Guy De Boe und Frans Verhaeghe (Hrsg.): Death and Burial in Medieval Europe, Papers of the «Medieval Europe Brugge 1997» Conference, Bd. 2 (I.A.P. Rapporten 2), Zellik 1997, S. 7–14.

Ulrich-Bochsler/Gutscher 1998
Susi Ulrich-Bochsler/Daniel Gutscher: Wiederentdeckung von Totgeborenen. Ein Schweizer Wallfahrtszentrum im Blick von Archäologie und Anthropologie, in: Jürgen Schlumbohm u.a. (Hrsg.): Rituale der Geburt. Eine Kulturgeschichte, München 1998, S. 244–268.

Utz Tremp 1993a
Kathrin Utz Tremp: Eine Werbekampagne für die befleckte Empfängnis: der Jetzerhandel in Bern (1507–1509), in: Claudia Opitz u.a. (Hrsg.): Maria in der Welt. Marienverehrung im Kontext der Sozialgeschichte 10.–18. Jahrhundert (Clio Lucernensis, Bd. 2), Zürich 1993, S. 323–337.

Utz Tremp 1993b
Kathrin Utz Tremp: Geschichte des Berner Dominikanerkonvents von 1269–1528. Mit einer Darstellung der topographischen Verhältnisse in Kloster und Kirche zur Zeit des Jetzerhandels (1507–1509), in: Georges Descœudres/Kathrin Utz Tremp: Französische Kirche – Ehemaliges Predigerkloster. Archäologische und historische Untersuchungen 1988–1990 zu Kirche und ehemaligen Konventgebäuden (Schriftenreihe der Erziehungsdirektion des Kantons Bern), Bern 1993, S. 119–160.

Utz Tremp 1999
Kathrin Utz Tremp: Die Dominikaner in Bern, in: Helvetia Sacra, Abt. IV: Die Dominikaner und Dominikanerinnen in der Schweiz, Bd. 5, Teil 1, Die Orden mit Augustinerregel, redigiert von Petra Zimmer, unter Mitarbeit von Brigitte Degler-Spengler, Basel 1999, S. 285–324.

van Beuningen/Koldeweij/Jones 1993
H. J. E. van Beuningen/A. M. Koldeweij/Malcolm Jones: Heilig en profaan. 1000 laatmiddeleeuwse insignes uit de collectie H. J. E. van Beuningen (Rotterdam Papers, Bd. 8), Rotterdam 1993.

van Gelderen 1992
Martin van Gelderen: The Political Thought of the Dutch Revolt 1555–1590, Cambridge 1992.

van Jan 1890
Hermann L. van Jan: Das Strassburger Münster als Tempel der Vernunft, in: Leipziger Zeitung, 19. Juni 1890.

van Os 1994
Henk van Os: Devotional Themes, in: The Art of Devotion in the Late Middle Ages in Europa 1300–1500, hrsg. von Henk van Os (Ausstellungskatalog: Amsterdam, Rijksmuseum), London/Amsterdam 1994, S. 104–128.

Vasari, Le vite
Giorgio Vasari: Le vite de' più eccellenti pittori, scultori ed architetti, hrsg. von Gaetano Milanesi, 9 Bde., Florenz 1878–1885.

Vasella 1944
Oskar Vasella: Über das Konkubinat des Klerus im Spätmittelalter, in: Mélanges d'histoire et de littérature offerts à Charles Gilliard, professeur honoraire de l'Université de Lausanne, à l'occasion de son 65ᵉ anniversaire, Lausanne 1944, S. 269–283.

Vöge 1910
Wilhelm Vöge: Die deutschen Bildwerke und die der anderen cisalpinen Länder, Bd. 4, Königliche Museen zu Berlin, Beschreibung der Bildwerke der christlichen Epochen, 2. Aufl., Berlin 1910.

Vogler 1982
Günter Vogler: Nürnberg 1524/25. Studien zur Geschichte der reformatorischen und sozialen Bewegungen in der Reichsstadt, Berlin 1982.

von Blankenburg 1975
Wera von Blankenburg: Heilige und dämonische Tiere. Die Symbolsprache der deutschen Ornamentik im frühen Mittelalter, Köln 1975.

von Burg 1998
Christian von Burg: Ikonoklasmus im 16. Jahrhundert. Der Streit um bewegliche Christusbilder, unveröffentlichte Lizentiatsarbeit der Universität Basel, Basel 1998.

von Greyerz 1932
Hans von Greyerz: Der Jetzerprozess und die Humanisten, in: Archiv des Historischen Vereins des Kantons Bern 31, 1932, Heft 2, S. 243–299.

von Greyerz 1934
Hans von Greyerz: Ablasspredigten des Johannes Heynlin aus Stein (de Lapide) 28. September bis 8. Oktober 1476 in Bern, in: Archiv des Historischen Vereins des Kantons Bern 32, 1934, Heft 2, S. 113–171.

von Greyerz 1940
Hans von Greyerz: Studien zur Kulturgeschichte der Stadt Bern am Ende des Mittelalters, Bern 1940.

von Greyerz 1953
Hans von Greyerz: Nation und Geschichte im Bernischen Denken. Vom Beitrag Berns zum schweizerischen Geschichts- und Nationalbewusstsein, Bern 1953.

von Heusinger 1959
Christian von Heusinger: Spätmittelalterliche Buchmalerei in oberrheinischen Frauenklöstern, in: Zeitschrift für die Geschichte des Oberrheins 107, 1959, S. 136–160.

von Mandach 1932–1945
Conrad von Mandach: Die St. Bartholomäus-Kapelle in Pérolles-Freiburg, in: Bericht der Gottfried-Keller-Stiftung, 1932–1945, S. 7–50.

von Murr 1778
Christoph Gottlieb von Murr: Beschreibung der vornehmsten Merkwürdigkeiten des H. R. Reichs freyen Stadt Nürnberg und auf der hohen Schule zu Altdorf, Nürnberg 1778.

von Pflummern, Aufzeichnungen
Heinrich von Pflummern: Etwas ain wienig von der aller grusamlichosten, unerhortosten, unewangelichosten, gotzlosesten, ketzerichosten und verfierichosten Lutery, die sich verlofen haut ungefarlich vom 1523 jar bis ietz in das 1544 iar, hrsg. von A. Schilling, in: Freiburger Diözesan-Archiv 9, 1875, S. 141–238.

von Rodt 1886
Eduard von Rodt: Bernische Stadtgeschichte, Bern 1886.

von Rodt 1912
Eduard von Rodt: Bernische Kirchen. Ein Beitrag zu ihrer Geschichte, Bern 1912.

von Scarpatetti 1983
Beat Matthias von Scarpatetti: Katalog der datierten Handschriften in der Schweiz in lateinischer Schrift vom Anfang des Mittelalters bis 1550, Bd. 2, Die Handschriften der Bibliotheken Bern – Porrentruy, Zürich 1983.

von Schlosser 1993
Julius von Schlosser: Tote Blicke. Geschichte der Porträtbildnerei in Wachs. Ein Versuch, hrsg. von Thomas Medicus, Berlin 1993.

von Schönborn 1986
Christoph von Schönborn: L'icône du Christ. Fondements théologiques, 3. Aufl., Paris 1986.

von Stürler 1862
Moritz von Stürler: Urkunden der bernischen Kirchenreform, aus dem Staatsarchiv Bern gesammelt. Erster Abschnitt (Anfang, Kampf, Durchbruch), Bd. 1, Bern 1862.

von Tavel 1979a
Hans Christoph von Tavel: Niklaus Manuel. Zur Kunst eines Zeitgenossen der Reformationszeit, Bern 1979.

von Tavel 1979b
Hans Christoph von Tavel: Der Totentanz, in: Niklaus Manuel Deutsch. Maler, Dichter, Staatsmann (Ausstellungskatalog: Bern, Kunstmuseum), Bern 1979, S. 252–285.

von Zglinicki 1979
Friedrich von Zglinicki: Die Wiege, Regensburg 1979.

Vovelle/de Baecque 1991
Michel Vovelle/A. de Baecque (Hrsg.): Recherches sur la Révolution. Actes du colloque, Paris 1991.

Wackernagel 1864
Philipp Wackernagel: Das deutsche Kirchenlied, Leipzig 1864.

Wackernagel 1956
Hans Georg Wackernagel: Altes Volkstum in der Schweiz. Gesammelte Schriften zur historischen Volkskunde, Basel 1956.

Wagini 1995
Susanne Wagini: Der Ulmer Bildschnitzer Daniel Mauch (1477–1540). Leben und Werk (Forschungen zur Geschichte der Stadt Ulm, Bd. 24), Ulm 1995.

Wagner 1979
Hugo Wagner: Niklaus Manuel – Leben und künstlerisches Werk, in: Niklaus Manuel Deutsch. Maler, Dichter, Staatsmann (Ausstellungskatalog: Bern, Kunstmuseum), Bern 1979, S. 17–41.

Walter 1923
Joseph Walter: L'iconographie de la façade de la cathédrale de Strasbourg, in: Archives alsaciennes d'histoire de l'art 2, 1923, S. 39–50.

Walter 1935
Joseph Walter: La topographie de la cathédrale au Moyen Age, in: Bulletin de la Société des amis de la cathédrale de Strasbourg (2ᵉ série) 3, 1935, S. 37–108.

Walther 1986
Helmut G. Walther: Die Anfänge des Rechtsstudiums und die kommunale Welt Italiens im Hochmittelalter, in: Johannes Fried (Hrsg.): Schulen und Studium im sozialen Wandel des hohen und späten Mittelalters (Vorträge und Forschungen, Bd. 30), Sigmaringen 1986, S. 121–162.

Waltz 1951
Jean-Jacques Waltz: Le Musée d'Unterlinden à Colmar. Guide suivi du catalogue des œuvres d'art exposées à la Chapelle, édition revue par Louis Kubler, Colmar/Paris 1951.

Waltz 1954
Jean-Jacques Waltz: Le Musée d'Unterlinden à Colmar. Guide suivi du catalogue des œuvres d'art exposées à la Chapelle, édition revue par Louis Kubler, Colmar/Paris 1954.

Wandel 1989
Lee Palmer Wandel: The Reform of the Images. New Visualizations of the Christian Community at Zurich, in: Archiv für Reformationsgeschichte 89, 1989, S. 105–124.

Wandel 1990
Lee Palmer Wandel: Always among us: Images of the Poor in Zwingli's Zurich, Cambridge u.a. 1990.

Wandel 1995
Lee Palmer Wandel: Voracious Idols and Violent Hands. Iconoclasm in Reformation. Zurich, Strasbourg, and Basel, Cambridge 1995.

Warnke 1973
Martin Warnke (Hrsg.): Bildersturm. Die Zerstörung des Kunstwerks, Frankfurt a.M. 1973.

Warnock 1989
Robert G. Warnock: Johannes Pauli, in: Die Deutsche Literatur des Mittelalters. Verfasserlexikon, 2. völlig neu bearbeitete Aufl., hrsg. von K. Ruh u.a., Bd. 7, Berlin/New York 1989, Sp. 369–374.

Weber 1987
Hans Ruedi Weber: Die Umsetzung der Himmelfahrt Christi in die zeichenhafte Liturgie (Europäische Hochschulschriften, Reihe 28, Kunstgeschichte, Bd. 76), Bern/Frankfurt a.M./New York 1987.

Weber-Oeri 1994
Alfred R. Weber-Oeri: Im Basler Münster 1650 (Basler Kostbarkeiten 15), Basel 1994.

Wedekind 1794
G. Wedekind: Etwas von Vandalismus in Strassburg, verübt im andern Jahre der französischen Republik. Schreiben an Bürger Gregoire, Volksrepraesentant zu Paris, Strassburg 1794.

Wegeli 1930
Rudolf Wegeli: Bernisches Historisches Museum in Bern, Der Silberschatz II. (Die Historischen Museen der Schweiz, Heft 4, Silbergeräte III), Basel 1930.

Weigel 1915
M. Weigel: Der erste Reformationsversuch in der Reichsstadt Kaufbeuren und seine Niederwerfung, in: Beiträge zur bayerischen Kirchengeschichte 21, 1915, S. 145–156, 193–202 und 241–253.

Weilandt 1993
Gerhard Weilandt: Wider die Gotteslästerung und Götzerei. Der «Bildersturm» des Jahres 1531, in: Meisterwerke massenhaft. Die Bildhauerwerkstatt des Niklaus Weckmann und die Malerei in Ulm um 1500 (Ausstellungskatalog: Stuttgart, Württembergisches Landesmuseum), Stuttgart 1993, S. 421–427.

Weingartner 1923
Josef Weingartner: Die Kunstdenkmäler Südtirols, Bd. 2, Das mittlere und untere Eisacktal, Wien 1923.

Weisshaupt, Chronik
Chronik des Thomas Weisshaupt, bearbeitet von A. Schilling, in: Freiburger Diözesan-Archiv 19, 1887, S. 18–187.

Wendehorst 1986
Alfred Wendehorst: Wer konnte im Mittelalter lesen und schreiben?, in: Johannes Fried (Hrsg.): Schulen und Studium im sozialen Wandel des hohen und späten Mittelalters (Vorträge und Forschungen, Bd. 30), Sigmaringen 1986, S. 9–33.

Wendland 1980
Volker Wendland: Ostermärchen und Ostergelächter. Brauchtümliche Kanzelrhetorik und ihre kulturkritische Würdigung seit dem ausgehenden Mittelalter, Frankfurt a.M. 1980.

Wentzel 1960
Hans Wentzel: Eine Wiener Christwiege in München und das Jesuskind der Margaretha Ebner, in: Pantheon 18, 1960, S. 276–283.

Wermelinger 1971
Hugo Wermelinger: Lebensmittelteuerungen, ihre Bekämpfung und ihre politischen Rückwirkungen in Bern. Vom ausgehenden 15. Jahrhundert bis in die Zeit der Kappelerkriege (Archiv des Historischen Vereins des Kantons Bern, Bd. 55), Bern 1971.

Wessel 1973
Klaus Wessel: Ein Glasbecher des 4. Jahrhunderts in Strassburg, in: Rivista di Archeologia Cristiana 49, 1973, S. 385–401.

Wettstein 1958
Erich Wettstein: Die Geschichte der Todesstrafe im Kanton Zürich, Winterthur 1958.

Wex 1984
Reinhold Wex: Ordnung und Unfriede. Raumprobleme des protestantischen Kirchenbaus im 17. und 18. Jahrhundert in Deutschland, Marburg 1984.

Weyl 1996
Robert Weyl/Martine Weyl: Note sur le verre historié de Strasbourg, in: Archives juives. Revue d'Histoire des Juifs de France, 1996, S. 87–92.

Will 1972
Robert Will: Le jubé de la cathédrale de Strasbourg. Nouvelles données sur son décor sculpté, in: Bulletin de la Société des amis de la cathédrale de Strasbourg (2ᵉ série) 10, 1972, S. 57–68.

Williamson 1997
Paul Williamson: Devotional booklet, in: Peter Barnet (Hrsg.): Images in Ivory. Precious Objects of the Gothic Age, Princeton NJ 1997, S. 192–197.

Winckelmann 1907
Otto Winckelmann: Zur Kulturgeschichte des Strassburger Münsters im 15. Jahrhundert, in: Zeitschrift für die Geschichte des Oberrheins 22, 1907, S. 247–290.

Wirth 1981
Jean Wirth: Luther. Etude d'histoire religieuse, Genf 1981.

Wirth 1988
Jean Wirth: La représentation de l'image dans l'art du Haut Moyen Age, in: Revue de l'Art 79, 1988, S. 9–21.

Wirth 1989a
Jean Wirth: L'image médiéval. Naissance et développements (VIᵉ–XVᵉ siècle), Paris 1989.

Wirth 1989b
Jean Wirth: Le grand fou luthérien de Thomas Murner. Analyse iconographique de l'illustration, in: Le livre et l'image en France au XVIᵉ siècle (Cahiers V.L. Saulnier, Nr. 6), Paris 1989, S. 75–88.

Wirth 1996
Jean Wirth: Structure et fonction de l'image chez Saint Thomas d'Aquin, in: Jérôme Baschet und Jean-Claude Schmitt (Hrsg.): L'image. Fonction et usages dans l'Occident médiéval. Actes du 6ᵉ «International Workshop on Medieval Societies», Erice, Sicile, 1992 (Cahiers du Léopard d'or, Bd. 5), Paris 1996, S. 39–57.

Wirth 1997
Jean Wirth: L'art d'Eglise et la Réforme à Strasbourg, in: Frank Muller (Hrsg.): Art, religion, société dans l'espace germanique au XVIᵉ siècle, Actes du Colloque organisé par la Faculté de Théologie protestante – GRENEP et le groupe de recherche Musique et Société dans les pays germaniques à l'aube des temps modernes, Université des Sciences Humaines de Strasbourg, 21–22 mai 1993, Strassburg 1997, S. 133–158.

Wirth 1998
Jean Wirth: Une Vierge gothique strasbourgeoise ou les tribulations d'une image de culte, in: Cahiers alsaciens d'archéologie, d'art et d'histoire 41, 1998, S. 93–104.

Wirth 1999
Jean Wirth: L'image à l'époque romane, Paris 1999.

Wirth 2000
Jean Wirth: La critique scolastique de la théorie thomiste de l'image, in: Olivier Christin und Dario Gamboni (Hrsg.): Crises de l'image religieuse. Krise religiöser Kunst, Paris 2000, S. 93–109.

Wittmann 1999
Bernard Wittmann: Une histoire de l'Alsace, autrement, 3 Bde., Morsbronn-les-Bains 1999.

Wittwer 1987
Peter Wittwer: Liturgische Handschriften aus dem Chorherrenstift Interlaken und ihre elsässischen Quellen, in: Zeitschrift für Schweizerische Kirchengeschichte 81, 1987, Heft 1–4, S. 105–150.

Wolf 1995
Hans-Jürgen Wolf: Sünden der Kirche. Das Geschäft mit dem Glauben, Zwickau 1995.

Wolf-Heidegger/Cetto 1967
Gerhard Wolf-Heidegger/Anna Maria Cetto: Die anatomische Sektion in bildlicher Darstellung, Basel/New York 1967.

Wolfart 1909
Karl Wolfart: Geschichte der Stadt Lindau am Bodensee, Bd. 1, Lindau 1909.

Woltmann 1876
Alfred Woltmann: Das Wohltäterbuch des Frauenwerkes in Strassburg, in: Repertorium für Kunstwissenschaft 1, 1876, S. 259–264 und 375–392.

Wood 1988
Christopher S. Wood: In Defense of Images. Two Local Rejoinders to the Zwinglian Iconoclasm, in: The Sixteenth Century Journal 19/1, 1988, S. 25–44.

Wüthrich/Ruoss 1996
Lucas Wüthrich/Mylène Ruoss: Katalog der Gemälde. Schweizerisches Landesmuseum Zürich, Zürich 1996.

Wymann 1904
Eduard Wymann: Exorzismen gegen die Engerlinge, in: Obwaldner Geschichtsblätter, 1904, Heft 2, S. 126–138.

Wyss 1975
Robert L. Wyss: Eine Mechelner Kleinplastik im Bernischen Historischen Museum, in: Jahrbuch des Bernischen Historischen Museums in Bern 51–52, 1971–1972 (1975), S. 199–204.

Wyss, Chronik
Die Chronik des Bernhard Wyss 1519–1530, hrsg. von Georg Finsler (Quellen zur Schweizer Geschichte, Bd. 1), Basel 1901.

Yannopoulos 1993
Panayotis A. Yannopoulos: Le changement de l'iconographie monétaire sous le premier règne de Justinien II (685–695), in: Proceedings of the XIth International Numismatic Congress, Bd. 3, Louvain-la-Neuve 1993, S. 35–40.

Young 1933
Karl Young: The Drama of the Medieval Church, 2 Bde., Oxford 1933.

Zahnd 1979
Urs M. Zahnd: Die Bildungsverhältnisse in den bernischen Ratsgeschlechtern im ausgehenden Mittelalter. Verbreitung, Charakter und Funktion der Bildung in der politischen Führungsschicht einer spätmittelalterlichen Stadt, Bern 1979.

Zahnd 1999
Urs Martin Zahnd: «...aller Wällt Figur...». Die bernische Gesellschaft des ausgehenden Mittelalters im Spiegel von Niklaus Manuels Totentanz, in: Berns grosse Zeit. Das 15. Jahrhundert neu entdeckt, hrsg. von Ellen J. Beer u.a., Bern 1999, S. 119–139.

Zehnder 1976
Leo Zehnder: Volkskundliches in der älteren schweizerischen Chronistik (Schriften der Schweizerischen Gesellschaft für Volkskunde, Bd. 60), Basel 1976.

Zetkin 1960
Clara Zetkin: Erinnerungen an Lenin, in: Clara Zetkin: Ausgewählte Reden und Schriften, Bd. 3, Berlin 1960.

Zimmermann 1971
Kurt Zimmermann: Die Gegenstempel im schweizerischen Münzwesen, Hilterfingen 1971.

Zimmermann 1979
Eva Zimmermann: Der spätgotische Schnitzaltar. Bedeutung, Aufbau, Typen, dargelegt an einigen Hauptwerken (Liebieghaus Monographie, Bd. 5), Frankfurt a.M. 1979.

Zimmermann 1985
Eva Zimmermann (Hrsg.): Die mittelalterlichen Bildwerke in Holz, Stein, Ton und Bronze mit ausgewählten Beispielen der Bauskulptur, Badisches Landesmuseum Karlsruhe, Karlsruhe 1985.

Zinke 1995
Detlef Zinke: Augustinermuseum Freiburg. Bildwerke des Mittelalters und der Renaissance, 1100–1530, München 1995.

Zinsli 1979
Paul Zinsli: Der Berner Totentanz des Niklaus Manuel (etwa 1484–1530) in den Nachbildungen von Albrecht Kauw (1649) (Berner Heimatbuch 54/55), 2. Aufl., Bern 1979.

Zinsli 1992
Paul Zinsli: Niklaus Manuels Satire von der «Krankheit der Messe». Verwandlungen eines frühneuhochdeutschen Textes, in: Berner Zeitschrift für Geschichte und Heimatkunde 54, 1992, Heft 1, S. 3–58.

Zschelletzschky 1975
Herbert Zschelletzschky: Die «drei gottlosen Maler» von Nürnberg: Sebald Beham, Barthel Beham und Georg Pencz. Historische Grundlagen und ikonologische Probleme ihrer Graphik zu Reformations- und Bauernkriegszeit, Leipzig 1975.

Zumbrunn/Gutscher 1994
Urs Zumbrunn/Daniel Gutscher: Bern. Die Skulpturenfunde der Münsterplattform. Katalog der figürlichen und architektonischen Plastik, Bern 1994.

Zumstein/Bronner/Schnitzler 1990
Hans Zumstein/Guy Bronner/Bernadette Schnitzler: Les monuments funéraires du Musée de l'Œuvre Notre-Dame, in: Cahiers alsaciens d'archéologie, d'art et d'histoire 33, 1990, S. 87–108.

Zwingli, Schriften
Huldrych Zwingli: Schriften, im Auftrag des Zwinglivereins hrsg. von Thomas Brunnschweiler und Samuel Lutz, unter Mitarbeit von Hans Ulrich Bächtold u.a., 4 Bde., Zürich 1995.

Zwingli, Werke
Huldreich Zwinglis sämtliche Werke, 27 Bde. (Corpus Reformatorum, Bd. 88–101), Berlin/Leipzig/Zürich 1905–1991.

Abbildungsnachweis

Amsterdam, Rijksmuseum: S. 63; Kat. 148
Aschaffenburg, Erich Müller-Grünitz: Kat. 40
Antwerpen, Museum Mayer van den Bergh: S. 126
Augsburg, Kunstsammlungen der Stadt: S. 133
Baltimore, Walters Art Gallery: S. 21
Barcelona, Photo Mas: S. 43
Basel, Historisches Museum (Foto: Maurice Babey, Peter Portner): S. 129; Kat. 30, 183, 200
Basel, Kunsthistorisches Seminar der Universität: S. 142, 145 (10)
Basel, Museum der Kulturen (Foto: Peter Homer): S. 230, 251 (28); Kat. 82, 109
Basel, Öffentliche Kunstsammlung (Foto: Martin Bühler): S. 69 (1), 162
Basel, Öffentliche Kunstsammlung, Kupferstichkabinett: S. 289; Kat. 134
Basel, Universitätsbibliothek: S. 70, 71
Beerbach, Pfarramt: S. 96
Berlin, Jörg P. Anders: Kat. 115, 125, 126
Berlin, Dietmar Katz: Kat. 137
Berlin, Landesbildstelle: Kat. 237
Berlin, Staatliche Museen, Kupferstichkabinett: S. 302; Kat. 97, 101
Berlin, Staatliche Museen, Skulpturensammlung (Foto Friedrich): S. 42 (5)
Bern, Archäologischer Dienst des Kantons: S. 122, 123, 124, 252, 316, 325, 327; Kat. 103, 158, 159
Bern, Burgerbibliothek: S. 194; Kat. 53, 111, 191
Bern, Denkmalpflege des Kantons (Foto: M. Hesse): S. 101
Bern, Denkmalpflege der Stadt: S. 102 (10), 358, 405; Kat. 182
Bern, Foto Lauri: Kat. 187
Bern, Historisches Museum (Foto: Stefan Rebsamen): S. 22, 52, 53, 75, 76 (2), 78 (7), 97, 118, 121, 139, 141, 143, 156, 203, 210 (20), 214, 218, 317, 351, 353; Kat. 2, 4, 11–21, 25, 33, 34, 39, 41, 46, 52. 1–6, 52. 8–12, 55, 56, 58, 66, 68, 69, 70, 71, 72, 76, 78, 79, 85, 92, 93, 98, 99, 100, 102, 105, 110, 117, 119, 121, 124, 132, 133, 153, 154, 155, 158, 160, 161, 162, 176, 177, 178, 180, 182, 188, 189, 199, 201, 202, 203, 205 (5–10), 235, 236
Bern, Historisches Museum (Zeichnungen: Robert Hagmann): S. 139 (1), 210
Bern, Historisches Museum (Zeichnungen und Karten: Moudon, Atelier d'archéologie médiévale): S. 29–35, S. 46–49, S. 57, 58, 355
Bern, Kunstmuseum: S. 206
Bern, Stadt- und Universitätsbibliothek: Kat. 89, 106, 138, 139, 141, 190, 192
Bern, Franz-Josef Sladeczek: S. 102 (8, 9)
Brixen, Hubert Walder: Kat. 37
Brügge, Groeningemuseum: S. 44 (8)
Celle, Dietrich Klatt: S. 24 (6)
Chambéry, Fotothèque des Musées de Chambéry: Kat. 175
Chur, Dommuseum: S. 107
Clermont-Ferrand, Bibliothèque Municipale: S. 145 (9)
Colmar, Archives Municipales: S. 401
Colmar, Musée d'Unterlinden (Foto: Octave Zimmermann): Kat. 123
Delsberg, Musée Jurassien d'Art et d'Histoire: S. 347 (59); Kat. 10
Douai, Musée de la Chartreuse (Foto: Claude Theriez): Kat. 150
Dresden, Sächsische Landesbibliothek (Foto Grossmann): S. 39

Einsiedeln, Stiftsbibliothek: Kat. 88
Florenz, Opera Museo Stibbert: S. 113
Frauenfeld, Kantonsbibliothek: S. 127
Freiburg i. Br., Augustinermuseum, Adelhausenstiftung (Foto: Jean Jeras): S. 378; Kat. 116
Freiburg i. Üe., Bibliothèque Cantonale et Universitaire: Kat. 112
Freiburg i. Üe., Yves Eigenmann: S. 100
Freiburg i. Üe., Kulturgüterdienst des Kantons (Foto: Primula Bosshard): S. 111; Kat. 29, 83, 174
Freiburg i. Üe., Museum für Kunst und Geschichte: S. 201, 236; Kat. 127
Genf, Bibliothèque Publique et Universitaire (Foto: Christian Chollet): Kat. 120
Genf, Corinne Charles: S. 344 (54)
Genf, Musée d'Art et d'Histoire (Foto: Bettina Jacot-Descombes, Yves Siza): S. 336; Kat. 5, 6, 168
Genf, Studio Patrick Goetelen: S. 343, 344 (55–57); Kat. 173
Gerchsheim, Foto Zwicker-Berberich: S. 42 (4)
Grandson, Suzanne und Daniel Fibbi-Aeppli: S. 331; Kat. 94, 163
Halle/Saale, Reinhard Hentze: Kat. 75
Hamburg, Kunsthalle (Foto: Elke Walford): S. 282; Kat. 149
Ittigen, Hans Gugger: S. 125
Karlsruhe, Badisches Landesmuseum: S. 42 (6); Kat. 169, 170
Karlsruhe, Staatliche Kunsthalle: S. 87
Kaysersberg, Musée Municipal (Foto: Christian Kempf): Kat. 129
Kirchberg, Urs Zumbrunn: S. 318; Kat. 156, 157
Kirchlindach, G. Howald: S. 98 (2), 259
Klagenfurt, Fessl Photographie: Kat. 84
Köln, Rheinisches Bildarchiv: S. 40; Kat. 24, 31, 35, 74
Koblenz, Bundesarchiv: S. 403
Lana, Tappeiner AG: Kat. 36
Lenzburg, Historisches Museum Aargau (Foto: Hans Weber): Kat. 118
London, Victoria & Albert Museum: S. 41, 44 (9)
London, Warburg Institute: S. 120
Luzern, Archiv für Denkmalpflege: Kat. 51
Luzern, Theres Bütler: Kat. 86
Luzern, Faksimile Verlag: S. 109, 114, 271
Luzern, Historisches Museum: Kat. 128
Luzern, Staatsarchiv: Kat. 51.3
Lyon, Bibliothèque Municipale: S. 59 (4, 5), 61 (8), 62
Lyon, Musée Historique: S. 65
Marburg, Bildarchiv: S. 93
Moudon, Atelier d'archéologie médiévale (Zeichnungen: Franz Wadsack): S. 333, 410, 411, 413, 414, 420, 424
Mülhausen, Musée Historique: Kat. 57
München, Bayerische Staatsbibliothek: S. 72, 84; Kat. 193, 195
München, Bayerische Staatsgemäldesammlungen: S. 66
München, Bayerisches Nationalmuseum (Foto: Walter Haberland): S. 44 (10), 320
München, Glyptothek: Kat. 1
München, Claus Hansmann: S. 248
München, Staatliche Graphische Sammlung: S. 116
Münster, Stadtmuseum (Foto: Tomasz Samek): Kat. 166
Näfels, Museum des Landes Glarus: Kat. 171
New York, Metropolitan Museum of Art: S. 2, Kat. 208
Nürnberg, Germanisches Nationalmuseum: S. 23 (4), 69 (2), 91, 94, 95 (8); Kat. 185, 186
Nürnberg, Graphische Sammlung, Museen der Stadt: S. 90

Nürnberg, Pfarramt St. Lorenz: S. 92
Nürnberg, v. Scheurl-Bibliothek: S. 23 (3), 128; Kat. 147
Nürnberg, Stoja-Verlag Paul Janke: S. 95 (7)
Paris, Bibliothèque Nationale de France: S. 59 (3), 60, 64, 400
Paris, Jean-Loup Charmet: S. 61 (7)
Rom, Vatikanisches Archiv: Kat. 80
Rotterdam, Museum Boijmans Van Beuningen: Kat. 107, 108
Ruswil, Kurt Lussi: S. 110
St. Gallen, Historisches Museum: Kat. 167
St. Gallen, Carsten Seltrecht: Kat. 23
St. Gallen, Stiftsbibliothek: S. 125
Sarnen, Staatsarchiv Obwalden: Kat. 51
Strassburg, Atelier photographique de la Ville de Strasbourg: S. 192, 391; Kat. 44, 51, 63, 65, 184
Strassburg, Bibliothèque Nationale et Universitaire: S. 85 (2), 88, 301; Kat. 47, 51, 52.7 130, 131, 140, 146, 194, 197, 204, 205 (3, 4)
Strassburg, Musées de Strasbourg (Foto: Angèle Plisson, Nicolas Fussler, Frantisek Zvardon, Edouard Bachler, Peter Bogner): S. 26, 85 (3), 89, 114, 119, 166, 243, 342; Kat. 3, 8, 9, 26, 28, 32, 38, 42, 43, 45, 48, 49, 50, 59, 60, 61, 64, 73, 81, 95, 96, 113, 114, 122, 172, 196, 206, 207, 209–234
Strassburg, R. Pfrimmer: Kat. 91
Stuttgart, Landesdenkmalamt: S. 132
Stuttgart, Württembergisches Landesmuseum: S. 103
Trient, Ufficio Castello del Buonconsiglio: S. 226
Villingen-Schwenningen, Atelier Hugel: Kat. 90
Weimar, Klaus G. Beyer: S. 24 (5), 73, 74
Wien, Österreichische Nationalbibliothek: Kat. 198
Willisau, Foto Schaller: Kat. 27
Yverdon, Louise Decoppet: Kat. 164, 165
Zofingen, Historisches Museum: S. 251 (29); Kat. 104
Zürich, Hochbauamt des Kantons: S. 55 (4), 78, 117, 354
Zürich, Keystone: Kat. 238
Zürich, Kunsthaus: S. 347 (58); Kat. 7, 54, 181
Zürich, Schweizerisches Landesmuseum: S. 77 (4, 5), 81 (9, 10), 82, 106, 108; Kat. 22, 51, 67, 77, 87, 179
Zürich, Staatsarchiv: Kat. 205 (1, 2)
Zürich, Zentralbibliothek: S. 25, 54, 55 (5), 56, 76 (2), 79, 81 (11), 82, 83, 98 (3), 99, 115, 128, 131, 291; Kat. 135, 136, 142, 143, 144, 145, 151, 152
Zug, Museum in der Burg: S. 130

Die Ausstellung in Bern wurde unterstützt von:

den Trägern des Bernischen Historischen Museums:
Kanton Bern
Stadt Bern
Burgergemeinde Bern
Regionale Kulturkonferenz, Bern

PRO HELVETIA Schweizer Kulturstiftung
Stanley Thomas Johnson Stiftung
SEVA/Lotteriefonds Kanton Bern
Ambassade de France en Suisse

Die Ausstellung in Strassburg
ist Teil des trinationalen Gemeinschaftsprojektes
«Um 1500: Epochenwende am Oberrhein».
Sie wurde unterstützt von:

Direction régionale des
affaires culturelles
Alsace